Legislação Penal

Decifrada

CB020697

O GEN | Grupo Editorial Nacional – maior plataforma editorial brasileira no segmento científico, técnico e profissional – publica conteúdos nas áreas de concursos, ciências jurídicas, humanas, exatas, da saúde e sociais aplicadas, além de prover serviços direcionados à educação continuada.

As editoras que integram o GEN, das mais respeitadas no mercado editorial, construíram catálogos inigualáveis, com obras decisivas para a formação acadêmica e o aperfeiçoamento de várias gerações de profissionais e estudantes, tendo se tornado sinônimo de qualidade e seriedade.

A missão do GEN e dos núcleos de conteúdo que o compõem é prover a melhor informação científica e distribuí-la de maneira flexível e conveniente, a preços justos, gerando benefícios e servindo a autores, docentes, livreiros, funcionários, colaboradores e acionistas.

Nosso comportamento ético incondicional e nossa responsabilidade social e ambiental são reforçados pela natureza educacional de nossa atividade e dão sustentabilidade ao crescimento contínuo e à rentabilidade do grupo.

Cláudia Barros **Portocarrero** & Filipe **Ávila**

Legislação Penal

Decifrada

2ª edição
revista,
atualizada
e reformulada

COORDENAÇÃO
Cláudia Barros
Filipe Ávila
Rogério Greco

EDITORA
MÉTODO

■ **Atendimento ao cliente: (11) 5080-0751 | faleconosco@grupogen.com.br**

■ Direitos exclusivos para a língua portuguesa
Copyright © 2023 *by*
Editora Forense Ltda.
Uma editora integrante do GEN | Grupo Editorial Nacional
Travessa do Ouvidor, 11 – Térreo e 6º andar
Rio de Janeiro – RJ – 20040-040
www.grupogen.com.br

■ Esta obra, anteriormente designada "Legislação Criminal Decifrada", passou a ser intitulada "Legislação Penal Decifrada" e publicada pela Editora Método | Grupo GEN a partir da 2ª edição.

■ Capa: Bruno Sales Zorzetto

■ **CIP – BRASIL. CATALOGAÇÃO NA FONTE.**
SINDICATO NACIONAL DOS EDITORES DE LIVROS, RJ.

P883d

Portocarrero, Cláudia Barros
Legislação penal decifrada / Cláudia Barros Portocarrero, Filipe Ávila; coordenação Cláudia Barros Portocarrero, Filipe Ávila, Rogério Greco – 2. ed. – Rio de Janeiro: Método, 2023.
880 p. ; 23 cm (Decifrando)

Inclui bibliografia
ISBN 978-65-5964-645-6

1. Direitos penal – Brasil. 2. Serviço público – Brasil – Concursos. I. Ávila, Filipe. II. Greco, Rogério. III. Título. IV. Série.

22-81528   CDU: 343.2(81)

Gabriela Faray Ferreira Lopes – Bibliotecária – CRB-7/6643

Sobre os Coordenadores

CLÁUDIA BARROS PORTOCARRERO

Promotora de Justiça. Mestre em Direito Público. Professora de Direito Penal e Legislação Especial na Escola da Magistratura dos Estados do Rio de Janeiro e Espírito Santo, na Escola de Direito da Associação e na Fundação Escola do Ministério Público do Rio de Janeiro. Professora de Direito Penal Econômico da Fundação Getulio Vargas. Professora em cursos preparatórios. Autora de livros e palestrante.

[O] @claudiabarrosprof

FILIPE ÁVILA

Formado em Direito pela Universidade Estadual de Mato Grosso do Sul. Foi aprovado no concurso de Agente de Polícia PC/DF (2013), tendo atuado por aproximadamente quatro anos na área de investigação criminal de diversas delegacias especializadas no Distrito Federal (Coordenação de Homicídios-CH; Coordenação de Repressão aos Crimes Contra o Consumidor, a Propriedade Imaterial e a Fraudes-CORF; Delegacia de Proteção à Criança e ao Adolescente-DPCA; Delegacia Especial de Atendimento à Mulher-DEAM). Posteriormente, pediu exoneração do cargo e, atualmente, é professor exclusivo do AlfaCon nas disciplinas de Direito Penal e Legislação Criminal, com foco em concursos públicos. Na mesma empresa, coordenou a criação de curso voltado para a carreira de Delegado de Polícia.

[O] @filipeavilaprof

ROGÉRIO GRECO

Procurador de Justiça do Ministério Público do Estado de Minas Gerais. Pós-doutor pela Università degli Studi di Messina, Itália. Doutor pela Universidade de Burgos, Espanha. Mestre em Ciências Penais pela Universidade Federal de Minas Gerais. Especialista em Teoria do Delito pela Universidad de Salamanca, Espanha. Formado pela National Defense University, Washington, Estados Unidos, em Combate às Organizações Criminosas Transnacionais e Redes Ilícitas nas Américas. Professor de Direito Penal e palestrante em congressos e universidades no País e no exterior. Autor de diversas obras jurídicas. Embaixador de Cristo.

Apresentação da Coleção

A *Coleção Decifrado* da Editora Método foi concebida visando, especialmente, ao público que se prepara para provas de concursos jurídicos (os mais variados), embora atenda perfeitamente às necessidades dos estudantes da graduação, os quais em breve testarão o conhecimento adquirido nas salas de aula – seja no Exame da Ordem, seja em concursos variados.

Nessa toada, destacamos que o grande diferencial da coleção consiste na metodologia do "objetivo e completo".

Objetivo, àqueles que têm pressa e necessitam de um material que foque no que realmente importa, sem rodeios ou discussões puramente acadêmicas que não reflitam na prática dos certames.

Completo, porque não foge a nenhuma discussão/posicionamento doutrinário ou jurisprudencial que já tenha sido objeto dos mais exigentes certames. Para tanto, embora os autores não se furtem à exposição de seu posicionamento quanto a temas controversos, empenham-se em destacar a posição que, por ser majoritária, deverá ser adotada em prova.

Na formulação de cada obra, os autores seguiram o padrão elaborado pelos coordenadores a partir de minudente análise das questões extraídas dos principais concursos jurídicos (Magistratura, Ministério Público, Delegado, Procuradoria, Defensoria etc.), indicando tópicos obrigatórios, sem lhes tirar a liberdade de acrescentar outros que entendessem necessários. Foram meses de trabalho árduo, durante os quais sempre se destacou que o **foco da coleção é a entrega de um conteúdo apto a viabilizar a aprovação do candidato em todas as fases das mais exigentes provas e concursos do país**.

Para tanto, ao longo do texto, e possibilitando uma melhor fluidez e compreensão dos temas, a coleção conta com fartos e atualizados julgados ("Jurisprudência destacada") e questões comentadas e gabaritadas ("Decifrando a prova").

Como grande diferencial, contamos ainda com o **Ambiente Digital Coleção Decifrado**, pelo qual é possível ter uma maior interação com os autores e é dado acesso aos diferentes conteúdos de todos os títulos que compõem a coleção, como informativos dos Tribunais Superiores, atualizações legislativas, webinars, mapas mentais, artigos, questões de provas etc.

Convictos de que o objetivo pretendido foi alcançado com sucesso, colocamos nosso trabalho à disposição dos leitores, futuros aprovados, que terão em suas mãos obras completas e, ao mesmo tempo, objetivas, essenciais a todos que prezam pela otimização do tempo na preparação.

Cláudia Barros Portocarrero, Filipe Ávila e Rogério Greco

Agradecimentos

Sempre a Ele, Jesus, capitão da minha alma, luz do meu caminho. A meus "meninos", Victor Hugo e João Victor, e a Alex, meu eterno amor.

CLÁUDIA BARROS PORTOCARRERO

Em primeiro lugar, a Jesus Cristo, autor e consumador da minha fé. A ele a honra, glória e poder para todo o sempre.

À minha esposa Talita, amor da minha vida e companheira inseparável.

A todos os demais familiares que sempre me apoiaram neste e em todos os outros projetos (Marilda, Luiz Carlos, Acácio, Maria da Penha, Idiara, Tiago e Ananias).

FILIPE ÁVILA

Sumário

Legislação Penal Decifrada

Apresentação e Uso de Documentos de Identificação Pessoal – Lei nº 5.553/1968

I.I INTRODUÇÃO

A Lei nº 5.553/1968 possui apenas três artigos relevantes para concursos, além de não haver controvérsias doutrinárias ou jurisprudenciais. Assim, uma leitura atenta da legislação, acrescida dos comentários e das contextualizações a seguir, será suficiente para o êxito em provas de concursos.

De antemão, saiba que o art. 1º define a conduta de retenção ilícita de determinados documentos. O art. 2º traz algumas exceções, de retenção lícita desses documentos. O art. 3º define a infração penal (contravenção penal) objeto da Lei. Vejamos cada um dos dispositivos.

I.2 ARTIGOS DA LEI

I.2.I Art. I° – Bem jurídico e objeto material

Art. 1º A nenhuma pessoa física, bem como a nenhuma pessoa jurídica, de direito público ou de direito privado, é lícito reter qualquer documento de identificação pessoal, ainda que apresentado por fotocópia autenticada ou pública-forma, inclusive comprovante de quitação com o serviço militar, título de eleitor, carteira profissional, certidão de registro de nascimento, certidão de casamento, comprovante de naturalização e carteira de identidade de estrangeiro.

Bem jurídico. Esse dispositivo traz a regra geral da lei em estudo, que é a proibição da retenção de documento de identificação pessoal e similares (original e cópia autenticada), por parte de qualquer pessoa, seja **ela física ou jurídica** (de direito público ou privado). O bem jurídico protegido, ou seja, o valor fundamental que a norma pretende resguardar, é o **direito de todo cidadão de ter consigo seus documentos pessoais e similares**, listados na Lei.

Exemplo 1: Você comparece a uma Delegacia de Polícia para ser ouvido como testemunha em inquérito policial. Lá chegando, a autoridade policial pede que lhe apresente a carteira de identidade, retendo-a em seguida, sem ordem judicial ou justo motivo. Você vai embora da instituição e sua carteira de identi dade fica na posse do Delegado. No dia seguinte, liga na Delegacia e argumenta que precisa do documento, solicitando a sua devolução. O policial que lhe atendeu diz que poderá buscá-lo apenas depois de 30 dias, pois antes desse prazo o documento ficará retido. Essa conduta é vedada!

Exemplo 2: Você, concurseiro, dirige-se a uma biblioteca pública da sua cidade com o objetivo de estudar em um lugar tranquilo, durante o dia. Chegando lá, o servidor da portaria exige que deixe seu documento de identidade com ele, como condição de ingresso e permanência na sala de estudos da referida biblioteca. Essa conduta é vedada!

Objeto material. Para uma total compreensão do dispositivo, precisamos saber qual o objeto material da Lei, ou seja, sobre o que recairá a conduta do agente. Primeiramente, a Lei estabelece genericamente: "qualquer documento de identificação pessoal". O legislador não especificou aqui qual o tipo de documento, portanto prevalece que será objeto material qualquer um que possa ser usado para identificação da pessoa. São exemplos: RG, CPF, Carteira de Registro Profissional (OAB; CRM; CRC etc.).

Existe discussão se a Carteira Nacional de Habilitação (CNH) poderia ser enquadrada como objeto material, haja vista que não é citada expressamente no art. 1º. A melhor doutrina entende que **sim**, pois o art. 159 da Lei nº 9.503/1997 (Código de Trânsito Brasileiro) estabelece ser ela equivalente ao **documento de identidade em todo o território nacional**.

Posteriormente, o art. 1º elenca um rol de outros documentos que poderão ser objeto material da Lei. Nesse ponto, como o legislador apontou quais documentos, serão apenas os ali listados, a saber:

♦ comprovante de quitação com o serviço militar;
♦ título de eleitor;
♦ carteira profissional;
♦ certidão de registro de nascimento;
♦ certidão de casamento;
♦ comprovante de naturalização;
♦ carteira de identidade de estrangeiro.

⸬ Decifrando a prova

(PC/AC – IBADE – 2017 – Adaptada) O comprovante de naturalização e carteira de identidade de estrangeiro não são considerados documentos de identificação pessoal englobados pela lei.
( ) Certo ( ) Errado

> **Gabarito comentado:** tais documentos constam do rol previsto no art. 1º da Lei nº 5.553/1968, logo serão considerados como documentos de identificação pessoal para fins da mencionada lei. Portanto, está errada a assertiva.

Por fim, acrescentamos que o art. 1º ainda estabelece que os documentos citados não poderão ser retidos em seus **originais** nem em **fotocópia autenticada ou pública-forma**. Fotocópia autenticada ou pública-forma são sinônimos, consistentes na cópia autêntica de um documento, feita e reconhecida por um tabelião, podendo substituir o original.

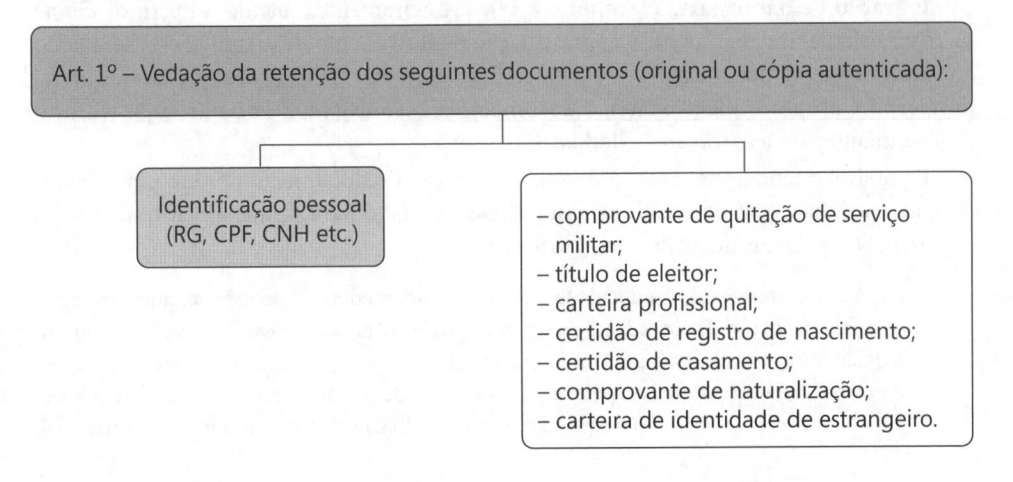

Art. 1º – Vedação da retenção dos seguintes documentos (original ou cópia autenticada):

Identificação pessoal (RG, CPF, CNH etc.)

– comprovante de quitação de serviço militar;
– título de eleitor;
– carteira profissional;
– certidão de registro de nascimento;
– certidão de casamento;
– comprovante de naturalização;
– carteira de identidade de estrangeiro.

1.2.2 Art. 2º – Retenção/anotação lícita

Art. 2º Quando, para a realização de determinado ato, for exigida a apresentação de documento de identificação, a pessoa que fizer a exigência fará extrair, no prazo de até 5 (cinco) dias, os dados que interessarem devolvendo em seguida o documento ao seu exibidor.

§ 1º Além do prazo previsto neste artigo, somente por ordem judicial poderá ser retido qualquer documento de identificação pessoal.

§ 2º Quando o documento de identidade for indispensável para a entrada de pessoa em órgãos públicos ou particulares, serão seus dados anotados no ato e devolvido o documento imediatamente ao interessado.

O art. 2º traz algumas exceções nas quais a retenção de documento será considerada lícita, válida, mas desde que realizada de acordo com o previsto no dispositivo. Assim, no art. 1º aprendemos que a retenção de determinados documentos, por pessoa física ou jurídica, é ilícita. No entanto, o art. 2º vai **flexibilizar** essa proibição, trazendo hipóteses em que a retenção ou a anotação desses documentos listados no art. 1º **será aceita**.

Decifrando a prova

(**PC/AC – IBADE – 2017 – Adaptada**) Somente por ordem da autoridade policial ou judiciária poderá ser retido qualquer documento de identificação pessoal.

( ) Certo ( ) Errado

Gabarito comentado: a regra é que nenhum documento poderá ser retido, com exceção das hipóteses do art. 2º. Obviamente, diante de ordem judicial, a retenção também será possível. O erro da questão foi mencionar genericamente que a ordem da autoridade policial legitimaria a retenção, o que não é verdade. Portanto, a assertiva está errada.

Extração de dados (art. 2º, *caput* e § 1º). Primeiramente, quando estivermos diante da realização de um ato que exija a apresentação de documento de identificação, será lícito ao exigente reter o documento por até cinco dias, para **extrair** os dados que interessarem, devolvendo, no prazo mencionado, o documento ao seu exibidor. Portanto, aqui temos o procedimento para a **extração de dados**.

É possível estender esse prazo? Ou seja, a retenção do documento por um prazo maior do que cinco dias? **Somente com ordem judicial**, a qual deverá fundamentar o motivo da extensão. Nas palavras de Andreucci (2019, p. 54):

> (...) deve, nesse caso, a autoridade judiciária fundamentar sua exigência, que, em regra, ocorre no curso de investigação criminal, processo judicial (cível ou criminal), ou em qualquer outra situação, amparada por lei, em que se faça necessária a retenção de um documento de identificação pessoal. Ex.: retenção de passaporte de um acusado em liberdade provisória, com o fito de que não se ausente do país, frustrando a instrução criminal.

Decifrando a prova

(**PC/AC – IBADE – 2017 – Adaptada**) Quando, para a realização de determinado ato, for exigida a apresentação de documento de identificação, a pessoa que fizer a exigência fará extrair, no prazo de até 10 (dez) dias, os dados que interessarem devolvendo em seguida o documento ao seu exibidor.

( ) Certo ( ) Errado

Gabarito comentado: temos aqui a exigência de apresentação do documento de identificação para a realização de determinado ato, ou seja, uma das hipóteses de retenção lícita (extração de dados). Contudo, conforme art. 2º, *caput*, a extração deverá ser feita em até cinco dias (e não "dez"), devolvendo em seguida o documento. Portanto, a assertiva está errada.

(**DETRAN/DF – FUNIVERSA – 2012 – Adaptada**) Quando, para a realização de determinado ato, for exigida a apresentação de documento de identificação, a pessoa responsável pela exigência fará extrair, no prazo de até cinco dias, os dados que interessarem, devolvendo, em seguida, o documento ao seu exibidor.

( ) Certo ( ) Errado

Gabarito comentado: esse é o teor do art. 2º, *caput*, da Lei nº 5.553/1968 (extração de dados). Portanto, a assertiva está certa.

Anotação de dados (art. 2º, § 2º). Por fim, temos a situação de o documento de identidade ser indispensável para a entrada de pessoas em órgãos públicos ou particulares.

Exemplo: Você quer visitar o Supremo Tribunal Federal em Brasília. Entra no *site* do Tribunal e agenda uma data para visitação. Quando lá chegar, logo na entrada, os servidores da segurança patrimonial exigirão seu documento de identificação, a fim de realizarem um cadastro prévio, possibilitando, a partir daí, o seu acesso ao prédio.

Nesse caso, como vimos no exemplo, o procedimento a ser adotado é a **anotação** dos dados seguida da **devolução imediata** do documento ao proprietário. Portanto, aqui temos o procedimento para tão somente **anotação de dados**. Valendo-nos novamente dos ensinamentos de Andreucci (2019, p. 54): "As expressões 'no ato' e 'imediatamente' indicam que a anotação dos dados necessários e a devolução do documento ao interessando devem se dar sem procrastinação ou qualquer outro tipo de retardamento".

🧩 Decifrando a prova

(PC/AC – IBADE – 2017 – Adaptada) Quando o documento de identidade for indispensável para a entrada de pessoa em órgãos públicos ou particulares, serão seus dados anotados no ato e devolvido o documento imediatamente ao interessado.

( ) Certo ( ) Errado

Gabarito comentado: temos aqui a hipótese de exigência do documento para a entrada em órgãos públicos ou particulares, ou seja, estamos diante de uma das hipóteses de retenção lícita (art. 2º, § 2º): o procedimento de anotação de dados. Nesse caso, a PJ ou PF anotará os dados e devolverá imediatamente o documento ao cidadão. Portanto, a assertiva está certa.

(TRF-2ª Região – FCC – 2012 – Adaptada) Josimar pretende entrar em prédio público, em que é indispensável a apresentação de documento de identidade e exibe ao funcionário responsável sua carteira profissional. Nesse caso, o funcionário deverá reter o documento do interessado durante todo o período em que estiver no interior do prédio.

( ) Certo ( ) Errado

Gabarito comentado: aqui temos o procedimento de anotação de dados (art. 2º, § 2º) e, nesse caso, o funcionário deverá anotar os dados e devolver imediatamente o documento a Josimar. Portanto, a assertiva está errada.

(TRF-2ª Região – FCC – 2012 – Adaptada) Josimar pretende entrar em prédio público, em que é indispensável a apresentação de documento de identidade e exibe ao funcionário responsável sua carteira profissional. Nesse caso, o funcionário deverá anotar seus dados no ato e devolver imediatamente o documento ao interessado.

( ) Certo ( ) Errado

Gabarito comentado: esse é o teor do art. 2º, § 2º, da Lei nº 5.553/1968. Portanto, a assertiva está certa.

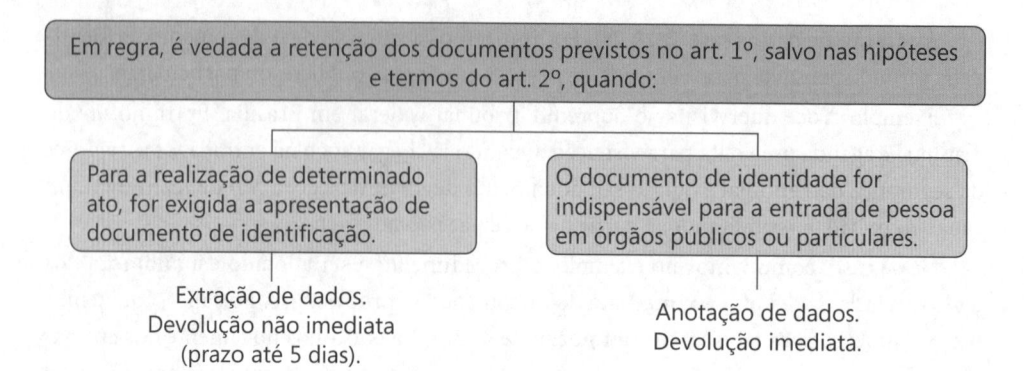

1.2.3   Art. 3º – Infração penal

Art. 3º Constitui **contravenção penal**, punível com pena de prisão simples de 1 (um) a 3 (três) meses ou multa de NCR$ 0,50 (cinquenta centavos) a NCR$ 3,00 (três cruzeiros novos), a retenção de qualquer documento a que se refere esta Lei. (Grifos nossos.)

Contravenção penal. O art. 3º pune a **conduta de reter** qualquer **documento** previsto na Lei (aqueles já estudados no art. 1º). A pena será de **prisão simples** (de um a três meses) ou **multa.**

Estamos diante de **contravenção penal** (uma das espécies de infração penal, ao lado dos crimes). É muito importante que o futuro aprovado lembre-se de que na Lei nº 5.553/1968 não há a previsão de "crime", mas apenas (repetimos) de contravenção penal.

🧩 Decifrando a prova

(PC/AC – IBADE – 2017 – Adaptada) Constitui crime a retenção de qualquer documento de identificação pessoal.

( ) Certo ( ) Errado

Gabarito comentado: não se trata de crime, mas, sim, de contravenção penal (art. 3º). Portanto, a assertiva está errada.

Consumação e tentativa. A infração penal se consuma no momento em que houver a retenção ilícita do objeto material. A tentativa não é possível[1].

Elemento subjetivo e ação penal. O elemento subjetivo é o **dolo.** A ação penal será **pública incondicionada.**

---

[1]   Alguns doutrinadores observam que o art. 4º do Decreto-lei nº 3.688/1941 (contravenções penais) não proíbe a tentativa em contravenções penais, mas apenas estabelece que ela não será punida.

Decifrando a prova

(PC/GO – CESPE – 2016 – Adaptada) Pedro, maior e capaz, compareceu a uma delegacia de polícia para ser ouvido como testemunha em IP. Todavia, quando Pedro apresentou sua carteira de identidade, a autoridade policial a reteve e, sem justo motivo nem ordem judicial, permaneceu com tal documento durante quinze dias. Nessa situação hipotética, a atitude da autoridade policial constituiu crime punível com multa.

( ) Certo ( ) Errado

Gabarito comentado: repetimos, atente-se ao fato de a Lei nº 5.553/1968 não trazer nenhum crime em seu texto, de forma que a conduta narrada configura a contravenção penal prevista no art. 3º da Lei. Portanto, a assertiva está errada.

Sujeito ativo. Quem poderá ser sujeito ativo da infração penal de retenção de documento? Qualquer pessoa (contravenção penal comum). Ex.: porteiro de um prédio; funcionário público de um órgão governamental; empregado de uma empresa privada.

Sujeito passivo. Aquele que tiver o seu documento retido indevidamente.

Art. 3º (...)

Parágrafo único. Quando a infração for praticada por preposto ou agente de pessoa jurídica, considerar-se-á responsável quem houver ordenado o ato que ensejou a retenção, a menos que haja, pelo executante, desobediência ou inobservância de ordens ou instruções expressas, quando, então, será este o infrator.

Parágrafo único. Quando a retenção for praticada por **preposto** ou **agente de pessoa jurídica**, será responsável quem tiver **ordenado** o ato de retenção, a não ser que o preposto/agente retenha o documento por conta própria, desobedecendo ou deixando de observar instruções expressas (nesse caso, é ele quem será responsabilizado pela contravenção).

No exemplo da biblioteca, mencionado nos comentários do art. 1º, imagine que o servidor da portaria reteve o documento por ordem expressa do diretor daquele órgão. Nessa situação, quem responderá pela infração penal é o diretor, e não o porteiro (hipótese de autoria mediata).

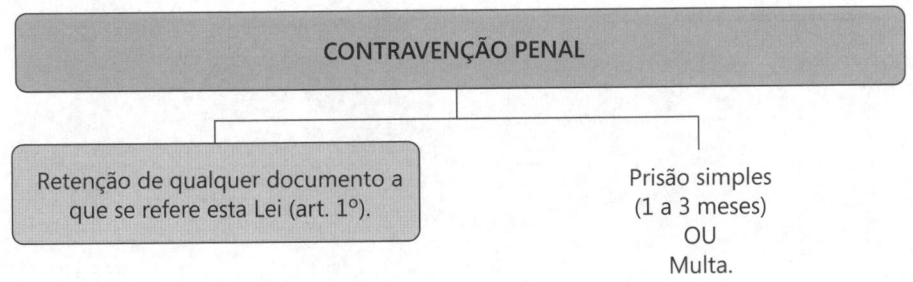

Decifrando a prova

(**Polícia Científica/PE – CESPE – 2016 – Adaptada**) Jorge, maior e capaz, pequeno empresário, contratou Lucas como empregado em sua empresa e, sem justo motivo, retém em seu poder, há já mais de cinco dias, o comprovante de quitação de Lucas com o serviço militar.

Nessa situação hipotética, de acordo com a Lei nº 5.553/1968, a retenção, sem justo motivo, do comprovante de quitação de serviço militar será enquadrada como contravenção penal punível com prisão simples ou multa.

( ) Certo ( ) Errado

Gabarito comentado: perceba que o comprovante de quitação com o serviço militar é documento listado no art. 1º, portanto objeto material da Lei, o qual, uma vez retido ilicitamente, caracterizará contravenção penal punível com prisão simples ou multa (art. 3º). Portanto, a alternativa está certa.

2 Crimes Resultantes de Preconceito de Raça ou Cor — Lei n° 7.716/1989

2.1 CONSIDERAÇÕES INICIAIS

Contexto histórico. A Constituição consagra nossa República Federativa como um Estado Democrático de Direito e destaca, entre seus fundamentos, o **princípio da dignidade da pessoa humana**, para, assim, promover o bem de todos sem preconceitos de **origem, raça, sexo, cor, idade e quaisquer outras formas de discriminação** atentatória dos direitos e das liberdades fundamentais, determinando que se promova sua punição. Cuida-se de um **mandado constitucional de criminalização**. Até ali, o racismo era mera contravenção prevista na Lei n° 7.437/1985.

Nesse contexto, foi editada a Lei n° 7.716/1989, a Lei de Racismo, a qual, em sua redação original, coibia apenas o preconceito de **raça e cor**, mas que, a partir de 1997, passou a também dispor sobre preconceito referente à **religião, etnia ou procedência nacional**.

> **Art. 1°** Serão punidos, na forma desta Lei, os crimes resultantes de discriminação ou preconceito de raça, cor, etnia, religião ou procedência nacional.

Decifrando a prova

(Delegado – PC/BA – Vunesp – 2018 –Adaptada) Julgue a seguinte afirmação: "A respeito da Lei n° 7.716/1989, com as alterações da Lei n° 9.459/1997 (tipificação dos crimes resultantes de preconceito de raça ou de cor), não tipifica crimes resultantes de discriminação ou preconceito de religião, sendo específica a crimes de preconceito de raça, cor, etnia e procedência nacional".

( ) Certo ( ) Errado

Gabarito comentado: a Lei n° 7.716/1989 também tipifica os crimes resultantes de discriminação ou preconceito de religião, nos termos do art. 1° desta: "Serão punidos, na forma desta Lei, os crimes resultantes de discriminação ou preconceito de raça, cor, etnia, religião ou procedência nacional". Portanto, a assertiva está errada.

No dia 11 de janeiro de 2022, foi publicado no *DOU* o Decreto nº 10.932, que promulga a Convenção Interamericana contra o Racismo, a Discriminação Racial e Formas Correlatas de Intolerância, firmada pela República Federativa do Brasil, na Guatemala, em 5 de junho de 2013. Para os efeitos da Convenção, **racismo** consiste em qualquer teoria, doutrina, ideologia ou conjunto de ideias que enunciam um vínculo causal entre as características fenotípicas ou genotípicas de indivíduos ou grupos e seus traços intelectuais, culturais e de personalidade, inclusive o falso conceito de superioridade racial. O racismo ocasiona desigualdades raciais e a noção de que as relações discriminatórias entre grupos são moral e cientificamente justificadas. Toda teoria, doutrina, ideologia e conjunto de ideias racistas descritas nesse artigo são cientificamente falsas, moralmente censuráveis, socialmente injustas e contrárias aos princípios fundamentais do Direito Internacional e, portanto, perturbam gravemente a paz e a segurança internacional, sendo, dessa maneira, condenadas pelos Estados-Partes.

Decifrando a prova

(Promotor de Justiça Substituto – MPE/MG – Fundep – 2021 – Adaptada) Julgue a assertiva:

Sobre o racismo, a discriminação racial e as formas correlatas de intolerância, assinale, nos termos da legislação vigente, as medidas especiais adotadas com a finalidade de assegurar o gozo ou exercício, em condições de igualdade, de um ou mais direitos humanos e liberdades fundamentais de grupos que requeiram essa proteção caracterizam a prática de discriminação racial.

( ) Certo ( ) Errado

Gabarito comentado: de acordo com o disposto no art. 1º, item 6, da Convenção Interamericana contra o Racismo, a Discriminação Racial e Formas Correlatas de Intolerância, firmada pela República Federativa do Brasil, na Guatemala, em 5 de junho de 2013, as medidas especiais ou de ação afirmativa adotadas com a finalidade de assegurar o gozo ou exercício, em condições de igualdade, de um ou mais direitos humanos e liberdades fundamentais de grupos que requeiram essa proteção não constituirão discriminação racial, desde que essas medidas não levem à manutenção de direitos separados para grupos diferentes e não se perpetuem uma vez alcançados seus objetivos. Portanto, a assertiva está errada.

Atenção

Para possível questão de prova! Mesmo com as alterações de 1997, com texto mais bem adequado à Carta que o anterior, a Lei nº 7.716/1989 não se refere ao preconceito relacionado à escolha sexual.

Embora o Supremo Tribunal Federal (STF) já tenha se manifestado no sentido de que a lei não alcança a discriminação decorrente de opção sexual (Inq 3.590, 1ª Turma, Rel. Min. Marco Aurélio, j. 12.08.2014, *DJe* 12.09.2014), em junho de 2019, no julgamento da Ação Direta de Inconstitucionalidade por Omissão (ADO) nº 26 e do Mandado de Injunção (MI) nº 4.733, o Plenário da Corte, por decisão majoritária, não apenas declarou a existência de omissão inconstitucional pela ausência de incriminação de práticas homofóbicas e transfóbicas, mas passou a entender que o preconceito de **gênero** caracteriza crime de racismo previsto na Lei nº 7.716/1989.

🔍 Jurisprudência destacada

1. Até que sobrevenha lei emanada do Congresso Nacional destinada a implementar os mandados de criminalização definidos nos incisos XLI e XLII do art. 5º da Constituição da República, as condutas homofóbicas e transfóbicas, reais ou supostas, que envolvem aversão odiosa à orientação sexual ou à identidade de gênero de alguém, por traduzirem expressões de racismo, compreendido este em sua dimensão social, ajustam-se, por identidade de razão e mediante adequação típica, aos preceitos primários de incriminação definidos na Lei nº 7.716, de 08.01.1989, constituindo, também, na hipótese de homicídio doloso, circunstância que o qualifica, por configurar motivo torpe (CP, art. 121, § 2º, I, *in fine*). 2. A repressão penal à prática da homotransfobia não alcança nem restringe ou limita o exercício da liberdade religiosa, qualquer que seja a denominação confessional professada, a cujos fiéis e ministros (sacerdotes, pastores, rabinos, mulás ou clérigos muçulmanos e líderes ou celebrantes das religiões afro-brasileiras, entre outros) é assegurado o direito de pregar e de divulgar, livremente, pela palavra, pela imagem ou por qualquer outro meio, o seu pensamento e de externar suas convicções de acordo com o que se contiver em seus livros e códigos sagrados, bem assim o de ensinar segundo sua orientação doutrinária e/ou teológica, podendo buscar e conquistar prosélitos e praticar os atos de culto e respectiva liturgia, independentemente do espaço, público ou privado, de sua atuação individual ou coletiva, desde que tais manifestações não configurem discurso de ódio, assim entendidas aquelas exteriorizações que incitem a discriminação, a hostilidade ou a violência contra pessoas em razão de sua orientação sexual ou de sua identidade de gênero. 3. O conceito de racismo, compreendido em sua dimensão social, projeta-se para além de aspectos estritamente biológicos ou fenotípicos, pois resulta, enquanto manifestação de poder, de uma construção de índole histórico-cultural motivada pelo objetivo de justificar a desigualdade e destinada ao controle ideológico, à dominação política, à subjugação social e à negação da alteridade, da dignidade e da humanidade daqueles que, por integrarem grupo vulnerável (LGBTI+) e por não pertencerem ao estamento que detém posição de hegemonia em uma dada estrutura social, são considerados estranhos e diferentes, degradados à condição de marginais do ordenamento jurídico, expostos, em consequência de odiosa inferiorização e de perversa estigmatização, a uma injusta e lesiva situação de exclusão do sistema geral de proteção do direito (STF, Tribunal Pleno, MI nº 4.733/DF 9942814-37.2012.1.00.0000, Rel. Min. Edson Fachin, j. 13.06.2019, data de publicação 29.09.2020).

⚙️ Decifrando a prova

(Delegado de Polícia – PC/PR – NC/UFPR – 2021 – Adaptada) Sobre a possibilidade de incidência da Lei nº 7.716/1989 às condutas homofóbicas ou transfóbicas, de acordo com o entendimento atual do STF, firmado no julgamento da Ação Direta de Inconstitucionalidade por Omissão (ADO) nº 26, considere as seguintes afirmativas:

Até que o Congresso Nacional edite lei específica, as condutas homofóbicas e transfóbicas, reais ou supostas, se enquadram nos crimes previstos na Lei nº 7.716/1989.

O exercício da liberdade religiosa pode caracterizar a prática de homotransfobia caso venha a configurar discurso de ódio.

O conceito de racismo ultrapassa aspectos estritamente biológicos ou fenotípicos e alcança comportamentos de negação da dignidade e da humanidade daqueles que integram os grupos vulneráveis vítimas da homotransfobia.

É típica a conduta de quem, por homofobia ou transfobia, recusa ou impede acesso a estabelecimento comercial, negando-se a servir, atender ou receber cliente ou comprador.

Pode-se afirmar que todos os itens estão certos?

( ) Certo ( ) Errado

Gabarito comentado: todos os itens estão corretos, nos termos da Ação Direta de Inconstitucionalidade por Omissão (ADO) nº 26 e do Mandado de Injunção (MI) nº 4.733.

┌─Cuidado─

- ♦ Discriminações em razão do sexo (masculino/feminino) e do estado civil estão previstas como práticas contravencionais na Lei nº 7.437/1985.
- ♦ Pessoas com deficiência são protegidas contra discriminação pela Lei nº 13.146/2016.
- ♦ A discriminação contra portadores do vírus HIV está prevista na Lei nº 12.984/2014.

Ateísmo. Ao tratar do preconceito religioso, a lei em estudo não abrange o ateísmo, o qual não se inclui na noção de religião, que se refere às crenças e cultos de determinado grupo social.

Considerando-se o ateu como aquele que não crê em Deus ou deuses e, por sua vez, religião como crença necessariamente vinculada à existência de ente ou entes superiores, nos termos da conceituação adotada anteriormente, o ateísmo enquadrar-se-ia como espécie de doutrina filosófica não amparada pela Lei nº 7.716/1989 (SANTOS, 2001, p. 80).

A imprescritibilidade. O racismo é crime imprescritível e inafiançável, nos termos do art. 5º, XLII, da CF/1988, conforme transcrição a seguir:

Art. 5º (...)

XLII – a prática do racismo constitui crime inafiançável e imprescritível, sujeito à *pena de reclusão, nos termos da lei.*

Atenção

Para as nossas Cortes Superiores, embora existam diferenças entre racismo e injúria pre-conceituosa, o STJ já decidiu que o último é também um crime imprescritível (STJ, 6ª Turma, AgRg no AREsp nº 734.236/DF 2015/0153975-1, Rel. Min. Nefi Cordeiro, j. 27.02.2018, *DJe* 08.03.2018).

Decifrando a prova

(Delegado – PC/PA – Movens – 2009 – Adaptada) Julgue a seguinte afirmação: "É possível afirmar que a prática do racismo constitui crime inafiançável e imprescritível, sujeito à pena de reclusão, nos termos da lei".

( ) Certo ( ) Errado

Gabarito comentado: de acordo com a redação do art. 5º, XLII, da CF/1988, a assertiva está certa.

2.2 CARACTERÍSTICAS GERAIS DOS CRIMES

2.2.1 Tipo subjetivo

Crime de tendência. Todos os crimes dessa lei são **dolosos**, não se admitindo a modalidade culposa. Para a caracterização do crime de racismo, ainda que não se tenha exigência expressa nos tipos penais, o agente deverá ter atuado com tendência **discriminatória**, preconceituosa e segregadora, exigida pela própria **natureza do delito**. Por isso, o racismo pode ser classificado como crime de tendência. Havendo outro ânimo, como o *animus jocandi* (de brincar), *animus criticandi* (de criticar), *animus narrandi* (de narrar), por exemplo, não haverá o crime (PORTOCARRERO; FERREIRA, 2020, p. 1080).

Sobre o tema, merece destaque a manifestação do STF no caso do então Deputado Federal Jair Bolsonaro envolvendo os quilombolas, quando, ao absolvê-lo da imputação de crime de racismo, destacou a imprescindibilidade da tendência de discriminação, preconceituosa e de segregação, que se exige do autor para sua caracterização.

 **Jurisprudência destacada**

(...) Asseverou que, consoante se depreende do discurso proferido pelo acusado em relação a comunidades quilombolas, as afirmações, embora consubstanciem entendimento de diferenciação e até de superioridade, são desprovidas da finalidade de repressão, dominação, supressão ou eliminação, razão pela qual, tendo em vista não se investirem de caráter discriminatório, são incapazes de caracterizarem o crime previsto no art. 20, *caput*, da Lei nº 7.716/1989. Considerou que os pronunciamentos do parlamentar contidos na peça acusatória estão vinculados ao contexto de demarcação e proveito econômico das terras e configuram manifestação política que não extrapola os limites da liberdade de expressão (...) (STF, 1ª Turma, Inq nº 4.694/DF 0016317-57.2018.1.00.0000, Rel. Min. Marco Aurélio, j. 11.09.2018).

Decifrando a prova

(Delegado – PC/BA – Vunesp – 2018 – Adaptada) Julgue a seguinte afirmação: "A respeito da Lei nº 7.716/1989, com as alterações da Lei nº 9.459/1997 (tipificação dos crimes resultantes de preconceito de raça ou de cor), é possível afirmar que os crimes nela previstos, sem exceção, são praticados mediante dolo.

( ) Certo ( ) Errado

Gabarito comentado: não existe previsão de tipo culposo na Lei nº 7.716/1989. Portanto, a assertiva está certa.

2.2.2 Sujeitos do crime

Sujeito ativo. O racismo é crime **comum** nas hipóteses previstas nos arts. 14 e 20, podendo ser praticado por qualquer pessoa. Nas demais hipóteses, por exigir qualidade especial do sujeito ativo, classifica-se como crime **próprio**, consoante explicaremos quando da análise dos tipos penais respectivos.

Sujeito passivo. É a pessoa discriminada, alvo do preconceito, mas também toda a coletividade, por se tratar de crime contra a humanidade.

2.2.3 Bem jurídico e classificação doutrinária

Bem jurídico tutelado. É a dignidade da pessoa humana.

Classificação doutrinária. Crime doloso; de forma livre; formal (por não demandar resultado naturalístico para sua consumação); próprio (à exceção dos arts. 14 e 20, que são crimes comuns, não exigindo sujeito ativo especial); comissivo (praticado por meio de um comportamento positivo, ou seja, por ação); instantâneo (a conduta não se prolonga no tempo); unissubjetivo (pode ser praticado por uma só pessoa); de tendência; unissubsistente (praticado mediante um só ato) ou plurissubsistente (praticado mediante dois ou mais atos).

2.2.4 Consumação e tentativa

Consumação e tentativa. Sendo **formais**, os crimes descritos nessa lei estarão consumados no momento da realização dos verbos típicos, independentemente da superveniência de qualquer resultado, admitindo **tentativa** quando forem **plurissubsistentes**, ou seja, praticados por mais de um ato, hipótese em que será possível o fracionamento do seu *iter* executório.

2.2.5 Ação penal

Ação penal. O crime de racismo será sempre de **ação penal pública incondicionada** e, ainda que não o queira a pessoa atingida pela conduta discriminatória, o Ministério Público deverá **obrigatoriamente** deflagrar ação penal quando diante de indícios suficientes de autoria e prova da materialidade dos crimes tratados nessa lei.

2.2.6 Racismo vs. crime de injúria preconceituosa

Diferenças entre o art. 20 da Lei nº 7.716/1989 (racismo) e o art. 140, § 3º, do CP (injúria discriminatória ou preconceituosa).

O art. 140, § 3º, do CP tipifica a injúria qualificada pela conotação racista. Cuida-se de crime **contra a honra**, em que o dolo é ofender a honra **subjetiva** da vítima[1] com utilização de elementos relacionados à raça, cor, religião, etnia, origem ou procedência nacional.

> **Art. 140.** Injuriar alguém, ofendendo-lhe a dignidade ou o decoro: (...)
>
> **§ 3º** Se a injúria consiste na utilização de elementos referentes a raça, cor, etnia, religião, origem ou a condição de pessoa idosa ou portadora de deficiência:
>
> **Pena** – reclusão de um a três anos e multa.

Na injúria discriminatória, o agente **não** tem o dolo de segregar, de demonstrar uma falsa superioridade com relação ao grupo a que pertença àquela pessoa. A rigor, o que ele quer é ofender **determinada** pessoa.

> **Exemplo 1:** João, amigo de inúmeros judeus, que, inclusive, estavam em sua casa naquele momento, nega entrada de uma mulher em festa que promovia no local, chamando-a de "judia pilantra", após reconhecê-la como cliente que havia se manifestado na internet contra os péssimos serviços prestados por uma das empresas de que ele era sócio. Neste exemplo, houve crime contra a honra, qual seja, injúria discriminatória. A questão não se refere aos judeus como grupo, mas àquela mulher específica, a quem deseja afetar em sua honra subjetiva.
>
> **Exemplo 2:** STJ e STF entenderam tratar-se de racismo, e não de injúria preconceituosa, o crime perpetrado por comissário norte-americano que, durante voo inter-

---

[1]   Honra subjetiva é o conceito que cada um tem de si próprio, de seus valores, de seu caráter, de seus atributos físicos, profissionais, intelectuais, sociais etc.

nacional, teria menosprezado um brasileiro, mencionando, em meio à discussão, que, no dia seguinte, acordaria "jovem, bonito, orgulhoso, rico e sendo um poderoso americano", enquanto o passageiro acordaria como "safado, depravado, repulsivo, canalha e miserável brasileiro". Entenderam as Cortes que a ofensa direcionava-se a todos os brasileiros, a quem o agente se referiu como "canalhas, repulsivos, miseráveis e depravados".[2]

Decifrando a prova

(Juiz de Direito Substituto – TJPA – Vunesp – 2014 – Adaptada) Julgue a seguinte afirmação: "'X' é negro e jogador de futebol profissional. Durante uma partida é chamado pelos torcedores do time adversário de macaco e lhe são atiradas bananas no meio do gramado. Caso sejam identificados os torcedores, é correto afirmar que, em tese, responderá pelo crime de racismo, nos termos da Lei nº 7.716/1989".

( ) Certo ( ) Errado

Gabarito comentado: os torcedores responderão pelo crime de injúria racial, nos termos do art. 140, § 3º, do CP, pois houve uma ofensa a uma pessoa determinada/específica (ocorreu uma injúria em razão da raça da vítima), e não em virtude de pessoas indeterminadas/coletividade, não podendo ser tipificado na lei de racismo. Portanto, a assertiva está errada.

Ação penal para os crimes de racismo e injúria preconceituosa. Se o racismo é crime de **ação pública incondicionada**, a injúria preconceituosa é crime de **ação penal pública condicionada à representação**, conforme o art. 145, parágrafo único, do CP. Devemos, contudo, pontuar a existência de decisões equiparando a injúria preconceituosa ao racismo.

> **Art. 145.** Nos crimes previstos neste Capítulo somente se procede mediante queixa, salvo quando, no caso do art. 140, § 2º, da violência resulta lesão corporal.
>
> **Parágrafo único.** Procede-se mediante requisição do Ministro da Justiça, no caso do inciso I do *caput* do art. 141 deste Código, e mediante representação do ofendido, no caso do inciso II do mesmo artigo, bem como no caso do § 3º do art. 140 deste Código.

Quando a injúria racial for praticada a partir da Internet, segundo o STJ, ao se verificar que tais ofensas possuem caráter exclusivamente **pessoal**, a competência para processar e julgar o feito será da **Justiça Estadual**, ainda que o crime tenha sido perpetrado por meio da rede mundial de computadores (STJ, CC nº 175.340/SP 2020/0265586-2, Rel. Min. Felix Fischer, *DJ* 19.10.2020; e STJ, 3ª Seção, CC nº 184.269/PB 2021/0363685-3, Rel. Min. Laurita Vaz, j. 09.02.2022, *DJe* 15.02.2022).

---

[2] Decisão veiculada no *Informativo* 497 do STF.

2.2.7 Competência para processo e julgamento do racismo

Racismo, nas redes sociais fechadas aos seus integrantes, será da competência da Justiça Estadual, por não ter produzido resultados no exterior.

O art. 109, V, da CF/1988 estabelece a competência da **Justiça Federal** para processar e julgar crimes previstos em tratados internacionais, como o racismo, desde que o resultado desses tenha ou devesse ter ocorrido no exterior. Assim, caso o racismo seja praticado por meio de redes abertas, a competência será da Justiça Federal.

> **Art. 109.** Aos juízes federais compete processar e julgar:
>
> (...)
>
> V – os crimes previstos em tratado ou convenção internacional, quando, iniciada a execução no País, o resultado tenha ou devesse ter ocorrido no estrangeiro, ou reciprocamente.

 **Jurisprudência destacada**

Conflito negativo de competência. Art. 20, § 2º, da Lei nº 7.716/1989. Discriminação e preconceito contra o povo judeu. Convenção internacional acerca do tema. Ratificada pelo Brasil. Disseminação. Praticada por meio da rede social "Facebook". Sítio virtual de amplo acesso. Conteúdo racista acessível no exterior. Potencial transnacionalidade configurada. Competência da Justiça Federal. Identificação da origem das postagens. Possibilidade de fixação de terceiro juízo estranho ao conflito. 1. O presente conflito de competência deve ser conhecido, por se tratar de incidente instaurado entre juízos vinculados a Tribunais distintos, nos termos do art. 105, inciso I, alínea *d*, da CF/1988 – CF. 2. Segundo o art. 109, V, da CF/1988 – CF/1988, compete aos juízes federais processar e julgar "os crimes previstos em tratado ou convenção internacional, quando iniciada a execução no País, o resultado tenha ou devesse ter ocorrido no estrangeiro, ou reciprocamente". 3. Na presente investigação é incontroverso que o conteúdo divulgado na rede social "Facebook", na página "Hitler Depressão – A Todo Gás", possui conteúdo discriminatório contra todo o povo judeu, e não contra pessoa individualmente considerada. Também é incontroverso que a "Convenção Internacional sobre a Eliminação de Todas as Formas de Discriminação Racial", promulgada pela Assembleia das Nações Unidas foi ratificada pelo Brasil em 27.03.1968. O núcleo da controvérsia diz respeito exclusivamente à configuração ou não da internacionalidade da conduta. 4. À época em que tiveram início as investigações, não havia sólido entendimento da Suprema Corte acerca da configuração da internacionalidade de imagens postadas no "Facebook".

Todavia, o tema foi amplamente discutido em recurso extraordinário cuja repercussão geral foi reconhecida. "A extração da potencial internacionalidade do resultado advém do nível de abrangência próprio de sítios virtuais de amplo acesso, bem como da reconhecida dispersão mundial preconizada no art. 2º, I, da Lei nº 12.965/2014, que instituiu o Marco Civil da Internet no Brasil" (RE 628.624, Rel. Min. Marco Aurélio, Relator p/ Acórdão Min. Edson Fachin, Tribunal Pleno, *DJe* 06.04.2016) 5. Muito embora o paradigma da repercussão geral diga respeito à pornografia infantil, o mesmo raciocínio se aplica ao caso concreto, na medida em que o acórdão da Suprema Corte vem repisar o disposto na CF/1988, que reconhece a competência da Justiça Federal não apenas no caso de acesso da publicação por alguém no estrangeiro, mas também nas hipóteses em que a amplitude do meio de divulgação tenha o condão de possibilitar o acesso. No caso dos autos, diante da potencialidade de o material disponibilizado na internet ser acessado no exterior, está configurada a competência da Justiça Federal, ainda que o conteúdo não tenha sido efetivamente visualizado fora do território nacional. 6. Na singularidade do caso concreto, diligências apontam que as postagens de cunho racista e discriminatório contra o povo judeu partiram de usuário localizado em Curitiba. Nos termos do art. 70 do CPP – CPP, "a competência será, de regra, determinada pelo lugar em que se consumar a infração, ou, no caso de tentativa, pelo lugar em que for praticado o último ato de execução". 7. "A jurisprudência tem reconhecido a possibilidade de declaração da competência de um terceiro juízo que não figure no conflito de competência em julgamento, quer na qualidade de suscitante, quer na qualidade de suscitado" (CC nº 168.575/MS, Rel. Min. Reynaldo Soares da Fonseca, 3ª Seção, *DJe* 14.10.2019). 8. Conflito conhecido para declarar a competência da Justiça Federal atuante em Curitiba – SJ/PR, a quem couber a distribuição do feito (STJ, 3ª Seção, CC nº 163.420/PR 2019/0021665-1, Rel. Min. Joel Ilan Paciornik, j. 13.05.2020, *DJe* 1º.06.2020).

Sobre o juízo competente, será o do local de onde partiram as imagens.

 Jurisprudência destacada

(...) Em regra, a competência para processar e julgar o crime de racismo praticado pela internet é do local de onde partiram as mensagens com base no art. 70 do CPP, tendo em vista que, quando o usuário da rede social posta a manifestação racista, ele, com esta conduta, já consuma o crime. Logo, se as condutas delitivas foram praticadas por diferentes pessoas a partir de localidades diversas, a princípio, a competência para julgar seria das Justiças localizadas nos locais de onde partiram as mensagens racistas. Todavia, tais condutas contaram com o mesmo *modus operandi*, qual seja, troca e postagem de mensagens de cunho racista e discriminatório contra diversas minorias. Dessa forma, estando interligadas as condutas, constata-se a existência de conexão probatória a atrair a incidência dos arts. 76, III, e 78, II, do CPP. Será competente para julgar conjuntamente os fatos o juízo prevento, ou seja, aquele que primeiro conheceu dos fatos. Resumindo: ainda que os possíveis autores dos fatos criminosos tenham domicílio em localidades distintas do território nacional, compete ao juízo do local onde teve início a apuração das condutas processar e julgar todos os supostos responsáveis pela troca de mensagens de conteúdo racista em comunidades de rede social na internet, salvo quanto a eventuais processos em que já tiver sido proferida sentença (STJ, 3ª Seção, CC nº 130.134/TO 2013/0317304-1, Rel. Min. Marilza Maynard (Desembargadora convocada do TJSE), j. 09.10.2013, *DJe* 21.11.2013).

2.2.8 Efeitos da condenação

Perda do cargo. A perda do cargo para o funcionário público que praticar crime de racismo é efeito não automático da condenação, na medida em que, para que se opere, o juiz deverá declará-la por ocasião da sentença condenatória, **motivando a decisão**. Caso não o faça, a condenação transitada em julgado **não** autorizará o perdimento do cargo. **Importante** frisar que, no último caso, nada impede que o agente venha a perder tal cargo em virtude de um processo administrativo a que seja submetido ou mesmo como pena em uma ação de improbidade.

> **Art. 16.** Constitui efeito da condenação a perda do cargo ou função pública, para o servidor público, e a suspensão do funcionamento do estabelecimento particular por prazo não superior a três meses.

> **Art. 18.** Os efeitos de que tratam os arts. 16 e 17 desta lei não são automáticos, devendo ser motivadamente declarados na sentença.

🧩 Decifrando a prova

(Delegado – PC/BA – Vunesp – 2018 – Adaptada) Julgue a seguinte afirmação: "A respeito da Lei nº 7.716/1989, com as alterações da Lei nº 9.459/1997 (tipificação dos crimes resultantes de preconceito de raça ou de cor), prevê como efeito automático da condenação a perda do cargo ou função pública, para o agente servidor público".

( ) Certo ( ) Errado

Gabarito comentado: a assertiva contraria o disposto no art. 18 da lei referida, o qual dispõe que: "os efeitos de que tratam os arts. 16 e 17 desta Lei não são automáticos, devendo ser motivadamente declarados na sentença". Portanto, a assertiva está errada.

Suspensão de funcionamento de estabelecimento particular. Como efeito **não automático** de condenação, a lei também menciona a suspensão do funcionamento do estabelecimento particular, por prazo **não superior a três meses,** quando se tratar de prática dos crimes descritos nos arts. 4º, 5º, 6º, 7º, 8º, 9º e 10. Entendemos que tal efeito só pode ser **declarado na sentença condenatória** na hipótese de o crime ter sido cometido pelo proprietário, gestor ou por funcionário em cumprimento de sua ordem.

Na hipótese de um funcionário praticar o crime de forma **isolada**, revelando uma discriminação que seja apenas sua, sem que o tratamento discriminatório possa ser considerado política da empresa, suspender o funcionamento do estabelecimento, prejudicando os proprietários ou sócios e demais empregados, significaria consagrar hipótese em que os reflexos da punição atingirão direitos de terceiros de boa-fé, o que não se afigura possível.

Concessionárias de serviços. O efeito de suspensão **não** se opera quando se tratar de concessionárias de serviços públicos, em virtude da relevância dos serviços prestados para a população em geral.

2.3 CRIMES EM ESPÉCIE

2.3.I Art. 3º

Art. 3º Impedir ou obstar o acesso de alguém, devidamente habilitado, a qualquer cargo da Administração Direta ou Indireta, bem como das concessionárias de serviços públicos.

Pena – reclusão de dois a cinco anos.

Parágrafo único. Incorre na mesma pena quem, por motivo de discriminação de raça, cor, etnia, religião ou procedência nacional, obstar a promoção funcional.

Conduta típica. Descreve a conduta de **impedir ou obstar** (criar dificuldades, embaraços) o acesso a **qualquer** cargo da Administração Direta ou Indireta, bem como das concessionárias de serviços públicos, de alguém que preencha os requisitos exigidos para tanto.

Aqui, como em todos os demais crimes trazidos pela lei, o agente atua **motivado** por questões concernentes à discriminação de raça, cor, religião, etnia ou procedência nacional. A norma não apenas se refere ao impedimento de acesso, mas também à obstrução da promoção funcional impelida pelos mesmos motivos.

Não se esqueça: a Administração Direta é formada pelos órgãos públicos que fazem parte do Estado, ou seja, é o **próprio Estado**, de modo direto, prestando serviços aos cidadãos. A Administração Indireta é constituída por pessoas de direito público ou privado, com autonomia administrativa e financeira, que não pertencem ao Estado, mas são ligadas a ele, desenvolvendo suas atividades de maneira descentralizada. Na Administração Pública Indireta, temos as autarquias, fundações públicas, empresas públicas e as sociedades de economia mista.

Cuidado

A palavra "cargo" utilizada no dispositivo tem sentido amplo, sendo usada como sinônimo de cargo, emprego ou função.

Sujeito ativo. Nesse caso, trata-se de crime **próprio** e somente poderão ser sujeitos ativos os que, na estrutura da Administração Pública, direta ou indireta, detiverem o poder para criar requisitos preconceituosos e discriminatórios para acesso ao cargo ou para ascensão funcional.

2.3.2 Art. 4º

Art. 4º Negar ou obstar emprego em empresa privada.

Pena – reclusão de dois a cinco anos.

§ 1º Incorre na mesma pena quem, por motivo de discriminação de raça ou de cor ou práticas resultantes do preconceito de descendência ou origem nacional ou étnica:

I – deixar de conceder os equipamentos necessários ao empregado em igualdade de condições com os demais trabalhadores;

II – impedir a ascensão funcional do empregado ou obstar outra forma de benefício profissional;

III – proporcionar ao empregado tratamento diferenciado no ambiente de trabalho, especialmente quanto ao salário.

§ 2º Ficará sujeito às penas de multa e de prestação de serviços à comunidade, incluindo atividades de promoção da igualdade racial, quem, em anúncios ou qualquer outra forma de recrutamento de trabalhadores, exigir aspectos de aparência próprios de raça ou etnia para emprego cujas atividades não justifiquem essas exigências.

Conduta típica. Obstar acesso a emprego em **empresa privada** por discriminação de raça, cor, etnia, religião ou procedência nacional é a conduta caracterizada nesse artigo, que descreve crime ao qual se cominam as mesmas penas do artigo anterior, o que nos parece desproporcional dada a maior gravidade da discriminação quando se trata de impedimento de acesso a cargos da Administração Pública, direta e indireta.

Será igualmente criminosa a conduta de **deixar de oferecer** condições de trabalho iguais às dos demais trabalhadores, impedir a ascensão funcional ou criar obstáculos para a concessão de benefícios ou qualquer outra forma de proporcionar tratamento diferenciado em virtude de discriminação de raça, cor, etnia ou procedência nacional.

Cuidado

A discriminação religiosa, embora caracterize o crime do *caput* do art. 4º, não configurará o do parágrafo único desse mesmo artigo, por não estar nele prevista. Todavia, a realização das condutas dispostas no § 1º por motivo de discriminação religiosa não deixará de ser considerada criminosa, adequando-se ao modelo incriminador trazido pelo art. 20 do diploma que ora se analisa.

Sujeito ativo. Cuida-se de outro dispositivo em que se tem crime **próprio**, pois o sujeito ativo deverá ser necessariamente o **proprietário ou a pessoa responsável** pela contratação.

Decifrando a prova

(Delegado – PC/BA – Vunesp – 2018 – Adaptada) Julgue a seguinte afirmação: "É possível afirmar que pratica crime o empregador que, por motivo de discriminação de raça ou cor, deixar de conceder equipamentos necessários ao empregado, em igualdade de condições com os demais trabalhadores".

( ) Certo ( ) Errado

Gabarito comentado: de acordo com a expressa redação do art. 4º da referida lei em questão: "Negar ou obstar emprego em empresa privada. § 1º Incorre na mesma pena quem, por motivo de discriminação de raça ou de cor ou práticas resultantes do preconceito de descendência ou origem nacional ou étnica: I – deixar de conceder os equipamentos necessários ao empregado em igualdade de condições com os demais trabalhadores". Portanto, a assertiva está certa.

2.3.3 Art. 5°

Art. 5° Recusar ou impedir acesso a estabelecimento comercial, negando-se a servir, atender ou receber cliente ou comprador.

Pena – reclusão de um a três anos.

Conduta típica. Mais um modelo legal incriminador de conduta **múltipla**, sendo aqui mencionados distintos núcleos típicos, quais sejam, **recusar ou impedir** acesso a estabelecimento comercial; negar-se a servir, atender ou receber cliente ou comprador.

Ainda que não mencionado no tipo penal, mas observada a regra do art. 1° dessa lei, o crime somente será configurado quando o agente **atuar impelido** por preconceito racial, de cor, de religião, de etnia ou de procedência nacional. Se a negativa se der em razão de preconceito referente a **sexo ou estado civil**, deverá ser reconhecida a contravenção do art. 4° da Lei n° 7.437/1985. De outro giro, negativas motivadas pela preferência pela **classe social ou poder aquisitivo** serão caracterizadoras do crime do art. 7°, I, da Lei n° 8.137/1990.

A prática de mais de uma conduta caracterizará um único crime, por se tratar de tipo **misto alternativo**.

Sujeito ativo. Podendo ser unicamente praticado por **comerciante, vendedor ou por prestador de serviços, cuida-se de crime próprio**.

2.3.4 Art. 6°

Art. 6° Recusar, negar ou impedir a inscrição ou ingresso de aluno em estabelecimento de ensino público ou privado de qualquer grau.

Pena – reclusão de três a cinco anos.

Parágrafo único. Se o crime for praticado contra menor de dezoito anos a pena é agravada de 1/3 (um terço).

Conduta típica. Recusar, negar ou impedir a inscrição ou ingresso de aluno em estabelecimento de ensino público ou privado de qualquer grau em razão de preconceito de raça, cor, religião, etnia ou procedência nacional. O crime pode se relacionar à matrícula no ensino fundamental, médio ou superior.

┌─**Cuidado**───

Se for recusada a matrícula de um menor, causando-lhe constrangimento, e a motivação para tanto **não for** a raça, cor, etnia, religião ou procedência nacional, o crime será o do art. 232 do Estatuto da Criança e do Adolescente (ECA).

└──

Sujeito ativo. O proprietário ou diretor do estabelecimento de ensino, público ou privado, e o funcionário responsável por efetuar matrículas. O funcionário, em estabelecimento **público**, que, em cumprimento às determinações superiores, negar a matrícula também poderá figurar na qualidade de sujeito ativo, mas poderá ter sua pena **atenuada** nos termos do art. 65, III, *c*, do CP. Outrossim, se a conduta for realizada pelo funcionário do estabelecimento público ou particular, sem nenhuma participação ou ordem do proprietário ou de seus superiores, somente o funcionário poderá ser **responsabilizado** pelo crime.

Causa de aumento de pena. Quando a vítima for **menor** de 18 anos, a pena sofrerá **aumento de um terço.**

🧩 Decifrando a prova

(Delegado – PC/BA – Vunesp – 2018 – Adaptada) Julgue a seguinte afirmação: "A respeito da Lei nº 7.716/1989, com as alterações da Lei nº 9.459/1997 (tipificação dos crimes resultantes de preconceito de raça ou de cor), prevê como causa de aumento de pena, geral a todos os crimes, a prática em detrimento de menor de 18 (dezoito) anos".

( ) Certo ( ) Errado

Gabarito comentado: a causa de aumento apenas se aplica à tipificação prevista no art. 6º da Lei nº 7.716/1989, em razão de estar estabelecida no parágrafo único: "Se o crime for praticado contra menor de dezoito anos, a pena é agravada de 1/3 (um terço)". Portanto, a assertiva está errada.

2.3.5 Art. 7º

Art. 7º Impedir o acesso ou recusar hospedagem em hotel, pensão, estalagem, ou qualquer estabelecimento similar.

Pena – reclusão de três a cinco anos.

Conduta típica. Consiste em **impedir (negar)** o acesso ou recusar hospedagem em hotel, pensão, estalagem, ou qualquer estabelecimento similar, em razão de raça, cor, religião, etnia ou procedência nacional.

Sujeito ativo. O responsável pela admissão de hóspedes, o gerente ou proprietário do estabelecimento. Cuida-se, portanto, de **crime próprio.**

2.3.6 Art. 8º

Art. 8º Impedir o acesso ou recusar atendimento em restaurantes, bares, confeitarias, ou locais semelhantes abertos ao público.

Pena – reclusão de um a três anos.

Conduta típica. Impedir o acesso ou recusar atendimento em restaurantes, bares, confeitarias ou locais semelhantes abertos ao público, ou seja, locais aos quais o público em geral tenha acesso, ainda que **mediante pagamento.**

Sujeito ativo. Proprietário ou responsável pelo controle de ingresso ou prestação do serviço no estabelecimento. Cuida-se, portanto, de crime **próprio**.

2.3.7 Art. 9º

Art. 9º Impedir o acesso ou recusar atendimento em estabelecimentos esportivos, casas de diversões, ou clubes sociais abertos ao público.

Pena – reclusão de um a três anos

Conduta típica. Descreve a conduta de **impedir o acesso ou recusar** atendimento em estabelecimentos esportivos, casas de diversões ou clubes sociais abertos ao público, ou seja, de livre acesso, conforme regras previamente estabelecidas – exemplo: um espetáculo de dança para o qual foram vendidos ingressos; um clube onde, pelo estatuto, qualquer pessoa possa figurar como sócio, desde que pague determinada quantia etc.

Nos clubes sociais fechados com admissão e frequência consoante seleção, por exemplo, por indicação de outros já associados, não se caracterizará o crime em análise.

Cuidado

Embora os critérios para admissão em clubes sociais sejam os mais variados, estará configurado o delito se disserem respeito à discriminação racial, étnica, religiosa ou de procedência nacional.

 **Jurisprudência destacada**

A recusa de admissão em quadro associativo de clube social, em razão de preconceito de raça ou de cor caracteriza o tipo inserto no art. 9º da Lei nº 7.716/1989, enquanto modo da conduta impedir, que lhe integra o núcleo. A faculdade, estatutariamente atribuída à diretoria, de recusar propostas de admissão em clubes sociais, sem declinação dos motivos, não lhe atribui a natureza especial de fechado, de maneira a subtraí-lo da incidência da lei (STJ, 6ª Turma, RHC nº 12.809/MG 2002/0056329-8, Rel. Min. Hamilton Carvalhido, j. 22.03.2005, *DJ* 11.04.2005).

Sujeito ativo. É o proprietário ou responsável pelo estabelecimento, sendo também aqui aplicáveis as considerações feitas quanto ao sujeito ativo no art. 4º.

2.3.8 Art. 10

Art. 10. Impedir o acesso ou recusar atendimento em salões de cabeleireiros, barbearias, termas ou casas de massagem ou estabelecimento com as mesmas finalidades.

Pena – reclusão de um a três anos.

Conduta típica. Aqui se descreve a conduta de **impedir o acesso ou recusar** atendimento em salões de cabeleireiros, barbearias, termas ou casas de massagem ou estabelecimento com as mesmas finalidades.

Sujeito ativo. É o proprietário ou responsável pelo estabelecimento.

2.3.9 Art. II

Art. 11. Impedir o acesso às entradas sociais em edifícios públicos ou residenciais e elevadores ou escada de acesso aos mesmos:

Pena – reclusão de um a três anos.

Análise do tipo objetivo. O crime se caracteriza pela **criação** de qualquer impedimento de acesso a entradas, elevadores e escadas sociais de edifícios públicos ou residenciais.

A doutrina nos alerta, porém, que **não** deve ser entendida como conduta violadora desse artigo a exigência normalmente feita em prédios públicos ou residenciais de que prestadores de serviços ingressem pelas entradas de serviço, na medida em que tais exigências buscam atender às necessidades de limpeza e comodidade dos moradores com relação ao fluxo de pessoas, não trazendo consigo a tendência discriminatória, essencial para a caracterização do delito em comento (PORTOCARRERO; FERREIRA, 2020, p. 1085-1086).

Sujeito ativo. É aquele a quem cabe estabelecer as regras e/ou controlar a entrada e saída de pessoas no prédio. Podem ser sujeitos ativos também **condôminos em prédio particular** que, valendo-se dessa qualidade, quiserem impedir a entrada de alguém por questões relacionadas à raça, cor, religião, etnia ou procedência nacional.

Com relação a porteiros e demais funcionários que, embora não concordem com a ordem, executam-na para não perderem seus empregos, entendemos que não deverão responder pelo crime, por inexigibilidade de conduta diversa, que lhes isentará de pena. Concordando, poderão responder pelo crime em concurso com aquele de quem a ordem emanou.

🧩 Decifrando a prova

(Defensor Público – DPE/MS – Vunesp – 2018 – Adaptada) Julgue a seguinte afirmação: "É crime de preconceito, definido na Lei nº 7.716/1989, impedir o acesso às entradas sociais em edifícios públicos ou residenciais e elevadores ou escada de acesso aos mesmos".

( ) Certo ( ) Errado

Gabarito comentado: o enunciado está tratando do crime tipificado no art. 11 da Lei nº 7.716/1989: "Impedir o acesso às entradas sociais em edifícios públicos ou residenciais e elevadores ou escada de acesso aos mesmos: Pena – reclusão de um a três anos". Portanto, a assertiva está certa.

2.3.10 Art. 12

Art. 12. Impedir o acesso ou uso de transportes públicos, como aviões, navios barcas, barcos, ônibus, trens, metrô ou qualquer outro meio de transporte concedido.

Pena – reclusão de um a três anos.

Conduta típica. Impedir, ou seja, obstar, negar o acesso ou uso de transportes públicos, como aviões, navios barcas, barcos, ônibus, trens, metrô ou qualquer outro meio de transporte concedido.

Sujeito ativo. É o responsável pelo acesso ao meio de transporte e/ou o dirigente da empresa concessionária do serviço público, que determine o impedimento de acesso ou uso do transporte.

2.3.11 Art. 13

Art. 13. Impedir ou obstar o acesso de alguém ao serviço em qualquer ramo das Forças Armadas.

Pena – reclusão de dois a quatro anos.

Conduta típica. Impedir ou obstar o acesso de alguém ao serviço em qualquer ramo das Forças Armadas. No conceito de Forças Armadas incluam-se também, para a caracterização desse delito, as Polícias Militares e o Corpo de Bombeiros, forças auxiliares, pois a norma fala em "qualquer ramo das Forças Armadas" (PORTOCARRERO; FERREIRA, 2019).

Sujeito ativo. É a pessoa responsável pelo recrutamento e pela admissão no serviço militar, qualquer que seja sua patente.

2.3.12 Art. 14

Art. 14. Impedir ou obstar, por qualquer meio ou forma, o casamento ou convivência familiar e social.

Pena – reclusão de dois a quatro anos.

Conduta típica. Impedir ou obstar, por qualquer meio ou forma, o casamento ou convivência familiar e social. Ao referir-se ao casamento, a lei faz alusão ao casamento celebrado de acordo com as leis civis, **não se incluindo os meramente religiosos**, uma vez que celebrados de acordo com os preceitos e dogmas da religião. A distinção entre casamento civil e religioso aqui é digna de nota porque normalmente é exigido o cumprimento de deveres religiosos como requisito para o casamento religioso. Bastaria pensarmos, por exemplo, no Catolicismo, em que o casamento é, segundo seus dogmas, sacramento cuja celebração dependerá de cumprimento de outros que o antecedem.

Sujeito ativo. Diferente dos demais tipos penais até aqui estudados, cuida-se de **crime comum**, podendo ser praticado por qualquer pessoa.

Decifrando a prova

(Delegado – Polícia Federal – Cespe/Cebraspe – 2004) Julgue a seguinte afirmação: "Pedro pediu em casamento Carolina, que tem 16 anos de idade, e ela aceitou. O pai de Carolina, porém, negou-se a autorizar o casamento da filha, pelo fato de o noivo ser negro. Todavia, para não ofender Pedro, solicitou a Carolina que lhe dissesse que o motivo da sua recusa era o fato de ele ser ateu. Nessa situação, o pai de Carolina cometeu infração penal".

( ) Certo ( ) Errado

Gabarito comentado: a conduta do pai de Carolina se enquadra na tipificação do art. 20 da Lei nº 7.716/1989: "Praticar, induzir ou incitar a discriminação ou preconceito de raça, cor, etnia, religião ou procedência nacional". O agente incidiu em dois verbos, isto é, em dois núcleos do tipo penal, contudo, por ser crime de ação múltipla, ele apenas responderá por crime único, pois a ação delituosa ocorreu em um único contexto fático. Portanto, a assertiva está certa.

2.3.13 Art. 20

Art. 20. Praticar, induzir ou incitar a discriminação ou preconceito de raça, cor, etnia, religião ou procedência nacional.

Pena – reclusão de um a três anos e multa.

§ 1º Fabricar, comercializar, distribuir ou veicular símbolos, emblemas, ornamentos, distintivos ou propaganda que utilizem a cruz suástica ou gamada, para fins de divulgação do nazismo.

Pena – reclusão de dois a cinco anos e multa.

§ 2º Se qualquer dos crimes previstos no caput é cometido por intermédio dos meios de comunicação social ou publicação de qualquer natureza:

Pena – reclusão de dois a cinco anos e multa.

§ 3º No caso do parágrafo anterior, o juiz poderá determinar, ouvido o Ministério Público ou a pedido deste, ainda antes do inquérito policial, sob pena de desobediência:

I – o recolhimento imediato ou a busca e apreensão dos exemplares do material respectivo;

II – a cessação das respectivas transmissões radiofônicas, televisivas, eletrônicas ou da publicação por qualquer meio;

III – a interdição das respectivas mensagens ou páginas de informação na rede mundial de computadores.

§ 4º Na hipótese do § 2º, constitui efeito da condenação, após o trânsito em julgado da decisão, a destruição do material apreendido.

Conduta típica. A norma penal incriminadora trata da conduta de quem pratica, induz ou incita à discriminação ou ao preconceito de raça, cor, etnia, religião ou procedência nacional. Neste último aspecto, abrangendo o preconceito referente a grupos dentro de um mesmo país e também à xenofobia. O tipo eleva à categoria de conduta principal e de tipo autônomo qualquer forma de incitação de discriminação racial, religiosa, étnica ou de procedência nacional, trazendo como condutas nucleares as de "induzir" (fazer nascer a ideia, incutir a ideia em alguém) ou "incitar" (reforçar ideia que já se tenha) a discriminação.

Para os efeitos da Convenção Interamericana contra o Racismo, a Discriminação Racial e Formas Correlatas de Intolerância, firmada pela República Federativa do Brasil, na Guatemala, em 5 de junho de 2013, a discriminação é assim definida:

1. Discriminação racial é qualquer distinção, exclusão, restrição ou preferência, em qualquer área da vida pública ou privada, cujo propósito ou efeito seja anular ou restringir o reconhecimento, gozo ou exercício, em condições de igualdade, de um ou mais direitos humanos e liberdades fundamentais consagrados nos instrumentos internacionais aplicáveis aos Estados-Partes. A discriminação racial pode basear-se em raça, cor, ascendência ou origem nacional ou étnica.

2. Discriminação racial indireta é aquela que ocorre, em qualquer esfera da vida pública ou privada, quando um dispositivo, prática ou critério aparentemente neutro tem a capacidade de acarretar uma desvantagem particular para pessoas pertencentes a um grupo específico, com base nas razões estabelecidas no Artigo 1.1, ou as coloca em desvantagem, a menos que esse dispositivo, prática ou critério tenha um objetivo ou justificativa razoável e legítima à luz do Direito Internacional dos Direitos Humanos.

3. Discriminação múltipla ou agravada é qualquer preferência, distinção, exclusão ou restrição baseada, de modo concomitante, em dois ou mais critérios dispostos no Artigo 1.1, ou outros reconhecidos em instrumentos internacionais, cujo objetivo ou resultado seja anular ou restringir o reconhecimento, gozo ou exercício, em condições de igualdade, de um ou mais direitos humanos e liberdades fundamentais consagrados nos instrumentos internacionais aplicáveis aos Estados-Partes, em qualquer área da vida pública ou privada.

Decifrando a prova

(Juiz Substituto – TJSC – FCC – 2015 – Adaptada) Julgue a seguinte afirmação: "Publicar ilustração de recém-nascidos afrodescendentes em fuga de sala do parto, associado aos dizeres de um personagem (supostamente médico) de cor branca 'Segurança! É uma fuga em massa!'. É possível afirmar que tal conduta se amolda a tipificação legal do art. 20 da Lei nº 7.716/1989".

( ) Certo ( ) Errado

Gabarito comentado: a publicação da imagem com a intenção de atingir a dignidade de toda a coletividade de forma indeterminada, incitando o preconceito de certa raça, cor, etnia, religião ou procedência nacional, como ocorre com a população de afrodescendentes em questão, pratica o crime de racismo, tipificado no art. 20 da Lei nº 7.716/1998. Portanto, a assertiva está certa.

Proselitismo religioso. O STF já decidiu que o proselitismo religioso[3], por meio de comparação entre religiões em que uma se pretende melhor do que a outra, não caracteriza, por si só, crime de racismo.

Determinado padre escreveu um livro, voltado ao público católico, no qual ele faz críticas ao Espiritismo e às religiões de matriz africana, como a Umbanda e o Candomblé. O Ministério Público da Bahia ofereceu denúncia contra ele pela prática do art. 20, § 2º, da Lei nº 7.716/1989 (Lei do Racismo). No caso concreto, o STF entendeu não ter havido o crime.

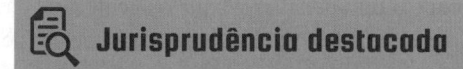

Jurisprudência destacada

A CF/1988 garante o direito à liberdade religiosa. Um dos aspectos da liberdade religiosa é o direito que o indivíduo possui de não apenas escolher qual religião irá seguir, mas também o de fazer proselitismo religioso. Proselitismo religioso significa empreender esforços para convencer outras pessoas a também se converterem à sua religião. Desse modo, a prática do proselitismo, ainda que feita por meio de comparações entre as religiões (dizendo que uma é melhor que a outra) não configura, por si só, crime de racismo. Só haverá racismo se o discurso dessa religião supostamente superior for de dominação, opressão, restrição de direitos ou violação da dignidade humana das pessoas integrantes dos demais grupos. Por outro lado, se essa religião supostamente superior pregar que tem o dever de ajudar os "inferiores" para que estes alcancem um nível mais alto de bem-estar e de salvação espiritual e, neste caso, não haverá conduta criminosa. Na situação concreta, o STF entendeu que o réu apenas fez comparações entre as religiões, procurando demonstrar que a sua deveria prevalecer e que não houve tentativa de subjugar os adeptos do espiritismo. Pregar um discurso de que as religiões são desiguais e de que uma é inferior à outra não configura, por si, o elemento típico do art. 20 da Lei nº 7.716/1989. Para haver o crime, seria indispensável que tivesse ficado demonstrado o especial fim de supressão ou redução da dignidade do diferente, elemento que confere sentido à discriminação que atua como verbo núcleo do tipo (STF, 1ª Turma, RHC nº 134.682/BA 4000980-28.2016.1.00.0000, Rel. Min. Edson Fachin, j. 29.11.2016, *DJe* 29.08.2017).

Não se pode, porém, confundir proselitismo com incitação ao ódio, hipótese em que haverá o crime.

Jurisprudência destacada

A incitação ao ódio público contra quaisquer denominações religiosas e seus seguidores não está protegida pela cláusula constitucional que assegura a liberdade de expressão. Assim, é possível, a depender do caso concreto, que um líder religioso seja condenado pelo crime de racismo (art. 20, § 2º, da Lei nº 7.716/1989) por ter proferido discursos de ódio público contra outras denominações religiosas e seus seguidores (STF, 2ª Turma, RHC nº 146.303/RJ, Rel. Min. Edson Fachin, j. 06.03.2018).

---

[3] Esforço contínuo para converter alguém, fazendo com que essa pessoa pertença à determinada religião, seita, doutrina, catequese.

O caso Bolsonaro e os quilombolas. Comentários depreciativos tecidos pelo então Deputado Federal Jair Bolsonaro a quilombolas, dizendo que o afrodescendente "mais leve" em determinado quilombo por ele visitado pesava "sete arrobas", que os quilombolas "não faziam nada e que nada justificava os bilhões gastos com os mesmos", não foram entendidos como racismo pelo STF, julgando o discurso compatível com a liberdade de expressão constitucionalmente garantida. Compreendeu a Corte que o objetivo não foi o de discriminação, estando, outrossim, vinculado ao contexto de demarcação e proveito econômico das terras e configurariam manifestação política do parlamentar (STF, 1ª Turma, Inq nº 4.694/DF 0016317-57.2018.1.00.0000, Rel. Min. Marco Aurélio, j. 11.09.2018).

O crime do art. 20, § 1º. A lei ainda tipifica a conduta de fabricar, comercializar, distribuir ou veicular símbolos, emblemas, ornamentos, distintivos ou propaganda que utilizem a cruz suástica ou gamada, para fins de divulgação do nazismo. A cruz suástica ou gamada foi o símbolo usado pelo movimento nazista, liderado por Hitler, que defendia a supremacia da raça ariana sobre outras raças e povos, levando ao extermínio de milhões de judeus. Cuida-se de crime que exige, além da consciência e vontade de fabricar, vender ou distribuir o material, que o agente vise uma finalidade especial: a divulgação do nazismo. Aqui temos o denominado "dolo específico", sem o qual o crime não será caracterizado.

Objeto material do delito. A conduta do agente recai sobre o emblema, o ornamento, distintivo ou propaganda de veiculação de nazismo.

Momento consumativo. O agente, no crime em análise, deseja promover a divulgação do nazismo, não sendo, porém, necessária à consumação do delito que ele atinja essa finalidade, bastando que realize uma das condutas descritas no tipo penal. Trata-se de crime formal, de consumação antecipada.

Exemplo: Agente, para difundir ideias nazistas, fabricou o material de propaganda que não chegou a ser comercializado, pois as autoridades fizeram, a tempo, a apreensão do referido material. O crime estará consumado com a fabricação. A divulgação seria mero exaurimento.[4]

Sentimentos secretos. Não configura o crime o fato de simpatizante do nazismo colecionar secretamente fotos, matérias jornalísticas de época etc. para dar vazão às suas preferências. A uma, porque sentimentos não exteriorizados e que não produzem lesão a bens jurídicos de terceiros não devem ser considerados típicos, em virtude do princípio da lesividade; a duas, porque o tipo penal exige que o agente atue para divulgação daquela doutrina racista, o que não ocorreria *in casu*. Essa questão foi objeto de prova para Delegado de Polícia.

🧩 Decifrando a prova

(Delegado – PC/PA – Funcab – 2016 – Adaptada) Julgue a seguinte afirmação: "Ao realizar a manutenção da rede elétrica na casa de um cliente, o eletricista Servílio inadvertidamente entra em um quarto que pensava ser o banheiro. Lá encontra fotos do dono da casa fantasiado de

---

4 Proveito tirado do crime.

Adolf Hitler, além de um diário. Ao folhear o diário, Servílio descobre vários escritos nos quais o dono da casa manifesta seu desprezo por um vizinho, por ele denominado "judeu sujo". Servílio, então, leva o fato ao conhecimento do vizinho, que, sentindo-se ofendido, noticia o fato em uma delegacia policial. Ouvido o dono da casa, esse revela ser simpatizante do nazismo, usando o referido cômodo para dar secretamente vazão à sua ideologia. Outrossim, o diário seria uma forma de extravasar suas inquietações sem ser descoberto por terceiros. Considerando o caso concreto, é possível afirmar que a conduta do dono da casa caracteriza crime previsto em lei especial".

( ) Certo ( ) Errado

Gabarito comentado: trata-se de sentimento secreto, não exteriorizado, razão pela qual, observado o princípio da lesividade, não pode ser considerada típica a conduta. Portanto, a afirmativa está errada.

Forma qualificada. A pena do crime definido no *caput* do art. 20, quando praticado pelos **meios de comunicação social** ou de **publicação de qualquer natureza**, é de dois a cinco anos. Trata-se, portanto, de uma qualificadora, trazendo novos patamares mínimo e máximo à pena.

Medidas cautelares. O art. 20, § 3º, permite que, ainda no curso do inquérito policial, como medida de cunho cautelar, o material seja recolhido ou seja objeto de busca e apreensão. Para a decretação da medida, hão de estar presentes os requisitos das cautelares e, assim, deve haver prova da materialidade do crime e indícios de autoria consubstanciadora do *fumus comissi delicti*, bem como o *periculum in mora*, ou seja, o perigo na demora em realizar aquela apreensão, evitando-se que se propaguem os ideais preconceituosos ou que eles venham a provocar maiores lesões ao bem jurídico que se busca tutelar.

3 Estatuto da Criança e do Adolescente — Lei nº 8.069/1990

3.I DISPOSIÇÕES GERAIS

> **Art. 225.** Este Capítulo dispõe sobre crimes praticados contra a criança e o adolescente, por ação ou omissão, sem prejuízo do disposto na legislação penal.

O Estatuto da Criança e do Adolescente (ECA) é o marco legal de proteção de crianças e adolescentes no Brasil.

A Constituição Federal de 1988 (CF/1988) previu, no seu art. 227, *caput*, o dever conjunto de proteção à criança, ao adolescente e ao jovem, impondo tal obrigação à família, à sociedade e ao Estado[1].

Mais adiante, no mesmo artigo, encontramos, no § 4º, um mandado expresso de criminalização, o qual não estabelece uma faculdade ao legislador, mas, sim, uma imposição para que se criem normas criminalizando certas condutas[2]. No caso, a determinação foi para que houvesse punição severa ao abuso, violência e exploração sexual da criança e do adolescente.

Tal proteção não é, todavia, apenas encontrada entre os arts. 225 a 244-B da Lei nº 8.069/1990, mas também está espraiada entre dispositivos do Código Penal (CP), tais como nos arts. 133 a 135 e 136, os quais visam proteger a vida, a saúde e segurança das pessoas, no nosso caso, em especial, de crianças e adolescentes; arts. 217-A a 218-C, os quais objetivam punir e reprimir os crimes sexuais contra vulnerável; e arts. 243 a 249, os quais tutelam os recém-nascidos e igualmente as crianças e os adolescentes.

---

[1] "Art. 227. É dever da família, da sociedade e do Estado assegurar à criança, ao adolescente e ao jovem, com absoluta prioridade, o direito à vida, à saúde, à alimentação, à educação, ao lazer, à profissionalização, à cultura, à dignidade, ao respeito, à liberdade e à convivência familiar e comunitária, além de colocá-los a salvo de toda forma de negligência, discriminação, exploração, violência, crueldade e opressão."

[2] "Art. 227. (...)
§ 4º A lei punirá severamente o abuso, a violência e a exploração sexual da criança e do adolescente."

O capítulo em análise retrata expressamente o princípio da especialidade, o qual está positivado no art. 12 do CP[3] e indica que, quando crimes ocorrerem em face de crianças e adolescentes (elementos especializantes) e a conduta praticada encontrar correspondência legal na legislação especial, esta será aplicada em detrimento do CP e de outros tipos penais. Assim, se um crime for cometido em face de criança ou adolescente, ou seja, se estes figurarem como vítimas, devemos buscar a punição para a conduta perpetrada no ECA, e só então, caso não haja previsão legal, passaremos para o CP.

O mesmo se dá com os preceitos gerais. Caso sejam encontrados no ECA e no CP, aquele prevalecerá.

Seguindo essa linha, quando o tema é **prescrição**, o ECA não tratou do assunto de maneira específica. Deve, portanto, ser adotado o entendimento fixado pelo Superior Tribunal de Justiça na Súmula nº 338, segundo a qual devem ser aplicadas, de forma subsidiária, as regras de prescrição penal previstas na parte geral do CP quando o assunto são os atos infracionais praticados por adolescentes (ROSSATO; LÉPORE; SANCHEZ, 2019).

 **Jurisprudência destacada**

Súmula nº 338 do STJ: A prescrição penal é aplicável nas medidas socioeducativas.

Sobre o **conceito de criança e adolescente** trazido pelo artigo, devemos buscar a definição prevista no art. 2º do ECA, para o qual criança é a pessoa com até 12 anos de idade incompletos e adolescente, aquela entre 12 e 18 anos.

O artigo também é claro ao dispor que o capítulo se refere a **crimes praticados** em face da criança e do adolescente. Depreende-se, portanto, que não há a previsão de Contravenções Penais em seu bojo.

Crime, de acordo com o art. 1º da Lei de Introdução ao CP (LICP) – Decreto-lei nº 3.914/1941, é "a infração penal que a lei comina pena de reclusão ou de detenção, quer isoladamente, quer alternativa ou cumulativamente com a pena de multa" (MASSON, 2020, p. 93). Ainda, podendo ser praticado mediante **ação (comissão) ou omissão (própria ou imprópria)**.

Nesse sentido, o ECA prevê em sua estrutura crimes que podem ser praticados mediante ação, como os estabelecidos nos arts. 230, 232, 236, como também por omissão, tais como os ilustrados nos arts. 228 e 229 (HABIB, 2018, p. 242).

> **Art. 226.** Aplicam-se aos crimes definidos nesta Lei as normas da Parte Geral do CP e, quanto ao processo, as pertinentes ao CPP.
>
> **§ 1º** Aos crimes cometidos contra a criança e o adolescente, independentemente da pena prevista, não se aplica a Lei nº 9.099, de 26 de setembro de 1995.

---

[3] "Art. 12. As regras gerais deste Código aplicam-se aos fatos incriminados por lei especial, se esta não dispuser de modo diverso."

§ 2º Nos casos de violência doméstica e familiar contra a criança e o adolescente, é vedada a aplicação de penas de cesta básica ou de outras de prestação pecuniária, bem como a substituição de pena que implique o pagamento isolado de multa.

Por força do princípio da especialidade, quando o ECA não dispuser sobre regras de direito material ou processual específicas, deverão incidir as normas previstas no CP e no Código de Processo Penal (CPP), respectivamente.

O ECA, por exemplo, não estabelece sobre normas procedimentais de seus delitos, sendo aplicadas as disposições do CPP.

Outrossim, por não tratar de regras específicas no tocante ao exame de corpo de delito, deverão ser aplicadas as disposições contidas no art. 158 do CPP. A Lei nº 13.721/2018 inseriu no referido artigo o parágrafo único, o qual, de acordo com inciso II, confere prioridade na realização do exame, quando a vítima foi criança ou adolescente.[4]

Os erros em matéria penal, em especial o erro de tipo, também são aplicados e merecem especial atenção, levando-se em conta que a maioria dos crimes previstos no ECA é punida em razão da idade da vítima. Sendo assim, havendo o desconhecimento desse elemento pelo autor e sendo o erro invencível, ou se vencível, caso a conduta não seja punida na esfera culposa, esta poderá não ser considerada crime e tornar-se um fato atípico ou, em alguns casos, ser punida de acordo com o CP ou conforme outra lei especial. Exemplo disso é o art. 230 do ECA, cujo teor é: "Privar a criança ou o adolescente de sua liberdade, procedendo à sua apreensão sem estar em flagrante de ato infracional ou inexistindo ordem escrita da autoridade judiciária competente". Se houver o desconhecimento, por parte do sujeito ativo, da idade da vítima, ou seja, de que quem está sendo privado de sua liberdade trata-se de criança ou adolescente, poderá o agente responder nos termos do art. 9º da Lei nº 13.869/2019 (Lei de Abuso de Autoridade), que assim dispõe: "Decretar medida de privação da liberdade em manifesta desconformidade com as hipóteses legais. (...)".

Outro exemplo também encontrado nos mesmos diplomas legislativos é o art. 231 do ECA – "Deixar a autoridade policial responsável pela apreensão de criança ou adolescente de fazer imediata comunicação à autoridade judiciária competente e à família do apreendido ou à pessoa por ele indicada" – e o art. 12, I e II, da Lei de Abuso de Autoridade:

> **Art. 12.** Deixar injustificadamente de comunicar prisão em flagrante à autoridade judiciária no prazo legal: (...)
>
> **Parágrafo único.** Incorre na mesma pena quem:
>
> I – deixa de comunicar, imediatamente, a execução de prisão temporária ou preventiva à autoridade judiciária que a decretou;

---

[4] Art. 158 do CPP. "Quando a infração deixar vestígios, será indispensável o exame de corpo de delito, direto ou indireto, não podendo supri-lo a confissão do acusado.
Parágrafo único. Dar-se-á prioridade à realização do exame de corpo de delito quando se tratar de crime que envolva:
I – violência doméstica e familiar contra mulher:
II – violência contra criança, adolescente, idoso ou pessoa com deficiência."

II – deixa de comunicar, imediatamente, a prisão de qualquer pessoa e o local onde se encontra à sua família ou à pessoa por ela indicada.

Nesses casos, desconhecendo a autoridade policial que a pessoa que teve sua liberdade restringida seja criança ou adolescente e não faça as comunicações à autoridade judiciária competente nem à sua família, ou à pessoa indicada, responderá nos termos da Lei de Abuso de Autoridade, e não do ECA, é o que se entende por **atipicidade relativa**[5].

Decifrando a prova

(Promotor de Justiça – MPE/SC – 2013 – Adaptada) No que concerne aos crimes praticados contra a criança e o adolescente, estabelecidos no ECA, é correto afirmar que não se aplicam as normas da Parte Geral do CP.

( ) Certo ( ) Errado

Gabarito comentado: de acordo com o art. 226 do Estatuto da Criança e do Adolescente, aos crimes definidos no ECA são aplicadas as normas da Parte Geral do CP e, quanto ao processo, as pertinentes ao CPP. Portanto, a assertiva está errada.

Não incidência da Lei nº 9.099/1995 (§ 1º). Em 2022, ocorreu a publicação da Lei nº 14.344, a qual, entre outras novidades, acrescentou os §§ 1º e 2º ao art. 226 do ECA[6].

Quanto ao § 1º, cuida-se de previsão idêntica à contida no art. 41 da Lei nº 11.340/2006 (Maria da Penha), estabelecendo que aos crimes cometidos contra a criança e o adolescente, independentemente da pena fixada, não se aplica a Lei nº 9.099/1995 (Juizados Especiais Criminais).

Desse modo, se o delito for cometido contra uma criança ou um adolescente, não teremos procedimento sumaríssimo, suspensão condicional do processo, transação penal, composição civil dos danos e nenhum outro instituto previsto na Lei nº 9.099/1995, qualquer que seja a pena cominada ao delito. Cuida-se de uma proibição expressa de aplicação da Lei dos Juizados Especiais Criminais como um todo (nos mesmos moldes da Lei Maria da Penha).

O mais importante para fins de concurso, neste primeiro momento, é memorizar o texto legal. Entretanto, ao se aprofundar nas alterações, teceremos mais alguns comentários que certamente serão objeto de controvérsia na doutrina.

---

5   Ocorre a atipicidade relativa quando excluída a elementar, não subsiste o delito do qual se cuida, havendo a desclassificação para outro delito.

6   A Lei foi inspirada no trágico episódio da morte da criança Henry Borel, criando mecanismos para a prevenção e o enfrentamento da violência doméstica e familiar contra a criança e o adolescente, além de alterar disposições do Código Penal, Lei nº 7.210/1984 (Execução Penal), Lei nº 8.069/1990 (Estatuto da Criança e do Adolescente), Lei nº 8.072/1990 (hediondos) e Lei nº 13.431/2017.

Primeiramente, devemos observar que o âmbito de incidência da Lei nº 14.344/2022 é a violência doméstica e familiar praticada contra a criança e o adolescente, a qual encontra as suas hipóteses no art. 2º do mencionado diploma normativo[7].

Portanto, a despeito de não especificado expressamente no art. 226, § 1º, do ECA, entendemos que a não aplicação da Lei nº 9.099/1995 apenas se dará se o crime cometido contra a criança e o adolescente ocorrer no contexto de violência doméstica e familiar (nos moldes do art. 2º da Lei nº 14.344/2022). Caso o delito, embora cometido contra criança ou adolescente, não aconteça nesse contexto doméstico e familiar, será possível a aplicação da Lei dos Juizados Especiais Criminais (se preenchidos os requisitos legais).

Assim, se o crime praticado com violência doméstica e familiar for qualquer dos previstos na Lei nº 8.069/1990 (arts. 228 a 244-B), vedam-se, em absoluto, as disposições da Lei nº 9.099/1995. Contudo, na hipótese de crime perpetrado contra menor que não esteja previsto no ECA, por exemplo, lesão corporal leve cometida contra criança ou adolescente (art. 129, *caput*, CP) no contexto de violência doméstica e familiar, persistirá tal proibição?

Ainda que o mencionado § 1º tenha sido inserido especificamente na Lei nº 8.069/1990, acreditamos que a proibição ali contida abarcará todo e qualquer crime praticado contra criança ou adolescente, mesmo que tipificado em diploma normativo diverso do ECA, desde que tenha sido cometido em um contexto de violência doméstica e familiar (haja vista, como já dissemos, ser esse o campo de atuação da Lei nº 14.344/2022).

Dessa forma, no exemplo *supra*, embora a regra seja a de que tal delito é processado e julgado mediante ação penal pública condicionada à representação, por expressa disposição contida no art. 88 da Lei nº 9.099/1995[8], ao afastarmos por completo a possibilidade de incidência da referida lei, devemos desconsiderar também essa previsão do art. 88. Assim, como a partir daí não teremos nenhum preceito legal que disponha a respeito da ação penal, a lesão corporal leve praticada contra criança ou adolescente no contexto de violência doméstica e familiar seguirá a regra geral: processada e julgada mediante ação penal pública incondicionada[9].

---

[7] O art. 2º da Lei nº 14.344/2022 anuncia que: "Configura violência doméstica e familiar contra a criança e o adolescente qualquer ação ou omissão que lhe cause morte, lesão, sofrimento físico, sexual, psicológico ou dano patrimonial:
I – no âmbito do domicílio ou da residência da criança e do adolescente, compreendida como o espaço de convívio permanente de pessoas, com ou sem vínculo familiar, inclusive as esporadicamente agregadas;
II – no âmbito da família, compreendida como a comunidade formada por indivíduos que compõem a família natural, ampliada ou substituta, por laços naturais, por afinidade ou por vontade expressa;
III – em qualquer relação doméstica e familiar na qual o agressor conviva ou tenha convivido com a vítima, independentemente de coabitação.
Parágrafo único. Para a caracterização da violência prevista no caput deste artigo, deverão ser observadas as definições estabelecidas na Lei nº 13.431, de 4 de abril de 2017".

[8] "Art. 88. Além das hipóteses do Código Penal e da legislação especial, dependerá de representação a ação penal relativa aos crimes de lesões corporais leves e lesões culposas."

[9] O mesmo raciocínio aplica-se à lesão corporal culposa.

A despeito da nossa posição (anteriormente explanada), certamente haverá corrente entendendo pela impossibilidade de aplicação da Lei nº 9.099/1995 a qualquer crime praticado contra criança e adolescente, independentemente da existência ou não do contexto de violência doméstica e familiar. Ademais, cremos que existirá quem entenda pela incidência da proibição do § 1º apenas aos crimes cometidos contra criança e adolescente previstos no ECA, interpretando o dispositivo com o estabelecido no *caput* do art. 226 ("aos crimes definidos nesta Lei..."). Todas essas são interpretações possíveis quanto ao alcance do art. 226, § 1º. Aguardemos o avançar dos debates doutrinários e jurisprudenciais.

Vencido o ponto *supra*, outra controvérsia que certamente surgirá é a indagação se a proibição contida no § 1º se estende às contravenções penais praticadas em detrimento de crianças e adolescentes no contexto de violência doméstica e familiar, malgrado o legislador ter se limitado a citar "crimes" no texto legal.

A mesma discussão ocorreu acerca do texto do art. 41 da Lei nº 11.340/2006 (Maria da Penha), o qual também citou somente o termo "crimes". Contudo, o entendimento prevalente na jurisprudência é o de que a Lei nº 9.099/1995 não se aplica a qualquer tipo de "infração penal" (crime ou contravenção) praticada com violência doméstica e familiar contra a mulher.

> ### 🔍 Jurisprudência destacada
>
> O preceito do artigo 41 da Lei nº 11.340/2006 alcança toda e qualquer prática delituosa contra a mulher, até mesmo quando consubstancia contravenção penal, como é a relativa a vias de fato. Ante a opção político-normativa prevista no artigo 98, inciso I, e a proteção versada no artigo 226, § 8º, ambos da Constituição Federal, surge harmônico com esta última o afastamento peremptório da Lei nº 9.099/1995 – mediante o artigo 41 da Lei nº 11.340/2006 – no processo-crime a revelar violência contra a mulher (STF, Pleno, HC nº 106.212/MS, Rel. Min. Marco Aurélio, j. 24.03.2011).

Assim, considerando que o art. 226, § 1º, da Lei nº 8.069/1990 comporta a mesma exegese, acreditamos que o dispositivo (proibição de incidência da Lei nº 9.099/1995) estende-se também às contravenções penais praticadas contra criança e adolescente no contexto de violência doméstica e familiar.

Vedações (§ 2º). A mesma Lei nº 14.344/2022 acrescentou o § 2º ao art. 226 do ECA.

Cuida-se de dispositivo idêntico ao previsto no art. 17 da Lei nº 11.340/2006. Assim como na Lei Maria da Penha, a intenção do legislador foi evitar que a imposição de pena de multa ou de prestação pecuniária, como cestas básicas, gere a ideia de que para violentar criança ou adolescente basta ter dinheiro para poder arcar com a sanção imposta.

Atento a essa possibilidade de distorção, o § 2º anuncia que, nos casos de violência doméstica e familiar contra a criança e o adolescente, é vedada a aplicação de penas de cesta básica ou outras de prestação pecuniária, bem como a substituição de pena que implique o pagamento isolado de multa.

Art. 227. Os crimes definidos nesta Lei são de ação pública incondicionada.

A disposição em comento reforça a regra prevista no art. 100, *caput*, do CP, segundo a qual a ação penal pública incondicionada é a regra em nosso ordenamento, sendo a sua previsão entendida por muitos autores como desnecessária[10].

De acordo com o art. 100 do CP, "a ação penal é pública, salvo quando a lei expressamente a declara privativa do ofendido".

O ECA não trouxe nenhuma previsão em sentido diverso, razão pela qual, mesmo que esse Estatuto fosse omisso nesse ponto, a regra geral seria aplicada.

Decifrando a prova

(Juiz Substituto – TJES – Cespe/Cebraspe – 2011 – Adaptada) De acordo com o art. 228 do ECA, considera-se crime o fato de o encarregado de serviço ou o dirigente de estabelecimento de atenção à saúde de gestante deixar de manter registro das atividades desenvolvidas, na forma e prazo referidos no art. 10 do estatuto, bem como deixar de fornecer à parturiente ou a seu responsável, por ocasião da alta médica, declaração de nascimento, na qual constem as intercorrências do parto e do desenvolvimento do neonato. A ação penal adequada no caso de cometimento do crime descrito é a pública incondicionada.

( ) Certo ( ) Errado

Gabarito comentado: conforme se depreende do art. 227 do ECA, os crimes definidos nesta Lei são de ação penal pública incondicionada. Portanto, a assertiva está certa.

(PC/SP – Delegado – Vunesp – 2018 – Adaptada) Com relação à conduta de "Simular a participação de adolescente em cena de sexo explícito por meio de adulteração, montagem ou modificação de fotografia", nos termos da Lei nº 8.069/1990 (Estatuto da Criança e do Adolescente), é correto afirmar que se trata de crime apenado com detenção e de ação penal pública incondicionada.

( ) Certo ( ) Errado

Gabarito comentado: o crime previsto no art. 241-C do ECA (produção de pornografia infantil simulada) é processado mediante ação penal pública incondicionada, entretanto é punido com pena de reclusão, e não de detenção. Portanto, a assertiva está errada.

Art. 227-A. Os efeitos da condenação prevista no inciso I do *caput* do art. 92 do Decreto-lei nº 2.848, de 7 de dezembro de 1940 (Código Penal), para os crimes previstos nesta Lei, praticados por servidores públicos com abuso de autoridade, são condicionados à ocorrência de reincidência.

Parágrafo único. A perda do cargo, do mandato ou da função, nesse caso, independerá da pena aplicada na reincidência.

---

[10]   Nesse sentido: Habbib (2018, p. 242).

O art. 227-A foi inserido no ECA pela Lei nº 13.869/2019 (Lei de Abuso de Autoridade) e estabelece que a perda do cargo, função pública ou mandato eletivo, de servidores públicos que tenham cometido crimes previstos no ECA com abuso de poder, ficará condicionada à ocorrência de reincidência, independentemente do *quantum* da condenação imposta na reincidência.

O dispositivo não prevê que a reincidência seja específica, razão pela qual presume-se que faça referência a comum/simples. Outrossim, não especifica o tipo de pena imposta na condenação e o *quantum* da pena, diferentemente do art. 92, I, do CP, que condiciona tal efeito às condenações em pena privativa de liberdade igual ou superior a um ano.

O efeito em tela não é automático, devendo ser declarado motivadamente na sentença.

Indagação que surge sobre a novidade legislativa repousa sobre o elemento normativo "com abuso de autoridade" inserido no artigo. Sobre o assunto, Kurkowski (2020, p. 518) leciona que, por não estar acompanhado do substantivo "crime", não se refere aos crimes previstos na Lei de Abuso de Autoridade, mas às condutas praticadas no ECA por servidores públicos que agem com excesso de poder ou desvio de finalidade não prevista em lei, contrariando o interesse público.

Para Greco e Cunha (2020, p. 312), os crimes praticados com abuso de poder previstos no ECA estão entre aqueles previstos nos arts. 231, 232, 234 e 235.

3.2 CRIMES EM ESPÉCIE

3.2.1 Art. 228

> **Art. 228.** Deixar o encarregado de serviço ou o dirigente de estabelecimento de atenção à saúde de gestante de manter registro das atividades desenvolvidas, na forma e prazo referidos no art. 10 desta Lei, bem como de fornecer à parturiente ou a seu responsável, por ocasião da alta médica, declaração de nascimento, onde constem as intercorrências do parto e do desenvolvimento do neonato:
>
> **Pena** – detenção de seis meses a dois anos.
>
> **Parágrafo único**. Se o crime é culposo:
>
> **Pena** – detenção de dois a seis meses, ou multa.

3.2.1.1 Objeto jurídico e material

Objeto jurídico (bem jurídico). Cuida-se do valor fundamental que a lei buscou proteger ao criminalizar a conduta. No caso do art. 228, o objetivo é o direito à saúde, informação, da pessoa em desenvolvimento, desde o momento em que nasce até atingir a maioridade civil, e da parturiente.

Objeto material. É a pessoa ou coisa sobre a qual recai a conduta do agente. No delito em questão, incidirá sobre o registro das atividades desenvolvidas e sobre a declaração de nascimento em que constem as intercorrências do parto e do desenvolvimento do neonato.

3.2.I.2 Conduta e elemento subjetivo

Conduta. O primeiro ponto a ser destacado é que o delito do art. 228 classifica-se como norma penal em branco, pois as obrigações dos hospitais, demais estabelecimentos de atenção à saúde de gestantes, públicos e particulares estão previstas no art. 10 do ECA. Mais especificamente, é nesse artigo que podemos encontrar a forma e o prazo pelos quais o registro deve ser mantido e ainda a obrigação dos estabelecimentos de saúde referidos em fornecer declaração de nascimento em que constem necessariamente as intercorrências do parto e do desenvolvimento do neonato.

> **Art. 10.** Os hospitais e demais estabelecimentos de atenção à saúde de gestantes, públicos e particulares, são obrigados a:
>
> I – manter registro das atividades desenvolvidas, através de prontuários individuais, pelo prazo de dezoito anos;
>
> II – identificar o recém-nascido mediante o registro de sua impressão plantar e digital e da impressão digital da mãe, sem prejuízo de outras formas normatizadas pela autoridade administrativa competente;
>
> III – proceder a exames visando ao diagnóstico e terapêutica de anormalidades no metabolismo do recém-nascido, bem como prestar orientação aos pais;
>
> IV – fornecer declaração de nascimento onde constem necessariamente as intercorrências do parto e do desenvolvimento do neonato;
>
> V – manter alojamento conjunto, possibilitando ao neonato a permanência junto à mãe.
>
> VI – acompanhar a prática do processo de amamentação, prestando orientações quanto à técnica adequada, enquanto a mãe permanecer na unidade hospitalar, utilizando o corpo técnico já existente.

O art. 228 abrange as figuras previstas nos incisos I e IV do art. 10. Já o não cumprimento das obrigações dispostas nos incisos II e III configura o crime estabelecido no art. 229. Lado outro, por não estarem alocadas em nenhum tipo penal, presume-se que o não cumprimento das obrigações referidas nos incisos V e VI não caracteriza infração penal.

Aprofundando um pouco mais, trata-se de norma penal em branco **homogênea**[11] **homovitelina**[12] (pois a norma complementadora provém da mesma fonte – Poder Legislativo – e está inserida no mesmo diploma normativo – Lei nº 8.069/1990 – da norma a ser complementada).

O tipo previsto no art. 228 traz duas condutas, sendo:

a. **Deixar (não realizar, não cumprir o seu dever de agir)** o encarregado de serviço ou o dirigente de estabelecimento de atenção à saúde de gestante de manter (possuir) registro das atividades desenvolvidas, na forma e prazo referidos no art. 10 desta Lei.

---

[11]   Ou "em sentido amplo/lato" ou "imprópria".

[12]   Ou "homóloga".

b. **Deixar (não realizar, não cumprir o seu dever de agir) de fornecer (entregar)** à parturiente ou a seu responsável, por ocasião da alta médica, declaração de nascimento, onde constem as intercorrências do parto e do desenvolvimento do neonato.

Como visto, trata-se de crime que traz em seu bojo **condutas omissivas**, pois o encarregado de serviço ou o dirigente de estabelecimento de atenção à saúde de gestante, não cumpre seu dever imposto pela lei.

Elemento subjetivo. Estamos diante de **crime doloso**, consistente na vontade livre e consciente de não cumprir o dever legal dos comandos impostos pelo art. 10, I e IV, do ECA. Não há a previsão de nenhuma finalidade específica (dolo específico) na conduta praticada pelo agente.

No parágrafo único o legislador previu o crime culposo, punido com uma pena sensivelmente menor, em razão da menor reprovabilidade da conduta praticada pelo agente, que não teve a intenção de praticar a conduta.

3.2.1.3 Sujeitos do crime

Quanto ao **sujeito ativo**, cuida-se de crime próprio, pois não se pune a conduta de qualquer encarregado de serviço ou o dirigente de estabelecimento de atenção à saúde de gestante, mas somente aquele que tem obrigação de cumprir o dever imposto pelos incisos I e IV do art. 10 da Lei nº 8.069/1990.

Com relação ao **sujeito passivo,** trata-se do recém-nascido, a gestante ou seu responsável.

3.2.1.4 Consumação e tentativa

Consumação e tentativa. O crime se consuma no momento em que o sujeito ativo deixa de cumprir as obrigações legais previstas no tipo. Por ser crime omissivo, **não admite tentativa.**

Trata-se de crime **formal**.

Crime de perigo abstrato. O delito do art. 228 é de **perigo abstrato ou presumido** (o perigo é absolutamente presumido pela lei, não havendo necessidade de que, no caso concreto, ele exista).

3.2.1.5 Complementos

Ação penal. Conforme o art. 227 do ECA, todos os crimes nele previstos processam-se mediante ação penal pública incondicionada.

3.2.2 Art. 229

Art. 229. Deixar o médico, enfermeiro ou dirigente de estabelecimento de atenção à saúde de gestante de identificar corretamente o neonato e a parturiente, por ocasião do parto, bem como deixar de proceder aos exames referidos no art. 10 desta Lei:

Pena – detenção de seis meses a dois anos.

Parágrafo único. Se o crime é culposo:

Pena – detenção de dois a seis meses, ou multa.

3.2.2.1 Objeto jurídico e material

Objeto jurídico (bem jurídico). Cuida-se do valor fundamental que a lei buscou proteger ao criminalizar a conduta. No caso do art. 229, é o direito à saúde e à informação da pessoa em desenvolvimento, desde os seus primeiros dias de vida, e da gestante.

Objeto material. É a pessoa ou coisa sobre a qual recai a conduta do agente. No delito em questão, incidirá sobre o registro da impressão plantar e digital do recém-nascido, da impressão digital da mãe e sobre os exames que visam o diagnóstico e terapêutica de anormalidades no metabolismo do recém-nascido.

3.2.2.2 Conduta e elemento subjetivo

Conduta. Assim como o art. 228, o art. 229 trata-se de norma penal em branco (**homogênea**[13] **homovitelina**[14]), cuja explicação pode ser localizada no artigo anterior, pois as obrigações dos hospitais, demais estabelecimentos de atenção à saúde de gestantes, públicos e particulares estão previstas no art. 10 do ECA. É nesse artigo que encontramos a determinação de que o recém-nascido seja identificado mediante o registro de sua impressão plantar e digital e a com a impressão digital da mãe e, ainda, que os estabelecimentos de saúde procedam a todos os exames visando o diagnóstico e a terapêutica de anormalidades no metabolismo do recém-nascido, bem como prestem orientação aos pais.

O mote dessa primeira determinação sem dúvida é evitar a troca de bebês em maternidades e assegurar que o bebê viva no seio de sua família biológica, assim como garantir a expectativa da genitora de que ela criará o seu filho biológico.

A segunda determinação visa identificar eventuais anormalidades genéticas que o recém-nascido possa ter e, desse modo, fazer com que a intervenção médica seja mais precoce e o tratamento mais eficaz, contribuindo, assim, para que o bebê cresça saudável e protegido. Diversos exames devem ser realizados no recém-nascido, entre eles o teste do "pezinho" básico, o de tipagem sanguínea e o da "orelhinha", os quais são obrigatórios e oferecidos pela rede pública de saúde.

Art. 10. Os hospitais e demais estabelecimentos de atenção à saúde de gestantes, públicos e particulares, são obrigados a:

I – manter registro das atividades desenvolvidas, através de prontuários individuais, pelo prazo de dezoito anos;

---

[13] Ou "em sentido amplo/lato" ou "imprópria".

[14] Ou "homóloga".

II – identificar o recém-nascido mediante o registro de sua impressão plantar e digital e da impressão digital da mãe, sem prejuízo de outras formas normatizadas pela autoridade administrativa competente;

III – proceder a exames visando ao diagnóstico e terapêutica de anormalidades no metabolismo do recém-nascido, bem como prestar orientação aos pais;

IV – fornecer declaração de nascimento onde constem necessariamente as intercorrências do parto e do desenvolvimento do neonato;

V – manter alojamento conjunto, possibilitando ao neonato a permanência junto à mãe.

VI – acompanhar a prática do processo de amamentação, prestando orientações quanto à técnica adequada, enquanto a mãe permanecer na unidade hospitalar, utilizando o corpo técnico já existente.

O crime previsto no art. 229 é caracterizado pelo não cumprimento das obrigações estabelecidas nos incisos II e III.

As condutas trazidas pelo art. 229 são:

a. **Deixar (não realizar, não cumprir o seu dever de agir)** o médico, enfermeiro ou dirigente de estabelecimento de atenção à saúde de gestante de **identificar (comprovar a identidade)** corretamente o neonato (recém-nascido) e a parturiente, por ocasião do parto.

b. **Deixar (não realizar, não cumprir o seu dever de agir) de proceder (realizar)** aos exames referidos no art. 10 desta Lei.

Assim como no artigo anterior, as condutas desse crime são **omissivas**, pois o médico, enfermeiro ou dirigente de estabelecimento de atenção à saúde de gestante deixa de identificar corretamente o neonato e a parturiente, por ocasião do parto, ou não realiza os exames no recém-nascido que são obrigatórios, descumprindo o seu dever legal.

Elemento subjetivo. Estamos diante de **crime doloso**, consistente na vontade livre e consciente de não cumprir o dever legal dos comandos impostos pelo art. 10, II e III, do ECA. Não há a previsão de nenhuma finalidade específica (dolo específico) na conduta praticada pelo agente.

No parágrafo único, do mesmo modo que no art. 228, o legislador previu a **modalidade culposa,** punido com uma pena menor, em razão da menor reprovabilidade da conduta praticada pelo agente, que não teve a intenção de praticar a conduta.

3.2.2.3 Sujeitos do crime

Quanto ao **sujeito ativo**, cuida-se de crime próprio, pois não se pune a conduta de qualquer médico, enfermeiro ou dirigente de estabelecimento de atenção à saúde de gestante, mas somente do que tem a obrigação de fazer a identificação do neonato e da parturiente por ocasião do parto. O mesmo se diga com relação ao médico que tenha a obrigação de realizar os exames estabelecidos no art. 10 da lei em estudo.

Com relação ao **sujeito passivo**, trata-se do recém-nascido e da parturiente na primeira conduta e do recém-nascido e seus genitores, na segunda.

3.2.2.4 Consumação e tentativa

Consumação e tentativa. O crime se consuma no momento em que o sujeito ativo deixa de cumprir as obrigações legais previstas no tipo. Por ser crime omissivo, **não admite tentativa.**

Trata-se de **crime formal**.

Crime de perigo abstrato. O delito do art. 229 é de **perigo abstrato ou presumido** (o perigo é absolutamente presumido pela lei, não havendo necessidade de que, no caso concreto, ele exista).

3.2.2.5 Complementos

Ação penal. Conforme o art. 227 do ECA, todos os crimes nele previstos processam-se mediante ação penal pública incondicionada.

3.2.3 Art. 230

Art. 230. Privar a criança ou o adolescente de sua liberdade, procedendo à sua apreensão sem estar em flagrante de ato infracional ou inexistindo ordem escrita da autoridade judiciária competente:

Pena – detenção de seis meses a dois anos.

Parágrafo único. Incide na mesma pena aquele que procede à apreensão sem observância das formalidades legais.

3.2.3.1 Objeto jurídico e material

Objeto jurídico (bem jurídico). Cuida-se do valor fundamental que a lei buscou proteger ao criminalizar a conduta. No caso do art. 230, o objetivo é assegurar a liberdade da criança ou do adolescente e garantir que ela seja restringida somente diante das hipóteses legais.

Nos termos do art. 103 do ECA, considera-se ato infracional a conduta descrita na lei como crime ou contravenção penal.

Se praticado por criança, a autoridade policial deverá proceder ao registro da ocorrência, realizar as oitivas necessárias, apreender o produto ou instrumentos da infração e encaminhar a criança ao Conselho Tutelar, órgão responsável por aplicar as medidas de proteção previstas nos incisos I a VI do art. 101 do Estatuto (conforme determina o art. 136, I, do ECA), sendo vedada a sua apreensão. O acolhimento institucional (medida de proteção prevista no inciso VII do art. 101), em que pese esteja englobado entre as medidas atribuídas ao Conselho Tutelar, por ele não pode ser aplicado, pois depende de procedimento próprio, sendo então incumbência da autoridade judiciária (ROSSATO; LÉPORE; SANCHEZ, 2019, p. 367).

O adolescente, por sua vez, uma vez praticado ato infracional, estará sujeito às medidas socioeducativas, previstas no art. 112 do ECA, e/ou medida de proteção.

De igual modo, a liberdade para o adolescente é a regra, sendo a exceção o flagrante de ato infracional (que encontra correspondência nas hipóteses descritas no art. 302 do CPP) ou a ordem escrita e fundamentada da autoridade judiciária competente (art. 106 do ECA). Afora esses dois casos, o adolescente não pode ser apreendido.

Objeto material. É a pessoa ou coisa sobre a qual recai a conduta do agente. No delito em questão, incidirá sobre a criança ou o adolescente.

3.2.3.2 Conduta e elemento subjetivo

Conduta. O art. 230 pune aquele que **priva (tolhe, cerceia) a liberdade (direito de ir, vir e ficar)** da criança ou do adolescente realizando a sua **apreensão (privação da liberdade sem inserção no cárcere)** fora das seguintes hipóteses: sem estar em flagrante de ato infracional ou sem ordem escrita da **autoridade judiciária competente (Juízo da Vara da Infância e Juventude)** ou, ainda, sem observância das formalidades legais.

No parágrafo único, o legislador trouxe a conduta equiparada de proceder à apreensão fora das formalidades legais. Nos arts. 106, parágrafo único, 107, 108 e 109 do ECA podemos encontrar alguns exemplos de formalidades a serem respeitadas na apreensão de um menor.

Conforme já ressaltado, a apreensão de qualquer criança é ilegal.

A apreensão que o artigo visa reprimir é a momentânea. Explicando minudentemente o assunto, Nucci (2020, p. 88) leciona:

> (...) é uma modalidade de crime de sequestro ou cárcere privado, especialmente previsto na Lei nº 8.069/1990. Porém, não se confunde com o crime do art. 148 do CP, em particular com a figura qualificada prevista no art. 148, § 1º, IV. Cuida-se de figura mais branda que a prevista no CP, envolvendo somente a apreensão de menor de 18 anos, sem flagrante ou ordem judicial. Apreender significa, neste caso, prender, mas não colocar em cárcere. Em outros termos, quem fizer a apreensão do menor, sem as formalidades legais (cf. art. 106. desta Lei), incide na figura do art. 230. Aquele que privar o menor de 18 anos de sua liberdade, inserindo-o em cárcere, deve responder pelo art. 148, § 1º, IV, do CP, com pena mais grave. Insistimos: a mera apreensão (retenção, prisão por algumas horas, detenção para averiguação) configura o art. 230; outras formas mais duradouras de privação de liberdade equivalem, em nosso entendimento, ao sequestro ou cárcere privado. Aliás, não teria o menor sentido uma lei de proteção à criança ou adolescente considerar infração de menor potencial ofensivo a privação ilegal e duradoura da liberdade do menor de 18 anos, prevendo pena de detenção, de seis meses a dois anos, enquanto o CP comina pena de reclusão, de dois a cinco anos.

As condutas previstas no *caput* desse crime são **comissivas**, já a estabelecida no parágrafo único classifica-se como **omissiva**.

Elemento subjetivo. Estamos diante de **crime doloso**. O tipo não prevê nenhuma finalidade específica (dolo específico) na conduta praticada pelo agente. Não há a previsão de crime culposo.

🧩 Decifrando a prova

(Juiz de Direito – TJRJ – Vunesp – 2014 – Adaptada) Quanto aos crimes e infrações administrativas previstos no Estatuto da Criança e do Adolescente, pode-se afirmar, corretamente, que: a apreensão ilegal de criança ou adolescente é conduta atípica pela inexistência de pretensão punitiva pelo Estado.
( ) Certo ( ) Errado
Gabarito comentado: a conduta narrada está tipificada no art. 230 do ECA. Portanto, a assertiva está errada.

3.2.3.3 Sujeitos do crime

Quanto ao **sujeito ativo**, cuida-se de crime comum, isto é, que pode ser praticado por qualquer pessoa.

Com relação ao **sujeito passivo**, as vítimas do delito são a criança ou o adolescente apreendidos ilegalmente.

3.2.3.4 Consumação e tentativa

Consumação e tentativa. O crime é material e consuma-se no momento em que a criança ou o adolescente tem restringida a sua liberdade, mediante apreensão indevida. Trata-se de **crime permanente**, isto é, cuja consumação perdura enquanto durar a apreensão, o que faz incidir a aplicação da Súmula nº 711 do STF[15].

A **conduta do** *caput* **é comissiva** e, por ser plurissubsistente, admite a tentativa. Nucci (2020, p. 88) ressalta que, embora seja possível a tentativa, esta é de difícil configuração pelo fato de a privação da liberdade ser momentânea. De outro lado, a **conduta prevista no parágrafo único é omissiva**, razão pela qual a tentativa não é admitida.

Crime de perigo de dano. O delito do art. 230 é de **dano** (exige a efetiva ocorrência de lesão ao bem jurídico tutelado, no caso, a privação da liberdade da criança ou do adolescente, ainda que breve).

3.2.3.5 Complementos

Ação penal. Conforme o art. 227 do ECA, todos os crimes nele previstos processam-se mediante ação penal pública incondicionada.

3.2.3.6 Conflito aparente de normas

Como ressaltado em linhas anteriores, o crime previsto no art. 230 do ECA não se confunde com o estabelecido no art. 148, § 1º, IV, do CP. O crime de sequestro ou cárcere

---

[15] Súmula nº 711 do STF: "A lei penal mais grave aplica-se ao crime continuado ou ao crime permanente, se a sua vigência é anterior à cessação da continuidade ou da permanência".

privado é mais rigoroso que o delito do ECA (enquanto a pena mínima daquele delito é de reclusão de dois anos, a pena máxima desse crime é de detenção de dois anos) e tem incidência quando o menor de 18 anos é inserido no cárcere. Caso a detenção seja momentânea incide a figura do art. 230 do ECA.

O crime previsto no art. 230 do ECA em muito se assemelha ao delito estabelecido no art. 9º, *caput*, da Lei nº 13.869/2019 (Lei de Abuso de Autoridade), que assim dispõe: "Decretar medida de privação da liberdade em manifesta desconformidade com as hipóteses legais. (...)", mas com ele não se confunde. O crime prescrito no ECA contém elementos especializantes que o distinguem do delito da Lei de Abuso de Autoridade. Assim, caso a vítima seja criança ou adolescente, incidirá o tipo determinado no ECA.

3.2.4 Art. 231

> **Art. 231.** Deixar a autoridade policial responsável pela apreensão de criança ou adolescente de fazer imediata comunicação à autoridade judiciária competente e à família do apreendido ou à pessoa por ele indicada:
>
> **Pena** – detenção de seis meses a dois anos.

3.2.4.1 Objeto jurídico e material

Objeto jurídico (bem jurídico). Cuida-se do valor fundamental que a lei buscou proteger ao criminalizar a conduta. No caso do art. 231, o objetivo é salvaguardar a liberdade da criança ou do adolescente.

Sobre esse ponto, reforça-se que, como a criança não será apreendida, caso seja surpreendida em flagrante de ato infracional, mais acertado seria se o legislador tivesse feito referência somente ao adolescente. Kurkowski (2020, p. 525) ressalta que, no caso, houve uma atecnia legislativa e, se a autoridade policial deixar de comunicar a apreensão de criança à autoridade judiciária e sua família, o crime praticado será o do art. 230 do ECA.

Ultrapassada essa consideração, extrai-se que o fim almejado pela norma é preservar a liberdade de qualquer adolescente, de modo que, uma vez comunicada, a autoridade judicial tenha meios de verificar a legalidade da apreensão e decidir se a liberdade de locomoção do menor será mantida ou não.

Do mesmo modo, a família do adolescente ou a pessoa por ele indicada devem ser comunicados de sua apreensão para terem conhecimento de sua localização e para que possam prestar toda a assistência de que ele necessita.

Tais disposições também podem ser encontradas em outros diplomas. De acordo com o art. 5º, LXII, da CF/1988, "a prisão de qualquer pessoa e o local onde se encontre serão comunicados imediatamente ao juiz competente e à família do preso ou à pessoa por ele indicada".

Na mesma senda, o art. 306, *caput*, do CPP dispõe que "a prisão de qualquer pessoa e o local onde se encontre serão comunicados imediatamente ao juiz competente, ao Ministério Público e à família do preso ou a pessoa por ele indicada".

Não nos parece que observar tais normas seja uma faculdade, mas uma imposição constitucional que, caso descumprida, relaxará a prisão em flagrante e, no caso de adolescentes, o auto de apreensão, além de a autoridade responsável pela apreensão poder responder criminalmente pelo não cumprimento do seu mister, na pena do art. 231 do ECA.

Esse dever, inclusive, vem previsto no próprio ECA, que, no art. 107, dispõe:

> (...) a apreensão de qualquer adolescente e o local onde se encontra recolhido serão incontinenti comunicados à autoridade judiciária competente e à família do apreendido ou à pessoa por ele indicada.
>
> **Parágrafo único**. Examinar-se-á, desde logo e sob pena de responsabilidade, a possibilidade de liberação imediata.

Objeto material. É a pessoa ou coisa sobre a qual recai a conduta do agente. No delito em questão, incidirá sobre o adolescente que foi apreendido e não teve a sua apreensão comunicada à autoridade judicial competente nem ao seu familiar ou pessoa por ele indicada.

3.2.4.2 Conduta e elemento subjetivo

Conduta. O art. 231 pune a conduta da autoridade policial (Delegado de Polícia) que **deixa (não realiza, abstém-se)** de fazer a imediata comunicação à autoridade judiciária competente (Juiz da Vara da Infância e Juventude) e à família do apreendido ou à pessoa por ele indicada.

No caso, a comunicação imediata refere-se à apreensão do menor em flagrante de ato infracional. Logo, não se confunde com a situação prevista no art. 230, parágrafo único, que trata de situações alheias ao flagrante. Outrossim, no art. 231 do ECA, a apreensão é legal desde o início, porém as devidas comunicações não são realizadas, diferentemente do art. 230, em que a apreensão é ilegal.

Habib (2018, p. 250) sustenta que a comunicação dolosa feita a outra autoridade judicial, que não a competente, caracteriza o delito. Assim, por exemplo, na hipótese de um adolescente ter praticado um ato infracional e ter sido surpreendido na prática deste, caso seja comunicado de sua apreensão o Juízo Criminal da Justiça Federal, e não o da Vara da Infância e Juventude, configurado estará o crime em estudo.

Para o autor, imediata comunicação é aquela realizada assim que a criança ou adolescente é apresentado à autoridade policial (HABIB, 2018, p. 250).

Conforme se observa, o tipo exige que seja feita uma dupla comunicação. A apreensão deve ser informada ao juiz competente e à família do apreendido ou à pessoa por ele indicada, o que implica dizer que, caso a transmissão da apreensão seja feita apenas ao juiz, e não à família ou à pessoa indicada pelo menor, o crime estará caracterizado. Do mesmo modo, tipificado estará o delito se a comunicação for feita apenas à família do menor ou à outra pessoa.

A conduta prevista nesse crime é **omissiva**, caracterizada pela inação da autoridade policial, responsável pela apreensão do adolescente em cumprir o seu dever previsto no art. 107 do ECA.

Elemento subjetivo. Estamos diante de **crime doloso**. O tipo não prevê nenhuma finalidade específica (dolo específico) na conduta praticada pelo agente. Não há a previsão de crime culposo.

3.2.4.3 Sujeitos do crime

Quanto ao **sujeito ativo**, cuida-se de crime próprio. O crime exige uma especial qualidade do sujeito ativo; no caso, somente pode ser praticado pela autoridade policial, que, nessa circunstância, é o Delegado de Polícia, e não é qualquer uma, mas apenas aquela responsável pela apreensão do adolescente.

Com relação ao **sujeito passivo**, trata-se do adolescente apreendido.

3.2.4.4 Consumação e tentativa

Consumação e tentativa. O crime se consuma no momento em que o sujeito ativo efetua a apreensão do adolescente e deixa de fazer a imediata comunicação ao magistrado e à família do apreendido ou alguém por ele indicado.

Embora o legislador não tenha esclarecido o que deve ser entendido por "imediata", compreende-se que as comunicações devem ser realizadas tão logo o adolescente apreendido seja apresentado à autoridade policial[16]. Por ser crime omissivo próprio, **não admite tentativa.**

Trata-se de **crime formal.**

Crime de perigo abstrato. O delito do art. 231 é de **perigo abstrato ou presumido** (o perigo é absolutamente presumido pela lei, não havendo necessidade de que, no caso concreto, efetivamente haja algum prejuízo ao adolescente).

3.2.4.5 Complementos

Ação penal. Conforme o art. 227 do ECA, todos os crimes nele previstos processam-se mediante ação penal pública incondicionada.

3.2.4.6 Conflito aparente de normas

O crime previsto no art. 231 do ECA não se confunde com o crime estabelecido no art. 12, *caput*, e parágrafo único, II, da Lei nº 13.869/2019 (Lei de Abuso de Autoridade)[17]. Se o

---

[16] Nesse sentido: Habib (2018, p. 250) e Cunha e Pinto, Ronaldo Batista. *Leis penais especiais comentadas*. 3. ed. Salvador: JusPodivm, 2020, p. 526.

[17] "Art. 12. Deixar injustificadamente de comunicar prisão em flagrante à autoridade judiciária no prazo legal: Pena – detenção, de 6 (seis) meses a 2 (dois) anos, e multa.
Parágrafo único. Incorre na mesma pena quem:
(...)
II – deixa de comunicar, imediatamente, a prisão de qualquer pessoa e o local onde se encontra à sua família ou à pessoa por ela indicada; (...)."

sujeito passivo for adolescente, a autoridade policial incorrerá naquele crime, por força do princípio da especialidade.

3.2.5 Art. 232

> **Art. 232.** Submeter criança ou adolescente sob sua autoridade, guarda ou vigilância a vexame ou a constrangimento:
>
> **Pena** – detenção de seis meses a dois anos.

3.2.5.1 Objeto jurídico e material

Objeto jurídico (bem jurídico). Cuida-se do valor fundamental que a lei buscou proteger ao criminalizar a conduta. No caso do art. 232, o objetivo é salvaguardar a integridade física, psicológica e moral da criança ou do adolescente.

Objeto material. É a pessoa ou coisa sobre a qual recai a conduta do agente. No delito em questão, incidirá sobre a criança ou o adolescente.

3.2.5.2 Conduta e elemento subjetivo

Conduta. O art. 232 pune a conduta daquele que **submete (sujeita)** a criança ou o adolescente a **vexame (humilhação, vergonha) ou a constrangimento (violência física ou moral)**, desde que tenha sobre ele autoridade (relação de superioridade de direito público ou privado), guarda (assistência permanente) ou vigilância (cuidado).

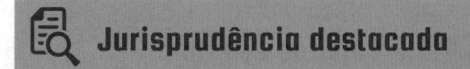

Jurisprudência destacada

> Pratica o delito do art. 232 do ECA a genitora que posa nua com o marido e o filho de cinco anos em uma banheira de motel e omite-se em relação à exposição em rede social (TJRS, Turma Recursal Criminal, Recurso Crime nº 71.008.081.010, Rel. Keila Lisiane Kloeckner Catta--Preta, j. 10.12.2018).
>
> Do mesmo modo, caracteriza o delito em tela a conduta da professora que desfere um tapa no rosto de aluno e restringe sua liberdade para fins de punição e imposição de disciplina (TJRS, 5ª Câmara Criminal, Apelação Crime nº 70.022.003.362, Rel. Aramis Nassif, j. 14.05.2008).

Sobre o emprego de algemas em adolescentes infratores, em que pese o ECA não faça qualquer menção sobre a utilização em adolescente infrator, o ato é permitido em casos excepcionais, quando estivermos diante de uma das hipóteses previstas na Súmula Vinculante nº 11 do STF[18].

---

[18] Súmula Vinculante nº 11: "Só é lícito o uso de algemas em casos de resistência e de fundado receio de fuga ou de perigo à integridade física própria ou alheia, por parte do preso ou de terceiros, jus-

Assim, quando o adolescente apresentar periculosidade, houver risco de fuga, ou perigo à sua integridade física ou de terceiros, não há que falar na nulidade do ato em razão do uso de algemas em menor, tampouco na caracterização do delito previsto no art. 232 do ECA[19].

A conduta prevista nesse crime é **comissiva**.

Elemento subjetivo. Estamos diante de **crime doloso.** O tipo não prevê nenhuma finalidade específica (dolo específico) na conduta praticada pelo agente. Não há a previsão de crime culposo.

⁕ Decifrando a prova

(Promotor de Justiça – MPE/RR – Cespe/Cebraspe – 2017 – Adaptada) De acordo com as disposições do ECA, cometerá infração administrativa:

I – o médico que não comunicar à autoridade competente os casos de que tenha conhecimento, que envolvam suspeita ou confirmação de maus-tratos contra criança ou adolescente;

II – a autoridade competente que, sem justa causa, deixar de ordenar a imediata liberação da criança ou do adolescente, logo que tenha conhecimento da ilegalidade de sua apreensão.

III – aquele que, tendo o dever de autoridade, de guarda ou de vigilância sobre criança ou adolescente, o submeta a vexame ou constrangimento.

Gabarito comentado: apenas o item I caracteriza infração administrativa (art. 245 do ECA). O item II se amolda ao delito previsto no art. 234; já no item III, o crime está tipificado no art. 232, ambos do ECA.

3.2.5.3 Sujeitos do crime

Quanto ao **sujeito ativo,** cuida-se de crime próprio. O crime exige uma especial qualidade do sujeito ativo, no caso, somente pode ser praticado pela pessoa que detém autoridade, guarda ou vigilância em face do menor, os quais podem ser tanto agente do Estado como particulares.

Com relação ao **sujeito passivo,** trata-se da criança ou do adolescente.

3.2.5.4 Consumação e tentativa

Consumação e tentativa. O crime se consuma no momento em que o sujeito ativo submete a criança ou adolescente a vexame ou constrangimento. Trata-se de crime **material**

---

tificada a excepcionalidade por escrito, sob pena de responsabilidade disciplinar, civil e penal do agente ou da autoridade e de nulidade da prisão ou do ato processual a que se refere, sem prejuízo da responsabilidade civil do Estado."

[19] Nesse sentido: STJ. Quinta Turma. HC nº 140.982/RJ. Rel. Min. Napoleão Nunes Maia Filho. Julgado em 19.11.2009. *DJe* 22.02.2010.

e instantâneo, porém, caso a situação constrangedora ou vexatória se prolongue no tempo sem interrupção, pode transformar-se em crime permanente.

O crime é comissivo e, em face do caráter plurissubsistente, **admite tentativa**.

Crime de perigo de dano. O delito do art. 232 é de **dano**, exige a efetiva ocorrência de lesão ao bem jurídico tutelado.

3.2.5.5 Complementos

Ação penal. Conforme o art. 227 do ECA, todos os crimes nele previstos processam-se mediante ação penal pública incondicionada.

3.2.5.6 Conflito aparente de normas

Em que pese o artigo previsto no art. 232 do ECA guarde semelhança com o crime de maus-tratos, tipificado ao teor do art. 136 do CP, que consiste na exposição de "perigo a vida ou a saúde de pessoa sob sua autoridade, guarda ou vigilância, para fim de educação, ensino, tratamento ou custódia, quer privando-a de alimentação ou cuidados indispensáveis, quer sujeitando-a a trabalho excessivo ou inadequado, quer abusando de meios de correção ou disciplina", com ele não se confunde.

O art. 232 do ECA só pode ter como vítima criança ou adolescente, já o art. 136 do CP pode ter como vítima qualquer tipo de pessoa, inclusive a menor de 18 anos. Esse é o ponto de convergência entre ambos os crimes. Para diferenciá-los, devemos observar que o art. 136 do CP será aplicado quando as condutas ali previstas forem praticadas e colocarem a vida ou a saúde da vítima em perigo. Entretanto, se o fim do agente for submeter a criança ou adolescente à humilhação ou a outros constrangimentos não estabelecidos no art. 136 do CP, aí será utilizado o art. 232 do ECA (CEBETTE, 2012).

Da mesma forma, o crime previsto no art. 232 do ECA prevalece sobre o art. 13, II, da Lei n° 13.869/2019 (Lei de Abuso de Autoridade)[20], se o constrangimento for praticado em face de criança ou de adolescente, em razão do princípio da especialidade.

3.2.6 Art. 233

Art. 233. (Revogado pela Lei n° 9.455/1997).

3.2.7 Art. 234

Art. 234. Deixar a autoridade competente, sem justa causa, de ordenar a imediata liberação de criança ou adolescente, tão logo tenha conhecimento da ilegalidade da apreensão:

Pena – detenção de seis meses a dois anos.

---

[20] "Art. 13. Constranger o preso ou o detento, mediante violência, grave ameaça ou redução de sua capacidade de resistência, a: (...)
II – submeter-se a situação vexatória ou a constrangimento não autorizado em lei; (...)
Pena – detenção, de 1 (um) a 4 (quatro) anos, e multa, sem prejuízo da pena cominada à violência."

3.2.7.1 Objeto jurídico e material

Objeto jurídico (bem jurídico). Cuida-se do valor fundamental que a lei buscou proteger ao criminalizar a conduta. No caso do art. 234, o objetivo é resguardar a liberdade da criança ou do adolescente.

Objeto material. É a pessoa ou coisa sobre a qual recai a conduta do agente. No delito em questão, incidirá sobre a criança (cuja apreensão será sempre ilegal) ou adolescente que foram apreendidos ilegalmente e não foram liberados.

3.2.7.2 Conduta e elemento subjetivo

Conduta. O art. 234 pune a conduta da autoridade competente (Delegado de Polícia ou juiz da Vara da Infância e Juventude) que **deixa (não realiza, abstém-se), sem** justa causa, **de ordenar (transmitir a alguém que se faça algo, mandar)** a imediata liberação de criança ou adolescente, tão logo tenha conhecimento da ilegalidade da apreensão.

O crime em tela traz em seu bojo dois elementos normativos.

O primeiro deles está contido na expressão "sem justa causa". Não é qualquer omissão em proceder à imediata liberação de adolescente apreendido ilegalmente que caracteriza o delito, mas tão somente a abstenção realizada sem justa causa. "Justa causa" é a ausência de previsão legal. Nucci (2020, p. 91) ressalta que a justa causa pode levar à atipicidade do fato, como se dá quando a apreensão é realizada de acordo com as formalidades legais.

O outro está caracterizado pela expressão "imediata". O termo imediata significa rápida, sem delonga, no momento em que a autoridade competente constata a apreensão ilegal.

A conduta prevista nesse crime é **omissiva**, caracterizada pela inação da autoridade competente em ordenar a imediata liberação do adolescente apreendido ilegalmente, assim que verificada a ilegalidade.

Elemento subjetivo. Estamos diante de **crime doloso.** O tipo não prevê nenhuma finalidade específica (dolo específico) na conduta praticada pelo agente. Não há a previsão de crime culposo.

3.2.7.3 Sujeitos do crime

Quanto ao **sujeito ativo**, cuida-se de crime próprio. O crime exige uma especial qualidade do sujeito ativo, no caso somente pode ser praticado pela autoridade competente, que pode ser tanto a autoridade judicial ou a policial (Delegado de Polícia).

Se o magistrado, ao tomar ciência, pela autoridade policial, da apreensão do adolescente, e uma vez verificada a ilegalidade da apreensão, dolosamente, não ordena sua imediata soltura, incorre no crime em questão. Do mesmo modo, se o Delegado de Polícia constata a ilegalidade da apreensão e, dolosamente, não ordena a imediata liberação do adolescente, também pratica o delito em tela.

Com relação ao **sujeito passivo**, trata-se da criança ou adolescente apreendidos ilegalmente.

3.2.7.4 Consumação e tentativa

Consumação e tentativa. O crime se consuma no momento em que o sujeito ativo toma conhecimento da apreensão ilegal e não ordena a sua imediata liberação.

Por ser crime omissivo próprio, **não admite tentativa.** Trata-se de crime **material.**

Crime de perigo de dano. O delito do art. 234 é de **dano**, exige a efetiva ocorrência de lesão ao bem jurídico tutelado, no caso, o prejuízo à liberdade de ir, vir e ficar da criança e do adolescente.

3.2.7.5 Complementos

Ação penal. Conforme estabelecido no art. 227 do ECA, todos os crimes nele previstos processam-se mediante ação penal pública incondicionada.

3.2.7.6 Conflito aparente de normas

O crime previsto no art. 234 do ECA, quando praticado em detrimento de criança ou adolescente, deve prevalecer sobre o crime tipificado no art. 9º, parágrafo único, I, da Lei nº 13.869/2019 (Lei de Abuso de Autoridade)[21], que criminaliza a conduta da autoridade judiciária que, dentro do prazo razoável, deixa de relaxar a prisão manifestamente ilegal. Aplica-se o princípio da especialidade.

3.2.8 Art. 235

Art. 235. Descumprir, injustificadamente, prazo fixado nesta Lei em benefício de adolescente privado de liberdade:

Pena – detenção de seis meses a dois anos.

3.2.8.1 Objeto jurídico e material

Objeto jurídico (bem jurídico). Cuida-se do valor fundamental que a lei buscou proteger ao criminalizar a conduta. No caso do art. 235, o objetivo é o direito à liberdade do adolescente.

Objeto material. É a pessoa ou coisa sobre a qual recai a conduta do agente. No delito em questão, incidirá sobre o prazo legalmente previsto que não é observado.

---

[21] "Art. 9º Decretar medida de privação da liberdade em manifesta desconformidade com as hipóteses legais: Pena – detenção, de 1 (um) a 4 (quatro) anos, e multa.
Parágrafo único. Incorre na mesma pena a autoridade judiciária que, dentro de prazo razoável, deixar de:
I – relaxar a prisão manifestamente ilegal; (...)."

3.2.8.2 Conduta e elemento subjetivo

O primeiro ponto a ser destacado é que o delito do art. 235 classifica-se como norma penal em branco, pois os prazos a que se refere o artigo podem ser encontrados no próprio ECA, que prevê o procedimento a ser observado quando o adolescente é privado de sua liberdade.

Trata-se de norma penal em branco **homogênea**[22] **homovitelina**[23] (pois a norma complementadora provém da mesma fonte – Poder Legislativo – e está inserida no mesmo diploma normativo – Lei nº 8.069/1990 da norma a ser complementada).

Quanto ao prazo a ser observado pela autoridade policial, podemos encontrar o de 24 horas, para apresentação do adolescente apreendido em flagrante de ato infracional, e o de transferência de adolescente apreendido para entidade de atendimento, que pode aguardar no máximo por cinco dias em repartição policial, desde que em seção isolada dos adultos e com instalações apropriadas. Vejamos:

> **Art. 175.** Em caso de não liberação, a autoridade policial encaminhará, desde logo, o adolescente ao representante do Ministério Público, juntamente com cópia do auto de apreensão ou boletim de ocorrência.
>
> **§ 1º** Sendo impossível a apresentação imediata, a autoridade policial encaminhará o adolescente à entidade de atendimento, que fará a apresentação ao representante do Ministério Público no prazo de vinte e quatro horas.
>
> **§ 2º** Nas localidades onde não houver entidade de atendimento, a apresentação far-se--á pela autoridade policial. À falta de repartição policial especializada, o adolescente aguardará a apresentação em dependência separada da destinada a maiores, não podendo, em qualquer hipótese, exceder o prazo referido no parágrafo anterior.
>
> **Art. 185.** A internação, decretada ou mantida pela autoridade judiciária, não poderá ser cumprida em estabelecimento prisional.
>
> **§ 1º** Inexistindo na comarca entidade com as características definidas no art. 123, o adolescente deverá ser imediatamente transferido para a localidade mais próxima.
>
> **§ 2º** Sendo impossível a pronta transferência, o adolescente aguardará sua remoção em repartição policial, desde que em seção isolada dos adultos e com instalações apropriadas, não podendo ultrapassar o prazo máximo de cinco dias, sob pena de responsabilidade.

A autoridade judicial deve observar os prazos de internação provisória, de reavaliação da medida de internação e seu prazo máximo. Confira-se:

> **Art. 108.** A internação, antes da sentença, pode ser determinada pelo prazo máximo de quarenta e cinco dias.
>
> **Parágrafo único.** A decisão deverá ser fundamentada e basear-se em indícios suficientes de autoria e materialidade, demonstrada a necessidade imperiosa da medida.

---

[22] Ou "em sentido amplo/lato" ou "imprópria".
[23] Ou "homóloga".

Art. 121. A internação constitui medida privativa da liberdade, sujeita aos princípios de brevidade, excepcionalidade e respeito à condição peculiar de pessoa em desenvolvimento.

§ 1º Será permitida a realização de atividades externas, a critério da equipe técnica da entidade, salvo expressa determinação judicial em contrário.

§ 2º A medida não comporta prazo determinado, devendo sua manutenção ser reavaliada, mediante decisão fundamentada, no máximo a cada seis meses.

§ 3º Em nenhuma hipótese o período máximo de internação excederá a três anos.

§ 4º Atingido o limite estabelecido no parágrafo anterior, o adolescente deverá ser liberado, colocado em regime de semiliberdade ou de liberdade assistida.

§ 5º A liberação será compulsória aos vinte e um anos de idade.

§ 6º Em qualquer hipótese a desinternação será precedida de autorização judicial, ouvido o Ministério Público.

§ 7º A determinação judicial mencionada no § 1º poderá ser revista a qualquer tempo pela autoridade judiciária.

O ECA também impõe ao Ministério Público a observância de prazo, tal como o de oitiva informal do adolescente apreendido em flagrante a ser realizada no mesmo dia em que apresentado e, se possível, de seus pais ou responsável, vítima e testemunhas.

Art. 179. Apresentado o adolescente, o representante do Ministério Público, no mesmo dia e à vista do auto de apreensão, boletim de ocorrência ou relatório policial, devidamente autuados pelo cartório judicial e com informação sobre os antecedentes do adolescente, procederá imediata e informalmente à sua oitiva e, em sendo possível, de seus pais ou responsável, vítima e testemunhas.

Parágrafo único. Em caso de não apresentação, o representante do Ministério Público notificará os pais ou responsável para apresentação do adolescente, podendo requisitar o concurso das polícias civil e militar.

Conduta. O art. 235 pune a conduta de **descumprir (transgredir, violar, desrespeitar)**, injustificadamente, prazo fixado em benefício de adolescente privado de liberdade.

O elemento normativo do tipo é caracterizado pela expressão "injustificadamente", o que quer dizer que não deve haver justificativa para o não cumprimento do prazo. A comprovação da impossibilidade de cumprimento do prazo pela autoridade competente pode levar à atipicidade da conduta (NUCCI, 2020, p. 93).

Como visto, trata-se de crime que traz em seu bojo **conduta omissiva**, pois as autoridades competentes para fazerem cumprir o prazo não observam o determinado pelo ECA.

Elemento subjetivo. Estamos diante de **crime doloso.** O tipo não prevê nenhuma finalidade específica (dolo específico) na conduta praticada pelo agente. Não há a previsão de crime culposo.

3.2.8.3 Sujeitos do crime

Quanto ao **sujeito ativo**, cuida-se de crime próprio, pois não se pune a conduta de qualquer autoridade, mas apenas a daquela competente para cumprir os prazos previstos no ECA. No caso, a autoridade policial, o Ministério Público ou a autoridade judicial.

Com relação ao **sujeito passivo,** trata-se do adolescente apreendido. Cumpre observar que, diferentemente de outros dispositivos, o próprio legislador não fez referência à criança, uma vez que por absoluta impossibilidade jurídica esta não pode ser apreendida.

3.2.8.4 Consumação e tentativa

Consumação e tentativa. O crime se consuma no momento em que o sujeito ativo deixa de observar os prazos previstos no ECA, violando desse modo o seu dever de agir. Por ser crime omissivo próprio, **não admite tentativa.**

Trata-se de crime **formal**.

Crime de perigo abstrato. O delito do art. 235 é de **perigo abstrato ou presumido** (o perigo é absolutamente presumido pela lei, não havendo necessidade de que, no caso concreto, ele exista)[24].

3.2.8.5 Complementos

Ação penal. Conforme o art. 227 do ECA, todos os crimes nele previstos processam-se mediante ação penal pública incondicionada.

3.2.8.6 Conflito aparente de normas

No conflito aparente com o delito estabelecido no art. 12, parágrafo único, IV, da Lei nº 13.869/2019 (Lei de Abuso de Autoridade)[25], caso a vítima seja adolescente, prevalecerá o crime previsto no art. 235 do ECA, em razão do princípio da especialidade.

3.2.9 Art. 236

Art. 236. Impedir ou embaraçar a ação de autoridade judiciária, membro do Conselho Tutelar ou representante do Ministério Público no exercício de função prevista nesta Lei:

Pena – detenção de seis meses a dois anos.

---

[24] Nesse sentido: HABIB, Gabriel. *Leis penais especiais*. 10. ed. Salvador: JusPodivm, volume único, 2018. p. 254. Em sentido contrário, entendendo que o crime em tela é material e de dano: NUCCI, Guilherme de Souza. *Leis penais e processuais penais comentadas*. v. 2, 13. ed. Rio de Janeiro: Forense, 2020. p. 93.

[25] "Art. 12. Deixar injustificadamente de comunicar prisão em flagrante à autoridade judiciária no prazo legal: Pena – detenção, de 6 (seis) meses a 2 (dois) anos, e multa.
Parágrafo único. Incorre na mesma pena quem:
(...)
IV – prolonga a execução de pena privativa de liberdade, de prisão temporária, de prisão preventiva, de medida de segurança ou de internação, deixando, sem motivo justo e excepcionalíssimo, de executar o alvará de soltura imediatamente após recebido ou de promover a soltura do preso quando esgotado o prazo judicial ou legal."

3.2.9.1 Objeto jurídico e material

Objeto jurídico (bem jurídico). Cuida-se do valor fundamental que a lei buscou proteger ao criminalizar a conduta. O art. 236 tutela a Administração da Justiça, mais especificamente visa garantir o escorreito trabalho de alguns dos órgãos responsáveis por proteger as crianças e os adolescentes.

Objeto material. É a pessoa ou coisa sobre a qual recai a conduta do agente. No delito em questão, incidirá sobre a ação da autoridade judiciária, do membro do Conselho Tutelar ou representante do Ministério Público, que, no exercício de sua função, vê-se impedido ou prejudicado ao desempenhar o seu mister.

3.2.9.2 Conduta e elemento subjetivo

Conduta. O art. 236 pune a conduta daquele que **impede (obsta, dificulta a ação) ou embaraça (atrapalha, prejudica, frustra)** a ação de autoridade judiciária, membro do Conselho Tutelar ou representante do Ministério Público no exercício de função prevista nessa Lei.

À semelhança do art. 235, o art. 236 classifica-se como norma penal em branco (**homogênea**[26] **homovitelina**[27]), pois as funções da autoridade judiciária, do membro do Conselho Tutelar ou do representante do Ministério Público estão previstas na própria Lei nº 8.069/1990.

O ECA prevê em seu rol diversas funções atribuídas à autoridade judicial, ao membro do Conselho Tutelar e ao representante do Ministério Público, que, uma vez obstaculizadas, caracterizam o delito em tela, entre elas destacamos, separadamente, as que seguem:

À Autoridade Judicial incumbe:

Art. 148. A Justiça da Infância e da Juventude é competente para:

I – conhecer de representações promovidas pelo Ministério Público, para apuração de ato infracional atribuído a adolescente, aplicando as medidas cabíveis;

II – conceder a remissão, como forma de suspensão ou extinção do processo;

III – conhecer de pedidos de adoção e seus incidentes;

IV – conhecer de ações civis fundadas em interesses individuais, difusos ou coletivos afetos à criança e ao adolescente, observado o disposto no art. 209;

V – conhecer de ações decorrentes de irregularidades em entidades de atendimento, aplicando as medidas cabíveis;

VI – aplicar penalidades administrativas nos casos de infrações contra norma de proteção à criança ou adolescente;

VII – conhecer de casos encaminhados pelo Conselho Tutelar, aplicando as medidas cabíveis.

---

[26] Ou "em sentido amplo/lato" ou "imprópria".

[27] Ou "homóloga".

Parágrafo único. Quando se tratar de criança ou adolescente nas hipóteses do art. 98, é também competente a Justiça da Infância e da Juventude para o fim de:

a) conhecer de pedidos de guarda e tutela;

b) conhecer de ações de destituição do poder familiar, perda ou modificação da tutela ou guarda;

c) suprir a capacidade ou o consentimento para o casamento;

d) conhecer de pedidos baseados em discordância paterna ou materna, em relação ao exercício do poder familiar;

e) conceder a emancipação, nos termos da lei civil, quando faltarem os pais;

f) designar curador especial em casos de apresentação de queixa ou representação, ou de outros procedimentos judiciais ou extrajudiciais em que haja interesses de criança ou adolescente;

g) conhecer de ações de alimentos;

h) determinar o cancelamento, a retificação e o suprimento dos registros de nascimento e óbito.

Art. 149. Compete à autoridade judiciária disciplinar, através de portaria, ou autorizar, mediante alvará:

I – a entrada e permanência de criança ou adolescente, desacompanhado dos pais ou responsável, em:

a) estádio, ginásio e campo desportivo;

b) bailes ou promoções dançantes;

c) boate ou congêneres;

d) casa que explore comercialmente diversões eletrônicas;

e) estúdios cinematográficos, de teatro, rádio e televisão;

II – a participação de criança e adolescente em:

a) espetáculos públicos e seus ensaios;

b) certames de beleza.

§ 1º Para os fins do disposto neste artigo, a autoridade judiciária levará em conta, dentre outros fatores:

a) os princípios desta Lei;

b) as peculiaridades locais;

c) a existência de instalações adequadas;

d) o tipo de frequência habitual ao local;

e) a adequação do ambiente a eventual participação ou frequência de crianças e adolescentes;

f) a natureza do espetáculo.

§ 2º As medidas adotadas na conformidade deste artigo deverão ser fundamentadas, caso a caso, vedadas as determinações de caráter geral.

Ao Conselho Tutelar, por sua vez, compete:

Art. 136. São atribuições do Conselho Tutelar:

I – atender as crianças e adolescentes nas hipóteses previstas nos arts. 98 e 105, aplicando as medidas previstas no art. 101, I a VII;

II – atender e aconselhar os pais ou responsável, aplicando as medidas previstas no art. 129, I a VII;

III – promover a execução de suas decisões, podendo para tanto:

a) requisitar serviços públicos nas áreas de saúde, educação, serviço social, previdência, trabalho e segurança;

b) representar junto à autoridade judiciária nos casos de descumprimento injustificado de suas deliberações;

IV – encaminhar ao Ministério Público notícia de fato que constitua infração administrativa ou penal contra os direitos da criança ou adolescente;

V – encaminhar à autoridade judiciária os casos de sua competência;

VI – providenciar a medida estabelecida pela autoridade judiciária, dentre as previstas no art. 101, de I a VI, para o adolescente autor de ato infracional;

VII – expedir notificações;

VIII – requisitar certidões de nascimento e de óbito de criança ou adolescente quando necessário;

IX – assessorar o Poder Executivo local na elaboração da proposta orçamentária para planos e programas de atendimento dos direitos da criança e do adolescente;

X – representar, em nome da pessoa e da família, contra a violação dos direitos previstos no art. 220, § 3º, inciso II, da Constituição Federal;

XI – representar ao Ministério Público para efeito das ações de perda ou suspensão do poder familiar, após esgotadas as possibilidades de manutenção da criança ou do adolescente junto à família natural;

XII – promover e incentivar, na comunidade e nos grupos profissionais, ações de divulgação e treinamento para o reconhecimento de sintomas de maus-tratos em crianças e adolescentes.

XIII – adotar, na esfera de sua competência, ações articuladas e efetivas direcionadas à identificação da agressão, à agilidade no atendimento da criança e do adolescente vítima de violência doméstica e familiar e à responsabilização do agressor;

XIV – atender à criança e ao adolescente vítima ou testemunha de violência doméstica e familiar, ou submetido a tratamento cruel ou degradante ou a formas violentas de educação, correção ou disciplina, a seus familiares e a testemunhas, de forma a prover orientação e aconselhamento acerca de seus direitos e dos encaminhamentos necessários;

XV – representar à autoridade judicial ou policial para requerer o afastamento do agressor do lar, do domicílio ou do local de convivência com a vítima nos casos de violência doméstica e familiar contra a criança e o adolescente;

XVI – representar à autoridade judicial para requerer a concessão de medida protetiva de urgência à criança ou ao adolescente vítima ou testemunha de violência doméstica e familiar, bem como a revisão daquelas já concedidas;

XVII – representar ao Ministério Público para requerer a propositura de ação cautelar de antecipação de produção de prova nas causas que envolvam violência contra a criança e o adolescente;

XVIII – tomar as providências cabíveis, na esfera de sua competência, ao receber comunicação da ocorrência de ação ou omissão, praticada em local público ou privado, que constitua violência doméstica e familiar contra a criança e o adolescente;

XIX – receber e encaminhar, quando for o caso, as informações reveladas por noticiantes ou denunciantes relativas à prática de violência, ao uso de tratamento cruel ou degradante ou de formas violentas de educação, correção ou disciplina contra a criança e o adolescente;

XX – representar à autoridade judicial ou ao Ministério Público para requerer a concessão de medidas cautelares direta ou indiretamente relacionada à eficácia da proteção de noticiante ou denunciante de informações de crimes que envolvam violência doméstica e familiar contra a criança e o adolescente.

Parágrafo único. Se, no exercício de suas atribuições, o Conselho Tutelar entender necessário o afastamento do convívio familiar, comunicará incontinenti o fato ao Ministério Público, prestando-lhe informações sobre os motivos de tal entendimento e as providências tomadas para a orientação, o apoio e a promoção social da família.

Por fim, são atribuições do Ministério Público:

Art. 139. O processo para a escolha dos membros do Conselho Tutelar será estabelecido em lei municipal e realizado sob a responsabilidade do Conselho Municipal dos Direitos da Criança e do Adolescente, e a fiscalização do Ministério Público.

Art. 201. Compete ao Ministério Público:

I – conceder a remissão como forma de exclusão do processo;

II – promover e acompanhar os procedimentos relativos às infrações atribuídas a adolescentes;

III – promover e acompanhar as ações de alimentos e os procedimentos de suspensão e destituição do poder familiar, nomeação e remoção de tutores, curadores e guardiães, bem como oficiar em todos os demais procedimentos da competência da Justiça da Infância e da Juventude;

IV – promover, de ofício ou por solicitação dos interessados, a especialização e a inscrição de hipoteca legal e a prestação de contas dos tutores, curadores e quaisquer administradores de bens de crianças e adolescentes nas hipóteses do art. 98;

V – promover o inquérito civil e a ação civil pública para a proteção dos interesses individuais, difusos ou coletivos relativos à infância e à adolescência, inclusive os definidos no art. 220, § 3º inciso II, da Constituição Federal;

VI – instaurar procedimentos administrativos e, para instruí-los:

a) expedir notificações para colher depoimentos ou esclarecimentos e, em caso de não comparecimento injustificado, requisitar condução coercitiva, inclusive pela polícia civil ou militar;

b) requisitar informações, exames, perícias e documentos de autoridades municipais, estaduais e federais, da administração direta ou indireta, bem como promover inspeções e diligências investigatórias;

c) requisitar informações e documentos a particulares e instituições privadas;

I – instaurar sindicâncias, requisitar diligências investigatórias e determinar a instauração de inquérito policial, para apuração de ilícitos ou infrações às normas de proteção à infância e à juventude;

II – zelar pelo efetivo respeito aos direitos e garantias legais assegurados às crianças e adolescentes, promovendo as medidas judiciais e extrajudiciais cabíveis;

III – impetrar mandado de segurança, de injunção e *habeas corpus*, em qualquer juízo, instância ou tribunal, na defesa dos interesses sociais e individuais indisponíveis afetos à criança e ao adolescente;

IV – representar ao juízo visando à aplicação de penalidade por infrações cometidas contra as normas de proteção à infância e à juventude, sem prejuízo da promoção da responsabilidade civil e penal do infrator, quando cabível;

V – inspecionar as entidades públicas e particulares de atendimento e os programas de que trata esta Lei, adotando de pronto as medidas administrativas ou judiciais necessárias à remoção de irregularidades porventura verificadas;

VI – requisitar força policial, bem como a colaboração dos serviços médicos, hospitalares, educacionais e de assistência social, públicos ou privados, para o desempenho de suas atribuições.

VII – intervir, quando não for parte, nas causas cíveis e criminais decorrentes de violência doméstica e familiar contra a criança e o adolescente.

§ 1º A legitimação do Ministério Público para as ações cíveis previstas neste artigo não impede a de terceiros, nas mesmas hipóteses, segundo dispuserem a Constituição e esta Lei.

§ 2º As atribuições constantes deste artigo não excluem outras, desde que compatíveis com a finalidade do Ministério Público.

§ 3º O representante do Ministério Público, no exercício de suas funções, terá livre acesso a todo local onde se encontre criança ou adolescente.

§ 4º O representante do Ministério Público será responsável pelo uso indevido das informações e documentos que requisitar, nas hipóteses legais de sigilo.

§ 5º Para o exercício da atribuição de que trata o inciso VIII deste artigo, poderá o representante do Ministério Público:

a) reduzir a termo as declarações do reclamante, instaurando o competente procedimento, sob sua presidência;

b) entender-se diretamente com a pessoa ou autoridade reclamada, em dia, local e horário previamente notificados ou acertados;

c) efetuar recomendações visando à melhoria dos serviços públicos e de relevância pública afetos à criança e ao adolescente, fixando prazo razoável para sua perfeita adequação.

O crime do art. 236 é de ação múltipla (ou tipo misto alternativo), no qual há dois verbos que expressam a conduta criminosa. É certo que, se no mesmo contexto fático forem praticadas as duas ações previstas, por força do princípio da alternatividade, há um só delito (a quantidade de verbos flexionados certamente interferirá na fixação da pena a ser realizada pelo juiz – art. 59 do CP).

A conduta prevista nesse crime é **comissiva**, caracterizada pela ação daquele que age com o fim de prejudicar o exercício das funções daqueles que integram o sistema de proteção dos direitos das crianças e dos adolescentes.

Ao analisar o crime em questão, já decidiu o Tribunal de Justiça do Estado do Rio Grande do Sul que caracteriza a conduta em tela a conduta da mãe, que, após agredir a filha, impediu a ação de membro do Conselho Tutelar no exercício de sua função prevista em lei, ao obstaculizar que a criança fosse retirada da residência e encaminhada pelo Conselho ao Posto do IML, a fim de que fosse comprovada a materialidade do delito de lesão corporal. Confira-se:

> ### 🔍 Jurisprudência destacada
>
> Constatado ter a ré impedido a vítima de realizar o exame de corpo de delito, caracterizado está o embaraço previsto no art. 236 do ECA, motivo pelo qual a condenação deve ser mantida. Não merece ser acolhido o pedido defensivo para substituição da prestação de serviços à comunidade por prestação pecuniária, no tocante ao delito do art. 236 da Lei nº 8.069/1990, pois, embora tenha sido imposta a pena de 6 (seis) meses de detenção, deve ocorrer uma maior repreensão do Estado perante o ato perpetrado, com a aplicação da devida coerção, sob pena de, se assim não o fizer, não encontrar qualquer efeito pedagógico a sanção imposta (TJRS, 2ª Câmara Criminal, ACR nº 0415.130-33.2015.8.21.7000, Rel. Rosaura Marques Borba, j. 28.04.2016).

Elemento subjetivo. Estamos diante de **crime doloso.** O tipo não prevê nenhuma finalidade específica (dolo específico) na conduta praticada pelo agente. Não há a previsão de crime culposo.

3.2.9.3 Sujeitos do crime

Quanto ao **sujeito ativo**, cuida-se de crime comum, podendo ser praticado por qualquer pessoa.

O **sujeito passivo** é o Estado, simbolizado pela autoridade judicial, pelo Conselho Tutelar ou pelo representante do Ministério Público.

3.2.9.4 Consumação e tentativa

Consumação e tentativa. O crime se consuma no momento em que o sujeito impede ou dificulta o exercício de suas funções pela autoridade judicial, pelo Conselho Tutelar ou pelo representante do Ministério Público.

Trata-se de **crime formal**, não sendo necessário que as condutas tenham causado efetivo prejuízo para as funções exercidas pelos agentes públicos. Quando praticado mediante

um só ato, será unissubsistente, ou mediante **vários, plurissubsistente**. Nessa forma, admite-se a tentativa.

Crime de perigo abstrato. O delito do art. 236 é de **perigo abstrato ou presumido** (o perigo é absolutamente presumido pela lei, não havendo necessidade de que, no caso concreto, ele exista).

3.2.9.5 Complementos

Ação penal. Conforme o art. 227 do ECA, todos os crimes nele previstos processam-se mediante ação penal pública incondicionada.

> ### 🧩 Decifrando a prova
>
> **(Promotor de Justiça – MPE/GO – 2019 – Adaptada)** O crime previsto no art. 236 do ECA, consistente em impedir ou embaraçar a ação de autoridade judiciária, membro do Conselho Tutelar ou representante do Ministério Público no exercício de suas funções é de ação penal pública condicionada à representação.
>
> ( ) Certo ( ) Errado
>
> **Gabarito comentado:** o crime em tela, assim como todos os outros previstos no ECA, é de ação penal pública incondicionada. Portanto, a assertiva está errada.

3.2.9.6 Conflito aparente de normas

Em que pese se assemelhe ao crime de resistência, tipificado no art. 329 do CP, com ele não se confunde. O crime definido no art. 236 é uma forma especial de resistência (MASSON, 2020, p. 1331) prevista no ECA, que não é praticada contra o exercício de qualquer autoridade, mas da judiciária, de membro do Conselho Tutelar ou do representante do Ministério Público que esteja no exercício de função estabelecida na Lei nº 8.069/1990. Aplica-se o princípio da especialidade.

3.2.10 Art. 237

Art. 237. Subtrair criança ou adolescente ao poder de quem o tem sob sua guarda em virtude de lei ou ordem judicial, com o fim de colocação em lar substituto:

Pena – reclusão de dois a seis anos, e multa.

3.2.10.1 Objeto jurídico e material

Objeto jurídico (bem jurídico). Cuida-se do valor fundamental que a lei buscou proteger ao criminalizar a conduta. O art. 237 resguarda tanto o direito de a criança e de o adolescente crescer e se desenvolver no seio de sua família, como o de seus genitores de tê-los consigo.

Objeto material. É a pessoa ou coisa sobre a qual recai a conduta do agente. No delito em questão, incidirá sobre a criança ou adolescente.

3.2.10.2 Conduta e elemento subjetivo

Conduta. O art. 237 pune a conduta daquele que **subtrai (retira, arrebata)** a criança ou o adolescente de quem o tem sob sua guarda em virtude de lei (pais) ou ordem judicial (guardião), com o fim de colocá-lo em outra família.

O tipo penal deixa expresso que o menor tem que ser subtraído de quem tem a sua guarda legal ou judicial, logo, o crime pode ser praticado pelo genitor que foi destituído do poder familiar.

Kurkowski (2020, p. 534) destaca a atipicidade da conduta, por caracterizar legítima defesa de terceiro e por ausência de dolo, quando a criança ou o adolescente é retirado do ambiente familiar, por haver suspeitas de que o menor esteja sendo vítima de crime. O autor exemplifica com a conduta do Conselheiro Tutelar que, diante da suspeita de que uma criança esteja sendo vítima de crime sexual praticado pelos genitores, mesmo sem o consentimento deles, retira a criança do lar e a encaminha para uma instituição de acolhimento, dando-se ciência ao Ministério Público.

A conduta prevista nesse crime é **comissiva**, caracterizada por uma ação.

Elemento subjetivo. Estamos diante de **crime doloso.** O tipo contém um elemento subjetivo específico (especial fim de agir) caracterizado pela expressão "com o fim de colocação em lar substituto". Logo, só incorrerá no crime em tela o agente que praticar a conduta visando colocar a criança ou o adolescente em família diversa. A ausência do elemento subjetivo fará, entretanto, com que a conduta do sujeito ativo seja desclassificada para crime diverso (art. 249 do ECA). O delito estabelecido no ECA não prevê punição para a conduta culposa.

3.2.10.3 Sujeitos do crime

Quanto ao **sujeito ativo**, cuida-se de crime comum, podendo ser praticado por qualquer pessoa.

O **sujeito passivo** é a criança ou o adolescente subtraído e secundariamente a pessoa que detém a guarda legal ou judicial do menor.

3.2.10.4 Consumação e tentativa

Consumação e tentativa. O crime se consuma no momento em que a vítima é subtraída, mesmo que não ocorra a sua colocação em lar substituto.

Trata-se de crime **formal.** A colocação da vítima em lar substituto, acarreta o exaurimento do delito, que deverá ser valorado pelo juiz na primeira-fase da dosimetria da pena, ao fixar a pena-base, como consequência do delito (art. 59 do CP).

Por ser **plurissubsistente**, admite-se a tentativa.

Crime de perigo de dano. O delito do art. 237 é de **dano**, exige a efetiva ocorrência de lesão ao bem jurídico tutelado, no caso, a subtração do menor.

3.2.10.5 Complementos

Ação penal. Conforme o art. 227 do ECA, todos os crimes nele previstos processam-se mediante ação penal pública incondicionada.

3.2.10.6 Conflito aparente de normas

O crime em estudo, embora se assemelhe ao delito previsto no art. 249 do Código Penal[28], com ele não se confunde. O delito de subtração de incapazes estabelecido no CP não possui o elemento especializante contido no delito do ECA, "com o fim de colocação em lar substituto". Assim, quando o autor agir imbuído dessa finalidade, praticará o crime do ECA, em razão do princípio da especialidade. Ademais, o crime do CP é de natureza subsidiária.

3.2.11 Art. 238

Art. 238. Prometer ou efetivar a entrega de filho ou pupilo a terceiro, mediante paga ou recompensa:

Pena – reclusão de um a quatro anos, e multa.

Parágrafo único. Incide nas mesmas penas quem oferece ou efetiva a paga ou recompensa.

3.2.11.1 Objeto jurídico e material

Objeto jurídico (bem jurídico). Cuida-se do valor fundamental que a lei buscou proteger ao criminalizar a conduta. O art. 238 resguarda o direito do filho ou pupilo, que seja criança ou adolescente, de crescer com sua família, seja ela biológica ou socioafetiva, uma vez que o legislador não fez essa distinção, ou do tutor ou do guardião.

Objeto material. É a pessoa ou coisa sobre a qual recai a conduta do agente. No delito em questão, incidirá sobre o filho ou pupilo (criança ou adolescente).

---

[28] "Subtração de incapazes
Art. 249. Subtrair menor de dezoito anos ou interdito ao poder de quem o tem sob sua guarda em virtude de lei ou de ordem judicial:
Pena – detenção, de dois meses a dois anos, se o fato não constitui elemento de outro crime.
§ 1º O fato de ser o agente pai ou tutor do menor ou curador do interdito não o exime de pena, se destituído ou temporariamente privado do pátrio poder, tutela, curatela ou guarda.
§ 2º No caso de restituição do menor ou do interdito, se este não sofreu maus-tratos ou privações, o juiz pode deixar de aplicar pena."

3.2.II.2 Conduta e elemento subjetivo

Conduta. O art. 238, *caput*, pune a conduta daquele que **promete (obriga-se, compromete-se)** ou **efetiva (cumpre o prometido)** a entrega de filho ou pupilo a terceiro, mediante paga ou recompensa.

A paga e a recompensa podem referir-se a dinheiro ou qualquer outro bem, não havendo a necessidade de que a vantagem seja de cunho econômico. Na paga, a vantagem avençada é recebida no momento da entrega do filho ou pupilo; já a recompensa indica que a vantagem é entregue em momento posterior ao recebimento do menor.

Esse crime visa combater o comércio ilícito de crianças e adolescentes, o denominado "tráfico de crianças", que muitas vezes é praticado por famílias desprovidas de recursos econômicos. Para a punição, pouco importa se o agente visará a exploração sexual, a mão de obra ou a pornografia infantil. E, ainda, a chamada "barriga de aluguel", em que mães geram seus filhos e depois os entregam a outras famílias, mediante paga ou recompensa.

O parágrafo único, por sua vez, pune com a mesma pena a conduta daquele que **oferece ou efetiva** a paga ou recompensa, ou seja, pune-se a conduta do comprador.

A conduta prevista nesse crime é **comissiva**, caracterizada por uma ação.

O crime do art. 238 é de ação múltipla (ou tipo misto alternativo), no qual há dois verbos, tanto no *caput* quanto no parágrafo único, que expressam a conduta criminosa. É certo que, se no mesmo contexto fático forem praticadas as duas ações previstas (prometer e efetivar), por força do princípio da alternatividade, há um só delito (a quantidade de verbos flexionados certamente interferirá na fixação da pena a ser realizada pelo juiz – art. 59 do CP). O mesmo se aplica às condutas previstas no parágrafo único.

Elemento subjetivo. Estamos diante de **crime doloso.** O tipo contém um elemento subjetivo específico (especial fim de agir) caracterizado pela intenção de se obter uma vantagem que pode ser financeira ou não. O crime não prevê punição para a conduta culposa.

3.2.II.3 Sujeitos do crime

Quanto ao **sujeito ativo**, o *caput* do art. 238 cuida-se de crime próprio, pois só podem praticá-lo o genitor, o tutor ou o guardião da criança e do adolescente. O parágrafo único classifica-o, todavia, como crime comum, pois qualquer pessoa pode cometê-lo, não sendo exigida nenhuma qualidade especial do sujeito ativo.

O delito é classificado como **crime plurissubjetivo (ou de concurso necessário),** pois, se de um lado temos o sujeito ativo do *caput* (genitor, tutor ou guardião), que promete ou oferece a entrega do menor, do outro, temos quem ofereceu ou efetivou o pagamento do dinheiro ou de qualquer outra retribuição.

O **sujeito passivo** é a criança ou o adolescente cuja entrega é concretizada ou prometida a terceiro, mediante paga ou recompensa.

A expressão "filho" contida no artigo, segundo o Superior Tribunal de Justiça[29], compreende tanto os nascidos como os nascituros.

3.2.II.4 Consumação e tentativa

Consumação e tentativa. No núcleo do tipo **"prometer"**, previsto no *caput*, o **crime é formal**, ou seja, a consumação ocorre independentemente do recebimento da paga ou recompensa ou da entrega do filho ou pupilo.

Por sua vez, no núcleo **"efetivar"**, também previsto no *caput*, o **crime é material**, de maneira que só existe a consumação se há entrega do menor. O recebimento da vantagem patrimonial ou de outro benefício, no caso, caracteriza o exaurimento do delito.

Na modalidade **"oferecer"**, prevista no parágrafo único, o **crime é formal**, consumando-se mesmo que não haja a real entrega da paga ou recompensa, basta o oferecimento.

No verbo **"efetivar"**, previsto no parágrafo único, o **crime é material**, cuja consumação ocorre apenas quando há a entrega do valor ou benefício oferecido.

A tentativa será cabível quando estivermos diante de uma conduta **plurissubsistente**, fracionável, portanto. De outro lado, não será possível quando a promessa ou o oferecimento, por exemplo, forem praticados de modo verbal, quando serão **unissubsistentes**.

Crime de perigo de dano. O delito do art. 238 é de **dano**, exige a efetiva ocorrência de lesão ao bem jurídico tutelado, no caso, o direito do menor de viver com sua família, ou tutor ou guardião.

3.2.II.5 Complementos

Ação penal. Conforme o art. 227 do ECA, todos os crimes nele previstos processam-se mediante ação penal pública incondicionada.

3.2.II.6 Conflito aparente de normas

O tipo previsto no art. 238 do ECA é especial com relação ao crime tipificado no art. 245 do CP[30]. Assim, se a entrega do menor se der em troca de benefício financeiro ou qualquer outro benefício, o crime praticado será o do ECA.

---

[29] STJ, 5ª Turma, REsp nº 48.119/RS 1994/0014018-5, Rel. Min. Assis Toledo, j. 20.03.1995, *DJe* 17.04.1995.

[30] "Entrega de filho menor a pessoa inidônea
Art. 245. Entregar filho menor de 18 (dezoito) anos a pessoa em cuja companhia saiba ou deva saber que o menor fica moral ou materialmente em perigo:
Pena – detenção, de 1 (um) a 2 (dois) anos.
§ 1º A pena é de 1 (um) a 4 (quatro) anos de reclusão, se o agente pratica delito para obter lucro, ou se o menor é enviado para o exterior.
§ 2º Incorre, também, na pena do parágrafo anterior quem, embora excluído o perigo moral ou material, auxilia a efetivação de ato destinado ao envio de menor para o exterior, com o fito de obter lucro."

Importante salientar nesse ponto que o crime do art. 245 do CP é próprio, e pode ser cometido somente pelo genitor do menor de 18 anos, que entrega o filho (biológico ou adotivo) à pessoa em cuja companhia saiba que fica moral ou materialmente em perigo. Ademais, diferentemente do art. 238 do ECA, a entrega é temporária, o menor não é inserido em outro núcleo familiar.

Segundo a doutrina[31], a primeira parte da qualificadora prevista no art. 245, § 1º, do CP, "se o agente pratica delito para obter lucro", não foi revogada pelos arts. 238 e 239 do ECA. O crime do CP ficará caracterizado mesmo que a entrega da vantagem econômica não seja efetivada, basta que o agente entregue seu filho com esse intuito, ao contrário do art. 238 do ECA, em que a entrega do menor se dará mediante paga ou recompensa.

As modalidades qualificadas de entrega de filho à pessoa inidônea previstas no § 1º, parte final, e no § 2º, ambos do art. 245 do CP, foram tacitamente revogadas pelo art. 239, *caput*, do ECA.

3.2.12 Art. 239

> **Art. 239.** Promover ou auxiliar a efetivação de ato destinado ao envio de criança ou adolescente para o exterior com inobservância das formalidades legais ou com o fito de obter lucro:
>
> **Pena** – reclusão de quatro a seis anos, e multa.
>
> **Parágrafo único.** Se há emprego de violência, grave ameaça ou fraude:
>
> **Pena** – reclusão, de 6 (seis) a 8 (oito) anos, além da pena correspondente à violência.

3.2.12.1 Objeto jurídico e material

Objeto jurídico (bem jurídico). Cuida-se do valor fundamental que a lei buscou proteger ao criminalizar a conduta. O art. 239 resguarda a criança, o adolescente e sua família.

Objeto material. É a pessoa ou coisa sobre a qual recai a conduta do agente. No delito em questão, incidirá sobre o ato de promover o envio de criança ou adolescente para o exterior.

3.2.12.2 Conduta e elemento subjetivo

Conduta. O art. 239, *caput*, pune a conduta daquele que **promove (dá causa, inicia, impulsiona, realiza) ou auxilia (ajuda, contribui, colabora)** a efetivação de ato destinado ao envio de criança ou adolescente para o exterior com inobservância das formalidades legais ou com o fito de obter lucro.

Esse crime visa combater o "tráfico internacional de crianças ou adolescentes".

As condutas previstas nesse crime são **comissivas**, caracterizadas por ações.

---

[31] Nesse sentido: Masson (2020, p. 1074) e Alves (2020, p. 1255).

O crime do art. 239 é de ação múltipla (ou tipo misto alternativo), no qual há no *caput* dois verbos que expressam a conduta criminosa. É certo que, se no mesmo contexto fático forem praticadas as duas ações previstas, promover ou auxiliar, como no caso do agente que auxilia e depois ele mesmo promove o envio da criança ou adolescente para o exterior, por força do princípio da alternatividade, há um só delito (a quantidade de verbos flexionados certamente interferirá na fixação da pena a ser realizada pelo juiz – art. 59 do CP).

O parágrafo único prevê uma **forma qualificada do delito**, punindo com uma pena mais elevada aquele que emprega na conduta descrita no *caput* violência, grave ameaça ou fraude (engodo), em razão da maior reprovabilidade do ato. Caso haja o emprego de violência, a pena aplicada a esta deverá ser imposta cumulativamente. Assim, se houver ofensa à integridade corporal da criança ou do adolescente, a pena do crime de lesão corporal deverá ser cumulada.

Formalidades legais. As formalidades legais exigidas no tipo encontram-se previstas no próprio ECA. A única forma de colocação em família substituta estrangeira admitida pelo ECA é pela adoção internacional, aquela na qual a pessoa ou o casal postulante é residente ou domiciliado fora do Brasil. O que a define, portanto, não é a nacionalidade dos adotantes, mas o fato de residirem fora do País (VENOSA, 2011 apud FOLTRAN, 2017, p. 31).

A burla às regras previstas nos arts. 51, 52 e 165 a 170 caracteriza o delito em tela, mas não é só. Tipifica o delito de igual modo a não observância ao procedimento previsto para a autorização de viagem internacional por criança e adolescente, o qual está descrito nos arts. 84 e 85 do ECA. Segundo tais artigos, a criança ou o adolescente só poderá viajar ao exterior quando houver autorização judicial ou estiver acompanhada de ambos os pais ou responsável, ou na companhia de um deles, sendo necessária, nessa hipótese, a expressa autorização pelo outro por meio de documento com firma reconhecida, ou ainda, na companhia de estrangeiro, apenas quando houver prévia e expressa autorização judicial.

Elemento subjetivo. Estamos diante de **crime doloso.** O tipo contém um elemento subjetivo específico (especial fim de agir) caracterizado pela intenção de se obter lucro (vantagem financeira), caso o agente promova ou auxilie no ato destinado ao envio de criança ou adolescente para o exterior com a observância das formalidades legais. Frise-se que o elemento subjetivo em tela é alternativo ao elemento normativo "com inobservância das formalidades legais" e não cumulativo. O crime não prevê punição para a conduta culposa.

3.2.12.3 Sujeitos do crime

Quanto ao **sujeito ativo**, o crime do art. 239 é comum, podendo ser praticado por qualquer pessoa.

O **sujeito passivo** é a criança ou o adolescente.

3.2.12.4 Consumação e tentativa

Consumação e tentativa. O crime é formal, consuma-se com qualquer ato tendente a **"promover" ou "auxiliar"** o envio da criança ou do adolescente para o exterior. A saída da criança ou do adolescente do território nacional caracteriza o exaurimento do delito, a ser sopesado na primeira fase da dosimetria da pena (art. 59 do CP). O auxílio pode ser prestado, por exemplo, com a compra de uma passagem ou bilhete internacional ou com a preparação de documentos. Há posição doutrinária no sentido de que a conduta "promover" seja crime material.

Corroborando o entendimento de que o crime previsto no art. 239 do ECA é formal, o Superior Tribunal de Justiça apresenta:

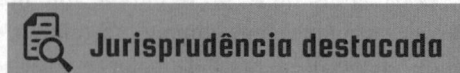

Jurisprudência destacada

Agravo regimental no agravo em recurso especial. Tráfico internacional de crianças e adolescentes. Art. 239 do ECA. Crime formal. Efetivo envio da vítima ao exterior. Exaurimento do crime.

I – O crime de tráfico internacional descrito no art. 239 do ECA não exige, para a sua consumação, a saída da criança ou adolescente para o exterior, contentando-se com a execução de qualquer ato de promoção ou auxílio da efetivação de ato destinado ao envio da vítima ao estrangeiro, sem as formalidades legais, ou com o fito de obter lucro. II – Trata-se de crime formal, que se consuma com a simples prática de qualquer ato destinado ao envio de criança ou adolescente ao exterior, com ou sem obtenção de lucro, nas circunstâncias referidas no tipo penal. Precedentes do STJ. III – Agravo improvido (STJ, 5ª Turma, AgRg no AREsp nº 160.951/ RJ, Rel. Min. Regina Helena Costa, j. 17.09.2013, *DJe* 23.09.2013).

Recurso especial. Tráfico internacional de crianças. Inépcia da denúncia. Inocorrência. Alegação posterior à prolação da sentença condenatória. Preclusão. Art. 239, ECA. Crime formal.

(...) 3. O delito tipificado no art. 239 do Estatuto da Criança e do Adolescente é formal, porque consuma-se com a simples conduta de auxiliar na efetivação de atos destinados ao envio de criança ao exterior, sem a observância das formalidades legais ou com a finalidade de obter lucro, não sendo exigido o efetivo envio do menor ao exterior. 4. Recurso especial a que se nega provimento (STJ, 6ª Turma, REsp 1.023.002/PE, Rel. Min. Alderita Ramos de Oliveira, Des. Convocada do TJPE, j. 09.08.2012, *DJe* 27.08.2012).

Por se tratar de crime **plurissubsistente**, a tentativa é admitida.

Crime de perigo abstrato. O delito do art. 239 é de perigo abstrato, cuja lesão ao bem jurídico já é presumida pelo legislador, dispensando a sua comprovação no caso concreto.

3.2.12.5 Competência

A competência para julgar o delito previsto no art. 239 do ECA pertence à Justiça Federal, em virtude do disposto no art. 109, V, da CF/1988, senão vejamos: "Art. 109. Aos juízes federais compete processar e julgar: (...) V – os crimes previstos em tratado ou convenção internacional, quando, iniciada a execução no País, o resultado tenha ou devesse ter ocorrido no estrangeiro, ou reciprocamente". O Brasil é signatário de diversos diplomas internacionais por meio dos quais se obrigou a reprimir o tráfico internacional de menores. Entre eles, o Protocolo Adicional à Convenção das Nações Unidas contra o Crime Organizado

Transnacional Relativo à Prevenção, Repressão e Punição do Tráfico de Pessoas, em Especial Mulheres e Crianças, o chamado Protocolo de Palermo. A competência no caso em tela é fixada em razão da matéria. Nesse sentido já decidiu a 3ª Turma do Tribunal Regional Federal da 1ª Região, no HC nº 94.01.01227-0/BA.

3.2.12.6 Complementos

Ação penal. Conforme o art. 227 do ECA, todos os crimes nele previstos processam-se mediante ação penal pública incondicionada.

3.2.12.7 Conflito aparente de normas

O tipo estabelecido no art. 239, *caput*, do ECA revogou tacitamente a figura contida no art. 245, § 2º, do CP, pelo fato de prever conduta já nele descrita, mas de maneira mais ampla, uma vez que abrange não só o intuito de lucro visado pelo autor do delito, mas também aquele que, sem almejar o lucro, atua para enviar criança ou adolescente para o exterior, sem observar as formalidades legais, e, ainda, por ser norma posterior a esta.

3.2.13 Art. 240

Art. 240. Produzir, reproduzir, dirigir, fotografar, filmar ou registrar, por qualquer meio, cena de sexo explícito ou pornográfica, envolvendo criança ou adolescente:

Pena – reclusão, de 4 (quatro) a 8 (oito) anos, e multa.

§ 1º Incorre nas mesmas penas quem agencia, facilita, recruta, coage, ou de qualquer modo intermedeia a participação de criança ou adolescente nas cenas referidas no *caput* deste artigo, ou ainda quem com esses contracena.

§ 2º Aumenta-se a pena de 1/3 (um terço) se o agente comete o crime:

I – no exercício de cargo ou função pública ou a pretexto de exercê-la;

II – prevalecendo-se de relações domésticas, de coabitação ou de hospitalidade; ou

III – prevalecendo-se de relações de parentesco consanguíneo ou afim até o terceiro grau, ou por adoção, de tutor, curador, preceptor, empregador da vítima ou de quem, a qualquer outro título, tenha autoridade sobre ela, ou com seu consentimento.

3.2.13.1 Objeto jurídico e material

Na atualidade, no campo jurídico, o termo "pedofilia" tem sido utilizado para designar um conjunto de crimes de natureza sexual (abuso e exploração sexual) praticados contra crianças e adolescentes, especialmente os previstos no ECA, após o advento da Lei nº 11.829/2008, popularmente conhecida como "Lei da Pedofilia" ou "Lei contra a Pornografia Infantil", e no CP, no título dos "Crimes contra a Dignidade Sexual". Não há um tipo penal específico que carrega em si o nome jurídico "pedofilia" (FORTES, 2015, p. 22).

A Lei nº 11.829/2008 modificou os arts. 240 e 241 do ECA, recrudescendo a reprimenda penal para tais delitos, e criou os dispositivos 241-A, 241-B, 241-C e 241-D, além de estabelecer o conceito de pornografia e cena de sexo explícito no art. 241-E. Quis o legislador, com tais medidas, combater os "crimes de pedofilia" e os chamados "pedófilos". Ao tipificar novas condutas e reformular as já existentes, o legislador conferiu "armas" legais e mais fortes aos atores do sistema de Justiça Criminal (Polícia, Ministério Público e Poder Judiciário) para a luta contra a exploração sexual infantil sob a forma da pornografia infantojuvenil.

Sobre o termo "pedofilia", ensina-nos Fortes (2015, p. 11) que, hodiernamente, é uma palavra que deve ser analisada em dois contextos: "pedofilia", quando usada no contexto da psiquiatria, da psicologia e da psicanálise, serve para designar uma parafilia, "perversão sexual; desvio sexual"; quando utilizada no contexto jurídico e social, recorre-se para denominar um conjunto de crimes, que abrangem o abuso e a exploração sexual, quando cometidos contra criança ou adolescente.

Objeto jurídico (bem jurídico). Cuida-se do valor fundamental que a lei buscou proteger ao criminalizar a conduta. O art. 240 tutela a dignidade física, psicológica e moral das crianças e adolescentes.

Objeto material. É a pessoa ou coisa sobre a qual recai a conduta do agente. No delito em questão, incidirá sobre a criança ou adolescente em cena de sexo explícito ou pornográfica.

3.2.13.2 Conduta e elemento subjetivo

Conduta. O crime do art. 240 do ECA visa punir o agente que se realiza em montar e capturar atos de cunho sexual envolvendo criança ou adolescente. O art. 240, *caput*, traz em seu bojo seis condutas, que estão ligadas entre si, com a criação de conteúdo pornográfico. Pune-se a conduta daquele que **produz (cria, faz, dá origem), reproduz (reedita, copia fielmente, imita), dirige (comanda, coordena, orienta), fotografa (retrata uma imagem por meio da fotografia), filma (faz um filme, grava, registra a imagem de alguém por meio de som e imagem) ou registra (lança em ambiente próprio)**, por qualquer meio, cena de sexo explícito ou pornográfica, envolvendo criança ou adolescente.

A expressão "por qualquer meio" indica que o **crime é de forma livre**, o que implica dizer que pode ser praticado por qualquer meio, não sendo exigido que o autor tenha qualquer contato com a criança ou adolescente, e, mais, está configurado ainda que o menor seja fotografado em pose nitidamente sensual, com enfoque em seus órgãos genitais e esteja vestido. Assim já decidiu o Superior Tribunal de Justiça:

Jurisprudência destacada

(...) É típica a conduta de fotografar cena pornográfica (art. 240-B do ECA) e de armazenar fotografias de conteúdo pornográfico envolvendo criança ou adolescente (art. 241 do ECA) na hipótese em que restar incontroversa a finalidade sexual e libidinosa das fotografias, com enfoque nos órgãos genitais das vítimas – ainda que cobertos por peças de roupas –, e de poses nitidamente sensuais, em que explorada sua sexualidade com conotação obscena e pornográfica (STJ, 6ª Turma, REsp nº 1.543.267/SC, Rel. Min. Maria Thereza de Assis Moura, j. 03.12.2015, *DJe* 16.02.2016 – *Informativo* 577).

O conceito de "cena de sexo explícito ou pornográfica" é encontrado no art. 241-E do ECA, que traz a seguinte definição: "Para efeito dos crimes previstos nesta Lei, a expressão 'cena de sexo explícito ou pornográfica' compreende qualquer situação que envolva criança ou adolescente em atividades sexuais explícitas, reais ou simuladas, ou exibição dos órgãos genitais de uma criança ou adolescente para fins primordialmente sexuais". Trata-se de **norma penal em branco**, pois o aludido conceito está no próprio ECA.

Como visto, a norma complementadora provém da mesma fonte – Poder Legislativo – e está inserida no mesmo diploma normativo – Lei nº 8.069/1990 – da norma a ser complementada, razão pela qual classifica-se como **norma penal em branco homogênea**[32] **homovitelina**[33].

No mesmo julgado colacionado *supra* (REsp nº 1.543.267/SC), decidiu o Superior Tribunal de Justiça que o art. 241-E do ECA é uma norma penal explicativa, porém não completa, razão pela qual o conceito de pornografia infantojuvenil pode incluir outras hipóteses em que não haja a exibição explícita do órgão sexual da criança e do adolescente, como a conduta de fotografar cena de criança ou adolescente em pose nitidamente sensual e com enfoque em seus órgãos genitais, ainda que cobertos por roupas (CAVALCANTE, 2017).

🔍 Jurisprudência destacada

(...) A definição legal de pornografia infantil apresentada pelo artigo 241-E do Estatuto da Criança e do Adolescente não é completa e deve ser interpretada com vistas à proteção da criança e do adolescente em condição peculiar de pessoas em desenvolvimento (art. 6º do ECA), tratando-se de norma penal explicativa que contribui para a interpretação dos tipos penais abertos criados pela Lei nº 11.829/2008, sem contudo restringir-lhes o alcance (STJ, 6ª Turma, REsp nº 1.543.267/SC, Rel. Min. Maria Thereza de Assis Moura, j. 03.12.2015, *DJe* 16.02.2016 – *Informativo* 577).

O crime do art. 240, *caput*, é de ação múltipla (ou tipo misto alternativo), no qual temos seis verbos que expressam a conduta criminosa. É certo que, se no mesmo contexto fático forem praticadas duas ou mais ações previstas, como fotografar e filmar, por força do princípio da alternatividade, o agente responderá apenas por um só delito (a quantidade de verbos flexionados certamente interferirá na fixação da pena a ser realizada pelo juiz – art. 59 do CP).

---

[32] Ou "em sentido amplo/lato" ou "imprópria".

[33] Ou "homóloga".

Conforme já entendeu o Tribunal de Justiça do Rio Grande do Sul[34], se o mesmo agente fotografa cenas pornográficas de determinada criança ou adolescente e as armazena em seu computador, deverá responder somente pela prática do crime previsto no art. 240, *caput*, do ECA. De outro lado, caso ele também guarde arquivos contendo cenas de sexo explícito e pornográficos com imagens de outras crianças, além da que ele fotografou, será perfectibilizado o crime do art. 241-B, não havendo que falar em *bis in idem*.

As condutas previstas nesse crime são **comissivas**, caracterizadas por ações.

Conduta equiparada. Conforme disposição contida no § 1º do art. 240 do ECA, incorre nas mesmas penas definidas no *caput* o agente que **agencia (negocia, comercializa), facilita (auxilia, colabora), recruta (alicia, arregimenta), coage (constrange)**, ou de qualquer outro modo **intermedeia (intercede, intervém)** a participação da criança ou do adolescente nas cenas referidas no *caput*.

As condutas referidas nesse parágrafo geralmente são aquelas praticadas por quem seria partícipe do autor do delito previsto no *caput*. Entretanto, o legislador optou por colocá-los na posição de autor dessa infração autônoma.

O § 1º ainda pune com as mesmas penas aquele que **contracena (participa da cena de sexo explícito ou pornográfica na companhia do menor)**. Importante salientar que, caso haja contato sexual com menor de 14 anos, o ilícito praticado pelo agente será o delito de estupro de vulnerável (art. 217-A do CP), que poderá ser aplicado em concurso material com o crime previsto no art. 240, § 1º, se a prática de ato libidinoso ou conjunção carnal acontecer antes ou depois da contracena, ou na forma de concurso formal impróprio (art. 70, *caput*, *in fine*, do CP), caso ocorra concomitante a ela (CUNHA; PINTO; SOUZA, 2020, p. 543).

As ações previstas no § 1º, assim como no *caput*, também são classificadas como tipo misto alternativo. Desse modo, a prática de mais de um verbo, no mesmo contexto fático, pelo agente deverá ser analisada no momento da aplicação da reprimenda.

Elemento subjetivo. Estamos diante de **crime doloso**; o tipo não prevê nenhum elemento subjetivo específico (especial fim de agir). Outrossim, não estabelece punição para a conduta culposa.

Acertadamente, Nucci (2020, p. 105) ressalta que, embora o legislador não tenha incluído a finalidade lucrativa como fim visado pelo agente, sendo constatada pelo magistrado, este deverá valorá-la no processo de aplicação da pena, na análise dos motivos do crime e, se for o caso, elevar a reprimenda do agente (art. 59 do CP).

3.2.13.3 Sujeitos do crime

Quanto ao **sujeito ativo**, o crime do art. 240 é comum, podendo ser praticado por qualquer pessoa. O tipo não exige nenhuma qualidade especial do sujeito ativo.

---

[34] TJRS, 6ª Câmara Criminal, Apelação Crime nº 70068206101, Rel. Bernadete Coutinho Friedrich, j. 02.06.2016, *DJe* 08.06.2016.

O **sujeito passivo** é a criança ou adolescente. Trata-se de crime de subjetividade passiva própria, pois a especial condição da vítima é exigida pelo tipo[35].

3.2.13.4 Consumação e tentativa

Consumação e tentativa. O crime é formal, consumando-se com qualquer uma das condutas descritas no *caput* e no § 1º. A ocorrência de abalo moral ou psíquico à criança ou ao adolescente é mero exaurimento do crime.

Pela mesma razão, já entendeu o Superior Tribunal de Justiça que, sendo duas as adolescentes filmadas e fotografadas, não há que falar na existência de dois resultados típicos, pois o crime consuma-se com o ato de filmar ou fotografar cenas de sexo explícito do qual participe criança ou adolescente. A quantidade de vítimas, no caso, servirá para exasperar a pena-base, na análise da circunstância judicial. Assim, se a filmagem e fotografia foram realizadas no mesmo contexto fático, houve crime único (CAVALCANTE, 2017).

 **Jurisprudência destacada**

(...) 3. O crime do art. 240 do ECA se insere no contexto de proibição da produção e registro visual, por qualquer meio, de cenas de sexo explícito, no sentido da interpretação autêntica do art. 241-F do ECA, envolvendo crianças e adolescentes, o que caracteriza violência sexual, nos termos do art. 4º da Lei nº 13.431/2017. Trata-se de crime comum, de subjetividade passiva própria, consistente em tipo misto alternativo, de forma que a prática de mais de um verbo típico no mesmo contexto implica a subsunção típica única.

4. No caso, o arcabouço fático estabelecido, segundo as instâncias ordinárias, indica que o paciente D. F., mediante aparelho celular, registrou imagens e filmou cenas de sexo explícito entre os corréus e as duas adolescentes, o que, segundo o Tribunal *a quo*, com uma única conduta teria cometido dois crimes, incidindo o concurso formal de crimes. Primeiramente, o fato de ter fotografado e filmado as cenas de sexo indica a execução de dois verbos, com dupla conduta, todavia, representando subordinação típica única, tendo em vista sua realização no mesmo contexto fático. Por conseguinte, da execução de mais de um verbo típico representa único crime, dada a natureza de crime de ação múltipla ou conduta variada do tipo em comento.

5. O concurso formal próprio ou perfeito (CP, art. 70, primeira parte), cuja regra para a aplicação da pena é a da exasperação, foi criado com intuito de favorecer o réu nas hipóteses de unicidade de conduta, com pluralidade de resultados, não derivados de desígnios autônomos, afastando-se, pois, os rigores do concurso material (CP, art. 69). No caso, as instâncias ordinárias entenderam que a conduta do réu realizou dois resultados típicos, haja vista a existência de duas adolescentes filmadas e fotografadas em sexo explícito. Verifica-se, entrementes, que inexistem dois resultados típicos, porquanto o crime em questão é formal ou de consumação antecipada, consumando-se, pois, unicamente pela prática da conduta de filmar ou fotografar cenas de sexo explícito, da qual participe criança ou adolescente. O efetivo abalo psíquico e moral por elas sofrido ou a disponibilidade

---

[35]   STJ, 5ª Turma, PExt no HC nº 438.080/MG, Rel. Min. Ribeiro Dantas, j. 27.08.2019 – *Informativo* 655.

das filmagens ou fotos é mero exaurimento do crime, irrelevantes para sua consumação, motivo pelo qual a quantidade de vítimas menores filmadas ou fotografadas é elemento meramente circunstancial, apto a ser valorado na pena-base, sem, contudo, indicar qualquer subsunção típica adicional. Por conseguinte, como as condutas de filmar e fotografar foram executadas durante o mesmo contexto fático, relativo ao ato sexual conjunto de dois corréus com as duas adolescentes, há duas condutas de subsunção típica única, motivo pelo qual se conclui pela existência de crime único. (...) (STJ, 5ª Turma, PExt no HC nº 438.080/MG, Rel. Min. Ribeiro Dantas, j. 27.08.2019, *DJe* 02.09.2019).

Por se tratar de crime **plurissubsistente**, a tentativa é admitida.

Crime de perigo abstrato. O delito do art. 240 é de perigo abstrato, cuja lesão ao bem jurídico já é presumida pelo legislador, dispensando a sua comprovação no caso concreto.

Bem por isso, entendeu o Tribunal de Justiça do Mato Grosso, ao analisar a conduta de um adolescente que manteve relação sexual consentida com a namorada, também adolescente, e gravou em vídeo o ato sem o conhecimento e autorização desta, que a conduta subsome-se ao delito previsto no art. 240 do ECA. A proteção moral à formação da criança e do adolescente torna dispensável verificar o consentimento ou não da vítima para a caracterização do delito, que, inclusive, não exige a ausência do consentimento da vítima para a sua subsunção[36].

3.2.13.5 Causas de aumento de pena

No § 2º do artigo em estudo, o legislador previu três causas de aumento de pena, as quais deverão incidir na terceira fase de dosimetria da pena, nos termos do art. 68, *caput*, do CP.

De acordo com o dispositivo, a pena será elevada no patamar de um terço se o agente tiver cometido o crime:

I. **No exercício de cargo ou função pública ou a pretexto de exercê-la.** Trata-se de vínculos que ligam o sujeito ativo com o Estado. De acordo com Nucci (2020, p. 105), "cargo é o posto criado por lei, com denominação própria na estrutura administrativa, número certo e remunerado pelos cofres do Estado, vinculando o servidor à Administração estatuariamente; função pública é a atribuição feita pelo Estado aos seus servidores para que realizem serviços nos três Poderes, sem ocupar cargo ou emprego". Nucci (2020, p. 105) ainda destaca que, por interpretação extensiva, a causa de aumento de pena deve se estender ao emprego público, que "é o posto criado por lei, na estrutura hierárquica da administração, com denominação própria e padrão de vencimentos específico, ocupado por servidor com vínculo contratual diverso do estatutário". A causa de aumento terá incidência ainda que o agente não esteja no exercício de cargo ou função pública, mas se valha de tal condição para a prática.

---

[36] TJMT, 3ª Câmara Criminal, APR nº 00033.944.720.178.110.063/MT, Rel. Juvenal Pereira da Silva, j. 11.03.2020, data de publicação 12.03.2020. No mesmo sentido: STJ, 6ª Turma, REsp nº 1.334.405/BA, Rel. Sebastião Reis Júnior, j. 22.09.2015.

II. Prevalecendo-se de relações domésticas, de coabitação ou de hospitalidade. Relações domésticas são aquelas firmadas entre membros de uma família, podendo ou não existir laços de parentesco. As relações de coabitação são aquelas estabelecidas entre pessoas que moram sob o mesmo teto, ainda que por breve período, como no caso de moradores de uma mesma república. Hospitalidade, por fim, é a recepção eventual, marcada pela temporariedade, como a estadia provisória na casa de alguém (MASSON, 2020, p. 413).

III. Prevalecendo-se de relações de parentesco consanguíneo ou afim até o terceiro grau, ou por adoção, de tutor, curador, preceptor, empregador da vítima ou de quem, a qualquer outro título, tenha autoridade sobre ela, ou com seu consentimento. Para essa causa de aumento de pena, o legislador conferiu sentido amplo, abrangendo os laços sanguíneos e afetivos, bem como as situações de subordinação entre o autor e a vítima. O tipo ainda faz referência expressa ao tutor, curador, preceptor e empregador da vítima. Em razão do bem jurídico tutelado, o consentimento do menor de dezoito anos não deve ser valorado (NUCCI, 2020, p. 105).

🧩 Decifrando a prova

(Promotor de Justiça – MPE/GO – 2019 – Adaptada) Constitui crime, punido com pena de reclusão de 4 (quatro) a 8 (oito) anos e multa, produzir, reproduzir, dirigir, fotografar, filmar ou registrar, por qualquer meio, cena de sexo explícito ou pornográfica, envolvendo criança ou adolescente, aumentando-se a pena de 1/3 se o agente comete o crime prevalecendo-se de relações de parentesco consanguíneo ou afim até o terceiro grau, ou por adoção, de tutor, curador, preceptor, empregador da vítima ou de quem, a qualquer outro título, tenha autoridade sobre ela, ou com seu consentimento.

( ) Certo ( ) Errado

Gabarito comentado: a questão exigiu a literalidade do art. 240, *caput*, e § 2º, III, do ECA. Portanto, a assertiva está certa.

3.2.13.6 Complementos

Ação penal. Conforme o art. 227 do ECA, todos os crimes nele previstos processam-se mediante ação penal pública incondicionada.

3.2.13.7 Conflito aparente de normas

O tipo previsto no art. 240, § 1º, do ECA, representado pela conduta "**coagir**", é especial com relação ao delito tipificado no art. 146 do CP. Diante do conflito aparente de normas, aquele delito prevalecerá em detrimento deste, em razão da aplicação do princípio da especialidade.

Outrossim, no crime em estudo não há a prática da prostituição ou exploração sexual, a qual, se existir, caracterizará o delito do art. 218-B do CP.

3.2.13.8 Infiltração de agentes de polícia na internet

A Lei nº 13.441/2017 promoveu alterações no ECA para introduzir, nos arts. 190-A a 190-E, uma nova forma de infiltração policial no ordenamento jurídico brasileiro, a de agentes de polícia na internet com o fim de investigar crimes contra a dignidade sexual de crianças e de adolescentes.

A importância da lei é evidente em razão da dificuldade de identificar a autoria e apurar a materialidade dos delitos envolvendo pedofilia e contra a dignidade sexual de crianças e adolescentes pelas técnicas tradicionais de investigação, especialmente quando praticados na internet, local em que os autores se valem de redes sociais fechadas e restritas e se escondem por meio de *nicknames*[37], códigos e imagens de terceira pessoa para que sua identidade não seja revelada.

A infiltração policial de agentes trata-se de uma técnica especial de investigação, em que o policial, escondendo sua verdadeira identidade, é infiltrado em uma organização criminosa, passando-se por um criminoso e agindo verdadeiramente como tal, com o intuito de colher elementos informativos sobre os delitos praticados e descortinar a verdadeira identidade de seus membros. No Brasil, duas outras leis já traziam em seu bojo a previsão da infiltração de agentes policiais, a Lei de Drogas (Lei nº 11.343/2006, art. 53, I) e a Lei de Organizações Criminosas (Lei nº 12.850/2013, arts. 10 a 14).

Na Lei nº 8.069/1990, a infiltração de agentes de polícia na internet foi inserida nos arts. 190-A a 190-E, os quais disciplinam o procedimento e os requisitos a serem preenchidos.

Não é todo e qualquer crime que pode ser investigado por meio dessa técnica especial, mas somente os delitos previstos nos arts. 240, 241, 241-A, 241-B, 241-C e 241-D do ECA e os dispostos nos arts. 154-A, 217-A, 218, 218-A e 218-B do CP.

Do mesmo modo, não é qualquer agente de polícia que poderá atuar como agente infiltrado, mas somente aqueles a quem a CF/1988 conferiu a função precípua de investigar crimes, a saber: as Polícias Civil e Federal.

A infiltração somente terá início se for previamente autorizada por decisão judicial circunstanciada e fundamentada, que estabelecerá os limites da infiltração.

Além do Ministério Público, outro legitimado para a propositura do pedido é o Delegado de Polícia. Ambos deverão demonstrar que o pedido é necessário, que a prova não pode ser feita por outros meios, qual o alcance das tarefas dos policiais, os nomes e os apelidos das pessoas investigadas e, quando possível, os dados de conexão ou cadastrais que permitam a identificação dessas pessoas.

Com relação à autoridade policial, seu pedido terá cabimento apenas na fase da investigação policial. Como o Ministério Público é o titular da ação penal e será o destinatário final dessa investigação, antes de analisar a representação do delegado, o juiz deverá ouvir o Ministério Público.

---

[37]   Usado para identificação de usuários na internet, em programas de bate-papos ou mensagens instantâneas.

O prazo da infiltração de agentes de polícia na internet não poderá exceder a 90 dias, mas, desde que comprovada sua efetiva necessidade, pode ser sucessivamente renovado, desde que respeitado o limite de 720 dias.

Embora a lei não explicite o prazo de cada renovação, entende-se que também deverá ser de 90 dias e, assim como o pedido inicial, deverá ser precedido de autorização judicial.

Para o sucesso da investigação, o agente policial infiltrado adotará uma identidade fictícia, a qual, por determinação judicial, poderá ser incluída nos bancos de dados próprios dos órgãos de registro e cadastro público, mediante procedimento sigiloso, que será numerado e tombado em livro específico.

O policial infiltrado que oculta a sua identidade para, por meio da internet, colher indícios de autoria e materialidade dos crimes para os quais a técnica especial é autorizada não comete crime, exceto se deixar de observar a estrita finalidade para a investigação, caso em que responderá pelos excessos praticados.

Ressalta-se que, embora a lei não esclareça, o mais razoável seria interpretar que o agente não poderá ser responsabilizado por outras infrações que venha a ser obrigado a praticar, desde que, conforme ressaltado *supra*, guarde a estrita finalidade para a investigação.

Ao explicar o assunto, Cavalcante (2017) exemplifica que, caso o agente se veja obrigado a retransmitir para outro integrante da organização imagens pornográficas de crianças que ele recebeu, não responderá pelo artigo previsto no art. 241-A do ECA, por força da excludente da culpabilidade da inexigibilidade de conduta diversa. Lado outro, a prática de um delito de homicídio, por exemplo, não guarda pertinência com o fim para o qual o agente foi inserido na organização, razão pela qual o policial poderá responder pelo crime de homicídio.

As informações da operação da infiltração correrão em sigilo e, ao final, deverão ser encaminhadas ao magistrado que autorizou a medida.

A fim de garantir o sigilo das investigações, antes de concluída, o seu acesso estará restrito ao juiz, ao Ministério Público e ao Delegado de Polícia responsável pela operação.

Antes de ultrapassado o prazo, a autoridade judicial e o Ministério Público poderão requisitar relatório parciais.

Uma vez concluída a investigação, todos os atos eletrônicos praticados deverão ser registrados, gravados, armazenados e encaminhados ao juiz e ao Ministério Público, com relatório circunstanciado.

Tais atos serão reunidos em autos apartados e apensados a processo criminal com o Inquérito Policial, assegurando-se a preservação da identidade do agente policial infiltrado e a intimidade das crianças e dos adolescentes envolvidos.

3.2.14 Art. 241

Art. 241. Vender ou expor à venda fotografia, vídeo ou outro registro que contenha cena de sexo explícito ou pornográfica envolvendo criança ou adolescente:

Pena – reclusão, de 4 (quatro) a 8 (oito) anos, e multa.

3.2.14.1 Objeto jurídico e material

Objeto jurídico (bem jurídico). Cuida-se do valor fundamental que a lei buscou proteger ao criminalizar a conduta. O art. 241 tutela a dignidade física, psicológica e moral das crianças e dos adolescentes.

Objeto material. É a pessoa ou coisa sobre a qual recai a conduta do agente. No delito em questão, incidirá sobre a fotografia, o vídeo ou outro registro que contenha pornografia ou sexo explícito com crianças e adolescentes.

3.2.14.2 Conduta e elemento subjetivo

O ECA possui uma grande teia de proteção às crianças e aos adolescentes. Como vimos, no art. 240 são criminalizadas diversas condutas que dão origem aos arquivos envolvendo cenas de sexo explícito ou pornográfica com menores. O art. 241, por sua vez, incrimina aquele que comercializa tais arquivos, punindo o agente com a mesma pena do artigo anterior. No art. 241-A, encontraremos condutas do agente relacionadas ao ato de disponibilizar tais conteúdos e no 241-B, ao ato de adquirir, possuir e armazenar os registros.

Conduta. No art. 241, pune-se a conduta daquele que **vende (comercializa, negocia, transaciona) ou expõe à venda (exibe para alienação, não sendo necessário para a sua subsunção que a venda seja efetivada, a simples oferta caracteriza o delito)** fotografia, vídeo ou outro registro que contenha cena de sexo explícito ou pornográfica envolvendo criança ou adolescente.

Ao enumerar os objetos que poderão ser vendidos ou expostos à venda, o legislador se valeu de uma interpretação analógica ou *intra legem* ao utilizar a expressão "ou qualquer outro registro". Depreende-se, portanto, que o que possui relevância não é a forma pela qual o material é exteriorizado, mas o seu conteúdo.

O tipo não vincula a forma pela qual o material deverá ser comercializado ou exposto à comercialização, o que permite concluir que toda forma é admitida. Entretanto, atualmente, o meio mais usual é a internet.

A mesma explicação realizada no artigo anterior quanto ao conceito de "cena de sexo explícita ou pornográfica" deve ser aplicada a esse dispositivo. O art. 241-E do ECA traz a aludida definição, tratando-se, portanto, o art. 241 de **norma penal em branco homogênea**[38] **homovitelina**[39], pois o conceito está no próprio ECA.

O crime do art. 241 é de ação múltipla (ou tipo misto alternativo); assim, se o agente praticar as duas ações previstas no dispositivo, deverá responder pela prática de apenas um delito, de modo que a segunda conduta deverá ser valorada pelo magistrado durante a aplicação da pena (art. 59, *caput*, do CP).

As condutas previstas nesse crime são **comissivas**, caracterizadas por ações.

---

[38] Ou "em sentido amplo/lato" ou "imprópria".

[39] Ou "homóloga".

Elemento subjetivo. Estamos diante de **crime doloso**; o tipo não prevê nenhum elemento subjetivo específico (especial fim de agir). Outrossim, não estabelece punição para a conduta culposa.

Embora o tipo não exija a finalidade lucrativa como fim visado pelo agente, caso esta seja configurada, deverá ser valorada pelo magistrado, no processo de aplicação da pena, na análise dos motivos do crime (art. 59 do CP).

A simples oferta graciosa do material poderá caracterizar o delito previsto no art. 241-A do ECA.

3.2.14.3 Sujeitos do crime

Quanto ao **sujeito ativo**, o crime do art. 240 é comum, podendo ser praticado por qualquer pessoa. O tipo não exige nenhuma qualidade especial do sujeito ativo.

O **sujeito passivo** é a criança ou o adolescente.

3.2.14.4 Consumação e tentativa

Consumação e tentativa. O crime é formal, consumando-se com qualquer uma das condutas descritas no *caput*. Na primeira conduta, "**vender**", o crime se consuma com a efetiva alienação do material, no momento em que se dá a entrega ao adquirente. Na "**exposição à venda**", o crime estará consumado com a simples exposição do material, não importando se terceira pessoa vai adquiri-lo ou não, nem sendo exigida a habitualidade da conduta. A ocorrência de abalo moral ou psíquico à criança ou ao adolescente é mero exaurimento do crime.

Por se tratar de crime **plurissubsistente**, a tentativa é admitida.

Crime de perigo abstrato. O delito do art. 241 é de perigo abstrato, cuja lesão ao bem jurídico já é presumida pelo legislador, dispensando a sua comprovação no caso concreto.

3.2.14.5 Competência

Conforme entendeu o Supremo Tribunal Federal, a **competência para julgamento (em razão da matéria)** dos delitos previstos nos arts. 241, 241-A e 241-B, todos do ECA, quando praticados por meio da rede mundial de computadores, será da Justiça Federal, com fulcro no art. 109, V, da CF/1988.

Conforme fundamentação lançada, tais crimes estão entre aqueles que o Brasil se obrigou a reprimir por meio de tratado. O fato de serem praticados por meio da rede mundial de computadores implica dizer que qualquer pessoa poderá ter acesso ao conteúdo envolvendo criança ou adolescente em cena de sexo explícito ou pornográfica, e então poderão ser visualizados por qualquer lugar do mundo, o que caracteriza a transnacionalidade do delito. Ademais, o fato de ser divulgado por meio de alguma página da internet já caracteriza a internacionalidade do delito.

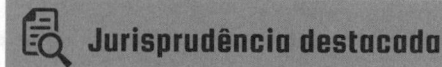

Jurisprudência destacada

Compete à Justiça Federal processar e julgar os crimes consistentes em disponibilizar ou adquirir material pornográfico envolvendo criança ou adolescente [arts. 241, 241-A e 241-B da Lei nº 8.069/1990] quando praticados por meio da rede mundial de computadores (STF, Plenário, RE nº 628.624/MG, Rel. Orig. Min. Marco Aurélio, Red. p/ o acórdão Min. Edson Fachin, j. 28 e 29.10.2015 – repercussão geral – *Informativo* 805).

Ao analisar a tese firmada pelo Supremo Tribunal Federal, o Superior Tribunal de Justiça, entretanto, restringiu a interpretação conferida ao entendimento *supra*, passando a dispor que nem sempre a prática de tais crimes, quando realizados pela rede mundial de computadores, será de competência da Justiça Federal, mas só quando ficar demonstrado que a postagem de conteúdo pedófilo-pornográfico tiver sido efetuada em ambiente de livre acesso. Assim, se a disponibilização se deu entre destinatários certos, como em conversas mantidas por WhatsApp ou por diálogos trocados em *chat* no Facebook, a competência será da Justiça Estadual.

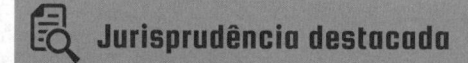

Jurisprudência destacada

Conflito negativo de competência. Justiça Federal x Justiça Estadual. Inquérito policial. Divulgação de imagem pornográfica de adolescente via WhatsApp e em *chat* no Facebook. Art. 241-1 da Lei nº 8.069/1990. Inexistência de evidências de divulgação das imagens em sítios virtuais de amplo e fácil acesso. Competência da Justiça Estadual.

1. A Justiça Federal é competente, conforme disposição do inciso V do art. 109 da Constituição da República, quando se tratar de infrações previstas em tratados ou convenções internacionais, como é caso do racismo, previsto na Convenção Internacional sobre a Eliminação de todas as Formas de Discriminação Racial, da qual o Brasil é signatário, assim como nos crimes de guarda de moeda falsa, de tráfico internacional de entorpecentes, de tráfico de mulheres, de envio ilegal e tráfico de menores, de tortura, de pornografia infantil e pedofilia e corrupção ativa e tráfico de influência nas transações comerciais internacionais. 2. Deliberando sobre o tema, o Plenário do Supremo Tribunal Federal, no julgamento do Recurso Extraordinário nº 628.624/MG, em sede de repercussão geral, assentou que a fixação da competência da Justiça Federal para o julgamento do delito do art. 241-A do Estatuto da Criança e do Adolescente (divulgação e publicação de conteúdo pedófilo-pornográfico) pressupõe a possibilidade de identificação do atributo da internacionalidade do resultado obtido ou que se pretendia obter. Por sua vez, a constatação da internacionalidade do delito demandaria apenas que a publicação do material pornográfico tivesse sido feita em "ambiência virtual de sítios de amplo e fácil acesso a qualquer sujeito, em qualquer parte do planeta, que esteja conectado à internet" e que "o material pornográfico envolvendo crianças ou adolescentes tenha estado acessível por alguém no estrangeiro, ainda que não haja evidências de que esse acesso realmente ocorreu" (STJ, Tribunal Pleno, RE nº 628.624, Rel. Min. Marco Aurélio, Rel. p/ Acórdão Min. Edson Fachin, j. 29.10.2015, acórdão eletrônico repercussão geral mérito, *DJe*-062 divulg. 05.04.2016, public. 06.04.2016). 3. Situação em que os indícios coletados até o momento revelam que as imagens da vítima foram trocadas por particulares via WhatsApp e por meio de *chat* na rede social Facebook. 4. Tanto no aplicativo WhatsApp quanto nos diálogos (*chat*) estabelecidos

> na rede social Facebook, a comunicação se dá entre destinatários escolhidos pelo emissor da mensagem. Trata-se de troca de informação privada que não está acessível a qualquer pessoa. 5. Diante de tal contexto, no caso concreto, não foi preenchido o requisito estabelecido pela Corte Suprema de que a postagem de conteúdo pedófilo-pornográfico tenha sido feita em cenário propício ao livre acesso. 6. A possibilidade de descoberta de outras provas e/ou evidências, no decorrer das investigações, levando a conclusões diferentes, demonstra não ser possível firmar peremptoriamente a competência definitiva para julgamento do presente inquérito policial. Isso não obstante, tendo em conta que a definição do Juízo competente em tais hipóteses se dá em razão dos indícios coletados até então, revela-se a competência do Juízo Estadual. 7. Conflito conhecido, para declarar a competência do Juízo de Direito da Vara Criminal e Execução Penal de São Sebastião do Paraíso/MG, o Suscitado (STF, 3ª Seção, CC nº 150.564/MG, Rel. Min. Reynaldo Soares da Fonseca, j. 26.04.2017, *DJe* 02.05.2017).

A **competência territorial**, por sua vez, será da Seção Judiciária de onde as fotos ou arquivos foram publicados, pouco importando o Estado onde se localize o servidor do *site*.

Jurisprudência destacada

> A competência territorial é da Seção Judiciária do local onde o réu publicou as fotos, não importando o Estado onde se localize o servidor do *site* (STJ, 3ª Seção, CC nº 29.886/SP, Rel. Maria Moura, j. 12.12.2007).

3.2.14.6 Complementos

Ação penal. Conforme o art. 227 do ECA, todos os crimes nele previstos processam-se mediante ação penal pública incondicionada.

3.2.14.7 Conflito aparente de normas

O crime previsto no art. 241 do ECA é especial com relação ao delito estabelecido no art. 218-C do CP[40]. Masson (2020, p. 1028) ressalta que a vulnerabilidade exigida para caracterização do delito do CP deve ser interpretada restritivamente, de modo a compreender aqueles que, "por enfermidade ou deficiência mental, não têm o necessário discernimento para a prática do ato, ou que, por qualquer outra causa, não possam oferecer residência", não abrangendo os menores de 14 anos. Assim, se a vítima for menor de 14 anos, poderemos

---

40   "Art. 218-C. Oferecer, trocar, disponibilizar, transmitir, vender ou expor à venda, distribuir, publicar ou divulgar, por qualquer meio – inclusive por meio de comunicação de massa ou sistema de informática ou telemática –, fotografia, vídeo ou outro registro audiovisual que contenha cena de estupro ou de estupro de vulnerável ou que faça apologia ou induza a sua prática, ou, sem o consentimento da vítima, cena de sexo, nudez ou pornografia:
Pena – reclusão, de 1 (um) a 5 (cinco) anos, se o fato não constitui crime mais grave. (...)."

estar diante da prática de um dos crimes do ECA, a saber, arts. 241, 241-A ou 241-B. Justifica-se a aplicação do ECA na situação mencionada pelo fato de o Estatuto ser norma especial em detrimento do CP, que é norma geral. Ademais, o crime do CP cuida-se de delito expressamente subsidiário, somente aplicável se não estivermos em face de crime mais grave.

De igual modo, no delito em análise, não há que falar na prática da prostituição ou exploração sexual, a qual, se existir, caracterizará o delito do art. 218-B do CP.

3.2.14.8 Infiltração de agentes de polícia na internet

A técnica especial de investigação, consistente na infiltração de agentes de polícia na internet para investigar os crimes de pedofilia e sexuais contra a criança e adolescente, foi introduzida no ECA nos arts. 190-A a 190-E. O assunto foi abordado em tópico próprio no art. 240. Remetemos o leitor para os comentários desse artigo.

3.2.15 Art. 241-A

> **Art. 241-A.** Oferecer, trocar, disponibilizar, transmitir, distribuir, publicar ou divulgar por qualquer meio, inclusive por meio de sistema de informática ou telemático, fotografia, vídeo ou outro registro que contenha cena de sexo explícito ou pornográfica envolvendo criança ou adolescente:
>
> **Pena** – reclusão, de 3 (três) a 6 (seis) anos, e multa.
>
> § 1º Nas mesmas penas incorre quem:
>
> I – assegura os meios ou serviços para o armazenamento das fotografias, cenas ou imagens de que trata o *caput* deste artigo;
>
> II – assegura, por qualquer meio, o acesso por rede de computadores às fotografias, cenas ou imagens de que trata o *caput* deste artigo.
>
> § 2º As condutas tipificadas nos incisos I e II do § 1º deste artigo são puníveis quando o responsável legal pela prestação do serviço, oficialmente notificado, deixa de desabilitar o acesso ao conteúdo ilícito de que trata o *caput* deste artigo.

3.2.15.1 Objeto jurídico e material

Objeto jurídico (bem jurídico). Cuida-se do valor fundamental que a lei buscou proteger ao criminalizar a conduta. O art. 241-A tutela a dignidade física, sexual, psicológica e moral das crianças e dos adolescentes.

Objeto material. É a pessoa ou coisa sobre a qual recai a conduta do agente. No delito em questão, incidirá sobre a fotografia, o vídeo ou outro registro que contenha pornografia ou sexo explícito com crianças e adolescentes.

3.2.15.2 Conduta e elemento subjetivo

As ações nucleares previstas no *caput* estão relacionadas ao ato de propagação das imagens e vídeos pedófilos envolvendo crianças e adolescentes já produzidos (a produção de tais arquivos é reprimida pelo art. 240 do ECA).

O artigo em estudo pune quem **oferece (ato que depende de aceitação de terceiro, sem contraprestação) troca (permuta), disponibiliza (oferece, cede), transmite (repassa), distribui (envia, espalha), publica (divulga, torna público) ou divulga (o mesmo que publicar)** por qualquer meio, inclusive por meio de sistema de informática ou telemático, fotografia, vídeo ou outro registro que contenha cena de sexo explícito ou pornográfica envolvendo criança ou adolescente.

Como se nota, o tipo não exige uma forma específica pela qual o material entrará em circulação, podendo ser por meio físico (material impresso) ou digital (arquivos salvos em mídia que poderão ser repassados por meio da rede de internet).

O conceito de "cena de sexo explícita ou pornográfica" vem previsto no 241-E do ECA, o qual traz a sua definição, tratando-se, portanto, o art. 241 de **norma penal em branco homogênea**[41] **homovitelina**[42], pois o conceito está no próprio ECA.

As ações previstas no *caput* são classificadas como tipo misto alternativo. Desse modo, a prática de mais de um verbo pelo agente, no mesmo contexto fático, caracterizará crime único. A pluralidade de verbos efetivamente praticados, todavia, deverá ser analisada pelo juiz no momento da aplicação da reprimenda (art. 59, *caput*, do CP).

Conduta equiparada. Conforme disposição contida no § 1º do art. 241-A do ECA, incorre nas mesmas penas definidas no *caput* o agente que:

I – **assegura (torna seguro)** os meios ou serviços para o armazenamento das fotografias, cenas ou imagens de que trata o *caput* deste artigo;

II – **assegura (torna seguro)**, por qualquer meio, o acesso por rede de computadores às fotografias, cenas ou imagens de que trata o *caput* deste artigo.

Em ambos os incisos, o agente não produz o conteúdo, tampouco coloca-o em circulação. No inciso I, ele apenas os guarda, armazena, em meio que pode ser físico ou digital, para que o autor do *caput* propague-os. Por sua vez, no inciso II, ele hospeda as imagens e os vídeos de pedofilia em *sites* da internet, viabilizando que várias pessoas a eles tenham acesso.

Assim como no art. 240, § 1º, o legislador optou por colocar quem pratica as condutas previstas nos incisos I e II como autores dessa infração autônoma, e não simplesmente como partícipes do autor do delito contido no *caput*, pelo qual já responderiam, sendo comprovado o dolo, por força do art. 29 do CP (norma de extensão pessoal).

No § 2º, o legislador previu uma **condição objetiva de punibilidade.** Assim, só haverá punição para o responsável legal pela prestação do serviço se, oficialmente notificado, deixar de desabilitar o acesso ao conteúdo de pedofilia infantil.

Uma vez notificado pelos órgãos públicos, tais como Polícia Civil, Ministério Público e Poder Judiciário, o responsável legal não poderá alegar desconhecimento, tampouco que não tem controle sobre quem tem acesso ao conteúdo.

---

[41] Ou "em sentido amplo/lato" ou "imprópria".

[42] Ou "homóloga".

O recebimento da notificação deverá estar certificado e só então, decorrido o prazo para a desabilitação do acesso, sem que tal determinação seja atendida, a persecução penal terá início.

As condutas previstas nesse crime (tanto no *caput* quanto no § 1º) são **comissivas**, caracterizadas por ações. Já a conduta estabelecida no § 2º é **omissiva**, caso o responsável legal pela prestação do serviço, notificado, abster-se de desabilitar o acesso ao conteúdo ilícito.

Elemento subjetivo. Estamos diante de **crime doloso**; o tipo não prevê nenhum elemento subjetivo específico (especial fim de agir). Outrossim, não estabelece punição para a conduta culposa.

> ### Decifrando a prova
>
> **(Juiz de Direito Substituto – TJSC – Cespe/Cebraspe – 2019 – Adaptada)** Determinado sujeito, maior e imputável, adquiriu em sítio da Internet vídeos com cenas de pornografia que envolviam adolescentes e os armazenou em seu computador. Posteriormente, transmitiu esses vídeos, por meio de aplicativo de mensagem instantânea, a dois amigos adolescentes. Considerando essa situação hipotética, é correto afirmar, de acordo com as disposições do ECA e com o entendimento do STJ, que o sujeito praticou: duas condutas típicas, porém, em aplicação ao princípio da consunção, a primeira restou absorvida pela segunda.
>
> ( ) Certo ( ) Errado
>
> **Gabarito comentado:** conforme se depreende do enunciado, o agente, por meio de mais de uma ação, incidiu em mais de um resultado, razão pela qual deverá responder por ambos os delitos em concurso material, no caso, pelos crimes tipificados nos arts. 241-A e 241-B, ambos do ECA, na forma do art. 69 do CP. Portanto, a assertiva está errada.

3.2.15.3 Sujeitos do crime

Quanto ao **sujeito ativo**, o crime do art. 241-A é comum, podendo ser praticado por qualquer pessoa. O tipo não exige nenhuma qualidade especial do sujeito ativo.

O **sujeito passivo** é a criança ou o adolescente.

3.2.15.4 Consumação e tentativa

Consumação e tentativa. O crime é formal, consumando-se com qualquer uma das condutas descritas no *caput*. O acesso ao conteúdo envolvendo pedofilia por terceiros é mero exaurimento do crime.

Os verbos disponibilizar, publicar e divulgar assumem, todavia, o caráter de crime permanente, a depender do meio eleito pelo agente para a sua prática, tal como ocorre se o conteúdo ficar disponibilizado em um *site* na internet.

Outrossim, a conduta prevista no § 2º também se protrai no tempo enquanto não atendida a determinação de desativação do conteúdo, caracterizando, pois, a permanência do delito.

Por se tratar de crime **plurissubsistente**, a tentativa é admitida, exceto na conduta omissiva prevista no § 2º.

Crime de perigo abstrato. O delito do art. 241-A é de perigo abstrato, cuja lesão ao bem jurídico já é presumida pelo legislador, dispensando a sua comprovação no caso concreto.

3.2.15.5 Competência

A competência para processo e julgamento desse delito, em regra, será da Justiça Federal, nos termos do art. 109, V, da CF/1988. Contudo, a depender do meio escolhido pelo agente, o requisito previsto no referido inciso não será preenchido, motivo pelo qual o órgão competente passará a ser a Justiça Estadual. Dirigimos o leitor para a explicação contida no mesmo item referente ao art. 241 do ECA.

> ### 🧩 Decifrando a prova
>
> **(Juiz de Direito Substituto – TJDFT – Cespe/Cebraspe – 2014 – Adaptada)** É da justiça estadual a competência para processar e julgar o delito de divulgação de pornografia infantil, ainda que o material pornográfico ultrapasse as fronteiras nacionais, visto que não há, nesse caso, interesse da União a atrair a competência da justiça federal.
>
> ( ) Certo ( ) Errado
>
> **Gabarito comentado:** caso a divulgação do material transponha o território nacional ou a divulgação tenha se dado por meio de fonte aberta, a competência será da Justiça Federal. Portanto, a assertiva está errada.

3.2.15.6 Complementos

Ação penal. Conforme o art. 227 do ECA, todos os crimes nele previstos processam-se mediante ação penal pública incondicionada.

3.2.15.7 Infiltração de agentes de polícia na internet

A técnica especial de investigação, consistente na infiltração de agentes de polícia na internet para investigar os crimes de pedofilia e sexuais contra a criança e o adolescente, foi introduzida no ECA, arts. 190-A a 190-E. O assunto foi abordado em tópico próprio no art. 240. Remetemos o leitor para os comentários desse artigo.

3.2.16 Art. 241-B

Art. 241-B. Adquirir, possuir ou armazenar, por qualquer meio, fotografia, vídeo ou outra forma de registro que contenha cena de sexo explícito ou pornográfica envolvendo criança ou adolescente:

Pena – reclusão, de 1 (um) a 4 (quatro) anos, e multa.

§ 1º A pena é diminuída de 1 (um) a 2/3 (dois terços) se de pequena quantidade o material a que se refere o *caput* deste artigo.

§ 2º Não há crime se a posse ou o armazenamento tem a finalidade de comunicar às autoridades competentes a ocorrência das condutas descritas nos arts. 240, 241, 241-A e 241-C desta Lei, quando a comunicação for feita por:

I – agente público no exercício de suas funções;

II – membro de entidade, legalmente constituída, que inclua, entre suas finalidades institucionais, o recebimento, o processamento e o encaminhamento de notícia dos crimes referidos neste parágrafo;

III – representante legal e funcionários responsáveis de provedor de acesso ou serviço prestado por meio de rede de computadores, até o recebimento do material relativo à notícia feita à autoridade policial, ao Ministério Público ou ao Poder Judiciário.

§ 3º As pessoas referidas no § 2º deste artigo deverão manter sob sigilo o material ilícito referido.

3.2.16.1 Objeto jurídico e material

Objeto jurídico (bem jurídico). Cuida-se do valor fundamental que a lei buscou proteger ao criminalizar a conduta. O art. 241-B tutela a dignidade física, sexual, psicológica e moral das crianças e adolescentes.

Objeto material. É a pessoa ou coisa sobre a qual recai a conduta do agente. No delito em questão, incidirá sobre a fotografia, o vídeo ou outro registro que contenha pornografia ou sexo explícito com crianças e adolescentes.

3.2.16.2 Conduta e elemento subjetivo

Conduta. O objetivo do delito é punir o destinatário final dos materiais de conteúdo relacionados à pornografia infantil (fotografias, vídeos ou outra forma de registro que contenha conteúdo pornográfico envolvendo criança e adolescente), o consumidor e quem armazena. Três são os verbos previstos no *caput*, de modo que se pune quem **adquirir (comprar, obter), possuir (guardar, ter em sua posse) ou armazenar (guardar, ter em depósito)** o produto ilícito.

O conceito de "cena de sexo explícita ou pornográfica" vem previsto no 241-E do ECA, o qual traz a sua definição, tratando-se, portanto, o art. 241 de **norma penal em branco homogênea**[43] **homovitelina**[44], pois o conceito está no próprio ECA.

As ações previstas no *caput* são classificadas como tipo misto alternativo. Desse modo, a prática de mais de um verbo pelo agente, no mesmo contexto fático, caracterizará crime

---

[43] Ou "em sentido amplo/lato" ou "imprópria".

[44] Ou "homóloga".

único. A pluralidade de verbos efetivamente praticados deverá, todavia, ser analisada pelo juiz no momento da aplicação da reprimenda (art. 59, *caput*, do CP).

> ### ⚡ Decifrando a prova
>
> **(Juiz de Direito Substituto – TJBA – Cespe/Cebraspe – 2019 – Adaptada)** O armazenamento de fotografias ou vídeos que contenham cena de sexo explícito envolvendo criança ou adolescente configura conduta atípica se o possuidor desse conteúdo o tiver recebido de forma involuntária.
>
> ( ) Certo ( ) Errado
>
> **Gabarito comentado:** independentemente do modo como foi adquirida, a conduta de armazenar (guardar, conter em depósito) as referidas fotografias ou vídeos é típica. O tipo não exige que o recebimento tenha se dado de determinado modo, tanto que o *caput* é expresso ao consignar que o armazenamento e as outras condutas do art. 241-B podem se dar "por qualquer meio". Portanto, a assertiva está errada.

Diminuição de pena. O § 1º do dispositivo prevê uma causa de diminuição de pena de um a dois terços tratando-se de pequena quantidade de fotografias, vídeos ou outra forma de registro que contenha cena de sexo explícito ou pornográfica envolvendo criança ou adolescente. O legislador não previu o que deve ser considerado como "pequena quantidade", interpretação que deverá ficar a cargo do magistrado no momento de aplicação da pena, mais especificamente na terceira fase do critério trifásico de dosimetria (art. 68 do CP).

No mesmo giro, a ínfima quantidade do material não enseja a aplicação do princípio da insignificância, isso porque a lei já prevê a causa de diminuição de pena para a pequena quantidade de material apreendido. E, ainda que seja uma única foto, vídeo ou outro conteúdo envolvendo pornografia infantil, o bem jurídico protegido pela norma já estará violado[45].

Causa excludente de ilicitude. O § 2º do artigo prevê a excludente de ilicitude da conduta consubstanciada no estrito cumprimento do dever legal, caso a posse ou o armazenamento tenham como finalidade comunicar às autoridades competentes a ocorrência das condutas descritas nos arts. 240, 241, 241-A e 241-C do ECA.

A excludente em tela terá incidência se quem estiver na posse dos conteúdos ilícitos forem as pessoas explicitadas nos incisos I, II e III.

Caso o armazenamento seja feito por outras pessoas que não as referidas no inciso, mas com a mesma finalidade, elas também estarão albergadas pelo manto da excludente da ilicitude, desta feita, do exercício regular de direito[46].

---

[45]   Nesse sentido: TJMG, 1ª Câmara Criminal, APR nº 10.702.100.559.021.001/Uberlândia, Rel. Flávio Leite, j. 04.02.2014, data de publicação 14.02.2014.

[46]   Nessa toada: Kurkowski (2020, p. 551).

Sigilo. Em razão do bem jurídico tutelado pelo dispositivo, o § 3º impõe que as pessoas referidas no § 2º mantenham sigilo sobre o material contendo pedofilia. O descumprimento doloso dessa norma pode caracterizar o delito previsto no art. 241-A do ECA, em razão da circulação descabida do material.

As condutas previstas nesse crime são **comissivas**, caracterizadas por ações.

Elemento subjetivo. Estamos diante de crime doloso; o tipo não prevê nenhum elemento subjetivo específico (especial fim de agir). Outrossim, não estabelece punição para a conduta culposa.

3.2.16.3 Sujeitos do crime

Quanto ao **sujeito ativo**, o crime do art. 241-B é comum, podendo ser praticado por qualquer pessoa. O tipo não exige nenhuma qualidade especial do sujeito ativo.

O **sujeito passivo** é a criança ou o adolescente.

3.2.16.4 Consumação e tentativa

Consumação e tentativa. O crime é formal, e o simples armazenamento ou compra dos materiais de conteúdo pornográfico envolvendo criança e adolescente já consuma o delito.

Os verbos **possuir e armazenar**, todavia, assumem o caráter de **crime permanente**, o que possibilita a prisão em flagrante do agente, a qualquer momento (art. 303 do CPP[47]).

Por se tratar de crime **plurissubsistente**, a tentativa é admitida.

Crime de perigo abstrato. O delito do art. 241-B é de perigo abstrato, cuja lesão ao bem jurídico já é presumida pelo legislador, dispensando a sua comprovação no caso concreto.

3.2.16.5 Competência

No tocante à competência para processo e julgamento desse delito, em regra, será da Justiça Federal, nos termos do art. 109, V, da CF/1988. Contudo, a depender do meio escolhido pelo agente, o requisito previsto no referido inciso (transnacionalidade da conduta) não será preenchido, motivo pela qual o órgão competente passará a ser a Justiça Estadual. Dirigimos o leitor para a explicação contida no mesmo item referente ao art. 241 do ECA.

> 📝 **Decifrando a prova**
>
> **(Promotor de Justiça – MPE/MS – Fapec – 2015 – Adaptada)** Consoante pacífica jurisprudência do STJ, compete à Justiça Federal processar e julgar acusado da prática de conduta criminosa consistente na captação e armazenamento, em computadores de escolas municipais, de vídeos pornográficos oriundos da internet, envolvendo crianças e adolescentes.

---

[47] Art. 303 do CPP. "Nas infrações permanentes, entende-se o agente em flagrante delito enquanto não cessar a permanência."

( ) Certo ( ) Errado

Gabarito comentado: conforme já decidiu o Superior Tribunal de Justiça, caso o material de conteúdo pornográfico não ultrapasse os limites dos estabelecimentos escolares, tampouco as fronteiras do Estado brasileiro, como ocorreu no caso analisado, a competência será da Justiça Estadual. De acordo com o Superior Tribunal de Justiça: "Não estando evidenciada a transnacionalidade do delito – tendo em vista que a conduta do investigado, a ser apurada, restringe-se, até agora, à captação e ao armazenamento de vídeos, de conteúdo pornográfico, ou de cenas de sexo explícito, envolvendo crianças e adolescentes, nos computadores de duas escolas –, a competência, *in casu*, é da Justiça Estadual" (STJ, 3ª Seção, CC nº 103.011/PR, Rel. Min. Assusete Magalhães, j. 13.03.2013, *DJe* 22.03.2013). Portanto, a assertiva está errada.

(Delegado de Polícia Federal – Polícia Federal – Cespe/Cebraspe – 2021) Compete à justiça federal processar e julgar o crime de disponibilizar ou adquirir material pornográfico que envolva criança ou adolescente praticado por meio de troca de informações privadas, como, por exemplo, conversas via aplicativos de mensagens ou *chat* nas redes sociais.

( ) Certo ( ) Errado

Gabarito comentado: conforme argumentos lançados na resposta da questão anterior, a competência será da Justiça Estadual. Portanto, a assertiva está errada.

3.2.16.6 Complementos

Ação penal. Conforme o art. 227 do ECA, todos os crimes nele previstos processam-se mediante ação penal pública incondicionada.

3.2.16.7 Conflito aparente de normas

Caso o mesmo agente adquira, armazene e compartilhe imagens pornográficas envolvendo criança e adolescente, responderá pelos crimes previstos nos arts. 241-A e 241-B em concurso material, ou o ato de compartilhar deverá ser absorvido pelas condutas anteriores e ser considerado *post factum* impunível?

Ao analisar a situação proposta, decidiu o Superior Tribunal de Justiça que não é possível concluir pela consunção automática quando há o armazenamento e o compartilhamento do material ilícito. Entretanto, no caso concreto, quando houver estreita ligação entre as condutas, a absorção será possível. Caso fique evidenciado que um dos crimes é absolutamente autônomo em relação ao outro, o réu deverá responder por ambos os crimes em concurso material (STJ, 6ª Turma, REsp nº 1.579.578/PR, Rel. Min. Rogerio Schietti Cruz, j. 04.02.2020, *DJe* 17.02.2020 – *Informativo* 666)[48].

---

[48] Em igual sentido: 5ª Turma, AgRg no AgRg no REsp nº 1.330.974/MG, Rel. Min. Ribeiro Dantas, j. 12.02.2019, *DJe* 19.02.2019; 5ª Turma, AgRg no REsp nº 1.869.632/RS, Rel. Min. Reynaldo Soares da Fonseca, j. 26.05.2020, *DJe* 02.06.2020.

3.2.16.8 Infiltração de agentes de polícia na internet

A técnica especial de investigação, consistente na infiltração de agentes de polícia na internet para investigar os crimes de pedofilia e sexuais contra a criança e adolescente, foi introduzida no ECA nos arts. 190-A a 190-E. O assunto foi abordado em tópico próprio no art. 240. Remetemos o leitor para os comentários desse artigo.

3.2.17 Art. 241-C

> **Art. 241-C.** Simular a participação de criança ou adolescente em cena de sexo explícito ou pornográfica por meio de adulteração, montagem ou modificação de fotografia, vídeo ou qualquer outra forma de representação visual:
>
> **Pena** – reclusão, de 1 (um) a 3 (três) anos, e multa.
>
> **Parágrafo único.** Incorre nas mesmas penas quem vende, expõe à venda, disponibiliza, distribui, publica ou divulga por qualquer meio, adquire, possui ou armazena o material produzido na forma do *caput* deste artigo.

3.2.17.1 Objeto jurídico e material

Objeto jurídico (bem jurídico). Cuida-se do valor fundamental que a lei buscou proteger ao criminalizar a conduta. O art. 241-C visa resguardar a integridade moral e psicológica da criança ou do adolescente.

Objeto material. É a pessoa ou coisa sob a qual recai a conduta do agente. No delito em questão recairá sobre as fotografias, vídeos ou qualquer outra forma de representação visual que tiver a imagem de crianças ou de adolescentes simulada.

3.2.17.2 Conduta e elemento subjetivo

O crime do art. 241-C, ao lado dos artigos anteriores, tem como fim combater a pornografia infantil. Desta feita, punindo quem se utiliza de imagens de crianças e adolescentes em qualquer forma de material pornográfico, para fazer crer quem os vê/ assiste que se trata de participantes menores de idade.

Segundo Fortes (2015, p. 49), pornografia infantil "é uma forma de exploração sexual que lucra com a exibição e o comércio de fotografias, filmes ou qualquer tipo de registro que contenha cena de sexo explícito ou pornográfica envolvendo criança ou adolescente". Entendemos que esse envolvimento da criança e do adolescente abrange inclusive a imagem deles simuladas em montagens de cenas de cunho sexual.

Na mesma toada, o Protocolo Facultativo à Convenção sobre os Direitos da Criança referente à venda de crianças, à prostituição infantil e à pornografia infantil, adotado em Nova York em 25.05.2000, aprovado pelo Congresso Nacional pelo Decreto Legislativo nº 230/2003 e promulgado pelo Presidente da República mediante o Decreto nº 5.007/2004, dispõe:

Art. 2º Para os propósitos do presente Protocolo:

(...)

a) Pornografia infantil significa qualquer representação, por qualquer meio, de uma criança envolvida em atividades sexuais explícitas reais ou simuladas, ou qualquer representação dos órgãos sexuais de uma criança para fins primordialmente sexuais.

Conduta. O *caput* do artigo, pune o agente que **simula (imita a realidade, aparenta ser o que não é)** a participação de criança ou de adolescente em cena de sexo explícito ou pornográfica por meio dos seguintes meios de execução: **adulteração (alteração, deturpação), montagem (edição, composição de imagens) ou modificação (o mesmo que adulteração)** de fotografia, vídeo ou qualquer outra forma de representação visual.

A produção do conteúdo não é verdadeiro. O agente se utiliza de cenas reais e as deturpa, fazendo crer que os participantes são crianças e adolescentes. Ocorre quando o autor, por exemplo, tem um vídeo em que duas pessoas maiores de idade estão participando de uma cena de sexo explícito, e, utilizando-se de qualquer um dos meios de execução acima citados, ele coloca uma imagem de uma criança ou de adolescente para simular a participação deste.

O conceito de "cena de sexo explícita ou pornográfica" é encontrado no art. 241-E do ECA, que traz a seguinte definição: "para efeito dos crimes previstos nesta Lei, a expressão "cena de sexo explícito ou pornográfica" compreende qualquer situação que envolva criança ou adolescente em atividades sexuais explícitas, reais ou simuladas, ou exibição dos órgãos genitais de uma criança ou adolescente para fins primordialmente sexuais". Trata-se de **norma penal em branco**, cuja norma complementadora vem prevista no próprio ECA, mesmo diploma da norma a ser complementada, razão pela qual classifica-se como **norma penal em branco homogênea**[49] **homovitelina**[50].

A conduta prevista neste crime é **comissiva**, caracterizada por uma ação.

Decifrando a prova

(Juiz de Direito Substituto – TJRO – Vunesp – 2019 – Adaptada) Tendo em conta o Estatuto da Criança e do Adolescente, assinale a alternativa correta.

Prevê como crime a conduta de simular a participação de criança ou adolescente em cena de sexo explícito ou pornográfico, por qualquer forma de representação visual.

( ) Certo ( ) Errado

Gabarito comentado: a ação em tela é punida pelo art. 241-C do ECA. Portanto, a assertiva está certa.

Conduta equiparada. Conforme disposição contida no parágrafo único, incorre nas mesmas penas quem **vende (comercializa, negocia, transaciona) ou expõe à venda (exibe para**

---

49   Ou "em sentido amplo/lato" ou "imprópria".
50   Ou "homóloga".

alienação, não sendo necessário para a sua subsunção que a venda seja efetivada, a simples oferta caracteriza o delito), **disponibiliza (oferece, cede) distribui (envia, espalha), publica ou divulga** por qualquer meio, **adquire (compra, obtém), possui (guarda, tem em sua posse) ou armazena (guarda, tem em depósito)** o material produzido na forma do *caput* deste artigo.

As condutas referidas neste parágrafo geralmente são aquelas praticadas por quem seria partícipe do autor do delito previsto no *caput*. Entretanto o legislador optou por colocá-los na posição de autor desta infração autônoma, punindo quem difunde esse material simulado. Caso o material seja verdadeiro, ou seja, haja de fato a participação de crianças e de adolescentes nas cenas pornográficas, poderemos ter a configuração de outros delitos, tais como os previstos nos arts. 241, 241-A ou 241-B do ECA, a depender da ação praticada.

As ações previstas no parágrafo único são classificadas como tipo misto alternativo. Desse modo, a prática de mais de um verbo, no mesmo contexto fático, pelo agente deverá ser analisada no momento da aplicação da reprimenda.

Elemento subjetivo. Estamos diante de **crime doloso**, o tipo não prevê nenhum elemento subjetivo específico (especial fim de agir), outrossim, não prevê punição para a conduta culposa.

3.2.17.3 Sujeitos do crime

Quanto ao **sujeito ativo**, o crime do art. 240-C é comum, podendo ser praticado por qualquer pessoa. O tipo não exige nenhuma qualidade especial do sujeito ativo.

O **sujeito passivo** é a criança ou o adolescente, que teve sua imagem violada ao ter sua imagem utilizada na simulação de cena de sexo explícito ou pornográfica.

3.2.17.4 Consumação e tentativa

Consumação e tentativa. O crime é formal, consumando-se com qualquer uma das condutas descritas no *caput* e no parágrafo único. A ocorrência de abalo moral ou psíquico à criança ou ao adolescente é mero exaurimento do crime.

Os verbos disponibilizar, publicar e divulgar assumem, todavia, o caráter de crime permanente, a depender do meio eleito pelo agente para a sua prática, tal como ocorre se o conteúdo ficar disponibilizado em um *site* na internet.

Por se tratar de crime **plurissubsistente**, a tentativa é admitida.

Crime de perigo abstrato. O delito do art. 241-C é de perigo abstrato, cuja lesão ao bem jurídico já é presumida pelo legislador, dispensando a sua comprovação no caso concreto.

🧩 Decifrando a prova

(Juiz de Direito – TJBA – Cespe/Cebraspe – 2019 – Adaptada) A mera simulação da participação de criança ou adolescente em cena pornográfica por meio da adulteração de fotografia é uma conduta atípica, haja vista a ausência de perigo concreto ao bem jurídico que poderia ser tutelado.

( ) Certo ( ) Errado

Gabarito comentado: a conduta narrada encontra subsunção no delito previsto no art. 241-C do ECA, o qual consuma-se no momento em que ocorre a simulação. Esse delito é de perigo abstrato. Portanto, a assertiva está errada.

3.2.17.5 Complementos

Ação penal. Conforme o art. 227 do ECA, todos os crimes nele previstos processam-se mediante ação penal pública incondicionada.

3.2.17.6 Infiltração de agentes de polícia na internet

A técnica especial de investigação, consistente na infiltração de agentes de polícia na internet para investigar os crimes de pedofilia e sexuais contra a criança e adolescente, foi introduzida no ECA nos arts. 190-A a 190-E. O assunto foi abordado em tópico próprio no art. 240. Remetemos o leitor para os comentários desse artigo.

3.2.18 Art. 241-D

Art. 241-D. Aliciar, assediar, instigar ou constranger, por qualquer meio de comunicação, criança, com o fim de com ela praticar ato libidinoso:

Pena – reclusão, de 1 (um) a 3 (três) anos, e multa.

Parágrafo único. Nas mesmas penas incorre quem:

I – facilita ou induz o acesso à criança de material contendo cena de sexo explícito ou pornográfica com o fim de com ela praticar ato libidinoso;

II – pratica as condutas descritas no *caput* deste artigo com o fim de induzir criança a se exibir de forma pornográfica ou sexualmente explícita.

3.2.18.1 Objeto jurídico e material

Objeto jurídico (bem jurídico). Cuida-se do valor fundamental que a lei buscou proteger ao criminalizar a conduta. O art. 241-D salvaguarda o desenvolvimento moral e sexual da criança.

Objeto material. É a pessoa ou coisa sobre a qual recai a conduta do agente. No delito em questão, incidirá sobre a criança.

3.2.18.2 Conduta e elemento subjetivo

Com o avanço dos meios de comunicação, sobretudo aqueles relacionados à rede mundial de computadores, e a facilidade com que crianças têm acesso a tais recursos, andou bem o legislador em criar um tipo penal que pune antecipadamente qualquer conduta que seja praticada antes que aconteça um eventual contato físico do autor com sua vítima. Não são raros os casos em que pessoas maiores de idade geram perfis falsos na internet e, fazendo-se passar por crianças e adolescentes, estabelecem com a vítima um laço de amizade, aproveitam-se da fragilidade e inocência das crianças, bem como da falta de vigilância de seus responsáveis, e delas se aproximam no intuito de praticar atos libidinosos ou de cunho sexual, como tentar marcar um encontro ou para pedir que elas exibam seu corpo na frente de uma câmera.

Conduta. O art. 241-D pune a conduta daquele que **alicia (seduz, atrai, envolve, encanta), assedia (importuna, persegue), instiga (induz, incentiva, encoraja) ou constrange (coage, obriga)**, por qualquer meio de comunicação, criança, com o fim de com ela praticar ato libidinoso (atos diversos da conjunção carnal, que possuam conotação sexual, como beijos carícias etc.).

Ao se utilizar da expressão "por qualquer meio de comunicação", o legislador não vinculou a prática desse crime a um só meio de comunicação, mas foi além, admitindo qualquer forma. Atualmente, o método mais usado pelos autores desse delito é a internet e suas formas correlatas, como *chats*, redes sociais, aplicativos como o WhatsApp, Telegram, entre outros. No entanto, ainda se vê a prática de tal crime mediante gestos, ligações, cartas, entrega de objetos (como roupas, doces, comida, brinquedos, acessórios).

Condutas equiparadas. Conforme disposição contida no parágrafo único do art. 241-D do ECA, incorre nas mesmas penas definidas no *caput* o agente que:

Facilita (disponibiliza, viabiliza, garante) ou induz (incentiva, atrai) o acesso à criança de material contendo cena de sexo explícito ou pornografia com o fim de com ela praticar ato libidinoso.

O inciso em questão visa punir a conduta do agente que quer fazer crer na mente da criança que aquelas cenas exibidas a ela são normais, com o intuito de que, após, ele pratique atos libidinosos com ela.

O conceito de "cena de sexo explícito ou pornográfico", como já nos referimos em dispositivos anteriores, é extraído no art. 241-E do ECA.

Pratica as condutas descritas no *caput* desse artigo com o fim de **induzir (incentivar)** criança a se exibir de forma pornográfica ou sexualmente explícita.

O tipo em análise trata-se de crime remetido, isto é, para que seja feita a adequada subsunção da norma, o intérprete tem que se reportar às condutas previstas no *caput*, quais sejam, aliciar, assediar, instigar ou constranger. O **objeto material** do delito, assim como no *caput* e no inciso anterior, também é a criança. Neste, entretanto, a finalidade específica que anima o agente é alterada, de modo que passa a agir com o intuito de que a criança se exiba de forma pornográfica ou sexualmente explícita. O que o autor espera é conseguir fazer com que a criança se comporte dessa maneira, não há o propósito de com ela praticar ato libidinoso.

As ações previstas no *caput* e parágrafo único são classificadas como tipo misto alternativo. Desse modo, a prática de mais de um verbo, no mesmo contexto fático, pelo agente caracterizará crime único. A pluralidade de verbos efetivamente praticados deverá, todavia, ser analisada pelo magistrado durante a aplicação da pena (art. 59, *caput*, do CP).

As condutas previstas nesse crime são **comissivas**, caracterizadas por ações.

Elemento subjetivo. Estamos diante de **crime doloso.** Os tipos do *caput* e do parágrafo único, inciso I, contêm um elemento subjetivo específico (especial fim de agir) caracterizado pela intenção de se praticar ato libidinoso com a criança. A conduta do parágrafo único, II, também exige para sua subsunção que o agente se comporte imbuído de especial fim de agir, consistente no fim de induzir criança a se exibir de forma pornográfica ou sexualmente explícita. O crime não prevê punição para a conduta culposa.

3.2.18.3 Sujeitos do crime

Quanto ao **sujeito ativo**, o crime do art. 241-D é comum, podendo ser praticado por qualquer pessoa.

O **sujeito passivo** é a criança, pessoa de até 12 anos de idade incompletos (art. 2º do ECA). O adolescente não foi incluído no espectro de proteção da norma. Segundo entendimento perfilhado por Nucci (2020, p. 120), com 12 anos, o adolescente já possui maiores condições de evitar a prática de eventual assédio. Para o CP, por exemplo, a vulnerabilidade do agente é presumida até os 14 anos. No dia em que atingida tal idade, o adolescente pode, inclusive, consentir na prática de ato sexual, o que torna o fato atípico.

3.2.18.4 Consumação e tentativa

Consumação e tentativa. O crime é formal, consuma-se com a prática de qualquer uma das condutas descritas no tipo. O escopo do dispositivo é prevenir que condutas mais graves, tal como o crime de estupro de vulnerável, ocorram.

Caso sejam praticados os delitos de estupro de vulnerável e o do art. 241-D, em face de uma mesma vítima, em contextos fáticos distintos, esse delito não será absorvido por aquele e o agente deverá responder criminalmente por ambos em concurso material[51]. De outro lado, se ficar demonstrado que o delito previsto no art. 241-D funcionou como ato preparatório para o cometimento de crime mais grave, como o estupro de vulnerável, o delito do ECA ficará absorvido pelo crime contra a dignidade sexual de vulnerável. O conflito aparente de normas é solucionado pelo princípio da consunção.

Por se tratar de crime **plurissubsistente**, a tentativa é admitida.

Crime de perigo abstrato. O delito do art. 241-D é de perigo abstrato, cuja lesão ao bem jurídico já é presumida pelo legislador, dispensando a sua comprovação no caso concreto.

3.2.18.5 Complementos

Ação penal. Conforme o art. 227 do ECA, todos os crimes nele previstos processam-se mediante ação penal pública incondicionada.

---

[51] Nesse sentido: TJDF, 2ª Turma Criminal, 20.150.310.240.692, Rel. João Timóteo de Oliveira, j. 1º.12.2016, *DJe* 09.12.2016.

3.2.18.6 Infiltração de agentes de polícia na internet

A técnica especial de investigação consistente na infiltração de agentes de polícia na internet para investigar os crimes de pedofilia e sexuais contra a criança e adolescente foi introduzida no ECA nos arts. 190-A a 190-E. O assunto foi abordado em tópico próprio no art. 240. Remetemos o leitor para os comentários desse artigo.

3.2.19 Art. 241-E

> **Art. 241-E.** Para efeito dos crimes previstos nesta Lei, a expressão "cena de sexo explícito ou pornográfica" compreende qualquer situação que envolva criança ou adolescente em atividades sexuais explícitas, reais ou simuladas, ou exibição dos órgãos genitais de uma criança ou adolescente para fins primordialmente sexuais.

O art. 241-E cuida-se de norma explicativa, que traz em seu bojo o conceito de "cena de sexo explícito ou pornográfica", que servirá de complemento para os arts. 240, 241, 241-A, 241-B e 241-C, anteriormente tratados.

Como se vê, na intenção de não permitir que o conceito de "cena de sexo explícito ou pornográfica" fosse alargado pelos intérpretes do direito, o legislador trouxe um conceito fechado da expressão, até porque a analogia *in malam partem* não é admitida pelo ordenamento jurídico penal. Nucci (2020, p. 122) critica, entretanto, a intenção do legislador argumentando que "a pornografia pode envolver atividades sexuais implícitas e poses sensuais, sem a expressa mostra dos órgãos genitais".

Sensível a isso, conforme já anunciamos na explicação referente ao art. 240 do Estatuto, no tópico "conduta e elemento subjetivo", o Superior Tribunal de Justiça entendeu[52] que fotografias tiradas e armazenadas de crianças ou adolescente em poses nitidamente sexuais, com enfoque em seus órgãos genitais e ainda que cobertas com roupas e incontroversa a finalidade libidinosa, caracterizam os delitos previstos nos arts. 240 e 241-B do ECA. Isso porque, de acordo com o Tribunal da Cidadania, o art. 241-E do ECA é uma norma penal explicativa, porém não completa, razão pela qual contribui para a interpretação dos tipos penais trazidos pela Lei nº 11.829/2008, sem, contudo, restringir o alcance da norma.

3.2.20 Art. 242

> **Art. 242.** Vender, fornecer ainda que gratuitamente ou entregar, de qualquer forma, a criança ou adolescente arma, munição ou explosivo:
>
> **Pena** – reclusão, de 3 (três) a 6 (seis) anos.

---

[52]   STJ, 6ª Turma, REsp nº 1.543.267/SC, Rel. Min. Maria Thereza de Assis Moura, j. 03.12.2015, *DJe* 16.02.2016 – *Informativo* 577.

3.2.20.1 Objeto jurídico e material

Objeto jurídico (bem jurídico). Cuida-se do valor fundamental que a lei buscou proteger ao criminalizar a conduta. O art. 242 resguarda a integridade física da criança e do adolescente e secundariamente a incolumidade física da coletividade.

Objeto material. É a pessoa ou coisa sobre a qual recai a conduta do agente. No delito em questão, incidirá sobre a arma, a munição ou o explosivo.

3.2.20.2 Conduta e elemento subjetivo

Visando perfectibilizar o mandamento imposto pelo art. 81, I, do ECA, o qual proíbe a venda à criança ou ao adolescente de armas, munições e explosivos, o Estatuto criminalizou a conduta daquele que não respeita tal proibição.

Conduta. O art. 242 pune a conduta daquele que **vender (alienar algo em troca de alguma retribuição pecuniária), fornecer (entregar, dar, abastecer), ainda** que gratuitamente, **ou entregar (pôr em poder de outro)**, de qualquer forma, à criança ou ao adolescente arma, munição ou explosivo.

Para a tipificação do mencionado delito é irrelevante que o produto tenha sido vendido ou fornecido gratuitamente ou simplesmente entregue ao menor.

É de ressaltar que, com o advento da Lei nº 10.826/2003 (Estatuto do Desarmamento), as condutas de venda, fornecimento ou entrega de arma de fogo, munição ou explosivo, previstas no ECA, foram derrogadas (parcialmente revogadas) pelo art. 16, § 1º, V[53], do primeiro diploma, subsistindo o ECA apenas para a punição de armas impróprias ou próprias, que não sejam de fogo.

O **objeto material** do art. 16, § 1º, V, do Estatuto do Desarmamento é a arma de fogo, o acessório, a munição ou o explosivo. O legislador não fez qualquer distinção quanto à natureza de tais artefatos, isto é, se são de uso permitido, proibido ou restrito, o que implica dizer que, quando o destinatário for criança ou adolescente, estará tipificado esse crime, que pune com maior rigor tais condutas.

Arma própria é qualquer instrumento destinado ao ataque e à defesa, como a arma de fogo (por exemplo, revólveres, pistola etc.) e a arma branca (*v.g.*, espada, estiletes, punhais, lança).

Arma imprópria são instrumentos que não são projetados para causar dano a outrem, mas, a depender do modo como sejam empregados, podem ser utilizados para tais fins (a exemplo das facas de cozinha, barra de ferro, martelo, machado).

---

[53] "Art. 16. (...)

Pena – reclusão, de 3 (três) a 6 (seis) anos, e multa.

§ 1º Nas mesmas penas incorre quem:

(...)

V – vender, entregar ou fornecer, ainda que gratuitamente, arma de fogo, acessório, munição ou explosivo a criança ou adolescente; e (...)."

Decifrando a prova

(Promotor de Justiça – MPE/SP – 2015 – Adaptada) A entrega de arma de fogo à criança ou ao adolescente caracteriza crime previsto no ECA, e não no Estatuto do Desarmamento, pois o ECA é lei especial que prevalece sobre a geral.

( ) Certo ( ) Errado

Gabarito comentado: o art. 242 do ECA foi tacitamente revogado pelo art. 16, § 1º, V, do Estatuto do Desarmamento no que tange à arma de fogo, subsistindo ainda o ECA no que se refere às armas próprias, que não sejam de fogo, e impróprias. Portanto, a assertiva está errada.

(Instituto Acesso – Delegado de Polícia – PC/ES – 2019 – Adaptada) Nos casos em que o agente praticar conduta de vender, fornecer, ainda que gratuitamente, ou entregar, de qualquer forma, a criança ou ao adolescente arma branca, prevalece a aplicação do ECA.

( ) Certo ( ) Errado

Gabarito comentado: com o advento do Estatuto do Desarmamento, a venda, a entrega ou o fornecimento, ainda que gratuito, de arma de fogo, acessório, munição, ou explosivo a criança ou adolescente, passaram a ser punidos pelo art. 16, § 1º, V, da Lei nº 10.826/2003. Houve a derrogação do art. 242 do ECA, que ainda permanece vigente quando se tratar de arma de outra natureza, desde que não seja de fogo. Portanto, a assertiva está certa.

Kurkowski (2020, p. 558), ao interpretar o artigo em estudo, assevera que a sua compreensão tem que ser consentânea com a realidade social e traz o seguinte alerta:

> A entrega de uma enxada (arma imprópria) para um adolescente de 15 anos de idade, numa área rural, é fato atípico, pois se trata de instrumento de trabalho; o fornecimento, por sua vez, de um facão com lâmina superior a trinta centímetros para uma criança de 10 anos de idade, em pleno centro urbano, caracteriza o tipo em questão.

As ações previstas no art. 242 são classificadas como tipo misto alternativo. A prática de mais de um verbo, no mesmo contexto fático, pelo agente caracterizará apenas um delito, de modo que a segunda conduta deverá ser valorada pelo magistrado durante a aplicação da pena (art. 59, *caput*, do CP).

As condutas previstas nesse crime são **comissivas**, caracterizadas por ações.

Elemento subjetivo. Estamos diante de **crime doloso.** O tipo não prevê nenhuma finalidade específica (dolo específico) na conduta praticada pelo agente. Não há a previsão de crime culposo.

3.2.20.3 Sujeitos do crime

Quanto ao **sujeito ativo**, o crime do art. 242 é comum, podendo ser praticado por qualquer pessoa.

O **sujeito passivo** é a criança ou o adolescente e, em segundo plano, a coletividade, que também é colocada em risco diante de um menor armado.

3.2.20.4 Consumação e tentativa

Consumação e tentativa. O crime é formal, consuma-se com a prática de qualquer uma das condutas descritas no tipo, não sendo exigido, portanto, o resultado naturalístico, que no caso seria a comprovação de dano à integridade física do menor ou de terceiros.

Por se tratar de crime **plurissubsistente**, a tentativa é admitida.

Crime de perigo abstrato. O delito do art. 242 é de perigo abstrato, cuja lesão ao bem jurídico já é presumida pelo legislador, dispensando a sua comprovação no caso concreto.

3.2.20.5 Complementos

Ação penal. Conforme o art. 242 do ECA, todos os crimes nele previstos processam-se mediante ação penal pública incondicionada.

3.2.20.6 Conflito aparente de normas

O art. 242 do ECA não se confunde com o art. 16, § 1°, V, do Estatuto do Desarmamento, pois, conforme visto em linhas anteriores, aquele terá incidência quando estivermos diante da conduta que recair sobre as armas próprias, desde que não sejam de fogo, e as armas impróprias.

De igual modo, também não há que confundir com o crime de omissão de cautela previsto no art. 13 da Lei n° 10.826/2003[54], uma vez que o objeto material desse delito é somente a arma de fogo, a conduta é omissiva e o crime é punido a título de culpa. No art. 242 do ECA, a conduta é dolosa, não há a abrangência da arma de fogo, e estamos diante de uma conduta comissiva, o que permite a coexistência de ambos os delitos a depender das circunstâncias do caso concreto.

3.2.21 Art. 243

> **Art. 243.** Vender, fornecer, servir, ministrar ou entregar, ainda que gratuitamente, de qualquer forma, a criança ou a adolescente, bebida alcoólica ou, sem justa causa, outros produtos cujos componentes possam causar dependência física ou psíquica:
>
> **Pena** – detenção de 2 (dois) a 4 (quatro) anos, e multa, se o fato não constitui crime mais grave.

3.2.21.1 Objeto jurídico e material

Objeto jurídico (bem jurídico). Cuida-se do valor fundamental que a lei buscou proteger ao criminalizar a conduta. O art. 243 resguarda a integridade física e psíquica da criança e do adolescente.

---

[54] "Art. 13. Deixar de observar as cautelas necessárias para impedir que menor de 18 (dezoito) anos ou pessoa portadora de deficiência mental se apodere de arma de fogo que esteja sob sua posse ou que seja de sua propriedade:
Pena – detenção, de 1 (um) a 2 (dois) anos, e multa. (...)."

Objeto material. É a pessoa ou coisa sobre a qual recai a conduta do agente. No delito em questão, incidirá sobre a bebida alcoólica ou outros produtos cujos componentes possam causar dependência física e psíquica.

3.2.21.2 Conduta e elemento subjetivo

Até o advento da Lei nº 13.106/2015, o art. 243 do Estatuto não incriminava a conduta de fornecer (aqui utilizado em sentido amplo) bebida alcoólica à criança e ao adolescente. A subsunção correta para essa atitude, de acordo com o entendimento do Superior Tribunal de Justiça, era conferida pela contravenção prevista no art. 63, I, do Decreto-lei nº 3.688/1941 ("servir bebidas alcoólicas: I – a menor de dezoito anos; (...)").

Para o Tribunal da Cidadania, deveria ser respeitada a pedra angular do Direito Penal, o princípio da legalidade, e ser conferida uma interpretação sistemática ao art. 81 do ECA, que disciplina em incisos distintos a proibição de venda à criança e ao adolescente de bebidas alcoólicas (inciso II) e de produtos cujos componentes possam causar dependência física ou psíquica ainda que por utilização indevida (inciso III). Assim, se quisesse o legislador que o ato de fornecer bebida alcoólica à criança e ao adolescente fosse punido de acordo com o Estatuto, teria incluído essa conduta também no artigo, entretanto, silenciando, a melhor interpretação é de que estaria excluída do art. 243 e inserida na contravenção penal.

Confira-se trecho da ementa do julgado que refletia a posição do Superior Tribunal de Justiça:

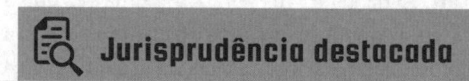

Jurisprudência destacada

"(...) A entrega a consumo de bebida alcoólica a menores é comportamento deveras reprovável. No entanto, é imperioso, para o escorreito enquadramento típico, que se respeite a pedra angular do Direito Penal, o princípio da legalidade. Nesse cenário, em prestígio à interpretação sistemática, levando em conta os arts. 243 e 81 do ECA e o art. 63 da Lei de Contravenções Penais, de rigor é o reconhecimento de que neste último comando enquadra-se o comportamento em foco" (STJ, 6ª Turma, *Habeas Corpus* nº 167.659/MS, Rel. Min. Maria Thereza de Assis Moura, j. 07.02.2013, *DJ* 20.02.2013).

Com a nova lei, o entendimento anterior exposto foi alterado e o ato de fornecer bebida alcoólica à criança ou ao adolescente passou a ser incriminado pelo art. 243 do ECA, assim como já o era o fornecimento de outros produtos cujos componentes possam causar dependência física ou psíquica.

A Lei nº 13.106/2015, em seu art. 3º, revogou expressamente o art. 63 do Decreto-lei nº 3.688/1941, mas não descriminalizou a conduta prevista (*abolitio criminis*), que passou a ser incriminada por outro dispositivo penal, como já falado, o art. 243 do ECA.

Ensinam-nos Rossato, Lépore e Sanches (2019, p. 650) que ocorreu o fenômeno do princípio da continuidade normativo-típica, que consiste na "manutenção do caráter proibido da conduta, porém com o deslocamento do conteúdo criminoso para outro tipo penal. A intenção do legislador é fazer com que a conduta permaneça proibida pelo Direito Penal".

Conduta. O art. 243 pune a conduta daquele que **vender (alienar algo em troca de alguma retribuição pecuniária), fornecer (entregar, dar, abastecer), servir (oferecer, fornecer), ministrar (aplicar, fazer tomar) ou entregar (pôr em poder de outro)**, ainda que gratuitamente, de qualquer forma, à criança ou ao adolescente, bebida alcoólica ou, sem justa causa, outros produtos cujos componentes possam causar dependência física ou psíquica.

Para a tipificação do mencionado delito, é irrelevante que o produto tenha sido vendido ou fornecido gratuitamente ou que ele tenha tido ou não indevida utilização[55].

As ações previstas no artigo são classificadas como **tipo misto alternativo.** Desse modo, a prática de mais de um verbo, no mesmo contexto fático, pelo agente, caracterizará apenas um delito, e a segunda conduta deverá ser valorada pelo magistrado durante a aplicação da pena (art. 59 do CP).

O crime traz em seu bojo o **elemento normativo "sem justa causa"**, ou seja, com ausência de previsão legal, o qual se refere somente aos produtos cujos componentes possam provocar dependência física ou psíquica. Isso implica dizer que qualquer tipo de fornecimento de bebida alcoólica caracteriza o delito em tela; de outro lado, a justa causa para o fornecimento dos produtos, cujos componentes possam ocasionar dependência, pode levar à atipicidade do fato, como se dá quando o "agente ministra, como médico, por exemplo, uma droga capaz de gerar dependência física ou psíquica, com o intuito de curar qualquer enfermidade de criança ou adolescente" (NUCCI, 2020, p. 125).

Produtos cujos componentes possam causar dependência física ou psíquica são todos os produtos, lícitos, que, em razão da sua substância, são capazes de gerar algum vício, tal como o cigarro, a cola de sapateiro, o thinner, remédios, acetona.

O fornecimento de substâncias a crianças e adolescentes, que possam causar dependência e sejam proscritas, isto é, proibidas no Brasil, como aquelas previstas na Portaria n° 344/1998 da ANVISA, como maconha, LSD, *crack*, cocaína, caracterizam o delito de tráfico, estabelecido no art. 33 da Lei n° 11.343/2006, ensejando inclusive a causa de aumento de pena disposta no art. 40, VI, do mencionado diploma.

📑 **Jurisprudência destacada**

Recurso especial. Penal. Fornecimento a criança ou adolescente, sem justa causa, de produto cujo componente possa causar dependência física ou psíquica. Art. 243 do ECA. Entrega de cigarro a menores. Caracterização do delito. Ocorrência. Recurso especial provido. 1. A redação do art. 243 do Estatuto da Criança e do Adolescente ("Vender, fornecer ainda que gratuitamente, ministrar ou entregar, de qualquer forma, a criança ou adolescente, sem justa causa, produtos cujos componentes possam causar dependência física ou psíquica, ainda que por utilização indevida"), pela peculiaridade que ostenta, não faz distinção entre produtos lícitos ou ilícitos. A norma penal, na verdade, pretende coibir a venda ou fornecimento de produtos que possam causar dependência física ou psíquica ao infante.

2. O cigarro, embora lícito, possui, sabidamente, substância que causa dependência, qual seja, a nicotina, circunstância essa reconhecida de forma expressa pelo inciso VII do § 2° do art.

---

[55] TACrim-SP, 5ª Câmara Criminal, Apelação n° 1.090.659/9, Rel. Juiz Lagrasta Neto, j. 20.05.1998.

> 3º-C da Lei nº 9.294/1995, sendo notórios os malefícios que causa à saúde de seus usuários. Portanto, a conduta de fornecê-lo à criança ou adolescente adéqua-se perfeitamente na descrição típica do art. 243 do ECA. 3. O delito em tela é de mera conduta (crime de perigo abstrato), sem a exigência de resultado naturalístico. Por isso, a condição da menor de usuária do produto não tem o condão de afastar a tipicidade da conduta de quem lhe forneceu maços de cigarros. 4. Recurso especial provido para restabelecer a sentença condenatória (STJ, 5ª Turma, REsp nº 1.359.455/MT, Rel. Min. Laurita Vaz, j. 07.08.2014, *DJe* 22.08.2014).

As condutas previstas nesse crime são **comissivas**, caracterizadas por ações.

Elemento subjetivo. Estamos diante de **crime doloso.** O tipo não estabelece nenhuma finalidade específica (dolo específico) na conduta praticada pelo agente. Não há a previsão de crime culposo.

É certo que o erro de tipo, em razão da idade do menor, ou a falta de dolo do agente podem ser alegados e deverão ser examinados caso a caso. Analisando a situação, assim já decidiu o Tribunal de Justiça do Rio Grande do Sul:

 Jurisprudência destacada

> Apelação. Lei nº 8.069/1990. Estatuto da Criança e do Adolescente. ECA, art. 243. Venda de bebida alcoólica para menor de idade. Existência do fato e autoria. Depreende-se do contexto probatório que a ré, efetivamente e conscientemente, vendeu bebida alcoólica para três adolescentes, consistente em uma garrafa de Vodca Orloff. Erro de tipo. Erro de tipo, previsto no art. 20 do CP, é a falsa percepção do agente sobre a realidade acerca de um elemento constitutivo do tipo penal. Dessa forma, exclui-se o dolo e, consequentemente, a tipicidade, uma vez que o delito em questão não prevê a modalidade culposa. No caso, plenamente configurado o dolo da ré, pois, mesmo com dúvida acerca da idade de um dos adolescentes, não requereu o documento de identidade. Além disso, outros dois adolescentes, no caixa, entregaram dinheiro para comprar a Vodca, estes sim, com nítida aparência de juvenis. Nítido que a bebida estava sendo comprada em conjunto. Dolo demonstrado. Condenação confirmada. (...). (TJRS, 5ª Câmara Criminal, APR nº 70.080.679.913/RS, Rel. Ivan Leomar Bruxel, j. 20.11.2019, data de publicação 27.11.2019).

3.2.21.3 Sujeitos do crime

Quanto ao **sujeito ativo**, o crime do art. 243 é comum, podendo ser praticado por qualquer pessoa.

O **sujeito passivo** é a criança ou o adolescente.

3.2.21.4 Consumação e tentativa

Consumação e tentativa. O crime é formal, consuma-se com a prática de qualquer uma das condutas descritas no tipo, não sendo exigido, portanto, o resultado naturalístico, que no caso seria a comprovação da dependência do menor.

Por se tratar de crime **plurissubsistente**, a tentativa é admitida.

Crime de perigo abstrato. O delito do art. 243 é de perigo abstrato, cuja lesão ao bem jurídico já é presumida pelo legislador, dispensando a sua comprovação no caso concreto.

3.2.21.5 Complementos

Ação penal. Conforme o art. 227 do ECA, todos os crimes nele previstos processam-se mediante ação penal pública incondicionada.

3.2.21.6 Conflito aparente de normas

O crime do art. 243 é subsidiário, sendo essa **subsidiariedade expressa**, representada pela expressão "se o fato não constitui crime mais grave", prevista no preceito secundário do dispositivo. Por tal motivo, o fornecimento de drogas à criança e ao adolescente amolda-se ao delito de tráfico, e não ao crime do ECA.

3.2.22 Art. 244

Art. 244. Vender, fornecer ainda que gratuitamente ou entregar, de qualquer forma, a criança ou adolescente fogos de estampido ou de artifício, exceto aqueles que, pelo seu reduzido potencial, sejam incapazes de provocar qualquer dano físico em caso de utilização indevida:

Pena – detenção de seis meses a dois anos, e multa.

3.2.22.1 Objeto jurídico e material

Objeto jurídico (bem jurídico). Cuida-se do valor fundamental que a lei buscou proteger ao criminalizar a conduta. O art. 244 resguarda a integridade física da criança e do adolescente e, secundariamente, a incolumidade física da coletividade.

Objeto material. É a pessoa ou coisa sobre a qual recai a conduta do agente. No delito em questão incidirá sobre os fogos de estampido ou de artifício.

3.2.22.2 Conduta e elemento subjetivo

O uso indevido de fogos de artifício pode ocasionar sérios riscos não só àquele que o utiliza, mas a todos os que estão próximos daquele que os manuseia. Não são raras as notícias de morte, mutilação, queimaduras, lacerações, perda da visão ou audição. O delito em comento visa responsabilizar aquele que fornece (em sentido amplo) tais materiais aos menores, em razão do maior perigo que tais objetos representam quando estão nas mãos de crianças e adolescentes sem a supervisão de um responsável.

O ECA proíbe a venda à criança ou ao adolescente de **fogos de estampido e de artifício, exceto aqueles que pelo seu reduzido potencial sejam incapazes de provocar qualquer**

dano físico em caso de utilização indevida (art. 81, IV), e criminaliza a conduta daquele não respeita tal proibição. Vejamos.

Conduta. O art. 244 pune a conduta daquele que **vender (alienar algo em troca de alguma retribuição pecuniária), fornecer (entregar, dar, abastecer),** ainda que gratuitamente **ou entregar (pôr em poder de outro),** de qualquer forma, a criança ou ao adolescente fogos de estampido ou de artifício, exceto aqueles que, pelo seu reduzido potencial, sejam incapazes de provocar qualquer dano físico em caso de utilização indevida.

Para a tipificação do mencionado delito é irrelevante que o produto tenha sido vendido ou fornecido gratuitamente ou simplesmente entregue ao menor.

As ações previstas no artigo são classificadas como **tipo misto alternativo.** Desse modo, a prática de mais de um verbo, no mesmo contexto fático, pelo agente deverá ser valorada pelo magistrado durante a aplicação da pena (art. 59 do CP).

Fogos de artifício. Em razão dos diversos acidentes provocados pelos fogos de artifício, especialmente envolvendo crianças e adolescentes, eles fazem parte dos produtos controlados e regulamentados pelo Exército brasileiro. O Decreto nº 10.030/2019[56], que aprovou o Regulamento de produtos controlados pelo Comando do Exército, define-os como "um artigo pirotécnico destinado para ser utilizado em entretenimento", como os rojões.

Os **fogos de estampido,** diferentemente dos fogos de artifício, não produzem efeitos luminosos, mas apenas sonoro (barulho), tais como as bombinhas.

Atipicidade da conduta. O próprio dispositivo excepciona da criminalização os fogos de artifício ou estampido que, pelo seu reduzido potencial, sejam incapazes de provocar qualquer dano físico em razão de utilização indevida. São os casos dos traques, estalos, também conhecidos como "biribinhas", que não possuem pólvora como explosivo.

 Decifrando a prova

(Juiz de Direito Substituto – TJDFT – Cespe/Cebraspe – 2014 – Adaptada) Responderá por crime previsto no ECA aquele que venda a criança ou adolescente fogo de estampido, ainda que incapaz de provocar qualquer lesão física em caso de utilização indevida.

( ) Certo ( ) Errado

Gabarito comentado: consoante dispõe o art. 244 do ECA, se os fogos de estampido ou de artifício forem incapazes de provocar qualquer dano físico em razão da sua utilização indevida, o fato será atípico. Portanto, a assertiva está errada.

---

[56] Decreto nº 10.030, de 30 de setembro de 2019. Aprova o regulamento de produtos controlados, Brasília, DF, set 2019. Disponível em: http://www.planalto.gov.br/ccivil_03/_Ato2019-2022/2019/Decreto/D10030.htm. Acesso em: 03 out. 2020.

As condutas previstas nesse crime são **comissivas**, caracterizadas por ações.

Elemento subjetivo. Estamos diante de **crime doloso.** O tipo não estabelece nenhuma finalidade específica (dolo específico) na conduta praticada pelo agente. Não há a previsão de crime culposo.

3.2.22.3 Sujeitos do crime

Quanto ao **sujeito ativo**, o crime do art. 244 é comum, podendo ser praticado por qualquer pessoa.

O **sujeito passivo** é a criança ou o adolescente e, em segundo plano, as pessoas que também podem ser atingidas pelos fogos de estampido ou de artifício.

3.2.22.4 Consumação e tentativa

Consumação e tentativa. O crime é formal, consuma-se com a prática de qualquer uma das condutas descritas no tipo, não sendo exigido, portanto, o resultado naturalístico, que no caso seria a comprovação de dano à integridade física do menor ou de terceiros.

Por se tratar de crime **plurissubsistente**, a tentativa é admitida.

Crime de perigo abstrato. O delito do art. 244 é de perigo abstrato, cuja lesão ao bem jurídico já é presumida pelo legislador, dispensando a sua comprovação no caso concreto.

3.2.22.5 Complementos

Ação penal. Conforme o art. 227 do ECA, todos os crimes nele previstos processam-se mediante ação penal pública incondicionada.

3.2.23 Art. 244-A

Art. 244-A. Submeter criança ou adolescente, como tais definidos no *caput* do art. 2º desta Lei, à prostituição ou à exploração sexual:

Pena – reclusão de quatro a dez anos e multa, além da perda de bens e valores utilizados na prática criminosa em favor do Fundo dos Direitos da Criança e do Adolescente da unidade da Federação (Estado ou Distrito Federal) em que foi cometido o crime, ressalvado o direito de terceiro de boa-fé.

§ 1º Incorrem nas mesmas penas o proprietário, o gerente ou o responsável pelo local em que se verifique a submissão de criança ou adolescente às práticas referidas no *caput* deste artigo.

§ 2º Constitui efeito obrigatório da condenação a cassação da licença de localização e de funcionamento do estabelecimento.

O art. 244-A do ECA foi tacitamente revogado pelo crime previsto no art. 218-B do CP, norma mais recente, incluída pela Lei nº 12.015/2009, que pune as seguintes condutas:

Art. 218-B. Submeter, induzir ou atrair à prostituição ou outra forma de exploração sexual alguém menor de 18 (dezoito) anos ou que, por enfermidade ou deficiência mental, não tem o necessário discernimento para a prática do ato, facilitá-la, impedir ou dificultar que a abandone:

Pena – reclusão, de 4 (quatro) a 10 (dez) anos.

§ 1º Se o crime é praticado com o fim de obter vantagem econômica, aplica-se também multa.

§ 2º Incorre nas mesmas penas:

I – quem pratica conjunção carnal ou outro ato libidinoso com alguém menor de 18 (dezoito) e maior de 14 (catorze) anos na situação descrita no *caput* deste artigo;

II – o proprietário, o gerente ou o responsável pelo local em que se verifiquem as práticas referidas no *caput* deste artigo.

§ 3º Na hipótese do inciso II do § 2º, constitui efeito obrigatório da condenação a cassação da licença de localização e de funcionamento do estabelecimento.

O crime de favorecimento da prostituição ou de outra forma de exploração sexual de criança ou adolescente ou de vulnerável (art. 218-B do CP), além de abranger as condutas já disciplinadas pelo Estatuto, criminalizou, com as mesmas penas, o ato daquele que pratica conjunção carnal ou outro ato libidinoso com alguém menor de 18 anos e maior de 14 anos submetidos à prostituição ou à exploração sexual. No caso, se essa conduta for praticada em detrimento daquele que tem menos de 14 anos, o crime praticado será o de estupro de vulnerável (art. 217-A do CP), crime pelo qual responde também, como partícipe, o agenciador da vítima menor de 14 anos.

A inserção dessa conduta pelo art. 218-B do CP foi acertada, pois, antes do advento dessa norma, a discussão cingia-se se quem praticasse conjunção carnal ou outro ato libidinoso com o menor explorado sexualmente seria punido como partícipe do art. 244-A ou sua conduta seria atípica. Dirimindo as dúvidas existentes, o Superior Tribunal de Justiça decidiu que "É entendimento consolidado no Superior Tribunal de Justiça que a conduta praticada pelo cliente ocasional não configura o tipo penal do art. 244-A do ECA"[57]. Assim, a criminalização de tal conduta pelo CP veio em boa hora, a fim de evitar que o cliente ocasional daqueles entre 18 e 14 anos ficasse na esfera da impunidade.

Sobre os conceitos de prostituição e exploração sexual, Masson (2020, p. 1022) leciona:

> **Prostituição** é o comércio sexual exercido com habitualidade. A reiteração do comércio sexual é imprescindível – trata-se de atividade necessariamente habitual. A prostituição pressupõe o contato físico entre as pessoas envolvidas na atividade sexual. Contudo, o art. 218-B do CP alcança não somente o favorecimento da prostituição, mas também o favorecimento de qualquer outra forma de exploração sexual. A expressão "**exploração sexual**" representa, na esfera dos crimes contra a dignidade sexual, um autêntico elemento normativo do tipo, de índole cultural, devendo seu conceito ser obtido mediante

57   STJ, 5ª Turma, RHC nº 80.481/PR 2017/0016112-3, Rel. Ministro Felix Fischer, j. 04.04.2017, *DJe* 11.04.2017.

a valoração do intérprete da lei penal. A exploração sexual não se confunde com satisfação sexual (livre busca do prazer erótico entre pessoas maiores de idade e com pleno discernimento para a prática do ato).

A pena de multa, antes obrigatória, passou a ter incidência apenas se o agente agir com o intuito de obter lucro (art. 218-B, § 1º, do CP). Note-se que o tipo não obriga a efetiva obtenção do lucro, exigindo-se apenas a intenção do agente.

3.2.24 Art. 244-B

Art. 244-B. Corromper ou facilitar a corrupção de menor de 18 (dezoito) anos, com ele praticando infração penal ou induzindo-o a praticá-la:

Pena – reclusão, de 1 (um) a 4 (quatro) anos.

§ 1º Incorre nas penas previstas no *caput* deste artigo quem pratica as condutas ali tipificadas utilizando-se de quaisquer meios eletrônicos, inclusive salas de bate-papo da internet.

§ 2º As penas previstas no *caput* deste artigo são aumentadas de um terço no caso de a infração cometida ou induzida estar incluída no rol do art. 1º da Lei nº 8.072, de 25 de julho de 1990.

3.2.24.1 Objeto jurídico e material

Objeto jurídico (bem jurídico). Cuida-se do valor fundamental que a lei buscou proteger ao criminalizar a conduta. O art. 244-B resguarda a formação moral do menor de 18 anos.

Objeto material. É a pessoa ou coisa sobre a qual recai a conduta do agente. No delito em questão incidirá sobre a pessoa com idade inferior a 18 anos.

3.2.24.2 Conduta e elemento subjetivo

O crime estabelecido no art. 244-B foi inserido no ECA pela Lei nº 12.015/2009. Até o advento dessa Lei, o crime de corrupção de menores encontrava previsão legal na Lei nº 2.252/1954. Confira-se.

Art. 1º Constitui crime, punido com a pena de reclusão de 1 (um) a 4 (quatro) anos e multa de Cr$ 1.000,00 (mil cruzeiros) a Cr$ 10.000,00 (dez mil cruzeiros), corromper ou facilitar a corrupção de pessoa menor de 18 (dezoito) anos, com ela praticando, infração penal ou induzindo-a a praticá-la.

Observa-se que o art. 244-B manteve as mesmas elementares da revogada lei, acrescentando a previsão contida nos §§ 1º e 2º, podendo-se concluir, portanto, que não houve a descriminalização da conduta prevista no art. 1º da Lei nº 2.252/1954, e, por via de consequência, a revogação da própria figura típica (*abolitio criminis*), mas a transferência do seu conteúdo para outro dispositivo penal (continuidade normativo-típica).

Conduta. O art. 244-B pune a conduta daquele que **corrompe (perverte, influencia negativamente) ou facilita (torna mais fácil)** a corrupção de menor de 18 anos, com ele praticando infração penal ou induzindo a praticá-la.

Corrupção de menores. Além do ato de inserir o menor no mundo da criminalidade, Nucci (2020, p. 132) ressalta que outros conceitos podem ser compreendidos na expressão "corrupção de menores", como o aliciamento para a vida sexual, definido nos crimes previstos nos arts. 218-A e 218-B do CP, nos quais os menores, levados por adultos, têm a sua sexualidade iniciada precocemente. O artigo em estudo, todavia, refere-se apenas à primeira definição, que trata da prática de infração penal com menores de 18 anos ou o induzimento para que eles a pratiquem.

A expressão **"infração penal"** é gênero do qual são espécies tanto o crime (ou delito) quanto a contravenção penal. Como é cediço, o menor não pratica crime, mas ato infracional, que se trata da conduta descrita como crime ou contravenção penal (art. 103 do ECA). Assim, não há óbice para a caracterização do delito de corrupção de menores que o maior atue praticando com o menor ou induzindo-a à prática de uma contravenção penal, ou que o menor pratique um ato infracional análogo a uma contravenção penal.

Da parte final do *caput* do art. 244-B, é possível extrair que o maior tem que agir em coautoria na prática de um crime ou contravenção penal com o menor ou ao menos ser partícipe do delito, induzindo-o a cometer a infração penal. Agindo desse modo, o maior responderá criminalmente tanto pela infração penal praticada quanto pelo crime de corrupção de menores em concurso.

Decifrando a prova

(Juiz de Direito Substituto – TJDFT – Cespe/Cebraspe – 2014 – Adaptada) Suponha que Marcos, maior imputável, subtraia, em coautoria com o adolescente Ricardo, menor com várias condenações por atos infracionais anteriores, o celular de uma mulher, mediante grave ameaça com emprego de arma de fogo. Nessa hipótese, Marcos responderá somente pelo crime de roubo duplamente circunstanciado.

( ) Certo ( ) Errado

Gabarito comentado: Marcos também deverá responder pelo crime de corrupção de menores. "Não configura *bis in idem* a incidência da causa de aumento referente ao concurso de agentes no delito de roubo, seguida da condenação pelo crime de corrupção de menores, já que são duas condutas, autônomas e independentes, que ofendem bens jurídicos distintos" (STJ, 5ª Turma, HC nº 157.201/DF, Rel. Min. Gurgel de Faria, j. 16.12.2014, *DJe* 02.02.2015). Portanto, a assertiva está errada.

Diferente será o entendimento, todavia, se os crimes praticados pelo maior e pelo menor estiverem entre aqueles contidos nos arts. 33 a 37 da Lei nº 11.343/2006. Nesse caso, o agente maior de idade responderá por algum desses delitos com a causa de aumento de pena prevista no art. 40, VI, da mencionada Lei, por força do princípio da especialidade.

Em contrapartida, se os crimes praticados forem outros da Lei de Drogas que não os dos arts. 33 a 37, o agente responderá em concurso com o crime de corrupção de menores, previsto no art. 244-B do ECA. Assim já decidiu o Superior Tribunal de Justiça.

 **Jurisprudência destacada**

(...) 3. Caso o delito praticado pelo agente e pelo menor de 18 anos não esteja previsto nos arts. 33 a 37 da Lei de Drogas, o réu poderá ser condenado pelo crime de corrupção de menores, porém, se a conduta estiver tipificada em um desses artigos (33 a 37), pelo princípio da especialidade, não será possível a condenação por aquele delito, mas apenas a majoração da sua pena com base no art. 40, VI, da Lei nº 11.343/2006. 4. *In casu*, verifica-se que o réu se associou com um adolescente para a prática do crime de tráfico de drogas. Sendo assim, uma vez que o delito em questão está tipificado entre os delitos dos arts. 33 a 37 da Lei de Drogas, correta a aplicação da causa de aumento prevista no inciso VI do art. 40 da mesma Lei. 5. Recurso especial improvido (STJ, 6ª Turma, REsp nº 1.622.781/MT, Rel. Min. Sebastião Reis Júnior, j. 22.11.2016, *DJe* 12.12.2016).

 Decifrando a prova

(Promotor de Justiça – MPE/SP – 2019 – Adaptada) O agente maior de idade que pratica tráfico de drogas junto de menor de 18 anos, responde por esse delito, em concurso formal com a corrupção.

( ) Certo ( ) Errado

Gabarito comentado: o agente que pratica o delito de tráfico de drogas com menor de 18 anos responderá pela prática do delito de tráfico com a causa de aumento de pena prevista no art. 40, VI, da Lei nº 11.343/2006. Portanto, a assertiva está errada.

A prática de crimes com dois adolescentes enseja a condenação por dois crimes de corrupção de menores, em concurso formal, pois o bem jurídico tutelado pelo ECA é a formação moral da criança e do adolescente. Sendo dois os menores, duas são as vítimas e, por conseguinte, dois são os bens jurídicos violados.

 **Jurisprudência destacada**

Recurso especial. Penal. Estatuto da Criança e do Adolescente. Art. 244-B. Corrupção de menores. Participação de dois adolescentes na empreitada criminosa. Prática de dois delitos de corrupção de menores. Existência de dois bens jurídicos tutelados violados. Princípios da prioridade absoluta e do interesse da criança e do adolescente. Concurso formal. Causa de aumento. Patamar de majoração. Impossibilidade de alteração da fração. Juiz que reconheceu a

> prática de três delitos e aplicou a fração de 1/6, sem impugnação da acusação. 1. Discute-se se a prática de crimes em concurso com dois adolescentes dá ensejo à condenação por dois crimes de corrupção de menores ou se o fato é considerado crime único. 2. Considerando que o bem jurídico tutelado pelo crime de corrupção de menores é a formação moral da criança e do adolescente, caso duas crianças/adolescentes tiverem seu amadurecimento moral violado, em razão de estímulos a praticar o crime ou a permanecer na seara criminosa, dois foram os bens jurídicos violados. 3. O entendimento perfilhado também se coaduna com os princípios da prioridade absoluta e do melhor interesse da criança e do adolescente, vez que trata cada criança ou adolescente como sujeitos de direitos. 4. Ademais, seria desarrazoado atribuir a prática de crime único ao réu que corrompeu dois adolescentes, assim como ao que cometeu apenas um. 5. A jurisprudência desta Corte Superior é firme em assinalar que a quantidade de infrações praticadas deve ser o critério utilizado para embasar o patamar de aumento relativo ao concurso formal de crimes (HC nº 319.513/SP, Min. Rogerio Schietti Cruz, 6ª Turma, *DJe* 20.04.2016). (...). Recurso especial parcialmente provido apenas para reconhecer a prática de dois delitos de corrupção de menores (STJ, 6ª Turma, REsp nº 1.680.114/GO, Rel. Min. Sebastião Reis Júnior, j. 10.10.2017, *DJe* 16.10.2017).

Conduta equiparada. Atento às inovações tecnológicas e às facilidades proporcionadas pelo mundo digital, que auxiliam tanto para a perpetração de atos lícitos quanto ilícitos, o legislador previu no § 1º do art. 244-B a punição com a mesma pena do *caput* para o agente que pratica a corrupção de menores utilizando-se de quaisquer meios eletrônicos, inclusive salas de bate-papo da internet.

Causa de aumento de pena. No § 2º do art. 244-B, o legislador previu o aumento de pena de um terço caso a infração cometida ou induzida esteja inserida no rol do art. 1º da Lei nº 8.072/1990. A majorante justifica-se em razão da maior gravidade desses delitos. O legislador não incluiu, entretanto, a incidência do aumento sobre os delitos equiparados a hediondos, estabelecidos no art. 2º da Lei nº 8.072/1990 (tortura, tráfico ilícito de entorpecentes e drogas afins e o terrorismo). Desse modo, se o menor praticar ou for induzido a praticar o delito de tráfico de drogas, por exemplo, o aumento não poderá ser aplicado.

As condutas previstas nesse crime são **comissivas**, caracterizadas por ações. O tipo é misto alternativo. Desse modo, se o agente induzir o menor a cometer uma infração penal e depois decidir com ele efetivamente praticar a infração, deverá responder por apenas um delito. Tal conduta deverá, entretanto, ser valorada pelo magistrado durante a aplicação da pena (art. 59 do CP).

Elemento subjetivo. Estamos diante de **crime doloso.** O tipo não estabelece nenhuma finalidade específica (dolo específico) na conduta praticada pelo agente. Não há a previsão de crime culposo.

3.2.24.3 Sujeitos do crime

Quanto ao **sujeito ativo**, o crime do art. 244-B é comum, podendo ser praticado por qualquer pessoa.

O **sujeito passivo** é o menor de 18 anos submetido à corrupção.

A comprovação da materialidade do delito requer a comprovação da menoridade da vítima, que, de acordo com a Súmula nº 74 do STJ, "para efeitos penais, o reconhecimento da menoridade do réu requer prova por documento hábil". Os documentos a que a súmula faz referência não se restringem, todavia, à certidão de nascimento ou à cédula de identidade, de modo que outros documentos também são admitidos. A mera declaração do menor a respeito da sua idade, no entanto, não é admitida e deve ser corroborada com indicativos de consulta em documentos, tais como: de identidade, CPF, certidão de nascimento. Nesse sentido é a jurisprudência do Superior Tribunal de Justiça.

 Jurisprudência destacada

Súmula nº 74-STJ: Para efeitos penais, o reconhecimento da menoridade do réu requer prova por documento hábil. Aprovada em 15.04.1993. Válida. O documento hábil ao qual a súmula faz referência não se restringe à certidão de nascimento. Outros documentos, dotados de fé pública e, portanto, igualmente hábeis para comprovar a menoridade, também podem atestar a referida situação jurídica, como, por exemplo, a identificação realizada pela polícia civil (HC nº 134.640/DF, j. 06.08.2013). A certidão de nascimento ou a cédula de identidade não são os únicos documentos válidos para fins de comprovação da menoridade, podendo esta ser demonstrada por meio de outro documento firmado por agente público dotado, portanto, de fé pública atestando a idade do menor (STJ, 6ª Turma, AgRg no HC nº 574.536/SP, Rel. Min. Sebastião Reis Júnior, j. 02.06.2020). Para ensejar a aplicação de causa de aumento de pena prevista no art. 40, VI, da Lei nº 11.343/2006 ou a condenação pela prática do crime previsto no art. 244-B da Lei nº 8.069/1990, a qualificação do menor, constante do boletim de ocorrência, deve trazer dados indicativos de consulta a documento hábil como o número do documento de identidade, do CPF ou de outro registro formal, tal como a certidão de nascimento (STJ, 3ª Seção, ProAfR no REsp nº 1.619.265/MG, Rel. Min. Rogerio Schietti Cruz, j. 07.04.2020) (CAVALCANTE, 2017).

3.2.24.4 Consumação e tentativa

Consumação e tentativa. O crime é **formal**, bastando a prova de que o menor de 18 anos participou da prática da infração penal ou foi induzido a praticá-la. Não se faz necessária a efetiva corrupção do menor, ou seja, que ele tenha sido de fato corrompido em sua moralidade na empreitada delitiva. Nessa toada, a Súmula nº 500 do STJ: "A configuração do crime do art. 244-B do ECA independe da prova da efetiva corrupção do menor, por se tratar de delito formal".

 Jurisprudência destacada

Processo penal e penal. *Habeas corpus* substitutivo de recurso próprio. Inadequação. Roubo duplamente circunstanciado e corrupção de menores. Absolvição quanto ao delito do art. 244-B do ECA. Impropriedade na via eleita. Crime formal. *Bis in idem* não evidenciado. Dosimetria. Afastamento da agravante da reincidência. Supressão de instância. Excesso no incremento da pena na terceira fase da dosimetria. Súmula nº 443/STJ. Matéria não analisada pela Corte de origem. Concurso material entre os crimes. Óbice ao revolvimento fático-probatório em sede de *writ*. Regime prisional semiaberto cabível aos réus primários. Gravidade abstrata da conduta. *Writ* não conhecido e ordem concedida de ofício. (...) 4. A Terceira Seção deste Superior Tribunal de Justiça, no julgamento do REsp 1.127.954/DF, submetido ao rito dos recursos repetitivos, firmou entendimento no sentido de que "para a configuração do crime de corrupção de menores, atual art. 244-B do Estatuto da Criança e do Adolescente, não se faz necessária a prova da efetiva corrupção do menor, uma vez que se trata de delito formal, cujo bem jurídico tutelado pela norma visa, sobretudo, a impedir que o maior imputável induza ou facilite a inserção ou a manutenção do menor na esfera criminal" (REsp 1.127.954/DF, Rel. Min. Marco Aurélio Bellizze, 3ª Seção, j. 14.12.2011, *DJe* 1°.02.2012). 5. Descabe falar em *bis in idem* na condenação dos réus pela prática dos crimes de roubo circunstanciado e de corrupção de menores, pois a subtração violenta foi perpetrada por três réus, circunstância que denota a incidência da agravante do art. 157, § 2°, II, do CP em concurso com um adolescente, o que basta para a configuração do delito do art. 244-B do ECA. (...) 10. No que tange ao concurso formal entre os delitos, se a Corte de origem reconheceu, com base nos elementos de convicção amealhados nos autos, a existência de desígnios autônomos e a incidência da hipótese do art. 69 do CP, para afastar tal conclusão seria necessário revolver o conjunto fático-comprobatório, o que não se coaduna com a via do *writ*. (...) (STJ, 5ª Turma, HC n° 397.348/SP 2017/00.931.790, Rel. Ministro Ribeiro Dantas, j. 07.12.2017, *DJe* 14.12.2017).

Por se tratar de crime **plurissubsistente**, a tentativa é admitida.

Crime de perigo abstrato. O delito do art. 244-B é de perigo abstrato, cuja lesão ao bem jurídico já é presumida pelo legislador, dispensando a sua comprovação no caso concreto.

Decifrando a prova

(Juiz de Direito – TJBA – Cespe/Cebraspe – 2019 – Adaptada) O crime de corrupção de menores previsto no ECA é um delito material, razão por que, para a sua caracterização, é necessária a efetiva comprovação de que o menor foi corrompido.

( ) Certo ( ) Errado

Gabarito comentado: "o crime de corrupção de menores é formal, não havendo necessidade de prova efetiva da corrupção ou da idoneidade moral anterior da vítima, bastando indicativos do envolvimento de menor na companhia do agente imputável" (STF, 1ª Turma, RHC n° 111.434/DF, Rel. Min. Cármen Lúcia, j. 03.04.2012, *DJe*-074, divulg. 16.04.2012, public. 17.04.2012). No mesmo sentido, a Súmula n° 500 do STJ. Portanto, a assertiva está errada.

3.2.24.5 Complementos

Ação penal. Conforme o art. 227 do ECA, todos os crimes nele previstos processam-se mediante ação penal pública incondicionada.

Crimes Hediondos – Lei nº 8.072/1990

4.I CONCEITOS INICIAIS

4.I.I Previsão constitucional

O art. 5º, XLIII, da CF/1988 dispõe:

> **Art. 5º** (...)
>
> XLIII – A lei considerará crimes inafiançáveis e insuscetíveis de graça ou anistia a prática de tortura, o tráfico de ilícito de entorpecentes e drogas afins, o terrorismo e os definidos como crimes hediondos, por eles respondendo os mandantes, os executores e os que, podendo evitá-los se omitirem; (...)

Nesse dispositivo, o texto constitucional estabelece algumas consequências penais para dois grupos de crimes: os hediondos e também aqueles equiparados a hediondos (tráfico de drogas, tortura e terrorismo).

Inicialmente, cumpre-nos observar que a Constituição Federal não define quais seriam os crimes considerados como "hediondos", apesar de citá-los em seu texto. É o chamado **mandado constitucional de criminalização**, no qual a CF "manda" que determinados assuntos sejam regulamentados, tratados por meio de lei.

Então surge a indagação: **quem definirá quais crimes serão classificados como hediondos?** Prevalece que adotamos o chamado **critério legal/objetivo/enumerativo**, no qual o próprio legislador, de antemão, é quem seleciona certos crimes para dar-lhes um tratamento mais rigoroso. É isso o que a Lei de Crimes Hediondos faz. Basicamente, ela enrijece o tratamento penal e processual penal para crimes determinados pelo legislador. Não se esqueça, a Lei de Crimes Hediondos não cria delitos, apenas classifica crimes, já tipificados em lei, como hediondos.

Dessa forma, em nosso país, o legislador, por meio da Lei nº 8.072/1990, trouxe os crimes considerados hediondos, bem como as consequências penais e processuais penais aplicáveis: **só será hediondo o crime previsto expressamente na referida lei** (rol taxativo[1])!

Vale observar, com isso, que hediondo não será o que o juiz pensa ou interpreta; o juiz não poderá definir um crime como hediondo, ou, ao contrário, retirar o caráter de hediondo de um delito. Isso porque tal tarefa cabe ao legislador, como vimos. Portanto, prevalece que não adotamos no Brasil um critério **judicial/subjetivo** de classificação de crime hediondo[2].

CRITÉRIO LEGAL/ OBJETIVO/ENUMERATIVO	A lei definirá os hediondos	Adotado pelo Brasil
CRITÉRIO JUDICIAL/ SUBJETIVO	O juiz definirá os hediondos	Não adotado
CRITÉRIO MISTO[3]	Legislador e juiz definirão os hediondos	Não adotado

Decifrando a prova

(Delegado – PCERJ – Ceperj – 2009 – Adaptada) De acordo com a doutrina, os sistemas de definição dos crimes hediondos são o legal, o misto e o judicial, sendo certo que o ordenamento jurídico brasileiro adotou o sistema legal.

( ) Certo ( ) Errado

Gabarito comentado: realmente esses são os três critérios de definição de crimes hediondos, sendo certo que o Brasil adota o sistema legal. Portanto, a assertiva está certa.

Jurisprudência destacada

(...) 6. A Lei nº 8.072/1990 adotou o chamado sistema legal ou enumerativo, segundo o qual o próprio texto normativo, de forma exaustiva (*numerus clausus*), define quais são os crimes considerados hediondos. 7. Em razão do critério adotado pela lei, não compete ao magistrado, ao apreciar o caso concreto, afastar a rotulagem atribuída a um delito incluído no rol do art. 1º da Lei nº 8.072/1990, nem categorizar como hediondo uma infração que não conste naquela lista. Admitir que o magistrado exerça juízo acerca da hediondez do crime significa autorizar a usurpação de funções que são próprias do legislador ordinário, quebrando a unidade lógica do sistema jurídico (...) (STJ, 5ª Turma, HC nº 389.105/DF, Rel. Min. Reynaldo Soares da Fonseca, j. 13.08.2019).

---

[1] Não cabem analogia nem interpretação extensiva.

[2] A doutrina cita ainda a existência do critério **misto** de classificação de hediondos: a lei cria um conceito de crime hediondo e caberá ao juiz decidir, à luz do caso concreto, qual delito preenche os requisitos desse conceito (é como se fosse uma mistura dos critérios legal e judicial). Como vimos, não foi o sistema adotado pela Lei nº 8.072/1990.

[3] Nucci (2020, p. 529) denomina-o critério **legislativo definidor**.

4.1.2 Crimes militares e hediondez

Questão interessante diz respeito à possibilidade da existência de um crime militar e, ao mesmo tempo, hediondo.

Até tempo atrás, tínhamos uma total impossibilidade dessa concomitância. Isso porque os crimes militares eram apenas aqueles previstos no Código Penal Militar (CPM), e, como a Lei nº 8.072/1990 não etiquetou nenhum crime do CPM como hediondo, eles jamais poderiam ser assim considerados (afinal, adotamos um critério legal de definição de crime hediondo).

No entanto, após a vigência da Lei nº 13.491/2017 (13 de outubro de 2017), ocorreu uma mudança no conceito de crime militar. Atualmente, os crimes militares são, **além dos previstos no CPM**: aqueles **contidos nas Leis Penais Especiais** e também no **Código Penal (comum)**, desde que sejam praticados por militar em alguma das situações elencadas no **art. 9º, II, do CPM** (ex.: em serviço; em razão da função). São os denominados crimes militares por extensão ou equiparação[4].

Dessa forma, se um militar em serviço praticar uma conduta típica prevista em algum dos tipos penais elencados no art. 1º da Lei nº 8.072/1990 (rol de crimes hediondos), cometerá um crime militar e também hediondo[5].

Portanto, é forçoso concluir que poderemos ter, após a Lei nº 13.491/2017, a existência de crime **militar e hediondo** (PORTOCARRERO; FERREIRA, 2020, p. 404-405).

🧩 Decifrando a prova

(Delegado PC/AC-IBADE – 2017 – Adaptada) O crime de homicídio qualificado previsto no Código Penal Militar é considerado hediondo.
( ) Certo ( ) Errado
Gabarito comentado: nenhum crime tipificado no CPM consta do rol de crimes da Lei nº 8.072/1990. Portanto, a assertiva está errada.

---

[4] Ressaltamos que há duas Ações Diretas de Inconstitucionalidade questionando a constitucionalidade da Lei nº 13.491/2017 em andamento no STF quando do fechamento desta edição (ADI nº 5.804 e ADI nº 5.901).

[5] É certo que apenas poderemos ter um militar em serviço praticando crime contido na legislação comum quando não houver delito correspondente no Código Penal Militar, pois, nessa última situação, será obrigatória a incidência do tipo penal específico do CPM (afastando, por consequência, a incidência da lei de crimes hediondos, a qual não prevê nenhum crime do CPM) – Ex.: latrocínio, art. 242, § 3º, CPM.

Dessa forma, se um militar em serviço comete um crime previsto no Código Penal comum e também classificado como hediondo pela Lei nº 8.072/1990, o qual não possui correspondente no CPM, aí sim ele estará cometendo um crime militar e hediondo ao mesmo tempo – Ex.: favorecimento da prostituição/exploração sexual de criança, adolescente ou vulnerável, art. 218-B do CP.

4.1.3 Dica

Trazemos para o futuro aprovado uma dica inicial de alguns delitos que, embora no passado tenham causado muita discussão, atualmente é majoritário na doutrina e na jurisprudência que não serão considerados hediondos ou equiparados a hediondos. Estudaremos cada um deles separadamente, contudo, pela grande incidência em questões de concursos, consideramos importante alertarmos você inicialmente que, repetimos, tais tipos penais não são hediondos nem assemelhados a hediondos:

NÃO são hediondos	Associação para o tráfico (art. 35 – Lei nº 11.343/2006)
	Tráfico privilegiado (art. 33, § 4º – Lei nº 11.343/2006)
	Homicídio qualificado-privilegiado (art. 121, § 1º, c/c o § 2º, CP)
	Tortura omissiva (art. 1º, § 2º – Lei nº 9.455/1997)

4.2 ROL DE CRIMES HEDIONDOS – ART. 1º DA LEI Nº 8.072/1990

Introdução. No art. 1º da Lei nº 8.072/1990 estão elencados os delitos classificados como hediondos. Portanto, a partir de agora, cumpre-nos estudá-los analisando todos os detalhes relevantes envolvendo a temática da hediondez. Posteriormente, no item 4.3, examinaremos os chamados "equiparados a hediondos" (tortura, tráfico de drogas e terrorismo). No item 4.4, estudaremos quais as consequências criminais de um delito classificado como hediondo ou equiparado a hediondo.

Além disso, destacamos que a Lei nº 13.964/2019 (Pacote Anticrime) promoveu alterações importantes e que merecem ser objeto de análise, pois com toda a certeza estarão presentes nas provas de concursos.

Importante. Todos os crimes previstos nos incisos relacionados ao *caput* do **art. 1º** estão tipificados no Código Penal. Já os crimes elencados nos incisos relacionados ao **parágrafo único** do **art. 1º** estão tipificados em leis penais. Todos eles são classificados como **hediondos**.

Por outro lado, os delitos listados no **art. 2º** da Lei – tráfico de drogas, tortura e terrorismo – estão tipificados em leis penais especiais, porém, para boa parte da doutrina, não são considerados hediondos propriamente ditos, mas, sim, "equiparados ou assemelhados a hediondos" (os quais estudaremos mais à frente).

	HEDIONDOS	EQUIPARADOS A HEDIONDOS
Previstos no CP	Art. 1º – incisos	
Previstos em Leis Penais Especiais	Art. 1º – parágrafo único	Art. 2º (TTT)

Por fim, saiba que todos os crimes a seguir – **consumados ou tentados** – serão classificados como hediondos.

4.2.1 Inciso I – Homicídio (art. 121, CP)

CP

Art. 121. Matar alguém:

Pena – reclusão, de seis a vinte anos.

Caso de diminuição de pena

§ 1º Se o agente comete o crime impelido por motivo de relevante valor social ou moral, ou sob o domínio de violenta emoção, logo em seguida a injusta provocação da vítima, o juiz pode reduzir a pena de um sexto a um terço.

Homicídio qualificado

§ 2º Se o homicídio é cometido:

I – mediante paga ou promessa de recompensa, ou por outro motivo torpe;

II – por motivo fútil;

III – com emprego de veneno, fogo, explosivo, asfixia, tortura ou outro meio insidioso ou cruel, ou de que possa resultar perigo comum;

IV – à traição, de emboscada, ou mediante dissimulação ou outro recurso que dificulte ou torne impossível a defesa do ofendido;

V – para assegurar a execução, a ocultação, a impunidade ou vantagem de outro crime:

Pena – reclusão, de doze a trinta anos.

Feminicídio

VI – contra a mulher por razões da condição de sexo feminino;

VII – contra autoridade ou agente descrito nos arts. 142 e 144 da Constituição Federal, integrantes do sistema prisional e da Força Nacional de Segurança Pública, no exercício da função ou em decorrência dela, ou contra seu cônjuge, companheiro ou parente consanguíneo até terceiro grau, em razão dessa condição;

VIII – com emprego de arma de fogo de uso restrito ou proibido;

Homicídio contra menor de 14 (quatorze) anos

IX – contra menor de 14 (quatorze) anos:

Pena – reclusão, de doze a trinta anos.

§ 2º-A Considera-se que há razões de condição de sexo feminino quando o crime envolve:

I – violência doméstica e familiar;

II – menosprezo ou discriminação à condição de mulher.

Considerações iniciais. O crime de homicídio (art. 121, CP) não constava da redação original da Lei nº 8.072/1990, sendo acrescentado pelo legislador apenas no ano de 1994. Um dos fatores que contribuíram para a classificação do mencionado delito foi o assassinato da artista Daniella Perez, filha da dramaturga Glória Perez, por um colega de profissão, o que gerou grande clamor popular para a sua inclusão no rol dos crimes hediondos.

Homicídio, quando praticado em atividade típica de grupo de extermínio, ainda que cometido por um só agente (art. 121, *caput*, CP). A primeira parte do inciso I do art. 1º da Lei nº 8.072/1990 diz respeito ao homicídio **simples**. Portanto, saiba que o homicídio simples **poderá** ser considerado hediondo, mas para isso ele terá que **ser praticado em atividade típica de grupo de extermínio**[6] (ainda que cometido por um só agente), ou seja, **nem todo homicídio simples será hediondo**.

A lei não traz o conceito de "atividade típica de grupo de extermínio". Dessa forma, considera-se que será a figura do "justiceiro", indivíduo que se propõe a fazer justiça com as próprias mãos de modo a exterminar pessoas que, em sua concepção, causem um mal, são nocivas para toda a coletividade ou, ainda, aquele que mata pessoas por pertencerem a determinado grupo ou religião (ex.: neonazista que mata negros, *gays* etc.).

A doutrina critica o texto redigido pelo legislador, haja vista que, **na prática**, é impossível ocorrer homicídio praticado em atividade típica de grupo de extermínio que seja classificado como simples, ou seja, no qual não incidirá qualquer das várias qualificadoras do art. 121, § 2º, CP. Como alerta Nucci (2020, p. 530-531): "Inexiste, pois, homicídio simples em atividade típica de grupo de extermínio para efeito de **aplicação** desta Lei". De todo modo, pelo menos teoricamente, não se esqueça que a primeira parte do inciso I trata do homicídio **simples**.

> ### ⟲ Decifrando a prova
>
> **(Delegado PC/GO – CESPE – 2017 – Adaptada)** Para que se considere o crime de homicídio hediondo, ele deve ser qualificado.
> ( ) Certo ( ) Errado
> **Gabarito comentado:** não necessariamente, haja vista que o homicídio simples, se praticado em atividade típica de grupo de extermínio, ainda que por um só agente, também é considerado hediondo. Portanto, a assertiva está errada.

Homicídio qualificado (art. 121, § 2º, CP). O homicídio qualificado será hediondo **em todas as suas formas**. Assim, se o agente, ao cometer o crime, incidir em algumas das qualificadoras presentes no § 2º do art. 121, cometerá um delito hediondo.

Homicídio qualificado privilegiado (art. 121, § 1º, c/c o § 2º). O homicídio privilegiado está contido no § 1º do art. 121, sendo aquele no qual o agente comete o crime impelido:

- ◆ ou por relevante valor social;
- ◆ ou por relevante valor moral;
- ◆ ou sob o domínio de violenta emoção, logo após a injusta provocação da vítima.

---

[6] Por essa razão, parte da doutrina denomina-o homicídio condicionado.

Poderemos ter a coexistência de um homicídio privilegiado e, ao mesmo tempo, qualificado (combinando o § 1º com alguma das qualificadoras do § 2º do art. 121 do CP)? Sim, poderemos – é o chamado homicídio híbrido.

Contudo, saiba que isso somente será possível se a **qualificadora for objetiva** (que é aquela relacionada aos fatos, e não à pessoa do criminoso). Prevalece que as qualificadoras dos incisos **III** e **IV** (meios e métodos), inciso **VI** (feminicídio) e do recente inciso **VIII** (emprego de arma de fogo de uso restrito ou proibido) são consideradas objetivas, podendo assim coexistir com o privilégio.

Com relação ao feminicídio, embora haja divergência na doutrina, prevalece na jurisprudência do STJ tratar-se de qualificadora objetiva.

 Jurisprudência destacada

(...) 2. A jurisprudência desta Corte de Justiça firmou o entendimento segundo o qual o feminicídio possui natureza objetiva, pois incide nos crimes praticados contra a mulher por razão do seu gênero feminino e/ou sempre que o crime estiver atrelado à violência doméstica e familiar propriamente dita, assim o animus do agente não é objeto de análise (...) (STJ, 6ª Turma, AgRg no AREsp nº 1.454.781/SP, Rel. Min. Sebastião Reis Júnior, j. 17.12.2019).

* No mesmo sentido: STJ, 5ª Turma, REsp nº 1.739.704/RS, Rel. Min. Jorge Mussi, j. 18.09.2018.

Nessas situações, a orientação majoritária é a de que o homicídio qualificado e privilegiado não será considerado hediondo. Entende-se que a figura do **privilégio é incompatível com a hediondez** presente na Lei nº 8.072/1990, a qual prevê um tratamento mais rígido aos crimes classificados como hediondos ou equiparados.

 Jurisprudência destacada

Penal. *Habeas corpus* substitutivo de recurso ordinário. Art. 121, §§ 1º e 2º, inciso IV, c/c art. 14, inciso II, ambos do Código Penal. Crime não elencado como hediondo. Pena-base fixada acima do mínimo legal. Circunstâncias judiciais desfavoráveis. Regime prisional semiaberto. Direito de apelar em liberdade.

I – Por incompatibilidade axiológica e por falta de previsão legal, o homicídio qualificado-privilegiado **não integra o rol dos denominados crimes hediondos** (...) (STJ, 5ª Turma, HC nº 153.728/SP, Rel. Min. Felix Fischer, j. 13.04.2010).

 Decifrando a prova

(Advogado SUSAM-FGV – 2014 – Adaptada) O crime de homicídio híbrido (qualificado e privilegiado) ostenta a natureza de crime de hediondo.

( ) Certo ( ) Errado

Gabarito comentado: o crime de homicídio qualificado sempre será hediondo. Contudo, o homicídio qualificado e privilegiado, dito híbrido, não é etiquetado como hediondo. Portanto, a assertiva está errada.

4.2.2 Inciso I-A — Lesão corporal (art. 129, §§ 2º e 3º, CP)

CP

Art. 129. Ofender a integridade corporal ou a saúde de outrem:

(...)

§ 2º Se resulta:

I – incapacidade permanente para o trabalho;

II – enfermidade incurável;

III – perda ou inutilização do membro, sentido ou função;

IV – deformidade permanente;

V – aborto:

Pena – reclusão, de dois a oito anos.

Lesão corporal seguida de morte

§ 3º Se resulta morte e as circunstâncias evidenciam que o agente não quis o resultado, nem assumiu o risco de produzi-lo:

Pena – reclusão, de quatro a doze anos.

Nem todas as modalidades do delito de lesão corporal serão consideradas hediondas, mas apenas a **lesão corporal dolosa gravíssima** (art. 129, § 2º, CP) e a **seguida de morte** (art. 129, § 3º, CP), desde que alguma dessas modalidades seja praticada contra autoridade ou agente descrito nos **arts. 142** e **144 da CF**[7], integrantes do **sistema prisional** ou **Força Nacional de Segurança Pública**; ainda, em todos esses casos, se os mencionados agentes públicos se encontrarem **no exercício da função pública** ou o **delito for cometido em razão da função que ocupam** (mesmo que não estejam em seu exercício). Além disso, será hedionda qualquer das modalidades de lesão corporal mencionadas, se praticadas **contra o cônjuge, companheiro ou parente consanguíneo até 3º grau** dos agentes públicos citados, em razão da função que ocupem.

---

[7] Lima (2020, p. 332) entende que, se os delitos forem praticados contra guardas civis (municipais ou metropolitanos), na forma do inciso I-A, também serão hediondos, pois tais agentes públicos estão elencados no § 8º do art. 144 da CF.

♦ LESÃO CORPORAL DOLOSA GRAVÍSSIMA
♦ LESÃO CORPORAL SEGUIDA DE MORTE

Contra:

◇ Art. 142, CF: Forças Armadas.

◇ Art. 144, CF: PF; PRF; PFF; PC; PM; CBM; PP.

◇ Integrantes do sistema prisional (policial penal) + Força Nacional.

◇ Cônjuge, companheiro ou parente consanguíneo até 3° grau dos agentes públicos acima, em razão dessa condição.

Desde que estejam no exercício da função pública ou o delito ocorra em razão dela.

🧩 Decifrando a prova

(Analista TJDFT-CESPE/2015) A respeito dos crimes hediondos, julgue o item que se segue. O crime de lesão corporal dolosa de natureza gravíssima é hediondo quando praticado contra cônjuge, companheiro ou parente consanguíneo de até terceiro grau, de agente da Polícia Rodoviária Federal e integrante do sistema prisional e da Força Nacional de Segurança Pública, em razão dessa condição.

( ) Certo ( ) Errado

Gabarito comentado: como vimos, na situação narrada na questão, a modalidade de lesão corporal constitui crime hediondo (art. 129, § 2°, CP). Portanto, a assertiva está certa.

4.2.3 Inciso II, "a", "b", "c" – Roubo (art. 157, § 2°, V; § 2°-A, I; § 2°-B; § 3°, I e II, CP)

CP

Art. 157. Subtrair coisa móvel alheia, para si ou para outrem, mediante grave ameaça ou violência a pessoa, ou depois de havê-la, por qualquer meio, reduzido à impossibilidade de resistência:

(...)

§ 2° A pena aumenta-se de 1/3 (um terço) até metade:

(...)

V – se o agente mantém a vítima em seu poder, restringindo sua liberdade;

(...)

§ 2º-A A pena aumenta-se de 2/3 (dois terços):

I – se a violência ou ameaça é exercida com emprego de arma de fogo;

(...)

§ 2º-B. Se a violência ou grave ameaça é exercida com emprego de arma de fogo de uso restrito ou proibido, aplica-se em dobro a pena prevista no caput deste artigo.

(...)

§ 3º Se da violência resulta:

I – lesão corporal grave, a pena é de reclusão de 7 (sete) a 18 (dezoito) anos, e multa;

II – morte, a pena é de reclusão de 20 (vinte) a 30 (trinta) anos, e multa.

Considerações iniciais. No passado, era hediondo, no tocante ao art. 157 do CP, apenas a figura do latrocínio (art. 157, § 3º, II, CP). Com o advento da Lei nº 13.964/2019 (Pacote Anticrime) – vigência a partir do dia 23.01.2020 –, ocorreu considerável alargamento na Lei nº 8.072/1990 de modo a abranger várias outras situações do delito de roubo, as quais analisaremos a seguir (focando o que é importante ao estudo da presente lei). Por fim, lembre-se de que só será hediondo o roubo cometido nas situações a seguir descritas (assim, nem todas as hipóteses do art. 157 do CP serão hediondas).

Art. 157, § 2º, V (circunstanciado pela restrição de liberdade da vítima). Quando o agente comete o crime de roubo, mantendo a vítima em seu poder, restringindo a sua liberdade, incidirá a causa de aumento de pena do § 2º, V (1/3 até metade), a qual etiquetará o delito como hediondo. Um exemplo da majorante é a situação do sujeito que, ao entrar na casa da vítima, anuncia o roubo, amarra-a em seu quarto e subtrai alguns bens, evadindo-se em seguida. Quanto à vítima, ficou amarrada durante toda a execução do crime, apenas conseguindo libertar-se horas depois (após a saída do criminoso).

Art. 157, § 2º-A, I (circunstanciado pelo emprego de arma de fogo). Se a violência ou grave ameaça empregada no roubo é exercida com o emprego de arma de fogo, incidirá a causa de aumento de pena do § 2º-A, I (2/3), a qual etiquetará o delito como hediondo. Interessante observar que a arma de fogo da referida majorante é a de uso permitido[8], pois, se de uso restrito ou proibido, temos a qualificadora do § 2º-B.

Art. 157, § 2º-B (circunstanciado pelo emprego de arma de fogo de uso proibido ou restrito). Se a violência ou grave ameaça empregada no roubo é exercida com emprego de arma de fogo de uso restrito ou proibido, incidirá a causa de aumento de pena do § 2º-B (aplica-se em dobro a pena prevista no *caput* do art. 157), a qual etiquetará o delito como hediondo.

---

[8] Atualmente, a classificação das armas de fogo em uso permitido, restrito ou proibido encontra-se no Decreto nº 9.847/2019 e na Portaria nº 1.222/2019 (Comando do Exército).

Art. 157, § 3º, I e II (qualificado pelo resultado lesão corporal grave ou morte). Se da violência empregada no roubo resultar lesão corporal grave ou morte, incidirão as qualificadoras do § 3º (*I: reclusão de 7 a 18 anos, e multa; II: reclusão de 20 a 30 anos, e multa*), as quais etiquetarão o delito como hediondo.

Importante mencionar que o roubo, quando qualificado pela morte, é chamado de latrocínio (essa denominação não existe no Código Penal, é uma criação da doutrina, a qual fora acolhida pela Lei nº 8.072/1990). Ressaltamos, contudo, que não é todo roubo qualificado que será assim classificado: o roubo qualificado pela lesão corporal grave não é latrocínio.

Essa diferenciação era muito relevante no passado, pois, como dissemos, anteriormente ao Pacote Anticrime apenas o latrocínio era etiquetado como hediondo. Atualmente, o cenário é diferente: todas as formas de roubo qualificado são consideradas hediondas, seja pela lesão corporal grave (§ 3º, I), seja pela morte (§ 3º, II – latrocínio propriamente dito).

Além disso, pela leitura do § 3º do art. 157 do CP, somente haverá a qualificadora quando da **violência** empregada no roubo resultar lesão corporal grave ou morte. Assim, se os resultados são oriundos exclusivamente da **grave ameaça**, não temos a figura qualificada.

Exemplo: criminoso armado aborda uma vítima, aponta a arma para ela e exige seu celular. A vítima reage ao roubo, momento em que o criminoso nela atira e leva o aparelho.

Nesse exemplo, configurado está o delito de latrocínio (art. 157, § 3º, II, CP).

Exemplo: criminoso armado aborda uma vítima idosa, aponta a arma para ela e exige seu celular. A vítima, assustada, tem uma parada cardíaca e vem a óbito. O agente se apodera do aparelho da vítima e foge.

Aqui não há latrocínio. Nas palavras de Portocarrero e Ferreira (2020, p. 409), ao comentarem uma questão similar que foi cobrada no concurso do Ministério Público do Estado do Rio de Janeiro:

> Na hipótese, não se teria caracterizado o latrocínio porque a morte derivou do susto que a vítima tomou ao ser abordada pelo agente e, portanto, da grave ameaça, não da violência, como exige a lei. Destarte, teríamos crime de roubo, circunstanciado pelo emprego de arma de fogo, além do crime de homicídio culposo, em concurso formal. (PORTOCARRERO; FERREIRA, 2020, p. 409.)

4.2.4 Inciso III – Extorsão qualificada pela restrição da liberdade da vítima, ocorrência de lesão corporal ou morte (art. 158, § 3º, CP)

CP

Art. 158. Constranger alguém, mediante violência ou grave ameaça, e com o intuito de obter para si ou para outrem indevida vantagem econômica, a fazer, tolerar que se faça ou deixar de fazer alguma coisa:

(...)

§ 3º Se o crime é cometido mediante a restrição da liberdade da vítima, e essa condição é necessária para a obtenção da vantagem econômica, a pena é de reclusão, de 6 (seis) a

12 (doze) anos, além da multa; se resulta lesão corporal grave ou morte, aplicam-se as penas previstas no art. 159, §§ 2º e 3º, respectivamente.

Considerações iniciais. No passado, era hediondo, no tocante ao art. 158 do CP, apenas a extorsão qualificada pela morte, prevista no § 2º. Com o advento da Lei nº 13.964/2019 (Pacote Anticrime) – vigência a partir do dia 23.01.2020 –, o art. 158, § 2º, deixa de ser considerado hediondo, sendo acrescentada essa qualificação (da hediondez) ao § 3º do mesmo artigo.

A reforma implementada pelo Pacote Anticrime faz cessar uma intensa divergência na doutrina que, no passado, discutia se seria possível estender a Lei nº 8.072/1990 à extorsão mediante restrição de liberdade com resultado morte (art. 158, § 3º, segunda parte): alguns eram contrários, outros favoráveis. Hoje, como vimos, não só a essa hipótese, mas ao § 3º como um todo, há de ser aplicada a Lei de Crimes Hediondos[9].

Portanto, atualmente, e sendo repetitivo para não deixar dúvidas, em regra, a extorsão do art. 158 do CP não é um crime hediondo. Ela só será assim classificada na hipótese das qualificadoras do § 3º. Vamos a elas, de forma breve.

Art. 158, § 3º, primeira parte. Quando o agente comete o crime de extorsão restringindo a liberdade da vítima, sendo essa condição necessária para a obtenção da vantagem econômica, incidirá a qualificadora do § 3º, primeira parte (reclusão, de 6 a 12 anos, além da multa), a qual etiquetará o delito como hediondo. É o popularmente chamado de "sequestro relâmpago", e um exemplo seria a situação do sujeito que constrange a vítima, mediante grave ameaça, a acompanhá-lo até um caixa eletrônico, ocasião em que a obriga a sacar determinado valor de sua conta, entregando-o em seguida.

Art. 158, § 3º, segunda parte. Quando o agente comete o crime de extorsão restringindo a liberdade da vítima, sendo essa condição necessária para obtenção da vantagem econômica, e ainda causar lesão corporal grave ou morte, incidirá a qualificadora do § 3º, segunda parte (reclusão, de 16 a 24 anos; reclusão, de 24 a 30 anos), a qual também etiquetará o delito como hediondo.

4.2.5 Inciso IV – Extorsão mediante sequestro e na forma qualificada (art. 159, *caput*, §§ 1º, 2º e 3º, CP)

Art. 159, CP. Sequestrar pessoa com o fim de obter, para si ou para outrem, qualquer vantagem, como condição ou preço do resgate:

Pena – reclusão, de oito a quinze anos.

§ 1º Se o sequestro dura mais de 24 (vinte e quatro) horas, se o sequestrado é menor de 18 (dezoito) ou maior de 60 (sessenta) anos, ou se o crime é cometido por bando ou quadrilha.

---

[9] Certamente, haverá críticas no tocante à retirada do § 2º do rol de crimes hediondos, porém, como adotamos o critério legal, forçoso concluir que ele não mais é hediondo. Em sentido contrário, entendem que o § 2º do art. 158 permanece hediondo: Cunha e Pinto (2020, p. 581).

Pena – reclusão, de doze a vinte anos.

§ 2° Se do fato resulta lesão corporal de natureza grave:

Pena – reclusão, de dezesseis a vinte e quatro anos.

§ 3° Se resulta a morte:

Pena – reclusão, de vinte e quatro a trinta anos.

§ 4° Se o crime é cometido em concurso, o concorrente que o denunciar à autoridade, facilitando a libertação do sequestrado, terá sua pena reduzida de um a dois terços.

Sendo objetivo, a extorsão mediante sequestro do art. 159 do CP, em todas as suas formas (simples e qualificada), é crime hediondo.

4.2.6 Inciso V – Estupro (art. 213, *caput*, §§ 1° e 2°, CP)

CP

Art. 213. Constranger alguém, mediante violência ou grave ameaça, a ter conjunção carnal ou a praticar ou permitir que com ele se pratique outro ato libidinoso:

Pena – reclusão, de 6 (seis) a 10 (dez) anos.

§ 1° Se da conduta resulta lesão corporal de natureza grave ou se a vítima é menor de 18 (dezoito) ou maior de 14 (catorze) anos:

Pena – reclusão, de 8 (oito) a 12 (doze) anos.

§ 2° Se da conduta resulta morte:

Pena – reclusão, de 12 (doze) a 30 (trinta) anos

O estupro, em todas as suas formas, é hediondo. Vale lembrar que a redação original do Código Penal dividia os crimes de **estupro** (art. 213, CP – o agente constrangia a vítima para obrigá-la a ter conjunção carnal/vaginal) e de **atentado violento ao pudor** (antigo art. 214, CP – o agente constrangia a vítima para obrigá-la a praticar outros atos libidinosos diferentes da conjunção carnal, por exemplo, sexo oral).

Posteriormente, com a edição da Lei n° 12.015/2009, houve a fusão desses dois crimes, de modo que o art. 214 do CP foi revogado e o art. 213 do CP foi modificado, compreendendo tanto o estupro propriamente dito quanto o antigo atentado violento ao pudor (princípio da continuidade típica normativa[10]). Essa é a redação atual do dispositivo; sendo assim, hoje o crime de estupro abrange tanto **conjunção carnal** quanto **outros atos libidinosos**.

Pois bem. Aqui temos um entendimento importante: mesmo antes de 2009, quando ainda não tínhamos a fusão desses artigos, esses dois crimes (estupro e atentado violento ao

---

[10] "O princípio da continuidade normativa típica ocorre quando uma norma penal é revogada, mas a mesma conduta continua sendo crime no tipo penal revogador, ou seja, a infração penal continua tipificada em outro dispositivo, ainda que topologicamente ou normativamente diverso do originário" (STJ, HC n° 204.416/SP, Rel. Min. Gilson Dipp, j. 24.05.2012).

pudor) já eram considerados hediondos pela redação original da Lei nº 8.072/1990 (mesmo em sua forma simples[11]). Posteriormente, com a mencionada fusão dos dispositivos, igualmente, continuaram e continuam sendo etiquetados como hediondos.

Decifrando a prova

(DPE PR-FCC – 2017 – Adaptada) Segundo posição do Supremo Tribunal Federal, os crimes de estupro e atentado violento ao pudor, mesmo que cometidos antes da edição da Lei nº 12.015/2009, são considerados hediondos, ainda que praticados na forma simples.

( ) Certo ( ) Errado

Gabarito comentado: como mencionado, mesmo antes da Lei nº 12.015/2009, os delitos de estupro e atentado violento ao pudor eram etiquetados como hediondos (na sua forma simples ou qualificada). Portanto, a assertiva está certa.

4.2.7 Inciso VI – Estupro de vulnerável (art. 217-A, *caput*, §§ 1º, 3º e 4º, CP)

CP

Art. 217-A. Ter conjunção carnal ou praticar outro ato libidinoso com menor de 14 (catorze) anos:

Pena – reclusão, de 8 (oito) a 15 (quinze) anos.

§ 1º Incorre na mesma pena quem pratica as ações descritas no caput com alguém que, por enfermidade ou deficiência mental, não tem o necessário discernimento para a prática do ato, ou que, por qualquer outra causa, não pode oferecer resistência.

§ 2º (Vetado).

§ 3º Se da conduta resulta lesão corporal de natureza grave:

Pena – reclusão, de 10 (dez) a 20 (vinte) anos.

§ 4º Se da conduta resulta morte:

Pena – reclusão, de 12 (doze) a 30 (trinta) anos.

§ 5º As penas previstas no caput e nos §§ 1º, 3º e 4º deste artigo aplicam-se independentemente do consentimento da vítima ou do fato de ela ter mantido relações sexuais anteriormente ao crime.

O estupro de vulnerável do art. 217-A foi acrescentado ao Código Penal pela Lei nº 12.015/2009 (a mesma lei acrescentou-o ao rol da Lei nº 8.072/1990, além de revogar o art. 224 CP). Antes de sua vigência, tal conduta caracterizaria ou o delito do art. 213 (estupro) ou o do art. 214 (atentado violento ao pudor), mesmo que não houvesse violência ou grave ameaça – haja vista o disposto no art. 224 do CP que tratava da violência presumida.

---

[11] Esse é o entendimento majoritário atualmente (no passado, por conta da antiga redação da lei, esse tema foi objeto de grande controvérsia na doutrina).

Era intenso o debate na doutrina quando a presunção contida no art. 224 do CP era absoluta ou presumida. Prevalecia, no âmbito dos Tribunais Superiores, que era absoluta, sendo irrelevante o consentimento da vítima ou do fato de ela ter mantido relações sexuais anteriormente ao crime. Atualmente, esse entendimento consta do § 5º do art. 217-A (acrescentado pela Lei nº 13.718/2018).

Nesse sentido, discutia-se também se no caso de relação sexual com vulnerável, sem violência ou grave ameaça (aplicando-se, portanto, a violência presumida do art. 224 do CP), estaríamos ou não diante de crime hediondo, prevalecendo que sim[12]. Com a vigência da Lei nº 12.015/2009, tal discussão não mais persiste: o art. 217-A do CP (estupro de vulnerável) é hediondo em todas as suas formas, simples e qualificada.

Portanto, seja antes ou depois da reforma implementada pela Lei nº 12.015/2009, o melhor posicionamento é o de que as condutas de estupro ou atentado violento ao pudor contra vulnerável configuram delito hediondo, independentemente de violência ou grave ameaça.

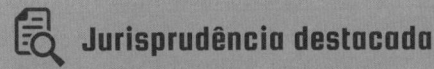

Jurisprudência destacada

1. No julgamento do REsp nº 1.110.520/DF, a Terceira Seção desta Corte Superior pacificou o entendimento de que os crimes de estupro e atentado violento ao pudor praticados anteriormente à Lei n.º 12.015/2009, ainda que mediante violência presumida, configuram crimes hediondos. 2. Firmou-se a jurisprudência desta Corte no sentido de que os delitos de estupro e de atentado violento ao pudor, nas suas formas simples e qualificada, estão incluídos no rol de crimes hediondos desde a edição da Lei nº 8.072/1990, não se exigindo a ocorrência de morte ou lesão corporal grave da vítima para que seja caracterizada a hediondez (...) (STJ, 6ª Turma, AgRg no REsp nº 1.627.093/MG, Rel. Min. Nefi Cordeiro, j. 26.09.2017)[13].

4.2.8 Inciso VII – Epidemia com resultado morte (art. 267, § 1º, CP)

CP

Art. 267. Causar epidemia, mediante a propagação de germes patogênicos:

Pena – reclusão, de dez a quinze anos.

§ 1º Se do fato resulta morte, a pena é aplicada em dobro.

O crime de epidemia (crime contra a saúde pública), em sua forma simples (*caput*) ou culposa (§ 2º), não é considerado hediondo. Para que seja assim etiquetado **deve haver necessariamente o resultado morte**, ou seja, para ser hediondo, o delito necessariamente terá que ser preterdoloso (dolo + culpa): o agente tem o **dolo** de causar apenas a epidemia, porém,

---

[12] Embora exista entendimento em sentido contrário, essa é a orientação majoritária.

[13] No mesmo sentido: STJ, 5ª Turma, AgRg no HC nº 498.203/SP, Rel. Min. Joel Ilan Paciornik, j. 06.08.2019.

com a sua conduta, ele acaba ocasionando – **culposamente** – a morte de uma ou mais pessoas (art. 267, § 1º, CP). Basta que uma morte ocorra para que o crime seja considerado hediondo.

Se ele, desde o início, tem o dolo de causar a epidemia, bem como o dolo de provocar a morte das pessoas, responderá por crime de homicídio (ou genocídio, conforme o caso) em concurso com o crime de epidemia em sua forma simples (art. 267, *caput*).

4.2.9 Inciso VII-B – Falsificação, corrupção, adulteração ou alteração de produto destinado a fins terapêuticos ou medicinais (art. 273, *caput*, §§ 1º, 1º-A e 1º-B, CP)

Art. 273, CP. Falsificar, corromper, adulterar ou alterar produto destinado a fins terapêuticos ou medicinais:

Pena – reclusão, de 10 (dez) a 15 (quinze) anos, e multa.

§ 1º Nas mesmas penas incorre quem importa, vende, expõe à venda, tem em depósito para vender ou, de qualquer forma, distribui ou entrega a consumo o produto falsificado, corrompido, adulterado ou alterado.

§ 1º-A. Incluem-se entre os produtos a que se refere este artigo os medicamentos, as matérias-primas, os insumos farmacêuticos, os cosméticos, os saneantes e os de uso em diagnóstico.

§ 1º-B. Está sujeito às penas deste artigo quem pratica as ações previstas no § 1º em relação a produtos em qualquer das seguintes condições:

I – sem registro, quando exigível, no órgão de vigilância sanitária competente;

II – em desacordo com a fórmula constante do registro previsto no inciso anterior;

III – sem as características de identidade e qualidade admitidas para a sua comercialização;

IV – com redução de seu valor terapêutico ou de sua atividade;

V – de procedência ignorada;

VI – adquiridos de estabelecimento sem licença da autoridade sanitária competente.

O crime do art. 273 do CP como um todo é considerado hediondo. A única exceção fica por conta de sua forma culposa, prevista no § 2º, a qual, por não constar expressamente na Lei nº 8.072/1990, não é etiquetada como hedionda.

Embora haja discussão a respeito da constitucionalidade da pena em abstrato cominada com relação a certas figuras típicas do art. 273 do CP[14-15], certo é que tal controvérsia,

---

[14] O STJ possui entendimento no sentido de que é inconstitucional a pena cominada ao delito do art. 273 na hipótese do § 1º-B do CP (reclusão de 10 a 15 anos e multa), devendo ser aplicado, por analogia, o preceito secundário previsto no art. 33, *caput,* da Lei nº 11.343/2006 (Lei de Drogas). Nesse sentido: STJ, Corte Especial, AI no HC nº 239.363/PR, Rel. Min. Sebastião Reis Júnior, j. 26.02.2015; STJ, 6ª Turma, AgRg no REsp nº 1.888.831/SP, Rel. Min. Nefi Cordeiro, j. 15.12.2020.

[15] Ao lado e mais recentemente, analisando a constitucionalidade do preceito secundário cominado ao art. 273, § 1º-B, I, do CP (importação de medicamento sem registro, quando exigível, no órgão

pelo menos em regra, não interfere no caráter hediondo do delito (à exceção da forma culposa).

4.2.10 Inciso VIII – Favorecimento da prostituição ou de outra forma de exploração sexual de criança ou adolescente ou de vulnerável (art. 218-B, *caput*, §§ 1° e 2°, CP)

CP

Art. 218-B. Submeter, induzir ou atrair à prostituição ou outra forma de exploração sexual alguém menor de 18 (dezoito) anos ou que, por enfermidade ou deficiência mental, não tem o necessário discernimento para a prática do ato, facilitá-la, impedir ou dificultar que a abandone:

Pena – reclusão, de 4 (quatro) a 10 (dez) anos.

§ 1° Se o crime é praticado com o fim de obter vantagem econômica, aplica-se também multa.

§ 2° Incorre nas mesmas penas:

I – quem pratica conjunção carnal ou outro ato libidinoso com alguém menor de 18 (dezoito) e maior de 14 (catorze) anos na situação descrita no *caput* deste artigo;

II – o proprietário, o gerente ou o responsável pelo local em que se verifiquem as práticas referidas no *caput* deste artigo.

§ 3° Na hipótese do inciso II do § 2°, constitui efeito obrigatório da condenação a cassação da licença de localização e de funcionamento do estabelecimento.

Objetivamente, saiba que o delito de favorecimento da prostituição de menores e vulneráveis, em todas as suas formas, é etiquetado como crime hediondo, sendo acrescentado ao texto da Lei n° 8.072/1990 no ano de 2014.

⚡ Decifrando a prova

(Delegado Federal – CESPE – 2018) Paula, proprietária de uma casa de prostituição, induziu e passou a explorar sexualmente duas garotas de quinze anos de idade. Nessa situação, o crime praticado por Paula é hediondo e, por isso, insuscetível de anistia, graça e indulto.

---

de vigilância sanitária), o STF fixou a seguinte tese (em repercussão geral): "É inconstitucional a aplicação do preceito secundário do art. 273 do Código Penal, com redação dada pela Lei n° 9.677/1998 (reclusão, de 10 a 15 anos, e multa), à hipótese prevista no seu § 1°-B, I, que versa sobre a importação de medicamento sem registro no órgão de vigilância sanitária. Para esta situação específica, fica repristinado o preceito secundário do art. 273, na redação originária (reclusão, de 1 a 3 anos, e multa)" (STF, Pleno, RE n° 979.962/RS, Rel. Min. Roberto Barroso, j. 24.03.2021).

( ) Certo ( ) Errado

Gabarito comentado: Paula cometeu o crime do art. 218-B do CP, o qual, como vimos, é etiquetado como hediondo (art. 1º, VIII, Lei nº 8.072/1990). Portanto, a assertiva está certa.

4.2.11 Inciso IX – Furto qualificado pelo emprego de explosivo ou de artefato análogo que cause perigo comum (art. 155, § 4º-A, CP)

Art. 155, CP. Subtrair, para si ou para outrem, coisa alheia móvel: (...)

§ 4º-A. A pena é de reclusão de 4 (quatro) a 10 (dez) anos e multa, se houver emprego de explosivo ou de artefato análogo que cause perigo comum.

No passado, o delito do art. 155 do CP (furto), em nenhuma de suas formas, era considerado hediondo. Com o advento da Lei nº 13.964/2019 (Pacote Anticrime) – vigência a partir do dia 23.01.2020 –, foi inserida no rol do art. 1º da Lei nº 8.072/1990 a figura qualificada prevista no § 4º-A do art. 155 do CP (reclusão de 4 a 10 anos e multa).

Portanto, em regra, o furto (art. 155, CP) não é um crime hediondo. Ele só será assim classificado na hipótese da qualificadora do § 4º-A: se houver o emprego de explosivo ou de artefato análogo que cause perigo comum (ex.: furto de caixa eletrônico mediante a utilização de explosivo).

Vale registrar que o delito de roubo (art. 157, CP), em seu § 2º-A, II, traz uma majorante com conteúdo praticamente idêntico: no caso de haver destruição ou rompimento de obstáculo mediante o emprego de explosivo ou de artefato análogo que cause perigo comum. De maneira totalmente desproporcional, e ao contrário do que aconteceu com o § 4º-A do art. 155 do CP, o legislador não a incluiu no rol da Lei nº 8.072/1990 (ou seja, a situação menos grave configurará crime hediondo, enquanto a mais grave não poderá ser assim classificada).

4.2.12 Parágrafo único, I – Genocídio (arts. 1º, 2º e 3º – Lei nº 2.889/1956)

Art. 1º, Lei nº 2.889/1956. Quem, com a intenção de destruir, no todo ou em parte, grupo nacional, étnico, racial ou religioso, como tal:

a) matar membros do grupo;

b) causar lesão grave à integridade física ou mental de membros do grupo;

c) submeter intencionalmente o grupo a condições de existência capazes de ocasionar-lhe a destruição física total ou parcial;

d) adotar medidas destinadas a impedir os nascimentos no seio do grupo;

e) efetuar a transferência forçada de crianças do grupo para outro grupo;

Será punido:

Com as penas do art. 121, § 2º, do Código Penal, no caso da letra a;

Com as penas do art. 129, § 2º, no caso da letra b;

Com as penas do art. 270, no caso da letra c;

Com as penas do art. 125, no caso da letra d;

Com as penas do art. 148, no caso da letra e;

Art. 2º Associarem-se mais de 3 (três) pessoas para prática dos crimes mencionados no artigo anterior:

Pena – Metade da cominada aos crimes ali previstos.

Art. 3º Incitar, direta e publicamente alguém a cometer qualquer dos crimes de que trata o art. 1º:

Pena – Metade das penas ali cominadas.

§ 1º A pena pelo crime de incitação será a mesma de crime incitado, se este se consumar.

§ 2º A pena será aumentada de 1/3 (um terço), quando a incitação for cometida pela imprensa.

Genocídio não é simplesmente a matança generalizada, mas, sim, a intenção de destruir no todo ou em parte um grupo étnico, nacional, racial ou religioso. Além disso, observe que o **genocídio**, a **associação para genocídio** e a **incitação para a prática de genocídio**, crimes previstos nos arts. 1º, 2º e 3º da Lei nº 2.889/1956, serão considerados hediondos. Isso porque o art. 1º, parágrafo único, da Lei nº 8.072/1990 prevê expressamente os artigos mencionados, etiquetando-os, todos, como delitos hediondos.

Por fim, salientamos que o genocídio é um crime contra humanidade, e não contra a vida, e, portanto, pelo menos em regra, **não será julgado pelo Tribunal do Júri**.

4.2.13 Parágrafo único, II – Posse ou porte ilegal de arma de fogo de uso proibido (art. 16 – Lei nº 10.826/2003)

Lei nº 10.826/2003

Art. 16. Possuir, deter, portar, adquirir, fornecer, receber, ter em depósito, transportar, ceder, ainda que gratuitamente, emprestar, remeter, empregar, manter sob sua guarda ou ocultar arma de fogo, acessório ou munição de uso restrito, sem autorização e em desacordo com determinação legal ou regulamentar:

Pena – reclusão, de 3 (três) a 6 (seis) anos, e multa.

§ 1º Nas mesmas penas incorre quem:

I – suprimir ou alterar marca, numeração ou qualquer sinal de identificação de arma de fogo ou artefato;

II – modificar as características de arma de fogo, de forma a torná-la equivalente a arma de fogo de uso proibido ou restrito ou para fins de dificultar ou de qualquer modo induzir a erro autoridade policial, perito ou juiz;

III – possuir, detiver, fabricar ou empregar artefato explosivo ou incendiário, sem autorização ou em desacordo com determinação legal ou regulamentar;

IV – portar, possuir, adquirir, transportar ou fornecer arma de fogo com numeração, marca ou qualquer outro sinal de identificação raspado, suprimido ou adulterado;

V – vender, entregar ou fornecer, ainda que gratuitamente, arma de fogo, acessório, munição ou explosivo a criança ou adolescente; e

VI – produzir, recarregar ou reciclar, sem autorização legal, ou adulterar, de qualquer forma, munição ou explosivo.

§ 2º Se as condutas descritas no caput e no § 1º deste artigo envolverem arma de fogo de uso proibido, a pena é de reclusão, de 4 (quatro) a 12 (doze) anos.

Considerações iniciais quanto ao art. 16 do Estatuto do Desarmamento. Primeiramente, cumpre ressaltar que a Lei nº 13.964/2019 (Pacote Anticrime) promoveu uma sensível e importante alteração no delito do art. 16 da Lei nº 10.826/2003: suprimiu do *caput* a menção a **arma de fogo** de **uso proibido**. Essa classificação, atualmente, impactará a incidência da qualificadora prescrita no § 2º do mesmo artigo (a qual, como veremos, classificará o delito como hediondo).

Situação distinta é a conduta daquele que possuir ou portar ilegalmente **acessório** ou **munição** de **uso proibido**. Isso porque o § 2º menciona apenas "arma de fogo" em seu texto, excluindo os demais objetos materiais listados no *caput*. Com isso, entendemos que apenas o objeto **arma de fogo** de uso proibido é que terá o condão de configurar a qualificadora. No entanto, por qual crime responde aquele que for flagrado portando ou possuindo ilegalmente acessório ou munição de uso proibido? Tais condutas configurarão o delito do art. 16, *caput* (ou § 1º, caso se enquadre em alguma das figuras equiparadas).

Isso porque, embora tais objetos materiais, quando de **uso proibido**, não constem expressamente no texto do *caput*, não é razoável considerar que o legislador não desejava punir tais condutas ilícitas, haja vista que as munições e os acessórios de uso restrito – potencialmente menos lesivos – são tipificados pelo legislador (com muito mais razão, portanto, também deverão ser munições e acessórios de uso proibido). O que não teremos, como dito, é a incidência da qualificadora do § 2º quando o objeto material for **acessório** ou **munição** de **uso proibido** (sob pena de violação ao princípio da legalidade).

Concluindo[16]: quando o legislador, no art. 16 *caput*, menciona "acessório ou munição de uso restrito", leia-se "acessório ou munição de uso restrito ou proibido".

Conceito de arma de fogo de uso proibido. O Decreto nº 10.030/2019, em seu art. 3º, parágrafo único, III, traz a definição do que seria essa espécie de arma de fogo:

Art. 3º (...)

Parágrafo único. Para fins do disposto neste Regulamento, considera-se:

(...)

III – arma de fogo de uso proibido:

a) as armas de fogo classificadas como de uso proibido em acordos ou tratados internacionais dos quais a República Federativa do Brasil seja signatária; e

b) as armas de fogo dissimuladas, com aparência de objetos inofensivos.

---

[16]   Nesse sentido: Lima (2020, p. 464).
       Em sentido contrário, entendendo que a qualificadora do § 2º abrange não só arma de fogo, mas também acessórios e munições, quando de uso proibido: Silvares (2020, p. 1550).

Perceba que pela simples leitura do dispositivo não conseguimos concluir quais armas de fogo poderão ser enquadradas como de "uso proibido" (veremos que essa classificação terá enorme importância ao estudarmos o crime do art. 16).

Interessante notar ainda que as armas de fogo de uso permitido e restrito, além de possuírem a definição genérica prevista no Decreto nº 10.030/2019, receberam uma classificação precisa, contida na Portaria nº 1.222/2019 do Comando do Exército. Isso não acontece com a arma de fogo de uso "proibido", a qual ficou limitada ao conceito aberto do art. 3º, parágrafo único, III.

Assim, analisando as informações contidas nas alíneas, podemos citar como exemplo de arma de fogo de uso proibido: uma caneta, com perfeita aparência, mas que, na verdade, constitui-se em arma de fogo dissimulada (disfarçada), apta a disparar munição.

Art. 16, § 2º, do Estatuto – Crime hediondo. Inicialmente, saiba que as condutas do art. 16 (*caput* e § 1º), com a publicação da Lei nº 13.497/2017, passaram a constar do rol de crimes previstos no art. 1º da Lei nº 8.072/1990. Entendia-se, aqui, que seriam hediondas as condutas relacionadas ao porte ou à posse ilegal de arma de fogo **de uso restrito *ou* proibido** (bem como as figuras equiparadas do art. 16).

Contudo, com o advento da Lei nº 13.964/2019 (Pacote Anticrime), ocorreu outra alteração nesse dispositivo, o qual passou a prever expressamente que: "Consideram-se também hediondos, tentados ou consumados: II – o crime de posse ou porte ilegal de arma de fogo de uso **proibido**, previsto no **art. 16** da Lei nº 10.826, de 22 de dezembro de 2003" (art. 1º, parágrafo único, II, Lei nº 8.072/1990).

Perceba que a atual redação da Lei nº 8.072/1990 não mais menciona as armas de fogo de uso **restrito** como integrantes do rol de crimes hediondos. Assim, forçoso concluir que, atualmente, apenas os tipos penais do art. 16, *caput* ou § 1º, nos quais incide a qualificadora do § 2º – **arma de fogo** de uso proibido –, é que consistirão em delitos hediondos[17]. Para finalizar esse raciocínio, ressaltamos que tal alteração legislativa constitui-se em *novatio legis in mellius* (retroagindo em benefício ao réu) no tocante às condutas do art. 16 *caput* e § 1º que possuam como objeto material arma de fogo, acessório ou munição **de uso restrito** praticadas **antes da sua vigência** (23.01.2020), as quais não serão mais consideradas hediondas, afastando-se as rígidas consequências criminais da Lei nº 8.072/1990.

Por fim, recordamos que tanto a Lei nº 10.826/2003 (art. 16, § 2º) como a Lei nº 8.072/1990 (art. 1º, parágrafo único, II) mencionam apenas o objeto material "arma de fogo", excluindo, assim, a qualificadora e, por consequência, a hediondez da conduta ilícita que tiver como objeto material **acessório** ou **munição** de **uso proibido** (a qual vai configurar o delito do art. 16, *caput* ou § 1º, a depender do caso, sem a incidência da qualificadora do § 2º).

---

[17] Embora a Lei nº 8.072/1990 cite apenas o "art. 16" como hediondo (sem especificar o § 1º), o melhor entendimento é o de que as figuras equiparadas do § 1º também o são – desde que o objeto material seja arma de fogo de uso proibido. Dessa forma entendeu o STJ, ainda na vigência da Lei nº 13.497/2017, a qual também não mencionava expressamente as figuras equiparadas (STJ, 6ª Turma, HC nº 526.916/SP).

CONDUTA[18]	CRIME (Lei nº 10.826/2003)	É HEDIONDO?
Porte/Posse ilegal de arma de fogo de uso proibido	Art. 16, § 2º	**Sim**
Figuras equiparadas do § 1º que possuam como objeto material arma de fogo de uso proibido	Art. 16, § 2º	**Sim**
Porte/Posse ilegal de acessório ou munição de uso proibido	Art. 16, *caput*	Não
Porte/Posse ilegal de arma de fogo, acessório ou munição de uso restrito	Art. 16, *caput*	Não

4.2.14 Parágrafo único, III – Comércio ilegal de armas de fogo (art. 17 – Lei nº 10.826/2003)

Lei nº 10.826/2003

Art. 17. Adquirir, alugar, receber, transportar, conduzir, ocultar, ter em depósito, desmontar, montar, remontar, adulterar, vender, expor à venda, ou de qualquer forma utilizar, em proveito próprio ou alheio, no exercício de atividade comercial ou industrial, arma de fogo, acessório ou munição, sem autorização ou em desacordo com determinação legal ou regulamentar:

Pena – reclusão, de 6 (seis) a 12 (doze) anos, e multa.

§ 1º Equipara-se à atividade comercial ou industrial, para efeito deste artigo, qualquer forma de prestação de serviços, fabricação ou comércio irregular ou clandestino, inclusive o exercido em residência.

§ 2º Incorre na mesma pena quem vende ou entrega arma de fogo, acessório ou munição, sem autorização ou em desacordo com a determinação legal ou regulamentar, a agente policial disfarçado, quando presentes elementos probatórios razoáveis de conduta criminal preexistente.

O Pacote Anticrime, que entrou em vigor no dia 23.01.2020, alterou a Lei nº 8.072/1990 para inserir no rol de crimes hediondos a conduta típica prevista no art. 17 da Lei nº 10.826/2003 (Estatuto do Desarmamento). Assim, aquele que cometer o delito de comércio ilegal de arma de fogo, a partir da vigência da Lei nº 13.964/2019, incorrerá em crime hediondo.

Embora a Lei nº 8.072/1990, em seu art. 1º, parágrafo único, III, faça menção apenas ao "comércio ilegal de **armas de fogo**, previsto no **art. 17**" (citando o *nomen iuris* do crime),

---

[18] Essas são as conclusões que consideramos mais acertadas. Contudo, a verdade é que o legislador não foi bem na redação dos dispositivos e, como consequência, vem gerando interpretações diversas (como exposto em nota de rodapé anterior). Devemos ficar atentos às orientações dos Tribunais Superiores, os quais em breve deverão se manifestar a respeito dos temas.

entendemos que estão abrangidos também os acessórios e as munições. Da mesma forma, a figura equiparada do art. 17, § 2º, será considerada hedionda.

4.2.15 Parágrafo único, IV – Tráfico internacional de arma de fogo, acessório ou munição (art. 18 – Lei nº 10.826/2003)

> **Lei nº 10.826/2003**
>
> **Art. 18.** Importar, exportar, favorecer a entrada ou saída do território nacional, a qualquer título, de arma de fogo, acessório ou munição, sem autorização da autoridade competente:
>
> **Pena** – reclusão, de 8 (oito) a 16 (dezesseis) anos, e multa.
>
> **Parágrafo único.** Incorre na mesma pena quem vende ou entrega arma de fogo, acessório ou munição, em operação de importação, sem autorização da autoridade competente, a agente policial disfarçado, quando presentes elementos probatórios razoáveis de conduta criminal preexistente.

O Pacote Anticrime, que entrou em vigor no dia 23.01.2020, alterou a Lei nº 8.072/1990 para inserir no rol de crimes hediondos a conduta típica prevista no art. 18 da Lei nº 10.826/2003 (Estatuto do Desarmamento). Assim, aquele que cometer o delito de tráfico internacional de arma de fogo, a partir da vigência da Lei nº 13.964/2019, incorrerá em **crime hediondo**.

Embora a Lei nº 8.072/1990, em seu art. 1º, parágrafo único, IV, faça menção apenas ao "tráfico internacional de arma de fogo, acessório ou munição, previsto no **art. 18**" (sem especificar o *caput* ou parágrafo único), o melhor entendimento é o de que tanto o delito do *caput* quanto a figura equiparada do parágrafo único serão considerados hediondos.

Por fim, note que a lei, aqui, mencionou expressamente como hediondos, além da "arma de fogo", os objetos "acessório ou munição" (e não apenas o *nomen iuris* do delito).

4.2.16 Parágrafo único, V – Organização criminosa, quando direcionada à prática de crime hediondo ou equiparado (art. 2º – Lei nº 12.850/2013)

> **Art. 2º, Lei nº 12.850/2013.** Promover, constituir, financiar ou integrar, pessoalmente ou por interposta pessoa, organização criminosa:
>
> **Pena** – reclusão, de 3 (três) a 8 (oito) anos, e multa, sem prejuízo das penas correspondentes às demais infrações penais praticadas.

O conceito de organização criminosa encontra-se prescrito no art. 1º, § 1º, da Lei nº 12.850/2013:

> Considera-se organização criminosa a associação de 4 (quatro) ou mais pessoas estruturalmente ordenada e caracterizada pela divisão de tarefas, ainda que informalmente, com objetivo de obter, direta ou indiretamente, vantagem de qualquer natureza, me-

diante a prática de infrações penais cujas penas máximas sejam superiores a 4 (quatro) anos, ou que sejam de caráter transnacional.

Por sua vez, o delito de organização criminosa consta do art. 2º da mesma lei.

O Pacote Anticrime, que entrou em vigor no dia 23.01.2020, alterou a Lei nº 8.072/1990 para inserir no rol de crimes hediondos a conduta típica prevista no art. 2º da Lei nº 12.850/2013. Assim, aquele que cometer o delito de organização criminosa, quando direcionado à prática de crime hediondo ou equiparado, a partir da vigência da Lei nº 13.964/2019, incorrerá em delito hediondo. Ressaltamos que o mencionado art. 2º nem sempre será assim etiquetado: apenas quando direcionado à prática de crime hediondo ou equiparado.

4.3 EQUIPARADOS A HEDIONDOS

Consiste nos crimes de **tortura**, **tráfico de drogas** e **terrorismo** – vulgo "TTT" – previstos no art. 5º, XLIII, da CF e também no art. 2º, *caput*, da presente lei. Prevalece que tais delitos não são "hediondos" propriamente ditos, mas sim **equiparados/assemelhados a hediondos**. Na prática, receberão as mesmas consequências criminais dos hediondos.

Assim, tudo o que estudarmos a partir do item 4.4 aplicar-se-á tanto a hediondos quanto a equiparados a hediondos. Entretanto, antes, teceremos breves comentários a respeito do "TTT", sempre focando os aspectos que nos interessam ao estudo da Lei nº 8.072/1990.

4.3.1 Tortura

Os crimes de tortura estão tipificados na Lei nº 9.455/1997. Todas as formas **comissivas** de tortura são consideradas equiparadas a hediondos (art. 1º, I e II, § 1º). Consideramos que a tortura por omissão (art. 1º, § 2º) é o **único delito da lei não etiquetado como equiparado a hediondo**.

No delito de tortura, omissão é descrita como a conduta do agente que se **omite** em face de qualquer das modalidades de tortura previstas no art. 1º, I e II, ou § 1º, quando **tinha o dever de evitá-las** ou **de apurá-las.**

Assim, existem duas hipóteses de incidência da tortura por omissão:

♦ Ocorre o crime do § 2º quando o agente não evita um ato de tortura, quando **devia e podia** agir para evitá-la. Cuida-se de crime **omissivo próprio.**

Exemplo: João e Maria têm um filho. Maria é uma mãe muito impaciente e possui alguns transtornos psicológicos. Certo dia, ao chegar do trabalho, João encontra Maria pressionando bitucas de cigarro na pele de seu filho, causando-lhe intenso sofrimento físico. Questionando Maria acerca de sua conduta, ela revela que está castigando a criança, que era muito rebelde. Apesar de não ficar confortável com a situação, João nada faz, pois entende que a educação do filho cabe à mãe. Maria responderá pelo crime do art. 1º, II (tortura castigo), e João pelo crime do art. 1º, § 2º (tortura omissiva).

◆ Há ainda o delito do § 2º quando, já praticado um ato de tortura, o agente, **devendo apurá-la**, assim não procede. Trata-se de crime **omissivo próprio**.

Exemplo: Delegado de Polícia, ao chegar à delegacia, encontra uma pessoa, a qual havia sido presa em flagrante na noite anterior, toda machucada, com diversas lesões. Ao analisar as câmeras de segurança do prédio, nota que, na noite da prisão, alguns agentes de polícia da delegacia, seus subordinados, entraram na cela do preso e o espancaram, de madrugada. Contudo, para evitar qualquer dissabor com sua equipe, faz "vista grossa" com relação ao ocorrido, deixando de apurar o crime. Os agentes responderão pelo crime do art. 1º, § 1º (tortura por equiparação), e o Delegado, pelo crime do art. 1º, § 2º (tortura por omissão).

4.3.2 Tráfico ilícito de entorpecentes e drogas

A princípio, destacamos **não são todos** os crimes da Lei nº 11.343/2006 que serão equiparados a hediondos, mas **apenas a figura do tráfico de drogas**. Pois bem. Contudo, você deve estar se perguntando: quais dos crimes previstos na referida lei serão classificados como tráfico de drogas?

Trata-se de um tema que provoca muita discussão na doutrina e na jurisprudência. Assim, de forma objetiva, exporemos o que é importante para provas de concursos. Indicaremos, portanto, aqueles artigos nos quais prevalece o entendimento de que são **tráfico de drogas** e, também, citaremos aqueles aos quais **é majoritário o ensino de que não caracterizam o tráfico de drogas**, isso para fins de incidência da Lei nº 8.072/1990.

Configuram TRÁFICO DE DROGAS (são equiparados a hediondos)	Não são considerados como TRÁFICO DE DROGAS (não são equiparados a hediondos)
◆ **Art. 33**, *caput* (tráfico de drogas) ◆ **Art. 33**, § 1º (figuras equiparadas a tráfico) ◆ **Art. 34** (tráfico de maquinário) ◆ **Art. 36** (financiamento ao tráfico) ◆ **Art. 37** (colaboração como informante)[19]	◆ **Art. 28** (porte de droga para uso pessoal) ◆ **Art. 33**, § 4º (tráfico privilegiado) ◆ **Art. 35** (associação para o tráfico)[20]

O tráfico privilegiado consiste em causa de diminuição de pena (1/6 a 2/3) aplicável àquele que cometer o delito do art. 33, *caput* ou § 1º da Lei nº 11.343/2006, desde que seja **primário**, tenha **bons antecedentes**, **não se dedique a atividades criminosas**, **nem inte-**

---

[19] Embora haja divergência, parte da doutrina também considera os delitos dos arts. 36 e 37 como tráfico de drogas. Nesse sentido: Nucci (2020, p. 375 e 541).

[20] Com relação aos delitos dos arts. 33, §§ 2º e 3º, 38 e 39, embora pouco analisados pela doutrina, entendemos que não são considerados como hediondos ou equiparados. No mesmo sentido: Lima (2021, p. 358).

gre organização criminosa (requisitos cumulativos). Esse benefício serve para diferenciar o "mero traficante" do "traficante contumaz" (que faz do tráfico o seu meio de vida).

Interessante mencionar ainda que o Pacote Anticrime acrescentou o § 5º ao art. 112 da LEP, o qual positivou entendimento doutrinário e jurisprudencial já consolidado no sentido de que, apesar de o delito de tráfico de drogas ser considerado equiparado a hediondo, a figura do **tráfico privilegiado** – art. 33, § 4º, Lei nº 11.343/2006 – não será assim classificada.

Como dito, este já era o entendimento predominante:

 Jurisprudência destacada

1. O tráfico de entorpecentes privilegiado (art. 33, § 4º, da Lei nº 11.313/2006) **não se harmoniza com a hediondez do tráfico de entorpecentes definido no *caput* e § 1º do art. 33 da Lei de Tóxicos**. 2. O tratamento penal dirigido ao delito cometido sob o manto do privilégio apresenta contornos mais benignos, menos gravosos, notadamente porque são relevados o envolvimento ocasional do agente com o delito, a não reincidência, a ausência de maus antecedentes e a inexistência de vínculo com organização criminosa. 3. **Há evidente constrangimento ilegal ao se estipular ao tráfico de entorpecentes privilegiado os rigores da Lei nº 8.072/1990**. 4. Ordem concedida (STF, Pleno, HC nº 118.533/MS, Rel. Min. Cármen Lúcia, j. 23.06.2016 – *Informativo* 831).

Vale observar que o Pacote Anticrime, por meio do mencionado art. 112, § 5º, da LEP, afastou a hediondez tão somente da figura do tráfico privilegiado. Assim, os demais delitos da Lei nº 11.343/2006 que eram considerados equiparados a hediondos continuam assim sendo.

 Jurisprudência destacada

1. A equiparação do tráfico de drogas a delitos hediondos decorre de previsão constitucional assente no art. 5º, XLIII, da Constituição Federal. 2. A jurisprudência desta Corte Superior de Justiça pacificou-se no sentido de que as alterações providas pela Lei n. 13.964/2019 apenas afastaram o caráter hediondo ou equiparado do tráfico privilegiado, previsto no art. 33, § 4º, da Lei nº 11.343/2006, nada dispondo sobre os demais dispositivos da Lei de Drogas (STJ, 5ª Turma, AgRg no HC 748.033/SC, Rel. Min. Jorge Mussi, j. 27.09.2022 – *Informativo* 754).

 Decifrando a prova

(Juiz TJ/PR – CESPE – 2017 – Adaptada) Não é hediondo o crime de tráfico de entorpecentes praticado por agente primário, de bons antecedentes e que não se dedique a atividades criminosas nem integre organização criminosa.

( ) Certo ( ) Errado

> **Gabarito comentado:** a questão trouxe a figura do tráfico privilegiado (art. 33, § 4º, Lei nº 11.343/2006), o qual não é considerado hediondo nem equiparado a hediondo. Portanto, a assertiva está certa.

4.3.3 Terrorismo

A Lei nº 13.260/2016 é responsável por regular a temática acerca do terrorismo e em seu art. 2º traz a definição legal de terrorismo. Saiba ainda que, conforme o disposto no art. 17, **a Lei nº 8.072/1990 se aplica a todos os crimes previstos em seu texto**.

Assim, entendemos que todos os delitos tipificados na Lei nº 13.260/2016 são equiparados a hediondos[21].

> **Lei nº 13.260/2016**
>
> **Art. 17.** Aplicam-se as disposições da Lei nº 8.072, de 25 de julho de 1990, aos crimes previstos nesta Lei.

4.4 ASPECTOS PENAIS E PROCESSUAIS PENAIS

A partir de agora, estudaremos as consequências criminais para um crime classificado como hediondo ou equiparado a hediondo. O que esses crimes terão de diferente pelo fato de serem assim classificados? É o que analisaremos!

4.4.1 Vedações Art. 2º, I e II

> **Art. 2º** Os crimes hediondos, a prática da tortura, o tráfico ilícito de entorpecentes e drogas afins e o terrorismo são insuscetíveis de:
>
> I – anistia, graça e indulto;
>
> II – fiança.

Inafiançáveis. O art. 2º, I e II, traz algumas vedações a que estão sujeitos os crimes hediondos e os equiparados a hediondos (TTT). Primeiramente, cumpre observar que tais crimes são **inafiançáveis**. Assim, uma vez presos em flagrante os criminosos, não será arbitrada a fiança pelo delegado nem pelo juiz.

---

[21]   Há divergência se todos os delitos da Lei nº 13.260/2016 são classificados como terrorismo. Contudo, fato é que a própria lei (art. 17) considera que todos eles, sejam terrorismo propriamente dito ou não, são equiparados a hediondos.

Liberdade provisória. A redação original do dispositivo previa ainda a vedação à liberdade provisória (com ou sem fiança) a todo e qualquer crime hediondo ou equiparado. Posteriormente, tal dispositivo foi revogado; dessa forma, **atualmente é possível a concessão de liberdade provisória (sempre sem fiança)** caso não estejam presentes os requisitos da prisão preventiva ou temporária.

Vale acrescentar que a Lei nº 13.964/2019 (Pacote Anticrime) acrescentou o § 2º ao art. 310 do CPP, vedando, de forma abstrata, a concessão de liberdade provisória em algumas situações, a saber:

> **CPP**
>
> **Art. 310**. Após receber o auto de prisão em flagrante, no prazo máximo de até 24 (vinte e quatro) horas após a realização da prisão, o juiz deverá promover audiência de custódia com a presença do acusado, seu advogado constituído ou membro da Defensoria Pública e o membro do Ministério Público, e, nessa audiência, o juiz deverá, fundamentadamente: (...)
>
> **§ 2º** Se o juiz verificar que o agente é reincidente ou que integra organização criminosa armada ou milícia, ou que porta arma de fogo de uso restrito, deverá denegar a liberdade provisória, com ou sem medidas cautelares.

Aqui o legislador vai na contramão do entendimento dos Tribunais Superiores, os quais não têm admitido a vedação abstrata à liberdade provisória (sem que seja possível ao juiz valorar o caso concreto). Certamente, tal norma, de duvidosa constitucionalidade, será questionada perante o Poder Judiciário (até o fechamento desta edição, continua válida).

Insuscetíveis de graça, anistia e indulto. Há ainda a vedação da **graça, da anistia e do indulto** aos condenados por crime hediondo ou equiparado. Essas são **causas que extinguem a punibilidade** (é como se fosse o Estado renunciando ao exercício do seu poder de punir). Quanto à graça e ao indulto, são institutos concedidos pelo Presidente da República (art. 84, XII, CF). Com relação à anistia, sua concessão ficará a cargo do Poder Legislativo (Congresso Nacional, por meio de lei federal – art. 48, VIII, CF).

Perceba que, quanto à vedação de graça e anistia, a Lei de Crimes Hediondos reproduziu o previsto no art. 5º, XLIII, da CF. No entanto, o legislador ordinário foi além, prevendo também a vedação ao indulto. Muito se discute a respeito da constitucionalidade desse acréscimo, prevalecendo para provas de concurso que ele é **constitucional/válido**, afinal, a graça é uma espécie de **"indulto individual"** (dirigida ao condenado de forma individualizada), enquanto o indulto propriamente dito é também denominado **"indulto coletivo"** (dirige-se a um número indeterminado de condenados). Assim, há duas causas de extinção de punibilidade similares e que são vedadas aos crimes hediondos e equiparados.

Outro ponto importante a ser ressaltado é a possibilidade de concessão de **comutação de pena**, que nada mais é do que uma espécie de **"indulto parcial"**, no qual o condenado não verá extinta a sua punibilidade, mas contará apenas com a diminuição da sua pena. Prevalece que, como se trata de uma espécie de indulto, **não será possível** a sua aplicação a crimes hediondos ou equiparados.

> ### 📥 **Jurisprudência destacada**
>
> *Habeas corpus*. Comutação de pena. Indulto. Inadmissibilidade. Crime equiparado a hediondo caracterizado. Impossibilidade. Aplicação do art. 8°, II, do Decreto n° 6.706/2008. Ordem denegada. 1. **A comutação nada mais é do que uma espécie de indulto parcial** (em que há apenas a redução da pena). **Daí por que a vedação à concessão de indulto em favor daqueles que praticaram crime hediondo – prevista no art. 2°, I, da Lei n° 8.072/1990 – abrange também a comutação** (...) (STF, 1ª Turma, HC n° 103.618/RS, Rel. Min. Dias Toffoli, j. 24.08.2010)[22].

Por fim, segue um quadro com alguns conceitos importantes para provas de concursos:

	♦ Racismo[23] ♦ Ação de grupos armados, civis ou militares, contra a ordem constitucional e o estado democrático	♦ Tortura, tráfico de drogas e terrorismo ♦ Hediondos
Hediondos ou equiparados		X
Inafiançáveis	X	X
Insuscetíveis de graça, anistia e indulto		X
Imprescritíveis	X	

4.4.2 Regime inicial de cumprimento da pena – Art. 2°, § 1°

Art. 2° (...)

§ 1° A pena por crime previsto neste artigo será cumprida inicialmente em regime fechado.

Regime inicial de cumprimento da pena para crimes hediondos. A redação original do art. 2°, § 1°, trazia o chamado "regime integralmente fechado", pois previa expressamente que o condenado por crime hediondo ou equiparado deveria cumprir **toda a pena** em regime fechado (sem possibilidade de progredir de regime – fechado>semiaberto>aberto). Contudo, após a prolação de várias decisões judiciais que entendiam pela inconstitucionalidade do dispositivo, o legislador modificou o texto do § 1° passando a estabelecer, a partir daí, o **regime inicial obrigatoriamente fechado** (foi excluída a expressão "integralmente" – agora, passa a ser possível a progressão de regime).

---

[22]   No mesmo sentido: STF, 2ª Turma, HC n° 115.099/SP, Rel. Min. Cármen Lúcia, j. 19.02.2013.

[23]   Recentemente, o STF entendeu que o delito de injúria racial (art. 140, § 3°, do CP) é espécie do gênero racismo e, portanto, também será imprescritível (STF, Plenário, HC n° 154.248/DF, Rel. Min. Edson Fachin, j. 28.10.2021 – *Informativo* 1.036).

Portanto, atualmente, o § 1º prevê que a pena, em casos de crimes hediondos ou equiparados, será cumprida **inicialmente** em regime fechado (obrigatoriamente).

Sem maiores delongas, o STF também decidiu, em vários de seus julgados, pela **inconstitucionalidade do atual § 1º**, haja vista que quem deve decidir, **de acordo com o caso concreto**, o regime a ser aplicado é o juiz (e não o legislador). A lei não pode, *a priori*, vedar a possibilidade de aplicação de regime diverso do fechado (sob pena de ofensa aos princípios da individualização da pena, dignidade da pessoa humana, isonomia, entre outros).

Assim, o entendimento atual é o de que cabe ao juiz, analisando as circunstâncias fáticas, fixar o regime inicial de cumprimento de pena adequado: fechado, semiaberto ou aberto.

Jurisprudência destacada

(...) 5. A jurisprudência do STF consolidou entendimento de que a hediondez ou a gravidade abstrata do delito não obriga, por si só, o regime prisional mais gravoso, pois o juízo, em atenção aos princípios constitucionais da individualização da pena e da obrigatoriedade de fundamentação das decisões judiciais, deve motivar o regime imposto observando a singularidade do caso concreto. (...) (STF, 2ª Turma, HC 133.617/SP, Rel. Min. Gilmar Mendes, j. 10.05.2016).

Além disso, vale acrescentar que é **plenamente possível** a substituição da pena privativa de liberdade por restritiva de direito em crimes hediondos ou equiparados, desde que preenchidos os requisitos do art. 44 do CP[24].

Decifrando a prova

(Juiz TJ/PR – CESPE – 2017 – Adaptada) A respeito dos crimes hediondos, marque certo ou errado à luz da jurisprudência do STF e do STJ. O condenado iniciará o cumprimento da pena obrigatoriamente no regime fechado e a pena privativa de liberdade não poderá em nenhuma hipótese ser substituída por pena restritiva de direito.

( ) Certo ( ) Errado

Gabarito comentado: como analisado, a jurisprudência do STF considera inconstitucional a obrigatoriedade de regime inicialmente fechado para os crimes hediondos. Além disso, prevalece a possibilidade de substituição da pena privativa de liberdade por restritiva de direitos, caso preenchidos os requisitos legais. Portanto, a assertiva está errada.

---

[24] Apesar de haver divergências doutrinárias a respeito dessa possibilidade, o melhor posicionamento para concursos é o que admite a conversão. No mesmo sentido: Lima (2020, p. 386-387).

urisprudência destacada

1. Inviável a fixação/manutenção do regime inicial fechado com fundamento apenas na hediondez do delito (AgRg no HC nº 562.596/SP, Min. Nefi Cordeiro, 6ª Turma, *DJe* 16.0602020). 2. Tratando-se de réu primário, cuja pena-base foi fixada no mínimo legal, sendo-lhe favoráveis as circunstâncias previstas no art. 59 do Código Penal, *é possível a substituição da pena privativa por restritivas de direitos, nos termos do art.* **44 do mesmo** Código (AgRg no HC nº 574.506/SP, Min. Nefi Cordeiro, 6ª Turma, *DJe* 16.06.2020) (STJ, 6ª Turma, AgRg no HC nº 564.517/SP, Rel. Min. Sebastião Reis Júnior, j. 1º.09.2020).

Regime inicial de cumprimento da pena para crimes da Lei de Tortura. O art. 1º, § 7º, da Lei nº 9.455/1997 (tortura) prevê que o regime inicial **obrigatoriamente** será o fechado para os crimes de tortura **comissivos** (esse parágrafo não se aplica à tortura omissiva). A exemplo do que ocorre com o disposto no art. 2º, § 1º, da Lei nº 8.072/1990, declarado inconstitucional pelo STF, essa determinação legislativa fere o princípio da individualização da pena, pois cabe ao juiz – e não ao legislador – decidir, de acordo com as peculiaridades do caso concreto, qual deverá ser o regime inicial de cumprimento de pena (se fechado, semiaberto ou aberto). Esse é o entendimento da doutrina majoritária.

Contudo, especificamente no que tange à Lei nº 9.455/1997, há de salientar que o STF, em um julgado isolado da **1ª Turma**, **validou** o disposto no presente § 7º.

 Jurisprudência destacada

O condenado por crime de tortura iniciará o cumprimento da pena em regime fechado, nos termos do disposto no § 7º do art. 1º da Lei nº 9.455/1997 – Lei de Tortura. Com base nessa orientação, a Primeira Turma denegou pedido formulado em *habeas corpus*, no qual se pretendia o reconhecimento de constrangimento ilegal consubstanciado na fixação, em sentença penal transitada em julgado, do cumprimento das penas impostas aos pacientes em regime inicialmente fechado. Alegavam os impetrantes a ocorrência de violação ao princípio da individualização da pena, uma vez que desrespeitados os arts. 33, § 3º, e 59 do CP. Apontavam a existência de similitude entre o disposto no art. *1º, § 7º, da Lei de Tortura e o previsto no art. 2º, § 1º, da Lei de Crimes Hediondos, dispositivo legal que já teria sido declarado inconstitucional pelo STF* (...) O Ministro Marco Aurélio (relator) denegou a ordem. Considerou que, no caso, a dosimetria e o regime inicial de cumprimento das penas fixadas atenderiam aos ditames legais. **Asseverou não caber articular com a Lei de Crimes Hediondos**, pois a regência específica (Lei nº 9.455/1997) prevê expressamente que o condenado por crime de tortura iniciará o cumprimento da pena em regime fechado, o que não se confundiria com a imposição de regime de cumprimento da pena integralmente fechado. **Assinalou que o legislador ordinário, em consonância com a CF/1988, teria feito uma opção válida, ao prever que, considerada a gravidade do crime de tortura, a execução da pena, ainda que fixada no mínimo legal, deveria ser cumprida inicialmente em regime fechado, sem prejuízo de posterior progressão** (...) (STF, 1ª Turma, HC nº 123.316/SE, Rel. Min. Marco Aurélio, j. 09.06.2015 – *Informativo* 789).

🧩 Decifrando a prova

(Promotor de Justiça MPE/MS – 2018 – Adaptada) Tratando-se de crime hediondo ou equiparado (Lei nº 8.072/1990), o condenado por crime de tortura (Lei nº 9.455/1997), em qualquer modalidade, deverá iniciar o cumprimento da pena em regime fechado.
( ) Certo ( ) Errado

Gabarito comentado: pela leitura do art. 1º, § 7º, da Lei nº 9.455/1997, percebemos que o regime inicial de cumprimento de pena fechado não será obrigatório para condenados por crime de tortura por omissão (art. 1º, § 2º); assim, não é uma exigência para todas as modalidades do delito de tortura. Portanto, a assertiva está errada.

4.4.3 Progressão de regime – Art. 2º, § 2º

Novidade legislativa. A Lei nº 13.964/2019 (Pacote Anticrime) revogou expressamente o § 2º do art. 2º da Lei nº 8.072/1990, o qual elencava os requisitos objetivos para progressão de regime em caso de crime hediondo ou equiparado (que, como vimos, é totalmente possível). Atualmente, toda a sistemática normativa envolvendo esse tema encontra-se prevista no art. 112 da Lei de Execuções Penais.

Inicialmente, saiba que para o condenado obter a progressão de regime ele deverá preencher tanto requisitos **objetivos** como **subjetivos** (preenchidos ambos, fará jus à progressão). Isso vale não só para a progressão em caso de crimes hediondos ou equiparados, mas para todo e qualquer delito[25]. Por essa razão, optaremos por abordar o assunto **progressão de regime** analisando todo o art. 112 da LEP, de forma geral.

Requisito subjetivo. Primeiramente, destacamos o requisito subjetivo, o qual será o mesmo para toda e qualquer situação (salvo quando a progressão seja vedada): ostentar **boa conduta carcerária**, comprovada pelo diretor do estabelecimento (art. 112, § 1º, Lei nº 7.210/1984).

Requisito objetivo. Para preenchê-lo, o apenado terá que cumprir determinado **percentual** da pena no regime prisional anterior. Esse tempo de pena a ser cumprido variará conforme o **crime cometido**, sua **forma de execução e resultado** e **reincidência**[26] **ou não** do apenado.

O pacote anticrime trouxe significativas mudanças com relação a esse ponto, deixando-o mais complexo. De forma didática e focando aquilo que mais nos interessa no que se

---

[25] Ressaltamos, contudo, que há exceção a essa afirmação, como o previsto no § 5º, art. 4º, da Lei nº 12.850/2013, o qual, ao dispor sobre o instituto da colaboração premiada, estabelece que: "Se a colaboração for posterior à sentença, a pena poderá ser reduzida até a metade ou será admitida a progressão de regime **ainda que ausentes os requisitos objetivos**" (grifos nossos – porém, há que preencher o requisito subjetivo de bom comportamento carcerário).

[26] O reincidente é aquele que comete novo crime após ter sido condenado definitivamente por crime anterior – observado o período de cinco anos do art. 64, I, do CP.

refere à Lei nº 8.072/1990, elencaremos uma tabela com as principais informações, além de observações pontuais ao final.

Apenado[27]	Requisito Objetivo	Livramento Condicional
Primário e crime sem violência/grave ameaça	16% da pena	Possível
Reincidente em crime sem violência/grave ameaça	20% da pena	Possível
Primário e crime com violência/grave ameaça	25% da pena	Possível
Reincidente em crime com violência/grave ameaça	30% da pena	Possível
Condenado por crime hediondo/equiparado, se for primário	40% da pena	Possível
Condenado por crime hediondo/equiparado, com resultado morte, se for primário	50% da pena	Vedado
Condenado por exercer o comando, individual ou coletivo, de organização criminosa estruturada para a prática de crime hediondo ou equiparado[1]	50% da pena	Possível
Condenado pelo crime de constituição de milícia privada	50% da pena	Possível
Reincidente (específico) em crime hediondo/ equiparado[2]	60% da pena	Possível
Reincidente (específico) em crime hediondo/ equiparado com resultado morte	70% da pena	Vedado
Gestante/mãe ou responsável por crianças ou pessoas com deficiência, que cumpre os requisitos (cumulativos) de[3]: ◆ Não ter cometido crime: com violência ou grave ameaça; contra seu filho ou dependente. ◆ Não ter integrado organização criminosa. ◆ Ser primária.	1/8 da pena	Possível

1. Como visto anteriormente, o delito do art. 2º da Lei de Organização Criminosa é hediondo quando direcionado à prática de crime hediondo ou equiparado (art. 1º, parágrafo único, V, Lei nº 8.072/1990). Contudo, se nele incidir a **agravante do § 3º da Lei**[28], teremos requisito objetivo diferenciado – art. 112, VI, *b*, LEP[29]: cumprimento de 50% da pena pelo apenado, se primário (isso porque, se reincidente específico em crime hediondo ou equiparado, o requisito será do art. 112, VII, LEP – 60%).

---

[27] Nas situações do art. 112 da LEP, hão que diferenciar dois tipos de reincidência: **genérica** (mais abrangente), aquele que reincide na prática de qualquer tipo de crime; **específica** (mais restrita), aquele que reincide na prática de crime da mesma espécie, ou seja, foi condenado definitivamente por crime determinado e, posteriormente, comete novamente um crime da mesma espécie. Em nossa tabela, considere como caso de reincidência específica quando estiver expresso: "(específico)".

[28] Art. 2º, § 3º, Lei nº 12.850/2013: "A pena é agravada para quem exerce o comando, individual ou coletivo, da organização criminosa, ainda que não pratique pessoalmente atos de execução".

[29] Caso não haja a incidência do mencionado parágrafo, pelo fato de ser crime hediondo, o *quantum* a ser cumprido será o do art. 112, V (se primário), ou o do art. 112, VII (se reincidente específico em crime hediondo ou equiparado), ambos da LEP.

Cumpre mencionar que o pacote anticrime acrescentou alguns dispositivos na Lei de Organização Criminosa, os quais se relacionam com a temática em questão. É o caso do art. 2º:

> **§ 8º** As **lideranças** de organizações criminosas **armadas ou que tenham armas à disposição** deverão iniciar o cumprimento da pena em estabelecimentos penais de **segurança máxima**.
>
> **§ 9º** O condenado expressamente em sentença por integrar organização criminosa ou por crime praticado por meio de organização criminosa **não poderá progredir** de regime de cumprimento de **pena ou obter livramento condicional** ou **outros benefícios prisionais** se houver elementos probatórios que indiquem a **manutenção do vínculo associativo**. (Grifos nossos).

2. O legislador, ao prever essa nova sistemática quanto ao requisito objetivo para a progressão de regime, teve como norte a individualização no cumprimento da pena. Entretanto, a doutrina já identifica algumas lacunas na lei, as quais começam a ocasionar divergência entre os estudiosos. Tais omissões certamente serão objeto de decisão dos Tribunais Superiores. Assim, aconselhamos que o foco atual do futuro aprovado seja o de memorizar o texto legal (certamente essa será a principal vertente das questões). Como forma, porém, de demonstrar o que se mencionou anteriormente, vamos expor uma controvérsia que se inicia no âmbito doutrinário.

Art. 112, VII, LEP. A situação do inciso VII é a do **reincidente específico**, ou seja, foi condenado definitivamente por crime hediondo ou equiparado e, depois, comete novamente um crime hediondo ou equiparado, sujeito então ao cumprimento de 60% da pena no regime anterior.

Contudo, aprofundando o nosso estudo, parece-nos que o legislador não previu a situação daquele que foi condenado definitivamente por crime comum e, posteriormente, pratica um crime hediondo ou equiparado. Em outras palavras, o sujeito é **reincidente genérico,** sendo o crime subsequente: hediondo/equiparado. Nessa hipótese, qual o percentual aplicável para que se cumpra o requisito objetivo? Já encontramos divergência na doutrina quanto a esse ponto, adiantando que comungamos com o entendimento de Lima (2020):

- O autor sustenta a aplicação do inciso V do art. 112 (40% da pena), uma vez que não há como falar que o apenado é reincidente específico em crime hediondo ou equiparado (ele é reincidente, porém a sua reincidência é a genérica). Assim, a solução encontrada é considerá-lo como primário para fins de **incidência** do mencionado inciso V, pois como o legislador não previu hipótese de reincidência genérica para aquele que pratica crime hediondo ou equiparado, a primariedade aqui deve ser interpretada também como sinônimo de reincidência genérica.

  No mesmo sentido será a situação daquele que foi condenado definitivamente por crime comum e, posteriormente, pratica um crime hediondo ou equiparado com **resultado morte.** Aqui, o percentual a ser cumprido é o do inciso VI, "a", do art. 112 (50% da pena, vedado o livramento condicional) (LIMA, p. 374-376), ou seja, não incidirá o percentual de 70% previsto no inciso VIII, pois não é reincidente específico.

O entendimento *supra* tem prevalecido no âmbito dos Tribunais Superiores (STF e STJ), a saber:

Jurisprudência destacada

1. A Lei de Crimes Hediondos não fazia distinção entre a reincidência genérica e a específica para estabelecer o cumprimento de 3/5 da pena para fins de progressão de regime, é o que se depreende da leitura do § 2° do art. 2° da Lei n° 8.072/1990: A progressão de regime, no caso dos condenados pelos crimes previstos neste artigo, dar-se-á após o cumprimento de 2/5 (dois quintos) da pena, se o apenado for primário, e de 3/5 (três quintos), se reincidente, observado o disposto nos §§ 3° e 4° do art. 112 da Lei n° 7.210, de 11 de julho de 1984 (Lei de Execução Penal). 2. Já a Lei n° 13.964/2019 trouxe significativas mudanças na legislação penal e processual penal, e, nessa toada, revogou o referido dispositivo legal. Agora, os requisitos objetivos para a progressão de regime foram sensivelmente modificados, tendo sido criada uma variedade de lapsos temporais a serem observados antes da concessão da benesse. 3. **Ocorre que a atual redação do art. 112 revela que a situação ora em exame (condenado por crime hediondo *com resultado morte*, reincidente não específico) não foi contemplada na lei nova. Nessa hipótese, diante da ausência de previsão legal, o julgador deve integrar a norma aplicando a analogia *in bonam partem*. Impõe-se, assim, a aplicação do contido no inciso VI, *a*, do referido artigo da Lei de Execução Penal, exigindo-se, portanto, o cumprimento de 50% da pena para a progressão de regime, caso não cometida falta grave**. 4. Ordem concedida para que a transferência do paciente para regime menos rigoroso observe, quanto ao requisito objetivo, o cumprimento de 50% da pena privativa de liberdade a que condenado, salvo se cometida falta grave (STJ, *6ª Turma*, HC n° 581.315/PR, Rel. Min. Sebastião Reis Júnior, j. 06.10.2020).[30]

1. Firmou-se nesta Superior Corte de Justiça entendimento no sentido de que, nos termos da legislação de regência, mostra-se irrelevante que a reincidência seja específica em crime hediondo para a aplicação da fração de 3/5 na progressão de regime, pois não deve haver distinção entre as condenações anteriores (se por crime comum ou por delito hediondo) (...). 2. Ocorre que a alteração promovida pela Lei n° 13.964/2019 (Pacote Anticrime) no art. 112 da Lei de Execuções Penais, ao estabelecer novos lapsos para a progressão de regime, **deixou de abranger a situação característica do paciente (condenado por crime hediondo e reincidente não específico). 3. Não há como aplicar de forma extensiva e prejudicial ao paciente o percentual de 60% previsto no inciso VII do art. 112 da LEP, que trata sobre os casos de reincidência de crime hediondo ou equiparado, merecendo, ante a omissão legislativa, o uso da analogia *in bonam partem* para aplicar o percentual de 40%, previsto no inciso V**. 4. *Habeas corpus* concedido para determinar que o Juízo da Execução retifique o cálculo da pena do paciente, aplicando-se o percentual de 40% para progressão de regime, salvo se cometida falta grave (STJ, 6ª Turma, HC n° 605.783/SP, Rel. Min. Nefi Cordeiro, j. 13.10.2020).[31-32]

3. Saiba que a progressão **especial** de regime, na situação de condenada gestante ou que for mãe/responsável por criança ou pessoa com deficiência, será aplicada caso preenchidos os requisitos previstos no art. 112, § 3°, da LEP, seja o crime hediondo ou não.

---

[30] No mesmo sentido: STJ, 5ª Turma, AgRg no REsp 2.015.414/MG, Rel. Min. Reynaldo Soares da Fonseca, j. 25.10.2022 – *Informativo* 755.

[31] No mesmo sentido: STJ, 6ª Turma, AgRg no HC n° 609.274/SP, Rel. Min. Laurita Vaz, j. 15.12.2020; STJ, 5ª Turma, AgRg no HC n° 649.328/RJ, Rel. Min. Reynaldo Soares da Fonseca, j. 16.03.2021; STJ, 5ª Turma, AgRg no HC n° 675.497/MS, Rel. Min. Joel Ilan Paciornik, j. 03.08.2021.

[32] Da mesma forma vem entendendo o STF: Plenário Virtual, ARE n° 1.329.794/SP, Rel. Min. Gilmar Mendes, j. 23.09.2021.

Além disso, o § 4º do art. 112 da LEP estabelece que o benefício previsto no § 3º – progressão especial – será revogado caso seja cometido novo **crime doloso** ou **falta grave** (basta a prática, não se exige decisão transitada em julgado). Quando a lei fala em "revogação do benefício", quer dizer que haverá a regressão para o regime prisional anterior.

Por fim, no segundo semestre de 2020, o STJ, conforme veiculado no *Informativo* 678, decidiu que o requisito do art. 112, § 3º, V, da LEP (não ter integrado organização criminosa) deve ser interpretado de acordo com a definição de organização criminosa da Lei nº 12.850/2013, mais especificamente o art. 1º, § 1º (exigência de interpretação restritiva). Pela importância do julgado, segue a transcrição de seus principais pontos:

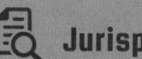 **Jurisprudência destacada**

(...) 2. Na LEP foi incluído o § 3º no art. 112, prevendo progressão de regime especial. A norma exigiu a presença de cinco requisitos cumulativos para a concessão do benefício executório, dentre eles o de "não ter integrado organização criminosa". **O argumento de que o termo organização criminosa não se refere ao crime previsto na Lei nº 12.850/2013, tratando-se, na verdade, de uma expressão genérica, a qual abrange todas as espécies de sociedades criminosas, não se coaduna com a correta exegese da norma.** Com efeito, a referida regra tem conteúdo material (norma híbrida), porquanto trata de progressão de regime prisional, relacionado com o *jus libertatis*, o que impõe, ao intérprete, a submissão a todo o conjunto de princípios inerentes às normas penais. 3. O inciso V do § 3º do art. 112 da LEP é um exemplo de norma penal em branco com complemento normativo, pois o próprio legislador, respeitando o princípio da taxatividade (decorrente do princípio da estrita legalidade), desincumbiu-se do ônus de apresentar, expressamente, a definição de organização criminosa ao editar a Lei nº 12.850/2013 (art. 1º e § 1º). 4. **Não é legítimo que o julgador, em explícita violação ao princípio da taxatividade da lei penal, interprete extensivamente o significado de organização criminosa a fim de abranger todas as formas de *societas sceleris*.** Tal proibição fica ainda mais evidente quando se trata de definir requisito que restringe direito executório implementado por lei cuja finalidade é aumentar o âmbito de proteção às crianças ou pessoas com deficiência, reconhecidamente em situação de vulnerabilidade em razão de suas genitoras ou responsáveis encontrarem-se reclusas em estabelecimentos prisionais. **A teleologia da norma e a existência de complemento normativo impõe exegese restritiva e não extensiva.** (...) 6. O legislador, quando teve o intuito de referir-se a hipóteses de sociedades criminosas, o fez expressamente, conforme previsão contida no art. 52, § 1º, inciso I, § 3º, § 4º, inciso II, e § 5º, da Lei nº 7.210/1984, que distinguem organização criminosa de associação criminosa e milícia privada. 7. Na mesma linha, o Ministro Leopoldo de Arruda Raposo (Desembargador convocado do TJPE) concedeu a ordem no julgamento do HC nº 541.619/SP (*DJe* 26.02.2020), afastando a extensão da proibição contida no inciso V do § 3º do art. 112 da LEP a paciente condenada por crime de associação para o tráfico ilícito de entorpecentes. 8. Ordem de *habeas corpus* concedida para determinar que o Juízo das Execuções Penais retifique o cálculo de penas da paciente, abstendo-se de considerar a condenação pelo crime de associação para o tráfico ilícito de drogas para fins de análise do requisito contido no inciso V do § 3º do art. 112 da Lei nº 7.210/1984 (STJ, 6ª Turma, HC nº 522.651/SP, Rel. Min. Laurita Vaz, j. 04.08.2020).[33]

---

[33] No mesmo sentido: STJ, 5ª Turma, AgRg no HC nº 679.715/MG, Rel. Min. Reynaldo Soares da Fonseca, j. 26.10.2021.

Art. 112, § 6º, LEP. Cuida-se de acréscimo implementado pelo Pacote Anticrime, dispondo que o cometimento de **falta grave** durante a execução da pena privativa de liberdade **interrompe** o prazo para a obtenção da progressão no regime de cumprimento da pena, caso em que o reinício da contagem do requisito objetivo terá como base **a pena remanescente** (ou seja, não será considerado para o cálculo o período total da pena, apenas o remanescente). Era esse o entendimento majoritário (o qual agora encontra-se positivado na lei), tendo sido inclusive sumulado pelo STJ (534): "A prática de falta grave interrompe a contagem do prazo para a progressão de regime de cumprimento de pena, o qual se reinicia a partir do cometimento dessa infração".

Exame criminológico. O art. 112 da LEP, originalmente, elencava mais um requisito para a progressão de regime: a realização de exame criminológico. Contudo, posteriormente, esse dispositivo foi reformado de modo que atualmente o exame não é mais uma exigência para progressão.

Ressaltamos, no entanto, que, embora não seja requisito obrigatório, o exame criminológico ainda **poderá ser realizado** se o juiz, de maneira fundamentada, entender que ele é necessário para a formação de seu convencimento quanto à concessão ou não da progressão de regime prisional ao apenado. Acrescentamos ainda que, conforme inteligência do art. 182 do CPP[34], o exame não vinculará o juiz, o qual ficará livre para decidir de modo fundamentado em sentido diverso.

Este é o entendimento dos Tribunais Superiores:

Jurisprudência destacada

Súmula nº 439 do STJ – Admite-se o exame criminológico pelas peculiaridades do caso, desde que em decisão motivada.

Súmula Vinculante nº 26 – Para efeito de progressão de regime no cumprimento de pena por crime hediondo, ou equiparado, o juízo da execução observará a inconstitucionalidade do art. 2º da Lei 8.072, de 25 de julho de 1990, sem prejuízo de avaliar se o condenado preenche, ou não, os requisitos objetivos e subjetivos do benefício, podendo determinar, para tal fim, de modo fundamentado, a realização de exame criminológico.

Atente-se, como dissemos, que, para a realização do exame criminológico, exige-se decisão fundamentada da autoridade judiciária. Nesse sentido, já decidiu o STJ que a argumentação genérica, baseada na gravidade abstrata dos crimes, não é justificativa idônea para que Tribunal estadual casse decisão de Juiz da Execução Penal que concedeu o livramento condicional da pena em favor do paciente, para condicionar esse benefício penal à realização prévia do exame criminológico.

---

[34] "O juiz não ficará adstrito ao laudo, podendo aceitá-lo ou rejeitá-lo, no todo ou em parte."

> ### 🔍 Jurisprudência destacada
>
> 1. Esta Corte Superior entende que **não é idôneo o Tribunal estadual cassar a decisão do Juiz da Execução Penal que concedeu o livramento condicional da pena em favor do paciente, para condicionar esse benefício penal à realização prévia do exame criminológico, sob argumentação genérica, baseada na gravidade abstrata dos crimes, faltas disciplinares já reabilitadas, e na probabilidade de reincidência, não apontando elementos concretos extraídos da execução da pena, que pudessem justificar a necessidade do referido exame técnico.** 2. Não foi apresentada fundamentação válida para o exame criminológico, porque, da leitura do acórdão, extrai-se que, embora preenchido o requisito objetivo, o Tribunal *a quo* entendeu ser necessária a submissão do paciente a exame criminológico, porquanto os crimes cometidos pelo agravante são graves, envolvendo reiteração criminosa em crimes patrimoniais com exercício de violência ou grave ameaça, aparentando fazer do crime modo de vida. Desse modo, maior cautela deve haver para o deferimento de qualquer benefício, exigindo uma análise mais detalhada, sobretudo quanto ao requisito subjetivo. 3. Agravo regimental improvido (STJ, *6ª Turma*, AgRg no HC nº 625.449/SP, Rel. Min. Nefi Cordeiro, j. 15.12.2020).

Proibição de saída temporária. Conforme o novel § 2º do art. 122 da LEP (acrescentado pelo Pacote Anticrime), àquele que for condenado por crime hediondo com resultado morte é **vedada** a concessão de **saída temporária**[35]. Entendemos que, pelo fato de o legislador citar apenas crime "hediondo" com resultado morte, se o apenado cometeu crime equiparado a hediondo, mesmo que com resultado morte, a saída temporária será possível (preenchidos os requisitos legais).

4.4.4 Livramento condicional – Art. 5º

A Lei de Crime Hediondos, por meio de seu art. 5º, modificou o Código Penal no tocante ao instituto do livramento condicional quando se tratar de crime hediondo ou equiparado (art. 83, V, CP). Cuida-se de benefício concedido ao apenado consistente na sua **liberdade antecipada**, permitindo o cumprimento do restante da pena em liberdade, caso preenchidos requisitos objetivos e subjetivos.

Focando o que nos interessa da Lei 8.072/1990, saiba que ela trouxe **critérios mais rígidos com relação ao requisito objetivo** de concessão do livramento condicional (especificamente quanto ao cumprimento de parcela da pena). Quando se tratar de condenado por crime hediondo ou equiparado, o apenado somente preencherá o requisito objetivo se tiver cumprido mais de **2/3 da pena** e **não for reincidente especí-**

---

[35] A autorização de saída é gênero, a qual possui como espécies a permissão de saída (arts. 120 e 121, LEP) e a saída temporária (arts. 122 a 125, LEP). Não esqueça que o legislador vedou apenas esta última aos condenados que cumprem pena por praticar crime hediondo com resultado morte.

fico[36]. Caso seja reincidente específico, não poderá ser beneficiado pelo livramento condicional.

Cumpre mencionar as vedações legais ao instituto implementadas pelo Pacote Anticrime. Assim, também não poderão obter o livramento condicional:

♦ Apenado condenado pela prática de crime hediondo ou equiparado, com resultado morte, se for primário (art. 112, VI, "a", LEP).

♦ Apenado reincidente em crime hediondo ou equiparado com resultado morte (art. 112, VIII, LEP).

♦ Condenado expressamente em sentença por integrar organização criminosa ou por crime praticado por meio de organização criminosa, se houver elementos probatórios que indiquem a manutenção do vínculo associativo (art. 2º, § 9º, Lei nº 12.850/2013).

Saiba ainda que, por expressa previsão legal, tal **requisito objetivo mais rígido** também se aplica aos crimes de **tráfico de pessoas** (art. 83, V, CP) e **associação para o tráfico de drogas** (art. 44, parágrafo único, Lei nº 11.343/2006), embora tais delitos não sejam hediondos ou equiparados.

Jurisprudência destacada

O condenado por associação para o tráfico (art. 35 da Lei nº 11.343/2006), **caso não seja reincidente específico, deve cumprir 2/3 da pena para fazer jus ao livramento condicional**. Isso porque a própria Lei nº 11.343/2006, no parágrafo único do art. 44, prevê requisito objetivo específico para a concessão do livramento condicional ao delito de associação para o tráfico: "Os crimes previstos nos arts. 33, *caput* e § 1º, e 34 a 37 desta Lei são inafiançáveis e insuscetíveis de *sursis*, graça, indulto, anistia e liberdade provisória, vedada a conversão de suas penas em restritivas de direitos. Parágrafo único. Nos crimes previstos no *caput* deste artigo, dar-se-á o livramento condicional após o cumprimento de dois terços da pena, vedada sua concessão ao reincidente específico". **Assim, em observância ao Princípio da Especialidade, aplica-se o disposto no art. 44, parágrafo único, da Lei nº 11.343/2006 em detrimento dos incisos I e II do art. 83 do CP.** Ressalte-se que o lapso temporal de cumprimento de pena para obtenção do livramento condicional quanto ao delito do art. 35 da Lei nº 11.343/2006 independe da análise do caráter hediondo do crime (...) (STJ, 5ª Turma, HC nº 311.656/RJ, Rel. Min. Felix Fischer, j. 25.08.2015 – *Informativo* 568)[37].

2. (...) Ainda que o crime de associação para o tráfico não seja considerado hediondo ou equiparado, o art. 44, parágrafo único, da Lei nº 11.343/2006, além de estabelecer prazo mais rigoroso para o livramento condicional, veda a sua concessão ao reincidente específico (...)

---

[36] Prevalece que o reincidente específico deve ser interpretado como aquele que é condenado definitivamente por crime hediondo/equiparado e, posteriormente, comete novamente qualquer dos delitos hediondos/equiparados.

[37] No mesmo sentido: STJ, 5ª Turma, HC nº 537.943/RS, Rel. Min. Reynaldo Soares da Fonseca, j. 12.11.2019.

> (STJ, 5ª Turma, AgRg no AgRg no HC nº 678.393/RJ, Rel. Min. Reynaldo Soares da Fonseca, j. 28.09.2021).

4.4.5 Possibilidade de apelar em liberdade — Art. 2º, § 3º

Art. 2º (...)

§ 3º Em caso de sentença condenatória, o juiz decidirá fundamentadamente se o réu poderá apelar em liberdade.

O dispositivo tem aplicação quando da prolação de sentença condenatória, contra a qual cabe recurso de apelação. Pela sua literalidade, embora cabível a apelação, incumbe ao juiz decidir se o réu poderá exercê-la preso ou solto. Contudo, atualmente, o dispositivo deve ser lido de acordo com a nova sistemática contida no Código de Processo Penal: **a regra é que o réu apele em liberdade** (a prisão não pode mais ser utilizada como requisito de admissibilidade recursal).

Assim, existindo prisão cautelar decretada no momento da sentença condenatória, o juiz, caso entenda ser necessário mantê-la, terá que motivar tal manutenção. Da mesma forma, se o acusado estiver em liberdade por ocasião da sentença, só será preso cautelarmente se houver a fundamentação adequada. É isso o que dispõe o CPP no art. 387, § 1º:

CPP

Art. 387. O juiz, ao proferir sentença condenatória: (...)

§ 1º O juiz decidirá, fundamentadamente, sobre a manutenção ou, se for o caso, a imposição de prisão preventiva ou de outra medida cautelar, sem prejuízo do conhecimento de apelação que vier a ser interposta.

4.4.6 Prazo da prisão temporária — Art. 2º, § 4º

Art. 2º (...)

§ 4º A prisão temporária, sobre a qual dispõe a Lei nº 7.960, de 21 de dezembro de 1989, nos crimes previstos neste artigo, terá o prazo de 30 (trinta) dias, prorrogável por igual período em caso de extrema e comprovada necessidade.

A prisão temporária (prevista na Lei nº 7.960/1989) é a espécie de prisão cautelar própria da fase investigatória, cuja finalidade é auxiliar na investigação do crime. A Lei nº 8.072/1990 estabelece um prazo diferenciado para a prisão temporária de seus crimes:

Prisão temporária CRIMES COMUNS	**5** dias + **5** dias
Prisão temporária HEDIONDOS/ EQUIPARADOS	**30** dias + **30** dias

Um outro aspecto citado pela doutrina é o fato de a Lei 8.072/90 ter ampliado o rol de crimes cuja prisão temporária é possível. Isso porque o mencionado § 4º, ao trazer um prazo maior de prisão temporária para todos os crimes hediondos e equiparados, inequivocamente estende a possibilidade dessa prisão cautelar a todos os delitos listados na Lei nº 8.072/1990 (mesmo aqueles não inclusos no rol da Lei 7.960/1989[38]).

4.4.7 Estabelecimentos de segurança máxima – Art. 3º

> **Art. 3º** A União manterá estabelecimentos penais, de segurança máxima, destinados ao cumprimento de penas impostas a condenados de alta periculosidade, cuja permanência em presídios estaduais ponha em risco a ordem ou incolumidade pública.

Cuida-se de dispositivo com pouca incidência em provas de concursos, até pelo fato de outras normas tratarem do tema com muito mais detalhamento (ex.: Lei nº 11.671/2008). Pelo texto do artigo, não se exige que o crime seja hediondo para o preso ser alocado em um presídio de segurança máxima, o único requisito é que se cuide de preso de **alta periculosidade**, cuja permanência em presídios estaduais **ponha em risco a ordem ou a incolumidade pública**, seja o crime hediondo ou não.

O Pacote Anticrime alterou a Lei nº 11.671/2008, a qual passa a prever a possibilidade de os Estados e o Distrito Federal construírem presídios federais de segurança máxima ou adaptar os já existentes (no passado, apenas a União tinha tal prerrogativa).

4.4.8 Crime de associação criminosa (art. 288, CP) para crimes hediondos e equiparados – Art. 8º

> **Art. 8º** Será de três a seis anos de reclusão a pena prevista no art. 288 do Código Penal, quando se tratar de crimes hediondos, prática da tortura, tráfico ilícito de entorpecentes e drogas afins ou terrorismo.
>
> **Parágrafo único.** O participante e o associado que denunciar à autoridade o bando ou quadrilha[39], possibilitando seu desmantelamento, terá a pena reduzida de um a dois terços.

O art. 8º da Lei nº 8.072/1990 trouxe uma qualificadora para o **crime do art. 288 do CP** (associação criminosa – reclusão de 1 a 3 anos), assim, se a associação criminosa tiver como finalidade a prática de crimes hediondos ou equiparados, teremos a incidência dessa figura qualificada (a pena passará a ser de 3 a 6 anos de reclusão). Perceba que não

---

[38] Nesse sentido: Lima (2020, p. 396-397).

[39] Atualmente, por força de alteração implementada pela Lei nº 12.850/2013, o *nomen iuris* do delito do art. 288 do CP é associação criminosa.

se trata de um novo delito, mas, sim, de qualificadora que poderá incidir ao crime do art. 288 do CP[40].

Vale lembrar que a **associação para o tráfico de drogas** configura o crime do art. 35 da Lei nº 11.343/2006 (não incidindo a presente qualificadora), o qual não é equiparado a hediondo. Indo além, até mesmo a associação criminosa para a prática de crime hediondo ou equiparado (art. 288, CP c/c o art. 8º, Lei nº 8.072/1990) não é classificada como hedionda ou equiparada, pois não está listada no art. 1º da Lei nº 8.072/1990 (lembre-se de que a associação para genocídio, art. 2º da Lei nº 2.889/1956, é hedionda).

Por fim, o parágrafo único do art. 8º prevê o instituto da **delação premiada**, a ser aplicado à qualificadora supramencionada caso o participante ou associado possibilite o **desmantelamento** da associação criminosa. Nesse caso, ele terá a pena **reduzida de 1 a 2/3**.

4.4.9 Disposições finais

Prioridade de tramitação de processos. Vale citar o teor do art. 394-A do CPP, incluído em 2016 pela Lei nº 13.285: "Os processos que apurem a prática de crime hediondo terão **prioridade de tramitação** em todas as instâncias". Entendemos que o dispositivo se aplica tanto aos hediondos quanto aos equiparados.

Demais artigos. O art. 6º alterou textual e pontualmente as penas de determinados delitos contidos no Código Penal (lá constando as modificações).

O art. 7º da Lei acrescentou o § 4º ao delito do art. 159 do CP (extorsão mediante sequestro), prevendo uma espécie de delação premiada. Posteriormente, o dispositivo foi alterado pela Lei nº 9.269/1996. Para parcela da doutrina, com a publicação da Lei nº 9.807/1999 o dispositivo foi tacitamente revogado (PORTOCARRERO; FERREIRA, 2020, p. 425).

Com relação ao art. 9º, o entendimento majoritário é o de que foi tacitamente revogado quando da revogação expressa do art. 224 do CP (pela Lei nº 12.015/2009).

Quanto ao art. 10, não possui mais aplicabilidade, pois alterava a Lei nº 6.368/1976 (antiga Lei de Drogas), a qual foi revogada pela Lei nº 11.343/2006 (atual Lei de Drogas).

---

[40] Parte da doutrina entende que também deverá ser aplicada a presente qualificadora ao delito de associação para genocídio, afastando assim o preceito secundário previsto no art. 2º da Lei nº 2.889/1956. Nesse sentido: Nucci (2020, p. 539).

5 Juizados Especiais Criminais – Lei nº 9.099/1995

5.1 ASPECTOS INICIAIS

5.1.1 Introdução

Previsão constitucional. No art. 98, I, da Constituição Federal encontramos a previsão de criação, por parte da União, dos Estados, do Distrito Federal e dos Territórios, dos Juizados Especiais Cíveis e Criminais (este último, foco do nosso estudo):

> **CF/1988**
>
> **Art. 98.** A União, no Distrito Federal e nos Territórios, e os Estados criarão:
>
> I – juizados especiais, providos por juízes togados, ou togados e leigos, competentes para a conciliação, o julgamento e a execução de causas cíveis de menor complexidade e infrações penais de menor potencial ofensivo, mediante os procedimentos oral e sumaríssimo, permitidos, nas hipóteses previstas em lei, a transação e o julgamento de recursos por turmas de juízes de primeiro grau.

Pela leitura do dispositivo constitucional e voltados aos Juizados Especiais Criminais, percebemos que o constituinte prescreve algumas características que nortearam a sua criação e o seu funcionamento, entre as quais destacamos: **foco na conciliação; infrações penais de menor potencial ofensivo; transação penal; procedimento oral e sumaríssimo; julgamento de recursos por turmas de juízes de primeiro grau**.

Estudaremos todos esses pontos em breve, mas de antemão já conseguimos notar que o objetivo do constituinte foi o de "simplificar" a persecução penal relacionada a infrações penais submetidas aos Juizados Especiais e, como veremos, priorizar a solução consensual dos conflitos sempre que possível.

Ressaltamos ainda que a Lei nº 9.099/1995 foi a responsável por regulamentar o dispositivo constitucional supracitado, prevendo normas com aplicação específica aos **Juizados Especiais Cíveis e Criminais no âmbito da Justiça Estadual**. Conforme o § 1º do art. 98 da

CF: "**Lei federal** disporá sobre a criação de juizados especiais **no âmbito da Justiça Federal**". Portanto, na esfera da Justiça Federal, aplicaremos os dispositivos da Lei nº 10.259/2001 (Juizados Especiais Cíveis e Criminais no campo da Justiça Federal) e, de acordo com o art. 1º da mencionada norma, apenas subsidiariamente a Lei nº 9.099/1995 (**no que não conflitar com esta Lei**).

Por fim, vale citar o teor do art. 93 da Lei nº 9.099/1995, o qual estabelece que "Lei Estadual disporá sobre o Sistema de Juizados Especiais Cíveis e Criminais, sua **organização**, **composição e competência**". Note que a mencionada lei está limitada aos temas citados pelo artigo (relacionados ao funcionamento geral do Juizado), **não podendo** regular a sistemática **processual** do JECRIM, pois trata-se de matéria de competência legislativa privativa da União: Lei nº 9.099/1995 (Justiça Estadual); Lei nº 10.259/2001 (Justiça Federal).

	Lei nº 10.259/2001	Lei nº 9.099/1995
Não será objeto de estudo	X	
Será objeto de estudo, mas apenas a parte criminal (art. 60 em diante)		X

Finalidade. A criação dos Juizados Especiais Criminais pela Lei nº 9.099/1995 possui como finalidades:

♦ prezar pela solução consensual dos conflitos, evitando, por meio de seus institutos despenalizadores, e quando possível, o início do processo judicial (ou sua continuidade) nas infrações de menor potencial ofensivo;

♦ caso a instauração do processo criminal nas infrações de menor potencial ofensivo seja inevitável, busca-se conferir maior celeridade a sua tramitação e julgamento.

A opção pela solução consensual do conflito mostra-se presente com a criação, pelo legislador, das seguintes medidas despenalizadoras[1] (as quais serão esmiuçadas posteriormente): **transação penal**; **composição civil dos danos**; **suspensão condicional do processo**; e **exigência de representação da vítima nos crimes de lesão corporal leve ou culposa**.

Inaugura-se, com isso, uma nova forma de jurisdição criminal, a qual **não tem** como prioridade a deflagração do processo penal, pois procura-se evitar a morosidade dessa solução estatal e suas consequências (ex.: prescrição), prezando por uma resposta baseada no consenso e, consequentemente, mais célere. Por que movimentar demasiadamente a máquina pública em razão de uma infração cuja ofensividade é mínima e a resposta adequada pode ser obtida por meio do consenso entre os atores envolvidos? Busca-se, portanto e em regra, o acordo[2].

---

[1] Vale ressaltar que, além das medidas despenalizadoras, a Lei nº 9.099/1995 prevê importante medida descarcerizadora às infrações de menor potencial ofensivo: "Art. 69, parágrafo único. Ao autor do fato que, após a lavratura do termo, for imediatamente encaminhado ao juizado ou assumir o compromisso de a ele comparecer, **não se imporá prisão em flagrante**, nem se exigirá fiança. Em caso de violência doméstica, o juiz poderá determinar, como medida de cautela, seu afastamento do lar, domicílio ou local de convivência com a vítima".

[2] Prestigia-se, por consequência, o princípio da discricionariedade regrada (presentes os requisitos da lei – art. 76 – o Ministério Público, em vez de oferecer denúncia, poderá propor a transação

Contudo, nem sempre o consenso é possível. Embora a lei conte com diversos institutos que visam evitar uma futura sanção penal privativa da liberdade[3], devem-se preencher e cumprir determinados requisitos para fazer *jus* a tais medidas, caso contrário o processo judicial será instaurado.

Mesmo nessa situação, o legislador teve especial cuidado com a celeridade processual, prevendo o chamado **procedimento sumaríssimo**, o qual, como veremos, tem por fio condutor a **simplificação e a agilidade no andamento dos atos processuais**.

Organização. Os dois primeiros artigos da Lei nº 9.099/1995 são gerais, ou seja, aplicar-se-ão tanto aos Juizados Especiais Cíveis quanto aos Juizados Especiais Criminais. Do art. 3º ao art. 59 estão os dispositivos que regularão os Juizados Especiais Cíveis (os quais não serão objeto do presente estudo). Prosseguindo, do art. 60 ao art. 92 encontram-se as normas aplicáveis aos Juizados Especiais Criminais (estes, sim, objeto de nossas lições). Por fim, temos as disposições finais comuns aos Juizados Cíveis e Criminais: arts. 93 a 97.

CAPÍTULO I	Disposições Gerais – arts. 1º e 2º
CAPÍTULO II	Dos Juizados Especiais Cíveis – arts. 3º a 59
CAPÍTULO III	Dos Juizados Especiais Criminais – arts. 60 a 92
CAPÍTULO IV	Disposições Finais Comuns – arts. 93 a 97

5.1.2 Critérios ou princípios orientadores

Art. 2º O processo orientar-se-á pelos critérios da oralidade, simplicidade, informalidade, economia processual e celeridade, buscando, sempre que possível, a conciliação ou a transação.

O art. 2º da Lei nº 9.099/1995 anuncia alguns critérios ou princípios que nortearão toda a sistemática envolvendo os Juizados Especiais Cíveis e os Juizados Especiais Criminais, os quais nos darão uma visão geral do funcionamento e objetivo deles. Vejamos.

Oralidade. É traço marcante da Lei nº 9.099/1995 a oralidade de alguns de seus atos, optando o legislador pela palavra falada, em vez da escrita. A própria Constituição Federal anuncia o procedimento **oral** e sumaríssimo dos Juizados (art. 98, I), o qual se observa, por exemplo, na possibilidade de oferecimento oral da denúncia pelo Ministério Público (art. 77).

É certo que a palavra escrita não está excluída da Lei nº 9.099/1995 e citamos como exemplo o art. 78, o qual dispõe que, oferecida a denúncia (oralmente, como vimos),

---

penal) em detrimento do princípio da obrigatoriedade (pelo qual a denúncia deverá ser ofertada, caso seja legalmente cabível a ação penal).

3   Nesse sentido é o art. 62 da presente lei: "O processo perante o Juizado Especial orientar-se-á pelos critérios da oralidade, simplicidade, informalidade, economia processual e celeridade, objetivando, sempre que possível, a reparação dos danos sofridos pela vítima **e a aplicação de pena não privativa de liberdade**".

ela será posteriormente reduzida a termo (transcrita). Contudo, a preferência é pela oralidade na prática dos atos processuais, indo ao encontro da agilidade pretendida pelo legislador.

Doutrina especializada cita ainda alguns subprincípios derivados da oralidade, os quais deverão ser observados, salvo se houver impossibilidade ou excepcionalidade admitida: **concentração** (concentração da instrução probatória em uma única audiência); **imediatismo** (dever do juiz em coletar as provas em contato direto com as partes/presencialmente); **identidade física do juiz** (o juiz que presidiu a instrução deverá julgar o processo); **irrecorribilidade das decisões interlocutórias** (as decisões interlocutórias são irrecorríveis).

Simplicidade. O procedimento sumaríssimo dos Juizados Especiais Criminais é marcado pela simplicidade de seus atos, característica evidenciada em vários dispositivos, como: impossibilidade de causas complexas (art. 77, § 3º); substituição do inquérito policial por termo circunstanciado (art. 69, *caput*), entre outros.

Informalidade. Tal critério nos ensina que o formalismo, tão comum nos atos processuais em geral, poderá ser afastado ou ao menos mitigado caso se alcance a finalidade pretendida com a prática do ato no procedimento sumaríssimo. São exemplos de aplicação de tal critério: a solicitação para a prática de atos processuais em outras comarcas pode se dar por qualquer meio hábil de comunicação (art. 65, § 2º); atos processuais poderão ser realizados no período noturno e em qualquer dia da semana, conforme dispuserem as normas de organização judiciária (art. 64).

Economia processual. A economia é uma orientação nos Juizados, de forma que se deve buscar a máxima efetividade do processo praticando o mínimo de atos processuais possíveis. Um exemplo de tal critério encontra-se no art. 81, § 1º, o qual prescreve a concentração da instrução probatória em uma única audiência.

Celeridade. Como é notório em toda a lei, a celeridade pautará os Juizados Especiais Criminais. A lei foi criada com o objetivo de dar maior agilidade à resposta estatal no tocante às infrações penais de menor potencial ofensivo, pela solução consensual ou, caso esta não seja possível, pela instauração de um processo judicial com disposições voltadas a um rápido desfecho da demanda (sempre respeitando, por óbvio, os direitos e as garantias fundamentais).

5.1.3 Infração de menor potencial ofensivo

Art. 61. Consideram-se infrações penais de menor potencial ofensivo, para os efeitos desta Lei, as contravenções penais e os crimes a que a lei comine pena máxima não superior a 2 (dois) anos, cumulada ou não com multa.

Conceito. As infrações de menor potencial ofensivo (IMPO) serão processadas e julgadas de acordo com as disposições da Lei nº 9.099/1995, aplicando-se a elas, caso preenchidos os requisitos, os institutos despenalizadores previstos na lei (composição civil dos danos; transação penal; suspensão condicional do processo).

Pois bem. Pela leitura do art. 61, podemos concluir que se enquadram no conceito de infração de menor potencial ofensivo:

◆ **Contravenções penais** – qualquer que seja a pena cominada.

◆ **Crimes com pena máxima não superior a dois anos** – cumulada ou não com multa e submetidos ou não a procedimento especial[4].

Estatuto da Pessoa Idosa. O art. 94 da Lei nº 10.741/2003 (Estatuto da Pessoa Idosa) prevê que aos crimes tipificados na referida lei, cuja pena máxima **não ultrapasse quatro anos**, aplica-se o procedimento sumaríssimo contido na Lei nº 9.099/1995. Vê-se, portanto, que estamos diante de uma possibilidade excepcional de aplicação do procedimento sumaríssimo a infrações penais que não são de menor potencial ofensivo.

Registre-se que o mencionado art. 94 não se aplica aos demais institutos da Lei nº 9.099/1995, mas apenas ao procedimento ali elencado. E nem poderia ser diferente, pois a intenção do legislador foi a de dar maior celeridade ao trâmite processual envolvendo os delitos previstos na Lei nº 10.741/2003, zelando assim pela efetiva proteção à pessoa idosa. Permitir, por exemplo, a transação penal para crimes da lei com pena máxima não superior a quatro anos, alargando o conceito de crime de menor potencial ofensivo, seria beneficiar o infrator em detrimento da pessoa idosa vítima do crime (gerando uma proteção deficiente).

Obviamente, se ao delito contido no Estatuto da Pessoa Idosa for cominada pena máxima não superior a dois anos, serão cabíveis os institutos despenalizadores e demais dispositivos da Lei nº 9.099/1995.

 Jurisprudência destacada

1. No julgamento da Ação Direta de Inconstitucionalidade 3.768/DF, o Supremo Tribunal Federal julgou constitucional o art. 39 da Lei nº 10.741/2003. Não conhecimento da ação direta de inconstitucionalidade nessa parte.

2. Art. 94 da Lei nº 10.741/2003: interpretação conforme à Constituição do Brasil, com redução de texto, para suprimir a expressão "do Código Penal e". Aplicação apenas do procedimento sumaríssimo previsto na Lei nº 9.099/1995: benefício do idoso com a celeridade processual. Impossibilidade de aplicação de quaisquer medidas despenalizadoras e de interpretação benéfica ao autor do crime (STF, ADI nº 3.096-5).

---

[4] Esse é o entendimento prevalente (respaldado pela reforma no art. 61, implementada pela Lei nº 11.313/2006), com as únicas ressalvas com relação às infrações penais praticadas no contexto da Lei Maria da Penha e aos crimes militares, ocasiões nas quais não incidirá nenhum dispositivo da Lei nº 9.099/1995. Há também o novel § 1º que foi acrescentado ao art. 226 do ECA (Lei nº 8.069/1990), o qual veda a incidência da Lei nº 9.099/1995 aos crimes cometidos contra a criança e o adolescente. Contudo, diante de divergências doutrinárias sobre o alcance do dispositivo, aconselhamos que o futuro aprovado leia a temática no capítulo concernente à Lei nº 8.069/1990.

5.2 COMPETÊNCIA E ATOS PROCESSUAIS

> **Art. 60.** O Juizado Especial Criminal, provido por juízes togados ou togados e leigos, tem competência para a conciliação, o julgamento e a execução das infrações penais de menor potencial ofensivo, respeitadas as regras de conexão e continência.
>
> **Parágrafo único.** Na reunião de processos, perante o juízo comum ou o tribunal do júri, decorrentes da aplicação das regras de conexão e continência, observar-se-ão os institutos da transação penal e da composição dos danos civis.

Será da competência dos Juizados Especiais Criminais as ditas infrações de menor potencial ofensivo: contravenções penais e crimes com pena máxima não superior a dois anos, cumulada ou não com multa (art. 61). Essa é a regra. Contudo, o art. 60, *caput*, da Lei nº 9.099/1995 já anuncia que ela não é absoluta ao elencar algumas exceções: "respeitadas as regras de conexão e continência". Assim, existem situações nas quais a infração de menor potencial ofensivo, excepcionalmente, não será processada e julgada perante o JECRIM. Esse e outros temas relacionados à competência no JECRIM serão a seguir estudados.

5.2.1 Hipóteses de não incidência ou modificação da competência do JECRIM

Crime eleitoral de menor potencial ofensivo. Na situação de crime eleitoral com pena máxima não superior a dois anos, o entendimento do Tribunal Superior Eleitoral é o de que tal infração não será de competência do JECRIM, devendo tramitar perante a Justiça Eleitoral (arts. 355 e ss. da Lei nº 4.737/1965). Contudo, é possível a aplicação dos institutos despenalizadores da Lei nº 9.099/1995 caso o delito não conte com um sistema punitivo especial[5].

 **Jurisprudência destacada**

I – **A criação dos Juizados Especiais Criminais não afasta a competência da Justiça Eleitoral para processar e julgar os crimes elencados no Código Eleitoral e nas demais leis**, *in casu*, Lei nº 9.504/1997, por se tratar de competência em razão da natureza da infração. II – **Aplicam-se, todavia, no que cabível, os institutos preconizados na Lei nº 9.099/1995.** III – A Lei dos Juizados Especiais incide nos crimes sujeitos a procedimentos especiais, desde que obedecidos os requisitos autorizadores, permitindo a transação e a suspensão condicional do processo inclusive nas ações penais de competência da Justiça Eleitoral (STJ, 3ª Seção, CC nº 37.595/SC, Rel. Min. Gilson Dipp, j. 09.04.2003).

---

5   Nesse sentido: Lima (2020, p. 587).

Prerrogativa de função. Quando uma pessoa com foro por prerrogativa de função comete uma infração de menor potencial ofensivo, a competência de processo e julgamento será do Tribunal a que ele possui a prerrogativa (e não do JECRIM).

Embora a competência não seja do JECRIM, aqui também é possível a aplicação dos institutos despenalizadores (caso preenchidos os requisitos legais).

Conexão ou continência. Em breves palavras, conexão (art. 76 do CPP) e continência (art. 77 do CPP) são institutos jurídicos que permitem a reunião, em um só processo, de infrações penais que, normalmente, seriam processadas em separado. Assim, tais institutos ocasionam a modificação da competência de infração para que todas sejam processadas e julgadas perante o mesmo juízo competente (uma infração exercerá força atrativa sobre a outra).

Caso estejamos diante de uma infração de menor potencial ofensivo praticada em conexão ou continência com outra infração que não seja de menor potencial ofensivo, o processo e o julgamento das infrações como um todo serão da competência do juízo do delito mais grave (juízo comum, júri etc.). Podemos citar o exemplo de um crime de ameaça (IMPO) cometido em conexão com um delito de homicídio doloso: competência do Tribunal do Júri para processar e julgar ambos os delitos.

Saiba, por fim, que, mesmo no caso de conexão ou continência, é plenamente possível a incidência dos institutos despenalizadores **na infração de menor potencial ofensivo** (em audiência preliminar a ser designada no juízo competente): transação penal, composição civil dos danos (art. 60, parágrafo único) e suspensão condicional do processo (art. 89).

Infrator não encontrado para citação. No tocante à citação, a regra na Lei n° 9.099/1995 é que ela seja pessoal[6]. Por conseguinte, caso o acusado não seja encontrado, inviabilizando a citação pessoal, o art. 66, parágrafo único, prescreve que o juiz encaminhará o processo, que está tramitando no JECRIM, para o Juízo comum. Isso porque, nos Juizados Especiais Criminais, não há citação por edital, assim a solução escolhida pelo legislador foi a de modificar a competência, aplicando-se o procedimento sumário do Código de Processo Penal (art. 538 – o qual admite a citação por edital). Ressaltamos que, mesmo tramitando perante o juízo comum, será possível a incidência dos institutos despenalizadores.

> **Art. 66.** A citação será pessoal e far-se-á no próprio Juizado, sempre que possível, ou por mandado.
>
> **Parágrafo único.** Não encontrado o acusado para ser citado, o Juiz encaminhará as peças existentes ao Juízo comum para adoção do procedimento previsto em lei.

Caso complexo. Vimos que o JECRIM é orientado, entre outros, pelos princípios da simplicidade e da celeridade. Na esteira desses postulados, o art. 77, § 2°, estabelece que, se o fato é complexo, impedindo a formulação da denúncia, o Ministério Público poderá requerer o encaminhamento do processo ao Juízo comum. Por óbvio, se a IMPO for complexa, exigindo apuração mais detalhada das circunstâncias para a reconstrução da verdade dos

---

6   Para mais detalhes acerca do tema "atos processuais", remetemos o leitor ao item 5.2.5.

fatos, isso irá de encontro com a simplicidade e com a celeridade típicas dos Juizados (sendo adequado o envio dos autos ao Juízo comum). Embora o delito não seja julgado no JECRIM, aqui também será possível a aplicação dos institutos despenalizadores da Lei.

> **Art. 77. (...)**
>
> **§ 2º** Se a complexidade ou circunstâncias do caso não permitirem a formulação da denúncia, o Ministério Público poderá requerer ao Juiz o encaminhamento das peças existentes, na forma do parágrafo único do art. 66 desta Lei.

Concurso de crimes e causas de aumento/diminuição de pena[7] **– fixação de competência**. Interessante discussão diz respeito ao concurso de crimes de menor potencial ofensivo. Imagine que determinada pessoa cometeu dois delitos em concurso material, ambos com pena máxima[8] não superior a dois anos, mas que, quando aplicado o sistema do cúmulo material (soma das penas), ultrapassará o limite mencionado. **Nesse caso, os delitos serão de competência do JECRIM?** A resposta é negativa. Essa é a orientação do STJ:

Jurisprudência destacada

1. Pacificou-se neste Sodalício o entendimento de que, para efeito de fixação da competência dos Juizados Especiais, deve ser levado em conta **o somatório das penas máximas cominadas aos delitos no caso de concurso material de crimes, caso em que, ultrapassado o limite de 2 (dois) anos, encaminha-se o feito para a Justiça Comum**. 2. Na espécie, verifica-se que o paciente está sendo acusado de praticar os crimes de resistência e desacato em concurso material, cujas penas máximas, somadas, ultrapassam o limite de 2 (dois) anos previsto nas Leis nº 9.099/1995 e nº 10.259/2001, o que revela que a competência para processar e julgar a ação penal em tela é da Justiça Comum, e não dos Juizados Especiais, como decidido na origem (STJ, 5ª Turma, HC nº 314.854/RJ, Rel. Min. Jorge Mussi, j. 07.05.2015).

 Decifrando a prova

(Delegado – PC/GO – Cespe – 2017 – Adaptada) Para definição da competência do juizado especial criminal no concurso material de crimes, a soma das penas máximas cominadas para cada crime não pode exceder a dois anos.
( ) Certo ( ) Errado

---

[7] No tocante às agravantes e às atenuantes genéricas, não interferem na competência dos Juizados, haja vista que não há um percentual predefinido pela lei. Além disso, não podem conduzir à fixação da pena fora dos limites legais (Súmula nº 231 do STJ).

[8] Lembre-se de que, para a classificação da infração em "infração de menor potencial ofensivo", devemos buscar sempre a pena máxima.

Gabarito comentado: se da aplicação do sistema do cúmulo material resultar uma pena máxima superior a dois anos, como vimos, os delitos não serão de competência do JECRIM, mas sim do Juízo comum. Portanto, está certa a assertiva.

No mesmo sentido é a hipótese de concurso formal ou crime continuado envolvendo duas infrações de menor potencial ofensivo. Nesse caso, a pena máxima do delito mais grave deverá ser aumentada no máximo previsto (sistema da exasperação), chegando-se, assim, à maior pena máxima abstrata possível. Se resultar em um *quantum* maior do que dois anos, afasta-se a competência do JECRIM.

Jurisprudência destacada

1. A jurisprudência desta eg. Corte firmou-se no sentido de que, para fins de fixação de competência do Juizado Especial, **será considerado o resultado da soma da pena máxima cominada ao delito com a causa de aumento que lhe seja imputada, soma que, ultrapassado o patamar de 2 (dois) anos, afasta a competência do Juizado Especial Criminal** (STJ, 5ª Turma, HC nº 300.826/SP, Rel. Min. Felix Fischer, j. 07.04.2015).

Quando falamos em causas de aumento ou de diminuição de pena, elas também serão relevantes para a determinação da competência dos Juizados. Aqui, sempre tomaremos por base a teoria da pior das hipóteses, pois no tocante ao conceito de infração de menor potencial ofensivo busca-se a maior pena abstrata possível: quanto às majorantes, aplica-se o máximo de aumento; quanto às minorantes, aplica-se o mínimo de diminuição. Se resultar em uma pena máxima maior que dois anos, da mesma forma, a infração penal não será de competência do JECRIM.

A contrario sensu, se nas situações *supra* resultar pena máxima não superior a dois anos, a competência será do JECRIM (salvo se houver outra hipótese de modificação de competência).

Concurso de crimes e causas de aumento/diminuição de pena – transação penal e composição dos danos civis. Conforme o exposto em todas as situações anteriores, se a pena máxima em abstrato resultar em um *quantum* maior do que dois anos, os delitos não serão de competência do JECRIM (mas, sim, do Juízo comum). Contudo, **ainda será possível** a aplicação dos institutos da transação penal e da composição civil dos danos se à infração, **isoladamente considerada**, for cominada **pena máxima não superior a dois anos**[9] (além do preenchimento dos demais requisitos da Lei)[10].

---

[9]   Veremos em seguida que, no tocante à suspensão condicional do processo, teremos raciocínio diverso, haja vista que tal instituto despenalizador não se limita às infrações penais de menor potencial ofensivo.

[10]   Nesse sentido: Lima (2020, p. 585).

Quanto a essa última afirmação, a verdade é que boa parte da doutrina não reflete sobre a possibilidade de aplicação desses dois institutos despenalizadores na situação mencionada. Portanto, encontramos questões de concursos que consideram serem inaplicáveis os benefícios da Lei nº 9.099/1995 como um todo (e não apenas o procedimento sumaríssimo da Lei) quando o concurso de crimes resultar em uma pena máxima maior do que dois anos (descartando, ou simplesmente ignorando, a possibilidade de aplicação da composição civil dos danos e da transação penal, mesmo se à infração, de forma isolada, for cominada pena máxima não superior a dois anos).

⚡ Decifrando a prova

(Delegado PC/AL – CESPE – 2012) Para a aplicação dos benefícios da Lei dos Juizados Especiais no caso de crime continuado ou concurso formal de crimes, deve-se analisar a pena máxima com o aumento máximo previsto para cada uma dessas formas de concurso.

( ) Certo ( ) Errado

Gabarito comentado: a questão silenciou acerca da possibilidade de análise da pena máxima de **cada** infração penal – isoladamente – para fins de aplicação da composição civil dos danos e transação penal, considerando a influência **apenas do concurso de crimes** (no caso, pena máxima com o aumento máximo) como definidora para a aplicação (ou não) dos **benefícios da Lei dos Juizados como um todo** (institutos despenalizadores, competência etc.).

Seria tecnicamente mais correto se, em vez de usar a expressão "benefícios da Lei dos Juizados", tivesse empregado "competência da Lei dos Juizados". De qualquer forma, como alertamos, muitas vezes o examinador não será técnico na utilização dos conceitos. Portanto, a assertiva está certa.

Concurso de crimes e causas de aumento/diminuição de pena – suspensão condicional do processo. Nos tópicos anteriores, a pena máxima em abstrato é que guiará a análise dos temas, haja vista que esse é o critério de classificação das infrações de menor potencial ofensivo, importante para **fixação de competência** do JECRIM, bem como aos institutos da **composição dos danos civis** e da **transação penal**. Contudo, quando falamos em suspensão condicional do processo, o foco é outro: será a pena mínima em abstrato. Isso porque, conforme o art. 89 da Lei, tal instituto poderá incidir em todas as infrações penais com pena mínima igual ou inferior a um ano (independentemente da pena máxima prevista).

Assim, no tocante ao concurso de crimes, imagine que determinada pessoa cometeu dois delitos em **concurso material**, ambos com pena mínima não superior a um ano, mas, quando aplicado o sistema do cúmulo material (soma das penas), ultrapassará o limite mencionado. Nesse caso, o agente não poderá ser beneficiado pelo *sursis* processual.

Com relação ao **concurso formal** ou ao **crime continuado**, a pena mínima do delito mais grave deverá ser aumentada no mínimo previsto (sistema da exasperação), chegando-se, assim, à menor pena mínima abstrata possível. Se resultar em um *quantum* maior do que um ano, da mesma forma não será cabível a medida.

Quanto às **causas de aumento/diminuição de pena**, adotaremos a teoria da melhor das hipóteses (pois queremos a pena mínima possível): quanto às majorantes, aplica-se o mínimo de aumento; quanto às minorantes, aplica-se o máximo de diminuição. Se resultar em uma pena mínima superior a um ano, não será cabível a suspensão condicional do processo.

A contrario sensu, se as situações anteriores resultarem pena mínima igual ou inferior a um ano, será cabível o instituto (preenchidos os demais requisitos legais, conforme veremos). Nesse sentido, entendem os Tribunais Superiores:

> ### 🔍 Jurisprudência destacada
>
> **Súmula nº 723 do STF:** Não se admite a suspensão condicional do processo por crime continuado, se a soma da pena mínima da infração mais grave com o aumento mínimo de um sexto for superior a um ano.
>
> **Súmula nº 243 do STJ:** O benefício da suspensão do processo não é aplicável em relação às infrações penais cometidas em concurso material, concurso formal ou continuidade delitiva, quando a pena mínima cominada, seja pelo somatório, seja pela incidência da majorante, ultrapassar o limite de um (1) ano.

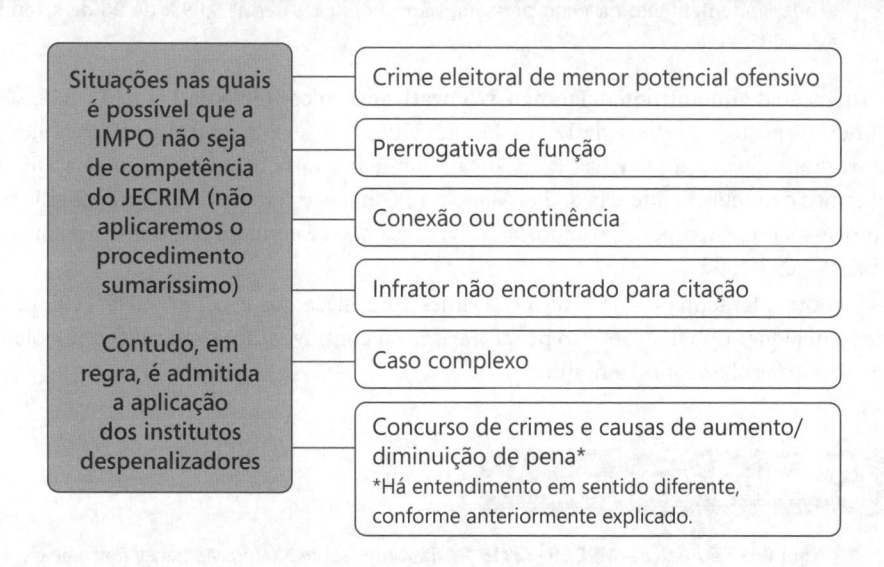

Situações nas quais é possível que a IMPO não seja de competência do JECRIM (não aplicaremos o procedimento sumaríssimo)

- Crime eleitoral de menor potencial ofensivo
- Prerrogativa de função
- Conexão ou continência
- Infrator não encontrado para citação

Contudo, em regra, é admitida a aplicação dos institutos despenalizadores

- Caso complexo
- Concurso de crimes e causas de aumento/diminuição de pena*
  *Há entendimento em sentido diferente, conforme anteriormente explicado.

5.2.2 Hipóteses de não incidência da Lei nº 9.099/1995

Lei nº 8.069/1990 – ECA

Art. 226. (...)

§ 1º Aos crimes cometidos contra a criança e o adolescente, independentemente da pena prevista, não se aplica a Lei nº 9.099, de 26 de setembro de 1995.

Crimes cometidos contra a criança e o adolescente. Recentemente, houve a inclusão do § 1º no art. 226 do ECA (Lei nº 8.069/1990), o qual veda a incidência da Lei nº 9.099/1995 aos crimes cometidos contra a criança e o adolescente. Contudo, diante de divergências doutrinárias sobre o alcance do dispositivo, aconselhamos que o futuro aprovado leia a temática no capítulo concernente à Lei nº 8.069/1990. Nos comentários dessa lei, abordamos de forma ampla as controvérsias que já existem quanto ao novel dispositivo.

Art. 90-A. As disposições desta Lei não se aplicam no âmbito da Justiça Militar.

Infração de menor potencial ofensivo militar. Conforme expressamente previsto no art. 90-A da Lei nº 9.099/1995, nenhuma disposição da Lei aplica-se no âmbito da Justiça Militar. Dessa forma, mesmo que o crime militar possua pena máxima não superior a dois anos, **não incidirá nele qualquer dispositivo da Lei nº 9.099/1995** (por exemplo, procedimento sumaríssimo, institutos despenalizadores etc.).

Parte da doutrina sustenta que, se o crime militar de menor ofensivo foi praticado **por civil** (e não por militar), seria possível a incidência dos institutos despenalizadores da Lei nº 9.099/1995[11].

Lei nº 11.340/2006
Art. 41. Aos crimes praticados com violência doméstica e familiar contra a mulher, independentemente da pena prevista, não se aplica a Lei nº 9.099, de 26 de setembro de 1995.

Infração de menor potencial ofensivo praticada no contexto da Lei nº 11.340/2006. Segundo disposto no art. 41 da Lei nº 11.340/2006, não se aplica a Lei nº 9.099/1995 aos crimes praticados com violência doméstica e familiar contra a mulher[12], ou seja, quando estivermos diante da incidência da Lei Maria da Penha, não teremos suspensão condicional do processo, transação penal, composição civil dos danos e nenhum outro instituto previsto na Lei nº 9.099/1995.

Embora a lei tenha usado o termo "crimes", prevalece que a Lei nº 9.099/1995 não se aplica a qualquer tipo de "infração penal" (crime ou contravenção) praticada com violência doméstica e familiar contra a mulher.

🔀 Decifrando a prova

(Promotor de Justiça – MPE SP – 2019 – Adaptada) Sobre a transação penal, no crime de lesão corporal leve decorrente de violência doméstica contra a mulher, não poderá o Ministério Público oferecer a proposta.
( ) Certo ( ) Errado

---

[11] Nesse sentido: Lima (2020, p. 642).
[12] O STF, por meio da ADC nº 19/DF, declarou a constitucionalidade do art. 41 da Lei nº 11.340/2006.

> **Gabarito comentado:** no contexto de violência doméstica e familiar contra a mulher, não será possível a incidência de nenhum instituto da Lei nº 9.099/1995 (inclusive a transação penal). Portanto, a assertiva está certa.

 Jurisprudência destacada

O preceito do artigo 41 da Lei nº 11.340/2006 alcança toda e qualquer prática delituosa contra a mulher, até mesmo quando consubstancia contravenção penal, como é a relativa a vias de fato. Ante a opção político-normativa prevista no artigo 98, inciso I, e a proteção versada no artigo 226, § 8º, ambos da Constituição Federal, surge harmônico com esta última o afastamento peremptório da Lei nº 9.099/1995 – mediante o artigo 41 da Lei nº 11.340/2006 – no processo-crime a revelar violência contra a mulher (STF, Pleno, HC nº 106.212/MS, Rel. Min. Marco Aurélio, j. 24.03.2011).

Infração penal de competência da
Justiça Militar

Situações nas quais a incidência da Lei nº 9.099/1995 – como um todo – é afastada (nenhum dispositivo será aplicado).

Infração penal praticada no contexto
da Lei nº 11.340/2006 (Maria da
Penha)

Infração penal cometida contra a
criança e o adolescente, nos termos
do art. 226, § 1º, da Lei nº 8.069/1990

5.2.3 Natureza da competência dos Juizados

Natureza da competência. Embora alguns doutrinadores entendam que a competência dos Juizados Especiais Criminais é absoluta[13] (pois deriva da Constituição Federal, não admitindo modificação), outros ensinam no sentido de ser ela, na verdade, relativa. Embora tal competência esteja disposta na CF (art. 98, I), é certo que admite não só uma, mas várias situações de modificação previstas na legislação (se fosse absoluta, a lei não poderia modificá-la). Assim, se uma infração de menor potencial ofensivo tramitar no juízo comum – quando deveria ter sido processada perante o JECRIM –, haverá nulidade apenas se a parte comprovar a ocorrência de prejuízo (relativa).

---

[13]   Nesse sentido: NUCCI (2019, p. 501).

Nesse sentido, decidiu o STF no bojo da ADI nº 5.264:

> (...) 1. É relativa **a competência dos Juizados Especiais Criminais**, pela qual se admite o deslocamento da competência, por regras de conexão ou continência, para o Juízo Comum ou Tribunal do Júri, no concurso de infrações penais de menor potencial ofensivo e comum. 2. Os institutos despenalizadores previstos na Lei nº 9.099/1995 constituem garantia individual do acusado e têm de ser assegurados, quando cabíveis, independente do juízo no qual tramitam os processos. (...) (STF, Plenário, ADI nº 5.264/DF, Rel. Min. Cármen Lúcia, j. 04.12.2020 – *Informativo* 1.001).

Observe, por fim, que, caso a IMPO seja processada perante o juízo comum e neste não tenham sido oportunizados os institutos despenalizadores ao infrator (quando cabíveis), aqui sim estaremos diante de nulidade absoluta. Nas palavras de Lima (2020, p. 581):

> (...) não se trata de discutir se a competência dos Juizados é absoluta ou relativa. O que realmente interessa diz respeito à aplicação (ou não) dos institutos despenalizadores trazidos pela Lei nº 9.099/1995.

Desclassificação. Se houver a desclassificação de um crime, passando a ser considerado infração de menor potencial ofensivo, o juiz, em regra[14], deverá remeter o processo ao JECRIM competente para o prosseguimento do feito (com a aplicação dos institutos despenalizadores, se for o caso).

5.2.4 Competência territorial

Art. 63. A competência do Juizado será determinada pelo lugar em que foi praticada a infração penal.

Aqui também contamos com divergência na doutrina, pelo fato de o legislador ter sido impreciso ao usar a expressão "lugar em que foi **praticada** a infração penal". De forma objetiva, prevalece que a Lei nº 9.099/1995 adotou a teoria da ubiquidade (ou mista) na definição de sua competência territorial: será competente o foro do lugar onde aconteceu a ação ou a omissão (conduta), bem como o do local onde ocorreu, ou deveria ocorrer, o resultado[15].

---

[14] Nucci (2019, p. 502) cita um exemplo de manutenção do processo no Juízo comum: "(...) crime apurado na Justiça comum, onde foi decretada a prisão cautelar do acusado; ao final, havendo desclassificação para infração de menor potencial ofensivo, punida com pena inferior ao tempo de prisão provisória, deve o juiz da Justiça comum decretar, de pronto, extinta a punibilidade, valendo-se da detração".

[15] Nesse sentido: Nucci (2019, p. 504).

Decifrando a prova

(Juiz TJMS – FCC – 2020 – Adaptada) Em relação aos Juizados Especiais Criminais, correto afirmar que a competência será determinada pelo lugar em que foi praticada a infração penal ou pelo domicílio da vítima, a critério desta.
( ) Certo ( ) Errado
Gabarito comentado: conforme o art. 63, será determinada pelo lugar em que foi praticada a infração penal (mas não pelo domicílio da vítima). Portanto, a assertiva está errada.

5.2.5 Atos processuais

Art. 64. Os atos processuais serão públicos e poderão realizar-se em horário noturno e em qualquer dia da semana, conforme dispuserem as normas de organização judiciária.

Art. 65. Os atos processuais serão válidos sempre que preencherem as finalidades para as quais foram realizados, atendidos os critérios indicados no art. 62 desta Lei.

§ 1º Não se pronunciará qualquer nulidade sem que tenha havido prejuízo.

§ 2º A prática de atos processuais em outras comarcas poderá ser solicitada por qualquer meio hábil de comunicação.

§ 3º Serão objeto de registro escrito exclusivamente os atos havidos por essenciais. Os atos realizados em audiência de instrução e julgamento poderão ser gravados em fita magnética ou equivalente.

Nos dispositivos transcritos, temos a consagração dos critérios da **celeridade e informalidade** aplicados aos atos processuais do JECRIM. Para provas de concursos o mais importante aqui é memorizar as ideias centrais dos dispositivos:

- os atos processuais serão públicos e poderão realizar-se à noite e em qualquer dia da semana (conforme as normas de organização judiciária);
- o ato processual que atingir a sua finalidade, em regra, será considerado válido, mesmo que tenha acontecido algum erro ou falha. Assim, apenas ocorrerá a nulidade caso demonstrado o prejuízo pela parte prejudicada;
- a prática de atos processuais em outras comarcas poderá ser solicitada por qualquer meio hábil de comunicação (**telefone, *e-mail*** etc.);
- apenas os atos essenciais serão objeto de registro escrito e aqueles realizados em audiência de instrução e julgamento poderão ser gravados.

 Decifrando a prova

(Juiz TJMS – FCC – 2020 – Adaptada) Em relação aos Juizados Especiais Criminais, correto afirmar que os atos processuais serão públicos e poderão realizar-se em horário noturno e em qualquer dia da semana, incabível, porém, a prática em outras comarcas.

( ) Certo ( ) Errado

Gabarito comentado: o erro da questão é afirmar ser incabível a prática dos atos processuais em outras comarcas, quando na verdade é possível (art. 65, § 2º). Portanto, a assertiva está errada.

Art. 66. A citação será pessoal e far-se-á no próprio Juizado, sempre que possível, ou por mandado.

Parágrafo único. Não encontrado o acusado para ser citado, o Juiz encaminhará as peças existentes ao Juízo comum para adoção do procedimento previsto em lei.

Art. 67. A intimação far-se-á por correspondência, com aviso de recebimento pessoal ou, tratando-se de pessoa jurídica ou firma individual, mediante entrega ao encarregado da recepção, que será obrigatoriamente identificado, ou, sendo necessário, por oficial de justiça, independentemente de mandado ou carta precatória, ou ainda por qualquer meio idôneo de comunicação.

Parágrafo único. Dos atos praticados em audiência considerar-se-ão desde logo cientes as partes, os interessados e defensores.

Art. 68. Do ato de intimação do autor do fato e do mandado de citação do acusado, constará a necessidade de seu comparecimento acompanhado de advogado, com a advertência de que, na sua falta, ser-lhe-á designado defensor público.

Citação. Como já mencionado, no tocante à citação[16], a regra na Lei nº 9.099/1995 é que ela seja **pessoal**, realizada no próprio Juizado ou, quando ausente o acusado, por mandado (efetivada por oficial de justiça). Assim, não cabe citação por telefone ou *e-mail*. Prevalece que também não se admitirá carta rogatória (art. 368 do CPP), pois incompatível com o rito dos Juizados (se necessário, o processo poderá ser encaminhado ao Juízo Comum).

Caso o acusado não seja encontrado, inviabilizando a citação pessoal, o art. 66, parágrafo único, prescreve que o juiz encaminhará o processo que está tramitando no JECRIM para o Juízo comum – procedimento sumário –, pois não há citação por edital nos Juizados Especiais. Uma vez remetido o processo, entendemos que não poderá voltar ao Juizado (nem mesmo na hipótese de surgimento do réu).

Por fim, saiba que parte da doutrina considera ser possível a citação por **hora certa**, bem como a expedição de **carta precatória** no âmbito do JECRIM[17]. Confira o teor do Enunciado nº 110 do XXV FONAJE (Fórum Nacional de Juizados Especiais): "No Juizado Especial Criminal é cabível a citação com hora certa".

Intimação. O art. 67, alinhado à informalidade e à celeridade do JECRIM, estabelece que a intimação[18] poderá ser realizada por **correspondência** (à pessoa física ou jurídica),

---

[16] É o ato de comunicação ao réu acerca do recebimento de peça acusatória oferecida conta ele, bem como o chamamento ao processo para que possa defender-se.

[17] Nesse sentido: Lima (2020, p. 594).

[18] É o ato de comunicação ao interessado acerca de algum ato processual já praticado ou a ser realizado.

oficial de justiça (independentemente de mandado ou carta precatória) ou **qualquer meio idôneo** (*e-mail*, telefone etc.). Acrescenta ainda que dos atos praticados em audiência considerar-se-ão cientes os presentes – partes, interessados e defensores.

Por sua vez, o art. 68 estabelece que do ato de intimação do autor do fato (fase preliminar) e do mandado de citação do acusado (fase judicial) constará a necessidade de seu comparecimento acompanhado de advogado (ou ser-lhe-á nomeado defensor público ou dativo).

Perceba que, quando a lei cita a **intimação** do **autor do fato**, ela está a se referir ao momento do início da audiência preliminar – anterior ao processo (art. 72). À semelhança, quando prescreve sobre o mandado de **citação** do **acusado,** quer fazer menção ao início da audiência de instrução e julgamento – fase processual (art. 81). Em ambas as situações, é imperiosa a presença do advogado ou defensor.

Por fim, saiba que o entendimento atual do STJ é o de que no âmbito do JECRIM não há a necessidade de intimação pessoal da Defensoria Pública, sendo suficiente a intimação, por exemplo, por meio da imprensa oficial.

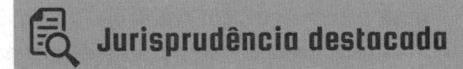 **Jurisprudência destacada**

> (...) 2. Como é de conhecimento, no âmbito especial dos juizados de celeridade e especialidade, não há necessidade de intimação pessoal da Defensoria Pública. Regra especial que se sobrepõe à geral. (...) 3. Na hipótese, constata-se a ausência de flagrante ilegalidade a justificar a superação da Súmula nº 691 do STF, tendo em vista que, consoante as informações prestadas pelo Juízo de primeiro grau, o feito tramitou nos termos da Lei nº 9.099/1995 (Juizado Especial Criminal), sendo suficiente a intimação do defensor nomeado por meio da imprensa oficial, conforme ocorreu no caso dos autos (STJ, 5ª Turma, AgRg no HC nº 721.564/SP, Rel. Min. Reynaldo Soares da Fonseca, j. 19.04.2022).

5.3 PERSECUÇÃO PENAL – FASE PRELIMINAR

5.3.1 Termo circunstanciado de ocorrência e audiência preliminar

Art. 69. A autoridade policial que tomar conhecimento da ocorrência lavrará termo circunstanciado e o encaminhará imediatamente ao Juizado, com o autor do fato e a vítima, providenciando-se as requisições dos exames periciais necessários.

Parágrafo único. Ao autor do fato que, após a lavratura do termo, for imediatamente encaminhado ao juizado ou assumir o compromisso de a ele comparecer, não se imporá prisão em flagrante, nem se exigirá fiança. Em caso de violência doméstica, o juiz poderá determinar, como medida de cautela, seu afastamento do lar, domicílio ou local de convivência com a vítima.

Termo circunstanciado de ocorrência (TCO). No JECRIM, em regra, não há inquérito policial, mas, sim, termo circunstanciado de ocorrência: cuida-se do relato formalizado acerca da infração de menor potencial ofensivo ocorrida, contendo os elementos de informação obtidos (depoimento dos envolvidos, exame de corpo de delito, quando for o caso etc.).

Embora o TCO seja mais sucinto do que o inquérito policial (princípio da celeridade e informalidade do JECRIM), presta-se basicamente à mesma função, que é a de auxiliar na formação da convicção do titular da ação penal. Além disso, ressaltamos que a instauração de inquérito policial não é proibida (apesar de não ser regra) – mesmo depois de lavrado o TCO – como é o caso do fato complexo, que demanda uma investigação mais aprofundada (uma das causas possíveis de modificação da competência do JECRIM).

Prisão em flagrante e encaminhamento imediato. O TCO pode ser elaborado em caso de flagrante ou não. Se houver situação flagrancial, o parágrafo único do art. 69 dispõe que após a lavratura do TCO, ao autor que for encaminhado imediatamente ao JECRIM, ou, mesmo que não vá imediatamente, assuma o compromisso de a ele comparecer em data designada (hipótese mais comum na prática): não se imporá prisão em flagrante, nem se exigirá fiança (será liberado na delegacia ou no JECRIM).

Então, perceba que, em regra, não há prisão em flagrante nem arbitramento de fiança quando estivermos diante de infração de menor potencial ofensivo. Essa regra somente será excepcionada se o autor do fato não comparecer nem assumir o compromisso de comparecer ao JECRIM: nessa situação, a autoridade policial lavrará o auto de prisão em flagrante e arbitrará fiança, a qual, uma vez não paga, resultará no recolhimento do infrator ao cárcere.

Art. 28 da Lei nº 11.343/2006. No crime de porte de drogas para uso pessoal, temos raciocínio distinto do anteriormente exposto. Ao autor do delito previsto no art. 28 da Lei nº 11.343/2006 jamais se admitirá a imposição de prisão em flagrante ou fiança – nem mesmo se ocorrer a recusa de comparecimento imediato ou posterior ao Juizado –, haja vista que tal figura típica não possui pena privativa de liberdade como sanção penal (somente advertência, prestação de serviços e medida educativa). Ora, se não há qualquer possibilidade de o autor do crime, ao final do processo, ser recolhido ao cárcere, também não há justificativa para prendê-lo em flagrante no início da persecução penal (insistimos, mesmo diante da recusa injustificada de comparecimento ao JECRIM).

ADI nº 3.807 e art. 48, § 3º, da Lei nº 11.343/2006. Recentemente, tivemos o julgamento da ADI nº 3.807/DF[19], na qual a Associação dos Delegados de Polícia do Brasil (ADEPOL) pugnava pela inconstitucionalidade do art. 48, § 3º, da Lei nº 11.343/2006 (drogas), o qual, como veremos, foi reputado constitucional. O dispositivo questionado atribui à autoridade policial a competência para adotar as providências previstas no § 2º do art. 48 (em resumo, lavratura do TCO, seguida do encaminhamento ou do compromisso de comparecer ao JECRIM – no caso do delito previsto no art. 28 da Lei), **caso ausente a autoridade judicial**.

Para a mencionada associação, essas são providências de competência privativa da autoridade policial, **não podendo ser conferidas à autoridade judicial**, como fez o dispositivo

---

[19]   STF, Pleno, j. 29.06.2020.

(trazendo que, somente excepcionalmente – *caso ausente a autoridade judicial* – é que o Delegado poderia proceder conforme o § 2º).

Como ressaltou a relatora (Min. Cármen Lúcia) em seu voto, as redações dos §§ 2º e 3º do art. 48 dão margem a duas interpretações, as quais objetivamente esclarecemos a seguir:

1. As providências do § 2º devem ser adotadas pela autoridade policial (e não pela judicial). Assim, caso alguém seja flagrado portando droga para consumo pessoal, deverá ser conduzido à presença da autoridade policial, a qual lavrará o termo circunstanciado (com a requisição de exames e perícias, se necessário) e encaminhará o sujeito ao JECRIM ou, ao menos, colherá o seu compromisso de comparecimento (vedada a detenção em qualquer hipótese, haja vista a ausência de pena privativa de liberdade cominada no delito).

2. As providências do § 2º devem, em regra, ser adotadas pela autoridade judicial (a menos que esteja ausente – ex.: não há juiz de plantão no momento –, ocasião em que serão tomadas pela autoridade policial). Dessa forma, caso alguém seja flagrado portando droga para consumo pessoal, deverá ser conduzido direta e imediatamente à presença da autoridade judicial, cabendo a ela a lavratura do termo circunstanciado (com a requisição de exames e perícias, se necessário).

A segunda posição prevaleceu, de modo que acompanharam a relatora os Ministros Gilmar Mendes e Roberto Barroso (vencido o Min. Marco Aurélio). Contudo, ambos fizeram a ressalva de que o TCO pode ser lavrado **igualmente pela autoridade judicial ou policial** (não há, do ponto de vista constitucional, uma ordem de preferência para lavratura em juízo).

ADI nº 3.807 e lavratura do TCO. Na ADI nº 3.807/DF, especificamente no voto da relatora (vencedor), também foi exposto se a lavratura de termo circunstanciado (e requisição de exames e perícias) constitui atividade de investigação, privativa da Polícia Federal e das polícias civis, ou se pode ser atribuída a outras autoridades.

Pontuou-se, primeiramente, que a lavratura citada **não configura ato de investigação**, pois, embora substitua o inquérito policial nos processos que tramitam perante o JECRIM, o termo circunstanciado de ocorrência **não é procedimento investigativo**. Em conclusão, **não é ato privativo de polícia judiciária**, ou seja, outras autoridades também poderão lavrar o TCO (como a autoridade judiciária e, pelo que se entende do ora decidido, até mesmo a Polícia Militar).

Além disso, observou-se que tal raciocínio **não vai de encontro com o firmado pelo STF no julgamento da ADI nº 3.614**: impossibilidade da lavratura de termo circunstanciado de ocorrência pela Polícia Militar, nos Municípios que não contem com servidor de carreira para o desempenho das funções de Delegado de Polícia, por caracterizar desvio de função. Isso porque, nessa ADI, o Supremo não definiu a lavratura do TCO como ato de polícia judiciária, mas, sim, reputou inconstitucional o fato de policiais militares atenderem nas delegacias de polícia em substituição aos delegados civis (o sentido da decisão final foi bem mais amplo, de modo que a situação da lavratura do TCO apenas tangenciou a discussão).

Dessa forma e em conclusão, mencionando outra parte do voto da relatora: "O entendimento de que a lavratura de termo circunstanciado não configura atividade investigativa e, portanto, não é função privativa de polícia judiciária não contraria jurisprudência assentada deste Supremo Tribunal Federal".

No mesmo sentido (e mais recentemente):

Jurisprudência destacada

Ação direta de inconstitucionalidade. Constitucional. **Lei do Estado de Minas Gerais** nº 22.257/2016. **Autorização de lavratura de termo circunstanciado por integrantes dos órgãos de segurança pública. Possibilidade**. Competência concorrente dos estados. Ausência de desvio de funções. Ação direta julgada improcedente.

1. A lavratura de termo circunstanciado **não configura atividade investigativa, nem é atividade privativa da polícia judiciária**. Precedentes. 2. No âmbito da competência concorrente, Estados e Distrito Federal têm competência para definir as autoridades legitimadas para a lavratura do termo circunstanciado. 3. Como não há atribuição privativa de delegado de polícia ou mesmo da polícia judiciária para a lavratura do termo circunstanciado, **norma estadual que atribui essa competência à polícia militar não viola a divisão constitucional de funções entre os órgãos de segurança pública**. 4. Ação direta julgada improcedente (STF, Pleno, ADI nº 5.637/MG, Rel. Min. Edson Fachin, j. 14.03.2022).

Por fim, quanto ao posicionamento da doutrina, existem aqueles que adotam o anteriormente exposto, bem como outra parcela que entende no sentido de a atribuição para a lavratura do TCO ser exclusiva do Delegado de Polícia[20] (é ato privativo de polícia judiciária, como revela a literalidade do art. 69 da Lei nº 9.099/1995).

Indiciamento no TCO. Prevalece o entendimento de que não cabe indiciamento em sede de TCO[21], por ser incompatível com as peculiaridades da Lei nº 9.099/1995, a qual visa, pelo menos a princípio, a solução consensual dos conflitos (evitando a instauração do processo).

Medida de afastamento do lar. Ainda no art. 69, parágrafo único, sua parte final dispõe que, no caso de violência doméstica cometida pelo autor, o juiz poderá determinar o seu afastamento do local de convivência com a vítima. Parte da doutrina discute se tal disposição aplica-se no contexto de violência doméstica e familiar contra mulher, haja vista que o art. 41 da Lei nº 11.340/2006 exclui a incidência da Lei nº 9.099/1995. Sendo objetivo, na prática essa discussão se mostra inútil, uma vez que a Lei Maria da Penha já prevê a medida protetiva de afastamento do agressor do lar (art. 22, II), além de vários outros instrumentos de proteção à mulher vítima de violência.

No caso de violência doméstica praticada pelo autor fora do contexto da Lei Maria da Penha (ex.: cometida contra filho adolescente), é possível a aplicação do dispositivo, bem como quaisquer das medidas cautelares diversas da prisão do art. 319 do CPP (preenchidos os requisitos legais).

Audiência preliminar. A partir do art. 70, o legislador inicia o tratamento da chamada **audiência preliminar**, a qual ocorrerá após a lavratura do TCO e encaminhamento

---

[20] São as lições de Nucci (2020, p. 460).
[21] Nesse sentido: Lima (2020, p. 597).

dos envolvidos ao Juizado, ocorrendo imediatamente ou em data designada. Na audiência – presentes autor, vítima, seus advogados[22] e Ministério Público –, o juiz (ou conciliador[23] sob a orientação do juiz) esclarecerá aos presentes acerca da possibilidade de **composição dos danos civis**, bem como da aceitação de **transação penal** (proposta de aplicação imediata de pena não privativa de liberdade). Saiba que autor e vítima não são obrigados a participar da audiência preliminar, haja vista que os institutos despenalizadores são faculdades disponíveis às partes (não obrigatórios).

Ressaltamos que nesse início da audiência preliminar, no qual são oferecidos os institutos despenalizadores, ainda não temos processo. Busca-se aqui a solução consensual do conflito, por meio da composição dos danos civis ou da transação penal, de modo a evitar o início do processo. Mais à frente, estudaremos que, não obtido o consenso, na própria audiência o titular da ação penal poderá oferecer a peça acusatória, na forma oral (art. 78).

Embora esse seja o momento mais comum, nada impede que tais institutos despenalizadores sejam ofertados após o início do processo, como veremos.

Acrescentamos, por fim, que na situação de remessa do processo ao Juízo Comum, ante indícios da prática de crime não inserido na competência do JECRIM, eventuais vícios ocorridos na audiência preliminar serão considerados superados. Nesse sentido:

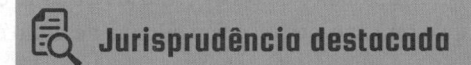 **Jurisprudência destacada**

(...) Uma vez determinada, ante indícios da prática de crime não inserido na competência do Juizado Especial Criminal, remessa do processo à Vara Comum, **eventuais vícios ocorridos na audiência preliminar revelam-se superados**. Termo circunstanciado – Capitulação jurídica. A capitulação jurídica dos fatos, pela autoridade policial, no termo circunstanciado, é provisória, não vinculando o Ministério Público (STJ, 1ª Turma, HC nº 150.852/SP, Rel. Min. Marco Aurélio, j. 15.03.2021).

5.3.2 Composição dos danos civis

Art. 74. A composição dos danos civis será reduzida a escrito e, homologada pelo Juiz mediante sentença irrecorrível, terá eficácia de título a ser executado no juízo civil competente.

Parágrafo único. Tratando-se de ação penal de iniciativa privada ou de ação penal pública condicionada à representação, o acordo homologado acarreta a renúncia ao direito de queixa ou representação.

---

22 Segundo disposto no art. 68, a defesa técnica é imprescindível no JECRIM (a partir da audiência preliminar).

23 Conforme o art. 73, parágrafo único: "Os conciliadores são auxiliares da Justiça, recrutados, na forma da lei local, preferentemente entre bacharéis em Direito, **excluídos** os que exerçam funções na administração da Justiça Criminal".

Art. 75. Não obtida a composição dos danos civis, será dada imediatamente ao ofendido a oportunidade de exercer o direito de representação verbal, que será reduzida a termo.

Parágrafo único. O não oferecimento da representação na audiência preliminar não implica decadência do direito, que poderá ser exercido no prazo previsto em lei.

Conceito. A conciliação é gênero, do qual são espécies a composição dos danos civis e a transação penal. A composição dos danos civis, como o próprio nome indica, vai abarcar o consenso a respeito dos danos ocorridos no âmbito civil, constituindo-se na primeira etapa da conciliação (LIMA, 2020, p. 600).

Assim, composição dos danos civis é a medida despenalizadora que visa um acordo entre **autor** e **vítima** no tocante à reparação civil dos danos sofridos. Alguns delitos, como o de dano (art. 163 do CP), atingirão de maneira mais acentuada o aspecto patrimonial, de modo que é interessante à vítima ver ressarcidos os prejuízos sofridos. Também é importante para o autor a conciliação, pois, nesse exemplo, acarretará a renúncia ao direito de queixa (crime de ação penal privada). Em regra, não é necessária a intervenção do Ministério Público, haja vista tratar-se de direitos disponíveis (patrimônio).

Homologação do acordo e seus efeitos. Obtido o consenso entre autor e vítima, a composição dos danos civis será reduzida a escrito e homologada pelo juiz por meio de sentença, a qual será irrecorrível e terá eficácia de título executivo cível[24].

Se o delito for de **ação penal pública condicionada à representação**, o resultado será a renúncia ao direito de representação; no caso de **ação penal privada**, acarretará a renúncia ao direito de queixa (a qual se estenderá a todos os coautores e partícipes, em virtude do princípio da indivisibilidade). **E na situação de descumprimento do acordo homologado, é possível retomar a ação penal?** Não! Nesse caso, só restará à vítima executar o título executivo no âmbito cível (a composição dos danos civis homologada gera a renúncia ao direito de ação, com a consequente extinção da punibilidade do(s) infrator(es) – não há mais o que ser feito na esfera criminal).

Por fim, se o crime for de **ação penal pública incondicionada**, o acordo homologado não resultará em extinção da punibilidade do autor, sendo possível ao Ministério Público propor a transação penal e até mesmo oferecer denúncia, se for o caso. Aqui, a composição dos danos civis servirá para a ciência antecipada do valor devido a título de reparação dos danos, a qual poderá ser executada imediatamente. Outra possibilidade é a situação do autor de infração penal cometida sem violência ou grave ameaça que, até o recebimento da denúncia, satisfaz à vítima o valor acordado (repara o dano por ato voluntário), resultando no benefício do arrependimento posterior (art. 16 do CP).

Assim, diferentemente do que ocorre nas outras espécies de ação penal, a composição dos danos civis em IMPO submetida à ação penal pública incondicionada não traz relevantes benefícios ao infrator.

---

[24] Se o valor não ultrapassar 40 salários mínimos, será executado no Juizado Especial Cível (art. 3º, § 1º, II, Lei nº 9.099/1995).

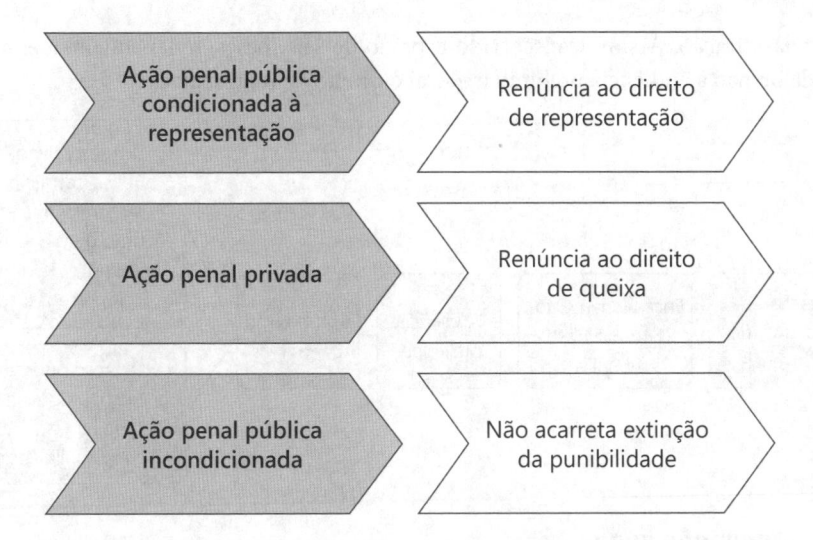

Acordo não realizado e possibilidade de representação. Não havendo a composição dos danos civis, o art. 75 anuncia que será dada ao ofendido a possibilidade de exercer a representação verbal, a qual será reduzida a termo – se for o caso de infração que se processa mediante ação penal pública condicionada à representação[25]. A representação nada mais é do que a manifestação de vontade da vítima de ver processado e julgado o autor da infração penal, a qual não exige maiores formalismos (estando caracterizada, por exemplo, quando a vítima registra o boletim de ocorrência na delegacia). Além disso, embora o dispositivo cite a audiência preliminar como momento do exercício da representação, nada impede que a vítima já a tenha efetivado quando da lavratura do TCO na delegacia, sendo desnecessário reafirmá-la posteriormente.

No parágrafo único, temos a ressalva de que o não oferecimento da representação pela vítima na audiência preliminar não implica decadência do direito, haja vista que poderá ser exercida em momento posterior, desde que respeitado o prazo decadencial previsto em lei (seis meses a contar do dia em que vier a saber quem é o autor do crime – art. 38 do CPP).

Aprofundando no tema, a doutrina observa que, na prática, muitas vezes ocorre de a audiência preliminar ser marcada para uma data longínqua, ultrapassando o prazo decadencial de seis meses para o exercício do direito de representação. Nessa situação, decai o direito de representação antes de realizada a audiência preliminar (pois já transcorrido o prazo de seis meses)?

Para uma primeira corrente, não! Mesmo após os seis meses subsiste a possibilidade de a vítima oferecer a representação na audiência preliminar (caso não a tenha exercido anteriormente). No entanto, se não manifestar a sua vontade nesse momento, decairá automaticamente o direito de representação.

Outros doutrinadores vão no sentido oposto, pois entendem que cabe à vítima antecipar-se ao esgotamento do prazo e manifestar a sua vontade de ver processado e julgado

---

[25]   O mesmo raciocínio aplica-se às infrações penais sujeitas à ação penal privada.

o autor da infração. Assim, transcorrido o prazo de seis meses, independentemente se já realizada ou não a audiência preliminar, decai o direito de representação[26].

5.3.3 Transação penal

Art. 76. Havendo representação ou tratando-se de crime de ação penal pública incondicionada, não sendo caso de arquivamento, o Ministério Público poderá propor a aplicação imediata de pena restritiva de direitos ou multas, a ser especificada na proposta.

§ 1º Nas hipóteses de ser a pena de multa a única aplicável, o Juiz poderá reduzi-la até a metade.

§ 2º Não se admitirá a proposta se ficar comprovado:

I – ter sido o autor da infração condenado, pela prática de crime, à pena privativa de liberdade, por sentença definitiva;

II – ter sido o agente beneficiado anteriormente, no prazo de cinco anos, pela aplicação de pena restritiva ou multa, nos termos deste artigo;

III – não indicarem os antecedentes, a conduta social e a personalidade do agente, bem como os motivos e as circunstâncias, ser necessária e suficiente a adoção da medida.

§ 3º Aceita a proposta pelo autor da infração e seu defensor, será submetida à apreciação do Juiz.

§ 4º Acolhendo a proposta do Ministério Público aceita pelo autor da infração, o Juiz aplicará a pena restritiva de direitos ou multa, que não importará em reincidência, sendo registrada apenas para impedir novamente o mesmo benefício no prazo de cinco anos.

§ 5º Da sentença prevista no parágrafo anterior caberá a apelação referida no art. 82 desta Lei.

§ 6º A imposição da sanção de que trata o § 4º deste artigo não constará de certidão de antecedentes criminais, salvo para os fins previstos no mesmo dispositivo, e não terá efeitos civis, cabendo aos interessados propor ação cabível no juízo cível.

---

[26] Nesse sentido: Roque, Távora e Alencar (2019, p. 411).

Conceito. Contemplará o acordo entre o titular da ação penal e o infrator a respeito dos fatos ocorridos no âmbito criminal, constituindo-se na segunda etapa da conciliação (a primeira foi a composição dos danos civis).

Assim, transação penal é a medida despenalizadora que, não sendo o caso de arquivamento do TCO, visa ao acordo entre o autor do fato e o titular da ação penal, o qual, em vez de oferecer a peça acusatória, proporá a aplicação imediata de pena restritiva de direito ou multas[27]. Temos aqui a consagração do princípio da **discricionariedade regrada** ou **obrigatoriedade mitigada**, pois, mesmo estando presentes todos os requisitos para propositura da ação penal, pode o seu titular abster-se de oferecê-la e propor a medida despenalizadora (caso preenchidos os requisitos do art. 76).

Ressaltamos que, apesar de o texto do art. 76 dar a entender que a transação penal somente é cabível nas ações penais públicas (incondicionadas ou condicionadas à representação), de titularidade do Ministério Público, o entendimento majoritário é no sentido de admitir a sua incidência também nas ações penais privadas. Nesse caso, o legitimado a propor a medida é o ofendido/querelante (titular da ação penal privada).

 Jurisprudência destacada

(...) II – A jurisprudência dos Tribunais Superiores admite a aplicação da transação penal às ações penais privadas. Nesse caso, a legitimidade para formular a proposta é do ofendido, e o silêncio do querelante não constitui óbice ao prosseguimento da ação penal. III – Isso porque a transação penal, quando aplicada nas ações penais privadas, assenta-se nos princípios da disponibilidade e da oportunidade, o que significa que o seu implemento requer o mútuo consentimento das partes. (...) (STJ, Corte Especial, APn nº 634/RJ, Rel. Min. Felix Fischer, j. 21.03.2012).

Penalidades possíveis. As penas restritivas de direito ou de multas são as únicas que podem ser objeto da transação (aplicadas de imediato), jamais as penas privativas de liberdade (pois o objetivo é justamente evitá-las). Conforme o art. 76, § 1º, na hipótese de ser a pena de multa a única aplicável, é possível ao juiz reduzi-la até a metade.

Nucci (2020, p. 470-471) possui o entendimento de que, no tocante à prestação pecuniária, não cabe a fixação de cestas básicas, pois não há previsão legal desse tipo de pena. A proposta do Ministério Público deve concentrar-se no pagamento de quantia em dinheiro à vítima ou, caso já tenha sido realizada composição dos danos civis, a entidades assistenciais.

Natureza jurídica. A corrente majoritária ensina que a sentença que homologa a transação penal tem natureza meramente **homologatória do acordo**, ou seja, não impõe pena (não é condenatória). Assim, não subsiste nenhum dos efeitos da condenação (§ 6º – penais ou extrapenais), tampouco gera reincidência ou antecedente criminal (§ 4º). Faz-se o registro

---

[27] No caso de ação penal pública, cuida-se de proposição exclusiva do Ministério Público, não extensível ao assistente da acusação.

apenas para evitar nova transação penal pelo período de cinco anos após o trânsito em julgado da decisão homologatória do acordo (esse é o único efeito que advém da transação penal).

 **Jurisprudência destacada**

I – A transação penal aceita por suposto autor da infração não importará em reincidência, nem terá efeitos civis, sendo registrada apenas para impedir novamente o mesmo benefício, conforme art. 76, §§ 4º e 6º, da Lei Federal nº 9.099/1995. II – Em decorrência da independência entre as instâncias, no entanto, é possível a apuração administrativa do fato objeto da transação penal e, por consequência, *a aplicação das sanções correspondentes. Precedente do c. STJ. III – In casu*, porém, a não recomendação do candidato em concurso público ocorreu **exclusivamente** com base na existência de termo circunstanciado e da respectiva transação penal, **contrariando os efeitos reconhecidos pela lei ao instituto e ferindo direito líquido e certo do recorrente** (STJ, 5ª Turma, RMS nº 28.851/AC, Rel. Min. Felix Fischer, j. 29.04.2009).

Momento adequado. Em regra, a transação penal ocorrerá na audiência preliminar, antes do início do processo. O seu objetivo é justamente este: evitar o ajuizamento da ação penal. Entretanto, também é possível que ela se dê posteriormente, em duas situações:

- Quando não tiver havido possibilidade de oferecimento da transação na fase preliminar (ex.: o autor não compareceu à audiência). Nesse caso, a proposta poderá ser efetuada **na audiência de instrução e julgamento**[28] (art. 79).

- Quando, no curso do processo, ocorre a **alteração da classificação do delito**, resultando em **infração de menor potencial ofensivo**. Aqui, preenchidos os requisitos do art. 76, será proposta a medida despenalizadora perante o juízo competente.

Requisitos. Vários são os requisitos elencados pela Lei para a celebração do acordo. Vejamos.

- **Infração de menor potencial ofensivo**: a transação penal somente é possível às infrações penais de menor potencial ofensivo: contravenções penais; crimes com pena máxima não superior a dois anos, cumulada ou não com multa.

- **Não ser caso de arquivamento do TCO** (art. 76, *caput*): se o titular da ação penal vislumbrar que a ação penal não é cabível, sendo o caso de arquivamento do TCO, certo é que não poderá propor a transação penal. Lima (2020, p. 605) ensina que as hipóteses de arquivamento do TCO são, por analogia, as elencadas para a rejeição da denúncia e absolvição sumária (arts. 395 e 397 do CPP).

- **Não ter sido o autor da infração condenado, pela prática de crime, à pena privativa de liberdade, por sentença definitiva** (art. 76, § 2º, I): aqui devemos nos

---

[28] Esse mesmo raciocínio aplica-se à composição dos danos civis, caso não tenha havido a possibilidade de conciliação na fase preliminar.

atentar aos comandos legais. *A contrario sensu*, se a condenação anterior for pela prática de contravenção penal, a transação é possível; pela prática de crime, mas foi imposta somente pena restritiva de direitos ou de multa, a transação é possível; pela prática de crime, com imposição de pena privativa de liberdade, mas ainda não houve o trânsito em julgado quando da proposta realizada em audiência preliminar, a transação é possível.

Quanto a esta última situação (sentença definitiva), uma parcela da doutrina entende que, se entre a data da extinção/cumprimento da pena privativa de liberdade imposta pela sentença definitiva e a data do cometimento da infração de menor potencial ofensivo já se passaram mais de cinco anos, será possível o oferecimento da transação penal[29] (aplicando-se o art. 64, I, do CP, que trada da reincidência). Contudo, parece--nos mais razoável o posicionamento defendido por Nucci (2020), o qual recomenda que se analise o caso concreto. Isso porque, mesmo que ausente a reincidência, subsistem os antecedentes criminais, os quais, conjugados com as outras circunstâncias fáticas, poderão recomendar a não proposição do acordo, nos termos do art. 76, § 2º, III, da Lei. Nas palavras do autor:

> Uma pessoa condenada anteriormente por homicídio qualificado, embora não seja mais reincidente, pode não merecer o benefício da transação penal por envolver-se e crime de lesão corporal dolosa. Eis uma situação em que a negativa da proposta seria, em nossa visão, válida. Portanto, o ideal é avaliar cada caso, sem a prefixação de regras imutáveis (NUCCI, 2020, p. 474).

♦ **Não ter sido o agente beneficiado anteriormente, no prazo de cinco anos, pela aplicação de pena restritiva ou multa/transação penal** (art. 76, § 2º, II): como já mencionado, a transação penal homologada não gera reincidência, antecedente criminal ou qualquer dos efeitos da condenação. Contudo, deverá ser registrada, e isso ocorre justamente para evitar nova transação penal pelo período de cinco anos após o trânsito em julgado da decisão que a homologou[30] (ou seja, do momento em que o acordo foi firmado – proposta, aceitação e homologação –, e não do seu efetivo cumprimento). Depois de decorrido o prazo mencionado, é possível nova transação penal, desde que preenchidos os demais requisitos.

♦ **Circunstâncias judiciais favoráveis** (antecedentes, conduta social, personalidade do agente, motivos e circunstâncias do fato – art. 76, § 2º, III): o dispositivo prescreve que, se as circunstâncias[31] elencadas não indicarem ser necessária e suficiente a tran-

---

[29] O STF possui decisão nesse sentido: STF, 1ª Turma, HC nº 86.646/SP, Rel. Min. Cezar Peluso, j. 11.04.2006. O STJ, por sua vez, já decidiu em sentido contrário, entendendo ser inaplicável o art. 64, I, CP ao disposto no art. 76, § 2º, I, da Lei nº 9.099/1995: STJ, 5ª Turma, HC nº 44.327/SP, Rel. Min. Gilson Dipp, j. 16.02.2006.

[30] "É a temporariedade da transação" (FIGUEIRA JÚNIOR; TOURINHO NETO, 2017, posição 15200).

[31] É nítido que o dispositivo encontra fundamento no art. 59 do Código Penal, o qual elenca as cir-

sação penal, ela não poderá ser realizada. Temos aqui requisitos de ordem subjetiva, os quais serão avaliados pelo titular da ação penal quando da proposição do acordo. Apesar do aspecto subjetivo mencionado, é certo que a negativa da transação penal com base no inciso III exigirá fundamentação concreta para que seja válida.

Decifrando a prova

(Juiz – TJRJ – Vunesp – 2019 – Adaptada) A aplicação imediata da pena restritiva de direitos ou multa, conhecida como "transação penal", tal qual prevista no art. 76, parágrafo 2º, da Lei nº 9.099/1995, não será admitida se ficar comprovado não indicarem os antecedentes, a conduta social e a personalidade do agente, bem como os motivos e as circunstâncias, ser necessária e suficiente a adoção da medida.

( ) Certo ( ) Errado

Gabarito comentado: é a literalidade do art. 76, § 2º, III. Portanto, a assertiva está certa.

Jurisprudência destacada

1. A transação penal insere-se no âmbito das medidas despenalizadoras, de sorte que o órgão acusatório deve fundamentar adequadamente a sua recusa, não ficando essas razões alheias ao exame judicial. 2. No caso concreto, a recusa do *Parquet* fundou-se em motivação idônea, visto que os antecedentes criminais, a personalidade e a conduta social do recorrente não indicaram ser necessária e suficiente a adoção da medida, consoante a exegese do art. 76, § 2.º, inciso III, da Lei n.º 9.099/1995. 3. Recurso ordinário desprovido (STJ, 5ª Turma, RHC nº 34.866/MG, Rel. Min. Laurita Vaz, j. 17.12.2013).

- ◆ **Crimes ambientais de menor potencial ofensivo e prévia composição do dano** (art. 27 da Lei nº 9.605/1998): tal como vimos, entre os requisitos para a transação penal não se encontra a necessidade de composição dos danos civis (art. 74), mas isso com relação às infrações de menor potencial ofensivo em geral. Quando analisamos os crimes ambientais de menor potencial ofensivo, o art. 27 da Lei nº 9.605/1998 é categórico ao dispor que somente será admitida a transação penal se houver prévia composição do dano ambiental[32], salvo comprovada impossibilidade. Então, saiba que, para que haja transação penal relativamente a crimes ambientais de menor potencial ofensivo, além do preenchimento dos requisitos listados pela Lei nº 9.099/1995, exige-se, em regra, a prévia composição do dano ambiental.

Dinâmica. Preenchidos os requisitos, a proposta de transação será oferecida pelo titular da ação penal. Havendo concurso de pessoas, poderá propô-la a um dos agentes, excluindo os demais (a medida não é automaticamente extensível a todos os coautores ou partícipes).

---

cunstâncias judiciais a serem observadas pelo juiz quando da fixação da pena.

[32] Que se caracteriza pelo compromisso firmado em juízo de reparar os danos causados.

O próximo passo é a aceitação da proposta pelo autor da infração penal e seu defensor (lembre-se de que a defesa técnica é obrigatória a partir da audiência preliminar). Caso recuse o acordo, o titular da ação penal deverá oferecer a correspondente peça acusatória.

Contudo, se aceita, a medida despenalizadora será submetida ao juiz para homologação. É certo que o magistrado não está obrigado a homologar o acordo, devendo observar se foram preenchidos os requisitos legais.

Observadas as exigências da lei, o magistrado homologará a transação penal, a qual resultará na aplicação imediata de penas restritivas de direitos ou multa.

Divergência com o magistrado. Na ação penal pública, imagine que o Ministério Público injustificadamente se negue a propor a transação penal ao infrator e o juiz **não concorde com a recusa sem justificativa.** Nesse caso, embora não possa o magistrado substituí-lo e oferecer a medida despenalizadora (de atribuição exclusiva), poderá aplicar por analogia o art. 28 do CPP (com reforma implementada pela Lei nº 13.964/2019 – Pacote Anticrime). Pode acontecer ainda de o juiz **não concordar com a transação penal proposta** pelo titular da ação penal, entendendo, por exemplo, não estarem presentes os requisitos legais do acordo. Da mesma forma, o procedimento adequado será a aplicação analógica do art. 28 do CPP.

Se a ação penal for privada e o querelante se recusar injustificadamente a oferecer a transação penal, o **magistrado nada terá a fazer.** A mesma solução é aplicada na situação do querelante que propõe a transação penal e o juiz discorde. Como a ação penal é privada, não pode o juiz: substituir-se ao ofendido e oferecer o acordo, tampouco aplicar o art. 28 do CPP (receberá a queixa-crime caso preenchidos os requisitos legais); recusar a transação penal acordada (afinal, o querelante não é obrigado a ajuizar a peça acusatória).

Divergência do infrator com seu defensor. Como dito, no momento de apresentação da proposta de transação penal ao infrator, este deve estar acompanhado de seu advogado (sob pena de nulidade absoluta). Oferecida a medida, vamos analisar dois cenários possíveis:

- ♦ **O autor aceita o acordo, mas seu defensor o recusa**: prevalece a vontade do autor do fato (a transação penal será aceita), pois não pode o defensor decidir por ele.

- ♦ **O defensor aceita o acordo, porém o autor o recusa**: da mesma forma, a decisão do autor prevalecerá (não haverá transação penal), haja vista que quem arcaria com o cumprimento do acordado seria ele.

Recursos cabíveis. Com relação à **sentença que homologar a transação penal,** caberá **apelação**, na forma do art. 76, § 5º, com prazo de dez dias e dirigida à Turma Recursal (órgão colegiado composto por três juízes de primeiro grau). No tocante à **decisão que rejeitar o acordo,** embora o legislador tenha sido omisso, parte da doutrina[33] entende que também caberá **apelação**[34] (aplicação subsidiária do art. 593, II, do CPP).

---

[33] Nesse sentido: Lima (2020, p. 612).

[34] Em sentido diverso, Nucci (2020, p. 476) entende caber, quando reconhecida, correição parcial na situação do magistrado que rejeita acordo viável no qual foram respeitadas as regras legais.

Descumprimento. Caso o autor não cumpra com os termos da transação penal acordada (independentemente da pena – restritiva de direitos ou multa), prevalece que a sentença homologatória do acordo poderá ser desconstituída – **não faz coisa julgada material** –, abrindo-se a possibilidade ao titular da ação penal de oferecimento da respectiva denúncia ou queixa-crime ou, ainda, requisição da instauração de inquérito policial para apuração detalhada dos fatos. Nesse sentido é orientação dos Tribunais Superiores.

 Decifrando a prova

(Titular de Serviços de Notas e de Registros – TJMG – CONSULPLAN – 2019 – Adaptada) Descumprido pelo autor do fato o acordo feito em transação penal, a ação penal não mais pode ser intentada, cabendo apenas a execução da medida acordada.

( ) Certo ( ) Errado

Gabarito comentado: como vimos, a sentença homologatória não faz coisa julgada material, assim, em caso de descumprimento do acordo, poderá ser desconstituída (possibilitando o oferecimento da ação penal). Portanto, a assertiva está errada.

 Jurisprudência destacada

Súmula Vinculante nº 35: A homologação da transação penal prevista no artigo 76 da Lei nº 9.099/1995 não faz coisa julgada material e, descumpridas suas cláusulas, retoma-se a situação anterior, possibilitando-se ao Ministério Público a continuidade da persecução penal mediante oferecimento de denúncia ou requisição de inquérito policial.

Ressaltamos que a transação penal homologada **não interrompe ou suspende a prescrição da infração penal**. Assim, o titular da ação penal deve ficar atento ao prazo prescricional na situação de descumprimento do acordo para não ver extinta a punibilidade do infrator.

 Jurisprudência destacada

1. Conforme orientação desta Corte, as causas suspensivas da prescrição demandam expressa previsão legal (...). 2. Durante o prazo de cumprimento das condições impostas em acordo de transação penal (art. 76 da Lei nº 9.099/1995) **não há, em razão da ausência de previsão legal, a suspensão do curso do prazo prescricional**. 3. No caso, embora o prazo prescricional seja de oito anos, entre a data do fato e a denúncia passaram-se mais de dez anos, o que evidencia o advento da prescrição da pretensão punitiva (STJ, 6ª Turma, RHC nº 80.148/CE, Rel. Min. Antonio Saldanha Palheiro, j. 1º.10.2019).

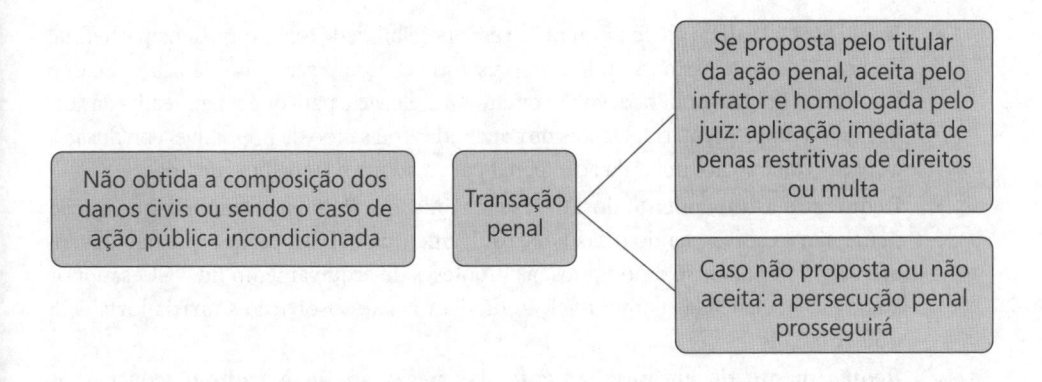

5.4 PERSECUÇÃO PENAL – FASE JUDICIAL

5.4.1 Noções preliminares

Art. 77. Na ação penal de iniciativa pública, quando não houver aplicação de pena, pela ausência do autor do fato, ou pela não ocorrência da hipótese prevista no art. 76 desta Lei, o Ministério Público oferecerá ao Juiz, de imediato, denúncia oral, se não houver necessidade de diligências imprescindíveis.

§ 1° Para o oferecimento da denúncia, que será elaborada com base no termo de ocorrência referido no art. 69 desta Lei, com dispensa do inquérito policial, prescindir-se-á do exame do corpo de delito quando a materialidade do crime estiver aferida por boletim médico ou prova equivalente.

§ 2° Se a complexidade ou circunstâncias do caso não permitirem a formulação da denúncia, o Ministério Público poderá requerer ao Juiz o encaminhamento das peças existentes, na forma do parágrafo único do art. 66 desta Lei.

§ 3° Na ação penal de iniciativa do ofendido poderá ser oferecida queixa oral, cabendo ao Juiz verificar se a complexidade e as circunstâncias do caso determinam a adoção das providências previstas no parágrafo único do art. 66 desta Lei.

Possibilidades. Quando não obtido o consenso nas etapas anteriores, por meio da composição dos danos civis ou da transação penal, a persecução penal seguirá o seu curso. Embora o art. 77 da Lei não especifique tanto, é certo que o Ministério Público (no caso de ação penal pública) contará com as seguintes alternativas[35]:

---

[35] Além das situações elencadas, a doutrina cita a possibilidade de o Ministério Público requerer o **declínio da competência** (quando constatado que o JECRIM não possui competência para julgar a infração) ou **suscitar o conflito de competência** (na mesma situação de incompetência do JECRIM, mas, aqui, com a especificidade de outro órgão judicial já ter se manifestado acerca da competência).

◆ **Requisitar a realização de diligências**: essa possibilidade está expressa na parte final do art. 77, *caput*. Assim, se julgar imprescindível ao oferecimento da ação penal, o Ministério Público poderá devolver os autos à Delegacia para que sejam realizadas diligências complementares. Depois de concluídas (ou sendo de impossível conclusão), as peças voltarão ao titular da ação penal para a adoção da melhor medida.

◆ **Requerer o arquivamento do TCO**: se o Ministério Público vislumbrar que a ação penal não é cabível, sendo o caso de arquivamento do TCO, certo é que não deverá oferecer a denúncia. Como vimos, as hipóteses de arquivamento do TCO são, por analogia, as elencadas para a rejeição da denúncia e absolvição sumária (arts. 395 e 397 do CPP).

◆ **Requerimento de encaminhamento das peças ao Juízo comum**: consta dos §§ 2º e 3º (parte final) do art. 77 que, se a complexidade ou as circunstâncias do caso não permitirem a formulação da ação penal, o seu titular (Ministério Público ou ofendido) poderá requerer ao juiz o encaminhamento das peças existentes ao Juízo comum – procedimento sumário.

◆ **Oferecer a denúncia/queixa**: estando preenchidos os requisitos de justa causa – prova da materialidade e indícios suficientes de autoria –, o órgão acusador poderá ajuizar a ação penal correspondente (denúncia ou queixa crime). De acordo com a lei, a denúncia ou queixa será oferecida na modalidade oral, de imediato (na própria audiência preliminar), sendo posteriormente reduzida a escrito. Embora a oralidade seja a regra, nada impede que na audiência ela seja apresentada por escrito pelo titular da ação penal.

Quantidade de testemunhas e requisitos da denúncia ou queixa. Não há na lei menção ao número de testemunhas que podem ser arroladas. Embora haja divergência na doutrina, entendemos que esse número é de no **máximo três**[36]. Quanto aos requisitos da denúncia ou queixa, deverão ser observados os dispositivos do Código de Processo Penal, notadamente os **arts. 41** (exposição do fato criminoso, com todas as suas circunstâncias; a qualificação do acusado ou esclarecimentos pelos quais se possa identificá-lo; a classificação do crime; quando necessário, o rol das testemunhas) e **44** (procuração com poderes especiais na queixa-crime) do CPP.

Materialidade (existência) da infração. No Código de Processo Penal, temos como regra a obrigatoriedade do exame de corpo de delito quando a infração penal deixar vestígios (art. 158 do CPP). Quando nos referimos à Lei nº 9.099/1995, é nítida a intenção do legislador em **flexibilizar** essa formalidade, haja vista que o art. 77, § 1º, da Lei explicita a não obrigatoriedade da prova técnica ao dispor que, para o oferecimento da denúncia, é **dispensável** o exame de corpo de delito quando a materialidade do crime estiver aferida por **boletim médico ou prova equivalente** (veja que, apesar de menos formalismo, ainda há a exigência de documento equivalente, diga-se, mais simples).

---

[36] Com o mesmo entendimento, afirmando aplicar subsidiariamente o procedimento do Juizado Especial Cível (art. 34 da Lei): Lima (2020, p. 614).

5.4.2 Procedimento sumaríssimo

Contextualização. Após o oferecimento da denúncia ou queixa, temos o início da **fase judicial** no JECRIM, inaugurando o procedimento comum sumaríssimo constante na Lei nº 9.099/1995. Antes de analisarmos a sistemática procedimental, é importante tecermos breves comentários de contextualização.

Quando falamos em procedimento, este pode ser dividido em: **comum** (ordinário, sumário ou sumaríssimo); **especial** (aqueles que fogem ao padrão anteriormente mencionado, por exemplo, o procedimento especial de crimes cometidos por funcionário público, Tribunal do Júri, entre outros). Como referimos, na Lei nº 9.099/1995 temos o procedimento comum sumaríssimo, aplicável às infrações de menor potencial ofensivo.

Saiba ainda que um procedimento possui fases bem delimitadas, ou seja, sucessivamente dispostas de modo a dar um padrão de organização dos seus atos. Assim, segundo Roque, Távora e Alencar (2019, p. 421), é possível notar três fases em um procedimento:

- **Fase postulatória:** caracterizada pelo oferecimento da peça acusatória e pela apresentação da defesa.
- **Fase instrutória:** constituída da fase probatória e das alegações finais.
- **Fase decisória:** após a apresentação das alegações finais, o magistrado já poderá decidir o feito (ROQUE; TÁVORA; ALENCAR, 2019, p. 421).

Após essa breve introdução, vamos analisar os atos constantes nas fases do procedimento sumaríssimo, focando aquilo que nos interessa para provas e concursos.

Art. 78. Oferecida a denúncia ou queixa, será reduzida a termo, entregando-se cópia ao acusado, que com ela ficará citado e imediatamente cientificado da designação de dia e hora para a audiência de instrução e julgamento, da qual também tomarão ciência o Ministério Público, o ofendido, o responsável civil e seus advogados.

§ 1º Se o acusado não estiver presente, será citado na forma dos arts. 66 e 68 desta Lei e cientificado da data da audiência de instrução e julgamento, devendo a ela trazer suas testemunhas ou apresentar requerimento para intimação, no mínimo cinco dias antes de sua realização.

§ 2º Não estando presentes o ofendido e o responsável civil, serão intimados nos termos do art. 67 desta Lei para comparecerem à audiência de instrução e julgamento.

§ 3º As testemunhas arroladas serão intimadas na forma prevista no art. 67 desta Lei.

1. Oferecimento da peça acusatória. Como visto no item anterior e conforme o art. 78, *caput*, oferecida a denúncia ou queixa oral pelo titular da ação penal, ela será reduzida a termo, entregando-se cópia ao acusado.

Além disso, concomitantemente ao oferecimento da peça acusatória, é possível que o Ministério Público ofereça a **suspensão condicional do processo**, caso preenchidos os requisitos do art. 89 da Lei nº 9.099/1995. Para não interferir na fluidez da análise a respeito do procedimento sumaríssimo, tal instituto despenalizador será examinado detalhadamente no item 5.7.

2. Citação (notificação) do acusado. Na sequência ao oferecimento da peça acusatória, o art. 78, *caput*, menciona que cópia dela será entregue ao acusado e que, com isso, devemos considerá-lo citado e cientificado sobre a data da audiência de instrução e julgamento (AIJ), tomando também ciência o Ministério Público, o ofendido, o responsável civil e seus advogados. Embora essa seja a letra da lei, devemos interpretar a "citação" do acusado, mencionada pelo dispositivo, como uma mera notificação para a audiência. Isso porque a citação aqui somente poderá ser realizada após o recebimento da peça acusatória pelo juiz (antes, não há que falar em citação do acusado), que nesse caso poderá ser feita na própria audiência de instrução e julgamento do art. 81.

Se o acusado não estiver presente, será notificado da audiência de instrução e julgamento na forma dos arts. 66 e 68 da Lei, devendo a ela trazer as suas testemunhas ou apresentar requerimento para que sejam intimadas (no mínimo cinco dias antes da audiência). Se o ofendido e o responsável civil não estiverem presentes, serão intimados para a mesma audiência nos termos do art. 67 da Lei (as testemunhas arroladas serão intimadas da mesma forma).

Perceba ainda que o oferecimento da denúncia ou queixa, bem como a notificação do acusado e dos demais sujeitos quanto à AIJ, são atos realizados ainda na audiência preliminar (a mesma em que foi oferecida a composição dos danos civis e a transação penal). Assim, vejamos um quadro-resumo acerca da audiência mencionada para melhor visualização de seus possíveis atos:

AUDIÊNCIA PRELIMINAR

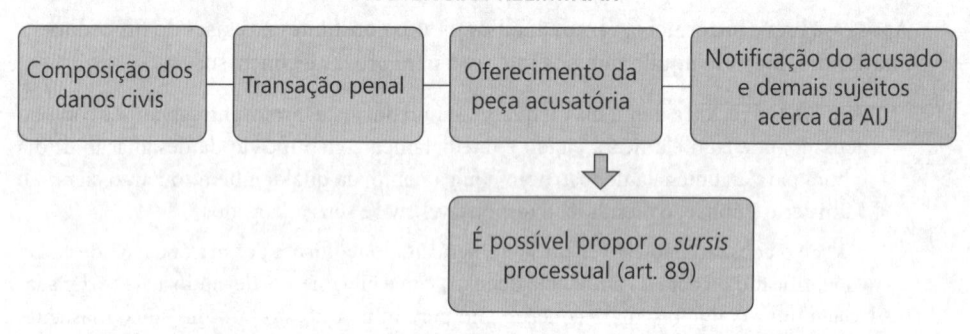

Art. 79. No dia e hora designados para a audiência de instrução e julgamento, se na fase preliminar não tiver havido possibilidade de tentativa de conciliação e de oferecimento de proposta pelo Ministério Público, proceder-se-á nos termos dos arts. 72, 73, 74 e 75 desta Lei.

Art. 80. Nenhum ato será adiado, determinando o Juiz, quando imprescindível, a condução coercitiva de quem deva comparecer.

A regra é que a composição dos danos civis e a transação penal ocorram na audiência preliminar, antes do início do processo. No entanto, quando não houver possibilidade de oferecimento nesse momento (ex.: não comparecimento do autor da infração), o art. 79 trará a possibilidade de que sejam ofertados na data da audiência de instrução e julgamento (imediatamente antes de seu início).

O art. 80, por sua vez, com o objetivo de evitar o prolongamento do procedimento, autoriza que seja determinada a condução coercitiva pelo juiz a fim de trazer à AIJ quem deva comparecer (acusado, vítima, testemunha etc.). Obviamente que tal medida deverá respeitar os limites legais, principalmente o disposto no art. 10 da Lei nº 13.869/2019 (abuso de autoridade). Se a condução for essencial, porém de impossível cumprimento no momento, a audiência poderá ser adiada.

> **Art. 81**. Aberta a audiência, será dada a palavra ao defensor para responder à acusação, após o que o Juiz receberá, ou não, a denúncia ou queixa; havendo recebimento, serão ouvidas a vítima e as testemunhas de acusação e defesa, interrogando-se a seguir o acusado, se presente, passando-se imediatamente aos debates orais e à prolação da sentença.
>
> § 1º Todas as provas serão produzidas na audiência de instrução e julgamento, podendo o Juiz limitar ou excluir as que considerar excessivas, impertinentes ou protelatórias.
>
> § 1º-A. Durante a audiência, todas as partes e demais sujeitos processuais presentes no ato deverão respeitar a dignidade da vítima, sob pena de responsabilização civil, penal e administrativa, cabendo ao juiz garantir o cumprimento do disposto neste artigo, vedadas:
>
> I – a manifestação sobre circunstâncias ou elementos alheios aos fatos objeto de apuração nos autos;
>
> II – a utilização de linguagem, de informações ou de material que ofendam a dignidade da vítima ou de testemunhas.
>
> § 2º De todo o ocorrido na audiência será lavrado termo, assinado pelo Juiz e pelas partes, contendo breve resumo dos fatos relevantes ocorridos em audiência e a sentença.
>
> § 3º A sentença, dispensado o relatório, mencionará os elementos de convicção do Juiz.

3. Defesa preliminar. Aberta a audiência de instrução e julgamento, o primeiro ato é a apresentação de **defesa preliminar** pelo defensor do acusado ("será dada a palavra ao defensor para responder à acusação"), a qual se dará, em regra, na modalidade oral.

Saiba que, pela ordem dos atos mencionados no art. 81, essa "resposta à acusação" citada pelo dispositivo tem como objetivo convencer o juiz a não receber a peça acusatória ajuizada pelo Ministério Público ou querelante – ou seja, **é anterior ao seu recebimento**. Assim, estamos diante de nítida **defesa preliminar** (a ser fundamentada de acordo com as hipóteses de rejeição da denúncia, art. 395 do CPP) e não da resposta à acusação prevista no art. 396 do CPP (esta, apresentada **após o recebimento** da inicial acusatória nos procedimentos ordinário e sumário).

Tal ato, embora não seja comum em outros procedimentos, não é exclusivo do sumaríssimo (consta, por exemplo, na Lei nº 11.343/2006 – Lei de Drogas). É certo ainda que, se não oportunizado pelo juiz, dá causa à **nulidade relativa** (a qual deverá ser alegada em momento adequado, sob pena de preclusão, além da necessária demonstração de prejuízo).

 **Jurisprudência destacada**

O entendimento desta Corte é no sentido de que, "não alegada a tempo e modo a inobservância do disposto no art. 81 da Lei nº 9.099/1995, que é uma **nulidade relativa**, ocorre a preclusão" (HC nº 85.271, Carlos Velloso, *DJ* de 1º.07.2005). No caso concreto, essa nulidade

> não foi arguida nas alegações finais nem nas razões da apelação. Ordem denegada (STF, 2ª Turma, HC nº 88.650/SP, Rel. Min. Eros Grau, j. 16.05.2006).

4. Recebimento ou rejeição da peça acusatória. Após a apresentação da defesa preliminar, o juiz decidirá se recebe ou rejeita a denúncia/queixa. Deverá **rejeitá-la** nas hipóteses constantes do art. 395 do CPP (manifestamente inepta; ausência de pressuposto processual ou condição da ação; ausência de justa causa) e, nesse caso, poderá o titular da ação penal interpor recurso de apelação (art. 82 da Lei nº 9.099/1995). Inexistindo causa de rejeição da peça acusatória, o juiz vai recebê-la (não cabe recurso, podendo ser manejado, se for o caso, *habeas corpus*).

Acrescentamos ainda que o recebimento da denúncia ou queixa interrompe o prazo prescricional da infração, na forma do art. 117, I, do CP.

Por fim, a doutrina entende que a decisão receptiva da peça acusatória precisa ser fundamentada, haja vista a existência da defesa preliminar no rito sumaríssimo, a qual não poderá ser ignorada pelo magistrado (exigindo, assim, uma mínima justificação acerca do não acolhimento de seus argumentos), sob pena de nulidade relativa. Encontramos precedentes do STJ no mesmo sentido:

 **Jurisprudência destacada**

(...) 3. Realizada após a defesa preliminar, **a ratificação do recebimento da denúncia** dispensa a expensão de fundamentos exaurientes e plenos, até para que não seja prejulgada a causa, **mas mostra-se imprescindível a mínima referência aos argumentos naquela peça apresentados, sob pena de nulidade**. 4. No caso concreto, o *decisum* proferido careceu de fundamentação, eis que primou por um conteúdo estereotipado e genérico, restringindo-se o magistrado a declinar que não se encontravam elementos aptos a espancar de plano a pretensão acusatória, **menção que não se presta a justificar o recebimento da incoativa, sem sequer aludir o juiz às alegações defensivas ventiladas na defesa preliminar**. 5. Incumbe ao magistrado enfrentar questões processuais relevantes e urgentes ao confirmar o aceite da exordial acusatória, o que não ocorreu na espécie, restando presente a flagrante ilegalidade, que possibilita a concessão de ordem de ofício. 6. Recurso não conhecido. Ordem concedida, de ofício, a fim de anular o processo, a partir da segunda decisão de recebimento da denúncia, devendo outra ser proferida, apreciando-se os termos da resposta preliminar (STJ, 6ª Turma, RHC nº 64.744/MG, Rel. Min. Maria Thereza de Assis Moura, j. 1º.12.2015).

Resposta à acusação e seu cabimento. Conforme se depreende do art. 81 da Lei, recebida a denúncia ou queixa pelo juiz, o acusado será citado e, em seguida, serão ouvidas a vítima e as testemunhas de acusação e defesa (iniciando a instrução probatória). Note que o mencionado dispositivo não faz qualquer alusão à chamada resposta à acusação, presente nos procedimentos ordinário e sumário por força do art. 396 do CPP. Então será que no procedimento sumaríssimo teremos esse ato processual?

O primeiro ponto a ser ressaltado é a necessidade de não confundir a **resposta à acusação**, que será apresentada após o recebimento da denúncia ou queixa e tem como objetivo a **absolvição sumária** do réu (art. 397 do CPP), com a **defesa preliminar**, cujo momento apropriado é após o oferecimento da peça acusatória (ou seja, antes de seu recebimento) e possui como finalidade principal a **rejeição da inicial acusatória** pelo juiz, conforme as hipóteses do art. 395 do CPP.

Pois bem. Para além da distinção (e agora respondendo ao questionamento), cumpre mencionar que, em razão do texto do art. 394, § 4°, do CPP, o qual prescreve, entre outros assuntos, que as disposições dos arts. 396 e 396-A do CPP (resposta à acusação) aplicam-se a todos os procedimentos penais de primeiro grau, ainda que não regulados no Código de Processo Penal, poderia ser sustentado que no procedimento sumaríssimo da Lei n° 9.099/1995 deverá incidir tal ato processual. Teríamos então a defesa preliminar e, posteriormente ao recebimento da denúncia ou queixa, a resposta à acusação.

Não é o nosso posicionamento. O entendimento que nos parece mais acertado é o de que **não há resposta à acusação no JECRIM**. Isso porque é totalmente contrária aos critérios da simplicidade e celeridade a existência de uma defesa preliminar e, logo em seguida, outro ato processual defensivo similar. Dessa forma, cumpre ao réu alegar **em sua defesa preliminar todos os argumentos defensivos possíveis** (leia-se: tanto as hipóteses de rejeição da peça acusatória do art. 395 do CPP como as situações de absolvição sumária do art. 397 do CPP).

5. Hipótese de absolvição sumária. Se por um lado não cabe resposta à acusação no procedimento sumaríssimo, por outro entende-se que é totalmente possível a absolvição sumária do réu, caso, em sua **defesa preliminar**, ele demonstre estar caracterizada uma das situações contidas no art. 397 do CPP: existência manifesta de excludente de ilicitude ou culpabilidade (exceto inimputabilidade); o fato narrado evidentemente não constituir crime; a punibilidade estar extinta.

Não custa repetir que a absolvição sumária, aqui no JECRIM, deve derivar de argumentação apresentada na defesa preliminar – pois não há resposta à acusação – e será declarada por meio de sentença absolutória. Contra ela caberá recurso de apelação, por força do art. 593, I, do CPP, ou recurso em sentido estrito (quando o fundamento for uma causa de extinção da punibilidade, art. 581, VIII, do CPP).

6. Instrução processual e sentença. Não sendo o caso de absolvição sumária, a audiência seguirá, adentrando agora na fase instrutória e, logo após, na decisória. Estas abrangerão (na sequência):

♦ **Depoimento da vítima e das testemunhas de acusação e defesa (nessa ordem):**
Nucci (2020, p. 483) ensina que a inversão da ordem mencionada é causa de nulidade relativa, a ser alegada em momento oportuno, sob pena de preclusão, e dependente da demonstração de prejuízo.
Embora o texto da Lei seja omisso em relação a outras provas previstas no Código de Processo Penal, é certo que algumas delas poderão ser aplicadas subsidiariamente, desde que não desvirtuem a essência do JECRIM. O § 1° do art. 81 vai nesse sentido ao anunciar que todas as provas serão produzidas na AIJ, podendo o juiz limitar ou excluir as que considerar excessivas, impertinentes ou protelatórias.
Além disso, embora o dispositivo traga a regra da audiência única para produção das provas, é possível à testemunha que morar fora da jurisdição a expedição de carta

precatória (art. 222 do CPP), sobrepondo, aqui, a ampla defesa em detrimento da celeridade dos Juizados.

Jurisprudência destacada

A concentração dos atos processuais em audiência única, prescrita no art. 81, § 1º, da Lei nº 9.099/1995, não constitui regra absoluta e não pode servir de obstáculo à busca da verdade real, com prejuízo ao acusado. Os princípios da celeridade e economia processual que informam o procedimento previsto na Lei dos Juizados Especiais Criminais (lei ordinária) **não podem ser invocados em detrimento de um princípio maior, como o da ampla defesa**, com os meios e recursos a ela inerentes (art. 5º, LV, da Constituição Federal), **dentre os quais está a possibilidade de produção de prova testemunhal, inclusive por meio de precatória, se necessário for**. Recurso provido (STJ, 5ª Turma, RHC nº 9.740/MG, Rel. Min. José Arnaldo da Fonseca, j. 21.11.2000).

◆ **Interrogatório do acusado, se presente**: o acusado não é obrigado a responder aos questionamentos (mérito do interrogatório). Contudo, lembre-se de que o direito ao silêncio não abrange as perguntas iniciais quanto à sua qualificação (nome, endereço, RG etc.), às quais deverá se submeter.

◆ **Debates orais**: a Lei é omissa com relação ao tempo destinado a cada parte. Assim, aplicar-se-á o previsto no art. 403 do CPP: 20 minutos, prorrogáveis por mais 10 minutos, à acusação e, após, à defesa.

◆ **Prolação da sentença**: finalizados os debates, o juiz proferirá a sentença (a qual, dispensado relatório, mencionará os elementos de convicção do magistrado – § 3º). O § 2º dispõe que de todo o ocorrido será lavrado termo de audiência, assinado pelo Juiz e pelas partes, contendo breve resumo dos fatos relevantes ocorridos em audiência e a sentença.

AUDIÊNCIA DE INSTRUÇÃO E JULGAMENTO

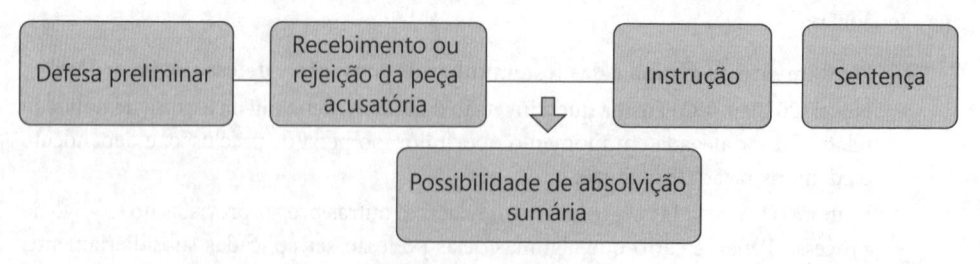

Dignidade da vítima (§ 1º-A). Ressaltamos ainda que, no ano de 2021, foi acrescentado o § 1º-A ao art. 81 da Lei nº 9.099/1995. Tal dispositivo visa resguardar a dignidade da vítima, a qual, se violada durante a audiência, poderá gerar responsabilização civil, penal e administrativa, cabendo ao juiz garantir o respeito à novel prescrição normativa.

No mesmo sentido, proíbe-se a manifestação sobre circunstâncias alheias aos fatos sob apuração nos autos, bem como a utilização de linguagem, de informações ou de material que ofendam a dignidade da vítima ou de testemunhas.

Vale mencionar que o citado § 1º-A foi incluído pela Lei nº 14.245/2021, norma que também promoveu alterações no Código de Processo Penal e no Código Penal. A inspiração para tais novidades legislativas foi o caso da influenciadora digital Mariana Ferrer, a qual, em uma audiência, participando na condição de vítima de um delito de estupro, sofreu atos atentatórios à sua dignidade por parte de alguns sujeitos processuais.

5.5 RECURSOS E AÇÕES AUTÔNOMAS DE IMPUGNAÇÃO

Art. 82. Da decisão de rejeição da denúncia ou queixa e da sentença caberá apelação, que poderá ser julgada por turma composta de três Juízes em exercício no primeiro grau de jurisdição, reunidos na sede do Juizado.

§ 1º A apelação será interposta no prazo de dez dias, contados da ciência da sentença pelo Ministério Público, pelo réu e seu defensor, por petição escrita, da qual constarão as razões e o pedido do recorrente.

§ 2º O recorrido será intimado para oferecer resposta escrita no prazo de dez dias.

§ 3º As partes poderão requerer a transcrição da gravação da fita magnética a que alude o § 3º do art. 65 desta Lei.

§ 4º As partes serão intimadas da data da sessão de julgamento pela imprensa.

§ 5º Se a sentença for confirmada pelos próprios fundamentos, a súmula do julgamento servirá de acórdão.

Art. 83. Cabem embargos de declaração quando, em sentença ou acórdão, houver obscuridade, contradição ou omissão.

§ 1º Os embargos de declaração serão opostos por escrito ou oralmente, no prazo de cinco dias, contados da ciência da decisão.

§ 2º Os embargos de declaração interrompem o prazo para a interposição de recurso.

§ 3º Os erros materiais podem ser corrigidos de ofício.

5.5.1 Turma recursal

Conforme dicção do art. 98, I, da CF, no JECRIM teremos o julgamento dos recursos por turmas de juízes de primeiro grau. Em consonância, o art. 82, *caput*, da Lei nº 9.099/1995 prevê a chamada Turma Recursal dos Juizados: órgão colegiado composto de **três Juízes** em exercício no **primeiro grau** de jurisdição, reunidos em sua sede. Veremos que cabe a ela o julgamento do recurso de apelação, bem como as ações autônomas de impugnação (*habeas corpus*, mandado de segurança e revisão criminal).

Portanto, proferida a sentença pelo magistrado no âmbito do JECRIM, caberá à Turma Recursal julgar o eventual recurso de apelação contra a decisão de primeiro grau. Será assim mesmo na hipótese em que se busca o reconhecimento da incompetência do órgão recursal em apreciar a matéria.

Saiba ainda que, se a infração de menor potencial ofensivo estiver tramitando perante o Juízo comum, o recurso contra a sentença porventura proferida será julgado pelo Tribunal de Justiça (ou Tribunal Regional Federal, em âmbito federal). Além disso, o membro do Ministério Público que atuará na Turma Recursal do JECRIM será, à semelhança dos magistrados, aquele que atua no primeiro grau (Promotor de Justiça ou Procurador da República).

Os §§ 3º, 4º e 5º do art. 82 estabelecem algumas peculiaridades do procedimento sumaríssimo. Para prova de concursos, recomendamos a memorização da literalidade dos dispositivos.

Vamos agora ao estudo dos recursos e das ações autônomas possíveis no âmbito da Lei nº 9.099/1995.

5.5.2 Recursos previstos na Lei nº 9.099/1995

Apelação (art. 82). No âmbito do JECRIM, a apelação deverá ser interposta, por **petição escrita**, no prazo de **dez dias** (contados da data da sentença) pela parte inconformada: titular da ação penal, réu ou seu defensor. Nela **deverão** constar as razões e o pedido do recorrente. Após, o recorrido será obrigatoriamente intimado para oferecer resposta escrita no prazo de dez dias.

Entre as várias diferenças existentes com relação à apelação do Código de Processo Penal, destacamos que no JECRIM as **razões recursais** deverão ser interpostas **com a apelação**, perante a Turma recursal (no Código de Processo Penal há um prazo para a interposição do recurso, cinco dias, e outro para apresentação das razões recursais, oito dias). Existe divergência acerca da consequência da apelação interposta sem as razões recursais perante a Turma Recursal, prevalecendo o entendimento de que constitui **mera irregularidade**, não impedindo o conhecimento do recurso.

Jurisprudência destacada

1. A apelação para a Turma Recursal deve ser interposta com as razões, no prazo de 10 dias (Lei nº 9.099/1995, art. 82, § 1º); no entanto, se ajuizada no prazo de 5 dias, o juiz a recebe e abre prazo para as razões, entende-se que adotou o rito da lei processual comum (CPP, art. 593), não se podendo reputar intempestivas as razões oferecidas no prazo do art. 600 do CPP (HC nº 80.121, 1ª T., 15.08.2000, Gallotti, *DJ* 07.12.2000). 2. De qualquer modo, também no processo dos Juizados Especiais, **a ausência ou a intempestividade das razões não prejudicam a apelação interposta no prazo legal**. (...) (STF, 1ª Turma, HC nº 86.619/SC, Rel. Min. Sepúlveda Pertence, j. 27.09.2005).

Para além do mencionado, cumpre destacar as situações que desafiarão recurso de apelação no âmbito do JECRIM:

♦ **Rejeição da denúncia ou queixa**: art. 82, *caput*, da Lei nº 9.099/1995 (no Código de Processo Penal, o recurso cabível nessa situação é o recurso em sentido estrito [RESE], art. 581, I, do CPP).

♦ **Sentença condenatória ou absolutória**: art. 82, *caput*, da Lei nº 9.099/1995.

♦ **Decisão que homologa a transação penal**: art. 76, § 5º, da Lei nº 9.099/1995.

♦ **Decisão que não homologa a transação penal**: embora haja divergência na doutrina, entendemos que contra ela também caberá apelação.

> ### 🧩 Decifrando a prova
>
> **(Juiz – TJ/MS – FCC – 2020 – Adaptada)** Em relação aos Juizados Especiais Criminais, correto afirmar que cabível a interposição de recurso em sentido estrito, no prazo de 05 (cinco) dias, contra a decisão de rejeição da denúncia ou queixa, com abertura de vista para apresentação das razões em 08 (oito) dias.
>
> ( ) Certo ( ) Errado
>
> **Gabarito comentado:** no âmbito do JECRIM, conforme prescreve o art. 82, *caput*, o recurso cabível aqui é o de apelação. Portanto, a assertiva está errada.

Embargos de declaração (art. 83). Conforme preceitua o texto legal, cabem embargos de declaração quando, em sentença ou acórdão, houver obscuridade, contradição ou omissão. Será dirigido ao mesmo órgão que proferiu a decisão, objetivando que ele sane eventuais equívocos.

Os embargos serão opostos por **escrito ou oralmente**, no prazo de **cinco dias** contados da ciência da decisão. Uma vez oferecidos, **interromperão** o prazo para a interposição de recurso (será contado do zero após o julgamento dos embargos).

Por fim, eventuais erros materiais constantes da sentença poderão ser corrigidos de ofício pelo juiz (ex.: erro de digitação), não sendo necessária a oposição de embargos.

5.5.3 Outros recursos

A Lei nº 9.099/1995 trouxe em seu texto apenas dois recursos: a apelação e os embargos de declaração. Contudo, o entendimento dominante é o de que será possível a aplicação analógica de **outros recursos previstos no Código de Processo Penal**, caso preenchidos os requisitos legais (ex.: recurso em sentido estrito, embargos infringentes, entre outros).

No mesmo sentido, embora não conste expressamente do texto da Lei nº 9.099/1995, é possível vislumbrarmos hipótese de cabimento do **recurso extraordinário**. A Constituição Federal, em seu art. 102, III, estabelece que compete ao STF julgar, mediante recurso extraordinário, as causas decididas em **única** ou **última** instância, quando a decisão recorrida, entre outras situações, contrariar dispositivo da própria Constituição Federal. Assim, caso a Turma Recursal dos Juizados profira decisão que contrarie dispositivo da Constituição (ou nas demais hipóteses do art. 102, III), é cabível a interposição do recurso extraordinário (cumpridos seus demais requisitos). Ressaltamos que somente será adequado o recurso diante de decisão colegiada da Turma (jamais com relação às decisões monocráticas).

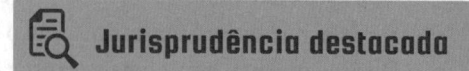

Jurisprudência destacada

Os acórdãos proferidos pelas Turmas Recursais dos Juizados Especiais Cíveis e Criminais comportam impugnação por meio de recurso extraordinário. Incidência da Súmula n° 640 do STF. (...) (STF, 1ª Turma, RE n° 352.360 AgR/DF, Rel. Min. Eros Grau, j. 23.08.2005).

Por outro lado, **não cabe recurso especial** no âmbito das Turmas Recursais, pois o art. 105, III, da CF exige, entre outros requisitos, que a decisão recorrida seja oriunda de Tribunal Regional Federal ou Tribunais dos Estados, Distrito Federal e Territórios. As Turmas Recursais dos Juizados não são consideradas Tribunal e, portanto, suas decisões não são passíveis de recurso especial.

Jurisprudência destacada

Súmula n° 203 do STJ: Não cabe recurso especial contra decisão proferida por órgão de segundo grau dos Juizados Especiais.

5.5.4 Ações autônomas de impugnação

É totalmente possível o manejo das ações autônomas de impugnação no âmbito do JECRIM. Vejamos.

Habeas corpus. Caso o risco à liberdade de locomoção for causado por juiz de primeiro grau do JECRIM, o *habeas corpus* será julgado pela Turma Recursal dos Juizados. Na hipótese de a autoridade coatora ser a própria Turma Recursal, o entendimento atual é o de que caberá ao Tribunal de Justiça o julgamento do remédio constitucional.

Jurisprudência destacada[37]

1. No julgamento do HC n° 86.834, da relatoria do Ministro Marco Aurélio, este Supremo Tribunal Federal firmou o entendimento de que **não cabe a esta Corte julgar** *habeas corpus* **impetrado contra ato de turma recursal de Juizado Especial Criminal**. Entendimento que é de se aplicar ao caso, prejudicando, assim, a continuidade do julgamento. 2. Mantida

---

[37] Igualmente: STF, 2ª Turma, ARE n° 676.275 AgR/MS, Rel. Min. Gilmar Mendes, j. 12.06.2012.

a liminar concedida pelo Plenário do STF, **os autos hão de ser remetidos para o Tribunal de Justiça do Estado de São Paulo**. *Writ* prejudicado (STF, Pleno, HC nº 85.240/SP, Rel. Min. Carlos Britto, j. 14.02.2008).

Decifrando a prova

(Juiz – TJSP – Vunesp – 2018 – Adaptada) Compete originariamente ao Supremo Tribunal Federal o julgamento de *habeas corpus* contra decisão de Turma Recursal de Juizado Especial Criminal.
( ) Certo ( ) Errado
Gabarito comentado: como vimos, nesse caso a competência será do Tribunal de Justiça (ou Tribunal Regional Federal). Portanto, a assertiva está errada.

Mandado de segurança. O remédio será julgado pela Turma Recursal dos Juizados se impetrado para proteger direito líquido e certo, não amparado por *habeas corpus* ou *habeas data*, que foi violado por ato de juiz de primeiro grau do JECRIM.

Jurisprudência destacada

Súmula nº 376 do STJ: Compete a turma recursal processar e julgar o mandado de segurança contra ato de juizado especial.

No caso de ato praticado pela Turma Recursal ser objeto de mandado de segurança, prevalece o entendimento que ela mesma será competente para julgá-lo (aplicando, por analogia, o teor do art. 108, I, *c*, da CF)[38].

Revisão criminal. Tem como objetivo o reexame de sentença transitada em julgado (sempre em favor do réu). Prevalece que é totalmente possível no âmbito do JECRIM contra as decisões definitivas proferidas (por analogia às disposições do Código de Processo Penal), sendo de competência da Turma Recursal dos Juizados.

Jurisprudência destacada

1. Apesar da ausência de expressa previsão legal, **mostra-se cabível a revisão criminal no âmbito dos Juizados Especiais**, decorrência lógica da garantia constitucional da ampla defesa, notadamente quando a legislação ordinária vedou apenas a ação rescisória, de natureza

---

[38] Nesse sentido: STF, 2ª Turma, MS nº 32.627 AgR/RJ, Rel. Min. Celso de Mello, j. 05.08.2014.

> processual cível. 2. É manifesta a incompetência do Tribunal de Justiça para tomar conhecimento de revisão criminal ajuizada contra *decisum* oriundo dos Juizados Especiais. 3. A falta de previsão legal específica para o processamento da ação revisional perante o Colegiado Recursal não impede seu ajuizamento, cabendo à **espécie a utilização subsidiária dos ditames previstos no Código de Processo Penal**. 4. Caso a composição da Turma Recursal impossibilite a perfeita obediência aos dispositivos legais atinentes à espécie, mostra-se viável, em tese, **a convocação dos magistrados suplentes para tomar parte no julgamento, solucionando-se a controvérsia** e, principalmente, resguardando-se o direito do agente de ver julgada sua ação revisional. 5. **Competência da Turma Recursal** (STJ, 3ª Seção, CC nº 47.718/RS, Rel. Min. Jane Silva (convocada), j. 13.08.2008).

Como mencionamos, cabe revisão criminal contra as decisões definitivas proferidas no âmbito do JECRIM. Dessa forma, há precedente no âmbito do STJ que decidiu pelo não cabimento de revisão criminal contra a sentença que homologa a transação penal, justamente por não ter havido condenação ou sequer análise de prova.

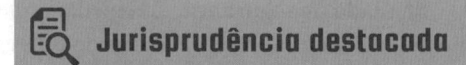 **Jurisprudência destacada**

> (...) 2. Incabível o ajuizamento de revisão criminal contra sentença que homologa a transação penal (art. 76 da Lei nº 9.099/1995), já que não existiu condenação ou sequer houve análise de prova. Na verdade, ao se aplicar o instituto da transação penal, não se discute fato típico, ilicitude, culpabilidade ou punibilidade, mas apenas é possibilitada ao autor do fato uma aplicação imediata de pena restritiva de direitos ou multa para que não exista o prosseguimento da ação penal, sendo o acordo devidamente homologado pelo Poder Judiciário e impugnável por meio do recurso de apelação (STJ, 5ª Turma, REsp nº 1.107.723/MS, Rel. Min. Laurita Vaz, j. 07.04.2011).

5.5.5 Conflito de competência

Tribunal de Justiça *x* Turma Recursal dos Juizados. Conforme as lições de Nucci (2020, p. 485), se forem órgãos colegiados do mesmo Estado, inexiste o conflito, pois caberá ao Tribunal de Justiça (funcionalmente superior) decidir de quem é a competência. Contudo, se de Estados distintos, o conflito será resolvido pelo STJ, na forma do art. 105, I, *d*, da CF. O mesmo raciocínio aplica-se ao juízo comum e ao especial no âmbito federal, com a diferença de que no lugar do Tribunal de Justiça será o Tribunal Regional Federal.

Juizado Especial Criminal *x* Juízo Comum (primeiro grau). O entendimento atual – semelhante ao anteriormente exposto – é o de que cabe ao Tribunal de Justiça (ou Tribunal Regional Federal, no âmbito federal) resolver o conflito de competência entre Juízo comum e Juizado Especial Criminal (ou Juízo Federal e Juizado Especial Federal, no âmbito federal) quando no âmbito de sua abrangência jurisdicional. Nesse exemplo, se forem os juízos de Estados distintos, a competência da resolução será do STJ (art. 105, I, *d*, da CF).

É nesse sentido o teor da Súmula n° 428 do STJ:

 Jurisprudência destacada

Súmula n° 428 do STJ: Compete ao Tribunal Regional Federal decidir os conflitos de competência entre juizado especial federal e juízo federal da mesma seção judiciária.

5.6 EXECUÇÃO PENAL

Art. 84. Aplicada exclusivamente pena de multa, seu cumprimento far-se-á mediante pagamento na Secretaria do Juizado.

Parágrafo único. Efetuado o pagamento, o Juiz declarará extinta a punibilidade, determinando que a condenação não fique constando dos registros criminais, exceto para fins de requisição judicial.

Art. 85. Não efetuado o pagamento de multa, será feita a conversão em pena privativa da liberdade, ou restritiva de direitos, nos termos previstos em lei.

Art. 86. A execução das penas privativas de liberdade e restritivas de direitos, ou de multa cumulada com estas, será processada perante o órgão competente, nos termos da lei.

Os arts. 84 e 85 tratam da execução penal da pena de multa. De acordo com o primeiro, se aplicada exclusivamente a pena de multa, seu cumprimento consistirá no pagamento do valor na Secretaria do Juizado, o que ocasionará a extinção da punibilidade (não constando nos registros criminais, exceto para eventual requisição judicial). A despeito do previsto no art. 85, o entendimento atual é pela impossibilidade da conversão da multa não paga em pena privativa de liberdade ou restritiva de direitos. Nesse caso, a solução será considerada como dívida de valor (art. 51 do CP), devendo ser executada pelo Ministério Público no próprio JECRIM[39].

O art. 86 estabelece que a execução das penas privativa de liberdade e restritiva de direitos, ou de multa cumulada com estas, será processada pelo órgão competente, leia-se: **Vara de Execução Penal** (Juízo Comum). Portanto, observe que apenas a sanção de multa, quando isoladamente aplicada, será executada no Juizado Especial Criminal.

5.7 SUSPENSÃO CONDICIONAL DO PROCESSO

Art. 89. Nos crimes em que a pena mínima cominada for igual ou inferior a um ano, abrangidas ou não por esta Lei, o Ministério Público, ao oferecer a denúncia, poderá

---

[39] Suxberger (2020, p. 864-865), aprofundando no tema, entende que poderá ser executada no juízo da execução penal ou no JECRIM, a depender das normas de organização judiciária local. Além disso, se o Ministério Público não promover a execução, a cobrança caberá ao órgão competente da Fazenda Pública.

propor a suspensão do processo, por dois a quatro anos, desde que o acusado não esteja sendo processado ou não tenha sido condenado por outro crime, presentes os demais requisitos que autorizariam a suspensão condicional da pena (art. 77 do Código Penal).

§ 1º Aceita a proposta pelo acusado e seu defensor, na presença do Juiz, este, recebendo a denúncia, poderá suspender o processo, submetendo o acusado a período de prova, sob as seguintes condições:

I – reparação do dano, salvo impossibilidade de fazê-lo;

II – proibição de frequentar determinados lugares;

III – proibição de ausentar-se da comarca onde reside, sem autorização do Juiz;

IV – comparecimento pessoal e obrigatório a juízo, mensalmente, para informar e justificar suas atividades.

§ 2º O Juiz poderá especificar outras condições a que fica subordinada a suspensão, desde que adequadas ao fato e à situação pessoal do acusado.

§ 3º A suspensão será revogada se, no curso do prazo, o beneficiário vier a ser processado por outro crime ou não efetuar, sem motivo justificado, a reparação do dano.

§ 4º A suspensão poderá ser revogada se o acusado vier a ser processado, no curso do prazo, por contravenção, ou descumprir qualquer outra condição imposta.

§ 5º Expirado o prazo sem revogação, o Juiz declarará extinta a punibilidade.

§ 6º Não correrá a prescrição durante o prazo de suspensão do processo.

§ 7º Se o acusado não aceitar a proposta prevista neste artigo, o processo prosseguirá em seus ulteriores termos.

Conceito. A suspensão condicional do processo, também chamada de *sursis* processual[40], é mais um dos institutos despenalizadores da Lei, o qual, uma vez preenchidos determinados requisitos legais, suspenderá o processo durante o denominado período de prova (dois a quatro anos). No lapso temporal mencionado, o réu deverá cumprir as condições elencadas na lei, as quais, uma vez adimplidas, possibilitarão a extinção da punibilidade pelo juiz após o transcurso do período (sem a existência de condenação).

Ressaltamos que, apesar de ser instituto contido na Lei nº 9.099/1995, não se limita apenas às infrações de menor potencial ofensivo, podendo incidir em todas as infrações penais com pena mínima igual ou inferior a um ano (independentemente da pena máxima prevista)[41]. Cuida-se, portanto, do instituto despenalizador de maior abrangência, sobre o qual pairam as principais divergências, exigindo um estudo detalhado.

---

[40] Cuida-se de instituto diferente da suspensão condicional da pena ("*sursis* penal" ou apenas *sursis* – art. 77 do CP). Neste, há suspensão da execução de pena imposta por sentença condenatória (o processo aqui já se encerrou).

[41] É certo que os demais institutos despenalizadores (composição dos danos civis e transação penal) somente poderão ser aplicados às infrações de menor potencial ofensivo. Contudo, essa classificação é irrelevante para o *sursis* processual, o qual poderá incidir em infrações que não estejam abrangidas pela Lei nº 9.099/1995 (desde que a pena mínima não seja superior a um ano).

Requisitos para o oferecimento do *sursis* processual. Nas ações penais públicas (incondicionadas ou condicionadas à representação), cabe ao Ministério Público a proposição da suspensão condicional do processo, a qual se dará concomitantemente ao oferecimento da denúncia, caso preenchidos os requisitos cumulativos elencados na lei, a saber:

* **Crimes com pena mínima cominada igual ou inferior a um ano**: perceba que o critério utilizado é o da pena mínima prevista abstratamente ao delito. Assim, só se admitirá a medida nas infrações ditas de médio potencial ofensivo (pena mínima não superior a um ano), sendo irrelevante a pena máxima cominada.

  Em razão de o critério se concentrar na quantidade de pena, algumas situações que poderão alterá-la merecem atenção, por exemplo, as causas de aumento e diminuição de pena e concurso de crimes. Essa temática já foi analisada anteriormente em outro ponto da obra.

  O STF possui precedente no sentido da possibilidade de proposição do *sursis* processual quando for cominada alternativamente ao delito pena de multa, independentemente da pena mínima prevista. Assim, tomemos o exemplo do crime tipificado no art. 7º da Lei nº 8.137/1990, para o qual é prevista pena de detenção, de dois a cinco anos, **ou** multa. Nesse caso, ainda que a pena mínima seja superior a um ano, é possível incidir o instituto despenalizador dada a alternatividade da pena de multa.

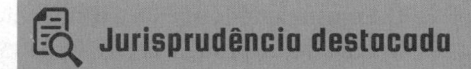

Jurisprudência destacada

Ação penal. Crime contra relações de consumo. Pena. Previsão alternativa de multa. Suspensão condicional do processo. Admissibilidade. Recusa de proposta pelo Ministério Público. Constrangimento ilegal caracterizado. HC concedido para que o MP examine os demais requisitos da medida. Interpretação do art. 89 da Lei nº 9.099/1995. Quando para o crime seja prevista, alternativamente, pena de multa, que é menos gravosa do que qualquer pena privativa de liberdade ou restritiva de direito, tem-se por satisfeito um dos requisitos legais para a suspensão condicional do processo (STF, 2ª Turma, HC nº 83.926/RJ, Rel. Min. Cezar Peluso, j. 07.08.2007). No mesmo sentido: STJ, 5ª Turma, RHC nº 118.353/PB, Rel. Min. Reynaldo Soares da Fonseca, j. 22.10.2019.

Além disso, existem precedentes do STJ que aplicam o mesmo raciocínio no tocante à transação penal.

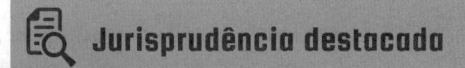

Jurisprudência destacada

Processo penal. Recurso ordinário em *habeas corpus*. Art. 7º, IX, da Lei n.º 8.137/1990. Pena mínima cominada igual a dois anos. Previsão alternativa de multa. Suspensão condicional do processo. Transação penal. Possibilidade. Recurso a que se dá provimento.

1. O preceito sancionador do delito descrito no art. 7º, IX, da Lei nº 8.137/1990 comina pena privativa de liberdade mínima igual a dois anos ou multa. 2. Consistindo a pena de multa na menor sanção penal estabelecida para a figura típica em apreço, é possível a aplicação dos

> arts. 76 e 89 da Lei nº 9.099/1995. 3. Recurso ordinário a que se dá provimento, a fim de que o Ministério Público do Estado de São Paulo se manifeste acerca das propostas de transação penal e suspensão condicional do processo, afastado o argumento referente à pena mínima cominada para o referido crime (STJ, 6ª Turma, RHC nº 54.429/SP, Rel. Min. Maria Thereza de Assis Moura, j. 24.03.2015).

Embora o texto legal mencione "crimes" com pena mínima igual ou inferior a um ano, a maioria entende que é possível a aplicação do instituto também às contravenções penais.

Além disso, acrescentamos que, diferentemente do que ocorre com a transação penal, a Lei não previu lapso temporal mínimo para que o agente seja beneficiado por nova suspensão condicional do processo. Assim, é possível, por exemplo, ele ser beneficiado pela medida e, após o seu cumprimento e extinção da punibilidade, acordar outro *sursis* processual a seu favor. Contudo, perceba que é impossível a concomitância de duas suspensões condicionais do processo[42], pois nesse caso não preencheria o requisito da não existência de processo por outro crime (exigem-se, portanto, o cumprimento do primeiro *sursis* e a consequente extinção da punibilidade).

O exposto anteriormente é o entendimento mais literal. Contudo, quando analisamos a jurisprudência do STJ, há vários acórdãos que admitem a aplicação do prazo de 5 anos para que seja ofertada nova transação penal (art. 76, § 2º, II), por analogia, à suspensão condicional do processo. Nesse sentido:

Jurisprudência destacada

> 1. O prazo de 5 anos para a concessão de nova transação penal, previsto no art. 76, § 2º, inciso II, da Lei nº 9.099/1995, aplica-se aos demais institutos despenalizadores por analogia, estendendo-se, pois, à suspensão condicional do processo (STJ, 6ª Turma, REsp 1.837.960/PA, Rel. Min. Nefi Cordeiro, j. 12.11.2019). No mesmo sentido: STJ, 5ª Turma, HC 370.047/PR, Rel. Min. Felix Fischer, j. 17.11.2016.

♦ **Acusado que não esteja sendo processado ou não tenha sido condenado por outro crime**: assim, a simples existência de processo/ação penal em curso por outro crime impede a suspensão condicional do processo. Embora haja entendi-

---

[42] Há doutrina que enxerga exceção a essa afirmação, na hipótese de o primeiro *sursis* versar sobre contravenção penal (dessa forma, para o cabimento do segundo *sursis*, não estaria sendo processado por outro "crime") (ROQUE; TÁVORA; ALENCAR, 2019, p. 444).

mento minoritário em sentido contrário, prevalece que tal exigência é constitucional[43], pois razoável à concessão do benefício.

Lembre-se de que, conforme leitura do art. 89, a simples instauração de inquérito policial não constitui óbice à concessão da medida.

🔍 Jurisprudência destacada

1. A suspensão condicional do processo possui requisitos objetivos e subjetivos: a) o acusado não esteja sendo processado ou não tenha sido condenado por outro crime e b) estejam presentes os demais requisitos do art. 77 do Código Penal. 2. O STJ possui jurisprudência sedimentada no sentido de **que a existência de ação penal em curso contra o denunciado impede a suspensão condicional do processo**, com constitucionalidade declarada *incidenter tantum* pelo STF no RHC nº 79.460-2/SP (...) (STJ, 6ª Turma, AgRg no AREsp nº 869.673/SC, Rel. Min. Rogerio Schietti Cruz, j. 18.10.2018).

1. A existência de inquéritos policiais em curso não é circunstância idônea a obstar o oferecimento de proposta de suspensão condicional do processo. Inteligência do art. 89 da Lei nº 9.099/1995 (STJ, 6ª Turma, RHC nº 79.751/SP, Rel. Min. Maria Thereza de Assis Moura, j. 18.04.2017).

Além disso, note que a lei limita o requisito à inexistência de processo ou condenação por outro "**crime**". Assim, o processo ou a condenação por contravenção penal não obsta o benefício.

Saiba ainda que a "condenação" prescrita no art. 89 é a definitiva[44], mas, veja, mesmo que a decisão ainda não tenha transitado em julgado, é certo que o *sursis* também não será possível, haja vista que nesse caso o sujeito estará sendo processado por crime. Aqui também existe discussão na doutrina sobre a possibilidade ou não de aplicação do período depurador constante no art. 64, I, do CP. Boa parte da doutrina entende que, se entre a data da extinção/cumprimento da pena privativa de liberdade imposta pela sentença definitiva e a data do cometimento da infração de menor potencial ofensivo já se passaram mais de cinco anos, será possível o oferecimento da suspensão condicional do processo. O STF possui precedentes que adotam este posicionamento:

🔍 Jurisprudência destacada

O silêncio da Lei dos Juizados Especiais, no ponto, não afasta o imperativo da interpretação sistêmica das normas de direito penal. Pelo que a exigência do artigo 89 da Lei nº 9.099/1995

---

[43] Assim também decidiu o STF, entre outras ocasiões, no HC nº 86.007/RJ, 1ª Turma, Rel. Min. Sepúlveda Pertence, j. 29.06.2005.

[44] Portanto, para obter a medida despenalizadora, entre outros requisitos, o sujeito deve ser primário.

– de inexistência de condenação por outro crime, para fins de obtenção da suspensão condicional do feito – *é de ser conjugada com a norma do inciso I do art. 64 do CP*. Norma que "apaga" a "pecha" de uma anterior condenação criminal, partindo da presunção constitucional da regenerabilidade de todo indivíduo. A melhor interpretação do art. 89 da Lei nº 9.099/1995 é aquela que faz associar a esse diploma normativo a regra do inciso I do art. 64 do Código Penal, **de modo a viabilizar a concessão da suspensão condicional do processo a todos aqueles acusados que, mesmo já condenados em feito criminal anterior, não podem mais ser havidos como reincidentes, dada a consumação do lapso de cinco anos do cumprimento da respectiva pena.** Ordem concedida para fins de anulação do processo-crime desde a data da audiência, determinando-se a remessa do feito ao Ministério Público para que, afastado o óbice do *caput* do art. 89 da Lei nº 9.099/1995, seja analisada a presença, ou não, dos demais requisitos da concessão do *sursis* processual (STF, 1ª Turma, HC nº 88.157/SP, Rel. Min. Carlos Britto, j. 28.11.2006).

Há também quem entenda não ser aplicável o disposto no art. 64, I, do CP; aliás, parece-nos que é a orientação que prepondera no STJ, o qual possui várias decisões nesse sentido[45]:

 Jurisprudência destacada

1. Cabe ao Ministério Público, com exclusividade, a análise quanto à possibilidade do oferecimento do benefício da suspensão condicional do processo, podendo recusar a aplicação do referido instituto, desde que o faça de forma fundamentada. Precedentes. 2. No caso dos autos, verifica-se que o órgão ministerial apresentou motivação plausível para recusa da benesse, inclusive **em consonância com a jurisprudência desta Corte** que é firme no sentido de que "**A existência de condenação pretérita, ainda que alcançada pelo período depurador, é apta a inviabilizar a concessão do *sursis* processual**" (RHC nº 91.575/MG, Rel. Min. Maria Thereza de Assis Moura, 6ª Turma, j. 19.06.2018, *DJe* 29.06.2018) (...) (STJ, 5ª Turma, AgRg no REsp nº 1.849.860/SP, Rel. Min. Joel Ilan Paciornik, j. 26.05.2020).

♦ **Preenchimento dos demais requisitos que autorizariam a suspensão condicional da pena** (art. 77 do CP): veja que deverão também ser preenchidos os requisitos listados no art. 77 do CP: condenado não seja reincidente em crime doloso; a culpabilidade, os antecedentes, a conduta social e personalidade do agente, bem como os motivos e as circunstâncias autorizem a concessão do benefício[46]; não seja indicada ou cabível a substituição da pena privativa de liberdade por restritiva de direitos (art. 44 do CP).

---

[45] Citamos também: AgRg no RHC nº 118.105/PR, 6ª Turma, Rel. Min. Laurita Vaz, j. 28.04.2020.

[46] À semelhança do que estudamos na transação penal, temos aqui requisitos de ordem subjetiva, os quais serão avaliados pelo titular da ação penal. Apesar do aspecto subjetivo mencionado, é certo que a negativa da suspensão condicional do processo, com base no inciso II do art. 77 do CP, exigirá fundamentação concreta para que seja válida.

Vale observar ainda que, segundo o § 1º do art. 77 do CP, a condenação anterior à pena de multa não impede o benefício. Tal disposição aplica-se ao *sursis* processual.

♦ **Não ter descumprido anterior acordo de não persecução penal**: fique atento a um importante acréscimo implementado pela Lei nº 13.964/2019 (Pacote Anticrime) – art. 28-A, § 11, do CPP –, o qual dispõe que o descumprimento do acordo de não persecução penal pelo investigado poderá ser utilizado pelo Ministério Público como justificativa para o não oferecimento da suspensão condicional do processo. Cuida--se, portanto, de requisito circunstancial para a concessão do *sursis* processual.

Dinâmica. Preenchidos os requisitos supraelencados, cabe exclusivamente ao titular da ação penal, ao oferecer a peça acusatória, propor a suspensão condicional do processo[47], a qual durará de dois a quatro anos[48]. Havendo concurso de pessoas, poderá apresentá-la a um dos agentes, excluindo os demais (a medida não é automaticamente extensível a todos os coautores ou partícipes).

O próximo passo é a aceitação da proposta pelo acusado e seu defensor, na presença do juiz (o *sursis* processual é ato bilateral). Muito se discute na doutrina em qual momento específico a proposta oferecida pelo órgão acusatório será submetida à apreciação do acusado e seu defensor.

Alguns entendem que será imediatamente após o recebimento da peça acusatória pelo juiz[49]. Outros defendem que o momento adequado é posterior: após a resposta à acusação, caso o acusado não tenha sido absolvido sumariamente (ou seja, em audiência específica que será imediatamente antes da designação da audiência de instrução e julgamento)[50].

Superada a discussão acerca do momento da apreciação da proposta pelo acusado, saiba que, se ela for aceita por ele, a medida despenalizadora será submetida ao juiz para deferimento (a aceitação é ato personalíssimo e irretratável, salvo comprovada coação). É certo que o magistrado não está obrigado a acolher o *sursis*, devendo verificar se foram preenchidos os requisitos legais. Observadas as exigências da lei, o magistrado deverá suspender o processo, submetendo o acusado ao período de prova para o cumprimento das condições elencadas no art. 89, § 1º, e, eventualmente, no § 2º. Vale apontar que durante o período de

---

[47] A omissão do titular da ação penal em propor o *sursis* processual quando do oferecimento da peça acusatória poderá ocasionar nulidade relativa, a qual deverá ser alegada em momento oportuno pelo réu, sob pena de preclusão (STJ, 6ª Turma, AgRg no REsp nº 1.829.431/SC, Rel. Min. Rogerio Schietti Cruz, j. 19.09.2019).

[48] É certo que, se houver desclassificação do delito ou procedência parcial da pretensão punitiva, a qual resulte em uma infração com pena mínima não superior a um ano, será possível a suspensão condicional do processo, a qual será proposta, nessas hipóteses, em momento posterior (Súmula nº 337 do STJ).

[49] Assim já decidiu o STF: "Diante da apresentação da acusação pelo *Parquet*, a interpretação legal que melhor se coaduna com o princípio da presunção de inocência e a garantia da ampla defesa é a que permite ao denunciado decidir se aceita a proposta após o eventual decreto de recebimento da denúncia e do consequente reconhecimento, pelo Poder Judiciário, da aptidão da peça acusatória e da existência de justa causa para a ação penal" (STF, Pleno, Pet nº 3.898/DF, Rel. Min. Gilmar Mendes, j. 27.08.2009).

[50] É o adotado por Lima (2020, p. 633-634).

suspensão do processo não correrá o prazo prescricional da infração (art. 89, § 6º), sendo essa uma hipótese suspensiva da prescrição. Não esqueça que, na situação de transação penal homologada, esta não interrompe ou suspende a prescrição da infração penal.

Caso o réu recuse a suspensão condicional ofertada, o juiz dará prosseguimento ao processo (art. 89, § 7º).

Ressaltamos que, apesar de o texto do art. 89 sugerir que a suspensão condicional do processo somente é cabível nas ações penais públicas (incondicionadas ou condicionadas à representação), de titularidade do Ministério Público, o entendimento majoritário é no sentido de admitir a sua incidência também nas ações penais privadas.

Nesse caso, o legitimado a propor a medida é o ofendido/querelante (titular da ação penal privada). Na jurisprudência:

Jurisprudência destacada

(...) "4. No caso de ação penal privada, a legitimidade para formular a proposta de suspensão condicional do processo é do ofendido. Precedentes desta Corte Superior" (...). (STJ, 6ª Turma, AgRg no AREsp nº 1.815.689/PR, Rel. Min. Laurita Vaz, j. 22.06.2021).

(...) II – Suspensão condicional do processo instaurado mediante ação penal privada: acertada, no caso, a admissibilidade, em tese, da suspensão, a legitimação para propô-la ou nela assentir é do querelante, não do Ministério Público (STF, 1ª Turma, HC nº 81.720/SP, Rel. Min. Sepúlveda Pertence, j. 26.03.2002).

Por fim, é necessário mencionar que, uma vez suspenso o processo, continua sendo possível ao réu a impetração de *habeas corpus* visando ao trancamento da ação (no caso de infração sujeita à pena privativa de liberdade). Isso porque a medida despenalizadora em curso não é garantia absoluta de que o acusado não sofrerá restrição à sua liberdade (caso não cumpra as condições, por exemplo, o processo voltará a tramitar).

Jurisprudência destacada

Condição da ação. Interesse processual ou de agir. Caracterização. Alegação de falta de justa causa para ação penal. Admissibilidade. Processo. Suspensão condicional. Aceitação da proposta do representante do Ministério Público. Irrelevância. Renúncia não ocorrente. HC concedido de ofício para que o tribunal local julgue o mérito do pedido de *habeas corpus*. Precedentes. **A aceitação de proposta de suspensão condicional do processo não subtrai ao réu o interesse jurídico para ajuizar pedido de *habeas corpus* para trancamento da ação penal por falta de justa causa** (STF, 2ª Turma, RHC nº 82.365/SP, Rel. Min. Cezar Peluso, j. 27.05.2008).

Divergência com o magistrado. Na ação penal pública, imagine que o Ministério Público injustificadamente se negue a oferecer a suspensão condicional do processo e o juiz, entendendo presentes os requisitos legais, **não concorde com a recusa sem justificativa**.

Nesse caso, embora não possa o magistrado substituí-lo e propor a medida despenalizadora (de atribuição exclusiva), poderá aplicar por analogia o art. 28 do CPP (com reforma implementada pela Lei nº 13.964/2019 – Pacote Anticrime).

Prevalece que a suspensão condicional do processo não é direito público subjetivo do réu.

Súmula nº 696 do STF: Reunidos os pressupostos legais permissivos da suspensão condicional do processo, mas se recusando o promotor de justiça a propô-la, o juiz, dissentindo, remeterá a questão ao Procurador-Geral, aplicando-se por analogia o art. 28 do Código de Processo Penal.

Recurso ordinário em *habeas corpus*. Constitucional. Imputação do delito previsto no art. 299 do Código Penal. Suspensão condicional do processo. Poder-dever do Ministério Público, e não direito subjetivo do réu. Fundamentação idônea para a não suspensão. 1. **A suspensão condicional do processo não é direito subjetivo do réu.** Precedentes. Foram apresentados elementos concretos idôneos para motivar a negativa de suspensão condicional do processo. 2. Recurso ao qual se nega provimento (STF, 2ª Turma, RHC nº 115.997/PA, Rel. Min. Cármen Lúcia, j. 12.11.2013).[51]

Se a ação penal for privada e o querelante se recusar injustificadamente a oferecer a suspensão condicional do processo, o **magistrado nada tem a fazer**. Como a ação penal é privada, não pode o juiz substituir-se ao ofendido e oferecer a medida, tampouco aplicar o art. 28 do CPP.

Divergência do acusado com seu defensor. No momento de aceitação da proposta de suspensão condicional do processo, o acusado deve estar acompanhado de seu advogado (sob pena de nulidade absoluta). Oferecida a medida, vamos analisar dois cenários possíveis:

- ◆ **O réu aceita a medida, mas seu defensor a recusa**: prevalece a vontade do réu (o *sursis* será aceito), pois não pode o defensor decidir por ele.

- ◆ **O defensor aceita a medida, porém o réu a recusa**: da mesma forma, a decisão do réu prevalecerá (não haverá *sursis*), haja vista que quem arcaria com o cumprimento do acordado seria ele.

Condições a serem cumpridas. Oferecido e aceito o *sursis* processual, o juiz, verificado o preenchimento dos requisitos, suspenderá o processo inaugurando o chamado período de prova, o qual variará de dois a quatro anos[52]. Durante o lapso temporal mencionado, o acusado terá que cumprir as condições elencadas na lei (art. 89, § 1º, I a IV), além de outras que poderão ser estabelecidas pelo julgador (art. 89, § 2º), para só então ver extinta a sua punibilidade. Vamos então ao estudo de cada uma dessas condições.

---

[51] No mesmo sentido: STJ, 6ª Turma, AgRg no RHC 163.764/RJ, Rel. Min. Antonio Saldanha Palheiro, j. 11.10.2022.

[52] Nucci (2020, p. 496) ensina que o juiz deverá motivar a razão de ter escolhido dois ou mais anos e que o critério de escolha deve se basear na gravidade do delito e situação pessoal do agente.

♦ **Reparação do dano, salvo impossibilidade de fazê-lo** (art. 89, § 1º, I): caso a infração tenha causado dano à vítima, o acusado deverá repará-lo. O § 3º do art. 89 reforça tal condição ao prescrever como causa de revogação obrigatória se, no curso do período de prova, o beneficiário não efetuar, sem motivo justificado, a reparação do dano. É certo que, se for impossível a reparação ou se o acusado não tiver causado dano algum, não há que falar nesse requisito.

Acrescentamos que, para o STJ, a falta de acordo entre as partes quanto ao valor a ser pago a título de reparação do dano poderá inviabilizar a suspensão condicional do processo.

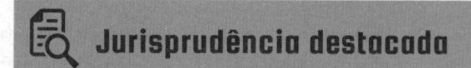 **Jurisprudência destacada**

1. Proposta pelo Ministério Público a suspensão condicional do processo, não tendo sido o benefício homologado pelo juízo em razão do desacordo entre as partes acerca do valor a ser pago a título de reparação do dano, um das condições para a concessão desse benefício, previsto no art. 89, §1º, I, da Lei 9.099/95, não há que se falar em ilegalidade. 2. A falta de acordo entre as partes quanto ao valor pago a título de reparação do dano inviabiliza o benefício legal da suspensão condicional do processo. (...). (STJ, 6ª Turma, RHC 163.897/RS, Rel. Min. Olindo Menezes, j. 18.10.2022 – *Informativo* 754)

♦ **Proibição de frequentar determinados lugares** (art. 89, § 1º, II): o juiz detalhará quais os lugares de frequentação proibida, geralmente levando em consideração aqueles onde haja propensão à prática de infrações.

♦ **Proibição de ausentar-se da comarca onde reside, sem autorização do juiz** (art. 89, § 1º, III): perceba que o deslocamento para fora da comarca não é proibido, na verdade o que se veda é a ausência sem autorização do juiz. Este autorizando, é lícito o deslocamento.

♦ **Comparecimento pessoal e obrigatório a juízo, mensalmente, para informar e justificar suas atividades** (art. 89, § 1º, IV): prevalece que o juiz poderá, diante do caso concreto, estabelecer um lapso temporal maior para o comparecimento (ex.: bimestral), pois a supervisão regular das atividades do beneficiário já satisfaz a condição. Contudo, não pode o magistrado fixar prazo menor do que um mês para o cumprimento do requisito (ex.: semanalmente), sob pena de prejudicar atividades lícitas do acusado, notadamente o seu labor.

♦ **Outras condições especificadas pelo juiz** (art. 89, § 2º): além das condições anteriormente elencadas, o § 2º admite que outras sejam impostas pelo juiz, a seu critério, desde que adequadas ao fato e à situação pessoal do acusado. Como exemplo, podemos citar a obrigatoriedade de comparecimento a programa de reabilitação para dependentes químicos.

Decifrando a prova

(Promotor de Justiça – MPE SP – 2019 – Adaptada) É correto afirmar, em relação à suspensão condicional do processo, que o juiz não poderá especificar, além daquelas previstas na Lei n° 9.099/95, outras condições a que fica subordinada a suspensão.

( ) Certo ( ) Errado

Gabarito comentado: o art. 89, § 2°, permite que o juiz especifique outras condições a que fica subordinada a suspensão, desde que adequadas ao fato e à situação pessoal do acusado. Portanto, a assertiva está errada.

Embora haja grande controvérsia na doutrina acerca da possibilidade de o juiz impor condições análogas a penas restritivas de direitos (ex.: prestação de serviços à comunidade), prevalece nos Tribunais Superiores que é possível:

 Jurisprudência destacada

1. Nos termos do que dispõe o art. 89 da Lei n° 9.099/1995, é facultado ao magistrado estabelecer outras condições para a suspensão condicional do processo, além das previstas nos incisos I a IV do § 1° do art. 89 da legislação de regência, desde que adequadas ao fato e à situação pessoal do acusado. 2. **Não há óbice legal, segundo o art. 89, § 2°, da Lei n° 9.099/1995, a que o réu assuma obrigações equivalentes, do ponto de vista prático, a penas restritivas de direitos** (tais como a prestação de serviços comunitários ou a prestação pecuniária), visto que tais condições são apenas alternativa colocada à sua disposição para evitar sua sujeição a um processo penal e cuja aceitação depende de sua livre vontade (STJ, 6ª Turma, AgRg no RHC n° 83.810/PR, Rel. Min. Rogerio Schietti Cruz, j. 17.08.2017).

1. Pelo teor do artigo 89, § 2°, da Lei n° 9.099/1995, o Juiz poderá especificar outras condições, além daquelas ali previstas, para deferir a suspensão condicional do processo, desde que se mostrem adequadas ao fato e à situação pessoal do acusado. 2. *In casu*, o paciente foi denunciado pela suposta prática do crime previsto no artigo 306 c/c artigo 298, III, do Código de Trânsito Brasileiro, tendo o Ministério Público oferecido proposta de suspensão condicional do processo, impondo, como uma das condições, a perda da fiança. 3. **A jurisprudência deste Supremo Tribunal Federal é no sentido de admitir a imposição de prestação pecuniária como condição para a suspensão do processo**. 4. A reiteração dos argumentos trazidos pelo agravante na petição inicial da impetração é insuscetível de modificar a decisão agravada. (...) (STF, 1ª Turma, HC n° 158.066 AgR/PR, Rel. Min. Luiz Fux, j. 24.08.2018).

Saiba, por fim, que a competência de acompanhar e avaliar o cumprimento das condições será do juízo processante (e não da execução), pois ainda não há sentença definitiva.

Causas de revogação obrigatórias. No art. 89, § 3°, da Lei constam situações que vão ocasionar a revogação **obrigatória** do *sursis* processual. A medida **será** revogada se, durante o período de prova, o beneficiário:

- Vier a ser processado por outro crime (se for contravenção penal não haverá revogação obrigatória, mas, sim, facultativa, como veremos). Há entendimento minoritário na doutrina que considera inconstitucional tal causa de revogação, por ferir o princípio da presunção de inocência. Para o STJ ela é constitucional:

 Jurisprudência destacada

(...) 11. Consoante pacífica jurisprudência do Superior Tribunal de Justiça, a suspensão condicional do processo é automaticamente revogada se, no período de prova, o réu vem a ser processado pela prática de outro crime, em obediência ao art. 89, § 3°, da Lei n° 9.099/1995, **ainda que posteriormente venha a ser absolvido**, de forma que deixa de ser merecedor do benefício para ser normalmente processado com todas as garantias pertinentes. 12. Para a revogação do benefício em razão da existência de ação penal em desfavor do beneficiário, **irrelevante se o fato objeto do feito é anterior ou posterior ao benefício**, ou noticiado quando da prorrogação, já considerada válida, já que o oferecimento anterior da denúncia teria o condão, inclusive, de excluir a possibilidade de oferecimento da benesse, não havendo que se falar em qualquer ilegalidade na decisão atacada. Precedentes (STJ, 5ª Turma, AgRg no AREsp n° 1.823.550/DF, Rel. Min. Reynaldo Soares da Fonseca, j. 22.03.2022).

- Não efetuar, sem motivo justificado, a reparação do dano (se houver justo motivo, a medida não será necessariamente revogada – ex.: acusado que esteja desempregado há vários meses).

Causas de revogação facultativa. No art. 89, § 4°, da Lei constam situações que darão ensejo à revogação **facultativa** (opcional) do *sursis* processual, a qual dependerá de análise pelo juiz. A medida **poderá** ser revogada se, durante o período de prova, o acusado:

- Vier a ser processado por contravenção penal.

 Decifrando a prova

(Juiz – TJSC – CEBRASPE – 2019 – Adaptada) Acerca do benefício do *sursis* processual previsto na Lei n° 9.099/1995, é correto afirmar que o benefício deverá ser obrigatoriamente revogado, caso o réu, no curso do período de prova, venha a ser processado por contravenção.
( ) Certo ( ) Errado
Gabarito comentado: não é causa de revogação obrigatória, mas, sim, facultativa (art. 89, § 4°). Portanto, a assertiva está errada.

- Vier a ser processado pela prática da conduta prevista no **art. 28** da Lei n° 11.343/2006 (Lei de Drogas). Embora essa causa não conste expressamente no texto do § 4°, recentemente o STJ considerou que o processamento pelo delito de porte ilegal de droga para consumo pessoal, durante o período de prova, não é causa de revogação obrigatória do *sursis* processual, mas, sim, de revogação facultativa. Isso porque, embora seja um crime, possui consequências penais mais brandas (não há privação da liberdade) do que uma contravenção penal (pena de prisão simples). Portanto, se essa não dará causa à revogação obrigatória, mas, sim, facultativa, com mais razão a faculdade deverá se estender ao crime do art. 28 da Lei nº 11.343/2006. Como veremos a seguir, a decisão adotou o mesmo raciocínio aplicado recentemente para a conclusão de que a prévia condenação pelo delito do art. 28 da Lei de Drogas não configura reincidência.

🔎 Jurisprudência destacada

(...) vem-se entendendo que a prévia condenação pela prática da conduta descrita no art. 28 da Lei nº 11.343/2006 não configura reincidência e, assim, não pode obstar, por si só, a concessão de benefícios como a incidência da causa de redução de pena prevista no § 4º do art. 33 da mesma lei ou a substituição da pena privativa de liberdade por restritivas de direitos. O principal fundamento para este entendimento toma por base **uma comparação** entre o delito do artigo 28 da Lei de Drogas **e a contravenção penal**, concluindo-se que, uma vez que a contravenção penal (punível com pena de prisão simples) não configura a reincidência, revela-se desproporcional considerar, para fins de reincidência, o prévio apenamento por posse de droga para consumo próprio (que, embora seja crime, é punido apenas com advertência sobre os efeitos das drogas, prestação de serviços à comunidade e medida educativa de comparecimento a programa ou curso educativo, ou seja, medidas mais amenas). **Adotando-se tal premissa**, mostra-se **desproporcional** que o mero processamento do réu pela prática do crime previsto no artigo 28 da Lei nº 11.343/2006 **torne obrigatória a revogação da suspensão condicional do processo** (art. 89, § 3º, da Lei nº 9.099/1995), enquanto o processamento por contravenção penal (que tem efeitos primários mais deletérios) ocasione a revogação facultativa (art. 89, § 4º, da Lei nº 9.099/1995). Assim, é mais razoável que o fato da prática do crime previsto no artigo 28 da **Lei nº 11.343/2006 seja analisado como causa facultativa de revogação do benefício da suspensão condicional do processo**, cabendo ao magistrado proceder nos termos do § 4º do artigo 89 da Lei nº 9.099/2006 ou extinguir a punibilidade (art. 89, § 5º, da Lei nº 9.099/1995), a partir da análise do cumprimento das obrigações impostas (STJ, 5ª Turma, REsp nº 1.795.962/SP, Rel. Min. Ribeiro Dantas, j. 10.03.2020 – *Informativo* 668).

◆ Descumprir qualquer outra condição imposta, ou seja, se houver o descumprimento das condições elencadas no art. 89, § 1º, e, se for o caso, no § 2º.

Analisadas as causas obrigatórias e facultativas, cumpre mencionar que o entendimento prevalente é no sentido da possibilidade de revogação da medida, **mesmo após o fim do prazo legal,** se constatado o não cumprimento das condições durante o período de prova (desde que ainda não declarada extinta a punibilidade).

🔎 Jurisprudência destacada

A teor do art. 89, § 3º, da Lei nº 9.099/1995, se o acusado vier a ser processado por outro crime, impõe-se a revogação. O réu deixa de ser merecedor do benefício, que é norma excepcional, para ser normalmente processado com todas as garantias pertinentes. Não há, por igual, inobservância à presunção de não culpado. **A suspensão condicional do processo pode ser revogada, mesmo após o termo final do seu prazo, se constatado o não cumprimento de condição imposta durante o curso do benefício desde que não tenha sido proferida a sentença extintiva da punibilidade.** (...) (STJ., 5ª Turma, REsp nº 708.658/SP, Rel. Min. José Arnaldo da Fonseca, j. 04.08.2005). No mesmo sentido: STJ, 5ª Turma, AgRg no AREsp nº 1.823.550/DF, Rel. Min. Reynaldo Soares da Fonseca, j. 22.03.2022.

Extinção da punibilidade. Conforme dicção do art. 89, § 5º, expirado o período de prova sem revogação (ou seja, cumpridas todas as condições impostas), o juiz declarará extinta a punibilidade do beneficiário da suspensão condicional do processo.

Recursos cabíveis. Com relação à sentença que **homologar a suspensão condicional do processo** ofertada e posteriormente aceita (inaugurando assim o período de prova), caberá **recurso em sentido estrito** (art. 581 do CPP).

🔍 Jurisprudência destacada

1. A teor do entendimento desta Corte, "contra decisão que concede, nega ou revoga suspensão condicional do processo cabe recurso em sentido estrito" (RMS 23.516/RJ, Rel. Min. Felix Fischer, 5ª Turma, j. 17.12.2007, *DJe* 03.03.2008). (...) (STJ, 5ª Turma, HC nº 90.584/RS, Rel. Min. Laurita Vaz, j. 14.10.2008).

No tocante à sentença que **declara extinta a punibilidade do beneficiário** (após o período de prova), a doutrina ensina que tal decisão é passível de recurso pela acusação, sendo adequado também o manejo do **recurso em sentido estrito**.

Suspensão condicional do processo nos crimes ambientais. A Lei nº 9.605/1998 (crimes ambientais) prevê em seu texto a possibilidade do *sursis* processual aos delitos nela contidos (art. 28[53]). Entretanto, traz algumas modificações para a efetivação da medida relacionadas à reparação do dano ambiental (uma das finalidades dessa lei). Assim, além dos requisitos e das condições elencadas no art. 89 da Lei nº 9.099/95, observaremos as seguintes prescrições:

- A declaração de extinção de punibilidade do beneficiário dependerá de laudo de constatação de reparação do dano ambiental, ressalvada a impossibilidade de fa-

---

[53] O dispositivo cita que a medida será aplicável "aos crimes de **menor potencial ofensivo** definidos nesta Lei". Entretanto, como vimos, o *sursis* processual não incide apenas nessas infrações, mas também nas de médio potencial ofensivo. Assim, nas palavras de Nucci (2020, p. 582): "Portanto, deve-se, simplesmente, desprezar a referida expressão 'aos crimes de menor potencial ofensivo', prevista no *caput* do art. 28 da Lei 9.605/98. Vale a aplicação do *sursis* processual (art. 89, Lei 9.099/95) aos delitos cuja pena mínima não seja superior a um ano, com as alterações, quanto às condições, previstas no art. 28".

zê-lo. Veja que é praticamente a mesma condição estabelecida no art. 89, § 1º, I, da Lei nº 9.099/1995. A especificidade da Lei de Crimes Ambientais fica por conta da exigência do **laudo de constatação** de reparação do dano ambiental (na Lei nº 9.099/1995 não se exige laudo, mas apenas reparação do dano).

◆ Na hipótese de o laudo de constatação comprovar **não ter sido completa** a reparação, o prazo de suspensão do processo **será prorrogado**, até o período máximo previsto no art. 89 (quatro anos), **acrescido de mais um ano** (ou seja, cinco anos no total), com suspensão do prazo da prescrição.

◆ No período de **prorrogação**, não se aplicarão as condições dos incisos II, III e IV do § 1º do art. 89 da Lei nº 9.099/1995.

◆ Findo o prazo de prorrogação, proceder-se-á à lavratura de novo laudo de constatação de reparação do dano ambiental, **podendo**, conforme seu resultado, **ser novamente prorrogado** o período de suspensão, **até o máximo de cinco anos**, não se aplicando também as condições dos incisos II, III e IV do § 1º do art. 89 da Lei nº 9.099/1995.

◆ Esgotado o prazo máximo de prorrogação, a declaração de extinção de punibilidade **dependerá** de laudo de constatação que comprove ter o acusado tomado as providências necessárias à reparação integral do dano.

5.8 TEMAS COMPLEMENTARES

5.8.1 Representação nos crimes de lesão corporal leve e culposa

Art. 88. Além das hipóteses do Código Penal e da legislação especial, dependerá de representação a ação penal relativa aos crimes de lesões corporais leves e lesões culposas.

Art. 91. Nos casos em que esta Lei passa a exigir representação para a propositura da ação penal pública, o ofendido ou seu representante legal será intimado para oferecê-la no prazo de trinta dias, sob pena de decadência.

A Lei nº 9.099/1995 alterou a ação penal cabível para os crimes de lesão corporal **leve** (art. 129, *caput*, do CP) e lesão corporal **culposa** (art. 129, § 6º, do CP). Antes do art. 88 já destacado, tais delitos eram processados e julgados mediante ação penal pública incondicionada. Contudo, após a sua vigência, e por expressa disposição, eles passaram a ser submetidos à **ação penal pública condicionada à representação**.

Lembremos ainda que nenhum dispositivo da Lei nº 9.099/1995 será aplicado quando estivermos diante de violência doméstica e familiar contra a mulher (art. 41 da Lei nº 11.340/2006)[54]. Portanto, **nesse caso específico**, ao afastar a incidência da Lei nº 9.099/1995 obrigatoriamente, afastamos também a previsão contida em seu art. 88. Como a partir daí não haverá nenhum preceito legal que disponha a respeito da ação penal nos delitos de lesão corporal leve e culposa, eles seguirão a regra geral: **processados e julgados por meio de ação penal pública incondicionada**.

---

[54] Quanto ao novel § 1º do art. 226 do ECA, consultar os comentários relativos à Lei nº 8.069/1990.

O art. 91, por sua vez, atento ao teor do art. 88 estudado, estabelece que, nos casos em que a Lei nº 9.099/1995 passa a exigir representação para a propositura da ação penal pública – estando o processo em andamento quando do início de sua vigência –, o ofendido ou seu representante legal será intimado para oferecê-la no prazo de **30 dias**, sob pena de decadência. Cuida-se, nessa circunstância, de condição para que o processo possa seguir (condição de prosseguibilidade).

5.8.2 Subsidiariedade expressa do Código de Processo Penal

> **Art. 92.** Aplicam-se subsidiariamente as disposições dos Códigos Penal e de Processo Penal, no que não forem incompatíveis com esta Lei.

Como vimos em várias situações da Lei nº 9.099/1995, é perfeitamente possível a aplicação subsidiária de dispositivos do Código Penal e do Código de Processo Penal, desde que não haja incompatibilidade com a sistemática estabelecida pela Lei aos Juizados.

5.8.3 Juizados itinerantes

> **Art. 95.** Os Estados, Distrito Federal e Territórios criarão e instalarão os Juizados Especiais no prazo de seis meses, a contar da vigência desta Lei.
>
> **Parágrafo único.** No prazo de 6 (seis) meses, contado da publicação desta Lei, serão criados e instalados os Juizados Especiais Itinerantes, que deverão dirimir, prioritariamente, os conflitos existentes nas áreas rurais ou nos locais de menor concentração populacional.

O art. 95 trouxe o prazo de seis meses, a contar da vigência da Lei, para a criação dos Juizados Especiais nos Estados, Distrito Federal e Territórios. Contudo, atento à impossibilidade de cumprimento da exigência em locais com menor concentração populacional ou áreas rurais, previu também a possibilidade dos Juizados itinerantes (móveis), para a resolução dos conflitos ali existentes.

Prevalece que, apesar do texto impositivo do artigo, Estados, Distrito Federal e Territórios **não estão obrigados** a criar e instalar os Juizados nos prazos elencados (cabe aos Estados a organização da sua Justiça – art. 125 da CF).

6 Interceptação Telefônica — Lei nº 9.296/1996

6.1 ASPECTOS INICIAIS

6.1.1 Evolução no tratamento legislativo

A Lei nº 9.296/1996 entrou em vigor somente quase oito anos após a determinação constitucional, que dispôs sobre a necessidade de uma lei regulamentar e a forma como se daria a interceptação das comunicações telefônicas para fins de investigação criminal ou instrução processual penal.

Antes do advento da lei em estudo, o Código Brasileiro de Telecomunicações (Lei nº 4.117/1962), regulamentado pelo Decreto nº 5.761/1966, foi utilizado como fundamento para a realização das interceptações telefônicas. O art. 57, II, "e", dispunha que não constituía violação de telecomunicações o conhecimento dado ao juiz competente, mediante requisição ou intimação deste (LIMA, 2020, p. 771).

Entretanto, esse entendimento não foi adotado pelos tribunais superiores, para quem o supracitado dispositivo do Código Brasileiro de Telecomunicações não foi recepcionado pela CF/1988, que exigiu lei que estabelecesse parâmetros para que fosse admitida a violação do sigilo das comunicações telefônicas para fins de investigação criminal ou instrução processual penal.

Para o STF, todas as interceptações realizadas antes da Lei nº 9.296/1996 foram consideradas ilícitas, assim como as provas dela derivadas (teoria dos frutos da árvore envenenada).

Segue a orientação firmada no STF:

 **Jurisprudência destacada**

O art. 5º, XII, da Constituição, que prevê, excepcionalmente, a violação do sigilo das comunicações telefônicas para fins de investigação criminal ou instrução processual penal, não é autoaplicável: exige lei que estabeleça as hipóteses e a forma que permitam a autorização judicial. Precedentes. a) Enquanto a referida lei não for editada pelo Congresso Nacional, é considerada prova ilícita a obtida mediante quebra do sigilo das comunicações telefônicas, mesmo quando haja ordem judicial (CF/1988, art. 5º, LVI). b) O art. 57, II, *a*, do Código Brasileiro de Telecomunicações não foi recepcionado pela atual Constituição (art. 5º, XII), a qual exige *numerus clausus* para a definição das hipóteses e formas pelas quais é legítima a violação do sigilo das comunicações telefônicas. (...) (STF, Tribunal Pleno, HC nº 72.588, Rel. Min. Maurício Corrêa, j. 12.06.1996, *DJ* 04.08.2000).

6.1.2 Fundamento constitucional

A Lei nº 9.296, publicada em 25 de julho de 1996, surgiu da necessidade de regulamentar o preconizado no inciso XII do art. 5º da CF/1988, dispositivo não autoaplicável que dispõe sobre o direito à intimidade, do qual fazem parte as comunicações telegráficas e o sigilo das correspondências, de dados e das comunicações telefônicas.

Confira-se a redação do art. 5º, XII, da CF/1988:

> **Art. 5º** (...)
>
> XII – é inviolável o sigilo da correspondência e das comunicações telegráficas, de dados e das comunicações telefônicas, salvo, no último caso, por ordem judicial, nas hipóteses e na forma que a lei estabelecer para fins de investigação criminal ou instrução processual penal.

O dispositivo constitucional não exigiu uma simples lei regulamentadora que tratasse sobre a excepcionalidade da inviolabilidade das comunicações telefônicas, mas também estabeleceu requisitos: para fins de investigação criminal (fase inquisitorial) ou instrução processual penal (fase da ação penal), mediante autorização judicial.

Uma leitura apressada da redação do art. 5º, XII, da CF/1988 poderia levar a pensar que apenas as comunicações telefônicas poderiam ser objeto de violação e os demais sigilos estariam protegidos de forma absoluta.

Entretanto, conforme pondera a maior parte da doutrina[1], essa interpretação não condiz com o entendimento doutrinário e o jurisprudencial sedimentados, pois os direitos fundamentais não são dotados de caráter absoluto, nem poderiam ser, uma vez que muitas das vezes são utilizados como embasamento para encobrir práticas delitivas.

Nessa senda, os princípios da razoabilidade, proporcionalidade e convivência das liberdades públicas devem ser aplicados e, quando há o conflito de um direito fundamental com outro direito, eles podem ser objeto de ponderação. Com efeito, o melhor entendimento é de que a expressão "no último caso" não deve abranger apenas as comunicações telefônicas, mas também a de dados e a telegráfica, desde que se possua autorização judicial e para fins criminais.

A fim de elucidar o exposto, pensemos nas cartas apreendidas em poder dos presos e vistoriadas por agentes penitenciários, de modo a garantir a segurança dos estabelecimentos

---

[1] Em sentido contrário, sustentando que que podem ser objeto de interceptação, apenas as comunicações telefônicas e não qualquer forma de comunicação: Habib (2019, p. 518).

prisionais. Caso invioláveis fossem, muitos crimes poderiam ser planejados e executados por meio de correspondências e nem sequer seriam descobertos.

O CPP autoriza que cartas, abertas ou não, destinadas ao acusado ou em seu poder sejam apreendidas, quando houver suspeita de que o conhecimento do seu conteúdo poderá ser útil à elucidação do fato, o que corrobora que o sigilo das correspondências pode ser mitigado (PORTOCARRERO; FERREIRA, 2020, p. 439).

CPP

Art. 240. A busca será domiciliar ou pessoal.

§ 1º Proceder-se-á à busca domiciliar, quando fundadas razões a autorizarem, para: (...)

f) apreender cartas, abertas ou não, destinadas ao acusado ou em seu poder, quando haja suspeita de que o conhecimento do seu conteúdo possa ser útil à elucidação do fato.

No mesmo sentido, o sigilo das correspondências dos presos também pode sofrer mitigação, por ato motivado do diretor do estabelecimento, conforme dispõe a Lei de Execução Penal.

Lei nº 7.210/1984

Art. 41. Constituem direitos do preso: (...)

XV – contato com o mundo exterior por meio de correspondência escrita, da leitura e de outros meios de informação que não comprometam a moral e os bons costumes. (...)

Parágrafo único. Os direitos previstos nos incisos V, X e XV poderão ser suspensos ou restringidos mediante ato motivado do diretor do estabelecimento.

Sobre o assunto, o STF já firmou orientação no sentido de ser válida a violação das correspondências dos presos. Confira-se:

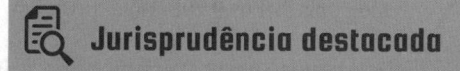

Jurisprudência destacada

A administração penitenciária, com fundamento em razões de segurança pública, de disciplina prisional ou de preservação da ordem jurídica, pode, sempre excepcionalmente, e desde que respeitada a norma inscrita no art. 41, parágrafo único, da Lei nº 7.210/1984, proceder à interceptação da correspondência remetida pelos sentenciados, eis que a cláusula tutelar da inviolabilidade do sigilo epistolar não pode constituir instrumento de salvaguarda de práticas ilícitas (STF, HC nº 70.814, Rel. Min. Celso de Mello, j. 1º.03.1994, *DJ* 24.06.1994).

O mesmo se aplica ao sigilo dos dados bancários e fiscal, o qual também pode ser mitigado, mediante prévia autorização judicial e desde que haja suspeitas de que possam estar sendo utilizados para ocultar práticas ilícitas.[2]

---

[2] STF, 1ª Turma, HC nº 135.853 AgR, Rel. Min. Alexandre de Moraes, j. 10.09.2018, *DJ* 19.09.2018.

Desse modo, o sigilo das comunicações telegráficas, de dados e das comunicações telefônicas é inviolável, o qual, entretanto, pode ser afastado, visando também proteger o direito à intimidade, desde que haja ordem judicial, nos casos previstos em lei para fins de investigação criminal ou instrução processual penal.

6.2 ART. I°

> **Art. 1°** A interceptação de comunicações telefônicas, de qualquer natureza, para prova em investigação criminal e em instrução processual penal, observará o disposto nesta Lei e dependerá de ordem do juiz competente da ação principal, sob segredo de justiça.
>
> **Parágrafo único.** O disposto nesta Lei aplica-se à interceptação do fluxo de comunicações em sistemas de informática e telemática.

6.2.1 Conceitos

A **interceptação** pode ser definida como a interferência ou a intromissão em comunicação alheia, com o fito de colher informações. Os interlocutores não têm ciência de que estão sendo interceptados.

A interceptação pode ser:

- **Telefônica:** hipótese regulada pela Lei n° 9.296/1996; pode configurar crime, se não observadas as determinações legais.

- **Ambiental:** capta-se a conversa mantida entre duas ou mais pessoas, fora do telefone, em qualquer recinto, público ou privado. A captação ambiental foi regulamentada pela Lei n° 9.296/1996, por meio da Lei n° 13.964/2019.

A **escuta**, por sua vez, assim como a interceptação, é realizada por um terceiro, entretanto ocorre com o conhecimento de um dos interlocutores e desconhecimento do outro.

A escuta pode ser:

- **Telefônica:** ocorre quando um terceiro ouve (podendo gravar) a conversa telefônica entre duas pessoas, com a ciência e autorização de uma delas, sem que o outro interlocutor saiba.

- **Ambiental:** um terceiro ouve (podendo gravar) a conversa mantida por duas pessoas em um recinto qualquer, com a ciência e autorização de uma delas, sem que o outro interlocutor saiba.

Em ambos os casos, não há interceptação, pois existe autorização de um dos interlocutores para que o terceiro tome conhecimento do assunto de que se trata.

A **captação direta ou gravação clandestina**[3] ocorre quando um dos interlocutores grava a conversa mantida por ele com terceiro, sem o conhecimento deste e sem a interferência de um terceiro.

Pode ser:

◆ **Telefônica:** gravação da conversa mantida por telefone.

◆ **Ambiental:** gravação da conversa mantida em um recinto qualquer.

A captação direta é hipótese de **gravação clandestina**, pois o outro interlocutor não sabe que a conversação está sendo registrada. No entanto, de acordo com a doutrina e a jurisprudência, a análise da licitude ou não da gravação feita por um dos interlocutores sem a ciência do outro deve ser feita caso a caso.

Conforme entende parte da doutrina[4], o art. 1º da Lei nº 9.296/1996 abrange tanto a interceptação telefônica quanto a escuta telefônica. Desse modo, ficam excluídas do âmbito de proteção da referida lei a gravação telefônica, a interceptação ambiental, a escuta ambiental e a gravação ambiental.

Para outra parte, no entanto, estaria guarnecida pela Lei nº 9.296/1996 apenas a interceptação telefônica, excluindo-se do âmbito de proteção a escuta telefônica.

Independentemente do entendimento adotado, é certo que a escuta telefônica pode ser precedida de autorização judicial sempre que houver justa causa.

Por não estar compreendida no regime jurídico da Lei nº 9.296/1996, a gravação de conversa por terceiro ou por um dos interlocutores sem o conhecimento do outro deve receber a proteção legal genérica da intimidade conferida pelo art. 5º, X, da CF/1988.

De acordo com o STF[5], caso a conversa travada entre os participantes não possua causa legal específica de sigilo, nem reserva de conversação, a gravação deverá ser considerada válida, ainda que o outro desconheça que está sendo gravado.

Em contrapartida, se a conversa possui **caráter sigiloso** ou o sigilo foi expresso por uma das partes, a gravação não poderá ser utilizada como prova, e, caso o seja, deverá ser considerada prova ilegítima.

Por sua vez, se a gravação possui caráter sigiloso, mas pode fornecer prova da inocência de alguém, será válida, pois trata-se de hipótese de estado de necessidade, o que legitima a gravação.

---

[3]   O termo "clandestina" está sendo usado como sinônimo de "feito às ocultas", e não de "ilícito".

[4]   Nesse sentido: Lima (2020, p. 515).

[5]   Gravação clandestina (gravação de conversa telefônica por um interlocutor sem o conhecimento do outro). Licitude da prova. Por mais relevantes e graves que sejam os fatos apurados, provas obtidas sem a observância das garantias previstas na ordem constitucional ou em contrariedade ao disposto em normas de procedimento não podem ser admitidas no processo; uma vez juntadas, devem ser excluídas. O presente caso versa sobre a gravação de conversa telefônica por um interlocutor sem o conhecimento de outro, isto é, a denominada "gravação telefônica" ou "gravação clandestina". Entendimento do STF no sentido da licitude da prova, desde que não haja causa legal específica de sigilo nem reserva de conversação. Repercussão geral da matéria (RE nº 583.397/RJ) (STF, 2ª Turma, HC nº 91.613, Rel. Min. Gilmar Mendes, j. 15.05.2012, acórdão eletrônico *DJe* 182, divulg. 14.09.2012, public. 17.09.2012).

Vejamos a seguinte hipótese: um empresário foi vítima de extorsão e, no momento que ele era extorquido, gravou a conversa telefônica pela secretária eletrônica. De acordo com o STJ, essa prova é lícita, pois estamos diante de uma excludente de ilicitude, que pode ser legítima defesa ou estado de necessidade, conforme o caso, o que legitimaria a conduta feita pelo empresário.

Jurisprudência destacada

I – A análise da licitude ou não da gravação de conversa por um dos interlocutores sem a ciência do outro deve ser verificada de caso a caso.

II – Quando a gravação se refere a fato pretérito, consumado e sem exaurimento ou desdobramento, danoso e futuro ou concomitante, tem-se, normalmente e em princípio, a hipótese de violação à privacidade. Todavia, demonstrada a investida criminosa contra o autor da gravação, a atuação deste – em razão, inclusive, do teor daquilo que foi gravado pode, às vezes, indicar a ocorrência de excludente de ilicitude (a par da *quaestio* do princípio da proporcionalidade). A investida, uma vez caracterizada, tornaria, daí, lícita a gravação (precedente do Pretório Excelso, inclusive, do c. Plenário). Por outro lado, realizada a gravação às escondidas, na residência do acusado, e sendo inviável a verificação suficiente do conteúdo das degravações efetuadas, dada a imprestabilidade do material, sem o exato delineamento da hipotética investida, tal prova não pode ser admitida, porquanto violadora da privacidade de participante do diálogo (art. 5º, inciso X, da CF/1988) (STJ, Corte Especial, APn nº 479/RJ, Min. Felix Fischer, j. 29.06.2007, *DJ* 1º.10.2007).

O assunto já foi pacificado pelo STF em sede de repercussão geral; vejamos:

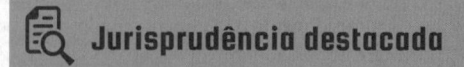

Jurisprudência destacada

Realização por um dos interlocutores sem conhecimento do outro. Validade. Jurisprudência reafirmada. Repercussão geral reconhecida. Recurso extraordinário provido. Aplicação do art. 543-B, § 3º, do CPC. É lícita a prova consistente em gravação ambiental realizada por um dos interlocutores sem conhecimento do outro (STF, RE nº 583.937 QO/RG, Rel. Min. Cezar Peluso, j. 19.11.2009, repercussão geral – mérito, *DJe* 18.12.2009).

Sobre a conversa travada entre investigado e terceira pessoa em telefone celular, por meio do recurso "viva-voz", captada pela polícia, o STJ já decidiu pela ilicitude da prova. Confira-se:

Jurisprudência destacada

1. O Tribunal de origem considerou que, embora nada de ilícito houvesse sido encontrado em poder do acusado, a prova da traficância foi obtida em flagrante violação ao direito constitucional à não autoincriminação, uma vez que aquele foi compelido a reproduzir, contra

si, conversa travada com terceira pessoa pelo sistema viva-voz do celular, que conduziu os policiais à sua residência e culminou com a arrecadação de todo o material estupefaciente em questão. 2. Não se cogita estar diante de descoberta inevitável, porquanto este fenômeno ocorre quando a prova derivada seria descoberta de qualquer forma, com ou sem a prova ilícita, o que não se coaduna com o caso aqui tratado em que a prova do crime dependeu da informação obtida pela autoridade policial quando da conversa telefônica travada entre o suspeito e terceira pessoa. 3. O relato dos autos demonstra que a abordagem feita pelos milicianos foi obtida de forma involuntária e coercitiva, por má conduta policial, gerando uma verdadeira autoincriminação. Não se pode perder de vista que qualquer tipo de prova contra o réu que dependa dele mesmo só vale se o ato for feito de forma voluntária e consciente. 4. Está-se diante de situação onde a prova está contaminada, diante do disposto na essência da teoria dos frutos da árvore envenenada (*fruits of the poisonous tree*), consagrada no art. 5º, inciso LVI, da CF/1988, que proclama a nódoa de provas, supostamente consideradas lícitas e admissíveis, mas obtidas a partir de outras declaradas nulas pela forma ilícita de sua colheita. 5. Recurso especial desprovido (STJ, REsp nº 1.630.097/RJ, Rel. Min. Joel Ilan Paciornik, por unanimidade, j. 18.04.2017, *DJe* 28.04.2017).

6.2.2 Natureza jurídica

Quanto à natureza jurídica da interceptação telefônica, conforme esclarece Lima (2020, p. 517), a interceptação telefônica em sentido estrito (comunicações telefônicas) tem natureza jurídica de **fonte de prova**. A interceptação telefônica trata-se de **meio de obtenção de prova**, pois, por intermédio dela, formam-se os elementos que dão corpo à conversação telefônica. Por seu turno, a gravação da interceptação das comunicações telefônicas é a materialização da **fonte de prova** e a transcrição é **meio de prova** que será anexado aos autos e submetido ao crivo da autoridade judicial.[6]

6.2.3 Extensão do objeto da Lei nº 9.296/1996

O **objeto da Lei nº 9.296/1996** é a interceptação das comunicações telefônicas de qualquer natureza. O parágrafo único do art. 1º trouxe uma norma de extensão, ultrapassando o que previu o texto constitucional, ao abranger, além da interceptação das comunicações telefônicas, a interceptação do fluxo de comunicações em sistemas de informática e telemática. De acordo com Lima (2020, p. 517):

> (...) por telemática, compreende-se a ciência que cuida da comunicação (transmissão, manipulação) de dados, sinais, imagens, escritos e informações por meio do uso combinado da informática (do computador) com as várias formas de telecomunicação, ou seja, telemática é a telecomunicação associada à informática.

Pois bem. Em razão da evolução tecnológica, a melhor interpretação é de que é possível a interceptação de qualquer comunicação telefônica, esteja ela ligada à informática ou não.

---

[6]   Nesse sentido: Lima (2020, p. 517).

Embora haja divergência, o entendimento majoritário é o de que a extensão do objeto não é inconstitucional, considerando que nenhum direito é absoluto.

Seguindo a interpretação consentânea com a realidade, as Leis nº 9.296/1996 e nº 12.965/2014 estabelecem dispositivos que visam tutelar o fluxo das comunicações em sistema de informática e telemática, vale dizer, protegem as comunicações em "andamento", e não os dados que já estão armazenadas em equipamentos, os quais são alvo de eventual busca e apreensão domiciliar, os chamados "dados estáticos" (PORTOCARRERO; FERREIRA, 2020, p. 444).

É certo que o STF já entendeu, em um caso concreto, pela possibilidade de policiais efetuarem a análise do celular apreendido do flagranteado, verificando-se as últimas chamadas recebidas e efetuadas, ao argumento de que não teria havido interceptação telefônica, que ambos os institutos não se confundem e recebem proteção jurídica distinta. No julgado, argumentou-se que o art. 5º, XII, da CF/1988 visa proteger a comunicação de dados, e não os dados como registro.[7]

Em julgados mais recentes, no entanto, o STF tem entendido pela necessidade de autorização judicial para a devassa de conversas mantidas pelo aplicativo WhatsApp, conforme o art. 5º, XII, da CF/1988 e o art. 1º, parágrafo único, da Lei nº 9.296/1996, ainda que a apreensão do telefone celular tenha ocorrido em razão de prisão em flagrante. Com o avanço tecnológico, o aparelho de telefone celular deixou de ser meio de comunicação de ligações de longa distância para se tornar facilitador de acesso à troca de mensagens eletrônicas e a aplicativos que a possibilitam, daí concluir que o acesso a tais conteúdos, sem ordem judicial para tanto, torna o ato ilícito.

Jurisprudência destacada

Na ocorrência de autuação de crime em flagrante, ainda que seja dispensável ordem judicial para a apreensão de telefone celular, as mensagens armazenadas no aparelho estão protegidas pelo sigilo telefônico, que compreende igualmente a transmissão, recepção ou emissão de símbolos, caracteres, sinais, escritos, imagens, sons ou informações de qualquer natureza, por meio de telefonia fixa ou móvel ou, ainda, por meio de sistemas de informática e telemática (STJ, 5ª Turma, RHC nº 67.379/RN, Rel. Min. Ribeiro Dantas, j. 20.10.2016).

Esta Corte Superior de Justiça considera ilícito o acesso aos dados do celular e das conversas de WhatsApp extraídas do aparelho celular apreendido em flagrante, quando ausente de ordem judicial para tanto, ao entendimento de que, no acesso aos dados do aparelho, se tem a devassa de dados particulares, com violação à intimidade do agente. (...) (STJ, 5ª Turma, RHC nº 73.998/SC, Rel. Min. Joel Ilan Paciornik, j. 06.02.2018, *DJe* 19.02.2018).

O mesmo se aplica ao policial que trava conversa com qualquer interlocutor utilizando-se de aparelho de telefone de pessoa sob investigação sem permissão do proprietário

---

[7]   STF, 2ª Turma, HC nº 91.867/PA, Rel. Min. Gilmar Mendes, j. 24.04.2012, *DJe* 185 19.09.2012.

ou autorização judicial. A prova em tal caso, de igual modo, será ilícita. No caso, o policial atendeu o telefone do investigado e se passou por ele para realizar a negociação de drogas e provocar o flagrante, obtendo-se acesso ao conteúdo do celular, lendo as mensagens, sem autorização pessoal ou judicial.[8]

No RHC nº 86.076/MT, a 6ª Turma do STJ[9] entendeu pela licitude da prova obtida por meio da perícia realizada no celular de uma vítima de homicídio pela polícia, sem prévia autorização judicial, tendo o referido telefone sido passado por sua esposa às mãos da autoridade policial. A prova alcançada levou à elucidação do crime. O argumento utilizado foi o de que o processo penal visa proteger os interesses do acusado; assim, como não houve violação à intimidade do investigado, não há que falar na ilicitude da prova conseguida. Estando morto o detentor do sigilo, não havia mais sigilo algum a ser protegido e a sua esposa, com o intuito de esclarecer os fatos, entregou o celular à polícia. Não seria razoável proteger o titular daquele que foi vítima de homicídio, visto que a finalidade da investigação destinava-se a punir aquele que foi responsável pela morte.

⚙️ Decifrando a prova

(Delegado – PC/MS – 2021 – Fapec – Adaptada) É entendimento do STJ que, mesmo sem autorização judicial, é possível acessar dados de aparelhos telefônicos apreendidos no interior de presídio (e utilizados por presos), inclusive em relação ao aplicativo *WhatsApp*, não se podendo falar em ilicitude da prova angariada a partir desse procedimento.

( ) Certo ( ) Errado

Gabarito comentado: de acordo com o STJ, é permitido o acesso ao WhatsApp, mesmo sem autorização judicial, em caso de telefone celular encontrado no interior de estabelecimento prisional. Confira-se trecho do julgado: "(...) mesmo no caso de comunicação por intermédio de correspondência escrita, permitida legalmente, a Suprema Corte firmou jurisprudência no sentido de que, diante da inexistência de liberdades individuais absolutas, é possível que a Administração Penitenciária, sem prévia autorização judicial, acesse o seu conteúdo quando houver inequívoca suspeita de sua utilização como meio para a preparação ou a prática de ilícitos. A necessidade de se resguardar a segurança, a ordem pública e a disciplina prisional, segundo a Corte Suprema, prevalece sobre a reserva constitucional de jurisdição. **4. Nessa conjuntura, se é prescindível decisão judicial para a análise do conteúdo de correspondência a fim de preservar interesses sociais e garantir a disciplina prisional, com mais razão se revela legítimo, para a mesma finalidade, o acesso dos dados e comunicações constantes em aparelhos celulares encontrados ilicitamente dentro do estabelecimento penal, pois a posse, o uso e o fornecimento do citado objeto são expressamente proibidos pelo ordenamento jurídico. Tratando-se de ilicitude manifesta e incontestável, não há direito ao sigilo e, por consequência, inexiste a possibilidade de invocar a proteção constitucional prevista no art. 5º, inciso XII, da Carta da República.** Por certo, os direitos fundamentais não podem ser utilizados para a salvaguarda de práticas ilícitas, não sendo

---

[8]   STF, 6ª Turma, HC nº 511.484/RS, Rel. Min. Sebastião Reis Júnior, j. 15.08.2019.
[9]   STJ, 6ª Turma, RHC nº 86.076/MT, Rel. Min. Sebastião Reis Júnior, j. 19.10.2017, *DJe* 12.12.2017.

razoável pretender proteger aquele que age em notória desconformidade com as normas de regência. 5. O controle pelo Poder Judiciário será realizado posteriormente e eventuais abusos cometidos deverão ser devidamente apurados e punidos pelos órgãos públicos competentes. (...)" (STJ, 6ª Turma, HC nº 546.830/PR 2019/0348247-0, Rel. Min. Laurita Vaz, j. 09.03.2021, *DJe* 22.03.2021 – grifos nossos). Portanto, a assertiva está certa.

6.2.4 Necessidade de autorização judicial

A interceptação telefônica constitui-se em restrição aos direitos constitucionais da proteção da intimidade e do sigilo das comunicações telefônicas. Por tal motivo, deve ser previamente autorizada por um juiz, autoridade dotada de imparcialidade e isenção, que avaliará, caso a caso, a necessidade dessa restrição por meio da interceptação telefônica.

A intervenção judicial legitima a restrição permitida pela CF/1988, de modo a evitar abusos e eventuais excessos que possam ser cometidos contra os direitos fundamentais dos cidadãos.

Assim, para que os direitos envolvidos sejam ponderados e haja a análise do cabimento da restrição desses direitos por meio da interceptação, necessário se faz o controle judicial prévio, por meio da autorização judicial, para a realização de uma interceptação.

6.2.5 Competência

A interceptação telefônica deve ser deferida por um juiz competente, conforme disposição legal prevista no art. 1º, *caput*, da Lei nº 9.296/1996. Tal interpretação decorre do princípio do juiz natural, cuja previsão legal está alicerçada no art. 5º, XXXVII e LIII, da CF/1988. O juiz natural é aquele que possui competência fixada antes da prática delitiva.

A regra estabelece que quem deferirá a interceptação telefônica é o juiz competente para a ação principal. Caso a interceptação seja realizada no curso do processo, o juiz do caso será o competente para avaliar o cabimento da interceptação ou não. De outra sorte, se a interceptação ocorrer no curso da investigação criminal, o juiz que deferiu a medida será o competente para o prosseguimento do feito, tornando-se prevento para o processamento e julgamento da ação penal, que eventualmente seja instaurada, conforme arts. 75 e 83 do CPP.

O procedimento do pedido de interceptação de comunicação telefônica, telemática ou de informática, formulado em sede de investigação criminal ou instrução processual penal, vem disciplinado na Resolução nº 59/2008 do CNJ.

De acordo com o art. 13 da referida Resolução, o pedido de interceptação telefônica, por se tratar de medida cautelar, pode ser apreciado durante o Plantão Judiciário e, caso deferido ou indeferido, deverá ser encaminhado ao Serviço de Distribuição da respectiva comarca, devidamente lacrado. No HC nº 182.168/RS[10], o STJ já decidiu pela competência do juiz de plantão no horário do expediente em deferir a interceptação telefônica.

---

[10] STJ, 5ª Turma, HC nº 182.168/RS, Rel. Min. Jorge Mussi, Rel. p/ acórdão Min. Gilson Dipp, j. 03.05.2012, *DJe* 29.08.2012.

A resolução, no entanto, veda que o pedido de prorrogação da cautelar seja feito em sede de plantão judiciário, exceto se houver risco iminente e grave à integridade ou à vida de terceiros (art. 13, § 1º). Tal dispositivo foi objeto de apreciação pelo STF, tendo a Corte, no julgamento da ADI nº 4.145 (j. 26.04.2018), de relatoria do Min. Edson Fachin, declarado a inconstitucionalidade do referido artigo, sob o argumento de que a proibição trazida pela resolução funciona como uma interferência na legislação, bem como na atividade do magistrado (GOLDFINGER, 2020, p. 944). Desse modo, o STF autorizou que a análise da prorrogação da interceptação seja realizada pelo juiz de plantão.

Considerando que a competência criminal forma-se no momento do ajuizamento de uma ação penal ou de um pedido de medida cautelar, a **posterior modificação de competência** para processar um delito não transforma a interceptação já deferida em uma prova ilícita. Desse modo, a declinação posterior de competência não tem o condão de tornar a prova colhida mediante interceptação telefônica, deferida por uma autoridade judicial competente até então, inválida.[11] É o que se denomina **teoria do juízo aparente**[12].

Entretanto, se a incompetência do juízo já se afirmava no momento em que foi deferida a interceptação, nesse caso teremos uma prova inválida.

A fim de elucidar o exposto, trazemos à baila a seguinte situação analisada pelo STF: a Polícia Federal instaurou inquérito para investigar suspeitas da prática de delitos contra a ordem tributária e outros, em detrimento da União. O juiz federal, até então competente, autorizou a quebra do sigilo telefônico de diversos indiciados, resultando na interceptação e na gravação de horas de conversação. No entanto, em momento posterior, o juiz declinou da competência para a Justiça Comum estadual, em razão da elisão das suspeitas de crimes de sua órbita a investigar.

No caso, decidiu o Pleno do STF que, no momento em que foi deferida a interceptação, não estavam excluídas as hipóteses de existência de crimes em detrimento da União, o que era suficiente para firmar a competência da Justiça Federal para autorizar a interceptação. Dessarte, há uma **incompetência superveniente** que, como o próprio nome diz, altera a competência e não invalida a medida cautelar.

Nesse sentido, o STF:

📑 Jurisprudência destacada

Não é ilícita a prova obtida mediante interceptação telefônica autorizada por Juízo competente. O posterior reconhecimento da incompetência do Juízo que deferiu a diligência não impli-

---

[11] STJ, 5ª Turma, HC nº 228.860/SP, Rel. Min. Laurita Vaz, j. 03.09.2013, *DJe* 10.10.2013.

[12] Explica Lima (2020, p. 529) sobre a teoria do juízo aparente: "se, no momento da decretação da medida, os elementos informativos até então obtidos apontavam para a competência da autoridade judiciária responsável pela decretação da interceptação telefônica, devem ser reputadas válidas as provas assim obtidas, ainda que, posteriormente, seja reconhecida a incompetência do juiz inicialmente competente para o feito".

ca, necessariamente, a invalidação da prova legalmente produzida. A não ser que "o motivo da incompetência declarada [fosse] contemporâneo da decisão judicial que se cuida" (STJ, Pleno, HC nº 81.260/ES, Rel. Min. Sepúlveda Pertence, j. 14.11.2001, por maioria, *DJe* 19.04.2002).

No que toca à competência para decidir sobre pedido de quebra de sigilo telefônico requerido no âmbito de inquérito policial instaurado para apurar a suposta prática de crime relacionado ao uso de artefato incendiário contra edifício-sede da Justiça Militar da União, quando o delito ainda não possua autoria estabelecida e não tenha sido cometido contra servidor do Ministério Público Militar ou da Justiça Militar, já decidiu o STJ que compete à Justiça Federal, e não à Militar, apreciar o pedido, pois o edifício-sede da Justiça Militar da União não integra patrimônio militar nem está subordinado à administração castrense.[13]

Se no curso de uma interceptação telefônica judicialmente autorizada forem citados nomes de autoridades detentoras de prorrogativa de foro e existirem a seu respeito informações até então fluidas e dispersas, tal fato por si só é insuficiente para o deslocamento da competência para o juízo hierarquicamente superior, bem como não será causa de nulidade da gravação dessas conversas.

Por outro lado, se se apresentarem indícios de participação efetiva e concreta de autoridade com foro privativo nas atividades criminosas, a partir do momento em que surgirem tais diálogos, cumpre à autoridade judicial declinar da competência ao Tribunal competente para investigar o titular do cargo, sob pena de as interceptações serem declaradas nulas por violação ao princípio do juiz natural.

Sobre o tema, já decidiu o STF.

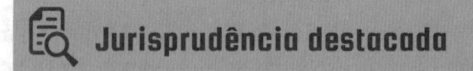

Jurisprudência destacada

A mera citação ao nome de autoridades detentoras de prerrogativa de foro, seja em depoimentos prestados por testemunhas ou investigados, seja na captação de diálogos em interceptação telefônica judicialmente autorizada, é insuficiente para o deslocamento da competência para o juízo hierarquicamente superior. Precedentes. 2. O Plenário do Supremo Tribunal Federal assentou o entendimento de que o foro especial por prerrogativa de função só deve ser observado para a prática de crimes cometidos no cargo e em razão do cargo, motivo pelo qual não parece adequado que o Tribunal continue a conduzir inquéritos para os quais não se considera competente. 3. No caso dos autos, não há, na condição de réu, qualquer pessoa com foro por prerrogativa de função nesta Corte, não se verificando as hipóteses de prorrogação da competência. 4. Agravo regimental a que se nega provimento com baixa imediata dos autos ao Juízo competente (STF, 1ª Turma, AP nº 1.029 AgR-segundo, Rel. Min. Roberto Barroso, j. 10.05.2019, *DJe* 23.05.2019).

(...) Em relação à operação Vegas, deflagrada em 2008, embora as autoridades nela envolvidas negassem que se tratasse de uma investigação direta em desfavor de detentor de prerrogativa de foro, os documentos contidos nos autos demonstraram que, no auge da persecução penal, nos idos de 2008 já havia indícios reflexos de seu envolvimento com o objeto em apuração,

---

[13] STJ, CC nº 137.378/RS, Rel. Min. Sebastião Reis Júnior, j. 11.03.2015, *DJe* 14.04.2015.

não obstante a denúncia mencione que os fatos em relação a ele teriam como termo inicial somente a data de 22.06.2009, que antecedeu o deslocamento da competência para esta Corte. 8. Portanto, o surgimento de indícios de envolvimento do recorrente já no ano de 2008 tornou impositiva a remessa do caso para o Supremo Tribunal Federal, o que, por não ter ocorrido *opportune tempore*, maculou os elementos de prova arrecadados em seu desfavor. 9. É do entendimento do Supremo Tribunal Federal que, "surgindo indícios de detentor de prerrogativa de foro estar envolvido em fato criminoso, cumpre à autoridade judicial remeter o inquérito ao Supremo (...), sob pena de haver seu arquivamento, ante a ilicitude dos elementos colhidos" (Inq nº 3.305/RS, 1ª Turma, Rel. Min. Marco Aurélio, *DJe* 02.10.2014) (STF, 2ª Turma, RHC nº 135.683/GO, Rel. Min. Dias Toffoli, j. 25.10.2016, *DJe* 03.04.2017).

Decifrando a prova

(Promotor de Justiça – MPE/GO – 2016 – Adaptada) Em interceptação telefônica deferida em primeiro grau de jurisdição, a captação fortuita de diálogos mantidos por autoridade com prerrogativa de foro impõe, por si só, a remessa imediata dos autos ao Tribunal competente para processar e julgar a referida autoridade.

( ) Certo ( ) Errado

Gabarito comentado: conforme entendeu o STF: "a simples menção ao nome de autoridades detentoras de prerrogativa de foro, seja em depoimentos prestados por testemunhas ou investigados, seja na captação de diálogos travados por alvos de censura telefônica judicialmente autorizada, assim como a existência de informações, até então, fluidas e dispersas a seu respeito, são insuficientes para o deslocamento da competência para o juízo hierarquicamente superior. Para que haja a atração da causa para o foro competente é imprescindível a constatação da existência de indícios da participação ativa e concreta do titular da prerrogativa em ilícitos penais" (STF, 2ª Turma, Rcl nº 25.497 AgR/RN, Rel. Min. Dias Toffoli, j. 14.02.2017, *DJe* 13.03.2017). Portanto, a assertiva está errada.

6.2.6 Segredo de justiça

A parte final do *caput* do art. 1º impôs o sigilo da interceptação, procedimento que estará apenso ao inquérito ou processo. A exigência justifica-se, pois a medida, além de colher elementos investigativos, visa proteger o direito à intimidade e o sigilo das comunicações telefônicas e telegráficas. Esse sigilo não terá, entretanto, incidência sobre as partes interessadas: juiz, membro do Ministério Público, Delegado de Polícia e advogado (público ou privado) do acusado, os quais terão acesso a todo o documento já amealhado.

6.3   ART. 2º

Art. 2º Não será admitida a interceptação de comunicações telefônicas quando ocorrer qualquer das seguintes hipóteses:

I – não houver indícios razoáveis da autoria ou participação em infração penal;

II – a prova puder ser feita por outros meios disponíveis;

III – o fato investigado constituir infração penal punida, no máximo, com pena de detenção.

Parágrafo único. Em qualquer hipótese deve ser descrita com clareza a situação objeto da investigação, inclusive com a indicação e qualificação dos investigados, salvo impossibilidade manifesta, devidamente justificada.

6.3.I Requisitos

A interceptação das comunicações telefônicas é uma medida cautelar e somente será admitida se forem observados os seguintes requisitos, que são extraídos do art. 2º da Lei, a partir de interpretação feita *a contrario sensu*:

a. Se há indícios de autoria ou participação.
b. Em **crime** punido com pena de **reclusão**.
c. Se não há outro meio de prova disponível.

Como toda medida cautelar, a interceptação também é regida pelo *fumus boni iuris*, que, na esfera penal, é conhecido como *fumus comissi delicti*, e pelo *periculum in mora*. O *fumus boni iuris* (tratando-se de interceptação telefônica, *fumus comissi delicti*) é a análise sumária feita pelo juiz, que verificará, a partir dos elementos de que dispõe no momento, se a medida pleiteada é plausível e necessária. Em outras palavras, analisa-se se houve a prática de um delito punido com pena de **reclusão** e se os indícios de autoria ou participação recaem sobre aquela pessoa. Não se exige a certeza da autoria ou da participação, mas a probabilidade da autoria ou da participação no delito a ser investigado. Logo, como a lei exige que existam indícios de autoria ou participação em infração penal, pode-se concluir que não cabe interceptação telefônica em uma investigação que não tenha sido iniciada, pois, caso contrário, não haveria indícios prévios que justificassem a referida cautelar. A interceptação não pode dar início a uma investigação, mas deve decorrer dela. E mais, tem que ser uma investigação criminal ou instrução penal.

Dessarte, nosso ordenamento veda a **interceptação de prospecção**, que é aquela realizada a fim de saber se determinada pessoa está envolvida em certa prática delitiva, funcionando como verdadeira devassa pessoal. Como explicado em linhas anteriores, a interceptação somente é admitida para apurar um crime, punido com reclusão, com relação ao qual já existam indícios razoáveis de autoria ou participação de determinada pessoa.

O *periculum in mora*, no caso da lei, trata-se da imperiosidade da interceptação, pois, sem ela, não há outro meio de obter a prova suficiente para a persecução dessa infração penal. A interceptação é a *ultima ratio*, pois, quando há outros caminhos, eles devem ser utilizados, sob pena de ilicitude da prova.

Em quem recairia o ônus de provar que houve violação ao disposto no art. 2º, II, da Lei nº 9.296/1996? Isto é, que existiriam outros meios disponíveis à época quando a medida invasiva foi requerida?

De acordo com a jurisprudência do STJ, o ônus de provar a violação ao supracitado dispositivo cabe à defesa. Nesse sentido: "É ônus da defesa, quando alega violação ao disposto no art. 2º, II, da Lei nº 9.296/1996, demonstrar que existiam, de fato, meios investigativos às autoridades para a elucidação dos fatos à época na qual a medida invasiva foi requerida, sob pena de a utilização da interceptação telefônica se tornar absolutamente inviável" (STJ, 5ª Turma, HC nº 254.976/RN, Rel. Min. Jorge Mussi, *DJe* 31.102.014).

O inciso III do artigo em comento restringe o cabimento da interceptação telefônica para as infrações penais punidas com pena de **reclusão**. Logo, não há que falar no cabimento da interceptação para apurar crimes punidos com pena de detenção, tampouco para investigar as contravenções penais, que são punidas com prisão simples e multa (art. 5º do Decreto-lei nº 3.688/1941).

Conforme entendimento fixado pelo STF, as informações colhidas numa interceptação podem subsidiar denúncia com base em crime punido com detenção, desde que conexos com os primeiros que dariam ensejo à diligência. No caso julgado[14], foi autorizada a interceptação em investigação para apurar crime punido com pena de reclusão e, a partir dessa interceptação, foram descobertos crimes conexos punidos com pena de detenção. Nesse cenário, a prova colhida naquela diligência pode ser utilizada para lastrear uma denúncia, em que pese o crime em apuração desdobrado da interceptação ser punido com pena de detenção[15].

Dessa forma, a jurisprudência e a doutrina têm mitigado a aplicação da lei, admitindo a utilização do material colhido em interceptação para apurar denúncia de crime punido com detenção. O que não é possível é autorizar a decretação da interceptação como primeira medida para investigar crime punido com detenção.

⚡ Decifrando a prova

(Juiz de Direito – TJ/SC – Cespe/Cebraspe – 2019) No que tange à interceptação das comunicações telefônicas e às disposições relativas a esse meio de prova, previstas na Lei nº 9.296/1996, assinale a opção correta.

A) A referida medida poderá ser determinada no curso da investigação criminal ou da instrução processual destinada à apuração de infração penal punida, ao menos, com pena de detenção.

B) A existência de outros meios para obtenção da prova não impedirá o deferimento da referida medida.

C) O deferimento da referida medida exige a clara descrição do objeto da investigação, com indicação e qualificação dos investigados, salvo impossibilidade manifesta justificada.

---

[14] STF, HC nº 83.515/RS.

[15] No mesmo sentido STJ, RHC nº 13.274/RS: "Se no curso da interceptação telefônica – deferida para a apuração de crimes punidos com reclusão – são descobertos outros crimes conexos com aqueles, punidos com detenção, não há porque excluí-los da denúncia, diante da possibilidade de existirem outras provas hábeis a embasar eventual condenação".

D) A utilização de prova obtida a partir da referida medida para fins de investigação de fato delituoso diverso imputado a terceiro não é admitida.

E) A decisão judicial autorizadora da referida medida não poderá exceder o prazo máximo de quinze dias, prorrogável uma única vez pelo mesmo período.

Gabarito comentado: vejamos cada uma das alternativas:

A) Conforme se depreende do art. 2º, III, da Lei, o cabimento da interceptação telefônica restringe-se às infrações penais punidas com penas de reclusão. Portanto, a alternativa está errada.

B) A interceptação trata-se de meio subsidiário, somente podendo ser admitida quando não houver outros meios disponíveis; essa é a inteligência extraída do inciso II do art. 2º. Portanto, a alternativa está errada.

C) Esse é o teor do parágrafo único do art. 2º. Portanto, a resposta certa é a letra C.

D) Tanto o STF quanto o STJ admitem que a interceptação telefônica pode ser utilizada como prova emprestada em outro processo. Portanto, a alternativa está errada.

E) De acordo com o entendimento da doutrina e dos Tribunais Superiores, a interceptação telefônica pode ser prorrogada por sucessivas vezes enquanto necessário à colheita de provas. Portanto, a alternativa está errada.

6.3.2 Da utilização como prova emprestada em processo administrativo disciplinar

Questão interessante também redunda na seguinte indagação: É possível que uma interceptação telefônica produzida em ação penal seja utilizada no processo administrativo disciplinar na qualidade de prova emprestada?

Prova emprestada é a utilização de determinada prova produzida em um processo em outro, sob a forma documental.

Conforme jurisprudência do STF e do STJ, a resposta é afirmativa, desde que a interceptação tenha sido feita com autorização do juízo criminal e com observância dos demais requisitos previstos na Lei nº 9.296/1996.

No caso analisado[16], entendeu o Tribunal da Cidadania que é possível que uma interceptação, deferida por um juízo criminal, que conseguiu captar uma conversa na qual determinado servidor público federal exigiu vantagem indevida em dinheiro para praticar ato relacionado com suas atribuições, seja utilizada pela Administração Pública para instruir procedimento administrativo contra o investigado.

No mesmo sentido, aliás, é o teor da Súmula nº 591. editada pelo STJ:

> É permitida a "prova emprestada" no processo administrativo disciplinar, desde que devidamente autorizada pelo juízo competente e respeitados o contraditório e a ampla defesa (STJ, 1ª Seção, aprovada em 13.09.2017, *DJe* 18.09.2017).

---

[16] STJ, 3ª Seção, MS nº 14.140/DF, Rel. Min. Laurita Vaz, j. 26.09.2012.

Pela admissibilidade do compartilhamento também já se manifestou o STF: "A prova colhida mediante autorização judicial e para fins de investigação ou processo criminal pode ser utilizada para instruir processo administrativo disciplinar".[17]

Dessarte, conclui-se que é perfeitamente possível que uma prova produzida em investigação criminal ou no bojo de uma instrução processual penal, obtida mediante interceptação, seja emprestada em processo administrativo disciplinar, desde que também seja observado na seara administrativa o devido processo legal.

6.3.3 Da descoberta fortuita de provas (serendipidade)

Outra indagação pertinente refere-se aos **"conhecimentos fortuitos"**, concernente em saber em quais hipóteses e em que medida será lícito utilizar como prova informações colhidas a respeito de fatos delituosos estranhos àqueles para os quais foi autorizada a interceptação.

Dá-se o nome de serendipidade objetiva às informações obtidas a partir de uma interceptação, que digam respeito a outros crimes que não eram objeto da investigação; e de serendipidade subjetiva se surgirem elementos que indiquem a participação de outras pessoas no crime inicialmente investigado.

A serendipidade se subdivide, ainda, em primeiro grau e segundo grau. Será de primeiro grau quando os fatos encontrados forem conexos ou quando houver continência com aqueles que deram ensejo à interceptação. De outro lado, se os encontros fortuitos não guardarem conexão ou continência com o mote da investigação, estaremos diante da serendipidade de segundo grau.

A doutrina dominante entende pelo cabimento da licitude da **"prova encontrada"**, desde que o fato descoberto se encontre entre aqueles crimes para os quais a interceptação é permitida, os chamados **"crimes de catálogo"**, isto é, se houver indícios razoáveis de autoria e participação em crimes punidos com reclusão e a prova não puder ser colhida por outros meios.

De acordo com Masson e Marçal (2020, p. 376), não há nenhuma vedação no ordenamento jurídico pátrio para que os encontros fortuitos sejam utilizados como prova, desde que a atuação estatal esteja dentro da legalidade. Assim, não se deve perquirir se estes guardam conexão ou não com o crime objeto da investigação, pois, além de a Lei nº 9.296/1996 não exigir nenhum requisito nesse sentido, o Estado não pode fechar seus olhos ao tomar conhecimento de um crime que vier a ser praticado.

No tocante à serendipidade de segundo grau, entretanto, parte da doutrina pondera que os fatos descobertos não podem ser utilizados como prova pelo juiz, mas valem como fonte de prova, dela podendo advir novas investigações, ou seja, possuem valor de *notitia criminis*, até mesmo porque originou-se de uma interceptação lícita.

---

[17] STF, 1ª Turma, RMS nº 28.774/DF, Rel. orig. Min. Marco Aurélio, Red. p/ o Acórdão Min. Roberto Barroso, j. 09.08.2016.

Jurisprudência destacada

(...) 3. O Estado não pode quedar-se inerte ao tomar conhecimento de suposta prática de crime. Assim, o encontro fortuito de notícia de prática delituosa durante a realização de interceptações de conversas telefônicas devidamente autorizadas não exige a conexão entre o fato investigado e o novo fato para que se dê prosseguimento às investigações quanto ao novo fato. (...) (STJ, Corte Especial, APn nº 510/BA, Rel. Min. Eliana Calmon, Rel. p/ Acórdão Min. João Otávio de Noronha, *DJe* 17.03.2014).

6.3.4 Interceptação de diálogos com advogados

O Estatuto da Advocacia (Lei nº 8.906/1994) assegura em seu art. 7º, II, a inviolabilidade do escritório do advogado ou do seu local de trabalho, bem como de seus instrumentos de trabalho, correspondência escrita, eletrônica, telefônica e telemática, desde que relativas ao exercício da advocacia.

Durante uma interceptação telefônica podem ser captadas conversas mantidas entre o advogado e seu cliente, que, conforme visto anteriormente, desde que relativas ao exercício da advocacia, estão protegidas pelo sigilo profissional.

Assim, como regra, não é possível realizar a interceptação do telefone do advogado a fim de captar a conversa que ele mantém com seu cliente, o qual está sendo investigado ou acusado, com o escopo de obter provas no processo penal.

Entretanto, essa prerrogativa não pode ser utilizada como uma carta branca; ela encontra limites quando há indícios de autoria e materialidade da prática de crime por parte do advogado ou quando seus clientes estão sendo investigados como seus partícipes ou coautores pela prática do mesmo crime que deu causa à quebra da inviolabilidade (§§ 6º e 7º da Lei nº 8.906/1994).

Nessa situação, a ordem de interceptação telefônica estaria justificada. Este é o entendimento do STF:

Jurisprudência destacada

(...) 3. A comunicação entre o paciente e o advogado, alcançada pela escuta telefônica devidamente autorizada e motivada pela autoridade judicial competente, não implica nulidade da colheita da prova indiciária de outros crimes e serve para a instauração de outro procedimento apuratório, haja vista a garantia do sigilo não conferir imunidade para a prática de crimes no exercício profissional (STF, 1ª Turma, HC nº 106.225, Rel. Min. Marco Aurélio, Rel. p/ Acórdão Min. Luiz Fux, j. 07.02.2012, *DJe* 21.03.2012).

E mais, quando o advogado se torna suspeito da prática de crime, já entendeu o STF pela admissibilidade de ingresso noturno pela autoridade policial em escritório de advocacia para instalação de equipamento de escuta ou outra captação ambiental, objetivando obter o registro de informações úteis.[18]

De igual modo, a jurisprudência do STF reconhece que durante uma interceptação possam ser captadas conversas mantidas entre o advogado e seu cliente, de maneira fortuita, caso em que essas provas deverão ser desentranhadas dos autos, providência a ser adotada pelo magistrado. Confira-se:

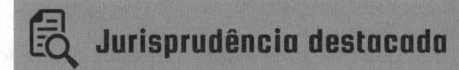

Jurisprudência destacada

(...) 3. Ilicitude da prova das interceptações telefônicas de conversas dos acusados com advogados, ao argumento de que essas gravações ofenderiam o disposto no art. 7º, II, da Lei nº 8.906/1996, que garante o sigilo dessas conversas. 3.1 Nos termos do art. 7º, II, da Lei nº 8.906/1994, o Estatuto da Advocacia garante ao advogado a inviolabilidade de seu escritório ou local de trabalho, bem como de seus instrumentos de trabalho, de sua correspondência escrita, eletrônica, telefônica e telemática, desde que relativas ao exercício da advocacia. 3.2 Na hipótese, o magistrado de primeiro grau, por reputar necessária a realização da prova, determinou, de forma fundamentada, a interceptação telefônica direcionada às pessoas investigadas, não tendo, em momento algum, ordenado a devassa das linhas telefônicas dos advogados dos pacientes. Mitigação que pode, eventualmente, burlar a proteção jurídica.

3.3 Sucede que, no curso da execução da medida, os diálogos travados entre o paciente e o advogado do corréu acabaram, de maneira automática, interceptados, aliás, como qualquer outra conversa direcionada ao ramal do paciente. Inexistência, no caso, de relação jurídica cliente-advogado. 3.4 Não cabe aos policiais executores da medida proceder a uma espécie de filtragem das escutas interceptadas. A impossibilidade desse filtro atua, inclusive, como verdadeira garantia ao cidadão, porquanto retira da esfera de arbítrio da polícia escolher o que é ou não conveniente ser interceptado e gravado. Valoração, e eventual exclusão, que cabe ao magistrado a quem a prova é dirigida (STF, 2ª Turma, HC nº 91.867, Rel. Min. Gilmar Mendes, j. 24.02.2012, *DJe* 20.09.2012).

6.3.5 Da delimitação do objeto da investigação e dos investigados

Conforme o parágrafo único do art. 2º da Lei nº 9.296/1996, o pedido de interceptação telefônica dever ser o mais preciso possível, isto é, deve haver clareza da situação objeto da investigação.

Portanto, a autoridade policial ou membro do Ministério Público deve fazer uma clara descrição do fato e individualizar os investigados, salvo impossibilidade devidamente justificada. Tal medida é salutar para que, ao se autorizar a interceptação, seja evitada uma diligência genérica e se tenha maior controle sobre a legalidade e a legitimidade da medida.

---

[18] STF, Tribunal Pleno, Inq nº 2.424/RJ, Rel. Min. Cezar Peluso, j. 26.11.2008, *DJ* 26.03.2010.

6.4 ART. 3°

Art. 3° A interceptação das comunicações telefônicas poderá ser determinada pelo juiz, de ofício ou a requerimento:

I – da autoridade policial, na investigação criminal;

II – do representante do Ministério Público, na investigação criminal e na instrução processual penal.

Em que pese uma leitura apressada do artigo em estudo possa indicar que é possível o juiz determinar de ofício a realização de uma interceptação telefônica no curso da investigação criminal ou durante a instrução processual penal, entendemos que tal interpretação não é a mais acertada e consentânea com o sistema acusatório adotado pela CF/1988 (art. 129, I), pois admitir tal hipótese seria permitir que ele realize a produção de provas, o que viola a garantia da imparcialidade do magistrado e supostamente estaria sendo criada a figura do juiz inquisidor. Nesse sentido, aliás, é o teor do art. 3°-A do CPP, introduzido pelo Pacote Anticrime (Lei n° 13.964/2019), que adotou expressamente a previsão do sistema acusatório, no processo penal. *In verbis:*

Art. 3°-A. O processo penal terá **estrutura acusatória**, vedadas a iniciativa do juiz na fase de investigação e a substituição da atuação probatória do *órgão* de acusação.

Sobre o assunto, importante registrar que foi proposta a Ação Direta de Inconstitucionalidade n° 3.450, no ano de 2005, que ainda pende de julgamento. A ação questiona o art. 3° da Lei Federal n° 9.296/1996, a fim de lhe excluir a interpretação que permite ao juiz, na fase de investigação criminal, determinar de ofício a interceptação de comunicações telefônicas.

Assim, conforme previsão legal, deverá o juiz analisar o cabimento de uma interceptação a partir do requerimento feito pela autoridade policial, no curso das investigações, que é quem terá condições de analisar qual o melhor meio de produção de prova para se investigar determinada infração penal (inciso I).

Apesar do silêncio da lei, entende Lima (2020, p. 537) que, quando o pedido é realizado pela autoridade policial, a concordância do membro do Ministério Público é obrigatória, tal como ocorre nos casos de prisão temporária (art. 2°, § 1°, da Lei n° 7.960/1989) e de prisão preventiva, por ser ele o destinatário final das investigações.

A outra hipótese permitida é que o requerimento da interceptação seja feito a partir de uma representação elaborada pelo Ministério Público, que, como titular da ação penal, possui legitimidade para pleitear a medida no curso da investigação criminal ou na instrução processual penal (inciso II).

Nesse contexto, confira-se o entendimento do STJ:

 **Jurisprudência destacada**

I – Não há nulidade na decisão proferida por autoridade competente, nos moldes do determinado na Lei n° 9.296/1996, que, embora sucinta, autoriza a interceptação telefônica, apontando dados essenciais legitimadores da medida (indícios razoáveis da autoria ou da participação

> em infração penal; prova não puder ser feita por outros meios disponíveis; e fato investigado constituir infração penal punida com pena de reclusão). Precedentes. II – Esta Corte possui entendimento, segundo o qual, "embora encontre-se em discussão no Supremo Tribunal Federal a ADI nº 3.450, que visa a declaração de inconstitucionalidade parcial, sem redução de teto, do art. 3º da Lei Federal nº 9.296/1996, a fim de excluir a interpretação que permite ao juiz na fase pré-processual penal, determinar de ofício a interceptação de comunicações telefônicas, certo é que a referida norma estabelece que a interceptação das comunicações telefônicas poderá ser determinada pelo juiz, a 'requerimento' tanto da autoridade policial, na investigação criminal, quanto do representante do Ministério Público, na investigação criminal e na instrução penal. Na hipótese, o Juiz não atuou de ofício, mas a 'requerimento' da autoridade policial na investigação criminal, o que é permitido pela lei e acolhido pela jurisprudência" (RHC nº 84.426/DF, 6ª Turma, Rel. Min. Rogerio Schietti Cruz, j. 04.10.2018, *DJe* 30.10.2018) (...) (STJ, 5ª Turma, RHC nº 114.788/SP, Rel. Min. Leopoldo de Arruda Raposo (desembargador convocado do TJPE), j. 1º.10.2019, *DJe* 08.10.2019).

De acordo com a doutrina (LIMA, 2020, p. 537), o rol do art. 3º da Lei nº 9.296/1996 não esgota a relação de legitimados. Sustenta-se que o querelante, na ação de iniciativa privada e observados os requisitos legais, também tem legitimidade para requerer a interceptação telefônica. Nos crimes de ação penal pública, em que pese a vítima não ser legitimada, mesmo que ela não tenha se habilitado como assistente de acusação, defende-se que ela pode sugerir à autoridade policial ou ao *Parquet* que solicitem a medida.

Nucci (*apud* LIMA, 2020, p. 537) defende a possibilidade de que a própria defesa peça diretamente ao juiz a interceptação telefônica, no caso de o acusado precisar reunir elementos para provar a própria inocência. Em sentido contrário, Lima (2020, p. 537) entende que o silêncio da lei foi eloquente e, assim como a vítima, poderia o defensor ou o próprio acusado provocar a autoridade policial ou o membro do Ministério Público para que requeressem a diligência.

Não obstante o teor do art. 3º ser de que o juiz "poderá" determinar a interceptação das comunicações telefônicas, entende-se que, uma vez preenchidos os requisitos legais, impõe-se a sua decretação, pois o juiz não tem a faculdade de estabelecer a medida.

6.5 ART. 4º

> **Art. 4º** O pedido de interceptação de comunicação telefônica conterá a demonstração de que a sua realização *é* necessária *à* apuração de infração penal, com indicação dos meios a serem empregados.
>
> § 1º Excepcionalmente, o juiz poderá admitir que o pedido seja formulado verbalmente, desde que estejam presentes os pressupostos que autorizem a interceptação, caso em que a concessão será condicionada à sua redução a termo.
>
> § 2º O juiz, no prazo máximo de vinte e quatro horas, decidirá sobre o pedido.

O *caput* do art. 4º reforça a necessidade de demonstração dos requisitos autorizadores da medida cautelar, atrelados à necessidade imperiosa desta para apuração de infração penal.

O § 1º do mesmo artigo admite que, dada a urgência da medida, o **pedido seja feito de forma verbal**, porém, para a sua concessão, exige-se a sua redução a termo, o que esvazia completamente o dispositivo.

Sobre o **prazo de decisão do pedido**, uma vez protocolado o pedido, a lei prevê um prazo especial, impondo ao juiz decidir em **24 horas** a respeito da concessão ou não, dada a urgência da medida. Caso o prazo não seja observado, o legislador não instituiu nenhuma sanção ao juiz, entretanto tal desrespeito ao prazo, dado o caráter urgente da medida, pode comprometer as investigações.

Decifrando a prova

(Delegado – PC/MG – Cespe/Cebraspe – 2017 – Adaptada) Pode o juiz, excepcionalmente, admitir o pedido de interceptação telefônica feito pela autoridade policial de forma verbal, condicionada a sua concessão à redução do pedido a termo.
( ) Certo ( ) Errado
Gabarito comentado: esse é o teor do art. 4º, § 1º, da Lei nº 9.296/1996. Portanto, a assertiva está certa.

6.6 ART. 5º

Art. 5º A decisão será fundamentada, sob pena de nulidade, indicando também a forma de execução da diligência, que não poderá exceder o prazo de quinze dias, renovável por igual tempo uma vez comprovada a indispensabilidade do meio de prova.

6.6.1 Exigência de fundamentação

A exigência de fundamentação da decisão é mera redundância, uma vez que tal imposição já decorre do princípio constitucional da motivação das decisões judiciais, previsto no art. 93, IX, da CF/1988, que dispõe o que segue:

> (...) todos os julgamentos dos órgãos do Poder Judiciário serão públicos, e fundamentadas todas as decisões, sob pena de nulidade, podendo a lei limitar a presença, em determinados atos, às próprias partes e a seus advogados, ou somente a estes, em casos nos quais a preservação do direito à intimidade do interessado no sigilo não prejudique o interesse público à informação.

Com efeito, dada a excepcionalidade da medida, não basta que o magistrado repita a presença dos requisitos do art. 2º da Lei nº 9.296/1996, mas, assim como também dispôs o art. 4º da Lei, é necessário que fundamente sua decisão em motivos concretos que embasam a medida, sob pena de nulidade.

Com recente julgado, o STJ decidiu pela necessidade de fundamentação da imprescin-dibilidade da medida:

 **Jurisprudência destacada**

Processual penal. *Habeas corpus*. Tráfico de drogas e respectiva associação. Interceptação telefônica. Nulidade. Medida autorizada com base em fundamentos genéricos. Imprescin-dibilidade do monitoramento não demonstrada. Ausência de indicação de indícios mínimos de autoria. 1. A interceptação telefônica está condicionada à prévia autorização judicial, nas situações e na forma estabelecidas em lei para fins de investigação criminal ou instrução processual penal. É cautelar a natureza do provimento que autoriza o monitoramento, pois busca evitar que a situação existente ao tempo do delito se altere durante as investigações ou a tramitação do processo principal. Assim, a determinação de interceptação telefônica está condicionada à presença de elementos concretos acerca da existência do crime, bas-tantes a justificar o sacrifício do direito à intimidade. Além disso, deve ficar evidenciado o risco que a não efetivação imediata da medida poderá acarretar à persecução penal. No tocante à autoria, não se exige que o magistrado tenha certeza, bastando a presença de elementos informativos que permitam afirmar, no momento da decisão, a existência de indícios suficientes. Precedentes. 2. No caso, o magistrado singular não demonstrou a imprescindibilidade da medida excepcional para as investigações, limitando-se a fazer refe-rência à representação policial. Não assinalou a necessidade da captação tendo em vista a inexistência de outros meios disponíveis à produção da prova, autorizando o monitoramen-to eletrônico a partir de um juízo de conveniência, e não de necessidade, situação de mani-festo desrespeito ao disposto nos arts. 2°, inciso II, e 5° da Lei n° 9.296/1996. Precedentes. 3. Verifica-se, *in casu*, que a autorização para a realização da interceptação telefônica está justificada unicamente na afirmação de que "versam as investigações sobre crime de tráfico de entorpecentes". Contudo, não há a indicação de nenhum fato concreto que justificasse recair essa suspeita sobre o paciente. Ainda que se tome por empréstimo a manifestação da autoridade policial, não estaria suprida tal necessidade, pois nela constou somente que foi encontrada em poder do paciente certa quantia de dinheiro (aproximadamente 9 mil reais), a qual, segundo ele, seria proveniente da venda de uma motocicleta. Desatendido, a toda evidência, o disposto no art. 2°, inciso I, da Lei n° 9.296/1996, que veda a imposição da medida quando "não houver indícios razoáveis de autoria". Além disso, não foi evidenciada a imprescindibilidade da medida, o que também seria indispensável (art. 2°, inciso II, da Lei n° 9.296/1996). 4. Ordem concedida para declarar nulas as interceptações telefônicas e, por conseguinte, a sentença proferida (STJ, 6ª Turma, HC n° 465.186/SP, Rel. Min. Antônio Salda-nha Palheiro, j. 15.10.2019, *DJe* 29.10.2019).

6.6.2 Duração da interceptação

O prazo inicial da interceptação telefônica conta-se a partir de quando a medida é im-plementada, e não da data da decisão judicial que a autorizou.

Embora estabelecido o prazo máximo de 15 dias de duração da interceptação telefôni-ca, a doutrina majoritária e a jurisprudência sepultaram essa limitação, entendendo que é possível a renovação sucessiva da diligência enquanto for necessária à colheita da prova, não havendo restrição legal ao número de vezes para tal renovação.

A renovação dessa diligência não se dá, entretanto, de forma automática, devendo ser realizado um novo pedido, antes do decurso do prazo fixado na decisão originária, que será novamente analisado fundamentadamente pelo juiz, no prazo de 24 horas. Essa decisão deverá comprovar a indispensabilidade da medida.

Confiram-se os seguintes julgados sobre o assunto:

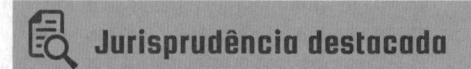 **Jurisprudência destacada**

A Lei nº 9.296/1996, que regula a quebra de sigilo das comunicações telefônicas, estabelece em 15 dias o prazo para duração da interceptação, porém não estipula termo inicial para cumprimento da ordem judicial. No caso, a captação das comunicações via telefone iniciou-se pouco mais de três meses após o deferimento, pois houve greve da Polícia Federal no período, o que interrompeu as investigações. A Turma entendeu que não pode haver delonga injustificada para o começo da efetiva interceptação e deve-se atentar sempre para o princípio da proporcionalidade, mas, na hipótese, sendo a greve evento que foge ao controle direto dos órgãos estatais, não houve violação do mencionado princípio. Assim, a alegação de ilegalidade das provas produzidas, por terem sido obtidas após o prazo de 15 dias, não tem fundamento, uma vez que o prazo é contado a partir do dia em que se iniciou a escuta, e não da data da decisão judicial que a autorizou. Precedente citado: HC nº 135.771/PE, *DJe* 24.08.2011 (STJ, 6ª Turma, HC nº 113.477/DF, Rel. Min. Maria Thereza de Assis Moura, j. 20.03.2012).

(...) a lei permite a prorrogação das interceptações diante da indispensabilidade da prova, sendo que as razões tanto podem manter-se idênticas à do pedido original como alterar-se, desde que a prova seja ainda considerada indispensável.
A repetição dos fundamentos na decisão de prorrogação como nas seguintes não representa falta de fundamentação legal.
A jurisprudência do Supremo Tribunal Federal assentou que é possível a prorrogação da escuta, mesmo que sucessivas vezes, especialmente quando o caso é complexo e a prova indispensável. (...) (STJ, 5ª Turma, HC nº 143.805/SP, Rel. Min. Adilson Vieira Macabu (desembargador convocado do TJRJ), Rel. p/ Acórdão Min. Gilson Dipp, j. 14.02.2012, *DJe* 09.05.2012).

I – Embora o presente *habeas corpus* tenha sido impetrado em substituição a recurso extraordinário, esta Segunda Turma não opõe óbice ao seu conhecimento. II – A jurisprudência desta Suprema Corte é assente no sentido de que a denúncia anônima não tem o condão de invalidar o inquérito policial, quando as investigações se utilizam de outras diligências colhidas para averiguar a *delatio criminis*, como se dá na espécie, ou quando, na ação penal, a condenação fundamenta-se em conjunto probatório colhido sob o crivo do contraditório e da ampla defesa. III – A necessidade de interceptação telefônica, na espécie, foi devidamente demonstrada pelo juízo natural da causa, bem como a existência de indícios suficientes de autoria de crimes punidos com reclusão, tudo em conformidade com o disposto no art. 2º da Lei nº 9.296/96. IV – Demonstrado que as razões iniciais legitimadoras da interceptação subsistem e que o contexto fático delineado pela parte requerente indica a sua necessidade como único meio de prova para elucidação do fato criminoso, a jurisprudência desta Suprema Corte tem admitido a razoável prorrogação da medida, desde que respeitado o prazo de 15 (quinze) dias entre cada uma delas. V – O indeferimento da diligência pelo magistrado de primeiro grau não configura cerceamento de defesa, uma vez que o próprio CPP prevê a possibilidade de o juiz indeferir as provas consideradas irrelevantes, impertinentes ou protelatórias, sem que isso implique em nulidade da respectiva ação criminal (art. 400, § 1º). VI – Inadmissibilidade de dilação probatória em *habeas corpus*. VII – Ordem denegada (STF, 2ª Turma, HC nº 133.148/ ES, Rel. Min. Ricardo Lewandowski, j. 21.02.2017).

(...) Excesso de prazo e ilegalidade das prorrogações da interceptação telefônica além do lapso temporal previsto na lei de regência. Não ocorrência. Possibilidade de se prorrogar o prazo de autorização para essa medida por períodos sucessivos quando a intensidade e a complexidade das condutas delitivas investigadas assim o demandarem. Precedentes. Interceptação telemática e prorrogações. Mencionada incompatibilidade do parágrafo único do art. 1º da Lei nº 9.296/1996 com o art. 5º, inciso XII, da CF/1988. (...) 7. O Supremo Tribunal Federal já decidiu pela licitude da "interceptação telefônica, determinada em decisão judicial fundamentada, quando necessária, como único meio de prova, à apuração de fato delituoso" (Inq nº 2.424/RJ, Pleno, Rel. Min. Cezar Peluso, *DJe* 26.03.10). 8. Inexiste excesso de prazo ou ilegalidade nas prorrogações da interceptação telefônica além do lapso temporal previsto na lei de regência, pois, além de justificadas as subsequentes prorrogações, o magistério jurisprudencial da Corte legitimou a possibilidade de se prorrogar o prazo de autorização para essa medida por períodos sucessivos quando a intensidade e a complexidade das condutas delitivas investigadas assim o demandarem, sendo igualmente dispensável prévia instauração de inquérito para tanto (RHC nº 118.055/PR, 1ª Turma de minha relatoria, *DJe* 03.11.2011). 9. A interceptação telemática e as suas prorrogações não padecem de vício de inconstitucionalidade (STF, 2ª Turma, RHC nº 132.115/PR, Rel. Min. Dias Toffoli, j. 06.02.2018, *DJe* 18.10.2018).

⚎ Decifrando a prova

(**Delegado – PC/AC – Ibade – 2017 – Adaptada**) Quanto ao número de vezes em que o prazo da interceptação telefônica pode ser renovado, entende a doutrina, bem com o Superior Tribunal de Justiça, em seu mais recente julgado acerca do tema, no início de 2013, que: a renovação só pode ocorrer uma única vez, porém, quando houver justificação exaustiva do excesso e quando a medida for indispensável, é possível a renovação desde que não ofenda a razoabilidade.

( ) Certo ( ) Errado

Gabarito comentado: o prazo da interceptação pode ser renovado indefinidamente, desde que comprovada a indispensabilidade do meio de prova. Portanto, a assertiva está errada.

6.7 ART. 6º

Art. 6º Deferido o pedido, a autoridade policial conduzirá os procedimentos de interceptação, dando ciência ao Ministério Público, que poderá acompanhar a sua realização.

§ 1º No caso de a diligência possibilitar a gravação da comunicação interceptada, será determinada a sua transcrição.

§ **2º** Cumprida a diligência, a autoridade policial encaminhará o resultado da interceptação ao juiz, acompanhado de auto circunstanciado, que deverá conter o resumo das operações realizadas.

§ **3º** Recebidos esses elementos, o juiz determinará a providência do art. 8º, ciente o Ministério Público.

6.7.1 Condução da interceptação telefônica

Em que pese o *caput* do art. 6º dispor que a autoridade policial conduzirá os procedimentos da interceptação, não podemos concluir que ela seja a única autorizada a proceder às interceptações telefônicas, pois o legislador não teria como prever quem teria as melhores condições e estrutura para promover a medida. De acordo com o STJ, o referido artigo não pode ser interpretado de maneira restritiva sob pena de se inviabilizar a interceptação.[19]

Analisando a situação, o STJ entendeu que não é nula uma interceptação judicialmente autorizada realizada pela Polícia Militar. Outrossim, já admitiu que o procedimento fosse conduzido pela Polícia Rodoviária Federal. Vejamos.

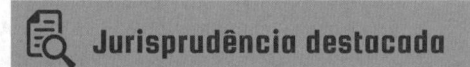

Jurisprudência destacada

1. *Habeas corpus*. 2. Prisão em flagrante. Denúncia. Crimes de rufianismo e favorecimento da prostituição. 3. Interceptação telefônica realizada pela Polícia Militar. Nulidade. Não ocorrência. 4. Medida executada nos termos da Lei nº 9.296/1996 (requerimento do Ministério Público e deferimento pelo Juízo competente). Excepcionalidade do caso: suspeita de envolvimento de autoridades policiais da delegacia local. 5. Ordem denegada (STJ, 2ª Turma, HC nº 96.986, Rel. Min. Gilmar Mendes, j. 15.05.2012, acórdão eletrônico *DJe*-181, divulg. 13.09.2012, public. 14.09.2012).

Habeas corpus substitutivo de recurso próprio. Impossibilidade. Cerceamento de defesa. Ausência de procedimento formal. Desnecessidade da interceptação telefônica. Supressão de instância. Presença do réu em depoimentos tomados por carta precatória. Ausência de obrigatoriedade. Ausência de prejuízo. Preclusão. Interceptações telefônicas conduzidas pela polícia rodoviária federal. Possibilidade. Prova ilícita por derivação. Prejudicado. *Writ* não conhecido. (...). 4. O art. 1º, inciso X, do Decreto nº 1.655 de 03.10./1995, autorizou a polícia rodoviária federal a: "colaborar e atuar na prevenção e repressão aos crimes contra a vida, os costumes, o patrimônio, a ecologia, o meio ambiente, os furtos e roubos de veículos e bens, o tráfico de entorpecentes e drogas afins, o contrabando, o descaminho e os demais crimes previstos em lei". "O Pretório Excelso, ao julgar a medida cautelar na ADI nº 1.413/DF, manteve na íntegra o texto do referido Decreto." "Ante as peculiaridades do caso em tela, há que se autorizar à polícia rodoviária federal auxiliar nas investigações" (HC nº 45.630/RJ, Rel. Min. Felix Fischer, 5ª Turma, *DJ* 10.04.2006, p. 242). O caso em análise envolve a prática de crimes por Policiais Federais que se valeram de seus cargos com finalidades diversas das previstas em lei, o que justifica a participação da Polícia Rodoviária Federal. 5. Não havendo falar em nulidade das

---

[19] STJ, 5ª Turma, HC nº 131.836/RJ, Min. Jorge Mussi, j. 04.11.2010, *DJe* 06.04.2011.

> interceptações telefônicas, resta prejudicada a alegação de que as demais provas que lastrearam a condenação comungam do mesmo vício em razão da aplicação da teoria dos frutos da árvore envenenada. 6. *Habeas corpus* não conhecido (STJ, 5ª Turma, HC nº 387.636/SP, Rel. Min. Joel Ilan Paciornik, j. 04.12.2018, *DJe* 14.12.2018).

Quanto à possibilidade de o procedimento ser conduzido por membro do Ministério Público, Portocarrero e Ferreira (2020, p. 490) sustentam que o *Parquet* pode apenas acompanhar a interceptação e não as conduzir. Entretanto, não é o que se observa pelos diversos Ministérios Públicos espalhados pelo Brasil, que ainda estão conduzindo por conta própria as interceptações das comunicações telefônicas.

Consoante se depreende do mesmo dispositivo (*caput* do art. 6º), a ciência dos procedimentos realizados ao Ministério Público é obrigatória, uma vez que é o titular da ação penal pública e fiscal da atuação policial, exercendo o controle externo da polícia judiciária (art. 129, VII, da CF/1988). O órgão tem, entretanto, a faculdade, e não a obrigatoriedade, de acompanhar as diligências.

6.7.2 Transcrição das comunicações

Conquanto o § 1º do art. 6º da Lei nº 9.296/1996 determine a transcrição das comunicações interceptadas para que ela possa ser valorada como elemento probatório, não se faz necessária a transcrição integral das conversas interceptadas, bastando os trechos para lastrar a denúncia. Nesse caso, não há que falar em violação dos princípios do contraditório e da ampla defesa. Há precedentes do STJ e do STF nesse sentido.

Ressalte-se que, embora seja possível a transcrição de trechos da comunicação interceptada, todo o conteúdo captado deve ser disponibilizado na integralidade ao investigado ou àquele a que se refira, sem prejuízo do magistrado determinar a sua transcrição integral.

 **Jurisprudência destacada**

> Não é necessária a degravação integral das conversas oriundas de interceptações telefônicas, bastando a degravação dos excertos que originaram a denúncia e a disponibilização do conteúdo integral das interceptações telefônicas realizadas. Caso o relator entenda necessário, poderá determinar a degravação integral das interceptações telefônicas promovidas (STF, Plenário, AP nº 508 AgR/AP, Rel. Min. Marco Aurélio, j. 08.02.2019).

Em uma situação concreta julgada pelo STJ[20], entendeu o Tribunal da Cidadania que o não encaminhamento da integralidade das conversas advindas de forma emprestada acarreta a nulidade da prova pela quebra da cadeia de custódia.

---

[20]   STJ, 6ª Turma, REsp nº 1.795.341/RS, Rel. Min. Nefi Cordeiro, j. 07.05.2019.

As regras da cadeia de custódia foram introduzidas no CPP pela Lei nº 13.964/2019 (Pacote Anticrime), que acrescentou os arts. 158-A, 158-B, 158-C, 158-D, 158-E e 158-F. Assim foi conceituado o instituto:

> **Art. 158-A.** Considera-se cadeia de custódia o conjunto de todos os procedimentos utilizados para manter e documentar a história cronológica do vestígio coletado em locais ou em vítimas de crimes, para rastrear sua posse e manuseio a partir de seu reconhecimento até o descarte.

No caso, o juiz criminal deferiu uma interceptação para apurar o crime de tráfico de drogas. No entanto, durante os diálogos averiguou-se a participação de um militar, sendo constatado que ele praticou crime militar.

A denúncia foi oferecida pela Justiça Militar e os demais suspeitos foram denunciados na vara criminal comum. A pedido do Ministério Público, o juiz da auditoria militar solicitou ao da vara comum o encaminhamento das conversas captadas. Entretanto, os diálogos, enviados e juntados como prova emprestada, não foram remetidos na integralidade, mas apenas os trechos em que havia a participação do militar. Nessa situação, entendeu-se que houve a "quebra da cadeia de custódia da prova" e que as conversas que não interessassem deveriam ser eliminadas pela acusação e pela defesa, sob pena de ofensa ao princípio da paridade de armas (CAVALCANTE, 2020, p. 706).

Ainda, a Lei nº 9.296/1996 não estabelece que o conteúdo da transcrição da interceptação seja feito por perito oficial, exigência aplicável apenas ao exame de corpo de delito e outras perícias em geral (art. 159 do CPP). Conforme entendimento do STJ, a transcrição de áudio não demanda nenhum conhecimento técnico ou habilidade especial, de modo que a diligência pode ser feita pelos próprios policiais que participaram da investigação[21].

Decifrando a prova

(Delegado – PC/MS – Fapec – 2021 – Adaptada) O Supremo Tribunal Federal entende que é indispensável que todo o conteúdo das conversas captadas através de interceptação telefônica seja degravado (transcrito) e colocado à disposição da defesa, sob pena de ofensa à paridade de armas e à ampla defesa e de consequente decretação de nulidade.

( ) Certo ( ) Errado

Gabarito comentado: não é necessária a degravação integral das conversas captadas em interceptação telefônica. De acordo com a jurisprudência do Superior Tribunal de Justiça, embora seja dispensável a transcrição integral dos diálogos interceptados, deve ser assegurado à Defesa o acesso à mídia que contém a gravação da integralidade daqueles (STJ, 6ª Turma, REsp nº 1.800.516/SP 2019/0062243-6, Rel. Min. Laurita Vaz, j. 15.06.2021, *DJe* 25.06.2021). Portanto, a assertiva está errada.

---

[21] STJ, 6ª Turma, AgRg no AREsp nº 583.598/MG, Rel. Min. Rogério Schietti Cruz, j. 12.06.2018, *DJe* 22.06.2018.

6.7.3 Resultado das diligências

Concluídas as diligências, a autoridade policial (ou seu executor) encaminhará o resultado ao juiz, por meio de auto circunstanciado. Trata-se de um relatório que conterá o detalhamento das medidas realizadas. É uma providência necessária ao controle da diligência, devendo a autoridade policial prestar contas ao juiz que deferiu a medida, relatando o resultado da operação.

Eventual vício formal do auto gera nulidade apenas relativa, não inutilizando a prova.

Jurisprudência destacada

Interceptação telefônica. Auto circunstanciado. Natureza do elemento. O auto circunstanciado previsto no § 2º do art. 6º da Lei nº 9.296/1996 é formalidade essencial à valia da prova resultante de degravações de áudio e interceptação telefônica. Interceptação telefônica. Defeito do auto circunstanciado. Natureza da nulidade. A nulidade surge relativa, devendo ser articulada no prazo do art. 500 do CPP. Inteligência dos arts. 571, inciso II, e 572 do mesmo Diploma (STF, 1ª Turma, HC nº 87.859/DF, Rel. Min. Marco Aurélio, j. 12.06.2007, *DJe* 14.09.2007).

6.8 ART. 7º

Art. 7º Para os procedimentos de interceptação de que trata esta Lei, a autoridade policial poderá requisitar serviços e técnicos especializados às concessionárias de serviço público.

6.8.1 Da requisição de serviços técnicos e especializados pela autoridade policial

Para realizar a interceptação, o Delegado de Polícia pode requisitar serviços técnicos e especializados às concessionárias de serviço público, pois nem sempre a polícia investigativa dispõe de conhecimentos técnicos exigidos para a consecução dos procedimentos de interceptação.

A requisição é uma ordem que não pode ser descumprida, sob pena da prática do crime de desobediência.

A reforçar tal entendimento, a Lei nº 12.830/2013[22], que dispõe sobre a investigação criminal conduzida pelo Delegado de Polícia, autoriza que, durante a investigação criminal,

---

[22] "Art. 2º As funções de polícia judiciária e a apuração de infrações penais exercidas pelo Delegado de Polícia são de natureza jurídica, essenciais e exclusivas de Estado. (...) § 2º Durante a investigação criminal, cabe ao Delegado de Polícia a requisição de perícia, informações, documentos e dados que interessem à apuração dos fatos."

a autoridade policial requisite perícias, informações, documentos e dados que interessem à apuração dos fatos.

6.9 ART. 8°

> **Art. 8°** A interceptação de comunicação telefônica, de qualquer natureza, ocorrerá em autos apartados, apensados aos autos do inquérito policial ou do processo criminal, preservando-se o sigilo das diligências, gravações e transcrições respectivas.
>
> **Parágrafo único.** A apensação somente poderá ser realizada imediatamente antes do relatório da autoridade, quando se tratar de inquérito policial (Código de Processo Penal, art. 10, § 1°) ou na conclusão do processo ao juiz para o despacho decorrente do disposto nos arts. 407, 502 ou 538 do *Código de Processo Penal*.

Com o término das diligências, a autoridade policial encaminhará o resultado da interceptação, acompanhado de auto circunstanciado, ao juiz. Recebidos esses elementos, a autoridade judicial deverá determinar o apensamento dos autos da medida cautelar aos autos do inquérito ou da ação penal, cientificando o membro do Ministério Público.

O apensamento da interceptação aos autos principais faz com que o sigilo das diligências seja preservado, em observância ao segredo de justiça preconizado no art. 1° da lei em estudo.

No entanto, esse sigilo não é *ad eternum*; finda a diligência, abre-se espaço ao contraditório e à ampla defesa, que é exercido de modo diferido ou postergado. Assim, o investigado e seu defensor terão acesso a todas as peças documentadas após o encerramento das diligências, tal como preconiza a Súmula Vinculante n° 14, cujo teor apresenta-se a seguir:

🔍 Jurisprudência destacada

Súmula Vinculante n° 14. É direito do defensor, no interesse do representado, ter acesso amplo aos elementos de prova que, já documentados em procedimento investigatório realizado por órgão com competência de polícia judiciária, digam respeito ao exercício do direito de defesa.

A possibilidade de o investigado e seu defensor terem acesso ao conteúdo da interceptação não quer dizer que o sigilo externo da medida será levantado. O direito à intimidade e à privacidade devem se sobrepor ao direito à informação e ao interesse público.

Conforme determinação contida no parágrafo único, se a interceptação telefônica tiver sido realizada na fase de inquérito policial, a apensação deverá ocorrer em momento imediatamente anterior à juntada do relatório da autoridade policial.

No curso do processo penal, por sua vez, a apensação deve ocorrer apenas ao final do processo, isto é, após a alegação final das partes e antes da prolação da sentença pelo juiz.

6.10 ART. 8º-A

Art. 8º-A. Para investigação ou instrução criminal, poderá ser autorizada pelo juiz, a requerimento da autoridade policial ou do Ministério Público, a captação ambiental de sinais eletromagnéticos, ópticos ou acústicos, quando:

I – a prova não puder ser feita por outros meios disponíveis e igualmente eficazes; e

II – houver elementos probatórios razoáveis de autoria e participação em infrações criminais cujas penas máximas sejam superiores a 4 (quatro) anos ou em infrações penais conexas.

§ 1º O requerimento deverá descrever circunstanciadamente o local e a forma de instalação do dispositivo de captação ambiental.

§ 2º A instalação do dispositivo de captação ambiental poderá ser realizada, quando necessária, por meio de operação policial disfarçada ou no período noturno, exceto na casa, nos termos do inciso XI do *caput* do art. 5º da Constituição Federal.

§ 3º A captação ambiental não poderá exceder o prazo de 15 (quinze) dias, renovável por decisão judicial por iguais períodos, se comprovada a indispensabilidade do meio de prova e quando presente atividade criminal permanente, habitual ou continuada.

§ 4º A captação ambiental feita por um dos interlocutores sem o prévio conhecimento da autoridade policial ou do Ministério Público poderá ser utilizada, em matéria de defesa, quando demonstrada a integridade da gravação.

§ 5º Aplicam-se subsidiariamente *à* captação ambiental as regras previstas na legislação específica para a interceptação telefônica e telemática.

Até o advento da Lei nº 13.964/2019 (Pacote Anticrime), o instituto da captação ambiental encontrava previsão legal apenas na Lei nº 12.850/2013, que trouxe no bojo do seu art. 3º, II, a figura da "captação ambiental", entretanto sem prever requisitos de procedimento e duração da medida, o que foi sistematizado com o Pacote Anticrime no art. 8º-A da Lei nº 9.296/1996.

O art. 8º-A autoriza expressamente a "captação ambiental de sinais eletromagnéticos, ópticos ou acústicos". A expressão "captação" deve ser compreendida como o conhecimento por uma terceira pessoa de uma conversa mantida por dois interlocutores, sem o conhecimento destes, fora das situações em que envolva o telefone. Essa captação pode ser feita por meio de escutas, microfones, câmeras e diversas outras tecnologias hoje existentes.

A captação ambiental de sinais eletromagnéticos, ópticos ou acústicos integra o conceito de interceptação ambiental, no qual se inserem a interceptação ambiental em sentido estrito e a escuta ambiental, excluindo-se do conceito a gravação ambiental, tanto que o art. 10-A, § 1º, da Lei nº 9.296/1996 dispõe que "não há crime se a captação é realizada por um dos interlocutores".

De acordo com o supracitado artigo, passa a ser crime a realização de captação ambiental de sinais eletromagnéticos, ópticos ou acústicos para investigação ou instrução criminal sem autorização judicial, quando esta for exigida. Logo, podemos inferir que nem toda captação ambiental não será permitida, basta pensarmos na prática de um crime, cuja autoria apenas pode ser descoberta em razão de câmera instalada em um comércio que captou ação. Nesse caso, trata-se de prova lícita, ainda que não tenha sido obtida autorização judicial para tanto, pois quem comete um crime em via pública não tem expectativa de privacidade, tampouco de que seu direito à intimidade seja preservado.

Nessa toada, seguem estes arestos do STF:

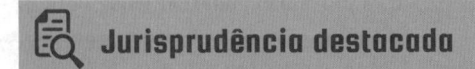
Jurisprudência destacada

Não configura prova ilícita gravação feita em espaço público, no caso, rodovia federal, tendo em vista a inexistência de situação de intimidade (HC nº 87.341-3, Rel. Min. Sepúlveda Pertence, j. 07.02.2006) (STJ, 3ª Seção, MS nº 12.429/DF, Rel. Min. Felix Fischer, j. 23.05.2007).

Filmagem realizada, pela vítima, em sua própria vaga de garagem, situada no edifício em que reside. Gravação de imagens feita com o objetivo de identificar o autor de danos praticados contra o patrimônio da vítima. Legitimidade jurídica desse comportamento do ofendido. Desnecessidade, em tal hipótese, de prévia autorização judicial. Alegada ilicitude da prova penal. Inocorrência. Validade dos elementos de informação produzidos, em seu próprio espaço privado, pela vítima de atos delituosos. Considerações em torno da questão constitucional da ilicitude da prova alegação de inépcia da denúncia. Existência, no caso, de dados probatórios mínimos, fundados em base empírica idônea. Peça acusatória que satisfaz, plenamente, as exigências legais. Pedido indeferido (STF, 2ª Turma, HC nº 84.203/RS, Rel. Min. Celso de Melo, j. 19.10.2004, *DJe* 25.09.2009).

Lado outro, se alguém escuta uma conversa reservada mantida entre terceiros e grava essa conversa com algum aparelho oculto, tal interceptação ou escuta será considerada prova ilícita, por violação ao direito à intimidade (LIMA, 2020, p. 548).

6.10.1 Requisitos exigidos para a captação ambiental de sinais eletro-magnéticos, ópticos ou acústicos

O primeiro requisito exigido pela lei é a **autorização judicial prévia**, mas, além deste, o art. 8º-A ainda dispõe ser necessário que:

♦ A captação ambiental vise instruir investigação criminal ou processo penal.

♦ A prova não possa ser feita por outros meios disponíveis e igualmente eficazes.

♦ Haja elementos probatórios razoáveis de autoria e participação em infrações criminais cujas penas máximas sejam superiores a quatro anos ou em infrações penais conexas.

Da leitura dos três requisitos exigidos podemos extrair as seguintes observações:

Para que seja deferida a autorização judicial para a captação ambiental de sinais eletromagnéticos, ópticos ou acústicos, que nada mais são do que as imagens e sons gravados em vídeo analógico ou digital (GOLDFINGER, 2020, p. 1029), deverão os legitimados – a autoridade policial ou o representante do Ministério Público – demonstrar, via requerimento, que a captação ambiental somente seja utilizada para fins de investigação ou instrução criminal.

Como já ressaltado em passagens anteriores, caso a medida seja requerida pela autoridade policial, embora não haja determinação legal, o entendimento dominante é de que a decisão judicial deve vir acompanhada de manifestação prévia do órgão ministerial, tal como ocorre nos pedidos de prisão temporária ou de prisão preventiva, uma vez que o *Parquet* é o destinatário final das investigações e titular da ação penal pública.

Por via de consequência, não há que falar na decretação *ex officio* da captação ambiental, em razão do princípio acusatório adotado pelo processo penal.

I – Visto o primeiro requisito, vejamos alguns complementos necessários em relação aos demais: **quando a prova não possa ser feita por outros meios disponíveis e igualmente eficazes.** Esse requisito corresponde ao *periculum in mora*, ou seja, o legitimado deverá demonstrar à autoridade judicial que não há outro meio de prova ou de obtenção de prova disponível que seja menos gravoso e igualmente eficaz para a elucidação dos fatos. Trata-se de um requisito ligado à subsidiariedade e, nesse caso, incumbe à defesa apontar que houve violação ao disposto, ou seja, que havia outros meios disponíveis à época em que a medida invasiva foi requerida[23].

II – **quando haja elementos probatórios razoáveis de autoria e participação em infrações criminais cujas penas máximas sejam superiores a quatro anos ou em infrações penais conexas.** O inciso II, por sua vez, refere-se à presença do *fumus comissi delicti*, que nada mais são do que os indícios de autoria e participação em infração criminal. Observe que, diferentemente do requisito constante do art. 2º da Lei nº 9.296/1996, exigido para que seja deferida uma interceptação telefônica, a lei não impõe para a captação ambiental que a infração penal seja punida com pena de reclusão (interpretação feita *a contrario sensu* do inciso III do art. 2º da Lei nº 9.296/1996), mas, sim, que a infração penal tenha pena máxima superior a quatro anos ou que seja infração penal conexa, não havendo limite de pena para esta.

Em que pese este ser o entendimento literal que se faz do dispositivo, pensamos que essa não é a melhor interpretação da *mens legis*. Isso porque o § 5º do art. 8º-A dispõe que as regras estabelecidas na legislação específica para a interceptação telefônica e telemática poderão ser aplicadas subsidiariamente à captação ambiental. Desse modo, como um dos requisitos previstos para que seja autorizada a interceptação é que a infração penal seja punida com pena de reclusão, não seria razoável entender que a captação poderia ser autorizada quando a infração penal fosse punida com pena de detenção.

É certo que a quebra do sigilo pode ser autorizada para apurar infração penal punida com detenção, desde que conexa com outros delitos punidos com reclusão. Assim, não obstante o legislador ter sido omisso quanto ao tipo de pena aplicada às infrações penais cujas

---

23 STJ: A interceptação telefônica só será deferida quando não houver outros meios de prova disponíveis à época na qual a medida invasiva foi requerida, sendo ônus da defesa demonstrar violação ao disposto no art. 2º, II, da Lei nº 9. 296/1996 (*Jurisprudência em teses*. Edição n. 117 – Interceptação Telefônica I).

penas máximas sejam superiores a quatro anos, pensamos que, além desse requisito, tal qual a interceptação, a captação ambiental só poderá ser deferida na hipótese em que estivermos diante de infração penal punida com pena de reclusão e, caso a infração penal seja apenada com detenção, esta também comportará a captação, desde que seja conexa aos crimes cuja pena máxima de reclusão seja superior a quatro anos.

6.10.2 Descrição circunstanciada do local e forma de instalação do dispositivo de captação ambiental

O § 1º do art. 8º-A determina que o requerimento da autoridade policial ou do Ministério Público deverá descrever circunstanciadamente o local e a forma de instalação do dispositivo de captação ambiental. Tal imposição justifica-se pelo fato de a captação ambiental ser um meio de prova invasivo sobre a privacidade e a intimidade das pessoas, de forma que se visa evitar que outros locais não autorizados sejam objeto de devassa, bem como que outros meios de prova não autorizados sejam utilizados.

6.10.3 Da instalação do dispositivo de captação ambiental

O § 2º do art. 8º-A, bem como o § 4º, haviam sido vetados pelo Presidente da República. Entretanto, no dia 19 de abril de 2021, o Congresso Nacional realizou a derrubada desses dois vetos, logo, ambos os parágrafos se encontram em plena vigência.

Inicialmente, vejamos as razões do veto do § 2º e a interpretação que deve ser feita desse dispositivo.

> § 2º A instalação do dispositivo de captação ambiental poderá ser realizada, quando necessária, por meio de operação policial disfarçada ou no período noturno, exceto na casa, nos termos do inciso XI do *caput* do art. 5º da Constituição Federal.

De acordo com a Mensagem nº 726, de 24 de dezembro de 2019, o dispositivo supracitado foi vetado com o seguinte argumento:

> A propositura legislativa gera insegurança jurídica, haja vista que, ao mesmo tempo em que admite a instalação de dispositivo de captação ambiental, esvazia o dispositivo ao retirar do seu alcance a "casa", nos termos do inciso XI do art. 5º da Lei Maior. Segundo a doutrina e a jurisprudência do Supremo Tribunal Federal, o conceito de "casa" deve ser entendido como qualquer compartimento habitado, até mesmo um aposento que não seja aberto ao público, utilizado para moradia, profissão ou atividades, nos termos do art. 150, § 4º, do CP (v.g., HC nº 82.788, 2ª Turma, Rel. Min. Celso de Mello, j. 12.04.2005)[24].

---

[24] Disponível em: http://www.planalto.gov.br/ccivil_03/_ato2019-2022/2019/Msg/VEP/VEP-726.htm. Acesso em: 3 jan. 2022.

A norma em análise é clara ao dispor que a instalação do dispositivo de captação ambiental poderá ser realizada, quando necessária, por meio de operação policial disfarçada, ou no período noturno.

Pois bem. A operação policial disfarçada não deve ser confundida com a infiltração policial. Trata-se, igualmente, de uma técnica especial de investigação, mas realizada por policiais (civis ou federais), independentemente de autorização judicial, que agem dissimuladamente no intuito de coletar provas da materialidade e indícios de autoria de uma infração penal. Exemplo: campana policial.

O período noturno, admitido para que seja realizada a instalação de câmeras, aparelhos de gravação de áudio, microfones, entre outras tecnologias, deve ser compreendido como o intervalo das 21 horas às 5 horas, lapso temporal ampliado pela Lei nº 13.869/2019, que explicitou para fins de caracterização do delito de abuso de autoridade, previsto no art. 22, o que não deveria ser englobado no conceito de "dia" (até o advento da mencionada lei, prevalecia o critério cronológico, sendo considerado noite o intervalo entre 18h e 6h).

De fato, é da própria natureza da diligência que ela seja realizada no período noturno e até mesmo de modo clandestino, visto que ela é marcada pelo sigilo.

Continuando, embora o legislador tenha admitido a instalação do dispositivo de captação no período noturno, ele exceptuou a casa, nos termos do inciso XI[25] do *caput* do art. 5º da CF/1988. Desse modo, três interpretações surgem sobre o assunto.

A primeira é no sentido de que em nenhuma hipótese é permitida a instalação desse tipo de equipamento dentro da casa de uma pessoa. A segunda permite que seja instalado dentro da casa, mas desde que presentes as hipóteses previstas no art. 5º, XI, isto é, se houver autorização do morador (em qualquer período), ou no caso de flagrante ou durante o dia com ordem judicial. Por fim, a terceira posição sobre o assunto autoriza que sejam instalados os equipamentos na casa e inclusive no período noturno, sob pena de violação ao princípio da proibição do retrocesso.

Entre as três posições, pensamos que a melhor interpretação é a que se faz da segunda. Inclusive o STF[26] possui precedente reconhecendo a possibilidade de ingresso pela autoridade policial, mediante autorização judicial, em escritório de advocacia, no período noturno, para instalação de equipamento de captação ambiental. Entendeu-se que a medida não caracteriza invasão de domicílio, tendo em vista a suspeita grave da prática de crime por advogado no escritório, sob pretexto de exercício da profissão, situação não acobertada pela inviolabilidade constitucional. Ademais, considerou-se no mínimo duvidosa a equiparação entre escritório de advocacia vazio com o conceito de domicílio *stricto sensu*.

---

[25] "XI – a casa é asilo inviolável do indivíduo, ninguém nela podendo penetrar sem consentimento do morador, salvo em caso de flagrante delito ou desastre, ou para prestar socorro, ou, durante o dia, por determinação judicial."

[26] STF, Tribunal Pleno, Inq nº 2.424/RJ, Rel. Min. Cezar Peluso, j. 26.11.2008, *DJe*-055, divulg. 25.03.2010, public. 26.03.2010, Ement. 02395-02/00341.

6.10.4 Prazo

Nos termos do § 3º do art. 8º-A, o prazo da captação ambiental não poderá exceder 15 dias, renovável por decisão judicial por iguais períodos, se comprovada a indispensabilidade do meio de prova e quando presente atividade criminal permanente, habitual ou continuada.

Conforme se depreende do aludido dispositivo, o prazo da captação ambiental não poderá exceder 15 dias e a prorrogação deverá se dar sempre por iguais períodos, não havendo limite, diferentemente do art. 5º da Lei nº 9.296/1996, e desde que fiquem comprovadas a indispensabilidade do meio de prova e a atividade criminal permanente, habitual ou continuada.

6.10.5 Da utilização da captação ambiental em matéria de defesa

> § 4º A captação ambiental feita por um dos interlocutores sem o prévio conhecimento da autoridade policial ou do Ministério Público poderá ser utilizada, em matéria de defesa, quando demonstrada a integridade da gravação.

O dispositivo supracitado também havia sido vetado pelo Presidente da República. No entanto, o veto foi derrubado pelo Congresso Nacional. Vejamos as razões do veto:[27]

> A propositura legislativa, ao limitar o uso da prova obtida mediante a captação ambiental apenas pela defesa, contraria o interesse público, uma vez que uma prova não deve ser considerada lícita ou ilícita unicamente em razão da parte que beneficiará, sob pena de ofensa ao princípio da lealdade, da boa-fé objetiva e da cooperação entre os sujeitos processuais, além de se representar um retrocesso legislativo no combate ao crime. Ademais, o dispositivo vai de encontro à jurisprudência do Supremo Tribunal Federal, que admite utilização como prova da infração criminal a captação ambiental feita por um dos interlocutores, sem o prévio conhecimento da autoridade policial ou do Ministério Público, quando demonstrada a integridade da gravação (*v. g.*, Inq-QO nº 2.116, Tribunal Pleno, Rel. Min. Marco Aurélio, Relator p/ Acórdão Min. Ayres Britto, publicado em 29.02.2012).

A primeira conclusão a ser feita acerca do supracitado dispositivo é que ele não se refere ao tema versado no *caput* do art. 8º-A, uma vez que o § 4º não trata do registro realizado por terceiro, e sim por um dos participantes, o que nada mais é do que a gravação clandestina.

Com o afastamento do veto presidencial, foi regulamentado o entendimento doutrinário e jurisprudencial que já admitia a prova ilícita em favor do réu. A única restrição apontada é que fique demonstrada a integridade da gravação, isto é, que não tenha havido alteração, a qual que deverá ser atestada pela perícia.

Nesse cenário, interessante questão surge sobre a possibilidade da utilização da prova contra o acusado. Parece-nos que admitir que o uso da referida prova somente em prol da

---

[27] Disponível em: http://www.planalto.gov.br/ccivil_03/_ato2019-2022/2019/Msg/VEP/VEP-726.htm. Acesso em: 3 jan. 2022.

defesa é ferir a paridade de armas, a isonomia, pois, quando a prova é introduzida no processo ela, terá validade para todos.

A corroborar esse entendimento está o art. 10-A da Lei nº 9.296/1996, que dispõe que "não há crime se a captação é realizada por um dos interlocutores".

Entender em sentido diverso, por exemplo, seria considerar que a gravação feita por uma esposa de conversa mantida com o marido que, após relutar, acabou por confessar a ela ter estuprado a filha do casal não poderia ser utilizada como prova, o que não nos parece ser uma conclusão razoável e contrária à jurisprudência perfilhada. É de consignar que nesses crimes, cometidos, na maioria das vezes, longe dos olhos de testemunhas e sem vestígios físicos, a palavra da vítima assume especial relevância, mormente se corroborada por outros elementos e, se levarmos em conta que, raras vezes, a confissão do autor é obtida, uma gravação como essa é prova de suma importância para se chegar à verdade dos fatos.[28]

6.10.6 Aplicação subsidiária do regramento legal da interceptação telefônica

Ante a falta de diretrizes próprias, o legislador autorizou que as regras previstas na legislação específica para a interceptação telefônica e telemática sejam aplicadas subsidiariamente à captação ambiental. Assim, desde que não haja disposição em sentido contrário, serão utilizadas as regras de competência, segredo de justiça, transcrição, inutilização da prova, requisição de serviços e técnicos especializados, autuação, entre outras.

6.10.7 Temas correlatos

Prova emprestada. Tal como ocorre na interceptação telefônica, a captação ambiental também pode ser utilizada como prova emprestada em processo diverso do criminal.

Sobre o assunto, já decidiu o STF pela admissibilidade da prova em processo administrativo disciplinar.

Gravação ambiental clandestina. Na doutrina, é ponto pacífico a licitude da gravação clandestina feita por um dos interlocutores quando visa provar a sua inocência e, por conseguinte, a correta elucidação dos fatos, se não há causa de reserva de sigilo nem de conversação. Nesse sentido, aliás, o STF:

Jurisprudência destacada

Prova emprestada. Penal. Interceptação telefônica. Escuta ambiental. Autorização judicial e produção para fim de investigação criminal. Suspeita de delitos cometidos por autoridades e

---

[28] Nesse sentido: STJ, 6ª Turma, REsp nº 1.026.605/ES 2008/0019794-6, Rel. Min. Rogerio Schietti Cruz, j. 13.05.2014, *DJe* 13.06.2014.

agentes públicos. Dados obtidos em inquérito policial. Uso em procedimento administrativo disciplinar, contra os mesmos servidores. Admissibilidade. Resposta afirmativa à questão de ordem. Inteligência do art. 5º, inc. XII, da CF/1988, e do art. 1º da Lei federal nº 9.296/1996. Voto vencido. Dados obtidos em interceptação de comunicações telefônicas e em escutas ambientais, judicialmente autorizadas para produção de prova em investigação criminal ou em instrução processual penal, podem ser usados em procedimento administrativo disciplinar, contra a mesma ou as mesmas pessoas em relação às quais foram colhidos (STF, Tribunal Pleno, Inq nº 2.424 QO/RJ, Rel. Min. Rel. Cezar Peluso, j. 25.04.2007, *DJe* 24.08.2007).

Prova. Criminal. Conversa telefônica. Gravação clandestina, feita por um dos interlocutores, sem conhecimento do outro. Juntada da transcrição em inquérito policial, onde o interlocutor requerente era investigado ou tido por suspeito. Admissibilidade. Fonte lícita de prova. Inexistência de interceptação, objeto de vedação constitucional. Ausência de causa legal de sigilo ou de reserva da conversação. Meio, ademais, de prova da alegada inocência de quem a gravou. Improvimento ao recurso. Inexistência de ofensa ao art. 5º, incs. X, XII e LVI, da CF. Precedentes. Como gravação meramente clandestina, que se não confunde com interceptação, objeto de vedação constitucional, é lícita a prova consistente no teor de gravação de conversa telefônica realizada por um dos interlocutores, sem conhecimento do outro, se não há causa legal específica de sigilo nem de reserva da conversação, sobretudo quando se predestine a fazer prova, em juízo ou inquérito, a favor de quem a gravou (STF, 2ª Turma, RE nº 402.717/PR, Rel. Min. Cezar Peluso, j. 02.12.2008, *DJe* 13.02.2009).

Decifrando a prova

(Delegado – PC/MS – Fapems – 2017 – Adaptada) A CF de 1988, no artigo 5º, inciso LVI, prevê expressamente a inadmissibilidade da utilização no processo de provas obtidas por meios ilícitos. De acordo com as teorias adotadas pelo legislador brasileiro e recente entendimento jurisprudencial, descarta-se a ilicitude da prova na seguinte situação.

Juca está sendo acusado de crime, porém alega que é inocente e tudo não passa de um plano vingativo elaborado por seu desafeto político. No intuito de provar sua inocência, Juca contrata investigador particular, o qual instala sistema de captação de imagem e som clandestinamente no escritório do seu desafeto. Por meio das imagens e som gravados, Juca consegue extrair conversa que prova indubitavelmente não ser ele autor do crime denunciado e faz a juntada nos autos do processo judicial.

( ) Certo ( ) Errado

Gabarito comentado: conforme jurisprudência do STF, a gravação ambiental reputa-se lícita quando for utilizada para comprovar a inocência do acusado ou quando houver investida criminosa de um dos interlocutores contra o outro. Portanto, a assertiva está certa.

6.11 ART. 9º

Art. 9º A gravação que não interessar à prova será inutilizada por decisão judicial, durante o inquérito, a instrução processual ou após esta, em virtude de requerimento do Ministério Público ou da parte interessada.

Parágrafo único. O incidente de inutilização será assistido pelo Ministério Público, sendo facultada a presença do acusado ou de seu representante legal.

O art. 9º traz em seu bojo o incidente de inutilização da gravação da interceptação telefônica, ou de parte desta, que não interessar à prova. Depreende-se que não se trata de faculdade do magistrado, mas de obrigatoriedade legal.

A gravação poderá ser inutilizada em qualquer fase da persecução penal (investigação criminal, instrução processual penal ou após esta), tendo como limite o trânsito em julgado.

Para tanto, exige-se requerimento formulado pelo Ministério Público ou pela parte interessada, que pode ser o investigado (fase do inquérito) ou réu (durante o processo) ou, ainda, terceiro que tenha mantido conversa com o alvo da interceptação. Em todos os casos, deverá haver decisão judicial determinando a medida, a fim de preservar o direito à intimidade, privacidade e sigilo das comunicações.

No mais, deve o Ministério Público acompanhar a diligência. Por outro lado, faculta-se a presença ao acusado ou ao seu representante legal.

🧩 Decifrando a prova

(Juiz – TJPR – Cespe/Cebraspe – 2018 – Adaptada) A gravação fruto de interceptação telefônica que não interessar à prova poderá ser inutilizada de ofício pelo juiz.

( ) Certo ( ) Errado

Gabarito comentado: a autoridade judicial não poderá inutilizar a gravação da interceptação telefônica, ou de parte desta, de ofício. Dependerá para tanto de requerimento do Ministério Público ou da parte interessada. Portanto, a assertiva está errada.

6.12 ARTS. 10 E 10-A

Art. 10. Constitui crime realizar interceptação de comunicações telefônicas, de informática ou telemática, promover escuta ambiental ou quebrar segredo da Justiça, sem autorização judicial ou com objetivos não autorizados em lei:

Pena – reclusão, de 2 (dois) a 4 (quatro) anos, e multa.

Parágrafo único. Incorre na mesma pena a autoridade judicial que determina a execução de conduta prevista no *caput* deste artigo com objetivo não autorizado em lei.

Art. 10-A. Realizar captação ambiental de sinais eletromagnéticos, ópticos ou acústicos para investigação ou instrução criminal sem autorização judicial, quando esta for exigida:

Pena – reclusão, de 2 (dois) a 4 (quatro) anos, e multa.

§ 1º Não há crime se a captação é realizada por **um dos interlocutores**.

§ 2º A pena será aplicada em dobro ao funcionário público que descumprir determinação de sigilo das investigações que envolvam a captação ambiental ou revelar o conteúdo das gravações enquanto mantido o sigilo judicial. (Grifos nossos).

6.12.1 Crimes previstos na Lei n° 9.296/1996

A redação original do art. 10 da Lei n° 9.296/1996 contemplava somente o crime de realizar interceptação de comunicações telefônicas, de informática ou telemática e a de quebra de segredo de justiça. O tipo penal tinha a seguinte redação:

> **Art. 10.** Constitui crime realizar interceptação de comunicações telefônicas, de informática ou telemática, ou quebrar segredo da Justiça, sem autorização judicial ou com objetivos não autorizados em lei:
>
> **Pena** – reclusão, de 2 (dois) a 4 (quatro) anos, e multa.

O artigo mencionado sofreu alteração com o advento da Lei n° 13.869/2019 (nova Lei de Abuso de Autoridade), que incluiu, entre as condutas do *caput*, a realização de escuta ambiental sem autorização judicial ou com objetivos não previstos em lei e, ainda, no parágrafo único, a escuta executada pela autoridade judicial com objetivo não previsto em lei.

O art. 10-A, por sua vez, trata-se de inovação da Lei n° 13.964/2019 (Pacote Anticrime), que criminalizou a conduta de "realizar captação ambiental de sinais eletromagnéticos, ópticos ou acústicos para investigação ou instrução criminal sem autorização judicial, quando esta for exigida: Pena – reclusão, de 2 (dois) a 4 (quatro) anos, e multa".

Cumpre mencionar que ambos os delitos da Lei serão processados e julgados mediante ação penal pública incondicionada; são dolosos – não há crime culposo na Lei n° 9.296/1996; não admitem a suspensão condicional do processo, pois a pena mínima cominada ultrapassa um ano; trata-se de crime comum – podem ser praticados por qualquer pessoa; têm como sujeitos passivos o Estado e as pessoas que tiveram a comunicação interceptada ou cujo conteúdo foi indevidamente divulgado e, em regra, são julgados pela Justiça Comum Estadual, mas, caso sejam praticados por funcionários públicos federais no exercício da função, competente será a Justiça Federal.

Vistos os aspectos gerais, passemos à análise individualizada de cada crime.

6.12.2 Art. 10

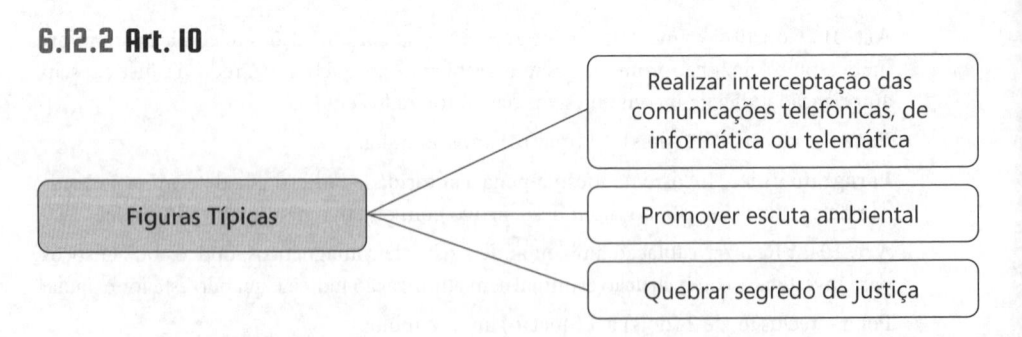

Figuras Típicas
- Realizar interceptação das comunicações telefônicas, de informática ou telemática
- Promover escuta ambiental
- Quebrar segredo de justiça

6.12.2.1 Objeto jurídico

Objeto jurídico (bem jurídico). Cuida-se do valor fundamental que a lei buscou proteger ao criminalizar a conduta. Na primeira e segunda figuras (**realizar interceptação tele-**

fônica e **promover escuta ambiental**), o objetivo é a inviolabilidade da comunicação decorrente do direito à intimidade. Na terceira figura (**quebrar segredo de justiça**), o propósito é a administração da justiça, bem como a intimidade violada.

6.12.2.2 Primeira conduta: realizar interceptação de comunicações telefônicas, de informática ou telemática

Realizar significa efetuar, operar, fazer.

O artigo criminaliza a conduta daquele que capta ilegalmente a comunicação entre pessoas diversas:

a. Telefônica: conversação mantida por telefone.
b. Informática: conversação mantida por meio de computador, de *sites* específicos para comunicação, desvinculando-se o mecanismo de transmissão de dados da linha telefônica.
c. Telemáticas: comunicação de grandes quantidades de dados, em curto prazo de tempo, entre usuários localizados em qualquer ponto do Planeta, por meio de um conjunto de tecnologias de transmissão de dados resultante da junção entre os recursos das telecomunicações e da informática.

Trata-se de **crime permanente**, cuja consumação se protrai no tempo. Por ser crime plurissubsistente, **admite tentativa**.

Objeto material é a pessoa ou coisa sobre a qual recai a conduta do agente. Na hipótese em questão, incidirá sobre as comunicações telefônicas, de informática ou telemática.

6.12.2.3 Segunda conduta: promover escuta ambiental

Promover significa realizar, efetuar.

O artigo criminaliza a conduta de um terceiro, que capta a conversa de pelo menos dois interlocutores fora de uma situação que envolva meio telefônico, com o conhecimento de um deles (PORTOCARRERO; FERREIRA, 2020, p. 502).

Trata-se de **crime permanente**, cuja consumação se protrai no tempo. Por ser crime plurissubsistente, **admite tentativa**.

Objeto material é a pessoa ou coisa sobre a qual recai a conduta do agente. No delito em questão, incidirá sobre as comunicações que ocorrem fora do meio telefônico.

6.12.2.4 Terceira conduta: quebrar segredo da justiça

Quebrar significa violar, romper.

O artigo criminaliza a conduta daquele que divulga alguma informação que estava protegida por um sigilo.

Trata-se de **crime instantâneo**, cuja consumação se dá no momento em que ocorre a violação do sigilo. Por ser crime plurissubsistente, **admite tentativa**, mas conforme o meio empregado pode ser unissubsistente, de modo que **não admite a tentativa** (exemplo: divulgação verbal).

Objeto material é a pessoa ou coisa sobre a qual recai a conduta do agente. No delito em questão, incidirá sobre as comunicações telefônicas, de informática ou telemática.

6.12.2.5 Elemento normativo especial

"Sem autorização judicial ou com objetivos não autorizados em lei", é **o elemento normativo especial** que se liga às três condutas anteriormente delineadas.

Logo, conclui-se que é atípica a conduta daquele que realiza a interceptação em decorrência de autorização judicial e a concretiza com o objetivo de investigar um crime ou de instruir um processo penal.

6.12.2.6 Parágrafo único

O parágrafo único do art. 10 foi acrescentado ao referido artigo pela Lei nº 13.869/2019, passando a prever que incorrerá nas mesmas penas a autoridade judicial que determina a execução de interceptação de comunicações telefônicas, de informática ou telemática, promove escuta ambiental ou quebra segredo de justiça com objetivo não autorizado em lei.

Trata-se de **crime doloso**, não havendo previsão para a modalidade culposa; **de mão própria**, pois somente pode ser praticado pela autoridade judiciária que determinou a medida descrita no *caput* ilegalmente; cuja **consumação** ocorre no momento em que a ordem ilegal é determinada; **unissubsistente**, logo, **não admite tentativa**.

No caso, a medida é levada a efeito pela autoridade judicial em evidente desvio de finalidade. Conforme salienta Lima (2020, p. 559), o crime estará caracterizado quando a ordem judicial em questão for determinada para a obtenção de finalidade diversa, por exemplo, infidelidade matrimonial.

6.12.3 Art. 10-A

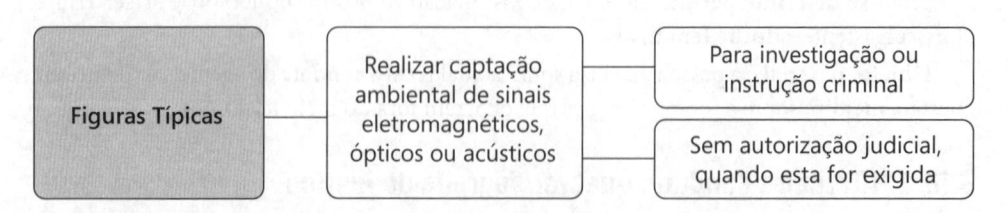

6.12.3.1 Objeto jurídico

Objeto jurídico (bem jurídico). Cuida-se do valor fundamental que a lei buscou proteger ao criminalizar a conduta. O objetivo é a inviolabilidade da comunicação decorrente do direito à intimidade, à vida privada, à honra e à imagem das pessoas.

6.12.3.2 Conduta: realizar captação ambiental de sinais eletromagnéticos, ópticos ou acústicos

A captação ambiental de sinais eletromagnéticos, ópticos ou acústicos integra o conceito de interceptação ambiental, no qual se inserem a interceptação ambiental em sentido estrito e a escuta ambiental. No entanto, a gravação ambiental, a qual é realizada por um dos interlocutores sem o conhecimento do outro e cuja análise da licitude deve ser feita caso a caso, não está abrangida no referido conceito.

Ultrapassadas essas breves linhas, surge a seguinte indagação:

Considerando que o art. 10, *caput*, da Lei nº 9.296/1996 também criminalizou a conduta de promover **escuta ambiental** sem autorização judicial ou com objetivos não autorizados em lei, e o art. 10-A, por sua vez, também tipificou a conduta de realizar **captação ambiental** de sinais eletromagnéticos, ópticos ou acústicos para investigação ou instrução criminal sem autorização judicial, quando esta for exigida, em cujo conceito está inserida a escuta ambiental, como devemos interpretar e conciliar os dois dispositivos legais?

De acordo com entendimento perfilhado por Lima (2020, p. 558), a norma prevista no art. 10-A da Lei nº 9.296/1996, pelo menos no tocante à captação ambiental sem autorização judicial, diante dos critérios cronológicos e da especialidade, passou a prevalecer sobre a norma prevista no art. 10, *caput*, produzindo nesse ponto sua revogação tácita.

Importante ressaltar que a norma prevista no art. 10 foi inserida pela Lei nº 13.869/2019 e entrou em vigor decorridos 120 dias depois de sua publicação, que ocorreu no dia 5 de setembro de 2019, sendo, portanto, o dia 3 de janeiro de 2020 a data em que a lei passou a viger. Por sua vez, o art. 10-A, acrescentado pela Lei nº 13.964/2019 (Pacote Anticrime), começou a vigorar no dia 23 de janeiro de 2020, sendo, portanto, norma especial e posterior àquela.

Assim, depreende-se que entre a data de entrada em vigor do art. 10 e o início da vigência do art. 10-A, no que tange à captação ambiental sem autorização judicial, subsiste válido o teor do art. 10. Entretanto, como o art. 10-A silenciou no tocante à captação ambiental realizada com objetivos não autorizados em lei, o teor do art. 10, somente com relação a esse ponto, ainda está válido e vigente.

Em conclusão arremata o autor:

> Realizada a captação ambiental sem autorização judicial, o agente deverá responder pelo crime do art. 10-A da Lei nº 9.296/1996, incluído pela Lei nº 13.964/2019. Se, todavia, esta mesma captação ambiental for realizada com autorização judicial, porém com objetivos não autorizados em lei, o correto enquadramento típico deverá ser feito à luz do art. 10, *caput*, da Lei nº 9.296/1996, com redação dada pela Lei nº 13.869/2019 (LIMA, 2020, p. 558).

O crime previsto no art. 10-A trata-se de **crime permanente**, cuja consumação se protrai no tempo. Por ser crime plurissubsistente, **admite tentativa**.

Objeto material é a pessoa ou coisa sobre a qual recai a conduta do agente. No delito em questão, incidirá sobre os sinais eletromagnéticos, óticos ou acústicos utilizados para investigação ou instrução criminal.

6.12.3.3 Causa de exclusão de ilicitude

O § 1º do art. 10-A previu uma causa excludente de ilicitude do referido delito, considerando lícita a conduta do interlocutor que realiza a captação de sinais eletromagnéticos, ópticos ou acústicos. Nesse caso, não há que falar em crime para o agente.

6.12.3.4 Causa de aumento de pena

O § 2º do referido artigo prevê a aplicação da pena em dobro ao funcionário público que:

a. descumprir determinação de sigilo das investigações que envolvam a captação ambiental; ou
b. revelar o conteúdo das gravações enquanto mantido o sigilo judicial.

A referida causa de aumento de pena encontra respaldo na maior reprovabilidade da conduta praticada pelo funcionário público, que tem o dever de manter sigilo de material que lhe é confiado, seja durante o inquérito policial, o qual por sua natureza já é sigiloso, nos termos do art. 20 do CPP, ou com relação ao sigilo determinado por decisão judicial.

6.13 ARTS. 11 E 12

Art. 11. Esta Lei entra em vigor na data de sua publicação.

Art. 12. Revogam-se as disposições em contrário.

7 Lei de Tortura – Lei nº 9.455/1997

7.1 ASPECTOS INICIAIS

7.1.1 Noções históricas e previsão normativa

Com o fim da Segunda Guerra Mundial, iniciou-se um pensamento de consagração e proteção à **dignidade da pessoa humana**, a qual passou a ser considerada um valor constitucional supremo.

Várias foram as atrocidades, violadoras desse direito fundamental, cometidas nas duas grandes guerras ocorridas no mundo. Dessa forma, com o fim da Segunda Guerra Mundial, a sociedade percebeu a necessidade de **prevalência da dignidade da pessoa humana** como forma de **evitar que os atos de barbárie cometidos fossem futuramente repetidos**.

Surgiram então movimentos de total repúdio a atos cruéis e desumanos, de modo que, com o passar dos anos, diversos foram os documentos internacionais aprovados com o objetivo de reprimir toda e qualquer forma de tortura. Faremos uma rápida menção a alguns deles para contextualizarmos melhor o tema:

+ **Declaração Universal dos Direitos Humanos:** promulgada pela Organização das Nações Unidas no ano de 1948, com o objetivo de proteger e garantir a dignidade da pessoa humana. Em seu art. 5º, prevê:

    Art. 5º Ninguém será submetido a tortura nem a penas ou tratamentos cruéis, desumanos ou degradantes.

+ **Convenção Interamericana para Prevenir e Punir a Tortura:** promulgada no ano de 1985. Traz a sua definição de tortura, além de vários outros aspectos relacionados:

    Artigo 2. Para os efeitos desta Convenção, entender-se-á por tortura todo ato pelo qual são infligidos intencionalmente a uma pessoa penas ou sofrimentos físicos ou mentais, com fins de investigação criminal, como meio de intimidação, como castigo pessoal, como medida preventiva, como pena ou com qualquer outro fim. Entender-se-á também como tortura a aplicação, sobre uma pessoa, de métodos tendentes a anular a personalidade da vítima, ou a diminuir sua capacidade física ou mental, embora não causem dor física ou angústia psíquica.

Não estarão compreendidos no conceito de tortura as penas ou sofrimentos físicos ou mentais que sejam unicamente consequência de medidas legais ou inerentes a elas, contanto que não incluam a realização dos atos ou a aplicação dos métodos a que se refere este artigo.

♦ **Convenção contra a Tortura e outros Tratamentos ou Penas Cruéis, Desumanos ou Degradantes:** adotada pela ONU no ano de 1984, sendo ratificada pelo Brasil no ano de 1989. Também traz a sua definição de tortura, sujeitos ativos e passivos, além de medidas a serem tomadas pelos Estados que a ratificarem.

O Brasil se tornou signatário de normas internacionais de combate à tortura, seguindo a tendência global de repressão a esse tipo de conduta ilícita. No âmbito interno, **a Constituição Federal de 1988 foi expressa, fazendo menção à tortura em seu texto**.

Ela consagra como direito fundamental do cidadão:

Art. 5º (...)

III – ninguém será submetido a tortura nem a tratamento desumano ou degradante.

Ainda temos a previsão:

Art. 5º (...)

XLIII – a lei considerará crimes inafiançáveis e insuscetíveis de graça ou anistia a prática da **tortura**, o tráfico ilícito de entorpecentes e drogas afins, o terrorismo e os definidos como crimes hediondos, por eles respondendo os mandantes, os executores e os que, podendo evitá-los, se omitirem.

Apesar de conter aspectos criminais aplicados à prática de tortura, a Constituição não definiu quais condutas seriam consideradas "crime de tortura". Na verdade, a doutrina ensina que houve a previsão do chamado **mandado constitucional de criminalização**, pelo qual a CF/1988 "manda" que determinados comportamentos sejam criminalizados por meio de lei, a cargo do Poder Legislativo.

Dessarte, buscando cumprir a ordem do constituinte, o primeiro dispositivo que tipificou a conduta de tortura foi o **art. 233 do Estatuto da Criança e do Adolescente – ECA** (Lei nº 8.069/1990). Contudo, esse tipo penal não tratava o assunto de forma ampla, aplicando-se apenas nos casos em que a vítima fosse criança ou adolescente, sendo insuficiente para cumprir o mandado constitucional de criminalização.

Posteriormente, no ano de 1997, tivemos a edição da Lei nº 9.455 (nosso objeto de estudo), a qual **revogou o mencionado art. 233 do ECA** e, finalmente, cumpriu a determinação da CF/1988, regulamentando o crime de tortura de forma ampla e satisfatória.

🧩 Decifrando a prova

(DPE/SP – FCC – 2009 – Adaptada) Em relação ao crime de tortura é possível afirmar que passou a ser previsto como crime autônomo a partir da entrada em vigor da Constituição Federal de 1988 que, no art. 5º, inciso III, afirma que ninguém será submetido a tortura, nem a

> tratamento desumano e degradante e que a prática de tortura será considerada crime inafiançável e insuscetível de graça ou anistia.
>
> ( ) Certo ( ) Errado
>
> **Gabarito comentado:** apesar de a Constituição Federal de 1988 ter sido a nossa primeira Carta Magna a fazer menção expressa à tortura em seu texto, ela não definiu quais condutas seriam consideradas "crime de tortura". Na verdade, a doutrina ensina que houve a previsão do chamado "mandado constitucional de criminalização". Nesse sentido, buscando cumprir a ordem do constituinte, o primeiro dispositivo legal que previu crime de tortura foi o art. 233 do ECA, no ano de 1990 (sendo insuficiente, pois aplicava-se apenas nos casos em que a vítima fosse criança ou adolescente). Perceba, portanto, que o crime de tortura não passou a ser previsto como crime autônomo a partir da entrada em vigor da CF/1988, mas, sim, alguns anos depois. Portanto, a assertiva está errada.

Segue um quadro-resumo dos diplomas normativos citados:

NORMAS INTERNACIONAIS DE VEDAÇÃO À TORTURA	◆ **Declaração Universal dos Direitos Humanos (1948).** ◆ **Convenção Interamericana para Prevenir e Punir a Tortura (1985).** ◆ **Convenção contra a Tortura e outros Tratamentos ou Penas Cruéis, Desumanos ou Degradantes (1989 – Brasil).**
NORMAS INTERNAS DE VEDAÇÃO À TORTURA	◆ **Constituição Federal de 1988** (art. 5º, III e XLIII). ◆ **Art. 233 – Lei nº 8.069/1990** (já revogado). ◆ **Lei nº 9.455/1997.**

7.I.2 Esquematização dos dispositivos

A Lei de Tortura, muito embora contemple vários aspectos e discussões penais e processuais, possui apenas quatro artigos, dos quais somente os dois primeiros (1º e 2º) possuem relevância para concursos. Segue um pequeno esquema organizando os temas tratados nos dispositivos citados:

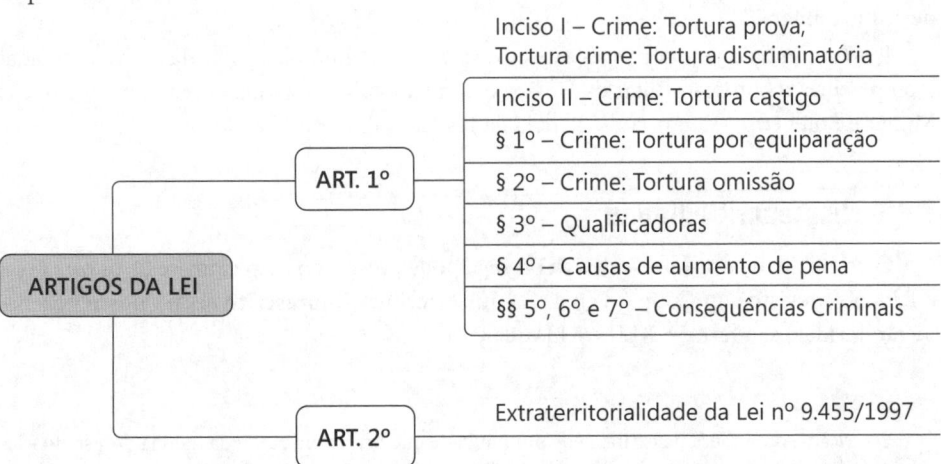

7.2 CARACTERÍSTICAS GERAIS DOS CRIMES

7.2.1 Bem jurídico e competência

Bem jurídico. O bem jurídico protegido pela Lei nº 9.455/1997, ou seja, o valor fundamental que a norma pretende resguardar ao criminalizar condutas relacionadas a atos de tortura, é a **dignidade da pessoa humana**, mais especificamente quanto à sua integridade **física e psíquica**.

Competência. A competência para julgamento dos crimes de tortura é, **em regra**, da **Justiça Comum Estadual**. Poderemos ter também o julgamento pela **Justiça Comum Federal**, se vislumbrarmos, no caso concreto, alguma das hipóteses previstas no art. 109 da CF, com destaque para o inciso IV (ofensa a algum bem, serviço ou interesse da União, suas autarquias ou empresas públicas).

E o crime de tortura praticado por militar? De qual Justiça é a competência? Segundo a melhor doutrina, se praticado por militar **no exercício de suas funções/em serviço**, a competência é da **Justiça Militar**. Expliquemos melhor. Trata-se de um aspecto que precisa ficar bem claro, pois é uma novidade introduzida pela **Lei nº 13.491/2017**.

Antes da edição da Lei nº 13.491/2017, mesmo praticado por militar, o crime de tortura seria sempre de competência da Justiça Comum. Isso porque a Justiça Militar julga apenas crimes militares, os quais, anteriormente à lei citada, eram definidos como aqueles contidos no Código Penal Militar (CPM), o que não ocorre com os crimes da Lei nº 9.455/1997. No entanto, a partir da vigência da mencionada norma, houve **alteração no conceito de crime militar** (em tempo de paz), de forma que atualmente os crimes militares são, além dos previstos no CPM: **aqueles contidos nas Leis Penais Especiais** e também **no Código Penal (comum)**, desde que **sejam praticados em alguma das situações elencadas no art. 9º, II, do CPM**.

Portanto, atualmente, o crime de tortura cometido por militar em alguma das situações do art. 9º, II, do CPM (ex.: em serviço) será julgado pela **Justiça Militar** (haja vista se tratar de crime militar).

Por fim, saiba que todos esses aspectos se aplicam tanto ao militar das forças armadas (competência da Justiça Militar da União) quanto ao militar estadual, notadamente Policial Militar e Bombeiro Militar (competência da Justiça Militar dos Estados).

7.2.2 Imprescritibilidade

O crime de tortura é **prescritível**, ou seja, pode prescrever[1]. Aplicam-se os prazos prescricionais previstos no Código Penal. Os únicos crimes **imprescritíveis** no nosso ordenamento jurídico são (art. 5º, XLII e XLIV, da CF):

---

[1] Prescrição é uma causa de extinção de punibilidade que ocorre em razão da inércia do Estado (durante determinado período de tempo) em aplicar ou executar uma sanção penal ao infrator da lei.

◆   Racismo[2].

◆   **Ação de grupos armados, civis ou militares, contra a ordem constitucional e o Estado Democrático.**

O que é imprescritível (com relação à tortura) é a ação de reparação por danos morais (âmbito civil), ajuizada em decorrência de atos de tortura cometidos durante o Regime Militar[3].

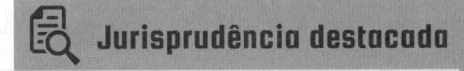

Jurisprudência destacada

É firme a jurisprudência do Superior Tribunal de Justiça no sentido de que as ações de indenização por danos morais em face de tortura praticadas por agentes do Estado durante o regime militar são imprescritíveis (STJ, 1ª Turma, AgRg no REsp nº 1.372.652/CE, Rel. Min. Benedito Gonçalves, j. 19.03.2015).

Decifrando a prova

(MPE/AC – Cespe – 2014 – Adaptada) A tortura, o racismo e as ações de grupos armados contra a ordem constitucional e o Estado democrático são delitos imprescritíveis, de acordo com previsão constitucional.

( ) Certo ( ) Errado

Gabarito comentado: realmente, os crimes de racismo e ações de grupos armados contra a ordem constitucional e o Estado democrático são imprescritíveis (art. 5º, XLII e XLIV, da CF). Contudo, o delito de tortura, qualquer que seja sua modalidade na Lei nº 9.455/1997, é prescritível. Portanto, a assertiva está errada.

7.2.3 Hediondez

Os crimes **comissivos** da Lei de Tortura (art. 1º, I e II, § 1º) são **equiparados a hediondos**, conforme se extrai da Lei nº 8.072/1990 (crimes hediondos), bem como do art. 5º, XLIII, da CF/1988. Segundo a melhor doutrina, eles são denominados "equiparados ou assemelhados" a hediondos, ou seja, não serão hediondos propriamente ditos, mas, sim, equiparados a eles no que tange às consequências penais e processuais penais (na prática, sofrerão os mesmos efeitos dos hediondos).

---

2   Recentemente, o STF entendeu que o delito de injúria racial (art. 140, § 3º, do CP) é espécie do gênero racismo e, portanto, também será imprescritível (STF, Plenário, HC nº 154.248/DF, Rel. Min. Edson Fachin, j. 28.10.2021 – *Informativo* 1036).

3   STJ, 1ª Turma, AgInt no REsp nº 1.524.498/PE, Rel. Min. Gurgel de Faria, j. 13.12.2018.

Prevalece que o único crime da Lei de Tortura que **não será** considerado equiparado a hediondo é a **tortura omissão**, prevista no art. 1º, § 2º, desta Lei.

7.2.4 A prova no crime de tortura

O delito de tortura não obrigatoriamente gerará vestígios. Quando **não deixa vestígios** é classificado como crime **"transeunte"** (os vestígios transitam/inexistem). Quando **deixa vestígios**, é classificado como crime **"não transeunte"** (os vestígios não transitam/não somem).

Dessa forma, quando a infração penal **não possuir vestígios** (ex.: sofrimento mental), a prova de sua existência poderá ser realizada por **qualquer forma admitida em direito**.

Por sua vez, quando a infração penal **deixar vestígios** (ex.: sofrimento físico), será **obrigatória** a realização do **exame de corpo de delito**, não podendo supri-lo a confissão do acusado (art. 158 do CPP). Caso os vestígios desapareçam, a prova **testemunhal** (e não a "confissão") poderá **suprir a falta** do exame de corpo de delito (art. 167 do CPP).

Jurisprudência destacada

Em se tratando do crime de tortura, previsto no artigo 1º, inciso I, "a", da Lei nº 9.445/1997, e sendo impingido à vítima apenas e tão somente sofrimento de ordem mental, e que, portanto, e de regra, **não deixa vestígios**, é suficiente a sua comprovação por meio de prova testemunhal (STJ, 6ª Turma, HC nº 72.084/PB, Rel. Min. Maria Thereza de Assis Moura, j. 16.04.2009).

7.2.5 Teoria do cenário da bomba-relógio (*ticking bomb scenario*)

Essa é uma teoria de origem norte-americana, aplicada geralmente em **contextos de cometimento de atos terroristas**.

Aprendemos em direito constitucional que não existe nenhum direito absoluto. Até mesmo o direito à vida comporta exceções constitucionalmente admitidas (ex.: legítima defesa; pena de morte no caso de guerra declarada, art. 5º, XLVII, "a", da CF). Por outro lado, muito se ensina que a **tortura não comporta exceções**, sendo absolutamente vedada em nosso ordenamento jurídico, ou seja, não existiria nenhuma situação capaz de legitimar um ato de tortura.

Pois bem. A **teoria da bomba-relógio** destaca a discussão acerca da possibilidade de utilização da tortura em situações extremas (obras específicas vão listar os requisitos para a sua configuração), as quais legitimariam o seu emprego.

Exemplo: Imagine que um conhecido e perigoso terrorista implanta, às 17 horas, uma bomba-relógio no interior de algum local de grande movimentação popular, com um cronômetro regressivo, o qual, uma vez esgotado o período de uma hora, detonará automaticamente os explosivos. A polícia, às 17 horas e 30 minutos, consegue localizar e capturar o terrorista. Contudo, ele se nega a revelar a localização da bomba, afirmando que prefere morrer na prisão a indicar o local do artefato.

A teoria mencionada vai nos ensinar que, diante da situação *supra*, é completamente **razoável e proporcional** o uso de meios de tortura objetivando a descoberta da localização da bomba. Para seus adeptos, a **vida** de centenas de pessoas inocentes é um **bem jurídico de maior valor** (portanto, deverá prevalecer) quando comparado à **integridade física** do terrorista. Nesse caso, o emprego da tortura por parte de agentes estatais, **excepcionalmente em situações extremas**, não configuraria crime algum.

Como destacam Cunha, Pinto e Souza (2020, p. 1072): "Em outras palavras, quando o Estado se vê diante de dois males, a solução é escolher – não sem a imposição de controle e limites – aquele capaz de produzir o menor dano e de proporcionar o maior benefício às pessoas".

Em sentido contrário, existem aqueles que rechaçam completamente a referida teoria, ensinando que a vedação à prática de tortura é **absoluta**. Para estes, mesmo no caso de situações extremas, não se podem lançar mão de meios cruéis de investigação, pois, do contrário, estar-se-ia abrindo uma brecha para a **violação "legal" e institucionalizada** (por parte do Estado) de direitos humanos.

Corroborando o posicionamento anteriormente exposto, transcrevemos o art. 2º, item 2, da Convenção contra a Tortura e Outros Tratamentos ou Penas Cruéis, Desumanos ou Degradantes (promulgada pelo Decreto nº 40/1991):

> Em nenhum caso poderão invocar-se circunstâncias excepcionais tais como ameaça ou estado de guerra, instabilidade política interna ou qualquer outra emergência pública como justificação para tortura.

E o que prevalece? Não temos uma posição pacificada quanto ao assunto, até pelo fato de não vivenciarmos, no Brasil, situações frequentes de terrorismo. Portanto, a recomendação é que memorize todo o tema: conceito, teoria favorável e posição contrária.

7.3 OBSERVAÇÕES – CRIMES

7.3.1 Ação penal

Todos os crimes da Lei nº 9.455/1997 são de ação penal pública **incondicionada**.

7.3.2 Conduta e elemento subjetivo

Conduta. A conduta criminosa de um tipo penal pode ser praticada mediante ação ou omissão. No caso dos crimes da Lei de Tortura, todos serão cometidos mediação **ação** (conduta comissiva), **exceto** o crime do art. 1º, § 2º, o qual exigirá **omissão** (conduta omissiva) por parte do sujeito ativo.

Elemento subjetivo. Todos os delitos da Lei nº 9.455/1997 são **dolosos**. Não existe em nosso ordenamento jurídico tortura culposa.

Saiba ainda que os delitos do art. 1º, I ("a", "b", "c") e II (tortura castigo), exigirão, além do simples dolo (para alguns, denominado dolo genérico), a presença de **finalidade específica** (para alguns, denominada dolo específico).

7.3.3 Sujeito ativo

Os crimes da Lei de Tortura previstos no art. 1º, I ("a", "b", "c"), são classificados como **comuns**, ou seja, qualquer pessoa poderá praticá-los – não se exige condição especial do sujeito ativo. Contudo, os delitos do art. 1º, II (tortura castigo), § 1º (tortura por equiparação) e § 2º (tortura omissão), da Lei, segundo a posição majoritária, são categorizados como **próprios** (conforme veremos).

Nesse ponto, a Lei nº 9.455/1997 **destoa** de vários documentos internacionais que tratam do tema, pois muitos deles **restringem** a incidência do crime aos **agentes estatais**. A Lei de Tortura foi além, **ampliando o espectro de proteção à integridade física e psíquica das vítimas**, na medida em que não limitou sua aplicação apenas aos casos de tortura infligida por agentes públicos (por exemplo, aos delitos previstos no art. 1º, I) – é o que alguns denominam de caráter bifronte da norma.

Alguns doutrinadores dão a alcunha de **"jabuticaba"** à Lei em questão, haja vista que essa ampliação do sujeito ativo não existe nos diplomas normativos da grande maioria dos países, assim como a "jabuticaba" é conhecida por ser um fruto próprio do Brasil.

Lembre-se de que, se o crime de tortura for praticado por agente público, em regra haverá a incidência da causa de aumento de pena prevista no art. 1º, § 4º, I.

🔍 Jurisprudência destacada

Nas esclarecedoras palavras da 6ª Turma do STJ, veiculadas por meio do *Informativo* 633, aprendemos nesse sentido: De início, cumpre esclarecer que o conceito de tortura, tomado a partir dos instrumentos de direito internacional, tem um viés estatal, implicando que o crime só poderia ser praticado por agente estatal (funcionário público) ou por um particular no exercício de função pública, consubstanciando, assim, crime próprio. A despeito disso, o legislador pátrio, ao tratar do tema na Lei nº 9.455/1997, foi além da concepção estabelecida nos instrumentos internacionais, **na medida em que, ao menos no art. 1º, I, ampliou o conceito de tortura para além da violência perpetrada por servidor público ou por particular que lhe faça as vezes, dando ao tipo o tratamento de crime comum**. A adoção de uma concepção mais ampla do tipo supracitado, tal como estabelecida na Lei nº 9.455/1997, encontra guarida na Convenção contra a Tortura e outros Tratamentos ou Penas Cruéis, Desumanos ou Degradantes, que ao tratar do conceito de tortura estabeleceu, em seu art. 1º, II, que: o presente artigo não será interpretado de maneira a restringir qualquer instrumento internacional ou legislação nacional que contenha ou possa conter dispositivos de alcance mais amplo (...) (STJ, 6ª Turma, REsp nº 1.738.264/DF, Rel. Min. Sebastião Reis Júnior, j. 23.08.2018 – *Informativo* 633).

7.4 CRIMES EM ESPÉCIE – ART. Iº, I

Art. 1º Constitui crime de tortura:

I – Constranger alguém com emprego de violência ou grave ameaça, causando-lhe sofrimento físico ou mental: (...)

Conduta típica e elemento subjetivo. Tal dispositivo elenca como **núcleo do tipo** (verbo que descreve a conduta criminosa) **"constranger"** alguém, ou seja, obrigar, forçar, compelir alguém. Além disso, esse constrangimento será exercido mediante o emprego de **violência** (a chamada violência física) ou **grave ameaça** (a denominada violência moral).

O emprego da violência ou grave ameaça deve ter a aptidão de causar **sofrimento físico** (violência) **ou mental** (grave ameaça) na vítima. Como exemplo de sofrimento físico, temos desde vias de fato, lesão corporal, até homicídio, e, como sofrimento mental, temos situações de extrema angústia, medo ou abalo psicológico. Perceba que a lei **não menciona** o sofrimento **moral**. Portanto, deve haver sofrimento físico ou sofrimento mental.

Ok! **Então quando um criminoso constrange alguém, mediante violência ou grave ameaça, causando sofrimento físico ou mental a uma pessoa, ele responderá por crime de tortura?** Não necessariamente! Explicaremos esse ponto, ao tratarmos a respeito do **elemento subjetivo** do crime do inciso I, que é o **dolo**.

Tudo o que falamos até o momento reflete o que a doutrina chama de **dolo genérico** (ou apenas "dolo" – presente em todos os crimes dolosos). Entretanto, o delito de tortura do inciso I **exige também** a presença de alguma das **finalidades específicas** (ou "dolo específico" – presente em alguns crimes dolosos) consubstanciadas nas alíneas "a", "b" ou "c" do mencionado inciso.

Caso não esteja presente, no caso concreto, algum dos especiais fins de agir citados, não teremos o crime de tortura do inciso I, podendo incidir qualquer outro tipo penal, a exemplo do crime de lesões corporais (art. 129 do CP). Portanto, dito de outra forma, para que se configure o delito de tortura do inciso I é necessário que exista pelo menos a **pretensão de se alcançar** alguma das finalidades específicas previstas nas alíneas.

Então, para a caracterização do crime de tortura do inciso I é necessário que se alcance alguma das finalidades específicas das alíneas? Como mencionado, não é necessário que se alcance, mas apenas que haja a **pretensão, a intenção inicial, o dolo específico** de torturar para se chegar a alguma dessas finalidades (mesmo que ela não seja atingida). Logo, estudaremos cada uma delas para esclarecermos todos esses pontos.

Alínea "a"	Tortura **PROVA/CONFISSÃO/INQUISITORIAL/INSTITUCIONAL/ PERSECUTÓRIA/ACUSATÓRIA**
Alínea "b"	Tortura **CRIME**
Alínea "c"	Tortura **DISCRIMINATÓRIA/PRECONCEITO/RACISMO**

Decifrando a prova

(Sejudh – Ibade – 2017 – Adaptada) Configura crime de tortura constranger alguém com emprego de violência ou grave ameaça, causando-lhe sofrimento físico ou mental.
( ) Certo ( ) Errado
Gabarito comentado: não basta causar sofrimento físico ou mental para caracterizar qualquer dos crimes previstos no art. 1º, I. Exige-se, ainda, a presença de alguma das finalidades específicas previstas nas alíneas "a", "b" ou "c". Sem a presença do dolo específico, não há crime do art. 1º, I, da Lei nº 9.455/1997. Portanto, a assertiva está errada.

Objeto material. É a pessoa ou coisa sobre a qual recai a conduta do agente. Nos crimes da Lei nº 9.455/1997, ela incidirá sobre a **pessoa física que sofre o ato de tortura**.

Sujeitos do crime. Quanto ao **sujeito ativo** nos delitos listados no inciso I, temos **crime comum** (pode ser praticado por qualquer pessoa). Da mesma forma, o **sujeito passivo** será **qualquer pessoa** que sofrer a conduta do agente. É interessante notar que um mesmo ato de tortura poderá resultar em mais de uma vítima.

Exemplo: Um criminoso sequestra e começa a torturar uma criança com o objetivo de que seu pai confesse a prática de um crime cometido. Tanto o pai quanto a criança serão vítimas da tortura perpetrada.

Decifrando a prova

(MPE/AC – Cespe – 2014 – Adaptada) O crime de tortura, na modalidade de constranger alguém com emprego de violência ou grave ameaça, causando-lhe sofrimento físico e mental com o fim de obter informação, declaração ou confissão da vítima, é delito próprio, que só pode ser cometido por quem possua autoridade, guarda ou poder sobre a vítima.
( ) Certo ( ) Errado
Gabarito comentado: lembre-se de que todos os delitos previstos no art. 1º, I (alíneas "a", "b" ou "c"), são classificados como comuns, ou seja, qualquer pessoa poderá praticá-los. Não se exige nenhuma condição especial do sujeito ativo (não são crimes próprios). Como nossa questão trouxe a conduta prevista no art. 1º, I, "a" (tortura prova), concluímos que estamos diante de um crime comum. Portanto, a assertiva está errada.

7.4.1 Art. 1º, I, "a" – Tortura prova/confissão/inquisitorial/institucional/ persecutória/acusatória

Art. 1º Constitui crime de tortura:

I – Constranger alguém com emprego de violência ou grave ameaça, causando-lhe sofrimento físico ou mental:

a) com o fim de obter informação, declaração ou confissão da vítima ou de terceira pessoa; (...)

Conduta típica e elemento subjetivo. Nessa alínea, temos a conduta do agente que constrange/obriga alguém, mediante o emprego de violência ou grave ameaça, causando sofrimento físico ou mental, a fornecer-lhe **informação, declaração** ou **confissão** (dela ou de terceira pessoa).

Perceba que a **finalidade específica** (dolo específico) do constrangimento é a obtenção de informação, declaração ou confissão[4].

Exemplo 1: Policial que tortura uma pessoa para que ela confesse a prática de um crime.

Exemplo 2: Um credor vai até a casa de seu devedor, adentra em sua residência e o amarra em uma cadeira. A partir daí, começa a torturá-lo para que ele declare que o deve e assine um documento de confissão da dívida.

Consumação e tentativa. O crime se consuma no momento em que é empregada a violência ou grave ameaça, resultando no sofrimento físico ou mental à vítima, **ainda que a finalidade específica** (informação, declaração ou confissão) **não tenha sido alcançada**, ou seja, caso o criminoso consiga a informação, declaração ou confissão, isso é **mero exaurimento** do crime. Cuida-se de **crime formal** e que **admite a tentativa**.

Inadmissibilidade das provas ilícitas. Ao estudarmos o tema provas ilícitas, em processo penal, aprendemos que elas são inadmissíveis, devendo ser desentranhadas do processo (art. 157 do CPP). Essa é a **regra**. Contudo, doutrina e jurisprudência trazem uma **exceção** a essa regra, na qual a prova, mesmo ilícita, poderá ser aceita em juízo: quando for a única maneira de provar a inocência do réu ou um fato importante à sua defesa (é a chamada prova ilícita *pro reo*). Assim, aplicando-se o **princípio da proporcionalidade**, o réu poderia produzir uma prova ilícita e ela seria admitida, desde que com o objetivo de demonstrar a sua inocência (ex.: interceptação telefônica ilegal para obter informações essenciais à absolvição).

Contudo, muito cuidado. Mesmo a chamada prova ilícita *pro reo* **possui seus limites**. A doutrina entende que, caso o réu se utilize de atos de tortura para demonstrar a sua inocência, essa prova ilícita será considerada **absolutamente inadmissível**, pois de maneira alguma é admitido o emprego de métodos de tortura (mesmo que estejamos diante de uma prova que inocentará o réu).

Nesse sentido, ensina Avena (2020, p. 520):

> Seguindo-se este raciocínio, seria possível utilizar em favor do réu, sendo o único meio de inocentá-lo, uma prova obtida mediante tortura? Não, pois essa prova não possui o mínimo de credibilidade. A situação difere da interceptação telefônica clandestina pelo fato de que um diálogo telefônico registrado por terceiro, ainda que sem ordem judicial, embora

---

4   Como o tipo penal não faz qualquer ressalva, entende-se que a informação, declaração ou confissão visada pelo sujeito ativo é abrangente, podendo estar relacionada a fatos penais (ex.: confissão de um crime) ou extrapenais (ex.: confissão de um caso extraconjugal).

seja um meio ilícito de prova e apesar de sua captação constituir crime, é passível de ser considerado verdadeiro, podendo o juiz utilizá-lo em prol do réu. Bem diferente é a prova obtida mediante tortura, que, angariada mediante o sofrimento alheio, não permitirá ao julgador, em hipótese nenhuma, por razões óbvias, presumi-lo verdadeiro.

7.4.2 Art. 1º, I, "b" – Tortura crime

Art. 1º Constitui crime de tortura:

I – Constranger alguém com emprego de violência ou grave ameaça, causando-lhe sofrimento físico ou mental: (...)

b) para provocar ação ou omissão de natureza criminosa; (...)

Conduta típica e elemento subjetivo. Nessa alínea, temos a conduta do agente que constrange/coage alguém, mediante o emprego de violência ou grave ameaça, causando-lhe sofrimento físico ou mental, a **praticar uma conduta (ação ou omissão) de natureza criminosa**.

Perceba que a **finalidade específica** (dolo específico) do constrangimento é a prática de um crime, por parte da vítima torturada.

Exemplo 1: Marcelo está sendo processado pela prática de crime de homicídio. João, que ainda será ouvido em juízo, é uma testemunha-chave do caso. Marcelo captura João e o submete à tortura física, mediante o emprego de choques elétricos, para que a testemunha, em seu depoimento judicial, não forneça nenhuma informação que possa incriminá-lo (incorrendo no crime de falso testemunho – art. 342 do CP).

Exemplo 2: Marcelo, exímio atirador, entra em contato com João, seu antigo companheiro de clube de tiro, e o constrange a praticar o crime de homicídio contra a pessoa de Roberto, desafeto de Marcelo. Ele manda para João um vídeo, gravado ao vivo, de seus filhos que estão com a mãe em um parque da cidade. Ele o ameaça dizendo que se João não matar Roberto no prazo de 30 minutos, vai atirar em direção à família daquele. João, então, sabedor que Marcelo passa por problemas psicológicos, além de ele ser um ótimo atirador, não vê alternativa a não ser cometer o crime contra Roberto.

Consumação e tentativa. O crime se consuma no momento em que é empregada a violência ou grave ameaça, resultando no sofrimento físico ou mental da vítima, **ainda que** a finalidade específica (provocar ação ou omissão de natureza criminosa) **não tenha sido alcançada**, ou seja, mesmo que a vítima não pratique o crime. Caso o torturador consiga que a vítima pratique a ação ou omissão criminosa, isso é **mero exaurimento** do delito de tortura. Cuida-se de **crime formal** e que **admite a tentativa**.

Saiba, ainda, que, se a vítima do crime de tortura pratica a ação ou a omissão de natureza criminosa, ela, obviamente, não responderá pelo crime. **Como assim?** Temos aqui a vítima agindo sob **coação moral irresistível** (art. 22 do CP). Em direito penal, aprendemos que esse tipo de coação **isenta** o agente de pena, na medida em que não era exigível, no caso concreto, que a pessoa sob coação adotasse uma conduta diversa da cometida (ação ou omissão de natureza criminosa). Logo, presente a chamada **inexigibilidade de conduta diversa**, excluímos o elemento do crime: **culpabilidade**.

O autor do crime de tortura **também** será responsabilizado pela ação ou omissão de natureza criminosa praticada pela vítima. Quanto à tortura, ele será autor **imediato**; no tocante à conduta criminosa da vítima, por ele provocada, essa lhe será imputada a título de autoria **mediata**. No último exemplo, Marcelo responderá pelo crime de tortura contra João (por autoria imediata) **em concurso** (material, art. 69 do CP) com o crime de homicídio contra Roberto (por autoria mediata). João não responderá por crime algum (sua culpabilidade é excluída).

Coação moral x coação física. Como já apontado, aqui poderemos ter a hipótese de coação moral irresistível. **Não se trata de coação física irresistível**. Trata-se de institutos diferentes. Enquanto a **coação moral irresistível** exclui a **culpabilidade**, a **coação física irresistível** exclui a **conduta criminosa** e, por consequência, o fato típico.

Sendo mais específico, presente a coação física irresistível, não há o elemento vontade por parte da vítima, por exemplo, a pessoa que coloca à força uma arma na mão de outra e pressiona o dedo dela contra o gatilho, acionando o projétil e baleando um terceiro. Por sua vez, na coação moral irresistível, há o elemento vontade, porém ela está viciada, na medida em que se encontra completamente dependente da coação moral, à qual não se pode resistir (como nos exemplos já citados).

Exigência de ação ou omissão criminosa. Ressaltamos que a alínea "b" somente será configurada se a coação for empregada para que a vítima pratique ação ou omissão que resulte em **crime**, ou seja, se houver um constrangimento para a prática de **contravenção penal,** não estaremos diante do delito de tortura, podendo caracterizar, a depender do caso concreto, o crime de constrangimento ilegal (art. 146 do CP), sem prejuízo da respectiva autoria mediata quanto à contravenção.

🧩 Decifrando a prova

(TJRR – Cespe – 2006 – Adaptada) A denominada tortura para a prática de crime ocorre quando o agente usa de violência ou grave ameaça para obrigar a vítima a realizar ação ou omissão de natureza criminosa. Assim, essa forma de tortura não abrange a provocação de ação contravencional.

( ) Certo ( ) Errado

Gabarito comentado: o crime previsto no art. 1°, I, "b", somente estará configurado se a coação for empregada para que a vítima pratique ação ou omissão que resulte em crime, ou seja, se houver um constrangimento para a prática de contravenção penal, não estaremos diante do delito de tortura, podendo caracterizar, a depender do caso concreto, o crime de constrangimento ilegal (art. 146 do CP). Portanto, a assertiva está certa.

Ato infracional. Por fim, se a coação tiver como objetivo a prática de **ato infracional** análogo a algum delito, haverá a caracterização da tortura. Isso porque o Estatuto da Criança e do Adolescente dispõe, em seu art. 103: "considera-se ato infracional a conduta descrita como crime ou contravenção"[5].

7.4.3 Art. 1º, I, "c" – Tortura discriminatória/preconceito/racismo

Art. 1º Constitui crime de tortura:

I – Constranger alguém com emprego de violência ou grave ameaça, causando-lhe sofrimento físico ou mental: (...)

c) em razão de discriminação racial ou religiosa.

Conduta típica e elemento subjetivo. Nessa alínea, temos a conduta do agente que constrange alguém, mediante o emprego de violência ou grave ameaça, causando-lhe sofrimento físico ou mental, em razão de **discriminação racial ou religiosa**.

Exemplo: Pessoa, simpatizante das criminosas ideologias nazistas, que espanca um judeu em razão de sua nacionalidade e religião.

Aqui, diferentemente do que acontece nas outras duas alíneas, o torturador não exige que a vítima adote qualquer tipo de conduta (ação ou omissão). Nas palavras de Cunha, Pinto e Souza (2020, p. 1076): "tortura apenas por preconceito à sua raça ou religião".

Para parcela da doutrina, a "discriminação" não é propriamente uma finalidade específica, mas, sim, a **motivação** para a prática do crime. Dito de outra forma: o agente não constrange a vítima, empregando violência ou grave ameaça, causando sofrimento físico ou mental, para discriminar. É o contrário. O criminoso, **motivado** por discriminação racial ou religiosa, constrange a vítima, empregando violência ou grave ameaça, causando sofrimento físico ou mental. O agente **já inicia** a tortura **motivado pela discriminação**.

De qualquer forma, sempre deve existir a específica motivação discriminatória, seja racial, seja religiosa.

Vedação de analogia *in malam partem.* Essa modalidade de tortura existe apenas no caso das formas de discriminação **taxativamente** previstas na alínea "c": racial ou religiosa. Se a motivação da tortura for qualquer outro tipo de discriminação (em razão de idade, do sexo etc.), não haverá o crime de tortura discriminação (podendo haver a incidência de qualquer outro tipo penal, conforme o caso concreto).

Exemplo: Marcelo, simpatizante das criminosas ideologias nazistas, avista um casal de homossexuais saindo do metrô. Nutrido de um sentimento de profunda aversão e se utilizando de um taco de beisebol, Marcelo vai em direção ao casal citado e começa a deferir-lhes diversos golpes, causando várias lesões.

Por mais que possa soar estranho, no exemplo anterior **não temos** o crime de tortura da alínea "c", haja vista que a discriminação que motivou o ataque **não era racial nem religiosa**

---

5   Nesse sentido: Lima (2020, p. 996).

e, como sabemos, a **analogia *in malam partem*** (para prejudicar o réu) é **vedada** no direito penal. Marcelo poderá responder pelo crime de lesões corporais, homicídio, entre outros (conforme o dolo de sua conduta).

Poder-se-ia indagar a respeito da decisão proferida pelo Supremo Tribunal Federal, a qual determinou a aplicação da Lei de Crimes de Preconceito (Lei nº 7.716/1989) às condutas de discriminação por **orientação sexual** (homofóbicas e transfóbicas), até que o Congresso Nacional edite norma específica nesse sentido (ADO nº 26/DF e MI nº 4.733). Tal entendimento incide no delito do art. 1º, I, "c", da Lei nº 9.455/1997, abrangendo no conceito de discriminação racial aquela cometida em razão da orientação sexual? Entendemos que não, de forma que a decisão citada restringe-se aos delitos definidos na Lei nº 7.716/1989[6].

Consumação e tentativa. O crime se consuma no momento em que é empregada a violência ou a grave ameaça, resultando no sofrimento físico ou mental à vítima. Para alguns, trata-se de crime **formal**[7] (a finalidade discriminatória não precisa ser atingida); para outros, cuida-se de crime **material**[8] (não há finalidade a ser alcançada, assim o sofrimento causado já configura o resultado pretendido). Independentemente da classificação, sempre **admite tentativa**.

7.5 CRIMES EM ESPÉCIE – ART. Iº, II – TORTURA CASTIGO/PUNITIVA/INTIMI-DATÓRIA/VINGATIVA/PENA

Art. 1º Constitui crime de tortura: (...)

II – submeter alguém, sob sua guarda, poder ou autoridade, com emprego de violência ou grave ameaça, a intenso sofrimento físico ou mental, como forma de aplicar castigo pessoal ou medida de caráter preventivo.

Pena – reclusão, de dois a oito anos.

Conduta típica e elemento subjetivo. No crime de tortura castigo, temos a conduta do agente que submete alguém que esteja sob sua guarda/poder/autoridade, mediante o emprego de violência ou grave ameaça, a **intenso** sofrimento físico ou mental, com o intuito de **castigá-lo ou aplicar-lhe medida de caráter preventivo**.

Cuida-se de crime **doloso**. No entanto, perceba que aqui também temos uma **finalidade específica** (dolo específico) no ato de tortura: a aplicação de castigo pessoal ou medida de caráter preventivo.

Outra observação importante é que, diferentemente do inciso I, exige-se um **intenso** sofrimento físico ou mental. Logo, teremos a provocação de um sofrimento profundo, além da média (a qual, na prática, é de difícil diferenciação para com a espécie de sofrimento prevista no inciso anterior).

---

[6] É o entendimento de Lima (2020, p. 997).

[7] Nesse sentido: Nucci (2020, p. 902).

[8] Nesse sentido: Lima (2020, p. 998).

Exemplo: Marcelo tem um filho chamado João, de 8 anos de idade. João é uma criança muito ativa e, como quase todos os meninos da sua idade, gosta de brincar bastante, chegando muitas vezes sujo em casa. Marcelo, por sua vez, é muito impaciente e intolerante. Certo dia, após brincar a tarde toda com amigos, João chega todo sujo em casa. Marcelo, ao ver o estado de seu filho, fica muito irritado, amarra-o em uma cadeira e começa a pressionar sobre a pele da criança várias bitucas de cigarro, ainda quentes, causando-lhe intenso sofrimento físico, como forma de aplicar castigo.

Tortura e maus-tratos. Uma interessante discussão diz respeito às diferenças entre o crime de tortura castigo e o delito do art. 136 do CP (maus-tratos).

> **Art. 136.** Expor a perigo a vida ou a saúde de pessoa sob sua autoridade, guarda ou vigilância, para fim de educação, ensino, tratamento ou custódia, quer privando-a de alimentação ou cuidados indispensáveis, quer sujeitando-a a trabalho excessivo ou inadequado, quer abusando de meios de correção ou disciplina.

Segue um quadro com as principais distinções quando comparados os dois delitos:

MAUS-TRATOS	TORTURA CASTIGO
A intenção dos maus-tratos/da correção excessiva, nesse caso, é a de **disciplinar,** ou seja, é a educação, ensino, tratamento ou custódia. No entanto, os meios utilizados na correção foram desproporcionais, expondo a perigo a vítima.	Temos aqui uma conduta mais grave. Não há a intenção de disciplina. Desde o início, o objetivo do agente é o **intenso sofrimento físico ou mental,** como forma de castigo ou medida preventiva. Há o "sangue no olho", a intenção de torturar.
Há aqui um **excesso nos meios de correção,** expondo a vítima a perigo (mais leve).	Existe aqui o **intenso sofrimento,** caracterizando a tortura (mais grave).

Para esgotar o tema, vamos aos esclarecedores trechos extraídos do REsp nº 610.395/SC, julgado pelo STJ:

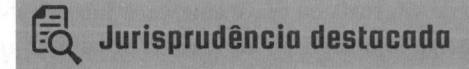

Jurisprudência destacada

I – A figura do inc. II do art. 1.º da Lei n.º 9.455/1997 implica a existência de vontade livre e consciente do detentor da guarda, do poder ou da autoridade sobre a vítima de causar sofrimento de ordem física ou moral, como forma de castigo ou prevenção.

II – O tipo do art. 136, do Código Penal, por sua vez, se aperfeiçoa com a simples exposição a perigo a vida ou a saúde de pessoa sob sua autoridade, guarda ou vigilância, em razão de excesso nos meios de correção ou disciplina.

III – Enquanto na hipótese de maus-tratos a finalidade da conduta é a repreensão de uma indisciplina, na tortura, o propósito é causar o padecimento da vítima.

IV – Para a configuração da segunda figura do crime de tortura é indispensável a prova cabal da intenção deliberada de causar sofrimento físico ou moral, desvinculada do objetivo de educação (STJ, 5ª Turma, REsp nº 610.395/SC, Rel. Min. Gilson Dipp, j. 25.05.2004).

Sujeitos do crime. Prevalece que, diferentemente das alíneas do art. 1º, I, estamos diante de um crime **próprio**, ou seja, não poderá ser praticado por qualquer pessoa. O agente precisa de uma qualidade especial para que a sua conduta caracterize a tortura castigo: **somente** aquele que **detém a guarda, poder ou autoridade sobre alguém** poderá ser sujeito ativo do delito.

Podem ser sujeitos ativos tanto o **particular** (por exemplo, o pai em relação ao filho) quanto o **agente público** (policial em relação à pessoa detida), desde que, como vimos, detenham guarda, poder ou autoridade sobre outra pessoa. Portanto, não é obrigatória a condição de agente público por parte do sujeito ativo.

À semelhança, somente será sujeito passivo (vítima) quem **está submetido à guarda, poder ou autoridade do agente torturador**.

Diante da exigência de qualidade especial tanto do sujeito ativo quanto do passivo, alguns doutrinadores classificam a tortura castigo como um crime **biprópio**.

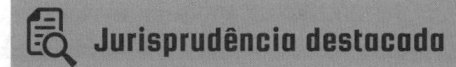

Jurisprudência destacada

(...) Ressalta-se, porém, que a possibilidade de tipificar a conduta na forma do art. 1º, II, da referida lei (tortura-castigo), ao contrário da tortura elencada no inciso I, **não pode ser perpetrada por qualquer pessoa**, pois a circunstância de que a violência ocorra contra vítima submetida à guarda, poder ou autoridade, afasta a hipótese de crime comum, **firmando a conclusão de que o crime é próprio**. Nítido, pois, que, no referido preceito, há um vínculo preexistente, de natureza pública, entre o agente ativo e o agente passivo do crime. Logo, o delito até pode ser perpetrado por um particular, mas ele deve ocupar posição de garante (obrigação de cuidado, proteção ou vigilância), seja em virtude da lei ou de outra relação jurídica (STJ, 6ª Turma, REsp nº 1.738.264/DF, Rel. Min. Sebastião Reis Júnior, j. 23.08.2018 – *Informativo* 633).

Por fim, ressaltamos que não é necessário que o vínculo de guarda, poder ou autoridade seja duradouro para a caracterização do delito. Assim, mesmo que tais domínios sejam temporários, é possível a incidência do tipo penal à conduta do agente. Nesse sentido:

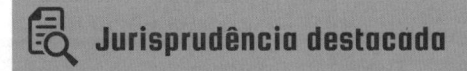

Jurisprudência destacada

(...) O policial militar que auxilia a polícia civil na contenção de rebelião em estabelecimento prisional, durante a operação, detém, legitimamente, guarda, poder e autoridade sobre os detentos, podendo, nessa condição, **ainda que momentânea, responder, em tese, pelo crime de tortura preconizado no art. 1º, inciso II, da Lei nº 9.455/1997**. (...) (STJ, 6ª Turma, REsp nº 1.738.264/DF, Rel. Min. Sebastião Reis Júnior, j. 23.08.2018 – *Informativo* 633).

⟨⟩ Decifrando a prova

(TJAC – Cespe – 2012) Suponha que João, penalmente capaz, movido por sadismo, submeta Sebastião, com emprego de violência, a contínuo e intenso sofrimento físico, provocando-lhe lesão corporal de natureza gravíssima. Nessa situação, João deverá responder pelo crime de tortura e, se condenado, deverá cumprir a pena em regime inicial fechado.

( ) Certo ( ) Errado

Gabarito comentado: cuidado. Não se trata do crime previsto no art. 1º, II, da Lei nº 9.455/1997 (tortura castigo), pois, embora exista o "intenso" sofrimento físico, lembre-se de que esse tipo penal exige ainda a presença de dolo específico para sua caracterização: a finalidade de aplicar castigo pessoal ou medida de caráter preventivo. No enunciado não consta em momento algum que João tenha agido com qualquer dessas finalidades, portanto não haverá crime de tortura castigo. Além disso, o inciso II é crime próprio, exigindo que o sujeito ativo tenha a guarda, poder ou autoridade sobre a vítima, o que não está demonstrado na assertiva.

Da mesma forma, a situação narrada não configura qualquer outro crime da Lei nº 9.455/1997, respondendo João pelo crime de lesão corporal do art. 129 do CP (variando conforme o seu dolo e consequências da lesão). Portanto, a assertiva está errada.

Consumação e tentativa. O crime se consuma no momento em que a vítima, a qual se encontra sob a guarda, poder ou autoridade do agente, é submetida, mediante violência ou grave ameaça, a intenso sofrimento físico ou mental como forma de imposição de castigo pessoal ou medida de caráter preventivo. Cuida-se de **crime material**.

É possível a **tentativa**, na hipótese de, iniciada a execução do crime, a vítima não ser submetida a intenso sofrimento físico ou mental por circunstâncias alheias à vontade do agente.

7.6. CRIMES EM ESPÉCIE – ART. 1º, § 1º – TORTURA POR EQUIPARAÇÃO/TORTURA PELA TORTURA

Art. 1º (...)

§ 1º Na mesma pena incorre quem submete pessoa presa ou sujeita a medida de segurança a sofrimento físico ou mental, por intermédio da prática de ato não previsto em lei ou não resultante de medida legal.

Conduta típica e elemento subjetivo. No crime de tortura por equiparação, temos a conduta do agente que submete pessoa presa ou sujeita à medida de segurança a sofrimento físico ou mental, mediante a prática de **ato não previsto em lei** ou **não resultante de medida legal**. Aqui estamos diante de uma **norma penal em branco**, pois demandará a ciência de que o ato praticado não encontra guarida na legislação ou em medida que dela deriva.

Aplicar-se-á a mesma pena dos incisos I e II (reclusão de dois a oito anos). Interessante observar que no tipo legal **não há menção à violência ou grave ameaça** (embora, para alguns, estejam implícitas).

Cuida-se de crime **doloso**. Diferentemente dos incisos I e II, aqui **não há** exigência de nenhuma **finalidade específica** (dolo específico), basta o dolo de praticar a conduta descrita no tipo penal (dolo genérico).

> ### 🔍 Jurisprudência destacada
>
> (...) Então, é inegável que a vítima, enquanto estava detida, foi submetida a intenso sofrimento físico por ato que não estava previsto em lei, nem resultava de medida legal, o que configurou a tortura prevista no art. 1º, § 1º, da Lei nº 9.455/1997. **Essa modalidade de tortura, ao contrário das demais, não exige especial fim de agir por parte do agente para configurar-se, bastando o dolo de praticar a conduta descrita no tipo objetivo** (...) (STJ, 5ª Turma, REsp nº 856.706/AC, Rel. originária Min. Laurita Vaz, Rel. para acórdão Min. Felix Fischer, j. 06.05.2010 – *Informativo* 433).

Exemplo: João, policial civil em serviço, ao avistar a pessoa de Marcelo em uma via pública da cidade, percebe-o em atitude suspeita e, logo em seguida, vê Marcelo entregando um objeto para um motorista que se aproximou. João, com outros policiais, decidem abordar Marcelo. Ocorre que, ao perceber a aproximação dos policiais, Marcelo empreende fuga, sendo perseguido de imediato pelos agentes estatais. Depois de meia hora de perseguição, os policiais conseguem apreender Marcelo, o qual estava portando uma grande quantidade de papelotes de cocaína, além de várias cédulas de R$ 5 e 10, sendo preso em flagrante. Ao voltarem para delegacia, João, muito irritado com Marcelo e aproveitando que no dia em questão fazia muito frio, decide deixá-lo na cela da delegacia sem comida e água, além de tirar-lhe toda a sua roupa, causando sofrimento físico no preso.

Exigência prisão legal. Para que haja a tortura por equiparação, a pessoa **deve ter sido presa legalmente**. Assim, se a prisão for ilegal, **não haverá** o crime do art. 1º, § 1º, podendo incidir em crime da Lei de Abuso de Autoridade (art. 9º da Lei nº 13.869/2019), sem prejuízo de outras figuras típicas, caso preenchidos os requisitos legais (ex.: tortura castigo – art. 1º, II).

Sujeitos do crime. Quanto ao sujeito ativo, temos intensa divergência na doutrina. Para alguns doutrinadores, cuida-se de crime **próprio** (PORTOCARRERO; FERREIRA, 2020, p. 127)[9] (exigirá uma qualidade especial do sujeito ativo), apenas podendo ser praticado por quem detiver a disponibilidade de pessoa presa ou sujeita à medida de segurança, geralmente o agente público responsável pelos encarcerados (policial, agente penitenciário etc.). Parece-nos que as bancas de concurso, na fase objetiva, tendem a adotar esse posicionamento:

🧩 Decifrando a prova

(DPE/SP – FCC – 2009 – Adaptada) Em relação ao crime de tortura é possível afirmar que: é praticado por qualquer pessoa que causa constrangimento físico ou mental à pessoa presa

---

[9] Os autores acrescentam que somente poderá ser praticado por "funcionário público".

> ou em medida de segurança, pelo uso de instrumentos cortantes, perfurantes, queimantes ou que produzam *stress*, angústia, como prisão em cela escura, solitária, submissão a regime de fome etc.
>
> ( ) Certo ( ) Errado
>
> **Gabarito comentado:** a questão trata da tortura por equiparação (art. 1º, § 1º), que, como vimos, para parcela da doutrina não pode ser cometida por qualquer pessoa (crime próprio), e foi esse o posicionamento adotado pelo examinador. Portanto, a assertiva está errada.

Para outra parcela, temos crime **comum**[10] (pode ser cometido por qualquer pessoa), haja vista que, embora no caso concreto a hipótese mais frequente de tortura por equiparação seja aquela praticada pelo agente público que lida diretamente com o preso, é possível também (embora pouco provável) que um particular cometa o crime do art. 1º, § 1º.

Por sua vez, quanto ao sujeito passivo, também exigiremos uma **condição especial**, visto que somente poderá ser vítima aquele que está **preso** ou submetido à **medida de segurança**[11].

Preso. A expressão "pessoa presa" abrange tanto o **definitivo** (em virtude de sentença condenatória transitada em julgado) quanto o preso **provisório** (prisão em flagrante, preventiva, temporária, administrativa e até mesmo a civil). A expressão "medida de segurança" compreende a **internação** (art. 96, I, do CP) e o **tratamento ambulatorial** (art. 96, II, do CP).

Entendemos que o adolescente infrator apreendido ou submetido à internação ou semiliberdade não poderá ser sujeito passivo do delito, pois tais restrições não se enquadram no conceito de prisão ou medida de segurança[12].

Consumação e tentativa. O crime se consuma no momento em que a vítima, que se encontra presa ou sujeita à medida de segurança, é submetida a sofrimento físico ou mental. Cuida-se de **crime material**. **Admite tentativa**, na hipótese de, iniciada a execução do crime, a vítima não ser submetida a sofrimento físico ou mental por circunstâncias alheias à vontade do criminoso.

Conflito aparente entre a Lei de Tortura e o art. 13, II, da Lei nº 13.869/2019. Essa temática foi abordada no capítulo referente à Lei nº 13.869/2019, especificamente nos comentários do art. 13, para onde remetemos o leitor.

7.7 CRIMES EM ESPÉCIE – ART. 1º, § 2º – TORTURA OMISSÃO

Art. 1º (...)

§ 2º Aquele que se omite em face dessas condutas, quando tinha o dever de evitá-las ou apurá-las, incorre na pena de detenção de um a quatro anos.

---

[10]   Nesse sentido: Cunha, Pinto e Souza (2020, p. 1077).

[11]   Entendemos que aqui também vale a classificação de crime bipróprio.

[12]   Em sentido contrário, afirmando que o termo "pessoa presa" abrange o jovem infrator apreendido, internado ou em semiliberdade: Cunha, Pinto e Souza (2020, p. 1077).

Conduta típica e elemento subjetivo. No crime de tortura omissão, é descrita a conduta do agente que se **omite** em face de qualquer das modalidades de tortura previstas no art. 1°, I e II, ou § 1°, quando **tinha o dever de evitá-las** ou **de apurá-las.** Perceba que, na primeira figura, para a caracterização do delito por omissão, é necessário que uma terceira pessoa tenha, pelo menos, dado início à execução de um crime de tortura na modalidade comissiva (ação) e, estando a tortura em andamento, o agente, que tinha o dever de evitá-la e podendo fazê-lo, nada tenha feito para impedi-la. Na segunda figura, é preciso que o agente, cujo dever era de averiguar, nada tenha feito para apurar tortura anteriormente praticada, na modalidade tentada ou consumada.

A pena do crime é de **detenção** (a única) de um a quatro anos. Cuida-se do único delito omissivo da Lei. É crime doloso (apenas dolo genérico, **não há finalidade específica**).

Como vimos, existem duas hipóteses de incidência da tortura por omissão:

♦ Teremos o crime do § 2° quando o agente não impede um ato de tortura, quando **devia e podia** agir para evitá-lo (a tortura está ocorrendo – tempo presente). Cuida-se de crime **omissivo próprio**[13].

Exemplo: João e Maria têm um filho. Maria é uma mãe muito impaciente e que possui alguns transtornos psicológicos. Certo dia, ao chegar do trabalho, João encontra Maria pressionando bitucas de cigarro na pele de seu filho, causando-lhe intenso sofrimento físico. Questionando Maria acerca de sua conduta, ela revela que está castigando a criança, pois ela era muito rebelde. Apesar de não ficar confortável com a situação, João nada faz, pois entende que a educação do filho cabe à mãe. Maria responderá pelo crime do art. 1°, II (tortura castigo) e João pelo crime do art. 1°, § 2° (tortura omissiva).

♦ Há ainda o delito do § 2° quando, já praticado um ato de tortura (ocorreu no passado), o agente, **devendo apurá-la**, assim não procede[14]. Trata-se de crime **omissivo próprio**.

Exemplo: Delegado de Polícia que, ao chegar à delegacia, encontra uma pessoa, a qual havia sido presa em flagrante na noite anterior, toda machucada, com diversas lesões. Ao analisar as câmeras de segurança do prédio, nota que, na noite da prisão, alguns agentes de polícia da delegacia, seus subordinados, entraram na cela do preso e o espancaram, de madrugada. Contudo, para evitar qualquer dissabor com sua equipe, faz "vista grossa" do ocorrido, deixando de apurar o crime. Os agentes responderão pelo crime do art. 1°, § 1° (tortura por equiparação) e o Delegado pelo crime do art. 1°, § 2° (tortura omissão).

---

[13] Alguns entendem que estamos diante de omissão imprópria: Lima (2020, p. 1004).

[14] A tortura omissiva, por violação ao **dever de apurar**, é crime especial com relação às figuras criminosas da prevaricação (art. 319 do CP) e condescendência criminosa (art. 320 do CP).

Decifrando a prova

(Delegado Federal – CESPE/2018) Cinco guardas municipais em serviço foram desacatados por dois menores. Após breve perseguição, um dos menores evadiu-se, mas o outro foi apreendido. Dois dos guardas conduziram o menor apreendido para um local isolado, imobilizaram-no, espancaram-no e ameaçaram-no, além de submetê-lo a choques elétricos. Os outros três guardas deram cobertura. Nessa situação, os cinco guardas municipais responderão pelo crime de tortura, incorrendo todos nas mesmas penas.
( ) Certo ( ) Errado
Gabarito comentado: perceba que os cinco guardas concorreram para o mesmo crime de tortura. A dúvida poderia repousar sobre a existência de crime omissivo, mas já adiantamos que não houve nenhum tipo de omissão aqui: dois dos guardas agiram violentando e ameaçando; ou outros três agiram de modo a dar cobertura para que o crime se efetivasse. Ocorreu, então, que os guardas que violentaram e ameaçaram agiram como coautores e os que deram cobertura atuaram como partícipes do mesmo crime de tortura (a depender da teoria de concurso de pessoas adotada). Portanto, como agiram no mesmo sentido, todos eles responderão pelo mesmo crime (*incorrendo todos na mesma pena*, em abstrato), alguns na condição de coautores outros na de partícipes (art. 29 do CP). Portanto, a assertiva está certa.

Hediondez. Independentemente da modalidade de omissão, prevalece que o crime do § 2º **não é hediondo**.

Crime de ação múltipla. Cuida-se ainda de crime de ação múltipla (ou tipo misto alternativo), no qual temos mais de um verbo que expressa a conduta criminosa (dever de evitar e de apurar). É certo que se, no mesmo contexto fático, o sujeito deixar de evitar e também de apurar o ato de tortura, responderá por **crime único**.

Sujeitos do crime. Quanto ao sujeito ativo, trata-se de **crime próprio** (exige uma condição especial do agente), haja vista que somente incidirá em relação àquele que tem o dever de evitar ou apurar a tortura (ex.: pai em relação ao filho; Delegado de Polícia etc.). Qualquer pessoa poderá ser sujeito passivo.

Entendemos ainda que, quanto ao **dever de apurar** a tortura, além de próprio, é **crime funcional**, uma vez que apenas aos agentes estatais é dada a incumbência de apuração das infrações penais.

Consumação e tentativa. O delito se consuma com a omissão do dever em evitar ou apurar os atos de tortura. Pelo fato de ser crime omissivo próprio, **não é possível a tentativa**. Cuida-se de **crime formal**[15].

---

[15] É bem verdade que a doutrina, não só no delito em questão, frequentemente vai mal em atingir um consenso quanto a essa classificação de crime. Para alguns, é formal (nossa posição), para outros, de mera conduta. Assim, compartilhamos do mesmo entendimento de Bitencourt (2020, p. 279) quando ele afirma (e as constantes divergências na doutrina também parecem confirmá-lo): "na verdade, temos dificuldade de constatar com precisão a diferença entre crime formal e de mera conduta porque se trata de uma classificação imprecisa, superada pela moderna dogmática jurídico-penal".

Decifrando a prova

(Delegado Federal – CESPE/2004) Como forma de punir um ex-membro de sua quadrilha que o havia delatado à polícia, um traficante de drogas espancou um irmão do delator, em plena rua, quando ele voltava do trabalho para casa. Nessa situação, o referido traficante praticou crime de tortura.

( ) Certo ( ) Errado

Gabarito comentado: não há crime da Lei de Tortura no enunciado: inexiste crime do art. 1º, I, pois não há menção a nenhuma das finalidades específicas exigidas; inexiste o crime do art. 1º, II, pois, além de não haver referência ao dolo específico obrigatório, o sujeito ativo não cumpre as condições especiais exigidas pelo tipo penal; inexiste o crime do art. 1º, § 1º, porque a vítima não está presa ou sujeita à medida de segurança; inexiste o crime do art. 1º, § 2º, uma vez que o traficante praticou uma conduta comissiva (por ação), e não omissiva. Haverá, portanto, crime do art. 129 do CP (a depender do dolo extraído do caso concreto). Portanto, a assertiva está errada.

7.8 QUALIFICADORAS E CAUSAS DE AUMENTO DE PENA – ART. 1º, §§ 3º E 4º

7.8.1 Qualificadoras – Art. 1º, § 3º

Art. 1º (...)

§ 3º Se resulta lesão corporal de natureza grave ou gravíssima, a pena é de reclusão de quatro a dez anos; se resulta morte, a reclusão é de oito a dezesseis anos.

Quanto às qualificadoras, temos que nos atentar a três pontos.

Primeiro. Prevalece que esse resultado agravador deverá ocorrer a título de **culpa**, ou seja, o agente tem o **dolo de torturar** e, por culpa, acaba ocasionando também a **lesão corporal – grave ou gravíssima – ou morte**. É o chamado crime **preterdoloso** – dolo no antecedente (conduta) e culpa no consequente (resultado).

Em outras palavras, o agente tortura a vítima dolosamente, porém não quer nem assume o risco de produzir o resultado qualificador (lesão ou morte), mas mesmo assim – por imprudência, negligência ou imperícia – tal resultado acaba por ocorrer.

Contudo, caso o agente se utilize da tortura como **um meio** para a prática do crime de **homicídio**, ou seja, o seu dolo ao praticar a tortura é ocasionar, por conseguinte, a morte da vítima: responderá por **homicídio qualificado pela tortura** (art. 121, § 2º, III, do CP). Veja que aqui o homicídio não ocorreu a título de culpa, mas, sim, por dolo (o agente queria a morte da vítima), e a tortura foi utilizada apenas como um meio para se atingir o resultado morte desejado.

A doutrina observa ainda outra situação: agente que **inicialmente** tem o dolo de torturar a vítima, porém, **logo após** a tortura, resolve matá-la. Nesse caso, para a maioria, o agente responderá por crime da Lei nº 9.455/1997 (não incidindo a qualificadora do § 3º) **em concurso material** com o delito de homicídio (art. 121 do CP) – estamos diante de condutas autônomas, as quais atingirão bens jurídicos distintos[16]. Há entendimento minoritário que aplica o instituto da progressão criminosa a essa situação, devendo o agente responder somente por homicídio qualificado, o qual absorverá o delito de tortura (princípio da consunção)[17].

Seguem três esquemas acerca das hipóteses analisadas:

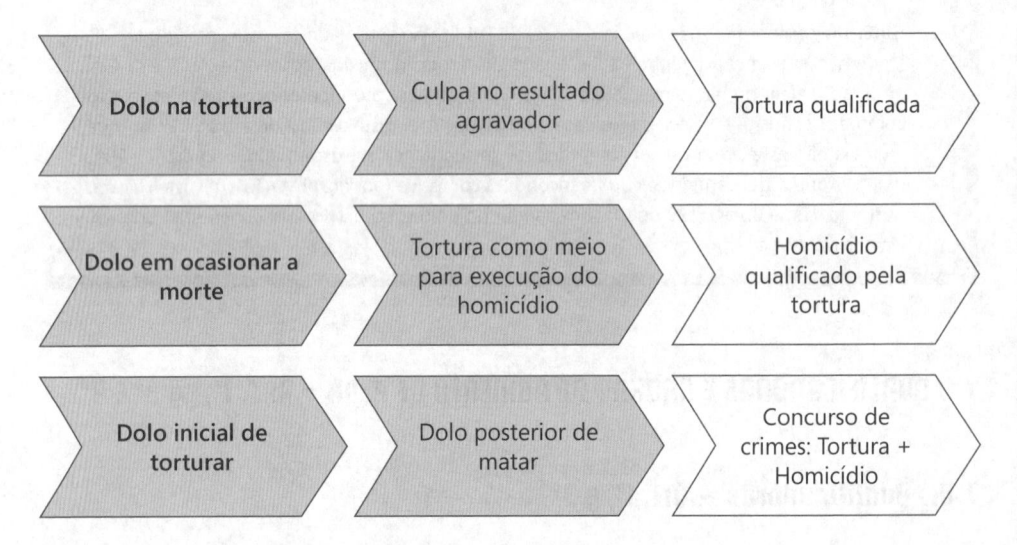

Segundo. Saiba que o crime de tortura é qualificado quando se produz um resultado agravador consistente na **lesão corporal grave/gravíssima** ou na **morte**. A lesão corporal **leve não qualifica** o crime de tortura (é por ele absorvido).

Por fim. É consenso que as qualificadoras do § 3º poderão ser aplicadas a todos os crimes **comissivos** da Lei de Tortura (art. 1º, I e II, § 1º). No entanto, quanto à incidência do mencionado parágrafo à tortura por omissão (art. 1º, § 2º), temos intensa divergência na doutrina (a qual diverge até mesmo em apontar a posição majoritária). Objetivamente, são três os entendimentos:

- ♦ As qualificadoras não incidirão em todas as modalidades omissivas do § 2º (NUCCI, 2020, p. 907).
- ♦ As qualificadoras apenas não incidirão na omissão consistente no dever de apurar o ato de tortura (art. 1º, § 2º, segundo dever). Contudo, é possível a sua aplicação quanto ao dever de evitar (art. 1º, § 2º, primeiro dever) (CUNHA; PINTO; SOUZA, 2020, p. 1079).

---

16 É o que ensina Lima (2020, p. 1007).
17 Como bem explicitam: Portocarrero e Ferreira (2020, p. 1282).

◆ As qualificadoras incidirão em todos os delitos da Lei nº 9.455/1997 (sejam comissivos ou omissivos) – é a nossa posição[18].

7.8.2 Causas de aumento de pena – Art. 1º, § 4º

Art. 1º (...)

§ 4º Aumenta-se a pena de um sexto até um terço:

I – se o crime é cometido por agente público;

II – se o crime é cometido contra criança, gestante, portador de deficiência, adolescente ou maior de 60 (sessenta) anos;

III – se o crime é cometido mediante sequestro.

Saiba que as causas de aumento de pena do § 4º, em tese, poderão ser aplicadas a **todos** os crimes da Lei nº 9.455/1997. Prevalece, ainda, que incidirão até mesmo nas formas qualificadas do § 3º.

Crime cometido por agente público. O conceito de agente público está previsto no art. 327 do CP. Incide a causa de aumento se o crime de tortura é praticado por agente público **no exercício da função** ou **em razão dela**.

Parcela da doutrina – à qual nos filiamos – advoga ser inaplicável a referida causa de aumento quando a condição de agente público for uma elementar do tipo penal, como é o caso do art. 1º, § 2º (segundo dever) – dever de apurar –, sob pena de *bis in idem*. Nas demais situações, é perfeitamente possível a incidência da majorante.

Crime cometido contra criança, adolescente, gestante, portador de deficiência ou maior de 60 anos. Para que ao agente seja aplicada a referida causa de aumento, ele terá que cometer o crime **com a ciência** das condições elencadas no inciso II. Ex.: ter conhecimento de que a vítima se encontra gestante.

Vale acrescentar ainda que tais majorantes, se presentes, afastarão a incidência das agravantes genéricas do art. 61 do CP **que possuam o mesmo objetivo**. Assim, com relação a um delito de tortura cometido contra criança incidirá a majorante do art. 1º, § 4º, II, da Lei, a qual afastará a agravante do art. 61, II, "h", do CP[19].

Por outro lado, se a majorante e a agravante se propuserem a finalidades distintas, poderão coexistir.

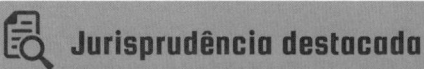

📑 Jurisprudência destacada

No caso de crime de tortura perpetrado contra criança em que há prevalência de relações domésticas e de coabitação, **não configura *bis in idem* a aplicação conjunta da causa de**

---

[18] No mesmo sentido: Lima (2020, p. 1008).

[19] "Art. 61. São circunstâncias que sempre agravam a pena, quando não constituem ou qualificam o crime: (...) II – ter o agente cometido o crime: (...) h) contra criança, maior de 60 (sessenta) anos, enfermo ou mulher grávida."

> **aumento de pena prevista no art. 1º, § 4º, II, da Lei nº 9.455/1997 (Lei de Tortura) e da agravante genérica estatuída no art. 61, II, *f*, do Código Penal**[20]. (...) Em suma, a majorante tem por finalidade punir de forma mais severa aquele que se favorece da menor capacidade de resistência da vítima, ao passo que a agravante tem por desiderato a punição mais rigorosa do agente que afronta o dever de apoio mútuo existente entre parentes e pessoas ligadas por liames domésticos, de coabitação ou hospitalidade, além dos casos de violência doméstica praticada contra a mulher. **Portanto, em se tratando de circunstâncias e objetivos distintos, não há falar na ocorrência de *bis in idem*** (STJ, 6ª Turma, HC nº 362.634/RJ, Rel. Min. Maria Thereza de Assis Moura, j. 16.08.2016 – *Informativo* 589).

Crime cometido mediante sequestro. Aqui o sequestro (englobando também o cárcere privado) será **o meio** para que se efetivem os atos de tortura, ou seja, a vítima é sequestrada para que o agente possa ter **maior disponibilidade** de praticar a tortura contra ela. Nessa situação, o criminoso responderá por crime da Lei nº 9.455/1997 com a incidência da presente causa de aumento de pena (e não pelo delito do art. 148 do CP – sequestro e cárcere privado).

Caso o agente sequestre a vítima e, em razão do sequestro, cause-lhe grave sofrimento físico ou moral, sem que aja no sentido de torturá-la (o sofrimento não derivou de qualquer ação de tortura), não responderá por crime da lei, mas, sim, pela **figura qualificada** prevista no § 2º do art. 148 do CP.

7.9 CONSEQUÊNCIAS CRIMINAIS – ART. 1º, §§ 5º, 6º E 7º

Art. 1º (...)

§ 5º A condenação acarretará a perda do cargo, função ou emprego público e a interdição para seu exercício pelo dobro do prazo da pena aplicada.

Essa consequência é um efeito **automático** da condenação, sendo desnecessária a menção expressa/fundamentação por parte do juiz, ou seja, uma vez condenado (com trânsito em julgado) por crime de tortura, automaticamente o criminoso **perderá** o cargo, o emprego ou a função, ficando **interditado para o seu exercício** pelo dobro do prazo da pena aplicada.

Jurisprudência destacada

> (...) 3. O art. 1º, § 5º, da Lei nº 9.455/1997 estabelece a aplicação da perda do cargo, função ou emprego público como **efeito automático da condenação** pelo crime de tortura, prevalecendo esta regra especial sobre a geral prevista no art. 92, I, do Código Penal (STJ, 5ª Turma, AgRg no AREsp nº 1.131.443/MT, Rel. Min. Ribeiro Dantas, j. 09.12.2020).

---

[20] Acréscimo nosso: "Art. 61. São circunstâncias que sempre agravam a pena, quando não constituem ou qualificam o crime: (...) II – ter o agente cometido o crime: (...) f) com abuso de autoridade ou prevalecendo-se de relações domésticas, de coabitação ou de hospitalidade, ou com violência contra a mulher na forma da lei específica."

A doutrina entende que a interdição se dará para **todo e qualquer** cargo, emprego ou função pública (não se restringindo àquele ocupado pelo agente, até porque já perdido e sem possibilidade de restituição). Portanto, uma vez condenado, o agente não poderá, pelo dobro do prazo da pena aplicada, exercer qualquer cargo, emprego ou função na Administração Pública.

De toda sorte, para que se opere o efeito de que trata esse artigo, o crime deverá ter sido praticado no desempenho de função pública ou em razão da função. Assim, se um policial tortura seu filho e o faz como pai, não se aplica o disposto no § 5º. No caso, a perda do cargo se dará nos termos do disposto no art. 92 do CP e o efeito não será automático, devendo ser declarado e fundamentado pelo magistrado na sentença condenatória.

Entendemos que o § 5º é aplicável a todos os delitos da Lei nº 9.455/1997.

 Decifrando a prova

(MPE/AC – Cespe – 2014 – Adaptada) A condenação de agente público por delito previsto na Lei de Tortura acarreta, como efeito extrapenal automático da sentença condenatória, a perda do cargo, função ou emprego público e a interdição para seu exercício pelo dobro do prazo da pena aplicada, segundo entendimento do STJ.

( ) Certo ( ) Errado

Gabarito comentado: conforme disposto no art. 1º, § 5º, da Lei nº 9.455/1997 e com base nas lições da doutrina dominante, essa consequência é um efeito automático da condenação, sendo desnecessária a menção expressa por parte do juiz quando da prolação de sentença condenatória, ou seja, uma vez condenado por crime de tortura, automaticamente o sujeito perderá o cargo, o emprego ou a função, ficando interditado para o seu exercício pelo dobro do prazo da pena aplicada. Portanto, a assertiva está certa.

Art. 1º (...)

§ 6º O crime de tortura é inafiançável e insuscetível de graça ou anistia.

Tais proibições estão elencadas também na Lei nº 8.072/1990 (Lei de Crimes Hediondos), mas nessa norma ocorre o acréscimo da vedação ao indulto, o qual, para a maioria, **também é vedado aos delitos de tortura**[21] (embora não conste expressamente do § 6º essa proibição). Além disso, lembre-se de que a **liberdade provisória é possível**, caso o juiz entenda pela sua concessão, mas **sempre sem fiança** (crime inafiançável).

Para mais detalhes a respeito dos institutos, remetemos o leitor ao capítulo referente à Lei nº 8.072/1990.

---

[21] Em sentido contrário, parcela da doutrina entende que, como a Lei nº 9.455/1997 é posterior à Lei nº 8.072/1990, e aquela não veda a concessão de indulto, esse instituto seria cabível no caso de crimes de tortura. Por todos: Portocarrero e Ferreira (2020, p. 1284).

Art. 1º (...)

§ 7º O condenado por crime previsto nesta Lei, salvo a hipótese do § 2º, iniciará o cumprimento da pena em regime fechado.

Regime inicial de cumprimento de pena. O § 7º prevê que o regime inicial **obrigatoriamente** será o fechado para os crimes de tortura **comissivos** (esse parágrafo não se aplica à tortura omissiva). A exemplo do que ocorre com o disposto no art. 2º, § 1º, da Lei nº 8.072/1990 (Lei de Crimes Hediondos), declarado inconstitucional pelo STF nos autos do **HC nº 111.840**[22] e aplicando aqui os mesmos fundamentos decisórios, essa **determinação legislativa fere o princípio da individualização da pena**, pois cabe ao juiz – e não ao legislador – decidir, de acordo com as peculiaridades do caso concreto, qual deverá ser o regime inicial de cumprimento de pena (se fechado, semiaberto ou aberto). Essa é a orientação dominante na doutrina.

Contudo, especificamente no que tange à Lei nº 9.455/1997, há de se destacar que o STF, em um julgado da **1ª Turma, validou** o disposto no presente § 7º:

> ### 🔍 Jurisprudência destacada
>
> Nas palavras do Tribunal: O condenado por crime de tortura iniciará o cumprimento da pena em regime fechado, nos termos do disposto no § 7º do art. 1º da Lei nº 9.455/1997 – Lei de Tortura. Com base nessa orientação, a Primeira Turma denegou pedido formulado em *habeas corpus*, no qual se pretendia o reconhecimento de constrangimento ilegal consubstanciado na fixação, em sentença penal transitada em julgado, do cumprimento das penas impostas aos pacientes em regime inicialmente fechado. Alegavam os impetrantes a ocorrência de violação ao princípio da individualização da pena, uma vez que desrespeitados os arts. 33, § 3º, e 59 do CP. Apontavam a existência de similitude entre o disposto no artigo 1º, § 7º, da Lei de Tortura e o previsto no art. 2º, § 1º, da Lei de Crimes Hediondos, dispositivo legal que já teria sido declarado inconstitucional pelo STF (...). O Ministro Marco Aurélio (relator) denegou a ordem. Considerou que, no caso, a dosimetria e **o regime inicial de cumprimento das penas** fixadas **atenderiam aos ditames legais.** Asseverou **não caber articular com a Lei de Crimes Hediondos**, pois a regência específica (Lei nº 9.455/1997) prevê expressamente que o condenado por crime de tortura iniciará o cumprimento da pena em regime fechado, o que não se confundiria com a imposição de regime de cumprimento da pena integralmente fechado. Assinalou que **o legislador ordinário, em consonância com a CF/1988, teria feito uma opção válida, ao prever que, considerada a gravidade do crime de tortura, a execução da pena, ainda que fixada no mínimo legal, deveria ser cumprida inicialmente em regime fechado,** sem prejuízo de posterior progressão (...) (STF, 1ª Turma, HC nº 123.316/SE, Rel. Min. Marco Aurélio, j. 09.06.2015 – *Informativo* 789).

Por outro lado, quando verificamos no STJ, encontramos acórdãos que afirmam **não ser obrigatório** o regime inicial fechado estipulado pelo art. 1º, § 7º, da Lei nº 9.455/1997

---

[22] STF, Pleno, HC nº 111.840/ES, Rel. Min. Dias Toffoli, j. 27.06.2012.

(a análise do caso concreto indicará o regime inicial adequado). Essa orientação está em sintonia com a doutrina majoritária e com o decidido no **HC nº 111.840/STF** quanto aos crimes hediondos.

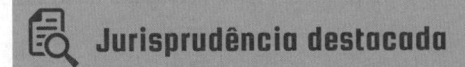 **Jurisprudência destacada**

> 1. **A obrigatoriedade do regime inicial fechado prevista na Lei do Crime de Tortura foi superada pela Suprema Corte**, de modo que a mera natureza do crime não configura fundamentação idônea a justificar a fixação do regime mais gravoso para os condenados pela prática de crimes hediondos e equiparados. Para estabelecer o regime prisional, deve o magistrado avaliar o caso concreto, seguindo os parâmetros estabelecidos pelo artigo 33 e parágrafos do Código Penal. 2. O regime inicial fechado foi fixado pelo magistrado de primeiro grau com base, exclusivamente, no disposto pelo art. 1º, § 7º, da Lei nº 9.455/1997, em manifesta contrariedade ao hodierno entendimento dos Tribunais Superiores. (...) (STJ, 6ª Turma, RHC nº 76.642/RN, Rel. Min. Maria Thereza de Assis Moura, j. 11.10.2016).

Diante do explanado, o ideal é que esse tema seja abordado em uma segunda fase ou fase oral e nelas o candidato terá que demonstrar conhecimento acerca das posições anteriormente expostas.

Substituição da pena privativa de liberdade por restritiva de direitos. Um dos requisitos para se operar tal substituição encontra-se no art. 44, I, do CP, o qual estabelece que o crime não pode ter sido cometido com violência ou grave ameaça à pessoa, o que, convenhamos, é de impossível preenchimento com relação aos delitos tipificados na Lei nº 9.455/1997. Portanto, **não cabe** substituição da pena privativa de liberdade por restritiva de direitos.

Jurisprudência destacada

> *Habeas corpus*. Tortura. **Conduta omissiva. Art. 1º, § 2º, da Lei nº 9.455/1997**. Dosimetria. Primeira fase. Majoração da pena-base. Discricionariedade fundamentada do julgador. Valoração negativa das circunstâncias e consequências do crime: lesões gravíssimas que conduziram à cegueira da vítima. Fundamentação idônea. Exasperação da reprimenda. Proporcional. **Substituição da pena privativa de liberdade por sanções restritivas de direitos. Impossibilidade**. Art. 44, inciso I, do Código Penal e presença de circunstâncias judiciais desfavoráveis. Ordem denegada.
>
> (...) 3. Nos crimes definidos na Lei de Tortura, dado que a violência é ínsita aos tipos penais preconizados nesse diploma legal, **há óbice à substituição da pena privativa de liberdade por restritivas de direitos, com base no art. 44, inciso I, do Código Penal** (STJ, 6ª Turma, HC nº 459.851/SC, Rel. Min. Laurita Vaz, j. 11.12.2018).

Fazemos a ressalva de que, para parcela minoritária da doutrina e ao contrário do decidido pelo STJ, seria possível a substituição no caso da tortura omissiva (art. 1º, § 2º, da Lei).

7.10 EXTRATERRITORIALIDADE – ART. 2º

> **Art. 2º** O disposto nesta Lei aplica-se ainda quando o crime não tenha sido cometido em território nacional, sendo a vítima brasileira ou encontrando-se o agente em local sob jurisdição brasileira.

Temos aqui o instituto da **extraterritorialidade** da Lei nº 9.455/1997. Trata-se de verdadeira exceção ao princípio da territorialidade (aplicação da lei apenas no território nacional), na medida em que a Lei de Tortura **incidirá** em crimes cometidos **fora do território nacional**, nas hipóteses de **vítima brasileira ou encontrando-se o sujeito ativo em local sob a jurisdição brasileira**.

Como não há qualquer condição para a fluência do art. 2º, cuida-se de extraterritorialidade **incondicionada**[23].

 **Jurisprudência destacada**

O fato de o crime de tortura, praticado contra brasileiros, ter ocorrido no exterior não torna, por si só, a Justiça Federal competente para processar e julgar os agentes estrangeiros. (...) (STJ, 3ª Seção, CC nº 107.397/DF, Rel. Min. Nefi Cordeiro, j. 24.09.2014 – *Informativo* 549).

---

[23]   STJ, 6ª Turma, HC nº 386.046/BA, Rel. Min. Maria Thereza de Assis Moura, j. 21.08.2018.

8 Código de Trânsito Brasileiro – Lei n° 9.503/1997

8.1 CONSIDERAÇÕES INICIAIS

O Código de Trânsito Brasileiro (CTB) disciplina o trânsito nas vias terrestres, tratando seus aspectos administrativos e penais. Por essa razão, todas as infrações penais relacionadas ao trânsito existentes antes do diploma em análise devem ser consideradas por ele revogadas.

Deve-se, porém, atentar para dois conceitos imprescindíveis, os quais nos permitirão compreender a Lei n° 9.503/1997.

O que é veículo automotor? O anexo I da Lei n° 9.503 nos traz a definição: **Veículo automotor** é todo veículo a motor de propulsão que circule por seus próprios meios, que serve normalmente para o transporte viário de pessoas e coisas ou para a tração viária de veículos utilizados para o transporte de pessoas e coisas. O termo compreende os veículos conectados a uma linha elétrica e que não circulam sobre trilhos (ônibus elétrico).

O que é via pública? A definição pode ser encontrada no art. 2° da Lei n° 9.503/1997, afirmando que são vias terrestres **urbanas e rurais** as ruas, as avenidas, os logradouros, os caminhos, as passagens, as estradas e as rodovias, que terão seu uso regulamentado pelo órgão ou entidade com circunscrição sobre elas, de acordo com as peculiaridades locais e as circunstâncias especiais.

Para os efeitos do Código, são consideradas vias terrestres as praias abertas à circulação pública, as vias internas pertencentes aos condomínios constituídos por unidades autônomas e as vias e áreas de estacionamento de estabelecimentos privados de uso coletivo. O conceito é necessário na medida em que, em diversos tipos penais, o legislador faz menção à via pública como elementar do crime.

8.2 DISPOSIÇÕES GERAIS – CRIMES

Bem jurídico tutelado. O CTB tutela os seguintes bens jurídicos:

| A vida, no art. 302. |
| A integridade física, no art. 303. |
| A vida e a saúde, no art. 304. |
| A Administração Pública, nos crimes dos arts. 305, 307 e 312. |
| A segurança nas vias públicas, nos arts. 306, 308, 309, 310 e 311. |

Sujeito ativo. Os crimes do CTB são crimes comuns, podendo ser praticados por qualquer pessoa. No entanto, na hipótese do art. 307, quando só poderá ser praticado por quem esteja com o direito de dirigir suspenso, trata-se de crime próprio.

Sujeito passivo. Sujeito passivo de todo e qualquer crime é o titular do bem jurídico tutelado. Assim:

CRIME	SUJEITO PASSIVO
Art. 302	A pessoa cuja vida foi ceifada.
Art. 303	A pessoa a sofrer as lesões corporais.
Art. 304	A pessoa em situação de periclitação de vida e de saúde.
Arts. 305, 307 e 312	A Administração Pública.
Arts. 306, 308, 309, 310 e 311.	A coletividade em geral.

Classificação dos crimes no Código de Trânsito Brasileiro. O CTB traz crimes de dano e crimes de perigo. Nos crimes de dano, descrever-se-á um dano ao bem jurídico tutelado, tal qual ocorre nos crimes de lesão corporal culposa e homicídio culposo na direção de veículo automotor.

Nos crimes de perigo, a lei expõe como criminosa uma situação considerada perigosa para determinada pessoa ou para a segurança das pessoas, em geral. Tais crimes podem ser classificados como **crimes de perigo concreto** ou **crimes de perigo abstrato.**

Nos crimes de perigo concreto, o legislador especificará a situação perigosa, mas exigirá, para que se configure a conduta típica, a demonstração da efetiva existência de um perigo de dano à coletividade ou a determinadas pessoas.

> Exemplo 1: Alberto conduz seu veículo automotor na via pública, embora não possua habilitação para tanto, sendo abordado por um grupo de policiais rodoviários federais em patrulhamento rotineiro. Informa não possuir habilitação. Nesse caso, não praticou qualquer crime, sendo atípica a sua conduta, pois o delito descrito no art. 309 não se configura com a ação de dirigir veículo automotor sem habilitação, sendo necessário o agente, ao conduzir o veículo, acabar provocando uma situação concreta de perigo, o que não houve na hipótese.
>
> Exemplo 2: na mesma situação do Exemplo 1, admita que Alberto, inabilitado, tivesse chamado a atenção dos policiais rodoviários federais por quase ter provocado um aci-

dente fatal ao realizar uma frenagem abrupta e desnecessária, fazendo com que outro condutor, que vinha um pouco atrás, respeitando a distância de segurança, saísse da via para desviar-se, caindo em um charco. Nessa hipótese, tendo gerado efetivo perigo de dano, Alberto praticou o crime do art. 309 do CTB.

Nos crimes de perigo abstrato, não haverá necessidade da demonstração referida, pois o legislador já presume *ex ante* a existência de perigo na conduta realizada.

Exemplo 1: Jonas, acostumado a beber desde jovem, com muita resistência ao álcool, dificilmente se embriaga com um bom vinho. Assim, após beber uma garrafa de um delicioso vinho português durante jantar com amigos, assume a direção de seu veículo e, no meio do caminho, vê-se obrigado a parar por policiais que faziam operação rotineira na localidade. Jonas, então, é submetido ao teste do bafômetro, constatando-se quantidade de álcool bem acima do tolerado. Jonas, que não tinha capacidade psicomotora alterada nem apresentava sinais visíveis de embriaguez, afirmou não ter realizado qualquer manobra ou feito qualquer exibição que justificasse a conclusão de que teria praticado um crime. Na hipótese, não são válidas suas alegações, podendo sua conduta ser considerada criminosa na medida em que o crime de embriaguez ao volante é de perigo abstrato e, independentemente da ocorrência efetiva de perigo, estará caracterizado.

Atenção

Crimes de perigo concreto encontram em sua descrição legal expressões como "gerando perigo de dano", "causando dano potencial", "expondo a perigo" e outras similares!

Assim, observe no gráfico a seguir a classificação:

Arts. 306 e 310	Perigo abstrato	Não será necessário demonstrar ter havido um efetivo perigo de dano a partir do comportamento do agente.
Arts. 306, 308, 309 e 311	Perigo concreto	Será necessário demonstrar ter havido, no caso concreto, um perigo de dano efetivo a partir do comportamento do agente.

Os delitos de menor potencial ofensivo no Código de Trânsito Brasileiro. Os delitos descritos nos arts. 303, *caput*; 304; 305; 307; 309; 310; 311; e 312 do CTB são de menor potencial ofensivo, aplicando-lhes as regras da Lei nº 9.099/1995 em tudo o que não dispuser de forma distinta o CTB, tal qual ocorre com o art. 303 – como demonstraremos a seguir.

O crime de lesão corporal e a aplicação de institutos despenalizadores ao seu autor. O crime do art. 303 do CTB é um crime de menor potencial ofensivo na figura básica do *caput*, à qual se comina pena máxima de dois anos. No entanto, são a eles aplicáveis as causas de aumento de pena do art. 302, § 1º, e, nesses casos, não mais poderá ser considerado crime de menor potencial ofensivo, pois a pena passará a ter um patamar máximo de três anos.

Para a lei de trânsito, contudo, consoante disposto em seu art. 291, § 1º, não importará se o crime é, ou não, de menor potencial ofensivo para fins de aplicação dos mesmos institutos trazidos pelos arts. 74, 76 e 88 da Lei nº 9.099/1995.

Lei n° 9.099/1995

Art. 291. Aos crimes cometidos na direção de veículos automotores, previstos neste Código, aplicam-se as normas gerais do *Código* Penal e do Código de Processo Penal, se este Capítulo não dispuser de modo diverso, bem como a Lei n° 9.099, de 26 de setembro de 1995, no que couber.

§ 1° Aplica-se aos crimes de trânsito de lesão corporal culposa o disposto nos arts. 74, 76 e 88 da Lei n° 9.099, de 26 de setembro de 1995, exceto se o agente estiver:

I – sob a influência de *álcool* ou qualquer outra substância psicoativa que determine dependência;

II – participando, em via pública, de corrida, disputa ou competição automobilística, de exibição ou demonstração de perícia em manobra de veículo automotor, não autorizada pela autoridade competente;

III – transitando em velocidade superior à máxima permitida para a via em 50 km/h (cinquenta quilômetros por hora).

Assim, a regra é a de que à lesão corporal culposa da direção de veículo automotor se apliquem os institutos despenalizadores da Lei n° 9.099/1995. Cuida-se na referida lei, portanto, de crime que admite, tanto na hipótese do *caput* quanto na do § 1°, composição civil dos danos (art. 74), transação penal (art. 76) e que se proceda mediante ação penal pública condicionada à representação (art. 88).

Por outro lado, ainda que se trate de crime de menor potencial ofensivo, não poderão ser aplicados aqueles institutos se:

♦ O crime tiver sido praticado por pessoa sob a influência de álcool ou de qualquer substância que determine dependência.

♦ O crime tiver sido praticado por ocasião de participação em competição automobilística não autorizada.

♦ O agente estiver transitando em velocidade superior à máxima permitida pela via em 50 km/h.

Observação: Ainda que seja de menor potencial ofensivo, a lei determina que se instaure inquérito policial para o crime de lesão corporal culposa na direção de veículo automotor nessas três hipóteses apresentadas.

§ 2° Nas hipóteses previstas no § 1° deste artigo, deverá ser instaurado inquérito policial para a investigação da infração penal.

Para que você melhor entenda a matéria, **atente-se** aos exemplos a seguir:

Exemplo 1: André, conduzindo seu veículo em via pública a 111 quilômetros por hora, acaba por atropelar e provocar lesões leves em Maria. Naquela via, a velocidade máxima era de 50 km por hora. Nesse caso, André praticou um crime de menor potencial ofensivo, estando sua conduta descrita no *caput* do art. 303, mas não poderá se beneficiar com a transação penal. Outrossim, a composição civil dos danos não poderá ser considerada renúncia tácita ao direito de representação, na medida em que o crime é de ação penal pública incondicionada, não cabendo a aplicação do art. 88 da Lei nº 9.099/1995. Essa conclusão se deve ao fato de estar André transitando em velocidade superior à máxima permitida pela via em 50 km por hora.

Exemplo 2: Andréa transitava com sua motocicleta pela calçada de movimentada rua no centro da cidade em que reside. Nessas circunstâncias, acabou por atropelar e provocar lesões em um ambulante. Por ter praticado o crime na calçada, a pena máxima será de três anos, realizado o aumento de que trata o art. 302, § 1º.[1] Mesmo assim, observada a regra do art. 291, § 1º, do CTB, Andréa poderá ser beneficiada com a transação penal e, sendo a ação penal pública condicionada à representação, a composição civil de danos poderá ser aplicada como renúncia tácita. Sem a representação, o Ministério Público não poderá deflagrar ação penal contra Andréa.

 Decifrando a prova

(Delegado – PC/MS – Fapec – 2021 – Adaptada) Considerando as disposições contidas na Lei de Crimes Hediondos (Lei nº 8.072/1990), os crimes de trânsito previstos no Código de Trânsito Brasileiro (Lei nº 9.503/1997) e o Estatuto do Desarmamento (Lei nº 10.826/2003), julgue a seguinte alternativa:

O Código de Trânsito Brasileiro, expressamente, afasta a aplicação da transação penal (art. 76, Lei nº 9.099/1995) e da suspensão condicional do processo (art. 89, Lei nº 9.099/1995) aos crimes de trânsito de lesão corporal culposa quando o agente praticar o fato sob a influência de álcool ou de qualquer outra substância psicoativa que determine dependência.

( ) Certo ( ) Errado

Gabarito comentado: o disposto no art. 291, § 1º, não impede a aplicação da suspensão condicional do processo à hipótese , vedando apenas a aplicação da transação penal, da representação e da composição civil de danos. Portanto, a assertiva está errada.

A suspensão ou proibição da permissão ou habilitação para dirigir veículo. Cuida-se de pena restritiva de direitos aplicável aos crimes do CTB por estar cominada no preceito sancionatório de algumas das suas normas incriminadoras, com a pena privativa de liberdade, nos exatos termos dos arts. 302, 303, 307, 306 e 308 do CTB.

Nesses casos, a referida pena restritiva de direitos não se aplica em substituição à pena privativa de liberdade. Outrossim, sua aplicação não se dá pelo mesmo tempo da pena privativa de liberdade, devendo ser estabelecida pelo período previsto no art. 293 do CTB, ou seja, de dois meses a cinco anos.

Art. 293. A penalidade de suspensão ou de proibição de se obter a permissão ou a habilitação, para dirigir veículo automotor, tem a duração de dois meses a cinco anos.

---

[1] Todas as causas que aumentam a pena do homicídio culposo elevam também a pena da lesão corporal culposa, consoante regra do art. 303, § 1º, do CTB.

§ 1º Transitada em julgado a sentença condenatória, o réu será intimado a entregar à autoridade judiciária, em quarenta e oito horas, a Permissão para Dirigir ou a Carteira de Habilitação.

§ 2º A penalidade de suspensão ou de proibição de se obter a permissão ou a habilitação para dirigir veículo automotor não se inicia enquanto o sentenciado, por efeito de condenação penal, estiver recolhido a estabelecimento prisional.

O Superior Tribunal de Justiça (STJ) já decidiu que não se pode aplicar o prazo mínimo da pena restritiva de direitos quando se tratar de hipótese em que o agente se encontrava sob efeito de álcool ou substância análoga.

Jurisprudência destacada

Penal e processual penal. Agravo regimental no agravo em recurso especial. Crime de trânsito. Embriaguez ao volante. Suspensão da habilitação para dirigir veículo automotor. Redução ao prazo mínimo previsto no art. 293 do CTB. Impossibilidade. Maior reprovabilidade da conduta.

Agravo regimental desprovido. 1. A pena de proibição de dirigir veículo automotor não se confunde com as penas substitutivas à privativa de liberdade estabelecidas no CP. Ademais, a jurisprudência desta Corte Superior se firmou no sentido de que a norma não estabelece os critérios a fim de fixar o lapso com objetivo de suspender a habilitação para dirigir, devendo o juiz estabelecer o prazo de duração da medida considerando as peculiaridades do caso concreto, tais como a gravidade do delito e o grau de censura do agente, não ficando adstrito à análise das circunstâncias judiciais do art. 59 do CP (AgRg no REsp nº 1.663.593/ SC, Rel. Min. Maria Thereza de Assis Moura, 6ª Turma, j. 20.06.2017, *DJe* 26.06.2017). 2. A Corte de origem traz no acórdão trecho do parecer da Procuradoria que ressalta que, além do risco gerado pelo uso de bebidas alcoólicas, o acusado fomentou novo risco de acidente ao conduzir seu veículo pela calçada, chegando, inclusive, a atropelar uma das pessoas que lá se encontrava. E completa dizendo que a conduta do agravante trouxe maior perigo à vida e à integridade física das pessoas do que aquele que apenas dirige embriagado. Dessa forma, em observância à discricionariedade do juiz, verifico que, na hipótese dos autos, a suspensão da habilitação para dirigir pelo prazo de 10 meses se mostra justa, razoável e proporcional à conduta do agravante, tendo o Tribunal de origem justificado de forma concreta sua manutenção. 3. Agravo regimental a que se nega provimento (STJ, 5ª Turma, AgRg no AREsp nº 1.709.618/DF 2020/0132389-5, Rel. Min. Reynaldo Soares da Fonseca, j. 03.11.2020, *DJe* 16.11.2020).

A lei permite que a medida de suspensão do direito de dirigir seja aplicada cautelarmente.

Art. 294. Em qualquer fase da investigação ou da ação penal, havendo necessidade para a garantia da ordem pública, poderá o juiz, como medida cautelar, de ofício, ou a requerimento do Ministério Público ou ainda mediante representação da autoridade policial, decretar, em decisão motivada, a suspensão da permissão ou da habilitação para dirigir veículo automotor, ou a proibição de sua obtenção.

Nos crimes em que não há previsão da sua aplicação no preceito sancionatório, o juiz deverá (é obrigatório!) aplicá-la, conforme determina o art. 296 da Lei, quando se tratar de pessoa reincidente na prática de crime de trânsito.

> **Art. 296.** Se o réu for reincidente na prática de crime previsto neste Código, o juiz aplicará a penalidade de suspensão da permissão ou habilitação para dirigir veículo automotor, sem prejuízo das demais sanções penais cabíveis.

De acordo com a jurisprudência do STJ e do STF, o fato de ter sido a infração de trânsito praticada por motorista profissional não autoriza a substituição da pena[2] de suspensão do direito de dirigir por outra, pois tal categoria é obrigada a maiores cuidado e responsabilidade no trânsito. A matéria foi objeto de tema de repercussão geral e teve o RE nº 607.107 como *leading case*.

🔍 Jurisprudência destacada

Penal e processo penal. Agravo regimental em recurso especial. Afronta ao art. 619 do CPP. Inocorrência. Acórdão devidamente fundamentado. Vícios autorizativos não configurados. Absolvição. Reexame de matéria fático-probatória. Súmula nº 7/STJ. Homicídio culposo na direção de veículo automotor. Motorista profissional. Suspensão da habilitação. Possibilidade. Agravo regimental não provido. (...) 3. De acordo com a jurisprudência deste Superior Tribunal de Justiça, os motoristas profissionais – mais do que qualquer outra categoria de pessoas – revelam maior reprovabilidade ao praticarem delito de trânsito, merecendo, pois, a reprimenda de suspensão do direito de dirigir, expressamente prevista no art. 302 do CTB, de aplicação cumulativa com a pena privativa de liberdade. Dada a especialização, deles é de se esperar maior acuidade no trânsito. 4. Agravo regimental improvido (STJ, 6ª Turma, AgInt no REsp nº 1.706.417/CE, Rel. Min. Maria Thereza de Assis Moura, j. 05.12.2017, *DJe* 12.12.2017).

Recurso extraordinário. Homicídio culposo na direção de veículo automotor. Motorista profissional. Suspensão de habilitação para dirigir. Constitucionalidade. 1. O recorrido, motorista profissional, foi condenado, em razão da prática de homicídio culposo na direção de veículo automotor, à pena de alternativa de pagamento de prestação pecuniária de três salários mínimos, bem como à pena de suspensão da habilitação para dirigir, prevista no art. 302 do Código de Trânsito Brasileiro, pelo prazo de dois anos e oito meses. 2. A norma é perfeitamente compatível com a Constituição. É legítimo suspender a habilitação de qualquer motorista que tenha sido condenado por homicídio culposo na direção de veículo. Com maior razão, a suspensão deve ser aplicada ao motorista profissional, que maneja o veículo com habitualidade e, assim, produz risco ainda mais elevado para os demais motoristas e pedestres. 3. Em primeiro lugar, inexiste direito absoluto ao exercício de atividades profissionais (CF/1988, art. 5º, XIII). É razoável e legítima a restrição imposta pelo legislador, visando proteger bens jurídicos relevantes de terceiros, como a vida e a integridade física. 4. Em segundo lugar, a medida é coerente com o princípio da individualização da pena (CF/1988, art. 5º, XLVI). A suspensão do direito de dirigir do condenado por homicídio culposo na direção de veículo automotor

---

[2] O STJ se refere à pena restritiva de direitos de suspensão do direito de dirigir como pena acessória, mas não mais existem entre nós penas acessórias desde a Reforma de 1984.

é um dos melhores exemplos de pena adequada ao delito, já que, mais do que punir o autor da infração, previne eficazmente o cometimento de outros delitos da mesma espécie. 5. Em terceiro lugar, a medida respeita o princípio da proporcionalidade. A suspensão do direito de dirigir não impossibilita o motorista profissional de auferir recursos para sobreviver, já que ele pode extrair seu sustento de qualquer outra atividade econômica. 6. Mais grave é a sanção principal, a pena privativa de liberdade, que obsta completamente as atividades laborais do condenado. *In casu*, e com acerto, substituiu-se a pena corporal por prestação pecuniária. Porém, de todo modo, se a Constituição autoriza o legislador a privar o indivíduo de sua liberdade e, consequentemente, de sua atividade laboral, em razão do cometimento de crime, certamente também autoriza a pena menos gravosa de suspensão da habilitação para dirigir. 7. Recurso extraordinário provido. 8. Fixação da seguinte tese: É constitucional a imposição da pena de suspensão de habilitação para dirigir veículo automotor ao motorista profissional condenado por homicídio culposo no trânsito (STF, Tribunal Pleno, RE nº 607.107/MG, Rel. Min. Roberto Barroso, j. 12.02.2020, data de publicação 14.04.2020).

Descabimento de *habeas corpus* na hipótese de aplicação de pena de suspensão de habilitação. Por não ter a referida penalidade, por si só, o condão de caracterizar ofensa ou ameaça à liberdade de locomoção do paciente, não é cabível o manejo do *habeas corpus* para afastá-la.

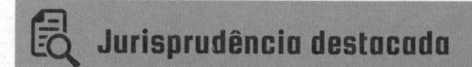 **Jurisprudência destacada**

(...) A gravidade concreta do delito, demonstrada pela velocidade excessiva e pela ingestão de bebida alcoólica da conduta é suficiente para a manutenção da valoração negativa da circunstância judicial da culpabilidade e justificar o acréscimo de 1/6 à pena-base. 2. A imposição da medida administrativa de suspensão do direito de dirigir veículo automotor, em razão da ausência de previsão legal de sua conversão em pena privativa de liberdade caso descumprida, não tem o condão, por si só, de caracterizar ofensa ou ameaça à liberdade de locomoção do paciente, razão pela qual não é cabível o manejo do *habeas corpus*. 3. Agravo regimental não provido (STJ, 5ª Turma, AgRg no HC nº 443.003/RS 2018/0070855-8, Rel. Min. Jorge Mussi, j. 21.08.2018, *DJe* 03.09.2018).

A prescrição penal da pena de suspensão ou proibição de obter a habilitação. A prescrição da restrição de direitos se dará no mesmo prazo previsto para a da pena privativa de liberdade, consoante disposto no art. 109, parágrafo único, do CP.

Art. 109. (...)

Parágrafo único. Aplicam-se *às* penas restritivas de direito os mesmos prazos previstos para as privativas de liberdade.

Início do cumprimento da pena de suspensão ou proibição de obter a habilitação. Pode a pena privativa de liberdade ser aplicada com a pena restritiva de direitos. A lei estabelece que a interdição temporária de direitos não se iniciará enquanto o sentenciado, por efeito de condenação penal, estiver recolhido a estabelecimento prisional. O motivo nos parece evidente: de nada adiantaria a imposição da suspensão ou proibição para alguém que esteja recolhido ao cárcere porque, nessa condição, não teria mesmo como dirigir.

A suspensão e a proibição de obter habilitação e o *sursis*. A suspensão ou proibição para dirigir veículo deverá ser imposta ainda que suspensa a execução da pena privativa de liberdade, pela concessão dos *sursis*, que não se estende às penas restritivas de direitos, consoante o art. 80 do CP.

> **Art. 80.** A suspensão não se estende às penas restritivas de direitos nem à multa.

A multa reparatória. O CTB prevê a penalidade de multa reparatória, aplicada na sentença condenatória, no bojo da ação penal por crime de lesão corporal ou homicídio na direção de veículo automotor. Consiste em pagamento à vítima ou aos seus sucessores e seu valor é referente aos prejuízos materiais efetivamente demonstrados no processo. Não são incluídos no valor da multa reparatória os danos morais e os lucros cessantes, pois não se admite dilação probatória para sua fixação.

Com a multa reparatória, o condenado por crime de trânsito é obrigado a pagar à vítima ou aos seus sucessores um valor fixado pelo Juízo sentenciante.

É majoritário na doutrina que a multa reparatória tenha natureza jurídica de sanção civil, pois o valor pago deverá ser descontado do valor total da indenização devida pela prática do crime, nos termos do art. 297, § 3°, do CTB.

> **Art. 297.** A penalidade de multa reparatória consiste no pagamento, mediante depósito judicial em favor da vítima, ou seus sucessores, de quantia calculada com base no disposto no § 1° do art. 49 do *Código* Penal, sempre que houver prejuízo material resultante do crime.
>
> § 1° A multa reparatória não poderá ser superior ao valor do prejuízo demonstrado no processo.
>
> § 2° Aplica-se *à* multa reparatória o disposto nos arts. 50 a 52 do Código Penal.
>
> § 3° Na indenização civil do dano, o valor da multa reparatória será descontado.

As agravantes genéricas do Código de Trânsito. Prevê o CTB agravantes genéricas específicas para os crimes que tipifica.

> **Art. 298.** São circunstâncias que sempre agravam as penalidades dos crimes de trânsito ter o condutor do veículo cometido a infração:
>
> I – com dano potencial para duas ou mais pessoas ou com grande risco de grave dano patrimonial a terceiros;
>
> II – utilizando o veículo sem placas, com placas falsas ou adulteradas;
>
> III – sem possuir Permissão para Dirigir ou Carteira de Habilitação;
>
> IV – com Permissão para Dirigir ou Carteira de Habilitação de categoria diferente da do veículo;
>
> V – quando a sua profissão ou atividade exigir cuidados especiais com o transporte de passageiros ou de carga;

302 Legislação Penal Decifrada

VI – utilizando veículo em que tenham sido adulterados equipamentos ou características que afetem a sua segurança ou o seu funcionamento de acordo com os limites de velocidade prescritos nas especificações do fabricante;

VII – sobre faixa de trânsito temporária ou permanentemente destinada a pedestres.

As circunstâncias trazidas pelo art. 298, quando previstas como elementares ou causas de aumento dos crimes dispostos pelo CTB, **não** poderão ser aplicadas como circunstâncias agravantes genéricas, devendo-se observar os termos do art. 61 do CP, sob pena de odioso *bis in idem*.

Exemplo 1: admita que Mário, inabilitado, tenha atropelado e matado André quando conduzia de forma imprudente seu veículo automotor. Nesse caso, não se aplica ao delito praticado por Caio a circunstância agravante genérica referente à falta de habilitação (art. 298, III) porque, naquele crime, tal circunstância é causa de aumento de pena, conforme disposto no art. 302, § 1º, I.

Exemplo 2: Mário, inabilitado, por muito pouco não atropelou Maria ao perder a direção de seu veículo, que não conseguiu controlar em uma ladeira muito íngreme. Nesse caso, por ocasião da aplicação de sua pena, o juiz não poderá aplicar ao crime descrito no art. 309 a agravante genérica da falta de habilitação (art. 298, III), pois se trata de elementar daquele crime.

Penas restritivas de direito. Nos crimes dolosos previstos no CTB, em que a pena for aplicada em até quatro anos, caberá, nos termos do art. 44 do CP, a substituição da pena privativa de liberdade por pena restritiva de direitos. A substituição também caberá na hipótese de crimes culposos, qualquer que tenha sido a pena fixada.

Art. 44. As penas restritivas de direitos são autônomas e substituem as privativas de liberdade, quando:

I – aplicada pena privativa de liberdade não superior a quatro anos e o crime não for cometido com violência ou grave ameaça à pessoa ou, qualquer que seja a pena aplicada, se o crime for culposo;

II – o réu não for reincidente em crime doloso;

III – a culpabilidade, os antecedentes, a conduta social e a personalidade do condenado, bem como os motivos e as circunstâncias indicarem que essa substituição seja suficiente.

Merecem especial atenção, contudo, os arts. 302, § 3º, e 303, § 2º, do CTB, que tratam dos crimes de homicídio culposo e lesão corporal culposa praticados na direção de veículo automotor por pessoa sob efeito de álcool ou substâncias com propriedades análogas ao álcool.

Os citados crimes, se praticados antes do advento da Lei nº 14.071/2020, com vigência a partir de 12 de abril de 2021, ainda que se lhes apliquem penas em patamar superior a quatro anos, admitem a substituição da pena privativa de liberdade por pena restritiva de direitos, por se tratar de crimes culposos – desde que preenchidos todos os demais requisitos exigidos pelo art. 44 do CP.

Todavia, a sistemática legal adotada para tais crimes, admitindo a possibilidade de substituição, gerava grande desconforto e perplexidade entre os operadores do direito e na própria sociedade, trazendo a sensação de impunidade. Afinal, pessoa condenada a oito anos de pena privativa de liberdade por homicídio culposo, provocado quando conduzia veículo automotor sob efeito de álcool, poderia ter sua pena substituída por pena restritiva de direitos.

A Lei nº 14.071/2020, assim, fez inserir no CTB o art. 312-B com o propósito de vedar a substituição, conforme notícias veiculadas nos *sites* oficiais.[3]

> **Art. 312-B.** Aos crimes previstos no § 3º do art. 302 e no § 2º do art. 303 deste Código *não* se aplica o disposto no inciso I do *caput* do art. 44 do Decreto-lei nº 2.848, de 7 de dezembro de 1940 (Código Penal).

O legislador, porém, mais uma vez, foi extremamente infeliz e, se na redação do dispositivo foi sua intenção dizer que não caberia a substituição, o que lançou no texto foi justamente o contrário. Ao mencionar que o art. 44, I, do CP não se aplica aos crimes dos arts. 302, § 3º, e 303, § 2º, do CTB, o que o novo dispositivo legal faz é apenas impor o cumprimento da exigência do art. 44, III, do CP. Ora, se a lei diz que não se aplica o inciso I aos crimes de lesão corporal e homicídio culposo na direção de veículo automotor e o inciso II não tem aplicação quando se trata de crime culposo, apenas sobra a exigência do inciso III. Com isso, na hipótese dos crimes de que trata, o art. 312-B somente exige para a substituição que a culpabilidade, os antecedentes, a conduta social, a personalidade do condenado, os motivos e as circunstâncias indiquem a suficiência da substituição.

Por essa razão, se quis o legislador impor tratamento mais incisivo àqueles que matam e lesionam pessoas na direção de veículo automotor por estarem sob efeito de álcool, o tiro saiu pela culatra e nada foi alterado. É o descuido na elaboração do texto legal milita, mais uma vez, a favor da insegurança jurídica e da impunidade, que grassam entre nós quando se trata de matéria de trânsito.

🧩 Decifrando a prova

(Promotor de Justiça de Entrância Inicial – MP/CE – Cespe/Cebraspe – 2020 – Adaptada)
Julgue a seguinte afirmação: "Cada um dos itens a seguir apresenta uma situação hipotética, seguida de uma assertiva a ser julgada, acerca da aplicação de pena e do livramento condicional, considerando-se o entendimento dos tribunais superiores. Pela prática de delito de homicídio culposo no trânsito, na forma qualificada, por conduzir veículo sob influência de bebida alcoólica, Marcos foi condenado à pena de cinco anos de reclusão, a ser cumprida inicialmente em regime semiaberto. Nesse caso, em que pese o *quantum* da pena, é cabível a substituição da pena privativa de liberdade por restritiva de direitos".

( ) Certo ( ) Errado

---

[3] Saiba mais em: https://www12.senado.leg.br/noticias/materias/2020/09/03/senado-aprova-serie--de-mudancas-na-legislacao-de-transito. Acesso em: 20 nov. 2020.

Gabarito comentado: trata-se de crime culposo para o qual não se estabelece limite máximo de pena aplicada. Mesmo com as controvérsias que serão geradas pela Lei nº 14.071/2020, o caso em questão ocorreu antes da vigência da lei mencionada, que não poderia retroagir para alcançar fatos anteriores. Reiteramos, contudo, nosso entendimento de que não houve qualquer alteração em virtude da redação defeituosa do diploma mencionado. Assim, sempre coube e continuará cabendo, até que a lei diga o contrário, substituição da pena privativa de liberdade por pena restritiva de direitos em crime culposo de homicídio e lesão corporal na direção de veículo automotor, ainda que praticado por pessoa sob efeito de álcool. Portanto, a assertiva está certa.

As penas restritivas de direitos aplicáveis aos crimes de trânsito. Nas hipóteses em que a pena privativa de liberdade for substituída por pena restritiva de direitos, o juiz deverá observar o disposto no art. 312-A, o qual dispõe que a pena substitutiva deverá ser de prestação de serviço à comunidade ou a entidades públicas, em uma das seguintes atividades:

I – trabalho, aos fins de semana, em equipes de resgate dos corpos de bombeiros e em outras unidades móveis especializadas no atendimento a vítimas de trânsito;

II – trabalho em unidades de pronto-socorro de hospitais da rede pública que recebem *vítimas de acidente de trânsito e politraumatizados;*

III– trabalho em clínicas ou instituições especializadas na recuperação de acidentados de trânsito;

IV – outras atividades relacionadas ao resgate, atendimento e recuperação de vítimas de acidentes de trânsito.

Jurisprudência destacada

(...) Nos termos da jurisprudência desta Corte, em "uma interpretação teleológica da legislação especial sobre os crimes de trânsito permite considerar que a prestação de serviços à comunidade é a alternativa-padrão, devido à sua finalidade pedagógica, que é evidenciada pelo art. 312-A da Lei nº 9.503/1997, sendo certo que o paciente, no caso destes autos, foi condenado pelo crime de lesão corporal culposa na direção de veículo automotor, previsto no art. 303, *caput*, do CTB, crime que está entre aqueles para os quais aquele dispositivo prevê a substituição de pena privativa de liberdade por pena restritiva de direitos" (STJ, 5ª Turma, AgRg no HC nº 617.512/SC, Rel. Min. Reynaldo Soares da Fonseca, j. 24.11.2020, *DJe* 27.11.2020).

Início do cumprimento das penas restritivas de direitos. Consoante jurisprudência do STF, apenas após o trânsito em julgado da sentença condenatória.

Prisão em flagrante e fiança. Só pode ser aplicada a prisão em flagrante para os delitos **culposos** de lesão corporal e homicídio praticados na direção de veículo automotor, quando o agente não prestar pronto e integral socorro à vítima.

Art. 301. Ao condutor de veículo, nos casos de acidentes de trânsito de que resulte vítima, não se imporá a prisão em flagrante, nem se exigirá fiança, se prestar pronto e integral socorro àquela.

Possibilidade de aplicação de perdão judicial. Aos crimes de homicídio culposo e lesão corporal culposa praticados na direção de veículo automotor é cabível a aplicação do perdão judicial. Para tanto, deverão ser observadas as diretrizes do art. 121, § 5º, do CP.

> **Art. 121.** Matar alguém: (...)
>
> **§ 5º** Na hipótese de homicídio culposo, o juiz poderá deixar de aplicar a pena, se as consequências da infração atingirem o próprio agente de forma tão grave que a sanção penal se torne desnecessária.

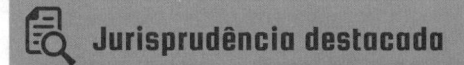

Jurisprudência destacada

Agravo regimental no recurso extraordinário criminal. Garantia da presunção de inocência. Execução da pena restritiva de direitos antes do trânsito em julgado. Impossibilidade. O art. 147 da Lei de Execuções Penais não foi objeto de análise pelo Plenário do Supremo Tribunal Federal nas ADCs nºs 43 e 44. Agravo a que se nega provimento.

I – O art. 147 da Lei de Execuções Penais determina que a pena restritiva de direitos será aplicada somente após o trânsito em julgado da sentença penal condenatória. II – O entendimento até então esposado pelo Plenário do Supremo Tribunal Federal sobre a possibilidade da execução antecipada da pena deu-se pela análise de medidas cautelares nas Ações Declaratórias de Constitucionalidade nºs 43 e 44, que ainda aguardam pronunciamento de mérito. Por sua vez, a decisão proferida no ARE nº 964.246/SP, julgado pela sistemática da repercussão geral, não tratou especificamente de execução antecipada de pena restritiva de direito, vedada pelo art. 147 da LEP, mas, tão somente, de pena privativa de liberdade, hipótese essa prevista no art. 283 do CPP. III – Agravo regimental a que se nega provimento (STF, 2ª Turma, RE nº 1.195.505 AgR, Rel. Ricardo Lewandowski, j. 22.09.2020, *DJe* 1º.12.2020).

Penal. Processual penal. Apelação criminal. Crime de trânsito. Homicídio culposo na direção de veículo automotor (Lei nº 9.503/1997, art. 302, § 3º). Sentença declaratória de extinção da punibilidade. Recurso da acusação. Mérito. Pleito pelo afastamento do perdão judicial em virtude da ausência de laudo psicológico apto a atestar o sofrimento do apelado. Inacolhimento. Depoimentos orais que comprovam o sofrimento experimentado ao ceifar a vida de sua filha e de sua cunhada. Além disso, relatos de testemunhas e do próprio recorrido em seu interrogatório aptos a demonstrar o profundo abalo emocional. Agente que se mostra consciente de ter sido o responsável pela morte de seus familiares. Desnecessidade da pena estatal. Aplicação analógica do § 5º do art. 121 do Código Penal que se impõe. Recurso conhecido e desprovido. Sentença mantida (TJSC, 1ª Câmara Criminal, Apelação Criminal nº 0001733-06.2018.8.24.0073, Rel. Carlos Alberto Civinski, j. 07.06.2022).

Ação penal nos crimes de trânsito. Observadas as referências feitas no início deste capítulo com relação ao crime de lesão corporal na direção de veículo automotor, todos os demais crimes previstos no CTB são de ação penal pública incondicionada.

CRIME	AÇÃO PENAL
Art. 303 – Regra.	Ação pública condicionada à representação.
Art. 303, nas hipóteses de: 1. Condução sob efeito de álcool ou substâncias análogas. 2. Participação em competição automobilística não autorizada. 3. A mais de 50 km/h além do limite máximo permitido: ♦ Todos os demais crimes.	Ação pública incondicionada.

🧩 Decifrando a prova

(Delegado – PC/BA – Vunesp – 2018 – Adaptada) Julgue a seguinte afirmação: "Considere o seguinte caso hipotético. A velocidade máxima permitida na Rua A é de 50 km/h. 'Y', conduzindo seu veículo a 120 km/h pela Rua A, atropela 'Z', provocando-lhe lesões corporais. Diante do exposto e considerando que 'Y' cometeu um crime culposo de trânsito nos termos da Lei nº 9.503/1997, é correto afirmar que a conduta de 'Y' tipifica o crime de lesão corporal culposa na direção de veículo automotor, de ação penal pública condicionada e com possibilidade de aplicação da composição dos danos civis prevista na Lei nº 9.099/1995".

( ) Certo ( ) Errado

Gabarito comentado: deverá responder por lesão corporal culposa na direção de veículo automotor, de ação penal pública incondicionada, não sendo possível a aplicação da transação penal prevista na Lei nº 9.099/1995, observados os termos do art. 291, § 1º, do CP, considerada a sua velocidade, 50 km além do limite máximo permitido para o local. Portanto, a assertiva está errada.

8.3 CRIMES EM ESPÉCIE

8.3.1 Art. 302 – Homicídio culposo na direção de veículo automotor

Art. 302. Praticar homicídio culposo na direção de veículo automotor:

Penas – detenção, de dois a quatro anos, e suspensão ou proibição de se obter a permissão ou a habilitação para dirigir veículo automotor.

§ 1º No homicídio culposo cometido na direção de veículo automotor, a pena é aumentada de 1/3 (um terço) à metade, se o agente:

I – não possuir Permissão para Dirigir ou Carteira de Habilitação;

II – praticá-lo em faixa de pedestres ou na calçada;

III – deixar de prestar socorro, quando possível fazê-lo sem risco pessoal, *à vítima do acidente*;

IV – no exercício de sua profissão ou atividade, estiver conduzindo veículo de transporte de passageiros.

V– (Revogado pela Lei nº 11.705, de 2008.)

§ 2º (Revogado pela Lei nº 13.281, de 2016.)

Conduta típica. Trata-se de matar alguém por inobservância de dever objetivo de cuidado na direção de veículo automotor. No CTB, só se admite a modalidade culposa do crime, podendo a culpa ser consciente ou inconsciente.[4] Para a aplicação do art. 302, não é necessário que o homicídio culposo na direção de veículo automotor tenha sido praticado em via pública, na medida em que a referida exigência não consta do tipo penal. Assim, basta que a conduta violadora do dever objetivo de cuidado diga respeito à direção de veículo automotor, pouco importando se na via pública ou não, embora existam posições em sentido contrário.

⌐Cuidado⌐

O CTB não prevê crime de homicídio doloso. Se o agente, desejando ou assumindo o risco de matar a vítima, usar veículo automotor como meio para a prática do crime, deverá responder por homicídio doloso previsto no CP. Na hipótese de homicídio praticado na direção de veículo automotor, havendo elementos nos autos indicativos de que o condutor agiu, possivelmente, com dolo eventual, o julgamento acerca da ocorrência desse ou da culpa consciente compete ao Tribunal do Júri, na qualidade de juiz natural da causa.

 Jurisprudência destacada

(...) 4. Desclassificação do delito. Dolo eventual *x* culpa consciente. 5. Prequestionamento explícito de matéria constitucional. Ausência dos vícios do art. 619 do CPP. 6. Coexistência de dolo eventual com qualificadoras – meio cruel e motivo fútil. 7. Agravo regimental a que se nega provimento. (...) 4.1. O pleito defensivo de desclassificação da conduta/impronúncia encontra óbice na impossibilidade de revolvimento do material fático-probatório dos autos em sede de recurso especial, a teor da Súmula nº 7/STJ. Não se pode generalizar a exclusão do dolo eventual em comportamentos humanos voluntários praticados no trânsito. 5.1. A jurisprudência desta Corte é uníssona ao afirmar que mesmo os recursos que pretendem

---

4   É elemento do crime culposo a previsibilidade objetiva do resultado, ou seja, a possibilidade que o homem médio teria de antecipar mentalmente o resultado. No mais das vezes, o resultado previsível não é sequer previsto pelo autor e aquilo é denominado culpa inconsciente. Por outro lado, algumas vezes o resultado previsível é efetivamente previsto pelo autor, que, contudo, não admite a sua ocorrência. Neste último caso, há a denominada culpa consciente ou culpa com previsão, a qual difere do dolo eventual, em que o resultado previsível é previsto e o agente consente com a sua produção.

o prequestionamento de tema constitucional demandam a demonstração concomitante da existência de um dos vícios do art. 619 do CPP, o que inocorreu no caso dos autos. 6.1. Inexiste incompatibilidade entre o dolo eventual e o reconhecimento do meio cruel para a consecução da ação, na medida em que o dolo do agente, direto ou indireto, não exclui a possibilidade de a prática delitiva envolver o emprego de meio mais reprovável, como veneno, fogo, explosivo, asfixia, tortura ou outro meio insidioso ou cruel (...) (art. 121, § 2º, inciso III, do CP). 6.2. A anterior discussão entre autor e vítima não é suficiente para afastar a qualificadora do motivo fútil, cuja incidência é possível, ainda que se trate de dolo eventual. 7.1. Agravo regimental a que se nega provimento (STJ, 5ª Turma, AgRg no REsp nº 1.573.829/SC 2015/0310837-7, Rel. Min. Reynaldo Soares da Fonseca, j. 09.04.2019, *DJe* 13.05.2019).

Tentativa. Impossível, por tratar-se de crime culposo, que não admite o *conatus*.

Causas de aumento de pena. O § 1º do art. 302 tem natureza jurídica de causa de aumento de pena, podendo elevar a reprimenda a patamar acima do máximo estabelecido pela lei. As causas de aumento estão descritas a seguir.

1. **Falta de habilitação.** Não se aplica à pessoa com habilitação vencida (STJ, 6ª Turma, HC nº 226.128/TO 2011/0281839-2, Rel. Min. Rogerio Schietti Cruz, j. 07.04.2016, *DJe* 20.04.2016).

2. **Crime provocado na faixa de pedestre ou na calçada.** É preciso que a faixa esteja devidamente sinalizada. Não se aplica a causa de aumento quando o condutor se envolver em acidente e, por força da colisão, o veículo for projetado até a faixa, matando um pedestre. A causa de aumento incide apenas quando a transgressão do dever objetivo de cuidado agente consistir em trafegar pela faixa de pedestres (PORTOCARRERO; FERREIRA, 2020, p. 1309), embora exista entendimento em sentido contrário ao argumento de que a lei não faz qualquer ressalva nesse sentido (CAPEZ, 2012, p. 327).

┌─**Cuidado**───┐

Em prova, usar a causa de aumento sempre que a vítima for atingida na calçada, pela letra fria da lei, adotando esse segundo entendimento.

└───┘

3. **Aumento de pena pela não prestação do socorro.** Não se confunde essa causa de aumento com o crime previsto no art. 304 do CTB. Aplica-se a causa de aumento quando o condutor tiver realizado a conduta que veio a causar a morte da vítima, deixando de socorrê-la, quando poderia fazê-lo sem qualquer risco pessoal. O crime do art. 304 aplica-se ao condutor envolvido, sem qualquer culpa pelo acidente, que deixar de prestar socorro à vítima. Condutores que não tenham nenhuma relação com o acidente, mas deixam de prestar socorro à vítima, responderão pelo crime do art. 135 do CP.

Exemplo 1: Em um caso concreto, Jorge e Cláudio se envolveram em um acidente, causado pelo descuido de Jorge, que imprimia velocidade excessiva ao veículo. Por ocasião do acidente, uma pessoa foi atropelada, vindo a sofrer sérias lesões. Jorge e Cláudio saíram do local sem prestar-lhe socorro. Carlos, outro condutor que por ali passava, ao ver que os veículos envolvidos saíram do local, resolveu tomar idêntica atitude; o mesmo fazendo um vendedor ambulante. Todos poderiam ter prestado socorro ou chamado a autoridade para fazê-lo. A vítima faleceu alguns minutos depois. No caso, Jorge, causador do acidente, praticou o crime do art. 302, § 1º, III, do CTB. Cláudio, por ser condutor envolvido e não culpado pelo acidente, praticou o crime descrito no art. 304 do CTB. O ambulante e Carlos praticaram o crime do art. 135, parágrafo único, do CP.

A causa de aumento de pena aplica-se mesmo na hipótese de morte instantânea. Não terá o condutor como saber se a vítima veio a óbito instantaneamente e, por solidariedade, deverá prestar o socorro.

 Jurisprudência destacada

Apelação. Ministério Público. Limites temáticos. O efeito devolutivo da apelação formalizada pelo Ministério Público sofre limitação decorrente do teor da petição de interposição e das razões recursais. Pena. Causa de aumento. Homicídio culposo. Omissão de socorro. Para a observância da causa de aumento da pena prevista no artigo 302, § 1º, inciso III, da Lei nº 9.503/1997, revela-se desinfluente a circunstância de a morte haver sido instantânea, não cabendo ao agente presumir o estado de saúde da vítima e avaliar a conveniência de socorrê-la (STF, 1ª Turma, HC nº 195.497, Rel. Marco Aurélio, j. 23.03.2021, *DJe* 05.04.2021).

4. **Condução em atividade ou profissão de transporte de passageiro.** Aplica-se o aumento aos condutores de ônibus, taxistas, legalizados ou não, ou mesmo àquele que preste serviço de transporte a turistas, ainda que em seu veículo particular, caso viole dever objetivo de cuidado, causando a morte de alguém. O aumento será aplicado não apenas quando a vítima estiver no interior do veículo, devendo ser também utilizado quando o agente alcançar transeuntes (CAPEZ, 2012, p. 328).

Atenção

É irrelevante que o agente esteja transportando passageiros no momento da causação do evento morte.

 Jurisprudência destacada

(...) A majorante do art. 302, parágrafo único, inciso IV, do Código de Trânsito Brasileiro, exige que se trate de motorista profissional, que esteja no exercício de seu mister e conduzindo veículo de transporte de passageiros, mas não refere à necessidade de estar transportando clientes no momento da colisão e não distingue entre veículos de grande ou pequeno porte (...) (STJ, 6ª Turma, AgRg no REsp nº 1.255.562/RS 2011/0112683-7, Rel. Min. Maria Thereza de Assis Moura, j. 04.02.2014, *DJe* 17.03.2014).

Homicídio culposo qualificado. A lei prevê uma qualificadora, com novos limites mínimo e máximo de pena, quando o crime de homicídio culposo é praticado na direção de veículo automotor por pessoa que dirige sob o efeito de álcool ou substâncias análogas.

§ 3º Se o agente conduz veículo automotor sob a influência de *álcool* ou de qualquer outra substância psicoativa que determine dependência:

Penas – reclusão, de cinco a oito anos, e suspensão ou proibição do direito de se obter a permissão ou a habilitação para dirigir veículo automotor.

O dispositivo será aplicado sempre que não houver indicações de ter o agente atuado com dolo. Comprovado o dolo, direto ou eventual, não deverá ser usado o CTB, mas o art. 121 do CP, de competência do Tribunal do Júri.

 Decifrando a prova

(Juiz Substituto – TJRJ – Vunesp – 2019 – Adaptada) Julgue a seguinte afirmação: "Aquele que conduz veículo automotor sob a influência de álcool ou de qualquer outra substância psicoativa que determine dependência e, nessas condições, cause morte de terceiro por imprudência, responde por homicídio culposo na direção de veículo automotor e embriaguez ao volante, em concurso formal".

( ) Certo ( ) Errado

Gabarito comentado: deverá responder pelo crime de homicídio culposo na direção de veículo automotor, qualificado, nos termos do art. 302, § 3º, do CTB. Portanto, a assertiva está errada.

Reparação do dano e não cabimento da diminuição de pena pelo arrependimento posterior. É inaplicável o disposto no art. 16 do CP à hipótese em que o agente repara o dano causado à vítima do crime de homicídio culposo na direção de veículo automotor, por não ser crime patrimonial e não possuir reflexos patrimoniais, consoante entendimento do STJ.

Jurisprudência destacada

"(...) 2. 'Inviável o reconhecimento do arrependimento posterior na hipótese de homicídio culposo na direção de veículo automotor, uma vez que o delito do art. 302 do Código de Trânsito Brasileiro não pode ser encarado como crime patrimonial ou de efeito patrimonial.

Na espécie, a tutela penal abrange o bem jurídico mais importante do ordenamento jurídico, a vida, que, uma vez ceifada, jamais poderá ser restituída, reparada. Precedente.' (...)" (STJ, AgRg no REsp 1.976.946/SP, 6ª Turma, Rel. Min. Olindo Menezes, j. 21.06.2022).

8.3.2 Art. 303 – Lesão corporal culposa na direção de veículo automotor

Art. 303. Praticar lesão corporal culposa na direção de veículo automotor:

Penas – detenção, de seis meses a dois anos e suspensão ou proibição de se obter a permissão ou a habilitação para dirigir veículo automotor.

§ 1º Aumenta-se a pena de 1/3 (um terço) à metade, se ocorrer qualquer das hipóteses do § 1º do art. 302.

§ 2º A pena privativa de liberdade é de reclusão de dois a cinco anos, sem prejuízo das outras penas previstas neste artigo, se o agente conduz o veículo com capacidade psicomotora alterada em razão da influência de álcool ou de outra substância psicoativa que determine dependência, e se do crime resultar lesão corporal de natureza grave ou gravíssima.

Lesão corporal culposa na direção de veículo automotor. Todas as observações feitas quanto ao crime de homicídio culposo aplicam-se à lesão corporal culposa na direção de veículo automotor, somente sendo alterado o resultado. Lembrando que aqui não se admite classificação das lesões como leves, graves ou gravíssimas, pois lesão culposa não acolhe esse tipo de diferenciação – exceto na hipótese do art. 303, § 2º, como explicaremos a seguir.

Consumação e tentativa. O crime se consuma com a provocação das lesões, não sendo admitida a tentativa por se tratar de crime culposo.

Forma qualificada da lesão culposa. Quando a violação de dever objetivo de cuidado disser respeito ao fato de conduzir veículo automotor sob efeito de álcool e forem causadas lesões de natureza grave ou gravíssima, incidirá a forma qualificadora trazida pelo art. 303, § 2º, não se aplicando o disposto no art. 306, pois, nesse caso, a embriaguez deixa de ser elementar do crime de perigo, passando a qualificar o crime do art. 303, § 2º. No entanto, na hipótese de ser leve a lesão provocada por aquele que dirige sob a influência de álcool ou qualquer outra substância de efeito análogo, não haverá absorção, pois os crimes de embriaguez ao volante (art. 306) e o de lesão corporal culposa em direção de veículo automotor (art. 303) são autônomos, não sendo o primeiro meio normal, fase de preparação ou meio de execução para o último. Portanto, na hipótese de, sob efeito de qualquer substância psicoativa, o agente provocar em alguém lesões leves na direção de veículo automotor, deverá ser responsabilizado pelos crimes de lesão corporal culposa (art. 303) e embriaguez ao volante (art. 306), em concurso formal.

> ### Atenção
>
> A classificação da lesão como leve, grave ou gravíssima só terá importância na hipótese de ser a lesão provocada na condução de veículo automotor por alguém sob efeito de álcool ou qualquer substância psicoativa que determine dependência, pois a forma qualificada do art. 303, § 2º, somente se aplica às lesões de natureza grave e gravíssima.

Assim:

Exemplo 1: condutor, sob efeito de álcool ou qualquer outra substância psicoativa, provoca lesões leves. Pratica o crime do art. 303, *caput*, e o crime do art. 306, em concurso formal (STJ, 5ª Turma, REsp nº 1.629.107/DF 2016/0256587-4, Rel. Min. Ribeiro Dantas, j. 20.03.2018, *DJe* 26.03.2018).

Exemplo 2: condutor, sob efeito de álcool ou qualquer outra substância psicoativa, provoca lesões graves. Reponde pela forma qualificada do art. 303, § 2º.

A gravidade da lesão. Na hipótese do *caput* ou do § 1º, a gravidade da lesão, embora em nada altere a tipificação penal, será considerada na dosimetria da pena. De acordo com o disposto no art. 59 do CP, o juiz, ao fixar a pena, deverá observar, entre outras, "as circunstâncias e consequências do fato". Assim, se do fato resultarem lesões graves, por exemplo, a perda de um membro, o juiz deverá fixar a pena em patamar que mais se distancie do mínimo legal.

🧩 Decifrando a prova

(Juiz de Direito – TJRO – Vunesp – 2019 – Adaptada) Julgue a seguinte afirmação: "Mévio, de 70 anos, em função de prescrição de remédio que não causa dependência, mas que pode comprometer a capacidade psicomotora, foi proibido de dirigir. Tendo lido na bula que o comprometimento da capacidade psicomotora acomete menos de 1% dos usuários, Mévio decide descumprir a proibição médica e continua a dirigir. Em uma tarde, foi buscar os netos na escola e, ao retornar com os netos no carro, em um trecho de curva, manteve o carro em reta, vindo a colidir de frente com o muro de uma casa. No acidente, faleceu o neto mais novo; o mais velho teve a perna amputada. Feita a perícia, constatou-se que Mévio dirigia na velocidade permitida, não se apontando falha ou defeito mecânico. Ao prestar depoimento, Mévio informou que estava sob efeito de medicação e disse acreditar estar com a capacidade psicomotora alterada, já que o trajeto onde o acidente aconteceu-lhe era bastante conhecido. Diante da situação hipotética, tendo em vista os crimes de trânsito e o CP, é correto afirmar que Mévio praticou homicídio culposo de trânsito e lesão corporal culposa de trânsito, ambos com incidência de causa de aumento, em decorrência de estar sob influência de substância que altera a capacidade psicomotora".
( ) Certo ( ) Errado
Gabarito comentado: Mévio praticou homicídio culposo de trânsito e lesão corporal culposa de trânsito, sem as qualificadoras dos arts. 302, § 3º, e 303, § 2º. O medicamento ingerido fora a ele licitamente prescrito e sua violação de dever de cuidado consistiu em dirigir depois de ter sido proibido pelo médico. Portanto, a assertiva está errada.

As causas de aumento de pena no crime de lesão corporal culposa na direção de veículo automotor. Por força do que dispõe o art. 303, § 1º, as causas que servem como aumento de pena para o homicídio culposo na direção de veículo automotor também se aplicam ao crime de lesão corporal culposa descrito no art. 303 do mencionado diploma.

🧩 Decifrando a prova

(Defensor Público – DPE/DF – Cespe/Cebraspe – 2019 – Adaptada) Julgue a seguinte afirmação: "A respeito dos delitos tipificados na legislação extravagante, julgue o item a seguir, considerando a jurisprudência dos tribunais superiores. Situação hipotética: Simão praticou lesão corporal culposa enquanto conduzia veículo automotor. Além de ter dirigido com a capacidade psicomotora alterada em razão da ingestão de bebida alcoólica, o condutor apresentou carteira de habilitação vencida. Assertiva: nessa situação, segundo entendimento do STJ, Simão responderá pelos delitos de embriaguez ao volante e de lesão corporal na condução de veículo automotor, devendo incidir, ainda, a causa de aumento de pena, por ter conduzido veículo automotor com a carteira de habilitação vencida".

( ) Certo ( ) Errado

Gabarito comentado: não deverá incidir a causa de aumento de pena relativa à falta de habilitação, não podendo, segundo a jurisprudência dos tribunais superiores, equiparar a falta de habilitação com habilitação vencida, que é mera irregularidade administrativa. Portanto, a assertiva está errada.

8.3.3 Art. 304 – Omissão de socorro no trânsito

Art. 304. Deixar o condutor do veículo, na ocasião do acidente, de prestar imediato socorro à vítima, ou, não podendo fazê-lo diretamente, por justa causa, deixar de solicitar auxílio da autoridade pública:

Penas – detenção, de seis meses a um ano, ou multa, se o fato não constituir elemento de crime mais grave.

Conduta típica. Cuida-se de tipo especial com relação ao art. 135 do CP. Cuida-se de omissivo próprio, aplicável quando tal omissão de socorro for praticada por condutor de veículo envolvido e não culpado em acidente de trânsito que, podendo prestar socorro à vítima, deixar de fazê-lo. No caso, o condutor não será responsabilizado pelas lesões ou mesmo pela morte, caso esses resultados sobrevenham (mesmo porque não as causou), mas unicamente por sua omissão.

O socorro deverá ser prestado de forma mediata ou imediata. Prestação mediata existirá quando, não podendo prestar o socorro pessoalmente, o agente optar por chamar o auxílio da autoridade. Haverá prestação imediata de socorro quando o agente, pessoalmente, atuar.

┌─**Cuidado**────────────────────────────────

Somente será válido o chamado da autoridade quando o agente comunicar o fato àquela que tenha capacidade técnica e profissional para a prestação do socorro. Assim, não adiantará o autor buscar socorro para uma vítima de acidente de trânsito com funcionários de uma agência do INSS, por exemplo.

A opção por chamar a autoridade só é admitida quando o agente não puder fazê-lo diretamente ou quando for indiferente a prestação mediata ou imediata do socorro. Outrossim, haverá situações graves em que, pela falta de preparo do agente, o socorro deverá ser prestado pelas autoridades, que deverão ser acionadas pelo agente, sob pena de responsabilização pela omissão de socorro. Ex.: sério acidente automobilístico, com vítima presa às ferragens.

Sujeito ativo. Somente o condutor envolvido e não culpado pelo acidente. Se outro condutor não envolvido, um pedestre ou um passageiro de um dos veículos envolvidos deixar de prestar socorro, incidirá a regra do art. 135 do CP. O condutor envolvido e culpado pelo acidente que deixar de prestar socorro à vítima responderá pelo crime do art. 302 ou do art. 303, com a causa de aumento de pena (art. 302, § 1º, III).

🧩 Decifrando a prova

(Delegado – PC/SE – Cespe/Cebraspe – 2018 – Adaptada) Julgue a seguinte afirmação: "Julgue o item seguinte referente a crimes de trânsito e à posse e ao porte de armas de fogo, de acordo com a jurisprudência e legislação pertinentes. Situação hipotética: após grave colisão de veículos, pessoas que transitavam pelo local – condutores de outros veículos e pedestres alheios ao evento – deixaram, sem justificativa, de prestar imediato socorro às vítimas. Assertiva: nessa situação, os terceiros não envolvidos no acidente não responderão pelo crime de omissão de socorro previsto no Código de Trânsito Brasileiro".

( ) Certo ( ) Errado

Gabarito comentado: deverão ser responsabilizados pelo crime do art. 135 do CP. Portanto, a assertiva está certa.

Sujeito passivo. A vítima do acidente de trânsito.

Momento consumativo. Aquele em que o agente, sabendo da possibilidade de agir e da necessidade de atuação em socorro à vítima, decidir não atuar.

Tentativa. Inadmissível, porque se trata de crime omissivo puro.

A gravidade dos ferimentos. Pouco importa que os ferimentos sofridos pela vítima sejam leves, consoante preceitua o disposto no parágrafo único do dispositivo em análise.

A prestação de socorro por terceiros. O omitente responderá pelo crime, ainda que um terceiro posteriormente venha a prestar o socorro à vítima; eis que o crime se consumou no momento em que, podendo prestar tal socorro, deixou de fazê-lo. O fato de um terceiro chegar depois e prestá-lo não descaracteriza o crime, que já havia alcançado a consumação.

Atente-se para os exemplos a seguir:

Exemplo 1: por ocasião de acidente que não provocou, José deixa de prestar socorro à vítima, saindo do local sem sequer chamar a autoridade. Após, chega João e presta o socorro de que a vítima necessita. Nesse caso, José praticou o crime do art. 304 e o socorro prestado por João não descaracteriza o crime.

Exemplo 2: João já está prestando socorro à vítima quando José se aproxima, mas nada faz. Não haverá crime a ser imputado a José, pois uma vez que a vítima está sendo eficazmente socorrida, não há necessidade de que José atue, a menos que o socorro esteja sendo prestado de forma ineficaz e se faça necessária a sua intervenção.

A morte instantânea. Em previsão que consagra crime impossível, consoante entendem Jesus (1999, p. 140-141), Portocarrero e Ferreira (2020, p. 1317), Capez (2012, p. 335) e a doutrina majoritária, a lei determina que se preste socorro à vítima, mesmo em casos de morte instantânea, o que se justificar pelo dever de solidariedade no trânsito, consoante entendimento do STF.

> **Parágrafo único.** Incide nas penas previstas neste artigo o condutor do veículo, ainda que a sua omissão seja suprida por terceiros ou que se trate de vítima com morte instantânea ou com ferimentos leves.

8.3.4 Art. 305 – Fuga do local do acidente

> **Art. 305.** Afastar-se o condutor do veículo do local do acidente, para fugir *à* responsabilidade penal ou civil que lhe possa ser atribuída:
>
> **Penas** – detenção, de seis meses a um ano, ou multa.

Conduta típica. O dispositivo incrimina a opção do condutor do veículo que se afasta do local do acidente para fugir à responsabilidade penal ou civil que lhe possa ser atribuída. O Plenário do STF, em novembro de 2018, deu provimento ao Recurso Extraordinário n° 971.959, com repercussão geral, e considerou, por maioria, constitucional o art. 305, afirmando que a norma não viola a garantia de não autoincriminação, estabelecida no art. 5°, LXIII, da CF/1988, e que não é absoluta. Para o STF, o tipo penal previsto no dispositivo tem como bem jurídico tutelado a administração da Justiça, que fica prejudicada pela fuga do agente do local do evento, impedindo sua identificação e a apuração do ilícito na esfera penal e civil.

O Ministro Fux, relator, apontou que a jurisprudência do STF sempre prestigiou o princípio da não autoincriminação, por não ser absoluto e poder sofrer mitigações. A Corte entendeu que o direito à não autoincriminação não pode ser interpretado como direito do suspeito, acusado ou réu de não participar de determinadas medidas de cunho probatório, destacando, por derradeiro, que a exigência de permanência no local do acidente e de identificação perante a autoridade de trânsito não obriga o condutor a assumir expressamente sua responsabilidade civil ou penal.

O Supremo, em outubro de 2020, reafirmou sua jurisprudência sobre a constitucionalidade do dispositivo por maioria de votos, ao julgar procedente a Ação Declaratória de Constitucionalidade n° 35. Prevaleceu o entendimento sufragado no julgamento do Recurso Extraordinário (RE) n° 971.959.

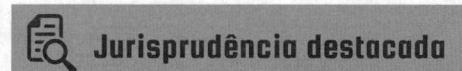 **Jurisprudência destacada**

Ação declaratória de constitucionalidade. Direito constitucional e penal. Crime previsto no art. 305 do Código de Trânsito Nacional. Solução da controvérsia em âmbito nacional quando do julgamento do recurso extraordinário em repercussão geral. Manutenção do entendimento. Ação julgada procedente. 1. A regra que prevê o crime do art. 305 do Código de Trânsito Brasileiro (Lei n° 9.503/1997) é constitucional, posto não infirmar o princípio da não incriminação, garantido o direito ao silêncio e ressalvadas as hipóteses de exclusão da tipicidade e da antijuridicidade. Precedente. 2. Ação direta julgada procedente (STF, Tribunal Pleno, RE nº 971.959/RS, Rel. Min. Luiz Fux, j. 14.11.2018, data de publicação 31.07.2020).

Consumação e tentativa. O crime se consuma quando o agente sair do local do acidente, sendo possível a tentativa quando não conseguir, por razões alheias à vontade, afastar-se do *locus delicti*, tal qual se dará na hipótese de ser impedido por terceiros.

8.3.5 Art. 306 – Embriaguez ao volante

Art. 306. Conduzir veículo automotor com capacidade psicomotora alterada em razão da influência de álcool ou de outra substância psicoativa que determine dependência:

Penas – detenção, de seis meses a três anos, multa e suspensão ou proibição de se obter a permissão ou a habilitação para dirigir veículo automotor.

§ 1º As condutas previstas no *caput* serão constatadas por:

I – concentração igual ou superior a 6 decigramas de álcool por litro de sangue ou igual ou superior a 0,3 miligrama de álcool por litro de ar alveolar; ou

II – sinais que indiquem, na forma disciplinada pelo Contran, alteração da capacidade psicomotora.

§ 2º A verificação do disposto neste artigo poderá ser obtida mediante teste de alcoolemia ou toxicológico, exame clínico, perícia, vídeo, prova testemunhal ou outros meios de prova em direito admitidos, observado o direito à contraprova.

§ 3º O Contran disporá sobre a equivalência entre os distintos testes de alcoolemia ou toxicológicos para efeito de caracterização do crime tipificado neste artigo.

§ 4º Poderá ser empregado qualquer aparelho homologado pelo Instituto Nacional de Metrologia, Qualidade e Tecnologia – INMETRO – para se determinar o previsto no *caput*.

Crime de perigo abstrato. Tratando-se de crime de perigo abstrato, estará o crime configurado sempre que o agente estiver com quantidade de álcool por litro de sangue em patamar superior a 6 decigramas ou superior a 0,3 miligrama de álcool por litro de ar alveolar ou, ainda, quando ostentar sinais que indiquem a alteração da capacidade psicomotora. Dessarte, não é preciso haver demonstração de que o agente, sob efeito de álcool, tenha exposto a coletividade a perigo.

Muitos entendem que se trata de solução inconstitucional, mas o STF e o STJ reconhecem a sua natureza de crime de perigo abstrato, afirmando, outrossim, tratar-se de opção legislativa a ser acatada.

 **Jurisprudência destacada**

(...) o art. 306 do CTB (embriaguez ao volante) é de perigo abstrato, de mera conduta, enquanto o art. 309 do CTB (direção de veículo automotor sem a devida habilitação) é de perigo concreto (REsp nº 1.810.481, Rel. Min. Ribeiro Dantas) (STJ, 6ª Turma, EDcl no HC nº 700.764/SC, Rel. Min. Olindo Menezes (desembargador convocado do TRF 1ª Região), j. 22.02.2022, *DJe* 25.02.2022).

Embriaguez ao volante. Perigo abstrato. (...) 3. "A jurisprudência é pacífica no sentido de reconhecer a aplicabilidade do art. 306 do Código de Trânsito Brasileiro. Delito de embriaguez ao volante, não prosperando a alegação de que o mencionado dispositivo, por se referir a crime de perigo abstrato, não é aceito pelo ordenamento jurídico brasileiro" (RHC nº 110.258, Rel. Min. Dias Toffoli) (STF, RE nº 1.346.407/SP 0010899-05.2016.8.26.0032, Rel. Nunes Marques, j. 07.02.2022, data de publicação 16.02.2022).

Atenção

Como comprovar a embriaguez? Embora seja irrelevante demonstrar ter havido alteração das funções psicomotoras do agente, em razão de se tratar de crime de perigo abstrato, será necessário provar que o agente ingeriu e que está sob influência de álcool ou substância análoga. A prova de embriaguez pode ser obtida mediante teste de alcoolemia ou toxicológico, exame clínico, perícia, vídeo, prova testemunhal ou outros meios de prova em direito admitidos, observado o direito à contraprova. No entanto, quando o agente não apresentar sinais visíveis de embriaguez, a prova de que o condutor dirigia com quantidade igual ou superior a seis decigramas de álcool por litro de sangue ou 0,3 miligrama de álcool por litro de ar alveolar somente se dará com a realização de testes de alcoolemia.

Exemplo 1: Carlos, na condução de veículo automotor, ao ser abordado por policiais rodoviários federais, não apresenta sinais quaisquer de alteração de capacidade psicomotora, mas são encontradas latas e garrafas de cerveja no chão do veículo. A única forma de demonstrar que o agente apresenta o percentual de alcoolemia exigido pela norma será submetê-lo ao teste de alcoolemia.

Exemplo 2: Felipe, caminhoneiro, com hálito etílico, sai cambaleante do veículo ao ser abordado por policiais na rodovia, com sinais visíveis de que se encontra sob efeito de álcool. Nesse caso, não importa a quantidade de álcool no sangue, não sendo necessária a realização do exame de alcoolemia, sendo suficiente a prova testemunhal para comprovação da embriaguez.

 Jurisprudência destacada

Art. 306 do CTB. Delito praticado sob a égide da Lei nº 12.760/2012. Despicienda a submissão do acusado a teste de etilômetro. Admissão de qualquer meio de prova. Embriaguez demonstrada pelo depoimento policial e pelo atestado médico. Capacidade psicomotora afetada em decorrência da diabetes. Alegação afastada. Súmula 7 do STJ. Agravo regimental improvido. 1. Importa assinalar que o delito foi praticado sob a égide da Lei nº 12.760/2012. Assim, não há reparo a ser feito no aresto impugnado, pois a jurisprudência do STJ se firmou no sentido de que, com o advento da Lei nº 12.760/2012, que modificou o art. 306 do Código de Trânsito, foi reconhecido ser despicienda a submissão do acusado a teste de etilômetro, tendo passado a ser admitida a comprovação da embriaguez por vídeo, testemunhos ou outros meios de prova em direito admitidos, observado o direito à contraprova. Precedentes. 2. A Corte local asseverou que a embriaguez se encontra demonstrada pelo depoimento policial e pelo atestado médico que a confirmou. 2.1. O Tribunal de origem rechaçou a tese de que a capacidade psicomotora teria sido afetada em decorrência da diabetes. (...) Registre-se que, no sistema de valoração das provas do processo penal brasileiro, vigora o princípio do livre convencimento

> motivado, em que é dado ao julgador decidir pela condenação do agente, desde que o faça fundamentadamente (STJ, 5ª Turma, AgRg no AREsp nº 1.331.345/SP 2018/0179733-5, Rel. Min. Ribeiro Dantas, j. 18.10.2018, *DJe* 24.10.2018).

Consoante alteração legislativa no ano de 2019, introduziu-se novo parágrafo no art. 306, afirmando-se a possibilidade de ser empregado qualquer aparelho homologado pelo Instituto Nacional de Metrologia, Qualidade e Tecnologia (Inmetro) para se determinar a embriaguez.

Atenção

Para que tenhamos a incidência da norma em comento, o crime precisa ter sido praticado na via pública. Importante frisar que o conceito de via pública é aquele dado pelo art. 2º da lei em comento.

Art. 2º São vias terrestres urbanas e rurais as ruas, as avenidas, os logradouros, os caminhos, as passagens, as estradas e as rodovias, que terão seu uso regulamentado pelo *órgão* ou entidade com circunscrição sobre elas, de acordo com as peculiaridades locais e as circunstâncias especiais.

Parágrafo único. Para os efeitos deste Código, são consideradas vias terrestres as praias abertas à circulação pública, as vias internas pertencentes aos condomínios constituídos por unidades autônomas e as vias e *áreas* de estacionamento de estabelecimentos privados de uso coletivo.

Tentativa. Admitida, quando, por exemplo, o condutor embriagado tenta dar partida no veículo, mas é impedido de conduzi-lo, por razão que lhe é alheia à vontade (PORTO-CARRERO; FERREIRA, 2020, p. 1324).

Classificação. Crime comum, de perigo abstrato, doloso, admite tentativa, admite participação.

Recusa na realização dos testes. Segundo decidiu o STF, a imposição de sanções administrativas ao condutor de veículo automotor que se recuse à realização dos testes, exames clínicos ou perícias voltados a aferir a influência de álcool ou outra substância psicoativa não viola a Constituição.

Assim, embora não seja possível nenhuma consequência criminal (pois não prevista em lei), a eventual recusa de motorista na realização do "teste do bafômetro" ou similares poderá ensejar a aplicação de multa, bem como retenção/apreensão da CNH (arts. 165-A e 277, §§ 2º e 3º, do CTB).

 **Jurisprudência destacada**

Não viola a Constituição a previsão legal de imposição das sanções administrativas ao condutor de veículo automotor que se recuse à realização dos testes, exames clínicos ou perícias voltados a aferir a influência de álcool ou outra substância psicoativa (art. 165-A e art. 277, §§ 2º e 3º, todos do Código de Trânsito Brasileiro, na redação dada pela Lei nº 13.281/2016) (...). A eventual recusa de motoristas na realização de "teste do bafômetro", ou dos demais procedimentos previstos no CTB para aferição da influência de álcool ou outras drogas, por não encontrar abrigo no princípio da não autoincriminação, permite a aplicação de multa e a retenção/apreensão da CNH validamente. Isso porque não existem consequências penais ou processuais impostas diante da recusa na realização do "teste do bafômetro" (etilômetro) ou dos demais procedimentos previstos nos arts. 165-A e 277, §§ 2º e 3º, do CTB. Nesses termos, a imposição de restrições de direitos, decorrente da recusa do motorista em realizar os testes de alcoolemia previstos em lei (1), revela-se meio adequado, necessário e proporcional em sentido estrito para a efetivação, em maior medida, de outros princípios fundamentais como a vida e a segurança no trânsito, sem que acarrete qualquer violação à dignidade da pessoa humana. Isso se circunscreve ao espaço de conformação do legislador no desenho de políticas públicas (STF, Plenário, RE nº 1.224.374/RS, Rel. Min. Luiz Fux, j. 18 e 19.05.2022 – *Informativo* 1055).

8.3.6 Art. 307

Art. 307. Violar a suspensão ou a proibição de se obter a permissão ou a habilitação para dirigir veículo automotor imposta com fundamento neste Código:

Penas – detenção, de seis meses a um ano e multa, com nova imposição adicional de idêntico prazo de suspensão ou de proibição.

Parágrafo único. Nas mesmas penas incorre o condenado que deixa de entregar, no prazo estabelecido no § 1º do art. 293, a Permissão para Dirigir ou a Carteira de Habilitação.

Especialidade. Descreve-se, neste art. 307, a conduta daquele que desobedece à ordem judicial que impôs a suspensão ou a proibição de se obter a permissão ou a habilitação para dirigir veículo automotor. Prevalece o posicionamento de que inexiste o crime quando a desobediência se refere à determinação administrativa de suspensão ou da proibição de conseguir a permissão ou a habilitação para dirigir veículo automotor, embora o tipo penal não faça essa restrição (PORTOCARRERO; FERREIRA, 2020, p. 1330). O art. 307 é norma especial com relação aos crimes dos arts. 330 e 359 do CP.

Sujeito ativo. Trata-se de crime próprio, somente podendo ser praticado por aquele que tiver recebido a sanção de suspensão ou de proibição referida no artigo.

Sujeito passivo. O Estado.

Consumação e tentativa. Consuma-se com a colocação do veículo em movimento. Entendemos ser possível a tentativa, embora exista posição doutrinária em sentido diverso (CAPEZ, 2012, p. 347).

Classificação. Próprio, de perigo abstrato, instantâneo, unissubsistente, de mera conduta.

8.3.7 Art. 308 – Participação em competição automobilística não autorizada

> **Art. 308.** Participar, na direção de veículo automotor, em via pública, de corrida, disputa ou competição automobilística ou ainda de exibição ou demonstração de perícia em manobra de veículo automotor, não autorizada pela autoridade competente, gerando situação de risco à incolumidade pública ou privada:
>
> **Penas** – detenção, de 6 (seis) meses a 3 (três) anos, multa e suspensão ou proibição de se obter a permissão ou a habilitação para dirigir veículo automotor.

Conduta típica. Trata-se daquilo que conhecemos vulgarmente como "racha" ou "pega", ou seja, competições ou exibições automobilísticas não autorizadas. Só será caracterizado o delito se ele for praticado na via pública.

É crime de perigo concreto, sendo necessária a demonstração da situação de perigo para que o crime seja reconhecido. Ao contrário do art. 306, aqui não se presume perigo, sendo atípica a conduta daquele que, participando de competição automobilística não autorizada, não provoca perigo de dano.

Consumação e tentativa. Tratando-se de crime de perigo concreto, somente estará consumado com a geração de perigo, não sendo admitida a figura da tentativa, pois, não sendo caracterizado o perigo, a conduta será atípica.

Formas qualificadas pela morte e pelas lesões graves. Na hipótese de o agente, com dolo de perigo, participar de competições automobilísticas não autorizadas e provocar, culposamente, lesões graves ou morte de alguém, deverá ele ser responsabilizado pelo crime do art. 308 em uma de suas formas qualificadas pelo resultado.

> § 1º Se da prática do crime previsto no *caput* resultar lesão corporal de natureza grave, e as circunstâncias demonstrarem que o agente não quis o resultado nem assumiu o risco de produzi-lo, a pena privativa de liberdade *é* de reclusão, de 3 (três) a 6 (seis) anos, sem prejuízo das outras penas previstas neste artigo.
>
> § 2º Se da prática do crime previsto no *caput* resultar morte, e as circunstâncias demonstrarem que o agente não quis o resultado nem assumiu o risco de produzi-lo, a pena privativa de liberdade *é* de reclusão de 5 (cinco) a 10 (dez) anos, sem prejuízo das outras penas previstas neste artigo.

Vejamos as hipóteses:

1. José participa de competição automobilística não autorizada em via pública e não causa qualquer dano ou perigo de dano. Trata-se de conduta atípica, pois o tipo penal prevê um crime de perigo concreto, que demonstra a necessidade de efetiva criação de perigo.
2. André participa de competição automobilística não autorizada com outra pessoa e quase mata Maria, que trafegava pelo local a caminho do trabalho. Conduta é típica e se encontra descrita no *caput* do art. 308.

3. Lucas participa de competição automobilística não autorizada e acaba, por culpa, provocando lesões corporais de natureza leve. Aplica-se o disposto no *caput* do art. 308, pois o fato de a lesão grave figurar como qualificadora leva-nos à conclusão de que as lesões leves são absorvidas.

4. Carlos participa de competição automobilística não autorizada e causa, a título de culpa, lesões de natureza grave. Aplica-se o art. 308, § 1º.

5. Paulo participa de competição automobilística não autorizada e acaba, a título de culpa, por provocar a morte de alguém. Aplica-se o disposto no art. 308, § 2º.

6. Simas participa de competição automobilística não autorizada e, pelas circunstâncias, conclui-se que atuou com dolo eventual com relação ao evento morte, que efetivamente acabou por provocar. Incide o disposto no art. 121 do CP, devendo o agente ser responsabilizado por homicídio doloso.

8.3.8 Art. 309 – Direção sem habilitação

Art. 309. Dirigir veículo automotor, em via pública, sem a devida Permissão para Dirigir ou Habilitação ou, ainda, se cassado o direito de dirigir, gerando perigo de dano:

Penas – detenção, de seis meses a um ano, ou multa.

Conduta típica. Descreve a conduta daquele que, sem habilitação, dirige veículo automotor, na via pública, gerando perigo de dano. Sem a efetiva demonstração do dano, não há crime.

Assim, a direção de veículo automotor por pessoa não habilitada não será crime ou contravenção, mas apenas infração administrativa, caso o condutor não venha a expor a perigo a coletividade. O STJ entendeu, nos autos do HC nº 226.128, que não se pode equiparar habilitação vencida à falta de habilitação, não havendo crime do art. 309 quando o condutor estiver com sua habilitação nessa condição específica (STJ, 6ª Turma, HC nº 226.128/TO 2011/0281839-2, Rel. Min. Rogerio Schietti Cruz, j. 07.04.2016, *DJe* 20.04.2016).

⌐Cuidado⌐

Não se deve confundir pessoa não habilitada com pessoa que não porta o documento de habilitação. Dessarte, se alguém, devidamente habilitado, sai às ruas sem o documento respectivo, conduzindo veículo automotor, e venha a gerar perigo de dano, não haverá crime de trânsito, sendo caracterizado, porém, o crime do art. 132 do CP, além de infração administrativa de trânsito, pois a Lei nº 9.503/1997 elenca a Carteira Nacional de Habilitação como documento de porte obrigatório.

Se o agente causar morte ou lesão. Deverá responder por crime de lesão corporal culposa ou homicídio culposo com aumento de pena previsto no art. 302, § 1º, I.

Atenção

Se o agente não habilitado, violando dever objetivo de cuidado, atropela e lesiona a vítima, que não representa, não poderá o Ministério Público deflagrar a ação penal por crime do art. 309, o que é absorvido pelo crime do art. 303, § 1º. Essa, há muito tempo, é a orientação do STF (STF, 1ª Turma, HC nº 80.422/MG, Rel. Min. Ilmar Galvão, j. 28.11.2000, *DJ* 02.03.2001). Na jurisprudência do STJ, porém, existe julgado em que e. Corte entendeu que, embora a ausência de representação da vítima da lesão corporal culposa impeça a ação penal com relação a esse crime, será possível a deflagração de ação penal pela prática do crime autônomo da falta de habilitação.

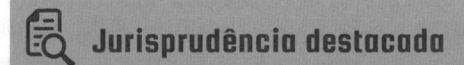 **Jurisprudência destacada**

Habeas corpus. Juizado Especial Criminal. Crimes de direção de veículo automotor sem a devida habilitação e lesões corporais culposas. Arts. 303, parágrafo único; e 309 do Código de Trânsito Brasileiro – CTB. Absorção. Ausência de representação. Extinção da punibilidade. Por meio do disposto no art. 309 do CTB, pretendeu o legislador punir não apenas o fato de dirigir sem habilitação, mas, também, a efetivação por parte do agente do perigo de dano, que, no caso, foi produzido pelo agente quando, ao conduzir veículo sem estar habilitado, causou lesão corporal culposa em terceiro (art. 303, parágrafo único, do CTB). Extinta a punibilidade em face da renúncia expressa da vítima ao direito de representar contra o paciente pelo crime de lesão corporal culposa na direção de veículo, qualificada pela falta de habilitação, configura-se constrangimento ilegal a continuidade da persecução criminal instaurada contra ele pelo crime menos grave de direção inabilitada, absorvido que fora por aquele, de maior gravidade. Entendimento assentado pela Primeira Turma no HC nº 80.041, Rel. Min. Octavio Gallotti. *Habeas corpus* deferido para trancar a ação penal. (STF, HC nº 80.422/MG, Rel. Min. Ilmar Galvão, Data de Julgamento: 28.11.2000, 1ª Turma, *DJ* 02.03.2001).

No caso em exame, o Tribunal de origem rechaçou o pleito de reconhecimento do princípio da consunção entre os delitos lesão corporal (art. 303 do CTB) e dirigir sem habilitação (art. 309 do CTB), não vislumbrando relação de exaurimento de conteúdo proibitivo da norma, nos seguintes termos: "(...) em sendo impossível a deflagração da ação penal pelo crime de lesões pela ausência de condição de procedibilidade, tal óbice decerto não se estende ao crime de falta de habilitação, que, assim, retoma a sua posição de delito autônomo. Observe-se que os delitos em questão visam à tutela de bens jurídicos distintos, sendo o crime do artigo 303 do Código de Trânsito Brasileiro voltado para a proteção da incolumidade física da vítima, enquanto o artigo 309 do mesmo Diploma Legal visa à segurança viária. Logo, não faz sentido que a vontade individual de uma única pessoa obste a persecução penal em favor de toda uma coletividade. Além disso, como bem destacado pela douta Procuradoria de Justiça, o acidente que deu origem à persecução criminal em exame não envolveu apenas o paciente e a vítima das lesões corporais, mas também um terceiro veículo, motivo pelo qual a propositura da ação penal era imperativa (e-STJ fl. 77)" (RHC nº 61.464/RJ, j. 22.05.2018).

Consumação e tentativa. Tratando-se de crime de perigo concreto, somente estará consumado com a geração de perigo à coletividade, não sendo admitida a figura da tentativa, pois, não sendo caracterizado o perigo, a conduta será atípica.

8.3.9 Art. 310

Art. 310. Permitir, confiar ou entregar a direção de veículo automotor a pessoa não habilitada, com habilitação cassada ou com o direito de dirigir suspenso, ou, ainda, a quem, por seu estado de saúde, física ou mental, ou por embriaguez, não esteja em condições de conduzi-lo com segurança:

Penas – detenção, de seis meses a um ano, ou multa.

Conduta típica. Descreve-se aqui a conduta de quem faz entrega do veículo automotor a qualquer pessoa que não esteja em condições de conduzi-lo, seja por não ser habilitada, seja por estar com a habilitação cassada, embriagado ou por qualquer outra situação relacionada ao seu estado de saúde física ou mental.

O tipo penal não exige efetiva demonstração de perigo de dano, bastando a entrega do veículo a pessoa sem condições de conduzi-lo. Trata-se de crime de perigo abstrato. O STJ editou a Súmula nº 575 a respeito do tema.

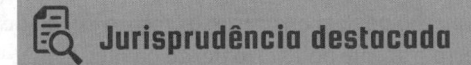

Jurisprudência destacada

Súmula nº 575 do STJ. Constitui crime a conduta de permitir, confiar ou entregar a direção de veículo automotor a pessoa que não seja habilitada, ou que se encontre em qualquer das situações previstas no art. 310 do CTB, independentemente da ocorrência de lesão ou de perigo de dano concreto na condução do veículo.

Consumação e tentativa. A consumação se dará quando aquele a quem se entregou o veículo colocá-lo em movimento, não bastando a entrega. Será possível a tentativa quando a pessoa a quem se entregou o veículo não chegar a acioná-lo, colocando-o em movimento (CAPEZ, 2012, p. 361).

8.3.10 Art. 311

Art. 311. Trafegar em velocidade incompatível com a segurança nas proximidades de escolas, hospitais, estações de embarque e desembarque de passageiros, logradouros estreitos, ou onde haja grande movimentação ou concentração de pessoas, gerando perigo de dano:

Penas – detenção, de seis meses a um ano, ou multa.

Conduta típica. Descreve a conduta de trafegar em velocidade incompatível com a segurança nas proximidades de escolas, hospitais, estações de embarque e desembarque de passageiros, logradouros estreitos ou onde haja grande movimentação ou concentração de pessoas, gerando perigo de dano. Trata-se de crime de perigo concreto, exigindo a demonstração real da situação de perigo a que ficou exposta a coletividade, sem o que a conduta será atípica.

Consumação e tentativa. Tratando-se de crime de perigo concreto, somente estará consumado com a geração de perigo à coletividade, não sendo admitida a figura da tentativa, pois, não sendo caracterizado o perigo, a conduta será atípica.

8.3.11 Art. 312

> **Art. 312.** Inovar artificiosamente, em caso de acidente automobilístico com vítima, na pendência do respectivo procedimento policial preparatório, inquérito policial ou processo penal, o estado de lugar, de coisa ou de pessoa, a fim de induzir a erro o agente policial, o perito, ou juiz:
>
> **Penas** – detenção, de seis meses a um ano, ou multa.
>
> **Parágrafo único.** Aplica-se o disposto neste artigo, ainda que não iniciados, quando da inovação, o procedimento preparatório, o inquérito ou o processo aos quais se refere.

Conduta típica. Cuida da conduta de inovar artificiosamente, em caso de acidente automobilístico com vítima, na pendência do respectivo procedimento policial preparatório, inquérito policial ou processo penal, o estado de lugar, de coisa ou de pessoa, a fim de induzir a erro o agente policial, o perito ou juiz. Cuida-se de hipótese especial de fraude processual, tratando-se de regra especial com relação ao art. 347 do CP, aplicando-se o CTB quando a inovação se der por ocasião de acidente automobilístico, ainda que a conduta aconteça antes da instauração do processo ou procedimento respectivo. Há, porém, de observar que o dispositivo em análise somente trata da fraude processual em acidentes de trânsito com vítima. Não havendo vítima e sendo realizada a inovação criminosa, o crime a ser reconhecido é o descrito no art. 347 da legislação codificada.

Consumação e tentativa. O objetivo do autor é levar a erro o perito ou o juiz, mas não se faz necessário que isso efetivamente ocorra para que o crime esteja consumado. A consumação se dará no momento em que o agente realizar a alteração. Cuida-se de crime formal, por trazer um resultado, mas não exigir sua superveniência para a consumação. Admite tentativa, que se daria, por exemplo, quando o autor iniciasse a alteração, mas fosse impedido por terceiros de levá-la a cabo.

Classificação. Comum, comissivo, instantâneo, tentativa admitida, formal.

9 — Crimes Ambientais – Lei nº 9.605/1998

9.1 ASPECTOS INICIAIS

9.1.1 Introdução

A tutela criminal do meio ambiente deriva de uma imposição constitucional estabelecida pelo art. 225, § 3º, da CF/1988, o qual prevê o seguinte mandado constitucional de criminalização[1]:

> **CF/1988**
>
> **Art. 225.** Todos têm direito ao meio ambiente ecologicamente equilibrado, bem de uso comum do povo e essencial à sadia qualidade de vida, impondo-se ao Poder Público e à coletividade o dever de defendê-lo e preservá-lo para as presentes e futuras gerações.
>
> (...)
>
> **§ 3º** As condutas e atividades consideradas lesivas ao meio ambiente sujeitarão os infratores, pessoas físicas ou jurídicas, a sanções penais e administrativas, independentemente da obrigação de reparar os danos causados.

Nesse dispositivo, o constituinte destaca a importância de um meio ambiente equilibrado, necessário às presentes e futuras gerações, trazendo ainda o dever de preservação por parte do Poder Público e de toda a coletividade. Sem uma preservação ambiental adequada, a vida, ou pelo menos a sua boa qualidade, é colocada em risco. Dessa forma, pelo fato de se encontrar no direito penal a tutela dos bens jurídicos mais importantes para a sociedade, além da maior força cogente que esse ramo do direito possui, podendo retirar a liberdade de locomoção do infrator, o constituinte optou também pela da tutela penal

---

[1] Uma espécie de "ordem" pela qual a CF/1988 "manda" que determinados assuntos sejam regulamentados, tratados por meio de lei. No caso dos mandados de criminalização, há uma ordem para que certas condutas sejam criminalizadas pelo legislador ordinário.

(sem prejuízo da administrativa), pois efetiva em prevenir ou, caso já ocorrido o dano, reparar o meio ambiente, com incidência de sanções penais (e administrativas) apropriadas a essa finalidade.

Cumprindo com o mandado de criminalização estabelecido pela Constituição, foi editada a Lei nº 9.605/1998, a qual dispõe sobre as sanções penais e administrativas[2] derivadas de condutas e atividades lesivas ao meio ambiente.

Objetivos da lei (tutela penal). A tutela penal do meio ambiente tem como primeiro (e lógico) objetivo **prevenir** a ocorrência do dano ambiental. Caso este já tenha ocorrido, percebemos em toda a lei uma preocupação na **reparação** desse dano, ou, caso não seja possível, pelo menos a sua **compensação**.

Isso é nítido em vários dispositivos da lei e deve ser levado em consideração quando da sua interpretação. Temos, por exemplo, a previsão das penas aplicáveis às pessoas jurídicas (art. 21), na qual todas estão ligadas à **reparação ou à compensação** do dano ambiental causado.

Esquematização. A Lei nº 9.605/1998 possui 82 artigos[3], distribuídos em oito capítulos:

Capítulo I – Disposições gerais	Arts. 1º a 5º
Capítulo II – Da aplicação da pena	Arts. 6º a 24
Capítulo III – Da apreensão do produto e do instrumento de infração administrativa ou de crime	Art. 25
Capítulo IV – Da ação e do processo penal	Arts. 26 a 28
Capítulo V – Dos crimes contra o meio ambiente	Arts. 29 a 69-A
Capítulo VI – Da infração administrativa	Arts. 70 a 76
Capítulo VII – Da cooperação internacional para a preservação do meio ambiente	Arts. 77 e 78
Capítulo VIII – Disposições finais	Arts. 79 a 82

Analisando os dispositivos **criminais**, os quais, sem dúvida, são os de maior incidência em provas de concursos, podemos dividir a Lei em uma **parte geral** (arts. 1º a 28) e outra **parte especial** (arts. 29 a 69-A). Na parte geral estão previstas normas relacionadas à aplicação da pena, responsabilidade criminal, entre outras temáticas. Na parte especial estão os crimes em espécie.

9.1.2 Princípio da insignificância

Embora parte da doutrina compreenda não ser possível a aplicação do princípio da insignificância aos crimes ambientais[4], em razão da importância do meio ambiente (ine-

---

[2] Uma mesma conduta lesiva ao meio ambiente poderá ocasionar sanções nas esferas penal e administrativa.

[3] Incluídos aqui aqueles que foram vetados.

[4] Nesse sentido: Kurkowski (2020, p. 1168).

xistindo conduta criminosa insignificante com relação a esse bem jurídico), os Tribunais Superiores entendem pela **possibilidade de sua aplicação**[5], quando demonstrada a ínfima ofensividade ao bem ambiental tutelado (esse é o entendimento a ser levado para a prova objetiva):

🔍 Jurisprudência destacada

I – Esta Corte tem entendimento pacificado no sentido de que é possível a aplicação do denominado princípio da insignificância aos delitos ambientais, quando demonstrada a ínfima ofensividade ao bem ambiental tutelado (...) (STJ, 5ª Turma, AgRg no AREsp nº 1.051.541/ES, Rel. Min. Felix Fischer, j. 28.11.2017)[6].

1. A proteção, em termos criminais, ao meio ambiente decorre de mandamento constitucional, conforme prescreve o § 3º do art. 225: "[a]s condutas e atividades consideradas lesivas ao meio ambiente sujeitarão os infratores, pessoas físicas ou jurídicas, a sanções penais e administrativas, independentemente da obrigação de reparar os danos causados". (...) 3. Essa proteção constitucional, entretanto, **não afasta a possibilidade de se reconhecer, em tese, o princípio da insignificância** quando há a satisfação concomitante de certos pressupostos, tais como: a) mínima ofensividade da conduta do agente; b) nenhuma periculosidade social da ação; c) reduzidíssimo grau de reprovabilidade do comportamento; e d) inexpressividade da lesão jurídica provocada (...) (STF, 2ª Turma, RHC nº 125.566/PR, Rel. Min. Dias Toffoli, j. 26.10.2016 – *Informativo* 845).

🧩 Decifrando a prova

(Delegado – PC/AC – Ibade – 2017 – Adaptada) Não se aplica o princípio da insignificância quanto aos crimes previstos na Lei de Crimes Ambientais, considerando que o bem jurídico tutelado é o meio ambiente, indispensável à sobrevivência da sociedade.

( ) Certo ( ) Errado

Gabarito comentado: embora boa parte da doutrina entenda ser inaplicável o referido princípio aos crimes ambientais, o posicionamento majoritário nos Tribunais Superiores é no sentido da possibilidade de sua aplicação, quando demonstrada a ínfima ofensividade ao bem ambiental tutelado. Portanto, a assertiva está errada.

---

[5] Vale ressaltar que há, no âmbito dos Tribunais Superiores, decisões admitindo, bem como vedando a incidência do referido princípio. Contudo, parece-nos que a orientação atual é pela sua possibilidade, desde que preenchidos os requisitos elencados pela jurisprudência.

[6] No mesmo sentido: STJ, Corte Especial, APn nº 888/DF, Rel. Min. Nancy Andrighi, j. 02.05.2018.

9.2 CRIMES AMBIENTAIS E RESPONSABILIDADE DA PESSOA FÍSICA

Art. 2º Quem, de qualquer forma, concorre para a prática dos crimes previstos nesta Lei, incide nas penas a estes cominadas, na medida da sua culpabilidade, bem como o diretor, o administrador, o membro de conselho e de órgão técnico, o auditor, o gerente, o preposto ou mandatário de pessoa jurídica, que, sabendo da conduta criminosa de outrem, deixar de impedir a sua prática, quando podia agir para evitá-la.

Concurso de pessoas. A primeira parte do mencionado art. 2º, à semelhança do prescrito no art. 29, *caput*, do CP, adota a chamada teoria **monista ou unitária** do concurso de pessoas aos crimes ambientais: todos os coautores ou partícipes responderão pelo mesmo delito, na medida de sua culpabilidade, ou seja, praticado um crime da Lei nº 9.605/1998, todos aqueles que concorreram para o delito (coautoria/participação) responderão pelo mesmo crime (na medida de sua culpabilidade).

Omissão penalmente relevante. A segunda parte do art. 2º traz a chamada **omissão penalmente relevante**, a qual também possui correspondência no Código Penal: art. 13, § 2º. A omissão é relevante quando há o **dever** e a **possibilidade de agir** para obstar o resultado, e é dessa forma que dispõe o art. 2º ao responsabilizar os dirigentes/mandatários (pessoa física) da pessoa jurídica que, tomando conhecimento de alguma conduta criminosa cometida por outrem (obviamente desde que relacionada às atividades da pessoa jurídica – PJ que dirige), deixam de impedi-la quando podiam agir para evitá-la – praticando, assim, uma conduta omissiva. Eles responderão a título de participação pelo crime: **participação por omissão**.

Então, perceba, além do dever de agir imposto pela norma aos dirigentes, para que haja a responsabilização por omissão, deve existir:

- **Conhecimento da existência do crime cometido por outrem** (evitando assim a responsabilidade penal objetiva[7]).
- **Possibilidade de evitar o resultado** (ninguém pode ser obrigado a evitar o impossível).

9.3 CRIMES AMBIENTAIS E RESPONSABILIDADE DA PESSOA JURÍDICA

9.3.I Responsabilidade penal da pessoa jurídica

CF/1988

Art. 225. (...)

§ 3º As condutas e atividades consideradas lesivas ao meio ambiente sujeitarão os infratores, pessoas físicas ou jurídicas, a sanções penais e administrativas, independentemente da obrigação de reparar os danos causados.

---

[7] É vedada em nosso ordenamento jurídico, haja vista implicar responsabilização criminal sem dolo ou culpa.

Art. 3º As pessoas jurídicas serão responsabilizadas administrativa, civil e penalmente conforme o disposto nesta Lei, nos casos em que a infração seja cometida por decisão de seu representante legal ou contratual, ou de seu órgão colegiado, no interesse ou benefício da sua entidade.

Parágrafo único. A responsabilidade das pessoas jurídicas não exclui a das pessoas físicas, autoras, coautoras ou partícipes do mesmo fato.

Responsabilidade penal das pessoas jurídicas em geral. Quanto à possibilidade de responsabilização penal da pessoa jurídica, temos vários posicionamentos doutrinários. Destacamos, de forma objetiva, os principais:

◆ Parte da doutrina entende que **a pessoa jurídica não comete crime** (*societas delinquere non potest*).

Para alguns, essa afirmação se fundamenta no fato de a PJ ser uma mera abstração, ente fictício, desprovida de consciência e vontade, bem como dolo ou culpa, e, portanto, não há como responsabilizá-la por qualquer tipo de conduta criminosa (incide aqui a teoria da Ficção Jurídica de Savigny, pela qual as pessoas jurídicas são meras abstrações, sem existência ou vontade real). Além disso, embora o legislador tenha expressamente cominado penas às pessoas jurídicas, não as instituiu por completo (não sendo passíveis de aplicação concreta e imediata), pois faltou-lhe adaptar a sistemática penal – finalidades da pena, culpabilidade própria, normas incriminadoras específicas etc. – às peculiaridades da PJ (como é no direito francês). Por todo o exposto, entendem que o art. 225, § 3º, da CF/1988, especialmente quando prevê a responsabilidade penal da PJ, não é autoaplicável, ao passo que o art. 3º da Lei nº 9.605/1998, por não o regulamentar de forma satisfatória, nas palavras de Regis Prado: "fica extremamente difícil não admitir a inconstitucionalidade desse artigo, exemplo claro de responsabilidade penal por fato de outro ou puramente objetiva" (PRADO, 2019b, p. 116)[8].

Outros ensinam que, na verdade, o art. 225, § 3º, da CF/1988 não prevê a responsabilidade penal da PJ, mas apenas a administrativa (a menção a sanções penais vale somente para as pessoas físicas). Além disso, o art. 5º, XLV, da CF/1988, ao estabelecer (para essa corrente) que a responsabilidade penal é inerente unicamente aos seres humanos, reforça essa impossibilidade. Dessa forma, a Lei nº 9.605/1998, nos dispositivos que tratam da responsabilidade penal da PJ, é inconstitucional.

◆ Por outro lado, temos doutrinadores que entendem **ser perfeitamente possível a responsabilização penal da pessoa jurídica**[9] (*societas delinquere potest*), argumentando que não são meras abstrações, mas, sim, entes reais, possuindo vontade e

---

8   Ressaltamos que todo o raciocínio do texto (e não só a frase em destaque) foi extraído das lições do renomado autor.

9   Tal responsabilidade decorre da chamada "culpabilidade social", a qual é baseada na ideia de a pessoa jurídica ser o centro de onde emanam as decisões e que, portanto, gera uma responsabilidade à entidade como um todo.

capacidade próprias (que não se confunde com a vontade das pessoas físicas que as integram), podendo, dessa forma, responder por crimes. Tal corrente adere à teoria da realidade ou personalidade real, de Otto Gierke, pela qual as pessoas jurídicas são entes reais, com capacidade e vontade próprias (ex.: são capazes de direitos e obrigações na seara civil).

Essa é a posição **adotada pela Lei nº 9.605/1998**, bem como **pelos Tribunais Superiores**[10], sendo a mais recomendada para provas objetivas.

Responsabilidade penal da pessoa jurídica de direito público. Cumpre-nos agora responder ao seguinte questionamento: toda e qualquer pessoa jurídica poderia, em tese, figurar como sujeito ativo de crime ambiental? Temos duas correntes que disputam espaço:

♦ Pessoas jurídicas podem ser de direito público (interno ou externo) ou de direito privado. Pessoas jurídicas de direito público interno são aquelas de que trata o art. 41 do CC.

Art. 41. São pessoas jurídicas de direito público interno:

I – a União;

II – os Estados, o Distrito Federal e os Territórios;

III – os Municípios;

IV – as autarquias, inclusive as associações públicas;

V – as demais entidades de caráter público criadas por lei.

Um primeiro entendimento, ao qual nos filiamos, é no sentido da impossibilidade de responsabilização penal da pessoa jurídica de direito público interno, pelo fato de ser totalmente incompatível com a sua natureza jurídica: o Estado não pode punir a si próprio, haja vista que, se assim fizesse, estaria punindo a própria coletividade. Devem-se diferenciar os entes coletivos de direito público e direito privado.

Conforme as lições de Krebs (2000):

◇ Não se pode comparar pessoas jurídicas de direito público interno com a pessoa jurídica de direito privado e, assim, não se pode falar em quebra de isonomia.

◇ Sendo o Estado titular do *ius puniendi*, não poderia pedir o reconhecimento de um direito contra si próprio, sob pena de acarretar confusão de partes – aquele que pede o reconhecimento e a aplicação de um suposto direito seu seria o mesmo que aquele contra quem se pede.

Ressaltamos ainda que nada impede a responsabilização penal da pessoa física que integra o ente coletivo. Assim, embora a pessoa jurídica de direito público interno conte com imunidade penal, o agente público que tenha concorrido para o delito incidirá nas penas a ele cominadas (na forma do art. 2º da Lei nº 9.605/1998).

---

[10] Nesse sentido: STJ, 5ª Turma, RMS nº 56.073/ES, Rel. Min. Ribeiro Dantas, j. 25.09.2018; STF, 1ª Turma, RE nº 548.181/PR, Rel. Min. Rosa Weber, j. 06.08.2013.

Tal posicionamento já foi mencionado pela jurisprudência do STJ (embora o caso concreto em análise no julgamento não tratasse diretamente da temática citada):

Jurisprudência destacada

(...) Os critérios para a responsabilização da pessoa jurídica são classificados na doutrina como explícitos: 1) que a violação decorra de deliberação do ente coletivo; 2) que o autor material da infração seja vinculado à pessoa jurídica; e 3) que a infração praticada se dê no interesse ou benefício da pessoa jurídica; e implícitos no dispositivo: 1) **que seja pessoa jurídica de direito privado**; 2) que o autor tenha agido no amparo da pessoa jurídica; e 3) que a atuação ocorra na esfera de atividades da pessoa jurídica. (...) (STJ, 5ª Turma, REsp *nº* 564.960/SC, Rel. Min. Gilson Dipp, j. 02.06.2005).

Para outros doutrinadores, é totalmente possível a responsabilização penal da pessoa jurídica de direito público, na medida em que nem o art. 225, § 3º, da CF/1988 nem a Lei nº 9.605/1998 fizeram qualquer distinção ao se referirem aos entes coletivos, abrangendo, portanto, as entidades de direito público e privado[11].

Requisitos para a responsabilidade penal. O art. 3º da Lei de Crimes Ambientais elenca dois requisitos (**cumulativos**) para que esteja caracterizada a responsabilidade penal da pessoa jurídica (que, como vimos, para a maioria é perfeitamente possível):

♦ **Quando a infração for cometida por decisão de seu: representante legal/contratual ou órgão colegiado**. Ex.: funcionário da empresa que não seja representante legal ou contratual, o qual decide por conta própria cortar árvores em área de preservação permanente. Tal conduta criminosa não será imputada à pessoa jurídica que o emprega (ele não é representante ou integrante de órgão colegiado).

♦ **No interesse/benefício da pessoa jurídica**. Além de a infração ser cometida por decisão de seu representante ou órgão colegiado, essa conduta criminosa deve ter por finalidade ocasionar algum benefício ao ente coletivo, caso contrário ele não poderá ser responsabilizado. Ex.: diretor de uma empresa que determina a seus empregados o corte de árvores em área de preservação permanente e, após, o transporte da madeira para local determinado, onde ele está construindo uma casa particular. Nesse caso, o crime não poderá ser imputado à pessoa jurídica (não foi cometido em seu interesse ou benefício).

Decifrando a prova

(Delegado PF – Cespe – 2018) Pessoa jurídica que praticar crime contra o meio ambiente por decisão do seu órgão colegiado e no interesse da entidade poderá ser responsabilizada

---

[11] É o que pensa Prado (2019b, p. 121), afirmando que "à exceção do Estado em si, qualquer pessoa jurídica de direito público ou de direito privado pode ser responsabilizada".

penalmente, embora não fique necessariamente sujeita às mesmas sanções aplicadas às pessoas físicas.

( ) Certo ( ) Errado

Gabarito comentado: esse é o teor do art. 3º da Lei nº 9.605/1998: "As pessoas jurídicas serão responsabilizadas administrativa, civil e penalmente conforme o disposto nesta Lei, nos casos em que a infração seja cometida por decisão de seu representante legal ou contratual, ou de seu órgão colegiado, no interesse ou benefício da sua entidade". Vale lembrar que as sanções aplicadas à PJ serão de acordo com a sua natureza jurídica (não cabe pena privativa de liberdade, por exemplo). Portanto, a assertiva está certa.

9.3.2   Sistema/teoria da dupla imputação

Teoria da dupla imputação. Segundo a teoria da dupla imputação (ou imputações paralelas), consagrada no art. 3º, parágrafo único, da Lei, não há *bis in idem*[12] na responsabilização simultânea da pessoa física e jurídica em razão de um único delito cometido. Isso porque são pessoas distintas, cada qual respondendo na medida de sua culpabilidade quanto à conduta criminosa praticada. Em outras palavras, com relação ao mesmo delito, é possível a punição da pessoa física e da pessoa jurídica, concomitantemente.

Dessa forma, para a referida teoria, é possível responsabilizar **somente a pessoa física** ou **a pessoa física com a pessoa jurídica**, contudo **não se mostra possível a responsabilização criminal isolada da pessoa jurídica** (sem a pessoa física). Isso porque incide aqui a chamada **responsabilidade penal por ricochete/por empréstimo**, na qual à pessoa jurídica são imputados os atos de seu representante (sempre haverá uma pessoa física corresponsável pela conduta criminosa).

Tribunais Superiores e sistema da dupla imputação. A teoria da dupla imputação é adotada por vários doutrinadores nacionais, aplicando-se todo o raciocínio exposto. No entanto, quando analisamos os mais recentes jugados dos Tribunais Superiores, concluímos que, apesar de a jurisprudência não excluir a incidência da referida teoria, admite, contudo, que ela seja pontualmente afastada, especialmente porque entendem ser possível a **responsabilização criminal** *isolada* **da pessoa jurídica** (sem a necessária condenação da pessoa física que a represente).

Portanto, de acordo com o entendimento prevalente na jurisprudência, podemos vislumbrar, na verdade, três situações de responsabilização criminal: **apenas da pessoa física**; **pessoa física e pessoa jurídica**; **apenas da pessoa jurídica** (pode ser condenada mesmo que não denunciada ou absolvida a pessoa física).

 **Jurisprudência destacada**

1. Após o julgamento do RE nº 548.181 pela Suprema Corte, a jurisprudência desta Corte consolidou-se no sentido de **que é possível a responsabilização penal da pessoa jurídica**

---

[12]   Dupla punição pelo mesmo fato.

> **por crimes ambientais independentemente da responsabilização concomitante da pessoa física que a represente**. (...).(STJ, 5ª Turma, RMS nº 56.073/ES, Rel. Min. Ribeiro Dantas, j. 25.09.2018).

Essa conclusão é importante para que haja uma efetiva punição, pois em muitos casos a autoria do delito está diluída nos vários setores da empresa, não sendo possível precisar qual (ou quais) pessoa física concorreu para o crime. Nessa hipótese, se houvesse a obrigatoriedade da dupla imputação (pessoa física + pessoa jurídica), inevitavelmente o resultado seria a impunidade da conduta criminosa.

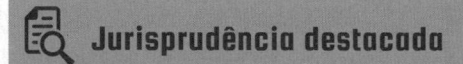 **Jurisprudência destacada**

1. O art. 225, § 3º, da Constituição Federal **não condiciona** a responsabilização penal da pessoa jurídica por crimes ambientais à simultânea persecução penal da pessoa física em tese responsável no âmbito da empresa. A norma constitucional não impõe a necessária dupla imputação. 2. As organizações corporativas complexas da atualidade se caracterizam pela descentralização e distribuição de atribuições e responsabilidades, sendo inerentes, a esta realidade, as dificuldades para imputar o fato ilícito a uma pessoa concreta. 3. Condicionar a aplicação do art. 225, § 3º, da Carta Política a uma concreta imputação também a pessoa física implica indevida restrição da norma constitucional, expressa a intenção do constituinte originário não apenas de ampliar o alcance das sanções penais, mas também de evitar a impunidade pelos crimes ambientais frente às imensas dificuldades de individualização dos responsáveis internamente às corporações, além de reforçar a tutela do bem jurídico ambiental. 4. A identificação dos setores e agentes internos da empresa determinantes da produção do fato ilícito tem relevância e deve ser buscada no caso concreto como forma de esclarecer se esses indivíduos ou órgãos atuaram ou deliberaram no exercício regular de suas atribuições internas à sociedade, e ainda para verificar se a atuação se deu no interesse ou em benefício da entidade coletiva. **Tal esclarecimento, relevante para fins de imputar determinado delito à pessoa jurídica, não se confunde, todavia, com subordinar a responsabilização da pessoa jurídica à responsabilização conjunta e cumulativa das pessoas físicas envolvidas.** Em não raras oportunidades, as responsabilidades internas pelo fato estarão diluídas ou parcializadas de tal modo que não permitirão a imputação de responsabilidade penal individual. (...) (STF, 1ª Turma, RE nº 548.181/PR, Rel. Min. Rosa Weber, j. 06.08.2013).

9.3.3 Complementos

Crimes imputados às pessoas jurídicas. Para aqueles que entendem pela possibilidade de a pessoa jurídica praticar crime, a Constituição Federal admitiu a sua responsabilização criminal com relação a três espécies de delitos – **contra o meio ambiente** (art. 225, § 3º, da CF/1988); **contra a ordem econômica e financeira** (art. 173, § 5º, da CF/1988); **contra a economia popular** (art. 173, § 5º, da CF/1988) – cabendo ao legislador ordinário criminalizar, por meio de lei, tais condutas.

Contudo, até o presente momento, **apenas a Lei de Crimes Ambientais** tratou de regulamentar e tipificar as condutas criminosas imputáveis às pessoas jurídicas, quando da sua prática (não há lei regulamentando a responsabilidade penal da PJ com relação aos demais delitos supracitados). Por conseguinte, concluímos que, pelo menos por ora, **somente poderão ser imputados à pessoa jurídica os delitos tipificados na Lei nº 9.605/1998**[13].

Crime omissivo. Conforme entendimento do STJ, é possível que haja a responsabilização da pessoa jurídica por delito omissivo. Nesse sentido:

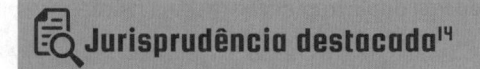

Trata-se de associação denunciada e autuada pela Polícia Ambiental por ter suprimido vegetação rasteira e arbustiva em área de preservação permanente, além de cortar oito árvores nativas isoladas. A pessoa jurídica (associação) e seu representante legal (presidente) pretendiam construir uma valeta para implantação de rede de esgoto, mas promoveram a intervenção na área de preservação permanente sem obter autorização para isso. (...) Tal conduta pode ser sancionada, evidentemente, não com pena restritiva de liberdade, mas com sanção financeira, obrigação de repor as árvores ou condenação a plantar o dobro de árvores etc. Outrossim, **o crime é sempre uma conduta e, no caso, há indícios de uma conduta de crime de omissão.** Ademais, não é só a pessoa que pratica fisicamente que comete o crime. Na verdade, quem contrata, fornece os meios, remunera etc. também comete o crime ambiental. **Nesses casos, também há a responsabilização penal da pessoa jurídica, o que não exclui a responsabilidade das pessoas físicas.** (...) (STJ, 5ª Turma, HC nº 92.822/SP, Rel. originário Min. Arnaldo Esteves Lima, Rel. para acórdão Min. Napoleão Nunes Maia Filho, j. 17.06.2008 – *Informativo* 360).

Prescrição. A Lei nº 9.605/1998 é silente quanto aos prazos prescricionais que incidirão nas pessoas jurídicas. Logo, conforme orientação do STJ[15], aplica-se subsidiariamente o constante no Código Penal: art. 109, parágrafo único, para as restritivas de direitos (os mesmos prazos das privativas de liberdade); art. 114, I, no caso de aplicação isolada de multa (prescrição em dois anos).

No mesmo sentido é a orientação do STF:

(...) 7. Nos crimes ambientais, às pessoas jurídicas aplicam-se as sanções penais isolada, cumulativa ou alternativamente, somente as penas de multa, restritivas de direitos e pres-

---

[13] Nesse sentido: Masson (2019, p. 162).

[14] No mesmo sentido: STJ, 6ª Turma, HC nº 409.361/AM, Rel. Min. Antonio Saldanha Palheiro, j. 21.06.2018.

[15] STJ, 5ª Turma, AgRg nos EDcl nos EDcl no AREsp nº 1.072.892/RS, Rel. Min. Felix Fischer, j. 10.04.2018; STJ, 6ª Turma, AgRg no REsp nº 1.712.991/SP, Rel. Min. Nefi Cordeiro, j. 11.09.2018.

> tação de serviços à comunidade (art. 21 da Lei nº 9.605/1998). No caso, **os parâmetros de aferição de prazos prescricionais são disciplinados pelo Código Penal**. Nos termos do art. 109, *caput* e parágrafo único, do Código Penal, **antes de transitar em julgado a sentença final, aplica-se, às penas restritivas de direito, o mesmo prazo previsto para as privativas de liberdade**, regulada pelo máximo da pena privativa de liberdade cominada ao crime. (...) **Não se afasta o lapso prescricional de 2 anos, se a pena cominada à pessoa jurídica for, isoladamente, de multa** (inciso I, art. 114, do CP) (STF, 2ª Turma, ARE nº 944.034 AgR/PR, Rel. Min. Gilmar Mendes, j. 30.09.2016).

Desconsideração da personalidade. O art. 4º da Lei nº 9.605/1998 prevê a possibilidade de ser desconsiderada a personalidade da pessoa jurídica sempre que ela for obstáculo ao ressarcimento dos prejuízos causados ao meio ambiente, estendendo, dessa forma, a responsabilidade pelas obrigações aos sócios. Ressaltamos que essa desconsideração **restringe-se ao âmbito cível**, sendo inadmissível com relação à seara penal, uma vez que, pelo princípio da intranscendência da pena (ou pessoalidade), esta jamais passará da pessoa do condenado.

Interrogatório e citação da PJ. A forma como será realizado o **interrogatório** da pessoa jurídica é tema não tratado pela Lei nº 9.605/1998, mas que suscita dúvidas relevantes: **como a pessoa jurídica é um ente imaterial e o interrogatório é um ato pessoal, de que maneira poderemos compatibilizar esse ato com as peculiaridades da entidade?** Segundo a doutrina, deverá ser feito com o representante legal (presidente, diretor) da empresa, pois é ele quem tem maior interesse na defesa da pessoa jurídica. Quanto à possibilidade de um preposto ser interrogado em nome da PJ: para alguns é possível, aplicando a CLT por analogia (NUCCI, 2020, p. 554); para outros, impossível, haja vista a pessoalidade do interrogatório (KURKOWSKI, 2020, p. 1176).

No tocante à **citação** da pessoa jurídica, essa será efetivada na pessoa que os respectivos atos constitutivos designarem ou, não havendo essa designação, por seus diretores (art. 75, VIII, do CPC – por analogia).

Habeas corpus e **pessoa jurídica**. É incabível a impetração de *habeas corpus*[16] **em favor de pessoa jurídica**, haja vista que não há de se falar em risco à liberdade de locomoção (obviamente não pode ser presa cautelarmente, bem como não sofre pena privativa de liberdade). Por outro lado, preenchidos os requisitos, é cabível mandado de segurança a seu favor. Saiba ainda que é possível que pessoa jurídica impetre *habeas corpus* em favor de pessoa física (mas, como dissemos, nunca o contrário).

---

[16] Segundo o art. 5º, LXVIII, da CF/1988: "conceder-se-á *habeas corpus* sempre que alguém sofrer ou se achar ameaçado de sofrer violência ou coação em sua liberdade de locomoção, por ilegalidade ou abuso de poder".

9.4 ACRÉSCIMOS PONTUAIS

9.4.1 Denúncia genérica e geral

Denúncia genérica. O entendimento majoritário é o de **não admitir a validade** das chamadas **denúncias genéricas**, aquelas pelas quais o Ministério Público, ao denunciar alguém, não imputa elementos mínimos para que saiba do que está sendo acusado, há uma deficiência na narração do fato delituoso imputado, constituindo em verdadeira peça acusatória "genérica". Essa era uma prática muito recorrente nos crimes ambientais, de modo que o Ministério Público, sem que houvesse elementos mínimos, denunciava a pessoa jurídica e, simultaneamente, o sócio-diretor da empresa (inexistindo uma apuração mínima acerca da existência de corresponsabilidade).

 Jurisprudência destacada

(...) 2. Denúncia oferecida contra o presidente de sociedade empresária causadora de dano ambiental apenas em razão da posição de direção. Inexistente, no caso concreto, qualquer narrativa fática que especifique conduta comissiva ou omissiva a ser enquadrada nos tipos penais indicados. Vedação à responsabilidade penal objetiva. Precedentes da Corte. 3. Ordem concedida para determinar o trancamento do processo penal (STF, 2ª Turma, HC 192.204/RS, Rel. Min. Gilmar Mendes, j. 17.05.2022).

Denúncia geral. Ao contrário do que ocorre com a denúncia genérica, é lícita a adoção da denominada **denúncia geral**, na qual o órgão acusador atribui fato certo e minimamente determinado **a mais de uma pessoa** (aqui a peça acusatória conta com elementos mínimos que permitirão o exercício da ampla defesa) – em especial nos delitos de autoria coletiva, como é o exemplo das condutas tipificadas na Lei nº 9.605/1998.

 Jurisprudência destacada

(...) 2. **Não se pode confundir** a denúncia genérica com a denúncia geral, pois o direito pátrio **não admite denúncia genérica, sendo possível, entretanto, nos casos de crimes societários e de autoria coletiva, a denúncia geral**, ou seja, aquela que, apesar de não detalhar minudentemente as ações imputadas aos denunciados, demonstra, ainda que de maneira sutil, a ligação entre sua conduta e o fato delitivo. Da leitura da inicial verifica-se que os recorrentes Cristiano e Maria da Graça foram denunciados apenas em virtude de serem sócios administradores da primeira recorrente, Caiçaras Empreendimentos Imobiliários Ltda. A acusação **limitou-se a vinculá-los ao crime porque eram sócios administradores da primeira recorrente, o que torna a denúncia genérica e inadmissível** (STJ, 5ª Turma, RHC nº 88.264/ES, Rel. Min. Reynaldo Soares da Fonseca, j. 08.02.2018).

9.4.2 Encerramento do procedimento administrativo ambiental

Em razão do princípio da independência das instâncias, o fato de haver procedimento administrativo ambiental ainda em andamento – apurando o ilícito administrativo contra o meio ambiente – não impede a deflagração da persecução penal relativa a crimes ambientais eventualmente cometidos (instauração de inquérito policial, oferecimento da ação penal etc.). Portanto, saiba: não é necessário aguardar o encerramento de procedimento administrativo ambiental – nem mesmo a sua instauração – para o início da persecução penal.

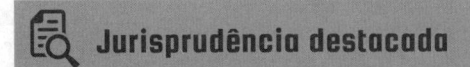 **Jurisprudência destacada**

(...) Esta Corte Superior tem jurisprudência no sentido da **desnecessidade de instauração de procedimento administrativo ambiental para dar início a ação penal**, na hipótese em que o Ministério Público já possua elementos suficientes a sustentar a denúncia (STJ, 5ª Turma, RMS nº 36.737/SP, Rel. Min. Ribeiro Dantas, j. 11.12.2018)[17].

9.4.3 Termo de Ajustamento de Conduta (TAC)

Cumpre destacar que o Termo de Ajustamento de Conduta (Lei nº 7.347/1985) firmado e posteriormente cumprido pelo infrator, embora possibilite a exclusão da ação civil pública correspondente, não interfere no trâmite regular da persecução penal, pois não exclui a tipicidade da conduta criminosa eventualmente praticada. Assim, por constituir-se verdadeiro título executivo extrajudicial e diante da independência das instâncias, não impedirá, por exemplo, a propositura da ação penal.

Contudo, saiba ainda que ele interferirá, caso regularmente cumprido, na dosimetria da pena a ser fixada pelo juiz. Portanto, embora não impeça a investigação, a ação penal e a condenação, o TAC poderá influenciar a quantidade de pena a ser aplicada ao condenado.

Jurisprudência destacada

(...) Impende ressaltar entendimento desta Superior Corte de Justiça no sentido de que a assinatura de termo de ajustamento de conduta, com a reparação do dano ambiental, são circunstâncias que possuem relevo para a seara penal, **a serem consideradas na hipótese de eventual condenação, não se prestando para elidir a tipicidade penal**. Outrossim, a lavratura do referido termo, com a extinção de ação civil pública, **não implica a extinção da ação penal correspondente**, haja vista a **independência da esfera penal em relação às esferas cível e administrativa**. Precedentes (STJ, 5ª Turma, AgRg no RHC nº 121.611/SP, Rel. Min. Reynaldo Soares da Fonseca, j. 05.03.2020).

---

[17] No mesmo sentido: STJ, 5ª Turma, HC nº 160.525/RJ, Rel. Min. Jorge Mussi, j. 05.03.2013.

9.5 DA APLICAÇÃO DA PENA

Quanto ao capítulo da aplicação da pena (arts. 6º ao 24), para um melhor aproveitamento do conteúdo, é recomendável o seu estudo em partes. Sabemos que a Lei de Crimes Ambientais não está entre as preferidas da maioria dos estudantes, muito menos o presente capítulo. Contudo, veja, dividi-lo em partes comuns facilitará a memorização e garantirá preciosas questões em sua prova. Assim, segue um esquema prévio de como dividiremos o conteúdo (fique tranquilo, focaremos os pontos que são realmente relevantes para o seu objetivo):

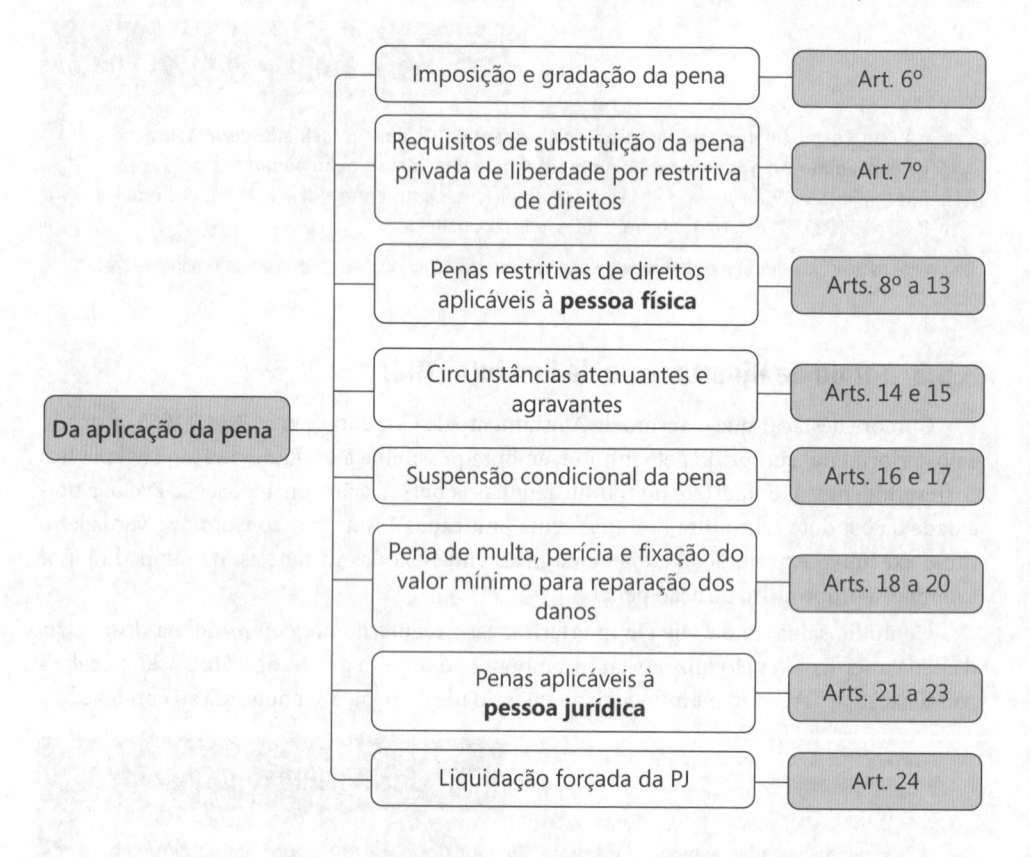

9.5.1 Imposição e gradação da pena — Art. 6º

Art. 6º Para imposição e gradação da penalidade, a autoridade competente observará:

I – a gravidade do fato, tendo em vista os motivos da infração e suas consequências para a saúde pública e para o meio ambiente;

II – os antecedentes do infrator quanto ao cumprimento da legislação de interesse ambiental;

III – a situação econômica do infrator, no caso de multa.

O juiz, ao fixar a pena com relação a crimes contidos na Lei n° 9.605/1998, deverá se basear nas circunstâncias judiciais estabelecidas no art. 6°, sem prejuízo da aplicação suplementar das circunstâncias previstas no art. 59 do CP. Portanto, na forma do art. 6° da Lei de Crimes Ambientais, para a imposição e gradação da penalidade, o juiz observará:

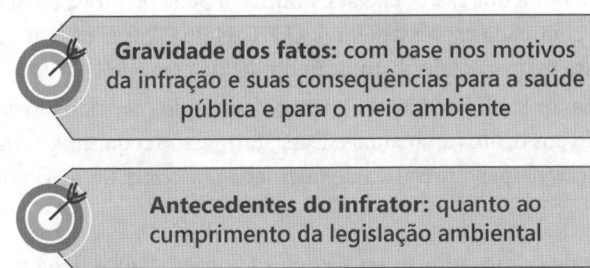

Gravidade dos fatos: com base nos motivos da infração e suas consequências para a saúde pública e para o meio ambiente

Antecedentes do infrator: quanto ao cumprimento da legislação ambiental

Situação econômica do infrator: no caso de multa

 **Decifrando a prova**

(Delegado – PC/RO – Incab – 2009 – Adaptada) Segundo o artigo 6° da Lei n° 9.605/1998, para imposição e gradação da penalidade, a autoridade competente observará: I – a gravidade do fato, tendo em vista os motivos da infração e suas consequências para o meio ambiente e para a ordem pública; II – os antecedentes do infrator quanto ao cumprimento da legislação de interesse econômico e ambiental; III – a situação econômica e social do infrator, no caso de multa.

( ) Certo ( ) Errado

Gabarito comentado: o primeiro erro é que a gravidade do fato terá por base os motivos da infração e suas consequências para a saúde pública e meio ambiente (e não à ordem pública). O segundo equívoco é afirmar que os antecedentes do infrator serão considerados tendo por base o cumprimento de legislação de interesse econômico e ambiental (é apenas legislação de interesse ambiental) – art. 6° da Lei n° 9.605/1998. Portanto, a assertiva está errada.

9.5.2 Requisitos de substituição da pena privativa de liberdade por restritiva de direitos – Art. 7°

Art. 7° As penas restritivas de direitos são autônomas e substituem as privativas de liberdade quando:

I – tratar-se de crime culposo ou for aplicada a pena privativa de liberdade inferior a quatro anos;

II – a culpabilidade, os antecedentes, a conduta social e a personalidade do condenado, bem como os motivos e as circunstâncias do crime indicarem que a substituição seja suficiente para efeitos de reprovação e prevenção do crime.

Parágrafo único. As penas restritivas de direitos a que se refere este artigo terão a mesma duração da pena privativa de liberdade substituída.

Em regra, as penas restritivas de direitos não vêm cominadas nos crimes em espécie, uma vez que, na maioria dos casos, elas substituirão a pena privativa de liberdade que seria devida (esta, sim, cominada expressamente). O art. 44 do CP traz os requisitos que deverão ser observados para se operar tal substituição nos delitos em geral.

O art. 7º da Lei nº 9.605/1998 tem a mesma função do mencionado art. 44 do CP, porém, aqui, aplicado aos delitos ambientais. Dessa forma, são requisitos **cumulativos** para se operar a substituição da pena privativa de liberdade por restritiva de direitos, no contexto da presente Lei:

- **Tratar-se de crime culposo ou, *se doloso*, for aplicada a pena privativa de liberdade *inferior a quatro anos*, ou seja, se PPL for igual ou superior a quatro anos, não cabe a substituição para crimes dolosos**[18].

- **A culpabilidade, os antecedentes, a conduta social e a personalidade do condenado, bem como os motivos e as circunstâncias do crime indicarem que a substituição seja suficiente para efeitos de reprovação e prevenção do crime**. Em resumo, circunstâncias judiciais favoráveis.

Por fim, o parágrafo único estabelece que as penas restritivas de direitos terão a mesma duração da privativa de liberdade. Embora essa seja a regra (seguida também pelo Código Penal), ela somente será aplicada se houver compatibilidade quanto à duração das respectivas penas. Podemos citar a pena de interdição temporária de direitos – art. 10 –, a qual já possui prazo estipulado pela lei, excepcionando, portanto, o paralelismo estabelecido pelo art. 7º, parágrafo único.

9.5.3 Penas restritivas de direitos aplicáveis à pessoa física – Arts. 8º a 13

Vistos os requisitos para se operar a substituição, passemos agora à análise das penas restritivas de direitos em espécie. Nos arts. 8º ao 13 estão listadas as restritivas de direitos aplicáveis às pessoas físicas, enquanto no art. 22 encontram-se aquelas que poderão incidir nas pessoas jurídicas. Restringindo-nos às primeiras, segue um esquema com as principais informações a serem levadas para a prova (adiantando que as mais cobradas são interdição temporária de direitos e suspensão parcial ou total de atividades):

---

18 No Código Penal, no caso de crime doloso, a PPL não pode ser superior a quatro anos (deve ser igual ou inferior), porém aqui o delito não pode ter sido cometido com violência ou grave ameaça à pessoa, além da exigência de o réu não ser reincidente em crime doloso. Há também a necessidade de circunstâncias judiciais favoráveis.

Penas restritivas de direitos aplicáveis à PF

Prestação de serviços à comunidade	Interdição temporária de direitos	Suspensão parcial ou total de atividade	Prestação pecuniária	Recolhimento domiciliar
Atribuição ao condenado de tarefas gratuitas com a pesquisa a jardins públicos e unidades de conservação, e, no caso de dano da coisa particular, pública ou tombada, na restauração desta, se possível.	São a proibição de o condenado contratar com o Poder Público, de receber incentivos fiscais ou quaisquer outros benefícios, bem como de participar de licitações, pelo prazo de cinco anos, no caso de crimes dolosos, e de três anos, no de crimes culposos.	Será aplicada quando estas não estiverem obedecendo às prescrições legais.	Consiste no pagamento em dinheiro à vítima ou à entidade pública ou privada com fim social, de importância, fixada pelo juíz, não inferior a um salário mínimo nem superior a trezentos e sessenta salários mínimos. O valor pago será deduzido do montante de eventual reparação civil a que for condenado o infrator.	Baseia-se na autodisciplina e senso de responsabilidade do condenado, que deverá, sem vigilância, trabalhar, frequentar curso ou exercer atividade autorizada, permanecendo recolhido nos dias e horários de folga em residência ou em qualquer local destinado a sua moradia habitual, conforme estabelecido na sentença condenatória.

🧩 Decifrando a prova

(Delegado – PC/BA – Vunesp – 2018 – Adaptada) A pena de interdição temporária de direito, consistente na proibição de contratar com o Poder Público, não poderá ter prazo superior a 3 (três) anos, no caso de crimes dolosos.
( ) Certo ( ) Errado
Gabarito comentado: conforme o art. 10 da Lei nº 9.605/1998, a pena de interdição temporária de direito terá o prazo de cinco anos, no caso de crimes dolosos, e de três anos, no de crimes culposos. Portanto, a assertiva está errada.

9.5.4 Atenuantes e agravantes – Arts. 14 e 15

Art. 14. São circunstâncias que atenuam a pena:

I – baixo grau de instrução ou escolaridade do agente;

II – arrependimento do infrator, manifestado pela espontânea reparação do dano, ou limitação significativa da degradação ambiental causada;

III – comunicação prévia pelo agente do perigo iminente de degradação ambiental;

IV – colaboração com os agentes encarregados da vigilância e do controle ambiental.

Atenuantes. No art. 14 e seus incisos, estão previstas circunstâncias atenuantes a serem aplicadas especificamente aos crimes ambientais, as quais reclamarão memorização por parte do futuro aprovado. Com relação aos artigos do presente capítulo, os arts. 14 e 15 são os mais cobrados em prova (em sua literalidade).

Segue uma dica de memorização dos incisos referidos: quando a pessoa sofre um BACC ela fica para baixo (atenua):

Baixa instrução ou escolaridade

Arrependimento do infrator

Comunicação prévia pelo agente causador

Colaboração com os agentes de vigilância

Art. 15. São circunstâncias que agravam a pena, quando não constituem ou qualificam o crime:

I – **reincidência nos crimes de natureza ambiental**;

II – ter o agente cometido a infração:

a) **para obter vantagem pecuniária**;

b) coagindo outrem para a execução material da infração;

c) afetando ou expondo a perigo, de maneira grave, a saúde pública ou o meio ambiente;

d) concorrendo para danos à propriedade alheia;

e) atingindo áreas de unidades de conservação ou áreas sujeitas, por ato do Poder Público, a regime especial de uso;

f) atingindo áreas urbanas ou quaisquer assentamentos humanos;

g) **em período de defeso à fauna**;

h) **em domingos ou feriados**;

i) à noite;

j) **em épocas de seca ou inundações**;

l) no interior do espaço territorial especialmente protegido;

m) com o emprego de métodos cruéis para abate ou captura de animais;

n) mediante fraude ou abuso de confiança;

o) mediante abuso do direito de licença, permissão ou autorização ambiental;

p) no interesse de pessoa jurídica mantida, total ou parcialmente, por verbas públicas ou beneficiada por incentivos fiscais;

q) atingindo espécies ameaçadas, listadas em relatórios oficiais das autoridades competentes;

r) **facilitada por funcionário público no exercício de suas funções**. (Grifos nossos).

Agravantes. No art. 15 e seus incisos estão previstas circunstâncias agravantes a serem aplicadas especificamente aos crimes ambientais, as quais também reclamarão a memorização por parte do futuro aprovado (grifamos em negrito as mais cobradas em provas de concursos). Ressaltamos que, se a agravante se constituir em elementar ou qualificadora do crime em espécie, ela não poderá ser considerada pelo magistrado.

Além disso, saiba que também é possível a aplicação das atenuantes e agravantes previstas no Código Penal (arts. 65 e 66; 61 e 62), mas apenas se estas não conflitarem com as disposições dos arts. 14 e 15 da Lei.

Decifrando a prova

(PC/PE – Cespe – 2016 – Adaptada) Se uma pessoa física e uma pessoa jurídica cometerem, em conjunto, infrações previstas na Lei n.º 9.605/1998, a pena será agravada se as infrações tiverem sido cometidas em sábados, domingos ou feriados.

( ) Certo ( ) Errado

Gabarito comentado: cuidado, conforme o art. 15, II, "h", da Lei nº 9.605/1998, é circunstância que agrava a pena ter o agente cometido a infração em domingos ou feriados (não abarca o "sábado"). Portanto, a assertiva está errada.

(PC/PE – Cespe – 2016 – Adaptada) Se uma pessoa física e uma pessoa jurídica cometerem, em conjunto, infrações previstas na Lei n.º 9.605/1998, a pena será agravada se ambas forem reincidentes de crimes de qualquer natureza.

( ) Certo ( ) Errado

Gabarito comentado: cuidado, conforme o art. 15, I, da Lei nº 9.605/1998, é circunstância que agrava a pena a reincidência nos crimes de natureza ambiental (e não crimes "de qualquer natureza"). Portanto, a assertiva está errada.

9.5.5 Suspensão condicional da pena (*sursis*) nos crimes ambientais – Arts. 16 e 17

Art. 16. Nos crimes previstos nesta Lei, a suspensão condicional da pena pode ser aplicada nos casos de condenação a pena privativa de liberdade não superior a três anos.

Art. 17. A verificação da reparação a que se refere o § 2º do art. 78 do Código Penal será feita mediante laudo de reparação do dano ambiental, e as condições a serem impostas pelo juiz deverão relacionar-se com a proteção ao meio ambiente.

A suspensão condicional da pena, também denominada *sursis*, consiste na possibilidade de não execução da pena imposta caso cumpridos determinados requisitos estabelecidos em Lei. Dessa forma, houve investigação, processo e condenação pelo delito, contudo, preenchidos os requisitos, a pena será suspensa para que se aguarde o cumprimento de condições instituídas durante o chamado período de prova.

Note que a Lei nº 9.605/1998 não trata de toda a sistemática envolvendo a suspensão condicional da pena, mas somente elenca um requisito objetivo específico (art. 16) e esclarece outro requisito da espécie de *sursis* denominado especial (art. 17). Assim, ao lado destas, valem as disposições contidas no Código Penal, nos arts. 77 a 82 – no que for compatível –, acrescentando que todas as espécies de *sursis* são, em tese, cabíveis aos delitos ambientais (simples, especial, etário e humanitário).

Para não fugir do nosso foco, o tema não será aqui estudado de forma exaustiva (mas apenas aquilo que nos interessa à presente Lei). Portanto, apontamos:

- ♦ **Aos delitos ambientais**, diferentemente do previsto no CP (que exige pena privativa de liberdade não superior a dois anos), **é possível o *sursis* no caso de condenação a pena privativa de liberdade não superior a três anos**. Reiteramos que também devem ser preenchidos os demais requisitos do art. 77 do CP (I, II e III).

🔍 Jurisprudência destacada

(...) 2. A Lei nº 9.605/1998, em seu art. 16, estabelece que, nos crimes nela previstos, "a suspensão condicional da pena pode ser aplicada nos casos de condenação a pena privativa de liberdade não superior a três anos". 3. Para a suspensão condicional da pena, o art. 77 do Código Penal exige o preenchimento cumulativo dos seguintes requisitos: I) o condenado não seja reincidente em crime doloso; II) a culpabilidade, os antecedentes, a conduta social e a personalidade do agente, bem como os motivos e as circunstâncias autorizem a concessão do benefício; III) não seja indicada ou cabível a substituição prevista no art. 44 deste Código. 4. No caso em exame, conquanto a pena tenha sido fixada em 3 anos, preenchendo assim o requisito objetivo do art. 16 da Lei nº 9.605/1998, o acórdão impugnado manteve a sentença condenatória, que considerou como desfavoráveis a culpabilidade, a conduta social, as circunstâncias e as consequências do delito, **motivo pelo qual os pacientes não têm direito ao *sursis*, pois não preenchidos os requisitos subjetivos previstos no inciso II do art. 77 do Código Penal**. 5. *Writ não conhecido* (STJ, 5ª Turma, HC nº 350.897/RS, Rel. Min. Ribeiro Dantas, j. 18.05.2017).

- ♦ O art. 78, § 2º, do CP traz o chamado *sursis* especial, o qual consiste, em breves palavras, na situação de o condenado que possua **circunstâncias judiciais favoráveis** e que tenha **reparado o dano** (salvo impossibilidade) poder obter **condições mais brandas** para o cumprimento do benefício. O art. 17 não modifica a imposição das circunstâncias judiciais favoráveis, contudo exige que **a verificação da reparação citada seja feita mediante *laudo de reparação do dano ambiental*** e ainda que **as condições (mais brandas) a serem impostas pelo juiz estejam relacionadas com a *proteção ao meio ambiente*** (sem especificar quais são).

9.5.6 Pena de multa, perícia e fixação do valor mínimo para reparação dos danos – Arts. 18 a 20

Art. 18. A multa será calculada segundo os critérios do Código Penal; se revelar-se ineficaz, ainda que aplicada no valor máximo, poderá ser aumentada até três vezes, tendo em vista o valor da vantagem econômica auferida.

Art. 19. A perícia de constatação do dano ambiental, sempre que possível, fixará o montante do prejuízo causado para efeitos de prestação de fiança e cálculo de multa.

Parágrafo único. A perícia produzida no inquérito civil ou no juízo cível poderá ser aproveitada no processo penal, instaurando-se o contraditório.

Art. 20. A sentença penal condenatória, sempre que possível, fixará o valor mínimo para reparação dos danos causados pela infração, considerando os prejuízos sofridos pelo ofendido ou pelo meio ambiente.

Parágrafo único. Transitada em julgado a sentença condenatória, a execução poderá efetuar-se pelo valor fixado nos termos do *caput*, sem prejuízo da liquidação para apuração do dano efetivamente sofrido.

Pena de multa. O art. 18 da Lei estabelece que a pena de multa será calculada segundo os critérios do Código Penal (arts. 49 e 60, CP) e, logo em seguida, traz disposição similar à prevista no art. 60, § 1º, desse diploma normativo: "Se revelar-se ineficaz, ainda que aplicada no valor máximo, poderá ser aumentada até três vezes, tendo em vista o valor da vantagem econômica auferida".

A diferença é que no Código Penal o **cálculo da multa** terá por base, principalmente, a **situação econômica do réu** (art. 60, *caput*, CP). Já na Lei nº 9.605/1998, além desse critério (art. 6º, III), considerar-se-á o **montante do prejuízo causado** (art. 19, *caput*).

Com relação ao **aumento mencionado** (até três vezes, em caso de ineficácia da multa), também há distinção quanto ao critério a ser considerado: no **Código Penal** será a **situação econômica do réu**; na **Lei de Crimes Ambientais** será o **valor da vantagem econômica auferida**.

🧩 Decifrando a prova

(Delegado – PC/BA – Vunesp – 2018 – Adaptada) A pena de multa, calculada segundo os critérios do Código Penal, poderá ser aumentada em até três vezes, se revelar-se ineficaz.
( ) Certo ( ) Errado

Gabarito comentado: embora a questão não tenha especificado o critério do aumento (vantagem econômica auferida), certo é que, se a pena de multa, ainda que aplicada no valor máximo, revelar-se ineficaz, poderá ser aumentada até três vezes. Portanto, a assertiva está certa.

(Delegado – PC/RO – Incab – 2014 – Adaptada) Nos termos da Lei nº 9.605/1998, a pena de multa será calculada com base na situação econômica do infrator e no montante do prejuízo causado, podendo ser aumentada em até três vezes de acordo com o valor da vantagem econômica auferida e a eficácia da medida punitiva.

( ) Certo ( ) Errado

Gabarito comentado: essa questão exige elevado conhecimento acerca literalidade das disposições legais. Como visto anteriormente, a Lei nº 9.605/1998, embora se baseie nas disposições do Código Penal ao prever a base de cálculo da pena de multa, elencando como critério a **situação econômica do infrator** (art. 6º, III, Lei nº 9.605/1998; art. 60, *caput*, CP), acrescenta também o **montante do prejuízo causado** (art. 19, *caput*) como critério adicional. Além disso, se a multa estipulada se revelar ineficaz, ainda que aplicada no valor máximo, poderá ser aumentada até três vezes, tendo em vista **o valor da vantagem econômica auferida** (art. 18, *in fine*). Portanto, a assertiva está certa.

Perícia de constatação do dano ambiental. Conforme dicção do art. 19, ocorrido o dano ambiental, faz-se necessária a realização da perícia de constatação do dano, a qual, sempre que possível, fixará o montante do prejuízo causado para efeitos de **prestação de fiança** e **cálculo de multa**. O parágrafo único acrescenta que, se a perícia de constatação for produzida no inquérito ou juízo cível, é possível a sua utilização no processo penal, desde que submetida ao contraditório (diferido ou postergado)[19].

Fixação do valor mínimo para a reparação dos danos. O art. 20 estabelece que, quando da sentença penal condenatória, se possível, haverá a fixação do valor mínimo para reparação dos danos causados pela infração, com base nos prejuízos sofridos pelo ofendido ou meio ambiente.

Transitada em julgado a decisão, poderá ser executado o valor no juízo cível (a sentença criminal gera título executivo). Contudo, se o valor fixado não corresponder ao montante total do dano, a quantia a ser acrescida (danos morais, por exemplo) poderá ser liquidada/calculada no âmbito cível, conforme disposto no parágrafo único: "A execução poderá efetuar-se pelo valor fixado nos termos do *caput*, sem prejuízo da liquidação para apuração do dano efetivamente sofrido".

9.5.7 Penas aplicáveis às pessoas jurídicas – Arts. 21 a 23

Art. 21. As penas aplicáveis isolada, cumulativa ou alternativamente às pessoas jurídicas, de acordo com o disposto no art. 3º, são:

I – multa;

II – restritivas de direitos;

III – prestação de serviços à comunidade.

Art. 22. As penas restritivas de direitos da pessoa jurídica são:

I – suspensão parcial ou total de atividades;

II – interdição temporária de estabelecimento, obra ou atividade;

---

[19] A doutrina enxerga aqui verdadeira hipótese de prova emprestada, a qual exige o contraditório tanto no juízo cível quanto no penal (para alguns, exigirá também as mesmas partes). No entanto, o mencionado parágrafo único sofre críticas justamente por não observar a sistemática citada, pois, em regra, a perícia produzida no inquérito civil não é submetida ao contraditório.

III – proibição de contratar com o Poder Público, bem como dele obter subsídios, subvenções ou doações.

§ 1º A suspensão de atividades será aplicada quando estas não estiverem obedecendo às disposições legais ou regulamentares, relativas à proteção do meio ambiente.

§ 2º A interdição será aplicada quando o estabelecimento, obra ou atividade estiver funcionando sem a devida autorização, ou em desacordo com a concedida, ou com violação de disposição legal ou regulamentar.

§ 3º A proibição de contratar com o Poder Público e dele obter subsídios, subvenções ou doações não poderá exceder o prazo de dez anos.

Art. 23. A prestação de serviços à comunidade pela pessoa jurídica consistirá em:

I – custeio de programas e de projetos ambientais;

II – execução de obras de recuperação de áreas degradadas;

III – manutenção de espaços públicos;

IV – contribuições a entidades ambientais ou culturais públicas.

Penas. Segundo o art. 21 da Lei, as penas passíveis de imposição às pessoas jurídicas são: **multa, restritivas de direitos** e **prestação de serviços à comunidade**[20]. Elas poderão incidir de forma isolada, cumulativa ou alternativamente, a depender do tipo penal praticado.

Lembre-se de que somente essas três modalidades de penas que serão aplicadas às entidades (não há na lei previsão de pena privativa de liberdade a ser imposta à pessoa jurídica, pois obviamente é incompatível com a sua natureza).

Penas restritivas de direitos (art. 22). Segue um esquema-resumo com as principais informações a serem levadas para a prova quanto às penas restritivas de direitos em espécie:

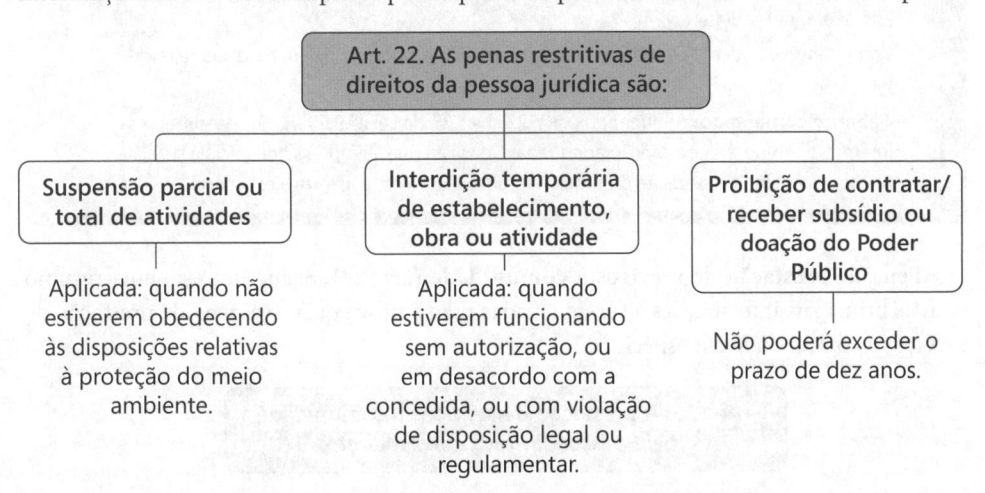

Art. 22. As penas restritivas de direitos da pessoa jurídica são:

Suspensão parcial ou total de atividades	Interdição temporária de estabelecimento, obra ou atividade	Proibição de contratar/ receber subsídio ou doação do Poder Público
Aplicada: quando não estiverem obedecendo às disposições relativas à proteção do meio ambiente.	Aplicada: quando estiverem funcionando sem autorização, ou em desacordo com a concedida, ou com violação de disposição legal ou regulamentar.	Não poderá exceder o prazo de dez anos.

---

[20] Diferente do disposto no Código Penal, na Lei de Crimes Ambientais a prestação de serviços à comunidade é pena autônoma (destacada da "restritiva de direitos").

É interessante notar que, no tocante à **suspensão de atividades**, cuida-se de uma pena restritiva de direitos prevista tanto para as pessoas jurídicas (art. 22, I e § 1º) como para as pessoas físicas (arts. 8º, III, e 11).

Decifrando a prova

(PCPE – Cespe – 2016 – Adaptada) A suspensão parcial ou total de atividade, exclusivamente para pessoas jurídicas, será aplicada quando a empresa não estiver cumprindo as normas ambientais.

( ) Certo ( ) Errado

Gabarito comentado: a banca considerou que a suspensão parcial ou total de atividades é uma pena restritiva de direitos prevista tanto para as pessoas físicas (arts. 8º, III, e 11) como para as jurídicas (art. 22, I e § 1º). Assim, é incorreto classificá-la como "exclusiva" de pessoas jurídicas. Portanto, a assertiva está errada.

(Analista – Iphan – Cespe – 2018) Visando à exploração madeireira sustentável em sua propriedade, uma empresa do ramo madeireiro protocolou, no IBAMA, pedido para a obtenção de licenciamento ambiental. Transcorridos mais de seis meses sem que obtivesse qualquer resposta do órgão ambiental, a empresa deu início à realização de suas atividades, em conformidade com os planos apresentados perante o órgão ambiental. Os representantes legais da empresa determinaram que os funcionários, à noite, realizassem o corte raso da floresta de preservação permanente e encaminhassem a madeira para uma serraria próxima, para que fosse transformada em pranchas e vendida.

No que se refere à situação hipotética apresentada e aos aspectos legais a ela relacionados, julgue o item seguinte.

Como sanção, poderá ser determinada a interdição temporária da empresa madeireira.

( ) Certo ( ) Errado

Gabarito comentado: conjugando o art. 22, II e § 2º, da Lei nº 9.605/1998, percebemos que a interdição temporária é a sanção adequada, haja vista que a empresa deu início a suas atividades sem a devida autorização de funcionamento. Portanto, a assertiva está certa.

Pena de prestação de serviços à comunidade (art. 23). Segue um esquema-resumo com as principais informações a serem levadas para a prova quanto à pena de prestação de serviços à comunidade em espécie:

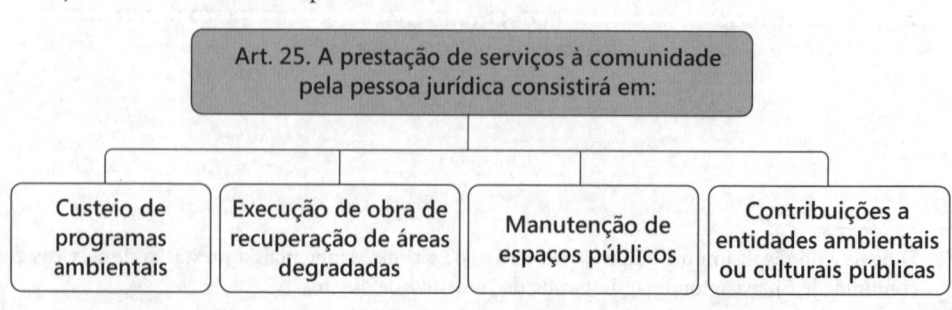

Art. 25. A prestação de serviços à comunidade pela pessoa jurídica consistirá em:

- Custeio de programas ambientais
- Execução de obra de recuperação de áreas degradadas
- Manutenção de espaços públicos
- Contribuições a entidades ambientais ou culturais públicas

9.5.8 Liquidação forçada da pessoa jurídica – Art. 24

> **Art. 24.** A pessoa jurídica constituída ou utilizada, preponderantemente, com o fim de permitir, facilitar ou ocultar a prática de crime definido nesta Lei terá decretada sua liquidação forçada, seu patrimônio será considerado instrumento do crime e como tal perdido em favor do Fundo Penitenciário Nacional.

O art. 24 estabelece uma rígida consequência à pessoa jurídica constituída ou utilizada, preponderantemente, com o fim de permitir, facilitar ou ocultar a prática de crimes ambientais: **liquidação forçada** e **perdimento do seu patrimônio** (instrumento do crime) em favor do Fundo Penitenciário Nacional. Prado (2019b, p. 126), ao comentá-la, afirma que é "verdadeira pena de morte da empresa".

Para provas e concursos chamamos a sua atenção a dois pontos: **primeiro**, a finalidade **preponderante** da PJ deverá ser a de permitir, facilitar ou ocultar crimes da Lei nº 9.605/1998; **segundo**, observe que o confisco do patrimônio tem destino específico, o **Fundo Penitenciário Nacional**.

9.6 APREENSÃO DO PRODUTO E DO INSTRUMENTO DE INFRAÇÃO ADMINIS-TRATIVA OU DE CRIME – ART. 25

> **Art. 25.** Verificada a infração, serão apreendidos seus produtos e instrumentos, lavrando-se os respectivos autos.
>
> § 1º Os animais serão prioritariamente libertados em seu habitat ou, sendo tal medida inviável ou não recomendável por questões sanitárias, entregues a jardins zoológicos, fundações ou entidades assemelhadas, para guarda e cuidados sob a responsabilidade de técnicos habilitados.
>
> § 2º Até que os animais sejam entregues às instituições mencionadas no § 1º deste artigo, o órgão autuante zelará para que eles sejam mantidos em condições adequadas de acondicionamento e transporte que garantam o seu bem-estar físico.
>
> § 3º Tratando-se de produtos perecíveis ou madeiras, serão estes avaliados e doados a instituições científicas, hospitalares, penais e outras com fins beneficentes.
>
> § 4º Os produtos e subprodutos da fauna não perecíveis serão destruídos ou doados a instituições científicas, culturais ou educacionais.
>
> § 5º Os instrumentos utilizados na prática da infração serão vendidos, garantida a sua descaracterização por meio da reciclagem.

O *caput* do art. 25 traz disposição semelhante à do art. 6º, II, do CPP, anunciando que, verificada a infração (administrativa ou penal), serão **apreendidos seus produtos e instrumentos**, lavrando-se **os respectivos autos**. Os parágrafos do artigo anteriormente descrito detalharão a forma como deve-se proceder diante do encontro de animais, produtos perecíveis ou madeiras, produtos da fauna não perecíveis e, por fim, prescreve que os instrumentos utilizados na prática da infração serão vendidos, garantida a sua descaracterização por meio da reciclagem.

Vale mencionar que, segundo entendimento do STJ, a apreensão do instrumento utilizado na infração ambiental (ex.: veículo utilizado na prática do ilícito) independe do uso específico, exclusivo ou habitual para a empreitada infracional.

Jurisprudência destacada

(...) 6. Com efeito, a apreensão definitiva do veículo impede a sua reutilização na prática de infração ambiental – além de desestimular a participação de outros agentes nessa mesma prática, caso cientificados dos inerentes e relevantes riscos dessa atividade, em especial os de ordem patrimonial –, dando maior eficácia à legislação que dispõe as sanções penais e administrativas derivadas de condutas e atividades lesivas ao meio ambiente. 7. Assim, é de ser fixada a seguinte tese: "A apreensão do instrumento utilizado na infração ambiental, fundada na atual redação do § 4º do art. 25 da Lei nº 9.605/1998, independe do uso específico, exclusivo ou habitual para a empreitada infracional" (STJ, 1ª Seção, REsp nº 1.814.944/RN, Rel. Min. Mauro Campbell Marques, j. 10.02.2021).

9.7 ASPECTOS PROCESSUAIS

9.7.1 Ação penal

Art. 26. Nas infrações penais previstas nesta Lei, a ação penal é pública incondicionada.

Todos os crimes previstos na Lei nº 9.605/1998 serão processados e julgados mediante ação penal pública incondicionada.

9.7.2 Transação penal

Art. 27. Nos crimes ambientais de menor potencial ofensivo, a proposta de aplicação imediata de pena restritiva de direitos ou multa, prevista no art. 76 da Lei nº 9.099, de 26 de setembro de 1995, somente poderá ser formulada desde que tenha havido a prévia composição do dano ambiental, de que trata o art. 74 da mesma lei, salvo em caso de comprovada impossibilidade.

O art. 76 da Lei nº 9.099/1995 traz a figura da transação penal, aplicável aos crimes de menor potencial ofensivo[21], pela qual o Ministério Público, em vez de oferecer a ação penal, poderá propor a **aplicação imediata de pena restritiva de direitos ou multa**, caso atendidos os requisitos legais.

---

[21] São as contravenções penais e os crimes com pena máxima não superior a dois anos.

Entre os requisitos mencionados não se encontra a necessidade de composição dos danos civis (art. 74), mas isso com relação às infrações de menor potencial ofensivo em geral. Quando analisamos os **crimes ambientais de menor potencial ofensivo** (há vários na lei), o art. 27 da Lei nº 9.605/1998 é categórico ao dispor que somente será admitida a transação penal, na forma do art. 76 supracitado, **se houver prévia composição do dano ambiental**, ressalvada a comprovada impossibilidade. Quando a lei fala em **composição** do dano ambiental, nada mais é do que o compromisso firmado em juízo de reparar os danos causados (não é necessária a reparação imediata, mas sim o prévio compromisso de reparação).

Então saiba (e sendo repetitivo para não haver dúvidas), para que haja transação penal com relação a crimes ambientais de menor potencial ofensivo, além do preenchimento dos requisitos listados pela Lei nº 9.099/1995, exige-se a prévia composição do dano ambiental (salvo comprovada impossibilidade).

> ### 🧩 Decifrando a prova
>
> **(Promotor de Justiça – MPE/SC – 2013)** Nos crimes ambientais de menor potencial ofensivo, conforme a Lei nº 9.605/1998, a proposta de aplicação imediata de pena não privativa de liberdade somente poderá ser formulada desde que tenha havido a prévia composição do dano ambiental, salvo comprovada impossibilidade.
>
> ( ) Certo ( ) Errado
>
> **Gabarito comentado:** como dito, o art. 27 da Lei nº 9.605/1998 exige a prévia composição do dano ambiental (salvo impossibilidade) para a formulação da transação penal. Portanto, a assertiva está certa.

9.7.3 Suspensão condicional do processo

Art. 28. As disposições do art. 89 da Lei nº 9.099, de 26 de setembro de 1995, aplicam-se aos crimes de menor potencial ofensivo definidos nesta Lei, com as seguintes modificações:

I – a declaração de extinção de punibilidade, de que trata o § 5º do artigo referido no *caput*, dependerá de laudo de constatação de reparação do dano ambiental, ressalvada a impossibilidade prevista no inciso I do § 1º do mesmo artigo;

II – na hipótese de o laudo de constatação comprovar não ter sido completa a reparação, o prazo de suspensão do processo será prorrogado, até o período máximo previsto no artigo referido no *caput*, acrescido de mais um ano, com suspensão do prazo da prescrição;

III – no período de prorrogação, não se aplicarão as condições dos incisos II, III e IV do § 1º do artigo mencionado no *caput*;

IV – findo o prazo de prorrogação, proceder-se-á à lavratura de novo laudo de constatação de reparação do dano ambiental, podendo, conforme seu resultado, ser novamente prorrogado o período de suspensão, até o máximo previsto no inciso II deste artigo, observado o disposto no inciso III;

V – esgotado o prazo máximo de prorrogação, a declaração de extinção de punibilidade dependerá de laudo de constatação que comprove ter o acusado tomado as providências necessárias à reparação integral do dano.

Observações iniciais. A suspensão condicional do processo, também chamada de *sursis* processual[22], é mais um dos institutos despenalizadores da Lei nº 9.099/1995, o qual, uma vez preenchidos determinados requisitos legais, suspenderá o processo durante o denominado período de prova (dois a quatro anos). No referido lapso temporal, o réu deverá cumprir as condições elencadas na mencionada Lei, as quais, uma vez adimplidas, possibilitarão a extinção da punibilidade pelo juiz após o transcurso do período (sem a existência de condenação).

Ressaltamos que, apesar de ser instituto contido na Lei nº 9.099/1995, não se limita apenas às infrações de menor potencial ofensivo, podendo incidir em todas as infrações penais com pena mínima igual ou inferior a um ano (independentemente da pena máxima prevista), conforme o art. 89, *caput*, desse diploma legal.

Contudo, veja que o art. 28, *caput*, da Lei nº 9.605/1998 dispõe de modo diverso ao prever que a medida será aplicável "aos crimes de **menor potencial ofensivo** definidos nesta Lei". Diante desse aparente conflito normativo, **prevalecerá o prescrito na Lei nº 9.099/1995.** Assim, nas palavras de Nucci (2020, p. 582):

> Portanto, deve-se, simplesmente, desprezar a referida expressão "aos crimes de menor potencial ofensivo", prevista no *caput* do art. 28 da Lei 9.605/98. Vale a aplicação do sursis processual (art. 89, Lei 9.099/95) aos delitos cuja pena mínima não seja superior a um ano, com as alterações, quanto às condições, previstas no art. 28.

Alterações da Lei nº 9.605/1998. Superadas as observações iniciais, saiba que a Lei nº 9.605/1998 elenca modificações pontuais para a efetivação da medida aos delitos ambientais, relacionadas à reparação do dano ambiental (uma das finalidades da Lei), as quais encontram-se nos incisos do art. 28.

Esse tema foi abordado de forma exaustiva quando dos comentários acerca da Lei nº 9.099/1995. Assim, de modo a evitar repetições desnecessárias e entendendo que não há como compreender o citado art. 28 sem o estudo global do tema "suspensão condicional do processo", aconselhamos que o futuro aprovado leia o capítulo mencionado.

9.7.4 Competência para processo e julgamento dos crimes ambientais

A competência para processo e julgamento dos crimes ambientais será, em regra, da **Justiça Estadual.** Só teremos deslocamento para a Justiça Federal se vislumbrarmos, no caso

---

[22] Cuida-se de instituto diferente da suspensão condicional da pena (*"sursis* penal" ou somente *"sursis"* – art. 77 do CP). Neste, há suspensão da execução de pena imposta por sentença condenatória (o processo aqui já se encerrou).

concreto, alguma das hipóteses previstas no **art. 109 da CF/1988**, em especial o seu **inciso IV**: infração praticada em detrimento de bens, serviços ou interesse da União ou de suas entidades autárquicas ou empresas públicas, ressalvada a competência da Justiça Militar e da Justiça Eleitoral (interesse direto e específico da União).

Ressaltamos que existem várias decisões dos Tribunais Superiores que tratam de casos concretos e, diante deles, concluíram pela competência da Justiça Federal. Assim, além do necessário conhecimento acerca da previsão geral do art. 109, IV, da CF/1988, é preciso apontarmos (sinteticamente) alguns desses julgados casuísticos.

Serão de competência da **Justiça Federal** os delitos ambientais cometidos nas seguintes situações:

◆ Atrai a competência da Justiça Federal a **natureza transnacional** do delito ambiental de exportação de animais silvestres, nos termos do art. 109, IV, da CF/1988. *In casu*, cuida-se de envio clandestino de animais silvestres ao exterior, a implicar interesse direto da União no controle de entrada e saída de animais do território nacional, bem como na observância dos compromissos do Estado brasileiro perante a comunidade internacional, para a garantia conjunta de concretização do que estabelecido nos acordos internacionais de proteção do direito fundamental à segurança ambiental. Recurso extraordinário a que se dá provimento, com a fixação da seguinte tese: "Compete à Justiça Federal processar e julgar o **crime ambiental de caráter transnacional** que envolva **animais silvestres, ameaçados de extinção e espécimes exóticas ou protegidas por Tratados e Convenções internacionais**" (STF, Pleno, RE nº 835.558/SP, j. 09.02.2017).

◆ É da Justiça Federal a competência para processamento de ação penal cujo objeto é a apuração de **crimes praticados com o fim de ludibriar e dificultar a atividade fiscalizatória de autarquia federal** (IBAMA) (STJ, 5ª Turma, REsp nº 1.006.383/PA, j. 21.08.2008).

◆ Crime contra a fauna. Espécie de ave que figura em lista **nacional** de extinção. Competência da Justiça Federal. Ressaindo interesse **direto** da União, a competência para processar e julgar crime contra a fauna **é da Justiça Federal**. No caso, tal situação está caracterizada, pois a ave objeto da ação delitiva figura em **lista de ameaça de extinção editada pelo Ministério do Meio Ambiente** (Portaria nº 444/2014) (STJ, 3ª Seção, AgRg no CC nº 151.367/SC, j. 13.06.2018).

◆ A competência do foro criminal federal não advém apenas do interesse genérico que tenha a União na preservação do meio ambiente. É necessário que a ofensa atinja interesse **direto e específico** da União, de suas entidades autárquicas ou de empresas públicas federais. Situação em que uma das seis espécies de aves apreendidas (*Sporophila frontalis*, conhecida popularmente como "Pixoxó" ou "Chanchão"), a par de constar em listas estaduais de espécies ameaçadas de extinção, **figura, também**, na Lista **Nacional** de Espécies da Fauna Brasileira Ameaçada de Extinção (IN nº 3, de 27.05.2003 – Ministério do Meio Ambiente), o que **evidencia prejuízo direto a interesse da União** e, por consequência, a competência da Justiça Federal (STJ, 3ª Seção, CC nº 143.880/RJ, j. 13.04.2016).

Também há julgados que, analisado o caso concreto, concluíram pela competência da **Justiça Estadual**, a saber:

- A **mera presença** de um órgão federal, seja como agente executor-fiscalizador de normas fixadas para o meio ambiente, seja como agente responsável pelo licenciamento de atividades que, efetiva ou potencialmente, possam causar dano ao meio ambiente, **por si só, não tem o condão de definir a competência da Justiça Federal**. Situação em que apenas uma das aves apreendidas (da espécie "Curió") consta em listas de animais ameaçados de extinção **estaduais**, mas **não figura na Lista Oficial da Fauna Brasileira Ameaçada de Extinção** (IN nº 3, de 27.05.2003 – Ministério do Meio Ambiente), o que afasta o interesse do IBAMA na **apuração do delito** e, por consequência, a competência da Justiça Federal (STJ, 3ª Seção, CC nº 143.476/SP, j. 28.10.2015).

- Pesca predatória ocorrida em rio que banha dois Estados (crime – art. 34), sobre a qual **não ficou comprovado** que o delito tenha causado prejuízo à União, suas autarquias ou empresas públicas (o dano ambiental foi **apenas local, não repercutiu para além de onde foi praticada a pesca ilegal**) (STJ, 3ª Seção, AgRg no CC nº 159.231/MT, j. 24.10.2018).

- Se o crime ambiental for cometido em unidade de conservação criada por decreto federal, evidencia-se o interesse federal na manutenção e preservação da região, ante a possível lesão a bens, serviços ou interesses da União, nos termos do art. 109, IV, da Constituição Federal. Precedentes da Terceira Seção. No caso, embora o local do dano ambiental esteja inserido na Área de Proteção Ambiental da Bacia do Rio São Bartolomeu, criada pelo Decreto Federal nº 88.940/1993, não há falar em interesse da União no crime ambiental sob apuração, **já que lei federal subsequente delegou a fiscalização e administração da APA para o Distrito Federal** (art. 1º da Lei n. 9.262/1996) (STJ, 3ª Seção, CC nº 158.747/DF, j. 13.06.2018).

- Construção feita de forma irregular às margens de Rio cuja região **seja regulada por lei estadual** (crime – art. 48) não apresenta elementos suficientes para caracterizar o interesse da União no julgamento do feito, ainda que o rio se classifique como bem da União (por banhar mais de um Estado) (STJ, 3ª Seção, AgRg no CC nº 145.963/SP, j. 12.12.2018).

- Os crimes ambientais, embora praticados em face de bem comum e de grande relevância, que atinge direitos intergeracionais, não atraem, por si sós, a competência da União para processamento e julgamento. No caso em análise, em razão da **pequena quantidade de pescado apreendida**, que não teria o potencial de ferir os interesses da União, **limitando-se ao interesse do local da apreensão**, deve ser reconhecida a competência da Justiça Estadual para processar e julgar a causa (STJ, 3ª Seção, AgRg no CC nº 154.856/SP, j. 13.12.2017).

- A competência da Justiça Federal, expressa no art. 109, inciso IV, da Constituição Federal, restringe-se às hipóteses em que os crimes ambientais são perpetrados em detrimento de bens, serviços ou interesses da União, ou de suas autarquias ou empresas públicas. Na hipótese, **inexistindo laudo da autarquia competente** apto a demonstrar se a origem da carne apreendida **seria de animal silvestre, e não estando o local da apreensão dentro dos limites do Parque Nacional do Iguaçu**, não está configurada, inequivocamente, a efetiva lesão a bens, serviços ou interesses da União, razão pela qual deve ser reconhecida a competência da Justiça Estadual para processamento do feito (STJ, 3ª Seção, CC n° 136.142/PR, j. 12.11.2014).

9.8 CRIMES EM ESPÉCIE

Introdução. Os crimes previstos na parte especial da Lei n° 9.605/1998 são numerosos, porém adiantamos que a maior parte das questões exigirá tão somente a memorização da "letra" da lei. Doutrinas especializadas aprofundam as discussões a respeito dos delitos aqui previstos, as quais, para o nosso objetivo, mostram-se muitas vezes desnecessárias. Dessa forma, o critério de seleção dos assuntos a seguir foi baseado na incidência em provas de concursos, bem como na existência de aprofundamentos doutrinários e jurisprudenciais que possam ser relevantes para os certames.

9.8.1 Crime do art. 29[23]

Art. 29. Matar, perseguir, caçar, apanhar, utilizar espécimes da fauna silvestre, nativos ou em rota migratória, sem a devida permissão, licença ou autorização da autoridade competente, ou em desacordo com a obtida:

Pena – detenção de seis meses a um ano, e multa.

§ 1° Incorre nas mesmas penas:

I – quem impede a procriação da fauna, sem licença, autorização ou em desacordo com a obtida;

II – quem modifica, danifica ou destrói ninho, abrigo ou criadouro natural;

III – quem vende, expõe à venda, exporta ou adquire, guarda, tem em cativeiro ou depósito, utiliza ou transporta ovos, larvas ou espécimes da fauna silvestre, nativa ou em rota migratória, bem como produtos e objetos dela oriundos, provenientes de criadouros não autorizados ou sem a devida permissão, licença ou autorização da autoridade competente.

§ 2° No caso de guarda doméstica de espécie silvestre não considerada ameaçada de extinção, pode o juiz, considerando as circunstâncias, deixar de aplicar a pena.

§ 3° São espécimes da fauna silvestre todos aqueles pertencentes às espécies nativas, migratórias e quaisquer outras, aquáticas ou terrestres, que tenham todo ou parte de seu ciclo de vida ocorrendo dentro dos limites do território brasileiro, ou águas jurisdicionais brasileiras.

---

[23] A partir do art. 29, temos o início da Seção I: "Dos Crimes contra a Fauna".

§ **4º** A pena é aumentada de metade, se o crime é praticado:

I – contra espécie rara ou considerada ameaçada de extinção, ainda que somente no local da infração;

II – em período proibido à caça;

III – durante a noite;

IV – com abuso de licença;

V – em unidade de conservação;

VI – com emprego de métodos ou instrumentos capazes de provocar destruição em massa.

§ **5º** A pena é aumentada até o triplo, se o crime decorre do exercício de caça profissional.

§ **6º** As disposições deste artigo não se aplicam aos atos de pesca.

Conduta típica. Inicialmente, o art. 29, *caput*, traz a conduta daquele que mata, persegue, caça, apanha ou utiliza de **espécimes da fauna silvestre**, nativos ou em rota migratória, sem a devida permissão, licença ou autorização da autoridade competente, ou em desacordo com a obtida[24]. Ex.: matar tartarugas marinhas que estejam desovando seus filhotes na praia.

Crime de ação múltipla. Estamos diante de um crime de ação múltipla (ou tipo misto alternativo), no qual há vários verbos que expressam a conduta criminosa. É certo que, se, no mesmo contexto fático, forem praticados dois ou mais dos verbos elencados, teremos crime único. Ex.: sujeito que, na mesma ocasião, persegue e, posteriormente, mata espécime da fauna silvestre. Responderá por um só crime do art. 29.

Figuras equiparadas. No § 1º, temos algumas figuras equiparadas, ou seja, cada inciso constitui um crime autônomo, mas que receberá a mesma consequência penal (pena) da conduta prevista no *caput*. Assim, incorrerá na mesma pena quem:

- impede a procriação da fauna, sem licença, autorização ou em desacordo com a obtida;
- modifica, danifica ou destrói ninho, abrigo ou criadouro natural;
- vende, expõe à venda, exporta ou adquire, guarda, tem em cativeiro ou depósito, utiliza ou transporta ovos, larvas ou espécimes da fauna silvestre, nativa ou em rota migratória, bem como produtos e objetos dela oriundos, provenientes de criadouros não autorizados ou sem a devida permissão, licença ou autorização da autoridade competente.

Objeto material. Com relação ao *caput*, são os espécimes[25] da **fauna** (vida animal) **silvestre** que tenham ao menos parte de seu ciclo de vida ocorrendo dentro do território brasi-

---

[24] Obviamente, se existir a devida autorização, não haverá crime algum.

[25] Segundo a IN nº 7/2015 – IBAMA: espécime: indivíduo vivo ou morto, de uma espécie, em qualquer fase de seu desenvolvimento, unidade de uma espécie.

leiro ou águas jurisdicionais brasileiras (§ 3º). Ex.: mamíferos, aves etc. Perceba que o artigo em comento criminaliza condutas relacionadas à vida animal silvestre (a tutela de animais domésticos ficará a cargo de outros dispositivos, por exemplo: art. 32).

Quanto ao § 1º, os objetos materiais serão: **inciso I**, a fauna; **inciso II**, ninho, abrigo ou criadouro natural; **inciso III**, ovos, larvas ou espécimes da fauna silvestre, bem como produtos e objetos dela oriundos.

Sujeitos do crime (*caput* e § 1º). Sujeito ativo: é crime comum, ou seja, pode ser cometido por qualquer pessoa. **Sujeito passivo**: a coletividade.

Elemento subjetivo (*caput* e § 1º). É crime doloso (não há finalidade específica/elemento subjetivo específico).

Consumação e tentativa. Quanto ao *caput*, segundo a doutrina, temos duas possibilidades. Nos verbos **matar, caçar e apanhar** (crime material), a consumação ocorrerá quando houver o resultado naturalístico, ou seja, quando efetivamente matar, caçar ou apanhar o espécime. No tocante às condutas **perseguir**[26] **e utilizar** (crime formal), o delito estará consumado com a prática dos verbos, sem a necessidade de resultado naturalístico consistente em efetivo prejuízo ao animal. Em todas as hipóteses a tentativa é possível.

No que se refere às condutas do § 1º[27], os verbos **expor à venda e utilizar**, constantes no inciso III, consumar-se-ão independentemente da produção do resultado naturalístico (crime formal). Os **demais verbos** previstos nos incisos do § 1º são materiais e, assim, serão consumados com a ocorrência do respectivo resultado naturalístico. Em todas as hipóteses a tentativa é possível.

Perdão judicial (§ 2º). Há aqui a possibilidade de aplicação do perdão judicial (extinção da punibilidade) na situação de guarda doméstica de espécie silvestre não considerada ameaçada de extinção, caso o juiz, pela análise das circunstâncias, entender cabível. Ex.: papagaio, de espécie não ameaçada de extinção, que foi encontrado na posse ilegal de uma pessoa.

Causas de aumento de pena. O § 4º traz causas de aumento de metade da pena, enquanto o § 5º elenca uma causa de aumento até o triplo da pena: quando se tratar de caça profissional (ex.: caça ilegal e profissional de jacaré no pantanal). Faz-se necessária a memorização dos dispositivos.

Inaplicabilidade aos atos de pesca (§ 6º). Por mais que os atos de pesca estejam relacionados à fauna, possuem previsão legal específica nos arts. 34 a 36 da Lei.

🧩 Decifrando a prova

(PCSE – IBFC – 2014 – Adaptada) No crime de "matar, perseguir, caçar, apanhar, utilizar espécimes da fauna silvestre, nativos ou em rota migratória, sem a devida permissão, licença ou

---

[26] O verbo perseguir indica crime permanente.

[27] Indicam crime permanente os núcleos: expor à venda, guardar, ter em cativeiro ou depósito e transportar.

autorização da autoridade competente, ou em desacordo com a obtida", previsto no artigo 29 da Lei nº 9.605/1998, a pena é aumentada de metade quando a conduta é praticada em atos de pesca.

( ) Certo ( ) Errado

Gabarito comentado: por disposição expressa de seu § 6º, o art. 29 não regula, em nenhuma de suas disposições, condutas relacionadas a atos de pesca. As condutas criminosas concernentes a esses atos estão elencadas nos arts. 34 a 36 da Lei nº 9.605/1998. Portanto, a assertiva está errada.

9.8.2 Crime do art. 30

Art. 30. Exportar para o exterior peles e couros de anfíbios e répteis em bruto, sem a autorização da autoridade ambiental competente:

Pena – reclusão, de um a três anos, e multa.

Conduta típica. Estamos diante da conduta daquele que **exporta** para o exterior (fora do País) **peles e couros de anfíbios e répteis em bruto**, sem a autorização da autoridade ambiental competente[28]. Criminaliza-se, portanto, o **tráfico internacional** dos objetos mencionados.

Objeto material. São as peles e os couros de anfíbios e répteis em bruto[29]. A expressão "em bruto" significa sem transformação em produtos (*in natura*). Ex.: exportar ilegalmente pele de jacaré para a Itália. A conduta daquele que exporta produto já manufaturado contendo pele de anfíbio/réptil se amolda ao previsto no art. 29, § 1º, III da Lei nº 9.605/1998. Ex.: exportar sapato produzido com couro ilegal de jacaré.

Sujeitos do crime. Quanto ao sujeito ativo, cuida-se de **crime comum**, ou seja, o delito pode ser cometido por qualquer pessoa. Com relação ao sujeito passivo, trata-se da **coletividade** como um todo.

Elemento subjetivo. É crime doloso (não há finalidade específica/elemento subjetivo específico).

Consumação e tentativa. O crime do art. 30 é material, cuja consumação ocorrerá no momento da efetiva exportação da pele ou couro. A tentativa é possível, na hipótese de o agente iniciar a execução da conduta típica, mas não conseguir efetivar a exportação por circunstâncias alheias a sua vontade.

9.8.3 Crime do art. 31

Art. 31. Introduzir espécime animal no País, sem parecer técnico oficial favorável e licença expedida por autoridade competente:

Pena – detenção, de três meses a um ano, e multa.

---

[28] Se existir a devida autorização, não haverá crime algum.

[29] Para Prado (2019b, p. 149), é indispensável a perícia, com o fim de atestar se a pele ou couro é oriundo de anfíbio ou réptil.

Conduta típica. Estamos diante da conduta daquele que **introduz** (importar) **espécime animal** no País, sem parecer técnico oficial favorável e licença expedida por autoridade competente. Lembre-se de que deve haver a importação, logo, o transporte de animal dentro do território nacional, sem transposição de fronteiras entre países, não caracteriza o crime.

Nucci (2020, p. 592) observa que, em regra, a justiça competente para processo e julgamento do delito será a federal.

> ### 🔍 Jurisprudência destacada
>
> 1. Comprovado pelo laudo de vistoria realizado que nenhum dos animais possuía marcação ou comprovação de origem e sendo esta atividade diretamente relacionada com as atribuições do IBAMA, autarquia federal responsável pela autorização de ingresso e posse de animais exóticos no País, de acordo com Instrução Normativa 02/01 do citado órgão, há indícios de crime perpetrado em desfavor da União. 2. Uma vez que o ingresso de espécimes exóticas no País está condicionado à autorização do IBAMA, **firma-se a competência da Justiça Federal, haja vista a existência de interesse de autarquia federal** (STJ, 3ª Seção, CC n° 96.853/RS, Rel. Min. Og Fernandes, j. 08.10.2008).

Objeto material. Cuida-se de espécime animal de qualquer tipo (não necessariamente silvestre). Ex.: Sujeito que, sem parecer e licença, traz, para sua residência em Cascavel/PR, uma cobra capturada em uma viagem que fez ao Paraguai.

Sujeitos do crime. Quanto ao sujeito ativo, cuida-se de **crime comum**, ou seja, o delito pode ser cometido por qualquer pessoa. Com relação ao sujeito passivo, trata-se da **coletividade**.

Elemento subjetivo. É crime doloso (não há finalidade específica/elemento subjetivo específico).

Consumação e tentativa. O crime do art. 31 é material, cuja consumação se dará no momento em que o espécime animal for efetivamente introduzido no País. A tentativa é possível, na hipótese de o agente iniciar a execução da conduta típica, mas não conseguir efetivar a introdução por circunstâncias alheias a sua vontade.

9.8.4 Crime do art. 32

Art. 32. Praticar ato de abuso, maus-tratos, ferir ou mutilar animais silvestres, domésticos ou domesticados, nativos ou exóticos:

Pena – detenção, de três meses a um ano, e multa.

§ 1° Incorre nas mesmas penas quem realiza experiência dolorosa ou cruel em animal vivo, ainda que para fins didáticos ou científicos, quando existirem recursos alternativos.

§ 1°-A. Quando se tratar de cão ou gato, a pena para as condutas descritas no *caput* deste artigo será de reclusão, de 2 (dois) a 5 (cinco) anos, multa e proibição da guarda. (Incluído pela Lei n° 14.064, de 2020.)

§ 2° A pena é aumentada de um sexto a um terço, se ocorre morte do animal.

Conduta típica. O art. 32 prevê a conduta de quem pratica ato de abuso, maus-tratos, fere ou mutila animais silvestres, domésticos ou domesticados, nativos ou exóticos.

Embora o art. 32 não tipifique o verbo "matar", aquele que mata um animal doméstico incorrerá no presente delito, além de ter sua pena aumentada na forma do § 2º. Isso porque para "matar" o agente teve que "ferir" antes o animal, caracterizando uma das condutas previstas no tipo penal.

Objeto material. Para a maioria[30], cuida-se basicamente de qualquer animal, doméstico ou silvestre. Dessa forma, o crime previsto no art. 32 da Lei nº 9.605/1998 revogou tacitamente o disposto no art. 64 da LCP (tratar animal com crueldade ou submetê-lo a trabalho excessivo)[31].

Sujeitos do crime. Quanto ao sujeito ativo, cuida-se de **crime comum**, ou seja, o delito pode ser cometido por qualquer pessoa. Com relação ao sujeito passivo, trata-se da **coletividade** como um todo.

Elemento subjetivo. É crime doloso. No entanto, aqui, além da vontade consciente de praticar o tipo objetivo (dolo genérico), há a exigência de elemento subjetivo específico (dolo específico), consistente na **intenção cruel, de maltratar o animal**. Como bem esclarece Nucci (2020, p. 594): "afinal, há mutilações que fazem, realmente, parte do costume. Não às rinhas de galos e brigas de cães ou outros animais, mas o corte de orelhas de um cão, como forma de embelezamento da raça".

Consumação e tentativa. O crime do art. 32 é material, cuja consumação ocorrerá apenas quando houver a produção do resultado naturalístico, ou seja, forem efetivamente praticados os maus-tratos (abuso, ferimento, mutilação). A tentativa é possível.

Vivissecção (§ 1º). O § 1º criminaliza a chamada "vivissecção": experiência feita em animal vivo, a qual constitui crime se for dolorosa ou cruel, mesmo que seja para fins didáticos/científicos, quando existirem recursos alternativos para que o experimento seja realizado (caracterizando, assim, um sofrimento desnecessário).

Caso não haja recurso alternativo, demonstrando a indispensabilidade da vivissecção com fins didáticos ou científicos, não haverá o delito[32]. É figura equiparada ao *caput* (mesma pena em abstrato), a qual constitui-se em crime comum, doloso, material e que admite a tentativa.

Qualificadora (§ 1º-A). Trata-se de dispositivo incluído no art. 32 pela Lei nº 14.064/2020[33], o qual prevê uma qualificadora ao delito (a pena passará a ser de reclusão,

---

[30] Por todos: Prado (2019b, p. 154).

[31] Em razão da redação do tipo penal (*animais silvestres, domésticos ou domesticados, nativos ou exóticos*), Nucci (2020, p. 594) sustenta que o objeto material se restringe ao animal silvestre (sendo os demais espécies desse gênero). Por esse motivo, o autor defende que o art. 64 da Lei de Contravenções Penais continua em vigor, aplicável aos animais em geral (que não silvestres).

[32] Os procedimentos a serem seguidos quanto ao uso científico de animais constam da Lei nº 11.794/2008.

[33] A mencionada norma recebeu a alcunha de "Lei Sansão". O nome foi inspirado no caso de um cão (de nome "Sansão") que sofreu cruéis atos de maus-tratos perpetrados por um sujeito na cidade de Confins/MG.

de dois a cinco anos, além de multa e proibição da guarda – perceba que deixa de ser infração de menor potencial ofensivo), quando as condutas descritas no *caput* recaírem sobre cão ou gato. Ressaltamos que é perfeitamente possível a coexistência dessa qualificadora com a causa de aumento de pena do § 2º.

Abate imediato animais. Conforme recente decisão veiculada pelo STF, não encontra amparo na Constituição Federal a interpretação de normas federais no sentido da autorização para o abate de animais apreendidos em situação de maus-tratos, por haver frontal violação da proteção à fauna (art. 225, § 1º, VII, da CF/1988).

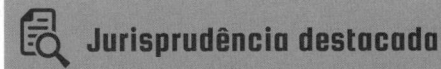

Jurisprudência destacada

> 1. No caso, demonstrou-se a existência de decisões judiciais autorizando o abate de animais apreendidos em situação de maus-tratos, **em interpretação da legislação federal que viola a norma fundamental de proteção à fauna, prevista no art. 225, § 1º, VII, da CF/1988**. A resistência dos órgãos administrativos à pretensão contida à inicial também demonstra a relevância constitucional da questão, o que justifica o conhecimento da ação. (...) 4. O art. 225, § 1º, VII, da CF/1988, impõe a proteção à fauna e proíbe qualquer espécie de maus-tratos aos animais, de modo a reconhecer o valor inerente a outras formas de vida não humanas, protegendo-as contra abusos. Doutrina e precedentes desta Corte. 5. As normas infraconstitucionais sobre a matéria seguem a mesma linha de raciocínio, conforme se observa do art. 25 da Lei nº 9.605/1998, do art. art. 107 do Decreto nº 6.514/2008 e art. 25 da Instrução Normativa nº 19/2014 do IBAMA. 6. **Ação julgada procedente para declarar a ilegitimidade da interpretação dos arts. 25, §§ 1º e 2º, da Lei nº 9.605/1998, bem como dos arts. 101, 102 e 103 do Decreto nº 6.514/2008 e demais normas infraconstitucionais, em sentido contrário à norma do art. 225, § 1º, VII, da CF/1988, com a proibição de abate de animais apreendidos em situação de maus-tratos** (STF, ADPF nº 640, j. 17.09.2021).

9.8.5 Crime do art. 33

Art. 33. Provocar, pela emissão de efluentes ou carreamento de materiais, o perecimento de espécimes da fauna aquática existentes em rios, lagos, açudes, lagoas, baías ou águas jurisdicionais brasileiras:

Pena – detenção, de um a três anos, ou multa, ou ambas cumulativamente.

Parágrafo único. Incorre nas mesmas penas:

I – quem causa degradação em viveiros, açudes ou estações de aquicultura de domínio público;

II – quem explora campos naturais de invertebrados aquáticos e algas, sem licença, permissão ou autorização da autoridade competente;

III – quem fundeia embarcações ou lança detritos de qualquer natureza sobre bancos de moluscos ou corais, devidamente demarcados em carta náutica.

Conduta típica. O art. 33, *caput*, prevê a conduta de quem provoca, pela emissão de efluentes ou carreamento de materiais, o perecimento (eliminação) de espécimes da fauna aquática dos rios, lagos, açudes, lagoas, baías ou águas jurisdicionais brasileiras.

A emissão de efluentes consiste no lançamento de resíduos poluentes. Já o carreamento de materiais é a ação de conduzir os mesmos resíduos ou substâncias tóxicas até os locais mencionados. Podemos citar como exemplo o despejo de esgoto sanitário em um lago da cidade.

Figuras equiparadas. No parágrafo único temos figuras equiparadas, as quais, objetivando uma proteção ampla, abarcarão locais distintos aos do *caput*. Assim, incorrerá na mesma pena quem:

♦ causa degradação em viveiros, açudes ou estações de aquicultura de domínio público;

♦ explora campos naturais de invertebrados aquáticos e algas, sem licença, permissão ou autorização da autoridade competente;

♦ fundeia embarcações ou lança detritos de qualquer natureza sobre bancos de moluscos ou corais, devidamente demarcados em carta náutica.

Objeto material. Quanto ao *caput*, serão os espécimes da fauna aquática. No tocante ao **parágrafo único**, consistirão (sucessivamente): viveiros, açudes ou estações de aquicultura de domínio público; campos naturais de invertebrados aquáticos e algas; bancos de moluscos ou corais devidamente demarcados em carta náutica.

Sujeitos do crime (*caput* e parágrafo único). Sujeito ativo: é crime comum, ou seja, pode ser cometido por qualquer pessoa. **Sujeito passivo**: a coletividade como um todo.

Elemento subjetivo (*caput* e parágrafo único). É crime doloso (não há finalidade específica/elemento subjetivo específico).

Consumação e tentativa. Tanto no *caput* quanto no parágrafo único o crime estará consumado apenas quando **houver a produção do resultado naturalístico** (crimes materiais), respectivamente: perecimento de espécimes da fauna (*caput*); degradação nos viveiros de aquicultura (parágrafo único, I); exploração de campos naturais de invertebrados aquáticos e algas (parágrafo único, II); fundeamento de embarcações ou lançamento de detritos sobre bancos de moluscos ou corais (parágrafo único, III). Em todas as situações é possível a tentativa.

9.8.6 Crime do art. 34

Art. 34. Pescar em período no qual a pesca seja proibida ou em lugares interditados por órgão competente:

Pena – detenção de um ano a três anos ou multa, ou ambas as penas cumulativamente.

Parágrafo único. Incorre nas mesmas penas quem:

I – pesca espécies que devam ser preservadas ou espécimes com tamanhos inferiores aos permitidos;

II – pesca quantidades superiores às permitidas, ou mediante a utilização de aparelhos, petrechos, técnicas e métodos não permitidos;

III – transporta, comercializa, beneficia ou industrializa espécimes provenientes da coleta, apanha e pesca proibidas.

Conduta típica. Estamos diante da conduta daquele que pesca em período ou locais proibidos (interditados) por órgão competente. Ex.: sujeito que, de férias em Bonito/MS, pesca um peixe Pintado em época de piracema.

Vale ressaltar que o lugar interditado por órgão competente, para a configuração do delito, deve ter sido vedado com o objetivo de proteção ambiental. Se o motivo for outro, por exemplo, a interdição do local para evitar acidentes, não há que falar em crime do art. 34. Nesse sentido:

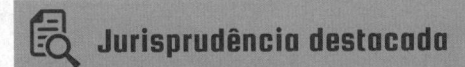

Jurisprudência destacada

A Turma, ao prosseguir o julgamento, por maioria, entendeu trancar a ação penal, pois o fato atribuído ao paciente não constitui crime ambiental. Na espécie, a denúncia diz que o paciente foi abordado por policiais militares que constataram estar ele, juntamente com turistas, a pescar em área de segurança interditada pela Cemig, crime em tese descrito no art. 34 da Lei nº 9.605/1998. **Tal interdição** busca garantir **a operação do reservatório de Três Marias**, bem como **resguardar a integridade de terceiros**, pois pode haver necessidade de, a qualquer momento, abrirem-se as comportas da barragem, **o que não diz respeito com a proteção do meio ambiente**. O limite de segurança é definido pela concessionária, conforme dispõe a letra b do item 0110 do capítulo I da Normam – 03/DPC, aprovada pela Portaria nº 101/DPC, de 13.12.2003, da Diretoria de Portos e Costas da Marinha do Brasil. **Assim, como a Cemig não tem competência para interditar área com o efeito de buscar a proteção do meio ambiente, o fato não constitui crime ambiental** (STJ, 5ª Turma, HC nº 42.528/MG, Rel. Min. Laurita Vaz, Rel. para acórdão Min. Arnaldo Esteves Lima, j. 07.06.2005 – *Informativo* 250).

Figuras equiparadas. No parágrafo único, temos figuras equiparadas, as quais, objetivando uma proteção ampla, abarcarão situações distintas das do *caput*. Assim, incorrerá na mesma pena quem:

♦ pesca espécies que devam ser preservadas ou espécimes com tamanhos inferiores aos permitidos;

♦ pesca quantidades superiores às permitidas, ou mediante a utilização de aparelhos, petrechos, técnicas e métodos não permitidos;

- transporta, comercializa, beneficia ou industrializa espécimes provenientes da coleta, apanha e pesca proibidas.

Objeto material. Tanto no *caput* quanto no parágrafo único cuida-se da fauna aquática[34] (peixe, crustáceo etc.).

Sujeitos do crime (*caput* e parágrafo único). Sujeito ativo: é crime comum, ou seja, pode ser cometido por qualquer pessoa. **Sujeito passivo**: a coletividade.

Elemento subjetivo (*caput* e parágrafo único). É crime doloso (não há finalidade específica/elemento subjetivo específico).

Consumação e tentativa (*caput* e parágrafo único). Os delitos estarão consumados independentemente da produção do resultado naturalístico (crimes formais), ou seja, da efetiva pesca. Nesse sentido, vale observar que, conforme previsto no art. 36, a tentativa de apanhar peixes (ou seja, tentativa de pescar) já configurará a pesca para fins penais (crime consumado). Assim, por ser um crime de atentado, não há que falar em tentativa[35].

Jurisprudência destacada

1. A conduta prevista no art. 34 da Lei nº 9.605/1998 possui **natureza formal**, de perigo abstrato, que prescinde de qualquer resultado danoso para sua configuração. (...) (STJ, 5ª Turma, AgRg no AREsp nº 1.441.288/SC, Rel. Min. Joel Ilan Paciornik, j. 23.04.2019).

Decifrando a prova

(Polícia Federal – Cespe – 2018) Em operação da Polícia Federal, um cidadão foi flagrado tentando pescar em local interditado por órgão federal. O pescador argumentou que, apesar da tentativa, não obteve êxito na pesca. Nessa situação, mesmo sem o sucesso pretendido, o pescador responderá por crime previsto na lei que tipifica os crimes ambientais.

( ) Certo ( ) Errado

Gabarito comentado: conforme o art. 36 da Lei nº 9.605/1998, considera-se como "pesca" (para fins de incidência dos crimes previstos nos arts. 34 e 35) todo ato tendente capturar espécime do grupo dos peixes. Perceba, portanto, que a tentativa de capturar peixe em local interditado por órgão federal já caracterizará o delito do art. 34 da Lei de Crimes Ambientais. Portanto, a assertiva está certa.

---

[34] No caso de pesca ou molestamento intencional de cetáceo (golfinho, baleia), o crime será o previsto no art. 1º da Lei nº 7.643/1987, que é especial em relação ao art. 34 da Lei nº 9.605/1998.

[35] Há entendimento em sentido contrário, o qual ensina que os delitos são materiais (exigirão o resultado naturalístico) e que a tentativa é possível (NUCCI, 2020, p. 601-605).

Não aplicação do princípio da insignificância. O STJ entende pela impossibilidade de aplicação do princípio da insignificância nas hipóteses de pesca em período de defeso e com a utilização de petrechos proibidos, independentemente da quantidade de espécimes efetivamente apreendidas.

 Jurisprudência destacada

1. Esta Corte tem entendimento pacificado no sentido de que é possível a aplicação do denominado princípio da insignificância aos delitos ambientais, quando demonstrada a ínfima ofensividade ao bem ambiental tutelado. 2. Todavia, no caso dos autos, a decisão agravada está fundamentada em jurisprudência desta Corte no sentido da impossibilidade de aplicação do princípio bagatelar nas hipóteses de pesca em período de defeso e com a utilização de petrechos proibidos (rede de arrasto com tração motorizada), independentemente da quantidade de espécimes efetivamente apreendidas (STJ, 5ª Turma, AgRg no HC 733.585/SC, Rel. Min. Joel Ilan Paciornik, j. 14.06.2022).

9.8.7 Crime do art. 35

Art. 35. Pescar mediante a utilização de:

I – explosivos ou substâncias que, em contato com a água, produzam efeito semelhante;

II – substâncias tóxicas, ou outro meio proibido pela autoridade competente:

Pena – reclusão de um ano a cinco anos.

Conduta típica. Estamos diante da conduta daquele que pesca mediante a utilização de:

- explosivos ou substâncias que, em contato com a água, produzam efeito semelhante. Ex.: pesca que se utiliza de explosão, com a consequente emissão de ruído, facilitando a captura dos peixes atordoados;
- substâncias tóxicas ou outro meio proibido pela autoridade competente (norma penal em branco). Ex.: pesca com emprego de veneno.

Ressaltamos também que, conforme previsto no art. 36, a tentativa de apanhar peixes (ou seja, tentativa de pescar) já configurará a **pesca** para fins criminais.

Objeto material. Cuida-se da fauna aquática.

Sujeitos do crime. Sujeito ativo: é crime comum, ou seja, pode ser cometido por qualquer pessoa. **Sujeito passivo**: a coletividade.

Elemento subjetivo. É crime doloso (não há finalidade específica/elemento subjetivo específico).

Consumação e tentativa. O delito estará consumado quando realizado qualquer ato de execução da pesca (art. 36) mediante a utilização dos artefatos listados nos incisos. Perceba que a consumação independe da produção do resultado naturalístico (crime formal), ou seja, da efetiva pesca. Nesse sentido, vale observar que, conforme previsto no art. 36, a tentativa de apanhar peixes (ou seja, tentativa de pescar) já configurará a pesca para fins penais (crime consumado). Assim, por ser um crime de atentado, não há que falar em tentativa[36].

9.8.8 Norma do art. 36

> **Art. 36.** Para os efeitos desta Lei, considera-se pesca todo ato tendente a retirar, extrair, coletar, apanhar, apreender ou capturar espécimes dos grupos dos peixes, crustáceos, moluscos e vegetais hidróbios, suscetíveis ou não de aproveitamento econômico, ressalvadas as espécies ameaçadas de extinção, constantes nas listas oficiais da fauna e da flora.

Norma explicativa. O art. 36 traz norma penal explicativa, a qual incidirá nos delitos que possuem como núcleo do tipo a conduta de "pescar" (como vimos, os arts. 34 e 35), conceituando-a como "todo ato tendente a retirar, extrair, coletar, apanhar, apreender ou capturar espécimes dos grupos dos peixes, crustáceos, moluscos e vegetais hidróbios, suscetíveis ou não de aproveitamento econômico, ressalvadas as espécies ameaçadas de extinção, constantes nas listas oficiais da fauna e da flora".

9.8.9 Norma do art. 37

> **Art. 37.** Não é crime o abate de animal, quando realizado:
>
> I – em estado de necessidade, para saciar a fome do agente ou de sua família;
>
> II – para proteger lavouras, pomares e rebanhos da ação predatória ou destruidora de animais, desde que legal e expressamente autorizado pela autoridade competente; (...)
>
> IV – por ser nocivo o animal, desde que assim caracterizado pelo órgão competente.

Causas excludentes de ilicitude. O art. 37 traz três causas que **excluirão a ilicitude** daquele que praticar o abate de animal, ou seja, apesar de a conduta de matar animal estar prevista como fato formalmente típico da Lei nº 9.605/1998, quando ela for perpetrada em uma das três situações anteriormente elencadas, não haverá crime por ser excluída a sua ilicitude. Esse artigo possui alta incidência em provas de concurso, e, portanto, recomendamos a sua memorização.

9.8.10 Crime dos arts. 38 e 38-A

> **Art. 38.** Destruir ou danificar floresta considerada de preservação permanente, mesmo que em formação, ou utilizá-la com infringência das normas de proteção:

---

[36] Aqui também há entendimento em sentido contrário, o qual ensina que o delito é material (exigirá o resultado naturalístico) e que a tentativa é possível (NUCCI, 2020, p. 605).

Pena – detenção, de um a três anos, ou multa, ou ambas as penas cumulativamente.

Parágrafo único. Se o crime for culposo, a pena será reduzida à metade.

Art. 38-A. Destruir ou danificar vegetação primária ou secundária, em estágio avançado ou médio de regeneração, do Bioma Mata Atlântica, ou utilizá-la com infringência das normas de proteção:

Pena – detenção, de 1 (um) a 3 (três) anos, ou multa, ou ambas as penas cumulativamente.

Parágrafo único. Se o crime for culposo, a pena será reduzida à metade.

Conduta típica. No art. 38[37], estamos diante da conduta daquele que destrói, danifica ou utiliza com infringência as normas de proteção[38], floresta considerada de preservação permanente, mesmo que em formação. O art. 38-A traz previsão idêntica, a qual será aplicada quando o objeto material for vegetação primária ou secundária, em estágio médio ou avançado de regeneração, do Bioma Mata Atlântica.

Objeto material. No art. 38, o objeto material é **floresta de preservação permanente, mesmo que em formação.** É sobre ela que recairá a conduta do agente (destruir, danificar ou utilizar).

O entendimento do que seria vegetação de preservação permanente é extraído do Código Florestal (Lei nº 12.651/2012), em seus arts. 3º, II, 4º e 6º. Quanto ao conceito de floresta, cuida-se de um grande número de árvores, em conjunto. Nas precisas lições do STJ:

🔍 Jurisprudência destacada

(...) 2. O art. 38 da Lei nº 9.605/1998 dispõe que é crime "destruir ou danificar floresta considerada de preservação permanente, mesmo que em formação, ou utilizá-la com infringência das normas de proteção". O Superior Tribunal de Justiça, ao analisar referido tipo penal, assentou que "**o elemento normativo 'floresta', constante do tipo de injusto do art. 38 da Lei nº 9.605/1998, é a formação arbórea densa, de alto porte, que recobre área de terra mais ou menos extensa.** O elemento central é o fato de ser constituída por árvores de grande porte". (...) (STJ, 5ª Turma, RHC nº 63.909/CE, Rel. Min. Reynaldo Soares da Fonseca, j. 26.03.2019).

Por sua vez, no delito do art. 38-A, o objeto material é **vegetação primária ou secundária, em estágio médio ou avançado de regeneração, do Bioma Mata Atlântica**. O conceito do que se entende por Bioma Mata Atlântica é extraído do art. 2º da Lei nº 11.428/2006. Essa mesma Lei, em seu art. 4º, dispõe que a definição de vegetação primária ou secundária, em estágio médio ou avançado de regeneração, será de iniciativa do Conselho Nacional do Meio Ambiente (CNMA). Nesse sentido:

---

[37] A partir do art. 38, temos o início da Seção II: "Dos Crimes contra a Flora".

[38] Essas normas de proteção estão previstas no Código Florestal (Lei nº 12.651/2012), bem como em outras leis e regulamentos protetivos.

📑 Jurisprudência destacada

(...) 6. No caso em exame, "a definição do Bioma Mata Atlântica e suas respectivas áreas de ocorrência encontra-se claramente estabelecida no art. 2º, da Lei nº 11.428/2006. O mesmo Diploma estatui, em seu art. 4º, ser do Conselho Nacional do Meio Ambiente a competência para definir, com relação ao referido Bioma, o que seja vegetação primária e secundária nos estágios avançado, médio e inicial de recuperação. Não se cobra, contudo, a menção a tais normas na peça acusatória. Basta a descrição clara dos fatos, consubstanciados pela destruição de vegetação que se encontrava em estágio intermediário e avançado de recuperação em área que se reconhece compreendida naquela definição, e foi o que fez, no caso, a denúncia (...)". 7. Recurso desprovido (STJ, 5ª Turma, RHC nº 93.673/SC, Rel. Min. Ribeiro Dantas, j. 04.09.2018).

Sujeitos do crime. Quanto ao sujeito ativo, cuida-se de **crimes comuns**, ou seja, os delitos podem ser cometidos por qualquer pessoa. Com relação ao sujeito passivo, trata-se da **coletividade**.

Elemento subjetivo. Os dois crimes são dolosos, porém, em ambos (parágrafo único), há previsão também da forma culposa (com pena reduzida à metade).

Consumação e tentativa. Tanto no art. 38 quanto no art. 38-A temos crimes materiais, cuja consumação ocorrerá quando houver a produção do resultado naturalístico, ou seja, a efetiva destruição, dano ou utilização com infringência às normas dos objetos materiais respectivos. A tentativa é possível.

Necessidade de perícia. Conforme a jurisprudência do STJ, nas infrações penais não transeuntes (que deixam vestígios), especificamente os arts. 38 e 38-A, é indispensável o exame de corpo de delito (art. 158 do CPP). Essa regra somente será excepcionada, permitindo a prova da materialidade dos delitos por outros meios (art. 167 do CPP), caso tenham desaparecido os vestígios ou quando o lugar dos fatos tenha se tornado impróprio à análise dos peritos.

📑 Jurisprudência destacada

(...) II – Sobre os crimes ambientais em comento, assim se pronunciou esta eg. Quinta Turma, acerca da imprescindibilidade da perícia: "Para a tipificação dos delitos previstos nos arts. 38 e 38-A da Lei Ambiental é necessário que a conduta tenha sido praticada contra vegetação de floresta de preservação permanente (art. 38) e vegetação primária ou secundária, situada no Bioma Mata Atlântica (art. 38-A) (...) O tema é complexo, não facilmente identificável por leigos, **sendo imprescindível a realização de perícia na medida em que não é qualquer supressão/destruição que caracteriza o ilícito do art. 38 da Lei Ambiental**" (AgRg no AREsp nº. 1.571.857/PR, 5ª Turma, Rel. Min. Reynaldo Soares da Fonseca, *DJe* 22.10.2019). III – No mesmo sentido, entende a eg. Sexta Turma desta Corte Superior: "A jurisprudência desta Corte Superior de Justiça está fixada no sentido de que é necessária a realização de exame pericial em delitos não transeuntes, sendo possível a sua substituição por outros meios probatórios somente quando a infração não deixar vestígio ou se o corpo de delito houver desaparecido, a teor do disposto nos arts. 158 e 167 do Código de Processo Penal (AgRg no AgRg no REsp 1.419.093/DF, Rel. Ministro

Gurgel de Faria, 5ª Turma, j. 10.03.2015, *DJe* 26.03.2015; sem grifos no original) (...) O exame de corpo de delito direto somente pode ser suprido por outros meios probatórios, na forma indireta, para fins de comprovação da materialidade dos crimes ambientais de natureza material e não transeunte – no caso, o art. 38 da Lei n° 9.605/1998 –, **na hipótese em que houver o desaparecimento dos vestígios ou quando o lugar dos fatos tenha se tornado impróprio à análise pelos experts, circunstâncias excepcionais que não se enquadram ao caso em análise**" (AgRg no REsp n° 1.782.765/PR, 6ª Turma, Rel. Min. Laurita Vaz, *DJe* 02.08.2019) (STJ, 5ª Turma, HC n° 570.680/PR, Rel. Min. Felix Fischer, j. 26.05.2020).

9.8.11 Crime do art. 39

Art. 39. Cortar árvores em floresta considerada de preservação permanente, sem permissão da autoridade competente:

Pena – detenção, de um a três anos, ou multa, ou ambas as penas cumulativamente.

Conduta típica. O art. 39 prevê a conduta daquele que corta árvores em floresta de preservação permanente, sem permissão da autoridade competente. Perceba que o verbo aqui é "cortar", assim não abrange aquele que apenas realiza a poda dos galhos da árvore.

Objeto material. Cuida-se da árvore em floresta de preservação permanente.

Sujeitos do crime. Sujeito ativo: é crime comum, ou seja, pode ser cometido por qualquer pessoa. **Sujeito passivo**: a coletividade como um todo.

Elemento subjetivo. É crime doloso (não há finalidade específica/elemento subjetivo específico).

Consumação e tentativa. O crime estará consumado quando **houver a produção do resultado naturalístico** (crime material), ou seja, a árvore em floresta de preservação permanente for efetivamente cortada (mesmo que seja apenas uma). A tentativa é possível.

9.8.12 Crime do art. 40

Art. 40. Causar dano direto ou indireto às Unidades de Conservação e às áreas de que trata o art. 27 do Decreto n° 99.274, de 6 de junho de 1990, independentemente de sua localização:

Pena – reclusão, de um a cinco anos.

§ 1° Entende-se por Unidades de Conservação de Proteção Integral as Estações Ecológicas, as Reservas Biológicas, os Parques Nacionais, os Monumentos Naturais e os Refúgios de Vida Silvestre.

§ 2° A ocorrência de dano afetando espécies ameaçadas de extinção no interior das Unidades de Conservação de Proteção Integral será considerada circunstância agravante para a fixação da pena.

§ 3° Se o crime for culposo, a pena será reduzida à metade.

Art. 40-A. (Vetado).

§ 1º Entende-se por Unidades de Conservação de Uso Sustentável as Áreas de Proteção Ambiental, as Áreas de Relevante Interesse Ecológico, as Florestas Nacionais, as Reservas Extrativistas, as Reservas de Fauna, as Reservas de Desenvolvimento Sustentável e as Reservas Particulares do Patrimônio Natural.

§ 2º A ocorrência de dano afetando espécies ameaçadas de extinção no interior das Unidades de Conservação de Uso Sustentável será considerada circunstância agravante para a fixação da pena.

§ 3º Se o crime for culposo, a pena será reduzida à metade.

Conduta típica. O art. 40 prevê a conduta de quem causa dano (direto ou indireto) às Unidades de Conservação, bem como nas áreas circundantes das Unidades de Conservação, num raio de dez quilômetros (art. 27 do Decreto nº 99.274/1990), independentemente de sua localização.

O conceito de Unidades de Conservação é estabelecido pelo art. 2º, I, da Lei nº 9.985/2000:

> Espaço territorial e seus recursos ambientais, incluindo as águas jurisdicionais, com características naturais relevantes, legalmente instituído pelo Poder Público, com objetivos de conservação e limites definidos, sob regime especial de administração, ao qual se aplicam garantias adequadas de proteção.

É certo ainda que a mesma Lei, em seu art. 7º, dividirá as unidades de conservação integrantes do Sistema Nacional de Unidades de Conservação da Natureza (SNUC) em dois grupos, **Unidades de Proteção Integral** e **Unidades de Uso Sustentável**, além de especificar a composição de cada uma (art. 8º e ss.; art. 14 e ss.). Da mesma forma, a Lei nº 9.605/1998 descreve a composição de cada uma das Unidades citadas no art. 40, § 1º, e art. 40-A, § 1º.

Quando as circunstâncias agravantes mencionadas pelo § 2º dos arts. 40 e 40-A, repetimos as palavras de Prado (2019b, p. 189): "são informações perfeitamente dispensáveis, pois tais hipóteses já constam do rol de circunstâncias agravantes do art. 15, II, alíneas 'e' e 'q', da Lei em epígrafe".

Vale observar ainda que o art. 40-A foi vetado; assim, os seus parágrafos referir-se-ão diretamente ao delito do art. 40.

Objeto material. São as Unidades de Conservação (englobando as Unidades de Proteção Integral e Unidades de Uso Sustentável), bem como nas áreas circundantes das Unidades de Conservação, num raio de dez quilômetros.

Sujeitos do crime. Sujeito ativo: é crime comum, ou seja, pode ser cometido por qualquer pessoa. **Sujeito passivo**: a coletividade como um todo.

Elemento subjetivo. O delito é punido tanto a título de **dolo** quanto de **culpa** (pena reduzida à metade).

Consumação e tentativa. O crime estará consumado apenas quando **houver a produção do resultado naturalístico** (crime material), ou seja, ocorrer o efetivo dano direto ou indireto. A tentativa é possível.

Jurisprudência destacada

(...) A caracterização do tipo previsto no art. 40 da Lei n.º 9.605/1998 **depende da ocorrência de efetivo dano** à unidade de preservação permanente. Evidenciada, pelo laudo pericial realizado, a inexistência de impacto ambiental negativo, causador de dano efetivo atual ou de repercussão futura à fauna, flora ou cursos de água da região na qual ocorreu o desmatamento, verifica-se a atipicidade da conduta do paciente. (...) (STJ, 5ª Turma, HC nº 48.749/MG, Rel. Min. Rogerio Schietti Cruz, j. 02.05.2006).

Aplicação da consunção. Conforme entendimento do STJ, o presente delito – causar dano em unidade de conservação – poderá ser absorvido pelo crime previsto no art. 64 (construir em solo que, por seu valor ecológico, não é edificável), haja vista o primeiro encontrar-se na escala causal do crime de construção irregular (seja como ato executório ou como exaurimento), nele exaurindo toda a sua potencialidade lesiva.

Ressaltamos que o mesmo entendimento é aplicado aos delitos dos arts. 48 e 64 da Lei nº 9.605/1998 (o primeiro encontra-se na escala causal do segundo).

 Jurisprudência destacada

Penal e processo penal. Recurso especial. Crimes ambientais. **Dano em Unidade de Conservação, impedimento à regeneração da flora e construção irregular (arts. 40, 48 e 64 da Lei nº 9.605/1998). Absorção dos dois primeiros delitos pelo último. Aplicação do princípio da consunção.** Precedentes. Recurso especial desprovido.

(...) 3. Consoante o entendimento das duas Turmas que compõem a Terceira Seção deste STJ, a conduta do art. 48 da Lei nº 9.605/1998 é mero pós-fato impunível do ato de construir em local não edificável. Afinal, **com a própria existência da construção desejada e executada pelo agente – e à qual, portanto, se dirigia seu dolo –,** é inevitável que fique impedida a regeneração da flora antes existente no mesmo lugar. 4. Para analisar a possibilidade de absorção do crime do art. 40 da Lei nº 9.605/1998 pelo do art. 64, não é relevante a diversidade de bens jurídicos protegidos por cada tipo incriminador; tampouco impede a consunção o fato de que o crime absorvido tenha pena maior do que a do crime continente, como se vê na própria Súmula nº 17/STJ. 5. **O dano causado pela construção do recorrido à estação ecológica se encontra, efetivamente, absorvido pela edificação irregular.** Este dano pode, em tese, ser considerado concomitante à construção, enquanto ato integrante da fase de execução do *iter* do art. 64, caso em que se aplicaria o princípio da consunção em sua formulação genérica; ou, então, como consequência naturalística inafastável e necessária da construção, de maneira que seu tratamento jurídico seria o de pós-fato impunível. **De todo modo, o dano à unidade de conservação se situa na escala causal da construção irregular (seja como ato executório ou como exaurimento), nela exaurindo toda a sua potencialidade lesiva** (STJ, 5ª Turma, REsp nº 1.925.717/SC, Rel. Min. Ribeiro Dantas, j. 25.05.2021).

Decifrando a prova

(Promotor – MPE/AP – Cebraspe – 2021) O crime de impedir a regeneração natural da flora não é absorvido quando praticado com o crime de construção em área não edificável sem licença ambiental.

( ) Certo ( ) Errado

Gabarito comentado: como vimos, haverá a absorção de um pelo outro (arts. 48 e 64). Portanto, a assertiva está errada.

9.8.13 Crime do art. 41

Art. 41. Provocar incêndio em mata ou floresta:

Pena – reclusão, de dois a quatro anos, e multa.

Parágrafo único. Se o crime é culposo, a pena é de detenção de seis meses a um ano, e multa.

Conduta típica. Estamos diante da conduta daquele que provoca incêndio em mata ou floresta. Aqui tanto faz se a floresta é de preservação permanente ou não; além disso, note que se trata de norma penal em branco, pois o conceito de "mata ou floresta" será extraído de outra norma (geralmente portarias de órgãos ambientais).

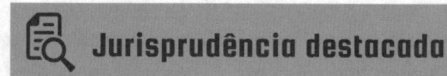 **Jurisprudência destacada**

(...) 2. No caso, pela simples leitura da denúncia, observa-se que o órgão acusatório limitou-se a descrever o fato inserido no auto de infração – queimada de 22,00 ha (vinte e dois hectares) em área agropastoril – e atribuí-lo à responsabilidade do proprietário do imóvel rural, deixando de mencionar a vegetação atingida pela suposta ação do acusado, bem como os efeitos acarretados pela queimada provocada no local. 3. Sabe-se que, para a configuração do crime previsto no art. 41 da Lei nº 9.605/1998, é **necessário que a área queimada corresponda aos conceitos de "mata" e "floresta", tratando-se, pois, de uma norma penal em branco que exige complementação para fins de penalização da conduta ali descrita**, a qual também não foi mencionada pelo *Parquet*. (...) (STJ, 5ª Turma, AgRg no REsp nº 1.359.176/MT, Rel. Min. Gurgel de Faria, j. 23.06.2015).

O art. 41 é crime especial com relação ao delito do art. 250, § 1º, II, "h", do CP, especificamente quando este menciona os termos "mata ou floresta":

Art. 250. Causar incêndio, expondo a perigo a vida, a integridade física ou o patrimônio de outrem:

Pena – reclusão, de três a seis anos, e multa.

§ 1º As penas aumentam-se de um terço: (...)

II – se o incêndio é: (...)

h) em lavoura, pastagem, mata ou floresta.

Objeto material. Cuida-se de mata ou floresta.

Sujeitos do crime. Sujeito ativo: é crime comum, ou seja, pode ser cometido por qualquer pessoa. **Sujeito passivo**: a coletividade.

Elemento subjetivo. O delito é punido tanto a título de **dolo** quanto de **culpa**.

Consumação e tentativa. O crime estará consumado apenas quando **houver a produção do resultado naturalístico** (crime material), ou seja, com o efetivo incêndio. A tentativa é possível.

9.8.14 Crime do art. 42

Art. 42. Fabricar, vender, transportar ou soltar balões que possam provocar incêndios nas florestas e demais formas de vegetação, em áreas urbanas ou qualquer tipo de assentamento humano:

Pena – detenção de um a três anos ou multa, ou ambas as penas cumulativamente.

Conduta típica. O art. 42 prevê a conduta daquele que alternativamente fabrica, vende, transporta ou solta **balões que possam provocar incêndios** nas florestas (e demais vegetações) ou qualquer tipo de assentamento humano (como áreas urbanas).

Vê-se, portanto, que é necessária a aptidão do balão em causar incêndios (geralmente aquele que utiliza de líquidos inflamáveis para sua operacionalização). Como bem observa Nucci (2020, p. 622):

> (...) naturalmente, refere-se o tipo penal ao tradicional balão de festa junina, que voa sozinho e sem rumo, e não ao veículo que serve para o transporte de pessoas, normalmente, em atividade turística ou de lazer. Afinal, este último é conduzido por um piloto e funciona como um meio de transporte como qualquer outro.

Objeto material. São os balões que possam provocar incêndios, nos termos anteriormente comentados.

Sujeitos do crime. Sujeito ativo: é crime comum, ou seja, pode ser cometido por qualquer pessoa. **Sujeito passivo**: a coletividade.

Elemento subjetivo. É crime doloso (não há finalidade específica/elemento subjetivo específico).

Consumação e tentativa. O crime estará consumado quando praticado qualquer dos verbos previstos (fabricar, vender, transportar ou soltar), dispensando a ocorrência do resultado naturalístico consistente no efetivo incêndio (crime formal). A tentativa é possível.

🧩 Decifrando a prova

(Delegado – PC/PA – Funcab – 2016 – Adaptada) Sobre os crimes previstos na Lei n° 9.605, de 1998, é correto afirmar que o simples transporte de balões que tenham a potencialidade para provocar incêndios é conduta incriminada na lei especial.

( ) Certo ( ) Errado

Gabarito comentado: a conduta enquadra-se no delito do art. 42, o qual exige aptidão do balão em causar incêndios (potencialidade lesiva). Além disso, o crime estará consumado quando praticado qualquer dos verbos previstos (entre eles, o "transportar"). Portanto, a assertiva está certa.

9.8.15 Crime do art. 44

> **Art. 44.** Extrair de florestas de domínio público ou consideradas de preservação permanente, sem prévia autorização, pedra, areia, cal ou qualquer espécie de minerais:
>
> **Pena** – detenção, de seis meses a um ano, e multa.

Conduta típica. Estamos diante da conduta daquele que extrai de florestas de domínio público ou de preservação permanente, sem prévia autorização, qualquer espécie de minerais (pedra, areia, cal etc.). Obviamente que, havendo autorização válida, não há crime.

Floresta de domínio público é qualquer uma que seja de titularidade de ente estatal. Por sua vez, o entendimento do que seria floresta de preservação permanente é extraído do Código Florestal (Lei nº 12.651/2012), em seus arts. 3º, II, 4º e 6º.

Objeto material. São os minerais, como pedra, areia e cal.

Sujeitos do crime. Sujeito ativo: é crime comum, ou seja, pode ser cometido por qualquer pessoa. **Sujeito passivo**: a coletividade.

Elemento subjetivo. É crime doloso (não há finalidade específica/elemento subjetivo específico).

Consumação e tentativa. O crime estará consumado apenas quando houver a produção do resultado naturalístico (crime material), ou seja, a efetiva extração do mineral. A tentativa é possível.

9.8.16 Crime do art. 45

> **Art. 45.** Cortar ou transformar em carvão madeira de lei, assim classificada por ato do Poder Público, para fins industriais, energéticos ou para qualquer outra exploração, econômica ou não, em desacordo com as determinações legais:
>
> **Pena** – reclusão, de um a dois anos, e multa.

Conduta típica. O art. 45 prevê a conduta daquele que corta ou transforma em carvão madeira de lei (assim classificada em ato do Poder Público), para fins de exploração, econômica ou não (como fins industriais, energéticos), em desacordo com as determinações legais.

Primeiramente, observe que, se o sujeito obtiver autorização legal, não haverá crime. Veja ainda que o objeto material do delito não é qualquer madeira, mas madeira de lei, a qual será assim classificada por ato do Poder Público. Estamos diante, portanto, de norma penal em branco.

Por fim, há a exigência de que a conduta seja direcionada a alguma das finalidades previstas: fins industriais, energéticos ou para qualquer outra exploração econômica ou não. Ausente alguma dessas, não há crime.

Objeto material. Cuida-se da madeira de lei.

Sujeitos do crime. Sujeito ativo: é crime comum, ou seja, pode ser cometido por qualquer pessoa. **Sujeito passivo**: a coletividade.

Elemento subjetivo. É crime doloso. Entretanto, aqui, além da vontade consciente de praticar o tipo objetivo (dolo genérico: "Cortar ou transformar em carvão madeira de lei"), há a exigência de elemento subjetivo específico (dolo específico), consistente na finalidade industrial, energética ou para qualquer outra exploração, econômica ou não.

Consumação e tentativa. O crime estará consumado quando praticado qualquer dos verbos previstos (cortar ou transformar), acrescido das finalidades mencionadas. Dispensa a ocorrência do resultado naturalístico consistente na efetiva utilização, proveito da madeira (crime formal). A tentativa é possível.

9.8.17 Crime do art. 46

> **Art. 46.** Receber ou adquirir, para fins comerciais ou industriais, madeira, lenha, carvão e outros produtos de origem vegetal, sem exigir a exibição de licença do vendedor, outorgada pela autoridade competente, e sem munir-se da via que deverá acompanhar o produto até final beneficiamento:
>
> **Pena** – detenção, de seis meses a um ano, e multa.
>
> **Parágrafo único.** Incorre nas mesmas penas quem vende, expõe à venda, tem em depósito, transporta ou guarda madeira, lenha, carvão e outros produtos de origem vegetal, sem licença válida para todo o tempo da viagem ou do armazenamento, outorgada pela autoridade competente.

Conduta típica. O art. 46, *caput*, prevê a conduta daquele que recebe ou adquire, para fins comerciais ou industriais, produtos de origem vegetal (madeira, lenha, carvão etc.), sem exigir a exibição de licença do vendedor, outorgada pela autoridade competente, e sem munir-se da via que deverá acompanhar o produto até final beneficiamento.

Perceba que, com o objetivo de coibir condutas relacionadas ao comércio ilegal de produtos de origem vegetal, o tipo penal estabelece duplo dever: exigência de licença do vendedor, bem como da via que deverá acompanhar o produto até final beneficiamento.

Por fim, o crime apenas se configura se a conduta é cometida com a finalidade comercial ou industrial. Fora dessas, não há o delito.

Figuras equiparadas. No parágrafo único, temos figuras equiparadas, as quais, objetivando uma proteção ampla, abarcarão situações de comércio dos produtos sem licença válida. Assim, incorrerá na mesma pena quem:

◆ Vende, expõe à venda, tem em depósito, transporta ou guarda madeira, lenha, carvão e outros produtos de origem vegetal, sem licença válida para todo o tempo da viagem ou do armazenamento, outorgada pela autoridade competente.

Objeto material. Tanto no *caput* quanto no parágrafo único são os produtos de origem vegetal (madeira, lenha, carvão).

Sujeitos do crime. Sujeito ativo: é crime próprio, somente podendo ser praticado por quem labute no ramo do comércio (*caput* e parágrafo único) ou indústria (*caput*). **Sujeito passivo**: a coletividade.

Elemento subjetivo. Com relação ao *caput*, é crime doloso. Contudo, aqui, além da vontade consciente de praticar o tipo objetivo (dolo genérico), há a exigência de elemento subjetivo específico (dolo específico), consistente na finalidade comercial ou industrial.

Quanto ao **parágrafo único**, também é doloso, mas não há finalidade específica/elemento subjetivo específico.

Consumação e tentativa. Tanto no *caput* quanto no parágrafo único o crime estará consumado quando praticadas as condutas previstas nos tipos penais, acrescido das finalidades mencionadas no caso do *caput*. Dispensa a ocorrência do resultado naturalístico consistente no efetivo emprego do produto de origem vegetal no ramo do comércio ou indústria (crime formal). A tentativa é possível.

Vale ressaltar que há decisão do STJ que considerou como de **mera conduta** o delito do art. 46, parágrafo único, especificamente na modalidade **transportar**:

Jurisprudência destacada

(...) Crime ambiental: **transporte** de carvão vegetal sem licença válida para todo o tempo da viagem outorgada pela autoridade competente (Lei nº 9.605/1998, **art. 46, parágrafo único**): exigência de autorização ambiental expedida pelo IBAMA – existente e no prazo de validade –, e não de regularidade da documentação fiscal, cuja ausência não afeta o bem jurídico protegido pela incriminação, qual seja o meio ambiente, o que induz à atipicidade do fato, **ainda quando se trate, como no caso, de um crime de mera conduta**. (...) (STF, 1ª Turma, RHC nº 85.214/MG, Rel. Min. Sepúlveda Pertence, j. 17.05.2005).

9.8.18 Crime do art. 48

Art. 48. Impedir ou dificultar a regeneração natural de florestas e demais formas de vegetação:

Pena – detenção, de seis meses a um ano, e multa.

Conduta típica. Estamos diante da conduta daquele que impede ou dificulta, de qualquer modo, a regeneração natural de florestas e demais formas de vegetação.

Perceba que aqui o sujeito ativo não destruiu a floresta ou vegetação, e sim tornou custosa ou até mesmo inviabilizou a regeneração natural (independentemente da ação humana) dos objetos materiais.

Objeto material. São as florestas e demais formas de vegetação. Não necessita que seja de preservação permanente.

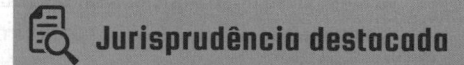

> 1. A tipificação da conduta descrita no artigo 48 da Lei nº 9.605/1998 **prescinde de a área ser de preservação permanente**. 2. Agravo regimental a que se nega provimento (STJ, 5ª Turma, AgRg no REsp nº 1.498.059/RS, Rel. Min. Leopoldo de Arruda Raposo, j. 17.09.2015).

Sujeitos do crime. Sujeito ativo: é crime comum, ou seja, pode ser cometido por qualquer pessoa. **Sujeito passivo**: a coletividade.

Elemento subjetivo. É crime doloso (não há finalidade específica/elemento subjetivo específico).

Consumação e tentativa. Entendemos que o crime é de mera conduta, cuja consumação ocorrerá com a prática de qualquer dos verbos (impedir ou dificultar), sem a exigência de resultado naturalístico. A tentativa não é possível, pois cuida-se de crime unissubsistente[39].

Por fim, ressaltamos que há julgados do STF e do STJ que classificam o delito em questão como **permanente**. Nesse sentido:

> *Habeas corpus.* Processual penal. **Crime contra o meio ambiente. Impedir ou dificultar a regeneração natural da vegetação (art. 48 da Lei nº 9.605/1998)**. Pedido de trancamento da ação penal. Alegações de inépcia da denúncia, atipicidade do fato e falta de justa causa. Não ocorrência. Ordem denegada. (...) 2. A denúncia, embora não expondo data precisa em que se teria consumado a infração ambiental, **que é de cunho permanente**, foi capaz de situá-la em período certo e determinado, com a possibilidade de estabelecer-se, para fins de aferição de alegada causa extintiva da punibilidade do agente, como último marco consumativo, data em que pericialmente atestada a permanência da infração. Prescrição não verificada. (...) (STF, 1ª Turma, HC nº 107.412/SP, Rel. Min. Dias Toffoli, j. 08.05.2012).
>
> (...) III – O eg. Tribunal de origem, ao tratar sobre a prescrição, decidiu **conforme entendimento predominante nesta Corte Superior**, que, por um lado, **afirma ser permanente o delito descrito no art. 48 da Lei nº 9.605/1998** e, por outro lado, não admite a extinção da punibilidade pela prescrição da pretensão punitiva com base em pena hipotética, não havendo se falar, portanto, em supressão de instância. Agravo regimental desprovido (STJ, 5ª Turma, AgRg no AREsp nº 1.028.201/MS, Rel. Min. Felix Fischer, j. 13.03.2018).

Aplicação da consunção. *Vide* comentários ao delito do art. 40.

---

[39] Em sentido diverso, ensinando que o delito é material e que a tentativa é teoricamente possível: Nucci (2020, p. 627).

9.8.19 Crime do art. 49

Art. 49. Destruir, danificar, lesar ou maltratar, por qualquer modo ou meio, plantas de ornamentação de logradouros públicos ou em propriedade privada alheia:

Pena – detenção, de três meses a um ano, ou multa, ou ambas as penas cumulativamente.

Parágrafo único. No crime culposo, a pena é de um a seis meses, ou multa.

Conduta típica. Estamos diante da conduta daquele que destrói, danifica, lesa ou maltrata, por qualquer modo ou meio, **plantas de ornamentação de logradouros públicos ou em propriedade privada alheia**. Trata-se de crime especial com relação ao delito de dano previsto no Código Penal (art. 163).

Objeto material. São as plantas de ornamentação (destinadas ao embelezamento) contidas em logradouros públicos ou em propriedade alheia. Ex.: sujeito que vai até a sede da Prefeitura de seu Município e põe veneno nas plantas ornamentais do jardim lá contido.

Sujeitos do crime. Quanto ao **sujeito ativo**, cuida-se de **crime comum**, ou seja, o delito pode ser cometido por qualquer pessoa. Com relação ao **sujeito passivo**, trata-se da **coletividade**.

Elemento subjetivo. O crime é doloso, porém há também a previsão da forma culposa (com pena reduzida).

Consumação e tentativa. O crime do art. 49 é material, cuja consumação ocorrerá com a efetiva destruição, dano, lesão ou maltrato ao objeto material. A tentativa é possível.

Inconstitucionalidade. Boa parcela da doutrina sustenta a inconstitucionalidade desse artigo, haja vista que não há ofensa ao bem jurídico meio ambiente[40]. Contudo, tal dispositivo até o presente momento não foi declarado inconstitucional.

9.8.20 Crime do art. 50

Art. 50. Destruir ou danificar florestas nativas ou plantadas ou vegetação fixadora de dunas, protetora de mangues, objeto de especial preservação:

Pena – detenção, de três meses a um ano, e multa.

Conduta típica. O art. 50 prevê a conduta de quem destrói ou danifica florestas nativas ou plantadas ou vegetação fixadora de dunas, protetora de mangues, objeto de especial preservação.

Para que se possa conhecer precisamente quais das vegetações são objeto de especial preservação, faz-se necessária a consulta à legislação específica (norma penal em branco).

Objeto material. Cuida-se das florestas nativas ou plantadas, além da vegetação fixadora de dunas e protetora de mangues.

Sujeitos do crime. Sujeito ativo: é crime comum, ou seja, pode ser cometido por qualquer pessoa. Sujeito passivo: a coletividade.

---

[40] Nas palavras de Reale Júnior (1998, [n. p.]): "Para total espanto, admite-se também a forma culposa. Assim, tropeçar e pisar por imprudência na begônia do jardim do vizinho é crime".

Elemento subjetivo. É crime doloso (não há finalidade específica/elemento subjetivo específico).

Consumação e tentativa. O crime do art. 50 é **material**, cuja consumação ocorrerá quando houver a produção do resultado naturalístico, ou seja, a efetiva destruição ou danificação do objeto material. A tentativa é possível.

9.8.21 Crime do art. 50-A

Art. 50-A. Desmatar, explorar economicamente ou degradar floresta, plantada ou nativa, em terras de domínio público ou devolutas, sem autorização do órgão competente:

Pena – reclusão de 2 (dois) a 4 (quatro) anos e multa.

§ 1° Não é crime a conduta praticada quando necessária à subsistência imediata pessoal do agente ou de sua família.

§ 2° Se a área explorada for superior a 1.000 ha (mil hectares), a pena será aumentada de 1 (um) ano por milhar de hectare.

Conduta típica. Estamos diante da conduta daquele que desmata, explora economicamente ou degrada floresta, plantada ou nativa, em terras de domínio público ou devolutas, sem autorização do órgão competente.

Aquele que pratica as condutas previstas no tipo penal, mas que possui a devida autorização do órgão competente, não comete o crime.

Terras de domínio público constituem-se em bens públicos dos entes federados, ao passo que terras devolutas podem ser conceituadas como terras públicas que não possuem destinação específica e não integram o patrimônio de qualquer particular.

Objeto material. Cuida-se de floresta, plantada ou nativa.

Sujeitos do crime. Sujeito ativo: é crime comum, ou seja, pode ser cometido por qualquer pessoa. **Sujeito passivo**: a coletividade.

Elemento subjetivo. É crime doloso (não há finalidade específica/elemento subjetivo específico).

Consumação e tentativa. O crime estará consumado apenas quando houver a produção do resultado naturalístico (crime **material**), ou seja, o efetivo desmatamento, exploração econômica ou degradação da floresta. A tentativa é possível.

Excludente de ilicitude (§ 1°). O § 1° elenca que não é crime a conduta praticada quando necessária à subsistência imediata pessoal do agente ou de sua família. É uma excludente de ilicitude (estado de necessidade), a qual afastará a configuração de crime.

Causa de aumento de pena (§ 2°). O § 2° prevê causa de aumento de pena se a área explorada for superior a 1.000 hectares (o aumento será de um ano por **milhar de hectare**). Não há proporcionalidade na previsão dessa majorante, como bem ressalta Prado (2019, p. 210):

> Com efeito, 1 ha (um hectare) equivale a 10.000 m (dez mil metros quadrados). Assim, se o agente desmatar uma área de 10 mil hectares – correspondente a 100 mil metros

quadrados – poderá ser condenado a uma pena de no mínimo 12 anos de reclusão (2 anos de pena-base, somados aos 10 anos de causa de aumento de pena!).

De toda forma, nada impede que a sua literalidade seja cobrada em concursos, como de fato já ocorreu:

Decifrando a prova

(Fiscal Ambiental Araguaína TO – Idib – 2020 – Adaptada) A Lei nº 11.284, de 2006, acrescentou o artigo nº 50-A à Lei de Crimes Ambientais, qualificando que ao desmatar, explorar economicamente ou degradar floresta, plantada ou nativa, em terras de domínio público ou devolutas, sem autorização do órgão competente, o autor fica sujeito a pena de reclusão de 2 a 4 anos e multa. Destaca-se que não é crime a conduta praticada quando necessária à subsistência imediata pessoal do agente ou de sua família. Nesse mesmo contexto, se a área explorada for superior a 1.000 ha (mil hectares), a pena será aumentada em 1 ano por centena de hectare.

( ) Certo ( ) Errado

Gabarito comentado: conforme previsto no art. 50-A, § 2º, o aumento decorrente da majorante será de um ano por milhar (e não "centena") de hectare. Portanto, a assertiva está errada.

9.8.22 Crime do art. 51

Art. 51. Comercializar motosserra ou utilizá-la em florestas e nas demais formas de vegetação, sem licença ou registro da autoridade competente:

Pena – detenção, de três meses a um ano, e multa.

Conduta típica. O art. 51 prevê a conduta de quem comercializa motosserra ou a utiliza em florestas e nas demais formas de vegetação, sem licença ou registro da autoridade competente.

Aquele que pratica as condutas previstas no tipo penal, mas que possui a devida licença ou registro da autoridade competente, não comete o crime.

Objeto material. Cuida-se de motosserra ou, no caso do verbo utilizar, das florestas e demais formas de vegetação.

Sujeitos do crime. Sujeito ativo: é crime comum, ou seja, pode ser cometido por qualquer pessoa. **Sujeito passivo**: a coletividade.

Elemento subjetivo. É crime doloso (não há finalidade específica/elemento subjetivo específico).

Consumação e tentativa. O crime do art. 51 é formal, cuja consumação ocorrerá quando é comercializada ou utilizada a motosserra (na forma do *caput*), ainda que não haja real prejuízo ao bem jurídico meio ambiente. A tentativa é possível.

9.8.23 Crime do art. 52

Art. 52. Penetrar em Unidades de Conservação conduzindo substâncias ou instrumentos próprios para caça ou para exploração de produtos ou subprodutos florestais, sem licença da autoridade competente:

Pena – detenção, de seis meses a um ano, e multa.

Conduta típica. O art. 52 prevê a conduta daquele que penetra em Unidades de Conservação conduzindo substâncias ou instrumentos próprios para caça ou para exploração de produtos ou subprodutos florestais, sem licença da autoridade competente. Perceba que não é necessária a efetiva caça ou exploração dos produtos florestais: pune-se a simples penetração em Unidade de Conservação com a condução das substâncias ou instrumentos listados.

A Lei n° 9.985/2000, em seu art. 2°, I, traz o conceito de Unidade de Conservação:

I – unidade de conservação: espaço territorial e seus recursos ambientais, incluindo as águas jurisdicionais, com características naturais relevantes, legalmente instituído pelo Poder Público, com objetivos de conservação e limites definidos, sob regime especial de administração, ao qual se aplicam garantias adequadas de proteção.

Aquele que pratica as condutas previstas no tipo penal, mas que possui a devida licença da autoridade competente, não comete o crime.

Objeto material. Cuida-se das Unidades de Conservação.

Sujeitos do crime. Sujeito ativo: é crime comum, ou seja, pode ser cometido por qualquer pessoa. **Sujeito passivo**: a coletividade.

Elemento subjetivo. É crime doloso (não há finalidade específica/elemento subjetivo específico)[41].

Consumação e tentativa. O crime estará consumado quando praticado o verbo previsto: penetrar em Unidades de Conservação (conduzindo as substâncias ou os instrumentos próprios). Cuida-se de crime de mera conduta e que não admite a tentativa (por ser unissubsistente).

9.8.24 Norma do art. 53

Art. 53. Nos crimes previstos nesta Seção, a pena é aumentada de um sexto a um terço se:

I – do fato resulta a diminuição de águas naturais, a erosão do solo ou a modificação do regime climático;

II – o crime é cometido:

---

[41] Nucci (2020, p. 631) entende de forma diversa, ensinando que há elemento subjetivo específico implícito, consistente na vontade de caçar ou explorar produtos ou subprodutos florestais.

a) no período de queda das sementes;

b) no período de formação de vegetações;

c) contra espécies raras ou ameaçadas de extinção, ainda que a ameaça ocorra somente no local da infração;

d) em época de seca ou inundação;

e) durante a noite, em domingo ou feriado.

O art. 53 elenca causas de aumento de pena (de 1/6 a 1/3), aplicáveis a todos os delitos da Seção II – Crimes contra a Flora (arts. 38 a 52), se:

♦ **do fato resulta a diminuição de águas naturais, a erosão do solo ou a modificação do regime climático**;

♦ **o crime é cometido**:

a) no período de queda das sementes;

b) no período de formação de vegetações;

c) contra espécies raras ou ameaçadas de extinção, ainda que a ameaça ocorra somente no local da infração;

d) em época de seca ou inundação;

e) durante a noite, em domingo ou feriado.

9.8.25 Crime do art. 54[42]

Art. 54. Causar poluição de qualquer natureza em níveis tais que resultem ou possam resultar em danos à saúde humana, ou que provoquem a mortandade de animais ou a destruição significativa da flora:

Pena – reclusão, de um a quatro anos, e multa.

§ 1º Se o crime é culposo:

Pena – detenção, de seis meses a um ano, e multa.

§ 2º Se o crime:

I – tornar uma área, urbana ou rural, imprópria para a ocupação humana;

II – causar poluição atmosférica que provoque a retirada, ainda que momentânea, dos habitantes das áreas afetadas, ou que cause danos diretos à saúde da população;

III – causar poluição hídrica que torne necessária a interrupção do abastecimento público de água de uma comunidade;

IV – dificultar ou impedir o uso público das praias;

V – ocorrer por lançamento de resíduos sólidos, líquidos ou gasosos, ou detritos, óleos ou substâncias oleosas, em desacordo com as exigências estabelecidas em leis ou regulamentos:

---

[42] A partir do art. 54, temos o início da Seção III: "Da Poluição e outros Crimes Ambientais".

Pena – reclusão, de um a cinco anos.

§ 3° Incorre nas mesmas penas previstas no parágrafo anterior quem deixar de adotar, quando assim o exigir a autoridade competente, medidas de precaução em caso de risco de dano ambiental grave ou irreversível.

Conduta típica. O art. 54, *caput*, prevê a conduta de quem causa poluição de qualquer natureza em níveis tais que resultem ou possam resultar em danos à saúde humana ou que provoquem a mortandade de animais ou a destruição significativa da flora.

Embora o tipo penal inicie mencionando "poluição de qualquer natureza", posteriormente exige (para a sua configuração) que ela cause dano ou perigo de dano à saúde humana ou que provoque a morte de animais ou destruição significativa da flora.

Ainda no termo poluição de "qualquer natureza", estão englobadas aqui as mais variadas formas de poluição: sonora, atmosférica, térmica, resíduos sólidos etc.).

Objeto material (*caput*). Cuida-se da pessoa humana, animais ou flora (vegetação).

Sujeitos do crime (*caput*). Sujeito ativo: é crime comum, ou seja, pode ser cometido por qualquer pessoa. **Sujeito passivo:** a coletividade.

Elemento subjetivo (*caput* e § 1°). O delito é punido tanto a título de **dolo** quanto de **culpa** (pena reduzida).

Consumação e tentativa (*caput*). Com relação à **pessoa humana** (art. 54, primeira parte), o crime é **formal** e de **perigo abstrato**, haja vista que a mera possibilidade de dano à saúde humana, ocasionada pela poluição, já consuma o delito. Quanto aos **animais ou flora**, cuida-se de crime **material** e de **dano**, pois, causada a poluição, exigirá a morte (de animais) ou destruição significativa (da flora) para a sua consumação. Em todas as situações a tentativa é possível (exceto na forma culposa).

> ## 🔍 Jurisprudência destacada
>
> (...) 2. De acordo com o entendimento deste Tribunal, a Lei de Crimes Ambientais deve ser interpretada à luz dos princípios do desenvolvimento sustentável e da prevenção, indicando o acerto da análise que a doutrina e a jurisprudência têm conferido à **parte inicial do art. 54** da Lei n° 9.605/1998, de que a mera possibilidade de causar dano à saúde humana é idônea a configurar o crime de poluição, evidenciada sua **natureza formal** ou, ainda, de **perigo abstrato**. 3. O delito de poluição ambiental em questão **dispensa resultado naturalístico** e a potencialidade de dano da atividade descrita na denúncia é suficiente para caracterizar o crime de poluição ambiental, **independentemente de laudo específico na empresa**, inexistindo, no caso, qualquer das hipóteses excepcionais, de forma que o exame da alegada ausência de justa causa para a instauração da ação penal demanda incursão no acervo fático-probatório, o que é inviável na via estreita. (...) (STJ, 5ª Turma, RHC n° 62.119/SP, Rel. Min. Gurgel de Faria, j. 10.12.2015).
>
> 1. O delito previsto na **primeira parte** do artigo 54 da Lei n° 9.605/1998 possui natureza **formal**, **sendo suficiente a potencialidade de dano** à saúde humana para configuração da conduta delitiva, não se exigindo, portanto, a realização de perícia (STJ, 3ª Seção, EREsp n° 1.417.279/SC, Rel. Min. Joel Ilan Paciornik, j. 11.04.2018).

Necessidade de perícia no delito do art. 54. Parte da doutrina entende que é indispensável a realização de perícia técnica no delito do art. 54 como um todo. Nesse sentido ensina Prado (2019, p. 229):

> Portanto, vem a ser indispensável a realização de perícia técnica para comprovação da materialidade do delito de poluição em qualquer um dos resultados previstos: perigo de dano à saúde pública ou significativa destruição de fauna e flora, mesmo que tais elementos sejam demasiadamente imprecisos e relativos.

Contudo, o entendimento dominante é o de que, com relação às condutas que se constituem em crimes materiais, a perícia será indispensável (pois o delito deixa vestígios). No entanto, com relação ao delito formal, este dispensará a realização de perícia para sua caracterização (como apontado no julgado anterior).

Conflito aparente com outras normas. A doutrina diverge com relação ao conflito do delito em questão com outros previstos no Código Penal e na legislação extravagante:

- Art. 270 do CP – Para Nucci (2020, p. 634), o art. 270 do CP tutela um tipo de poluição específica (envenenamento de água potável, substância alimentícia ou medicinal destinada a consumo) e, portanto, essa especificidade é que o diferencia do art. 54 da Lei nº 9.605/1998. Prado (2019, p. 229), por sua vez, entende que o delito da Lei de Crimes Ambientais revogou tacitamente a primeira parte do art. 270 do CP (referente ao envenenamento de água potável).

- Art. 271 do CP – Nucci (2020, p. 634) compreende que o art. 271 do CP (da mesma forma que o art. 270 do CP) regula situação diversa da Lei de Crimes Ambientais, em especial a corrupção ou poluição específica de água potável, tornando-a imprópria para consumo. Por seu turno, Prado (2019, p. 229) afirma que o art. 54 da Lei nº 9.605/1998 revogou tacitamente o art. 271 do CP (como um todo).

- Prado (2019, p. 229) acrescenta que o art. 54 da Lei nº 9.605/1998 revogou também o delito do art. 252 do CP (salvo quando o uso de gás tóxico ou asfixiante expõe a perigo o patrimônio de outrem), bem como os delitos do art. 38 da Lei de Contravenções Penais e do art. 15 da Lei nº 6.938/1981.

Qualificadoras (§ 2º). No § 2º, encontramos cinco qualificadoras, as quais serão apenadas com reclusão, de um a cinco anos. Além de memorizar o texto legal, é importante destacar um entendimento do STJ a respeito do § 2º, V:

- O crime do **art. 54, § 2º, V**, é de **perigo concreto**, o qual, embora não exija a ocorrência do efetivo dano ao bem jurídico, necessitará da demonstração concreta de que ele foi exposto a perigo (STJ, 6ª Turma, REsp nº 1.638.060/RS, Rel. Min. Sebastião Reis Júnior, j. 03.05.2018).

Figura equiparada (§ 3º). No § 3º, temos figura equiparada, a qual, objetivando uma proteção ampla, abarcará situações distintas das do *caput*. Assim, incorrerá na mesma pena do § 2º (figura qualificada) quem:

♦ Deixar de adotar, quando assim o exigir a autoridade competente, medidas de precaução em caso de risco de dano ambiental grave ou irreversível.

Objeto material (§ 3º). Cuida-se das medidas de precaução omitidas.

Sujeitos do crime (§ 3º). **Sujeito ativo**: é crime próprio, somente podendo ser praticado por aquele de quem é exigida a adoção das medidas de precaução. **Sujeito passivo**: a coletividade.

Elemento subjetivo (§ 3º). É crime doloso (não há finalidade específica/elemento subjetivo específico).

Consumação e tentativa (§ 3º). O delito do art. 54, § 3º, estará consumado no momento da omissão, ou seja, quando o sujeito ativo deixa de adotar as medidas de precaução, após a exigência pela autoridade competente. É crime de **mera conduta** e que não admite a tentativa (haja vista ser omissivo próprio).

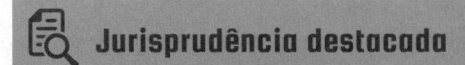

Jurisprudência destacada

(...) 3. Enquanto o *caput* do art. 54 da Lei Ambiental traz crime material (resultado de poluição com danos à saúde humana, ou que provoquem a mortandade de animais ou a destruição significativa da flora), seu § 3º trata do crime **omissivo próprio** (deixar de adotar, quando assim o exigir a autoridade competente) como **perigo concreto** (risco de dano ambiental grave ou irreversível). (...) (STJ, 6ª Turma, AgRg no AREsp nº 1.341.076/AC, Rel. Min. Nefi Cordeiro, j. 14.05.2019).

Degradação ambiental prévia. Ressaltamos, por fim, que a degradação ambiental prévia não impede a ocorrência do delito, o qual poderá estar caracterizado em razão do agravamento do estado anterior.

Jurisprudência destacada

(...) 1. O dano grave ou irreversível que se pretende evitar com a norma prevista no artigo 54, § 3º, da Lei nº 9.605/1998 não fica prejudicado pela degradação ambiental prévia. O risco tutelado pode estar relacionado ao agravamento das consequências de um dano ao meio ambiente já ocorrido e que se protrai no tempo. (...) (STF, 1ª Turma, HC nº 90.023/SP, Rel. Min. Menezes Direito, j. 06.11.2007).

9.8.26 Crime do art. 55

Art. 55. Executar pesquisa, lavra ou extração de recursos minerais sem a competente autorização, permissão, concessão ou licença, ou em desacordo com a obtida:

Pena – detenção, de seis meses a um ano, e multa.

Parágrafo único. Nas mesmas penas incorre quem deixa de recuperar a área pesquisada ou explorada, nos termos da autorização, permissão, licença, concessão ou determinação do órgão competente.

Conduta típica. O art. 55, *caput*, prevê a conduta de quem executa pesquisa, lavra ou extração de recursos minerais sem a competente autorização, permissão, concessão ou licença, ou em desacordo com a obtida.

Para que se possa conhecer precisamente quando a conduta é cometida sem ou em desacordo com a autorização, permissão, concessão ou licença, faz-se necessária a consulta à legislação específica (norma penal em branco), mais precisamente a Portaria nº 155/2016 do Departamento Nacional de Produção Mineral (DNPM).

Figura equiparada. No parágrafo único, temos figura equiparada (crime omissivo próprio), a qual, objetivando uma proteção ampla, abarcará situações distintas das do *caput*. Assim, incorrerá na mesma pena quem:

♦ Deixa de recuperar a área pesquisada ou explorada, nos termos da autorização, permissão, licença, concessão ou determinação do órgão competente.

Objeto material. No *caput*, cuida-se da pesquisa, lavra ou extração dos recursos minerais. Com relação ao **parágrafo único**, consiste na área pesquisada ou explorada.

Sujeitos do crime. Sujeito ativo: Quanto ao *caput* é crime comum, ou seja, pode ser cometido por qualquer pessoa. No que concerne ao **parágrafo único**, é próprio, somente podendo ser praticado por quem tiver o dever de recuperar a área pesquisada ou explorada. **Sujeito passivo**: a coletividade como um todo (*caput* e parágrafo único).

Elemento subjetivo (*caput* e parágrafo único). É crime doloso (não há finalidade específica/elemento subjetivo específico).

Consumação e tentativa. *Caput*: com relação à lavra ou extração de recursos minerais, o crime é **material**, haja vista que exigirá a produção do resultado naturalístico consistente na efetivação das condutas. Quanto ao núcleo executar pesquisa, cuida-se de crime de **mera conduta**, o qual estará consumado com a prática do verbo. A tentativa apenas é possível no tocante ao delito material.

Parágrafo único: é crime **formal**, cuja consumação ocorrerá quando da omissão em recuperar a área pesquisada ou explorada por quem tinha esse dever. Por ser omissivo próprio não cabe a tentativa.

Conflito aparente com o art. 2º da Lei nº 8.176/1991. O art. 55 da Lei de Crimes Ambientais não revogou o art. 2º da Lei nº 8.176/1991 (Crimes contra a Ordem Econômica). Eles coexistem, haja vista que tutelam bem jurídicos distintos: meio ambiente e ordem econômica, respectivamente. Nesse sentido decidiu o STJ, acrescentando no julgado que a posterior obtenção de licença ambiental é insuficiente para afastar o delito (é obrigatória autorização prévia):

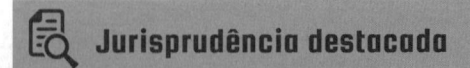

🔍 Jurisprudência destacada

I – A jurisprudência desta eg. Corte Superior pacificou-se no sentido de que o art. 2º da Lei nº 8.176/1991 tutela a ordem econômica, enquanto o art. 55 da Lei nº 9.605/1998 tutela o meio ambiente; dessa forma, **não há que se falar em conflito aparente de normas por tutelarem bens jurídicos distintos, existindo concurso formal**. (...) IV – A jurisprudência desta eg. Corte

Superior firmou o entendimento no sentido de ser **obrigatória a autorização prévia** para a exploração de matéria-prima da União. De tal forma, **a posterior obtenção de licença ambiental é insuficiente para afastar a tipicidade da conduta**, uma vez que a exploração de argila se deu de forma contrária à lei, restando justificada a imputação atribuída ao recorrente. Agravo regimental desprovido (STJ, 5ª Turma, AgRg no REsp n° 1.678.419/SE, Rel. Min. Felix Fischer, j. 20.09.2018).

9.8.27 Crime do art. 56

Art. 56. Produzir, processar, embalar, importar, exportar, comercializar, fornecer, transportar, armazenar, guardar, ter em depósito ou usar produto ou substância tóxica, perigosa ou nociva à saúde humana ou ao meio ambiente, em desacordo com as exigências estabelecidas em leis ou nos seus regulamentos:

Pena – reclusão, de um a quatro anos, e multa.

§ 1° Nas mesmas penas incorre quem:

I – abandona os produtos ou substâncias referidos no *caput* ou os utiliza em desacordo com as normas ambientais ou de segurança;

II – manipula, acondiciona, armazena, coleta, transporta, reutiliza, recicla ou dá destinação final a resíduos perigosos de forma diversa da estabelecida em lei ou regulamento.

§ 2° Se o produto ou a substância for nuclear ou radioativa, a pena é aumentada de um sexto a um terço.

§ 3° Se o crime é culposo:

Pena – detenção, de seis meses a um ano, e multa.

Conduta típica. O art. 56, *caput*, prevê a conduta de quem produz, processa, embala, importa, exporta, comercializa, fornece, transporta, armazena, guarda, tem em depósito ou usa produto ou substância tóxica, perigosa ou nociva à saúde humana ou ao meio ambiente, em desacordo com as exigências estabelecidas em leis ou nos seus regulamentos.

Para que se possa conhecer precisamente quando a conduta é cometida em desacordo com as exigências estabelecidas em leis ou nos seus regulamentos, faz-se necessária a consulta à legislação específica (norma penal em branco).

 **Jurisprudência destacada**

1. É pacífico neste Superior Tribunal de Justiça que o artigo 56 da Lei n° 9.605/1998 **constitui norma penal em branco, que depende de complementação.** 2. Na espécie, o órgão ministerial deixou de indicar expressamente a norma complementadora do delito previsto no artigo 56 da Lei n° 9.605/1998, cingindo-se a mencionar que tinha em depósito substância tóxica perigosa ou nociva à saúde humana ou ao meio ambiente em desacordo com as exigências estabelecidas em lei ou nos seus regulamentos, o que revela a inaptidão da inicial para deflagrar a persecução criminal quanto ao mencionado ilícito. Precedentes. 3. Agravo regimental desprovido (STJ, 5ª Turma, AgRg no HC n° 585.526/SP, Rel. Min. Jorge Mussi, j. 04.08.2020).

Figura equiparada. No § 1º, temos figuras equiparadas, as quais, objetivando uma proteção ampla, abarcarão situações distintas das do *caput*. Assim, incorrerá na mesma pena quem:

- ◆ abandona os produtos ou substâncias referidos no *caput* ou os utiliza em desacordo com as normas ambientais ou de segurança;
- ◆ manipula, acondiciona, armazena, coleta, transporta, reutiliza, recicla ou dá destinação final a resíduos perigosos de forma diversa da estabelecida em lei ou regulamento.

Tais delitos foram inseridos no art. 56 pela Lei nº 12.305/2010 (institui a Política Nacional de Resíduos Sólidos). Assim, faz-se necessária a sua consulta para o entendimento completo dos tipos penais (por exemplo, a definição de resíduo perigoso, prevista no art. 13, II, "a", da mencionada Lei).

Objeto material. No *caput* e § 1º, I, cuida-se de produto ou substância tóxica, perigosa ou nociva à saúde humana ou ao meio ambiente. Com relação ao § 1º, II, consiste em resíduos perigosos.

Sujeitos do crime (*caput* e § 1º). Sujeito ativo: é crime comum, ou seja, pode ser cometido por qualquer pessoa. **Sujeito passivo**: a coletividade.

Elemento subjetivo (*caput* e § 1º). O delito é punido tanto a título de **dolo** quanto de **culpa** (§ 3º – com pena reduzida).

Consumação e tentativa. O crime do art. 56[43], *caput* e § 1º, é **formal** e admite a figura da tentativa, consumando-se (todos eles) quando praticados os verbos descritos no tipo penal (sem a necessidade de produção do resultado naturalístico consistente no efetivo prejuízo ao meio ambiente ou saúde humana).

Jurisprudência destacada

(...) 3. O art. 56 da Lei nº 9.605/1998 descreve crime ambiental **formal** de **perigo abstrato**, ante a presunção absoluta do legislador de perigo na realização da conduta típica e a **prescindibilidade de resultado naturalístico, e pluridimensional**, pois, além de proteger o meio ambiente em si, tutela diretamente a saúde pública, haja vista a periclitância de seus objetos, altamente nocivos e prejudiciais, com alta capacidade ofensiva. Não há falar, portanto, em ausência de periculosidade social da ação, porquanto lhe é inerente (STJ, 5ª Turma, RHC nº 64.039/RS, Rel. Min. Ribeiro Dantas, j. 24.05.2016).

Causa de aumento de pena (§ 2º). O § 2º prevê uma majorante a ser aplicada ao delito (*caput* ou § 1º) se o produto ou a substância for **nuclear ou radioativa**. Nesse caso, a pena será aumentada de um sexto a um terço.

Crime de perigo abstrato e desnecessidade de perícia. Segundo orientação do STJ, o delito do art. 56 é de perigo abstrato, dispensando a realização de perícia para aferir a nocividade da substância ou produto.

---

[43] Alguns verbos indicam crime permanente: transportar, armazenar, guardar e ter em depósito.

Jurisprudência destacada

(...) 2. No que toca ao suscitado cerceamento de defesa e à alegada ausência de materialidade do delito, cumpre destacar que a jurisprudência desta Corte Superior é firme no sentido de que a conduta ilícita prevista no art. 56 da Lei nº 9.605/1998 é de perigo abstrato, não sendo necessária a realização de perícia para comprovar a nocividade da substância ou produto. Desse modo, não procede a alegação de ofensa aos arts. 118 e 159 do Código de Processo Penal (STJ, 5ª Turma, AgRg no AREsp nº 798.524/RS, Rel. Min. Ribeiro Dantas, j. 05.09.2019).

Conflito aparente com o art. 15 da Lei nº 7.802/1989. A citada lei, em seu art. 15, tipifica condutas relacionadas ao manejo de agrotóxicos em desacordo com as exigências legais. Como esse objeto material é espécie de substância tóxica, encontra-se o delito englobado pelo art. 56 da Lei de Crimes Ambientais (e por ele revogado)? O entendimento prevalente é o de não. Isso porque a Lei nº 7.802/1989 regula situação específica, subsistindo o mencionado art. 15 – quando a conduta se subsumir a algum de seus verbos – em razão do princípio da especialidade.

 Jurisprudência destacada

(...) II – **A Lei nº 7.802/1989 é especial em relação à Lei nº 9.605/1998** no que tange ao **transporte de agrotóxico**. Entretanto, aquela não veicula o verbo importar como um dos núcleos do tipo previsto no art. 15, diferentemente do que ocorre com a Lei dos Crimes Ambientais, em seu art. 56. Este dispositivo é mais amplo, contendo doze núcleos, dentre eles o de importar e o de transportar substâncias tóxicas. III – Na hipótese vertente, tendo o mesmo agente se valido, em um mesmo contexto fático, do transporte de agrotóxicos, após ingressar em território nacional destituído da autorização e documentação devidas para tanto, pratica tão somente a infração prevista no art. 15 da Lei nº 7.802/1989 (norma mais grave e especial em relação à Lei de Crimes Ambientais), porquanto o núcleo importar, *in casu*, estava inteiramente subordinado à consecução do transporte de agrotóxico. (...) Recurso especial parcialmente provido para que prossiga o feito na origem apenas no tocante ao delito inserto no art. 15 da Lei nº 7.802/1989, **em razão de sua especialidade** (STJ, 5ª Turma, REsp nº 1.378.064/PR, Rel. Min. Felix Fischer, j. 27.06.2017).

Conflito aparente com a Lei nº 6.453/1977. A citada lei regula, entre outros assuntos, a responsabilidade criminal por atos relacionados com atividades nucleares, prevendo alguns tipos penais específicos (a partir do art. 20). Aqui vale o mesmo raciocínio explanado anteriormente: quando se tratar dessa substância tóxica específica (material nuclear), pelo princípio da especialidade deverão incidir as disposições da Lei nº 6.453/1977. Dessa forma, a causa de aumento de pena do § 2º (no tocante à substância nuclear) somente será aplicada na hipótese de conduta não regulada pela Lei de Atividades Nucleares e abarcada pelo art. 56 da Lei nº 9.605/1998 (ex.: abandonar produto nuclear)[44].

---

[44] Nesse sentido: Nucci (2020, p. 643).

Crime permanente e prescrição. Em 2020, o STJ, por meio do *Informativo* 667, veiculou decisão que considerou, diante do caso concreto analisado, os delitos dos arts. 54, § 2º, I, II, III e IV, § 3º, e 56, § 1º, I e II, c/c o art. 58, I, da Lei nº 9.605/1998, como de natureza permanente, para fins de aferição da prescrição. Pela importância do julgado, transcrevemos as principais partes.

Jurisprudência destacada

1. A controvérsia cinge-se em estabelecer se os delitos pelos quais a empresa agravante foi condenada – poluição, na sua modalidade qualificada (arts. 54, § 2º, I, II, III e IV e § 3º, e 56, § 1º, I e II, c/c 58, I, da Lei nº 9.605/1998), considerado o momento de sua consumação, são de natureza permanente ou instantânea de efeitos permanentes, para fins de reconhecimento de prescrição. 2. *In casu*, as condutas delituosas se resumem na ação de causar poluição ambiental que provoque danos à população e ao próprio ambiente, em desacordo com as exigências estabelecidas na legislação de proteção, e na omissão em adotar medidas de precaução nos casos de risco de dano grave ou irreversível ao ecossistema. Com efeito, há dificuldade de classificação do tipo legal quanto ao momento de sua consumação na medida em que é de fácil visualização a conduta inicial definida – causar poluição – que pode restar configurada simplesmente na primeira ação ou omissão por parte do autor ou, ainda, perdurar no tempo. 3. No caso dos autos, a empresa agravante armazenou seu lixo industrial, no município de Ulianópolis, e, dessa conduta, resultou poluição grave da área degradada, sendo que, até o momento de prolação do julgado, não teria tomado providências para reparar o dano, **caracterizando a continuidade da prática infracional. Desse modo, constata-se que o crime de poluição qualificada em exame é permanente, ainda que por omissão da parte recorrente, que foi prontamente notificada a reparar o dano causado**. 4. Esta Corte tem se posicionado pela **impossibilidade de aferição do transcurso do lapso prescricional quanto a delito cometido em desfavor do meio ambiente, quando pautado na continuidade das atividades ilícitas.** (...) (STJ, 5ª Turma, AgRg no REsp nº 1.847.097/PA, Rel. Min. Joel Ilan Paciornik, j. 05.03.2020).

9.8.28 Norma do art. 58

Art. 58. Nos crimes dolosos previstos nesta Seção, as penas serão aumentadas:

I – de um sexto a um terço, se resulta dano irreversível à flora ou ao meio ambiente em geral;

II – de um terço até a metade, se resulta lesão corporal de natureza grave em outrem;

III – até o dobro, se resultar a morte de outrem.

Parágrafo único. As penalidades previstas neste artigo somente serão aplicadas se do fato não resultar crime mais grave.

O art. 58 elenca causas de aumento de pena a serem aplicadas aos crimes **dolosos** dos arts. 54 a 61 (seção III), mas desde que se do fato não resultar crime mais grave (subsidiariedade expressa do parágrafo único).

Além de memorizar o texto legal, é importante destacar dois pontos:

- ◆ A majorante do inciso I necessitará de perícia para ser aplicada ao caso concreto, pois o resultado ali previsto deixa vestígios.
- ◆ No caso dos incisos II e III, somente serão caracterizadas as majorantes se a lesão corporal ou morte ocorrerem a título de culpa (crime preterdoloso). Se tais resultados ingressarem no dolo do agente, teremos concurso de crimes.

9.8.29 Crime do art. 60

Art. 60. Construir, reformar, ampliar, instalar ou fazer funcionar, em qualquer parte do território nacional, estabelecimentos, obras ou serviços potencialmente poluidores, sem licença ou autorização dos órgãos ambientais competentes, ou contrariando as normas legais e regulamentares pertinentes:

Pena – detenção, de um a seis meses, ou multa, ou ambas as penas cumulativamente.

Conduta típica. Estamos diante da conduta daquele que constrói, reforma, amplia, instala ou faz funcionar, em qualquer parte do território nacional, estabelecimentos, obras ou serviços potencialmente poluidores, sem licença ou autorização dos órgãos ambientais competentes, ou contrariando as normas legais e regulamentares pertinentes.

Para que se possa conhecer precisamente quando a conduta é cometida sem licença ou autorização dos órgãos ambientais competentes, ou contrariando as normas legais e regulamentares pertinentes, faz-se necessária a consulta à legislação específica (norma penal em branco).

Objeto material. Cuida-se dos estabelecimentos, obras ou serviços potencialmente poluidores.

Sujeitos do crime. Sujeito ativo: é crime comum, ou seja, pode ser cometido por qualquer pessoa. **Sujeito passivo**: a coletividade.

Elemento subjetivo. É crime doloso (não há finalidade específica/elemento subjetivo específico).

Consumação e tentativa. O delito estará consumado com a prática dos verbos descritos no tipo (crime de **mera conduta**). A tentativa não é possível, haja vista ser crime unissubsistente (a conduta não pode ser fracionada).

A doutrina ensina que o verbo "fazer funcionar" constitui-se em crime permanente (NUCCI, 2020, p. 646). Na jurisprudência temos julgados no mesmo sentido, os quais afirmam que o art. 60 é permanente (sem realçar apenas o verbo "fazer funcionar"):

 **Jurisprudência destacada**

(...) o delito do art. 60 da Lei nº 9.605/1998 é considerado permanente pela jurisprudência do Superior Tribunal de Justiça, contando-se o prazo prescricional na forma do art. 111 do Código Penal, ou seja, do dia em que encerrou a permanência (STJ, 6ª Turma, AgRg no RHC nº 102.170/MG, Rel. Min. Sebastião Reis Júnior, j. 10.09.2019).

Crime de perigo abstrato. O delito do art. 60 também é de perigo abstrato, dispensando a prova do dano ambiental.

> O crime previsto no art. 60 da Lei nº 9.605/1998 é de perigo abstrato, do qual não se exige prova do dano ambiental, sendo certo que a conduta ilícita se configura com a mera inobservância ou descumprimento da norma, pois o dispositivo em questão pune a conduta do agente que pratica atividades potencialmente poluidoras, sem licença ambiental (STJ, 5ª Turma, RHC nº 89.461/AM, Rel. Min. Felix Fischer, j. 17.05.2018).

9.8.30 Crime do art. 61

Art. 61. Disseminar doença ou praga ou espécies que possam causar dano à agricultura, à pecuária, à fauna, à flora ou aos ecossistemas:

Pena – reclusão, de um a quatro anos, e multa.

Conduta típica. O art. 61 prevê a conduta de quem dissemina doença ou praga ou espécies que possam causar dano à agricultura, à pecuária, à fauna, à flora ou aos ecossistemas.

Objeto material. Cuida-se da agricultura, pecuária, fauna, flora ou ecossistemas.

Sujeitos do crime. Sujeito ativo: é crime comum, ou seja, pode ser cometido por qualquer pessoa. **Sujeito passivo**: a coletividade.

Elemento subjetivo. É crime doloso (não há finalidade específica/elemento subjetivo específico).

Consumação e tentativa. O crime do art. 61 é **formal**, cuja consumação ocorrerá quando forem disseminadas a doença, praga ou espécies (na forma do *caput*), ainda que não causem efetivamente o dano (embora seja necessário que a conduta tenha potencialidade de causá-lo). A tentativa é possível.

Revogação do art. 259 do CP. Prevalece que o art. 61 da Lei nº 9.605/1998 **revogou tacitamente** o delito do art. 259 do CP (difusão de doença ou praga) em todas as suas formas (dolosa e culposa).

9.8.31 Crime do art. 62[45]

Art. 62. Destruir, inutilizar ou deteriorar:

---

[45] A partir do art. 62, temos o início da Seção IV: "Dos Crimes contra o Ordenamento Urbano e o Patrimônio Cultural".

I – bem especialmente protegido por lei, ato administrativo ou decisão judicial;

II – arquivo, registro, museu, biblioteca, pinacoteca, instalação científica ou similar protegido por lei, ato administrativo ou decisão judicial:

Pena – reclusão, de um a três anos, e multa.

Parágrafo único. Se o crime for culposo, a pena é de seis meses a um ano de detenção, sem prejuízo da multa.

Conduta típica. O art. 62 prevê a conduta daquele que destrói, inutiliza ou deteriora:

◆ bem especialmente protegido por lei, ato administrativo ou decisão judicial;

◆ arquivo, registro, museu, biblioteca, pinacoteca, instalação científica ou similar protegido por lei, ato administrativo ou decisão judicial.

Note que, para a caracterização do delito, é necessário um ato normativo ou judicial protegendo o bem (se não houver, poderá ser configurado o delito do art. 163 do CP – dano). Citamos como exemplo desse ato o tombamento previsto no Decreto-lei nº 25/1937 (proteção do patrimônio histórico e artístico nacional).

Objeto material. Cuida-se de bem, arquivo, registro, museu, biblioteca, pinacoteca, instalação científica ou similar (protegidos por lei, ato administrativo ou decisão judicial).

Sujeitos do crime. Sujeito ativo: é crime comum, ou seja, pode ser cometido por qualquer pessoa. **Sujeito passivo**: a coletividade.

Elemento subjetivo. O delito é punido tanto a título de **dolo** quanto de **culpa** (pena reduzida à metade).

Consumação e tentativa. O crime estará consumado apenas quando houver a produção do resultado naturalístico (crime **material**), ou seja, a efetiva destruição, inutilização ou deterioração dos objetos materiais. A tentativa é possível (exceto na modalidade culposa).

Revogação do art. 165 do CP. Entendemos que o art. 62 da Lei nº 9.605/1998 **revogou tacitamente** o delito do art. 165 do CP (dano em coisa de valor artístico, arqueológico ou histórico).

9.8.32 Crime do art. 63

Art. 63. Alterar o aspecto ou estrutura de edificação ou local especialmente protegido por lei, ato administrativo ou decisão judicial, em razão de seu valor paisagístico, ecológico, turístico, artístico, histórico, cultural, religioso, arqueológico, etnográfico ou monumental, sem autorização da autoridade competente ou em desacordo com a concedida:

Pena – reclusão, de um a três anos, e multa.

Conduta típica. Estamos diante da conduta daquele que altera o aspecto ou estrutura de edificação ou local especialmente protegido por lei, ato administrativo ou decisão judicial, em razão de seu valor paisagístico, ecológico, turístico, artístico, histórico, cultural, religioso, arqueológico, etnográfico ou monumental, sem autorização da autoridade competente ou em desacordo com a concedida.

Como bem observa Nucci (2020, p. 649), o presente delito (art. 63) complementa o anterior (art. 62): este prevê as condutas de **destruir, inutilizar ou deteriorar**; aquele, o verbo **alterar**. Valem aqui, portanto, as mesmas observações relativas à necessidade de ato normativo ou judicial protegendo o bem.

Por óbvio, se a alteração possuir autorização da autoridade competente, bem como for realizada de acordo com ela, não há crime.

Objeto material. Cuida-se edificação ou local especialmente protegido por lei, ato administrativo ou decisão judicial (em razão das finalidades descritas no *caput*).

Sujeitos do crime. Sujeito ativo: é crime comum, ou seja, pode ser cometido por qualquer pessoa. **Sujeito passivo**: a coletividade.

Elemento subjetivo. É crime doloso (não há finalidade específica/elemento subjetivo específico).

Consumação e tentativa. O crime estará consumado apenas quando houver a produção do resultado naturalístico (crime **material**), ou seja, a efetiva alteração do aspecto ou estrutura dos objetos materiais. A tentativa é possível.

Revogação do art. 166 do CP. Entendemos que o art. 63 da Lei nº 9.605/1998 **revogou tacitamente** o delito do art. 166 do CP (alteração de local especialmente protegido).

9.8.33 Crime do art. 64

> **Art. 64.** Promover construção em solo não edificável, ou no seu entorno, assim considerado em razão de seu valor paisagístico, ecológico, artístico, turístico, histórico, cultural, religioso, arqueológico, etnográfico ou monumental, sem autorização da autoridade competente ou em desacordo com a concedida:
>
> **Pena** – detenção, de seis meses a um ano, e multa.

Conduta típica. O art. 64 prevê a conduta daquele que promove construção em solo não edificável, ou no seu entorno, assim considerado em razão de seu valor paisagístico, ecológico, artístico, turístico, histórico, cultural, religioso, arqueológico, etnográfico ou monumental, sem autorização da autoridade competente ou em desacordo com a concedida.

Caso a construção possua autorização da autoridade competente e se for realizada de acordo com ela, não há crime.

Objeto material. Cuida-se do solo não edificável ou seu entorno.

Sujeitos do crime. Sujeito ativo: é crime comum, ou seja, pode ser cometido por qualquer pessoa. **Sujeito passivo**: a coletividade.

Elemento subjetivo. É crime doloso (não há finalidade específica/elemento subjetivo específico).

Consumação e tentativa. O crime estará consumado apenas quando houver a produção do resultado naturalístico (crime **material**), ou seja, a efetiva promoção da construção no solo não edificável ou em seu entorno. A tentativa é possível.

Aplicação da consunção. *Vide* comentários ao delito do art. 40.

9.8.34 Crime do art. 65

Art. 65. Pichar ou por outro meio conspurcar edificação ou monumento urbano:

Pena – detenção, de 3 (três) meses a 1 (um) ano, e multa.

§ 1º Se o ato for realizado em monumento ou coisa tombada em virtude do seu valor artístico, arqueológico ou histórico, a pena é de 6 (seis) meses a 1 (um) ano de detenção e multa.

§ 2º Não constitui crime a prática de grafite realizada com o objetivo de valorizar o patrimônio público ou privado mediante manifestação artística, desde que consentida pelo proprietário e, quando couber, pelo locatário ou arrendatário do bem privado e, no caso de bem público, com a autorização do órgão competente e a observância das posturas municipais e das normas editadas pelos órgãos governamentais responsáveis pela preservação e conservação do patrimônio histórico e artístico nacional.

Conduta típica. De forma objetiva, estamos diante da conduta daquele que picha ou conspurca (suja, mancha) edificação ou monumento urbano.

Objeto material. Cuida-se de **edificação ou monumento urbano**. Portanto, se houver pichação de edificação em área rural ou, ainda, pichação de bens móveis (ex.: vagões de trem), não haverá o crime em questão (podendo estar caracterizado o delito de dano – art. 163 do CP). Ex.: sujeito que, de madrugada, picha prédio particular localizado no centro da cidade – crime do art. 65 da Lei nº 9.605/1998.

Sujeitos do crime. Quanto ao sujeito ativo, cuida-se de **crime comum**, ou seja, o delito pode ser cometido por qualquer pessoa. Com relação ao sujeito passivo, trata-se da **coletividade** como um todo.

Elemento subjetivo. É crime doloso (não há finalidade específica/elemento subjetivo específico).

Consumação e tentativa. O crime do art. 65 é material, cuja consumação ocorrerá com a efetiva pichação ou conspurcação da edificação ou monumento urbano. A tentativa é possível.

Qualificadora. O § 1º prevê figura qualificada do crime (detenção de seis meses a um ano e multa), quando a conduta típica for realizada em **coisa tombada** em virtude de seu valor **artístico, arqueológico ou histórico**. Isso porque há maior necessidade de proteção desses monumentos tombados, pela sua importância cultural.

Atipicidade do grafismo. O § 2º estabelece que a **prática de grafite** não será considerada crime quando reunir, em resumo, os seguintes requisitos (cumulativos):

- ◆ objetivo de valorizar o patrimônio público ou privado mediante manifestação artística;
- ◆ consentimento do proprietário (ou quem o represente) e autorização do órgão competente (no caso de bem público), observadas as posturas municipais e normas pertinentes.

Necessidade de perícia. Há decisão do STJ no sentido de que, como o delito do art. 65 é não transeunte (deixa vestígios), tem-se como indispensável o exame pericial direto ou indireto para a comprovação de sua materialidade. Quando não puder ser realizado, pode ser suprido por outros meios de prova (justificando-se a ausência do laudo).

Jurisprudência destacada

1. Mostra-se **necessária a realização do exame pericial direto ou indireto para tipificação do crime de pichação, pois se trata de infração que deixa vestígios**, podendo apenas ser suprido por outros meios de prova quando aquele não puder ser realizado, casos em que deve ser justificada a ausência de laudo por parte das instâncias ordinárias. 2. No caso concreto, diante da inexistência de laudo pericial direto ou indireto, bem como por não ter sido justificada a sua não realização, **entendo ser hipótese de absolvição do recorrente do delito do art. 65 da Lei nº 9.605/1998 ante a ausência de materialidade**, mantidos os demais termos da condenação. 3. Recurso especial provido (STJ, 5ª Turma, REsp nº 1.771.714/ MG, Rel. Min. Joel Ilan Paciornik, j. 25.06.2019).

Decifrando a prova

(Procurador Municipal – Cespe – 2019) Acerca de tutela processual do meio ambiente, de crimes ambientais e de espaços territoriais especialmente protegidos, julgue o item que se segue. O ato de grafitar é considerado um crime ambiental e pode ser punido com multa e detenção de três meses a um ano.

( ) Certo ( ) Errado

Gabarito comentado: o ato de grafitar (não confunda com "pichar"), se realizado na forma do art. 65, § 2º, não será considerado crime. Portanto, a assertiva está errada.

9.8.35 Crime do art. 66[46]

> **Art. 66.** Fazer o funcionário público afirmação falsa ou enganosa, omitir a verdade, sonegar informações ou dados técnico-científicos em procedimentos de autorização ou de licenciamento ambiental:
>
> **Pena** – reclusão, de um a três anos, e multa.

Conduta típica. Estamos diante da conduta do funcionário público que faz afirmação falsa ou enganosa, omite a verdade, sonega informações ou dados técnico-científicos em procedimentos de autorização ou de licenciamento ambiental.

---

[46] A partir do art. 66, temos o início da Seção V: "Dos Crimes contra a Administração Ambiental".

Objeto material. Cuida-se de extensão e veracidade das informações ou dados técnico-científicos constantes nos procedimentos de autorização ou de licenciamento ambiental.

Sujeitos do crime. Sujeito ativo: é crime próprio, na medida em que somente poderá ser cometido por funcionário público (art. 327 do CP). **Sujeito passivo:** a Administração Pública, bem como a coletividade.

Elemento subjetivo. É crime doloso (não há finalidade específica/elemento subjetivo específico).

Consumação e tentativa. Trata-se de crime é **formal**, cuja consumação ocorrerá quando o sujeito ativo cometer algum dos verbos previstos no tipo, independentemente de efetivo prejuízo à Administração Pública ou coletividade. O verbo "fazer" é comissivo (o qual admite tentativa), enquanto os núcleos "omitir" e "sonegar" denotam conduta omissiva (não cabe tentativa).

9.8.36 Crime do art. 67

Art. 67. Conceder o funcionário público licença, autorização ou permissão em desacordo com as normas ambientais, para as atividades, obras ou serviços cuja realização depende de ato autorizativo do Poder Público:

Pena – detenção, de um a três anos, e multa.

Parágrafo único. Se o crime é culposo, a pena é de três meses a um ano de detenção, sem prejuízo da multa.

Conduta típica. O art. 67 prevê a conduta do funcionário público que concede licença, autorização ou permissão em desacordo com as normas ambientais, para as atividades, obras ou serviços cuja realização depende de ato autorizativo do Poder Público.

Por óbvio, se a necessária licença, autorização ou permissão for concedida de acordo com as normas, não há crime.

Objeto material. Cuida-se da licença, autorização ou permissão necessária à realização das atividades, obras ou serviços.

Sujeitos do crime. Sujeito ativo: é crime próprio, na medida em que somente poderá ser cometido por funcionário público (art. 327 do CP). **Sujeito passivo:** a Administração Pública, bem como a coletividade.

Elemento subjetivo. O delito é punido tanto a título de **dolo** quanto de **culpa** (com pena reduzida).

Consumação e tentativa. É crime **formal** e de perigo abstrato, cuja consumação ocorrerá quando o sujeito ativo conceder a licença, autorização ou permissão (na forma do *caput*), independentemente de efetivo prejuízo à Administração Pública ou coletividade. A tentativa é possível (exceto na forma culposa).

Jurisprudência destacada

1. O art. 67 da Lei n° 9.605/1998 prevê como crime "Conceder o funcionário público licença, autorização ou permissão em desacordo com as normas ambientais, para as atividades, obras ou serviços cuja realização depende de ato autorizativo do Poder Público". 2. Trata-se de **crime formal de perigo abstrato**, consumando-se com a simples emissão do ato administrativo, independente de vir ou não a ser executado o ato administrativo ou da sua concessão causar danos ambientais. (...) (STJ, 5ª Turma, AgRg no REsp n° 1.730.114/SC, Rel. Min. Ribeiro Dantas, j. 04.09.2018).

9.8.37 Crime do art. 68

Art. 68. Deixar, aquele que tiver o dever legal ou contratual de fazê-lo, de cumprir obrigação de relevante interesse ambiental:

Pena – detenção, de um a três anos, e multa.

Parágrafo único. Se o crime é culposo, a pena é de três meses a um ano, sem prejuízo da multa.

Conduta típica. O art. 68 prevê a conduta daquele que deixa, detendo o dever legal ou contratual de fazê-lo, de cumprir obrigação de relevante interesse ambiental.

Como exemplo desse tipo de obrigação podemos citar o teor do art. 52 da Lei n° 12.305/2010 (Política Nacional de Resíduos Sólidos):

Art. 52. A observância do disposto no *caput* do art. 23 e no § 2° do art. 39 desta Lei é considerada obrigação de relevante interesse ambiental para efeitos do art. 68 da Lei n° 9.605, de 1998, sem prejuízo da aplicação de outras sanções cabíveis nas esferas penal e administrativa.

Vale mencionar também o disposto nos arts. 23 e 39, § 2°, da citada Lei:

Art. 23. Os responsáveis por plano de gerenciamento de resíduos sólidos manterão atualizadas e disponíveis ao órgão municipal competente, ao órgão licenciador do Sisnama e a outras autoridades, informações completas sobre a implementação e a operacionalização do plano sob sua responsabilidade.

§ 1° Para a consecução do disposto no *caput*, sem prejuízo de outras exigências cabíveis por parte das autoridades, será implementado sistema declaratório com periodicidade, no mínimo, anual, na forma do regulamento.

§ 2° As informações referidas no *caput* serão repassadas pelos órgãos públicos ao Sinir, na forma do regulamento.

Art. 39. (...)

§ 2° Cabe às pessoas jurídicas referidas no art. 38 (que operam com resíduos perigosos):

I – manter registro atualizado e facilmente acessível de todos os procedimentos relacionados à implementação e à operacionalização do plano previsto no caput;

II – informar anualmente ao órgão competente do Sisnama e, se couber, do SNVS, sobre a quantidade, a natureza e a destinação temporária ou final dos resíduos sob sua responsabilidade;

III – adotar medidas destinadas a reduzir o volume e a periculosidade dos resíduos sob sua responsabilidade, bem como a aperfeiçoar seu gerenciamento;

IV – informar imediatamente aos órgãos competentes sobre a ocorrência de acidentes ou outros sinistros relacionados aos resíduos perigosos.

Objeto material. Cuida-se do cumprimento de obrigação de relevante interesse ambiental.

Sujeitos do crime. Sujeito ativo: é crime próprio, na medida em que somente poderá ser cometido por quem detiver o dever legal ou contratual de cumprir a obrigação. **Sujeito passivo**: a Administração Pública, bem como a coletividade.

Elemento subjetivo. O delito é punido tanto a título de **dolo** quanto de **culpa** (com pena reduzida).

Consumação e tentativa. É delito **formal** e omissivo impróprio, cuja consumação ocorrerá quando o sujeito ativo se omitir em cumprir a obrigação (na forma do *caput*), independentemente de efetivo prejuízo ao bem jurídico meio ambiente. A tentativa não é possível.

 Jurisprudência destacada

A respeito do delito ambiental descrito no art. 68 da Lei nº 9.605/1998, faz-se necessário mencionar que se trata de **crime omissivo impróprio**, no qual o apontado agente, contrariando o dever legal ou contratual de fazê-lo, deixa de cumprir obrigação de relevante interesse ambiental para evitar resultado danoso ao meio ambiente (STJ, 6ª Turma, REsp nº 1.618.975/PR, Rel. Min. Sebastião Reis Júnior, j. 07.03.2017).

Princípio da insignificância. O STJ já decidiu ser inaplicável o princípio da insignificância ao presente delito, haja vista o bem jurídico tutelado ser, além do meio ambiente, a moralidade administrativa.

 Jurisprudência destacada

(...) 2. O delito previsto no art. 68 da Lei nº 9.605/1998 é crime contra a Administração Ambiental, possuindo como bem jurídico tutelado não apenas o meio ambiente, mas, também, a moralidade administrativa, **razão pela qual não é possível a aplicação do princípio da insignificância ao caso concreto**. (...) (STJ, 6ª Turma, REsp nº 1.816.357/RS, Rel. Min. Laurita Vaz, j. 15.10.2019).

9.8.38 Crime do art. 69

Art. 69. Obstar ou dificultar a ação fiscalizadora do Poder Público no trato de questões ambientais:

Pena – detenção, de um a três anos, e multa.

Conduta típica. O art. 69 prevê a conduta daquele que obsta ou dificulta a ação fiscalizadora do Poder Público no trato de questões ambientais.

Objeto material. Cuida-se da ação fiscalizadora do Poder Público no trato de questões ambientais.

Sujeitos do crime. Sujeito ativo: é crime comum, ou seja, pode ser cometido por qualquer pessoa. **Sujeito passivo**: a Administração Pública, bem como a coletividade.

Elemento subjetivo. É crime doloso (não há finalidade específica/elemento subjetivo específico).

Consumação e tentativa. É crime **formal**, cuja consumação ocorrerá quando o sujeito ativo obstar ou dificultar a ação fiscalizadora do Poder Público, independentemente de efetivo prejuízo à Administração Pública ou coletividade. A tentativa é possível.

9.8.39 Crime do art. 69-A

Art. 69-A. Elaborar ou apresentar, no licenciamento, concessão florestal ou qualquer outro procedimento administrativo, estudo, laudo ou relatório ambiental total ou parcialmente falso ou enganoso, inclusive por omissão:

Pena – reclusão, de 3 (três) a 6 (seis) anos, e multa.

§ 1º Se o crime é culposo:

Pena – detenção, de 1 (um) a 3 (três) anos.

§ 2º A pena é aumentada de 1/3 (um terço) a 2/3 (dois terços), se há dano significativo ao meio ambiente, em decorrência do uso da informação falsa, incompleta ou enganosa.

Conduta típica. O art. 69-A prevê a conduta daquele que elabora ou apresenta, no licenciamento, concessão florestal ou qualquer outro procedimento administrativo, estudo, laudo ou relatório ambiental total ou parcialmente falso ou enganoso, inclusive por omissão[47].

Objeto material. Cuida-se de estudo, laudo ou relatório ambiental total ou parcialmente falso ou enganoso.

Sujeitos do crime. Sujeito ativo: É crime próprio em relação ao núcleo "elaborar" (só quem tiver essa atribuição), porém comum quanto ao verbo "apresentar" (qualquer pessoa

---

[47] A norma que incluiu o presente delito na Lei de Crimes Ambientais foi a Lei nº 11.284/2006, a qual, em seu art. 18, trata justamente do licenciamento ambiental.

poderá apresentar o objeto material)[48]. **Sujeito passivo**: a Administração Pública, bem como a coletividade.

Elemento subjetivo. O delito é punido tanto a título de **dolo** quanto de **culpa** (com pena reduzida).

Consumação e tentativa. É crime **formal**, cuja consumação ocorrerá quando o sujeito ativo elaborar ou apresentar o objetivo material (nos termos do *caput*), independentemente de efetivo prejuízo à Administração Pública ou coletividade (embora o dano significativo ao meio ambiente possa majorar a pena, como veremos a seguir).

O delito pode ser cometido tanto na modalidade comissiva (o qual admite tentativa, exceto na forma culposa) quanto na omissiva (não cabe tentativa).

Causa de aumento de pena. O § 2º prevê uma majorante a ser aplicada ao delito se há dano significativo ao meio ambiente, em decorrência do uso da informação falsa, incompleta ou enganosa. Nesse caso, a pena será aumentada de 1/3 a 2/3.

Falsa perícia (art. 342 do CP). Por fim, entendemos que o delito do art. 69-A é especial em relação ao crime de falsa perícia (art. 342 do CP), quando a conduta for cometida nos termos do tipo penal em análise.

---

[48] Nesse ponto, discordamos de Prado (2019b, p. 327), o qual entende que o delito como um todo é próprio.

Lavagem de Capitais – Lei n° 9.613/1998

10.1 ASPECTOS INICIAIS

Art. 1° Ocultar ou dissimular a natureza, origem, localização, disposição, movimentação ou propriedade de bens, direitos ou valores provenientes, direta ou indiretamente, de infração penal.

I – (Revogado).

II – (Revogado).

III – (Revogado).

IV – (Revogado).

V – (Revogado).

VI – (Revogado).

VII – (Revogado).

VIII – (Revogado).

Pena – reclusão, de 3 (três) a 10 (dez) anos, e multa.

10.1.1 Breve histórico da lei

A expressão "lavagem de dinheiro" tem sua origem nos idos de 1920 a 1930 com a máfia norte-americana, que, objetivando dar aparência de licitude a todo dinheiro auferido da prática de diversos crimes, entre eles comércio de bebidas, extorsão e exploração de jogos ilegais, passou a adquirir diversas lavanderias, as chamadas *laundromats*, nelas inserindo todos os recursos ilícitos oriundos do crime para despistar a origem ilícita do dinheiro, dando-lhe aparência de licitude.

Não há consonância entre os países quanto à utilização do termo designado para a atividade consistente na desvinculação ou no afastamento do dinheiro de sua origem ilícita para que possa ser aproveitado.

Alguns países, como França, Bélgica, Portugal e Espanha, adotaram o termo "branqueamento de capitais", que leva em conta o resultado da ação, caracterizado pela transformação do dinheiro sujo em limpo. Os Estados Unidos, por sua vez, preferiram usar a nomenclatura "lavagem de dinheiro", cujo critério é o da natureza da ação praticada, referindo-se ao verbo constante do tipo. O Brasil, motivado por questões culturais e políticas, seguiu o padrão norte-americano e utilizou a expressão "lavagem de dinheiro", sob o argumento de que a denominação "branqueamento" não consta da linguagem coloquial do nosso país e sugere a interferência racista da palavra[1], sugestionando-se que seria lícito apenas o que seria branco e ilícito o que fosse escuro.

No Brasil, a criminalização da lavagem de capitais surgiu com a ratificação pelo País, por meio do Decreto nº 154/1991, da "Convenção contra o Tráfico Ilícito de Entorpecentes e de Substâncias Psicotrópicas", que havia sido aprovada em Viena em 20 de dezembro de 1988. De acordo com o art. 3º da Convenção:

> Cada uma das partes adotará as medidas necessárias para caracterizar como delitos penais em seu direito interno, quando cometidos internacionalmente: (...) b) I) a conversão ou a transferência de bens, com conhecimento de que tais bens são procedentes de algum ou alguns dos delitos estabelecidos no inciso a) deste parágrafo, ou da prática do delito ou delitos em questão, com o objetivo de ocultar ou encobrir a origem ilícita dos bens, ou de ajudar a qualquer pessoa que participe na prática do delito ou delitos em questão, para fugir das consequências jurídicas de seus atos; II) a ocultação ou o encobrimento, da natureza, origem, localização, destino, movimentação ou propriedade verdadeira dos bens, sabendo que procedem de algum ou alguns dos delitos mencionados no inciso a) deste parágrafo ou de participação no delito ou delitos em questão.

Chegou-se à conclusão na aludida Convenção de que o tráfico ilícito de entorpecentes, além de representar uma grave ameaça à saúde da população, provoca efeitos nocivos nas bases econômicas, culturais e políticas da sociedade. O tráfico está intrinsecamente relacionado com outras atividades criminosas organizadas, de modo que a fonte de rendimentos oriunda do tráfico é que permite às organizações criminosas internacionais interferirem na economia legítima. Desse modo, a criminalização da lavagem de capitais nasce como importante meio para se coibirem as atividades criminosas internacionais de tráfico ilícito.

O compromisso de direito internacional assumido pelo Brasil, de tipificar penalmente o ilícito praticado com bens, direitos ou valores oriundos do narcotráfico, veio a ser regulamentado, entretanto, somente dez anos depois, em 1998, com a Lei nº 9.613.

Para além do Tratado Internacional mencionado, o Brasil foi signatário de outros dois documentos internacionais que tinham como objeto reprimir a lavagem do lucro auferido

---

[1] Exposição de motivos da Lei nº 9.613/1998. Disponível em: http://www.fazenda.gov.br/orgaos/coaf/legislacao-e-nor-mas/legislacao/exposicao-de-motivos-lei-9613.pdf/view. Acesso em: 11 out. 2020.

pela sua prática: a Convenção das Nações Unidas contra o Crime Organizado Transnacional, adotada em Nova York, em 15 de novembro de 2000, e promulgada no Brasil por meio do Decreto Legislativo nº 5.015, de 12 de março de 2004, a chamada Convenção de Palermo; e a Convenção das Nações Unidas contra a Corrupção, adotada pela Assembleia Geral das Nações Unidas em 31 de outubro de 2003 e promulgada pelo Decreto nº 5.687, de 31 de janeiro de 2006, a denominada Convenção de Mérida.

10.1.2 Conceito de lavagem de capitais

Segundo Maia (2004, p. 53), lavagem de capitais:

> (...) é o conjunto complexo de operações integrado pelas etapas de conversão, dissimulação e integração de bens, direitos ou valores, que tem por finalidade tornar legítimos ativos oriundos da prática de ilícitos penais, mascarando esta origem, para que os responsáveis possam escapar da ação repressiva da justiça.

Lima (2020, p. 647) ressalta que os meios mais comuns para a prática de lavagem de capitais são os sistemas bancário e financeiro, mas outros setores também são utilizados para a movimentação de valores e riquezas, tais como igrejas, agronegócio, loterias, bingos, construtoras etc.

10.1.3 Objeto da lavagem

O objeto da lavagem de capitais nem sempre será apenas o "dinheiro"; por vezes, o ato de lavar o dinheiro recairá sobre outro objeto, como outros bens, valores e tipos de ativo. Por esse motivo, o entendimento doutrinário dominante é de que mais acertado seria se o termo "dinheiro" fosse substituído por "capitais", a fim de abranger maior número de objetos que dariam ensejo à lavagem.

10.1.4 Gerações da lei que tratam da lavagem de capitais

As primeiras leis que foram elaboradas na esteira da Convenção de Viena restringiam o ilícito penal da "lavagem de dinheiro" a bens, direitos e valores que guardavam conexão com o tráfico ilícito de entorpecentes ou drogas afins. As demais condutas relativas a bens, direitos e valores originários aos demais delitos que não estivessem ligados ao narcotráfico seriam punidos na esfera da "receptação".

Após, surgiram as chamadas leis de "segunda geração", que ampliaram o espectro de ilícitos antecedentes e conexos, a exemplo das leis da Alemanha, da Espanha e de Portugal.

As leis de "terceira geração", por seu turno, são aquelas que optaram por punir a lavagem proveniente de qualquer ilícito antecedente, como é o caso da Bélgica, da França, da Itália, do México, da Suíça e dos Estados Unidos.

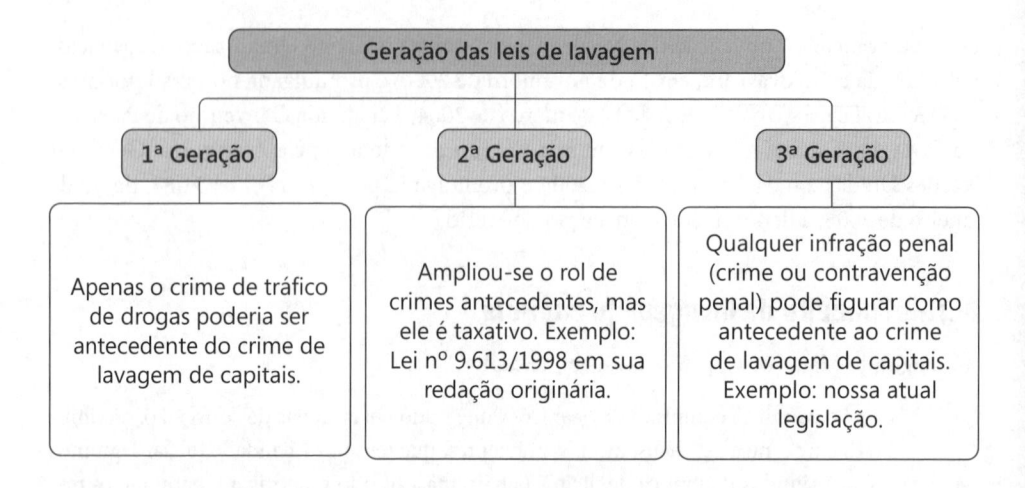

10.1.5 A Lei brasileira de lavagem de capitais

A Lei nº 9.613/1998, em sua redação original, classificava-se como uma lei de segunda geração, pois previa um rol exaustivo de crimes que seriam antecedentes à lavagem de capitais, entre os quais estavam incluídos nos incisos de I a VIII do art. 1º o próprio tráfico ilícito de substâncias entorpecentes ou drogas afins, o terrorismo, o contrabando ou o tráfico de armas, a extorsão mediante sequestro, os praticados contra a Administração Pública, contra o sistema financeiro nacional, os perpetrados por organização criminosa e os cometidos por particular contra a Administração Pública estrangeira.

Com o objetivo de coibir a movimentação financeira de outros delitos não abrangidos pela redação original da lei e tornar assim mais efetiva a repressão da lavagem de capitais, a Lei nº 9.613/1998 foi modificada pela Lei nº 12.683/2012, que revogou o rol legal de crimes antecedentes à lavagem de capitais, passando agora a dispor que caracteriza o crime de lavagem o ato de "ocultar ou dissimular a natureza, origem, localização, disposição, movimentação ou propriedade de bens, direitos ou valores provenientes, direta ou indiretamente, de infração penal".

Como se observa, além de revogar o rol taxativo de crimes antecedentes, o que fez com que a nossa lei passasse a ser classificada como de "terceira geração", houve uma alteração da redação do *caput* do art. 1º da Lei nº 9.613/1998, que substituiu o termo "crime" por "infração penal", o que permite aferir que qualquer valor proveniente de crime ou de contravenção penal pode ser objeto do delito, independentemente de sua natureza, a saber, contravenção penal de jogo do bicho, crimes eleitorais, militares etc.

Sobre esse ponto, importante ressaltar que, embora o tipo penal não traga nenhuma objeção ou condição para que a infração penal figure como antecedente à lavagem de capitais, é necessário que essa infração seja capaz de gerar bens, direitos ou valores que sejam passíveis de ocultação ou dissimulação. A título de exemplo, a contravenção penal de vias de fato não tem o condão de produzir qualquer vantagem econômica e, por via de consequência, ativos ilícitos, logo não poderá figurar como delito antecedente à lavagem.

A doutrina adverte, ainda, que, em razão de o próprio texto legal dispor que os bens, direitos ou valores devem ser provenientes de infração penal, estará excluído, portanto, o produto obtido direta ou indiretamente de infração civil ou administrativa e, por conseguinte, de atos de improbidade administrativa.[2]

 Decifrando a prova

(Promotor de Justiça – MPE/SC – 2013 – Adaptada) Ocultar ou dissimular a natureza, origem, localização, disposição, movimentação ou propriedade de bens, direitos ou valores provenientes, direta ou indiretamente, de contravenção penal não caracteriza crime de lavagem, na forma descrita na Lei nº 9.613/1998.

( ) Certo ( ) Errado

Gabarito comentado: conforme se depreende do art. 1º, *caput*, da Lei nº 9.613/1998, com redação dada pela Lei nº 12.683/2012, qualquer infração penal capaz de gerar bens, direitos ou valores passíveis de ocultação ou dissimulação pode configurar como antecedente da lavagem de capitais, passando a nossa lei a ser de 3ª geração. Assim, uma contravenção penal, desde que resulte proveito econômico, pode dar ensejo ao crime de lavagem. Portanto, a assertiva está errada.

(Promotor de Justiça – MPE/SP – 2019 – Adaptada) Dentre as principais alterações produzidas pela Lei nº 12.683/2012 à Lei nº 9.613/1998, que dispõe sobre os crimes de "lavagem" ou ocultação de bens, direitos e valores, temos a mudança da redação do *caput* do artigo 1º, a revogação do rol taxativo constante em seus incisos e a majoração da pena, que comportava, até então, a substituição por restritivas de direitos.

( ) Certo ( ) Errado

Gabarito comentado: de fato, a Lei nº 12.683/2012 revogou o rol taxativo da Lei nº 9.613/1998. Entretanto, não houve alteração da pena, tampouco a sua majoração como consta do enunciado. Desse modo, preenchidos os requisitos legais, a substituição de pena por restritiva de direitos, que já era possível, não foi inviabilizada. Portanto, a assertiva está errada.

(Promotor de Justiça – MPE/BA – Cefet/BA – 2018 – Adaptada) Toda e qualquer infração penal poderá caracterizar-se como antecedente da lavagem de capitais, a exemplo dos chamados crimes de responsabilidade (infrações político-administrativas) e, ainda, bens, direitos ou valores oriundos de improbidade administrativa.

( ) Certo ( ) Errado

Gabarito comentado: o objeto material do crime de lavagem são bens, direitos ou valores provenientes, direta ou indiretamente, de infração penal. Em que pese toda e qualquer infração penal poder ser considerada como antecedente do crime de lavagem de capitais, os exemplos citados pela assertiva não possuem natureza de infração penal. Os crimes de responsabilidade são infrações político-administrativas e os atos de improbidade administrativa têm natureza civil e administrativa, logo não podem configurar como infração penal antecedente. Portanto, a assertiva está errada.

---

[2]   Nesse sentido: Lima (2020, p. 676).

10.1.6 Irretroatividade da Lei n° 12.683/2012

A Lei n° 12.683, publicada no dia 10 de julho de 2012, e em vigor desde a mesma data, é prejudicial com relação à redação original da Lei n° 9.613/1998, caracterizando-se, pois, uma *novatio legis in pejus*. Isso porque revogou o rol taxativo de crimes antecedentes que poderiam ser objeto da lavagem de capitais, passando a prever que qualquer infração penal, desde que, como vimos no tópico anterior, seja capaz de produzir ativos econômicos a serem ocultados ou dissimulados, pode configurar a conduta típica.

Mais do que a aplicação do princípio da irretroatividade *in pejus*, segundo o qual a lei nova que, de qualquer modo, prejudique o agente não pode retroagir para alcançar os fatos pretéritos, estamos diante do insofismável princípio da legalidade, do qual decorre o princípio da taxatividade.

Argumentando o exposto, Portocarrero e Ferreira (2020. p. 556) elucidam que não se poderia falar em lavagem de capitais se o crime antecedente fosse o delito de estelionato que não fosse praticado por uma organização criminosa. Com a exclusão do rol taxativo de delitos antecedentes, atualmente, o delito de estelionato pode configurar como infração antecedente da lavagem de capitais, o que implica dizer que, por ser uma lei prejudicial ao réu, se o agente praticou o mascaramento de bens, direitos ou valores proveniente do delito de estelionato, antes da vigência da Lei n° 12.683/2012, ele não poderá ser responsabilizado pelo crime de lavagem de capitais, ante a atipicidade de sua conduta.

Nota-se que o que deve ser levado em consideração após o advento da Lei n° 12.683/2012 é a data da prática da lavagem de capitais, e não a do cometimento do delito antecedente. Assim, se ocultação ou dissimulação de valores de uma infração que não estava prevista no rol originário da lei ocorreu após o dia 10 de julho de 2012, caracterizado está o crime de lavagem de capitais, que é um crime autônomo.

Ao analisar o assunto, o STF já entendeu pela atipicidade do delito de lavagem de capitais praticado antes do advento da Lei n° 12.683/2012, cujo delito antecedente não constava do rol originário da Lei n° 9.613/1998. Confira-se:

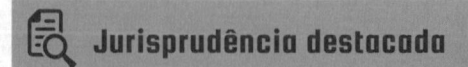 **Jurisprudência destacada**

Recurso ordinário em *habeas corpus*. Crime de lavagem de dinheiro ou de valores (Lei n° 9.613/1998). Referência, na peça acusatória, como infrações antecedentes, a crimes contra a Administração Pública (Lei n° 9.613/1998, art. 1°, V) e ao delito de organização criminosa (Lei n° 9.613/1998, art. 1°, VII). Eventos ocorridos entre 1997 e 2004. Fatos imputados aos réus supostamente cometidos em momento anterior à vigência da Lei n° 12.683/2012 e da Lei n° 12.850/2013. Consequente atipicidade penal do crime de lavagem de dinheiro no ponto em que a denúncia indica como infração antecedente o delito de organização criminosa, que somente veio a ser tipificado pela Lei n° 12.850/2013. Subsistência parcial da acusação penal, no caso, apenas quanto ao delito de lavagem de dinheiro, cujo ilícito antecedente, tal como descrito na denúncia, corresponde ao crime contra a Administração Pública (Lei n° 9.613/1998, art. 1°, inciso V). Recurso ordinário parcialmente provido. Interposição de recurso de agravo pretendida. Extinção do processo penal instaurado contra os réus. Alegação de inépcia da denúncia. Suposta inobservância, pelo Ministério Público, do art. 41 do CPP. Inocorrência.

> Precedentes. Parecer da douta Procuradoria-Geral da República pelo não provimento dessa espécie recursal. Recurso de agravo improvido (RHC nº 130.738 AgR, Rel. Min. Celso de Mello, 2ª Turma, j. 11.09.2017, *DJe* 10.10.2017) (STF, 2ª Turma, AgR RHC nº 130.738/DF 9020369-45.2015.1.00.0000, Rel. Min. Celso de Mello, j. 11.09.2017, *DJe* 10.10.2017).

10.1.7 Crime parasitário

A lavagem de capitais visa mascarar, afastar esses bens, valores, obtidos a partir de uma atividade criminosa, da atividade ilícita, para que eles possam ser reinseridos na atividade econômica, dessa vez, já com aparência de "limpo" e, assim, ser aproveitado. Tem como pressuposto a existência de pelo menos uma infração penal que gere lucro, como o tráfico de drogas. Por isso, a doutrina costuma denominá-lo de crime parasitário.

É chamado de crime parasitário porque tem um delito antecedente, assim como ocorre nos crimes de receptação (art. 180 do CP), favorecimento pessoal (art. 348 do CP) e favorecimento real (art. 349 do CP), em que há a vinculação com um delito antecedente.

A lavagem de capitais, entretanto, não é exaurimento do crime antecedente, sendo, em verdade, crime autônomo, possibilitando que o autor ou o partícipe do ilícito penal antecedente também pratique o crime de lavagem e responda por ambos os delitos em concurso material. Nesse ponto, distingue-se a lavagem dos crimes de receptação, favorecimento pessoal e do favorecimento real, uma vez que o receptador não pode ser coautor ou partícipe no crime antecedente, assim como o agente que pratica o crime de favorecimento pessoal ou real.

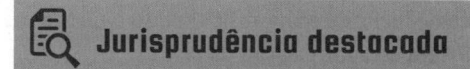 **Jurisprudência destacada**

> (...) 7. Por definição legal, a lavagem de dinheiro constitui crime acessório e derivado, mas autônomo em relação ao crime antecedente, não constituindo *post factum* impunível, nem dependendo da comprovação da participação do agente no crime antecedente para restar caracterizado (STJ, 6ª Turma, REsp nº 1.342.710/PR 2012/0185814-9, Rel. Min. Maria Thereza de Assis Moura, j. 22.04.2014, *DJe* 02.05.2014).

Caso fosse exaurimento do crime antecedente, a lavagem de capitais seria um *post factum* não punível, e não um crime autônomo.

10.1.8 Lavagem de dinheiro e crimes tributários

O crime de lavagem de capitais, para sua configuração, exige que os valores ocultados ou dissimulados sejam oriundos de uma infração penal antecedente, cuja existência deve ser provada por elementos mínimos que indiquem a sua ocorrência.

Como cediço, a Lei nº 12.693/2012 extinguiu o rol taxativo de infrações penais que poderiam configurar como infrações penais antecedentes ao crime de lavagem, de modo que, a partir da vigência da lei, o produto ou proveito de qualquer crime ou contravenção penal está apto a figurar como objeto material do delito de lavagem.

Interessante questão que surge sobre o assunto é quando a infração penal que antecede a lavagem refere-se ao crime de sonegação fiscal, crime contra a ordem tributária material, previsto no art. 1º, I ao IV, da Lei nº 8.137/1990.

De acordo com a Súmula Vinculante nº 24 do STF, a tipicidade desse delito somente se configura após o esgotamento das vias administrativas, com a constituição definitiva do crédito tributário. Nos termos da referida súmula: "Não se tipifica crime material contra a ordem tributária, previsto no artigo 1º, incisos I a IV, da Lei nº 8.137/90, antes do lançamento definitivo do tributo". Nesse sentido também é o entendimento do STJ, conforme a tese nº 5 (edição 90) de sua jurisprudência: "A constituição regular e definitiva do crédito tributário é suficiente à tipificação das condutas previstas no art. 1º, I a IV, da Lei nº 8.137/90, conforme a Súmula Vinculante nº 24 do STF".

Desse modo, sendo o crime de lavagem um crime acessório, cuja existência depende de uma infração penal anterior, podemos concluir que somente poder-se-á falar em ocultação ou dissimulação de bens, direitos ou valores oriundos do crime de sonegação fiscal, quando já houver o completo exaurimento do procedimento administrativo que decida pela existência fiscal do crédito tributário, sem o qual não poderemos nos referir à infração penal anterior e, consequentemente, ao próprio delito de lavagem.

10.1.9 Etapas da lavagem de capitais

Por meio da lavagem de capitais o agente visa tornar legítimos ativos oriundos da prática de ilícitos penais, dificultando o rastreamento desses recursos para que os responsáveis possam escapar da ação da justiça.

De acordo com a doutrina, três são as etapas que compõem a operação de lavagem:

♦ **Colocação (*placement*).** A primeira etapa é chamada de conversão, colocação, introdução, ocultação ou *placement*. Consiste no afastamento, na separação física do dinheiro dos autores dos crimes antecedentes sem a ocultação da identidade dos seus titulares. Há, portanto, a captação e a separação física do dinheiro. Ocorre, por exemplo, com a compra de bens imóveis e investimentos no mercado imobiliário com o dinheiro oriundo do tráfico de drogas, ou quando o agente utiliza a arrecadação da semana auferida do crime de tráfico para comprar um veículo, uma moto, ouro, ou adquirir algum bem. Nessa etapa, várias técnicas são empregadas, como a denominada estruturação ou *structuring*, ou, ainda, *smurfing*, na qual fraciona-se uma quantidade de dinheiro em pequenos valores com o intuito de escapar da fiscalização administrativa de autoridades de controle e prevenção à lavagem, como o Conselho de Controle de Atividades Financeiras (Coaf), a transferência de valores para o exterior, para paraísos fiscais, uso de valores ilícitos em estabelecimentos que trabalham com dinheiro em espécie.

♦ **Dissimulação (*layering*).** A segunda fase é a dissimulação, mascaramento, *layering*. Trata-se da lavagem propriamente dita, em que o agente multiplica as operações anteriores, tendo como objetivo a não identificação da origem ilícita. Ocorre, por exemplo, com a transferência dos valores ilícitos para diversas contas bancárias, utilizando-se de "laranjas" ou empresas "de fachada".

♦ **Integração (*integration*).** Essa etapa é conhecida como integração, *integration* ou *recycling*. Nela, o agente figura no mercado formal como investidor, empresário, empregando dinheiro em negócios lícitos ou na compra de bens. Os valores oriundos do crime são investidos em atividades aparentemente lícitas, é a retroalimentação da criminalidade.

Registre-se que a incidência de apenas uma dessas etapas já é suficiente para a caracterização do delito, na forma prevista no art. 1°, *caput*, da Lei n° 9.613/1998, o que implica dizer que, mesmo que o ciclo trifásico não seja exaurido, o crime já estará consumado. Nesse sentido, a jurisprudência do STF:

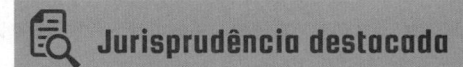

Jurisprudência destacada

Lavagem de dinheiro: Lei n° 9.613/1998: caracterização. O depósito de cheques de terceiro recebidos pelo agente, como produto de concussão, em contas-correntes de pessoas jurídicas, às quais contava ele ter acesso, basta a caracterizar a figura de "lavagem de capitais" mediante ocultação da origem, da localização e da propriedade dos valores respectivos (Lei n° 9.613, art. 1°, *caput*): o tipo não reclama nem êxito definitivo da ocultação, visado pelo agente, nem o vulto e a complexidade dos exemplos de requintada "engenharia financeira" transnacional, com os quais se ocupa a literatura (STF, 1ª Turma, RHC n° 80.816/SP, Rel. Sepúlveda Pertence, j. 18.06.2001, *DJ* 18.06.2001).

Em um caso concreto analisado pelo Tribunal Regional Federal da 4ª Região, a técnica da estruturação *(smurfing)* foi utilizada como fundamento para indicar a presença de indícios de autoria e materialidade do crime de lavagem e então subsidiar a decretação de uma prisão cautelar. Confira-se:

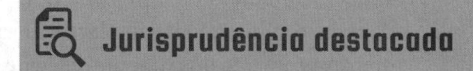

Jurisprudência destacada

(...) No referido Laudo de Perícia (Contábil-Financeiro) n° 563/2018 – SETEC/ SR/PR/PR (evento 1, Anexo 10), consta nas págs. 25/32 análise da movimentação bancária (em especial de depósitos fracionados – *smurfing*) de Pedro Araújo Mendes Lima. O referido laudo destaca que, no período de 2013 a 2016, as contas bancárias de Hamilton tiveram uma movimentação de R$ 12.871.114,58, ao passo que a movimentação esperada (recursos declarados) era de R$ 5.164.957,20. Convém destacar, ainda, que a tabela 13 (pág. 26) do referido laudo 563/2018 aponta sequências de diversos depósitos na conta de Pedro, no ano de 2017, efetuados em 16.01.2017 e 17.01.2017 e com valores muito próximos, um pouco inferiores a R$ 10.000,00. A situação é bastante suspeita, por apresentar características da já referida técnica de lavagem de dinheiro conhecida como *smurfing*. (...) Portanto, é possível concluir, como fez o julgador monocrático, pela existência de *fumus commissi delicti* e indícios suficientes de autoria delitiva, suficientes a amparar o decreto de prisão cautelar (TRF-4, 8ª Turma, HC n° 50222419820184040000, Rel. Victor Luiz dos Santos Laus, j. 10.07.2018).

Decifrando a prova

(Promotor de Justiça – MPE/GO – 2014 – Adaptada) A "colocação" ("placement") consiste na introdução do dinheiro ilícito no sistema financeiro, a fim de dificultar a identificação da procedência dos valores de modo a evitar qualquer ligação entre o agente e o resultado obtido com a prática do crime antecedente. Uma das técnicas utilizadas nessa etapa da lavagem de capitais é o "smurfing", por furtar-se ao controle administrativo imposto às instituições financeiras.

( ) Certo ( ) Errado

Gabarito comentado: a primeira etapa da lavagem de capitais, também chamada de colocação ou *placement*, trata-se da colocação do dinheiro ilícito no mercado, visando separar o dinheiro dos autores dos crimes antecedentes. Uma das técnicas utilizadas nessa fase é o *smurfing*, que consiste no fracionamento de grandes valores em pequenas quantias, a fim de escapar do controle administrativo. Portanto, a assertiva está certa.

10.1.10 Bem jurídico tutelado

O assunto é polêmico e existem quatro correntes doutrinárias disciplinando o assunto.

I. A primeira corrente afirma que o bem jurídico tutelado é o mesmo do delito antecedente, que novamente é atingido quando a lavagem e capitais é praticada. Assim, a lavagem de capitais oriundos do tráfico tutelaria a saúde pública, enquanto a lavagem de bens, direitos e valores obtidos de um delito patrimonial, como o furto, tutelaria o patrimônio. A primeira corrente foi adotada pelas legislações de primeiro grau, na qual figurava-se como crime antecedente somente o crime de tráfico de drogas. Assim, toda lavagem teria como bem jurídico a saúde pública. De acordo com Lima (2020, p. 652), essa corrente é minoritária, e a crítica que se faz a ela é que punir um crime, cujo bem jurídico é o mesmo do crime anterior já reprimido, acarretaria o vedado *bis in idem*. Além disso, a punição da autolavagem estaria inviabilizada, pois ou a lavagem serviria como exaurimento do crime antecedente ou este seria absorvido pelo crime de lavagem.

II. A segunda corrente limita a administração da justiça como o bem jurídico atingido pela lavagem de capitais. Para essa corrente, a lavagem torna difícil a recuperação dos produtos oriundos do crime, dificultando a persecução penal. Alguns doutrinadores perfilham o entendimento dessa corrente.

III. A terceira corrente, posição que prevalece na doutrina, entende que a lavagem de capitais atinge a ordem econômico-financeira, isso porque a vantagem financeira ilícita, quando inserida na economia formal, embora travestida de licitude, viola a livre-iniciativa, a livre concorrência, desestabilizando, desse modo, o mercado econômico.

IV. A quarta corrente sustenta que o crime de lavagem é pluriofensivo, pois atingiria tanto a administração da justiça como a ordem econômico-financeira e o bem jurídico protegido pelo crime antecedente. Para Mendroni (2018, p. 97), o bem jurídico protegido seria tanto a administração da justiça como a ordem socioeconômica.

10.1.11 Sujeitos

Sujeito ativo. O crime de lavagem de capitais pode ser praticado por qualquer pessoa, inclusive por quem concorreu para a prática do delito antecedente, classificando-se como crime comum. O tipo penal não exige nenhuma qualidade especial do sujeito ativo.

Questão interessante surge sobre a possibilidade de a pessoa jurídica ser responsabilizada penalmente ou não pelo delito de lavagem de capitais, e a resposta à indagação é negativa.

Atualmente, no ordenamento jurídico brasileiro, a responsabilização da pessoa jurídica em sede penal somente é admitida na Lei de Crimes Ambientais (Lei nº 9.605/1998). Há, todavia, quem entenda que o art. 173, § 5º, da CF/1988 autorize a responsabilização da pessoa jurídica em crime contra a ordem econômica, e a lavagem de capitais tutela esse bem jurídico. No entanto, a Lei nº 9.613/1998 não definiu sanções para a pessoa jurídica, mas somente para a pessoa física. É de se concluir, portanto, que, embora a pessoa jurídica não possa ser atingida na esfera penal, nada impede que responda administrativamente, conforme for o caso.

Sujeito passivo. De acordo com os bens jurídicos apontados, o sujeito passivo é o Estado, a coletividade e, secundariamente, o particular prejudicado.

10.1.12 Autolavagem

Embora a lavagem de capitais não se confunda com o delito antecedente, sendo autônomo com relação a este, é possível que seja praticado por pessoa distinta ou pelo mesmo sujeito ativo da infração que lhe antecedeu. Nessa hipótese, o agente responderá criminalmente por ambos os delitos em concurso material, trata-se da autolavagem (*self-laundering*).

De acordo com o art. 6º, item 2, "e", da Convenção de Palermo, "se assim o exigirem os princípios fundamentais do direito interno de um Estado-Parte, poderá estabelecer-se que as infrações enunciadas no parágrafo 1 do presente Artigo não sejam aplicáveis às pessoas que tenham cometido a infração principal". O dispositivo em tela abre uma brecha para que cada Estado-Parte preveja expressamente em suas legislações que o mesmo agente não seja punido pelo crime de lavagem, a chamada "reserva de autolavagem".

Em alguns países, como Alemanha, Áustria, Suécia e Itália, a autolavagem não é admitida, havendo previsão expressa de que a lavagem deve ser praticada por pessoa distinta da do autor do crime anterior (CARDOSO, 2020, p. 1305).

Na legislação brasileira, não há nenhuma previsão vedando que o autor da infração penal antecedente também seja responsabilizado pela lavagem de capitais, sendo admitida, portanto, a autolavagem. A uma, porque na nossa legislação não há a "reserva de autolavagem"; a duas, porque o bem jurídico tutelado pela lavagem de capitais é diverso do delito antecedente, não havendo que falar na aplicação do princípio da consunção, tampouco em *bis in idem*, na punição por ambos os fatos.

No âmbito do STF e do STJ há precedentes nesse sentido:

Jurisprudência destacada

(...) IV – Não sendo considerada a lavagem de capitais mero exaurimento do crime de corrupção passiva, é possível que dois dos acusados respondam por ambos os crimes, inclusive em ações penais diversas, servindo, no presente caso, os indícios da corrupção advindos da AP nº 477 como delito antecedente da lavagem. (...) (STF, Tribunal Pleno, Inq nº 2.471/SP, Rel. Min. Ricardo Lewandowski, j. 29.09.2011, *DJe* 1.º.03.2012).

(...) Os ministros relator e revisor reafirmaram jurisprudência deste STF no sentido de que a percepção de valor indevido, por parte do próprio sujeito ativo do delito de corrupção passiva ou por interposta pessoa, pode configurar o delito de lavagem de capitais. Esse enquadramento pressupõe a prática de atos autônomos de ocultação do produto do crime antecedente, já consumado (Inq nº 2.471/SP; AP nº 470/MG; e AP nº 694/MT). Impende destacar que o crime de lavagem de dinheiro é autônomo em relação à infração penal antecedente, sendo perfeitamente possível que o autor do ilícito anterior seja o mesmo do crime de lavagem de capitais, tendo em vista que não há, na legislação brasileira, qualquer vedação à chamada "autolavagem" (HC nº 92.279/RN) (STF, 2ª Turma, AP nº 996/DF, Rel. Min. Edson Fachin, j. 29.05.2018).

(...) VI – Não há que falar em consunção entre o crime de evasão de divisas e do de lavagem de capitais, mas em condutas autônomas, caracterizadoras de lavagem de dinheiro. VII – A lavagem de dinheiro pressupõe a ocorrência de delito anterior, sendo próprio do delito que esteja consubstanciado em atos que garantam ou levem ao proveito do resultado do crime anterior, mas recebam punição autônoma. Conforme a opção do legislador brasileiro, pode o autor do crime antecedente responder por lavagem de dinheiro, dada à diversidade dos bens jurídicos atingidos e à autonomia deste delito. VIII – Induvidosa, na presente hipótese, a existência do crime de evasão de divisas como crime antecedente. (...) (STJ, 5ª Turma, REsp nº 1.234.097/PR 2011/0006045-5, Rel. Min. Gilson Dipp, j. 03.11.2011, *DJe* 17.11.2011).

Decifrando a prova

(Defensor Público da União – DPU – Cespe/Cebraspe – 2017 – Adaptada) Em assalto a uma agência bancária, Lúcio conseguiu alta monta financeira. Com parte do dinheiro, ele comprou imóvel em nome próprio, tendo declarado na escritura de compra e venda valor inferior ao que foi efetivamente pago pelo imóvel. Em seguida, Lúcio vendeu o bem pelo valor de mercado, o que tornou lícito o proveito econômico do crime praticado. Acerca dessa situação hipotética, julgue o item seguinte à luz da legislação e da doutrina pertinentes à lavagem de dinheiro e à extinção de punibilidade.

De acordo com o STF, Lúcio somente poderá ser processado e julgado pelo crime de roubo, pois o direito penal brasileiro não admite o crime de autolavagem – quando o autor do crime antecedente pratica também a lavagem de capitais –, por entender que esse seria um caso de mero exaurimento do fato antecedente.

( ) Certo ( ) Errado

Gabarito comentado: a autolavagem é admitida pelo STF e pela doutrina. Desse modo, caso a autoria do crime antecedente e do delito de lavagem de capitais recaia sobre a mesma pessoa, a ela deverá ser imputada a prática de ambos os crimes, pelo quais responderá na forma do concurso material. Portanto, a assertiva está errada.

10.1.13 Lavagem em cadeia

A lavagem em cadeia, também denominada lavagem da lavagem, ocorre quando a infração penal que antecede o delito de lavagem, e é *conditio sine qua non* para a própria existência deste, é o próprio crime de lavagem de capitais. Teríamos, portanto, uma lavagem de capitais proveniente de outra lavagem anterior, e esta também seria precedida de outra infração penal que lhe antecedeu.

A doutrina diverge sobre a sua admissibilidade. Em que pese o entendimento majoritário ser favorável, em razão de qualquer infração penal poder configurar como delito subjacente à lavagem, há vozes em sentido contrário sustentando que o que haveria no caso é uma sucessão das operações que visam distanciar a origem ilícita dos valores e, assim, uma continuação da lavagem.[3]

10.1.14 Tipo objetivo

De acordo com o art. 1º, *caput*, da Lei nº 9.613/1998, pratica o crime de lavagem de dinheiro quem oculta ou dissimula a natureza, origem, localização, disposição, movimentação ou propriedade de bens, direitos ou valores provenientes, direta ou indiretamente, de infração penal antecedente.

Conduta típica. Os núcleos do art. 1º, *caput*, da Lei nº 9.613/1998 são ocultar (esconder, encobrir) e dissimular (disfarçar, mascarar). Na ocultação (colocação), o agente apenas afasta o dinheiro ilícito do autor do delito antecedente. Já na dissimulação há o fracionamento de operações, a fim de que o rastro dos bens, direitos ou valores seja despistado. Cardoso explica que na dissimulação o agente emprega alguma habilidade específica, a fim de tornar ainda mais difícil a identificação ou a localização do bem que se pretende lavar (CARDOSO, 2020, p. 1333).

No próprio *caput* vislumbramos o que pode ser ocultado ou dissimulado pelo agente. A natureza refere-se ao próprio bem, se ele é produto de ilícito; a *origem* diz respeito à origem criminosa; a *localização* é o local; *disposição* trata de operações, alienações de compra e venda; *movimentação* é a circulação desses valores por meio de depósitos e transferências; e, por fim, a *propriedade*, que são os chamados "laranjas", "testas de ferro", isto é, pessoas que se passam por titulares daqueles bens que pertencem a criminosos.

O STF, ao analisar a conduta praticada por assessor de parlamentar que, a mando deste, camuflou notas de dinheiro na roupa (nos bolsos do paletó, na cintura e dentro das meias), as quais foram recebidas com o objetivo de que parlamentar apoiasse o presidente de uma empresa pública estatal na sua permanência na direção da estatal, entendeu que houve a prática do crime de corrupção passiva pelo parlamentar, mas não o delito de lavagem de dinheiro. Para a 1ª Turma, o ato de receber valores ilícitos integra o tipo previsto no art. 317

---

[3] Favorável à possibilidade da lavagem em cadeia: Lima (2020, p. 676). Em sentido contrário: Portocarrero e Ferreira (2020, p. 565-566).

do CP, de modo que a conduta de esconder as notas pelo corpo, sob as vestes, nos bolsos do paletó, junto à cintura e dentro das meias, não se reveste da indispensável autonomia em relação ao crime antecedente, não se ajustando ao crime de lavagem de capitais. Do mesmo modo, compreendeu-se, na oportunidade, pela não configuração do delito de lavagem na modalidade de dissimulação da origem de valores, ante a ausência de conduta voltada ao ciclo de branqueamento[4].

Crime de ação múltipla. Estamos diante de um crime de ação múltipla (ou tipo misto alternativo), no qual há dois verbos que expressam a conduta criminosa. É certo que, se, no mesmo contexto fático, forem praticados os dois verbos elencados, por força do princípio da alternatividade, teremos crime único. A quantidade de verbos flexionados interferirá na fixação da pena a ser realizada pelo juiz – art. 59 do CP.

O crime de lavagem de capitais traz em seu bojo a elementar "infração penal", o qual pode ser qualquer crime ou contravenção prevista em outra lei penal extravagante ou na Lei de Contravenções Penais. Trata-se de **norma penal em branco homogênea**[5] **homovitelina**[6], pois a norma complementadora provém da mesma fonte – Poder Legislativo – e está inserida em outra norma de igual hierarquia.

Elemento subjetivo. É o dolo de praticar a conduta prevista no tipo penal – crime doloso (sendo admitido o dolo direto e eventual). O tipo exige a finalidade específica (dolo específico) por parte do agente, consubstanciada no intento de ocultar ou dissimular a origem e a natureza do produto obtido pela infração penal antecedente, visando conferir-lhe uma aparência de licitude. Não se admite a punição na forma culposa.

10.1.14.1 O crime de lavagem de dinheiro e o exaurimento da infração antecedente

Indagação que surge a respeito do crime de lavagem é como diferenciar o início desse crime do exaurimento da infração antecedente.

A esse respeito, Lima (2020, p. 663) leciona que as condutas de ocultação e dissimulação previstas no *caput* do art. 1º exigem o mascaramento dos bens, direitos ou valores obtidos com a infração antecedente. Nesse sentido, nos termos do que já decidiu o Tribunal da Cidadania, "não há que se falar em lavagem de dinheiro se, com o produto do crime, o agente se limita a depositar o dinheiro em conta de sua própria titularidade, paga contas ou consome os valores em viagens ou restaurantes"[7].

Para que fique caracterizado o crime de lavagem de capitais, deve-se ficar demonstrado

---

4   STF, 1ª Turma, Inq nº 3.515/SP, Rel. Min. Marco Aurélio, j. 08.10.2019 – *Informativo* 955). Jurisprudência retirada do *Buscador Dizer o Direito* (CAVALCANTE, 2019).

5   Ou "em sentido amplo/lato" ou "imprópria".

6   Ou "homóloga".

7   STJ, Corte Especial, APn nº 458/SP 2001/0060030-7, Rel. Min. Fernando Gonçalves, j. 16.09.2009, *DJe* 18.12.2009.

que o agente agiu com o intuito de ocultar ou dissimular o produto auferido pelo crime, para conferir-lhe uma aparência de licitude e introduzi-lo no mercado formal. O simples usufruto desse proveito ilícito obtido pela infração antecedente, como se dá com a aquisição de bens em nome próprio, não tipifica o delito.

O argumento exposto foi o mesmo utilizado pelo STF no julgamento dos décimos sextos embargos infringentes na AP nº 470[8], no qual concluiu-se que a possibilidade de incriminação da autolavagem "pressupõe a prática de atos de ocultação autônomos do produto do crime antecedente (já consumado)". No caso analisado, um parlamentar federal foi denunciado pelo crime de corrupção passiva e a vantagem indevida teria sido recebida por intermédio de terceira pessoa. Embora o Ministério Público Federal na ocasião tenha entendido que teriam sido praticados os delitos de corrupção passiva e lavagem de bens em concurso material, sob o argumento de que o envio de terceira pessoa à percepção da vantagem configurava expediente voltado à ocultação da origem criminosa dos proveitos auferidos com o crime antecedente, tal imputação não prevaleceu, tendo sido fixado o entendimento de que a percepção de vantagem por interposta pessoa, naquele caso concreto, integraria a própria descrição típica do crime de corrupção passiva.

Em outro julgado, entretanto, o STF entendeu que, se no pagamento da vantagem indevida na corrupção são adotados, ainda que concomitantemente, mecanismos de ocultação e dissimulação aptos a conferir aos valores envolvidos a aparência de lícitos ou a colocá-los em contas secretas no exterior, configura-se não só crime de corrupção, mas também o de lavagem[9].

Depreende-se, portanto, que, para que seja possível a incriminação do crime de lavagem de capitais e outro em concurso, a vontade livre e consciente de realizar o branqueamento de capitais com o intuito de limpar o dinheiro sujo e reintroduzi-lo no mercado formal, dando-lhe uma aparência de licitude, deve ficar bem evidenciada. De outro lado, se a ocultação de um capital sujo for praticada somente com o intuito de usufruí-lo melhor em momento oportuno, ter-se-á o exaurimento da infração antecedente (LIMA, 2020, p. 665).

10.1.14.2 Figuras equiparadas

Ao lado do tipo principal da lavagem de capitais, com previsão legal no *caput* do art. 1º, encontramos nos §§ 1º e 2º figuras acessórias, as quais o legislador equiparou ao *caput*, impondo a mesma pena.

§ 1º Incorre na mesma pena quem, para ocultar ou dissimular a utilização de bens, direitos ou valores provenientes de infração penal:

---

8   Tribunal Pleno, AP nº 470 EI-sextos, Rel. Min. Luiz Fux, Red. p/ Acórdão Min. Roberto Barroso, *DJe* 21.08.2014; Tribunal Pleno, AP nº 470 EI-décimos sextos, Rel. Min. Luiz Fux, Rel. p/ Acórdão Min. Roberto Barroso, *DJe* 21.08.2014.

9   STF, 2ª Turma, HC nº 165.036/PR, Rel. Min. Edson Fachin, j. 09.04.2019. Disponível em: https://www.conjur.com.br/ dl/voto-fachin-consuncao-entre-corrupcao.pdf. Acesso em: 17 out. 2020.

I – os converte em ativos lícitos;

II – os adquire, recebe, troca, negocia, dá ou recebe em garantia, guarda, tem em depósito, movimenta ou transfere;

III – importa ou exporta bens com valores não correspondentes aos verdadeiros.

O § 1º do art. 1º da Lei nº 9.613/1998 prevê condutas que são tipos meios da lavagem de capitais, em que há a transformação de bens, direitos ou valores de origem ilícita em algo lícito e, como se pode observar, constituem as próprias fases da lavagem.

Inciso I – Este inciso trata da conversão (primeira etapa da lavagem), momento em que a lavagem de capitais ocorre efetivamente. Converter significa transformar uma coisa em outra, há a separação física dos autores dos crimes antecedentes e do produto do crime, a fim de dar-lhe uma nova aparência que não evidencie a sua origem ilícita.

Inciso II – Neste inciso estão previstas as condutas do agente que adquire, recebe, guarda ou tem em depósito bens, direitos ou valores oriundos da infração penal antecedente, com o escopo de ocultar ou dissimular a sua utilização, mesmo que ele não venha a atingir tal resultado.

Inciso III – Este inciso trata das importações de bens com valores superfaturados ou exportação com valores subfaturados.

O **elemento subjetivo** que anima o agente nas três condutas previstas nos três incisos é o dolo – crime doloso (sendo admitido o dolo direto e eventual). Assim como no *caput*, há a exigência de "finalidade específica" (dolo específico) por parte do agente, consubstanciada no intento de ocultar ou dissimular a origem e a natureza do produto obtido pela infração penal antecedente, visando conferir-lhe uma aparência de licitude. Não se admite a punição na forma culposa.

§ 2º Incorre, ainda, na mesma pena quem:

I – utiliza, na atividade econômica ou financeira, bens, direitos ou valores provenientes de infração penal;

II – participa de grupo, associação ou escritório tendo conhecimento de que sua atividade principal ou secundária é dirigida à prática de crimes previstos nesta Lei.

Inciso I – o inciso I visa punir quem utiliza na atividade econômica ou financeira bens, direitos ou valores provenientes de infração penal.

A redação deste inciso sofreu alteração pela Lei nº 12.683/2012. O texto anterior dispunha que: "§ 2º Incorre, ainda, na mesma pena quem: I – utiliza, na atividade econômica ou financeira, bens, direitos ou valores que sabe serem provenientes de qualquer dos crimes antecedentes referidos neste artigo". A doutrina tradicional afirmava que, para que houvesse a prática dos delitos em comento, seria necessário o dolo direto, pois o agente teria que saber quais os valores utilizados provenientes dos crimes antecedentes.

No entanto, com a nova redação, não há mais exigência de dolo direto, em razão da supressão da expressão "que sabe". De modo que o crime previsto no inciso I pode ser punido tanto a título de dolo direto quanto eventual.

Nessa senda, pela alteração legislativa tratar-se de *novatio legis in pejus*, caso o agente pratique a conduta antes da vigência da Lei nº 12.683/2012, animado por dolo eventual, não deverá responder pela prática do delito de lavagem de capitais.

Elemento subjetivo. Como visto anteriormente, nessa hipótese são cabíveis o dolo direto e o eventual. Não se admite a punição na forma culposa.

Inciso II – o inciso II prevê uma modalidade especial de associação criminosa, porque há necessidade de concurso e dolo direto. Esse delito é autônomo com relação à lavagem, cabendo concurso material entre as condutas para aquele que faz parte do grupo de forma estável e que também executa as condutas de lavagem anteriormente descritas. Assim, em vez de responder pelo crime previsto no art. 288 do CP, o agente que se associa para práticas de delitos direcionados à lavagem responderá pelo delito em comento.

Diferentemente do crime de organização criminosa, o tipo em tela não exige a reiteração delitiva, tampouco a divisão de tarefas.

Nesse sentido, Cardoso destaca que, embora fique demonstrado que a associação se encontra estruturalmente ordenada e caracterizada pela divisão de tarefas para a prática de crimes de lavagem de capitais, por força do princípio da especialidade, deverá o agente responder pela conduta equiparada tipificada no inciso II, e não pelo delito previsto no art. 2º da Lei nº 12.850/2013 (CARDOSO, 2020, p. 1342).

Elemento subjetivo. A expressão "tendo conhecimento" indica que o crime somente pode ser praticado com dolo direto. Não se admite a punição na forma culposa.

10.1.15 Teoria da Cegueira Deliberada

A Teoria da Cegueira Deliberada é também denominada *Willful Blindness, Ostrich Instruction,* da Evitação da Consciência ou das Instruções do Avestruz.

De acordo com essa teoria, atua dolosamente aquele que preenche o tipo objetivo do crime de lavagem de capitais, ignorando algumas peculiaridades do caso concreto, por ter se colocado voluntariamente numa posição de alienação diante de situações suspeitas, procurando não se aprofundar no conhecimento de circunstâncias objetivas, o que justamente faz o avestruz, que ao menor sinal de perigo enterra a sua cabeça na terra para não saber o que se passa ao seu redor (PORTOCARRERO; FERREIRA, 2020, p. 568).

De acordo com Habib (2019, p. 595):

> Essa teoria tem origem na jurisprudência norte-americana e consiste na análise do aspecto subjetivo da conduta do agente, isso é, a verificação do elemento subjetivo do tipo legal de crime, mais especificamente o dolo indireto eventual. Em situações nas quais o agente não age com dolo direto, e fica muito difícil a constatação de ter agido com dolo eventual, a Teoria da Cegueira Deliberada surge como mecanismo que permite concluir pelo dolo eventual do agente.

A aplicação dessa teoria não era cabível na redação anterior da Lei de Lavagem de Capitais brasileira, especialmente nos casos dos §§ 1º e 2º do art. 1º da Lei nº 9.613/1998, que exigiam o dolo direto. Para que tenha incidência, o agente deve ter consciência de que os valores podem ter sido obtidos ilicitamente e mesmo assim age de modo indiferente, assumindo o risco de se envolver em um esquema de lavagem de capitais.

Em suma, a teoria visa imputar ao agente o comportamento de lavagem de capitais a título de dolo eventual, pois aquele que não busca saber a origem do dinheiro assume o risco de praticar o delito.

> Exemplo: Agentes que praticam um grande furto e compram dezenas de veículos em uma agência à vista em dinheiro. À luz dessa teoria, o vendedor dos carros teria praticado lavagem de dinheiro, por não ter buscado saber sobre a procedência do dinheiro.

Portocarrero e Ferreira (2020, p. 567) ressaltam que, consoante entendimento majoritário, essa teoria é aplicável apenas aos crimes praticados a título de dolo eventual, não tendo incidência, portanto, sobre o delito previsto no art. 1º, § 2º, II, que admite apenas o dolo direto.

10.1.15.1 Consumação e tentativa

A figura do *caput* e dos §§ 1º e 2º, I, do art. 1º da Lei nº 9.613/1996, segundo a maioria da doutrina, são crimes formais, por preverem o resultado, mas não exigirem a efetiva ocultação ou dissimulação. O inciso II do § 2º, todavia, é classificado como crime de mera conduta, pois consuma-se com a mera participação do agente, de grupo, associação ou escritório.[10]

§ 3º A tentativa é punida nos termos do parágrafo único do art. 14 do Código Penal.

A Lei nº 9.613/1998 é expressa em admitir a tentativa, sendo punida conforme a regra geral, nos termos do art. 14, parágrafo único, do CP[11]. Note-se que, mesmo que se entenda ser o crime de mera conduta, como é o caso do art. 1º, § 2º, II, da Lei em estudo, a tentativa é admitida, desde que seja possível fracionar a execução do delito.

> Exemplo: Uma pessoa tenta fazer uma transação financeira pelo *internet banking* (transferência de alto valor) e o gerente, desconfiado, faz o bloqueio e entra em contato com a aludida pessoa, que manda que o gerente efetive a transação. Entretanto, o gerente, em razão de sua experiência, não faz a transferência e impede a consumação do delito.

---

[10] Nesse sentido: Habib (2019, p. 601); e Portocarrero e Ferreira (2020, p. 567). Em sentido contrário, Lima (2020, p. 663) entende que o crime previsto no art. 1º, *caput*, da Lei nº 9.296/1998 é material, cuja consumação depende da produção do resultado, e exemplifica com a situação de um indivíduo que, depois de ter praticado o crime de extorsão mediante sequestro e recebe o valor do resgate, mas no momento em que tentava realizar o depósito na conta de um "laranja" é preso em flagrante. Nesse caso, como não houve a produção do resultado naturalístico (ocultação), deverá o agente responder pelo crime de lavagem de capitais na forma tentada.

[11] "Art. 14. Diz-se o crime: [...]
Tentativa
II – tentado, quando, iniciada a execução, não se consuma por circunstâncias alheias à vontade do agente.
Pena de tentativa
Parágrafo único. Salvo disposição em contrário, pune-se a tentativa com a pena correspondente ao crime consumado, diminuída de um a dois terços."

10.1.15.2 Natureza permanente

Outra questão levantada sobre o crime de lavagem de capitais é se ele seria permanente ou instantâneo de efeitos permanentes. O assunto ainda não está pacificado no âmbito do STF, divergindo a doutrina nesse sentido.

Mendroni (2018, p. 97) defende que o crime de lavagem de capitais tem natureza permanente e explica que os verbos ocultar e dissimular admitem a manutenção da situação lesiva com o decurso do tempo.

Para o autor, quem oculta ou dissimula a natureza, origem, localização, disposição, movimentação ou propriedade de bens, direitos ou valores provenientes, direta ou indiretamente, de infração penal e persiste nessa ação praticará a qualquer momento o crime de lavagem de capitais, em razão da natureza permanente deste delito. Assim, quem praticou qualquer destas condutas antes da vigência da Lei nº 9.613/1998 e persistiu no ato, praticou ou continua a praticar o tipo penal (MENDRONI, 2018, p. 97).

Registre-se que crime permanente é aquele cuja consumação se prolonga no tempo por vontade do sujeito ativo, o qual detém o controle para fazer cessar essa atividade. Alves (2020, p. 212) destaca três aspectos relevantes sobres esses crimes. O primeiro deles é que, enquanto persistir a situação de permanência, a prisão em flagrante é admitida em qualquer tempo; o segundo é que a prescrição somente começa a ser contada a partir da cessação da permanência (art. 111, III, do CP); e o terceiro, por fim, é que a lei penal mais grave se aplica ao crime permanente se a sua vigência é anterior à cessação da permanência (Súmula nº 711 do STF).

Em que pese a celeuma existente, em julgado recente, o STF se manifestou pela natureza permanente do delito de lavagem de capitais, praticado na modalidade de ocultação. O caso analisado foi o de um parlamentar federal que entre os anos de 1998 a 2006 teria mantido dinheiro de origem ilegal em contas no exterior e agiu para esconder a existência desse dinheiro de maneira permanente. Para os ministros, enquanto houver movimentação do dinheiro oriundo de lavagem, o crime está sendo cometido. Sendo assim, a prescrição do delito de lavagem só passaria a correr da data em que as autoridades descobriram o crime, e não do seu cometimento, não havendo que falar, portanto, na prescrição do delito[12].

Jurisprudência destacada

(...) 3. O crime de lavagem de bens, direitos ou valores, quando praticado na modalidade típica de "ocultar", é permanente, protraindo-se sua execução até que os objetos materiais do branqueamento se tornem conhecidos, razão pela qual o início da contagem do prazo prescricional tem por termo inicial o dia da cessação da permanência, nos termos do art. 111, III, do CP. 4. No caso concreto, quanto ao quarto fato descrito na denúncia, a despeito da natureza permanente do crime, foram detectadas movimentações financeiras relativas aos valores ocultados até 3 de maio de 2006, o que afasta a alegação de prescrição ainda que a

---

[12] Disponível em: https://www.conjur.com.br/2017-mai-23/lavagem-ocorre-enquanto-houver-movimenta- cao-stf-condenar-maluf. Acesso em: 19 out. 2020.

natureza do crime fosse instantânea de efeitos permanentes. 5. Embora não estivesse em vigor a Lei nº 9.613/1998 quando o crime antecedente (corrupção passiva) foi praticado, os atos de lavagem ocorreram durante sua vigência, razão pela qual não há falar em retroatividade da lei penal em desfavor do réu. A Lei nº 9.613/1998 aplica-se aos atos de lavagem praticados durante sua vigência, ainda que o crime antecedente tenha ocorrido antes de sua entrada em vigor. 6. Demonstrada a materialidade do crime antecedente de corrupção passiva, bem como a procedência dos valores lavados, além da materialidade, a autoria, a tipicidade objetiva e subjetiva do crime de lavagem de dinheiro, não havendo causas de exclusão da ilicitude e culpabilidade, a condenação é medida que se impõe (STF, 1ª Turma, Ação Penal nº 863/SP, Rel. Min. Edson Fachin, j. 23.05.2017 – *Informativo* 866).

 Decifrando a prova

(Auditor de Controle Interno – CGE/CE – Cespe/Cebraspe – 2019 – Adaptada) Acerca do crime de lavagem de dinheiro – previsto na Lei nº 9.613/1998 –, assinale a opção correta, de acordo com a legislação de regência e o atual entendimento do STF.

O crime de lavagem de dinheiro será crime permanente se for praticado na modalidade de ocultar os valores provenientes de infração penal anterior, estendendo-se a sua execução até que os objetos materiais da lavagem se tornem conhecidos.

( ) Certo ( ) Errado

Gabarito comentado: de acordo com o STF, em julgado realizado na Ação Penal nº 863/SP (*Informativo* 866), o crime de lavagem de bens, direitos ou valores, previsto no art. 1º da Lei nº 9.613/1998, quando praticado na modalidade de ocultação, é permanente, estendendo-se a sua execução até que os objetos materiais da lavagem se tornem conhecidos. Portanto, a assertiva está certa.

10.1.15.3 Causas de aumento de pena

§ 4º A pena será aumentada de um a dois terços, se os crimes definidos nesta Lei forem cometidos de forma reiterada ou por intermédio de organização criminosa.

O § 4º da Lei nº 9.613/1998 prevê duas causas de aumento de pena, a incidirem na terceira fase da dosimetria da pena (art. 68 do CP). A primeira delas será aplicada caso o crime de lavagem de capitais venha a ser praticado de forma reiterada; e a segunda, se for cometido por intermédio de organização criminosa.

A redação original do dispositivo, antes das modificações introduzidas pela Lei nº 12.683/2012, previa o aumento de pena caso o crime de lavagem de capitais fosse praticado de forma habitual ou por intermédio de organização criminosa, e mais: estabelecia que os delitos que deveriam anteceder à lavagem deveriam ser os constantes dos incisos I a VI do *caput* do art. 1º, a saber, tráfico ilícito de substâncias entorpecentes ou drogas afins, o terrorismo, o contrabando ou tráfico de armas, a extorsão mediante sequestro, os praticados contra a Administração Pública e contra o sistema financeiro nacional.

Com o advento da Lei nº 12.683/2012, o rol taxativo de crimes antecedentes foi suprimido e a expressão "habitual" foi substituída por "reiterada", e a razão é simples. A manutenção do termo "habitual" poderia abrir margens para interpretações de que o crime de lavagem seria um crime habitual, o que não é verdade, uma vez que a caracterização do delito não depende da prática reiterada de condutas. O que a reiteração da conduta faz é ensejar o aumento da pena, em razão de sua maior reprovabilidade, qualquer que seja a infração penal antecedente.

Destaca-se que o aumento incidirá sobre o crime de lavagem, e não sobre a infração penal antecedente. Ainda, pela modificação em questão tratar-se de uma *novatio legis in pejus*, uma vez que suprimiu o rol taxativo de crimes previsto na lei, ela não poderá retroagir para produzir efeitos sobre a ocultação e dissimulação de valores de crimes que não constavam do rol.

O crime de lavagem de capitais ainda terá sua pena aumentada se for praticado por intermédio de organização criminosa. Deve-se considerar o conceito de organização criminosa trazido pelo art. 1º, § 1º, da Lei nº 12.850/2013, segundo o qual:

> Considera-se organização criminosa a associação de 4 (quatro) ou mais pessoas estruturalmente ordenada e caracterizada pela divisão de tarefas, ainda que informalmente, com objetivo de obter, direta ou indiretamente, vantagem de qualquer natureza, mediante a prática de infrações penais cujas penas máximas sejam superiores a 4 (quatro) anos, ou que sejam de caráter transnacional.

Nessa hipótese, o crime de lavagem de capitais terá a sua pena aumentada, ainda que o agente venha a ser condenado pelo crime antecedente perpetrado em organização criminosa, uma vez que o aumento terá incidência sobre o delito de lavagem, não havendo que falar, portanto, em *bis in idem* (PORTOCARRERO; FERREIRA, 2020, p. 569).

🔧 Decifrando a prova

(Promotor de Justiça – MPE/MT – FCC – 2019 – Adaptada) De acordo com o ordenamento jurídico e o posicionamento dos tribunais superiores acerca do crime de "lavagem" ou ocultação de bens, direitos e valores (Lei nº 9.613/1998), a pena será aumentada de metade, se os crimes definidos na Lei nº 9.613/1998 forem cometidos de forma reiterada ou por intermédio de organização criminosa.

( ) Certo ( ) Errado

Gabarito comentado: nos termos do que dispõe o § 4º do art. 1º da Lei nº 9.613/1998, o aumento da pena será de um a dois terços, caso o crime de lavagem de capitais seja cometido de forma reiterada ou por intermédio de organização criminosa.

10.1.15.4 Causas de diminuição e isenção de pena

§ 5º A pena poderá ser reduzida de um a dois terços e ser cumprida em regime aberto ou semiaberto, facultando-se ao juiz deixar de aplicá-la ou substituí-la, a qualquer tempo, por pena restritiva de direitos, se o autor, coautor ou partícipe colaborar espontaneamente com as autoridades, prestando esclarecimentos que conduzam à apuração das infrações penais, à identificação dos autores, coautores e partícipes, ou à localização dos bens, direitos ou valores objeto do crime.

O § 5º da Lei objeto de estudo traz alguns benefícios ao autor, coautor, partícipe, que venha a colaborar espontaneamente com as autoridades (autoridade policial, membro do Ministério Público e autoridade judicial). Trata-se da conhecida **"delação premiada"**, expressão que caiu no gosto da mídia.

Para alguns autores, a "delação premiada" é sinônimo de colaboração premiada[13]. Para outros, no entanto, seria apenas uma das espécies do gênero colaboração premiada. Isso porque a delação pressupõe que você delate os demais coautores e partícipes, o que nem sempre ocorrerá com a colaboração premiada.

Conforme o ensinamento de Masson e Marçal (2020, p. 168), a colaboração premiada consiste no:

> Meio especial de obtenção de prova técnica especial de investigação por meio do qual o coautor ou partícipe, visando alcançar algum prêmio legal (redução de pena, perdão judicial, cumprimento de pena em regime diferenciado etc.), coopera com os órgãos de persecução penal confessando seus atos e fornecendo informações objetivamente eficazes quanto à identidade dos demais sujeitos do crime, à materialidade das infrações penais por eles cometidas, a estrutura da organização criminosa, a recuperação de ativos, a prevenção de delitos ou a localização de pessoas.

A redação original da Lei nº 9.613/1998 possuía o seguinte teor:

> § 5º A pena será reduzida de um a dois terços e começará a ser cumprida em regime aberto, podendo o juiz deixar de aplicá-la ou substituí-la por pena restritiva de direitos, se o autor, coautor ou partícipe colaborar espontaneamente com as autoridades, prestando esclarecimentos que conduzam à apuração das infrações penais e de sua autoria ou à localização dos bens, direitos ou valores objeto do crime.

A Lei nº 12.683/2012 provocou sensíveis mudanças no art. 1º, § 5º, da Lei de Lavagem de Capitais, podendo ser extraídos três **benefícios** ao colaborador:

1. O primeiro deles é a diminuição da pena que poderá ser de um a dois terços; o magistrado, ainda, ao fixar o regime inicial de cumprimento de pena, poderá fazê-lo no regime aberto ou semiaberto. Registre-se que a expressão "será" contida na redação original foi substituída por "poderá", o que implica dizer que o benefício deixou de ser uma obrigatoriedade, passando a ser uma faculdade do magistrado. Há ainda outros benefícios facultativos.

---

[13] No sentido de que colaboração premiada também é denominada "delação premiada", "pacto premial", "cooperação premiada", "confissão delatória", "chamamento de corréu", "negociação premial" (MASSON; MARÇAL, 2020, p. 168).

2. O segundo é a possibilidade de o magistrado conceder o perdão judicial e, assim, extinguir a punibilidade do agente.

3. O terceiro é a substituição da pena por penas restritivas de direitos, mesmo que não estejam preenchidos os requisitos previstos no art. 44 do CP, e a qualquer tempo, o que implica dizer que poderá ocorrer até mesmo em fase de execução, ou após o trânsito em julgado da sentença condenatória.

São três as **formas de colaboração** que poderão ser prestadas pelo agente, a fim de obter as referidas benesses. Vejamos:

1. **Com informações que conduzam à apuração das infrações penais.**

Como o tipo penal não fez referência à qual das infrações penais o agente deve colaborar espontaneamente, Lima (2020, p. 686) defende que seriam tanto as infrações penais antecedentes quanto a lavagem de capitais, de modo que a colaboração do autor atinja os delitos para os quais concorreu. Assim, se ele concorreu com a infração penal anterior, deverá colaborar com esta; de outro lado, se ele praticou o delito de lavagem, será com relação a este que auxiliará.

2. **Na identificação dos autores, coautores e partícipes.**

Como há referência expressa à conjunção "e", depreende-se que o agente colaborador deverá prestar esclarecimentos que identifiquem todos os demais coautores e partícipes, e não apenas um ou uma parte deles.

3. **Localização dos bens, direitos ou valores, objetos do crime.**

Para que os benefícios sejam concedidos, é necessário que essa colaboração realizada pelo agente colaborador seja espontânea[14], feita pela livre-iniciativa do agente e que leve as autoridades aos fatos, aos autores ou à localização dos bens. Em outras palavras, é dizer que a informação fornecida pelo agente deve ter um resultado proveitoso.

A conjunção alternativa "ou", que substituiu a conjunção aditiva "e", que existia antes que a Lei fosse modificada, sugere que essas três formas de colaboração são alternativas, e não cumulativas.

🧩 Decifrando a prova

(Delegado – PC/MA – Cespe/Cebraspe – 2018 – Adaptada) A colaboração premiada nos casos de lavagem de capitais:
Tem como benefício, entre outros, a substituição da pena privativa de liberdade por penas restritivas de direitos.
( ) Certo ( ) Errado

---

[14] Lima (2020, p. 687) sustenta que, embora o tipo preveja que a colaboração seja espontânea, deve prevalecer a vontade do agente em colaborar com as autoridades; assim, mesmo que ele receba influência de terceiro, fará jus aos benefícios da delação premiada.

> **Gabarito comentado:** conforme se depreende do art. 1º, § 5º, da Lei, três benefícios distintos podem ser concedidos ao agente colaborador: a diminuição da pena de um a dois terços e a fixação do regime inicial de cumprimento de pena em aberto ou semiaberto; a concessão do perdão judicial; e a substituição da pena privativa de liberdade por restritiva de direitos. Portanto, a assertiva está certa.
>
> **(Delegado – PC/MA – Cespe/Cebraspe – 2018 – Adaptada)** A colaboração premiada nos casos de lavagem de capitais:
> Pode ocorrer apenas na fase processual, no curso da competente ação penal.
> ( ) Certo ( ) Errado
>
> **Gabarito comentado:** a colaboração premiada também pode ocorrer na fase pré-processual e até mesmo após o trânsito em julgado de eventual sentença condenatória. Portanto, a assertiva está errada.

10.1.15.5 Ação controlada e infiltração de agentes

§ 6º Para a apuração do crime de que trata este artigo, admite-se a utilização da ação controlada e da infiltração de agentes.

A Lei nº 9.613/1998 foi modificada pela Lei nº 13.964/2019 (Pacote Anticrime), que inseriu o § 6º no art. 1º, para permitir expressamente a utilização da ação controlada e da infiltração de agentes na apuração do crime de lavagem de capitais.

A ação controlada consiste em uma técnica especial de investigação por meio da qual retarda-se a:

(...) intervenção policial ou administrativa relativa à ação praticada por organização criminosa ou a ela vinculada, desde que mantida sob observação e acompanhamento para que a medida legal se concretize no momento mais eficaz à formação de provas e obtenção de informações[15].

A previsão desse meio especial de obtenção de prova vem expressa na Lei nº 12.850/2013, para a investigação relacionada com os crimes perpetrados por organizações criminosas ou a elas vinculada, assim como em outros diplomas legislativos, a saber, na Lei de Drogas (art. 53, II e parágrafo único), na Lei de Terrorismo[16] e na Lei do Tráfico de Pessoas[17], que admitem a aplicação da Lei nº 12.850/2013 e, por via de consequência, todas as técnicas especiais de investigação estabelecidas nessa lei.

---

[15] Redação conforme art. 8º, *caput*, da Lei nº 12.850/2013.

[16] Lei nº 13.260/2016 – "Art. 16. Aplicam-se as disposições da Lei nº 12.850, de 2 agosto de 2013, para a investigação, processo e julgamento dos crimes previstos nesta Lei".

[17] Lei nº 13.344/2016 – "Art. 9º Aplica-se subsidiariamente, no que couber, o disposto na Lei nº 12.850, de 2 de agosto de 2013".

Para alguns doutrinadores, a própria Lei de Lavagem de Capitais prevê em seu art. 4º-B[18] uma figura semelhante à ação controlada, consistente na suspensão da ordem de prisão de pessoas ou medidas assecuratórias, quando a sua execução imediata puder comprometer as investigações.

Perceba que, ao referir-se à ordem de prisão, as únicas prisões que precisam de ordem judicial para serem executadas são a prisão preventiva e temporária, desse modo não seria possível retardar a prisão em flagrante, que, na Lei de Lavagem de Capitais, continua sendo obrigatória.

E mais: na Lei nº 9.613/1998 o art. 4º-B deixa claro que, para que seja executada a medida, há necessidade de prévia autorização judicial, o que não ocorre na Lei nº 12.850/2013, que não faz referência à necessidade de autorização prévia, bastando a prévia comunicação ao juiz competente.

De todo modo, a regulamentação procedimental desse meio de obtenção de prova foi prevista na Lei nº 12.850/2013, nos arts. 8º e 9º, os quais deverão ser utilizados como parâmetro para incidência nos demais diplomas, inclusive na investigação autônoma do crime de lavagem de capitais.

Nesse sentido, Lima (2020, p. 689) explica que, ao introduzir o § 6º no art. 1º da Lei nº 9.613/1998, quis o legislador que toda a sistemática procedimental da Lei nº 12.850/2013 fosse aplicada aos crimes de lavagem de capitais, donde se infere que essa técnica não estará mais sujeita à necessidade de prévia autorização judicial, sendo suficiente a prévia comunicação ao juiz competente que, se for o caso, estabelecerá os seus limites e comunicará ao Ministério Público.

A outra técnica especial de investigação admitida para os crimes de lavagem de capitais com a inserção do § 6º na Lei objeto de estudo é a infiltração de agentes.

A infiltração de agentes, de acordo com Masson e Marçal (2020, p. 406):

> (...) consiste em um meio especial de obtenção de prova – verdadeira técnica de investigação criminal –, por meio do qual um (ou mais) agente de polícia, judicialmente autorizado, ingressa, presencial ou virtualmente, em determinada organização criminosa, forjando a condição de integrante, com o escopo de alcançar informações a respeito de seu funcionamento e de seus membros.

A referida técnica já encontrava previsão legal na Lei de Organizações Criminosas (Lei nº 12.850/2013), na Lei de Drogas (Lei nº 11.343/2006), e na lei de infiltração de agentes nos crimes contra a dignidade sexual de crianças e de adolescentes (Lei nº 13.441/2017).

Não obstante o avanço legislativo, o legislador não previu as regras procedimentais a serem aplicadas aos crimes de lavagem, podendo-se concluir, portanto, que deverão ser adotados os procedimentos estabelecidos nos arts. 10 a 14 (infiltração presencial) e 10-A a 10-D

---

[18] Lei nº 9.613/1998 – "Art. 4º-B. A ordem de prisão de pessoas ou as medidas assecuratórias de bens, direitos ou valores poderão ser suspensas pelo juiz, ouvido o Ministério Público, quando a sua execução imediata puder comprometer as investigações".

(infiltração virtual) da Lei n° 12.850/2013, norma geral procedimental do instituto (MASSON; MARÇAL, 2020, p. 408).

10.1.15.6 Complementos

Ação penal. Todos os tipos de lavagem e capitais (principal e equiparados) processam--se mediante ação penal pública incondicionada.

Infração de alto potencial ofensivo. Em razão da severidade da pena, é incompatível com os institutos despenalizadores previstos na Lei n° 9.099/1995, entre eles a suspensão condicional do processo.

10.2 QUESTÕES PROCESSUAIS

10.2.1 Procedimento

Art. 2° O processo e julgamento dos crimes previstos nesta Lei:

I – obedecem às disposições relativas ao procedimento comum dos crimes punidos com reclusão, da competência do juiz singular;

Em que pese a reforma legislativa produzida pela Lei n° 12.683/2012 na Lei n° 9.613/1998, o legislador não alterou a redação do art. 2°, I, indo de encontro ao que dispõe o CPP em seu art. 394 que, desde 2008, deixou de classificar o procedimento comum de acordo com a natureza da pena, passando a levar em consideração a pena máxima abstrata cominada ao delito.

De acordo com o art. 2°, I, da Lei n° 9.613/1998, o procedimento a ser adotado é o comum ordinário, devendo esse inciso ser atualizado para o qual se lê "crimes punidos com reclusão", passe a constar "crimes com pena máxima igual ou superior a 4 (quatro) anos de pena privativa de liberdade", fazendo-se remissão ao art. 394 do CPP.

10.2.2 Prejudicialidade

II – independem do processo e julgamento das infrações penais antecedentes, ainda que praticados em outro país, cabendo ao juiz competente para os crimes previstos nesta Lei a decisão sobre a unidade de processo e julgamento;

Autonomia do processo. O processo e o julgamento do crime de lavagem de capitais independem do processo e do julgamento da infração penal antecedente, inexistindo relação de prejudicialidade. Nesse sentido é o teor do art. 2°, II, da Lei n° 9.613/1998.

Desse modo, em que pese ser um crime parasitário, que depende da existência de infração penal anterior, a lavagem de capitais guarda autonomia processual, como crime em si, de maneira que a responsabilidade dos autores da lavagem de capitais independe da punição pelas infrações anteriores.

A absolvição do autor do delito antecedente, no entanto, em princípio, não prejudica o processo de lavagem de capitais, salvo se fundamentada na inexistência do fato ou na atipicidade da conduta (art. 386, I e III, do CPP).

Decifrando a prova

(Delegado – PC/MG – Fumarc – 2018 – Adaptada) A persecução penal em juízo depende da comprovação, mediante sentença condenatória, de infrações penais antecedentes.
( ) Certo ( ) Errado
Gabarito comentado: de acordo com o art. 2º, II, da Lei nº 9.613/1998, o processo e o julgamento do crime de lavagem de capitais independem do processo e do julgamento das infrações penais antecedentes. Portanto, a assertiva está errada.

(Delegado – PC/PE – Cespe/Cebraspe – 2016 – Adaptada) Agente absolvido de crime antecedente de tráfico de drogas, em razão de o fato não constituir infração penal, ainda poderá ser punido pelo crime de branqueamento de capitais, uma vez que a absolvição daquele crime precedente pela atipicidade não tem o condão de afastar a tipicidade do crime de lavagem de dinheiro.
( ) Certo ( ) Errado
Gabarito comentado: o delito de lavagem de capitais é acessório, o que implica dizer que para sua existência é necessária uma infração penal antecedente. A absolvição pelo delito anterior, em razão da atipicidade, não enseja a condenação pelo delito de lavagem de capitais, ante a ausência da elementar exigida para a caracterização desse tipo penal, o que afasta a própria tipicidade do crime de lavagem de capitais. Portanto, a assertiva está errada.

Dupla tipicidade. O art. 2º, II, da Lei de Lavagem de Capitais ainda traz em seu bojo o princípio da dupla tipicidade, isto é, o crime de lavagem será punido de acordo com a lei brasileira mesmo que a infração penal antecedente seja praticada em outro país, devendo, nesse caso, essa infração penal ser típica e ilícita no país em que foi praticada e também no Brasil. Como no território brasileiro qualquer infração penal (crime ou contravenção penal) pode configurar como antecedente ao crime de lavagem, a imposição de que a conduta anterior também seja tipificada como infração penal no território brasileiro perde sentido, sendo suficiente então que seja típica e ilícita no país em que foi praticada.

Dessarte, como a infração penal antecedente é elementar do crime de lavagem, caso essa infração penal não seja fato típico e ilícito no país onde foi praticada, não teremos o delito de lavagem.

Unidade de processo e julgamento. A Lei nº 9.613/1998 traz uma regra específica sobre a decisão de unidade de processo e julgamento entre as infrações penais antecedentes e o crime de lavagem de capitais, não sendo adotadas as regras gerais do art. 76 e seguintes do CPP.

De acordo com o art. 2º, II, havendo conexão entre a infração penal antecedente e a lavagem (pluralidade de infrações penais conectadas), para se evitarem decisões conflitantes, essas ações poderão ser reunidas perante o mesmo juízo, cabendo a decisão sobre a unidade de processo e julgamento aos juízes competentes para julgar os crimes de lavagem de capitais. O escopo do dispositivo é fazer com que a autoridade judicial forme a sua convicção sobre a infração penal antecedente e o delito de lavagem em conjunto.

10.2.3 Competência

III – são da competência da Justiça Federal:

a) quando praticados contra o sistema financeiro e a ordem econômico-financeira, ou em detrimento de bens, serviços ou interesses da União, ou de suas entidades autárquicas ou empresas públicas;

b) quando a infração penal antecedente for de competência da Justiça Federal.

A competência para o processo e julgamento do crime de lavagem de capitais é, em regra, da Justiça Comum Estadual. Excepcionalmente, a Justiça Federal terá competência, conforme dispõe o art. 2º, III, da Lei nº 9.613/1998, quando forem preenchidas as seguintes hipóteses:

a. o crime de lavagem de capitais for praticado contra o sistema financeiro nacional e a ordem econômico-financeira (art. 109, VI, da CF/1988);[19]
b. a lavagem for praticada em detrimento da União, suas entidades autárquicas ou empresas públicas (atente-se que o tipo não inclui sociedade de economia mista) (art. 109, IV, da CF/1988);[20]
c. o crime antecedente for de competência da Justiça Federal.

Destaca-se que a Súmula nº 122 do STJ fixa a atração da competência da Justiça Federal quando há conexão entre crime federal e estadual[21].

Crime de lavagem de capitais conexo com crime eleitoral. De acordo com o STF, os crimes de lavagem de dinheiro e corrupção passiva, quando conexos ao de "Caixa 2" (ato de não declarar verba recebida em campanha eleitoral, o que caracteriza o delito de falsidade ideológica eleitoral, previsto no art. 350 do Código Eleitoral), devem ser julgados em conjunto pela Justiça Eleitoral. Em outras palavras, caso estejamos diante de um crime de

---

[19] **"Art. 109.** Aos juízes federais compete processar e julgar:
[...]
I – os crimes contra a organização do trabalho e, nos casos determinados por lei, contra o sistema financeiro e a ordem econômico-financeira."

[20] "IV – os crimes políticos e as infrações penais praticadas em detrimento de bens, serviços ou interesse da União ou de suas entidades autárquicas ou empresas públicas, excluídas as contravenções e ressalvada a competência da Justiça Militar e da Justiça Eleitoral."

[21] Súmula nº 122 do STJ: "Compete à Justiça Federal o processo e julgamento unificado dos crimes conexos de competência federal e estadual, não se aplicando a regra do art. 78, II, *a*, do Código de Processo Penal".

competência da Justiça Comum (federal ou estadual) que seja conexo ao crime eleitoral, será a Justiça Eleitoral a competente para julgar o caso, em razão da aplicação do princípio da especialidade.

Conforme fundamentação lançada pelo STF, havendo concurso de infrações entre as justiças comum e especial, como a eleitoral, esta prevalecerá, por força do art. 35, II, do Código Eleitoral, do art. 78, IV, do CPP e do próprio art. 109, IV, da CF/1988, que ao estipular a competência da Justiça Federal, ressalva as situações cuja competência pertence à Justiça Eleitoral.

Nesse sentido o STF:

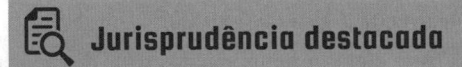

Jurisprudência destacada

(...) Tendo em vista o suposto cometimento de crime eleitoral e delitos comuns conexos, considerado o princípio da especialidade, tem-se caracterizada a competência da Justiça especializada, no que, nos termos dos artigos 35, inciso II, do Código Eleitoral e 78, inciso IV, do CPP, por prevalecer sobre as demais, alcança os delitos de competência da Justiça comum. Observem que a CF/1988, no artigo 109, inciso IV, ao estipular a competência criminal da Justiça Federal, ressalva, expressamente, os casos da competência da Eleitoral: Art. 109. Aos juízes federais compete processar e julgar: (...) IV – os crimes políticos e as infrações penais praticadas em detrimento de bens, serviços ou interesse da União ou de suas entidades autárquicas ou empresas públicas, excluídas as contravenções e ressalvada a competência da Justiça Militar e da Justiça Eleitoral; A definição da competência da Justiça Eleitoral, conforme dispõe o art. 121, cabeça, da CF/1988, foi submetida à legislação complementar: (...) Art. 121 Lei Complementar disporá sobre a organização e competência dos tribunais, dos juízes de direito e das juntas eleitorais. (...) A ressalva prevista no art. 109, inciso IV, bem assim a interpretação sistemática dos dispositivos constitucionais, afastam, no caso, a competência da Justiça comum, federal ou estadual, e, ante a conexão, implica a configuração, em relação a todos os delitos, da competência da Justiça Eleitoral. A solução preconizada pela Procuradoria-Geral da República, consistente no desmembramento das investigações no tocante aos delitos comuns e eleitoral, mostra-se inviável, porquanto a competência da Justiça comum, federal ou estadual, é residual quanto à Justiça especializada – seja eleitoral ou militar –, estabelecida em razão da matéria, e não se revela passível de sobrepor-se à última. (...) Considerada a remessa, por conexão, à Justiça Eleitoral, julgo prejudicado o agravo regimental interposto pela Procuradoria-Geral da República, no que voltado à fixação da competência, relativamente ao delito de evasão de divisas, da Justiça Federal. É como voto (STF, Plenário, Inq nº 4.435 AgR-quarto/DF, Rel. Min. Marco Aurélio, j. 13 e 14.03.2019 – *Informativo* 933).

(...) 1. A Segunda Turma do Supremo Tribunal Federal firmou o entendimento de que, nos casos de doações eleitorais por meio de caixa 2 – fatos que poderiam constituir o crime eleitoral de falsidade ideológica (art. 350, Código Eleitoral), a competência para processar e julgar os fatos é da Justiça Eleitoral (PET nº 6.820/DF-AgR-ED, Relator para o acórdão o Ministro Ricardo Lewandowski, *DJe* de 23.03.2018). 2. A existência de crimes conexos de competência da Justiça Comum, como corrupção passiva e lavagem de capitais, não afasta a competência da Justiça Eleitoral, por força do art. 35, II, do Código Eleitoral e do art. 78, IV, do CPP. (...) (STF, 2ª Turma, AgR Pet nº 6.986/DF 0004488-16.2017.1.00.0000, Rel. Min. Edson Fachin, j. 10.04.2018).

10.2.4 Denúncia

> § 1º A denúncia será instruída com indícios suficientes da existência da infração penal antecedente, sendo puníveis os fatos previstos nesta Lei, ainda que desconhecido ou isento de pena o autor, ou extinta a punibilidade da infração penal antecedente.

Além dos requisitos previstos no art. 41 do CPP, o art. 2º, em seu § 1º, indica que a denúncia será instruída com indícios suficientes da existência da infração penal antecedente, sendo, portanto, desnecessária a prova robusta. Os fatos serão puníveis ainda que o autor da infração antecedente seja desconhecido ou isento de pena, e mesmo que a infração penal antecedente já esteja prescrita.

Para oferecer denúncia do crime de lavagem de capitais bastam indícios da infração antecedente, não sendo necessária a efetiva punição dos autores desses crimes. Essa autonomia afasta qualquer alusão à questão da prejudicialidade.

Justa causa duplicada. Como dito, a denúncia do crime de lavagem de capitais deve vir instruída com indícios de materialidade da infração penal antecedente. O órgão ministerial, entretanto, deverá demonstrar, ainda, de forma individualizada e objetiva, as condutas que caracterizam o delito de lavagem de capitais (lastro probatório mínimo). Dá-se, então, o nome de justa causa duplicada à comprovação do lastro probatório mínimo exigido para o oferecimento da denúncia referente aos crimes de lavagem, tanto do crime antecedente como do próprio delito de lavagem de capitais.

 **Jurisprudência destacada**

(...) Para a configuração do delito de lavagem de capitais não é necessária a condenação pelo delito antecedente, tendo em vista a autonomia do primeiro em relação ao segundo. Basta, apenas, a presença de indícios suficientes da existência do crime antecedente, o que, no caso, restou fartamente configurado. (...) (STJ, 5ª Turma, AgRg no HC nº 514.807/SC 2019/0166000-5, Rel. Min. Reynaldo Soares da Fonseca, j. 17.12.2019, *DJe* 19.12.2019).

(...) 3. A denúncia de crimes de branqueamento de capitais, para ser apta, deve conter, ao menos formalmente, justa causa duplicada, que exige elementos informativos suficientes para alcançar lastro probatório mínimo da materialidade e indícios de autoria da lavagem de dinheiro, bem como indícios de materialidade do crime antecedente, nos termos do art. 2º, § 1º, da Lei nº 9.613/1998. 4. Outrossim, por ocasião da elaboração da inicial com indícios suficientes da materialidade da infração antecedente, é despiciendo o conhecimento da autoria, a verificação de seu substrato da culpabilidade e sua punibilidade, sendo irrelevante haver condenação transitada em julgado ou até mesmo o trâmite processual persecutório, haja vista a autonomia relativa do processo penal do crime acessório da lavagem em relação ao seu antecedente, principal. Entrementes, necessário que se conste na peça acusatória não apenas o *modus operandi* do branqueamento, mas também em que consistiu a infração antecedente e quais bens, direitos ou valores, dela provenientes, foram objeto da lavagem, sem, contudo, a necessidade de descrição pormenorizada dessa conduta antecedente. (...) (STJ, 5ª Turma, RHC nº 106.107/BA 2018/0322782-6, Rel. Min. Ribeiro Dantas, j. 25.06.2019, *DJe* 1.º.07.2019).

> ### ⚟ Decifrando a prova
>
> **(Delegado – PC/MG – Fumarc – 2018 – Adaptada)** A denúncia deverá ser instruída com indícios suficientes da existência de infração penal antecedente.
> ( ) Certo ( ) Errado
> **Gabarito comentado:** conforme se depreende do art. 2º, § 1º, da Lei, a denúncia será instruída com indícios suficientes da existência da infração penal antecedente, sendo desnecessária a prova robusta. Portanto, a assertiva está certa.

10.2.5 Não aplicabilidade do art. 366 do CPP

> **§ 2º** No processo por crime previsto nesta Lei, não se aplica o disposto no art. 366 do Decreto-lei nº 3.689, de 3 de outubro de 1941 (*Código de Processo Penal*), devendo o acusado que não comparecer nem constituir advogado ser citado por edital, prosseguindo o feito até o julgamento, com a nomeação de defensor dativo.

De acordo com o art. 366 do CPP, se o réu citado por edital não comparecer nem constituir advogado, o processo e o curso da prescrição ficarão suspensos, podendo o juiz determinar apenas a produção antecipada de provas consideradas urgentes e, se for o caso, decretar a prisão preventiva do acusado. A finalidade do dispositivo é garantir o contraditório e a ampla defesa do réu.

Aos crimes de lavagem de capitais, a regra prevista no art. 366 do CPP, que prevê a suspensão do processo em caso de não comparecimento do réu citado por edital, não será aplicada. Isso porque quis o legislador conferir maior rigor ao crime previsto na Lei nº 9.613/1998 e evitar a impunidade do autor desse delito.

De acordo com o item 63 da exposição de motivos do projeto que originou a Lei nº 9.613/1998[22]:

> (...) A suspensão do processo constituiria um prêmio para os delinquentes astutos e afortunados e um obstáculo à descoberta de uma grande variedade de ilícitos que se desenvolvem em parceria com a lavagem ou a ocultação.

Nos processos por crime de lavagem de capitais, o acusado que não comparecer nem constituir advogado será citado por edital, e o juiz nomeará defensor dativo para atuar na defesa do réu no processo, que terá o seu regular prosseguimento até o julgamento.

---

[22]   Disponível em: http://www.fazenda.gov.br/orgaos/coaf/legislacao-e-normas/legislacao/exposicao- -de-motivos-lei-9613.pdf. Acesso em: 26 out. 2020.

🔁 Decifrando a prova

(Delegado – PC/ES – Instituto Acesso – 2019 – Adaptada) Hans Staden é um famoso colecionador e vendedor de artigos raros de antiguidade, em especial obras de arte da região Bávara da Alemanha. Para comemorar suas recentes aquisições, fez uma exposição na cidade de seus avós, uns dos primeiros colonos alemães no Brasil, Sontag Martins, na serra capixaba. Lá pôde vender algumas dessas obras, todavia, em especial pelo clima de festividades, não deu seguimento ao seu procedimento de venda com o devido cadastramento dos compradores e demais detalhes próprios das obrigações e responsabilidades dispostas no art. 10 da Lei nº 9.613/1998.

Ao passar dos dias, ainda com sua consciência pesada por não cumprir o procedimento-padrão, pensa em viajar pela Europa e evitar o desdobramento de qualquer ação penal que se inicie, pois crê que "se não for achado, qualquer processo ficará suspenso aguardando minha volta".

Nessa situação hipotética, sobre a disciplina imposta pela Lei nº 9.613/1998 e as garantias processuais, está correto afirmar que, caso Hans Staden não comparecesse ou não constituísse advogado, seria citado por edital e o feito seria continuado até o julgamento, sendo um defensor dativo nomeado para a defesa técnica.

( ) Certo ( ) Errado

Gabarito comentado: segundo previsão expressa do art. 2º, § 2º, da Lei nº 9.613/1998, o art. 366 do CPP não se aplica no caso do processo pelo crime de lavagem de dinheiro, devendo o acusado que não comparecer nem constituir advogado ser citado por edital, prosseguindo o feito até o julgamento, com a nomeação de defensor dativo. Portanto, a assertiva está certa.

(Juiz – TJSC – Cespe/Cebraspe – 2019 – Adaptada) Ao receber ação penal para o processamento de crime de lavagem de valores, de acordo com a legislação especial que trata do assunto, o juiz de direito substituto atuará corretamente no caso de:

Suspender o processo, mas determinar a produção antecipada de provas, caso o réu, citado por edital, não compareça aos autos nem constitua advogado.

( ) Certo ( ) Errado

Gabarito comentado: conforme se depreende do art. 2º, § 2º, da Lei, o processo não será suspenso. Portanto, a assertiva está errada.

10.3 PRISÃO CAUTELAR E LIBERDADE PROVISÓRIA

Art. 3º (Revogado pela Lei nº 12.683, de 2012.)

O art. 3º da Lei de Lavagem de Capitais foi revogado pela Lei nº 12.683/2012. O tipo continha a seguinte redação: "Os crimes disciplinados nesta Lei são insuscetíveis de fiança e liberdade provisória e, em caso de sentença condenatória, o juiz decidirá fundamentadamente se o réu poderá apelar em liberdade".

Antes da revogação desse artigo, o STF já havia conferido ao dispositivo interpretação conforme à Constituição, para interpretar que o juiz decidirá, fundamentadamente, se o réu poderá ou não apelar em liberdade, verificando se estão presentes ou não os requisitos da prisão cautelar, conforme o art. 312 do CPP[23].

Ao vedar a liberdade provisória, seja ela com fiança ou sem fiança, o legislador estaria ferindo o princípio constitucional de presunção de inocência.

Sobre o assunto, Lima (2020, p. 710-711) destaca:

> Ao se restringir a liberdade provisória em relação a determinado delito estar-se-ia estabelecendo hipótese de prisão cautelar obrigatória, em clara e evidente afronta ao princípio da presunção de não culpabilidade. De mais a mais, ao se vedar de maneira absoluta a concessão da liberdade provisória, tais dispositivos legais estariam privando o magistrado da análise da necessidade da manutenção da prisão cautelar do agente, impondo verdadeira prisão *ex lege*. Criar-se-ia, então, um juízo prévio e abstrato de periculosidade, feito pelo Legislador, retirando do Poder Judiciário o poder de tutela cautelar do processo e da jurisdição penal, que só pode ser realizado pelo magistrado a partir dos dados concretos de cada situação fática (LIMA, 2020, p. 710-711).

Dessa feita, andou bem o legislador ao revogar o aludido dispositivo, uma vez que não estava em consonância com a CF/1988, com o CPP e, ainda, com decisões do STF.

10.4 MEDIDAS ASSECURATÓRIAS

Art. 4° O juiz, de ofício, a requerimento do Ministério Público ou mediante representação do Delegado de Polícia, ouvido o Ministério Público em 24 (vinte e quatro) horas, havendo indícios suficientes de infração penal, poderá decretar medidas assecuratórias de bens, direitos ou valores do investigado ou acusado, ou existentes em nome de interpostas pessoas, que sejam instrumento, produto ou proveito dos crimes previstos nesta Lei ou das infrações penais antecedentes.

As medidas assecuratórias encontram-se previstas legalmente nos arts. 125 a 144-A do CPP e no art. 4° da Lei n° 9.613/1998.

Tais medidas visam a recompor o patrimônio que fora lesado em razão da conduta delitiva e em muito se assemelham aos efeitos da condenação prevista no art. 91 do CP, os quais visam assegurar direitos da vítima, de lesados ou da própria União.

Tratando-se da Lei de Lavagens especificamente, as medidas assecuratórias diferenciam-se daquelas previstas no CPP, isso porque a sua finalidade é inibir a prática delitiva, encontrar a origem dos bens, direitos ou valores introduzidos na economia formal (delito antecedente) e evitar que esses valores entrem em efetiva circulação "retroalimentando a ciranda da delitividade"[24].

---

[23] STF, Tribunal Pleno, HC n° 83.868/AM, Rel. Min. Marco Aurélio, j. 05.03.2009, *DJe* 17.04.2009; Ement. 02356-02/00334; *LEXSTF*, v. 31, n. 364, p. 266-306, 2009.

[24] Expressão utilizada pelo Ministro Carlos Ayres Brito em seu voto no julgamento do Inq n° 2.248-9/DF, em 25.05.2006.

A experiência tem revelado que, para o enfrentamento do crime organizado e da lavagem de capitais, não basta que fiquem demonstradas a materialidade e a autoria das infrações, com a consequente condenação e até ordens de prisão – é preciso mais. Necessário se faz que os recursos financeiros utilizados pelas pessoas envolvidas se tornem indisponíveis e, com isso, cesse o poderio econômico que as mantém delinquindo, sendo esse o fim visado pelas medidas assecuratórias.

No CPP, as medidas cautelares patrimoniais previstas são a busca e a apreensão, o sequestro, o arresto e a hipoteca legal. Na Lei de Lavagem de Capitais, por sua vez, antes das modificações realizadas pela Lei nº 12.683/2012, as únicas cautelares que poderiam ser decretadas pelo juiz eram a apreensão ou o sequestro, o que fazia pairar dúvidas acerca do cabimento da hipoteca e do arresto para os casos envolvendo a lavagem de capitais.

A lei modificadora revogou as disposições antes existentes, passando a referir-se genericamente às medidas assecuratórias, expressão mais ampla que abrange todas as outras previstas no CPP. Desse modo, não pairam dúvidas de que todas as medidas assecuratórias previstas no CPP podem ser judicialmente decretadas diante de situações relacionadas com o crime de lavagem de capitais.

Ao tratar do assunto, Cardoso (2020, p. 1369) faz referência a mais duas outras cautelares que podem ser decretadas judicialmente aos casos de lavagem de dinheiro: o "sequestro", previsto no Decreto-lei nº 3.240/1941, e a medida cautelar inominada, com fulcro no poder geral de cautela do juiz.

Cardoso (2020, p. 1370) exemplifica o cabimento do poder geral de cautela com a seguinte situação:

> Da mesma forma, a própria proibição da alienação de bens (indisponibilidade), quando determinada pela autoridade judicial competente e registrada perante os respectivos órgãos administrativos – *e.g.*, DETRAN, RGI etc. revela-se, não raras vezes, muito mais adequada e, até mesmo, eficaz ao fim visado: impossibilita que o agente se desfaça dos bens, e ao mesmo tempo afasta a incidência de problemas relacionados a sua administração e manutenção, dificuldades que certamente seriam enfrentadas caso estivessem sob custódia estatal.

Natureza jurídica. Às medidas assecuratórias estabelecidas na Lei de Lavagem de Capitais deve ser conferida a mesma natureza jurídica prevista para as do CPP: são cautelares, reais, acessórias e marcadas pela provisoriedade. De igual modo, o mesmo procedimento adotado no CPP aqui deve ser reproduzido, como a autuação em apartado e a observância do prazo para ingresso da ação principal.

Objeto material. São os bens, direitos e valores do investigado ou acusado, ou existentes em nome de interpostas pessoas, que sejam instrumento, produto ou proveito dos crimes previstos na Lei de Lavagem ou das infrações penais antecedentes.

Com a alteração promovida pela Lei nº 12.683/2012 no presente dispositivo, está claro que as medidas assecuratórias poderão incidir sobre os bens que estejam no nome do investigado, acusado, ou que estejam em nome de terceiros, os chamados "laranjas". Tal medida se revela de suma importância, pois, não raro, os envolvidos nessas práticas criminosas, a fim de ocultar a verdadeira propriedade de bens adquiridos com o produto do crime e conferir--lhe uma aparência de licitude, colocam-nos em nomes de terceiros.

Em recente julgado, o STJ decidiu que a medida assecuratória de indisponibilidade de bens prevista no art. 4º, § 4º, da Lei nº 9.613/1998, pode atingir tanto bens de origem lícita quanto ilícita, adquiridos antes ou depois da infração penal, bem como de pessoa jurídica ou familiar não denunciado, quando houver confusão patrimonial. Confira-se:

> ### 🔍 Jurisprudência destacada
>
> Penal. Processo penal. Agravo regimental da decisão que manteve indisponibilidade de bens. Recurso tempestivo. Interesse de agir configurado. Preliminar de nulidade. Ausência de fundamentação. Inocorrência. Alegação de que o patrimônio constrito foi adquirido licitamente. Irrelevância. Alegada boa-fé de terceiros. Confusão patrimonial de bens de família e da pessoa jurídica. Casamento sob regime de comunhão universal. Comunicabilidade. Pressupostos da medida cautelar. Art. 4º, § 4º, da Lei nº 9.613/1998. Agravantes sem foro por prerrogativa de função. Superveniente cisão da ação penal. Conexão e continência. Teoria do juízo aparente. 1. As medidas cautelares patrimoniais, previstas nos arts. 125 a 144 do CPP, bem como no art. 4º, § 4º, da Lei nº 9.613/1998, destinam-se a garantir, em caso de condenação, tanto a perda do proveito ou produto do crime como o ressarcimento dos danos causados (danos *ex delicto*) e o pagamento de pena de multa, custas processuais e demais obrigações pecuniárias impostas. 2. A medida assecuratória de indisponibilidade de bens prevista no art. 4º, § 4º, da Lei nº 9.613/1998 permite a constrição de quaisquer bens, direitos ou valores para reparação do dano decorrente do crime ou para pagamento de prestação pecuniária, pena de multa e custas processuais. Desnecessidade de verificar se os bens atingidos têm origem lícita ou ilícita ou se foram adquiridos antes ou depois da infração penal. Interpretação do art. 91, inciso II, alínea *b*, § 2º, do CP. 3. Hipótese em que a constrição atinge o patrimônio de pessoa jurídica e familiares não denunciados, inclusive o cônjuge casado sob o regime de comunhão universal de bens, o que se mostra necessário, adequado e proporcional às circunstâncias relatadas nos autos, de incorporação de bens ao patrimônio da empresa familiar e transferência de outros bens aos citados familiares, a indicar confusão patrimonial. 4. Investigações iniciadas e denúncia oferecida, perante o STJ, por alcançar Governador de Estado. O posterior desmembramento do processo, com a remessa da ação penal em face dos denunciados sem prerrogativa de foro para outro juízo, não acarreta a nulidade das medidas constritivas determinadas em relação aos agentes não detentores de foro por prerrogativa de função. Caberá ao juiz ao qual distribuída a ação penal desmembrada reexaminar a conveniência ou não de manutenção das medidas cautelares. 5. Agravo regimental a que se nega provimento (STJ, Corte Especial, AgRg no Inq nº 1.190/DF 2017/0142021-0, Rel. Min. Maria Isabel Gallotti, j. 15.09.2021, *DJe* 24.09.2021).

Legitimidade. Uma leitura apressada do dispositivo poderia levar à compreensão de que apenas o Ministério Público, por meio de requerimento, ou o Delegado de Polícia, via representação, poderiam pleitear ao juiz a decretação das medidas assecuratórias.

Lima (2020, p. 716) alerta que, após a alteração promovida pela Lei nº 12.683/2012, ficou expresso que poderão ser decretadas medidas assecuratórias de bens, direitos ou valores, que sejam produto ou proveito não só do crime de lavagem de capitais, mas também das infrações penais anteriores. Em vista disso, seria possível que o ofendido da infração penal antecedente pleiteasse uma medida patrimonial, a fim de ver resguardado o seu direito de recompor o seu patrimônio lesado. Pela mesma razão, assistiria direito ao assistente de acusação (durante a ação penal), que nada mais é do que o ofendido, representado por advogado dotado de procuração com poderes específicos, também requerer essas cautelares patrimoniais.

Prazo. O prazo para a decretação da medida assecuratória vinha previsto no § 1º do art. 4º da Lei de Lavagem de Capitais, o qual também foi alterado pela Lei nº 12.683/2012. A redação anterior da lei estabelecia que o Ministério Público dispunha do prazo de 120 para ingressar com a ação penal, caso contrário o arresto e o sequestro perderiam a eficácia. Com a modificação legislativa, a Lei de Lavagem de Capitais deixou de determinar em seu bojo o referido prazo, retirando da lei qualquer regra sobre o assunto.

Assim, diante da falta de regra específica disciplinando o assunto, o prazo a ser adotado é aquele previsto no art. 131, I, do CPP, regra geral a ser adotada, quando não houver previsão de regra específica na Lei de Lavagem de Capitais sobre o assunto, nos termos do que dispõe o art. 17-A da referida lei.

Dessarte, de acordo com o CPP, o prazo para o ajuizamento da ação penal por crime de lavagem (ação principal) será de 60 dias, a contar da data do efetivo cumprimento da medida assecuratória, sob pena de levantamento da cautelar.

Requisitos. Os requisitos para a decretação da medida constituem-se no *fumus boni iuris* e no *periculum in mora*. O primeiro refere-se aos indícios suficientes da existência do crime de lavagem de capitais. Note-se que a lei não exige que os indícios sejam veementes, bastando a existência de indícios mínimos que permitam concluir que os bens, direitos ou valores são provenientes de infração penal antecedente. O segundo, por sua vez, trata-se do perigo gerado pela demora da prestação jurisdicional. Busca-se evitar que o investigado ou o acusado se furte da aplicação da lei penal dilapidando o seu patrimônio.

Momento. Antes de ser alterado pela Lei nº 12.683/2012, o *caput* do art. 4º dispunha que a medida assecuratória somente poderia ocorrer sobre bens, direitos ou valores do acusado ou existentes em seu nome. A alteração legislativa ampliou a hipótese já prevista para incluir os existentes em nome do investigado e ainda de interpostas pessoas. Conclui-se, desse modo, que as medidas assecuratórias poderão ser decretadas tanto na fase do inquérito quanto após a ação penal.

10.5 LIBERAÇÃO DOS BENS APREENDIDOS

> **Art. 4º** (...)
>
> § 2º O juiz determinará a liberação total ou parcial dos bens, direitos e valores quando comprovada a licitude de sua origem, mantendo-se a constrição dos bens, direitos e valores necessários e suficientes à reparação dos danos e ao pagamento de prestações pecuniárias, multas e custas decorrentes da infração penal.
>
> § 3º Nenhum pedido de liberação será conhecido sem o comparecimento pessoal do acusado ou de interposta pessoa a que se refere o *caput* deste artigo, podendo o juiz

determinar a prática de atos necessários à conservação de bens, direitos ou valores, sem prejuízo do disposto no § 1º.

§ 4º Poderão ser decretadas medidas assecuratórias sobre bens, direitos ou valores para reparação do dano decorrente da infração penal antecedente ou da prevista nesta Lei ou para pagamento de prestação pecuniária, multa e custas.

Os §§ 2º e 3º do art. 4º da Lei objeto de estudo referem-se ao procedimento de liberação dos bens apreendidos, que será determinada pelo juiz, quando comprovada a licitude de sua origem. A presente medida poderá ser intentada antes da sentença por meio de um pedido de restituição de bens feito pela pessoa prejudicada, que no caso deverá comprovar a licitude dos bens e comparecer pessoalmente em juízo, sob pena de o pedido não ser conhecido.

Para alguns autores, como Cardoso (2020, p. 1371), o dispositivo em análise prevê a inversão do ônus da prova para as medidas assecuratórias aplicadas nos casos de lavagem de capitais. De acordo com suas palavras:

> (...) basta à acusação a demonstração da presença dos requisitos necessários ao deferimento da medida cautelar patrimonial – *fumus boni iuris* e *periculum in mora* – não lhe sendo exigível comprovar a ilicitude do bem que caracteriza o objeto do provimento assecuratório postulado.

Isso porque competirá à parte lesada comprovar a licitude dos bens, direitos ou valores objeto de constrição, até o trânsito em julgado da sentença. E, caso não o faça, sendo a sentença condenatória, será decretada a perda judicial de tais bens; de outro lado, sendo absolutória, tais bens serão liberados por força dessa sentença.

De acordo com a segunda parte do § 2º, mesmo que seja deferida a liberação judicial de bens, direitos ou valores comprovadamente lícitos, a autoridade judicial poderá manter a constrição, sobre aqueles que sejam necessários e suficientes à reparação dos danos e ao pagamento de prestações pecuniárias, multas e custas decorrentes da infração penal. O § 4º ainda prevê a possibilidade de decretação de medidas assecuratórias para esses fins.

10.6 ALIENAÇÃO ANTECIPADA DE BENS

Art. 4º (...)

§ 1º Proceder-se-á à alienação antecipada para preservação do valor dos bens sempre que estiverem sujeitos a qualquer grau de deterioração ou depreciação, ou quando houver dificuldade para sua manutenção.

Art. 4º-A. A alienação antecipada para preservação de valor de bens sob constrição será decretada pelo juiz, de ofício, a requerimento do Ministério Público ou por solicitação da parte interessada, mediante petição autônoma, que será autuada em apartado e cujos autos terão tramitação em separado em relação ao processo principal.

§ 1º O requerimento de alienação deverá conter a relação de todos os demais bens, com a descrição e a especificação de cada um deles, e informações sobre quem os detém e local onde se encontram.

§ 2º O juiz determinará a avaliação dos bens, nos autos apartados, e intimará o Ministério Público.

§ 3º Feita a avaliação e dirimidas eventuais divergências sobre o respectivo laudo, o juiz, por sentença, homologará o valor atribuído aos bens e determinará sejam alienados em leilão ou pregão, preferencialmente eletrônico, por valor não inferior a 75% (setenta e cinco por cento) da avaliação.

§ 4º Realizado o leilão, a quantia apurada será depositada em conta judicial remunerada, adotando-se a seguinte disciplina:

I – nos processos de competência da Justiça Federal e da Justiça do Distrito Federal:

a) os depósitos serão efetuados na Caixa Econômica Federal ou em instituição financeira pública, mediante documento adequado para essa finalidade;

b) os depósitos serão repassados pela Caixa Econômica Federal ou por outra instituição financeira pública para a Conta Única do Tesouro Nacional, independentemente de qualquer formalidade, no prazo de 24 (vinte e quatro) horas; e

c) os valores devolvidos pela Caixa Econômica Federal ou por instituição financeira pública serão debitados à Conta Única do Tesouro Nacional, em subconta de restituição;

II – nos processos de competência da Justiça dos Estados:

a) os depósitos serão efetuados em instituição financeira designada em lei, preferencialmente pública, de cada Estado ou, na sua ausência, em instituição financeira pública da União;

b) os depósitos serão repassados para a conta única de cada Estado, na forma da respectiva legislação.

§ 5º Mediante ordem da autoridade judicial, o valor do depósito, após o trânsito em julgado da sentença proferida na ação penal, será:

I – em caso de sentença condenatória, nos processos de competência da Justiça Federal e da Justiça do Distrito Federal, incorporado definitivamente ao patrimônio da União, e, nos processos de competência da Justiça Estadual, incorporado ao patrimônio do Estado respectivo;

II – em caso de sentença absolutória extintiva de punibilidade, colocado à disposição do réu pela instituição financeira, acrescido da remuneração da conta judicial.

§ 6º A instituição financeira depositária manterá controle dos valores depositados ou devolvidos.

§ 7º Serão deduzidos da quantia apurada no leilão todos os tributos e multas incidentes sobre o bem alienado, sem prejuízo de iniciativas que, no âmbito da competência de cada ente da Federação, venham a desonerar bens sob constrição judicial daqueles ônus.

§ 8º Feito o depósito a que se refere o § 4º deste artigo, os autos da alienação serão apensados aos do processo principal.

§ 9º Terão apenas efeito devolutivo os recursos interpostos contra as decisões proferidas no curso do procedimento previsto neste artigo.

§ 10. Sobrevindo o trânsito em julgado de sentença penal condenatória, o juiz decretará, em favor, conforme o caso, da União ou do Estado:

I – a perda dos valores depositados na conta remunerada e da fiança;

II – a perda dos bens não alienados antecipadamente e daqueles aos quais não foi dada destinação prévia; e

III – a perda dos bens não reclamados no prazo de 90 (noventa) dias após o trânsito em julgado da sentença condenatória, ressalvado o direito de lesado ou terceiro de boa-fé.

§ 11. Os bens a que se referem os incisos II e III do § 10 deste artigo serão adjudicados ou levados a leilão, depositando-se o saldo na conta única do respectivo ente.

§ 12. O juiz determinará ao registro público competente que emita documento de habilitação à circulação e utilização dos bens colocados sob o uso e custódia das entidades a que se refere o *caput* deste artigo.

§ 13. Os recursos decorrentes da alienação antecipada de bens, direitos e valores oriundos do crime de tráfico ilícito de drogas e que tenham sido objeto de dissimulação e ocultação nos termos desta Lei permanecem submetidos à disciplina definida em lei específica.

A Lei nº 12.683/2012 alterou o art. 4º, § 1º, da Lei de Lavagem de Capitais em sua redação original, para incluir medida outrora não prevista: a alienação antecipada de bens que constituírem o objeto material das medidas assecuratórias.

Em razão da morosidade processual, que ocasiona o perecimento e a perda de valor dos bens, e da dificuldade para a sua guarda e conservação até o final do trânsito em julgado de uma sentença condenatória pelo crime de lavagem de capitais, festejada foi a criação do mencionado instituto, que visa não somente à preservação do valor dos bens, que em caso de sentença condenatória, após o trânsito em julgado da sentença proferida na ação penal, será incorporado definitivamente ao patrimônio da União ou do Estado, mas também conferir segurança ao patrimônio do réu ou do acusado, que em caso de sentença absolutória ou extintiva da punibilidade poderá reaver o valor, acrescido da remuneração da conta judicial.

O aludido instituto pode ser conceituado como a venda antecipada de bens apreendidos nas medidas assecuratórias, que estejam sujeitos a qualquer grau de deterioração ou depreciação, ou quando houver dificuldade para a sua manutenção.

Procedimento. O procedimento previsto para a decretação da alienação antecipada de bens vem detalhado no art. 4º-A da Lei nº 9.613/1998. Quem poderá decretar a medida é a autoridade judicial, de ofício, ou após requerimento do Ministério Público, ou por solicitação da parte interessada. O procedimento será autuado em apartado e terá tramitação em separado com relação ao processo principal. Feita a avaliação e homologado o seu valor, o juiz determinará a sua venda, por meio de leilão ou pregão, preferencialmente eletrônico, por valor não inferior a 75% da avaliação. A quantia será depositada em conta judicial e, ao final da ação penal, caso o réu seja absolvido, o valor será devolvido a ele; em caso de condenação, todavia, o valor será perdido em favor da União ou do Estado.

⚙️ Decifrando a prova

(Juiz – TJSC – Cespe/Cebraspe – 2019 – Adaptada) Ao receber ação penal para o processamento de crime de lavagem de valores, de acordo com a legislação especial que trata do assunto, o juiz de direito substituto atuará corretamente no caso de:

Emitir ordem, após o trânsito em julgado de ação de competência da justiça federal ou estadual, para que o valor constante da sentença penal condenatória e depositado judicialmente como medida assecuratória seja incorporado definitivamente ao patrimônio da União.

( ) Certo ( ) Errado

Gabarito comentado: de acordo com o art. 4º-A, § 5º, I, da Lei nº 9.613/1998, a depender da competência fixada para o crime de lavagem, o valor também poderá ser incorporado ao patrimônio do Estado respectivo. Portanto, a assertiva está errada.

(Delegado – PC/MG – Fumarc – 2018 – Adaptada) Em relação aos aspectos processuais da Lei de Lavagem de Dinheiro (Lei nº 9.613/1998), pode-se afirmar:
A alienação de bens objeto de medidas assecuratórias depende da existência de trânsito em julgado de sentença condenatória.

( ) Certo ( ) Errado

Gabarito comentado: o art. 4º, § 1º, da Lei de Lavagem de Capitais prevê a alienação antecipada de bens, que poderá ocorrer após a efetivação da medida assecuratória, no curso da ação penal, e antes que seja decretado o trânsito em julgado da sentença condenatória. Portanto, a assertiva está errada.

10.7 AÇÃO CONTROLADA

Art. 4º-B. A ordem de prisão de pessoas ou as medidas assecuratórias de bens, direitos ou valores poderão ser suspensas pelo juiz, ouvido o Ministério Público, quando a sua execução imediata puder comprometer as investigações.

Para alguns doutrinadores, o artigo em estudo refere-se a uma espécie de ação controlada, técnica especial de investigação, que com o advento do Pacote Anticrime encontra previsão expressa no art. 1º, § 6º, da Lei de Lavagem.

Observe-se que o art. 4º-B fala especificamente na suspensão da ordem de prisão ou das medidas assecuratórias, medida que depende de ordem judicial e não compreende a prisão em flagrante, que, uma vez verificada, não poderá deixar de ser cumprida.

10.8 ADMINISTRAÇÃO DOS BENS APREENDIDOS

Art. 5º Quando as circunstâncias o aconselharem, o juiz, ouvido o Ministério Público, nomeará pessoa física ou jurídica qualificada para a administração dos bens, direitos ou valores sujeitos a medidas assecuratórias, mediante termo de compromisso.

Art. 6º A pessoa responsável pela administração dos bens:

I – fará jus a uma remuneração, fixada pelo juiz, que será satisfeita com o produto dos bens objeto da administração;

II – prestará, por determinação judicial, informações periódicas da situação dos bens sob sua administração, bem como explicações e detalhamentos sobre investimentos e reinvestimentos realizados.

Parágrafo único. Os atos relativos à administração dos bens sujeitos a medidas asse-curatórias serão levados ao conhecimento do Ministério Público, que requererá o que entender cabível.

Os artigos supracitados referem-se à possibilidade de o juiz nomear um administrador aos bens, direitos ou valores apreendidos pelas medidas assecuratórias. A grande inovação trazida pela Lei nº 12.683/2012 é a especificação das pessoas que poderão ser nomeadas administradoras, podendo ser tanto a pessoa física quanto a jurídica.

A razão de ser do dispositivo é garantir a guarda e a conservação dos bens.

10.9 EFEITOS DA CONDENAÇÃO

CAPÍTULO III

Dos Efeitos da Condenação

Art. 7º São efeitos da condenação, além dos previstos no Código Penal:

I – a perda, em favor da União – e dos Estados, nos casos de competência da Justiça Estadual –, de todos os bens, direitos e valores relacionados, direta ou indiretamente, à prática dos crimes previstos nesta Lei, inclusive aqueles utilizados para prestar a fiança, ressalvado o direito do lesado ou de terceiro de boa-fé;

II – a interdição do exercício de cargo ou função pública de qualquer natureza e de diretor, de membro de conselho de administração ou de gerência das pessoas jurídicas referidas no art. 9º, pelo dobro do tempo da pena privativa de liberdade aplicada.

§ 1º A União e os Estados, no âmbito de suas competências, regulamentarão a forma de destinação dos bens, direitos e valores cuja perda houver sido declarada, assegurada, quanto aos processos de competência da Justiça Federal, a sua utilização pelos órgãos federais encarregados da prevenção, do combate, da ação penal e do julgamento dos crimes previstos nesta Lei, e, quanto aos processos de competência da Justiça Estadual, a preferência dos órgãos locais com idêntica função.[25]

§ 2º Os instrumentos do crime sem valor econômico cuja perda em favor da União ou do Estado for decretada serão inutilizados ou doados a museu criminal ou a entidade pública, se houver interesse na sua conservação.

O art. 7º traz em seu bojo os efeitos da condenação pela prática do crime de lavagem. A disposição prevista no inciso I trata-se de previsão similar à contida no art. 91, II, do CP, acrescida de duas informações importantes.

A primeira dispõe que os bens, direitos e valores que tenham sido relacionados, direta ou indiretamente, ao crime de lavagem de capitais, inclusive os utilizados para prestar fian-ça, poderão ser perdidos em favor da União, ressalvado o direito de lesado ou de terceiro de

---

[25] Em 2022, foi publicado o Decreto nº 11.008, o qual, regulamentando o § 1º do art. 7º, estabeleceu a destinação de bens, direitos e valores cuja perda tenha sido declarada em processos de competên-cia da Justiça Federal nos crimes de lavagem ou ocultação de bens, direitos e valores.

boa-fé. A segunda prevê que tais bens poderão ser perdidos inclusive em favor dos Estados, quando o crime de lavagem for de competência da Justiça Estadual.

O inciso II refere-se à interdição do exercício de cargo ou função pública de qualquer natureza e de diretor, de membro de conselho de administração ou de gerência das pessoas jurídicas referidas no art. 9º. A interdição a que se alude o dispositivo deverá ser aplicada pelo dobro do tempo de pena privativa de liberdade imposta. Constitui um efeito específico da condenação, que tem natureza de efeito automático, e não deve ser confundido com o contido no art. 92, I, do CP, que deve ser declarado motivadamente na sentença[26].

Ao analisar o assunto, o STJ já decidiu que tais efeitos são automáticos.

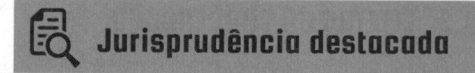

Jurisprudência destacada

[...] XIX – O art. 7º, II, da Lei nº 9.613/1998 impõe como efeito automático da condenação pelo crime de lavagem de capitais, para além dos previstos no CP, a interdição do exercício de cargo ou função pública de qualquer natureza e de diretor, de membro de conselho de administração ou de gerência das pessoas jurídicas referidas no art. 9º da mesma Lei pelo dobro do tempo da pena privativa de liberdade aplicada. XX – Diferentemente dos efeitos da condenação assinalados no art. 92 do CP, cuja aplicação exige motivação na sentença, nos termos da expressa ressalva feita no parágrafo único daquele dispositivo, os efeitos da condenação previstos no art. 7º da Lei nº 9.613/1998 são automáticos e decorrem da própria condenação, independentemente da indicação de motivos para a incidência dessa consequência específica [...] (AgRg no REsp nº 1.840.416/PR, j. 06.10.2020).

No julgamento da AP nº 863/SP, com fundamento no art. 7º, II, o STF decidiu pela incidência desse efeito da condenação a Deputado Federal condenado pelo crime de lavagem de capitais. No caso, decidiu-se que ele ficaria interditado para o exercício de cargo ou função pública de qualquer natureza e de diretor, de membro de conselho de administração ou de gerência das pessoas jurídicas referidas no art. 9º da mesma Lei, pelo dobro do tempo da pena privativa de liberdade aplicada[27].

10.10 COOPERAÇÃO INTERNACIONAL

Art. 8º O juiz determinará, na hipótese de existência de tratado ou convenção internacional e por solicitação de autoridade estrangeira competente, medidas assecuratórias sobre bens, direitos ou valores oriundos de crimes descritos no art. 1º praticados no estrangeiro.

---

[26] Em sentido contrário, entendendo que se trata de efeito que deve ser declarado motivadamente da sentença: Habib (2019, p. 615) e Lima (2020, p. 756). Sustentando que seria um efeito automático: Portocarrero e Ferreira (2020, p. 590).

[27] STF, 1ª Turma, AP nº 863/SP, Rel. Min. Edson Fachin, j. 23.05.2017 – *Informativo* 866.

§ 1° Aplica-se o disposto neste artigo, independentemente de tratado ou convenção internacional, quando o governo do país da autoridade solicitante prometer reciprocidade ao Brasil.

§ 2° Na falta de tratado ou convenção, os bens, direitos ou valores privados sujeitos a medidas assecuratórias por solicitação de autoridade estrangeira competente ou os recursos provenientes da sua alienação serão repartidos entre o Estado requerente e o Brasil, na proporção de metade, ressalvado o direito do lesado ou de terceiro de boa-fé.

O art. 8° prevê a possibilidade de decretação das medidas assecuratórias que poderão recair sobre bens, direitos ou valores oriundos de crimes de lavagem de capitais praticados em território estrangeiro.

Para que a autoridade judicial brasileira possa decretar a cautelar, deverá existir tratado ou convenção internacional autorizando a medida, ou, no caso de inexistência, que o governo do país da autoridade solicitante prometa reciprocidade ao Brasil. Em ambos os casos, autoridade estrangeira competente deverá solicitar a medida.

O § 2° dispõe sobre a divisão, na proporção de metade, dos bens, direitos ou valores objeto das medidas assecuratórias ou do valor proveniente de sua alienação, entre o Brasil e o Estado requerente, quando não houver tratado ou convenção. A repartição referida só poderá ocorrer após o trânsito em julgado da sentença condenatória.

10.11 CONSELHO DE CONTROLE DE ATIVIDADES FINANCEIRAS (COAF)

O Conselho de Controle de Atividades Financeiras, órgão de inteligência financeira, foi reestruturado pela Lei n° 13.974/2020. Atualmente, o COAF está vinculado administrativamente ao Banco Central do Brasil, e não mais ao Ministério da Justiça e Segurança Pública (PORTOCARRERO; FERREIRA, 2020, p. 597).

O órgão dispõe de autonomia técnica e operacional, tem atuação em todo o território nacional e possui por finalidade disciplinar aplicar penas administrativas, receber, examinar e identificar as ocorrências suspeitas de atividades ilícitas previstas na lei de lavagem de capitais, sem prejuízo da competência conferida aos outros órgãos e entidades. Ainda, coordena a troca de informações que viabilizem ações rápidas e eficientes no combate à ocultação ou dissimulação de bens, direitos e valores.

Demais disso, a Lei n° 13.974/2020 atribuiu ao órgão a competência de produzir e gerir informações de inteligência financeira para a prevenção e o combate à lavagem de dinheiro e promover a interlocução institucional com órgãos e entidades nacionais, estrangeiros e internacionais que tenham conexão com suas atividades.

De acordo com o § 3° do art. 14 da Lei de Lavagem de Capitais, o COAF poderá requerer aos órgãos da Administração Pública as informações cadastrais bancárias e financeiras de pessoas envolvidas em atividades suspeitas.

A cooperação e a troca de informações com as autoridades competentes pelo COAF, quando se concluir pela existência do delito de lavagem, de fundados indícios de sua prática ou de qualquer outro delito, vêm previstas no art. 15 e são de suma importância, pois permitem a articulação rápida, viabilizando ações eficazes na prevenção e no combate à lavagem de dinheiro e ao financiamento do terrorismo[28].

 Decifrando a prova

(Delegado de Polícia – PC/SP – 2011 – Adaptada) Em relação aos crimes de "lavagem" ou ocultação de bens, direitos e valores – Lei nº 9.613/1998, é correto afirmar que: o COAF poderá requerer aos órgãos da Administração Pública as informações cadastrais bancárias e financeiras de pessoas envolvidas em atividades suspeitas.

( ) Certo ( ) Errado

Gabarito comentado: esse é o teor do § 3º do art. 14 da Lei nº 9.613/1998. Portanto, a assertiva está certa.

Art. 17-A. Aplicam-se, subsidiariamente, as disposições do Decreto-lei nº 3.689, de 3 de outubro de 1941 (*Código de Processo Penal*), no que não forem incompatíveis com esta Lei.

Art. 17-B. A autoridade policial e o Ministério Público terão acesso, exclusivamente, aos dados cadastrais do investigado que informam qualificação pessoal, filiação e endereço, independentemente de autorização judicial, mantidos pela Justiça Eleitoral, pelas empresas telefônicas, pelas instituições financeiras, pelos provedores de internet e pelas administradoras de cartão de crédito.

Art. 17-C. Os encaminhamentos das instituições financeiras e tributárias em resposta *às* ordens judiciais de quebra ou transferência de sigilo deverão ser, sempre que determinado, em meio informático, e apresentados em arquivos que possibilitem a migração de informações para os autos do processo sem redigitação.

Art. 17-D. Em caso de indiciamento de servidor público, este será afastado, sem prejuízo de remuneração e demais direitos previstos em lei, até que o juiz competente autorize, em decisão fundamentada, o seu retorno.

Art. 17-E. A Secretaria da Receita Federal do Brasil conservará os dados fiscais dos contribuintes pelo prazo mínimo de 5 (cinco) anos, contado a partir do início do exercício seguinte ao da declaração de renda respectiva ou ao do pagamento do tributo.

Art. 18. Esta Lei entra em vigor na data de sua publicação.

10.12 APLICAÇÃO SUBSIDIÁRIA DO CPP

A Lei nº 12.683/2012 introduziu o Capítulo X na Lei nº 9.613/1998, com cinco artigos.

---

28 Disponível em: https://www.fazenda.gov.br/assuntos/prevencao-lavagem-dinheiro/inteligencia--financeira. Acesso em: 30 out. 2020.

Logo no art. 17-A há a previsão de aplicação subsidiária do CPP aos processos de lavagem de capitais, quando estivermos diante de uma omissão ou lacuna dessa lei, no que não forem incompatíveis.

10.13 POSSIBILIDADE DE ACESSO AOS DADOS CADASTRAIS

De acordo com o art. 17-B, a autoridade policial e o Ministério Público poderão requisitar diretamente os dados cadastrais do investigado, que informem qualificação pessoal, filiação e endereço, independentemente de autorização judicial.

A previsão contida nesse dispositivo veio reforçada pela Lei nº 12.830/2013, que trata da investigação criminal conduzida pelo Delegado de Polícia, e previu no seu art. 2º, § 2º, que ao delegado cabe requisitar diretamente: perícia, informações, documentos e dados que interessem à investigação. Trata-se de previsão de suma importância que visa conferir uma agilidade maior às investigações.

Ressalte-se que tais previsões legais não conflitam com a CF/1988, que prevê cláusula de reserva de jurisdição, por exemplo, ao sigilo das comunicações telefônicas, à busca e apreensão e à quebra de sigilo bancário e fiscal, os quais não se confundem com os dados cadastrais. Ao requisitar os dados cadastrais, não estará a autoridade policial ou o Ministério Público invadindo a esfera de intimidade ou privacidade da pessoa investigada, não havendo que falar, portanto, na ilegalidade do fornecimento de tais informações.[29]

🧩 Decifrando a prova

(Delegado – Polícia Federal – Cespe/Cebraspe – 2021 – Adaptada) Em relação ao disposto na Lei nº 9.613/1998, que se refere à lavagem de dinheiro, julgue o item a seguir.

No que se refere ao investigado, a autoridade policial terá acesso a dados cadastrais relativos à qualificação pessoal, à filiação e ao endereço mantidos nos bancos de dados da Justiça Eleitoral, de empresas telefônicas, de instituições financeiras, de provedores de Internet e de administradoras de cartão de crédito, independentemente de autorização judicial.

( ) Certo ( ) Errado

---

[29] Nesse sentido, a jurisprudência do STJ: Não há ilegalidade na quebra do sigilo de dados cadastrais de linhas telefônicas, os quais, conforme o tribunal de origem, foram obtidos por autoridade policial que recebeu de magistrado senha fornecida pela Corregedoria de Polícia Judiciária. Isso porque, conforme entendimentos do STF e do STJ, o disposto no artigo 5º, XII, da CF/1988 não impede o acesso aos dados em si, ou seja, o objeto protegido pelo direito à inviolabilidade do sigilo não são os dados em si, mas tão somente a comunicação desses dados. O entendimento do tribunal de origem é que sobre os dados cadastrais de linhas telefônicas inexiste previsão constitucional ou legal de sigilo, já que não fazem parte da intimidade da pessoa, assim como sobre eles não paira o princípio da reserva jurisdicional. Tal entendimento está em consonância com a jurisprudência do STJ (STJ, 5ª Turma, AgRg no HC nº 181.546/SP, data publicação 18.02.2014).

> **Gabarito comentado:** esse é o teor do art. 17-B da Lei nº 9.613/1998. Portanto, a assertiva está certa.

10.14 AFASTAMENTO DO SERVIDOR PÚBLICO EM CASO DE INDICIAMENTO PELO CRIME DE LAVAGEM DE CAPITAIS

Em caso de indiciamento de servidor público pelo crime de lavagem de capitais, ele será automaticamente afastado de suas funções, sem prejuízo de remuneração e demais direitos previstos em lei; trata-se de uma medida cautelar prevista no art. 17-D. A decisão de retorno do servidor às suas funções dependerá de decisão judicial fundamentada. Esse é o teor do dispositivo. Parte da doutrina, todavia, defende a sua inconstitucionalidade.

Argumenta-se que o afastamento automático em caso de indiciamento, além de violar o devido processo legal, traria para aquele que estivesse sendo processado os mesmos efeitos daquele que já tivesse sofrido uma condenação criminal com trânsito em julgado. E mais, caso fosse o entendimento da autoridade judicial de que o servidor acusado de lavagem de capitais devesse ser afastado de suas funções cautelarmente, não haveria óbice para que a ele fosse aplicada a suspensão do exercício de função pública, medida cautelar diversa da prisão prevista no art. 319, VI, do CPP (LIMA, 2020, p. 764).

Os fundamentos expostos *supra* foram utilizados na Ação Direta de Inconstitucionalidade (ADI) nº 4.911 apresentada pela Associação Nacional dos Procuradores da República (ANPR). Recentemente, o STF concluiu o seu julgamento e decidiu pela inconstitucionalidade do art. 17-D.

 **Jurisprudência destacada**

Ação direta de inconstitucionalidade. Direito processual penal. Lei nº 9.613/1998. Art. 17-D. Afastamento automático de servidor público indiciado em inquérito que apura crimes de lavagem ou ocultação de bens, direitos e valores. Violação ao princípio da proporcionalidade. Ausência de necessidade da medida cautelar. Presunção de inocência. Medidas coercitivas ou constritivas de direitos a exigir decisão fundamentada no caso concreto. Princípio da igualdade. Tratamento desigual a investigados em situações similares por força de imputação facultativa à autoridade policial. Ação direta procedente para declarar a inconstitucionalidade do dispositivo. 1. Inconstitucionalidade do afastamento automático do servidor público investigado por crimes de lavagem ou ocultação de bens, direitos e valores em decorrência de atividade discricionária da autoridade policial, nos termos do art. 17-D da Lei nº 9.613/1998, consistente em indiciamento e independentemente de início da ação penal e análise dos requisitos necessários para a efetivação dessa grave medida restritiva de direitos. 2. A determinação do afastamento automático do servidor investigado, por consequência única e direta do indiciamento pela autoridade policial, não se coaduna com o texto constitucional, uma vez que o afastamento do servidor, em caso de necessidade para a investigação ou instrução processual, somente se justifica quando demonstrado nos autos o risco da continuidade do desempenho de suas funções e a medida ser eficaz e proporcional à tutela da investigação e da própria administração pública, circunstâncias a serem apreciadas pelo Poder Judiciário. 3. Reputa-se violado o princípio da proporcionalidade quando não se observar a necessidade concreta da norma para tutelar o bem jurídico a que se destina, já que o afastamento do servidor pode ocorrer a partir de representação da autoridade policial ou do Ministério Público, na forma de medida cautelar diversa da prisão, conforme os arts. 282, § 2°, e 319, VI, ambos do CPP. 4. A presunção de inocência exige que a imposição de medidas coercitivas ou constritivas aos direitos dos acusados, no decorrer de inquérito ou processo penal, seja amparada em requisitos concretos que sustentam a fundamentação da decisão judicial impositiva, não se admitindo efeitos cautelares automáticos ou desprovidos de fundamentação idônea. 5. Sendo o indiciamento ato dispensável para o ajuizamento de ação penal, a norma que determina o afastamento automático de servidores públicos, por força da *opinio delicti* da autoridade policial, quebra a isonomia entre acusados indiciados e não indiciados, ainda que denunciados nas mesmas circunstâncias. Ressalte-se, ainda, a possibilidade de promoção de arquivamento do inquérito policial mesmo nas hipóteses de indiciamento do investigado. 6. Ação direta julgada procedente (STF, Tribunal Pleno, ADI n° 4911, Rel. Edson Fachin, Rel. p/ Acórdão Alexandre de Moraes, j. 23.11.2020, *DJe* 03.12.2020).

II Estatuto do Desarmamento – Lei nº 10.826/2003

II.1 ASPECTOS INICIAIS DA LEI Nº 10.826/2003

II.1.1 Evolução legislativa e apresentação inicial

Evolução legislativa. Um dos primeiros diplomas normativos a tratar a respeito do tema **arma de fogo** foi o Decreto-lei nº 3.688/1941 (Lei de Contravenções Penais), mais precisamente em seus arts. 18 e 19. Tais dispositivos foram parcialmente revogados pela Lei nº 9.437/1997, a qual elevou ao *status* **de crime** o porte ou a posse ilegal de **arma de fogo**. Por fim, foi editada a presente Lei nº 10.826/2003, a qual revogou expressamente a Lei nº 9.437/1997 e trouxe, com muito mais detalhamento, a regulamentação (administrativa e criminal) acerca dos assuntos relacionados à arma de fogo e afins.

Cumpre ressaltar que existe discussão na doutrina se os arts. 18 e 19 da Lei de Contravenções Penais ainda se encontram vigentes no tocante às armas brancas (faca, punhal etc.). Para Nucci (2020) tais dispositivos são inaplicáveis atualmente, podendo se tornar aplicáveis se, porventura, for editada lei federal disciplinando o porte de arma branca.

Nesse sentido, já decidiu o STF, entendendo que, enquanto não surgir a devida regulamentação disciplinando o porte de arma branca, a aplicação da contravenção prevista no art. 19 está paralisada:

Jurisprudência destacada

(...) 4. Art. 19 da Lei das Contravenções Penais: "trazer consigo arma fora de casa ou de dependência desta, sem licença da autoridade". Para obter condenação pela contravenção, a acusação deve demonstrar que seria necessária a licença para porte da arma em questão. Não há previsão na legislação acerca da necessidade de licença de autoridade pública para porte de arma branca. Norma penal em branco, sem o devido complemento. **Sua aplicação, até que surja a devida regulamentação, resta paralisada** (STF, 2ª Turma, RHC nº 134.830/SC, Rel. Min. Gilmar Mendes, j. 26.10.2016).

Por sua vez, outra parcela da doutrina considera que ambos estão vigentes e aplicáveis, porém apenas no tocante a armas brancas[1].

Acompanhando essa segunda orientação (e contrariando o já decidido pelo STF), o STJ tem entendido pela aplicabilidade do art. 19 para tipificar a conduta de porte de arma branca:

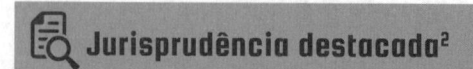 **Jurisprudência destacada[2]**

> Como cediço, em relação às armas de fogo, o art. 19 da Lei de Contravenção Penal foi tacitamente revogado pelo art. 10 da Lei nº 9.437/1997, que, por sua vez, também foi revogado pela Lei nº 10.826/2003. Assim, o porte ilegal de arma de fogo caracteriza, atualmente, infração aos arts. 14 ou 16 do Estatuto do Desarmamento, conforme seja a arma permitida ou proibida. Entrementes, permaneceu vigente o referido dispositivo do Decreto-lei nº 3.688/1941 quanto ao porte de outros artefatos letais, como as armas brancas. Desse modo, a jurisprudência do STJ é firme no sentido da **possibilidade de tipificação da conduta de porte de arma branca como contravenção prevista no art. 19 do Decreto-lei** nº **3.688/1941**, não havendo que se falar em violação ao princípio da intervenção mínima ou da legalidade (STJ, 5ª Turma, RHC nº 56.128/MG, Rel. Min. Ribeiro Dantas, j. 10.03.2020 – *Informativo* 668).

Acrescentamos, por fim, que essa temática está para ser decidida em sede de repercussão geral no âmbito do STF (ARE nº 901.623/SP): "Tema 857 – Tipicidade da conduta de portar arma branca, considerada a ausência da regulamentação exigida no tipo do art. 19 da Lei das Contravenções Penais". Tal decisão certamente impactará a solução da controvérsia. Acompanhemos.

Finalidade. A edição da Lei nº 10.826/2003 (Estatuto do Desarmamento) teve por finalidade, como o próprio nome sugere, **desarmar a população em geral**. É certo que a Lei não impede totalmente a aquisição e a circulação de arma de fogo, acessório ou munição, contudo, nitidamente, muito dificulta a realização de tais ações.

Completando o raciocínio e utilizando-se dos esclarecedores ensinamentos de Silvares (2022, p. 1549):

> Na verdade, parece-nos que o escopo inicial da lei era o de banir o comércio de armas de fogo no Brasil – salvo exceções – tanto assim que o art. 35 previu expressamente a proibição: "É proibida a comercialização de arma de fogo e munição em todo o território nacional, salvo para as entidades no art. 6º desta Lei". Ocorre que o referido dispositivo

---

[1] Há também o entendimento que vislumbra a possibilidade de incidência do art. 19, § 2º, "c", da LCP à conduta daquele que possui munição e deixa de observar as cautelas necessárias para impedir que menor de 18 anos ou pessoa portadora de deficiência mental dela se apodere facilmente (SILVARES, 2020, p. 1501).

[2] No mesmo sentido: STJ, 6ª Turma, AgRg no RHC nº 127.595/MG, Rel. Min. Rogerio Schietti Cruz, j. 15.09.2020.

nunca entrou em vigor, pois permaneceu pendente de uma condição suspensiva, prevista em seu § 1°: "Este dispositivo, para entrar em vigor, dependerá de aprovação mediante referendo popular, a ser realizado em outubro de 2005". Houve, então, a consulta popular, que rechaçou a referida proibição.

Organização. O Estatuto do Desarmamento é dividido em **seis** capítulos.

No **Capítulo I**, temos regulamentação do **Sistema Nacional de Armas (SINARM** – instituído no Ministério da Justiça, no âmbito da Polícia Federal), o qual é responsável pelo **controle e cadastro[3] de armas de fogo, acessórios e munições em geral**. As competências de tal órgão estão elencadas no art. 2° da Lei n° 10.826/2003 e, vez ou outra, são cobradas em prova.

Há também a determinação de que, em casos específicos, armas de fogo sejam cadastradas no **Sistema de Gerenciamento Militar de Armas (SIGMA** – instituído no âmbito do Comando do Exército do Ministério da Defesa), por exemplo, as armas de fogo institucionais das Forças Armadas e Auxiliares. Os arts. 3° e 4° do Decreto n° 9.847/2019 regulamentam tais situações.

Decifrando a prova

(Técnico Judiciário – STF – Cespe – 2013) Julgue o item a seguir, à luz do Estatuto do Desarmamento. Nesse sentido, considere que a sigla SINARM, sempre que empregada, refere-se ao Sistema Nacional de Armas.

Respeitadas as exigências legais, a comercialização de armas de fogo, acessórios e munições entre pessoas físicas prescinde de autorização prévia do SINARM.

( ) Certo ( ) Errado

Gabarito comentado: conforme prescrito no art. 4°, § 5°, da Lei n° 10.826/2003: a comercialização de armas de fogo, acessórios e munições entre pessoas físicas somente será efetivada mediante autorização do SINARM. Portanto, a assertiva está errada.

No **Capítulo II**, temos regulamentação a respeito do **registro de arma de fogo**, além de normas que versam sobre a **aquisição de arma de fogo**, entre outros assuntos. Logo mais, estudaremos esses temas, focando o que é cobrado em provas de concursos.

---

[3] Não confunda "cadastro" com "registro" (art. 3°, X e XI, do Decreto n° 10.030/2019). **Cadastro** é inclusão da arma de fogo de produção nacional ou importada em banco de dados, com a descrição de suas características; **registro** é a matrícula da arma de fogo que esteja vinculada à identificação do respectivo proprietário em banco de dados. As armas de fogo em geral serão cadastradas no SINARM ou SIGMA (arts. 3° e 4° do Decreto n° 9.847/2019), contudo serão registradas na Polícia Federal (art. 3°, § 1° c/c o § 3°, VI, do Decreto n° 9.847/2019) ou no Comando do Exército (art. 3°, parágrafo único, da Lei n° 10.826/2003), a depender da natureza da arma: se de uso permitido ou restrito.

No **Capítulo III**, à semelhança do capítulo anterior, temos a regulamentação a respeito do **porte de arma de fogo (proibições e permissões)**, o qual será objeto de nosso estudo.

No **Capítulo IV**, temos os **crimes e as penas** contidas na Lei. Trata-se do **nosso assunto principal**, haja vista a grande incidência em provas de concursos.

Os **Capítulos V e VI** tratam das **disposições gerais e finais** da Lei.

CAPÍTULO I	Sistema Nacional de Armas (SINARM)
CAPÍTULO II	Registro e aquisição de arma de fogo
CAPÍTULO III	Porte de arma de fogo
CAPÍTULO IV	Crimes e penas (arts. 12 a 21)
CAPÍTULOS V e VI	Disposições gerais e finais

A parte administrativa do Estatuto do Desarmamento (basicamente os Capítulos I a III) exigirá a conjugação de várias normas regulamentares (decretos, portarias), o que torna o seu estudo, de certa forma, trabalhoso. Uma, por conta do excesso de normas "avulsas"; outra, pela constante modificação desses regulamentos, conforme veremos. A boa notícia é que as provas em geral, apesar de vez ou outra cobrarem conhecimentos a respeito da parte administrativa, costumam focar suas questões na parte criminal da Lei nº 10.826/2003 (Capítulo IV).

De todo modo, buscaremos ao máximo prezar pela didática no ensino do Estatuto, abrangendo todos os Capítulos da Lei que interessam para nosso objetivo.

II.I.2 Objeto material da lei

Objeto material. Saiba que o Estatuto do Desarmamento (e normas correlatas) regulamenta matérias relacionadas a **arma de fogo, acessório e munição**. Especificamente quanto aos crimes, a sua ampla maioria contempla como **objeto material** os três citados, com exceção do art. 13, *caput* (omissão de cautela – só "arma de fogo"), art. 15 (disparo de arma de fogo – apenas "arma de fogo" e "munição") e alguns incisos do art. 16, § 1º, como veremos posteriormente.

Os conceitos de arma de fogo, acessório e munição encontram-se previstos no Decreto nº 10.030/2019.

ARMA DE FOGO	Arma que arremessa projéteis empregando a força expansiva dos gases, gerados pela combustão de um propelente confinado em uma câmara, normalmente solidária a um cano, que tem a função de dar continuidade à combustão do propelente, além de direção e estabilidade ao projétil. *As armas de fogo dividem-se em de uso permitido, restrito ou proibido (conforme veremos a seguir).

ACESSÓRIO DE ARMA DE FOGO[4]	**Artefato listado nominalmente na legislação como Produto Controlado pelo Exército (PCE) que, acoplado a uma arma, possibilita a alteração da configuração normal do armamento, tal como um supressor de som.**
MUNIÇÃO[5]	**Cartucho completo ou seus componentes, incluídos o estojo, a espoleta, a carga propulsora, o projétil e a bucha utilizados em armas de fogo.** Essa era a definição contida no Decreto n° 9.847/2019 (art. 2°, X), a qual foi revogada pelo Decreto n° 10.630/2021 e, atualmente, não se encontra em nenhum dispositivo.

Arma de fogo de uso permitido. O conceito de arma de fogo de **uso permitido** está elencado no art. 3°, parágrafo único, I, do Decreto n° 10.030/2019:

> **Decreto n° 10.030/2019**
>
> **Art. 3° (...)**
>
> **Parágrafo único.** Para fins do disposto neste Regulamento, considera-se:
>
> I − arma de fogo de uso permitido − as armas de fogo semiautomáticas ou de repetição que sejam:
>
> a) de porte, cujo calibre nominal, com a utilização de munição comum, não atinja, na saída do cano de prova, energia cinética superior a mil e duzentas libras-pé ou mil seiscentos e vinte joules;
>
> b) portáteis de alma lisa; ou
>
> c) portáteis de alma raiada, cujo calibre nominal, com a utilização de munição comum, não atinja, na saída do cano de prova, energia cinética superior a mil e duzentas libras--pé ou mil seiscentos e vinte joules.

Arma de fogo de uso restrito. O conceito de arma de fogo de uso **restrito** está elencado art. 3°, parágrafo único, II, do Decreto n° 10.030/2019:

> **Decreto n° 10.030/2019**
>
> **Art. 3°**
>
> **Parágrafo único.** Para fins do disposto neste Regulamento, considera-se: (...)
>
> II − arma de fogo de uso restrito − as armas de fogo automáticas, de qualquer tipo ou calibre, semiautomáticas ou de repetição que sejam:
>
> a) não portáteis;

---

4   O Decreto n° 10.030/2019, de forma pouco didática, traz a definição de acessório de uso restrito (art. 15, § 2°, II), bem como os de uso permitido (critério residual − art. 15, § 3°). Quanto aos de uso proibido, foi silente.

5   O Decreto n° 10.030/2019, em seu art. 3°, parágrafo único, IV e V, detalha ainda os conceitos de munição de uso restrito e proibido, não fazendo menção às munições de uso permitido (sendo aferidas por exclusão, bem como pela sua adequação às armas de fogo de uso permitido). A Portaria n° 1.222/2019 do Comando do Exército, com base nos critérios dos dispositivos citados, traz a lista nominal de munições consideradas de uso permitido e restrito.

b) de porte, cujo calibre nominal, com a utilização de munição comum, atinja, na saída do cano de prova, energia cinética superior a mil e duzentas libras-pé ou mil seiscentos e vinte joules; ou

c) portáteis de alma raiada, cujo calibre nominal, com a utilização de munição comum, atinja, na saída do cano de prova, energia cinética superior a mil e duzentas libras-pé ou mil seiscentos e vinte joules.

Complementando o entendimento das duas espécies de arma de fogo supracitadas (uso permitido e restrito), temos ainda as prescrições do art. 3º, parágrafo único, VII, VIII e IX, do Decreto nº 10.030/2019:

> **Decreto nº 10.030/2019**
>
> **Art. 3º** (...)
>
> **Parágrafo único**. Para fins do disposto neste Regulamento, considera-se: (...)
>
> VII – arma de fogo de porte – as armas de fogo de dimensões e peso reduzidos que podem ser disparadas pelo atirador com apenas uma de suas mãos, tais como pistolas, revólveres e garruchas;
>
> VIII – arma de fogo portátil – as armas de fogo que, devido às suas dimensões ou ao seu peso, podem ser transportadas por uma pessoa, tais como fuzil, carabina e espingarda;
>
> IX – arma de fogo não portátil – as armas de fogo que, devido às suas dimensões ou ao seu peso:
>
> a) precisam ser transportadas por mais de uma pessoa, com a utilização de veículos, automotores ou não; ou
>
> b) sejam fixadas em estruturas permanentes.

Como o futuro aprovado pode constatar, os conceitos anteriormente mencionados são técnicos. Atento a isso, o art. 2º, § 1º, do Decreto nº 9.845/2019 dispôs:

> O Comando do Exército estabelecerá os parâmetros de aferição e a listagem dos calibres nominais que se enquadrem nos limites estabelecidos nos incisos I, II e IV do parágrafo único do art. 3º do Anexo I do Decreto nº 10.030, de 2019, no prazo de sessenta dias, contado da data de publicação deste Decreto.

Tal exigência foi cumprida com a publicação da extensa **Portaria nº 1.222/2019**, a qual trouxe a lista nominal dos calibres de armas de fogo e das munições de uso permitido e restrito.

Arma de fogo de uso proibido. Existe mais uma classificação importante para nosso estudo, que são as armas de fogo de **uso proibido**. O Decreto nº 10.030/2019, em seu art. 3º, parágrafo único, III, traz a definição do que seria essa espécie de arma de fogo:

> **Decreto nº 10.030/2019**
>
> **Art. 3º** (...)
>
> **Parágrafo único**. Para fins do disposto neste Regulamento, considera-se: (...)
>
> III – arma de fogo de uso proibido:

a) as armas de fogo classificadas como de uso proibido em acordos ou tratados internacionais dos quais a República Federativa do Brasil seja signatária; e

b) as armas de fogo dissimuladas, com aparência de objetos inofensivos.

Perceba que pela simples leitura do dispositivo não conseguimos concluir quais armas de fogo poderão ser enquadradas como de "uso proibido" (veremos que essa classificação terá enorme importância ao estudarmos o crime do art. 16).

Interessante notar ainda que as armas de fogo de uso permitido e restrito, além de possuírem a definição genérica prevista no Decreto nº 10.030/2019, receberam uma classificação precisa, contida na Portaria nº 1.222/2019 do Comando do Exército. Isso não acontece com a arma de fogo de uso "proibido", a qual ficou limitada ao conceito aberto do citado art. 3º, parágrafo único, III.

Assim, analisando as informações contidas nas alíneas, podemos citar como exemplo de arma de fogo de uso proibido: uma caneta, com perfeita aparência, mas que na verdade constitui-se em arma de fogo dissimulada (disfarçada), apta a disparar munição.

Arma branca, arma de pressão, arma de chumbinho, arma de brinquedo/simulacro. Não são consideradas "armas de fogo", **pois não há o emprego de força expansiva dos gases gerados pela combustão.** Portanto, **não serão objeto material** dos delitos tipificados na presente Lei. Vale ressaltar ainda que a Lei nº 10.826/2003, em seu art. 26, veda a fabricação, a venda, a comercialização e a importação de brinquedos, réplicas e simulacros de armas de fogo:

> **Lei nº 10.826/2003**
>
> **Art. 26.** São vedadas a fabricação, a venda, a comercialização e a importação de brinquedos, réplicas e simulacros de armas de fogo, que com estas se possam confundir.
>
> **Parágrafo único.** Excetuam-se da proibição as réplicas e os simulacros destinados à instrução, ao adestramento, ou à coleção de usuário autorizado, nas condições fixadas pelo Comando do Exército.

II.I.3 Decretos regulamentares

Cronologia dos decretos. Temos aqui um tema bastante controverso, que gerou e ainda gera muitas discussões e críticas por parte da comunidade jurídica: **as sucessões de revogação e publicação de Decretos Executivos que visaram regulamentar a parte administrativa do Estatuto do Desarmamento.** Vários foram os decretos publicados no ano de 2019 e 2020, dos quais destacaremos **os mais relevantes.**

O primeiro deles foi o Decreto nº 9.685/2019, o qual, entre outros pontos, flexibilizou requisitos para a posse de arma de fogo em algumas situações.

Posteriormente, tivemos a publicação o Decreto nº 9.785/2019, que tratou de regulamentar vários aspectos da parte administrativa do Estatuto do Desarmamento (flexibilização de requisitos para posse e porte de arma de fogo; mudança no critério de classificação de arma de fogo de uso restrito e permitido, entre várias outras modificações), além de revogar outros regulamentos anteriores (incluindo o Decreto nº 9.685/2019). Poucos dias depois, o mencionado ato regulamentar já sofreu sua primeira alteração, por meio do Decreto nº 9.797/2019.

Prosseguindo, tivemos a revogação dos Decretos nº 9.785/2019 e nº 9.797/2019 (efetuada pelo Decreto nº 9.844/2019), com a imediata publicação de outros três novos Decretos nºs: **9.845/2019**; **9.846/2019**; e **9.847/2019** (este último revogou o Decreto nº 9.844/2019), os quais trouxeram alguns pontos idênticos aos previstos no revogado Decreto nº 9.785/2019 (de forma desmembrada entre os textos dos três novos decretos), bem como algumas novidades. Estes últimos três estão vigentes até o presente momento.

Outro decreto publicado em 2019 foi o Decreto nº 10.030/2019, o qual tratava de produtos controlados e também se encontra em vigor.

Pois bem. O que já era extremamente criticável pela falta de técnica legislativa ficou ainda pior.

No ano de 2021, outros quatro decretos foram publicados: Decretos nº 10.627/2021; 10.628/2021; 10.629/2021; e 10.630/2021. Tais decretos revogaram vários dispositivos dos anteriormente citados (9.845/2019; 9.846/2019; 9.847/2019; e 10.030/2019), além de redistribuírem conteúdos de um para outro, principalmente acrescentando conceitos ao Decreto nº 10.030/2019.

Várias ADIs foram propostas contra esses decretos publicados em 2021 (ADIs: 6.139, 6.466, 6.675, 6.676, 6.677, 6.680 e 6.695), sendo que algumas delas já foram apreciadas e ocasionaram a suspensão de dispositivos e interpretação conforme a Constituição de artigos pontuais contidos nos decretos.

Optamos, pelo menos nesse momento, em não aprofundar na análise de tais ADIs, haja vista que elas focam em dispositivos dessas normas que tratam de temas mais técnicos e cuja instabilidade jurídica (em razão das várias alterações recentes) têm afastado a temática das provas de concursos.

Algumas consequências. Além do já mencionado, é importante tecermos alguns comentários sobre temas que certamente poderão ser objeto de prova. Uma das grandes novidades trazidas pelos decretos publicados em 2019, em especial o Decreto nº 10.030, foi a **alteração do critério de classificação quanto a arma de fogo de uso permitido e arma de fogo de uso restrito**[6].

No passado, o critério de diferenciação era o calibre da arma. Dessa forma, tínhamos regulamento que classificava alguns calibres como de uso permitido (ex.: pistola calibre 380) e outros como de uso restrito (ex.: pistola calibre 9 mm). Com a edição do novel decreto, esse critério mudou. Atualmente, a classificação de arma de fogo em uso permitido ou restrito está condicionada basicamente ao **critério da energia cinética** (conforme extraído do art. 3º do Decreto nº 10.030/2019), e não mais ao critério do "calibre" da arma de fogo.

Entretanto, quem será responsável por calcular e aferir os calibres que se encaixam no parâmetro de energia cinética – medido em joules – estabelecidos para cada tipo de arma de fogo (uso permitido ou restrito)? Como vimos, e conforme o art. 2º, § 1º, do Decreto nº 9.845/2019, essa é uma atribuição do Comando do Exército, o qual, cumprindo com o

---

6   Previsão semelhante estava contida no revogado Decreto nº 9.785/2019 e, posteriormente, no Decreto nº 9.847/2019. Atualmente encontra-se no Decreto nº 10.030/2019.

disposto no mencionado parágrafo, editou a **Portaria nº 1.222/2019** e trouxe a lista dos calibres e munições considerados de uso restrito e permitido.

Interessante notar que, pela leitura da mencionada portaria, alguns calibres antes considerados como de uso restrito passam a ser, com a adoção do critério da energia cinética, de uso permitido (ex.: 40 Smith&Wesson/9x19 mm PARABELLUM/.45 Winchester Magnum/357 Magnum). Pois bem. Diante dessa alteração, a doutrina começa a discutir a respeito de algumas consequências práticas. Citamos duas: uma desejada pelo Poder Executivo, ao publicar o decreto, e outra, a nosso sentir, não desejada, porém inafastável.

◆ **A primeira consequência** é a de que, com essa alteração, muitos tipos de armas de fogo, antes de calibre restrito, passam a ser armas de fogo de uso permitido e isso tem a nítida intenção de possibilitar ao cidadão o acesso a armas de fogo anteriormente restritas às forças armadas e policiais.

◆ **A segunda consequência** é a de que aqueles que estão sendo investigados, processados ou que estão cumprindo pena por terem possuído ou portado arma de fogo que era de uso restrito (art. 16 do Estatuto), mas que, com a alteração no critério de classificação, passa a ser de uso permitido, beneficiar-se-ão com a desclassificação do crime do art. 16 para o delito do art. 12 (posse ilegal de arma de fogo de uso permitido) ou o crime do art. 14 (porte ilegal de arma de fogo de uso permitido), os quais possuem penas mais brandas.

Nesses casos, temos uma lei nova mais benéfica (*novatio legis in mellius*), a qual necessariamente retroagirá para favorecer o réu (art. 2º, parágrafo único, do CP). Ex.: João, preso em flagrante por portar uma pistola calibre 9 mm, está sendo processado pelo crime do art. 16 do Estatuto (porte ilegal de arma de fogo de uso restrito – reclusão de três a seis anos). Com a publicação do novo decreto (e portaria), a arma portada por João passa a ser considerada de uso permitido. Sendo assim, temos que a sua conduta não mais se amolda ao crime do art. 16, mas, sim, ao crime do art. 14 do Estatuto (porte ilegal de arma de fogo de uso permitido – reclusão de dois a quatro anos). Dessa forma tem decidido o STJ:

🔍 Jurisprudência destacada

(...) 2. Busca-se a desclassificação do crime do art. 16, *caput*, para o crime do art. 12, ambos da Lei nº 10.826/2003, **em virtude da superveniência dos Decretos nº 9.785/2019 e nº 9.847/2019**, regulamentados pela **Portaria nº 1.222/2019** do Exército Brasileiro. Como é de conhecimento, o art. 2º, parágrafo único, do CP, em observância ao disposto no art. 5º, XL, da CF, dispõe que "a lei posterior, que de qualquer modo favorecer o agente, aplica-se aos fatos anteriores, ainda que decididos por sentença condenatória transitada em julgado". 3. Verificando-se que o paciente foi condenado pela posse irregular de munição de uso restrito, em virtude de terem sido encontradas duas munições calibre .357, mister se faz a desclassificação da conduta, **uma vez que referidas munições passaram a ser de uso permitido** (STJ, 5ª Turma, HC nº 535.828/MS, Rel. Min. Reynaldo Soares da Fonseca, j. 10.10.2019).

(...) II – Verifica-se, na decisão embargada, omissão acerca da tese de ocorrência de *novatio legis in mellius* com o advento do Decreto nº 9.785/2019. III – A análise do pedido de desclassificação da conduta em virtude de *novatio legis in mellius* é de competência deste Superior Tribunal de Justiça, porquanto a modificação legislativa ocorreu quando já iniciada a jurisdição desta Corte. IV – Verifica-se dos autos que a parte **foi condenada pela posse irregular de arma e munições de uso restrito**, em virtude de ter em depósito **arma e munições calibre .40 S&W**, todavia **estas passaram a ser classificadas como de uso permitido**, por força dos Decretos nº 9.785/2019 e nº 9.847/2019, **sendo imperiosa assim a desclassificação da conduta para o tipo penal previsto no art. 12 da Lei nº 10.826/2003**, com o consequente redimensionamento da dosimetria. Embargos de declaração acolhidos, para desclassificar a conduta de porte de arma de uso restrito para porte de arma de uso permitido, com o consequente redimensionamento da dosimetria (STJ, 5ª Turma, EDcl no AgRg no AREsp nº 1.504.993/SP, Rel. Min. Felix Fischer, j. 25.08.2020).

Conclusão. Por todo o exposto, é notório que estamos diante de um período de certa transição legislativa e que, no atual momento, traz grande instabilidade jurídica a respeito das normas regulamentares mencionadas. Várias entidades e juristas manifestaram-se no sentido da inconstitucionalidade dos noveles decretos (por ora, seguem vigentes). Sigamos acompanhando.

11.1.4 Resumo do procedimento: aquisição – registro – porte

Vamos tratar, em síntese, a respeito do procedimento de aquisição de arma de fogo de uso **permitido** pelo **cidadão**, abordando aspectos relacionados ao registro e ao porte de arma de fogo (os quais serão necessários mais à frente).

Aquisição. A primeira etapa é a aquisição da arma de fogo. O art. 4º da Lei nº 10.826/2003 estabelece uma série de requisitos gerais[7] que terão que ser preenchidos para a efetivação legal da compra (demonstração de necessidade, idade mínima, capacidade técnica e psicológica, entre outros). Preenchidos os requisitos, caberá ao SINARM emitir uma **autorização** para a compra da arma de fogo, a qual será emitida em nome do requerente e para a arma indicada, sendo intransferível essa autorização.

Registro. Uma vez expedida a referida autorização, o **próximo passo** é o seu **registro**, o qual é obrigatório e será efetivado no órgão competente: na Polícia Federal, precedido de cadastro no SINARM, no caso de arma de fogo de uso permitido (art. 3º, § 1º c/c o § 3º, VI, do Decreto nº 9.847/2019); ou no Comando do Exército, no caso de arma de fogo de uso restrito[8] (art. 3º, parágrafo único, Lei nº 10.826/2003).

Lei nº 10.826/2003

Art. 3º É obrigatório o registro de arma de fogo no órgão competente.

---

[7] Esses requisitos do art. 4º são regulamentados (especificados), até o presente momento, pelos novos decretos mencionados no item 11.1.3.

[8] Além do registro, a aquisição de arma de fogo de uso restrito dependerá, excepcionalmente, de autorização do Comando do Exército (exceto no caso de aquisições dos Comandos Militares), nos termos do art. 27 da Lei nº 10.826/2003.

Parágrafo único. As armas de fogo de uso restrito serão registradas no Comando do Exército, na forma do regulamento desta Lei.

Decifrando a prova

(Agente de Inteligência – Abin – Cespe – 2018) À luz do disposto no Estatuto do Desarmamento – Lei n° 10.826/2003 –, julgue o item que segue. É obrigatório o registro de arma de fogo no órgão competente, sendo o comando do Exército o responsável pelo registro de armas de uso restrito.

( ) Certo ( ) Errado

Gabarito comentado: conforme prescrito no art. 3°, parágrafo único, da Lei n° 10.826/2003: as armas de fogo de uso restrito serão registradas no Comando do Exército. Portanto, a assertiva está certa.

Uma vez registrada a arma de fogo, o seu proprietário receberá o **Certificado de Registro de Arma de Fogo** (CRAF), com validade em todo o território nacional. O CRAF, expedido pela Polícia Federal, será precedido de autorização do SINARM. Esse certificado autoriza a manutenção da arma de fogo **exclusivamente** no interior (ou dependências) da residência do proprietário ou ainda em seu local de trabalho (desde que ele seja o titular ou responsável legal pela empresa)[9]. Vale destacar que o § 5° do art. 5° acrescenta que "aos residentes em área rural, para os fins do disposto no *caput* deste artigo, considera-se **residência ou domicílio toda a extensão do respectivo imóvel rural**".

Não poderá o proprietário trazer consigo a arma de fogo para qualquer lugar; ela deverá ficar apenas nos locais mencionados. Perceba, assim, que aqui estamos diante do conceito de **posse** de arma de fogo. Caso o proprietário deseje **portar** a arma de fogo para além de sua residência ou local de trabalho, será necessário obter a **autorização para o porte** de arma de fogo.

Lei n° 10.826/2003

Art. 5° O certificado de Registro de Arma de Fogo, com validade em todo o território nacional, autoriza o seu proprietário a manter a arma de fogo exclusivamente no interior de sua residência ou domicílio, ou dependência desses, ou, ainda, no seu local de trabalho, desde que seja ele o titular ou o responsável legal pelo estabelecimento ou empresa.

(...)

---

9   O art. 4°, § 1°, do Decreto n° 9.845/2019 traz a definição normativa de tais conceitos: "I – interior da residência ou dependências desta – toda a extensão da área particular do imóvel, edificada ou não, em que resida o titular do registro, inclusive quando se tratar de imóvel rural; II – interior do local de trabalho – toda a extensão da área particular do imóvel, edificada ou não, em que esteja instalada a pessoa jurídica, registrada como sua sede ou filial; III – titular do estabelecimento ou da empresa – aquele assim definido no contrato social; e IV – responsável legal pelo estabelecimento ou pela empresa – aquele designado em contrato individual de trabalho, com poderes de gerência".

§ 5º Aos residentes em área rural, para os fins do disposto no *caput* deste artigo, considera-se residência ou domicílio toda a extensão do respectivo imóvel rural.

E se for necessário transportar o armamento de um local para outro, por exemplo, a situação de alguém que está a mudar de residência? Nesse caso, a pessoa terá que obter uma **guia de trânsito** na Polícia Federal e só assim transportará a arma de fogo licitamente (a qual deverá estar desmuniciada e acondicionada). Esses são os termos do art. 4º, §§ 5º e 6º, do Decreto nº 9.845/2019:

> **Decreto nº 9.845/2019**
>
> **Art. 4º** (...)
>
> § 5º O proprietário de arma de fogo de que trata este artigo, na hipótese de mudança de domicílio ou outra situação que implique o transporte da arma de fogo, deverá solicitar guia de trânsito à Polícia Federal para as armas de fogo cadastradas no Sinarm, na forma estabelecida em ato do Diretor-Geral da Polícia Federal.
>
> § 6º A guia de trânsito a que se refere o § 5º autoriza tão somente o transporte da arma de fogo, devidamente desmuniciada e acondicionada, para o percurso nela autorizado.

Acrescentamos uma ressalva: não confunda a "guia de trânsito" supracitada (aplicada ao possuidor de arma de fogo que precise excepcionalmente se deslocar junto do armamento) com a **"guia de tráfego"** dos colecionadores, atiradores e caçadores, a qual encontra-se detalhada no art. 83, §§ 3º e 4º, do Decreto nº 10.030/2019 e os autoriza a **portar uma arma de fogo de porte municiada, alimentada e carregada, no trajeto entre o local de guarda do acervo e o local de treinamento/exposição/caça**, nos termos expostos a seguir:

> **Decreto nº 10.030/2019**
>
> **Art. 83.** (...)
>
> § 3º Os colecionadores, os atiradores e os caçadores poderão portar uma arma de fogo de porte municiada, alimentada e carregada, pertencente a seu acervo cadastrado no Sigma, no trajeto entre o local de guarda do acervo e o local de treinamento, de instrução, de competição, de manutenção, de exposição, de caça ou de abate, mediante a apresentação do certificado de registro de arma de fogo e da guia de tráfego válidos.
>
> § 4º Para fins do disposto no § 3º, considera-se trajeto qualquer itinerário realizado entre o local de guarda autorizado e os de treinamento, instrução, competição, manutenção, exposição, caça ou abate, independentemente do horário, assegurado o direito de retorno ao local de guarda.

Porte. Quanto ao **porte** de arma de fogo, em regra, é vedado em todo o território nacional, salvo para os casos previstos em lei. A Lei nº 10.826/2003 traz, em seu arts. 6º e 10, vários casos de concessão de porte de arma de fogo[10]. Contudo, é possível que outras leis

---

[10] O art. 6º do Estatuto nos trará as situações de porte **funcional** de arma de fogo (aqui o porte deriva

também estendam essa prerrogativa a outros titulares, desde que se trate de lei editada pela União (como é o caso das leis orgânicas da Magistratura e do Ministério Público), haja vista a sua competência exclusiva para autorizar e fiscalizar a produção e o comércio de material bélico – art. 21, VI, da CF.

No caso do cidadão comum (arma de fogo de uso permitido), o porte dependerá do preenchimento dos requisitos do art. 10, § 1º. Atendidos os requisitos, a autorização para o porte será de competência da Polícia Federal, a qual somente será concedida após licença do Sinarm.

Embora o porte não possua a limitação espacial da posse, podendo o sujeito levar o armamento consigo para além de sua residência ou local de trabalho, o art. 16, I, do Decreto nº 9.847/2019 prescreve que no documento deverá constar, entre outros dados, **a sua abrangência territorial** (ex.: válido em todo o território nacional). Ao lado, o art. 10, § 1º, da Lei nº 10.826/2003 anuncia que a autorização para o porte poderá ser concedida com eficácia temporária e territorial limitada, nos termos dos atos regulamentares.

Na linha do anteriormente afirmado, encontramos **algumas limitações pontuais**, nas quais o sujeito mesmo portando legalmente o armamento não poderá adentrar em determinados recintos em sua companhia, por ocasião de disposições normativas específicas. Citamos como exemplo:

◆ **Art. 20 do Decreto nº 9.847/2019** – O titular de porte de arma de fogo para defesa pessoal – art. 10 da Lei nº 10.826/2003 – não poderá adentrar ou permanecer em locais públicos/com aglomeração de pessoas portando o armamento, bem como não poderá conduzi-lo ostensivamente, **sob pena de ver cassado o porte e apreendida a arma de fogo**. As mesmas consequências serão aplicadas na hipótese de o titular do porte de arma de fogo portar o armamento em estado de embriaguez ou sob o efeito de drogas ou medicamentos que provoquem alteração do desempenho intelectual ou motor.

◆ **Portaria editada por Juiz Diretor de comarca** – Restringe o ingresso de pessoas portando arma de fogo nas dependências de Fórum.

📑🔍 **Jurisprudência destacada**

De início, é de se ressaltar que a Constituição Federal/1988, em seus arts. 96 e 99, assegura ao Poder Judiciário autonomia administrativa e competência privativa para a organização do funcionamento dos seus prédios. Por seu turno, o art. 3º da Lei nº 12.694/2012, autoriza a adoção pelos tribunais de providências destinadas à segurança dos seus prédios.

De rigor mencionar que o Conselho Nacional de Justiça, exercendo a atribuição que lhe foi outorgada pelo art. 103-B, § 4º, da CF/1988, recomendou a edição de normas, pelos Tribunais,

---

da função exercida pelo seu titular). O art. 10, por sua vez, trata das situações gerais para obtenção do porte **pessoal**.

restringindo o ingresso de pessoas armadas em suas instalações, o que ensejou a edição da Resolução nº 104/2010 – CNJ (alterada pela Resolução nº 291/2019 – CNJ).

Com base nesse panorama, evidencia-se a **legalidade de portaria editada pelo Juiz Diretor do Foro de Comarca que restringiu o ingresso de pessoas armadas com arma de fogo nas dependências do Fórum, mormente quando ali ficarem ressalvadas as exceções** (hipóteses de permissão de ingresso de pessoas portando arma de fogo).

Por fim, vale ressaltar que **inexiste qualquer incompatibilidade do ato em destaque com a Lei nº 10.826/2003**, uma vez que as áreas afetas ao Fórum são controladas por sua própria administração, a quem incumbe o exercício do poder de polícia e a garantia da segurança local (STJ, 1ª Turma, RMS nº 38.090/MS, Rel. Min. Gurgel de Faria, j. 10.03.2020 – *Informativo* 667).

♦ Destacamos ainda o teor do art. 10, § 2º, da Lei nº 10.826/2003, o qual anuncia que a autorização de porte de arma de fogo de uso permitido perderá automaticamente sua eficácia caso o portador dela seja detido ou abordado em estado de embriaguez ou sob efeito de substâncias químicas ou alucinógenas.

POSSE (REGISTRO)	PORTE
Interior de sua residência ou domicílio, ou dependência destes. No seu local de trabalho, desde que seja ele o titular ou o responsável legal pelo estabelecimento ou empresa.	Sem a mesma limitação espacial.

11.1.5 Questões pontuais – Porte e posse de arma de fogo

Além do estudo relacionado ao procedimento para aquisição, registro e porte de arma de fogo, é necessário conhecer algumas questões pontuais concernentes à temática do porte/ posse de arma de fogo. Vejamos.

Posse de arma de fogo de uso permitido com registro vencido. Imagine que um cidadão **possui**, no interior de sua residência, uma arma de fogo **de uso permitido** adquirida e regularmente registrada no passado e, em razão do decurso do tempo, esse registro vem a vencer, necessitando de renovação, a qual não foi realizada pelo cidadão. Nesse caso, se, por exemplo, em uma situação de busca e apreensão for encontrada a arma com registro vencido, o cidadão **não responderá** pelo crime de posse ilegal de arma de fogo (art. 12), **mas apenas por infração administrativa.** Se o sujeito já possui o registro da arma, que é o mais importante para fins de fiscalização, a expiração de seu prazo sem a devida renovação constitui mera irregularidade administrativa (apta a ensejar a apreensão do objeto e a aplicação da respectiva multa).

 **Jurisprudência destacada**

O art. 12 do Estatuto do Desarmamento afirma que é objetivamente típico possuir ou manter sob guarda arma de fogo de uso permitido, em desacordo com determinação legal ou regulamentar, no interior de residência. **Entretanto, relativamente ao elemento subjetivo, não há dolo do agente que procede ao registro e, depois de expirado prazo, é apanhado com a arma nessa circunstância.** Trata-se de uma irregularidade administrativa; do contrário, todos aqueles que porventura tiverem deixado expirar prazo semelhante terão necessariamente de responder pelo crime, o que é absolutamente desproporcional. Avulta aqui o caráter subsidiário e de *ultima ratio* do direito penal. Na hipótese, além de se afastar da teleologia do objeto jurídico protegido, a saber, a administração e, reflexamente, a segurança e a paz pública (crime de perigo abstrato), banaliza-se a criminalização de uma conduta em que o agente já fez o mais importante, que é apor seu nome em um registro de armamento, possibilitando o controle de sua circulação (STJ, Corte Especial, APn nº 686/AP, Rel. Min. João Otávio de Noronha, j. 21.10.2015 – *Informativo* 572).

Nesse mesmo sentido decidiu o STJ ao tratar de um caso concreto no qual o proprietário de uma arma, devidamente registrada, veio a falecer. Por conseguinte, sua esposa automaticamente passou a ser a curadora do artefato, pois ele se encontrava em sua residência. No entanto, a viúva deixou de renovar o registro do objeto, haja vista desconhecer tal necessidade. Segundo o STJ, não houve crime, mas apenas ilícito administrativo[11].

Porte de arma de fogo de uso permitido (art. 14) ou posse/porte de arma de fogo de uso restrito (art. 16) com registro vencido. Chamamos a sua atenção para uma importante novidade jurisprudencial. Conforme decidiu recentemente o STJ, a conduta daquele que for flagrado **portando** arma de fogo de **uso permitido** ou **possuindo/portando** arma de fogo de **uso restrito**, cujo registro de cautela – uma vez realizado no passado – atualmente encontra-se vencido, comete **crime** previsto na Lei nº 10.826/2003 (art. 14 ou 16, respectivamente). Cuida-se de situação distinta da tratada anteriormente, a qual refere-se à conduta de **possuir** arma de fogo de **uso permitido** com registro vencido (esta – e apenas ela – caracterizará infração administrativa).

🗐 Jurisprudência destacada[12]

A Corte Especial do Superior Tribunal de Justiça decidiu, no julgamento da Ação Penal *nº* 686/AP, que, uma vez realizado o registro da arma, o vencimento da autorização não caracteriza ilícito penal, mas mera irregularidade administrativa que autoriza a apreensão do artefato e aplicação de multa (APn *nº* 686/AP, Relator Ministro João Otávio de Noronha, Corte Especial, *DJe* 29.10.2015). Tal entendimento, todavia, *é restrito ao delito de posse ilegal de arma de fogo de uso permitido* (art. 12 da Lei *nº* 10.826/2003), **não se aplicando ao crime de porte ilegal de arma de fogo** (art. 14 da Lei *nº* 10.826/2003), **muito menos ao delito de porte ilegal de arma de fogo de uso restrito** (art. 16 da Lei *nº* 10.826/2003), **cujas elementares são diversas** e a **reprovabilidade mais intensa** (STJ, 6ª Turma, AgRg no AREsp nº 885.281/ES, Rel. Min. Antonio Saldanha Palheiro, j. 28.04.2020 – *Informativo* 671).

---

[11] STJ, 5ª Turma, RHC nº 45.614/RJ, Rel. Min. Reynaldo Soares da Fonseca, j. 23.08.2016.

[12] No mesmo sentido: STJ, 5ª Turma, AgRg no REsp nº 1.883.364/DF, Rel. Min. João Otávio de Noronha, j. 09.12.2020.

Decifrando a prova

(Delegado – PF – Cebraspe – 2021) Com relação aos crimes previstos em legislação especial, julgue o item a seguir.

É conduta atípica o porte ilegal de arma de fogo de uso permitido com registro de cautela vencido.

( ) Certo ( ) Errado

Gabarito comentado: como vimos, o porte de arma de fogo de uso permitido com registro vencido configurará o delito do art. 14 da Lei nº 10.826/2003. Portanto, a assertiva está errada.

Constitui crime a conduta de policial civil que, mesmo autorizado a portar ou possuir arma de fogo, não observa as imposições legais previstas no Estatuto do Desarmamento, que impõem registro das armas no órgão competente. No caso concreto, foram encontradas, na casa de um Delegado de Polícia e em sua companhia, armas de fogo de uso permitido, as quais possuíam registro apenas na "Divisão de Fiscalização de Armas e Explosivos do Rio de Janeiro". Contudo, o Estatuto do Desarmamento exige que tal espécie de arma seja registrada na Polícia Federal e, como sabemos, o art. 3º do mesmo diploma legal é categórico ao dispor a respeito da obrigatoriedade do registro de arma de fogo no órgão competente.

Dessa forma, quando um policial civil que, embora possua a autorização legal para possuir ou portar arma de fogo, não exerce essa prerrogativa em conformidade com a disposição legal, mais especificamente aqui, possua ou porte arma de fogo sem o **devido registro do objeto no órgão competente**, comete crime previsto na Lei nº 10.826/2003 (art. 12 ou 14).

Em resumo, para o STJ, por mais que o policial esteja autorizado a possuir ou portar arma de fogo, essa autorização deve ser complementada com as regras estatuídas na Lei nº 10.826/2003[13].

Lei nº 10.826/2003

Art. 6º (...)

§ 1º-B. Os integrantes do quadro efetivo de agentes e guardas prisionais poderão portar arma de fogo de propriedade particular ou fornecida pela respectiva corporação ou instituição, mesmo fora de serviço, desde que estejam:

I – submetidos a regime de dedicação exclusiva;

II – sujeitos à formação funcional, nos termos do regulamento;

III – subordinados a mecanismos de fiscalização e de controle interno.

Policiais penais. Conforme dicção contida no art. 6º, § 1º-B, da Lei nº 10.826/2003, os integrantes do quadro efetivo de agentes e guardas prisionais poderão portar arma de fogo de propriedade particular ou fornecida pela respectiva corporação ou instituição, **mesmo**

---

[13]   STJ, 6ª Turma, RHC nº 70.141/RJ, Rel. Min. Rogério Schietti Cruz, por unanimidade, j. 07.02.2017 – *Informativo* 597.

fora de serviço. Contudo, para tanto, o dispositivo elenca três requisitos, "desde que estejam: I – submetidos a regime de dedicação exclusiva; II – sujeitos à formação funcional, nos termos do regulamento; III – subordinados a mecanismos de fiscalização e de controle interno".

Lembre-se de que o Estatuto do Desarmamento trata da possibilidade de porte de arma de fogo aos agentes e guardas prisionais do **quadro efetivo** da Administração Pública. Assim, caso a Administração Penitenciária tenha, por exemplo, delegado a uma empresa privada as atividades administrativas do sistema penitenciário, os funcionários dessa empresa não poderão obter o porte de arma de fogo com fundamento no art. 6°, § 1°-B, da Lei n° 10.826/2003 (pois não fazem parte do "quadro efetivo").

> **Lei n° 10.826/2003**
>
> **Art. 6°** É proibido o porte de arma de fogo em todo o território nacional, salvo para os casos previstos em legislação própria e para:
>
> (...)
>
> III – os integrantes das guardas municipais das capitais dos Estados e dos Municípios com mais de 500.000 (quinhentos mil) habitantes, nas condições estabelecidas no regulamento desta Lei;
>
> IV – os integrantes das guardas municipais dos Municípios com mais de 50.000 (cinquenta mil) e menos de 500.000 (quinhentos mil) habitantes, quando em serviço.

Guardas municipais. Os incisos III e IV do art. 6° do Estatuto do Desarmamento tratam a respeito da possibilidade do porte de arma de fogo para integrantes das guardas municipais, condicionando-o a ao número de habitantes dos Municípios. Contudo, recentemente, o STF concedeu medida cautelar permitindo o porte de arma de fogo para guardas municipais de qualquer Município do País, independentemente do número de habitantes, suspendendo a eficácia dos dispositivos. Posteriormente, em decisão definitiva, declarou a inconstitucionalidade deles (ADC n° 38; ADI n° 5.538; ADI n° 5.948).

Dessa forma, não há mais limitação quanto ao número de habitantes no Município para o porte funcional dos integrantes das Guardas Civis. Segundo o Supremo:

> Na presente hipótese, o tratamento exigível, adequado e não excessivo corresponde a conceder idêntica possibilidade de porte de arma a todos os integrantes das guardas civis, em face da efetiva participação na segurança pública e na existência de similitude nos índices de mortes violentas nos diversos municípios, independentemente de sua população.

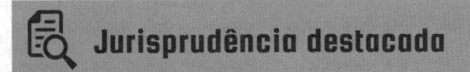 **Jurisprudência destacada**

(...) 5. As variações demográficas não levam automaticamente ao aumento ou à diminuição do número de ocorrências policiais ou dos índices de violência, estes sim relevantes para aferir a necessidade de emprego de armas ou outros equipamentos de combate à criminalidade (art. 12, inciso III, da Lei n° 13.675/2018). 6. Seja pelos critérios técnico-racionais em relação com o efetivo exercício das atividades de segurança pública, número e gravidade de ocorrências policiais, seja pelo critério aleatório adotado pelo Estatuto do Desarmamento, número de habitantes do Município, **a restrição proposta não guarda qualquer razoabilidade**. 7. Ausência de razoabilidade e isonomia em normas impugnadas que restringem o porte de arma de fogo somente aos integrantes de guardas municipais das capitais dos Estados e dos Municípios com mais de 500.000 (quinhentos mil) habitantes e de guardas municipais dos Municípios com mais de 50.000 (cinquenta mil) e menos de 500.000 (quinhentos mil) habitantes, quando em serviço. 8. **Ação Direta julgada parcialmente procedente para declarar a inconstitucionalidade do inciso III do art. 6º da Lei nº 10.826/2003, a fim de invalidar as expressões "das capitais dos Estados" e "com mais de 500.000 (quinhentos mil) habitantes", e declarar a inconstitucionalidade do inciso IV do art. 6º da Lei nº 10.826/2003, por desrespeito aos princípios constitucionais da igualdade e da eficiência** (STF, Pleno, ADI nº 5.538/DF, Rel. Min. Alexandre de Moraes, j. 1.º.03.2021).

Muito bem. **Mas de que forma se dará esse porte?** O Estatuto do Desarmamento e as normas regulamentares trazem algumas balizas normativas. Vejamos:

- ♦ Está condicionado à **formação funcional** de seus integrantes, além da necessidade de **mecanismos de fiscalização e controle interno**, observada a supervisão do Ministério da Justiça – art. 6º, § 3º, da Lei nº 10.826/2003.

- ♦ Possuirá prazo de **validade de dez anos** – contados da data de emissão –, **nos limites do Estado em que exerce a função**. É permitido, ainda, aos guardas municipais que obtenham o porte legal para portar a arma de fogo nos **deslocamentos para suas residências, mesmo quando localizadas em município situado em Estado limítrofe** – art. 29-A, II e parágrafo único, do Decreto nº 9.847/2019*.

  * Entendemos que, pelo fato de ser disponibilizado aos guardas municipais o porte funcional no âmbito do Estado, será possível que portem arma de fogo tanto no exercício da função quanto fora dela (respeitados os limites anteriormente elencados).

Decreto nº 9.847/2019

Art. 30. Os integrantes das Forças Armadas e os servidores dos órgãos, instituições e corporações mencionados nos incisos II, V, VI e VII do *caput* do art. 6º da Lei nº 10.826, de 2003, transferidos para a reserva remunerada ou aposentados, para conservarem a autorização de porte de arma de fogo de sua propriedade deverão submeter-se, a cada dez anos, aos testes de avaliação psicológica a que faz menção o inciso III do *caput* do art. 4º da Lei nº 10.826, de 2003.

§ 1º O cumprimento dos requisitos a que se refere o *caput* será atestado pelos órgãos, instituições e corporações de vinculação.

§ 2º Não se aplicam aos integrantes da reserva não remunerada das Forças Armadas e Auxiliares as prerrogativas mencionadas no *caput*.

Policial aposentado. O art. 30 do Decreto nº 9.847/2019 estabelece a possibilidade de que o policial aposentado (e demais agentes listados no dispositivo) conserve a autorização para o porte de arma de fogo **de sua propriedade**, mas desde que se submeta, **a cada dez anos**, a teste de avaliação psicológica para o manuseio de arma de fogo.

Lei nº 10.826/2003

Art. 25. As armas de fogo apreendidas, após a elaboração do laudo pericial e sua juntada aos autos, quando não mais interessarem à persecução penal serão encaminhadas pelo juiz competente ao Comando do Exército, no prazo de até 48 (quarenta e oito) horas, para destruição ou doação aos órgãos de segurança pública ou às Forças Armadas, na forma do regulamento desta Lei.

(...)

§ 1º-A. As armas de fogo e munições apreendidas em decorrência do tráfico de drogas de abuso, ou de qualquer forma utilizadas em atividades ilícitas de produção ou comercialização de drogas abusivas, ou, ainda, que tenham sido adquiridas com recursos provenientes do tráfico de drogas de abuso, perdidas em favor da União e encaminhadas para o Comando do Exército, devem ser, após perícia ou vistoria que atestem seu bom estado, destinadas com prioridade para os órgãos de segurança pública e do sistema penitenciário da unidade da federação responsável pela apreensão.

Destruição de armas de fogo apreendidas. O art. 25 do Estatuto do Desarmamento trata do procedimento de destruição ou doação das armas de fogo apreendidas que não mais interessaram à persecução penal, as quais, após a elaboração do laudo pericial e sua juntada aos autos, serão encaminhadas pelo juiz ao Comando do Exército, no prazo de 48 horas, para destruição ou doação aos órgãos de segurança pública ou às Forças Armadas.

É importante que o futuro aprovado memorize a letra desse dispositivo, haja vista ser recorrente em provas de concursos. Sendo ainda mais específico, com relação ao art. 25 e para fins de concursos, recomendamos a memorização do teor descrito no *caput* e § 1º-A (supratranscritos).

Porte de arma de fogo por agentes e inspetores de trânsito do DETRAN/DF. Cabe à União definir os requisitos acerca do porte de arma de fogo, bem como disciplinar quais carreiras estão autorizadas a obter o porte funcional (arts. 21, VI, e 22, I, da CF/1988). Com esse entendimento, o STF declarou a inconstitucionalidade de algumas leis do Distrito Federal, as quais, além de autorizarem o porte de arma de fogo aos agentes e inspetores de trânsito do Departamento de Trânsito do Distrito Federal, impunham uma obrigação de fornecimento de armamento aos citados agentes públicos, invadindo, assim, competência exclusiva da União. Outros temas correlatos também foram analisados, conforme destacado a seguir:

🔍 **Jurisprudência destacada**

(...) 2. O porte de arma de fogo e os seus possíveis titulares, porque afetos a políticas de segurança pública de âmbito nacional, **possuem requisitos que cabem à União regular, inclusive no que se refere a servidores públicos estaduais ou municipais**, em prol da uniformidade da regulamentação do tema no País. 3. *In casu*, a) o artigo 1º da Lei distrital nº 2.176/1998 alterou o artigo 8º da Lei distrital nº 1.398/1997 **para incluir os agentes e inspetores de trânsito do Departamento de Trânsito do Distrito Federal no rol dos servidores públicos isentos da obrigação de obter autorização para o porte de armas de fogo de uso permitido**; b) o § 4º do artigo 4º da Lei distrital nº 2.990/2002 dispõe que constará do curso de formação profissional dos agentes de trânsito, entre outras matérias, armamento e tiro; c) **o artigo 5º da Lei distrital nº 3.190/2003 prevê que o Departamento de Trânsito do Distrito Federal fornecerá armas de fogo aos agentes de trânsito quando estiverem no exclusivo exercício das atribuições do cargo**, nas quantidades e especificações definidas pelo órgão; d) **essas normas distritais dispõem sobre porte de armas de fogo, criando hipóteses não previstas na legislação federal de regência, incidindo em inconstitucionalidade formal, por invasão da competência da União para definir os requisitos para a concessão do porte de arma de fogo e os possíveis titulares de tal direito (artigos 21, VI; e 22, I, da Constituição Federal).** 4. A Constituição Federal, ao estabelecer que a segurança pública será exercida para a preservação da ordem pública e da incolumidade das pessoas e do patrimônio, através da Polícia Federal, da Polícia Rodoviária Federal, da Polícia Ferroviária Federal, das polícias civis e das polícias militares e corpos de bombeiros militares, instituiu um rol taxativo, de observância obrigatória pelo legislador infraconstitucional (artigo 144, *caput* e incisos I, II, III, IV e V, da Constituição Federal). **Por conseguinte, os Estados-membros não podem atribuir o exercício de atividades de segurança pública a órgãos diversos dos previstos no texto constitucional federal.** (...) 5. Compete aos órgãos e agentes de trânsito estaduais, distritais e municipais o exercício da "segurança viária", que compreende a educação, engenharia e fiscalização de trânsito, além de outras atividades previstas em lei, que assegurem ao cidadão o direito à mobilidade urbana eficiente, não se confundindo com a atividade de "segurança pública" (artigo 144, § 10, da Constituição Federal). 6. *In casu*, o inciso XVIII do artigo 2º da Lei distrital nº 2.990/2002, ao dispor que compete aos agentes de trânsito exercer "outras atividades de natureza policial que lhes forem atribuídas, na forma da legislação vigente", assim como o artigo 11 do mesmo diploma, ao dispor que o cargo de agente de trânsito "é atividade de segurança pública para todos os efeitos", encontram-se eivados de inconstitucionalidade material por não observância da taxatividade do rol dos órgãos encarregados da segurança pública previstos no artigo 144 da Constituição Federal. 7. Ação direta de inconstitucionalidade conhecida e julgado procedente o pedido, para declarar a inconstitucionalidade do artigo 1º da Lei nº 2.176/1998; do inciso XVIII do artigo 2º da Lei nº 2.990/2002; e do artigo 5º da Lei nº 3.190/2003, todas do Distrito Federal, bem como dos trechos "armamento e tiro" do § 4º do artigo 4º e "é atividade de Segurança Pública para todos os efeitos" do artigo 11 da Lei distrital nº 2.990/2002 (STF, Pleno, ADI nº 3.996/DF, Rel. Min. Luiz Fux, j. 15.04.2020).

Porte de arma de fogo por procuradores estaduais. No mesmo sentido da fundamentação *supra*, o STF declarou inconstitucional norma estadual (LC nº 7/1991 – AL) que autorizava o porte de arma de fogo a procuradores estaduais, haja vista que tal categoria funcional não está abrangida no texto da Lei nº 10.826/2003 e, dessa forma, houve usurpação da competência privativa da União.

 **Jurisprudência destacada**

Ação direta de inconstitucionalidade. Federalismo e respeito às regras de distribuição de competência. Lei Complementar nº 7/1991, do estado de Alagoas. Autorização para porte de arma de fogo a Procurador Estadual. Categoria funcional não abrangida pelo Estatuto do Desarmamento. Usurpação da competência privativa da União. Inconstitucionalidade. Procedência do pedido. (...) 3. Cabe à União, nos termos dos arts. 21, VI, e 22, I, da Constituição, a

> definição dos requisitos para a concessão do porte de arma de fogo e dos possíveis titulares de tal direito, inclusive no que se refere a servidores públicos estaduais ou municipais, em prol da uniformidade da regulamentação do tema em todo o País, questão afeta a políticas de segurança pública de âmbito nacional. Precedentes da Corte nesse sentido. 4. Ação direta julgada procedente (STF, Pleno, ADI nº 6.985/AL, Rel. Min. Alexandre de Moraes, j. 02.03.2022).

Porte de arma de fogo e munição de uso restrito por Conselheiro de Tribunal de Contas Estadual. Para o STJ, a conduta narrada não caracteriza crime, haja vista que tais Conselheiros são equiparados a magistrados e estes (bem como aqueles), por expressa disposição da Lei Orgânica da Magistratura – lei federal –, possuem direito ao porte de arma de fogo[14].

LC nº 35/1979

Art. 33. São prerrogativas do magistrado: (...)

V – portar arma de defesa pessoal.

O STJ decidiu ainda que, como o dispositivo supracitado não específica a espécie de arma de fogo e adotando a interpretação mais benéfica ao titular da prerrogativa, o porte abrangerá tanto a arma de fogo de uso permitido quanto a de uso restrito.

 Jurisprudência destacada

> 1. O art. 16 do Estatuto do Desarmamento (Lei nº 10.826/2003) é norma penal em branco que delega à autoridade executiva definir o que é arma de uso restrito. A norma infralegal não pode, contudo, revogar direito previsto no art. 33, V, da Lei Complementar nº 35/1979 – Lei Orgânica da Magistratura – e que implique ainda a criminalização da conduta. 2. A prerrogativa constante na LOMAN não faz distinção do direito ao porte de arma e munições de uso permitido ou restrito, desde que com finalidade de defesa pessoal dos magistrados. Paralelismo entre magistrado de segundo grau e conselheiro de tribunal de contas estaduais reconhecido constitucionalmente. 3. Não se trata de hierarquia entre lei complementar e ordinária, mas de invasão de competência reservada àquela por força do art. 93 da Constituição de 1988, que prevê lei complementar para o Estatuto da Magistratura. Conflito de normas que se resolve em favor daquela mais benéfica para abranger o direito também em relação à arma e munição de uso restrito (...) (STJ, Corte Especial, APn nº 657/PB, Rel. Min. João Otávio de Noronha, j. 21.10.2015).

Contudo, vale ressaltar que o mencionado direito ao porte não os desobriga de realizarem o devido registro da arma de fogo, segundo os requisitos previstos na Lei nº 10.826/2003, sem o qual poderão incorrer nos delitos previstos no Estatuto do Desarmamento. Nesse sentido já decidiu o STF:

---

[14] Idêntica conclusão pode ser aplicada aos membros do Ministério Público, por força de lei federal específica (art. 42 da Lei nº 8.625/1993).

Jurisprudência destacada

1. Os requisitos para a aquisição de arma de fogo estabelecidos pelo Estatuto do Desarmamento (Lei nº 10.826/2003) são aplicáveis a todos os interessados, cabendo somente à própria legislação excepcionar tais exigências. 2. O aparente silêncio da lei relativamente aos magistrados não pode ser interpretado como se os dispensasse do registro, obrigação legal que incide sobre todos os brasileiros. Não há silêncio eloquente na lei nem há submissão dos magistrados a uma obrigação que a lei não exige. 3. A prerrogativa funcional do magistrado quanto ao porte de arma de fogo (art. 33, V, da LOMAN) não pressupõe a efetiva habilidade e conhecimento para utilizá-la, necessitando, portanto, comprovar possuir capacidade técnica e aptidão psicológica. 4. Agravo regimental a que se nega provimento (STF, Pleno, AO nº 2.280 AgR/DF, Rel. Min. Edson Fachin, j. 12.03.2019).

Lei nº 10.826/2003

Art. 6º (...)

§ 5º Aos residentes em áreas rurais, maiores de 25 (vinte e cinco) anos que comprovem depender do emprego de arma de fogo para prover sua subsistência alimentar familiar será concedido pela Polícia Federal o porte de arma de fogo, na categoria caçador para subsistência, de uma arma de uso permitido, de tiro simples, com 1 (um) ou 2 (dois) canos, de alma lisa e de calibre igual ou inferior a 16 (dezesseis), desde que o interessado comprove a efetiva necessidade em requerimento ao qual deverão ser anexados os seguintes documentos:

I – documento de identificação pessoal;

II – comprovante de residência em área rural;

III – atestado de bons antecedentes.

Decreto nº 9.847/2019

Art. 21. Será concedido pela Polícia Federal, nos termos do disposto no § 5º do art. 6º da Lei nº 10.826, de 2003, o porte de arma de fogo, na categoria caçador de subsistência, de uma arma portátil, de uso permitido, de tiro simples, com um ou dois canos, de alma lisa e de calibre igual ou inferior a dezesseis, desde que o interessado comprove a efetiva necessidade em requerimento ao qual deverão ser anexados os seguintes documentos:

I – documento comprobatório de residência em área rural ou certidão equivalente expedida por órgão municipal;

II – original e cópia, ou cópia autenticada, do documento de identificação pessoal; e

III – atestado de bons antecedentes.

Parágrafo único. Aplicam-se ao portador do porte de arma de fogo mencionado neste artigo as demais obrigações estabelecidas neste Decreto.

Porte de arma de fogo – caçador para subsistência. O art. 6º, § 5º, da Lei nº 10.826/2003, bem como o art. 21 do Decreto nº 9.847/2019 (que praticamente repete os termos já previstos no Estatuto do Desarmamento), prescrevem a possibilidade do porte de arma de fogo do caçador para subsistência. Tal modalidade de porte, que poderá ser concedido pela Polícia Federal, é direcionado aos residentes em áreas rurais, maiores de 25 anos, que comprovem depender do emprego de arma de fogo para prover a subsistência alimentar familiar. Para fins de concursos, basta memorizar os dispositivos legais supratranscritos.

Porte de arma de fogo sem o devido documento. O art. 17, § 2º, do Decreto nº 9.847/2019 estabelece que o documento de porte deverá ser apresentado com o documento de identificação do portador e o Certificado de Registro de Arma de Fogo válido. Contudo, caso alguém que obteve o porte legal de arma de fogo seja surpreendido na companhia do armamento, mas não esteja na ocasião com o documento que o comprove, **haverá apenas infração administrativa**. Não há crime, pois o porte foi concedido de acordo com as exigências legais, sendo a ausência do documento comprobatório, nesse caso, apta a repercutir tão somente no âmbito administrativo[15].

Nesse mesmo sentido decidiu o STJ ao analisar a conduta de colecionador, com registro para a prática desportiva e guia de tráfego, que, contudo, dirigir-se-ia ao clube de tiros sem portar consigo a respectiva guia da arma de fogo. Aqui, o Tribunal Superior entendeu que a conduta não configurou qualquer ilícito penal.

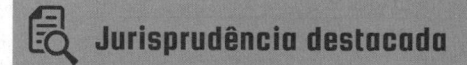 **Jurisprudência destacada**

AGRAVO REGIMENTAL NO AGRAVO REGIMENTAL NO RECURSO EM HABEAS CORPUS. ART. 14 DA LEI Nº 10.826/2003. AUSÊNCIA DO PORTE DA GUIA DE TRÂNSITO DA ARMA DE FOGO DE COLECIONADOR. ATIPICADADE DA CONDUTA. AGRAVO REGIMENTAL DESPROVIDO.

1. É atípica a conduta de colecionador, com registro para a prática desportiva e guia de tráfego, que se dirigia ao clube de tiros sem portar consigo a guia de trânsito da arma de fogo. (STJ, 5ª Turma, AgRg no AgRg no RHC 148.516/SC, Rel. Min. Joel Ilan Paciornik, j. 09.08.2022 – *Informativo* 753).

Dica final. Por fim, segue um quadro contendo as principais funções relacionadas ao porte e/ou posse de arma de fogo e atreladas às finalidades do Comando do Exército, Polícia Federal, SINARM e Ministério da Justiça[16].

Comando do Exército	Polícia Federal	SINARM	Ministério da Justiça
Autorizar, excepcionalmente, a aquisição de armas de fogo de uso restrito (art. 27).	Proceder ao registro das armas de fogo de uso permitido, bem como à expedição do CRAF (art. 5º, § 1º).	Autorizar previamente a expedição do CRAF pela PF (art. 5º, § 1º).	Autorização do porte de arma para os responsáveis pela segurança de cidadãos estrangeiros em visita ou sediados no Brasil (art. 9º).

---

[15] No mesmo sentido: Lima, (2022, p. 420).

[16] Sem a pretensão de esgotar os temas, no quadro indicado constam as funções mais cobradas em prova.

Comando do Exército	Polícia Federal	SINARM	Ministério da Justiça
Proceder ao registro das armas de fogo de uso restrito (art. 3º, parágrafo único).	Expedir a autorização para o porte de arma de fogo de uso permitido (art. 10).	Autorizar previamente a expedição do porte pela PF (art. 10).	
Registro e concessão de porte de trânsito de arma de fogo para colecionadores, atiradores e caçadores e de representantes estrangeiros em competição internacional oficial de tiro realizada no território nacional (art. 9º).		Expedir a autorização de compra de arma de fogo (art. 4º, § 1º).	
		Autorizar a comercialização de armas de fogo, acessórios e munições entre pessoas físicas (art. 4º, § 5º).	

Considerações. Diante da complexidade normativa que atualmente envolve a temática do Estatuto do Desarmamento, as lições aqui expostas não possuem a pretensão de esgotar todos os pontos existentes da matéria. O nosso foco foi o de abordar os temas que vêm sendo objeto de cobrança nas provas de concursos, indo além em algumas situações (haja vista a possibilidade de cobrança futura). Além disso, certamente o estudo da parte administrativa do Estatuto nos auxiliará na compreensão dos conteúdos a seguir, relacionados à parte criminal.

11.2 DOS CRIMES EM ESPÉCIE – INTRODUÇÃO

11.2.1 Bem jurídico

Trata-se do valor fundamental que a lei buscou proteger ao criminalizar a conduta. No caso da Lei nº 10.826/2003, objetivou-se consagrar tanto a **segurança pública** quanto a **paz pública**[17].

---

[17] Há julgados que ressaltam não ser a "incolumidade física" bem jurídico tutelado pela Lei, mas apenas a segurança pública e paz social (STJ, 5ª Turma, AgRg no HC nº 498.083/MS, Rel. Min. Ribeiro Dantas, j. 06.06.2019; STF, 2ª Turma, HC nº 117.206/RJ, Rel. Min. Cármen Lúcia, j. 05.11.2013).

II.2.2 Ação penal e elemento subjetivo

Todos os crimes do Estatuto do Desarmamento serão processados por meio de ação penal pública **incondicionada**. Quanto ao elemento subjetivo, os crimes, em sua maioria, são dolosos, **exceto** o delito do art. 13, *caput* (omissão de cautela), único crime culposo da Lei.

II.2.3 Crimes de perigo abstrato ou concreto

Existe uma classificação de crimes muito relevante para nosso estudo, que é a divisão dos delitos em: **crimes de dano – crimes de perigo**.

Os crimes de **dano ou lesão** são aqueles nos quais a consumação se dá apenas quando ocorre efetivamente o dano ao bem jurídico protegido. Ex.: crime de homicídio (art. 121 do CP). Por sua vez, os crimes de **perigo** são aqueles nos quais a consumação se dá com a mera exposição do bem jurídico a perigo (não houve um dano ainda, apenas um risco de dano).

Quanto aos crimes de perigo, eles se dividem basicamente em dois[18]. De um lado, existem os delitos classificados como de **perigo abstrato ou presumido**, nos quais o perigo é absolutamente presumido pela lei, não havendo necessidade de que, no caso concreto, ele exista (repetimos, a lei já traz a presunção do perigo). Por exemplo, basta que alguém possua ilegalmente uma arma de fogo de uso permitido, mesmo que desmuniciada, para que incida no delito do art. 12 (posse ilegal de arma de fogo de uso permitido). Por outro lado, temos os crimes classificados como de **perigo concreto**, os quais exigirão a existência de uma situação concreta de perigo (aqui não há presunção pela lei). Se a conduta do agente não gerar perigo real para a vítima, não haverá crime.

A par das divergências doutrinárias e para fins de concurso, prevalece que **todos** os crimes da Lei nº 10.826/2003 são classificados como de **perigo abstrato ou presumido.**

🧩 Decifrando a prova

(Delegado – PC/SE – Cespe – 2018) O porte de arma de fogo de uso permitido sem autorização, mas desmuniciada, não configura o delito de porte ilegal previsto no Estatuto do Desarmamento, tendo em vista ser um crime de perigo concreto cujo objeto jurídico tutelado é a incolumidade física.

( ) Certo ( ) Errado

Gabarito comentado: todos os crimes do Estatuto do Desarmamento são de perigo abstrato ou presumido, assim não é necessário que a arma de fogo esteja municiada para a caracterização do delito. Portanto, a assertiva está errada.

---

[18] Existem doutrinadores que dividem os crimes de perigo em várias outras espécies, as quais são desnecessárias para o nosso estudo da Lei nº 10.826/2003.

II.2.4 *Abolitio criminis* temporária/atipicidade temporária e assuntos correlatos

> **Art. 30.** Os possuidores e proprietários de arma de fogo de uso permitido ainda não registrada deverão solicitar seu registro até o dia 31 de dezembro de 2008, mediante apresentação de documento de identificação pessoal e comprovante de residência fixa, acompanhados de nota fiscal de compra ou comprovação da origem lícita da posse, pelos meios de prova admitidos em direito, ou declaração firmada na qual constem as características da arma e a sua condição de proprietário, ficando este dispensado do pagamento de taxas e do cumprimento das demais exigências constantes dos incisos I a III do *caput* do art. 4º desta Lei.
>
> **Parágrafo único.** Para fins do cumprimento do disposto no *caput* deste artigo, o proprietário de arma de fogo poderá obter, no Departamento de Polícia Federal, certificado de registro provisório, expedido na forma do § 4º do art. 5º desta Lei.

A Lei nº 10.826/2003 foi editada com a intenção de promover o "desarmamento" da população em geral. Algumas medidas foram adotadas visando atender a essa finalidade, em especial a chamada ***abolitio criminis* temporária**[19] (ou, para alguns, *vacatio legis* indireta/atipicidade temporária[20]), a qual **estabeleceu um prazo para aqueles que possuíssem ilegalmente alguma arma de fogo pudessem regularizá-la**, conforme as disposições da Lei (art. 30 – modificado/regulamentado por normas posteriores). De antemão, destacamos que a mencionada atipicidade temporária **nunca abrangeu o *porte* ilegal de arma de fogo** (seja de uso permitido ou restrito).

⟁ Decifrando a prova

(Delegado – PC/GO – Cespe – 2017 – Adaptada) Ao estabelecer prazo para a regularização dos registros pelos proprietários e possuidores de armas de fogo, o Estatuto do Desarmamento criou situação peculiar e temporária de atipicidade das condutas de posse e porte de arma de fogo de uso permitido e restrito.

( ) Certo ( ) Errado

Gabarito comentado: o porte ilegal de arma de fogo, seja de uso permitido ou restrito, nunca esteve abrangido pela *abolitio criminis* temporária. Portanto, a assertiva está errada.

---

[19] Para Lima (2020, p. 478-479), o art. 30 e as normas correlatas trouxeram situação de *abolitio criminis* temporária e, dessa forma, deverá retroagir alcançando as condutas análogas tipificadas na vigência da Lei nº 9.437/1997 (revogada pelo Estatuto do Desarmamento). Tal posicionamento foi adotado pelo STJ no HC nº 164.321/SP, 5ª Turma, Rel. Min. Laurita Vaz, j. 19.06.2012.

[20] Para Silvares (2020, p. 1483 e 1485), o art. 30 e as normas corretas trouxeram, na verdade, o fenômeno da atipicidade temporária (não houve *abolitio criminis*) e, portanto, não retroagirá a período anterior à vigência da Lei nº 10.826/2003. Raciocínio idêntico foi adotado pelo STF no RHC nº 111.637/DF, 2ª Turma, Rel. Min. Ricardo Lewandowski, j. 05.06.2012.

Em resumo, o Estatuto do Desarmamento (e as sucessivas normas posteriores) estabeleceu:

◆ o possuidor de arma de fogo de **uso permitido** não registrada poderia regularizá-la, procedendo ao seu registro (obtendo, assim, a posse legal da arma);

já aquele que possuísse ilegalmente arma de fogo de **uso restrito,** ou arma de fogo com **numeração raspada/adulterada**, poderia entregá-la à Polícia Federal e receber uma indenização pelo armamento (perderia o armamento e receberia um valor em troca).

Em ambas as situações, o possuidor da arma de fogo ilegal não responderia por crime **posse ilegal de arma de fogo de uso permitido ou restrito** (arts. 12 e 16 – na modalidade "possuir"), caso procedesse dentro dos prazos específicos estabelecidos (por isso o nome "*abolitio criminis*/atipicidade temporária"). Portanto, saiba que durante os prazos específicos os crimes mencionados foram considerados **temporariamente atípicos** (não havia crime).

Mas quais foram esses prazos? Esse é o ponto complicado do tema, haja vista que várias foram as prorrogações realizadas (por várias normas sucessivas) e, assim, diversos os prazos, os quais eram diferentes conforme o tipo de arma de fogo (se de uso permitido ou restrito). Dessa forma, visando a praticidade do ensino, elencaremos objetivamente os prazos e as respectivas condutas criminosas que (se praticadas dentro do período assinalado) estariam acobertadas pela atipicidade temporária, ou seja, não seriam consideradas crime[21]:

◆ Vigência do Estatuto do Desarmamento: **23.12.2003**.

De 23.12.2003 a 23.10.2005	De 24.10.2005 a 31.12.2009
◆ Posse de arma de fogo de uso permitido (art. 12). ◆ Posse de arma de fogo de uso restrito (art. 16). ◆ Posse de arma de fogo com numeração raspada ou adulterada (art. 16, § 1º, IV).	◆ Posse de arma de fogo de uso permitido (art. 12).

Assim, **a partir de 24.10.2005**, aquele que foi surpreendido possuindo ilegalmente arma de fogo de uso restrito ou com numeração adulterada cometeu o **crime do art. 16** da Lei nº 10.826/2003. Por outro lado, **a partir de 1º.01.2010**, aquele que foi surpreendido possuindo ilegalmente arma de fogo de uso permitido praticou o **crime do art. 12** da Lei nº 10.826/2003.

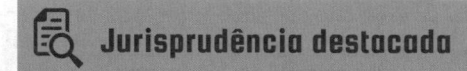 **Jurisprudência destacada**

Súmula nº 513 do STJ: A *abolitio criminis* temporária prevista na Lei nº 10.826/2003 aplica-se ao crime de posse de arma de fogo de uso permitido com numeração, marca ou

---

[21] Os prazos mencionados refletem a posição atual do STJ. É certo que alguns doutrinadores, bem como alguns julgados do STF, apontam lacunas de tempo dentro dos referidos prazos nas quais houve a vigência temporária dos tipos penais mencionados. Contudo, analisando as questões de concursos, percebemos que o entendimento do STJ é o que vem sendo cobrado nas provas.

qualquer outro sinal de identificação raspado, suprimido ou adulterado, praticado somente até 23.10.2005.

(...) 3. A jurisprudência desta Corte entende que é atípica a posse irregular de arma de fogo, acessórios e munição de uso permitido (art. 12), restrito ou proibido (art. 16), perpetrada entre 23.12.2003 e 23.10.2005. A partir dessa data, até 31.12.2009, somente é atípica a conduta do art. 12, e desde que a arma de fogo seja apta a ser registrada (numeração íntegra). (...) (STJ, 5ª Turma, HC nº 367.669/RS, Rel. Min. Joel Ilan Paciornik, j. 15.12.2016).[22]

Art. 31. Os possuidores e proprietários de armas de fogo adquiridas regularmente poderão, a qualquer tempo, entregá-las à Polícia Federal, mediante recibo e indenização, nos termos do regulamento desta Lei.

O art. 31 do Estatuto traz a possibilidade de o proprietário ou possuidor de arma de fogo **registrada** (lícita) entregá-la espontaneamente à Polícia Federal, recebendo devida indenização. Essa medida visa atender o objetivo da Lei nº 10.826/2003, que é estimular o desarmamento da população. Vale acrescentar que o art. 31 não fica limitado ao lapso temporal da atipicidade temporária (a própria lei menciona: *a qualquer tempo*), possuindo vigência atualmente.

Art. 32. Os possuidores e proprietários de arma de fogo poderão entregá-la, espontaneamente, mediante recibo, e, presumindo-se de boa-fé, serão indenizados, na forma do regulamento, ficando extinta a punibilidade de eventual posse irregular da referida arma.

Para encerrarmos nosso tópico, saiba que o art. 32 prescreve que aquele que entregar **espontaneamente** arma de fogo adquirida irregularmente[23] (sem registro), além de ver extinta a sua punibilidade quanto à **posse** ilegal do objeto (não abrange o "porte"), receberá indenização na forma do regulamento. Aqui, diferentemente do art. 31, estamos tratando da posse **ilícita** de arma de fogo.

O art. 32 abrange tanto a arma de fogo de uso permitido quanto a de uso restrito (PORTO-CARRERO; FERREIRA, 2020, p. 337), desde que a entrega seja espontânea (se for apreendida no curso de busca e apreensão domiciliar, por exemplo, não haverá extinção de punibilidade).

Jurisprudência destacada

(...) 6. No caso dos autos, foram encontrados sob a guarda do recorrido 10 cartuchos de calibre .32, sem autorização e em desacordo com determinação legal ou regulamentar, no dia 21.02.2017, logo, fora do prazo albergado pela *abolitio criminis* temporária. Ressalta-se que, nos termos da redação do art. 32, **a presunção de boa-fé somente se aplica a quem, espontaneamente, entregar a arma à Polícia Federal, não abrangendo a conduta de quem**

---

[22] No mesmo sentido: STJ, 5ª Turma, AgRg no AREsp nº 1.341.174/RS, Rel. Min. Reynaldo Soares da Fonseca, j. 07.11.2019.

[23] Embora o texto da lei não explicite que se trata de arma de fogo ilegal, esta é a interpretação da doutrina majoritária.

> **for flagrado em sua posse** (STJ, 5ª Turma, AgRg no AREsp nº 1.341.174/RS, Rel. Min. Reynaldo Soares da Fonseca, j. 07.11.2019).

Vale ressaltar que, para Nucci (2020), o mencionado dispositivo aplicou-se **apenas até o fim da** *abolitio criminis* **temporária**. Em seus comentários a respeito do art. 32 o autor ensina que: "(...) quem possuir ou for proprietário de arma de fogo adquirida irregularmente, embora de boa-fé, deve entregá-la à Polícia Federal, no prazo fixado no art. 30, sob pena de responder pelo delito de posse ilegal de arma" (NUCCI, 2020, p. 68).

Encontramos precedente do STF que endossa o entendimento anteriormente exposto:

Jurisprudência destacada

(...) 2. A alegada atipicidade da conduta, sob o fundamento de que o art. 32 da Lei nº 10.826/2003 (redação dada pela Lei nº 11.706/08) não mais fixaria prazo para a entrega de armas de uso permitido e munições, carece de plausibilidade jurídica, **pois esse dispositivo não deve ser interpretado de forma isolada, mas, sim, em conjunto com o art. 30 do Estatuto do Desarmamento, com a modificação introduzida pela Lei nº 11.922/2009, que estabeleceu o dia 31 de dezembro de 2009 como termo final para a regularização da posse de arma de fogo de uso permitido** (STF, 1ª Turma, HC nº 122.311/MG, Rel. Min. Dias Toffoli, j. 10.06.2014).

Por outro lado, temos autores que discordam desse posicionamento, entendendo que essa atitude de entrega prevista no art. 32 pode se dar a qualquer tempo (não está limitada ao prazo da *abolitio criminis* temporária – é uma causa permanente de extinção de punibilidade)[24].

Em reforço a esse entendimento temos as disposições previstas no Decreto nº 9.847/2019 (arts. 48 a 52), as quais tratam de diversos aspectos concernentes à dinâmica da entrega de arma de fogo de que tratam os arts. 31 e 32 do Estatuto do Desarmamento. Veja que o decreto, que entrou em vigor em 2019, considera a aplicação tanto do art. 31 quanto do art. 32 da Lei nº 10.826/2003, indicando a contemporaneidade desses dois dispositivos. Transcrevemos a seguir o teor de tais artigos:

Decreto nº 9.847/2019

Art. 48. O valor da indenização de que tratam os art. 31 e art. 32 da Lei nº 10.826, de 2003, e o procedimento para o respectivo pagamento serão fixados pelo Ministério da Justiça e Segurança Pública.

Art. 49. Os recursos financeiros necessários ao cumprimento do disposto nos art. 31 e art. 32 da Lei nº 10.826, de 2003, serão custeados por dotação orçamentária específica consignada ao Ministério da Justiça e Segurança Pública.

---

[24] Nesse sentido: Lima (2022, p. 455).

Art. 50. Será presumida a boa-fé dos possuidores e dos proprietários de armas de fogo que as entregar espontaneamente à Polícia Federal ou aos postos de recolhimento credenciados, nos termos do disposto no art. 32 da Lei nº 10.826, de 2003.

Art. 51. A entrega da arma de fogo de que tratam os art. 31 e art. 32 da Lei nº 10.826, de 2003, de seus acessórios ou de sua munição será feita na Polícia Federal ou em órgãos e entidades credenciados pelo Ministério da Justiça e Segurança Pública.

§ 1º Para o transporte da arma de fogo até o local de entrega, será exigida guia de trânsito, expedida pela Polícia Federal ou por órgão por ela credenciado, que conterá as especificações mínimas estabelecidas pelo Ministério da Justiça e Segurança Pública.

§ 2º A guia de trânsito de que trata o § 1º poderá ser expedida pela internet, na forma estabelecida em ato do Diretor-Geral da Polícia Federal.

§ 3º A guia de trânsito de que trata o § 1º autorizará tão-somente o transporte da arma, devidamente desmuniciada e acondicionada de maneira que seu uso não possa ser imediato, limitado para o percurso nela autorizado.

§ 4º O transporte da arma de fogo sem a guia de trânsito, ou o transporte realizado com a guia, mas sem a observância ao que nela estiver estipulado, sujeitará o infrator às sanções penais cabíveis.

Art. 52. As disposições sobre a entrega de armas de fogo de que tratam os art. 31 e art. 32 da Lei nº 10.826, de 2003, não se aplicam às empresas de segurança privada e de transporte de valores.

II.3 POSSE IRREGULAR DE ARMA DE FOGO DE USO PERMITIDO — ART. 12

Art. 12. Possuir ou manter sob sua guarda arma de fogo, acessório ou munição, de uso permitido, em desacordo com determinação legal ou regulamentar, no interior de sua residência ou dependência desta, ou, ainda no seu local de trabalho, desde que seja o titular ou o responsável legal do estabelecimento ou empresa:

Pena – detenção, de 1 (um) a 3 (três) anos, e multa.

II.3.1 Conduta típica e elemento subjetivo

Conduta típica. Temos aqui a conduta do sujeito que **possui** arma de fogo, acessório ou munição de **uso permitido**, em desacordo com a legislação, em sua residência ou em seu local de trabalho.

Perceba que para que haja o crime do art. 12 os objetos listados devem estar **na residência** (interior ou dependência – ex.: quintal, garagem) **ou no local de trabalho** (desde que titular ou responsável legal pelo estabelecimento) do possuidor[25]. Vale destacar que o § 5º do

---

[25] O art. 4º, § 1º, do Decreto nº 9.845/2019 traz a definição normativa de tais conceitos: "I – interior da residência ou dependências desta – toda a extensão da área particular do imóvel, edificada ou

art. 5º acrescenta que aos residentes em área rural considera-se residência ou domicílio **toda a extensão do respectivo imóvel rural**.

Se a arma de fogo, acessório ou munição for encontrada fora desses locais, por exemplo, junto ao corpo do agente, em via pública, teremos o crime de **porte** ilegal de arma de fogo de uso permitido (art. 14).

Além disso, se o sujeito for flagrado possuindo ilegalmente **mais de um objeto material**, no mesmo contexto fático, teremos crime único. Ex.: sujeito é surpreendido, na mesma ocasião, possuindo ilegalmente **arma de fogo** de uso permitido, alimentada com **munição** do mesmo calibre. Cometeu apenas um delito do art. 12. Tal raciocínio aplica-se a todos os delitos da lei e será detalhado nos comentários do art. 16.

🧩 Decifrando a prova

(Delegado – PC/MT – Cespe – 2017 – Adaptada) João, ao trafegar com sua moto, foi surpreendido por policiais que encontraram em seu poder arma de fogo – revólver – de uso permitido. João trafegava com a arma sem autorização e em desacordo com determinação legal ou regulamentar.

Nesse caso, o simples fato de João carregar consigo o revólver caracteriza o crime de posse ilegal de arma de fogo de uso permitido.

( ) Certo ( ) Errado

Gabarito comentado: João não estava em sua residência ou local de trabalho, portanto sua conduta se enquadra no conceito de porte (e não posse) ilegal de arma de fogo de uso permitido, tipificada no art. 14 da Lei nº 10.826/2003. Portanto, a assertiva está errada.

Não é necessário que o agente seja o "proprietário" da arma de fogo, acessório ou munição. Dessa forma, caso alguém possua ilegalmente em sua residência algum desses objetos, mesmo que seja de propriedade de outra pessoa, o possuidor terá cometido o crime do art. 12.

A expressão **"em desacordo com determinação legal ou regulamentar"** exigirá que analisemos a legislação a fim de verificar se a conduta do agente está ou não em desacordo com a lei. Como já estudado, para que um cidadão obtenha a posse válida de arma de fogo, ele deverá possuir o registro dela, o qual é obtido mediante a expedição do certificado de registro de arma de fogo (CRAF), pelo órgão competente. Caso contrário, estará possuindo irregularmente o objeto.

---

não, em que resida o titular do registro, inclusive quando se tratar de imóvel rural; II – interior do local de trabalho – toda a extensão da área particular do imóvel, edificada ou não, em que esteja instalada a pessoa jurídica, registrada como sua sede ou filial; III – titular do estabelecimento ou da empresa – aquele assim definido no contrato social; e IV – responsável legal pelo estabelecimento ou pela empresa – aquele designado em contrato individual de trabalho, com poderes de gerência".

É necessário analisar também as normas que regulamentam o Estatuto do Desarmamento para que saibamos quais as armas de fogo, acessórios ou munições serão de **uso permitido**[26]. Nesse ponto, percebemos que o art. 12 se classifica como uma **norma penal em branco**, cuja definição é ser uma norma em que o seu preceito primário (descrição da conduta criminosa) necessita ser complementado por outra norma para que obtenha sentido completo[27].

Conforme estudaremos, caso a posse ilegal seja de arma de fogo, acessório ou munição de uso restrito, ou ainda de uso permitido, mas com numeração raspada, teremos o crime do art. 16 (*caput* ou § 1º, IV).

Elemento subjetivo. É o **dolo** de praticar a conduta criminosa prevista no tipo penal (art. 12). Não exige a presença de nenhuma "finalidade específica" (dolo específico) por parte do agente.

II.3.2 Sujeitos do crime

Quanto ao sujeito ativo, em regra cuida-se de **crime comum**, ou seja, o delito pode ser cometido por qualquer pessoa. Contudo, especificamente quanto à parte final do artigo, "no seu local de trabalho, desde que seja o titular ou o responsável legal do estabelecimento ou empresa", entendemos tratar-se de **crime próprio**, ou seja, se o sujeito for flagrado com arma de fogo, acessório ou munição de uso permitido, ilegalmente e em seu local de trabalho, mas não sendo o titular ou responsável legal pelo estabelecimento (ex.: funcionário contratado), cometerá o crime do art. 14 do Estatuto (pois não ostentava a condição especial exigida pela parte final do art. 12).

Com relação ao sujeito passivo (vítima), é a **coletividade** (crime vago[28]).

II.3.3 Consumação e tentativa

Consumação e tentativa. O crime se consuma no momento em que a arma de fogo, acessório ou munição **ingressa na posse do sujeito ativo**, seja em sua residência ou local de trabalho, nos termos do *caput*. É crime de **mera conduta** (o tipo só descreve a conduta – não há resultado naturalístico/modificação no mundo exterior). A tentativa é possível (embora de difícil visualização[29]).

Crime permanente. O crime do art. 12 é classificado como **permanente**, aquele cuja consumação se prolonga no tempo. Algumas das consequências desse tipo de crime consistem no fato de que, enquanto a arma, acessório ou munição estiver na residência ou local de trabalho do agente, teremos: o crime está ocorrendo, sendo possível a prisão em flagrante

---

[26] Em regra, as questões de concursos não exigem que decoremos quais armas de fogo ou munições são de uso permitido ou restrito. Dessa forma, optamos por não descrever a extensa lista constante da Portaria nº 1.222/2019 do Comando do Exército.

[27] Sendo ainda mais específicos, temos aqui uma norma penal em branco **heterogênea** ou **em sentido estrito**, haja vista que esse complemento é editado por órgão distinto (Poder Executivo) daquele que editou a norma a ser complementada (Poder Legislativo).

[28] Aquele que possui como sujeito passivo um ente sem personalidade jurídica não há vítima determinada.

[29] A doutrina cita um exemplo teórico de tentativa: quando o agente está prestes a possuir ilegalmente arma de fogo de uso permitido, mas é impedido pela polícia.

a qualquer momento; sobrevindo lei mais gravosa, ela será imediatamente aplicada ao caso (Súmula nº 711 do STF); a prescrição não começará a correr (art. 111, III, do CP).

11.3.4 Complementos doutrinários e jurisprudenciais

Posse ou porte de arma de fogo desmuniciada. Como os crimes previstos no Estatuto do Desarmamento são classificados como de **perigo abstrato** (não exige situação concreta de perigo), tanto o STJ quanto o STF[30] entendem que a posse ou porte ilegal de arma de fogo **desmuniciada configurará crime** previsto na Lei (arts. 12, 14 ou 16, a depender do caso concreto).

🔍 Jurisprudência destacada[31]

1. O porte ilegal de arma de fogo é delito de perigo abstrato, em que buscou o legislador punir, de forma preventiva, as condutas descritas no tipo penal. 2. Consuma-se o porte ilegal pelo ato de alguém levar consigo arma de fogo sem autorização ou em desacordo com determinação legal, sendo irrelevante a demonstração de efetiva ofensividade. (...) (STJ, 6ª Turma, REsp nº 1.193.805/SP, Rel. Min. Sebastião Reis Júnior, j. 15.12.2011).

Arma de fogo desmontada. Saiba ainda que, segundo o STF, é crime o porte (aplicando-se também à posse) ilegal de arma de fogo **desmontada** (desde que, obviamente, não esteja quebrada/danificada e totalmente inapta para disparos).

🔍 Jurisprudência destacada

1. O Supremo Tribunal Federal firmou o entendimento de que é de perigo abstrato o crime de porte ilegal de arma de fogo, sendo, portanto, irrelevante para sua configuração encontrar-se a arma desmontada ou desmuniciada (STF, 2ª Turma, HC nº 95.861/RJ, Rel. Min. Cezar Peluso, j. 02.06.2015).

Posse ilegal de pequena quantidade de munição (desacompanhada de arma de fogo). Segundo o posicionamento doutrinário mais tradicional, a posse (aplicando-se também ao porte) ilegal de apenas uma munição já configura crime, sendo inaplicável o princípio da insignificância. Contudo, outra parcela entende que, a depender do caso concreto, é possível a incidência do mencionado princípio à conduta do sujeito flagrado na posse ilegal de apenas uma ou pequena quantidade de munição, principalmente quando inexiste perigo ao bem jurídico tutelado.

---

[30] STF. HC 119154, 2ª Turma, Rel. Min. Teori Zavascki, j. 26.11.2013.

[31] No mesmo sentido: STJ, 5ª Turma, AgRg no AgRg no AREsp nº 1.437.702/RJ, Rel. Min. Ribeiro Dantas, j. 20.08.2019.

Quando consultamos a jurisprudência, atualmente tanto o STF quanto o STJ, diferentemente do que ocorria no passado, **vêm admitindo** a incidência do princípio na posse/porte ilegal de **pequena quantidade** de munição (seja de uso permitido ou restrito) desacompanhada da arma de fogo, à luz do caso concreto e desde que **preenchidos os requisitos do princípio** – mínima ofensividade, nenhuma periculosidade social da ação, reduzidíssimo grau de reprovabilidade do comportamento e inexpressividade de lesão jurídica provocada.

 **Jurisprudência destacada**

(...) 4. O paciente foi condenado pelo delito de posse de munição de uso restrito (art. 16 da Lei nº 10.826/2003), sendo apenado em 3 (três) anos e 6 (seis) meses de reclusão em regime fechado e ao pagamento de 11 dias-multa. 5. Na linha de precedentes, o porte ilegal de arma ou munições é crime de perigo abstrato, cuja consumação independe de demonstração de sua potencialidade lesiva. 6. A hipótese retratada autoriza a mitigação do referido entendimento, uma vez que a conduta do paciente de manter em sua posse uma única munição de fuzil (calibre .762), recebida, segundo a sentença, de amigos que trabalharam no Exército, **não tem o condão de gerar perigo para a sociedade**, de modo a contundir o bem jurídico tutelado pela norma penal incriminadora. (...) 8. **Não há, portanto, óbice à aplicação do princípio da insignificância na espécie, sendo de rigor seu reconhecimento**. 9. Ordem concedida para, em razão do princípio da insignificância, reconhecer a atipicidade material da conduta imputada ao paciente (STF, 2ª Turma, HC nº 154.390/SC, Rel. Min. Dias Toffoli, j. 17.04.2018).

Reforçamos que, para a incidência do princípio da insignificância, não basta a posse ou porte ilegal de uma ou pequena quantidade de munição desacompanhada da arma de fogo, é necessário também que os requisitos do mencionado princípio estejam preenchidos. Esse é o entendimento mais atual no âmbito dos Tribunais Superiores, em especial o STJ.

Jurisprudência destacada

(...) 2. "A Quinta Turma e a Sexta Turma dessa Corte Superior, a última, em algumas oportunidades, têm entendido que **o simples fato de os cartuchos apreendidos estarem desacompanhados da respectiva arma de fogo não implica, por si só, a atipicidade da conduta, de maneira que as peculiaridades do caso concreto devem ser analisadas, a fim de se aferir: a) a mínima ofensividade da conduta do agente; b) a ausência de periculosidade social da ação; c) o reduzido grau de reprovabilidade do comportamento; e d) a inexpressividade da lesão jurídica provocada**" (EREsp nº 1.856.980/SC, Relator Ministro Joel Ilan Paciornik, 3ª Seção, j. 22.09.2021, *DJe* 30.09.2021) 3. *In casu*, conquanto o agravante possuísse apenas uma munição de calibre 12, desacompanhada de qualquer arma de fogo, o contexto em que se deu a apreensão do artefato não autoriza a incidência do princípio da insignificância, porquanto, na ocasião da apreensão, o agravante também praticava o tráfico de drogas, tanto que também foi condenado pelo crime. Sobreleva repisar que, na hipótese vertente, foram apreendidos 300 g (trezentos gramas) de maconha (e-STJ fl. 81), montante esse que não pode ser considerado inexpressivo para o fim colimado (STJ, 6ª Turma, AgRg no REsp nº 1.893.303/SE, Rel. Min. Antonio Saldanha Palheiro, j. 23.11.2021).

Porte de munição em forma de pingente desacompanhada de arma. Queremos chamar atenção ainda para uma decisão jurisprudencial importante. Na linha dos julgados mencionados, o STF já decidiu, em um caso específico (já cobrado em prova), que é atípica a conduta daquele que porta, na forma de pingente, munição desacompanhada de arma, incidindo, para esse caso, o princípio da insignificância.

🔍 Jurisprudência destacada

É atípica a conduta daquele que porta, na forma de pingente, munição desacompanhada de arma. Com base nessa orientação, a Segunda Turma concedeu a ordem em *habeas corpus* para restabelecer a decisão de tribunal local que absolvera o paciente. Na espécie, o paciente portava – como pingente – munição de uso proibido sem autorização e em desacordo com determinação legal ou regulamentar (Lei nº 10.826/2003, art. 16, *caput*). Condenado em primeira instância à pena de três anos de reclusão, substituída por duas penas restritivas de direitos, fora absolvido pelo tribunal local. Segundo a Corte estadual, a conduta imputada ao sentenciado não representava qualquer perigo de lesão ou ameaça de lesão ao bem jurídico tutelado pelo art. 16, *caput*, da Lei nº 10.826/2003. A condenação fora restabelecida pelo STJ para afastar a atipicidade da conduta, objeto do presente *habeas*. A Turma apontou que, no caso concreto, o comportamento do paciente não oferecera perigo, abstrato ou concreto (STF, 2ª Turma, HC nº 133.984/MG, Rel. Min. Cármen Lúcia, 17.05.2016 – *Informativo* 826).

Necessidade de perícia e arma inapta para efetuar disparos. É **desnecessária** a existência de perícia atestando a potencialidade lesiva de arma de fogo ou de munição para que se configurem os crimes do Estatuto do Desarmamento. Isso porque estamos diante de crime de perigo abstrato, o qual não exige demonstração de situação real de perigo, sendo possível que a posse ou porte ilegal da arma de fogo seja demonstrado por outros meios de prova admitidos (ex.: testemunhal). Contudo, caso a perícia seja realizada e o laudo constate a inaptidão **total** da arma de fogo (e munição) para efetuar disparos, **não haverá crime algum**. Nesse caso, o STJ entende que, se não há condição alguma de efetuar disparos, não existe "arma de fogo" em seu conceito técnico, logo, não existe crime.

Portanto, concluímos que a perícia é desnecessária para a configuração dos crimes do Estatuto do Desarmamento. No entanto, se, uma vez realizada, concluir pela inaptidão total da arma de fogo para disparo, não haverá infração penal (crime impossível).

🔍 Jurisprudência destacada[32]

Inicialmente, convém destacar que a Terceira Seção do STJ pacificou entendimento no sentido de que o tipo penal de posse ou porte ilegal de arma de fogo é delito de mera conduta ou

---

[32] No mesmo sentido: STJ, 5ª Turma, AgRg no HC nº 498.083/MS, Rel. Min. Ribeiro Dantas, j. 06.06.2019.

de perigo abstrato, sendo irrelevante a demonstração de seu efetivo caráter ofensivo e, assim, **desnecessária a realização de laudo pericial para atestar a potencialidade lesiva da arma de fogo ou da munição apreendida** (EREsp nº 1.005.300/RS, *DJe* 19.12.2013). Contudo, **se tiver sido realizado laudo técnico** na arma de fogo **e este tiver apontado a total ineficácia do artefato**, descartando, por completo, a sua potencialidade lesiva e, ainda, consignado que as munições apreendidas estavam percutidas e deflagradas, **a aplicação da jurisprudência supramencionada deve ser afastada**. Isso porque, nos termos do que foi proferido no AgRg no HC nº 149.191/RS (6ª Turma, *DJe* 17.05.2010), arma, para ser arma, há de ser eficaz; caso contrário, de arma não se cuida. Em outras palavras, uma arma desmuniciada em conjunto com munição torna-se apta a realizar disparos; entretanto, uma arma ineficaz, danificada, quebrada, em contato com munição, não poderá produzir disparos, não passando, portanto, de um mero pedaço de metal. Registre-se que a particularidade da ineficácia da arma (e das munições) não se confunde, a toda evidência, com o caso de arma sem munição. (...) (STJ, 6ª Turma, REsp nº 1.451.397/MG, Rel. Min. Maria Thereza de Assis Moura, j. 15.09.2015 – *Informativo* 570).[33]

Registro da arma de fogo e locomoção. Parte da doutrina ensina que o registro da arma de fogo autoriza que o proprietário a tenha **de forma acondicionada** na sua residência ou local de trabalho (atendidos os requisitos da lei), salvo locomoções esporádicas (ex.: para limpeza). Contudo, **não poderá** transitar dentro desses locais com o objeto (ex.: com a arma de fogo junto ao seu corpo, transita dentro de seu local de trabalho, de um lado para o outro). Se assim o fizer, incorrerá no delito de porte ilegal de arma de fogo[34].

Contudo, outra corrente sustenta que, atualmente, aquele que detém apenas o registro de arma de fogo e transita com ela pelas dependências de sua residência ou local de trabalho (sendo o titular ou o responsável legal) **não responderá por crime algum**. Isso porque o Decreto nº 9.845/2019, em seu art. 4º, § 1º, traz a definição normativa de tais conceitos, claramente admitindo que o lícito possuidor se locomova com o armamento nesses locais[35].

Decreto nº 9.845/2019

Art. 4º (...)

§ 1º Para fins do disposto no *caput*, considera-se:

I – interior da residência ou dependências desta – toda a extensão da área particular do imóvel, edificada ou não, em que resida o titular do registro, inclusive quando se tratar de imóvel rural;

II – interior do local de trabalho – toda a extensão da área particular do imóvel, edificada ou não, em que esteja instalada a pessoa jurídica, registrada como sua sede ou filial;

III – titular do estabelecimento ou da empresa – aquele assim definido no contrato social; e

---

[33] No mesmo sentido: STJ, 6ª Turma, AgRg no HC 626.888/MS, Rel. Min. Antonio Saldanha Palheiro, j. 02.08.2022.

[34] São as lições de Lima (2020, p. 423).

[35] Essa é a posição de Silvares (2020, p. 1491).

IV – responsável legal pelo estabelecimento ou pela empresa – aquele designado em contrato individual de trabalho, com poderes de gerência.

II.4 OMISSÃO DE CAUTELA – ART. 13, *CAPUT*

Art. 13. Deixar de observar as cautelas necessárias para impedir que menor de 18 (dezoito) anos ou pessoa portadora de deficiência mental se apodere de arma de fogo que esteja sob sua posse ou que seja de sua propriedade:

Pena – detenção, de 1 (um) a 2 (dois) anos, e multa.

II.4.I Conduta típica e elemento subjetivo

Conduta típica. Temos aqui a conduta do sujeito que **deixa de observar as cautelas necessárias** para impedir que **menor de 18 anos** ou **portador de deficiência mental** se apodere de **arma de fogo** que esteja em sua posse ou propriedade[36]. O delito do art. 13, *caput*, é infração de menor potencial ofensivo (detenção, de um a dois anos, e multa)[37].

Pela análise do tipo penal, notamos que estamos diante de um crime **omissivo** (próprio), pois o sujeito **nada faz** para observar as cautelas necessárias. Cuida-se ainda de crime **culposo** (o único da lei), consistente na conduta do sujeito que é negligente ou imprudente, violando o seu dever objetivo de cuidado, e, com isso, permite que menor de 18 anos ou pessoa portadora de deficiência mental tenha acesso a arma de fogo (de uso permitido ou restrito) de sua propriedade ou posse[38].

Repare que o tipo penal elenca apenas a **arma de fogo** como objeto material, distinguindo-se da maioria dos crimes do Estatuto (os quais contemplam também "acessório" e "munição").

Elemento subjetivo. Como dito, trata-se de crime **culposo**, consistente na conduta do sujeito que, por negligência ou imprudência, deixa de observar as cautelas necessárias para impedir que menor ou deficiente mental se apodere de sua **arma de fogo**.

---

[36] O art. 3º, VIII, do Decreto nº 9.845/2019 prescreve que, para fins de aquisição de arma de fogo de uso permitido e emissão do CRAF, o interessado deverá: "apresentar declaração de que possui lugar seguro para armazenamento das armas de fogo das quais seja proprietário de modo a adotar as medidas necessárias para impedir que menor de dezoito anos de idade ou pessoa com deficiência mental se apodere de arma de fogo que esteja sob sua posse ou que seja de sua propriedade nos termos do disposto no art. 13 da Lei nº 10.826, de 2003".

[37] São as contravenções penais e os crimes com pena máxima não superior a dois anos, cumulada ou não com multa.

[38] Vale ressaltar que o tipo penal não exige qualquer vinculação (parentesco, afetividade) entre o menor/deficiente e o proprietário/possuidor da arma de fogo.

Além disso, como vimos, o delito do art. 13, *caput*, possui como objeto material apenas arma de fogo. Assim, a conduta daquele que possui **munição** e deixa de observar as cautelas necessárias para impedir que menor de 18 anos ou pessoa portadora de deficiência mental dela se apodere facilmente comete a contravenção penal do art. 19, § 2º, "c", do Decreto-lei nº 3.688/1941[39].

Destacamos ainda que, caso o agente **dolosamente** forneça arma de fogo (bem como acessório, munição ou explosivo) para uma **criança ou adolescente**, não teremos o crime do art. 13, *caput*, mas, sim, a figura do **art. 16, § 1º, V**, do Estatuto do Desarmamento. Nesse mesmo sentido, quem fornecer **dolosamente** arma de fogo (bem como acessório ou munição) a **pessoa portadora de deficiência mental** incorrerá nos delitos do art. 14 ou 16 (a depender se de uso permitido ou restrito/proibido).

II.4.2 Sujeitos do crime

Quanto ao sujeito ativo, cuida-se de **crime próprio**, exigindo uma qualidade especial do agente, qual seja: ser o possuidor ou proprietário da arma de fogo. Com relação ao sujeito passivo (vítima), trata-se da **coletividade**.

II.4.3 Consumação e tentativa

O crime se consuma no momento em que o menor ou a pessoa portadora de deficiência mental **apodera-se** da arma de fogo. Note que não basta a violação do dever de cuidado por parte do proprietário ou possuidor da arma, exige-se também **o efetivo apoderamento** do objeto pelo menor ou deficiente. É crime **formal**, dispensando que o menor/deficiente cause qualquer consequência a terceiros[40]. Pelo fato de ser culposo, além de omissivo próprio[41], **não admite tentativa**.

> ### 🧩 Decifrando a prova
>
> **(Agente de Inteligência – Abin – Cespe – 2018)** Comete crime o agente que deixa de observar as cautelas necessárias para impedir que menor de dezoito anos de idade se apodere de arma de fogo que esteja sob a sua posse, ainda que não haja consequências graves.
>
> ( ) Certo ( ) Errado

---

[39] Se a mesma conduta recair, nesses termos, sobre acessório: o fato será atípico.

[40] Nesse sentido: Nucci (2020, p. 24).

[41] Interessante observar que, em regra, os crimes omissivos próprios serão dolosos. Contudo, aqui estamos diante de uma exceção, de omissão própria **culposa** (CORREIA, 2017, p. 98).

> **Gabarito comentado:** a conduta narrada enquadra-se no delito do art. 13, *caput*, da Lei nº 10.826/2003. Lembre-se de que, para a consumação do crime, basta a violação do dever de cuidado por parte do proprietário ou possuidor da arma, seguido do apoderamento do objeto pelo menor ou deficiente mental. Não é necessário qualquer tipo de consequência (crime de perigo abstrato). Portanto, a assertiva está certa.

II.5.4 Complementos doutrinários e jurisprudenciais

Concurso de crimes. Para a incidência no delito do art. 13, *caput*, não se exige a posse/porte ilegal da arma de fogo. Contudo, se ilegal, é possível o concurso de crimes. Imagine, por exemplo, que o agente possua ilegalmente em sua residência uma arma de fogo de uso permitido e, além disso, deixe de observar as cautelas necessárias, consentindo que um adolescente de 12 anos se apodere do objeto. Nesse caso, ele responderá tanto pelo crime do art. 12 quanto pelo do art. 13, *caput*, do Estatuto, em concurso.

II.5 CRIME DO ART. 13, PARÁGRAFO ÚNICO

Art. 13 (...)

Parágrafo único. Nas mesmas penas incorrem o proprietário ou diretor responsável de empresa de segurança e transporte de valores que deixarem de registrar ocorrência policial e de comunicar à Polícia Federal perda, furto, roubo ou outras formas de extravio de arma de fogo, acessório ou munição que estejam sob sua guarda, nas primeiras 24 (vinte quatro) horas depois de ocorrido o fato.

II.5.1 Conduta típica e elemento subjetivo

Conduta típica. Temos aqui a conduta do **proprietário ou diretor** de empresa de **segurança ou transporte de valores** que, diante da perda/furto/roubo/extravio de **arma de fogo, acessório ou munição**, que estejam sob sua guarda, **deixa de registrar ocorrência, bem como** de **comunicar à Polícia Federal**, nas **primeiras 24 horas após o fato**. À semelhança do art. 13, *caput*, cuida-se de crime **omissivo** e também **infração de menor potencial ofensivo** (detenção, de um a dois anos, e multa). No entanto, conforme detalharemos, aqui há crime doloso.

O art. 7º da Lei nº 10.826/2003 estabelece que as armas de fogo utilizadas pelos empregados das empresas mencionadas são de propriedade, guarda e responsabilidade das referidas empresas. O § 1º do mesmo artigo prevê, diante da não comunicação do extravio, a responsabilidade criminal (remetendo ao art. 13, parágrafo único), sem prejuízo da civil e administrativa. Em razão de os crimes do Estatuto do Desarmamento não poderem ser cometidos por pessoa jurídica, a responsabilidade criminal incidirá sobre o **proprietário ou diretor da empresa**.

Lembre-se de que o dever na comunicação do extravio abrange não só arma de fogo, mas também **acessório** ou **munição**. Além disso, para que se cumpra o dever de comunicação, **não basta** que o responsável registre ocorrência policial (em regra efetuada na polícia civil), **deve ainda** comunicar à Polícia Federal sobre o extravio, tudo isso dentro das primeiras 24 horas após o fato. A ausência de **qualquer das duas ações** configura o crime em questão (são deveres cumulativos[42]).

Elemento subjetivo. É o **dolo** em se omitir diante dos deveres impostos pelo tipo penal. Não exige a presença de nenhuma "finalidade específica" (dolo específico) por parte do agente.

II.5.2 Sujeitos do crime

Quanto ao sujeito ativo, cuida-se de **crime próprio**, exigindo uma qualidade especial do agente, de forma que somente poderá praticá-lo o proprietário ou diretor da empresa de segurança ou transporte de valores. Com relação ao sujeito passivo (vítima), trata-se da **coletividade**.

II.5.3 Consumação e tentativa

O crime se consuma depois de decorrido o período de **24 horas, a contar do extravio**, sem que o sujeito ativo tenha registrado a ocorrência policial e também comunicado à Polícia Federal a respeito dos fatos. É isso o que a letra da lei prescreve.

Entretanto, questiona-se: **Se ocorrer o extravio e o sujeito ativo não tomar conhecimento dele? A partir de quando começará a contagem do prazo de 24 horas?**

Parte da doutrina, aprofundando-se nesse aspecto, entende que somente começará a correr a partir da **ciência** do proprietário ou diretor de empresa de segurança e transporte de valores **a respeito do extravio**[43], sob pena de ser consagrada a responsabilidade penal objetiva (sem dolo ou culpa), a qual é vedada no direito penal.

Saiba ainda que, por todo o exposto, o art. 13, parágrafo único, é classificado como **crime a prazo** (consumação não instantânea). É crime de **mera conduta**. Pelo fato de ser omissivo próprio, **não admite tentativa**.

---

[42] Alguns doutrinadores entendem tratar-se de dever alternativo, de modo que, cumprido qualquer deles no prazo assinalado, não haverá o crime. Nesse sentido: Lima, (2020, p. 438).

[43] Nesse sentido: Baltazar Jr., Gonçalves e Lenza (2020, posições 6823-6824).

11.6 PORTE ILEGAL DE ARMA DE FOGO DE USO PERMITIDO ART. 14

Art. 14. Portar, deter, adquirir, fornecer, receber, ter em depósito, transportar, ceder, ainda que gratuitamente, emprestar, remeter, empregar, manter sob guarda ou ocultar arma de fogo, acessório ou munição, de uso permitido, sem autorização e em desacordo com determinação legal ou regulamentar:

Pena – reclusão, de 2 (dois) a 4 (quatro) anos, e multa.

Parágrafo único. O crime previsto neste artigo é inafiançável, salvo quando a arma de fogo estiver registrada em nome do agente.

11.6.1 Conduta típica e elemento subjetivo

Conduta típica. Temos aqui a conduta de **portar (+ 12 condutas**[44]**)** arma de fogo, acessório ou munição de **uso permitido**, sem autorização e em desacordo com a legislação. Estamos diante de um crime de ação múltipla (ou tipo misto alternativo), no qual temos vários verbos que expressam a conduta criminosa[45]. É certo que, se, no mesmo contexto fático, forem praticadas duas ou mais das ações previstas, teremos **crime único**. Ex.: o agente que porta ilegalmente arma de fogo de uso permitido junto ao seu corpo e, posteriormente, empresta o objeto para outra pessoa. Cometeu apenas um crime do art. 14.

Lembre-se de que o porte é diferente da posse. Esta dá o direito ao seu proprietário de possuir a arma de fogo apenas em sua residência ou local de trabalho (caso seja o titular ou responsável legal). Já no porte não temos essa limitação espacial, podendo o sujeito, a princípio, levar o armamento para diversos locais.

Como já estudado, para que um cidadão comum obtenha o **porte** de arma fogo ele deverá preencher os requisitos do art. 10 do Estatuto e ainda obter decisão favorável na Polícia Federal, precedida de autorização do SINARM. Caso contrário, estará portando ilegalmente o objeto (em desacordo com a legislação). É bem certo que existem várias outras situações particulares de autorização legal para o porte de arma de fogo, previstas tanto no Estatuto do Desarmamento quanto em normas específicas (policiais, guardas municipais, magistrados etc.). Dessa forma, cada caso concreto exigirá uma análise da legislação a fim de verificar se a conduta do agente está ou não **em desacordo com determinação legal ou regulamentar**, ou seja, se ele possui ou não o porte legal de arma de fogo, acessório ou munição.

É necessário analisar também as normas que regulamentam o Estatuto do Desarmamento para que saibamos quais armas de fogo, acessórios ou munições serão de **uso per-**

---

[44] É certo que, embora o *nomen iuris* do crime contemple apenas o "porte" (porte ilegal de arma de fogo de uso permitido), vários são os núcleos/verbos do tipo. Prezando pela objetividade em nosso estudo e também pelo fato de que os verbos descritos são intuitivos, detalharemos apenas o núcleo "portar".

[45] Alguns verbos caracterizam crime permanente – ex.: "ter em depósito".

mitido[46]. Nesse ponto, percebemos que o art. 14 se classifica como uma **norma penal em branco**, a qual possui por definição ser uma norma em que o seu preceito primário (definição da conduta criminosa) necessita ser complementado por outra norma para que obtenha sentido completo[47].

Conforme estudaremos, caso o porte ilegal seja de arma de fogo, acessório ou munição de uso **restrito**, ou ainda de uso permitido, mas com **numeração raspada**, teremos o crime do art. 16 (*caput* ou § 1º, IV).

Decifrando a prova

(Promotor de Justiça – MPE/PB – FCC – 2018 – Adaptada) Nos termos do Estatuto do Desarmamento (Lei nº 10.826/2003), a conduta de emprestar a terceiro arma de fogo, sem autorização e em desacordo com determinação legal ou regulamentar, configura o crime de porte ilegal de arma de fogo.

( ) Certo ( ) Errado

Gabarito comentado: apenas dois tipos penais da Lei nº 10.826/2003 possuem o verbo "emprestar" em sua descrição típica: art. 14 (porte ilegal de arma de fogo de uso permitido) e art. 16 (posse ou porte ilegal de arma de fogo de uso restrito). Como o enunciado não faz nenhuma diferenciação a respeito da arma de fogo ser de uso permitido ou restrito, temos que a assertiva está correta, pois prevê genericamente a conduta de porte ilegal de arma de fogo (podendo incidir no art. 14 ou 16, a depender da espécie da arma). Portanto, a assertiva está certa.

Elemento subjetivo. É o **dolo** de praticar qualquer das condutas criminosas previstas no tipo penal (art. 14). Não exige a presença de nenhuma "finalidade específica" (dolo específico) por parte do agente.

II.6.2 Sujeitos do crime

Quanto ao sujeito ativo, cuida-se de **crime comum**, ou seja, o delito pode ser cometido por qualquer pessoa. Com relação ao sujeito passivo (vítima), trata-se da **coletividade**.

---

[46] Em regra, as questões de concursos não exigem que decoremos quais armas de fogo ou munições são de uso permitido ou restrito. Dessa forma, optamos por não descrever a extensa lista constante da Portaria nº 1.222/2019 do Comando do Exército.

[47] Sendo ainda mais específicos, temos aqui uma norma penal em branco **heterogênea** ou **em sentido estrito**, haja vista que esse complemento é editado por órgão distinto (Poder Executivo) daquele que editou a norma a ser complementada (Poder Legislativo).

II.6.3 Consumação e tentativa

O crime se consuma no **momento em que o sujeito ativo pratica qualquer das condutas previstas no tipo** (quando porta, detém, adquire... arma de fogo, acessório ou munição). É crime de **mera conduta** (o tipo só descreve a conduta – não há resultado naturalístico/modificação no mundo exterior). A tentativa é possível (embora de difícil visualização[48]).

II.6.4 Complementos doutrinários e jurisprudenciais

Observação inicial. Alguns entendimentos jurisprudenciais relativos ao crime ora em estudo já foram abordados nos delitos dos artigos anteriores. Dessa forma, buscando evitar desnecessárias repetições, vejamos as novidades.

Art. 14, parágrafo único – fiança. O mencionado dispositivo prescreve que o crime do art. 14 é inafiançável, salvo quando a arma de fogo estiver registrada em nome do agente. Contudo, o STF, por meio da ADIn n° 3.112-1, declarou a **inconstitucionalidade** do parágrafo, de modo que, atualmente, **sempre será possível a concessão de fiança para o crime em questão** (independentemente da arma de fogo estar registrada em nome do agente).

> ### 🧩 Decifrando a prova
>
> **(Delegado – PC/SE – CESPE – 2018)** Julgue o item seguinte, referente a crimes de trânsito e a posse e porte de armas de fogo, de acordo com a jurisprudência e legislação pertinentes.
>
> Situação hipotética: Um policial militar reformado foi preso em flagrante delito por portar arma de fogo de uso permitido, sem autorização legal e sem o devido registro do armamento. Assertiva: Nessa situação, a autoridade policial não poderá conceder fiança, porquanto o Estatuto do Desarmamento prevê que o fato de a arma não estar registrada no nome do agente torna inafiançável o delito.
>
> ( ) Certo ( ) Errado
>
> **Gabarito comentado:** o art. 14, parágrafo único, foi declarado inconstitucional pelo STF, de modo que é totalmente possível a concessão de fiança àquele que cometeu o delito do art. 14, independentemente de a arma de fogo estar registrada em nome do agente. Portanto, a assertiva está errada.

Porte e concurso de crimes. Imagine que um sujeito, o qual não possui autorização para portar de arma de fogo, utilize o objeto para matar um desafeto seu. **Nesse caso, teremos dois crimes (porte ilegal e homicídio) ou o crime de homicídio absorverá o**

---

[48] Um exemplo de tentativa citado pela doutrina seria a conduta do sujeito que tenta adquirir ilegalmente o armamento, mas é surpreendido por ação policial.

crime de porte ilegal de arma de fogo? Depende. A jurisprudência ensina que devemos analisar o caso concreto[49].

Caso a arma tenha sido utilizada **exclusivamente para a execução do homicídio**, teremos **crime único**: o crime de homicídio absorverá o porte ilegal de arma de fogo.

Exemplo: Marcelo começa a discutir com Pedro em um bar. Muito irritado, ele sai do local, vai na casa de seu cunhado que fica ao lado e pega emprestado um revólver de propriedade dele. Volta ao bar e mata o seu desafeto. Ato contínuo, dirige-se à casa do cunhado e devolve o objeto.

Agora, se o agente já possuía há algum tempo a arma de fogo ou, ainda, embora tenha adquirido o objeto para executar o homicídio, posteriormente utilizou-o em outras empreitadas criminosas (**evidenciando desígnios autônomos entre os delitos**), teremos **dois crimes em concurso material**: homicídio e porte ilegal de arma de fogo.

Exemplo: Marcelo, que tinha o hábito de andar armado, está em um bar e começa a discutir com Pedro. Em dado momento e muito irritado, Marcelo saca seu revólver e atira contra Pedro, o qual vem a óbito.

> ### Jurisprudência destacada[50]
>
> 1. A absorção do crime de porte ilegal de arma de fogo pelo de homicídio exige que as condutas tenham sido praticadas no mesmo contexto, guardando relação de dependência ou subordinação, de modo que o porte tenha como fim unicamente a prática do delito de homicídio. (...) (STJ, 6ª Turma, AgRg no AREsp nº 1.186.399/MS, Rel. Min. Nefi Cordeiro, j. 03.05.2018).

Seguindo o raciocínio anteriormente estabelecido, o STJ da mesma forma entendeu em relação aos crimes de porte ilegal de arma de fogo e roubo.

> ### Jurisprudência destacada
>
> (...) 3. Incide o princípio da consunção quando o agente, no mesmo contexto fático, comete os crimes de porte ilegal de arma de fogo e de roubo, com nexo de dependência entre as condutas delitivas. (STJ, 5ª Turma, AgRg no AREsp 1.891.254/GO, Rel. Min. João Otávio de Noronha, j. 14.06.2022).

Porte ilegal de arma de fogo e legítima defesa. Raciocínio idêntico ao anterior aplica-se à conduta do sujeito que, portando ilegalmente arma de fogo, desfere tiros em ou-

---

[49] O mesmo raciocínio aqui externado valerá para o porte ilegal de arma de fogo em concurso com o crime de roubo, além de se aplicar tanto para o porte ilegal de arma de fogo de uso permitido (art. 14) quanto restrito/proibido (art. 16).

[50] No mesmo sentido (só que se aplicando ao roubo): STJ, 5ª Turma, AgRg no REsp nº 1.807.692/CE, Rel. Min. Joel Ilan Paciornik, j. 17.12.2019.

trem sob o manto de legítima defesa, causando a sua morte. Caso o porte ilegal esteja no mesmo contexto do suposto homicídio, não responderá por crime algum. Contudo, evidenciados contextos distintos com relação às condutas típicas, será responsabilizado pelo delito de porte ilegal de arma de fogo (apenas o homicídio continua abarcado pela excludente de ilicitude)[51].

Porte ilegal de arma de fogo e receptação. Se alguém é flagrado portando ilegalmente arma de fogo que sabe ter sido produto de crime em momento anterior, responderá tanto por crime do Estatuto do Desarmamento quanto pelo delito de receptação, em concurso material. A jurisprudência entende ser totalmente possível o concurso, pois tais delitos atingem bens jurídicos diferentes e comumente são cometidos em situações distintas.

🔍 Jurisprudência destacada[52]

> Penal. Agravo regimental no agravo em recurso especial. Delitos de receptação e de porte ilegal de arma de fogo de uso restrito. Pleito de reconhecimento da consunção. Impossibilidade. 1. A Corte de origem decidiu em conformidade com a jurisprudência desta Superior Casa de Justiça, **"consolidada no sentido da inaplicabilidade da consunção, pois 'a receptação e o porte ilegal de arma de fogo configuram crimes de natureza autônoma, com objetividade jurídica e momento consumativo diversos'** (HC nº 284.503/RS, Rel. Min. Nefi Cordeiro, Sexta Turma, *DJe* 27.04.2016)" (...) (STJ, 6ª Turma, AgRg no AREsp nº 1.275.549/TO, Rel. Min. Antonio Saldanha Palheiro, j. 25.06.2019).

Porte de arma de fogo por vigia. No caso concreto, um vigia foi preso em flagrante portando ilegalmente arma de fogo de uso permitido no trajeto entre o trabalho e sua residência. A defesa alegou que o seu empregador obrigava-o a utilizar o armamento para o desempenho de suas funções, caracterizando, com isso, situação de coação moral irresistível, apta a excluir a culpabilidade do crime. O STJ refutou a tese defensiva entendendo que a relação de subordinação, nesse caso, não justificou a adoção de comportamento em desacordo com o direito, respondendo o vigia pelo crime do art. 14.

🔍 Jurisprudência destacada

> De fato, não parece aceitável admitir a tese de que o vigia estava sob influência de coação moral irresistível, porquanto, quando praticou a conduta proibida, ele estava fora do horá-

---

51 Nucci (2020, p. 35) não faz tal diferenciação. Para o autor, "a ocorrência da utilização de arma de fogo em legítima defesa ou estado de necessidade, ainda que configure qualquer tipo penal da Lei 10.826/03, afasta a possibilidade de punição do agente".

52 No mesmo sentido: STJ, 5ª Turma, AgRg no REsp nº 1.927.948/AC, Rel. Min. Reynaldo Soares da Fonseca, j. 13.04.2021.

rio e do ambiente de trabalho, livre, portanto, da relação de subordinação que o obrigava a portar arma de fogo de modo ilegal. Sob esse prisma, não há por que supor a indução do comportamento delitivo por força externa determinante, infligida pelo empregador. A verdade é que não há espaço para aplicação da regra disposta no art. 22 do CP ("Se o fato é cometido sob coação irresistível ou em estrita obediência a ordem, não manifestamente ilegal, de superior hierárquico, só é punível o autor da coação ou da ordem"). Assim, **a inexigibilidade de conduta diversa somente funciona como causa de exclusão da culpabilidade quando proceder de forma contrária à lei se mostrar como única alternativa possível diante de determinada situação. Se há outros meios de solução do impasse, a exculpante não se caracteriza.** Ademais, "importa não confundir, aqui, a atividade exercida pelo réu (vigia) com a de um vigilante (profissional contratado por estabelecimentos financeiros ou por empresa especializada em prestação de serviços de vigilância e transporte de valores), cuja categoria é regulamentada pela Lei nº 7.102/1983, ao qual é assegurado o direito de portar armas de fogo, quando em efetivo exercício da profissão" (REsp nº 1.221.960/SP, 6ª Turma, *DJe* 09.03.2011) (STJ, 5ª Turma, REsp nº 1.456.633/RS, Rel. Min. Reynaldo Soares da Fonseca, j. 05.04.2016 – *Informativo* 581).

Arma de fogo encontrada no interior de caminhão. Se uma arma de fogo de uso permitido irregular for encontrada no interior de um caminhão, teremos a configuração do crime de **porte** ilegal de arma de fogo de uso permitido (art. 14). A jurisprudência entende que o interior do caminhão **não constitui local de trabalho** do caminhoneiro para fins de tipificação do delito de posse irregular de arma de fogo de uso permitido (art. 12), sendo considerado apenas como "instrumento de trabalho".

Jurisprudência destacada

O veículo utilizado profissionalmente **não pode ser considerado "local de trabalho" para tipificar a conduta como posse de arma de fogo de uso permitido** (art. 12 da Lei nº 10.826/2003). No caso, um motorista de caminhão profissional foi parado durante fiscalização da Polícia Rodoviária Federal, quando foram encontrados dentro do veículo um revólver e munições intactas. Denunciado por porte ilegal de arma de fogo de uso permitido (art. 14 do Estatuto do Desarmamento), a conduta foi desclassificada para posse irregular de arma de fogo de uso permitido (art. 12 do mesmo diploma), reconhecendo-se, ainda, a *abolitio criminis* temporária. O entendimento foi reiterado pelo tribunal de origem no julgamento da apelação. O Ministro Relator registrou que a expressão "local de trabalho" contida no art. 12 indica um lugar determinado, não móvel, conhecido, sem alteração de endereço. Dessa forma, a referida expressão não pode abranger todo e qualquer espaço por onde o caminhão transitar, pois tal circunstância está sim no âmbito da conduta prevista como porte de arma de fogo (STJ, 6ª Turma, REsp nº 1.219.901/MG, Rel. Min. Sebastião Reis Júnior, j. 24.04.2012 – *Informativo* 496)[53].

---

[53] No mesmo sentido: STJ, 6ª Turma, AgRg no REsp nº 1.341.025/MG, Rel. Min. Assusete Magalhães, j. 06.08.2013.

Porte ilegal de arma de fogo na modalidade "transportar". Cuida-se de temática recentemente decidida pelo STJ, o qual analisou a possibilidade de condenação pela prática do art. 16 da Lei n° 10.826/2003 (Estatuto do Desarmamento) do réu que, embora não tenha sido flagrado realizando o transporte direto do armamento, concorreu para que este ocorresse.

No caso concreto, um dos corréus era o destinatário do material bélico (munição), enquanto o outro estava realizando o transporte em seu benefício. Assim, analisou-se a possibilidade de o primeiro, que não estava transportando diretamente o objeto (mas era seu destinatário), também responder pelo delito, **a título de participação**.

A 6ª Turma entendeu que o verbo "transportar", presente nos delitos dos arts. 14 e 16 do Estatuto do Desarmamento, **admite a figura da participação**. Dessa forma, é possível que responda pelo delito não só aquele que efetivamente transportou a arma de fogo, mas também todos aqueles que concorreram, material ou intelectualmente, para esse transporte (em unidade de desígnios e esforços).

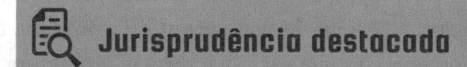

Jurisprudência destacada

> 1. O crime de porte de arma de fogo, seja de uso permitido ou restrito, na modalidade transportar, admite participação, de modo que praticam os referidos delitos não apenas aqueles que realizam diretamente o núcleo penal transportar, mas todos aqueles que concorreram material ou intelectualmente para esse transporte, nos termos do art. 29 do Código Penal. 2. A denúncia descreveu que o recorrido, embora não estivesse transportando diretamente o material bélico, agiu em unidade de desígnios e esforços com o corréu para a prática desse delito, salientando-se que a munição estava sendo transportada em benefício do recorrido, que seria o destinatário do transporte. 3. A descrição acusatória de participação dolosa do recorrido no transporte das munições é clara e suficiente, não havendo falar em violação ao princípio da correlação. (...) (STJ, 6ª Turma, REsp n° 1.887.992/PR, Rel. Min. Laurita Vaz, j. 07.12.2021).

II.7 DISPARO DE ARMA DE FOGO – ART. 15

Art. 15. Disparar arma de fogo ou acionar munição em lugar habitado ou em suas adjacências, em via pública ou em direção a ela, desde que essa conduta não tenha como finalidade a prática de outro crime:

Pena – reclusão, de 2 (dois) a 4 (quatro) anos, e multa.

Parágrafo único. O crime previsto neste artigo é inafiançável.

II.7.I Conduta típica e elemento subjetivo

Conduta típica. Temos aqui a conduta do sujeito que **dispara arma de fogo/aciona munição em lugar habitado** (ou adjacências) ou **em via pública** (ou em sua direção), desde que essa conduta **não tenha por finalidade a prática de outro crime**. Saiba que, se o agente realiza um ou múltiplos disparos, no mesmo contexto fático, teremos sempre crime único. A quantidade de disparos será considerada pelo juiz quando da fixação da pena.

Ressaltamos que só há o crime se o disparo for realizado **em local habitado** (ou adjacências) ou ainda **em via pública** (ou sua direção)[54]. Portanto, o disparo/acionamento em um local ermo, longe de via pública e desabitado não configura o delito do art. 15.

Lembre-se de que estamos diante de um crime de perigo **abstrato ou presumido**: praticada a conduta típica, o crime estará configurado, não necessitando de uma situação concreta de perigo. Nesse sentido, é irrelevante para a configuração do delito a constatação de que **não havia pessoa** na via pública no momento do disparo, ou ainda que o disparo tenha sido **efetuado para o chão**.

Se o disparo tiver por **finalidade a prática de outro crime**, o delito do art. 15 será por ele absorvido (é crime subsidiário).

Exemplo: Marcelo está caminhando em uma via pública da cidade portando ilegalmente arma de fogo de uso permitido, como lhe é de costume. Ele avista seu desafeto Pedro, momento em que saca sua arma e desfere um tiro em direção à vítima, a qual é atingida e vem a óbito. Marcelo responderá pelos crimes de homicídio (art. 121 do CP) em concurso com o crime de porte ilegal (art. 14), mas não pelo crime do art. 15.

A parte final do art. 15, *caput*, nada diz quanto à gravidade do outro crime (delito-fim), dando a entender que é irrelevante se ele é mais grave ou mais brando que o delito de disparo de arma de fogo (este sempre será absorvido)[55]. Contudo, a doutrina majoritária possui entendimento diverso, ensinando que o delito do art. 15 somente será absorvido se o outro crime **for mais grave**[56].

Dessarte, se o disparo de arma de fogo tiver por finalidade o cometimento de crime menos grave (por exemplo, provocar lesão corporal leve), teremos sim o delito do art. 15 (não será absorvido), e o crime menos grave é quem será por ele absorvido (se praticados no mesmo contexto fático – caso contrário, concurso de crimes).

Elemento subjetivo. É o **dolo** de praticar a conduta criminosa prevista no tipo penal. Não exige a presença de nenhuma "finalidade específica" (dolo específico) por parte do agente. Portanto, aquele que **acidentalmente** dispara arma de fogo **não comete o crime do art. 15** (em razão da ausência do dolo).

---

[54] O crime estará configurado se o disparo ou acionamento acontecer em qualquer desses locais, ou seja, não é necessário que ocorra em concomitância na "via pública" e "em lugar habitado" (basta que seja em um dos dois). Nesse sentido: STF, 1ª Turma, RHC nº 119.024/MG, Rel. Min. Marco Aurélio, j. 15.09.2020.

[55] Esse é o entendimento de Nucci (2020, p. 41), o qual considera que a subsidiariedade do delito concentra-se na finalidade específica do agente e ainda, apesar de respeitar a opção do legislador, critica-a: "É a incoerência do sistema penal brasileiro".

[56] São as lições de Lima (2020, p. 448).

Decifrando a prova

(Perito – PF – Cespe – 2018) Samuel disparou, sem querer, sua arma de fogo em via pública. Nessa situação, ainda que o disparo tenha sido de forma acidental, culposamente, Samuel responderá pelo crime de disparo de arma de fogo, previsto no Estatuto do Desarmamento.

( ) Certo ( ) Errado

Gabarito comentado: o disparo acidental (culposo) de arma de fogo não configura crime do Estatuto do Desarmamento, isso porque o delito do art. 15 exige o dolo na conduta do sujeito ativo. Portanto, a assertiva está errada.

II.7.2 Sujeitos do crime

Quanto ao sujeito ativo, cuida-se de **crime comum**, ou seja, o delito pode ser cometido por qualquer pessoa. Com relação ao sujeito passivo (vítima), trata-se da **coletividade**.

II.7.3 Consumação e tentativa

O crime se consuma no momento em que ocorre o **disparo ou acionamento da munição**. É crime de **mera conduta**[57]. É possível a tentativa, quando, por exemplo, o agente pressiona o gatilho da arma, visando acionar a munição, a qual vem a "picotar" (falhar), por circunstâncias alheias à vontade do agente.

II.7.4 Complementos doutrinários e jurisprudenciais

Art. 15, parágrafo único – fiança. À semelhança do art. 14, o tipo penal em análise, em seu parágrafo único, prescreve ser o crime inafiançável. Entretanto, o STF, por meio da ADIn nº 3.112-1, declarou a inconstitucionalidade do dispositivo, de modo que atualmente **a fiança poderá ser arbitrada**.

Art. 15 e excludentes de ilicitude. É indiferente se o sujeito ativo possui ou não a posse/ porte legal do armamento: se praticar a conduta descrita incorrerá no delito em questão. Por certo, aquele que estiver agindo sob o manto de alguma excludente de ilicitude não responderá pelo crime (por exemplo: policial que, visando impedir a efetivação de um roubo, troca tiros com os delinquentes em via pública).

Concurso de crimes com os delitos de posse ou porte ilegal de arma de fogo. Prevalece que, se o sujeito possui ou porta ilegalmente arma de fogo de uso permitido (arts. 12 e 14, respectivamente) e, no mesmo contexto, pratica a conduta do art. 15: **esse delito absorverá os demais** (haja vista possuir pena superior ou igual aos crimes absorvidos). No entanto, se a conduta for a de posse/porte ilegal de arma de fogo de uso restrito/proibido e, na mesma

---

[57] Em sentido contrário, afirmando tratar-se de crime material: Lima (2020, p. 448).

ocasião, houver o disparo: **o delito do art. 16 (*caput*, § 1º ou § 2º) absorverá o do art. 15** (pois mais grave que este).

1. Aplica-se o princípio da consunção aos crimes de porte ilegal e de disparo de arma de fogo ocorridos no mesmo contexto fático, quando presente nexo de dependência entre as condutas, considerando-se o porte crime-meio para a execução do disparo de arma de fogo. (...) (STJ, 6ª Turma, AgRg no AREsp nº 1.211.409/MS, Rel. Min. Nefi Cordeiro, j. 08.05.2018).

Obviamente que, se tais delitos forem cometidos em contextos distintos, não se aplica o princípio da consunção (haverá concurso de crimes).

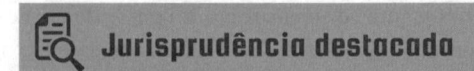

(...) 2. A jurisprudência do Superior Tribunal de Justiça é assente no sentido de que não se aplica o princípio da consunção quando os delitos de posse ilegal de arma de fogo e disparo de arma em via pública são praticados em momentos diversos, em contextos distintos. (...) (STJ, 6ª Turma, AgRg no AREsp nº 754.716/PR, Rel. Min. Antonio Saldanha Palheiro, j. 12.12.2017).

11.8 POSSE OU PORTE ILEGAL DE ARMA DE FOGO DE USO RESTRITO – ART. 16

Art. 16. Possuir, deter, portar, adquirir, fornecer, receber, ter em depósito, transportar, ceder, ainda que gratuitamente, emprestar, remeter, empregar, manter sob sua guarda ou ocultar arma de fogo, acessório ou munição de uso restrito, sem autorização e em desacordo com determinação legal ou regulamentar:

Pena – reclusão, de 3 (três) a 6 (seis) anos, e multa.

11.8.1 Conduta típica e elemento subjetivo

Conduta típica. Primeiramente, vamos tratar apenas do *caput* do art. 16. Temos aqui a conduta de **possuir, portar (+ 12 condutas[58])** arma de fogo, acessório ou munição de **uso restrito**, sem autorização e em desacordo com a legislação. Estamos diante de um crime de ação múltipla (ou tipo misto alternativo), no qual temos vários verbos que expressam a

---

[58] É certo que, embora o *nomen iuris* do crime contemple apenas a "posse" ou "porte" ilegal de arma de fogo de uso restrito, vários são os núcleos/verbos do tipo. Prezando pela objetividade em nosso estudo e também pelo fato de que os verbos descritos são intuitivos, referir-nos-emos apenas aos núcleos "possuir" e "portar".

conduta criminosa[59]. É certo que, se, no mesmo contexto fático, forem praticadas duas ou mais das ações previstas, teremos **crime único**. Ex.: o agente que porta ilegalmente arma de fogo de uso restrito junto ao seu corpo e, em seguida, empresta o objeto para outra pessoa. Cometeu apenas um crime do art. 16.

Quanto aos conceitos de "porte" e "posse", bem como as suas adequações às **determinações legais e regulamentares**, remetemos o leitor aos ensinamentos sobre os delitos dos arts. 12 e 14 do Estatuto. Perceba que no tipo penal em estudo foram **reunidas** as condutas de **possuir** e **portar** ilegalmente arma de fogo, acessório ou munição de uso restrito (diferentemente do que ocorre com a posse ou o porte ilegal de arma de fogo de **uso permitido**, arts. 12 e 14, respectivamente).

Devemos ainda recorrer às normas que regulamentam o Estatuto do Desarmamento para que saibamos quais armas de fogo, acessórios ou munições serão de **uso restrito**[60]. Nesse ponto, percebemos que o art. 16 se classifica como uma norma penal em branco.

Vale ressaltar que a Lei nº 13.964/2019 (Pacote Anticrime) promoveu uma sensível e importante alteração no delito em questão: suprimiu do *caput* a menção a **arma de fogo de uso proibido**. Essa classificação, atualmente, impactará a incidência da qualificadora prescrita no § 2º do art. 16.

Situação distinta é a conduta daquele que possuir ou portar ilegalmente **acessório** ou **munição** de **uso proibido**. Isso porque o § 2º menciona apenas "arma de fogo" em seu texto, excluindo os demais objetos materiais listados no *caput*. Por conseguinte, entendemos que apenas o objeto **arma de fogo** de uso proibido é que terá o condão de configurar a qualificadora. Então, por qual crime responde aquele que for flagrado portando ou possuindo ilegalmente acessório ou munição de uso proibido? Tais condutas configurarão o delito do art. 16, *caput* (ou § 1º, caso se enquadre em alguma das figuras equiparadas).

Isso porque, embora tais objetos materiais, quando de **uso proibido**, não constem expressamente no texto do *caput*, não é razoável considerar que o legislador não desejava punir tais condutas ilícitas, haja vista que as munições e os acessórios de uso restrito – em tese, potencialmente menos lesivas – são tipificados pelo legislador (com muito mais razão, portanto, também deverão ser munições e acessórios de uso proibido). O que não teremos, como dito, é a incidência da qualificadora do § 2º quando o objeto material for **acessório** ou **munição** de **uso proibido** (sob pena de violação ao princípio da legalidade).

Concluindo: quando o legislador, no art. 16, *caput*, menciona "acessório ou munição de uso restrito", leia-se "acessório ou munição de uso restrito ou proibido".

Elemento subjetivo. É o **dolo** de praticar a conduta criminosa prevista no tipo penal (art. 16). Não exige a presença de nenhuma "finalidade específica" (dolo específico) por parte do agente.

---

[59] Alguns verbos caracterizam crime permanente – ex.: "ter em depósito; possuir".

[60] Em regra, as questões de concursos não exigem que decoremos quais armas de fogo ou munições são de uso permitido ou restrito. Dessa forma, optamos por não descrever a extensa lista constante da Portaria nº 1.222/2019 do Comando do Exército.

II.8.2 Sujeitos do crime

Quanto ao sujeito ativo, cuida-se de **crime comum**, ou seja, o delito pode ser cometido por qualquer pessoa. Com relação ao sujeito passivo (vítima), trata-se da **coletividade**.

II.8.3 Consumação e tentativa

O crime se consuma no **momento em que o sujeito ativo pratica qualquer das condutas previstas no tipo** (quando porta, possui... arma de fogo, acessório ou munição). É crime de **mera conduta** (o tipo só descreve a conduta – não há resultado naturalístico/modificação no mundo exterior). A tentativa é possível (embora de difícil visualização[61]).

II.8.4 Figuras equiparadas

> **Art. 16** (...)
>
> § 1º Nas mesmas penas incorre quem: (...)

Os tipos a seguir são crimes autônomos (cada inciso constitui-se em um crime diferente), os quais possuem a mesma pena do art. 16, *caput*. Prevalece que as armas e os artefatos de que tratam os incisos a seguir **não precisam** ser necessariamente de uso restrito ou de uso proibido (podem ser de uso permitido também), englobando qualquer tipo de armamento (desde que se enquadre na descrição da conduta típica respectiva). Além disso, lembre-se de que atualmente quem praticar qualquer dos delitos equiparados, possuindo como objeto material **arma de fogo** de **uso proibido**, incidirá na **qualificadora do art. 16, § 2º**.

Adiantamos que, no tocante aos temas "sujeitos do crime; elemento subjetivo; consumação e tentativa", valem as mesmas observações do art. 16, *caput*. A exceção fica por conta do inciso II, o qual possui algumas distinções (conforme veremos).

Assim, atentos às exigências das provas de concursos, focaremos o nosso estudo nos principais pontos dos incisos seguintes.

> **I – suprimir ou alterar marca, numeração ou qualquer sinal de identificação de arma de fogo ou artefato**[62];

Perceba que não é qualquer alteração no objeto que caracterizará o crime, mas apenas a relacionada a **sinal de identificação** (ex.: numeração, marca). Isso porque a supressão da identificação dificulta o controle de armas pelo Estado, merecendo a reprimenda penal.

---

[61] Um exemplo de tentativa citado pela doutrina seria a conduta do sujeito que tenta adquirir ilegalmente o armamento, mas é surpreendido por ação policial.

[62] Quanto ao conceito de "artefato", ora é elencado como qualquer acessório de arma de fogo (delito em questão), ora como sinônimo de explosivo (inciso III).

Saiba que a conduta do inciso I pune aquele que **suprime** ou **altera** o sinal de identificação. Dessa forma, se o sujeito apenas porta arma de fogo com identificação suprimida (não foi ele quem alterou), incorrerá na figura do inciso IV, como veremos.

Nucci (2020, p. 47-48) ensina que, se houver a supressão de sinal de identificação de arma de fogo desmuniciada, haverá o crime em questão (crime de perigo abstrato). Contudo, se a conduta recair em arma de fogo totalmente inapta para disparos, condição constatada por laudo, o fato será atípico (não há potencialidade lesiva).

> **II – modificar as características de arma de fogo, de forma a torná-la equivalente a arma de fogo de uso proibido ou restrito ou para fins de dificultar ou de qualquer modo induzir a erro autoridade policial, perito ou juiz;**

Nesse crime, temos a conduta daquele que modifica as características de arma de fogo para, de duas uma (o crime estará caracterizado com a presença de qualquer das finalidades específicas):

-> Ou torná-la equivalente a arma de fogo de uso restrito ou proibido. Ex.: transformar uma pistola calibre .380 em um armamento calibre .50. * É crime **material**: a consumação ocorrerá com a efetiva transformação. A tentativa é possível.	Nesse caso, obrigatoriamente a arma deveria ser de uso permitido.
-> Ou com o fim de dificultar ou induzir a erro autoridade policial, perito ou juiz[63]. Ex.: criminoso que altera o raiamento de arma de fogo como forma de evitar possível confronto balístico. * É crime **formal**: a consumação ocorrerá com a modificação das características do objeto, mesmo que a finalidade pretendida não tenha sido efetivamente alcançada (independe do êxito em dificultar ou induzir a erro). A tentativa é possível.	Aqui tanto faz se a arma é de uso permitido ou restrito.

> **III – possuir, deter, fabricar ou empregar artefato explosivo ou incendiário, sem autorização ou em desacordo com determinação legal ou regulamentar;**

Por óbvio, aquele que fabrica ou possui artefato explosivo conforme autorização legal não pratica o crime. Cuida-se, portanto, de norma penal em branco (normas regulamentares definirão as formas de manejo permitidas).

Quanto ao conceito de explosivo, o anexo III do Decreto nº 10.030/2019 assim o define: "Tipo de matéria que, quando iniciada, sofre decomposição muito rápida, com grande liberação de calor e desenvolvimento súbito de pressão". Podemos citar como exemplo: dinamite, coquetel *molotov*.

Por fim, saiba que (em similaridade ao já estudado) não é necessária a realização de perícia atestando a lesividade do artefato explosivo, haja vista ser delito de perigo abstrato.

---

[63] É delito especial em relação ao do art. 347 do CP (fraude processual).

Jurisprudência destacada

1. Nos termos da jurisprudência desta Corte, firmada nos termos do EREsp nº 1.005.300/RS, da Terceira Seção, é desnecessária a realização de perícia técnica para atestar a lesividade do artefato explosivo para a configuração do crime previsto no art. 16, parágrafo único, III, da **Lei nº 10.826/2003**, por se tratar de crime de **mera conduta ou de perigo abstrato**, no qual é prescindível a demonstração de seu caráter ofensivo. Precedentes (STJ, 6ª Turma, AgRg no AREsp nº 1.375.045/ES, Rel. Min. Nefi Cordeiro, j. 26.03.2019).

IV – portar, possuir, adquirir, transportar ou fornecer arma de fogo com numeração, marca ou qualquer outro sinal de identificação raspado, suprimido ou adulterado;

Saiba que, se o agente estiver portando uma arma de fogo de uso permitido com sinal de identificação adulterado, responderá apenas pelo crime do art. 16, § 1º, IV. Outrossim, aquele que porta uma arma de fogo de uso restrito com numeração raspada responderá pela presente figura equiparada (e não pelo art. 16, *caput* – princípio da especialidade). Logo, em ambos os casos temos **crime único**. Contudo, aquele que portar, possuir (ou demais verbos) arma de fogo de **uso proibido** com numeração raspada, além de incidir no presente delito, ser-lhe-á aplicada a qualificadora do art. 16, § 2º.

Mesmo aquele que possuir ou portar arma de fogo de forma lícita – com o devido registro e porte –, mas que, exemplificativamente, pagar alguém para adulterar o seu sinal identificador (ex.: raspar a numeração) e voltar portá-la/possuí-la, responderá pelo crime em questão. **Para a caracterização do crime não se exige posse ou porte ilegal**, mas sim que alguma dessas condutas (bem como qualquer dos demais verbos) estejam relacionadas com arma de fogo com sinal identificador adulterado.

V – vender, entregar ou fornecer, ainda que gratuitamente, arma de fogo, acessório, munição ou explosivo a criança ou adolescente; e

Como vimos, essa conduta é semelhante ao crime de omissão de cautela (art. 13, *caput*). Entretanto, aqui estamos diante de crime **doloso**, no qual o agente dolosamente entrega os objetos elencados ao menor (o crime de omissão de cautela é culposo)[64].

Ressaltamos que o delito em questão revogou parcialmente (derrogou) o art. 242 do ECA (venda de arma, munição ou explosivo à criança ou adolescente), o qual ainda vige apenas no tocante a armas brancas.

VI – produzir, recarregar ou reciclar, sem autorização legal, ou adulterar, de qualquer forma, munição ou explosivo.

---

[64] Lembre-se ainda de que no art. 16, § 1º, V, diferentemente do art. 13, *caput*, não temos a figura da "pessoa portadora de deficiência mental", mas apenas de "criança ou adolescente". Além disso, no presente delito há o acréscimo de acessório, munição e explosivo como objetos materiais.

Por óbvio, aquele que produz, recarrega ou recicla munição ou explosivo, munido da devida autorização legal, não pratica o crime. Cuida-se, portanto, de norma penal em branco (normas regulamentares definirão as formas de manejo permitidas).

II.8.5 Qualificadora – Art. 16, § 2º

> **Art. 16.** (...)
>
> § 2º Se as condutas descritas no caput e no § 1º deste artigo envolverem arma de fogo de uso proibido, a pena é de reclusão, de 4 (quatro) a 12 (doze) anos.

Conforme mencionado, a Lei nº 13.964/2019 (Pacote Anticrime) promoveu uma sensível e importante alteração no delito em questão: suprimiu do *caput* a menção a arma de fogo **de uso proibido**. Hoje, nas condutas, tanto do art. 16, *caput*, quanto do § 1º, que possuam como objeto material arma de fogo **de uso proibido**, incidirá a qualificadora do § 2º.

Outra discussão que se inicia é o fato de o § 2º citar **apenas arma de fogo**, excluindo os acessórios e munições. Como já anunciado, entendemos que tais objetos materiais, quando de uso proibido, configurarão o delito do art. 16 *caput* (ou § 1º, conforme o caso), sem incidir, portanto, a presente qualificadora.

No entanto, a verdade é que o legislador não foi bem na redação do dispositivo e, como consequência, vem gerando interpretações diversas com relação a esse parágrafo. Citamos dois entendimentos opostos de obras referências no assunto (adiantando que adotamos o segundo):

♦ Silvares (2020, p. 1550): "Vem, então, a Lei 13.964 e cria o § 2º, destacando-as quando de uso restrito, com o intuito evidente de agravar a prática desses crimes. Mas o fez de modo inapropriado, **dizendo menos do que pretendia**: mencionou apenas as armas de fogo, não obstante fizesse referência direta a todas as condutas descritas no *caput* e no § 1º, que incluem, sobretudo no *caput*, todos os objetos materiais – armas, acessórios e munições. Ora, num momento em que pretendia agravar as condutas envolvendo objetos materiais de uso proibido – tanto assim que os manteve sob a etiqueta dos crimes hediondos – **não seria correto entender que, ao mesmo tempo, quis deixar fora do alcance de direito penal as munições e acessórios proibidos**".

♦ Lima (2021, p. 472): "Destarte, na eventualidade de se tratar de posse ou porte de acessório ou de munição de uso proibido, não nos parece possível tipificar tal conduta no art. 16, § 2º, da Lei 10.826/03, sob pena de **indevida analogia *in malam partem*** e consequente violação ao princípio da legalidade. (...) Ante o vazio legislativo em relação ao acessório ou munição de uso proibido, e sem embargo de o *caput* do art. 16 do Estatuto do Desarmamento, com redação determinada pelo Pacote Anticrime, fazer referência apenas aos artefatos de uso restrito, queremos crer que tais condutas deverão ser tipificadas nesta figura do *caput*, fazendo-se, *in casu*, verdadeira analogia, porém *in bonam partem*".

Quanto ao conceito de **arma de fogo de uso proibido**, remetemos o leitor ao item 11.1.2. Com relação às **munições de uso proibido**, o conceito é extraído do Decreto nº 10.030/2019, em seu art. 3º, parágrafo único, V ("assim classificadas em acordos ou tratados internacionais dos quais a República Federativa do Brasil seja signatária; incendiárias ou químicas"). Por fim, quanto aos acessórios de uso proibido, ainda não temos nenhum regulamento que os defina[65] (apenas os de uso permitido e restrito).

11.8.6 Complementos doutrinários e jurisprudenciais

Observação inicial. Alguns entendimentos jurisprudenciais relativos ao crime ora em estudo já foram abordados nos delitos dos artigos anteriores. Dessa forma, buscando evitar desnecessárias repetições, vejamos as novidades.

> **Lei nº 8.072/1990**
>
> **Art. 1º** (...)
>
> **Parágrafo único**. Consideram-se também hediondos, tentados ou consumados:
>
> (...)
>
> II – o crime de posse ou porte ilegal de arma de fogo de uso proibido, previsto no art. 16 da Lei nº 10.826, de 22 de dezembro de 2003.

Art. 16, § 2º, do Estatuto – Crime hediondo. Inicialmente, cumpre destacar que as condutas do art. 16 (*caput* e § 1º), com a publicação da Lei nº 13.497/2017, passaram a constar do rol de crimes previstos no art. 1º da Lei nº 8.072/1990. Entendia-se, aqui, que seriam hediondas as condutas relacionadas ao porte ou posse ilegal de arma de fogo **de uso restrito ou proibido** (bem como as figuras equiparadas do art. 16).

Contudo, com o advento da Lei nº 13.964/2019 (Pacote Anticrime), houve outra alteração nesse dispositivo, o qual passou a prever expressamente que "consideram-se também hediondos, tentados ou consumados: o crime de posse ou porte ilegal de arma de fogo de uso **proibido**, previsto no art. 16 da Lei nº 10.826, de 22 de dezembro de 2003" (art. 1º, parágrafo único, II, Lei nº 8.072/1990).

Perceba que a atual redação não mais menciona as armas de fogo de uso **restrito** como integrantes do rol de crimes hediondos. Assim, forçoso concluir que, atualmente, apenas os tipos penais do art. 16, *caput* ou § 1º, nos quais incidam a qualificadora do § 2º – **arma de fogo** de uso **proibido** –, é que consistirão em delitos hediondos[66] (inafiançável, insuscetível de graça, anistia e indulto, entre outras consequências). Para concluir esse raciocínio, ressal-

---

[65] Nesse sentido: Silvares (2020, p. 1551).

[66] Embora a Lei nº 8.072/1990 cite apenas o "art. 16" como hediondo (sem especificar o § 1º), o melhor entendimento é o de que as figuras equiparadas do § 1º também o são – desde que o objeto material seja arma de fogo de uso proibido. Dessa forma entendeu o STJ, ainda na vigência da Lei nº 13.497/2017, a qual também não mencionava expressamente as figuras equiparadas (STJ, 6ª Turma, HC nº 526.916/SP).

tamos que tal alteração legislativa constitui-se em *novatio legis in mellius* (retroagindo em benefício ao réu) no tocante às condutas do art. 16, *caput* e § 1º, que possuam como objeto material arma de fogo, acessório ou munição **de uso restrito** praticadas **antes da sua vigência** (23.01.2020), as quais não serão mais consideradas hediondas, afastando-se as rígidas consequências criminais da Lei nº 8.072/1990.

Por fim, recordamos que tanto a Lei nº 10.826/2003 (art. 16, § 2º) como a Lei nº 8.072/1990 (art. 1º, parágrafo único, II) mencionam apenas o objeto material "arma de fogo", excluindo, assim, a qualificadora e, por consequência, a hediondez da conduta ilícita que tiver como objeto material **acessório** ou **munição** de **uso proibido** (a qual configurará o delito do art. 16, *caput* ou § 1º, a depender do caso, sem a incidência da qualificadora do § 2º).

CONDUTA	CRIME	É HEDIONDO?
Porte/Posse ilegal de arma de fogo de uso proibido	Art. 16, § 2º	SIM
Figuras equiparadas do § 1º que possuam como objeto material arma de fogo de uso proibido	Art. 16, § 2º	SIM
Porte/Posse ilegal de acessório ou munição de uso proibido	Art. 16, *caput*	NÃO
Porte/Posse ilegal de arma de fogo, acessório ou munição de uso restrito	Art. 16, *caput*	NÃO

Porte/posse de arma de fogo *de uso permitido* com numeração, marca ou qualquer outro sinal de identificação raspado, suprimido ou adulterado. Conforme entendimento do STJ, e alinhado ao já exposto, tal conduta criminosa não integra o rol dos crimes hediondos.

 **Jurisprudência destacada**

(...) 3. É certo que a Lei nº 13.964/2019 alterou a redação da Lei de Crimes Hediondos, de modo que, atualmente, **se considera equiparado a hediondo o crime de posse ou porte ilegal de arma de fogo de uso proibido, previsto no art. 16 da Lei nº 10.826/2003**. 4. Embora o crime ora em análise tenha sido praticado antes da vigência da Lei nº 13.964/2019, cabe destacar que a alteração na redação da Lei de Crimes Hediondos apenas reforça o entendimento ora afirmado, **no sentido da natureza não hedionda do porte ou posse de arma de fogo *de uso permitido* com numeração, marca ou qualquer outro sinal de identificação raspado, suprimido ou adulterado**. (...) 6. Esta Corte Superior, até o momento, afirmava que os legisladores atribuíram reprovação criminal equivalente às condutas descritas no *caput* do art. 16 da Lei nº 10.826/2003 e ao porte ou posse de arma de fogo de uso permitido com numeração suprimida, equiparando a gravidade da ação e do resultado. **Todavia, diante dos fundamentos ora apresentados, tal entendimento deve ser superado (*overruling*)**. 7. Corrobora a necessidade de superação a constatação de que, diante de texto legal obscuro – como é o parágrafo único do art. 1.º da Lei de Crimes Hediondos, na parte em que dispõe sobre a hediondez do crime de posse ou porte ilegal de arma de fogo – e de temas com repercussões relevantes, na execução penal, cabe ao julgador adotar postura redutora de danos, em consonância com o princípio da humanidade. (...) (STJ, 6ª Turma, HC nº 525.249/RS, Rel. Min. Laurita Vaz, j. 15.12.2020 – *Informativo* 684).

Porte/posse de mais de uma arma de fogo, acessório, munição ou explosivo de uso restrito, no mesmo contexto fático. Caso o sujeito esteja portando **mais de uma** arma de fogo, acessório, munição ou explosivo, de **uso restrito** (ou seja, da mesma espécie e mesmo tipo penal), no mesmo contexto fático, teremos **crime único** (não há concurso de crimes)[67]. No caso concreto, o agente foi condenado por portar uma pistola 9 mm[68] e uma granada, no mesmo contexto, sendo-lhe imputado apenas um crime (art. 16). A quantidade de armas interferirá na dosimetria da pena, a ser realizada pelo juiz quando da sua fixação.

Jurisprudência destacada

1. A orientação jurisprudencial recente do Superior Tribunal de Justiça é de que os tipos penais dos arts. 12 e 16 da Lei nº 10.826/2003 tutelam bens jurídicos diversos, razão pela qual deve ser aplicado o concurso formal quando apreendidas armas ou munições de uso permitido e de uso restrito no mesmo contexto fático. Precedentes. 2. Deve ser mantido o reconhecimento de crime único entre os delitos previstos nos arts. 16, *caput*, e 16, parágrafo único, IV, da Lei nº 10.826/2003, quando ocorrem no mesmo contexto fático (STJ, 5ª Turma, AgRg no REsp nº 1.624.632/RS, Rel. Min. Jorge Mussi, j. 28.04.2020).

Decifrando a prova

(Defensor – DPE/PE – CESPE – 2015) Tales foi preso em flagrante delito quando transportava, sem autorização legal ou regulamentar, dois revólveres de calibre 38 desmuniciados e com numerações raspadas. Acerca dessa situação hipotética, julgue o item que se segue, com base na jurisprudência dominante dos tribunais superiores relativa a esse tema.
A apreensão das armas de fogo configurou concurso formal de crimes.
( ) Certo ( ) Errado
Gabarito comentado: como Tales estava portando ilegalmente mais de uma arma de fogo com numeração raspada (ou seja, da mesma espécie), no mesmo contexto fático, teremos crime único (e não concurso de crimes), art. 16, § 1º, IV. Portanto, a assertiva está errada.

Posse ilegal de armas de fogo de uso permitido e de uso restrito. A situação descrita é diferente da que acabamos de estudar. Aqui o agente possui ilegalmente armas de fogo, acessórios ou munições de **uso permitido** *e* de **uso restrito**. Nesse caso, **ainda que no mesmo contexto fático**, teremos a caracterização de **dois crimes** (arts. 12 e 16 do Estatuto), em concurso formal (quando no mesmo contexto)[69]. Não há crime único, haja vista que, de acordo

---

[67] O mesmo raciocínio aplica-se à arma de fogo, acessório ou munição de uso permitido (art. 12 ou 14).
[68] À época, o calibre 9 mm era considerado de uso restrito.
[69] O mesmo raciocínio incide nos delitos dos arts. 14 e 16 (porte).

com o atual entendimento do STJ, os mencionados delitos tutelam **bens jurídicos diversos** (o crime do art. 16 tutela também a seriedade dos cadastros do Sistema Nacional de Armas).

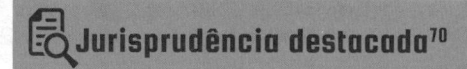

Jurisprudência destacada[70]

1. Este Sodalício já se pronunciou no sentido de que a apreensão de armas ou munições de uso permitido e de uso restrito, no mesmo contexto fático, implica a caracterização de crime único por atingir apenas um bem jurídico, devendo ser aplicada somente a pena do crime mais grave. 2. Mais recentemente, porém, esta Corte Superior de Justiça vem entendendo que **os tipos penais dos arts. 12 e 16, da Lei nº 10.826/2003, tutelam bens jurídicos diversos e que, por tal razão, deve ser aplicado o concurso formal quando apreendidas armas ou munições de uso permitido e de uso restrito no mesmo contexto fático** (...) (STJ, 5ª Turma, AgRg nos EDcl no AREsp nº 1.122.758/MG, Rel. Min. Jorge Mussi, j. 24.04.2018).

Porte de granada de gás lacrimogêneo ou de gás de pimenta. Nesse caso, aparentemente poderíamos pensar se tratar da figura equiparada prevista no art. 16, § 1º, III, da Lei nº 10.826/2003. Contudo, saiba que esse raciocínio é incorreto, pois, em breve síntese, gás lacrimogêneo ou de pimenta não se enquadram no conceito de "artefato explosivo ou incendiário", não havendo, dessa forma, a subsunção da conduta ao tipo penal mencionado.

Nada impede que a conduta seja incluída nos delitos do art. 334-A do CP (contrabando) ou do art. 253 do CP (fabrico, fornecimento, aquisição posse ou transporte de explosivos ou gás tóxico, ou asfixiante), a depender do caso concreto.

Jurisprudência destacada

Consta que foi oferecida denúncia pela prática do crime previsto no art. 16, parágrafo único, III, da Lei nº 10.826/2003, em razão da apreensão de duas granadas com "gás lacrimogêneo" e "gás de pimenta" (...). Pode-se entender que um explosivo é, em sentido amplo, um material extremamente instável, que pode se decompor rapidamente, formando produtos estáveis. Esse processo é denominado de explosão e é acompanhado por uma intensa liberação de energia, que pode ser feita sob diversas formas e gera uma considerável destruição decorrente da liberação dessa energia. No entanto, **não será considerado explosivo o artefato que, embora ativado por explosivo, não projete nem disperse fragmentos perigosos como metal, vidro ou plástico quebradiço, não possuindo, portanto, considerável potencial de destruição**. No caso, embora a perícia indique eficácia e potencial lesivo, **constata-se que no artefato, mesmo que ativado por explosivo, a explosão decorrente da sua decomposição não é capaz de gerar destruição resultante da liberação de energia, apenas o incômodo gerado pelo gás tóxico** (...). Assim, para a adequação típica do delito em questão, exige-se que o objeto material do delito, qual seja, o artefato explosivo, seja capaz de gerar

---

[70] No mesmo sentido: STJ, 5ª Turma, AgRg no AREsp nº 1.488.031/MS, Rel. Min. Joel Ilan Paciornik, j. 20.08.2019.

alguma destruição, **não podendo ser tipificado neste crime a posse de granada de gás lacrimogêneo/pimenta**, embora não fique impedido o enquadramento desta conduta em outra figura típica (STJ, 6ª Turma, REsp nº 1.627.028/SP, Rel. Min. Maria Thereza de Assis Moura, por unanimidade, j. 21.02.2017 – *Informativo* 599).

Porte compartilhado de arma de fogo. Conforme entendimento do STJ, caso o porte ilegal de arma de fogo seja **compartilhado** (entre duas pessoas, por exemplo), demonstrando uma unidade de desígnios (vontades) para a prática criminosa, ambas responderão por crime do Estatuto do Desarmamento (art. 14 ou 16), haja vista que são coautores do mesmo delito.

Exemplo: João e Pedro adquirem uma pistola com numeração raspada. Como são amigos, frequentemente estão juntos e, com igual frequência, transportam consigo a arma de fogo adquirida, ora na companhia de um, ora na de outro. Nesse caso, se ambos forem presos em flagrante, mesmo que a arma esteja junto ao corpo de apenas um deles, ambos responderão pelo crime do art. 16, § 1º, IV, em coautoria.

> ### 🔍 Jurisprudência destacada
>
> (...) 4. As circunstâncias em que a prisão dos acusados foi efetuada evidenciam que o porte da arma de fogo apreendida era compartilhado, razão pela qual resta clara a presença de unidade de desígnios para a prática delituosa, não havendo se falar em absolvição do paciente. Decerto, ainda que se trate de crime unissubjetivo, **admite-se a coautoria quanto ao delito do art. 16 da Lei nº 10.826/2003** (...) (STJ, 5ª Turma, HC nº 352.523/SC, Rel. Min. Ribeiro Dantas, j. 20.02.2018).
>
> (...) 7. Acerca da coautoria, é cediço que esta Corte Superior admite o citado instituto na configuração dos delitos previstos nos artigos 14 e 16 da Lei nº 10.826/2003. Para que se verifique a coautoria, é mister que reste evidenciado que a posse ou o porte do armamento **eram compartilhados** ou que a aquisição e o transporte **ocorreram dentro de uma unidade de desígnios, dentro de um objetivo comum**. Ademais, deve restar claro que **os agentes agem com plena liberdade para eventual emprego da arma**. 8. No caso dos autos, percebe-se que o paciente foi condenado como coautor do segundo delito por ter levado o corréu até o local dos fatos, bem como por tê-lo auxiliado na aquisição e no transporte das armas adquiridas. Contudo, a narrativa dos fatos mais aponta para a prática de um único crime de porte ilegal de arma de fogo por parte do paciente, **não se vislumbrando a coautoria** no crime imputado ao corréu, posto **não ter ficado claro o seu intento de compartilhamento e de unidade de desígnio na aquisição das armas adquiridas por este último**. 9. O pleito defensivo de reconhecimento de crime único comporta provimento. (...) (STJ, 5ª Turma, HC nº 516.153/SC, Rel. Min. Ribeiro Dantas, j. 18.08.2020).

11.9 COMÉRCIO ILEGAL DE ARMA DE FOGO – ART. 17

Art. 17. Adquirir, alugar, receber, transportar, conduzir, ocultar, ter em depósito, desmontar, montar, remontar, adulterar, vender, expor à venda, ou de qualquer forma utilizar, em proveito próprio ou alheio, no exercício de atividade comercial ou industrial, arma de fogo, acessório ou munição, sem autorização ou em desacordo com determinação legal ou regulamentar:

Pena – reclusão, de 6 (seis) a 12 (doze) anos, e multa.

§ 1° Equipara-se à atividade comercial ou industrial, para efeito deste artigo, qualquer forma de prestação de serviços, fabricação ou comércio irregular ou clandestino, inclusive o exercido em residência.

§ 2° Incorre na mesma pena quem vende ou entrega arma de fogo, acessório ou munição, sem autorização ou em desacordo com a determinação legal ou regulamentar, a agente policial disfarçado, quando presentes elementos probatórios razoáveis de conduta criminal preexistente.

11.9.1 Conduta típica e elemento subjetivo

Conduta típica. Temos aqui a conduta daquele que, **no exercício de atividade comercial ou industrial, adquire, vende (+ 12 condutas)** arma de fogo, acessório ou munição, sem autorização ou em desacordo com a legislação. Estamos diante de um crime de ação múltipla (ou tipo misto alternativo), no qual temos vários verbos que expressam a conduta criminosa[71]. É certo que se, no mesmo contexto fático, forem praticadas duas ou mais das ações previstas, teremos **crime único**. Ex.: o agente que monta arma de fogo e logo em seguida a vende. Cometeu apenas um crime do art. 17. Por óbvio, aquele que possui a **devida autorização legal** para comercializar os objetos descritos não pratica o crime. Cuida-se, portanto, de norma penal em branco (normas regulamentares definirão as formas de comércio permitidas.

É indiferente para a caracterização do delito serem os objetos materiais de uso permitido, restrito ou proibido. No entanto, se de uso restrito ou proibido, incidirá a causa de aumento de pena prevista no art. 19 da Lei.

A Lei n° 13.964/2019 (Pacote Anticrime) promoveu algumas alterações no texto do art. 17, entre as quais o aumento da pena em abstrato, que passou a ser: reclusão, de 6 a 12 anos, e multa (a redação antiga previa pena de reclusão, de 4 a 8 anos, e multa).

Saiba ainda que somente poderá praticar o delito em questão o sujeito que **labute no ramo do comércio ou indústria**, ainda que o faça de forma clandestina (em sua residência, por exemplo), conforme autoriza o § 1°. Dessa forma, a pessoa que ocasionalmente adquire ou vende arma de fogo não responderá pelo art. 17 (podendo incidir em qualquer outro crime do Estatuto).

Exemplo: Sujeito que vende ilegalmente apenas uma arma de fogo, uma única vez e sem labutar no ramo do comércio ou indústria, responderá pelo crime do art. 14 (se de uso permitido) ou art. 16 (se de uso restrito).

Para a doutrina majoritária, embora o delito do art. 17 necessite, para sua configuração, do exercício de atividade comercial ou industrial, não estamos diante de um crime habitual,

---

[71] Alguns verbos caracterizam crime permanente – ex.: "ter em depósito".

mas sim **instantâneo,** ou seja, **não se exige a reiteração** de um dos 14 verbos do tipo para que o crime esteja consumado. A exigência fica por conta da **habitualidade no exercício da atividade comercial ou industrial em si** (e não na prática da conduta típica). Portanto, o comerciante ou industrial que adquire ilegalmente uma única arma de fogo responderá pelo crime do art. 17 na modalidade consumada[72].

Elemento subjetivo. É o **dolo** de praticar a conduta criminosa prevista no tipo penal (art. 17). Aqui **é exigida** ainda a **finalidade específica** de **obter proveito próprio ou alheio.**

II.9.2 Sujeitos do crime

Quanto ao sujeito ativo, cuida-se de **crime próprio**, exigindo uma qualidade especial do agente, de forma que somente poderá praticá-lo aquele que exercer atividade comercial ou industrial. Com relação ao sujeito passivo (vítima), trata-se da **coletividade**.

II.9.3 Consumação e tentativa

O crime se consuma no **momento em que o sujeito ativo pratica qualquer das condutas previstas no tipo** (adquire, vende... arma de fogo, acessório ou munição). É crime de **mera conduta** (o tipo só descreve a conduta – não há resultado naturalístico/modificação no mundo exterior). A tentativa é possível (embora de difícil visualização[73]).

II.9.4 Figura equiparada – § 2º

Art. 17. (...)

§ 2º Incorre na mesma pena quem vende ou entrega arma de fogo, acessório ou munição, sem autorização ou em desacordo com a determinação legal ou regulamentar, a agente policial disfarçado, quando presentes elementos probatórios razoáveis de conduta criminal preexistente.

Cuida-se de outra novidade implementada pela Lei nº 13.964/2019 (Pacote Anticrime). O § 2º traz uma figura equiparada ao delito do art. 17, a qual receberá a mesma consequência penal da conduta prevista no *caput*, incorrendo na mesma pena quem **vende ou entrega** ilegalmente arma de fogo, acessório ou munição a agente policial disfarçado, desde que presentes elementos probatórios razoáveis de conduta criminal **preexistente**.

Quando o legislador menciona "quando presentes elementos probatórios razoáveis de conduta criminal **preexistente**", é evidente a sua intenção de afastar a possibilidade de ocor-

---

[72] Nesse sentido: Lima (2020, p. 465-466).

[73] Um exemplo de tentativa citado pela doutrina seria a conduta do sujeito (no exercício de atividade comercial ou industrial) que tenta adquirir ilegalmente arma de fogo, mas é surpreendido por ação policial.

rência de crime impossível. Assim, se o delito já está ocorrendo antes da ação policial, caracterizando verdadeira situação de flagrante comprovado – aquele que preexiste à ação do agente provocador –, não há que falar em crime impossível. De outro lado, se não há qualquer conduta preexistente e o policial induz a pessoa à prática delitiva, adotando precauções para evitar a sua consumação, houve crime impossível (Súmula nº 145 do STF: "Não há crime quando a preparação do flagrante pela polícia torna impossível a sua consumação").

Exemplo: Policial disfarçado se dirige a uma loja de caça e pesca e diz ao comerciante que tem interesse em adquirir uma arma de fogo, mas de forma ilegal, evitando os trâmites burocráticos devidos. O comerciante vai ao seu depósito, pega um revólver calibre .38 e o vende ilegalmente ao comprador. Ato contínuo, o policial anuncia a prisão em flagrante do comerciante.

Nesse exemplo, com relação ao verbo "vender", houve crime impossível, porquanto existiu indução à venda, ao mesmo tempo em que precauções foram adotadas para que ela não se consumasse. Contudo, no tocante ao verbo "ter em depósito", o crime existiu (flagrante lícito), pois quanto a ele o delito já estaria ocorrendo antes da ação do policial.

II.9.5 Hediondez – Art. 1º, parágrafo único, III, Lei nº 8.072/1990

> **Lei nº 8.072/1990**
>
> **Art. 1º** (...)
>
> **Parágrafo único**. Consideram-se também hediondos, tentados ou consumados: (...)
>
> III – o crime de comércio ilegal de armas de fogo, previsto no art. 17 da Lei nº 10.826, de 22 de dezembro de 2003.

O Pacote Anticrime, que entrou em vigor no dia 23.01.2020, alterou a Lei nº 8.072/1990 para inserir no rol de crimes hediondos a conduta típica prevista no art. 17. Assim, aquele que cometer o delito de comércio ilegal de arma de fogo (art. 17, *caput* ou § 2º), a partir da vigência da Lei nº 13.964/2019, estará incorrendo em crime hediondo.

Embora a Lei nº 8.072/1990, em seu art. 1º, parágrafo único, III, faça menção apenas ao "comércio ilegal de **armas de fogo**, previsto no **art. 17**" (citando o *nomen iuris* do crime), entendemos que estão abrangidos também os acessórios e munições. Da mesma forma, a figura equiparada do art. 17, § 2º, será considerada hedionda.

II.10 TRÁFICO INTERNACIONAL DE ARMA DE FOGO – ART. 18

> **Art. 18.** Importar, exportar, favorecer a entrada ou saída do território nacional, a qualquer título, de arma de fogo, acessório ou munição, sem autorização da autoridade competente:
>
> **Pena** – reclusão, de 8 (oito) a 16 (dezesseis) anos, e multa.
>
> **Parágrafo único**. Incorre na mesma pena quem vende ou entrega arma de fogo, acessório ou munição, em operação de importação, sem autorização da autoridade competente, a agente policial disfarçado, quando presentes elementos probatórios razoáveis de conduta criminal preexistente.

II.10.1 Conduta típica e elemento subjetivo

Conduta típica. Temos aqui a conduta daquele que **importa, exporta ou favorece a entrada/saída do território nacional**, de arma de fogo, acessório ou munição, sem autorização da autoridade competente[74]. Estamos diante de um crime de ação múltipla (ou tipo misto alternativo), consistente em **importar** (fazer entrar), **exportar** (fazer sair) ou **favorecer a entrada/saída** (facilitar de alguma forma – pense no exemplo de um funcionário da Receita Federal responsável por fiscalizar o ingresso de mercadorias provenientes do Paraguai que, em conluio com outra pessoa, deixa de fiscalizar dolosamente o carro desse sujeito, o qual continha várias armas de fogo provenientes daquele país. Perceba, portanto, que, apesar de o delito do art. 18 ser em regra comissivo, com relação a esse núcleo **podemos ter crime omissivo**).

É certo que se, no mesmo contexto fático, forem praticadas duas ou mais das ações previstas, teremos **crime único**. Ex.: o agente que, logo após importar ilegalmente arma de fogo de Cidade Del Leste (Paraguai) para Foz do Iguaçu (Brasil), chega ao aeroporto desse Município e embarca em um voo para o México, exportando o armamento. Ele cometeu apenas um crime do art. 18. Cuida-se de crime de competência da **Justiça Federal**.

É indiferente para a caracterização do delito serem os objetos materiais de uso permitido, restrito ou proibido. Contudo, se de uso restrito ou proibido, incidirá a causa de aumento de pena prevista no art. 19 da Lei.

A Lei nº 13.964/2019 (Pacote Anticrime) promoveu algumas alterações no texto do art. 18, entre as quais o aumento da pena em abstrato, que passou a ser: reclusão, de 8 a 16 anos, e multa (a redação antiga previa pena de reclusão, de 4 a 8 anos, e multa).

Lembre-se de que, mesmo na hipótese de a conduta criminosa ser eventual (ex.: importou ilegalmente apenas uma vez arma de fogo), teremos o delito do art. 18. Além disso, é crime especial com relação ao delito do art. 334-A do CP (contrabando).

Elemento subjetivo. É o **dolo** de praticar a conduta criminosa prevista no tipo penal (art. 18). Não exige a presença de nenhuma "finalidade específica" (dolo específico) por parte do agente.

II.10.2 Sujeitos do crime

Quanto ao sujeito ativo, cuida-se de **crime comum**, ou seja, o delito pode ser cometido por qualquer pessoa. Com relação ao sujeito passivo (vítima), trata-se da **coletividade**.

II.10.3 Consumação e tentativa

Quanto aos verbos **exportar** e **importar**, o crime se consuma no momento em que a arma de fogo, acessório ou munição é **efetivamente** importada ou exportada[75]. Por sua vez,

---

[74] A regulamentação acerca da autorização para importação/exportação dos objetos encontra-se prevista no Decreto nº 10.030/2019, Seção III (arts. 25 a 37).

[75] É interessante notar que temos aqui um raciocínio diverso do estabelecido para a caracterização da majorante do tráfico transnacional de drogas (art. 40, I, da Lei nº 11.343/2006), a qual, segundo

quanto ao **favorecimento de entrada/saída**, temos que o crime estará consumado quando **praticado o ato** de favorecimento, ainda que o objeto material não tenha efetivamente entrado ou saído do território nacional.

É crime **formal**. A tentativa é possível[76], como na hipótese do agente que, objetivando exportar ilegalmente uma arma de fogo para outro país, é preso ainda em aeroporto brasileiro, portando o armamento em sua bagagem.

11.10.4 Figura equiparada – Parágrafo único

> **Art. 18** (...)
>
> **Parágrafo único.** Incorre na mesma pena quem vende ou entrega arma de fogo, acessório ou munição, em operação de importação, sem autorização da autoridade competente, a agente policial disfarçado, quando presentes elementos probatórios razoáveis de conduta criminal preexistente.

Cuida-se de outra novidade implementada pela Lei nº 13.964/2019 (Pacote Anticrime). O parágrafo único traz uma figura equiparada ao delito do art. 18, a qual receberá a mesma consequência penal da conduta prevista no *caput*, incorrendo na mesma pena quem **vende ou entrega** arma de fogo, acessório ou munição, **em operação de importação**, sem autorização da autoridade competente, a agente policial disfarçado, quando presentes elementos probatórios razoáveis de conduta criminal **preexistente**.

Em razão da semelhante redação, utilizaremos aqui o mesmo raciocínio transcrito no item 11.9.4 (art. 17, § 2º), para onde remetemos o leitor.

11.10.5 Hediondez – Art. 1º, parágrafo único, IV, Lei nº 8.072/1990

> **Lei nº 8.072/1990**
>
> **Art. 1º** (...)
>
> **Parágrafo único.** Consideram-se também hediondos, tentados ou consumados: (...)
>
> IV – o crime de tráfico internacional de arma de fogo, acessório ou munição, previsto no art. 18 da Lei nº 10.826, de 22 de dezembro de 2003.

O Pacote Anticrime, que entrou em vigor no dia 23.01.2020, alterou a Lei nº 8.072/1990 para inserir no rol de crimes hediondos a **conduta típica prevista no art. 18**. Assim, aquele que cometer o delito de tráfico internacional de arma de fogo (art. 18, *caput* ou parágrafo único), a partir da vigência da Lei nº 13.964/2019, estará incorrendo em **crime hediondo**.

---

a Súmula nº 607 do STJ: "Configura-se com a prova da destinação internacional das drogas, **ainda que não consumada a transposição de fronteiras**".

[76] A exceção fica por conta dos núcleos "favorecer a entrada ou saída", quando caracterizar conduta omissiva. Aqui não cabe a tentativa.

Embora a Lei nº 8.072/1990, em seu art. 1º, parágrafo único, IV, faça menção apenas ao "tráfico internacional de arma de fogo, acessório ou munição, previsto no **art. 18**" (sem especificar o *caput* ou parágrafo único), o melhor entendimento é o de que tanto o delito do *caput* quanto a figura equiparada do parágrafo único serão considerados hediondos.

Por fim, note que a lei, aqui, mencionou expressamente como hediondos, além da "arma de fogo", os objetos "acessório ou munição" (e não apenas o *nomen iuris* do delito).

11.10.6 Complementos doutrinários e jurisprudenciais

Importação irregular de coletes à **prova de bala sem autorização do Exército.** Não configura o crime do art. 18 do Estatuto, mas sim o crime de contrabando (art. 334-A do CP), haja vista que não se trata de arma de fogo, acessório ou munição.

Jurisprudência destacada

A Portaria nº 18 do DLOG, publicada em 19.12.2006, regulamenta as normas de avaliação técnica, fabricação, aquisição, importação e destruição de coletes balísticos e exige determinadas condições aos compradores e importadores desse tipo de artefato, tais como autorização prévia do Comando do Exército e restrição a determinados órgãos e pessoas. Desse modo, a importação de colete à prova de balas está sujeita à proibição relativa e, por conseguinte, **configura crime de contrabando quando realizada fora dos moldes previstos nesse regulamento** (STJ, 6ª Turma, RHC nº 62.851/PR, Rel. Min. Sebastião Reis Júnior, j. 16.02.2016 – *Informativo* 577).

Importação/exportação ilegal de pluralidade de armas. Se o agente importa ou exporta ilegalmente várias unidades de armas de fogo, no mesmo contexto fático, responderá por um só crime do art. 18. A quantidade de armas interferirá na dosimetria da pena, a ser realizada pelo juiz.

11.11 QUADRO-RESUMO

Como forma de auxiliar a sua memorização, segue uma tabela que ressalta alguns pontos de diferenciação entre os crimes estudados (conforme o entendimento majoritário):

CRIME CULPOSO	CRIME OMISSIVO[77]	NÃO CABE TENTATIVA	CRIME PRÓPRIO[78]	DOLO ESPECÍFICO
Art. 13, *caput*	Art. 13, *caput*	Art. 13, *caput*	Art. 13, *caput*	Art. 17

---

[77] É possível que o delito do art. 18, na modalidade "favorecer a entrada ou saída", seja cometido mediante conduta omissiva.

[78] A figura típica do art. 12, embora em regra seja considerada delito comum, poderá caracterizar crime próprio no caso de sujeito ativo *titular ou o responsável legal do estabelecimento ou empresa*.

CRIME CULPOSO	CRIME OMISSIVO	NÃO CABE TENTATIVA	CRIME PRÓPRIO	DOLO ESPECÍFICO
	Art. 13, parágrafo único	Art. 13, parágrafo único	Art. 13, parágrafo único	
			Art. 17	

11.12 CAUSAS DE AUMENTO DE PENA E LIBERDADE PROVISÓRIA – ARTS. 19, 20 E 21

Art. 19. Nos crimes previstos nos arts. 17 e 18, a pena é aumentada da metade se a arma de fogo, acessório ou munição forem de uso proibido ou restrito.

Art. 20. Nos crimes previstos nos arts. 14, 15, 16, 17 e 18, a pena é aumentada da metade se:

I – forem praticados por integrante dos órgãos e empresas referidas nos arts. 6º, 7º e 8º desta Lei; ou

II – o agente for reincidente específico em crimes dessa natureza.

Art. 21. Os crimes previstos nos arts. 16, 17 e 18 são insuscetíveis de liberdade provisória.

Causa de aumento de pena do art. 19. Saiba que essa causa de aumento de pena é aplicada **somente** aos crimes dos arts. 17 (comércio ilegal de arma de fogo) e 18 (tráfico internacional de arma de fogo), quando a arma de fogo, acessório ou munição for de uso **proibido ou restrito.**

Causas de aumento de pena do art. 20. Tais causas de aumento de pena não poderão ser aplicadas somente aos crimes dos arts. 12 (posse irregular de arma de fogo de uso permitido) e 13 (*caput* e parágrafo único) do Estatuto. Com relação ao **inciso I**, a majorante incidirá quando os delitos forem praticados pelas pessoas listadas nos arts. 6º, 7º e 8º da Lei, resumidamente: **determinados servidores públicos** (em geral, ligados, direta ou indiretamente, à segurança pública); **agentes de segurança privada; desportistas.** Quanto ao **inciso II**, cuida-se de acréscimo legislativo promovido pela Lei nº 13.964/2019 (Pacote Anticrime), incidindo o aumento de pena quando os delitos listados forem praticados por agente reincidente específico em crimes dessa natureza, ou seja, o sujeito ativo foi condenado definitivamente por algum dos delitos prescritos nos arts. 14 a 18 e, posteriormente – observado o período de cinco anos do art. 64, I, do CP –, comete novamente qualquer deles.

Liberdade provisória, art. 21. De forma objetiva, saiba que tal dispositivo foi declarado inconstitucional pelo STF no ano de 2007 (ADI nº 3.112-1), de modo que, em regra, ausentes os requisitos da prisão cautelar, a concessão de liberdade provisória é perfeitamente possível a todos os delitos da Lei nº 10.826/2003.

Mencionamos "em regra" porque a Lei nº 13.964/2019 acrescentou o § 2º ao art. 310 do CPP, prevendo que:

Se o juiz verificar que o agente é reincidente ou que integra organização criminosa armada ou milícia, ou que **porta** arma de fogo **de uso restrito**, deverá denegar a liberdade provisória, com ou sem medidas cautelares.

Note, portanto, que ao delito do art. 16, *caput*, na modalidade **porte** ilegal de arma de fogo **de uso restrito** e nos termos do mencionado § 2º, foi vedada a liberdade provisória pelo legislador. Certamente, tal norma, de duvidosa constitucionalidade, será questionada perante o Poder Judiciário (até o fechamento desta edição continua válida).

II.I3 CRIAÇÃO DO BANCO NACIONAL DE PERFIS BALÍSTICOS — ART. 34-A

Art. 34-A. Os dados relacionados à coleta de registros balísticos serão armazenados no Banco Nacional de Perfis Balísticos.

§ 1º O Banco Nacional de Perfis Balísticos tem como objetivo cadastrar armas de fogo e armazenar características de classe e individualizadoras de projéteis e de estojos de munição deflagrados por arma de fogo.

§ 2º O Banco Nacional de Perfis Balísticos será constituído pelos registros de elementos de munição deflagrados por armas de fogo relacionados a crimes, para subsidiar ações destinadas às apurações criminais federais, estaduais e distritais.

§ 3º O Banco Nacional de Perfis Balísticos será gerido pela unidade oficial de perícia criminal.

§ 4º Os dados constantes do Banco Nacional de Perfis Balísticos terão caráter sigiloso, e aquele que permitir ou promover sua utilização para fins diversos dos previstos nesta Lei ou em decisão judicial responderá civil, penal e administrativamente.

§ 5º É vedada a comercialização, total ou parcial, da base de dados do Banco Nacional de Perfis Balísticos.

§ 6º A formação, a gestão e o acesso ao Banco Nacional de Perfis Balísticos serão regulamentados em ato do Poder Executivo federal.

Temos aqui mais uma inovação legislativa promovida pela Lei nº 13.964/2019 (Pacote Anticrime), o Banco Nacional de Perfis Balísticos, o qual tem como objetivo cadastrar armas de fogo e armazenar características de classe e individualizadoras de projéteis e de estojos de munição deflagrados por arma de fogo. Tais informações são muito úteis à persecução penal na busca de elementos de informação quanto a autoria e materialidade do delito.

No mais, cuida-se de dispositivo autoexplicativo e sem qualquer complexidade jurídica. Portanto, recomendamos que o futuro aprovado memorize o texto legal.

12

Violência Doméstica e Familiar contra Mulher — Lei n° 11.340/2006

12.1 ASPECTOS INICIAIS

12.1.1 Fundamento constitucional e contexto histórico

Contexto histórico. A Lei Maria da Penha foi publicada no ano de 2006 e ficou assim conhecida por conta da história de vida de Maria da Penha Maia Fernandes, farmacêutica cearense que, por anos, sofreu violência doméstica e familiar de seu marido (à época).

Várias foram as formas de violência infligidas contra a vítima, a qual chegou a ficar paraplégica em razão dos atos suportados. Diante desse cenário, Maria da Penha buscou de todas as maneiras a punição de seu agressor, não obtendo sucesso. Por conseguinte, denunciou o Estado brasileiro na Comissão Interamericana de Direitos Humanos, a qual, em 2001, censurou o País em virtude da insuficiente proteção disponível às vítimas de violência doméstica.

Posteriormente, e impulsionado pela repercussão do caso mencionado, o Congresso Nacional editou a Lei n° 11.340/2006, a qual ganhou a alcunha de "Lei Maria da Penha", em homenagem à mulher que, ao não se conformar com a falta de punição apresentada, foi uma das responsáveis por esse importante instrumento normativo no combate à violência doméstica e familiar.

Fundamento constitucional. O fundamento constitucional da Lei n° 11.343/2006 é extraído do art. 226, § 8°, CF/1988, o qual anuncia que o Estado criará mecanismos com o fim de coibir a violência no âmbito das relações familiares:

> **CF/1988**
>
> **Art. 226** (...)
>
> **§ 8°** O Estado assegurará a assistência à família na pessoa de cada um dos que a integram, criando mecanismos para coibir a violência no âmbito de suas relações.

É certo que, além do mandamento constitucional, tivemos diversas convenções internacionais que também apontavam para a necessidade de se criar uma legislação específica que visasse coibir as formas de violência doméstica e familiar contra a mulher. Citamos como exemplo a Convenção de Belém do Pará, incorporada ao nosso ordenamento pelo Decreto nº 1.973/1996, com o objetivo de "Prevenir, Punir e Erradicar a Violência contra a Mulher".

12.1.2 Interpretação e princípio da insignificância

> **Art. 4º** Na interpretação desta Lei, serão considerados os fins sociais a que ela se destina e, especialmente, as condições peculiares das mulheres em situação de violência doméstica e familiar.

Interpretação da lei. O art. 4º da Lei nº 11.340/2006 anuncia que ela deverá ser interpretada de acordo com os fins sociais a que se destina e, especialmente, as condições peculiares das mulheres em situação de violência doméstica e familiar.

Em outras palavras, como a norma foi criada visando a proteção da mulher em situação de violência doméstica e familiar, será dessa forma interpretada: **sempre priorizando a proteção da vítima**. É a partir dessa orientação que o intérprete (doutrina, juiz etc.) formará as suas conclusões.

Princípio da insignificância. Não se aplica o princípio da insignificância às infrações penais (crime ou contravenção penal) praticadas contra a mulher no âmbito das relações domésticas. Trata-se de entendimento consolidado no âmbito dos Tribunais Superiores, tendo sido sumulado pelo STJ no ano de 2017:

> **Súmula nº 589 do STJ:** É inaplicável o princípio da insignificância nos crimes ou contravenções penais praticados contra a mulher no âmbito das relações domésticas[1].

🧩 Decifrando a prova

(Delegado – PC/PR – NC – UFPR – 2021 – Adaptada) Não é possível a aplicação do princípio da insignificância nos delitos praticados com violência ou grave ameaça no âmbito das relações domésticas e familiares contra a mulher.
( ) Certo ( ) Errado
Gabarito comentado: conforme entendimento da Súmula nº 589 do STJ, realmente não é possível a aplicação. Portanto, a assertiva está certa.

Princípio da bagatela imprópria. O princípio da insignificância é também denominado "bagatela própria" e possui como efeito excluir a tipicidade material do delito, tornando o fato atípico (não há crime). Por outro lado, temos ainda a chamada "bagatela imprópria", a

---

[1]   No mesmo sentido: STF, 2ª Turma, RHC nº 133.043/MS, Rel. Min. Cármen Lúcia, j. 10.05.2016.

qual não exclui a tipicidade do crime, mas consiste em uma situação de constatação de que a pena é desnecessária (mediante análise do caso concreto).

Pois bem. No passado surgiu uma corrente que defendia a possibilidade de absolvição do réu que, apesar de ter sido autor de violência doméstica e familiar contra a mulher, durante o curso do processo, reconciliou-se com a vítima, incidindo, nesse caso, o princípio da bagatela imprópria (desnecessidade da pena).

Essa tese **não prosperou**, de modo que o entendimento jurisprudencial dominante é no sentido da **impossibilidade** de aplicação tanto da **bagatela própria** quanto da **bagatela imprópria** às infrações penais praticadas contra a mulher no âmbito das relações domésticas.

 Jurisprudência destacada

A jurisprudência desta Corte Superior não admite a aplicação do princípio da insignificância ou da bagatela imprópria no que se refere aos crimes ou às contravenções penais praticados contra mulher no âmbito das relações domésticas, haja vista o bem jurídico tutelado (STJ, 6ª Turma, AgInt no HC nº 369.673/MS, Rel. Min. Rogerio Schietti Cruz, j. 14.02.2017).

1. A jurisprudência desta Corte não admite a aplicação do princípio da bagatela imprópria em casos de violência doméstica e familiar contra mulher, dado o bem jurídico tutelado. Precedentes. Súmula nº 83 do STJ. 1.1. Assim, a pena cominada deve ser aplicada, independentemente de eventual arrependimento do autor, pouca gravidade da consequência da conduta e vontade da vítima (STJ, 5ª Turma, AgRg no AgRg no AREsp nº 1.798.337/SE, Rel. Min. Joel Ilan Paciornik, j. 04.05.2021).

 Decifrando a prova

(Delegado – PC/RS – FUNDATEC – 2018 – Adaptada) O Supremo Tribunal Federal afastou a aplicação do princípio da insignificância às infrações penais praticadas contra a mulher, no âmbito das relações domésticas, limitando-se a fazê-lo sob o aspecto da insignificância própria, mantendo a possibilidade de aplicação da insignificância imprópria a tais casos.
( ) Certo ( ) Errado
Gabarito comentado: como mencionado, a jurisprudência dominante é no sentido da impossibilidade de aplicação tanto da bagatela própria (princípio da insignificância) quanto da bagatela imprópria (insignificância imprópria) às infrações penais praticadas contra a mulher no âmbito das relações domésticas. Portanto, a assertiva está errada.

12.1.3 Finalidade

A Lei nº 11.340/2006 tem como objetivo criar mecanismos para coibir a violência doméstica e familiar contra a mulher, como a previsão de medidas de assistência, medidas protetivas, criação dos Juizados de Violência Doméstica e Familiar contra a mulher, entre outras ações.

É interessante notar que, até o ano de 2018, a Lei Maria da Penha não previa nenhuma infração penal em seu texto. Esse cenário mudou com a inclusão do art. 24-A, o qual prevê o crime de **descumprimento de medidas protetivas de urgência** (único delito da Lei nº 11.340/2006).

Dessa forma, cumpre mencionar que estamos diante de uma lei multidisciplinar, pois envolve questões penais, processuais, cíveis e administrativas – as quais estudaremos mais à frente. Todas essas, de forma conjunta, buscam alcançar o objetivo da lei: coibir a violência doméstica e familiar contra a mulher.

A Lei Maria da Penha possui sete Títulos, distribuídos da seguinte forma:

TÍTULO I	Disposições preliminares
TÍTULO II	Da violência doméstica e familiar contra a mulher
TÍTULO III	Da assistência à mulher em situação de violência doméstica e familiar
TÍTULO IV	Dos procedimentos
TÍTULO V	Da equipe de atendimento multidisciplinar
TÍTULOS VI e VII	Disposições transitórias e Disposições finais

Ressaltamos ainda que a temática envolvendo a violência doméstica e familiar contra mulher não encontra amparo apenas na presente Lei. Há várias normas que buscam resguardar a mulher vítima de violência (como o Decreto nº 9.586/2018, o qual institui o Sistema Nacional de Políticas para as Mulheres e o Plano Nacional de Combate à Violência Doméstica). Como o objetivo é a sua aprovação, nosso estudo concentrar-se-á na Lei nº 11.340/2006 e ainda nos dispositivos relevantes para concursos (dispensando a análise daqueles com baixa – para não dizer nenhuma – probabilidade de cobrança, bem como dos autoexplicativos, sem necessidade de qualquer contextualização).

12.2 VIOLÊNCIA DOMÉSTICA E FAMILIAR CONTRA MULHER (ART. 5º)

12.2.1 Conceito

Art. 5º Para os efeitos desta Lei, configura violência doméstica e familiar contra a mulher qualquer ação ou omissão baseada no gênero que lhe cause morte, lesão, sofrimento físico, sexual ou psicológico e dano moral ou patrimonial:

I – no âmbito da unidade doméstica, compreendida como o espaço de convívio permanente de pessoas, com ou sem vínculo familiar, inclusive as esporadicamente agregadas;

II – no âmbito da família, compreendida como a comunidade formada por indivíduos que são ou se consideram aparentados, unidos por laços naturais, por afinidade ou por vontade expressa;

III – em qualquer relação íntima de afeto, na qual o agressor conviva ou tenha convivido com a ofendida, independentemente de coabitação.

Parágrafo único. As relações pessoais enunciadas neste artigo independem de orientação sexual.

Violência doméstica e familiar contra mulher é qualquer ação ou omissão, baseada no gênero, que lhe cause morte, lesão, dano patrimonial/moral, ou, ainda, sofrimento físico, sexual ou psicológico.

Além dessa definição, para que atraiam a incidência da Lei nº 11.340/2006, tais condutas devem ter sido praticadas, segundo o art. 5º da Lei, **em uma das seguintes situações:**

a. No âmbito da unidade doméstica: "Compreendida como o espaço de convívio permanente de pessoas, com ou sem vínculo familiar, inclusive as esporadicamente agregadas".

Perceba que se trata de um critério espacial, "unidade doméstica", ou seja, no "lar". Portanto, não se exige qualquer relação de parentesco aqui.

> Exemplo: Doméstica que é humilhada por seu patrão, o qual, por vezes, diz-lhe que o lugar de mulher é limpando o chão por onde ele passa.

Nesse exemplo, temos uma forma de violência contra a mulher praticada no âmbito da unidade doméstica, portanto teremos a incidência da Lei nº 11.340/2006.

Aprofundando o estudo, há o entendimento de que a empregada doméstica somente poderá ser vítima de violência apta a atrair a Lei nº 11.340/2006, na situação da "unidade doméstica", quando houver uma habitualidade na relação de trabalho, demonstrando assim um convívio permanente. Se uma diarista, que foi uma única vez prestar serviço em determinada residência, sofrer violência de seu contratante, não haverá a incidência da Lei Maria da Penha[2].

b. No âmbito da família: "Compreendida como a comunidade formada por indivíduos que são ou se consideram aparentados, unidos por laços naturais, por afinidade ou por vontade expressa".

Aqui se exige uma relação de parentesco, seja natural, por afinidade ou vontade expressa (adoção). Por exemplo, pai contra filha (natural ou vontade expressa); genro contra sogra (afinidade).

> Exemplo: Uma filha de 25 anos decide morar sozinha e sai da casa de seus genitores, mas que, ao visitar o seu pai, ele lhe agride e diz que o lugar de sua filha é ao seu lado, em sua residência.

Nesse exemplo, haverá a incidência da Lei nº 11.340/2006.

c. Em qualquer relação íntima de afeto: "Na qual o agressor conviva ou tenha convivido com a ofendida, independentemente de coabitação".

---

[2]   Nesse sentido: Lima (2020, p. 1262).

Nessa situação, não temos a exigência de laços de parentesco e nem mesmo de relacionamento atual. É o exemplo de ex-namorado que conviveu com a vítima e posteriormente vem a agredi-la. Também se enquadram aqui as relações extraconjugais.

Exemplo: Ex-namorado que, inconformado com o término do relacionamento, dirige-se à casa da vítima e a agride fisicamente.

O STJ já pontuou que o relacionamento passageiro, esporádico, não tem o condão de caracterizar a relação íntima de afeto:

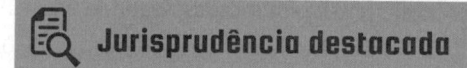

Jurisprudência destacada

Na espécie, foi lavrado termo circunstanciado para apurar a conduta do réu, suspeito de ameaçar sua ex-namorada. (...) A Ministra Relatora entendeu que a Lei nº 11.340/2006, denominada Lei Maria da Penha, em seu art. 5º, III, caracteriza como violência doméstica aquela em que o agressor conviva ou tenha convivido com a ofendida, independentemente de coabitação. Contudo é necessário salientar que a aplicabilidade da mencionada legislação a relações íntimas de afeto, como o namoro, **deve ser analisada em face do caso concreto. Não se pode ampliar o termo "relação íntima de afeto" para abarcar um relacionamento passageiro, fugaz ou esporádico.** *In casu*, verifica-se nexo de causalidade entre a conduta criminosa e a relação de intimidade existente entre agressor e vítima, que estaria sendo ameaçada de morte após romper o namoro de quase dois anos, situação apta a atrair a incidência da referida lei (STJ, 3ª Seção, CC nº 100.654/MG, Rel. Min. Laurita Vaz, j. 25.03.2009 – *Informativo* 388).

1. Dispõe o art. 5º, inciso III, da Lei nº 11.340/2006 que configura violência doméstica contra a mulher qualquer ação ou omissão baseada no gênero que lhe cause morte, lesão, sofrimento físico, sexual ou psicológico e dano moral ou patrimonial, em qualquer relação íntima de afeto, na qual o agressor conviva ou tenha convivido com a ofendida, independentemente de coabitação. Inteligência da Súmula nº 600/STJ. 2. Na hipótese, a vítima teria relatado a existência de relacionamento com o paciente por aproximadamente um mês, com coabitação pelo período de quinze dias, no qual o paciente demonstrou comportamento violento e ciumento. Destacou, ainda, que o paciente, inconformado com o término do relacionamento, a teria ameaçado de morte, o que foi comprovado pelas mensagens eletrônicas enviadas entre os dias 1º.11.2013 e 20.02.2014. 3. Muito embora breve, não se pode desqualificar a relação havida entre o paciente e a ofendida como íntima, já que ficou demonstrado o nexo de causalidade entre a conduta criminosa e a relação de intimidade preexistente. Assim, não se tratando de relação efêmera, esporádica ou passageira, não há como se reconhecer a incompetência do Juizado de Violência Doméstica e Familiar contra a Mulher (STJ, 6ª Turma, HC nº 357.827/SC, Rel. Min. Antonio Saldanha Palheiro, j. 27.08.2018).

O mesmo Tribunal, recentemente, pontuou ainda que é irrelevante o lapso temporal decorrido desde a dissolução do relacionamento para se firmar a competência do Juizado de Violência Doméstica e Familiar contra Mulher, desde que a violência praticada esteja vinculada à relação íntima de afeto mantida entre as partes.

Jurisprudência destacada

1. Nos termos do art. 5.º, inciso III, da Lei nº 11.340/2006, é irrelevante o lapso temporal decorrido desde a dissolução do matrimônio ou união estável para se firmar a competência dos Juizados Especiais de Violência Doméstica e Familiar contra a Mulher, sendo necessário apenas que a conduta delitiva imputada esteja vinculada à relação íntima de afeto mantida entre as partes. 2. As instâncias ordinárias esclareceram que, embora o relacionamento entre o paciente e a vítima tenha se encerrado, os fatos ensejadores das supostas agressões verbais decorrem da relação íntima de afeto anteriormente mantida, estando presente, ao menos em uma análise inicial, a motivação de gênero na violência moral/psicológica perpetrada e a tentativa de depreciação da vítima em razão de sua condição de mulher (STJ, 6ª Turma, AgRg no HC nº 567.753/DF, Rel. Min. Laurita Vaz, j. 08.09.2020).

Por fim, saiba que **em nenhuma** das situações citadas é exigida a coabitação entre a vítima e o agressor. Nesse sentido é a Súmula nº 600 do STJ:

Jurisprudência destacada

Súmula nº 600 do STJ: Para a configuração da violência doméstica e familiar prevista no artigo 5º da Lei nº 11.340/2006 (Lei Maria da Penha) não se exige a coabitação entre autor e vítima.

Em resumo, teremos situação de **violência doméstica e familiar contra mulher** quando houver:

> Qualquer ação ou omissão baseada no gênero, que lhe cause morte, lesão, dano patrimonial/moral, ou, ainda, sofrimento físico, sexual ou psicológico – NO ÂMBITO:
> - Unidade doméstica
> - Família
> - Qualquer relação íntima de afeto

Como ressaltou o STJ ao decidir acerca de um caso concreto em que o neto cometeu violência doméstica contra a avó de avançada idade:

Jurisprudência destacada

I – A Lei Maria da Penha objetiva proteger a **mulher da violência doméstica e familiar** que, cometida no âmbito da **unidade doméstica, da família ou em qualquer relação íntima de afeto**, cause-lhe **morte, lesão, sofrimento físico, sexual ou psicológico, e dano moral ou patrimonial**. Estão no âmbito de abrangência do delito de violência doméstica e podem integrar o polo passivo da ação delituosa as **esposas, as companheiras ou amantes, bem como a mãe, as filhas, as netas do agressor e também a sogra, a avó ou qualquer outra**

> **parente que mantém vínculo familiar ou afetivo com ele**. Precedente. (...) (STJ, 5ª Turma, AgRg no AREsp nº 1.626.825/GO, Rel. Min. Felix Fischer, j. 05.05.2020 – *Informativo* 671).

12.2.2 Sujeito ativo

Qualquer pessoa poderá ser sujeito ativo de violência doméstica e familiar contra a mulher. **Tanto faz se homem ou mulher**[3], desde que pratique uma ação ou omissão na forma do art. 5º da Lei, **contra uma mulher**. O parágrafo único do mencionado dispositivo prescreve nesse sentido ao dispor que "as relações pessoais enunciadas neste artigo independem de orientação sexual"[4].

Exemplo 1 : Mãe que, traumatizada pelo fato de não ter conseguido conceber filho homem, começa a agredir fisicamente sua filha, descontando toda a sua frustração na menina.

Exemplo 2: Namorada que, inconformada com a traição de sua parceira, decide agredi-la fisicamente.

Nessas duas situações haverá a aplicação da Lei Maria da Penha.

12.2.3 Sujeito passivo

Quanto ao sujeito passivo (vítima), temos que necessariamente **será a mulher**, independentemente de sua orientação sexual. Se o sujeito passivo for homem, **não haverá a incidência da Lei nº 11.340/2006**.

Exemplo: Esposa que, movida por sadismo, desfere várias facadas em seu marido com o objetivo de lhe causar lesões corporais.

Nesse exemplo, a esposa responderá pelo crime de lesão corporal, contudo **não haverá a incidência da Lei nº 11.340/2006 no caso**, em razão de o sujeito passivo ser pessoa do sexo masculino.

12.2.4 Complementos

Sujeito passivo: transgênero. A possibilidade de incidência da Lei Maria da Penha quando for vítima pessoa transgênero (identificando-se com o sexo feminino) é tema divergente na doutrina. Para uma primeira corrente é possível, haja vista que o sexo biológico pode não corresponder à identidade de gênero da pessoa, a qual, mesmo nascendo "homem" biologicamente, pode se identificar psicologicamente como "mulher"[5].

---

[3] STJ, 5ª Turma, HC nº 277.561/AL, Rel. Min. Jorge Mussi, j. 06.11.2014.

[4] Assim, a Lei nº 11.340/2006 aplica-se a relações heterossexuais, bem como a relações homoafetivas femininas (haja vista que a vítima necessariamente terá que ser do sexo feminino).

[5] Há o entendimento de que o transexual poderá ser sujeito passivo protegido pelas disposições da Lei nº 11.340/2006, ainda que não realizada a cirurgia de transgenitalização ou não alterado o nome e o sexo do registro civil. Nesse sentido: Portocarrero e Ferreira (2020, p. 1393).

Contudo, para outra parcela não existe essa possibilidade, uma vez que transgênero ou transexual, na situação mencionada, não se enquadra no conceito genético de "mulher".

Existem várias decisões proferidas no âmbito dos Tribunais de Justiça dos Estados que aplicaram a Lei nº 11.340/2006 na situação de vítima transexual.

Quando consultamos os Tribunais Superiores, até um tempo atrás, essa temática ainda não havia sido analisada. Entretanto, em 2022, o STJ preferiu acórdão no sentido da possibilidade de incidência da Lei Maria da Penha ao transexual que se identifique com o sexo feminino e esteja submetido à violência doméstica e familiar, fazendo clara distinção entre sexo biológico e gênero masculino e feminino (nos mesmos moldes da primeira corrente anteriormente citada).

Jurisprudência destacada

(...) 2. É descabida a preponderância, tal qual se deu no acórdão impugnado, de um fator meramente biológico sobre o que realmente importa para a incidência da Lei Maria da Penha, cujo arcabouço protetivo se volta a julgar autores de crimes perpetrados em situação de violência doméstica, familiar ou afetiva contra mulheres. Efetivamente, conquanto o acórdão recorrido reconheça diversos direitos relativos à própria existência de pessoas trans, limita à condição de mulher biológica o direito à proteção conferida pela Lei Maria da Penha. (...) 5. A balizada doutrina sobre o tema leva à conclusão de que as relações de gênero podem ser estudadas com base nas identidades feminina e masculina. Gênero é questão cultural, social, e significa interações entre homens e mulheres. Uma análise de gênero pode se limitar a descrever essas dinâmicas. O feminismo vai além, ao mostrar que essas relações são de poder e que produzem injustiça no contexto do patriarcado. Por outro lado, sexo refere-se às características biológicas dos aparelhos reprodutores feminino e masculino, bem como ao seu funcionamento, de modo que o conceito de sexo, como visto, não define a identidade de gênero. Em uma perspectiva não meramente biológica, portanto, mulher trans mulher é. 6. Na espécie, não apenas a agressão se deu em ambiente doméstico, mas também familiar e afetivo, entre pai e filha, eliminando qualquer dúvida quanto à incidência do subsistema da Lei nº 11.340/2006, inclusive no que diz respeito ao órgão jurisdicional competente – especializado – para processar e julgar a ação penal. (...) 8. Recurso especial provido, a fim de reconhecer a violação do art. 5º da Lei nº 11.340/2006 e cassar o acórdão de origem para determinar a imposição das medidas protetivas requeridas pela vítima L. E. S. F. contra o ora recorrido (STJ, 6ª Turma, REsp nº 1.977.124/SP, Rel. Min. Rogerio Schietti Cruz, j. 05.04.2022).

Vulnerabilidade. Segundo o STJ, é desnecessária a demonstração concreta de vulnerabilidade da vítima ante o agressor para a incidência da Lei nº 11.340/2006 (ex.: vulnerabilidade física, financeira etc.). O que se exige é a existência de violência doméstica ou familiar contra a mulher; **a vulnerabilidade é presumida pela lei**.

> Exemplo: Uma mulher, empresária bem-sucedida financeiramente, a qual foi agredida por seu marido, que está desempregado, por não cumprir com as ordens domésticas estabelecidas por ele.

Nesse exemplo, embora não exista situação de dependência econômica da mulher, teremos a incidência da Lei nº 11.340/2006.

Jurisprudência destacada

1. A imputação de agressão do irmão à irmã incide na hipótese de violência no âmbito da família, que prescinde de convivência, nos termos art. 5º, II, da Lei nº 11.340/2006. 2. Tratando-se de proteção legal em razão da condição de mulher em relação familiar, de afeto ou de coabitação, **dispensável é na Lei nº 11.340/2006 a constatação concreta de vulnerabilidade** (física, financeira ou social) da vítima ante o agressor. (...) (STJ, 6ª Turma, AgRg nos EDcl no REsp nº 1.720.536/SP, Rel. Min. Nefi Cordeiro, j. 04.09.2018).

(...) 2. A jurisprudência desta Corte Superior entende que "[n]ão se exige, na Lei Maria da Penha, vulnerabilidade concreta, pois legalmente presumida, de modo que inaplicável o argumento de que não haveria demonstração de uma relação de dominação e superioridade entre o réu e a vítima" (...) (STJ, 6ª Turma, AgRg no REsp nº 1.823.279/SP, Rel. Min. Rogerio Schietti Cruz, j. 05.10.2021).

Vulnerabilidade – sujeito ativo "mulher". Aprofundando na análise do tema, devemos diferenciar duas situações de vulnerabilidade: uma quando o sujeito ativo for um homem; e outra na hipótese de ser uma mulher. No caso de agressor homem, como vimos, não é necessária a demonstração de vulnerabilidade da vítima e, caso preenchidos os demais requisitos do art. 5º, estaremos diante de violência doméstica e familiar contra a mulher.

Contudo, quando o sujeito ativo é uma **mulher**, deve-se demonstrar, à luz do **caso concreto,** que o sujeito passivo se encontrava em **situação de vulnerabilidade** – não temos aqui uma presunção dela. Isso porque, quando autor e vítima forem do sexo feminino, embora seja possível existir situação de vulnerabilidade baseada no gênero (apta a atrair a Lei nº 11.340/2006), poderemos estar diante também de uma forma de violência entre "iguais" (sem qualquer espécie de superioridade de forças), o que, nesse caso, não enseja a aplicação dos dispositivos da Lei Maria da Penha (essa não incide em toda e qualquer violência perpetrada contra a mulher)[6].

Embora sem detalhar a diferenciação supramencionada, o STJ já decidiu:

Jurisprudência destacada

1. Delito contra honra, envolvendo irmãs, não configura hipótese de incidência da Lei nº 11.340/2006, **que tem como objeto a mulher numa perspectiva de gênero e em condições de hipossuficiência ou inferioridade física e econômica**. 2. Sujeito passivo da violência doméstica, objeto da referida lei, é a mulher. Sujeito ativo pode ser tanto o homem quanto a mulher, desde que fique caracterizado o vínculo de relação doméstica, familiar ou de afetividade. 2. **No caso, havendo apenas desavenças e ofensas entre irmãs, não há qualquer motivação de gênero ou situação de vulnerabilidade que caracterize situação de relação íntima que possa causar violência doméstica ou familiar contra a mulher**. Não se aplica a Lei nº 11.340/2006 (STJ, 3ª Seção, CC nº 88.027/MG, Rel. Min. Og Fernandes, j. 05.12.2008).

---

6   É o entendimento de Lima (2020, p. 1260).

Violência baseada no gênero. É importante que o futuro aprovado perceba que não será qualquer violência praticada contra a mulher que legitimará o emprego da Lei nº 11.340/2006. Devemos sempre nos socorrer ao art. 5º da Lei e estudar se estão presentes os requisitos ali elencados:

◆ **Violência baseada no gênero:** ou seja, ação ou omissão que cause morte, lesão ou sofrimento em vítima do sexo feminino, pelo fato de ela ser mulher (demonstrando uma situação de opressão baseada no gênero).

◆ **Praticada em um dos três âmbitos listados:** unidade doméstica, família ou relação íntima de afeto.

Citamos um exemplo para facilitar o nosso entendimento:

Exemplo: Uma mulher que mora em apartamento e frequentemente realiza confraternizações para seus amigos em sua residência, perturbando o sossego dos outros moradores. Certo dia, o morador do apartamento ao lado, irritado por conta do alto volume da confraternização, adentra na residência da mulher e a agride, causando-lhe lesões corporais.

Nesse exemplo, **não haverá a incidência da Lei Maria da Penha** (embora exista o crime de lesões corporais – art. 129 do CP), haja vista que a violência perpetrada não tem relação com o gênero feminino (não foi ele a motivação da lesão corporal), bem como não há qualquer das situações elencadas nos incisos do art. 5º: o vizinho não convivia na unidade doméstica da vítima; não havia relação de parentesco; bem como inexistia relação íntima de afeto.

Para arrematar o tema, citamos alguns julgados proferidos pelo STJ:

 **Jurisprudência destacada**

(...) 2. Para incidência da Lei Maria da Penha, é necessário que a violência doméstica e familiar contra a mulher decorra de: (a) **ação ou omissão baseada no gênero**; (b) **no âmbito da unidade doméstica, familiar ou relação de afeto; decorrendo daí** (c) **morte, lesão, sofrimento físico, sexual ou psicológico e dano moral ou patrimonial**. 3. A definição do gênero sobre o qual baseada a conduta comissiva ou omissiva decorre do equivocado entendimento/motivação do sujeito ativo de possuir "direitos" sobre a mulher ou de que ela lhe pertence, evidenciando vulnerabilidade pela redução ou nulidade da autodeterminação, caracterizando-se, assim, conduta baseada no gênero para efeitos da Lei nº 11.340/2006. (...) (STJ, 5ª Turma, HC nº 349.851/SP, Rel. Min. Ribeiro Dantas, j. 28.11.2017).

1. No que se refere à incidência da Lei Maria da Penha, "a jurisprudência da Terceira Seção deste Superior Tribunal de Justiça consolidou-se no sentido de que, para a aplicação da Lei nº 11.340/2006, não é suficiente que a violência seja praticada contra a mulher e numa relação familiar, doméstica ou de afetividade, mas também há necessidade de demonstração da sua situação de vulnerabilidade ou hipossuficiência, numa perspectiva de gênero" (AgRg no REsp nº 1.430.724/RJ, Rel. Min. Maria Thereza de Assis Moura, Sexta Turma, j. 17.03.2015, *DJe* 24.03.2015). 2. No caso dos autos, observa-se que, embora o crime esteja sendo praticado no âmbito das relações domésticas e familiares, verifica-se que, em momento algum, restou demonstrado que teria sido motivado por questões de gênero, ou mesmo que a vítima estaria em situação de vulnerabilidade por ser do sexo feminino. Com base em tal premissa, o Tribunal de origem concluiu não haver violência que atraísse a incidência da Lei Maria da Penha,

assim justificando o declínio da competência para Juizado Especial Comum (STJ, 5ª Turma, AgRg no AREsp nº 1.700.032/GO, Rel. Min. Ribeiro Dantas, j. 09.12.2020).[7]

Elemento subjetivo. Interessante discussão diz respeito ao elemento subjetivo envolvendo infrações penais no contexto da Lei Maria da Penha. **Será que ela é compatível com infrações dolosas e culposas?** Entendemos que a resposta é negativa: para a incidência da Lei nº 11.340/2006 é necessário que a conduta seja **necessariamente dolosa**, haja vista a exigência de violência baseada no gênero (em razão de a vítima ser mulher). Esse direcionamento não é possível ocorrer em condutas culposas, assim o sujeito ativo deverá agir com **o dolo de causar a violência à mulher em razão do seu gênero**[8].

Vítima de estupro. O entendimento atual do STJ é no sentido de que o cometimento do delito de estupro praticado contra a mulher, na forma do art. 5º da Lei nº 11.340/2006 (violência baseada no gênero cometida na unidade doméstica, família ou relação íntima de afeto) e independentemente da idade da vítima, atrairá a competência do Juizado de Violência Doméstica e Familiar contra a Mulher e a consequente incidência da Lei nº 11.340/2006.

 Jurisprudência destacada

1. É descabida a preponderância de um fator meramente etário, para afastar a competência da vara especializada e a incidência do subsistema da Lei Maria da Pena, desconsiderando o que, na verdade, importa, é dizer, a violência praticada contra a mulher (de qualquer idade), no âmbito da unidade doméstica, da família ou em qualquer relação íntima de afeto. 2. A Lei nº 11.340/2006 nada mais objetiva do que proteger vítimas em situação como a da ofendida, contra quem os abusos aconteceram no ambiente doméstico e decorreram da distorção sobre a relação familiar decorrente do pátrio poder, em que se pressupõe intimidade e afeto, além do fator essencial de ela ser mulher, elementos suficientes para atrair a competência da vara especializada em violência doméstica. 3. A ideia de vulnerabilidade da vítima que passou a compor o nome do delito do art. 217-A do Código Penal tem o escopo de afastar relativizações da violência sexual contra vítimas nessas condições, entre elas as de idade inferior a 14 anos de idade, não se exigindo igual conceito para fins de atração do complexo normativo da Lei Maria da Penha. 4. Na espécie, as condutas descritas na denúncia são claramente movidas pela relação patriarcal e misógina que o pai estabeleceu com a filha. O controle sobre o corpo da filha, a violação sexual violenta, ao argumento de que a amava, a dinâmica para fazer com que a vítima se sentisse culpada pelo rompimento das relações familiares, o descrédito da palavra da ofendida por sua própria genitora, todos esses fatores são próprios da estrutura

---

[7]   No mesmo sentido: STJ, 5ª Turma, AgRg no AgRg no AREsp 1.993.476/DF, Rel. Min. Reynaldo Soares da Fonseca, j. 15.02.2022.

[8]   Cumpre mencionar que alguns julgados não fazem a ressalva de aplicação da Lei Maria da Penha apenas às infrações dolosas, incluindo os delitos culposos quando da análise de temas relacionados à violência doméstica e familiar contra mulher (sem, contudo, refletir diretamente acerca da possibilidade de crimes culposos atraírem a incidência da Lei nº 11.340/2006). É o exemplo da ADI nº 4.424/DF (STF, Pleno).

> da violência de gênero. **5. O *modus operandi* adotado, independentemente da idade da ofendida – a qual é irrelevante para fins de atrair ou não a incidência da LMP e a competência especial –, releva o caráter especialíssimo do delito. 6. Recurso especial provido para determinar o retorno do caso ao Juizado de Violência Doméstica e Familiar contra a Mulher** (STJ, 6ª Turma, REsp 1.652.968/MT, Rel. Min. Rogerio Schietti Cruz, j. 15.12.2020).

Depoimento em fase policial, seguido de silêncio da vítima. Há precedente no âmbito do STJ no sentido de que, caso a vítima, no contexto de violência doméstica e familiar, tenha dado depoimento na fase inquisitiva, bem como realizado prova pericial (a qual foi posteriormente submetida a contraditório – postergado), têm-se elementos suficientes para fundamentar eventual condenação do réu.

Assim, mesmo que a vítima não queira dar a sua versão dos fatos na audiência de instrução e julgamento (fase judicial), a prova pericial realizada com o consequente contraditório diferido, somada ao depoimento na fase investigatória (elemento de informação), poderá embasar a condenação. Não há que falar em prova exclusivamente inquisitorial.

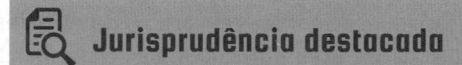 **Jurisprudência destacada**

Agravo regimental no *habeas corpus*. *Writ* substitutivo de recurso próprio. Impossibilidade. Condenação com base em prova exclusivamente inquisitorial. Inocorrência. Violência doméstica. Lesão corporal. Depoimento em fase policial. Exame de corpo de delito. Vítima que reatou relacionamento com agressor e permaneceu em silêncio na audiência de instrução. Acervo probatório suficiente. Ação penal pública incondicionada. Voluntariedade recursal. Embargos infringentes não interpostos. Agravo regimental desprovido. (...) 2. À época da audiência de instrução, a vítima não quis dar sua versão dos fatos pois já havia reatado o relacionamento com o acusado/paciente. Tratando-se de violência doméstica e familiar, é comum que não haja testemunhas do fato. Dentro desse cenário, o depoimento da vítima na fase inquisitiva e a prova pericial submetida à contraditório postergado se mostram suficientes para fundamentar a condenação (STJ, 5ª Turma, AgRg no HC nº 558.613/RJ, Rel. Min. Joel Ilan Paciornik, j. 13.10.2020).

12.3 FORMAS DE VIOLÊNCIA (ART. 7º)

Art. 7º São formas de violência doméstica e familiar contra a mulher, entre outras:

I – a **violência física**, entendida como qualquer conduta que ofenda sua integridade ou saúde corporal;

II – a **violência psicológica**, entendida como qualquer conduta que lhe cause dano emocional e diminuição da autoestima ou que lhe prejudique e perturbe o pleno desenvolvimento ou que vise degradar ou controlar suas ações, comportamentos, crenças e decisões, mediante ameaça, constrangimento, humilhação, manipulação, isolamento, vigilância constante, perseguição contumaz, insulto, chantagem, violação de sua intimidade, ridicularização, exploração e limitação do direito de ir e vir ou qualquer outro meio que lhe cause prejuízo à saúde psicológica e à autodeterminação;

III – a **violência sexual**, entendida como qualquer conduta que a constranja a presenciar, a manter ou a participar de relação sexual não desejada, mediante intimidação, ameaça, coação ou uso da força; que a induza a comercializar ou a utilizar, de qualquer modo, a sua sexualidade, que a impeça de usar qualquer método contraceptivo ou que a force ao matrimônio, à gravidez, ao aborto ou à prostituição, mediante coação, chantagem, suborno ou manipulação; ou que limite ou anule o exercício de seus direitos sexuais e reprodutivos;

IV – a **violência patrimonial**, entendida como qualquer conduta que configure retenção, subtração, destruição parcial ou total de seus objetos, instrumentos de trabalho, documentos pessoais, bens, valores e direitos ou recursos econômicos, incluindo os destinados a satisfazer suas necessidades;

V – a **violência moral**, entendida como qualquer conduta que configure calúnia, difamação ou injúria.

Formas. O art. 7º da Lei nos traz as formas de violência doméstica e familiar – **física, psicológica, sexual, patrimonial e moral** –, além de conceituar cada uma delas[9], as quais já foram mencionadas pelo art. 5º, *caput*. Saiba ainda que, segundo a melhor doutrina, cuida-se de **rol exemplificativo**, ou seja, cabe ampliação para outros tipos de violência não elencados no texto legal.

Lembre-se de que não é apenas a violência física que legitima o emprego da Lei nº 11.343/2006; como vimos, temos várias outras formas de violência (ex.: crime de injúria, que ocasiona violência moral). Além disso, **não se exige habitualidade no emprego da violência**; sendo esta praticada uma única vez, na forma do art. 5º, haverá a incidência da Lei.

Imunidades absolutas e relativas. É importante estudarmos a respeito da possibilidade de aplicação das imunidades dos arts. 181 e 182 do CP a crimes patrimoniais praticados no âmbito da violência doméstica e familiar contra a mulher. A controvérsia gira em torno da interpretação do art. 183, I, do CP, o qual dispõe que: "Não se aplica o disposto nos dois artigos anteriores: I - se o crime é de roubo ou de extorsão, ou, em geral, quando haja emprego de grave ameaça ou **violência à pessoa**".

Sendo mais específicos, ressaltamos que a doutrina se divide quanto ao **alcance da expressão "violência à pessoa"**. Será que qualquer das formas de violência previstas no art. 7º da Lei nº 11.340/2006 é apta a afastar a incidência das escusas contidas nos arts. 181 e 182 do CP?

Entendemos que **não**, haja vista que as escusas somente poderão ser afastadas, na forma do art. 183, I, do CP, caso estejamos diante de grave ameaça ou violência **física** contra a mulher, ou seja, não são todas as formas de violência previstas no art. 7º da Lei nº 11.340/2006 que legitimarão a não incidência das imunidades[10]. Adota-se aqui uma **interpretação restritiva** quanto ao conceito de "violência" empregado no art. 183 do CP (como dissemos, refere-se apenas à "física", também denominada "real").

---

[9] Várias questões de prova cobram os conceitos trazidos pelo art. 7º, fazendo um "copia e cola" do texto legal.

[10] Nesse sentido: Portocarrero e Ferreira (2020, p. 1245 e 1396).

Ressaltamos, contudo, que parte da doutrina (minoritária) advoga em sentido diverso, ensinando que aos crimes patrimoniais cometidos no contexto de violência (em geral, não apenas a "física") doméstica e familiar contra a mulher jamais serão aplicáveis as imunidades dos arts. 181 e 182 do CP.

O STJ, analisando um caso concreto que envolvia a escusa do art. 181, I, do CP, decidiu:

 Jurisprudência destacada

1. O artigo 181, inciso I, do Código Penal estabelece imunidade penal absoluta ao cônjuge que pratica crime patrimonial na constância do casamento. (...) 3. O advento da Lei nº 11.340/2006 **não é capaz de alterar tal entendimento, pois embora tenha previsto a violência patrimonial como uma das que pode ser cometida no âmbito doméstico e familiar contra a mulher, não revogou quer expressa, quer tacitamente, o artigo 181 do Código Penal**. 4. A se admitir que a Lei Maria da Penha derrogou a referida imunidade, se estaria diante de flagrante hipótese de violação ao princípio da isonomia, já que os crimes patrimoniais praticados pelo marido contra a mulher no âmbito doméstico e familiar poderiam ser processados e julgados, ao passo que a mulher que venha cometer o mesmo tipo de delito contra o marido estaria isenta de pena. 5. Não há falar em ineficácia ou inutilidade da Lei nº 11.340/2006 ante a persistência da imunidade prevista no artigo 181, inciso I, do Código Penal quando se tratar de violência praticada contra a mulher no âmbito doméstico e familiar, uma vez que na própria legislação vigente existe a previsão de medidas cautelares específicas para a proteção do patrimônio da ofendida. (...) (STJ, 5ª Turma, RHC nº 42.918/RS, Rel. Min. Jorge Mussi, j. 05.08.2014).

 Decifrando a prova

(Delegado – PC/RS – FUNDATEC – 2018 – Adaptada) Mari Orrana, 35 anos, chegou em casa e ficou chocada ao perceber que o seu cônjuge, Crakeison, 32 anos, havia subtraído os eletrodomésticos pertencentes a ela, provavelmente, para entregar a algum traficante. No caso, é possível aplicar-se a regra de imunidade absoluta, prevista no artigo 181, inciso I, do Código Penal.
( ) Certo ( ) Errado
Gabarito comentado: o conceito de "violência à pessoa" estabelecido pelo art. 183, I, do CP – apto a afastar a imunidade – resume-se à violência física (não englobando a patrimonial), e, como no caso narrado não tivemos a sua caracterização (nem grave ameaça), é possível a incidência da referida imunidade absoluta. Portanto, a assertiva está certa.

12.4 DA ASSISTÊNCIA À MULHER EM SITUAÇÃO DE VIOLÊNCIA (ART. 9º)

O Título III da Lei Maria da Penha prevê várias diretrizes e medidas a serem implementadas pelas autoridades visando assistir à mulher vítima de violência doméstica e familiar. Focando nosso objetivo, analisaremos os dispositivos relevantes para concursos.

Art. 9º (...)

§ 1º O juiz determinará, por prazo certo, a inclusão da mulher em situação de violência doméstica e familiar no cadastro de programas assistenciais do governo federal, estadual e municipal.

Art. 9º, § 1º. Lembre-se de que a inclusão, determinada pelo juiz, da mulher em situação de violência doméstica e familiar no cadastro de programas assistenciais do governo (federal, estadual e municipal) será por **prazo certo**.

Art. 9º (...)

§ 2º O juiz assegurará à mulher em situação de violência doméstica e familiar, para preservar sua integridade física e psicológica:

I – acesso prioritário à remoção quando servidora pública, integrante da administração direta ou indireta;

II – manutenção do vínculo trabalhista, quando necessário o afastamento do local de trabalho, por até seis meses;

III – encaminhamento à assistência judiciária, quando for o caso, inclusive para eventual ajuizamento da ação de separação judicial, de divórcio, de anulação de casamento ou de dissolução de união estável perante o juízo competente[11].

Art. 9º, § 2º. Primeiramente, é interessante que o futuro aprovado memorize as ações previstas no art. 9º, § 2º, que se constituem em medidas de assistência à vítima de violência doméstica e familiar (os incisos I e II são frequentemente cobrados; o inciso III é novidade legislativa acrescentada em 2019).

Saiba ainda que o juízo competente para conceder o afastamento do local de trabalho com manutenção do vínculo trabalhista por até seis meses é o **Juizado de Violência Doméstica e Familiar** (ou, na falta dele, a Vara Criminal respectiva), e não a Justiça do Trabalho. A natureza jurídica do afastamento é a de **interrupção do contrato de trabalho**, fazendo jus a vítima ao recebimento do salário, além da incidência de auxílio-doença, durante o período de afastamento. É nesse sentido o entendimento do STJ:

 **Jurisprudência destacada**

1. **Tem competência o juiz da vara especializada em violência doméstica e familiar** ou, caso não haja na localidade, o juízo criminal, **para apreciar pedido de imposição de medida protetiva de manutenção de vínculo trabalhista, por até seis meses, em razão de afastamento do trabalho de ofendida decorrente de violência doméstica e familiar**, uma vez que o motivo do afastamento não advém de relação de trabalho, mas de situação emergencial que visa garantir a integridade física, psicológica e patrimonial da mulher. Tem direito ao recebimento de salário a vítima de violência doméstica e familiar que teve como

---

[11] Cuida-se de dispositivo acrescentado pela Lei nº 13.894/2019, a qual entrou em vigor no dia 29.10.2019.

> medida protetiva imposta ao empregador a manutenção de vínculo trabalhista em decorrência de afastamento do emprego por situação de violência doméstica e familiar, **ante o fato de a natureza jurídica do afastamento ser a interrupção do contrato de trabalho**, por meio de interpretação teleológica da Lei nº 11.340/2006. 3. **Incide o auxílio-doença**, diante da falta de previsão legal, **referente ao período de afastamento do trabalho**, quando reconhecida ser decorrente de violência doméstica e familiar, **pois tal situação advém da ofensa à integridade física e psicológica da mulher e deve ser equiparada aos casos de doença da segurada**, por meio de interpretação extensiva da Lei Maria da Penha. 4. **Cabe ao empregador o pagamento dos quinze primeiros dias de afastamento** da empregada vítima de violência doméstica e familiar **e fica a cargo do INSS o pagamento do restante do período de afastamento estabelecido pelo juiz, com necessidade de apresentação de atestado que confirme estar a ofendida incapacitada para o trabalho e desde que haja aprovação do afastamento pela perícia do INSS**, por incidência do auxílio-doença, aplicado ao caso por meio de **interpretação analógica** (STJ, 6ª Turma, REsp nº 1.757.775/SP, Rel. Min. Rogerio Schietti Cruz, j. 02.09.2019 – *Informativo* 655).

Art. 9º (...)

§ 4º Aquele que, por ação ou omissão, causar lesão, violência física, sexual ou psicológica e dano moral ou patrimonial a mulher fica obrigado a ressarcir todos os danos causados, inclusive ressarcir ao Sistema Único de Saúde (SUS), de acordo com a tabela SUS, os custos relativos aos serviços de saúde prestados para o total tratamento das vítimas em situação de violência doméstica e familiar, recolhidos os recursos assim arrecadados ao Fundo de Saúde do ente federado responsável pelas unidades de saúde que prestarem os serviços.

§ 5º Os dispositivos de segurança destinados ao uso em caso de perigo iminente e disponibilizados para o monitoramento das vítimas de violência doméstica ou familiar amparadas por medidas protetivas terão seus custos ressarcidos pelo agressor.

§ 6º O ressarcimento de que tratam os §§ 4º e 5º deste artigo não poderá importar ônus de qualquer natureza ao patrimônio da mulher e dos seus dependentes, nem configurar atenuante ou ensejar possibilidade de substituição da pena aplicada.

Art. 9º, §§ 4º, 5º e 6º. Em setembro de 2019, foi publicada a Lei nº 13.871, a qual acrescentou os parágrafos citados no texto do art. 9º. Conforme disposto nos §§ 4º e 5º, o sujeito ativo de violência doméstica e familiar contra mulher terá que ressarcir:

◆ **Todos os danos causados, inclusive os serviços de saúde prestados pelo Sistema Único de Saúde**[12] **(SUS), à vítima.** Ex.: Custos com medicamentos, psicólogo, intervenções cirúrgicas etc.

No caso do ressarcimento ao SUS, embora seja um serviço gratuito ao usuário, trata-se de um sistema mantido pelo Estado (coletividade). Portanto, a intenção do legislador foi evitar que toda a coletividade seja onerada por conta da violência perpetrada

---

[12] Vale mencionar que os gastos com hospitais particulares também deverão ser ressarcidos pelo agressor, aplicando-se as regras de responsabilidade civil (e não o § 4º *supra*).

pelo agressor. Saiba ainda que o ressarcimento efetuado pelo sujeito ativo[13] (calculado com base na tabela do SUS) será recolhido ao Fundo de Saúde do ente federado responsável pelas unidades de saúde que prestarem os serviços.

♦ **Os custos dos dispositivos de segurança relacionados ao monitoramento das vítimas de violência doméstica ou familiar amparadas por medidas protetivas.** Citamos aqui um esclarecedor exemplo extraído do *site* Dizer o Direito[14]:

Um exemplo desse mecanismo de proteção das vítimas de violência doméstica é o chamado "botão do pânico", desenvolvido pelo Tribunal de Justiça do Espírito Santo em conjunto com o Município de Vitória (ES) e com o Instituto Nacional de Tecnologia Preventiva (INTP).

Trata-se de um equipamento fornecido para mulheres que estão sob medida protetiva e que pode ser acionado caso o agressor não mantenha a distância mínima determinada na decisão judicial.

Assim, se o agressor se aproxima da vítima, esta poderá acionar o "botão do pânico" e o equipamento, que conta com um GPS, enviará imediatamente a localização da mulher para uma central de monitoramento, de forma que uma equipe da polícia será enviada ao local a fim de garantir a segurança da mulher e eventual prisão do agressor.

O aparelho também inicia um sistema de gravação do áudio ambiente, que fica armazenado e poderá ser usado, judicialmente, contra o agressor.

Nesse caso, os custos totais com a aquisição, a implementação e a manutenção do dispositivo "botão do pânico" deverão ser ressarcidos pelo agressor.

Por fim, o § 6º acrescenta que o ressarcimento mencionado (§§ 4º e 5º) não poderá:

♦ **Importar ônus ao patrimônio da mulher/dependentes (ônus total do agressor).** Vale mencionar aqui outro exemplo extraído do *site* Dizer o Direito[15]:

João agrediu fisicamente sua esposa Laura; em virtude das agressões, Laura teve que fazer uma cirurgia de emergência em um hospital público, para onde foi levada; João terá que ressarcir os custos com o atendimento médico e hospitalar feito em Laura; suponhamos que João e Laura, casados em comunhão universal de bens, tinham um investimento financeiro de R$ 100 mil; Laura terá direito aos seus R$ 50 mil e João pagará o ressarcimento com a sua parte, ou seja, com os seus R$ 50 mil.

♦ **Configurar atenuante.** Evitando-se, assim, pretensões relacionadas à concessão da atenuante elencada no art. 65, III, "b", do CP.

---

[13] Se o agressor não efetuar o ressarcimento dos custos, caberá ao ente federativo ajuizar ação de indenização.

[14] Disponível em: https://www.dizerodireito.com.br/2019/09/lei-138712019-autor-de-violencia.html. Acesso em: 29 set. 2020.

[15] Disponível em: https://www.dizerodireito.com.br/2019/09/lei-138712019-autor-de-violencia.html. Acesso em: 29 set. 2020.

◆ **Ensejar possibilidade de substituição da pena aplicada** (não alterará a pena).

Art. 9º (...)

§ 7º A mulher em situação de violência doméstica e familiar tem prioridade para matricular seus dependentes em instituição de educação básica mais próxima de seu domicílio, ou transferi-los para essa instituição, mediante a apresentação dos documentos comprobatórios do registro da ocorrência policial ou do processo de violência doméstica e familiar em curso.

§ 8º Serão sigilosos os dados da ofendida e de seus dependentes matriculados ou transferidos conforme o disposto no § 7º deste artigo, e o acesso às informações será reservado ao juiz, ao Ministério Público e aos órgãos competentes do poder público.

Art. 9º, §§ 7º e 8º. No mês de outubro de 2019, a Lei nº 13.882 – entre outras alterações – incluiu os mencionados parágrafos ao texto do art. 9º.

Ao longo de todo o art. 9º, e cada vez mais, o legislador busca assistir a mulher em situação de violência doméstica e familiar de várias formas. Nesses dispositivos, a finalidade é a de possibilitar que os dependentes da vítima fiquem o mais próximo possível dela, haja vista a situação de violência a que toda família está sendo exposta.

A compreensão do que se entende por "instituição de educação básica" é extraída da Lei nº 9.394/1996 e compreende a pré-escola, o ensino fundamental e o ensino médio. Obviamente, tais dispositivos são voltados às instituições públicas de educação básica, uma vez que nas particulares a mulher tem a liberdade de matricular ou transferir seus dependentes para o estabelecimento de ensino que bem entender.

| A mulher em situação de violência doméstica e familiar tem prioridade para MATRICULAR/TRANSFERIR seus dependentes em instituição de educação básica mais próxima de seu domicílio. | Exige apresentação de documentos comprobatórios: -> ou do registro da ocorrência policial; -> ou do processo de violência doméstica e familiar em curso. |
| | Serão sigilosos os dados da ofendida e de seus dependentes, somente acessíveis ao juiz, Ministério Público e órgãos competentes do Poder Público. |

12.5 DO ATENDIMENTO PELA AUTORIDADE POLICIAL (ARTS. 10, 10-A, 11 E 12)

Introdução. Na hipótese da prática, ou iminência de se praticar, violência doméstica e familiar contra a mulher, a Lei nº 11.340/2006 elenca algumas medidas a serem adotadas pela autoridade policial e seus agentes quando do **atendimento à vítima**, previstas nos arts. 10-A e 11. Cuida-se da situação na qual a vítima chega à Delegacia para registrar uma ocorrência policial ou quando a polícia vai ao local dos fatos, verifica a existência de violência e conduz os envolvidos à Delegacia para proceder ao registro da ocorrência, auto de prisão em flagrante etc. **Após o registro da ocorrência**, o art. 12 da Lei dispõe ainda sobre alguns procedimentos a serem observados pela autoridade policial nos casos de violência doméstica e familiar contra mulher.

Formulário Nacional de Avaliação de Risco. Antes de prosseguirmos nos artigos da Lei nº 11.340/2006, fazemos um parêntese para comentar brevemente sobre o **"Formulário Nacional de Avaliação de Risco"**. Cuida-se de medida criada pela Lei nº 14.149/2021, a qual prescreve que tal formulário será aplicado à mulher vítima de violência doméstica e familiar.

Conforme o art. 2º, § 1º, da mencionada Lei, o formulário tem por objetivo identificar os fatores que indicam o risco de a mulher vir a sofrer qualquer forma de violência no âmbito das relações domésticas, para subsidiar a atuação dos órgãos de segurança pública, do Ministério Público, do Poder Judiciário e dos órgãos e das entidades da rede de proteção na gestão do risco identificado, devendo ser preservado, em qualquer hipótese, o sigilo das informações.

Além disso, ele deverá ser **preferencialmente (e não obrigatoriamente) aplicado pela Polícia Civil no momento de registro da ocorrência** ou, em sua impossibilidade, pelo Ministério Público ou pelo Poder Judiciário, por ocasião do primeiro atendimento à mulher vítima de violência doméstica e familiar. A lei ainda faculta a sua utilização por outros órgãos e entidades públicas ou privadas que atuem na área de prevenção e de enfrentamento da violência doméstica e familiar contra a mulher.

Voltando ao texto da Lei nº 11.340/2006, vamos dividir nosso estudo aqui em três etapas[16]: diretrizes do atendimento; providências no atendimento; procedimento após o registro da ocorrência.

> **Art. 10-A.** É direito da mulher em situação de violência doméstica e familiar o atendimento policial e pericial especializado, ininterrupto e prestado por servidores – preferencialmente do sexo feminino – previamente capacitados.
>
> **§ 1º** A inquirição de mulher em situação de violência doméstica e familiar ou de testemunha de violência doméstica, quando se tratar de crime contra a mulher, obedecerá às seguintes diretrizes:
>
> I – salvaguarda da integridade física, psíquica e emocional da depoente, considerada a sua condição peculiar de pessoa em situação de violência doméstica e familiar;
>
> II – garantia de que, em nenhuma hipótese, a mulher em situação de violência doméstica e familiar, familiares e testemunhas terão contato direto com investigados ou suspeitos e pessoas a eles relacionadas;
>
> III – não revitimização da depoente, evitando sucessivas inquirições sobre o mesmo fato nos âmbitos criminal, cível e administrativo, bem como questionamentos sobre a vida privada.
>
> **§ 2º** Na inquirição de mulher em situação de violência doméstica e familiar ou de testemunha de delitos de que trata esta Lei, adotar-se-á, preferencialmente, o seguinte procedimento:

---

[16] Acreditamos, uma vez que já vivenciamos esse atendimento na prática, que essa divisão favorecerá a compreensão do tema.

I – a inquirição será feita em recinto especialmente projetado para esse fim, o qual conterá os equipamentos próprios e adequados à idade da mulher em situação de violência doméstica e familiar ou testemunha e ao tipo e à gravidade da violência sofrida;

II – quando for o caso, a inquirição será intermediada por profissional especializado em violência doméstica e familiar designado pela autoridade judiciária ou policial;

III – o depoimento será registrado em meio eletrônico ou magnético, devendo a degravação e a mídia integrar o inquérito.

Diretrizes do atendimento (art. 10-A). Primeiramente, é importante destacar que será disponibilizado à vítima atendimento policial e pericial especializado, prestado por servidores **preferencialmente** (e não "exclusivamente") do **sexo feminino**. Caso não seja possível o atendimento por policial mulher, um policial homem vai realizá-lo.

O art. 10-A (§§ 1º e 2º) prevê algumas diretrizes a serem observadas no procedimento de atendimento/inquirição da vítima ou testemunhas, as quais, de forma resumida, consistem em:

◆ Salvaguarda da integridade física e psíquica da depoente.

◆ Proibição de contato direto da vítima, familiares e testemunhas com o suspeito e pessoas a ele relacionadas.

◆ Não revitimização, evitando sucessivas inquirições sobre o mesmo fato nos âmbitos criminal, cível e administrativo.

◆ Inquirição realizada em recinto especialmente projetado para esse fim, com equipamentos adequados à investigação desse tipo de crime.

◆ Quando necessário, inquirição intermediada por profissional especializado em violência doméstica e familiar (ex.: psicólogo), designado pela autoridade judiciária ou policial.

◆ Depoimento registrado em meio eletrônico ou magnético.

🧩 Decifrando a prova

(Delegado – PC/SP – Vunesp – 2018 – Adaptada) Nos termos da Lei nº 11.340/2006 (Lei Maria da Penha) é direito da mulher em situação de violência doméstica e familiar o atendimento pericial especializado, ininterrupto e prestado por servidores exclusivamente do sexo feminino.

( ) Certo ( ) Errado

Gabarito comentado: o erro da questão encontra-se no termo "exclusivamente". Conforme o art. 10-A, o atendimento da vítima será prestado por servidores "preferencialmente" do sexo feminino, ou seja, não há uma obrigatoriedade absoluta, mas apenas um direito de preferência, se possível. Portanto, a assertiva está errada.

Art. 11. No atendimento à mulher em situação de violência doméstica e familiar, a autoridade policial deverá, entre outras providências:

I – garantir proteção policial, quando necessário, comunicando de imediato ao Ministério Público e ao Poder Judiciário;

II – encaminhar a ofendida ao hospital ou posto de saúde e ao Instituto Médico Legal;

III – fornecer transporte para a ofendida e seus dependentes para abrigo ou local seguro, quando houver risco de vida;

IV – se necessário, acompanhar a ofendida para assegurar a retirada de seus pertences do local da ocorrência ou do domicílio familiar;

V – informar à ofendida os direitos a ela conferidos nesta Lei e os serviços disponíveis, inclusive os de assistência judiciária para o eventual ajuizamento perante o juízo competente da ação de separação judicial, de divórcio, de anulação de casamento ou de dissolução de união estável[17].

Providências no atendimento (art. 11). Vistas as diretrizes que nortearão o atendimento à mulher em situação de violência doméstica e familiar, passemos ao estudo das providências, medidas concretas, que a autoridade policial deverá adotar **ao iniciar o atendimento da vítima** (início da ocorrência). Em resumo, o art. 11 prevê que a autoridade policial deverá, entre outras providências (rol exemplificativo):

♦ Garantir proteção policial (se necessário) comunicando de imediato ao Ministério Público e Poder Judiciário.

♦ Informar a ofendida sobre seus direitos e serviços disponíveis, inclusive os de assistência judiciária para o eventual ajuizamento perante o juízo competente da ação de separação judicial, de divórcio, de anulação de casamento ou de dissolução de união estável.

♦ Encaminhar a ofendida a hospital ou posto de saúde e ao IML (os laudos ou prontuários médicos fornecidos por hospitais e postos de saúde serão admitidos como meios de prova – art. 12, § 3º).

♦ Fornecer transporte à ofendida e dependentes para local seguro, quando houver risco de vida, bem como acompanhá-la na retirada de pertences, quando necessário.

Art. 12. Em todos os casos de violência doméstica e familiar contra a mulher, feito o registro da ocorrência, deverá a autoridade policial adotar, de imediato, os seguintes procedimentos, sem prejuízo daqueles previstos no Código de Processo Penal:

I – ouvir a ofendida, lavrar o boletim de ocorrência e tomar a representação a termo, se apresentada;

II – colher todas as provas que servirem para o esclarecimento do fato e de suas circunstâncias;

III – remeter, no prazo de 48 (quarenta e oito) horas, expediente apartado ao juiz com o pedido da ofendida, para a concessão de medidas protetivas de urgência;

---

17 Cuida-se de dispositivo alterado pela Lei nº 13.894/2019, a qual entrou em vigor no dia 29.10.2019.

IV – determinar que se proceda ao exame de corpo de delito da ofendida e requisitar outros exames periciais necessários;

V – ouvir o agressor e as testemunhas;

VI – ordenar a identificação do agressor e fazer juntar aos autos sua folha de antecedentes criminais, indicando a existência de mandado de prisão ou registro de outras ocorrências policiais contra ele;

VI-A – verificar se o agressor possui registro de porte ou posse de arma de fogo e, na hipótese de existência, juntar aos autos essa informação, bem como notificar a ocorrência à instituição responsável pela concessão do registro ou da emissão do porte, nos termos da Lei nº 10.826, de 22 de dezembro de 2003 (Estatuto do Desarmamento)[18];

VII – remeter, no prazo legal, os autos do inquérito policial ao juiz e ao Ministério Público.

Procedimento após o registro da ocorrência (art. 12). Por fim, após o registro da ocorrência, o art. 12 anuncia alguns procedimentos a serem adotados **imediatamente** pela autoridade policial (rol exemplificativo). Alertamos que a literalidade do dispositivo possui grande incidência em provas de concursos. Acrescentamos ainda as seguintes observações pontuais:

◆ Com relação ao inciso III, note que esse é o prazo para a remessa dos **autos apartados** ao juiz, os quais conterão o pedido da ofendida acerca das medidas protetivas de urgência. Não confunda com o prazo para a remessa dos **autos do Inquérito Policial**, que seguirá, em regra, o previsto no art. 10, *caput*, do CPP (art. 12, VII, da Lei nº 11.340/2006).

No tocante ao inciso IV, vale ressaltar que o art. 158, parágrafo único, I, do CPP prevê **prioridade** de realização do exame de corpo de delito quando se tratar de crime que envolva violência doméstica e familiar contra mulher. Além disso, relembramos o teor do art. 12, § 3º, da Lei ("Serão admitidos como meios de prova os laudos ou prontuários médicos fornecidos por hospitais e postos de saúde"), o qual apresenta evidente mitigação à obrigatoriedade do exame de corpo de delito elencada no art. 158 do CPP (embora salutar, poderá ser substituído pelos laudos e prontuários citados).

🔍 Jurisprudência destacada[19]

(...) 5. Nos crimes de violência doméstica, **mitiga-se a indispensabilidade do exame de corpo de delito direto, prevista no art. 158 do CPP, a teor do art. 12, § 3º, da Lei nº 11.340/2006, que admite como meio de prova os laudos ou prontuários médicos fornecidos por hospitais e postos de saúde.** 6. Desta forma, restou demonstrada a materialidade delitiva, visto que a palavra da vítima foi corroborada por atestado médico confeccionado na

---

[18] Inciso incluído ao art. 12 por meio da Lei nº 13.880/2019 (a qual entrou em vigor no dia 08.10.2019).

[19] No mesmo sentido: STJ, 5ª Turma, HC nº 462.971/RS, Rel. Min. Felix Fischer, j. 27.11.2018.

> data do fato. Outrossim, a despeito de o réu ter alegado que as agressões foram desferidas em um contexto de legítima defesa, confirmou-as. 7. *Habeas corpus* não conhecido (STJ, 6ª Turma, HC nº 295.979/RS, Rel. Min. Nefi Cordeiro, j. 14.06.2016).

♦ Quanto às formalidades a serem observadas pelo Delegado na colheita do pedido de concessão de medidas protetivas elaborado pela vítima (art. 12, §§ 1º e 2º), remetemos o leitor ao item 12.8.1.

A Lei nº 11.340/2006 foi bastante meticulosa, personalizando o atendimento policial na hipótese de violência doméstica e familiar contra a mulher (sem prejuízo dos procedimentos previstos no CPP – art. 12, *caput*). É importante que o futuro aprovado fique atento a esses detalhes, os quais poderão ser exigidos no dia da prova, principalmente em concursos da carreira policial.

12.6 AFASTAMENTO IMEDIATO DO LAR (ART. 12-C)

Art. 12-C. Verificada a existência de risco atual ou iminente à vida ou à integridade física ou psicológica[20] da mulher em situação de violência doméstica e familiar, ou de seus dependentes, o agressor será imediatamente afastado do lar, domicílio ou local de convivência com a ofendida:

I – pela autoridade judicial;

II – pelo delegado de polícia, quando o Município não for sede de comarca; ou

III – pelo policial, quando o Município não for sede de comarca e não houver delegado disponível no momento da denúncia.

§ 1º Nas hipóteses dos incisos II e III do *caput* deste artigo, o juiz será comunicado no prazo máximo de 24 (vinte e quatro) horas e decidirá, em igual prazo, sobre a manutenção ou a revogação da medida aplicada, devendo dar ciência ao Ministério Público concomitantemente.

§ 2º Nos casos de risco à integridade física da ofendida ou à efetividade da medida protetiva de urgência, não será concedida liberdade provisória ao preso.

Medida de afastamento imediato do lar. A Lei nº 13.827/2019 acrescentou o art. 12-C à Lei Maria da Penha. Tal dispositivo permite o afastamento imediato do agressor do lar, domicílio ou local de convivência com a ofendida, pela autoridade judicial, delegado de polícia ou policial (os dois últimos, em situações excepcionais).

---

[20] Quanto ao termo "ou psicológica", cuida-se de acréscimo feito ao art. 12-C pela Lei nº 14.188/2021. Então, atente-se que, atualmente, não só o risco atual ou iminente à vida ou integridade física da mulher ou seus dependentes poderão ocasionar o afastamento imediato do agressor do lar. Acrescentemos, ao lado desses, o risco atual ou iminente à integridade psicológica como outro fundamento apto a viabilizar a medida.

Entretanto, antes de analisarmos o mencionado dispositivo, cumpre ressaltar que, praticado qualquer tipo de violência contra a mulher, na forma do art. 5º, é possível à vítima requerer medida protetiva de urgência, como forma de fazer cessar a agressão ou resguardar sua integridade física e psíquica.

A hipótese mais comum na prática é que o pedido de concessão da medida seja realizado pela própria vítima (segundo a lei, o Ministério Público também é legitimado), a qual: comparece à Delegacia de Polícia para registrar boletim de ocorrência e, no transcorrer, a autoridade policial colhe o seu requerimento quanto às medidas protetivas. Após o registro, o Delegado remeterá expediente apartado ao juiz, no prazo de **48 horas**, contendo o requerimento mencionado. O juiz, recebendo o expediente, terá o prazo de **48 horas** para, entre outras providências, decidir se concede ou não as medidas solicitadas pela vítima.

Contudo, em algumas situações, quando a mulher chega à Delegacia, ela ou os seus dependentes encontram-se em situação de risco atual ou iminente à vida ou à integridade física ou psicológica, exigindo uma pronta resposta estatal (tornando os prazos supramencionados muito morosos). Dessa forma, atento a essas peculiaridades do caso concreto, o legislador acrescentou o art. 12-C ao texto da Lei nº 11.340/2006, o qual estabelece:

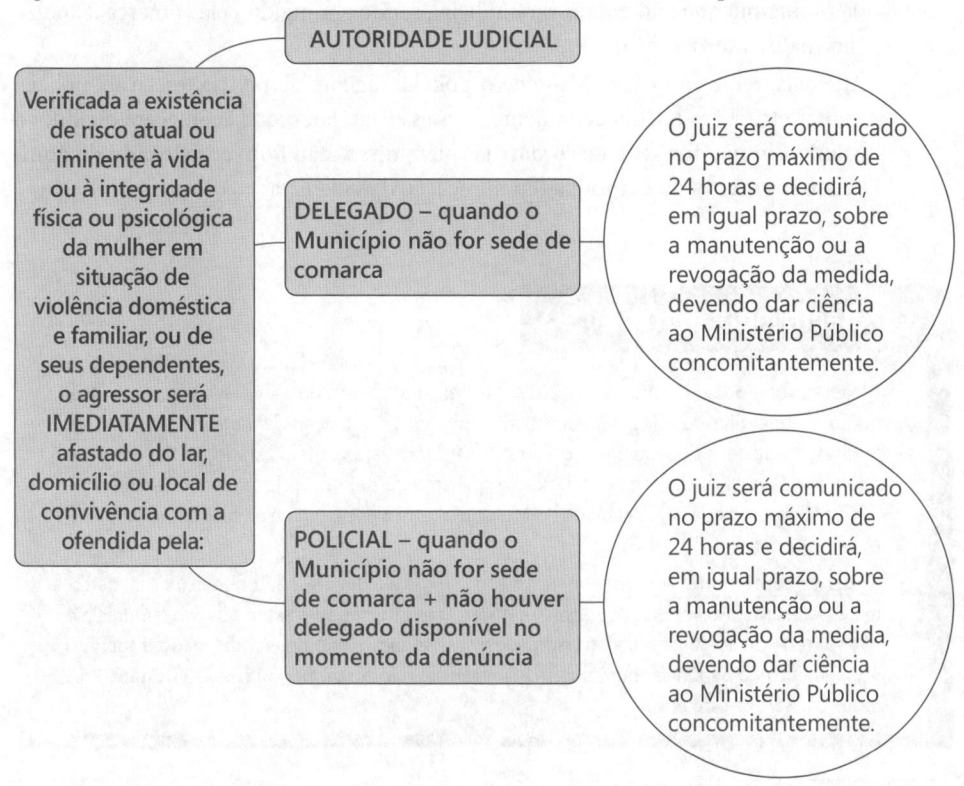

Perceba que, constatado o risco atual ou iminente à vida ou à integridade física ou psicológica, a medida elencada no art. 12-C, *caput,* será implementada **imediatamente**.

♦ Na hipótese do inciso I, após o registro da ocorrência policial, o delegado **imediatamente** encaminhará o expediente à autoridade judicial, a qual, por sua vez, vai decidir **o quanto antes** se concede ou não a medida de afastamento, **sempre atentos a dar agilidade aos atos** (pois estamos diante de um risco latente à ofendida ou dependentes). Podemos concluir, portanto, que o prazo de 48 horas dos arts. 12, III, e 18, *caput*, incidirá nas situações em que não há perigo atual ou iminente à vida ou à integridade física ou psicológica da vítima/dependentes ou, ainda, quando se tratar da concessão de outras espécies de medidas protetivas (que não o "afastamento do agressor do lar").

A situação *supra* refere-se ao art. 12-C, I: concessão imediata da medida pelo juiz. No entanto, o dispositivo permite ainda que outras autoridades, de forma subsidiária, implementem o afastamento do local de convivência com a ofendida, desde que cumpridos certos requisitos.

♦ Nessa toada, pode também o delegado de polícia efetivar imediatamente a medida, mas **desde que o Município não seja sede de Comarca**. Aqui, teremos a situação de Município que não possui vara judicial, sendo abrangido pela comarca de outro (normalmente vizinho).

♦ Ademais, temos a possibilidade de o policial (agente de polícia, escrivão, policial militar etc.[21]) afastar imediatamente o agressor do lar, o que acontecerá quando: **o Município não for sede de comarca** e, além disso, **não houver delegado disponível no momento da denúncia** (comunicação da violência).

🧩 Decifrando a prova

(Procurador – SJC/SP – Vunesp – 2019 – Adaptada) Verificada a existência de risco atual ou iminente à vida ou à integridade física da mulher em situação de violência doméstica e familiar, ou de seus dependentes, o agressor será imediatamente afastado do lar, domicílio ou local de convivência com a ofendida, o que se dará pelo próprio policial que realizar o flagrante, mesmo que haja delegado no Município, com a necessidade da ratificação pelo Juiz.
( ) Certo ( ) Errado

Gabarito comentado: conforme mencionado, a regra é a de que a autoridade judicial determine o afastamento imediato do agressor do lar. Somente não será assim quando o Município não for sede de comarca ou, ainda, somada a essa situação, não houver delegado disponível no momento da denúncia (porém tais circunstâncias não foram narradas pela questão). Portanto, a assertiva está errada.

---

[21] Em sentido diverso, entendendo que, nessa situação específica, apenas o policial civil poderia implementar a medida (o qual poderá ser auxiliado por policial militar) (PORTOCARRERO; FERREIRA, 2020, p. 1403).

Com relação a essas duas últimas situações (medida implementada pelo delegado ou policial), o art. 12-C, § 1º, estabelece que o afastamento **deverá ser comunicado ao juiz em até 24 horas**, o qual terá **o mesmo prazo** (mais 24 horas) para decidir se mantém ou revoga a medida aplicada, dando ciência ao Ministério Público concomitantemente.

O § 2º do art. 12-C ainda estabelece que, nos casos de risco à integridade física da ofendida ou à efetividade da medida protetiva de urgência, não será concedida liberdade provisória ao preso. Contudo, é certo que, pela sistemática do CPP, em resumo, a liberdade provisória não será concedida **apenas se estiverem presentes os requisitos para a decretação da prisão cautelar** (preventiva ou temporária). Sendo assim, o § 2º deve ser interpretado considerando o sistema normativo previsto no Título IX do CPP.

Diante do exposto, aconselhamos que o futuro aprovado fique atento às seguintes informações extraídas do art. 12-C:

◆ Atualmente, embora seja a regra, não é apenas a autoridade judicial quem poderá conceder medidas protetivas. É possível também que o delegado (caso o município não seja sede de comarca), ou até mesmo o policial (caso o município não seja sede de comarca + não houver delegado disponível), efetive o afastamento imediato do lar, desde que **esteja constatado o risco atual ou iminente à vida ou à integridade física ou psicológica da mulher ou de seus dependentes**.

◆ Lembre-se ainda de que não será toda e qualquer medida protetiva que poderá ser efetivada pelo delegado ou policial – apenas a de afastamento imediato do agressor do lar – e, além disso, somente vão concedê-la nas situações previstas pelo art. 12-C.

Decifrando a prova

(Procurador – SJC/SP – Vunesp – 2019 – Adaptada) Verificada a existência de risco atual ou iminente à vida ou à integridade física da mulher em situação de violência doméstica e familiar, ou de seus dependentes, o agressor será imediatamente afastado do lar, domicílio ou local de convivência com a ofendida, caso em que, se Município não for sede de comarca, o delegado de polícia dará tal ordem, com a necessidade da ratificação pelo juiz.

( ) Certo ( ) Errado

Gabarito comentado: se o Município não for sede de comarca, o delegado é quem ordenará o afastamento imediato do agressor. Contudo, conforme o § 1º do art. 12-C, o juiz será comunicado no prazo máximo de 24 horas e decidirá, em igual prazo, sobre a manutenção ou a revogação da medida aplicada (depende de ratificação do juiz), dando ciência do Ministério Público. Portanto, a assertiva está certa.

Constitucionalidade do art. 12-C. Nas edições passadas, mencionávamos que tramitava no STF a ADI nº 6.138/DF, a qual estava pendente de decisão e questionava a constitucionalidade do dispositivo por entender que se constituía em hipótese legal para o delegado ou policial praticar atos da competência do Poder Judiciário, ferindo princípios constitucionalmente estabelecidos.

No ano de 2022, o pleno do STF finalmente julgou a mencionada ADI, decidindo pela constitucionalidade do art. 12-C. Nas palavras do Supremo, é válida a atuação supletiva e excepcional de delegados de polícia e de policiais a fim de afastar o agressor do lar, domicílio ou local de convivência com a ofendida, quando constatado risco atual ou iminente à vida ou à integridade (física ou psicológica) da mulher em situação de violência doméstica e familiar, ou de seus dependentes, conforme o art. 12-C inserido na Lei nº 11.340/2006.

Jurisprudência destacada

A inclusão dos dispositivos questionados na Lei Maria da Penha – art. 12-C, II, III e § 1º – é razoável, proporcional e adequada. Ela permite a retirada imediata do algoz, sem ordem judicial prévia, mediante a atuação de delegados de polícia, quando o município não for sede de comarca, e de policiais, quando o município não for sede de comarca e não houver delegado disponível no momento da denúncia. Em ambos os casos, o juiz deverá ser comunicado no prazo máximo de 24 horas e decidirá sobre a manutenção ou revogação da medida protetiva de urgência. **O afastamento ocorre de forma excepcional, supletiva e *ad referendum* do magistrado. Esse importante mecanismo visa garantir a efetividade da retirada do agressor e inibir a violência no âmbito das relações domésticas e familiares.** (...) Com esses entendimentos, **o Plenário julgou improcedente pedido formulado em ação direta e declarou a constitucionalidade das normas impugnadas** (STF, Pleno, ADI nº 6.138/DF, Rel. Min. Alexandre de Moraes, j. 23.03.2022 – *Informativo* 1.048).

12.7 ASPECTOS PROCESSUAIS

12.7.1 Juizados de Violência Doméstica e Familiar contra a Mulher

Art. 13. Ao processo, ao julgamento e à execução das causas cíveis e criminais decorrentes da prática de violência doméstica e familiar contra a mulher aplicar-se-ão as normas dos Códigos de Processo Penal e Processo Civil e da legislação específica relativa à criança, ao adolescente e ao idoso que não conflitarem com o estabelecido nesta Lei.

Art. 14. Os Juizados de Violência Doméstica e Familiar contra a Mulher, órgãos da Justiça Ordinária com competência cível e criminal, poderão ser criados pela União, no Distrito Federal e nos Territórios, e pelos Estados, para o processo, o julgamento e a execução das causas decorrentes da prática de violência doméstica e familiar contra a mulher.

Parágrafo único. Os atos processuais poderão realizar-se em horário noturno, conforme dispuserem as normas de organização judiciária.

(...)

Art. 33. Enquanto não estruturados os Juizados de Violência Doméstica e Familiar contra a Mulher, as varas criminais acumularão as competências cível e criminal para conhecer e julgar as causas decorrentes da prática de violência doméstica e familiar contra a mulher, observadas as previsões do Título IV desta Lei, subsidiada pela legislação processual pertinente.

Parágrafo único. Será garantido o direito de preferência, nas varas criminais, para o processo e o julgamento das causas referidas no *caput*.

Juizados. Os Juizados de Violência Doméstica e Familiar contra a Mulher não se confundem com os Juizados Especiais Criminais (Lei nº 9.099/1995[22]). Cuida-se, na verdade, de uma espécie de "Vara Especializada" (Justiça comum dos Estados e Distrito Federal) para o processo, o julgamento e a execução de causas **cíveis e criminais**[23] que envolvam violência doméstica e familiar contra a mulher.

Caso não haja na comarca tal juizado especializado, as **varas criminais acumularão as competências cível e criminal** para conhecer e julgar as causas decorrentes da prática de violência doméstica e familiar contra a mulher, sendo garantido **direito de preferência** no processo e julgamento delas (art. 33, parágrafo único, da Lei nº 11.340/2006).

Constitucionalidade do art. 33. No passado, discutia-se a constitucionalidade do mencionado art. 33, com o argumento de que a Lei nº 11.340/2006 poderia estar invadindo competência legislativa dos Estados. Contudo, atualmente é pacífico o entendimento de que é **constitucional**, pois, conforme veiculado no *Informativo* 654 do STF (ADC nº 19/DF, Rel. Min. Marco Aurélio): "A Lei Maria da Penha não implicou obrigação, mas a faculdade de criação dos Juizados de Violência Doméstica contra a Mulher".

Competência para julgamento de crimes dolosos contra a vida praticados com violência doméstica contra mulher. Diante da ocorrência de crime doloso contra a vida em desfavor de vítima mulher no contexto de violência doméstica, surge a dúvida quanto ao juízo competente para julgamento: será o Juizado Especial de Violência Doméstica ou o Tribunal do Júri? Segundo entendimento dominante nos Tribunais Superiores, é o **Tribunal do Júri**, pois trata-se de competência estabelecida pela Constituição Federal e que, portanto, deverá prevalecer.

Aprofundando a questão, doutrina especializada entende que, quanto à primeira fase do Júri (juízo de acusação), é possível que sua tramitação ocorra perante o Juizado de Violência Doméstica, a depender das normas de organização judiciária local. Entretanto, no que concerne à segunda fase (julgamento propriamente dito), esta obrigatoriamente seguirá o rito do Tribunal do Júri.

Art. 14-A. A ofendida tem a opção de propor ação de divórcio ou de dissolução de união estável no Juizado de Violência Doméstica e Familiar contra a Mulher.

§ 1º Exclui-se da competência dos Juizados de Violência Doméstica e Familiar contra a Mulher a pretensão relacionada à partilha de bens.

---

[22] Estudaremos que o art. 41 da Lei Maria da Penha veda a aplicação da Lei nº 9.099/1995 aos crimes (leia-se "infrações penais") praticados com violência doméstica e familiar contra a mulher.

[23] Abrange o cometimento tanto de "crimes" quanto de "contravenções penais" praticados contra a mulher no âmbito doméstico e familiar.

§ 2º Iniciada a situação de violência doméstica e familiar após o ajuizamento da ação de divórcio ou de dissolução de união estável, a ação terá preferência no juízo onde estiver.

Ação de divórcio ou de dissolução de união estável. A Lei nº 13.894/2019 acrescentou o art. 14-A no texto da Lei Maria da Penha. Tal dispositivo prevê a possibilidade de a ofendida propor ação de divórcio ou de dissolução de união estável no próprio Juizado de Violência Doméstica e Familiar contra a Mulher. No entanto, cuidado, o artigo traz ainda duas observações:

♦ A pretensão relacionada à partilha de bens não será de competência do mencionado Juizado.

♦ Se a situação de violência doméstica e familiar iniciar-se após o ajuizamento das ações mencionadas, a ação terá preferência no juízo onde estiver (similar à preferência contida no art. 33 supramencionado).

Art. 15. É competente, por opção da ofendida, para os processos cíveis regidos por esta Lei, o Juizado:

I – do seu domicílio ou de sua residência;

II – do lugar do fato em que se baseou a demanda;

III – do domicílio do agressor.

Foro de eleição. O art. 15 da Lei estabelece hipóteses de foro de eleição (submetidos à opção da vítima), os quais serão aplicados apenas aos processos cíveis. Quanto ao âmbito criminal, incidirão as disposições do art. 69 e seguintes do CPP.

Ameaça por redes sociais. No caso de ameaça efetivada por meio de redes sociais ou pelo aplicativo WhatsApp, o juízo competente para deferir as medidas protetivas é o do lugar no qual **a vítima tomou conhecimento das ameaças**. Nesse sentido:

Jurisprudência destacada

1. O crime de natureza formal, tal qual o tipo do art. 147 do Código Penal, **se consuma no momento em que a vítima toma conhecimento da ameaça**. 2. Segundo o art. 70, primeira parte, do Código de Processo Penal, "A competência será, de regra, determinada pelo **lugar em que se consumar a infração**". 3. No caso, a vítima tomou conhecimento das ameaças, proferidas via WhatsApp e pela rede social Facebook, na Comarca de Naviraí, por meio do seu celular, local de consumação do delito e de onde requereu medidas protetivas. 4. Independentemente do local em que praticadas as condutas de ameaça e da existência de fato anterior ocorrido na Comarca de Curitiba, deve-se compreender a medida protetiva como tutela inibitória que prestigia a sua finalidade de prevenção de riscos para a mulher, frente à possibilidade de violência doméstica e familiar (STJ, 3ª Seção, CC nº 156.284/PR, Rel. Min. Ribeiro Dantas, j. 28.02.2018).

I2.7.2 Ação penal nos crimes de lesão corporal leve/culposa e ameaça

Art. 41. Aos crimes praticados com violência doméstica e familiar contra a mulher, independentemente da pena prevista, não se aplica a Lei n° 9.099, de 26 de setembro de 1995.

Inaplicabilidade da Lei n° 9.099/1995. Conforme previsto no art. 41 da Lei n° 11.340/2006, não se aplica a Lei n° 9.099/1995 (Juizados Especiais Criminais – JECRIM) aos crimes praticados com violência doméstica e familiar contra a mulher[24]. Assim, quando estivermos diante da incidência da Lei Maria da Penha, não teremos suspensão condicional do processo, transação penal, composição civil dos danos e nenhum outro instituto previsto na Lei n° 9.099/1995.

Embora o dispositivo tenha usado o termo "crimes", prevalece que a Lei n° 9.099/1995 não se aplica a qualquer tipo de "infração penal" (crime ou contravenção) praticada com violência doméstica e familiar contra a mulher.

 Jurisprudência destacada

O preceito do artigo 41 da Lei n° 11.340/2006 alcança toda e qualquer prática delituosa contra a mulher, até mesmo quando consubstancia contravenção penal, como é a relativa a vias de fato. Ante a opção político-normativa prevista no artigo 98, inciso I, e a proteção versada no artigo 226, § 8°, ambos da Constituição Federal, surge harmônico com esta última o afastamento peremptório da Lei n° 9.099/1995 – mediante o artigo 41 da Lei n° 11.340/2006 – no processo-crime a revelar violência contra a mulher (STF, Pleno, HC n° 106.212/MS, Rel. Min. Marco Aurélio, j. 24.03.2011).

 Decifrando a prova

(MPE – SC – 2019) Na proposta de aplicação imediata de pena (art. 76 da Lei n° 9.099/1995) a autor de crime de menor potencial ofensivo praticado com violência doméstica contra mulher, deverão ser incluídas medidas protetivas de urgência (art. 22 da Lei n° 11.340/2006), sempre que a vítima as solicitar.

( ) Certo ( ) Errado

Gabarito comentado: o art. 41 da Lei Maria da Penha prescreve que não se aplica a Lei n° 9.099/1995 aos crimes (leia-se "infrações penais") cometidos no contexto de violência doméstica e familiar contra a mulher. Portanto, não há que falar em "transação penal" (art. 76 da Lei n° 9.099/1995) aplicável à Lei n° 11.340/2006. Portanto, a assertiva está errada.

---

[24] O STF, por meio da ADC n° 19/DF, declarou a constitucionalidade do art. 41 da Lei n° 11.340/2006.

Lesão corporal leve/culposa e ameaça. É importante mencionar ainda que, com relação aos crimes de lesão corporal leve (art. 129, *caput*, do CP) e lesão corporal culposa (art. 129, § 6º, do CP), temos que se trata de delitos os quais serão processados e julgados mediante ação penal pública condicionada à representação, em regra. E isso se dá por expressa disposição contida na Lei nº 9.099/1995 (art. 88). Então, perceba, nesses dois crimes não é o próprio tipo penal (art. 129 do Código Penal) que prevê a espécie de ação penal, mas sim a Lei dos Juizados Especiais Criminais.

Como já mencionado, nenhum dispositivo da Lei nº 9.099/1995 será aplicado quando estivermos diante de violência doméstica e familiar contra a mulher. Dessa forma, chegamos à seguinte conclusão:

> **Importante**
>
> • Crimes de lesão corporal culposa ou lesão corporal leve, em regra, serão processados e julgados mediante: **ação penal pública condicionada à representação** (art. 88 da Lei nº 9.099/1995).
>
> • Crimes de lesão corporal culposa[25] ou lesão corporal leve praticados no contexto de violência doméstica e familiar contra a mulher: **ação penal pública incondicionada**.

Isso porque, ao afastarmos a incidência da Lei nº 9.099/1995, obrigatoriamente afastamos a previsão contida em seu texto legal (art. 88), a qual prevê que tais delitos serão processados e julgados mediante ação penal pública condicionada à representação. Assim, como a partir daí não teremos nenhum preceito legal que disponha a respeito da ação penal, esses delitos seguirão a regra geral: pública incondicionada.

É o entendimento dos Tribunais Superiores:

 Jurisprudência destacada

> **Súmula nº 542 do STJ:** A ação penal relativa ao crime de lesão corporal resultante de violência doméstica contra a mulher é pública incondicionada.
>
> **Súmula nº 536 do STJ:** A suspensão condicional do processo e a transação penal não se aplicam na hipótese de delitos sujeitos ao rito da Lei Maria da Penha.

Para finalizar, perguntamos ao futuro aprovado: e o crime de ameaça (art. 147 do CP), qual a ação penal caso o delito seja cometido no contexto de violência doméstica e familiar contra a mulher? Será **a pública condicionada à representação**, pouco importando se o

---

[25] Como já estudado, alguns julgados não fazem a ressalva de aplicação da Lei nº 11.340/2006 apenas às infrações dolosas (essa é a nossa posição). De qualquer forma, caso incida a Lei Maria da Penha, o delito em questão será sempre de ação penal pública incondicionada.

crime foi praticado ou não no contexto da Lei Maria da Penha (art. 147, parágrafo único, do CP).

Então, é possível que tenhamos crimes praticados no contexto de violência doméstica que serão processados e julgados mediante ação penal pública condicionada a representação? Sim. Isso porque a Lei nº 11.340/2006 não veda essa espécie de ação penal, desde que não esteja prevista apenas na Lei nº 9.099/1995 (esta sim é vedada). Como no crime de ameaça a previsão quanto à ação penal encontra-se no art. 147, parágrafo único, do CP (e não na Lei nº 9.099/1995), ela será pública condicionada à representação sem problema algum.

Nesse sentido, citamos um trecho do voto do relator (vencedor) na ADI nº 4.424/DF:

Jurisprudência destacada

(...) Deve-se dar interpretação conforme à Carta da República aos artigos 12, inciso I, 16 e 41 da Lei nº 11.340/2006 – Lei Maria da Penha – no sentido de **não se aplicar a Lei nº 9.099/1995 aos crimes glosados pela Lei ora discutida, assentando-se que, em se tratando de lesões corporais, mesmo que consideradas de natureza leve, praticadas contra a mulher em âmbito doméstico, atua-se mediante ação penal pública incondicionada**. Vale frisar que **permanece a necessidade de representação para crimes versados em leis diversas da Lei nº 9.099/1995, tais como o de ameaça e os cometidos contra os costumes** (...) (STF, Pleno, ADI nº 4.424/DF, Rel. Min. Marco Aurélio, j. 09.02.2012).

12.7.3 Retratação da representação na Lei nº 11.340/2006 (art. 16)

Art. 16. Nas ações penais públicas condicionadas à representação da ofendida de que trata esta Lei, só será admitida a renúncia à representação perante o juiz, em audiência especialmente designada com tal finalidade, antes do recebimento da denúncia e ouvido o Ministério Público.

Retratação. Primeiramente, cumpre observar que, no tocante à representação[26], o ofendido tem a opção de oferecê-la ou não; cuida-se de uma faculdade conferida a ele. Uma vez oferecida, existe também a possibilidade de **se retratar**.

É importante notar que na retratação da representação já houve o oferecimento dela (você só pode se retratar daquilo que já fez), e é nesse sentido que dispõe o art. 16. Portanto, é forçoso concluir que a Lei foi imprecisa ao utilizar o termo "renúncia", quando, na verdade, trata-se da possibilidade de "retratação" à representação[27].

---

[26] Condição de procedibilidade da persecução penal nos crimes que se processam mediante ação penal pública condicionada à representação.

[27] Embora esse esclarecimento esteja correto, algumas questões de prova limitam-se a "copiar e colar" o texto legal. Portanto, muito cuidado com o contexto da assertiva.

> A retratação nada mais é do que o arrependimento de algo já feito no passado.

> A renúncia está caracterizada quando alguém dispensa um direito que ainda nem exerceu.

Dessarte, quando estivermos diante de infração penal praticada no contexto de violência doméstica e familiar contra a mulher que se processa mediante ação penal pública condicionada à representação, **haverá a possibilidade de retratação** da representação oferecida, nos termos do art. 16 da Lei Maria da Penha.

Audiência especial e momento da retratação. Embora a retratação seja possível no caso de crimes cometidos no contexto de violência doméstica e familiar contra a mulher, o art. 16 menciona que ela deverá ocorrer **na presença do juiz**, por meio de **audiência especialmente designada com essa finalidade** e **ouvido o Ministério Público**. Além disso, o prazo-limite (até quando será possível) para a retratação será até o **recebimento** da denúncia pelo juiz.

 Jurisprudência destacada

Não atende ao disposto no art. 16 da Lei Maria da Penha a retratação da suposta ofendida ocorrida em cartório de Vara, sem a designação de audiência específica necessária para a confirmação do ato (STJ, 5ª Turma, HC nº 138.143/MG, Rel. Min. Ribeiro Dantas, j. 03.09.2019 – *Informativo* 656).

Tais requisitos são específicos da Lei nº 11.340/2006 e não encontram correspondência nos demais delitos condicionados à representação (os quais seguem a disciplina do CPP). Essa diferenciação da Lei Maria da Penha em relação ao CPP cai muito em prova, portanto segue uma tabela contendo as distinções do instituto "retratação da representação" nesses dois diplomas normativos:

	Lei nº 11.340/2006	Código de Processo Penal
Formalidades da retratação	-> Deve ocorrer na presença do juiz, por meio de audiência específica e ouvido o MP	-> Não há formalidade a ser seguida (pode ser oferecida na delegacia, por exemplo).
Limite temporal	-> Poderá acontecer até o **recebimento** da denúncia	-> Poderá acontecer até o **oferecimento** da denúncia

Por fim, vale acrescentar que a mencionada audiência depende de manifestação da vítima no sentido de se retratar, ou seja, o juiz não é obrigado a designar audiência de retratação em todos os casos (para ratificar representação anteriormente oferecida), mas apenas naqueles onde houver requerimento nesse sentido.

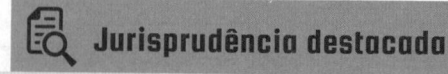 **Jurisprudência destacada**

1. A jurisprudência deste Superior Tribunal de Justiça é pacífica no sentido de que, nos crimes de ação penal pública condicionada a representação submetidos à Lei Maria da Penha,

a audiência prevista no artigo 16 da Lei n° 11.340/2006 visa confirmar a retratação, **não a representação**, e por isso **não é obrigatória, nem deve ser designada de ofício pelo magistrado, somente sendo exigível quando a vítima demonstrar, por qualquer meio, que pretende desistir do prosseguimento do feito** (STJ, 6ª Turma, AgRg no REsp n° 1.596.737/ SP, Rel. Min. Maria Thereza de Assis Moura, j. 24.05.2016).[28]

Decifrando a prova

(DPE/MG – FUNDEP – 2019 – Adaptada) Concluído inquérito policial que apurou crime de ameaça (art. 147 do Código Penal) praticado em situação de violência doméstica, a defesa técnica, antes do oferecimento da denúncia, apresentou carta na qual a vítima dizia que não tinha mais interesse na condenação do suposto autor do fato. Diante disso, o juiz deverá declarar a extinção da punibilidade pela renúncia ao direito de representação.

( ) Certo ( ) Errado

Gabarito comentado: na verdade, como estamos diante de um crime que se processa por meio de ação penal pública condicionada à representação, conforme o art. 16, o juiz terá que designar audiência específica para que a vítima, em sua presença e ouvido o Ministério Público, afirme a sua intenção de se retratar. Lembre-se ainda de que a retratação somente será possível se realizada antes do recebimento da denúncia. Portanto, a assertiva está errada.

12.7.4 Da vedação à aplicação de cesta básica ou outras de prestação pecuniária (art. 17) e impossibilidade de penas restritivas de direitos

Art. 17. É vedada a aplicação, nos casos de violência doméstica e familiar contra a mulher, de penas de cesta básica ou outras de prestação pecuniária, bem como a substituição de pena que implique o pagamento isolado de multa.

Vedação a penas de prestação pecuniária. No passado, antes da vigência da Lei n° 11.340/2006, não raro tínhamos a imposição de pena de multa ou de prestação pecuniária (ex.: cesta básica) ao agressor. Em algumas situações, infelizmente, esse tipo de pena gerava no sujeito ativo a ideia de que para bater em mulher bastava ter dinheiro para poder arcar com a sanção imposta. Dessa forma, atento a essa distorção, o art. 17 da Lei Maria da Penha anuncia que é vedada a aplicação de penas de cesta básica ou outras de prestação pecuniária, bem como a substituição de pena que implique o pagamento isolado de multa.

Atento ao teor do art. 17, o STJ decidiu não ser cabível a aplicação exclusiva de pena de multa em caso de violência ou grave ameaça contra a mulher no ambiente doméstico e familiar, mesmo que o delito pelo qual o réu tenha sido condenado tenha previsão alternativa de tal reprimenda.

---

[28] No mesmo sentido: STJ, 5ª Turma, AgRg no REsp 1.946.824/SP, Rel. Min. Joel Ilan Paciornik, j. 14.06.2022 – *Informativo* 743.

> (...) 4. No tocante à substituição de pena, o art. 17 da Lei nº 11.340/2006 dispõe que "É vedada a aplicação, nos casos de violência doméstica e familiar contra a mulher, de penas de cesta básica ou outras de prestação pecuniária, bem como a substituição de pena que implique o pagamento isolado de multa". 5. A Lei Maria da Penha veda a aplicação de prestação pecuniária e a substituição da pena corporal por multa isoladamente. Por consequência, ainda que o crime pelo qual o réu tenha sido condenado tenha previsão alternativa de pena de multa, como na hipótese, não é cabível a aplicação exclusiva de tal reprimenda em caso de violência ou grave ameaça contra mulher (STJ, 5ª Turma, HC nº 590.301/SC, Rel. Min. Ribeiro Dantas, j. 18.08.2020).

Vale ressaltar ainda que, conforme orientação do STF, é possível que a prática de violência doméstica contra a mulher seja considerada tanto para impedir a aplicação isolada de multa (art. 17, Lei nº 11.340/2006) quanto para configurar a agravante do art. 61, II, "f", do CP[29], não havendo que falar em sobreposição ou *bis in idem*. O entendimento do STJ é no mesmo sentido.

Jurisprudência destacada

> (...) Cabe levar em conta a prática de violência doméstica contra mulher como agravante e para impedir a imposição isolada de multa, inexistindo sobreposição – artigos 61, inciso II, alínea "f", do Código Penal e 17 da Lei nº 11.340/2006 (STF, 1ª Turma, RHC nº 172.842/SC, Rel. Min. Marco Aurélio, j. 17.02.2021).
>
> 1. A Lei nº 11.340/2006 instituiu um sistema protetivo com vistas a prevenir e coibir a violência doméstica e familiar contra a mulher. O art. 61, II, "f", do CP, por sua vez, objetiva agravar a sanção, na segunda etapa da individualização da pena, em razão da maior gravidade do ato delituoso praticado nesse contexto. Assim, não há *bis in idem* na aplicação concomitante da referida legislação e da agravante, porque as previsões contidas na Lei Maria da Penha – entre elas, a vedação de fixação de multa isoladamente –, embora recrudesçam a resposta penal do Estado a delitos praticados em contexto de violência doméstica, não importam em aumento da sanção (STJ, 6ª Turma, AgRg no HC nº 593.063/SC, Rel. Min. Rogerio Schietti Cruz, j. 1º.09.2020).

Impossibilidade de penas restritivas de direitos. É pacífico no âmbito do STJ que não é possível substituir a pena privativa de liberdade por restritiva de direitos tratando-se de

---

[29] "Art. 61. São circunstâncias que sempre agravam a pena, quando não constituem ou qualificam o crime:
(...)
II – ter o agente cometido o crime:
(...)
f) com abuso de autoridade ou prevalecendo-se de relações domésticas, de coabitação ou de hospitalidade, ou com violência contra a mulher na forma da lei específica."

infração penal – crime ou contravenção penal – cometida com **violência ou grave ameaça** e sujeita aos ditames da Lei nº 11.340/2006. Nesse sentido é o teor da Súmula nº 588:

> ### Jurisprudência destacada
>
> **Súmula nº 588 do STJ:** A prática de crime ou contravenção penal contra a mulher com violência ou grave ameaça no ambiente doméstico impossibilita a substituição da pena privativa de liberdade por restritiva de direitos.

Contudo, quando analisamos a jurisprudência do STF, percebemos que há divergências acerca do tema. Com relação a **crimes** cometidos contra a mulher, com violência ou grave ameaça e no contexto de violência doméstica e familiar, o Supremo vai no mesmo sentido do STJ. Entretanto, no tocante às **contravenções penais** praticadas com violência ou grave ameaça e ocorridas no âmbito da Lei Maria da Penha, já tivemos decisões em dois sentidos:

- ◆ 1ª Turma do STF[30] – Concorda com a posição do STJ: não é possível a substituição da pena privativa de liberdade por restritiva de direitos (interpreta-se extensivamente o art. 44, I, do CP, de modo a abarcar, além de crimes, contravenções penais).
- ◆ 2ª Turma do STF[31] – Entende que, nessa situação, é possível a conversão da pena privativa de liberdade em restritiva de direitos (o art. 44 do CP, ao descrever a proibição do inciso I, cita apenas "crimes").

12.7.5 Fixação de valor mínimo para reparação dos danos

Possibilidade de fixação. Conforme o art. 387, IV, do CPP, o juiz, ao proferir sentença condenatória, fixará um valor mínimo para a reparação dos danos causados pela infração. No que concerne aos casos de violência doméstica e familiar contra a mulher, também é possível a aplicação do mencionado dispositivo com relação aos danos morais sofridos – independentemente de instrução probatória ou da especificação de valor líquido e certo –, mas desde que haja pedido expresso da acusação ou da parte ofendida nesse sentido[32].

Reconciliação entre vítima e agressor. A posterior reconciliação entre autor de violência doméstica e familiar contra mulher e a vítima da violência não é motivo idôneo para afastar a necessidade de fixação do valor mínimo para a reparação dos danos, previsto no art. 387, IV, do CPP. Em outras palavras, o Judiciário não poderá se omitir em aplicar o mencionado dispositivo sob o argumento da reconciliação; caberá à vítima decidir se vai promover a execução ou não do título executivo. Além disso, como vimos anteriormente,

---

30   STF, 1ª Turma, HC nº 137.888/MS, Rel. Min. Rosa Weber, j. 31.10.2017.

31   STF, 2ª Turma, HC nº 131.160/MS, Rel. Min. Teori Zavascki, j. 18.10.2016.

32   STJ, 3ª Seção, REsp nº 1.643.051/MS, Rel. Min. Rogerio Schietti Cruz, j. 28.02.2018 – *Informativo* 621.

para a fixação do valor mínimo quanto a danos morais, não se requer a produção de provas dos prejuízos sofridos.

Jurisprudência destacada

A Terceira Seção do Superior Tribunal de Justiça, no julgamento do Recurso Especial Repetitivo nº 1.675.874/MS, fixou a compreensão de que a prática de violência doméstica e familiar contra a mulher implica a ocorrência de dano moral *in re ipsa*, de modo que, **uma vez comprovada a prática delitiva, é desnecessária maior discussão sobre a efetiva comprovação do dano para a fixação de valor indenizatório mínimo** (...). **A posterior reconciliação entre a vítima e o agressor não é fundamento suficiente para afastar a necessidade de fixação do valor mínimo previsto no art. 387, inciso IV, do Código de Processo Penal**, seja porque não há previsão legal nesse sentido, seja porque compete à própria vítima decidir se irá promover a execução ou não do título executivo, sendo vedado ao Poder Judiciário omitir-se na aplicação da legislação processual penal que determina a fixação de valor mínimo em favor da vítima (STJ, 6ª Turma, REsp nº 1.819.504/MS, Rel. Min. Laurita Vaz, j. 10.09.2019 – *Informativo* 657).

12.8 MEDIDAS PROTETIVAS DE URGÊNCIA

12.8.1 Disposições iniciais

Visando cumprir com a finalidade de coibir toda forma de violência doméstica e familiar contra mulher, a Lei nº 11.340/2006 traz um rol de medidas protetivas de urgência, elencadas em seus arts. 22, 23 e 24. Antes de adentrarmos no estudo das medidas em espécie, é necessário compreendermos alguns conceitos e procedimentos iniciais.

Art. 18. Recebido o expediente com o pedido da ofendida, caberá ao juiz, no prazo de 48 (quarenta e oito) horas:

I – conhecer do expediente e do pedido e decidir sobre as medidas protetivas de urgência;

II – determinar o encaminhamento da ofendida ao órgão de assistência judiciária, quando for o caso, inclusive para o ajuizamento da ação de separação judicial, de divórcio, de anulação de casamento ou de dissolução de união estável perante o juízo competente;

III – comunicar ao Ministério Público para que adote as providências cabíveis;

IV – determinar a apreensão imediata de arma de fogo sob a posse do agressor.

Art. 19. As medidas protetivas de urgência poderão ser concedidas pelo juiz, a requerimento do Ministério Público ou a pedido da ofendida.

§ 1º As medidas protetivas de urgência poderão ser concedidas de imediato, independentemente de audiência das partes e de manifestação do Ministério Público, devendo este ser prontamente comunicado.

§ 2º As medidas protetivas de urgência serão aplicadas isolada ou cumulativamente, e poderão ser substituídas a qualquer tempo por outras de maior eficácia, sempre que os direitos reconhecidos nesta Lei forem ameaçados ou violados.

§ 3º Poderá o juiz, a requerimento do Ministério Público ou a pedido da ofendida, conceder novas medidas protetivas de urgência ou rever aquelas já concedidas, se entender necessário à proteção da ofendida, de seus familiares e de seu patrimônio, ouvido o Ministério Público.

Natureza jurídica e pressupostos. Quanto à natureza jurídica, o entendimento dominante é o de que são verdadeiras medidas cautelares, instrumentais ao processo, ou seja, têm por finalidade básica a de garantir a implementação e eficácia dele. Diante disso, forçoso concluir que possuem como pressupostos o *fumus comissi delicti* e o *periculum libertatis*, em outras palavras, exigirão a prova da materialidade do crime e indícios suficientes de autoria para a sua decretação, além da demonstração de que a demora na prestação jurisdicional ocasionará danos irreversíveis à persecução penal.

Possibilidade de decretação em ações cíveis. Embora, em regra, as medidas protetivas da Lei nº 11.340/2006 sejam concedidas ao longo da persecução penal, a jurisprudência admite a possibilidade de sua decretação até mesmo em ação cautelar cível (de forma autônoma), ou seja, sem inquérito policial ou processo criminal em desfavor do agressor.

📑 Jurisprudência destacada[33]

1. As medidas protetivas previstas na Lei nº 11.340/2006, observados os requisitos específicos para a concessão de cada uma, podem ser pleiteadas de forma autônoma para fins de cessação ou de acautelamento de violência doméstica contra a mulher, independentemente da existência, presente ou potencial, de processo-crime ou ação principal contra o suposto agressor. 2. Nessa hipótese, as medidas de urgência pleiteadas terão natureza de cautelar cível satisfativa, não se exigindo instrumentalidade a outro processo cível ou criminal, haja vista que não se busca necessariamente garantir a eficácia prática da tutela principal. "O fim das medidas protetivas é proteger direitos fundamentais, evitando a continuidade da violência e das situações que a favorecem. Não são, necessariamente, preparatórias de qualquer ação judicial. Não visam processos, mas pessoas" (DIAS, Maria Berenice. *A Lei Maria da Penha na justiça*. 3. ed. São Paulo: Editora Revista dos Tribunais, 2012) (STJ, 4ª Turma, REsp nº 1.419.421/GO, Rel. Min. Luis Felipe Salomão, j. 11.02.2014).

No mesmo sentido é a orientação do Fórum Nacional de Juízas e Juízes de Violência Doméstica e Familiar contra a Mulher (Fonavid), que em seu Enunciado nº 37 afirma: "A concessão da medida protetiva de urgência não está condicionada à existência de fato que configure, em tese, ilícito penal".

---

[33] No mesmo sentido: STJ, 5ª Turma, AgRg no REsp nº 1.783.398/MG, Rel. Min. Reynaldo Soares da Fonseca, j. 02.04.2019.

Pedido da medida protetiva. Primeiramente, vale ressaltar que o requerimento pela concessão de medida protetiva, conforme o texto legal, não será realizado pela autoridade policial. Segundo o art. 19, *caput,* as medidas protetivas poderão ser concedidas pelo juiz, a requerimento do **Ministério Público ou da ofendida**.

A hipótese mais comum, na prática, é que o pedido de concessão da medida protetiva seja realizado pela própria vítima, quando do registro da ocorrência policial[34]. Dessa forma, a vítima comparece à Delegacia de Polícia para registrar boletim de ocorrência e, em seu transcorrer, a autoridade policial colhe o pedido da ofendida quanto às medidas protetivas. Como já mencionado, o pedido é da própria ofendida, ela quem vai requerer as medidas protetivas. A função da autoridade policial é apenas orientar a vítima, reduzindo a termo o seu pedido e remetendo-o em autos apartados, no **prazo de 48 horas**, ao juiz competente – observadas as formalidades previstas no art. 12, §§1º e 2º:

> **Art. 12 (...)**
>
> § 1º O pedido da ofendida será tomado a termo pela autoridade policial e deverá conter:
>
> I – qualificação da ofendida e do agressor;
>
> II – nome e idade dos dependentes;
>
> III – descrição sucinta do fato e das medidas protetivas solicitadas pela ofendida;
>
> IV – informação sobre a condição de a ofendida ser pessoa com deficiência e se da violência sofrida resultou deficiência ou agravamento de deficiência preexistente.
>
> § 2º A autoridade policial deverá anexar ao documento referido no § 1º o boletim de ocorrência e cópia de todos os documentos disponíveis em posse da ofendida.

Decifrando a prova

(MPE/SC – 2019) Em todos os atos processuais, cíveis e criminais, a mulher em situação de violência doméstica e familiar deverá estar acompanhada de advogado, conforme Lei nº 11.340/2006.

( ) Certo ( ) Errado

Gabarito comentado: de acordo com o art. 27 da Lei nº 11.340/2006, é desnecessário que a mulher esteja assistida por defensor quando do requerimento de medida protetiva de urgência (art. 19). Dessa forma, devemos concluir que nem todos os atos exigirão que a vítima esteja acompanhada de advogado. Portanto, a assertiva está errada.

---

[34] Para postular medidas protetivas, a vítima não precisa da assistência de advogado. É nesse sentido que prescreve o art. 27: "Em todos os atos processuais, cíveis e criminais, a mulher em situação de violência doméstica e familiar deverá estar acompanhada de advogado, **ressalvado o previsto no art. 19 desta Lei**" (grifos nossos).

Concessão da medida protetiva (art. 18). Em regra, a autoridade competente para decretar medidas protetivas de urgência é o **juiz**, o qual, ao receber o expediente com o pedido da ofendida pela concessão das medidas, deverá, no **prazo de 48 horas**:

- decidir se as concede ou não;
- determinar o encaminhamento da ofendida ao órgão de assistência judiciária, quando for o caso, inclusive para o ajuizamento da ação de separação judicial, de divórcio, de anulação de casamento ou de dissolução de união estável perante o juízo competente[35];
- comunicar o Ministério Público;
- determinar a apreensão imediata de arma de fogo sob a posse do agressor[36].

Saiba ainda que as medidas protetivas poderão ser concedidas **de imediato** pelo juiz, sem necessidade de audiência das partes (contraditório prévio) e de manifestação do Ministério Público (o qual deverá ser apenas comunicado).

Embora parte da doutrina aplique aqui o teor do art. 282, § 3º, do CPP, o qual exige contraditório prévio para a concessão de medidas cautelares, exceto nos casos de urgência ou perigo de ineficácia da medida (que deverão ser justificados e fundamentados), entendemos que se trata de um retrocesso em todos os sentidos. Pense na situação de uma mulher que vá à delegacia, registra ocorrência policial contra o agressor e requer medida protetiva. Caso o juiz, analisando as situações fáticas, conclua pela necessidade de sua concessão, obviamente a urgência está implícita. Além disso, querer aplicar de forma cega todos os dispositivos do CPP às situações da Lei nº 11.340/2006 (sem ponderar o estado de hipossuficiência presumida da mulher, acrescida à baixa intensidade de restrição da liberdade que as medidas protetivas impõem ao suposto agressor, quando comparadas às cautelares pessoais) seria inviabilizar uma efetiva proteção à vítima, a qual, imagine, teria que esperar não só os prazos a que estão sujeitos juiz e delegado (48 horas), mas também um generoso lapso de cinco dias para que o agressor manifeste a sua opinião acerca da medida requerida.

⁛ Decifrando a prova

(MPE/MG – FUNDEP – 2019 – Adaptada) De acordo com a Lei nº 11.340/2006, as medidas protetivas de urgência poderão ser concedidas pelo juiz, a requerimento do Ministério Público ou a pedido da ofendida; na hipótese de requerimento pela ofendida, o Ministério Público deverá se manifestar antes da concessão da medida.

---

[35] Cuida-se de dispositivo alterado pela Lei nº 13.894/2019, a qual entrou em vigor no dia 29.10.2019.

[36] Inciso incluído ao art. 18 por meio da Lei nº 13.880/2019, a qual entrou em vigor no dia 08.10.2019.

( ) Certo ( ) Errado

Gabarito comentado: o art. 19, § 1º, da Lei nº 11.340/2006 estabelece que o juiz poderá conceder a medida protetiva de imediato, sem necessidade de audiência das partes e de manifestação do Ministério Público (o qual deverá ser prontamente comunicado). Portanto, cuidado, não é necessário que o Ministério Público se manifeste, porém o juiz, após conceder a medida de imediato, deverá comunicar ao órgão ministerial. Portanto, a assertiva está errada.

Ressaltamos que as medidas protetivas poderão ser aplicadas de forma **isolada** (apenas uma), **cumulativa** (várias, de forma conjunta) e até mesmo ser **substituídas umas pelas outras**, caso necessário.

Por fim, cumpre mencionar que, com o acréscimo do art. 12-C ao texto da Lei Maria da Penha, excepcionalmente poderemos ter uma medida protetiva sendo concedida pelo delegado de polícia ou pelo policial. Para mais detalhes a respeito dessa excepcionalidade remetemos o leitor ao item 12.6.

CPP

Art. 3º-A. O processo penal terá estrutura acusatória, vedadas a iniciativa do juiz na fase de investigação e a substituição da atuação probatória do órgão de acusação.

Art. 282. (...)

§ 2º As medidas cautelares serão decretadas pelo juiz a requerimento das partes ou, quando no curso da investigação criminal, por representação da autoridade policial ou mediante requerimento do Ministério Público.

Concessão *ex officio* pelo juiz. Conforme o art. 19, as medidas protetivas deverão ser requeridas pela ofendida ou pelo Ministério Público e, após, o juiz decidirá se as concede ou não. Contudo, existe a discussão se o magistrado poderia conceder de ofício (sem requerimento da ofendida ou Ministério Público) medidas protetivas de urgência da Lei nº 11.340/2006. Antes da vigência da Lei nº 13.964/2019 (Pacote Anticrime), era forte a orientação no sentido de que seria perfeitamente possível, mas apenas na fase judicial (na fase investigativa sempre dependeria de iniciativa do legitimado).

No entanto, com as reformas implementadas pelo referido pacote, em especial os arts. 3º-A e 282, § 2º, do CPP supratranscritos, é forçoso concluir pela **impossibilidade de atuação *ex officio* do juiz** (seja na fase investigatória ou judicial) no tocante à decretação de medidas cautelares pessoais (prisões ou medidas alternativas às prisões), valendo o mesmo raciocínio para as medidas protetivas da Lei nº 11.340/2006.

Tal conclusão obviamente não se aplica à possibilidade de o juiz revogar a medida (ou substituí-la por outra): nessa situação é lícita a atuação *ex officio* (art. 282, § 5º, do CPP)[37].

Recursos cabíveis. Caso estejamos diante de uma medida protetiva indeferida pelo juiz, deixando de lado as divergências existentes, prevalece que é possível a interposição de recurso em sentido estrito (art. 581, V, do CPP, interpretado extensivamente). Por outro lado, com relação ao

---

[37] Nesse sentido: Lima (2022, p. 1480).

deferimento de medida protetiva, é cabível a impetração de *habeas corpus*, haja vista que o seu descumprimento poderá ensejar tanto a decretação de prisão preventiva (art. 313, III, do CPP) quanto o crime do art. 24-A da Lei Maria da Penha (ou seja, potencial risco à liberdade de locomoção).

🔍 Jurisprudência destacada[38]

(...) 2. Caso em que, irresignado com as medidas protetivas de urgência previstas na Lei nº 11.340/2006, que lhe foram aplicadas pelo Juízo de Violência Doméstica e Familiar contra a Mulher de Maceió, o paciente requereu ao Tribunal de Justiça de Alagoas fossem elas revogadas. A Câmara Criminal, no entanto, partindo do princípio de que as medidas protetivas não representariam ameaça ao seu direito de ir, vir ou permanecer, entendeu que o meio pertinente para a apreciação da matéria não seria o *habeas corpus* e deixou de conhecer o *mandamus* lá impetrado. 3. O eventual descumprimento de medidas protetivas arroladas na Lei Maria da Penha pode gerar sanções de natureza civil (art. 22, § 4º, da Lei nº 11.340/2006 c/c o art. 461, §§ 5º e 6º, do Código de Processo Civil, **bem como a decretação de prisão preventiva** (art. 313, III, do Código de Processo Penal). Ademais, a lei adjetiva penal prevê: "Art. 647. Dar-se-á *habeas corpus* sempre que alguém sofrer ou se achar na iminência de sofrer violência ou coação ilegal na sua liberdade de ir e vir, salvo nos casos de punição disciplinar". 4. Se o paciente não pode aproximar-se a menos de 500 m da vítima ou de seus familiares, se não pode aproximar-se da residência da vítima, tampouco pode frequentar o local de trabalho dela, decerto que se encontra limitada a sua liberdade de ir e vir. Posto isso, **afigura-se cabível a impetração do *habeas corpus***, de modo que a indagação do paciente merecia uma resposta mais efetiva e assertiva (STJ, 5ª Turma, HC nº 298.499/AL, Rel. Min. Reynaldo Soares da Fonseca, j. 1º.12.2015).

Descumprimento injustificado das medidas protetivas. No caso de descumprimento das medidas protetivas impostas pelo juiz, além da possibilidade de cumulação ou substituição por outras de maior eficácia, vislumbramos duas consequências possíveis (as quais serão detalhadas mais adiante):

◆ Haverá a ocorrência do crime de "descumprimento de medidas protetivas de urgência", art. 24-A da Lei nº 11.340/2006 (caso preenchidos os requisitos previstos no tipo penal).

◆ Será possível a decretação da prisão preventiva para garantir a execução das medidas protetivas, na forma do art. 20 da Lei nº 11.340/2006, c/c o art. 313, III, do CPP.

Descumprimento de medida protetiva e consentimento da vítima. O STJ possui o entendimento de que, se o agressor descumpre medida protetiva de urgência imposta a ele, mas faz isso contando com o consentimento da vítima, não haverá a caracterização do delito previsto no art. 24-A da Lei Maria da Penha.

Exemplo: João possui contra si a medida protetiva de proibição de aproximação com relação a sua ex-companheira Maria. Certo dia, Maria liga para João e pede que ele vá até a sua casa, haja vista que o filho do casal está com muita saudade do pai. João, atendendo ao pedido, dirige-se à casa de sua ex-companheira, descumprindo a ordem de não aproximação contida na protetiva.

---

[38] No mesmo sentido: STJ, 5ª Turma, RHC nº 74.003/RJ, Rel. Min. Reynaldo Soares da Fonseca, j. 14.03.2017.

Segundo o STJ, no exemplo *supra* e diante do consentimento de Maria, João não agiu com dolo de desobediência quanto à medida protetiva, além inexistir violação ao bem jurídico protegido pelo art. 24-A. Sendo assim, o fato é atípico.

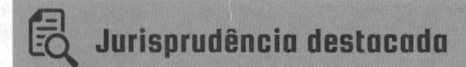

> *Habeas corpus.* Lei Maria da Penha. Descumprimento de medidas protetivas de urgência (art. 24-A da Lei nº 11.340/2006). Absolvição. Aproximação do réu da vítima. Consentimento da ofendida. Ameaça ou violação de bem jurídico tutelado. Ausente. Matéria fática incontroversa. Possibilidade. Ordem concedida. 1. A intervenção do direito penal exige observância aos critérios da fragmentariedade e subsidiariedade. 2. Ainda que efetivamente tenha o acusado violado cautelar de não aproximação da vítima, isto se deu com a autorização dela, de modo que não se verifica efetiva lesão e falta inclusive ao fato dolo de desobediência. 3. A autorização dada pela ofendida para a aproximação do paciente é matéria incontroversa, não cabendo daí a restrição de revaloração probatória. 4. Ordem concedida para restabelecer a sentença absolutória (STJ, 6ª Turma, HC nº 521.622/SC, Rel. Min. Nefi Cordeiro, j. 12.11.2019).

Duração da medida. Não há previsão na lei quanto ao prazo de duração da medida protetiva de urgência concedida. No entanto, o STJ vem entendendo que, embora inexista prazo expresso, não será possível a eternização da medida, devendo a sua duração ser sopesada à luz dos princípios da proporcionalidade e adequação. Nesse sentido:

> (...) 2. As duas Turmas de Direito Penal deste Superior Tribunal de Justiça vêm decidindo que, **embora a lei penal/processual não prevê um prazo de duração da medida protetiva**, tal fato não permite a eternização da restrição a direitos individuais, **devendo a questão ser examinada à luz dos princípios da proporcionalidade e da adequação.** 3. Na espécie, as medidas protetivas foram fixadas no ano de 2017 (proibição de aproximação e contato com a vítima). O recorrente foi processado, condenado e cumpriu integralmente a pena, inexistindo notícia de outro ato que justificasse a manutenção das medidas. Sendo assim, as medidas protetivas devem ser extintas, **evitando-se a eternização de restrição a direitos individuais.** 4. Recurso provido, para declarar a extinção das medidas protetivas (STJ, 5ª Turma, RHC nº 120.880/DF, Rel. Min. Reynaldo Soares da Fonseca, j. 22.09.2020).[39]

Desinteresse da vítima na manutenção das medidas protetivas. Conforme decidido pelo STJ, a situação da vítima que narra de forma consistente o seu estado de perigo diante das atitudes praticadas pelo agressor, caracterizando situação concreta de risco à integridade física e

---

[39] No mesmo sentido: STJ, 6ª Turma, HC 605.113/SC, Rel. Min. Antonio Saldanha Palheiro, j. 08.11.2022 – *Informativo* 756.

psicológica, mas que posteriormente manifesta o seu desinteresse na manutenção das medidas protetivas concedidas, por si só, não leva ao necessário afastamento das restrições impostas.

No caso concreto analisado, houve a constatação da extrema vulnerabilidade da vítima ante o agressor (policial militar reformado), além da total razoabilidade das medidas protetivas impostas em face do caso concreto, sendo decidido pela manutenção das restrições.

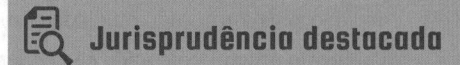

Jurisprudência destacada

(...) 2. Da leitura da decisão combatida, vê-se que houve **expressa menção à situação concreta de risco à integridade física e psicológica da vítima**, pois o recorrente, após ter um relacionamento extraconjugal descoberto por sua companheira, passou a ameaçar e a agredir a ofendida, que **narrou de forma clara e segura a sua situação de risco com as atitudes praticadas pelo autor dos fatos**. Verifica-se, assim, a idoneidade da fundamentação para imposição, num primeiro momento, das medidas protetivas dispostas no art. 22 da Lei nº 11.340/2006, o que afasta o alegado constrangimento ilegal. 3. **A manifestação da vítima declarando o desinteresse na manutenção das medidas protetivas, por si só, não levaria ao afastamento das restrições impostas**. No presente caso, o magistrado de piso, ao se manifestar sobre o pedido da vítima para revogação das medidas protetivas, ressaltou que a ofendida é **"altamente dependente do então companheiro, tanto economicamente quanto em relação aos cuidados com o filho dela, pessoa com deficiência, o que evidencia alto risco à segurança dela"**. Ressaltou, ainda, em sua decisão tratar-se de acusado que é policial militar reformado, cujo comportamento, segundo apurado, tem se mostrado agressivo e ameaçador à vítima. 4. **Diante do contexto de extrema vulnerabilidade da vítima e de razoabilidade na manutenção das medidas protetivas impostas, inviável a reforma do decidido pela instância ordinária**, devendo o mérito da controvérsia ser julgado em ação originária, pois incabível, na via estreita do *habeas corpus*, a análise de questões que demandem o reexame do conjunto fático-probatório dos autos (STJ, 6ª Turma, RHC nº 125.349/DF, Rel. Min. Antonio Saldanha Palheiro, j. 23.06.2020).

Conclusão de inquérito policial sem indiciamento. O STJ recentemente decidiu que não é possível a manutenção de medidas protetivas, impostas na fase investigatória, quando há a conclusão do inquérito policial sem o indiciamento do acusado. Isso porque a finalização do procedimento sem o indiciamento do infrator demonstra também a desnecessidade da protetiva.

Jurisprudência destacada

(...) O STJ possui o entendimento segundo o qual "as medidas de urgência, protetivas da mulher, do patrimônio e da relação familiar, somente podem ser entendidas por seu caráter de cautelaridade – vigentes de imediato, mas apenas enquanto necessárias ao processo e a seus fins" (...). No caso, foram deferidas medidas protetivas pelo prazo de seis meses. Ao término, as medidas foram prorrogadas por mais seis meses. Todavia, apesar de as medidas protetivas terem sido devidamente fundamentadas, ocorreu a conclusão do inquérito policial sem indiciamento do recorrente. Nesse sentido, tem-se que "a imposição das restrições de liberdade ao recorrente, por medida de caráter cautelar, de modo indefinido e desatrelado de inquérito policial ou processo penal em andamento, significa, na prática, infligir-lhe verdadeira pena sem o devido processo legal, resultando em constrangimento ilegal" (STJ, 6ª Turma, segredo de justiça, Rel. Min. Antonio Saldanha Palheiro, j. 20.09.2022 – *Informativo* 750).

Art. 21. A ofendida deverá ser notificada dos atos processuais relativos ao agressor, especialmente dos pertinentes ao ingresso e à saída da prisão, sem prejuízo da intimação do advogado constituído ou do defensor público.

Parágrafo único. A ofendida não poderá entregar intimação ou notificação ao agressor.

Notificação atos processuais e entrega de intimação. O art. 21 da Lei nº 11.340/2006, com o objetivo de proteger a mulher vítima de violência doméstica e familiar, dispõe que a **ofendida**:

* deverá ser notificada dos **atos processuais** que envolvam o agressor, em especial quanto ao **ingresso e à saída da prisão** (sem prejuízo da intimação de seu defensor);
* não poderá entregar intimação ou notificação ao agressor.

12.8.2 Medidas em espécie (arts. 22 a 24)

Art. 22. Constatada a prática de violência doméstica e familiar contra a mulher, nos termos desta Lei, o juiz poderá aplicar, de imediato, ao agressor, em conjunto ou separadamente, as seguintes medidas protetivas de urgência, entre outras:

I – suspensão da posse ou restrição do porte de armas, com comunicação ao órgão competente, nos termos da Lei nº 10.826, de 22 de dezembro de 2003;

II – afastamento do lar, domicílio ou local de convivência com a ofendida;

III – proibição de determinadas condutas, entre as quais:

a) aproximação da ofendida, de seus familiares e das testemunhas, fixando o limite mínimo de distância entre estes e o agressor;

b) contato com a ofendida, seus familiares e testemunhas por qualquer meio de comunicação;

c) frequentação de determinados lugares a fim de preservar a integridade física e psicológica da ofendida;

IV – restrição ou suspensão de visitas aos dependentes menores, ouvida a equipe de atendimento multidisciplinar ou serviço similar;

V – prestação de alimentos provisionais ou provisórios;

VI – comparecimento do agressor a programas de recuperação e reeducação; e (Incluído pela Lei nº 13.984, de 2020.)

VII – acompanhamento psicossocial do agressor, por meio de atendimento individual e/ou em grupo de apoio[40]. (Incluído pela Lei nº 13.984, de 2020.)

---

[40] Os incisos VI e VII foram incluídos no art. 22 por meio da Lei nº 13.984/2020 (a qual entrou em vigor no dia 03.04.2020).

§ 1° As medidas referidas neste artigo não impedem a aplicação de outras previstas na legislação em vigor, sempre que a segurança da ofendida ou as circunstâncias o exigirem, devendo a providência ser comunicada ao Ministério Público.

§ 2° Na hipótese de aplicação do inciso I, encontrando-se o agressor nas condições mencionadas no *caput* e incisos do art. 6° da Lei n° 10.826, de 22 de dezembro de 2003, o juiz comunicará ao respectivo órgão, corporação ou instituição as medidas protetivas de urgência concedidas e determinará a restrição do porte de armas, ficando o superior imediato do agressor responsável pelo cumprimento da determinação judicial, sob pena de incorrer nos crimes de prevaricação ou de desobediência, conforme o caso.

§ 3° Para garantir a efetividade das medidas protetivas de urgência, poderá o juiz requisitar, a qualquer momento, auxílio da força policial.

§ 4° Aplica-se às hipóteses previstas neste artigo, no que couber, o disposto no *caput* e nos §§ 5° e 6° do art. 461 da Lei n° 5.869, de 11 de janeiro de 1973 (Código de Processo Civil).

Art. 23. Poderá o juiz, quando necessário, sem prejuízo de outras medidas:

I – encaminhar a ofendida e seus dependentes a programa oficial ou comunitário de proteção ou de atendimento;

II – determinar a recondução da ofendida e a de seus dependentes ao respectivo domicílio, após afastamento do agressor;

III – determinar o afastamento da ofendida do lar, sem prejuízo dos direitos relativos a bens, guarda dos filhos e alimentos;

IV – determinar a separação de corpos;

V – determinar a matrícula dos dependentes da ofendida em instituição de educação básica mais próxima do seu domicílio, ou a transferência deles para essa instituição, independentemente da existência de vaga[41].

Art. 24. Para a proteção patrimonial dos bens da sociedade conjugal ou daqueles de propriedade particular da mulher, o juiz poderá determinar, liminarmente, as seguintes medidas, entre outras:

I – restituição de bens indevidamente subtraídos pelo agressor à ofendida;

II – proibição temporária para a celebração de atos e contratos de compra, venda e locação de propriedade em comum, salvo expressa autorização judicial;

III – suspensão das procurações conferidas pela ofendida ao agressor;

IV – prestação de caução provisória, mediante depósito judicial, por perdas e danos materiais decorrentes da prática de violência doméstica e familiar contra a ofendida.

Parágrafo único. Deverá o juiz oficiar ao cartório competente para os fins previstos nos incisos II e III deste artigo.

---

[41] Inciso incluído no art. 23 por meio da Lei n° 13.882/2019 (a qual entrou em vigor no dia 08.10.2019).

As medidas protetivas em espécie estão elencadas nos arts. 22, 23 e 24, sendo divididas entre aquelas que **obrigam o agressor** (art. 22) e as que **se dirigem à ofendida** (arts. 23 e 24). Cuida-se de **rol exemplificativo**, conforme evidenciado pela leitura do art. 22, § 1º, o qual autoriza a aplicação de outras medidas quando as circunstâncias o exigirem. Recomendamos que o futuro aprovado memorize as ideias centrais dos artigos mencionados. Acrescentamos ainda as seguintes observações pontuais:

- Art. 22, I – é certo que essa medida protetiva aplicar-se-á à posse ou porte **legal** de arma de fogo (caso ilegal, o sujeito estará incorrendo em crime da Lei nº 10.826/2003, não havendo que falar em suspensão ou restrição, mas, sim, em infração penal).

- Art. 22, I, II e III – a Lei nº 13.771/2018, entre outras alterações, acrescentou o inciso IV no § 7º do art. 121 do CP, dispondo que a pena do feminicídio será aumentada de 1/3 até metade se o crime for praticado em descumprimento das medidas protetivas de urgência previstas nos incisos I, II e III do *caput* do art. 22 da Lei nº 11.340/2006. Entendemos que, no caso do art. 22, II (afastamento do lar), incidirá a citada majorante mesmo se a medida descumprida tiver sido decretada pelo delegado ou policial (na forma do art. 12-C, II e III, da Lei Maria da Penha).

  Outra discussão que se inicia é quanto à possibilidade de o sujeito que comete o feminicídio, com descumprimento de alguma das protetivas mencionadas (decretadas pelo juiz), responder também pelo delito do art. 24-A da Lei nº 11.340/2006, em concurso formal: para alguns, **não é possível**, sob pena de *bis in idem* (dupla punição pelo mesmo fato)[42]; outros entendem que **é possível**, não havendo que falar em *bis in idem* (os bens jurídicos são diversos)[43]. Esta última é a nossa posição.

- Art. 22, V – com relação a esse inciso, vale mencionar o destaque do decidido no *Informativo* 640 do STJ (STJ, 3ª Turma, RHC nº 100.446/MG, j. 27.11.2018):

  A decisão proferida em processo penal que fixa alimentos provisórios ou provisionais em favor da companheira e da filha, em razão da prática de violência doméstica, constitui título hábil para imediata cobrança e, em caso de inadimplemento, **passível de decretação de prisão civil** (perante o próprio Juízo que fixou os alimentos).

- Vale ressaltar ainda que para o STJ (6ª Turma, HC nº 452.391/PR, j. 28.05.2019):

  (...) o **descumprimento reiterado de medidas protetivas de urgência** é fundamento idôneo para **valorar negativamente a personalidade do agente**, porquanto tal comportamento revela seu especial desrespeito e desprezo tanto pela mulher quanto pelo sistema judicial. Ademais, denota intrepidez do paciente, porquanto, não obstante a imposição judicial de proibição de aproximação da vítima, a providência foi por ele desprezada a fim de concretizar o objetivo de matá-la.[44]

---

[42] Nesse sentido: Cunha e Pinto (2020, p. 1695).

[43] É o que ensina: Portocarrero e Ferreira (2020, p. 1419).

[44] No mesmo sentido: STJ, 6ª Turma, AgRg no AREsp nº 1.872.560/TO, j. 09.11.2021.

◆ O STJ entende que se afigura descabido o arbitramento de aluguel em desfavor da coproprietária vítima de violência doméstica, que, em razão de medida protetiva de urgência decretada judicialmente, detém o uso e gozo exclusivo do imóvel de cotitularidade do agressor, seja pela desproporcionalidade constatada em cotejo com o art. 226, § 8º, da CF/1988, seja pela ausência de enriquecimento sem causa. Pela importância do julgado, transcrevemos a seguir os seus principais trechos.

Jurisprudência destacada

(...) impor à vítima de violência doméstica e familiar obrigação pecuniária consistente em locativo pelo uso exclusivo e integral do bem comum, na dicção do art. 1.319 do CC/2002, constituiria proteção insuficiente aos direitos constitucionais da dignidade humana e da igualdade (...) sobretudo porque serviria de desestímulo a que a mulher buscasse o amparo do Estado para rechaçar a violência contra ela praticada, como assegura a Constituição Federal em seu art. 226, § 8º, a revelar a desproporcionalidade da pretensão indenizatória em tal caso. (...) 5. Outrossim, a imposição judicial de uma medida protetiva de urgência – que procure cessar a prática de violência doméstica e familiar contra a mulher e implique o afastamento do agressor do seu lar – constitui motivo legítimo a que se limite o domínio deste sobre o imóvel utilizado como moradia conjuntamente com a vítima, não se evidenciando, assim, eventual enriquecimento sem causa, que legitimasse o arbitramento de aluguel como forma de indenização pela privação do direito de propriedade do agressor. 6. Portanto, **afigura-se descabido o arbitramento de aluguel, com base no disposto no art. 1.319 do CC/2002, em desfavor da coproprietária vítima de violência doméstica, que, em razão de medida protetiva de urgência decretada judicialmente, detém o uso e gozo exclusivo do imóvel de cotitularidade do agressor** (...) (STJ, 3ª Turma, REsp nº 1.966.556/SP, Rel. Min. Marco Aurélio Bellizze, por unanimidade, j. 08.02.2022).

12.8.3 Prisão preventiva

Art. 20. Em qualquer fase do inquérito policial ou da instrução criminal, caberá a prisão preventiva do agressor, decretada pelo juiz, de ofício, a requerimento do Ministério Público ou mediante representação da autoridade policial.

Parágrafo único. O juiz poderá revogar a prisão preventiva se, no curso do processo, verificar a falta de motivo para que subsista, bem como de novo decretá-la, se sobrevierem razões que a justifiquem.

Prisão preventiva. Embora o art. 20 da Lei nº 11.340/2006 traga a possibilidade de decretação da prisão preventiva, tal dispositivo não detalha quais os requisitos para a sua concessão, sendo necessário que observemos as disposições contidas no CPP.

Antes de analisarmos os dispositivos, vale mencionar que o art. 42 da Lei Maria da Penha modificou a redação do art. 313 do CPP, acrescentando o inciso IV e prevendo uma nova hipótese de decretação da prisão preventiva (a qual, após a edição da Lei nº 12.403/2011, passou a constar do inciso III):

CPP

Art. 313. Nos termos do art. 312 deste Código, será admitida a decretação da prisão preventiva: (...)

III – se o crime envolver violência doméstica e familiar contra a mulher, criança, adolescente, idoso, enfermo ou pessoa com deficiência, para garantir a execução das medidas protetivas de urgência.

O objetivo dessa nova hipótese de prisão preventiva é justamente causar no agressor uma coação para que cumpra a medida protetiva proferida contra ele, haja vista que de nada adiantaria a imposição da protetiva se, ao ser descumprida, não ensejasse qualquer consequência[45].

A primeira observação quanto à possibilidade de imposição da prisão preventiva para garantir a execução das medidas protetivas (atendo-nos apenas ao âmbito da Lei nº 11.340/2006) é a de que, assim como nas outras hipóteses do art. 313 do CPP, devem estar presentes os **requisitos genéricos** necessários à decretação da prisão cautelar – art. 312 do CPP – consistentes na conjugação do:

- *periculum libertatis* – é o perigo que a liberdade do imputado gera à persecução penal (ordem pública; ordem econômica; conveniência da instrução criminal; aplicação da lei penal);
- *fumus comissi delicti* – é a chamada "fumaça" do cometimento do delito (prova da existência do crime e indício suficiente de autoria).

Portanto, devemos combinar o art. 313, III, com o disposto no art. 312, ambos do CPP[46]. É nesse sentido que caminha a jurisprudência do STJ:

> ### 🔍 Jurisprudência destacada
>
> 1. Muito embora o art. 313, IV, do Código de Processo Penal, com a redação dada pela Lei nº 11.340/2006, admita a decretação da prisão preventiva nos crimes dolosos que envolvam violência doméstica e familiar contra a mulher, para garantir a execução de medidas protetivas de urgência, **a adoção dessa providência é condicionada ao preenchimento dos requisitos previstos no art. 312 daquele diploma**. 2. É imprescindível que se demonstre, com explícita e concreta fundamentação, a necessidade da imposição da custódia para garantia da ordem pública, da ordem econômica, por conveniência da instrução criminal ou para assegurar a aplicação da lei penal, sem o que não se mostra razoável a privação da liberdade, ainda que haja descumprimento de medida protetiva de urgência, notadamente em se tratando de delitos punidos com pena de detenção (STJ, 6ª Turma, HC nº 100.512/MT, Rel. Min. Paulo Gallotti, j. 03.06.2008).

---

[45] Como já mencionado, além da possibilidade de decretação da prisão preventiva, o agressor que descumprir medida protetiva de urgência, após o ano de 2018, poderá também incidir no crime do art. 24-A da Lei nº 11.340/2006.

[46] O próprio *caput* do art. 313 evidencia isso: "**Nos termos do art. 312 deste Código**, será admitida a decretação da prisão preventiva..." (grifos nossos).

Além disso, saiba que, como o art. 313, III, do CPP não faz menção à espécie (reclusão ou detenção) nem à quantidade da pena[47] cominada ao delito, a prisão preventiva poderá ser decretada para qualquer tipo de crime (ex.: ameaça), pouco importando qual a sua pena máxima (não incidindo a limitação prevista no art. 313, I, do CPP), desde que se trate de **crime doloso**.

Esse é o entendimento majoritário, o qual **rechaça** a decretação da prisão preventiva, na hipótese do inciso III, com relação a "contravenções penais" ou a "crimes culposos".

🔍 Jurisprudência destacada

1. Em se tratando de aplicação da cautela extrema, não há campo para interpretação diversa da literal, de modo que **não existe previsão legal autorizadora da prisão preventiva contra autor de uma contravenção, mesmo na hipótese específica de transgressão das cautelas de urgência diversas já aplicadas**. 2. No caso dos autos, nenhum dos fatos praticados pelo agente – puxões de cabelo, torção de braço (que não geraram lesão corporal) e discussão no interior de veículo, onde tentou arrancar dos braços da ex-companheira o filho que têm em comum –, configura crime propriamente dito. 3. **Vedada a incidência do art. 313, III, do CPP**, tendo em vista a notória ausência de autorização legal para a decisão que decretou constrição cautelar do acusado (STJ, 6ª Turma, HC nº 437.535/SP, Rel. Min. Maria Thereza de Assis Moura, j. 26.06.2018).

Acréscimos pontuais. Pela leitura do art. 313, III, do CPP, ressaltamos que apenas será possível a decretação da prisão preventiva caso **já exista** medida protetiva de urgência concedida anteriormente, seguida do seu **descumprimento** (ou seja, não é possível decretar a prisão diretamente nessa hipótese do inciso III)[48]. Nas precisas lições de Cunha e Pinto (2020, p. 1684):

> Há, portanto, por assim dizer, uma ordem cronológica a ser seguida: primeiro são impostas medidas de proteção e, segundo, caso descumpridas, se decreta a prisão preventiva. Sua decretação, de plano, sem se observar a primeira cautela, fere o próprio texto legal, como se vê da leitura do art. 42.

🧩 Decifrando a prova

(Delegado – PC/MG – FUMARC – 2011 – Adaptada) Sobre a prisão preventiva é correto afirmar que nos casos de violência doméstica poderá ser decretada independentemente da imposição anterior de medida protetiva.

( ) Certo ( ) Errado

---

[47] A qual, por expressa previsão contida no art. 283, § 1º, do CPP, deverá ser privativa de liberdade.

[48] Em sentido contrário, Avena (2020, p. 1076) entende que o inciso III do art. 313 não torna impositivo o descumprimento anterior da medida para a decretação da prisão, sendo suficiente a demonstração de sério risco à integridade física da vítima (com a necessidade, demonstrada no caso concreto, de sua proteção).

> **Gabarito comentado:** como vimos, o melhor entendimento é o de que apenas será possível a decretação da prisão preventiva (na hipótese do art. 313, III, CPP) caso já exista medida protetiva de urgência concedida anteriormente, seguida do seu descumprimento, ou seja, a prisão cautelar, na hipótese mencionada, não poderá ser ordenada de forma independente. Portanto, a assertiva está errada.

Acrescentamos ainda o entendimento de que é necessário, para a decretação da citada hipótese de prisão cautelar, além do descumprimento da protetiva, a existência da **prática de crime** que envolva, entre outras, violência doméstica e familiar contra a mulher. Ademais, alguns argumentam que a decretação de prisão preventiva no caso de descumprimento de medida protetiva **exclusivamente cível** (ex.: art. 22, II), sem que se tenha cometido qualquer delito, importaria em **ilícita modalidade de prisão civil**[49].

Embora concordemos com tais premissas, faz-se necessário um complemento. O descumprimento de qualquer medida protetiva de urgência (seja de caráter cível ou não) já vai configurar o **crime do art. 24-A** da Lei Maria da Penha[50]. Em outras palavras, entendendo que é preciso o descumprimento de medida protetiva anterior para a decretação da preventiva (como exposto *supra*), então automaticamente estaremos diante da ocorrência de crime (art. 24-A), independentemente se a medida é exclusivamente cível ou não. Dessa forma, preenchido está o requisito previsto na literalidade do art. 313, III, do CPP (devendo-se cumprir ainda as exigências do art. 312 do CPP).

Possibilidade de decretação de ofício. O art. 20 da Lei Maria da Penha, segundo o melhor entendimento, deve ser interpretado à luz dos arts. 282, § 2º, e 311 do CPP, os quais, conforme reforma implementada pela Lei nº 13.964/2019 (Pacote Anticrime), dispõem que o juiz dependerá de provocação para decretar a prisão preventiva (tanto na fase investigatória como na judicial), ou seja, **não poderá decretá-la de ofício – em toda a persecução penal**. De qualquer forma, o futuro aprovado deve ficar atento às questões "copia e cola" do texto legal, as quais poderão eventualmente considerar correta a alternativa que reproduza o texto do mencionado art. 20[51].

O STJ vem decidindo pela impossibilidade da decretação de ofício:

 **Jurisprudência destacada**

> Agravo regimental no agravo regimental no recurso em *habeas corpus*. Lei Maria da Penha. Prisão de ofício. Ilegalidade. Entendimento firmado pela Terceira Seção. Agravo improvido. 1. A Terceira Seção desta Corte, no julgamento do RHC nº 131.263/GO, na sessão de 24.02.2021,

---

[49] Nesse sentido: Cunha e Pinto (2020, p. 1683).

[50] Salvo na hipótese excepcional do art. 12-C, II e III. Aqui, pelo fato de (pelos menos a princípio) não serem medidas decretadas pelo juiz, inexistirá o delito do art. 24-A (conforme estudaremos a seguir).

[51] Em sentido diverso, Nucci (2020, p. 957) entende que, como a Lei nº 11.340/2006 é especial em relação ao CPP, pode o juiz decretar de ofício a prisão cautelar (na forma do art. 20).

> alinhou-se ao entendimento do Supremo Tribunal Federal de que é ilícita, com base no ordenamento jurídico vigente, a atuação *ex officio* do magistrado na privação cautelar da liberdade. 2. Reconhecida a ilegalidade da prisão de ofício, não há óbice ao Ministério Público, presentes os pressupostos e fundamentos de cautelaridade, requer a decretação da prisão preventiva (STJ, 6ª Turma, AgRg no AgRg no RHC nº 131.667/MT, Rel. Min. Olindo Menezes, j. 27.04.2021).
>
> (...) 2. Diversamente do alegado pelo Tribunal de origem, não se justificaria uma atuação *ex officio* do magistrado por se tratar de crime de violência doméstica e familiar contra a mulher, com fundamento no princípio da especialidade. Não obstante o art. 20 da Lei nº 11.340/2006 ainda autorize a decretação da prisão preventiva de ofício pelo juiz de direito, tal disposição destoa do atual regime jurídico. A atuação do juiz de ofício é vedada independentemente do delito praticado ou de sua gravidade, ainda que seja de natureza hedionda, e deve repercutir no âmbito da violência doméstica e familiar (STJ, 6ª Turma, RHC nº 145.225/RO, Rel. Min. Rogerio Schietti Cruz, j. 15.02.2022).

12.8.4 Registro da medida protetiva de urgência (art. 38-A)

Art. 38-A. O juiz competente providenciará o registro da medida protetiva de urgência.

Parágrafo único. As medidas protetivas de urgência serão, **após sua concessão, imediatamente** registradas em banco de dados mantido e regulamentado pelo Conselho Nacional de Justiça, garantido o acesso **instantâneo** do Ministério Público, da Defensoria Pública e dos órgãos de segurança pública e de assistência social, com vistas à fiscalização e à efetividade das medidas protetivas.

O art. 38-A, incluído no texto da Lei nº 11.340/2006, em 2019, prevê que o juiz competente providenciará o registro da medida protetiva, o qual será realizado em banco de dados do Conselho Nacional de Justiça, garantido o acesso do Ministério Público, da Defensoria Pública e dos órgãos de segurança pública e de assistência social, visando a fiscalização e a efetividade das medidas protetivas.

Cuida-se de inovação importante, haja vista que muitas vezes ocorria de a vítima requerer medidas protetivas na Delegacia e elas serem enviadas ao Judiciário, porém, em razão de o processo judicial correr sob segredo de justiça (na maioria dos casos), a autoridade policial não tinha conhecimento se haviam ou não sido concedidas. Portanto, se a vítima procurasse a Delegacia novamente, alegando, por exemplo, o descumprimento da medida concedida, sem que estivesse com o documento que comprovasse a sua decretação pelo juiz, a autoridade policial não teria como saber de imediato detalhes a respeito dela (prazo, espécie, se foi realmente concedida etc.).

Acrescentamos ainda que em 2022 a Lei nº 14.310/2022 alterou a redação do parágrafo único do mencionado art. 38-A, acrescentando basicamente dois pontos:

◆ As protetivas, após a sua concessão, serão **imediatamente** registradas no banco de dados mencionado.

◆ Deve-se garantir o **acesso instantâneo** (imediato) desse banco de dados contendo o registro da medida ao Ministério Público, Defensoria, órgãos de segurança pública e assistência social.

Assim, o objetivo da norma continua o mesmo: garantir a fiscalização e a efetividade das medidas protetivas concedidas. As alterações vieram no sentido de ajustar ainda mais a viabilidade no cumprimento desse objetivo, haja vista terem frisado que o registro da protetiva no banco de dados deve ser imediato, bem como o acesso a tal informação por parte dos órgãos encarregados deverá ser instantâneo.

12.8.5 Crime de descumprimento de medidas protetivas de urgência (art. 24-A)

Art. 24-A. Descumprir decisão judicial que defere medidas protetivas de urgência previstas nesta Lei:

Pena – detenção, de 3 (três) meses a 2 (dois) anos.

§ 1º A configuração do crime independe da competência civil ou criminal do juiz que deferiu as medidas.

§ 2º Na hipótese de prisão em flagrante, apenas a autoridade judicial poderá conceder fiança.

§ 3º O disposto neste artigo não exclui a aplicação de outras sanções cabíveis.

Antes de 2018, muito se discutia a respeito das consequências do agressor que descumprisse medida protetiva a ele imposta pelo juiz. Além da possibilidade de decretação da prisão preventiva (art. 313, III, do CPP), será que teríamos a caracterização do crime de desobediência? A resposta era negativa, segundo o entendimento dos Tribunais Superiores, de forma que o descumprimento da medida imposta, por si só, não geraria crime algum.

Esse cenário mudou em 2018 com a inserção do art. 24-A no texto da Lei nº 11.340/2006, de modo que, atualmente, o agressor que descumprir medida protetiva decretada pelo juiz, civil ou criminal, incorrerá no crime em questão[52] (o único da Lei Maria da Penha).

> ### 🧩 Decifrando a prova
>
> **(MPE/MG – FUNDEP – 2019 – Adaptada)** Constitui crime descumprir decisão judicial que defere medidas protetivas de urgência previstas na Lei nº 11.340/2006; no entanto, o crime somente se configura na hipótese de as medidas terem sido deferidas por juiz com competência criminal.
>
> ( ) Certo ( ) Errado
>
> **Gabarito comentado:** realmente constitui crime descumprir decisão judicial que defere medidas protetivas de urgência previstas na Lei Maria da Penha, contudo a configuração dele independe da competência civil ou criminal do juiz que deferiu as medidas (art. 24-A, § 1º). Portanto, a assertiva está errada.

---

[52] Segundo o § 3º, o crime do art. 24-A não exclui a aplicação de outras sanções cabíveis.

Bem jurídico. É a administração da justiça. Acrescentamos que o presente delito é especial em relação aos crimes previstos nos arts. 330 (desobediência) e 359 (desobediência à decisão judicial sobre perda ou suspensão de direito) do CP.

Elemento subjetivo. É o **dolo**, estando o crime caracterizado quando o agente sabe que houve uma medida protetiva decretada contra ele e, mesmo assim, decide descumpri-la. Se o agressor não tomar conhecimento acerca da protetiva, inexistirá o delito, pois estaremos diante de erro de tipo (art. 20, *caput*, do CP), o qual, por não existir modalidade culposa do crime, sempre o excluirá (ainda que seja vencível).

Sujeitos do crime. Cuida-se de **crime próprio**, o qual exigirá uma condição especial do sujeito ativo: existência de medida protetiva de urgência decretada em seu desfavor. Quanto ao sujeito passivo, trata-se do **Estado** (imediato), bem como da **mulher beneficiada pela medida protetiva** (mediato). Acrescentamos que o crime pode ser cometido tanto na forma **comissiva** (mantém contato com a vítima, violando o art. 22, III, "b") quanto **omissiva** (deixa de pagar a prestação alimentícia, violando o art. 22, V).

Consumação e tentativa. O crime estará consumado no momento em que o sujeito ativo dolosamente **descumpre** o previsto na medida protetiva contra ele decretada (crime formal). A tentativa é possível, na hipótese de o sujeito agir no sentido de descumprir a medida, sendo impedido por circunstâncias alheias a sua vontade.

Crime de menor potencial ofensivo. Trata-se, pelo menos conceitualmente, de crime de menor potencial ofensivo, haja vista que a pena máxima não é superior a dois anos. Todavia, cuidado, não será aplicada nenhuma das disposições da Lei n° 9.099/1995 (art. 41 da Lei n° 11.340/2006)[53]. Dessarte, em vez de termo circunstanciado, **deverá ser instaurado inquérito policial**. Além disso, **a prisão em flagrante será possível** (o autor não poderá ser liberado, como acontece nas infrações penais sujeitas à Lei n° 9.099/1995, art. 69).

Ainda que a pena máxima seja de dois anos, o que, segundo disposto no art. 322 do CPP, autorizaria que o delegado de polícia arbitrasse fiança, isso não acontecerá, haja vista que o § 2° do art. 24-A prescreve: "Na hipótese de prisão em flagrante, apenas a **autoridade judicial** poderá conceder fiança" (jamais o delegado de polícia).

Ação penal e competência. O delito será processado e julgado mediante ação penal **pública incondicionada**, a qual correrá perante o Juizado de Violência Doméstica e Familiar contra a Mulher (ou na Vara Criminal, caso não haja o Juizado especial na localidade).

---

[53] Em sentido contrário, Nucci (2020, p. 963) entende que, como o art. 24-A não representa crime violento contra a mulher, não se aplica a ele o disposto no art. 41 da Lei n° 11.340/2006 (ou seja, sendo o delito infração de menor potencial ofensivo, incidirá a Lei n° 9.099/1995). Assim, na visão do autor, será cabível, por exemplo, a transação penal.

Decifrando a prova

(Delegado – PC/RS – FUNDATEC – 2018 – Adaptada) A Lei Maria da Penha elevou à condição de infração penal toda e qualquer forma de violência contra a mulher, no âmbito doméstico ou da família, independentemente de coabitação.

( ) Certo ( ) Errado

Gabarito comentado: a Lei nº 11.340/2006 não trata dessa questão em nenhum de seus artigos, ou seja, não elevou toda e qualquer forma de violência contra mulher à condição de infração penal. A mencionada Lei criminaliza apenas uma conduta em seu texto: art. 24-A (crime de descumprimento de medidas protetivas de urgência). Portanto, a assertiva está errada.

Necessidade de decretação pelo juiz. Em decorrência do previsto no *caput*, apenas haverá o delito se a medida protetiva descumprida foi decretada por autoridade judicial. Assim, na hipótese excepcional do art. 12-C, II e III (afastamento imediato do lar), caso o agressor descumpra a determinação proferida pelo Delegado ou Policial, não restará caracterizado o crime do art. 24-A.

Por fim, destacamos o entendimento do STJ no sentido de que o delito do art. 24-A não é meio necessário ou usual para a realização do delito de ameaça – que, com frequência, é praticado em contextos distintos da situação de violência doméstica e familiar. Assim, para a existência do delito da Lei Maria da Penha, basta o descumprimento doloso da medida protetiva (mesmo que não haja qualquer ameaça vinculada).

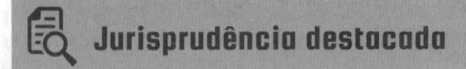 **Jurisprudência destacada**

1. O crime de descumprimento de medidas protetivas de urgência não é meio necessário ou usual para a realização do delito de ameaça – que, com frequência, é praticado em contextos distintos da situação de violência doméstica e familiar (STJ, 6ª Turma, HC 616.070/MG, Rel. Min. Laurita Vaz, j. 16.11.2021).

12.9 PROGRAMA DE COOPERAÇÃO SINAL VERMELHO (LEI Nº 14.188/2021)

Lei nº 14.188/2021

Art. 1º. Esta Lei define o programa de cooperação Sinal Vermelho contra a Violência Doméstica como uma das medidas de enfrentamento da violência doméstica e familiar contra a mulher previstas na Lei nº 11.340, de 7 de agosto de 2006 (Lei Maria da Penha), e no Decreto-lei nº 2.848, de 7 de dezembro de 1940 (Código Penal), altera a modalidade da pena da lesão corporal simples cometida contra a mulher por razões da condição do sexo feminino e cria o tipo penal de violência psicológica contra a mulher.

Art. 2º Fica autorizada a integração entre o Poder Executivo, o Poder Judiciário, o Ministério Público, a Defensoria Pública, os órgãos de segurança pública e as entidades privadas, para a promoção e a realização do programa Sinal Vermelho contra a Violência Doméstica como medida de ajuda à mulher vítima de violência doméstica e familiar, conforme os incisos I, V e VII do *caput* do art. 8° da Lei n° 11.340, de 7 de agosto de 2006.

Parágrafo único. Os órgãos mencionados no *caput* deste artigo deverão estabelecer um canal de comunicação imediata com as entidades privadas de todo o País participantes do programa, a fim de viabilizar assistência e segurança à vítima, a partir do momento em que houver sido efetuada a denúncia por meio do código "sinal em formato de X", preferencialmente feito na mão e na cor vermelha.

Art. 3° A identificação do código referido no parágrafo único do art. 2° desta Lei poderá ser feita pela vítima pessoalmente em repartições públicas e entidades privadas de todo o País e, para isso, deverão ser realizadas campanha informativa e capacitação permanente dos profissionais pertencentes ao programa, conforme dispõe o inciso VII do *caput* do art. 8° da Lei n° 11.340, de 7 de agosto de 2006 (Lei Maria da Penha), para encaminhamento da vítima ao atendimento especializado na localidade.

No ano de 2021, foi publicada a Lei n° 14.188/2021, a qual instituiu o programa de cooperação Sinal Vermelho contra a Violência Doméstica. Cuida-se de medida para enfrentamento da violência doméstica e familiar contra a mulher.

Pela leitura do art. 2° da mencionada Lei, nota-se que o programa objetiva a integração entre órgãos públicos e sociedade civil quanto ao auxílio à mulher vítima de violência doméstica e familiar. Assim, os órgãos públicos deverão estabelecer um canal de comunicação imediata com as entidades privadas de todo o País participantes do programa, a fim de viabilizar assistência e segurança à vítima quando houver sido efetuada denúncia por meio do código "sinal em formato de X" (preferencialmente feito na mão e na cor vermelha).

O art. 3° ainda estabelece que a identificação do código pode ser feita pela vítima pessoalmente em repartições públicas e entidades privadas de todo o País, devendo existir campanha informativa e capacitação permanente dos profissionais pertencentes ao programa quanto ao encaminhamento da vítima ao atendimento especializado.

Além disso, visando à efetividade de tal medida de enfrentamento, a Lei n° 14.188/2021 promoveu alteração no delito do art. 129 do CP (foi incluída a qualificadora do § 13), além de acrescentar no mesmo diploma normativo o delito de violência psicológica contra a mulher (art. 147-B do CP). Houve também modificação no art. 12-C da Lei Maria da Penha, como já analisamos em tópico anterior (sendo acrescentada a menção à integridade psicológica na redação do dispositivo).

13

Lei Antidrogas – Lei nº 11.343/2006

13.1 CONSIDERAÇÕES INICIAIS

13.1.1 Contexto histórico

Contexto. O consumo e o tráfico ilícito de drogas não são problemas recentes, tampouco apenas afligem o nosso país, havendo, no âmbito internacional, tratados e convenções visando a combatê-los. Desde o início do século passado já se notava que a questão tomava contornos cada vez mais preocupantes e, nesse contexto, foi celebrada a Convenção Internacional sobre o Ópio, em Haia, 1912.

Em 1973, o Brasil aderiu ao Acordo Sul-Americano sobre Estupefacientes e Psicotrópicos e editou a Lei nº 6.368/1976, que separou as figuras penais do **"traficante"** e do **"usuário"**, as quais, até ali, nos termos do art. 281 do CP, mereciam idêntico tratamento.

A Lei nº 6.368/1976 que, por trinta anos, regeu o tratamento penal dispensado aos crimes de drogas no País regulava a sistemática das drogas em sua parte penal (material). Em 2002, foi editada a Lei nº 10.409, a qual continha normas materiais e processuais no tocante às drogas. Contudo, a parte material (crimes e penas) foi integralmente vetada pelo Presidente da República, entrando em vigor apenas a processual. Assim, havia, nessa ocasião, duas leis que tratavam a respeito do tema, uma dispondo sobre o direito material/penal e a outra contendo a parte processual.

Posteriormente, entrou em vigor a Lei nº 11.343/2006, a qual revogou integralmente as normas citadas e passou a tratar de forma integral (administrativa, material e processual) toda a sistemática envolvendo o objeto material "droga".

CPM

Art. 290. Deve-se, contudo, destacar que, além das condutas trazidas pela Lei nº 11.343/2006, temos, no art. 290 do Código Penal Militar (CPM), o crime de porte de substância entorpecente – embora ali não se faça diferença entre o porte que tem por objetivo a comercialização e aquele que se destina ao uso próprio, sendo as hipóteses contempladas no mesmo dispositivo e punidas com as mesmas penas.

Trata-se de norma especial se comparada às regras dos arts. 28 e 33 da Lei nº 11.343/2006, sendo aplicável quando praticada em local sujeito à administração castrense.

> **Art. 290.** Receber, preparar, produzir, vender, fornecer, ainda que gratuitamente, ter em depósito, transportar, trazer consigo, ainda que para uso próprio, guardar, ministrar ou entregar de qualquer forma a consumo substância entorpecente, ou que determine dependência física ou psíquica, em lugar sujeito à administração militar, sem autorização ou em desacordo com determinação legal ou regulamentar:
>
> **Pena** – reclusão, até cinco anos.
>
> **Casos assimilados**
>
> § 1º Na mesma pena incorre, ainda que o fato incriminado ocorra em lugar não sujeito à administração militar:
>
> I – o militar que fornece, de qualquer forma, substância entorpecente ou que determine dependência física ou psíquica a outro militar;
>
> II – o militar que, em serviço ou em missão de natureza militar, no país ou no estrangeiro, pratica qualquer dos fatos especificados no artigo;
>
> III – quem fornece, ministra ou entrega, de qualquer forma, substância entorpecente ou que determine dependência física ou psíquica a militar em serviço, ou em manobras ou exercício.
>
> **Forma qualificada**
>
> § 2º Se o agente é farmacêutico, médico, dentista ou veterinário:
>
> **Pena** – reclusão, de dois a oito anos.

Política de repressão e prevenção. O tratamento conferido pela Lei nº 11.343/2006 às condutas de adquirir, trazer consigo e guardar a droga para uso próprio difere daquele dado pela Lei nº 6.368/1976, na medida em que a referida figura é agora tratada no título relativo à **prevenção**, sem cominação de pena privativa de liberdade, separada, assim, em definitivo, do tratamento dado ao traficante. No caso deste, a conduta vem disciplinada em outro título, qual seja, o da **repressão**, com penas privativas de liberdade e tratamento bem mais severos dispensados aos seus autores.

Esquematização. A Lei nº 11.343/2006 possui 6 títulos e 75 artigos. É certo ainda que, entre os títulos mais cobrados em prova, destacam-se: Título III (arts. 18 a 30) e Título IV (arts. 31 a 64).

TÍTULO I – Arts. 1º e 2º	Disposições preliminares
TÍTULO II – Arts. 3º a 17	Do sistema nacional de políticas públicas sobre drogas
TÍTULO III – Arts. 18 a 30	Das atividades de prevenção do uso indevido, atenção e reinserção social de usuários e dependentes de drogas
TÍTULO IV – Arts. 31 a 64	Da repressão à produção não autorizada e ao tráfico ilícito de drogas
TÍTULO V – Art. 65	Da cooperação internacional
TÍTULO VI – Arts. 66 a 75	Disposições finais e transitórias

13.1.2 Bem jurídico tutelado

Os crimes de que trata essa lei têm por objeto da tutela jurídica a **saúde pública**, em razão dos danos potenciais que a droga pode gerar à coletividade. São crimes de **perigo abstrato**. Além da saúde pública, podem ser protegidos outros bens jurídicos, como a **paz pública** (no art. 35, *caput* e parágrafo único) e a **segurança** nos meios de transporte aéreo e marítimo (art. 39).

Bem entendida a questão relativa à objetividade jurídica, podemos asseverar que não há autolesão na hipótese do crime descrito no art. 28, como pretendem alguns. A ação do usuário aqui não é punida pelo mal causado a si próprio, mas pelo **perigo social** que sua conduta representa, atingindo interesses de terceiros, ou melhor, interesses da sociedade, titular do bem jurídico tutelado, qual seja, a já mencionada saúde pública (PORTOCARRE-RO; FERREIRA, 2020, p. 97). Inexiste, assim, qualquer violação ao princípio da alteridade na previsão trazida pelo mencionado dispositivo.[1] Há, portanto, transcendentalidade na conduta e perigo para a saúde da coletividade (CAPEZ, 2012, p. 758).

Cuidado

Embora a quase totalidade dos crimes descritos nessa lei seja de perigo abstrato, o crime do art. 39 é crime de perigo concreto, pois requer, para sua configuração, que a conduta do agente resulte em efetivo perigo de dano a ser demonstrado pelos órgãos encarregados da persecução criminal.[2]

13.1.3 Norma penal em branco heterogênea

Normas penais incriminadoras. As normas penais incriminadoras trazidas pela lei em estudo referem-se às drogas sem, contudo, mencionar as substâncias que podem ser entendidas como psicotrópicas. Assim, podem ser consideradas normas penais em branco, na medida em que precisarão ser complementadas por outra que relacione aquelas substâncias.

No caso da Lei nº 11.343/2006, o complemento será encontrado, nos termos do seu art. 66, na Portaria SVS/MS nº 344/1998. Apenas as substâncias ali relacionadas poderão ser

---

[1] O princípio da alteridade é aquele segundo o qual uma conduta somente pode ser considerada típica caso extrapole o âmbito do próprio agente e atinja a bens jurídicos de terceiros. Na hipótese do art. 28 da Lei nº 11.343/2006, considerando-se que o bem jurídico tutelado é a saúde pública, e não a saúde do próprio usuário, não há que falar em violação ao princípio da alteridade.

[2] Crimes de perigo abstrato são aqueles em que o legislador descreve uma conduta, presumindo-a perigosa, independentemente de, na sua realização, ter havido efetivamente um perigo real de dano. Crimes de perigo concreto são aqueles em que o legislador descreve uma conduta em tese perigosa, mas que somente caracterizará crime caso reste demonstrado, no caso concreto, ter havido efetiva criação de situação de perigo.

consideradas drogas. Como o complemento não se encontra em outra lei, mas em uma portaria, fonte de menor hierarquia, estamos diante de uma norma penal em branco em caráter **estrito**, ou seja, uma norma penal em branco heterogênea.[3]

> **Art. 66.** Para fins do disposto no parágrafo único do art. 1º desta lei, até que seja atualizada a terminologia da lista mencionada no preceito, denominam-se drogas substâncias entorpecentes, psicotrópicas, precursoras e outras sob controle especial, da Portaria SVS/MS nº 344, de 12 de maio de 1998.

Supressão de substâncias da listagem da Portaria SVS/MS nº 344/1998. Sendo retirada a droga do rol trazido pela portaria, teremos, com relação a essa, hipótese de *abolitio criminis*, que, acarretando a **extinção da punibilidade**, nos termos do art. 107, III, do CP, não mais autorizará a punição de comportamentos anteriores que versaram sobre aquela substância. Isso já ocorreu entre nós com o cloreto de etila, suprimido do rol por um equívoco na ocasião de uma publicação oficial. O STF entendeu que a supressão, ainda que decorrente de um engano, gerou *abolitio criminis* para os fatos anteriores. Outrossim, entendeu atípicas condutas que versassem sobre cloreto de etila praticadas na semana em que a substância esteve fora da listagem.

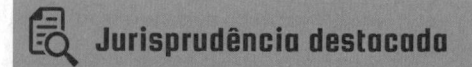

Jurisprudência destacada

Ação penal. Tráfico de entorpecentes. Comercialização de "lança-perfume". Edição válida da Resolução Anvisa nº 104/2000. Retirada do cloreto de etila da lista de substâncias psicotrópicas de uso proscrito. *Abolitio criminis*. Republicação da Resolução. Irrelevância. Retroatividade da lei penal mais benéfica. HC concedido. A edição, por autoridade competente e de acordo com as disposições regimentais, da Resolução Anvisa nº 104, de 07.12.2000, retirou o cloreto de etila da lista de substâncias psicotrópicas de uso proscrito durante a sua vigência, tornando atípicos o uso e tráfico da substância até a nova edição da Resolução, e extinguindo a punibilidade dos fatos ocorridos antes da primeira portaria, nos termos do art. 5º, XL, da CF/1988 (HC nº 94.397/BA, Rel. Min. Cezar Peluso, j. 09.03.2010)

---

[3] As normas penais em branco classificam-se como homogêneas ou heterogêneas. Considerando-se que normas penais, ainda que em branco, sempre são previstas em lei (exigência feita pelo princípio da legalidade), quando seu complemento estiver em outra lei, serão chamadas normas penais em branco homogêneas. Tal se dá, por exemplo, com a do art. 237 do CP, que define como criminosa a conduta de contrair casamento, conhecendo a existência de impedimento que lhe cause a nulidade absoluta, sem, contudo, dizer quais seriam essas causas. A norma é complementada pelo art. 1.521 do CC, que traz as hipóteses de impedimentos. De outro giro, quando complementadas por uma fonte normativa hierarquicamente inferior à lei, como decretos, portarias etc., serão chamadas normas penais em branco de caráter heterogêneo, como ocorre com as normas do art. 269 do CP e as da Lei Antidrogas.

13.2 CARACTERÍSTICAS GERAIS DOS CRIMES

13.2.1 Tipo subjetivo

Os crimes previstos nessa lei são **dolosos**, à exceção daquele disposto no art. 38, praticado a título de **culpa**.

13.2.2 Erro de tipo e erro de proibição

Erro de tipo. Sabemos que o erro de tipo é aquele que versa sobre os elementos constitutivos do tipo legal de crime, ou seja, o erro sobre elemento do tipo penal. Na lei antidrogas, se o agente adquire, transporta, guarda, traz consigo ou tem em depósito droga **sem** conhecimento daquilo que traz consigo, imaginando tratar-se de outro produto, incorrerá em **erro de tipo**, que evidencia a **ausência** de dolo e, ainda que **vencível** seu erro, estará afastado o crime, que **não** admite modalidade culposa.

> **Art. 20.** O erro sobre elemento constitutivo do tipo legal de crime exclui o dolo, mas permite a punição por crime culposo, se previsto em lei.

Se o erro for provocado por **terceiro**, este responderá pelo crime, como **autor mediato**, nos termos do art. 20, § 2º:

> **Art. 20.** (...)
>
> § 2º Responde pelo crime o terceiro que determina o erro.
>
> Exemplo: André trabalha como motorista em empresa de transporte e, ao chegar à empresa, são entregues a ele caixas fechadas daquilo que seu diretor dizia ser farinha. Na verdade, o diretor da empresa sempre soube que se tratava de cocaína e fez com que André incorresse em erro ao transportar o material. Na hipótese, André está em erro de tipo e sua conduta é atípica, pois o crime de tráfico somente se admite na modalidade dolosa. O diretor, por seu turno, é o autor mediato do crime e se utilizou de André como instrumento para a prática delituosa.

Erro de proibição. O erro do agente pode versar sobre a proibição da conduta que leva a efeito ou pode, ainda, versar sobre o fato de determinada substância estar elencada entre aquelas trazidas pela Portaria SVS/MS nº 344/1998. No caso, o agente **sabe** exatamente o produto que adquire, transporta, deposita, guarda, traz consigo etc., mas **desconhece** que ele esteja catalogado pelo Ministério da Saúde como droga, não tendo conhecimento da proibição que versa sobre aquele comportamento.

Nesses casos, teremos erro de proibição, o qual diminuirá a pena do agente se **vencível** (inescusável) e, se **invencível** (escusável), isentá-lo-á de pena, consoante o disposto no art. 21 do CP:

CP

Art. 21. O desconhecimento da lei é inescusável. O erro sobre a ilicitude do fato, se inevitável, isenta de pena; se evitável, poderá diminuí-la de um sexto a um terço.

Parágrafo único. Considera-se evitável o erro se o agente atua ou se omite sem a consciência da ilicitude do fato, quando lhe era possível, nas circunstâncias, ter ou atingir essa consciência.

Exemplo 1: Plinio, brasileiro que reside com os pais em outro país há muitos anos, sempre recebe vídeos de primos brasileiros fumando cigarros de maconha na praia, em festas, em bloco de carnaval e até mesmo em bares. Assim, vem passar dias no Brasil, trazendo consigo certa quantidade da erva para consumo pessoal. É flagrado por agentes da polícia logo na sua chegada e estranha a ação policial porque julgava nada estar fazendo de ilícito. Cuida-se de hipótese em que está em erro de proibição, resolvendo-se a questão de acordo com o art. 21, supratranscrito.

Exemplo 2: André, que trabalha como entregador em uma drogaria, embora saiba que traficar droga é crime, desconhece que a morfina é substância catalogada como tal no rol do Ministério da Saúde. Sai com duas caixas para um cliente, com a recomendação de que deveria obter dele a receita no ato da entrega. Ocorre que, antes, passa na casa de outro cliente que havia comprado comprimidos de paracetamol. No ato da entrega, o cliente relata fortes dores, mostrando-se incrédulo dos efeitos da substância que encomendou. André, então, menciona estar levando morfina e lhe oferece uma caixa por justo preço, o mesmo preço praticado pelo estabelecimento. Na casa do cliente que havia encomendado a morfina, André entrega apenas uma caixa, contando o ocorrido com o cliente anterior e recebendo o valor por essa nova entrega, além das receitas que autorizariam a aquisição das duas caixas. Ao chegar na farmácia, André, menino muito pobre, residente em área carente e que nem sequer havia completado o primeiro ciclo do ensino fundamental, tudo relatou ao patrão, que se desesperou e o advertiu para que jamais repetisse o feito. Ao vender morfina para o cliente sem saber que a mesma é droga elencada na portaria e que não poderia vendê-la como fez, André incorreu em erro de proibição, que, na hipótese, parece-nos invencível (escusável), razão pela qual estaria isento de pena.

13.2.3 Sujeitos do crime

Sujeito ativo. Em regra, qualquer pessoa pode ser um sujeito ativo dos crimes que descreve essa lei, tratando-se, portanto, de **crimes comuns** os aqui abordados.

Teremos três exceções de crimes **próprios** (exigirá uma qualidade especial do agente) na lei:

- Art. 33, *caput*, na modalidade "prescrever" (apenas profissional da saúde).
- Art. 33, § 1º, III (apenas quem detém a propriedade/posse/guarda do local ou bem).
- Art. 38 (apenas profissional da saúde).

Sujeito passivo. O sujeito passivo dos crimes da lei é a **coletividade** como um todo (crime vago), que figura como titular dos bens jurídicos tutelados pelas normas.

13.2.4 Prova da materialidade

Crimes não transeuntes. Os crimes previstos nos arts. 33 e 34 são crimes que deixam vestígios (denominados "não transeuntes), sendo imprescindível a realização de prova pericial do material arrecadado, conclusivo de que se trata de uma daquelas substâncias catalogadas pelo Ministério da Saúde como droga ou, na hipótese do art. 34, que se cuida de maquinismo especialmente destinado à produção, fabricação ou preparação da droga. Só assim se comprovará a materialidade do delito.

É necessária a realização de perícia (documentada por meio de laudo) para a realização do flagrante? E para o oferecimento da denúncia? E para a condenação? É necessária para todos esses procedimentos. No entanto, temos que diferenciar dois tipos de exame pericial: o provisório e o definitivo.

Para a **lavratura do auto de prisão em flagrante, bem como o oferecimento/recebimento da denúncia**, basta a realização do laudo de constatação provisório/preliminar[4], subscrito por apenas um perito ou, em sua falta, por uma pessoa idônea, devendo dele constar a natureza e a quantidade da substância arrecadada, conforme art. 50, § 1º:

> § 1º Para efeito da lavratura do auto de prisão em flagrante e estabelecimento da materialidade do delito, *é* suficiente o laudo de constatação da natureza e quantidade da droga, firmado por perito oficial ou, na falta deste, por pessoa idônea.

O subscritor do laudo prévio não precisa ser pessoa portadora de diploma de curso superior, nem ter habilitação técnica, não se repetindo, aqui, as exigências feitas no art. 159 do CPP.

Além do laudo de constatação provisório, imprescindível à confecção do auto de prisão em flagrante e à denúncia, temos o laudo toxicológico definitivo. Este será indispensável para condenação pelo crime de tráfico de drogas.

Quanto à determinação de realização do laudo definitivo, geralmente se dará por iniciativa da autoridade policial (quando da lavratura do flagrante) ou por determinação do juiz (após o recebimento da denúncia – art. 56, *caput*). No tocante à juntada do referido laudo ao processo, Lima (2021, p. 1139-1140) entende que deverá ser com certa antecedência da audiência de instrução e julgamento (para o autor, no mínimo dez dias antes)[5]. Contudo, o entendimento prevalente nos Tribunais Superiores é o de que, mesmo se juntado ao processo após a audiência de instrução e julgamento, por exemplo, quando da sentença, ou até mesmo após a condenação, somente haverá nulidade se demonstrado prejuízo ao réu (hipótese de nulidade relativa).

---

4   Também denominado "laudo de constatação da natureza e quantidade da droga".

5   O autor ainda esclarece que parcela da doutrina entende pela obrigatoriedade da juntada em no mínimo três dias antes da referida audiência.

📄🔍 **Jurisprudência destacada**

(...) 2. Não se verifica a nulidade no feito quando o laudo toxicológico definitivo, muito embora juntado aos autos após a prolação da sentença condenatória, confirma todos os dados constantes no laudo de constatação provisória devidamente firmado por perito criminal. 3. Agravo regimental improvido (STJ, 5ª Turma, AgRg no HC nº 615.698/SP 2020/0252140-7, Rel. Min. Ribeiro Dantas, j. 02.02.2021, *DJe* 08.02.2021).[6]

Seguindo a sistemática estabelecida pelo art. 159 do CPP, o laudo definitivo deverá ser subscrito por um perito oficial portador de diploma de curso superior (podendo ser o que elaborou o laudo prévio – art. 50, § 2º) ou, na falta deste, por duas pessoas idôneas, com diploma de curso superior preferencialmente na área específica, entre as que tiverem habilitação técnica relacionada com a natureza do exame.

Ausência de laudo toxicológico definitivo – exceção. Como vimos, o laudo toxicológico definitivo é imprescindível à demonstração da materialidade do delito visando condenação do réu; essa é a regra. Contudo, o STJ já admitiu[7], excepcionalmente, condenação amparada tão somente em laudo de constatação provisório quando ele permitir grau de certeza idêntico ao laudo definitivo pois: elaborado por perito oficial + em procedimento e conclusões equivalentes ao exame definitivo, permitindo idêntico grau de certeza.

📄🔍 **Jurisprudência destacada**

(...) 2. A jurisprudência do Superior Tribunal de Justiça admite, excepcionalmente, a comprovação da natureza da substância por meio de teste toxicológico preliminar, desde que ele seja: a) realizado por perito oficial; b) empregue procedimentos e alcance conclusões equivalentes ao exame definitivo; e c) permita grau de certeza idêntico ao exame definitivo. (...) (STJ, 6ª Turma, HC nº 532.794/MS, Rel. Min. Laurita Vaz, j. 06.10.2020)[8].

Acréscimos jurisprudenciais. Para não interferir no raciocínio anteriormente construído, optamos por abordar em separado (a seguir) outros entendimentos firmados pela jurisprudência quanto a situações concretas decididas e relacionadas aos laudos estudados *supra*. Vejamos:

- ♦ **A presença do laudo toxicológico definitivo afasta a ausência ou eventuais irregularidades constantes no laudo provisório** (STJ, 5ª Turma, HC nº 277.347/AM, Rel. Min. Marco Aurélio Bellizze, j. 11.03.2014).

---

[6] No mesmo sentido: STF, 1ª Turma, RHC nº 110.429/MG, Rel. Min. Luiz Fux, j. 06.03.2012; e STJ, 6ª Turma, HC nº 290.501/MG, Rel. Min. Maria Thereza de Assis Moura, j. 05.05.2015.

[7] Nesse sentido: STJ, 3ª Seção, EREsp nº 1.544.057/RJ, Rel. Min. Reynaldo Soares da Fonseca, j. 26.10.2016.

[8] No mesmo sentido: STJ, 5ª Turma, AgRg no HC nº 615.698/SP, Rel. Min. Ribeiro Dantas, j. 02.02.2021.

- Quanto à confecção dos laudos estudados, entende-se que é desnecessário aferir o grau de pureza da droga, importando, tão somente, a constatação da natureza e quantidade da substância (STJ, 6ª Turma, RHC nº 63.295/SP, Rel. Min. Maria Thereza de Assis Moura, j. 19.11.2015).

- Com relação ao laudo definitivo, entende o STJ: a simples falta de assinatura do perito criminal no laudo definitivo constitui mera irregularidade e não tem o condão de anular o exame toxicológico, sobretudo na espécie em que o perito oficial está devidamente identificado com seu nome e número de registro no documento e houve o resultado positivo para as substâncias ilícitas analisadas (STJ, 5ª Turma, AgRg no REsp nº 1.800.441/MG, Rel. Min. Felix Fischer, j. 07.05.2019).

   Embora a regra seja a de que o exame pericial é imprescindível a comprovar a materialidade dos delitos envolvendo o objeto material droga, nos casos em que não for possível a apreensão da substância – inviável, portanto, a realização da perícia –, a orientação jurisprudencial do STF vai no sentido de que outras provas idôneas poderão lastrear a condenação nessa situação excepcional. A 5ª Turma do STJ também possui recentes acórdãos no mesmo sentido. STF, 1ª Turma, HC nº 181.632 AgR/PR, Rel. Min. Roberto Barroso, j. 29.05.2020; STF, 2ª Turma, HC nº 213.896 AgR/MS, Rel. Min. Gilmar Mendes, j. 16.05.2022; STJ, 5ª Turma, AgRg no HC nº 722.087/SP, Rel. Min. Jesuíno Rissato, j. 10.05.2022.

- Com relação à 6ª Turma do STJ, existem acórdãos recentes no mesmo sentido do anteriormente afirmado: STJ, 6ª Turma, AgRg nos EDcl no RHC nº 150.385/CE, Rel. Min. Sebastião Reis Júnior, j. 23.11.2021.

   Contudo, também encontramos acórdãos no sentido de que a ausência do exame pericial diante da não apreensão da droga levará necessariamente à absolvição do réu (pois ausente a materialidade delitiva). Assim, para a comprovação da materialidade, deve existir ao menos o laudo preliminar. Parece-nos ser esse o entendimento atual da 6ª Turma: STJ, 6ª Turma, AgRg no REsp nº 1.655.529/ES, Rel. Min. Antonio Saldanha Palheiro, j. 06.10.2020; STJ, 6ª Turma, AgRg no REsp nº 1.661.427/MG, Rel. Min. Rogerio Schietti Cruz, j. 19.04.2022; STJ, 6ª Turma, AgRg no REsp nº 1.948.410/TO, Rel. Min. Olindo Menezes, j. 22.03.2022.

13.2.5 Imputabilidade

A lei em comento, em seu art. 45, repete para os **dependentes químicos** e para os que atuam sob efeito de drogas o mesmo tratamento dispensado nos arts. 26 e 28 do CP aos **doentes mentais e à embriaguez.**

> **Art. 45.** É isento de pena o agente que, em razão da dependência, ou sob o efeito, proveniente de caso fortuito ou força maior, de droga, era, ao tempo da ação ou da omissão, qualquer que tenha sido a infração penal praticada, inteiramente incapaz de entender o caráter ilícito do fato ou de determinar-se de acordo com esse entendimento.

A regra especial será utilizada qualquer que tenha sido o crime praticado. Assim, se o agente comete um furto, um roubo, tráfico ou qualquer outro crime sob efeito de droga, a análise e o fundamento da imputabilidade serão extraídos da norma especial da Lei nº 11.340/2006.

Para o dependente químico, tratado como doente mental, foi adotado o critério **biopsicológico**. Assim, para que possa ser entendido como **inimputável**, além de ser dependente químico da droga, deverá, em razão da dependência, ao tempo da ação ou da omissão, ser **inteiramente** incapaz de entender o caráter ilícito de seu ato; ou de se determinar de acordo com esse conhecimento.

Para as hipóteses de ingestão voluntária da droga, foi adotada a **teoria da** *actio libera in causa*, a exemplo do que leciona o disposto no art. 28 do CP para os casos de **embriaguez voluntária**.

Assim como faz o CP, a lei em comento também tratou da ingestão involuntária, sendo as seguintes as situações que podem ser geradas:

Exemplo 1: André, dependente químico, ao tempo da ação ou da omissão, quando era inteiramente incapaz de entender o caráter ilícito do fato e de determinar-se de acordo com esse entendimento, matou Maria. Na hipótese, deve ser reconhecida a sua inimputabilidade e ficará isento de pena, nos termos do art. 45, *caput*.

Exemplo 2: Admita, agora, ainda no exemplo *supra*, que, em razão da dependência química, André não fosse, ao tempo da ação ou da omissão, inteiramente incapaz de entender o caráter ilícito do fato, porque lhe sobrava alguma capacidade para compreender que o que realizava era proibido pela lei. No caso, estará configurada semi-imputabilidade, não estando o agente isento de pena, embora a pena possa ser diminuída, nos termos do art. 46.

Exemplo 3: Luís, depois de seu amigo ter colocado certa quantidade de droga no suco que bebia, ficou totalmente transtornado, quebrando tudo a sua frente. Inteiramente incapaz de compreender o caráter ilícito do fato e de determinar-se de acordo com esse entendimento, desferiu uma facada em Ana, dona do bar, que implorava para que não continuasse. Ana não resistiu aos ferimentos e veio a óbito. No caso, Luís é isento de pena, pois se trata de inimputável, nos termos do art. 45, agindo ele sob o efeito de droga involuntariamente ingerida.

Exemplo 4: No mesmo exemplo anterior, imagine que, ainda que sob efeito de droga involuntariamente ingerida, sobrasse a Luís alguma capacidade para entender o caráter ilícito de sua conduta, ou seja, imagine que ele não fosse inteiramente incapaz de reconhecer o caráter ilícito do fato ou de determinar-se de acordo com esse entendimento. Nesse caso, estaríamos diante de hipótese de semi-imputabilidade, não sendo Luís isento de pena, embora sua pena possa ser, nos termos do art. 46, reduzida.

Exemplo 5: Carlos se reúne com amigos em sua própria casa para comemorar promoção na empresa em que trabalha. Durante a comemoração, porque quer "curtir" muito aquele momento, faz uso de considerável quantidade de cocaína, embora não tivesse o hábito de consumir a referida substância. Completamente transtornado, acaba por discutir com um amigo, passando a agredi-lo com uma barra de ferro, provocando-lhe lesões. Na hipótese, cuida-se de entorpecimento voluntário, em decorrência da ingestão de droga. Como se colocou voluntariamente naquela condição, aplica-se a teoria da *actio libera in causa* e Carlos poderá ser responsabilizado pelo crime, não estando isento de pena. Essa é a conclusão a que se chega com a aplicação do art. 45, *a contrario sensu*, que repete a regra do art. 28, II, do CP.

13.2.6 Pena de multa

Pela análise da Lei de Drogas verificamos que ela optou por um **sistema distinto** daquele usado no CP para fixação da pena de multa. No CP, quando a pena de multa é cabível, o legislador a comina no preceito sancionatório, sem, contudo, estabelecer limites mínimo e máximo. Assim, na legislação codificada, a quantidade de dias e o valor do dia-multa serão fixados segundo os critérios estabelecidos na parte geral do Código.

Tomemos por exemplo o crime de furto, ao qual se comina, além da pena privativa de liberdade, a pena de multa. Veja que o legislador não fixou a quantidade de dias. O juiz, ao condenar o autor do furto, determinará a quantidade, entre 10 e 360 dias-multa, e o valor, de acordo com a capacidade econômica do condenado, entre um trigésimo até cinco vezes o valor do maior salário mínimo vigente, conforme o art. 49 do CP.

Na Lei de Drogas, no preceito sancionatório de cada norma incriminadora, o legislador já fixa a quantidade de dias-multa, sempre de acordo com a **gravidade** do delito, observados os termos de seu art. 42.

De outro giro, o valor do dia-multa deverá ser calculado conforme a **capacidade econômica** do condenado, nunca inferior a um trinta avos nem superior a cinco vezes o maior salário mínimo. Se o juiz entender que, em virtude da situação econômica do condenado, a multa se tornou ineficaz, poderá aumentá-la até o décuplo.

Ainda consoante ao art. 43, na hipótese de concurso de crimes, ou seja, concurso material, formal ou crime continuado[9], as multas deverão ser impostas sempre **cumulativamente**, não valendo as regras de exasperação aplicáveis ao concurso formal e ao crime continuado. Nesse caso, a Lei Antidrogas repete a disciplina do art. 72 do CP.

> **Art. 43.** Na fixação da multa a que se referem os arts. 33 a 39 desta Lei, o juiz, atendendo ao que dispõe o art. 42 desta Lei, determinará o número de dias-multa, atribuindo a cada um, segundo as condições econômicas dos acusados, valor não inferior a um trinta avos nem superior a 5 (cinco) vezes o maior salário mínimo.

---

[9] A jurisprudência de nossas Cortes Superiores não tem aplicado o disposto no art. 72 do CP ao crime continuado, entendendo, assim, que as penas de multa dos crimes componentes da continuidade delitiva não devam ser somadas, adotando, outrossim, a regra da exasperação. Trata-se, a nosso ver, de solução *contra legem*. Afinal, ao determinar seja a pena de multa aplicada cumulativamente na hipótese de concurso de crimes, a solução deve ser dada ao crime continuado, que, ao lado do concurso material e do concurso formal, é modalidade de concurso de crimes.

Parágrafo único. As multas, que em caso de concurso de crimes serão impostas sempre cumulativamente, podem ser aumentadas até o décuplo se, em virtude da situação econômica do acusado, considerá-las o juiz ineficazes, ainda que aplicadas no máximo.

Considerada a atual redação do art. 51 do CP, a partir da vigência da Lei nº 13.964/2019, a competência será do **Juízo da Execução Penal**, sendo o Ministério Público legitimado para promover a execução.

CP

Art. 51. Transitada em julgado a sentença condenatória, a multa será executada perante o juiz da execução penal e será considerada dívida de valor, aplicáveis as normas relativas *à* dívida ativa da Fazenda Pública, inclusive no que concerne às causas interruptivas e suspensivas da prescrição.

13.2.7 Crimes hediondos

A Lei Antidrogas não traz nomes para os crimes que tipifica, ao contrário, por exemplo, do que faz o Estatuto do Desarmamento, que dá para cada um dos crimes ali previstos um nome específico (o crime do art. 12 daquela Lei é chamado Posse Irregular de Arma de Fogo de Uso Permitido; o do art. 17 é denominado Comércio Ilegal de Arma de Fogo etc.).

Contudo, fixar o que pode ser considerado tráfico na Lei nº 11.343/2006 é tarefa da qual não se pode escapar. Afinal, o tráfico, equiparado pela Constituição a crimes hediondos, merecerá o tratamento dispensado aos últimos, nos precisos termos da Lei nº 8.072/1990. Verifique a tabela a seguir, inclusive com indicação de controvérsia a respeito da classificação:

Crime	É tráfico?	É equiparado a hediondo?
art. 33, *caput*	sim	sim
art. 33, § 1º	sim	sim
art. 33, § 2º	não	não
art. 33, § 3º	não	não
art. 33, § 4º	sim	não (art. 112, § 5º, LEP)
art. 34	sim	sim
art. 35, *caput*	não (majoritário, STF e STJ)	não (majoritário, STF e STJ)
art. 35, parágrafo único	não (majoritário)	não (majoritário)
art. 36	sim	sim
art. 37	não (majoritário)	não (majoritário)
art. 38	não	não
art. 39	não	não

13.3 CRIMES EM ESPÉCIE

13.3.1 Porte e plantio para consumo – Art. 28

Análise do tipo. Cuida-se do crime definido no art. 28 da Lei Antidrogas, o qual define como criminosa a conduta de quem adquire, guarda, tem em depósito, transporta ou traz consigo, para consumo pessoal, drogas sem autorização ou em desacordo com determinação legal ou regulamentar.

> **Art. 28.** Quem adquirir, guardar, tiver em depósito, transportar ou trouxer consigo, para consumo pessoal, drogas sem autorização ou em desacordo com determinação legal ou regulamentar será submetido às seguintes penas:
>
> I – advertência sobre os efeitos das drogas;
>
> II – prestação de serviços à comunidade;
>
> III – medida educativa de comparecimento à programa ou curso educativo.
>
> § 1° Às mesmas medidas submete-se quem, para seu consumo pessoal, semeia, cultiva ou colhe plantas destinadas à preparação de pequena quantidade de substância ou produto capaz de causar dependência física ou psíquica.
>
> § 2° Para determinar se a droga destinava-se a consumo pessoal, o juiz atenderá à natureza e à quantidade da substância apreendida, ao local e às condições em que se desenvolveu a ação, às circunstâncias sociais e pessoais, bem como à conduta e aos antecedentes do agente.
>
> § 3° As penas previstas nos incisos II e III do *caput* deste artigo serão aplicadas pelo prazo máximo de 5 (cinco) meses.
>
> § 4° Em caso de reincidência, as penas previstas nos incisos II e III do *caput* deste artigo serão aplicadas pelo prazo máximo de 10 (dez) meses.
>
> § 5° A prestação de serviços à comunidade será cumprida em programas comunitários, entidades educacionais ou assistenciais, hospitais, estabelecimentos congêneres, públicos ou privados sem fins lucrativos, que se ocupem, preferencialmente, da prevenção do consumo ou da recuperação de usuários e dependentes de drogas.
>
> § 6° Para garantia do cumprimento das medidas educativas a que se refere o *caput*, nos incisos I, II e III, a que injustificadamente se recuse o agente, poderá o juiz submetê-lo, sucessivamente a:
>
> I – admoestação verbal;
>
> II – multa.

Muito cuidado: uso de substância entorpecente não é crime. Assim, se alguém for surpreendido usando, cheirando, fumando droga, não estará praticando qualquer crime, "a menos que se apreenda a substância entorpecente em seu poder, isso porque traz consigo a droga, conduta prevista como criminosa no artigo em comento" (PORTOCARRERO; FERREIRA, 2020, p. 95).

Exemplo: André estava na calçada de sua casa, sentado no meio-fio, fumando um cigarro de maconha. Um policial se aproximou e arrecadou a droga que estava em seu poder. André praticou crime não por fazer uso da droga, mas porque a trazia consigo para uso próprio. Por isso, o uso pretérito é atípico (STF, 1ª Turma, HC nº 79.189/SP, Rel. Min. Sepúlveda Pertence, j. 12.12.2000, *DJ* 09.03.2001).

Como poderia cair em prova: um amigo chega à casa de outro, trazendo consigo droga para ambos consumirem e pede ao dono da casa que estique o braço, injetando-lhe droga nas veias. Nesse caso, o dono da casa que teve a droga injetada na veia não praticou crime algum porque apenas usou, conduta não elencada no art. 28.

O especial fim de agir. Somente haverá o crime do art. 28 se o agente realizar a conduta para **consumo pessoal.**

Como saber se o agente tem por objetivo o consumo pessoal? De acordo com art. 28, § 2º, deverão ser observadas a natureza, a quantidade da droga que se apreendeu, bem como as condições em que se desenvolveu a ação e as circunstâncias sociais, a conduta social e antecedentes do agente. Deve-se notar que a quantidade não é o único fator determinante.

Penas aplicadas. Ao referido crime a lei comina as penas de advertência sobre os efeitos das drogas e, pelo prazo máximo de cinco meses, a prestação de serviços à comunidade e de medida educativa de comparecimento a programa ou curso educativo. A lei prevê que, em caso de **reincidência específica,** serão aplicadas pelo prazo máximo de dez meses.

🔎 Jurisprudência destacada

(...) 2. Embora não conste da letra da lei, é forçoso concluir que a reincidência de que trata o § 4º do art. 28 da Lei nº 11.343/2006 é a específica. Revisão do entendimento. 3. Aquele que reincide no contato típico com drogas para consumo pessoal fica sujeito a resposta penal mais severa: prazo máximo de 10 meses. 4. Condenação anterior por crime de roubo não impede a aplicação das penas do art. 28, II e III, da Lei nº 11.343/2006, com a limitação de 5 meses de que dispõe o § 3º do referido dispositivo legal. 5. Recurso improvido (STJ, 6ª Turma, REsp nº 1.771.304/ES, Rel. Min. Nefi Cordeiro, j. 10.12.2019).

Para o referido crime, não mais são previstas penas privativas de liberdade, tendo sido promovido aquilo que o STF, nos autos do RE nº 430.105, denominou "**despenalização**"[10], no primeiro julgado proferido pela Corte sobre o tema poucos meses após o início de vigência da lei.

🔎 Jurisprudência destacada

Posse de droga para consumo pessoal (art. 28 da Lei nº 11.343/2006 – nova lei de drogas): natureza jurídica de crime. (...) 6. Ocorrência, pois, de "despenalização", entendida como exclu-

---

[10] Da leitura do julgado verifica-se que o STF usou o termo "despenalização" para referir-se à exclusão das penas privativas de liberdade que a lei anterior, Lei nº 6.368/1976, cominava ao porte de droga para consumo pessoal.

são, para o tipo, das penas privativas de liberdade. 7. Questão de ordem resolvida no sentido de que a Lei n° 11.343/2006 não implicou *abolitio criminis* (C. Penal, art. 107). II – Prescrição: consumação, à vista do art. 30 da Lei n° 11.343/2006, pelo decurso de mais de 2 anos dos fatos, sem qualquer causa interruptiva. III – Recurso extraordinário julgado prejudicado (STF, RE n° 430.105 QO/RJ, Rel. Min. Sepúlveda Pertence, j. 13.02.2007).

O fato de não mais serem cominadas penas privativas de liberdade não significa ter ocorrido *abolitio criminis*[11], como destacou o STF, e a conduta não se trata de uma mera infração administrativa, como querem alguns.

Atenção

Ainda não foi julgado o RE n° 635.659 com repercussão geral, em que a Defensoria Pública do Estado de São Paulo, sustentando a inconstitucionalidade do disposto no art. 28, pleiteia declaração do STF nesse sentido. Acompanhemos o julgamento.

Crime permanente. À exceção do verbo "adquirir", o crime do art. 28 é crime permanente, o que possibilita a prisão em flagrante durante todo o tempo em que as condutas estiverem sendo levadas a efeito.

O semeio, plantio e colheita para uso próprio: art. 28, § 1°. O art. 28, § 1°, descreve a conduta de semear, cultivar e colher planta destinada ao fabrico de pequena quantidade de droga **para uso próprio**. O tipo em apreciação difere daquele trazido pelo art. 33, § 1°, II.

Atenção para as diferenças:

Semeio, plantio e colheita para uso próprio – Art. 28, § 1°.	Para outros fins – Art. 33, § 1°, II.
Sempre sem objetivo de lucro – Art. 28, § 1°.	Com objetivo de lucro ou não – Art. 33, § 1°, II.

Princípio da insignificância. Tanto no STF quanto no STJ[12] a orientação prevalente é a de que não se aplica o princípio da insignificância aos crimes da Lei de Drogas. Para os Tribunais Superiores, seja no delito de tráfico de drogas ou porte para uso pessoal, por se tratar de crimes de perigo abstrato, a quantidade da droga apreendida é irrelevante para fins de aplicação do mencionado princípio.

---

[11] A *abolitio criminis* é o fenômeno pelo qual lei posterior deixa de considerar criminosa conduta anteriormente prevista em outra lei como tal, tratando-se de causa extintiva da punibilidade, consoante o art. 107, III, do CP. O porte para consumo era previsto no art. 16 da antiga Lei de Drogas (Lei n° 6.368/1976) como crime e a atual lei repete a opção de tratar a conduta como crime, ainda que com outro tratamento. Não houve *abolitio criminis*, mas continuidade normativa típica.

[12] Nesse sentido: STJ, 5ª Turma, RHC n° 57.761/SE, Rel. Min. Reynaldo Soares da Fonseca, j. 1°.10.2015. STJ, 6ª Turma, RHC n° 35.072/DF, Rel. Min. Maria Thereza de Assis Moura, j. 18.11.2014.

Contudo, a 2ª Turma do STF[13] decidiu anular a condenação por tráfico de drogas imposta a uma mulher flagrada com 1 g de maconha. Por maioria, o colegiado concedeu o *habeas corpus*, seguindo o voto do relator (Ministro Gilmar Mendes), que **entendeu aplicável ao caso o princípio da insignificância**, pois a conduta descrita nos autos não é capaz de lesionar ou colocar em perigo a paz social, a segurança ou a saúde pública.

Para o relator, esse é um exemplo emblemático de flagrante desproporcionalidade na aplicação da pena em hipóteses de quantidade irrisória de entorpecentes, e não houve indícios de que a mulher teria anteriormente comercializado quantidade maior de droga.

O Ministro ainda observou que o STF tem entendido que o princípio da insignificância não se aplica ao delito de tráfico, ainda que a quantidade de droga apreendida seja ínfima. Entretanto, considerou que a jurisprudência deve avançar na criação de critérios objetivos para separar o traficante de grande porte do traficante de pequenas quantidades, que vende drogas apenas em razão de seu próprio vício.

Quanto ao crime de porte de droga para consumo pessoal, a 2ª Turma do STF, nos autos do **AgRg no HC nº 202.883, cujo inicial relator foi o Ministro Ricardo Lewandowski, vencido e substituído pelo Ministro Gilmar Mendes na relatoria do acórdão, em julgamento ocorrido aos 15.09.2021, entendeu possível reconhecimento da insignificância para réu que portava 1,8 g de maconha para consumo próprio.** Vale salientar que o Ministro Lewandowski, vencido, ao proferir seu voto, destacou a inaplicabilidade do princípio da insignificância aos crimes de porte ou tráfico de drogas, ressaltando que o legislador, ao editar a Lei nº 11.343/2006, optou por abrandar as sanções cominadas ao simples usuário, afastando a possibilidade de aplicação de penas privativas de liberdade e prevendo somente penas de advertência, de prestação de serviços à comunidade e de medida educativa de comparecimento a programa ou curso educativo (art. 28, I, II e III, da Lei nº 11.343/2006). Lembrou que a intenção do legislador, ao atenuar as reprimendas, foi a de impor ao usuário medidas de caráter educativo, objetivando alertá-lo do risco de sua conduta para a própria saúde, além de evitar a reiteração do delito, como, aliás, ocorria no caso em julgamento naqueles autos. Sublinhou, ademais, que o relator do Projeto da Lei de Drogas na Câmara dos Deputados, Deputado Paulo Pimenta, foi enfático ao declarar que não se pretendeu, com a referida norma, descriminalizar a conduta do usuário. O que se fez foi modificar os tipos de penas a serem aplicadas, com o intuito de dar efetividade aos objetivos visados pela lei com relação ao usuário, quais sejam: prevenção do uso indevido de drogas, atenção e reinserção social. Consignou o ministro em seu voto vencido que o objeto jurídico da norma em comento é a saúde pública, não apenas a do usuário, uma vez que sua conduta atinge não só a sua esfera pessoal, mas toda a coletividade, diante da potencialidade ofensiva do delito de porte de entorpecentes. Acrescentou, por derradeiro, que o porte ilegal de drogas é crime de perigo abstrato ou presumido, de modo que, para sua caracterização, não se faz necessária efetiva lesão ao bem jurídico protegido, bastando a realização da conduta proibida para que se presuma o perigo ao bem tutelado.

Indo adiante, o mesmo STF (agora por meio da 1ª Turma) decidiu que o tráfico de drogas, pouco importando a quantidade de entorpecente apreendido, afasta o princípio da insignificância.

---

[13] STF, 2ª Turma, HC nº 127.573/SP, Rel. Min. Gilmar Mendes, j. 11.11.2019.

Jurisprudência destacada

Tráfico de drogas. Insignificância. Inadequação. O tráfico de drogas, pouco importando a quantidade de entorpecente apreendido, afasta a construção jurisprudencial do crime de bagatela, considerado o bem protegido – a saúde pública (STF, 1ª Turma, RHC n° 136.413/RJ, Rel. Min. Marco Aurelio, j. 15.12.2020).

Dessa forma, podemos concluir que atualmente ainda prevalece no âmbito dos Tribunais Superiores o entendimento de que não incide o princípio da insignificância nos delitos da Lei n° 11.343/2006.

Decifrando a prova

(Delegado – PC/MA – Cespe/Cebraspe – 2018 – Adaptada) No que se refere ao processamento do crime de tráfico de drogas conforme as circunstâncias, a aplicação do princípio da insignificância é cabível.

( ) Certo ( ) Errado

Gabarito comentado: de acordo com reiterados entendimentos no STF, é inaplicável o princípio da insignificância, ainda que a quantidade de droga apreendida seja ínfima, pois o bem jurídico tutelado é a saúde pública, e não a saúde do indivíduo em si. Portanto, a assertiva está errada.

Na hipótese do crime equivalente, trazido pelo art. 290 do CPM, não derrogado pela lei em estudo, também não se admite a aplicação do princípio da insignificância (LIMA, 2016, p. 727).

Elemento subjetivo do tipo. Só se admite o crime na modalidade dolosa, sendo exigido o dolo específico, qual seja, o especial fim de agir, representado pela expressão "para consumo pessoal".

Sementes. Se o agente trouxer consigo sementes que não contenham o princípio ativo da droga, conforme comprovado em laudo pericial, não haverá o crime.

Consumação e tentativa. O crime se consuma mesmo que o agente não venha a fazer uso da droga. Na modalidade "adquirir", descrita no *caput* do art. 28, a doutrina majoritária defende que a consumação se dá com o ajuste, mesmo da entrega, da tradição da droga. Quanto à possibilidade de tentativa, embora a reconheçamos, não haverá qualquer feito prático em seu reconhecimento pois, inexistindo pena privativa de liberdade para o delito em análise, impossível será a aplicação do art. 14, parágrafo único, do CP, que determina a diminuição de pena quando se trata do *conatus*[14].

---

[14] *Conatus* = tentativa. Não esqueça, pois podem usar essa expressão em sua prova.

Reincidência. O STJ considerou que não gera reincidência a condenação pelo crime do art. 28 da Lei nº 11.343/2006. Fez a Corte um paralelo com as condenações anteriores por contravenções penais que, puníveis com pena de prisão simples, não geram reincidência. Assim, entenderam que se mostra desproporcional o delito do art. 28 da Lei nº 11.343/2006 configurar reincidência, tendo em vista que este último nem sequer é punível com pena privativa de liberdade.

 Jurisprudência destacada

Em recente julgado deste Tribunal entendeu-se que, "em face dos questionamentos acerca da proporcionalidade do direito penal para o controle do consumo de drogas em prejuízo de outras medidas de natureza extrapenal relacionadas às políticas de redução de danos, eventualmente até mais severas para a contenção do consumo do que aquelas previstas atualmente, o prévio apenamento por porte de droga para consumo próprio, nos termos do artigo 28 da Lei de Drogas, não deve constituir causa geradora de reincidência" (6ª Turma, REsp nº 1.672.654/SP, Rel. Min. Maria Thereza de Assis Moura, j. 21. 08.2018, *DJe* 30. 08.2018). Outrossim, vem-se entendendo que a prévia condenação pela prática da conduta descrita no art. 28 da Lei nº 11.343/2006, justamente por não configurar a reincidência, não pode obstar, por si só, a concessão de benefícios como a incidência da causa de redução de pena prevista no § 4º do art. 33 da mesma lei ou a substituição da pena privativa de liberdade por restritivas de direitos (STJ, 5ª Turma, REsp nº 1.795.962/SP, Rel. Min. Ribeiro Dantas, *DJe* 26.03.2020).

1. O principal fundamento para este entendimento toma por base uma comparação entre o delito do artigo 28 da Lei de Drogas e a contravenção penal, concluindo-se que, uma vez que a contravenção penal (punível com pena de prisão simples) não configura a reincidência, revela-se desproporcional considerar, para fins de reincidência, o prévio apenamento por posse de droga para consumo próprio (que, embora seja crime, é punido apenas com advertência sobre os efeitos das drogas, prestação de serviços à comunidade e medida educativa de comparecimento a programa ou curso educativo, ou seja, medidas mais amenas) (REsp nº 1.795.962/SP, Rel. Min. Ribeiro Dantas, 5ª Turma, *DJe* 26.03.2020). 4. Agravo regimental desprovido (STJ, 5ª Turma, AgRg no REsp nº 1.845.722/SP, Rel. Min. Joel Ilan Paciornik, j. 04.08.2020).

 Decifrando a prova

(Defensor Público – DP/DF – Cespe/Cebraspe – 2019) Julgue a seguinte afirmação: "Com base no entendimento do STJ, julgue o próximo item, a respeito de aplicação da pena. Condenação anterior por delito de porte de substância entorpecente para consumo próprio não faz incidir a circunstância agravante relativa à reincidência, ainda que não tenham decorrido cinco anos entre a condenação e a infração penal posterior."

( ) Certo ( ) Errado

Gabarito comentado: de acordo com entendimento firmado pelo STJ (REsp nº 1.672.654/SP, Rel. Min. Maria Thereza de Assis Moura, por unanimidade, j. 21.08.2018, *DJe* 30.08.2018) e veiculado no *Informativo* 632, a condenação pelo art. 28 da Lei nº 11.343/2006 (porte de droga para uso próprio) não configura reincidência. Diante disso, a condenação anterior por delito de porte de substância entorpecente para consumo próprio não faz incidir a circunstância agravante relativa à reincidência. Portanto, a assertiva está certa.

Pena de prestação de serviço à **comunidade.** Não se pode confundir a pena restritiva de direitos prevista no art. 28 da Lei n° 11.343/2006 com aquela trazida pelo art. 46 do CP. Observe as diferenças:

Pena de prestação de serviço à comunidade: art. 46 do CP	Pena restritiva de direitos (PRD): art. 28 da Lei n° 11.343/2006
Pena substitutiva.	Pena principal.
Em hipótese de descumprimento, a prestação de serviços poderá ser convertida em pena privativa de liberdade.	O descumprimento gera aplicação da admoestação verbal e multa, conforme art. 28, § 6°, da Lei n° 11.343/2006.
O tempo da pena restritiva de direitos de prestação de serviços à comunidade no CP é o mesmo da pena privativa de liberdade.	No art. 28 da Lei n° 11.343/2006, o prazo máximo será de cinco meses, consoante o art. 28, § 3°.
Os serviços prestados, no CP, podem ser cumpridos em qualquer instituição assistencial.	Na Lei n° 11.343/2006, nos termos do art. 28, § 5°, em estabelecimentos congêneres, públicos ou privados, sem fins lucrativos, que se destinem, fundamentalmente, à prevenção ao consumo e à recuperação do usuário e dependente de drogas.
A prestação de serviço do CP prescreve no tempo da pena privativa de liberdade.	O art. 28 prescreve em dois anos, consoante o art. 30 da Lei n° 11.343/2006.
O CP menciona, no art. 46, o número de horas de trabalho diário (uma hora por dia de condenação).	O art. 28 da Lei n° 11.343/2006 não menciona quantidade de horas.

Hipóteses de porte de droga para consumo praticadas por menores de 18 anos. Considerando-se inadmissível privação de liberdade pelo crime desse art. 28, não se pode fixar a semiliberdade ou mesmo a internação do **menor** apreendido por porte de droga para **uso próprio**, assim já entendeu o **STF**.

 Jurisprudência destacada

Revela-se contrário ao sistema jurídico, por subverter o princípio da proteção integral do menor inimputável, impor ao adolescente – que eventualmente pratique ato infracional consistente em possuir drogas para consumo próprio – a medida extraordinária de internação, pois nem mesmo a pessoa maior de dezoito anos de idade, imputável, pode sofrer a privação da liberdade por efeito de transgressão ao art. 28 da Lei n° 11.343/2006. Precedente (STF, 2ª Turma, HC n° 124.682/SP, Rel. Min. Celso de Mello, j. 16.12.2014).

O erro sobre a planta ou semente. Trata-se de **erro de tipo,** por versar sobre elemento do tipo. Afinal, apenas estará atuando com dolo aquele que souber estar plantando, semeando e cultivando algo que se destine à fabricação de droga.

Admoestação verbal e multa coercitiva. A lei prevê que, se o condenado pelo crime do art. 28 não cumprir as penas de prestação de serviços à comunidade e frequência a cursos, serão aplicadas **sucessivamente** admoestação verbal e multa. Assim, o condenado será admoestado **verbalmente** pelo **magistrado** para que venha a cumprir a pena, e, não tendo a admoestação surtido efeito, será aplicada a pena de multa, creditada à conta do Fundo Nacional Antidrogas, em quantidade nunca inferior a 40 nem superior a 100 dias-multa – atribuindo-se a cada um, segundo a **capacidade econômica** do agente, o valor de um trinta avos até três vezes o valor do maior salário mínimo. O valor do dia-multa deve obedecer a capacidade econômica do agente e a quantidade aplicada, à **reprovabilidade do seu comportamento**.

A admoestação verbal e a multa não são penas cominadas ao crime do art. 28, mas medidas coercitivas para o cumprimento das penas trazidas pelo *caput* (LIMA, 2016, p. 720). Aproximam-se, por sua natureza instrumental, das sanções processuais executórias usadas no direito processual com a finalidade de garantir o cumprimento de decisões judiciais (ARRUDA, 2007, p. 34).

Prescrição. Os delitos previstos no art. 28, *caput* e § 1º prescrevem em dois anos, consoante disposto no art. 30 da Lei nº 11.343/2006, aplicando-se a regra de redução de que trata o art. 115 do CP.

> **Art. 30.** Prescrevem em 2 (dois) anos a imposição e a execução das penas, observado, no tocante à interrupção do prazo, o disposto nos arts. 107 e seguintes do Código Penal.

Competência para processo e julgamento. O crime do art. 28 da Lei nº 11.343/2006 é um crime de menor potencial ofensivo, da competência dos Juizados Especiais Criminais Estaduais, sendo-lhe aplicáveis os institutos despenalizadores da Lei nº 9.099/1995, observados os termos do art. 48 da Lei em comento; nunca será da competência da Justiça Federal, considerado o disposto no art. 70 da Lei nº 11.343/2006.

> § 1º O agente de qualquer das condutas previstas no art. 28 desta Lei, salvo se houver concurso com os crimes previstos nos arts. 33 a 37 desta Lei, será processado e julgado na forma dos arts. 60 e seguintes da Lei nº 9.099, de 26 de setembro de 1995, que dispõe sobre os Juizados Especiais Criminais.
>
> § 2º Tratando-se da conduta prevista no art. 28 desta Lei, não se imporá prisão em flagrante, devendo o autor do fato ser imediatamente encaminhado ao juízo competente ou, na falta deste, assumir o compromisso de a ele comparecer, lavrando-se termo circunstanciado e providenciando-se as requisições dos exames e perícias necessários.
>
> § 3º Se ausente a autoridade judicial, as providências previstas no § 2º deste artigo serão tomadas de imediato pela autoridade policial, no local em que se encontrar, vedada a detenção do agente.
>
> § 4º Concluídos os procedimentos de que trata o § 2º deste artigo, o agente será submetido a exame de corpo de delito, se o requerer ou se a autoridade de polícia judiciária entender conveniente, e em seguida liberado.

De acordo com o disposto no art. 48, § 2º, quando presente a autoridade judicial, a ela deve ser encaminhado o usuário visando a adoção das providências cabíveis, inclusive a lavratura do termo circunstanciado, vedando-se a detenção do autor.

Quanto ao tema, importante destacarmos a ADI nº 3.807 proposta pela Associação dos Delegados de Polícia, em que o Plenário da Corte decidiu, por maioria, atento aos termos do art. 48, § 3º, que a autoridade policial somente pode lavrar Termo Circunstanciado de Ocorrência e requisitar exames e perícias em caso de flagrante de uso ou posse de entorpecentes para consumo próprio, se ausente a autoridade judicial. Na ADI mencionada, a Associação dos Delegados de Polícia buscava a declaração da inconstitucionalidade do dispositivo, que atribui ao órgão judicial competências que a CF/1988 reservou à polícia judiciária. Afinal, a lavratura do termo circunstanciado compreenderia, consoante disposição constitucional, atividade investigatória privativa de delegados de polícia judiciária. A Corte entendeu, porém, que a lavratura de Termo Circunstanciado de Ocorrência não é ato de investigação, mas peça meramente informativa em que constam descrição detalhada do fato e as declarações do condutor do flagrante e do autor do fato.

 Jurisprudência destacada

Ação direta de inconstitucionalidade. § 3º do art. 48 da Lei nº 11.343/2006. Processamento do crime previsto no art. 28 da Lei nº 11.343/2006. Atribuição à autoridade judicial de lavratura de termo circunstanciado e requisição dos exames e perícias necessários. Constitucionalidade. Inexistência de ato de investigação. Inocorrência de atribuição de função de polícia judiciária ao poder judiciário. Ação direta julgada improcedente (STF, Tribunal Pleno, ADI nº 3.807/DF Rel. Min. Cármen Lúcia j. 29.06.2020, publicação 13.08.2020).

Posse de droga em estabelecimento prisional. Tratando-se de fato definido como crime doloso, a posse de drogas no interior do estabelecimento prisional caracteriza falta grave, sendo, nesse caso, imprescindível a realização do laudo que comprove a materialidade da infração disciplinar.

 Jurisprudência destacada:

Agravo em execução. Condenação anterior definitiva pelo crime de uso de drogas. Agravante da reincidência configurada. Posse de droga para consumo próprio no interior do estabelecimento prisional. Prática de novo crime doloso. Ofensa aos princípios da razoabilidade e proporcionalidade. Inocorrência. Falta grave caracterizada. A condenação anterior transitada em julgado nas iras do art. 28 da Lei 11.343/2006 configura a agravante genérica da reincidência, já que a posse de droga para consumo próprio não perdeu a sua natureza de crime. Embora não tenha previsão de pena privativa de liberdade, o uso de drogas é previsto como crime no art. 28 da Lei nº 11.343/2006 e, assim, sua prática configura falta grave. Não há que se falar em ofensa aos princípios da proporcionalidade e da razoabilidade em razão do reconhecimento da prática de falta grave pelo reeducando que possui droga para consumo no interior do estabelecimento prisional, diante da absoluta independência entre as esferas administrativa e criminal, cuidando a Lei Antidrogas e a Lei de Execução Penal de situações jurídicas distintas (TJMG, 1ª Câmara Criminal, AGEPN nº 10000204844369000/MG, Rel. Alberto Deodato Neto, j. 03.11.2020, data de publicação 11.11.2020).

Modelos de política criminal adotados para o porte de drogas para consumo. Percebe-se pela análise das diversas legislações que são adotados diferentes modelos para o tratamento penal do usuário de drogas: **a) política criminal que adota completa proibição**, prevendo tolerância zero com relação ao consumo de drogas, tal qual ocorre com os Estados Unidos, ressalvada a legislação de alguns de seus Estados; **b) política de liberação**, que prega a liberação total do consumo de drogas; **c) política criminal, que emprega a "redução de danos"**, adotada em países europeus, caracterizada pelo controle do consumo, entrega de material para consumo com maior segurança (seringas descartáveis, por exemplo), fixação de áreas adequadas para consumo etc. O modelo de redução de danos visa à proteção do usuário e de terceiros, buscando uma política que garanta a regulamentação do consumo, ao mesmo tempo que se investe em educação sobre o efeito das drogas; **d) política criminal de justiça terapêutica**, que se concentra no tratamento, optando pelo não reconhecimento de crime na conduta do consumidor da droga.

O Brasil não utilizou qualquer dos modelos político-criminais supramencionados, pois, conforme visto, prevê a conduta como criminosa, mas não a pune com o mesmo rigor dos que adotam a tolerância zero, na medida em que nem sequer temos penas privativas de liberdade para aqueles que portam droga para consumo pessoal.

Transporte de folha de coca de origem transnacional – crime do art. 33, § 1º, I, e competência da Justiça Federal. Recentemente, o STJ enfrentou a questão referente à adequação típica da conduta de transportar folhas de coca destinada à preparação de drogas, com o intuito de determinar a competência para o julgamento da ação. Seguem as esclarecedoras lições do Tribunal Superior:

 **Jurisprudência destacada**

Questiona-se, nos autos, se o transporte de folhas de coca amolda-se melhor ao tráfico internacional de entorpecentes (arts. 33 c/c o 40, I e VII, da Lei nº 11.343/2006) ou ao uso de droga para consumo pessoal (art. 28 da Lei nº 11.343/2006), cuja resposta permite definir se a competência para o julgamento da ação é da Justiça Federal, ou do Juizado Especial Criminal estadual.

No caso, a substância (4,4 kg de folhas de coca), adquirida na Bolívia, foi localizada no estepe do veículo e seria transportada até Uberlândia/MG para rituais de mascar, fazer infusão de chá e até mesmo bolo, rituais esses associados à prática religiosa indígena de Instituto ao qual pertenceria o acusado. (...).

Não se questiona, portanto, a origem transnacional do entorpecente. A definição da competência depende, assim, na hipótese em exame, da tipificação da conduta como tráfico ou como posse de droga para consumo próprio.

O crime de uso de entorpecente para consumo próprio, previsto no art. 28 da Lei nº 11.343/2006, é de menor potencial ofensivo, o que determina a competência do Juizado Especial estadual, já que ele não está previsto em tratado internacional, e o art. 70 da Lei nº 11.343/2006 não o inclui dentre os que devem ser julgados pela Justiça Federal. (...).

Veja-se que o tipo do art. 28 da Lei de Drogas, em seu *caput*, prevê vários núcleos, dentre os quais o verbo "transportar", que corresponde à conduta do investigado. Contudo, ele também vincula o transporte a "drogas", ou seja, a substância entorpecente de uso proibido no País.

Ocorre que a folha de coca ("erythroxylum coca lam") é classificada no Anexo I – Lista E – da Portaria/SVS nº 344, de 12.05.1988 – que aprova o Regulamento Técnico sobre substâncias e medicamentos sujeitos a controle especial como uma das plantas proscritas que podem originar substâncias entorpecentes e/ou psicotrópicas. Seja dizer, ela não é, em si, considerada droga. Com isso em mente, a conduta do investigado não se enquadra no *caput* do art. 28 da Lei nº 11.343/2006.

Tampouco se amoldaria ao delito equiparado descrito no parágrafo 1º do art. 28, uma vez que o investigado não semeou, nem cultivou, nem colheu as folhas de coca que transportava, já que admitiu tê-las comprado de uma índia do Acre. (...)

Por sua vez, o *caput* do art. 33 criminaliza, entre outras condutas, a de transportar drogas. Mas, como se viu anteriormente, a folha de coca não é droga. Porém, pode ser classificada como matéria-prima ou insumo para sua fabricação.

Nesse sentido, a conduta se amoldaria ao tipo descrito no § 1º, I, do art. 33 da Lei nº 11.343/2006 se, e apenas se, ficar demonstrado, ao final do inquérito ou da ação penal que o intuito do investigado era o de, com as folhas de coca, preparar drogas.

Desse modo, a conduta de transportar folhas de coca melhor se amolda, em tese e para a definição da competência, ao tipo descrito no § 1º, I, do art. 33 da Lei nº 11.343/2006, que criminaliza o transporte de matéria-prima destinada à preparação de drogas (STJ, 3ª Seção, CC nº 172.464/MS, Rel. Min. Reynaldo Soares da Fonseca, j. 10.06.2020 – *Informativo* 673).

Habeas corpus preventivo – porte de *Cannabis* para fins medicinais. Conforme recente decisão do STJ: Compete à Justiça Estadual o pedido de *habeas corpus* preventivo para viabilizar, para fins medicinais, o cultivo, uso, porte e produção artesanal da *Cannabis* (maconha), bem como porte em outra unidade da federação, quando não demonstrada a internacionalidade da conduta[15].

13.3.2 Tráfico de drogas – Art. 33, *caput* e § 1º

Figura básica de tráfico de drogas. O tipo penal trazido pelo *caput* do art. 33 é de conduta múltipla, sendo ali previstos 18 núcleos verbais. Descreve a conduta de importar, exportar, remeter, preparar, produzir, fabricar, adquirir, vender, expor à venda, oferecer, ter em depósito, transportar, trazer consigo, guardar, prescrever, ministrar, entregar a consumo ou fornecer drogas, ainda que gratuitamente, sem autorização ou em desacordo com determinação legal ou regulamentar.

> **Art. 33.** Importar, exportar, remeter, preparar, produzir, fabricar, adquirir, vender, expor *à* venda, oferecer, ter em depósito, transportar, trazer consigo, guardar, prescrever,

---

[15] STJ, 3ª Seção, CC nº 171.206/SP, Rel. Min. Joel Ilan Paciornik, j. 10.06.2020 – *Informativo* 673.

ministrar, entregar a consumo ou fornecer drogas, ainda que gratuitamente, sem autorização ou em desacordo com determinação legal ou regulamentar:

Pena – reclusão de 5 (cinco) a 15 (quinze) anos e pagamento de 500 (quinhentos) a 1.500 (mil e quinhentos) dias-multa.

Para a caracterização do crime descrito nesse artigo, **não** é imprescindível que o agente tenha obtido lucro ou tenha o intuito de obtê-lo. Assim, o tipo prevê como tráfico a conduta de fornecer droga gratuitamente. Cuida-se de crime etiquetado como equiparado a hediondo.

A exemplo do que se pontuou quando da análise do crime do art. 28, sendo o tipo do art. 33 misto alternativo, a prática de duas ou mais daquelas condutas, desde que no mesmo contexto fático, caracteriza um só crime. Vale atentarmos para os exemplos a seguir:

Exemplo 1: Carlos se desloca até país vizinho, adquire droga, ingressa com a droga no território nacional e, após transportá-la em seu caminhão por três Estados distintos, vende o material para poderoso traficante no Rio de Janeiro. Praticou um único crime, embora tenha realizado quatro núcleos verbais trazidos pelo art. 33, *caput*.

Exemplo 2: Carlos, aos 13 de março de 2020, é preso ao ser flagrado com farta quantidade de drogas trazidas da Bolívia quando desembarcava no aeroporto de Guarulhos, sendo, após, por ocasião de audiência de custódia, liberado. Uma semana mais tarde, foi novamente flagrado, dessa vez vendendo pedras de *crack* em uma esquina na zona sul da capital paulista. Na hipótese, teremos dois crimes, pois são duas situações fáticas distintas, impondo-se reconhecimento de concurso material.

Atenção

Prescrever e ministrar são condutas típicas descritas nos arts. 33 e 38 da Lei em análise. Quais seriam as diferenças entre esses conceitos?

No art. 33, as condutas são dolosas e o sujeito ativo pode ser qualquer pessoa. Pode ser cumulado como crime de exercício ilegal de medicina quando o agente exerce ilegalmente a profissão, conforme já julgado pelo STF[16].

No art. 38, as condutas são culposas, só podendo ser praticadas por profissional de saúde. Cuida-se, portanto, de crime próprio.

Momento consumativo. Cuida-se de crime de perigo **abstrato** e de mera conduta e, assim, não requer a ocorrência de qualquer resultado para sua consumação, que se dará quando o agente realizar qualquer daquelas condutas trazidas pela descrição legal. Em determinadas modalidades, como nas de "guardar", "trazer consigo", "ter em depósito", "transportar", será crime **permanente** e a sua consumação se prolongará no tempo, podendo ser reconhecido o flagrante enquanto estiver sendo levada a efeito. Sobre a possibilidade de

---

[16] HC nº 104.382/RJ.

prisão em flagrante e a violação do domicílio a qualquer hora do dia ou da noite, cumpre observar os requisitos estabelecidos pelo STF para sua validade:

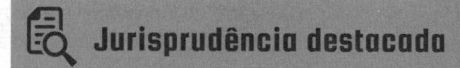

Jurisprudência destacada

1. No julgamento do RE nº 603.616 RG/RO, sob o regime de repercussão geral, o Supremo Tribunal Federal fixou a tese de que "a entrada forçada em domicílio sem mandado judicial só é lícita, mesmo em período noturno, quando amparada em fundadas razões, devidamente justificadas *a posteriori*, que indiquem que dentro da casa ocorre situação de flagrante delito, sob pena de responsabilidade disciplinar, civil e penal do agente ou da autoridade, e de nulidade dos atos praticados" (Tema nº 280/STF). 2. Na espécie, consta do acórdão objeto do recurso extraordinário que não havia fundadas razões para o ingresso na residência sem mandado judicial, o que enseja a aplicação do Tema nº 280/STF. 3. Agravo regimental não provido (STJ, Corte Especial, AgRg no RE nos EDcl no AgRg no HC nº 585.150/SC 2020/0126925-4, Rel. Min. Jorge Mussi, j. 16.12.2020, *DJe* 18.12.2020).

Hipótese de concurso de crimes. O STF já entendeu que, na hipótese de estupro de vulnerável em que o agente ministrou drogas à vítima para levá-la à incapacidade de oferecer qualquer tipo de resistência, o estupro de vulnerável não absorveria o tráfico.

Jurisprudência destacada

Estupro de vulnerável. Tráfico de drogas. Identidade. Ausência. O fato de haver sido o fornecimento de entorpecentes o meio utilizado para deixar inconsciente vítima de estupro não afasta o crime de tráfico de entorpecentes. Tráfico de drogas. Imputação. Diversidade.

Veiculada, na denúncia, imputação de várias condutas caracterizadoras do tipo – aquisição, fornecimento e depósito de drogas –, não cabe assentar ocorrida sobreposição (STF, 1ª Turma, HC nº 185.373/RJ 0092301-76.2020.1.00.0000, Rel. Marco Aurélio, j. 18.08.2020, data de publicação 03.09.2020).

Classificação. Comum; de mera conduta; de perigo abstrato; comissivo; instantâneo (quando praticado nas modalidades importar, exportar, remeter, preparar, produzir, fabricar, adquirir, vender, oferecer, fornecer, prescrever, ministrar e entregar) ou permanente (nas hipóteses de expor à venda, ter em depósito, transportar, trazer consigo e guardar).

Decifrando a prova

(Promotor de Justiça – MPE/SC – 2019) Julgue a seguinte afirmação: "O art. 33, *caput*, da Lei nº 11.343/2006, que define o crime de tráfico, é um tipo de conteúdo variado porque contém vários verbos (núcleos), e por isso sua aplicação permite interpretação analógica".

( ) Certo ( ) Errado

> **Gabarito comentado:** é sabido que o art. 33, *caput*, é classificado como crime de ação múltipla ou de conteúdo variável, pois descreve várias formas de realização do crime, sendo certo que a prática de um ou mais verbos do tipo caracterizará crime único. No entanto, o tipo penal não prevê expressamente a possibilidade da realização da interpretação analógica. Significa dizer que não é possível estender o conteúdo do tipo penal a partir de uma fórmula casuística para uma fórmula genérica. Portanto, a assertiva está errada.

Tráfico de drogas por equiparação. Os crimes do § 1º, autônomos entre si e também autônomos com relação ao *caput,* caracterizam, em todos os seus incisos, tráfico de drogas e, assim, são equiparados a hediondos.

Crime do art. 33, § 1º, I. Descreve a conduta de quem importa, exporta, remete, produz, fabrica, adquire, vende, expõe à venda, oferece, fornece, tem em depósito, transporta, traz consigo ou guarda, ainda que gratuitamente, sem autorização ou em desacordo com determinação legal ou regulamentar, matéria-prima, insumo ou produto químico destinado à preparação de drogas.

> **§ 1º** Nas mesmas penas incorre quem:
>
> I – importa, exporta, remete, produz, fabrica, adquire, vende, expõe à venda, oferece, fornece, tem em depósito, transporta, traz consigo ou guarda, ainda que gratuitamente, sem autorização ou em desacordo com determinação legal ou regulamentar, matéria--prima, insumo ou produto químico destinado à preparação de drogas.

Atenção

Matéria-prima é produto **natural ou transformado** usado como base no processo produtivo. O STF já entendeu que a expressão "matéria-prima" constante do inciso I do § 1º do art. 12 da Lei nº 6.368/1976 compreende não só as substâncias destinadas exclusivamente à preparação da droga, como também as que eventualmente se prestem a essa finalidade (STF, 1ª Turma, RHC nº 64.340/MS, Rel. Min. Sydney Sanches, j. 16.09.1986, *DJ* 03.10.1986).

Cuidado

Embora doutrina e jurisprudência tenham se firmado no sentido de que não se faz necessária a presença de princípio ativo da droga para que algo possa ser considerado matéria-prima para sua fabricação, há grande polêmica a respeito de uma situação em específico: **tipificação da conduta de importar pequena quantidade de semente de maconha.**

♦ De acordo com o posicionamento mais recente do STF[17] e da 6ª Turma do STJ: tal conduta é atípica, pois a semente da maconha não possui a substância psicoativa/

---

[17] STF, 2ª Turma, ARE nº 1.013.705 AgR/RS, Rel. Min. Gilmar Mendes, j. 04.02.2020.

princípio ativo da droga, tampouco serve de reagente para a sua produção (o que afasta o art. 33, § 1º, I); a conduta de importar não se confunde com "semear, cultivar ou colher" (não incidindo o art. 28, § 1º, ou o art. 33, § 1º, II).

🔍 Jurisprudência destacada

1. Ao julgar o AgRg no REsp nº 1.658.928/SP (Rel. Min. Maria Thereza de Assis Moura), a Sexta Turma, por maioria, firmou o entendimento de que, "tratando-se de pequena quantidade de sementes e inexistindo expressa previsão normativa que criminaliza, entre as condutas do artigo 28 da Lei de Drogas, a importação de pequena quantidade de matéria-prima ou insumo destinado à preparação de droga para consumo pessoal, forçoso reconhecer a atipicidade do fato". Ressalva deste relator. 2. Por ocasião do julgamento dos HCs nº 144.161/SP (*DJe* 14.12.2018) e nº 142.987/SP (*DJe* 30.11.2018), ambos impetrados pela Defensoria Pública da União, a Segunda Turma do Supremo Tribunal Federal decidiu, por maioria de votos, que não se justifica a instauração de investigação criminal – e, por conseguinte, a deflagração de ação penal – nos casos que envolvem importação, em reduzida quantidade, de sementes de maconha, "especialmente porque tais sementes não contêm o princípio ativo inerente à substância canábica". 3. Recurso especial não provido (STJ, 6ª Turma, REsp nº 1.859.498/SC, Rel. Min. Rogerio Schietti Cruz, j. 25.08.2020)[18].

Por outro lado, para a 5ª Turma do STJ: há crime, pois, embora a semente de maconha não contenha a substância psicoativa, constitui-se em "matéria-prima" para produção da droga, amoldando-se ao crime do art. 33, § 1º, I.

🔍 Jurisprudência destacada

1. Conforme entendimento desta Corte, "as sementes da planta *cannabis sativa* são consideradas matéria-prima para efeito de configuração de quaisquer uma das ações delituosas previstas no art. 33, § 1º, inciso I, da Lei nº 11.343/2006. Assim, a conduta ora em análise – importação de sementes de maconha – reveste-se, em princípio, de tipicidade e há a justa causa para a ação penal. Precedentes" (AgRg no REsp nº 1.761.768/SP, Rel. Min. Felix Fischer, 5ª Turma, j. 25.09.2018, *DJe* 3.10.2018). 2. A jurisprudência desta Quinta Turma é firme no sentido da inaplicabilidade do princípio da insignificância às hipóteses de importação clandestina de sementes de *cannabis sativa lineu* (maconha) (STJ, 5ª Turma, AgRg no RHC nº 99.416/ SP, Rel. Min. Joel Ilan Paciornik, j. 13.12.2018)[19].

Crime do art. 33, 1º, II. Define como crime a conduta de semear, colher ou cultivar planta destinada à preparação de drogas, desde que a finalidade não seja o consumo pessoal, hipótese em que se aplicará o art. 28, § 1º.

---

[18] No mesmo sentido: STJ, 3ª Seção, EREsp nº 1.624.564/SP, Rel. Min. Laurita Vaz, j. 14.10.2020.
[19] No mesmo sentido: STJ, 5ª Turma, REsp nº 1.723.739/SP, Rel. Min. Jorge Mussi, j. 23.10.2018.

II – semeia, cultiva ou faz a colheita, sem autorização ou em desacordo com determinação legal ou regulamentar, de plantas que se constituam em matéria-prima para a preparação de drogas.

Para a caracterização desse crime, como acontece com as demais hipóteses do art. 33, não se faz necessário o intuito de lucro.

Exemplo: Pedro deseja fabricar malha com fibra vegetal extraída da *Cannabis*. Tem os melhores propósitos, desejando conscientizar a população sobre os malefícios da droga, fabricando camisetas, bolsas, bonés com dizeres nesse sentido. Cultivou a planta em uma gleba de sua propriedade, sem, contudo, jamais ter pedido autorização para fazê-lo. No caso, praticou o crime do art. 33, § 2º.

Crime do art. 33, § 1º, III. O artigo trata da conduta de utilizar ou consentir que outra pessoa utilize o local ou bem, ainda que gratuitamente, para o tráfico ilícito de drogas.

III – utiliza local ou bem de qualquer natureza de que tem a propriedade, posse, administração, guarda ou vigilância, ou consente que outrem dele se utilize, ainda que gratuitamente, sem autorização ou em desacordo com determinação legal ou regulamentar, para o tráfico ilícito de drogas.

Não se aplica o dispositivo em análise, mas o art. 28, ao se utilizar do local de que tem posse ou propriedade para uso de droga. Por outro lado, quem consente que outra pessoa se utilize do local para consumir droga deverá responder pelo crime descrito no art. 33, § 2º, pois estará auxiliando alguém para o consumo de droga.

Momento consumativo. A consumação se dará no momento da utilização do local ou da cessão dele, não se exigindo que o tráfico efetivamente ocorra. Possível, embora de dificílima configuração, a figura da tentativa.

Classificação. Próprio (pois só pode ser praticado pelo proprietário ou possuidor do local) de mera conduta; de forma livre; comissivo na forma "utilizar", pode ser praticado por omissão na modalidade "consentir"; instantâneo ou permanente; de perigo abstrato; unissubjetivo (não requer concurso necessário); unissubsistente ou plurissubsistente, admitindo tentativa nesta última hipótese.

A figura do agente disfarçado. É típica a conduta de quem vende ou entrega drogas ou matéria-prima, insumo ou produto químico destinado à preparação de drogas, sem autorização ou em desacordo com a determinação legal ou regulamentar, a agente policial disfarçado, quando presentes elementos probatórios razoáveis de conduta criminal preexistente.

IV – vende ou entrega drogas ou matéria-prima, insumo ou produto químico destinado à preparação de drogas, sem autorização ou em desacordo com a determinação legal ou regulamentar, a agente policial disfarçado, quando presentes elementos probatórios razoáveis de conduta criminal preexistente.

Vale, aqui, destacar a seguinte lição:

A previsão legal é, a rigor, a consagração da interpretação dada pela doutrina e jurisprudência ao disposto na Súmula nº 145 do STF quando se está diante de um tipo de conduta múltipla. Imaginemos, assim, hipótese de policial disfarçado se fazer passar por interessado na aquisição, provocando a venda de droga por alguém que, julgando estar prestes a realizar mais uma venda, entrega ao policial o que, antes mesmo da abordagem, já tinha em depósito ou trazia consigo para fins de comercialização. Nesse caso, embora a venda tenha sido provocada e, nesta modalidade, o crime seria de impossível consumação, será válida a prisão em flagrante pelo fato de o agente manter em depósito a droga, conduta preexistente que em nada dependeu da preparação do flagrante pela polícia (PORTOCARRERO; FERREIRA, 2020, p. 121).

Constitucionalidade da pena de multa. Com relação à pena mínima de multa prevista para o crime do art. 33, o Plenário do STF decidiu, por unanimidade, por sua constitucionalidade, reconhecendo a repercussão geral do Recurso Extraordinário nº 1.347.158 (Tema nº 1.178) e, por maioria, reafirmou a jurisprudência de que o Poder Judiciário não pode substituir o Legislativo na quantificação da sanção penal.

A decisão se deu no bojo de recurso interposto pela Defensoria Pública do estado de São Paulo, que alegava afronta aos princípios constitucionais da isonomia, da proporcionalidade e da individualização da pena na cominação de uma multa mínima desproporcional e inexequível, considerando-se que a quase totalidade dos condenados por tráfico de drogas tem origem nas camadas sociais menos privilegiadas.

13.3.3 Art. 33, § 2º

Análise do tipo. O crime aqui descrito consiste em induzir (faz nascer para alguém a ideia), instigar (reforçar desejo já existente) ou auxiliar (prestar ajuda material) no **uso** indevido da droga. Não se trata de crime de tráfico e, assim, não é equiparado a hediondo. Aqui, a conduta visa **pessoa determinada** ou um **grupo determinado**, não sendo caracterizado quando visa o público indeterminado.

§ 2º Induzir, instigar ou auxiliar alguém ao uso indevido de droga:

Pena – detenção, de 1 (um) a 3 (três) anos, e multa de 100 (cem) a 300 (trezentos) dias-multa.

Atenção

Na ADIn nº 4.274, dando ao § 2º do art. 33 interpretação conforme a Constituição, o STF entendeu que não se pode usar o dispositivo para proibir manifestações como a denominada "Marcha da Maconha" e debates públicos acerca da descriminalização ou legalização do uso de drogas ou de qualquer substância que leve o ser humano ao entorpecimento episódico.

Jurisprudência destacada

Ação direta de inconstitucionalidade. Pedido de interpretação conforme à Constituição do § 2º do art. 33 da Lei nº 11.343/2006, criminalizador das condutas de induzir, instigar ou auxiliar alguém ao uso indevido de droga. 1. Cabível o pedido de interpretação conforme à Constituição de preceito legal portador de mais de um sentido, dando-se que ao menos um deles é contrário à CF/1988. 2. A utilização do § 3º do art. 33 da Lei nº 11.343/2006 como fundamento para a proibição judicial de eventos públicos de defesa da legalização ou da descriminalização do uso de entorpecentes ofende o direito fundamental de reunião, expressamente outorgado pelo inciso XVI do art. 5º da Carta Magna. Regular exercício das liberdades constitucionais de manifestação de pensamento e expressão, em sentido lato, além do direito de acesso à informação (incisos IV, IX e XIV do art. 5º da Constituição Republicana, respectivamente). 3. Nenhuma lei, seja ela civil ou penal, pode blindar-se contra a discussão do seu próprio conteúdo. Nem mesmo a Constituição está a salvo da ampla, livre e aberta discussão dos seus defeitos e das suas virtudes, desde que sejam obedecidas as condicionantes ao direito constitucional de reunião, tal como a prévia comunicação às autoridades competentes. 4. Impossibilidade de restrição ao direito fundamental de reunião que não se contenha nas duas situações excepcionais que a própria Constituição prevê: o estado de defesa e o estado de sítio (art. 136, § 1º, inciso I, alínea *a*, e art. 139, inciso IV). 5. Ação direta julgada procedente para dar ao § 2º do art. 33 da Lei nº 11.343/2006 interpretação conforme à Constituição e dele excluir qualquer significado que enseje a proibição de manifestações e debates públicos acerca da descriminalização ou legalização do uso de drogas ou de qualquer substância que leve o ser humano ao entorpecimento episódico, ou então viciado, das suas faculdades psicofísicas (STF, Tribunal Pleno, ADI nº 4.274/DF, Rel. Min. Ayres Britto, j. 23.11.2011, *DJe* 02.05.2012).

Devemos tomar cuidado com esse dispositivo porque, se a ajuda consistir na realização de qualquer das condutas do *caput*, deve-se descartar o disposto no § 2º.

> Exemplo: André tem um amigo de nome Jonas, que, embora muito doente, usa drogas injetáveis todos os dias. Vendo o amigo com muita vontade de consumir a droga, sem, contudo, possuir dinheiro para tanto, André adquire a droga e entrega a Jonas, para a felicidade do último, que agradece pelo auxílio dado. Nessa hipótese, embora aquele que fornece esteja auxiliando no uso, não lhe será aplicado o disposto no art. 33, § 2º, mas a figura do *caput* do art. 33, delito mais grave. Afinal, adquiriu droga em desacordo com determinação legal e regulamentar, oferecendo-a a terceiro.

Momento consumativo. Trata-se de crime material, sendo necessário para sua consumação o efetivo consumo da droga, consoante entendimento de Portocarrero e Ferreira (2019, p. 123), Lima (2016, p. 750) e também de Capez (2012, p. 788).

Tentativa. Admissível e, para quem entende tratar-se de crime material, aconteceria quando, embora dado o incentivo, o uso não chegasse a ocorrer, tal qual no exemplo em que a droga, por razões alheias à vontade do agente, não chegasse às mãos do consumidor (CAPEZ, 2012, p. 788).

Classificação. Comum; material (ressalvado entendimento em sentido contrário); de forma livre; comissivo; instantâneo; unissubjetivo (ou monossubjetivo); plurissubsistente; e admite tentativa.

13.3.4 Porte compartilhado da droga – Art. 33, § 3º

Tipo objetivo. Infração de menor potencial ofensivo, que não pode ser classificada como tráfico e, portanto, não é hedionda.

§ 3º Oferecer droga, eventualmente e sem objetivo de lucro, a pessoa de seu relacionamento, para juntos a consumirem:

Pena – detenção, de 6 (seis) meses a 1 (um) ano, e pagamento de 700 (setecentos) a 1.500 (mil e quinhentos) dias-multa, sem prejuízo das penas previstas no art. 28.

🔀 Decifrando a prova

(Delegado – PC/RS – Fundatec – 2018 – Adaptada) Julgue a seguinte afirmação: "É possível afirmar que aquele que oferece droga, eventualmente e sem objetivo de lucro, à pessoa de seu relacionamento, para juntos a consumirem, pratica crime de menor potencial ofensivo".
( ) Certo ( ) Errado
Gabarito comentado: no caso, a conduta tipificada no art. 33, § 3º, da Lei de Drogas, supramencionada, contém preceito secundário de seis meses a um ano, sendo, portanto, classificada como crime de menor potencial ofensivo, nos termos do art. 61 da Lei nº 9.099/1995 (Lei dos Juizados Especiais). Portanto, a assertiva está certa.

Atenção

Para a figura típica, exigem-se quatro requisitos **cumulativos:** 1) a eventualidade; 2) não haver objetivo de lucro; 3) oferta da droga à pessoa certa (com capacidade de discernir) e das relações do agente; 4) intuito de consumo compartilhado da droga. Ausente qualquer um desses requisitos, o crime será de tráfico, descrito no *caput* do art. 33.

Não haverá o crime do art. 33, § 3º, mas tráfico, descrito no *caput* do art. 33, quando a droga for oferecida para menores de 14 anos ou para alguém que, por transtorno mental, não tenha capacidade para manifestar vontade validamente e aquilatar as consequências de seu ato (PORTOCARRERO; FERREIRA, 2019).

O crime em análise não absorve o crime do art. 28, porque, no preceito sancionatório do art. 33, § 3º, a lei determina que as penas de detenção de seis meses a um ano e pagamento de multa se dê sem prejuízo, ou seja, somadas com as penas previstas no art. 28. Cuida-se da figura do concurso material obrigatório.

Momento consumativo. Com o oferecimento da droga, ainda que ela não seja aceita ou não seja consumida.

Tentativa. Cabível, quando for praticado mediante mais de um ato e a oferta, por razões alheias à vontade do agente, não chegar ao conhecimento da pessoa a quem se dirige.

Classificação. Comum; comissivo; instantâneo; de perigo abstrato, unissubjetivo; unissubsistente ou plurissubsistente, hipótese em que haverá tentativa.

🧩 Decifrando a prova

(Promotor de Justiça – MPE/SC – 2019) Julgue a seguinte afirmação: "Para a configuração do crime de oferecimento de droga para consumo conjunto, tipificado no art. 33, § 3º, da Lei nº 11.343/2006, é necessária a prática da conduta mediante o dolo "específico".

( ) Certo ( ) Errado

Gabarito comentado: no caso, a conduta tipificada somente poderá ser configurada se, além do agente oferecer a droga de modo eventual à pessoa de seu relacionamento, tiver o dolo específico de consumir a droga com a pessoa, ou seja, ter esse especial fim de agir. Portanto, a assertiva está certa.

13.3.5 Tráfico privilegiado, traficância menor ou traficância eventual – Art. 33, § 4º

Natureza jurídica. Cuida-se de causa de diminuição de pena aplicável aos crimes do *caput* e § 1º do art. 33, quando se encontrarem presentes, de forma cumulativa, os seguintes requisitos:

a. Cometimento do crime previsto no art. 33, *caput* ou § 1º.
b. Autor tecnicamente primário e de bons antecedentes.
c. Não se dedicar o autor a atividades criminosas.
d. Não ser o autor integrante de uma organização criminosa.

> **§ 4º** Nos delitos definidos no *caput* e no § 1º deste artigo, as penas poderão ser reduzidas de um sexto a dois terços, vedada a conversão em penas restritivas de direitos, desde que o agente seja primário, de bons antecedentes, não se dedique *às* atividades criminosas nem integre organização criminosa.

🧩 Decifrando a prova

(Juiz Substituto – TJSP – Vunesp – 2020 – Adaptada) Julgue a assertiva:

A respeito do tráfico ilícito de drogas na sua forma privilegiada (artigo 33, § 4º, da Lei nº 11.343/2006), é correto afirmar que apenas a reincidência específica impede o reconhecimento da causa de redução de pena.

( ) Certo ( ) Errado

> **Gabarito comentado:** ainda que se trate de reincidente genérico, não terá o agente direito ao reconhecimento da redução de pena caracterizadora do tráfico privilegiado. Portanto, a assertiva está errada.

O privilégio não poderá ser descartado com base em meras presunções, devendo a habitualidade no crime e o pertencimento à organização criminosa ser comprovados pela acusação.

Atenção

O tráfico privilegiado não é crime hediondo, conforme o art. 112, § 5º, da Lei nº 7.210/1984 (LEP):

§ 5º Não se considera hediondo ou equiparado, para os fins deste artigo, o crime de tráfico de drogas previsto no § 4º do art. 33 da Lei nº 11.343, de 23 de agosto de 2006.

A "mula". Costuma-se denominar "mula" a pessoa que se encarrega de transportar droga, fato que não pode ser usado, por si só, para afastar a causa de diminuição pelo tráfico privilegiado, conforme mais recentes julgados do STF e STJ que, em oportunidades anteriores, já haviam decidido em sentido contrário.

 **Jurisprudência destacada**

2. A jurisprudência do Superior Tribunal de Justiça é firme no sentido de que a condição de mula do tráfico, por si só, não afasta a incidência do art. 33, § 4º, da Lei nº 11.343/2006, podendo, contudo, autorizar a aplicação da minorante em 1/6. (...) (STJ, 6ª Turma, AgRg no AREsp nº 1.711.745/SP, Rel. Min. Nefi Cordeiro, j. 17.11.2020).

Quantidade da droga. Conforme orientação do STF, a quantidade e a natureza da droga (ex.: agente preso com 200 kg de maconha), apesar de determinantes quanto à modulação da causa de diminuição de pena, **por si sós**, não impedem a aplicação do § 4º. Preenchidos os quatro requisitos cumulativos, o agente fara *jus* ao benefício.

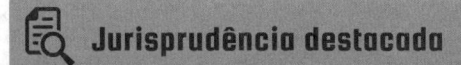 **Jurisprudência destacada**

1. A jurisprudência desta Corte está consolidada na linha de que a quantidade e a diversidade de drogas, por si sós, não constituem fundamentação suficiente para afastar a incidência do redutor previsto no § 4º do art. 33 da Lei nº 11.343/2006. Precedentes. (...) Precedentes da Quinta e da Sexta Turmas desta Corte. (...) (STJ, 6ª Turma, AgRg no HC nº 529.501/SP 2019/0254030-2, Rel. Min. Sebastião Reis Júnior, j. 09.02.2021, *DJe* 18.02.2021).

(...)

3. Aplicação do redutor do § 4º do art. 33 da Lei de Drogas afastado sem fundamentação legítima. 4. A quantidade de drogas não poderia, automaticamente, proporcionar o entendimento

> de que a paciente faria do tráfico seu meio de vida ou integraria organização criminosa. Ausência de fundamentação idônea, apta a justificar o afastamento da aplicação da causa especial de diminuição de pena prevista no art. 33, § 4º, da Lei nº 11.343/2006 (RHC nº 138.715, Rel. Min. Ricardo Lewandowski, 2ª Turma, *DJe* 09.06.2017). 5. Inexistência de argumentos capazes de infirmar a decisão agravada. 6. Agravo regimental desprovido (STF, 2ª Turma, HC nº 175.109 AgR/SP, Rel. Min. Gilmar Mendes, j. 08.06.2020)[20].

Todavia, quando, além da quantidade, outras circunstâncias existem a indicar que o agente se dedica a práticas criminosas, o STF reconhece a possibilidade de afastamento do privilégio.

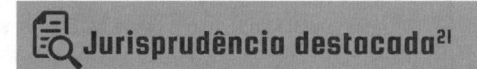

Jurisprudência destacada[21]

> 1. Infere-se do exame realizado pelas instâncias ordinárias, soberanas na apreciação de conteúdo fático-probatório, que os elementos colhidos sob o crivo do contraditório indicaram a dedicação do acusado a atividades criminosas. Além da apreensão dos entorpecentes e de petrecho relacionado ao seu comércio (balança de precisão), a sentença condenatória registra a existência de mensagens trocadas referentes ao tráfico antes dos fatos. 2. Esses fatores destoam de quadro de traficância eventual ou de menor gravidade, circunstâncias às quais a minorante prevista no art. 33, § 4º, da Lei nº 11.343/2006 é vocacionada. Precedentes. 3. Agravo regimental a que se nega provimento (STF, 1ª Turma, HC nº 198.532/SP 0048947-64.2021.1.00.0000, Rel. Alexandre de Moraes, j. 08.04.2021, data de publicação 13.04.2021).

Embora no passado o STJ entendesse de forma contrária, recentes acórdãos do Tribunal Superior vão no mesmo sentido: **quantidade e natureza da droga, por si sós, não impedem a aplicação da minorante do art. 33, § 4º:**

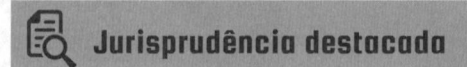

Jurisprudência destacada

> 1. A jurisprudência desta Corte está consolidada na linha de que a quantidade e a diversidade de drogas, por si sós, não constituem fundamentação suficiente para afastar a incidência do

---

[20] No mesmo sentido: STF, 2ª Turma, HC nº 152.001 AgR/MT, Rel. Min. Ricardo Lewandowski, j. 29.10.2019. Outro: STF, 2ª Turma, HC nº 173.491 AgR/SP, j. 04.02.2020; STJ, 5ª Turma, AgRg no HC nº 609022/MS, Rel. Min. João Otávio de Noronha, j. 27.10.2020; STF, 2ª Turma, HC nº 195.681/SP 0111087-71.2020.1.00.0000, Rel. Min. Ricardo Lewandowski, j. 24.02.2021, data de publicação 03.03.2021; STF, 2ª Turma, AgRg no HC nº 175.442, Rel. Min. Edson Fachin, j. 12.05.2021; STF, 2ª Turma, AgRg no HC nº 199.178, Rel. Min. Gilmar Mendes, j. 12.05.2021; STF, 2ª Turma, AgRg no HC nº 199.373, Rel. Min. Gilmar Mendes, j. 31.05.2021; STF, 2ª Turma, AgRg no HC nº 176.988, Rel. Min. Edson Fachin, j. 21.06.2021; STF, 2ª Turma, AgRg no HC nº 200.079, Rel. Min. Cármen Lúcia, Rel. p/ acórdão Min. Gilmar Mendes, j. 17.05.2021; STF, 2ª Turma, AgRg no HC nº 203.825, Rel. Min. Edson Fachin, j. 15.09.2021.

[21] Nesse sentido, também o STJ, 6ª Turma, AgRg no HC nº 601.948/SP 2020/0191211-7, Rel. Min. Sebastião Reis Júnior, j. 09.02.2021, *DJe* 18.02.2021.

> redutor previsto no § 4º do art. 33 da Lei nº 11.343/2006. (...) (STJ, 6ª Turma, AgRg no HC nº 529.501/SP, Rel. Min. Sebastião Reis Júnior, j. 09.02.2021)[22].

Natureza e quantidade da droga e a sua valoração. Como vimos, a natureza e a quantidade da droga não poderão, por si sós, afastar a causa de diminuição prevista no art. 33, § 4º. Contudo, a jurisprudência admite que elas sejam determinantes quanto à modulação da fração de diminuição, podendo influenciar o *quantum* a ser diminuído (1/6 a 2/3).

Quanto a esta última afirmação, há a necessidade de entendê-la em sua completude: embora seja possível, como dissemos, que a natureza e a quantidade da droga possam influenciar a quantidade da minorante a ser aplicada (terceira fase da dosimetria da pena), não poderão, ao mesmo tempo, ser utilizadas como circunstância judicial desfavorável na fixação da pena-base (primeira fase da dosimetria da pena).

Em outras palavras, a natureza e a quantidade da droga não podem ser valoradas, simultaneamente, na primeira fase (fixação da pena-base) e também na terceira fase da dosimetria da pena (modulação da fração de diminuição da minorante), sob pena de *bis in idem*. Será ou uma ou outra.

Esse é o entendimento prevalente no âmbito do STF.

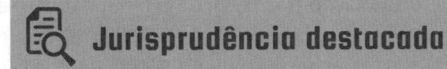

Jurisprudência destacada

Quantidade e natureza da droga são circunstâncias que, **apesar de configurarem elementos determinantes na modulação da causa de diminuição de pena**, por si sós, não são aptas a comprovar o envolvimento com o crime organizado ou a dedicação à atividade criminosa. Precedentes. Ordem concedida para determinar ao Juízo de origem que refaça a dosimetria com a aplicação do redutor previsto no art. 33, § 4º, da Lei nº 11.343/2006, em fração a ser motivadamente determinada (STF, 2ª Turma, RHC nº 192.643 AgR/RJ, Rel. Min. Gilmar Mendes, j. 24.05.2021).

(...) 2. A natureza e a quantidade da droga devem ser analisadas conjuntamente, nos termos do art. 42 da Lei nº 11.343/2006. 3. Inadmissível considerar separadamente, em fases distintas da dosimetria da pena, a natureza e a quantidade, por constituírem circunstância judicial única, portanto incindível, pois somente quando avaliadas em conjunto – natureza e quantidade – será possível exercer juízo valorativo adequado e atingir os fins almejados pelo legislador. 4. Detectada a ocorrência de *bis in idem* por terem as instâncias anteriores valorado negativamente a quantidade da droga na primeira fase e a sua natureza na terceira fase da dosimetria. **5. A jurisprudência dominante desta Suprema Corte é no sentido de que as circunstâncias da natureza e da quantidade de droga apreendida com o acusado de tráfico devem ser levadas em consideração apenas em uma das fases da dosimetria da pena.** Precedentes (STF, 1ª Turma, RHC nº 169.343 AgR/ES, Rel. Min. Rosa Weber, j. 08.06.2021).

O STJ, em acórdão recente, adotou a mesma linha de raciocínio anteriormente exposta. Confira:

---

22   No mesmo sentido: STJ, 6ª Turma, AgRg no AREsp nº 1.800.482/MG, Rel. Min. Joel Ilan Paciornik, j. 18.05.2021.

Jurisprudência destacada

(...) 1. A natureza e a quantidade das drogas apreendidas são fatores a serem necessariamente considerados na fixação da pena-base, nos termos do art. 42 da Lei *nº* 11.343/2006. 2. Sua utilização supletiva na terceira fase da dosimetria da pena, para afastamento da diminuição de pena prevista no § 3º do art. 33 da Lei *nº* 11.343/2016, somente pode ocorrer quando esse vetor conjugado com outras circunstâncias do caso concreto que, unidas, caracterizem a dedicação do agente à atividade criminosa ou a integração *à* organização criminosa. (...) diante da orientação consolidada há tempos pelas Cortes Superiores, proponho mantermos o posicionamento anterior, conforme acolhido no ARE nº 666.334/AM, **sobre a possibilidade de valoração da quantidade e da natureza da droga apreendida, tanto para a fixação da pena-base quanto para a modulação da causa de diminuição prevista no art. 33, § 4º, da Lei nº 11.343/2006, neste último caso ainda que sejam os únicos elementos aferidos, desde que não tenham sido considerados na primeira fase do cálculo da pena** (STJ, 3ª Seção, HC nº 725.534/SP, Rel. Min. Ribeiro Dantas, j. 27.04.2022). No mesmo sentido: STJ, 5ª Turma, AgRg no HC nº 721.229/GO, Rel. Min. Reynaldo Soares da Fonseca, j. 24.05.2022; STJ, 6ª Turma, AgRg no HC nº 734.888/SP, Rel. Min. Laurita Vaz, j. 17.05.2022.

Condenação por tráfico (art. 33, *caput*) e associação para o tráfico (art. 35). Conforme entendimento consolidado no STJ[23], se o réu foi condenado, na mesma ocasião, por tráfico e por associação para o tráfico, é **inaplicável** a diminuição de pena do § 4º, haja vista que a associação para o tráfico denotará que o agente se dedica a atividades criminosas, não preenchendo, assim, um dos quatro requisitos obrigatórios para a concessão do tráfico privilegiado[24].

Outrossim, já entendeu o Ministro Gilmar Mendes que é inaplicável o redutor do art. 33, § 4º, ao réu que, embora primário, afirmou vender drogas havia seis meses, reconhecendo tratar-se de caso em que o tráfico de drogas era o seu meio de vida, decisão com a qual concordamos plenamente. Afinal, dedicando-se a atividades criminosas, não pode se beneficiar com o privilégio[25].

Inquéritos policiais e processos em curso. Embora inquéritos policiais e ações penais em curso não possam ser considerados "maus antecedentes" (Súmula nº 444 do STJ), o STJ

---

[23] STJ, 5ª Turma, HC nº 523.067/SP, Rel. Min. Reynaldo Soares da Fonseca, j. 1º.10.2019; STJ, 6ª Turma, AgRg no AREsp nº 1.282.174/SP, Rel. Min. Rogerio Schietti Cruz, j. 30.05.2019; STJ, 6ª Turma, AgRg no AREsp nº 1.282.174/SP, Rel. Min. Rogerio Schietti Cruz, j. 30.05.2019.

[24] Cumpre observar que recentemente o STF, por meio de uma decisão, com a devida vênia, de certa forma confusa (tanto que resultou em empate na votação), decidiu acerca de um caso concreto no qual a paciente, condenada pelos crimes previstos nos arts. 33 (tráfico de drogas) e 35 (associação ao tráfico) da Lei nº 11.343/2006, foi beneficiada pela minorante do art. 33, § 4º, da Lei nº 11.343/2006. Isso porque, conforme o decidido, a habitualidade e o pertencimento a organizações criminosas deverão ser comprovados, o que não aconteceu no caso concreto analisado (ela somente seguia as ordens do marido, em uma relação de dependência, sendo influenciada a participar do tráfico) (STF, 2ª Turma, HC nº 154.694 AgR/SP, Rel. Min. Edson Fachin, j. 04.02.2020 – *Informativo* 965).

[25] STF, HC nº 205.680, Rel. Min. Gilmar Mendes, decisão monocrática de 25.08.2021.

já decidiu que é possível utilizá-los para afastar o benefício do art. 33, § 4º, pois poderiam indicar que o agente se dedica a atividades criminosas[26-27]. Contudo, em 2021, a 6ª Turma, rendendo-se ao entendimento esposado pelo STF acerca da matéria, decidiu que a existência de inquéritos e ações em curso não são aptos a afastar o privilégio.

> ### 🔍 Jurisprudência destacada
>
> (...) 5. A Suprema Corte, em recentes precedentes, consignou que na ausência das demais situações impeditivas da causa de diminuição da pena, tão somente a existência de ações penais sem trânsito em julgado não pode justificar a negativa de minorante, na esteira do entendimento, firmado sob a sistemática da repercussão geral, de que, "ante o princípio constitucional da não culpabilidade, inquéritos e processos criminais em curso são neutros na definição dos antecedentes criminais" (RE nº 591.054, Tema nº 129, Rel. Marco Aurélio, Pleno, *DJe* 26.02.2015). 6. Desse modo, com a ressalva do meu entendimento pessoal, impõe-se a reforma da dosimetria da pena, com a aplicação da minorante prevista no art. 33, § 4º, da Lei nº 11.343/2006 em seu patamar máximo, sob pena de *bis in idem*, já que a quantidade de droga foi utilizada para fixar a reprimenda inicial acima do mínimo (ARE nº 666.334/RG, Rel. Min. Gilmar Mendes, *DJe* 06.05.2014). 7. Considerando a formulação da nova dosimetria, que estabeleceu pena inferior a 4 (quatro) anos de reclusão, e a valoração desfavorável de circunstância judicial com fundamento na grande quantidade de droga apreendida, o regime inicial de cumprimento de pena adequado é o semiaberto. Precedentes. 8. "Nos termos da jurisprudência desta Corte Superior, circunstância concreta relacionada à quantidade, natureza e diversidade das drogas apreendidas, é motivação suficiente para impedir a substituição da pena privativa pelas restritivas de direitos" (AgRg no AREsp nº 1.060.222/ MG, Rel. Min. Jorge Mussi, 5ª Turma, j. 12.09.2017, *DJe* 20.09.2017). 9. Ordem de *habeas corpus* parcialmente concedida para fixar a pena do paciente em 3 (três) anos e 2 (dois) meses de reclusão, a ser cumprida no regime semiaberto, e pagamento de 316 (trezentos e dezesseis) dias-multa, à razão do valor mínimo legalmente estabelecido pela sentença (STJ, 6ª Turma, HC nº 559.880/ RS 2020/00248345, Rel. Min. Laurita Vaz, j. 23.02.2021, *DJe* 02.03.2021).

No STF, o entendimento sempre foi no sentido de que o fato de o agente ser réu em outra ação penal em curso, ou indiciado em inquérito policial, não constitui fundamento idôneo para afastar a aplicação da causa de diminuição da pena do art. 33, § 4º.

---

[26] Por meio de uma decisão bem específica, recentemente o STJ entendeu que, embora ações penais em curso possam ocasionar o afastamento da minorante prevista no art. 33, § 4º, deve-se ponderar que "a existência de uma única anotação pelo mesmo delito, ainda em andamento, além de, na hipótese, ser pequena a quantidade de droga apreendida (27 g de cocaína), demonstra não ser legítimo concluir que há dedicação a atividades criminosas e, consequentemente, obstar a aplicação do redutor legal" (STJ, 6ª Turma, AgRg no AREsp nº 1.721.158/SC, Rel. Min. Laurita Vaz, j. 06.10.2020; STJ, 6ª Turma, AgRg no REsp nº 1.894.349, Rel. Min. Laurita Vaz, j. 24.11.2020).

[27] No mesmo sentido: STJ, 5ª Turma, AgRg no HC nº 605.968/MG, Rel. Min. João Otávio de Noronha, j. 17.11.2020; STJ, 6ª Turma, AgRg no HC nº 553.258/MG, Rel. Min. Nefi Cordeiro, *DJe* 29.06.2020; STJ, 6ª Turma, AgRg no HC nº 609.887/SC, Rel. Min. Sebastião Reis Júnior, j. 13.10.2020.

 **Jurisprudência destacada**

A Primeira Turma deferiu *habeas corpus* para determinar a aplicação da causa de diminuição de pena, prevista no § 4º do art. 33 da Lei nº 11.343/2006, a paciente condenada pelo crime de tráfico de drogas, não obstante a existência de outra ação penal, pela prática do mesmo delito, ainda não transitada em julgado.

O colegiado entendeu, com base no decidido no julgamento do RE nº 591.054, submetido à sistemática de repercussão geral (Tema nº 129), que a existência de inquéritos policiais e processos criminais sem trânsito em julgado não podem ser considerados como maus antecedentes para fins de dosimetria da pena, de modo que o fato de a paciente ser ré em outra ação penal, ainda em curso, não constitui fundamento idôneo para afastar a aplicação da causa de diminuição da pena (STF, 1ª Turma, HC nº 173806/MG, Rel. Min. Marco Aurélio, j. 18.02.2020 – *Informativo* 967)[28].

(...) 2. A jurisprudência deste Supremo Tribunal Federal é no sentido de que a existência de inquéritos ou ações penais em andamento não é, por si só, fundamento idôneo para afastamento da minorante do art. 33, § 4º, da Lei nº 11.343/2006. Precedentes. 3. Considerada a primariedade, a não incidência de antecedentes criminais ostentados pelo recorrente, a ausência de circunstâncias judiciais desfavoráveis (fixada a pena-base no mínimo legal), a quantidade de droga não expressiva e a inexistência de fortes indícios de envolvimento, ou de maior responsabilidade com organização criminosa, ou de dedicação ao crime, impõe-se o reconhecimento da causa de diminuição de pena prevista no art. 33, § 4º, da Lei nº 11.343/2006, no patamar de 2/3 (dois terços), e a fixação do regime prisional aberto. 4. Agravo regimental conhecido e não provido (STF, 1ª Turma, RHC nº 205.080 AgR, Rel. Rosa Weber, j. 04.10.2021, *DJe* 07.10.2021)[29].

Deve-se, contudo, destacar que as decisões anteriormente veiculadas, extraídas da jurisprudência do STF, são relacionadas à impossibilidade de afastarmos o tráfico privilegiado tendo como fundamento unicamente a existência de inquéritos e processos em curso. Decerto, em situações nas quais se possa vislumbrar, além das anotações a que nos referimos, outros elementos que indicam que o agente se dedica a práticas criminosas, há de se afastar o redutor.

 Jurisprudência destacada

(...) De fato, este Supremo Tribunal já decidiu, em inúmeros precedentes, que a quantidade de droga apreendida (*vide* RHC nº 178.844 AgR/SP, de minha relatoria; HC nº 177.710 AgR/SP, Rel. Min. Gilmar Mendes; e HC nº 129.466/SP, Rel. Min. Luiz Fux) e a existência de inquéritos policiais ou ações penais sem trânsito em julgado são insuficientes para comprovar a dedicação do paciente a atividades criminosas (*vide* HC nº 151.431/MG, Rel. Min. Gilmar Mendes; HC nº 144.309 AgR/MG, de minha relatoria; e HC nº 168.788/SP,

---

28 No mesmo sentido: STF, 1ª Turma, HC nº 166.385/MG, Rel. Min. Marco Aurélio, j. 14.04.2020 – *Informativo* 973.

29 Neste sentido, também: STF, 1ª Turma, HC nº 199.309, Rel. Min. Marco Aurélio, j. 24.05.2021.

de relatoria do Ministro Edson Fachin) e, por isso, impedir a aplicação da causa especial de redução de pena prevista no § 4º do art. 33 da Lei nº 11.343/2006. No caso, todavia, a conclusão da dedicação do paciente ao tráfico ilícito de drogas não se deu de forma automática, em virtude daqueles dois fatores antes mencionados, mas baseada por elementos concretos constantes dos autos e devidamente expostos nos acórdãos de segunda instância, os quais, a meu sentir, destoam daqueles que normalmente são verificados quando a traficância é praticada pela primeira vez, sem maiores planejamentos. Veja-se pelos excertos antes transcritos que a Corte Estadual aludiu às circunstâncias nas quais o paciente e um corréu foram presos em flagrante, ambos abordados em local conhecido pelo tráfico de drogas. Vale anotar, ainda, a confissão dele em juízo, o qual declarou que "realmente estava 'trabalhando' no tráfico de drogas", portanto, no momento da abordagem, "trinta pinos de cocaína, vendendo-os no bar". Tanto que foi beneficiado com a atenuante de confissão espontânea, na segunda etapa da dosimetria. É dizer, esses elementos, de fato, demonstram a dedicação do paciente à prática do tráfico, o que afasta a possibilidade de incidência da causa especial de redução de pena prevista no § 4º do art. 33 da Lei nº 11.343/2006. Dissentir dessa decisão, como visto, demandaria o reexame de fatos e provas, o que é inviável na via de *habeas corpus*. Entendo, ainda, que não houve dupla valoração de uma mesma circunstância judicial, na primeira e terceira fase da dosimetria da pena, como sugere a defesa. Isso porque a quantidade de entorpecentes apreendidos não foi, isoladamente, o elemento impeditivo da aplicação da referida minorante, mas, sobretudo, as demais circunstâncias verificadas no momento da prisão em flagrante dos acusados, tais como o local da prisão, a confissão do paciente, a variedade de drogas que já se encontravam fracionadas e embaladas para o comércio. Tal como consignou o TJSP, no ponto, "a mera menção à apreensão de entorpecentes não configura *bis in idem*, porquanto foi utilizada para embasar, juntamente com as demais circunstâncias acima mencionadas, a dedicação dos réus a atividades criminosas, esta, sim, motivadora do afastamento da causa de diminuição de pena (...) (STF, HC nº 198.367/SP 0048708-60.2021.1.00.0000, Rel. Ricardo Lewandowski, j. 02.03.2021, data de publicação 04.03.2021).

Atos infracionais. Inicialmente, o STJ, quanto à figura do tráfico privilegiado, entendia que, além da quantidade e diversidade de drogas, poderia afastar a diminuição de pena pelo tráfico privilegiado o fato de o criminoso ostentar passagens pela prática de atos infracionais[30].

Entretanto, a partir do julgamento do EREsp nº 1.916.596/SP (Rel. Min. Joel Ilan Paciornik, Rel. p/ acórdão Min. Laurita Vaz), na sessão de 08.09.2021, a 3ª Seção, buscando consolidação da jurisprudência do sodalício, passou a adotar entendimento intermediário no sentido de que o histórico infracional pode ser considerado para afastar a minorante prevista no art. 33, § 4º, da Lei nº 11.343/2006, por meio de fundamentação idônea que aponte a existência de circunstâncias excepcionais, nas quais se verifique a gravidade de atos pretéritos, devidamente documentados nos autos, bem como a razoável proximidade temporal de tais atos com o crime em apuração.

---

[30] Neste sentido, STJ, 5ª Turma, AgRg no HC nº 609.022/MS, Rel. Min. João Otávio de Noronha, j. 27.10.2020; STJ, 6ª Turma, AgRg no HC nº 581.461/SP, Rel. Min. Sebastião Reis Júnior, j. 01.09.2020.

Adotadas as premissas trazidas pelo julgado anterior, a diminuição pelo tráfico privilegiado seria possível na hipótese de o agente possuir registro de ato infracional com natureza diversa do tráfico de drogas[31].

De outro giro, ainda na linha atualmente adotada pelo STJ, a Corte não reconheceu a possibilidade de incidência do privilégio para agente que ostentava antecedentes infracionais pela prática de conduta caracterizadora de tráfico de droga, demonstrando, dessarte, propensão do agente a práticas criminosas[32].

Para a 2ª Turma do STF, a prática de atos infracionais pelo agente é fundamentação **inidônea** para afastar a causa de diminuição do § 4º do art. 33 da Lei nº 11.343/2006[33].

Contudo, a 1ª Turma da Corte Suprema já entendeu possível afastar o privilégio para agente que registre cometimento pretérito de atos infracionais[34].

---

[31] Neste sentido: STJ, 5ª Turma, HC nº 662.834, Rel. Min. Joel Ilan Paciornik, decisão monocrática de 18.05.2021.

[32] Neste sentido: STJ, 5ª Turma, j HC nº 632.346, Rel. Min. Felix Fischer,. 02.02.2021.

[33] STF, 2ª Turma, HC nº 193.816 AgR/SP, Rel. Min. Cármen Lúcia, j. 21.12.2020; STF, 2ª Turma, AgRg no HC nº 191.992, Rel. Min. Edson Fachin, j. 08.04.2021; STF, 2ª Turma, HC nº 202.574 SP, Rel. Min Edson Fachin, j. 02.06.2021.

[34] STF, 1ª Turma, Ag Rg HC nº 192.147, Rel. Min. Dias Toffoli, j. 23.02.2021.

🧩 Decifrando a prova

(Juiz Substituto – TJMS – FCC – 2020 – Adaptada) Julgue a seguinte afirmação: "No que concerne aos requisitos necessários para haver a redução de pena na Lei de Drogas, é correto afirmar ser cabível a redução da pena de um sexto a dois terços para o agente que tem em depósito, sem autorização ou em desacordo com determinação legal ou regulamentar, matéria-prima, insumo ou produto químico destinado à preparação de drogas, desde que primário, de bons antecedentes, não se dedique às atividades criminosas nem integre organização criminosa".

( ) Certo ( ) Errado

Gabarito comentado: de acordo com o disposto no art. 33, § 1º, I e § 4º, da Lei nº 11.343/2006, a assertiva está certa.

A **impossibilidade de combinação de leis.** Por ser benéfica, a diminuição de pena pelo tráfico privilegiado **deverá retroagir**, inclusive no tocante a processos já findos, com trânsito em julgado, em face do disposto no art. 2º, parágrafo único, do CP,[35] desde que se observe o enunciado da **Súmula nº 501 do STJ**, que desautoriza a combinação da antiga Lei de Drogas (Lei nº 6.368/1976) com a atual. Assim, das duas, uma: ou a diminuição do art. 33, § 4º, retroage, em bloco, como um todo, por trazer melhor solução ao réu; ou não se pode fazer a combinação da pena de 3 a 15 anos da lei antiga com a diminuição fixada pelo art. 33, § 4º, da nova lei.

📑 Jurisprudência destacada

Súmula nº 501 do STJ. É cabível a aplicação retroativa da Lei nº 11.343/2006, desde que o resultado da incidência das suas disposições, na íntegra, seja mais favorável ao réu do que o advindo da aplicação da Lei nº 6.368/1976, sendo vedada a combinação de leis.

13.3.6 Crime do art. 34

Tipo objetivo. Trata-se de mais uma modalidade de crime de tráfico de droga, sendo, portanto, **equiparado a hediondo**. Define a conduta de fabricar, adquirir, utilizar, transportar, oferecer, vender, distribuir, entregar a qualquer título, possuir, guardar ou fornecer, ainda que gratuitamente, maquinário, aparelho, instrumento ou qualquer objeto destinado à

---

[35] "Art. 2º Ninguém pode ser punido por fato que lei posterior deixa de considerar crime, cessando em virtude dela a execução e os efeitos penais da sentença condenatória. Parágrafo único. A lei posterior, que de qualquer modo favorecer o agente, aplica-se aos fatos anteriores, ainda que decididos por sentença condenatória transitada em julgado."

fabricação, preparação, produção ou transformação de drogas, sem autorização ou em desacordo com determinação legal ou regulamentar desde que o agente o faça visando o tráfico. Cumpre destacar a não caracterização do crime do art. 34 quando a posse dos instrumentos configura-se como ato preparatório destinado ao consumo pessoal de drogas.

Jurisprudência destacada

(...) 3. Nesse caso, para que se configure a lesão ao bem jurídico tutelado (saúde pública), a ação de possuir maquinário e/ou objetos deve ter o especial fim de fabricar, preparar, produzir ou transformar drogas, visando o tráfico. 4. Portanto, ainda que o crime previsto no art. 34 da Lei nº 11.343/2006 possa subsistir de forma autônoma, não é possível que o agente responda pela prática do referido delito quando a posse dos instrumentos se configura como ato preparatório destinado ao consumo pessoal de entorpecente. 5. Considerando que, nos termos do § 1º do art. 28 da Lei de Drogas, nas mesmas penas do *caput* incorre quem cultiva a planta destinada ao preparo de pequena quantidade de substância ou produto (óleo), seria um contrassenso jurídico que a posse de objetos destinados ao cultivo de planta psicotrópica, para uso pessoal, viesse a caracterizar um crime muito mais grave, equiparado a hediondo e punido com pena privativa de liberdade de 3 (três) a 10 (dez) anos de reclusão, além do pagamento de vultosa multa. 6. É consenso jurídico que o legislador, ao despenalizar a conduta de posse de entorpecente para uso pessoal, conferiu tratamento penal mais brando aos usuários de drogas. Nesse contexto, se a própria legislação reconhece o menor potencial ofensivo da conduta do usuário que adquire drogas diretamente no mercado espúrio de entorpecentes, não há como evadir-se à conclusão de que também se encontra em situação de baixa periculosidade o agente que sequer fomentou o tráfico, haja vista ter cultivado pessoalmente a própria planta destinada à extração do óleo, para seu exclusivo consumo. 7. Recurso ordinário em *habeas corpus* conhecido e provido para trancar a ação penal apenas no que refere ao crime do art. 34 da Lei nº 11.343/2006, sem prejuízo do prosseguimento da apuração das condutas previstas no art. 28, § 1º, da mesma Lei perante o Juízo competente (STJ, 6ª Turma, RHC nº 135.617/PR 2020/0260877-1, Rel. Min. Laurita Vaz, j. 14.09.2021, *DJe* 30.09.2021).

Art. 34. Fabricar, adquirir, utilizar, transportar, oferecer, vender, distribuir, entregar a qualquer título, possuir, guardar ou fornecer, ainda que gratuitamente, maquinário, aparelho, instrumento ou qualquer objeto destinado à fabricação, preparação, produção ou transformação de drogas, sem autorização ou em desacordo com determinação legal ou regulamentar:

Pena – reclusão, de 3 (três) a 10 (dez) anos, e pagamento de 1.200 (mil e duzentos) a 2.000 (dois mil) dias-multa.

Especial destinação. O objeto material desse crime é o maquinário, aparelho, instrumento ou objeto destinado à fabricação, preparação, produção ou transformação de drogas. A rigor, inexiste aparelho ou maquinismo exclusivamente destinado a tais fins. A lei, assim, apenas exige destinação especial, devendo-se analisar as circunstâncias em que foi encontrado para que possamos saber se, naquele caso, destinava-se à preparação, produção ou transformação da droga.

Subsidiariedade. Consoante entendimento majoritário, cuida-se de tipo subsidiário ao art. 33 (PORTOCARRERO; FERREIRA, 2020). Dessarte, ficará absorvido pelo art. 33 quando o agente, fazendo uso daqueles objetos, fabricar, transformar e preparar a droga. O delito subsidiário somente é reconhecido quando não configurado o principal de tráfico de drogas previsto no art. 33, *caput* (LIMA, 2016, p. 765).

Cuida-se de **crime obstáculo** em que meros atos preparatórios para o tráfico são elevados à categoria de crimes autônomos e só têm aplicação se o agente nem sequer iniciar a execução de qualquer das modalidades de tráfico de drogas previstas no art. 33. O STF assim também já entendeu no trecho destacado a seguir.

 Jurisprudência destacada

(...) evidenciado, no mesmo contexto fático, o intento de traficância do agente (cocaína), utilizando aparelhos e insumos somente para esse fim, todo e qualquer ato relacionado a sua produção deve ser considerado ato preparatório do delito de tráfico previsto no art. 33, *caput*, da Lei nº 11.343/2006. Aplica-se, pois, o princípio da consunção, que se consubstancia na absorção do delito-meio (objetos ligados à fabricação) pelo delito-fim (comercialização de drogas). Doutrina e precedentes. (...) (STF, 2ª Turma, HC nº 109.708/SP, Rel. Min. Teori Zavascki, j. 23.06.2015)[36].

(...) 1. O princípio da consunção incide quando seja um dos crimes-meio necessário ou usual para a preparação, execução ou mero exaurimento do delito final visado pelo agente, desde que não ofendidos bens jurídicos distintos. Entre os delitos de tráfico de drogas, de seus insumos ou maquinário, pode ocorrer a consunção quando constatado que sejam os insumos ou maquinários confirmados como meios de obtenção da droga comercializada, o que se evidencia no caso dos autos. 2. A minorante foi afastada em razão da expressiva quantidade da droga apreendida – 1.525 comprimidos de *ecstasy* –, bem como na apreensão de significativa quantidade de matéria-prima para a fabricação do entorpecente – 305,5 g de pó contendo MDMA e 3.480,7 g de lactose e celulose –, não se verificando manifesta ilegalidade. 3. A jurisprudência desta esta Corte Superior entende que, para afastar a causa de diminuição de pena do art. 33, § 4º, da Lei nº 11.343/2006, com suporte na dedicação a atividades criminosas, é preciso, além da quantidade de drogas, aliar elementos concretos suficientes o bastante que permitam a conclusão de que o agente se dedica a atividades criminosas e/ou integra organização criminosa, o que se verifica no caso dos autos. 4. *Habeas corpus* concedido parcialmente para absolver o paciente do crime previsto no art. 33, § 1º, I, da Lei nº 11.343/2006, mantendo a condenação pelo tipo penal do art. 33, *caput*, da mesma Lei, nos termos da sentença atacada (STJ, 6ª Turma, HC nº 598.863/SC 2020/0179426-9, Rel. Min. Nefi Cordeiro, j. 1º.09.2020, *DJe* 16.09.2020).

Observa-se, no entanto, que apenas haverá a absorção pela consunção quando se tratar do mesmo contexto fático. Em situação em que o maquinismo apreendido não se destinar à fabricação da droga ou matéria-prima apreendida na situação de traficância, deverá ser reconhecida a existência dos crimes em concurso material (STF, 2ª Turma, HC nº 109.708/SP 9952680-06.2011.1.00.0000, Rel. Min. Teori Zavascki, j. 23.06.2015, *DJe* 03.08.2015).

---

[36] Existe precedente no STJ em sentido contrário, reconhecendo o concurso entre os crimes dos arts. 33 e 34 na hipótese de ter em depósito certa quantidade de drogas e, em grande escala, objetos, maquinário e utensílios que constituam laboratório usado para preparação de drogas (STJ, 5ª Turma, AgRg no AREsp nº 303.213/SP 2013/0063139-3, Rel. Min. Marco Aurélio Bellizze, j. 08.10.2013, *DJe* 14.10.2013).

O art. 34 não abrange objetos que se destinam ao uso da droga, por exemplo, uma gilete empregada para a separação das fileiras de cocaína ou mesmo o papel utilizado para a confecção do cigarro de maconha (LIMA, 2016, p. 766).

Consumação. Cuida-se de crime de **mera conduta**, que estará tipificado no momento em que o agente realizar qualquer verbo nuclear do tipo.

Tentativa. Será admitida na hipótese de crime plurissubsistente, praticado mediante mais de um ato.

Classificação. Comum; mera conduta; de forma livre; comissivo, instantâneo nas modalidades fabricar, adquirir, utilizar, vender, oferecer, distribuir, entregar e fornecer; permanente nas de transportar, possuir e guardar; de perigo abstrato; unissubjetivo; unissubsistente ou plurissubsistente, hipótese em que admitirá tentativa.

13.3.7 Associação para fins de tráfico — Art. 35

Tipo objetivo. O artigo trata da associação, em caráter de **estabilidade** e **permanência**, de duas ou mais pessoas para a prática do tráfico de drogas, não se confundindo com o concurso meramente eventual, transitório e ocasional, não sendo outro o entendimento de nossos Tribunais Superiores.

> ### Jurisprudência destacada
>
> (...) 1. Firmou-se neste Superior Tribunal de Justiça a orientação no sentido de que se mostra indispensável, para fins de configuração do crime de associação para o tráfico, a evidência do vínculo estável e permanente dos acusados com outros indivíduos, o que, consoante as premissas estabelecidas no acórdão recorrido, não ocorreu, razão pela qual indevida a condenação, não havendo falar em exame aprofundado da prova. 2. Admite-se a desclassificação para a capitulação jurídica nos termos do art. 37 da Lei de Drogas, à conduta de "olheiro", quando não demonstrada na origem a prática mediante contribuição estável e permanente aos destinatários das informações que possibilitariam o cometimento do tráfico de drogas, já que a referida figura típica pressupõe o vínculo esporádico e eventual. 3. Em regra, não se presta o remédio heroico à revisão da dosimetria das penas estabelecidas pelas instâncias ordinárias. Contudo, a jurisprudência desta Corte admite, em caráter excepcional, o reexame da aplicação das penas, nas hipóteses de manifesta violação aos critérios dos arts. 59 e 68 do CP, sob o aspecto da ilegalidade, em casos de falta ou evidente deficiência de fundamentação ou ainda de erro de técnica. 4. Incabível a valoração negativa das consequências do crime, diante da associação criminosa em questão espalha grande temibilidade no seio de toda uma comunidade, porquanto fundamentado em circunstâncias inerentes ao tipo penal e na gravidade abstrata do delito. 5. Agravo regimental improvido (STJ, 6ª Turma, AgRg no HC nº 632.550/RJ 2020/0331136-2, Rel. Min. Nefi Cordeiro, j. 09.03.2021, *DJe* 12.03.2021).

No cômputo do número mínimo de **dois associados**, podem ser levados em conta os inimputáveis, bastando que um deles seja imputável[37].

---

[37] Se houver apenas inimputáveis, teremos ato infracional análogo ao crime de associação para tráfico.

Art. 35. Associarem-se duas ou mais pessoas para o fim de praticar, reiteradamente ou não, qualquer dos crimes previstos nos arts. 33, *caput* e § 1º, e 34 desta lei:

Pena – reclusão, de 3 (três) a 10 (dez) anos, e pagamento de 700 (setecentos) a 1.200 (mil e duzentos) dias-multa.

Cuida-se de crime **plurissubjetivo** ou de concurso necessário. Entendemos que se trata de norma especial com relação a do art. 288 do CP, razão pela qual, sempre que houver uma associação para a prática de crimes, sendo o tráfico a principal finalidade do grupo criminoso, o crime a ser reconhecido é o do art. 35, especial. Não foi esse, porém, o entendimento adotado pelo STF, que já reconheceu a existência de concurso material entre os crimes dos arts. 35 e 28 do CP quando a associação não se destinar exclusivamente à prática do crime de tráfico de drogas.

 Jurisprudência destacada

Associação para o tráfico. Associação. *Habeas corpus*. Ato individual. Adequação. O *habeas corpus* é adequado em se tratando de impugnação a ato de colegiado ou individual. *Habeas corpus*. Instância. Supressão. Revelando o *habeas corpus* parte única – o paciente, personificado pelo impetrante. Criminosa. Autonomia. Os crimes dos artigos 35 da Lei nº 11.343/2006 e 288 do CP revelam-se autônomos. Atenuante. Confissão. Inadequação. Inexistente admissão, sequer parcialmente, de procedência de fatos imputados em denúncia, mostra-se inviável reconhecimento da atenuante da confissão. Agravante. Reincidência. Ausente demonstração de haver a prática criminosa se iniciado após transcorridos 5 anos da extinção da pena imposta em outro processo, surge incabível o afastamento da agravante da reincidência. Pena. Cumprimento. Regime. O regime de cumprimento de pena é definido ante o patamar da condenação e as circunstâncias judiciais (STF, 1ª Turma, HC nº 175.503/SP 0028916-91.2019.1.00.0000, Rel. Marco Aurélio, j. 28.09.2020, data de publicação 09.11.2020).

Cuidado

Não é o crime do art. 35 equiparado a hediondo. STF[38] e STJ[39].

Por guardar autonomia com relação ao tráfico de drogas, não é por este absorvido caso o tráfico venha a ser efetivamente praticado. Por outro lado, não é necessário que as pessoas associadas iniciem a execução dos crimes trazidos pelos arts. 33, *caput* e § 1º, e 34.

---

[38] "(...) Demais disso, cumpre assinalar que o crime de associação para o tráfico, que reclama liame subjetivo estável e habitual direcionado à consecução da traficância, não seria equiparado a hediondo. (...)" (STF, Tribunal Pleno, HC nº 118.533/MS 9989784-61.2013.1.00.0000, Rel. Min. Cármen Lúcia, j. 23.06.2016, *DJe* 19.09.2016).

[39] "(...) 2. A teor da jurisprudência consolidada desta Corte, o delito de associação para o tráfico (art. 35 da Lei nº 11.343/2006), não é equiparado a hediondo, uma vez que não está expressamente elencado no rol do art. 2º da Lei nº 8.072/1990" (STJ, 5ª Turma, HC nº 357.635/SP 2016/0138498-5, Rel. Min. Ribeiro Dantas, j. 23.08.2016, *DJe* 29.08.2016).

Para a caracterização do crime de associação para o tráfico bastará que pessoas, em número mínimo de dois, unam-se com objetivo de traficar, quando e sempre que quiserem, a mercancia ilícita de drogas. Assim, observe os exemplos:

Exemplo 1: José encontra seu amigo Marcos na praia, por acaso, e, após uma longa conversa em que lembram das peripécias de ambos quando cursavam ensino médio, resolvem que, a partir daquele dia, passariam a vender drogas para as pessoas que frequentam o local aos finais de semana. Fazem contato com fornecedores para ajustar preços e planejam estratégias que visam garantir o sucesso do comércio ilícito. Antes mesmo de iniciarem, porém, acabam tendo seu plano frustrado, eis que a mulher de José, que jamais concordara com a ideia, delatou-os às autoridades. Nesse caso, como se uniram de forma estável e permanente, e não meramente ocasional, para a prática do tráfico, ainda que não tenham conseguido traficar, deverão ser responsabilizados pelo crime do art. 35 da Lei nº 11.343/2006.

Exemplo 2: Ainda partindo do mesmo exemplo anterior, imaginemos que José e Marcos, associados em caráter de estabilidade e permanência, tenham efetivamente traficado drogas na região e tenham sido presos em flagrante realizando a venda ilícita após a mulher de José delatá-los às autoridades, entregando, inclusive, documentos comprobatórios de todos os contatos feitos com fornecedores, bem como *prints* de conversas que ambos mantinham por WhatsApp. Nesse caso, haverá, além do crime de associação descrito pelo art. 35, o crime do art. 33, em concurso material, devendo-se somar as penas.

Exemplo 3: Agora, mudando as versões anteriores, imaginemos que José e Marcos se encontrassem na praia e Marcos relatasse ao amigo que, no dia seguinte, viajaria para a Europa, onde pretendia passar o resto de sua vida. Combinando um almoço ainda naquele dia para a despedida, percebessem que não dispunham de dinheiro e resolvessem se unir para vender certa quantidade de droga que traziam consigo, o que foi efetivamente realizado. Nesse caso, por se tratar de uma associação ocasional, teremos o crime do art. 33, *caput,* da Lei nº 11.343/2006, não se podendo vislumbrar a prática do crime do art. 35.

A expressão "reiteradamente ou não" indica a desnecessidade de que os crimes dos arts. 33 e 34 sejam praticados de maneira habitual. O tipo do art. 35 só exige que a associação se dê com o fim de praticar aqueles crimes, ainda que sem habitualidade. A necessidade de estabilidade e permanência não se referem à prática da traficância, mas à associação, a qual, como já salientado, não pode ser esporádica. Assim, a união deve ser permanente, mas a traficância não precisa ser habitual.

Consumação e tentativa. Consuma-se o delito no momento em que os agentes se associam, pouco importando se o crime-fim foi, ou não, praticado. **Não se admite tentativa**, pois há exigência de vínculo estável e duradouro para a sua caracterização.

Classificação. Comum; de mera conduta; de perigo abstrato; comissivo; permanente plurissubjetivo ou de concurso necessário.

Desnecessidade de apreensão da droga. Não é preciso a apreensão da droga para a comprovação do crime do art. 35 da Lei nº 11.343/2006, mesmo porque não há necessidade, para sua caracterização, de que o agente venha a traficar.

Revogação do art. 8º da Lei nº 8.072/1990. O art. 35 revogou **parcialmente** o art. 8º da Lei nº 8.072/1990, que não mais se aplica ao crime de associação para tráfico. Assim, a pena da associação para fins de traficância não é de três a seis anos, conforme o art. 8º, mas de três a dez anos de reclusão, consoante preceito sancionatório trazido pelo art. 35.

> Exemplo: Hipótese de Associação Iniciada Antes da Vigência da Lei nº 11.343/2006. Ao crime em comento, sendo permanente, aplica-se a Súmula nº 711 do STF. Assim, quando a associação tiver sido iniciada antes da Lei nº 11.343/2006, mas que tenha perdurado mesmo depois de sua edição, será aplicável a pena de três a dez anos do art. 35, conforme Súmula nº 711 do STF[40].

13.3.8 Associação para financiamento do tráfico – Art. 35, parágrafo único

Além da associação para o tráfico, a Lei nº 11.343/2006 prevê a associação entre duas ou mais pessoas para o financiamento do tráfico no parágrafo único do art. 35.

Ao referido crime aplicam-se as anotações feitas acerca do crime do art. 35, *caput*, inclusive quanto ao concurso de crimes, exceto por dois aspectos: 1) a finalidade, que no *caput* é o tráfico e, no parágrafo único, é o financiamento da mercancia criminosa; 2) no art. 35, parágrafo único, é necessária a finalidade de prática reiterada do financiamento, exigência que não é feita no *caput*.

> **Parágrafo único**. Nas mesmas penas do *caput* deste artigo incorre quem se associa para a prática reiterada do crime definido no art. 36 desta Lei.

13.3.9 Financiamento e custeio do tráfico – Art. 36

Tipo objetivo. O financiamento do tráfico, previsto como crime autônomo com relação ao tráfico no art. 36 da Lei nº 11.343/2006, é o crime com a maior pena da lei que se estuda. O tipo incrimina a conduta de financiar ou custear, que pode se dar por meio da entrega de dinheiro ou bens que possam ser usados no comércio ilícito. Cuida-se também de tráfico e, portanto, é equiparado a hediondo. Na doutrina, há, porém, quem entenda não se tratar de crime hediondo.

> **Art. 36.** Financiar ou custear a prática de qualquer dos crimes previstos nos arts. 33, *caput* e § 1º, e 34 desta Lei:
>
> **Pena** – reclusão, de 8 (oito) a 20 (vinte) anos, e pagamento de 1.500 (mil e quinhentos) a 4.000 (quatro mil) dias-multa.

---

[40] Súmula nº 711 do STF: "A lei penal mais grave aplica-se ao crime continuado ou ao crime permanente, se a sua vigência é anterior à cessação da continuidade ou da permanência".

De acordo com entendimento já dotado pelo STF[41], nesse art. 36, crime instantâneo, incrimina-se o mero financiamento com a disponibilização de recursos para o traficante, mesmo que realizada uma única vez e ainda que o traficante não se utilize dos recursos disponibilizados.

O STJ já entendeu que, para responder pelo crime em análise, o agente não pode participar diretamente do tráfico. Caso o faça, deverá responder pelo crime do art. 33, com a causa de aumento do art. 40, VII.

Jurisprudência destacada

Habeas corpus. Financiamento ou custeio ao tráfico de drogas. Conduta autônoma. Impossibilidade de condenação, em concurso material, pela prática dos crimes previstos no art. 33, *caput*, e no art. 36 da Lei de Drogas. Constrangimento ilegal evidenciado. Ordem concedida de ofício. 1. O art. 36 da Lei nº 11.343/2006 diz respeito a crime praticado por agente que não se envolve nas condutas de traficância, ou seja, que financia ou custeia os crimes a que se referem os arts. 33, *caput* e § 1º, e 34 da Lei nº 11.343/2006, sem, contudo, ser autor ou partícipe (art. 29 do Código Penal) das condutas ali descritas. 2. Em relação aos casos de tráfico de drogas cumulado com o financiamento ou custeio da prática do crime, o legislador previu, de maneira expressa, a causa especial de aumento de pena prevista no inciso VII do art. 40 da Lei nº 11.343/2006. 3. O agente que atua diretamente na traficância – executando, pessoalmente, as condutas tipificadas no art. 33 da legislação de regência – e que também financia ou custeia a aquisição das drogas deve responder pelo crime previsto no art. 33 com a incidência da causa de aumento prevista no art. 40, VII, da Lei nº 11.343/2006 (por financiar ou custear a prática do crime), afastando-se, por conseguinte, a conduta autônoma prevista no art. 36 da referida legislação. 4. Ordem não conhecida. *Habeas corpus* concedido, de ofício, para absolver o paciente em relação ao crime previsto no art. 36 da Lei nº 11.343/2006, com fulcro no art. 386, III, do CPP (STJ, 6ª Turma, HC nº 306.136/MG 2014/0257053-3, Rel. Min. Rogerio Schietti Cruz, j. 03.11.2015, *DJe* 19.11.2015).

Na doutrina, nem todos concordam com o entendimento sufragado pela Corte. Assim, alguns compreendem que se trata de crime habitual, sendo necessário que o agente venha a, reiteradamente, disponibilizar recursos para configuração do crime do art. 36. Inexistindo a habitualidade, não teríamos esse art. 36, mas o art. 33 ou art. 34, com o aumento de pena previsto no art. 40, VII (PORTOCARRERO; FERREIRA, 2020, p. 146-147).

Capez (2012, p. 807) critica o entendimento daqueles que definem o crime do art. 36 como habitual, destacando não ter a lei empregado nesse artigo núcleos cuja natureza exija tal requisito. Custear e financiar, destaca o autor, são condutas perfeitamente compatíveis com a ação instantânea.

Majoritariamente, portanto, entende-se que estamos diante de crime instantâneo, tal qual sustentado pelo STF, caracterizando-se o crime do art. 36 como uma exceção pluralista à teoria monista do concurso de pessoas consagrada pelo art. 29 do CP, não devendo o financiador,

---

[41]   No HC nº 98.754/SP.

embora tenha concorrido para o crime do art. 33 ou do art. 34, responder pelo crime para o qual contribuiu, como determinaria a regra do art. 29 do CP, mas pelo art. 36, mais grave do que o levado a efeito pelo traficante (HABIB, 2017, p. 537; LIMA, 2016, p. 773).

Quanto ao autofinanciamento, a doutrina diverge:

- 1ª: caracteriza os crimes do art. 33, *caput* ou § 1º, ou art. 34 e art. 36 em concurso material.

- 2ª: caracteriza os crimes do art. 33, *caput* ou § 1º, ou art. 34 com o aumento de pena do inciso VII do art. 40. Posicionamento adotado pelo STJ.

- 3ª: caracteriza o crime do art. 36.

- 4ª: caracteriza o crime do art. 33, na medida em que, para haver a incidência deste, o agente deverá financiar atividades de terceiros sem praticar o crime de tráfico. É o posicionamento de Lima (2016, p. 775) e também o de Portocarrero e Ferreira (2020, p. 145).

Momento consumativo e tentativa. É majoritário que se trata de crime formal e instantâneo, consumando-se quando o bem entrar na esfera de disponibilidade do financiado, ainda que este não venha a praticar os crimes do art. 33, *caput* ou § 1º, ou art. 34. A tentativa, admissível, ocorreria quando, iniciada a execução, o recurso não entrasse na esfera de disponibilidade daquele a quem se quer financiar.

Classificação. Comum; formal (majoritário) de forma livre; comissivo; instantâneo (majoritário) unissubjetivo; plurissubsistente.

13.3.10 Colaboração como informante – Art. 37

Tipo objetivo. O art. 37 se refere à conduta de quem colabora como informante para organização ou associação para o tráfico, desde que a colaboração prestada se restrinja à **prestação de informação** (BORGES DE MENDONÇA; GALVÃO DE CARVALHO, 2006, p. 99). Assim, se, além de informar, o agente realiza outras condutas no seio da associação, passando a integrá-la, será afastado o art. 37 e o crime será o do art. 35. Trata-se, portanto, de crime subsidiário. A norma tem sido aplicada aos denominados "radinhos" e fogueteiros, que se encarregam de avisar aos traficantes a chegada da polícia, de invasores de grupos rivais e quaisquer outras coisas que julguem importantes.

Art. 37. Colaborar, como informante, com grupo, organização ou associação destinados à prática de qualquer dos crimes previstos nos arts. 33, *caput* e § 1º, e 34 desta lei:

Pena – reclusão, de 2 (dois) a 6 (seis) anos, e pagamento de 300 (trezentos) a 700 (setecentos) dias-multa.

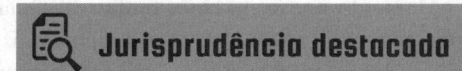

Jurisprudência destacada

1. A conduta de olheiro tanto pode se enquadrar no delito tipificado no artigo 37 como nos artigos 33 ou 35 da Lei nº 11.343/2006, a depender da comprovação da estabilidade ou não

do vínculo. 2. Assim, se restar comprovado nos autos que o indivíduo colabora com o grupo prestando informações de forma esporádica, eventual, sem vínculo efetivo, a conduta se encaixará na norma descrita no artigo 37 da referida lei. Ao contrário, se ficar demonstrado que a função é exercida de forma estável, constituindo-se o modo pelo qual o agente adere aos fins do grupo criminoso, a hipótese será enquadrada no crime do artigo 35, ou mesmo, 33 da Lei Antidrogas, a depender das circunstâncias. 3. É incontroverso nos autos que o réu portava um rádio comunicador, com a finalidade de avisar aos traficantes da localidade acerca da chegada da polícia no local, porém, em nenhum momento, há o reconhecimento da estabilidade de seu envolvimento com o tráfico de drogas, ou seja, não ficou demonstrado um vínculo efetivo com o grupo criminoso, apenas foi narrada uma única conduta desvinculada de qualquer outra finalidade, devendo, portanto, a hipótese ser enquadrada no artigo 37 da Lei Antidrogas (AgRg no REsp nº 1.738.851/RJ, j. 21.08.2018).

Lima (2016, p. 777) sustenta que, se as informações prestadas pelo agente forem irrelevantes para a prática dos crimes do art. 33, *caput* e § 1º, e do art. 34 da Lei nº 11.343/2006, não se pode reconhecer o crime em comento.

Consumação e tentativa. Estará consumado no momento em que se presta a informação, não sendo necessário que o grupo se utilize dela. A tentativa será possível quando, iniciada a execução, a informação prestada não chegar ao conhecimento do destinatário por razões alheias à vontade do agente.

Classificação. Comum; mera conduta e de perigo abstrato; de forma livre; comissivo; instantâneo; unissubjetivo; unissubsistente ou plurissubsistente, admitindo a tentativa quando for plurissubsistente, hipótese em que se poderá fracionar seu *iter* executório.

13.3.11 Prescrição culposa – Art. 38

Tipo objetivo. Prescrever (passar a receita de uma droga) ou ministrar (aplicar, administrar, servir) são condutas aqui praticadas apenas por **profissional de saúde**, a título de **culpa.** A culpa consistirá em prescrever em desconformidade com as determinações legais e regulamentares; prescrever ou ministrar em dose maior do que a necessária; e, por fim, prescrever ou ministrar para alguém que não necessita da droga. É, portanto, crime de forma vinculada. Sendo outra a forma de violação do dever objetivo de cuidado, a conduta será atípica. Por razões óbvias, não se trata de crime hediondo ou equiparado.

> **Art. 38.** Prescrever ou ministrar, culposamente, drogas, sem que delas necessite o paciente, ou fazê-lo em doses excessivas ou em desacordo com determinação legal ou regulamentar:
>
> **Pena** – detenção, de 6 (seis) meses a 2 (dois) anos, e pagamento de 50 (cinquenta) a 200 (duzentos) dias-multa.

Momento consumativo e tentativa. Quando o agente **prescrever** ou **ministrar**, não sendo necessário que o paciente adquira a substância ou mesmo que sofra qualquer resultado mais danoso. Sendo culposo, o crime não admite tentativa.

Classificação. Próprio (só pode ser praticado por profissional de saúde); mera conduta (CAPEZ, 2012, p. 811); de forma vinculada; comissivo; de perigo abstrato; unissubjetivo.

Comunicação ao Conselho de Fiscalização Profissional. O art. 38, § 1º, determina que seja feita comunicação da condenação ao Conselho da Categoria Profissional.

> **Art. 38. (...)**
>
> **Parágrafo único.** O juiz comunicará a condenação ao Conselho Federal da categoria profissional a que pertença o agente.

Não se trata de efeito da condenação, mas mera comunicação, entendendo Lima (2016, p. 782) que a referida comunicação pode ser feita mesmo antes do trânsito em julgado da sentença condenatória; havendo, ainda, quem compreenda que a comunicação deverá ser feita tão logo a denúncia seja apresentada (NUCCI, 2012, p. 278). Cremos, contudo, que apenas depois da condenação o juiz deva fazê-lo, consoante texto legal.

13.3.12 Crime de perigo de desastre aéreo ou marítimo – Art. 39

Tipo penal. Cuida-se de crime de perigo de acidente aéreo ou marítimo provocado quando da condução de embarcação ou aeronave por alguém que esteja sob a influência de drogas, devendo, para sua caracterização, ser demonstrada a efetiva existência de dano potencial para a coletividade provocado por aquela conduta, tratando-se, assim, de crime de perigo concreto.

> **Art. 39.** Conduzir embarcação ou aeronave após o consumo de drogas, expondo a dano potencial a incolumidade de outrem:
>
> **Pena** – detenção, de 6 (seis) meses a 3 (três) anos, além da apreensão do veículo, cassação da habilitação respectiva ou proibição de obtê-la, pelo mesmo prazo da pena privativa de liberdade aplicada, e pagamento de 200 (duzentos) a 400 (quatrocentos) dias-multa.
>
> Exemplo 1: André usou droga e, após o uso daquele dia, saiu com sua lancha para um passeio pelo litoral. Embora sob efeito desses entorpecentes, pilotou a embarcação sem provocar qualquer perigo de dano. Não há crime. Conduta atípica.
>
> Exemplo 2: André, agora, após consumir droga, sai com sua lancha e, por pouco, em virtude dos efeitos da ingestão da droga, não atingiu um grupo de turistas que se banhavam na enseada de uma ilha. Sua conduta caracteriza o crime do art. 39, porque houve perigo concreto de dano.

Cuida-se de regra especial com relação ao crime do art. 261 do CP.

São previstas para o crime as penas privativas de liberdade, a apreensão do veículo e a cassação ou proibição de habilitação, além da multa.

A prova do crime pode se dar a partir de qualquer meio de prova, inclusive prova testemunhal.

Qualificadora. Tratando-se de veículo de transporte de passageiros, aplicaremos a qualificadora e a pena passará a ser de quatro a seis anos, não cabendo suspensão condicional do processo.

Momento consumativo. Para a consumação, faz-se necessária a efetiva provocação da situação de perigo.

Classificação. É crime comum; comissivo; instantâneo; de perigo concreto.

13.4 CAUSAS DE AUMENTO DE PENA

13.4.1 Hipóteses em que a pena poderá ser fixada em patamar acima do máximo legal

A Lei Antidrogas, em seu art. 40, traz causas de aumento de pena que, por permitirem que a pena dos crimes nela previstos seja fixada em patamar acima do máximo legal, deverão ser aplicadas na terceira fase da fixação da pena privativa de liberdade. O aumento poderá variar entre um sexto a dois terços. Só há previsão de causas de aumento para os crimes previstos nos arts. 33 a 37.

┌─**Cuidado**──┐
│ Para os crimes dos arts. 38 e 39 não há causas de aumento. │
└──┘

E se houver mais de uma causa de aumento aplicável ao caso concreto? **Não** se poderá automaticamente aplicar o aumento em patamar máximo. Afinal, a aplicação do aumento máximo exige, consoante já entendeu o STJ, fundamentação concreta, com a análise das circunstâncias em que se desenvolveu o caso concreto (STJ, 6ª Turma, HC nº 329.562/RJ 2015/0163198-0, Rel. Min. Maria Thereza de Assis Moura, j. 17.09.2015, *DJe* 07.10.2015).

Art. 40. As penas previstas nos arts. 33 a 37 desta Lei são aumentadas de um sexto a dois terços, se:

I – a natureza, a procedência da substância ou do produto apreendido e as circunstâncias do fato evidenciarem a transnacionalidade do delito;

II – o agente praticar o crime prevalecendo-se de função pública ou no desempenho de missão de educação, poder familiar, guarda ou vigilância;

III – a infração tiver sido cometida nas dependências ou imediações de estabelecimentos prisionais, de ensino ou hospitalares, de sedes de entidades estudantis, sociais, culturais, recreativas, esportivas, ou beneficentes, de locais de trabalho coletivo, de recintos onde se realizem espetáculos ou diversões de qualquer natureza, de serviços de tratamento de dependentes de drogas ou de reinserção social, de unidades militares ou policiais ou em transportes públicos;

IV – o crime tiver sido praticado com violência, grave ameaça, emprego de arma de fogo, ou qualquer processo de intimidação difusa ou coletiva;

V – caracterizado *o tráfico entre Estados da Federação ou entre estes e o Distrito* Federal;

VI – sua prática envolver ou visar a atingir criança ou adolescente ou a quem tenha, por qualquer motivo, diminuída ou suprimida a capacidade de entendimento e determinação;

VII – o agente financiar ou custear a prática do crime.

13.4.2 Tráfico transnacional de drogas

Tráfico praticado entre dois ou mais países, em atividade mais audaciosa do agente, que, assim, perturba a ordem jurídica deles. Para a fixação da causa de aumento, a substância deve ser catalogada como droga no país de origem e no de destino, não bastando que tenha procedência externa. Não foi por outra razão que a 3ª Seção do **STJ, no Conflito de Competência nº 34.767, julgado em 12.06.2002, ressaltou que, sendo** o "cloreto de etila", vulgarmente conhecido como "lança-perfume", fabricado na Argentina, não deveria ser reconhecida a transnacionalidade do delito. Afinal, embora entre nós catalogado como droga, na Argentina não há proibição de seu uso. Outrossim, a substância não consta nas listas anexas da Convenção firmada entre o Brasil e aquele país. Na hipótese, tão somente haveria a violação à ordem jurídica interna brasileira e, portanto, seria caracterizado, em tese, apenas o tráfico interno de entorpecentes.

Será imprescindível que se fixe a procedência do material, quando e de que forma entrou no país, bem como se o agente concorreu, de alguma maneira, para essa operação.

A causa de aumento, na hipótese de concurso material entre os crimes de tráfico e associação para fins de tráfico, pode incidir sobre os dois crimes, não havendo *bis in idem*, consoante orientação dos Tribunais Superiores.

Também não existe *bis in idem* na aplicação da causa de aumento de pena para as condutas de importar e exportar, porquanto o simples fato de o agente "trazer consigo" a droga já conduz à configuração da tipicidade formal do crime de tráfico (STJ, 6ª Turma, AgRg no REsp nº 1.243.663/SP 2011/0052102-7, Rel. Min. Antonio Saldanha Palheiro, j. 15.08.2019, *DJe* 27.08.2019).

De outro giro, assinalamos que o aumento pela transnacionalidade não se aplica a todas as operações de entrada e saída da droga, basta lembrarmos a seguinte hipótese:

> Exemplo: Mário volta de viagem a Buenos Aires trazendo consigo farta quantidade de cloreto de etila que lá havia adquirido. Nesse caso, há o crime de importação da droga, mas não o aumento pela transnacionalidade, pois o cloreto de etila não é catalogado como droga na Argentina.

Por fim, uma lembrança importantíssima para as provas:

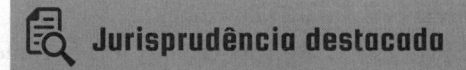

Jurisprudência destacada

Súmula nº 607 do STJ. A majorante do tráfico transnacional de drogas (art. 40, I, da Lei nº 11.343/06) se configura com a prova da destinação internacional das drogas, ainda que não consumada a transposição de fronteiras.

De acordo com o STF, a fração da majorante do tráfico transnacional de drogas pode ser calculada com base na longa distância percorrida pelo agente.

13.4.3 Função pública ou missão de educação, poder familiar, guarda ou vigilância

Agentes públicos ou particulares com missão de educação, guarda, vigilância ou proteção, ao praticarem os crimes da Lei nº 11.343/2006, prevalecendo-se desse papel que exercem, traem a confiança que neles se deposita.

Cuidado

Quanto ao agente público, a causa de aumento **não se restringe** aos que são encarregados da repressão à criminalidade, aplicando-se a **qualquer funcionário público** que, valendo-se das facilidades proporcionadas pela função, praticar o crime. Assim, o aumento pode ser aplicado a professores, médicos da rede pública etc.

13.4.4 Local onde o crime foi praticado

A lei determina aumento quando a infração tiver sido cometida nas dependências ou imediações de estabelecimentos prisionais, de ensino ou hospitalares, de sedes de entidades estudantis, sociais, culturais, recreativas, esportivas ou beneficentes, de locais de trabalho coletivo, de recintos onde se realizem espetáculos ou diversões de qualquer natureza, de serviços de tratamento de dependentes de drogas ou de reinserção social, de unidades militares ou policiais ou em transportes públicos. O maior rigor da lei justifica-se tanto pela **maior aglomeração** de pessoas quanto por se tratar de lugares onde as pessoas deveriam estar mais protegidas. Para a incidência do aumento, é necessário que o agente se aproveite desses fatores para a prática do crime.

Por essa razão, inaplicável a causa de aumento de pena pelo simples fato de o agente se utilizar de veículo público para transportar a droga. O aumento só se justificaria se o agente se aproveitasse do fato para realizar o comércio ilícito em seu interior.

dem concedida de ofício, para excluir do cálculo da pena a majorante prevista no art. 40, III, da Lei de Drogas (STJ, 6ª Turma, EDcl no AgRg no HC nº 577.501/SP, Rel. Min. Sebastião Reis Júnior, j. 25.08.2020).

Dependências ou imediações. Conforme indica o texto legal, para a incidência da majorante os delitos podem ser cometidos nas **dependências ou imediações** dos estabelecimentos ali elencados. Assim, tomando como exemplo os estabelecimentos prisionais, não é necessário que a droga seja destinada à difusão (distribuição) dentro do estabelecimento e também pouco importa quem é o comprador (detento, alguém em visitação ou qualquer pessoa). Cuida-se de majorante de natureza objetiva.

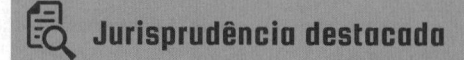 **Jurisprudência destacada**

1. Nos termos da jurisprudência desta Corte, a majorante do art. 40, III, da Lei nº 11.343/2006 é de **natureza objetiva**, bastando que o agente tenha conhecimento dessa circunstância, não sendo necessária a comprovação da efetiva mercancia, tampouco que a substância entorpecente atinja diretamente os estudantes, **sendo suficiente que a prática ocorra nas imediações do estabelecimento de ensino**. Precedentes (STJ, 6ª Turma, AgRg no REsp nº 1920.047/SP, Rel. Min. Olindo Menezes, 22.06.2021).

(...) 2. A denúncia narra que parte dos acusados de integrar associação criminosa que movimentava grandes volumes de entorpecentes entre estados diversos da federação **estavam presos e organizavam a dinâmica da quadrilha por meio de telefones celulares possuídos clandestinamente**. Estando os autores dos crimes incluídos no sistema penitenciário, **não se pode afastar a conclusão de que seus atos foram praticados no interior do presídio**, ainda que seus efeitos tenham se manifestado a quilômetros de distância. 3. O inciso III do art. 40 da Lei nº 11.343/2006 não faz a exigência de que as drogas, objeto do crime, efetivamente passem por dentro dos locais em que se busca dar maior proteção, **mas apenas que cometimento dos crimes tenha ocorrido em seu interior**. 4. *Habeas corpus* não conhecido. Ordem concedida, de ofício, para reformular a pena aplicada a um dos pacientes (STJ, 5ª Turma, HC nº 440.888/MS, Rel. Min. Joel Ilan Paciornik, j. 15.10.2019).

Rol do art. 40, III – taxativo ou exemplificativo? A questão a respeito de se o rol de ambientes previstos no art. 40, III, da Lei nº 11.343/2006 é taxativo (não podendo ser ampliado para além das hipóteses ali expressamente previstas) ou exemplificativo (comportando ampliação a locais similares) é divergente na jurisprudência do STJ.

♦ **Entendimento da 6ª Turma do STJ:** o rol de ambientes previstos no art. 40, III, da Lei nº 11.343/2006 é taxativo, não podendo ser ampliado para além das hipóteses ali previstas, sob pena de analogia *in malam partem*. Esse é o entendimento mais recente da mencionada turma.

A 6ª Turma, ao analisar um caso concreto envolvendo tráfico de drogas realizado nas imediações de uma igreja, decidiu pela não incidência da majorante, haja vista que tal entidade não está expressamente elencada no art. 40, III, da Lei nº 11.343/2006.

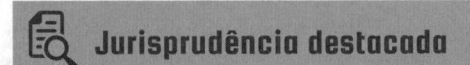

Jurisprudência destacada

No caso, **nas imediações onde ocorreram os fatos, havia duas igrejas, estabelecimentos que, no entanto, não se enquadram em nenhum dos locais previstos pelo legislador no referido inciso.** (...) Assim, caso o legislador quisesse punir de forma mais gravosa também o fato de o agente cometer o delito nas dependências ou nas imediações de igreja, o teria feito expressamente, assim como o fez em relação àquele que pratica o crime nas dependências ou nas imediações de estabelecimentos prisionais, de ensino ou hospitalares, de sedes de entidades estudantis, sociais, culturais, recreativas, esportivas, ou beneficentes, de locais de trabalho coletivo, de recintos onde se realizem espetáculos ou diversões de qualquer natureza, de serviços de tratamento de dependentes de drogas ou de reinserção social, de unidades militares ou policiais ou em transportes públicos. Ademais, no Direito Penal incriminador não se admite a analogia *in malam partem*, **não se deve inserir no rol das majorantes o fato de o agente haver cometido o delito nas dependências ou nas imediações de igreja** (STJ, 6ª Turma, HC nº 528.851/SP, Rel. Min. Rogerio Schietti Cruz, j. 05.05.2020 – *Informativo* 671).[42]

Interessante observar que, mais recentemente, por ocasião do julgamento do AgRg no HC nº 635.995/SP, a Ministra Laurita Vaz, em seu voto (que foi o vencedor), expressamente mencionou que, segundo o entendimento da 6ª Turma, não incidirá a majorante do inciso III no tráfico de drogas cometido nas imediações de igreja. Dessa forma, parece-nos que atualmente essa é a orientação que prevalece no âmbito da mencionada turma.

Jurisprudência destacada

No que diz respeito à causa de aumento do art. 40, inciso III, da Lei nº 11.343/2006, o Juízo de primeiro grau aplicou a fração de 1/3 (um terço), sob o fundamento de que o crime ocorrera nas proximidades de "diversos lugares especialmente protegidos", mas sem especificar quais seriam eles. A denúncia, por sua vez, narra que o delito teria sido praticado próximo a uma igreja e um estabelecimento de ensino. **Contudo, nos termos do entendimento desta Sexta Turma, não incide a majorante em questão na prática de tráfico de drogas em local próximo a igrejas, pela vedação à analogia *in malam partem*** (STJ, 6ª Turma, AgRg no HC nº 635.995/SP, Rel. Min. Laurita Vaz, j. 18.05.2021).

* **Entendimento da 5ª Turma do STJ:**[43] admite a possibilidade de incidência da majorante mesmo na situação de a entidade não constar expressamente do rol de ambientes previstos no art. 40, III, da Lei nº 11.343/2006, desde que seja um local similar a algum ali listado.

---

[42] No mesmo sentido: STJ, 6ª Turma, REsp nº 1.986.321/SP, Rel. Min. Antonio Saldanha Palheiro, j. 05.04.2022.

[43] Cuida-se de entendimento já consolidado no âmbito da 5ª Turma, tendo sido publicado na edição 131 da Jurisprudência em Teses (número 39).

Nesse sentido e mais recentemente entendeu a 5ª Turma ao considerar que o tráfico de drogas realizado nas imediações de uma igreja autoriza a aplicação da majorante do art. 40, III, haja vista que, embora não seja expressamente elencada pelo dispositivo, é tida como entidade beneficente.

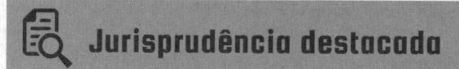 **Jurisprudência destacada**

(...) 2. O objetivo da lei, ao prever a causa de aumento de pena do inc. III do art. 40, é proteger espaços que promovam a aglomeração de pessoas, circunstância que facilita a ação criminosa (...). Assim, **tendo o delito sido cometido nas imediações de igrejas, impõe-se a manutenção da incidência da causa de aumento de pena prevista no art. 40, inciso III, da Lei nº 11.343/2006.** Precedentes (STJ, 5ª Turma, AgRg no AgRg no AREsp nº 1.965.596/MS, Rel. Min. Reynaldo Soares da Fonseca, j. 26.10.2021).

Por fim, para uma melhor compreensão acerca do entendimento da 5ª Turma do STJ, citamos ainda um trecho do voto do relator (relativo ao acórdão supracitado), o qual, por unanimidade, foi o vencedor:

 **Jurisprudência destacada**

Prosseguindo, no que tange à causa de aumento prevista no art. 40, inciso III, da Lei nº 11.343/2006, a Corte *a quo* concluiu que, "**embora não conste expressamente a expressão 'igreja', é certo que tal instituição é tida como uma entidade beneficente, motivo pelo qual se insere no dispositivo legal. Nos autos, restou incontroverso que os Apelantes comercializavam entorpecentes próximo a várias igrejas locais, onde há aglomerações de pessoas**" (e-STJ fls. 558). Ora, tal entendimento encontra-se no mesmo sentido da jurisprudência desta Corte Superior de Justiça de que o objetivo da lei, ao prever a causa de aumento de pena do inc. III do art. 40, é proteger espaços que promovam a aglomeração de pessoas, circunstância que facilita a ação criminosa (STJ, 5ª Turma, AgRg no AREsp nº 1.028.605/SP, de minha relatoria, *DJe* 10.08.2018).

Estabelecimento de ensino fechado. O fundamento da presente causa de aumento de pena é o fato de o agente se beneficiar da grande aglomeração de pessoas no estabelecimento para praticar o crime. Dessa forma, se a conduta criminosa se der no momento em que estabelecimento de ensino estiver fechado (ex.: domingo), não teremos a incidência da presente majorante.

 Jurisprudência destacada

1. A razão de ser da causa especial de aumento de pena prevista no inciso III do art. 40 da Lei *nº* 11.343/2006 é a de punir, com maior rigor, aquele que, nas imediações ou nas dependências dos locais a que se refere o dispositivo, dada a maior aglomeração de pessoas, tem como mais ágil e facilitada a prática do tráfico de drogas (aqui incluídos quaisquer dos núcleos

> previstos no art. 33 da Lei nº 11.343/2006), justamente porque, em localidades como tais, é mais fácil ao traficante passar despercebido à fiscalização policial, além de ser maior o grau de vulnerabilidade das pessoas reunidas em determinados lugares. 2. Na espécie, não ficou evidenciado nenhum benefício advindo ao réu com a prática do delito nas proximidades ou nas imediações de estabelecimento de ensino que *o ilícito foi* perpetrado em momento em que as escolas estavam fechadas por conta das medidas restritivas de combate à Covid-19 e se também não houve uma maximização do risco exposto àqueles que frequentam a escola (alunos, pais, professores, funcionários em geral), deve, excepcionalmente, em razão das peculiaridades do caso concreto, ser afastada a incidência da referida majorante (STJ, 6ª Turma, AgRg no HC nº 728.750/DF, Rel. Min. Rogerio Schietti Cruz, j. 17.05.2022).

Quando analisamos a jurisprudência do STF, encontramos entendimento diverso do anteriormente exposto. Há acordão recente no Pretório Excelso que não admitiu o afastamento da majorante prevista no art. 40, III, na conduta de tráfico de drogas cometido nas imediações de estabelecimento de ensino que se encontrava fechado em razão da pandemia da Covid-19. O argumento para a manutenção da majorante foi o de que para a sua incidência o tráfico não precisa visar estudantes ou frequentadores dos locais indicados no inciso III[44].

Embora consideremos equivocados os argumentos utilizados no acordão, para fins de concurso, é importante memorizar tal posicionamento.

 Decifrando a prova

(Promotor de Justiça Adjunto – MPDFT – 2021 – Adaptada) Com relação aos aspectos penais da Lei de Drogas (Lei nº 11.343/2006), julgue:

Configura a causa de aumento de pena de ter sido a infração realizada nas dependências ou imediações de estabelecimento prisionais, a conduta de indivíduo preso no sistema carcerário movimentar volume de entorpecentes e realizar negociações de tráfico por telefone, mesmo que nenhuma droga tenha entrado dentro do presídio.

( ) Certo ( ) Errado

Gabarito comentado: segundo o STJ, o tráfico de drogas, na modalidade adquirir, consuma-se com a tratativa da compra e venda do entorpecente, sendo desnecessária a efetiva entrega deste, tida como mero exaurimento do delito. Assim, basta que o agente, dentro do presídio, faça as tratativas para a consumação e para a incidência da causa de aumento. Portanto, a assertiva está certa.

13.4.5 Utilização de arma ou de qualquer processo de intimidação difusa ou coletiva

Confusa a escolha do legislador por essa causa de aumento, na medida em que os crimes previstos na lei não comportam a grave ameaça, a violência e o emprego de arma para

---

44   STF, 2ª Turma, HC nº 208654 AgR/PR, Rel. Min. Nunes Marques, j. 11.04.2022.

sua execução. Quando o traficante se utiliza desses métodos, ele faz para **garantir a sua hegemonia no tráfico** ou para **intimidar a população**. Todavia, essas práticas caracterizam outros crimes que não o tráfico. Assim, são levadas a efeito para a realização de outros crimes, e não do tráfico.

Notam-se pelo menos três correntes formuladas pela doutrina para capitular a conduta da pessoa que, traficando drogas, porta arma:

1. O tráfico absorve o porte, aplicando-se ao tráfico o aumento do inciso IV.

2. O crime de porte só é absorvido pelo crime da Lei nº 11.343/2006 na hipótese de o porte se dar exclusivamente para o tráfico. Ao contrário, se for destinado a outros crimes além do tráfico, haverá porte de armas e tráfico de drogas, em concurso material.

3. O aumento pela arma e processo de intimidação coletivo somente cabe quando se tratar de crime de associação para o tráfico, tal qual ocorre com o crime do art. 288, parágrafo único, do CP, por revelar maior perigo à paz e à tranquilidade públicas. Não há nenhum sentido na aplicação do inciso ao crime de tráfico, que não se pratica mediante recursos intimidatórios (PORTOCARRERO; FERREIRA, 2020, p. 162).

Destaque merece julgado do STF em que a Corte afirma ser legítima a ocorrência de concurso material entre os delitos de tráfico de drogas e de porte ilegal de arma de fogo, caso seja demonstrada nos autos a autonomia das condutas.

 Jurisprudência destacada

(...) 4. É legítima a ocorrência de concurso material entre os delitos de tráfico de drogas e de porte ilegal de arma de fogo, caso reste demonstrada nos autos a autonomia das condutas (cf. RHC nº 116.176, Rel. Min. Luiz Fux, 1ª Turma, *DJe* 04.09.2013; HC nº 132423, Rel. Alexandre de Moraes, 1ª Turma, *DJe* 18.08.2017). (...)5. A jurisprudência do Supremo Tribunal Federal chancela o afastamento da causa de diminuição (art. 33, § 4º, da Lei nº 11.343/2006) quando presentes fatos indicadores da dedicação do agente a atividades criminosas, como, por exemplo, a) a conduta social do acusado, b) o concurso eventual de pessoas, e c) a quantidade de droga. 6. O registro de que houve a apreensão de arma de fogo, de acentuada quantidade de entorpecente (5.425 g de maconha e 1.266 g de cocaína) e de petrechos ligados ao comércio da droga destoa de quadro de traficância eventual ou de menor gravidade, circunstâncias às quais a minorante em questão é vocacionada. 7. A fixação do regime inicial de cumprimento da pena não está atrelada, de modo absoluto, ao *quantum* da sanção corporal aplicada, devendo-se considerar as especiais circunstâncias do caso concreto. Inexistência de ilegalidade. Precedentes. 8. Agravo regimental a que se nega provimento (STF, 1ª Turma, HC nº 192.110/SP 010434445.2020.1.00.0000, Rel. Alexandre de Moraes, j. 11.11.2020, data de publicação 25.11.2020)[45].

---

[45] Nesse sentido, também: STJ, 5ª Turma, AgRg no Ag em REsp nº 1.682.520, Rel. Min. Jorge Mussi, j. 18.08.2020.

Embora a lei apenas tenha mencionado "arma de fogo", a intimidação exercida com emprego de um punhal, canivete, faca, pedaço de pau etc. também se presta à caracterização do crime, em virtude da grave ameaça exercida (CAPEZ, 2012, p. 819).

13.4.6 Tráfico interestadual de drogas

Atingindo ou visando a atingir mais de um Estado ou se for praticado entre um Estado e o Distrito Federal, com maior difusão da droga, impor-se-á o aumento.

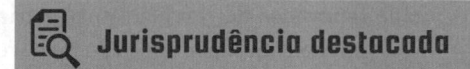 **Jurisprudência destacada**

Súmula nº 587 do STJ. Para a incidência da majorante prevista no artigo 40, V, da Lei nº 11.343/06, é desnecessária a efetiva transposição de fronteiras entre estados da federação, sendo suficiente a demonstração inequívoca da intenção de realizar o tráfico interestadual[46].

O STJ já decidiu pela utilização da distância percorrida como parâmetro para fixação da causa de aumento de pena na hipótese de interestadualidade.

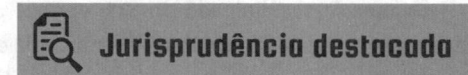 **Jurisprudência destacada**

(...) 2. Uma vez caracterizado o tráfico entre estados da Federação ou entre estes e o Distrito Federal, circunstância que atrai a incidência da majorante prevista no inciso V do art. 40, a distância percorrida pelo agente pode lastrear a escolha da fração de aumento de pena decorrente da interestadualidade do delito. 3. Agravo regimental não provido (STJ, 6ª Turma, AgRg no HC nº 562.769/SC 2020/0042494-6, Rel. Min. Rogerio Schietti Cruz, j. 12.08.2020, *DJe* 25.08.2020).

Se o destino da droga for outro país e passar por mais de um Estado para alcançá-lo, somente se aplica a causa de aumento de pena do tráfico transnacional (STJ, 5ª Turma, AgRg no REsp nº 1.744.207/TO 2018/0127671-0, Rel. Min. Felix Fischer, j. 26.06.2018, *DJe* 1º.08.2018).

---Cuidado---

Conforme decidido pelo STJ, será cabível a aplicação cumulativa das causas de aumento relativas à transnacionalidade e à interestadualidade do delito, quando **evidenciado** que a droga proveniente do exterior **destina-se a mais de um Estado** da Federação, sendo o intuito dos agentes distribuir o entorpecente estrangeiro para mais de um desses estados (STJ, 5ª Turma, AgRg no REsp nº 1.744.207/TO 2018/0127671-0, Rel. Min. Felix Fischer, j. 26.06.2018, *DJe* 1º.08.2018).

---

[46] O STJ, corroborando o entendimento sumulado, assim também decidiu nos autos do AgRg no REsp nº 1.779.821/MG 2018/0302817-4, 6ª Turma, Rel. Min. Rogerio Schietti Cruz, j. 09.02.2021, *DJe* 18.02.2021.

Decifrando a prova

(Delegado – PC/RS – Fundatec – 2018 – Adaptada) Julgue a seguinte afirmação: "É correto afirmar que, para haver a incidência da majorante de pena, prevista no art. 40, inciso V, da referida lei, ao crime de tráfico de drogas interestadual, de acordo com entendimento do Superior Tribunal de Justiça, basta que esteja demonstrado, de forma inequívoca, que o traficante tinha intenção de extrapolar as fronteiras de um Estado, mesmo que assim não consiga".

( ) Certo ( ) Errado

Gabarito comentado: o STJ já firmou entendimento, assentado na Súmula n° 587 do STJ, que tem a seguinte redação: "Para a incidência da majorante prevista no art. 40, V, da Lei n° 11.343/2006, é desnecessária a efetiva transposição de fronteiras entre estados da Federação, sendo suficiente a demonstração inequívoca da intenção de realizar o tráfico interestadual". Portanto, a assertiva está certa.

13.4.7 Crime que visa a ou envolve criança ou adolescente ou pessoa que tenha diminuída ou suprimida sua capacidade de entendimento e de determinação

O aumento, na hipótese, impõe-se pelo amadurecimento incompleto da pessoa envolvida ou visada, facilitando seu aliciamento pelo autor.

A participação do menor pode ser usada para configurar o número mínimo de duas pessoas exigidas para o crime de associação e também para aumentar sua pena, sem que isso caracterize *bis in idem*, em face da maior gravidade da conduta, quando esta envolve menores.

Atenção

Tráfico com aumento de pena por visar o menor **não pode ser confundido com o crime** do art. 243 do ECA[47]. Se a substância fornecida ao menor for droga, assim definida na Portaria SVS/MS n° 344/1998, aplicável será a Lei Antidrogas. Se for apta a causar dependência, mas não estiver na portaria mencionada, devemos usar a regra do ECA, que é expressamente subsidiária.

A causa de aumento não se restringe à conduta que vise menores, mas também quando tiver como alvo pessoas que, por qualquer razão, tenham diminuída ou suprimida sua capacidade de entendimento e de determinação.

---

[47] "Art. 243. Vender, fornecer, servir, ministrar ou entregar, ainda que gratuitamente, de qualquer forma, a criança ou a adolescente, bebida alcoólica ou, sem justa causa, outros produtos cujos componentes possam causar dependência física ou psíquica:
Pena – detenção de 2 (dois) a 4 (quatro) anos, e multa, se o fato não constitui crime mais."

Por fim, cabe pontuar que, tanto para incidência da majorante do inciso VI quanto para a condenação pela prática do crime previsto no art. 244-B da Lei nº 8.069/1990 (corrupção de menores), a qualificação do menor, constante no boletim de ocorrência, necessariamente deverá trazer indicativos de consulta a documento hábil (CPF, RG etc.) – e não apenas a declaração da criança ou adolescente, reduzida a termo, quanto a sua idade.

Jurisprudência destacada

1. A Terceira Seção desta Corte Superior, no julgamento do EREsp nº 1.763.471/DF, concluído em sessão realizada no dia 14.08.2019, decidiu: "não serve a mera declaração do menor perante a autoridade policial. A simples redução a termo de declaração prestada não se reveste das formalidades exigidas para a comprovação do estado das pessoas".

2. A instância de origem concluiu estar não comprovado que os sentenciados cometeram delito na companhia de menores de dezoito anos, haja vista a ausência de documento hábil para tanto.

3. A Terceira Seção, no recente julgamento do REsp nº 1.619.265/MG, decidiu que para ensejar a aplicação de causa de aumento de pena prevista no art. 40, VI, da Lei nº 11.343/2006 ou a condenação pela prática do crime previsto no art. 244-B da Lei nº 8.069/1990, a qualificação do menor, constante do boletim de ocorrência, deve trazer dados indicativos de consulta a documento hábil – como o número do documento de identidade, do CPF ou de outro registro formal, tal como a certidão de nascimento. 4. Agravo regimental não provido (STJ, 6ª Turma, AgRg no REsp nº 1.796.803/MG, Rel. Min. Rogerio Schietti Cruz, j. 09.06.2020)[48].

O tráfico privilegiado é compatível com o reconhecimento da causa de aumento de pena prevista neste art. 40, VI. As circunstâncias fático-jurídicas que ensejam a aplicação simultânea da majorante e da minorante são diversas e autônomas, inexistindo qualquer incongruência lógica na conclusão de que o delito de tráfico de drogas tenha sido cometido por agente primário, de bons antecedentes, que não se dedica habitualmente a atividades delitivas nem integra organização criminosa, mas que, por sua conduta, tenha envolvido ou visado atrair menor ou outro incapaz[49].

13.4.8 Financiamento ou custeio do crime

Aumento jamais aplicável ao crime do art. 36, em que o financiamento é elementar. Deve-se, entretanto, observar que o STJ já entendeu que se aplica ao aumento para a hipótese de autofinanciamento.

---

[48] Nesse sentido também: STJ, 5ª Turma, AgRg no Ag em REsp nº 1.678.177, Rel. Min. João Otávio de Noronha, j. 09.12.2020.

[49] Assim: STJ, 5ª Turma, HC nº 366.496, Rel. Min. Joel Ilan Paciornik, j. 02.02.2017.

Jurisprudência destacada

Recurso especial. Penal. Tráfico ilícito de drogas. Art. 33, *caput*, da Lei nº 11.343/2006. Financiamento para o tráfico. Incidência da causa de aumento do art. 40, inciso VII, da mesma Lei. Impossibilidade de condenação, em concurso material, pela prática dos crimes do art. 33, *caput*, e do art. 36 da Lei de Drogas. 1. O financiamento ou custeio ao tráfico ilícito de drogas (art. 36 da Lei nº 11.343/2006) é delito autônomo aplicável ao agente que não tem participação direta na execução do tráfico, limitando-se a fornecer os recursos necessários para subsidiar a mercancia. 2. Na hipótese de autofinanciamento para o tráfico ilícito de drogas não há falar em concurso material entre os crimes de tráfico e de financiamento ao tráfico, devendo ser o agente condenado pela pena do artigo 33, *caput*, com a causa de aumento de pena do artigo 40, inciso VII, da Lei de Drogas. 3. Recurso especial improvido (STJ, 6ª Turma, REsp nº 1.290.296/PR 2011/0265668-3, Rel. Min. Maria Thereza de Assis Moura, j. 17.12.2013, *DJe* 03.02.2014).

13.5 COLABORAÇÃO PREMIADA

Natureza jurídica da delação premiada na Lei nº 11.343/2006. Cuida-se de causa de diminuição, não se admitindo a concessão de perdão judicial ao réu delator. A delação há de ser voluntária, não necessariamente espontânea[50], tampouco nobre, podendo ser feita com o intuito único de obter o benefício legal.

> **Art. 41.** O indiciado ou acusado que colaborar voluntariamente com a investigação policial e o processo criminal na identificação dos demais coautores ou partícipes do crime e na recuperação total ou parcial do produto do crime, no caso de condenação, terá pena reduzida de um terço a dois terços.

Delação eficaz. Para que se reconheça a causa de diminuição de pena, a delação precisa ser eficaz, ou seja, a delação deverá ter efetivamente contribuído para a recuperação total ou parcial da droga e para a identificação dos demais concorrentes, coautores ou partícipes do crime.

Em tudo o que não for incompatível com a lei que ora se comenta, as regras trazidas pelo art. 4º e seguintes da Lei nº 12.850/2013 poderão ser observadas para celebração de acordos de colaboração que versem sobre crimes da lei em análise.

Momento para a diminuição de pena. Por se tratar de causa de diminuição de pena, será aplicada na terceira fase da sua fixação, nos termos do art. 68 do CP, podendo, assim, ficar abaixo do patamar mínimo legal.

---

[50] Não confundir voluntário com espontâneo. Voluntário é aquilo que foi fruto da escolha do agente. Espontâneo será quando a vontade partir do próprio agente. Assim, caso o agente venha a delatar por sugestão de terceiro, a delação será voluntária, mas não será espontânea, porém ainda valerá.

13.6 INFILTRAÇÃO

Conceito. A infiltração consiste na atividade realizada por agente policial que, falseando sua identidade e seus propósitos, fingindo estar unido em ações e desígnios aos integrantes de uma organização ou associação criminosa, penetra seus interstícios com a finalidade de apurar os crimes perpetrados, a identidade de seus integrantes e entender a sua dinâmica. O agente infiltrado é também denominado agente encoberto[51].

> **Art. 53.** Em qualquer fase da persecução criminal relativa aos crimes previstos nesta Lei, são permitidos, além dos previstos em lei, mediante autorização judicial e ouvido o Ministério Público, os seguintes procedimentos investigatórios:
>
> I – a infiltração por agentes de polícia, em tarefas de investigação, constituída pelos órgãos especializados pertinentes; (...)

Autorização judicial para a infiltração. A infiltração deverá ser necessariamente precedida de autorização judicial. Considerando-se o disposto na Lei nº 12.850/2013, que pode ser usada, a respeito dos meios de prova e de investigação, em tudo o que não conflitar com a Lei nº 11.343/2006, o pleito será feito pela autoridade policial ou pelo Ministério Público. Na hipótese de ser pleiteada pelo Ministério Público, o juiz, antes de prolatar sua decisão, deverá consultar nota técnica a ser elaborada por Delegado de Polícia, nos termos do art. 10 da Lei nº 12.850/2013[52].

13.7 AÇÃO CONTROLADA E FLAGRANTE DIFERIDO

Conceito. Assim como na Lei nº 12.850/2013, a Lei nº 11.343/2006 dispõe sobre ação controlada, que consiste em retardar a abordagem que os agentes públicos fazem sobre os portadores de droga, buscando sempre um momento mais oportuno para que melhores resultados possam ser obtidos sob o aspecto de formação de provas. O agente policial, dessarte, estará autorizado a não fazer, consoante determina o CPP, o flagrante quando diante da prática de um crime. Assim, o que se tem é uma verdadeira mitigação da figura do flagrante obrigatório, que, assim, dará lugar à figura do flagrante prolongado, retardado, diferido ou prorrogado. Com a medida, o que se visa são resultados mais eficazes, com a identificação e prisão das peças mais importantes dentro da estrutura do tráfico, os que têm controle da atividade criminosa.

> **Art. 53.** Em qualquer fase da persecução criminal relativa aos crimes previstos nesta Lei, são permitidos, além dos previstos em lei, mediante autorização judicial e ouvido o Ministério Público, os seguintes procedimentos investigatórios: (...)
>
> II – a *não* atuação policial sobre os portadores de drogas, seus precursores químicos ou outros produtos utilizados em sua produção, que se encontrem no território brasileiro,

---

[51]   *Undercover agent.*

[52]   "**Art. 10.** A infiltração de agentes de polícia em tarefas de investigação, representada pelo Delegado de Polícia ou requerida pelo Ministério Público, após manifestação técnica do Delegado de Polícia quando solicitada no curso de inquérito policial, será precedida de circunstanciada, motivada e sigilosa autorização judicial, que estabelecerá seus limites."

com a finalidade de identificar e responsabilizar maior número de integrantes de operações de tráfico e distribuição, sem prejuízo da ação penal cabível.

A Convenção de Palermo, promulgada pelo Decreto nº 5.015/2014, define a "entrega vigiada" como:

> (...) técnica que consiste em permitir que remessas ilícitas ou suspeitas saiam do território de um ou mais Estados, os atravessem ou neles entrem, com o conhecimento e sob o controle das suas autoridades competentes, com a finalidade de investigar infrações e identificar as pessoas envolvidas na sua prática.

Na Lei de Drogas, a entrega vigiada foi adotada como uma das modalidades de se realizar a denominada ação controlada, com a exigência de autorização judicial.

Necessidade de autorização judicial para a ação controlada. Para a realização da ação controlada, a Lei de Drogas exige a prévia autorização judicial, sendo, nesse aspecto, distinta da Lei nº 12.850/2013, que dispõe sobre organizações criminosas sem exigir autorização judicial para a providência.

Itinerário provável. A autorização para a realização da ação controlada fica condicionada ao conhecimento do provável itinerário a ser usado pelo agente, a identificação deste e de seus colaboradores.

13.8 FIXAÇÃO DE PENA

Circunstâncias preponderantes para a aplicação da pena-base. A Lei nº 11.343/2006 estabelece que, com prevalência sobre as circunstâncias judiciais do art. 59 do CP, o magistrado deverá considerar a natureza e a quantidade da substância ou do produto, a personalidade e a conduta social do agente por ocasião da fixação da pena. Por mais que tais circunstâncias sejam desfavoráveis, apenas nessa fase jamais poderá ficar acima do máximo legal. Por outro lado, sendo as circunstâncias inteiramente favoráveis, também não caberá fixação da pena abaixo do mínimo legal, nesse momento.

> **Art. 42.** O juiz, na fixação das penas, considerará, com preponderância sobre o previsto no art. 59 do *Código* Penal, a natureza e a quantidade da substância ou do produto, a personalidade e a conduta social do agente.

Não existe *bis in idem* na utilização da reincidência como circunstância agravante genérica e como causa a afastar a incidência da diminuição de que trata o art. 33, § 4º. O mesmo se diga dos maus antecedentes.

 **Jurisprudência destacada**

(...) 1. "Não configura *bis in idem* a utilização dos maus antecedentes para exasperar a pena-base e, ao mesmo tempo, para afastar a aplicação da causa de diminuição do tráfico privilegiado" (AgInt no AREsp nº 1.350.765/RS, Rel. Min. Ribeiro Dantas, 5ª Turma, j. 20.09.2018, *DJe* 26.09.2018).

> 2. Estabelecida pena superior a 4 anos, não há ilegalidade na fixação do regime semiaberto nem na negativa de substituição da pena privativa de liberdade por restritiva de direitos. 3. Agravo regimental improvido (STJ, 6ª Turma, AgRg no HC nº 635.594/SP 2020/0344350-8, Rel. Min. Nefi Cordeiro, j. 09.03.2021, *DJe* 12.03.2021).

Decifrando a prova

(Promotor de Justiça – MPE/MG – Fundep – 2021 – Adaptada) Acerca do delito de tráfico de drogas, há *bis in idem* caso o redutor previsto no § 4º do artigo 33 da Lei de Drogas seja afastado em razão da reincidência e a pena-base seja exasperada por força da referida agravante genérica.

( ) Certo ( ) Errado

Gabarito comentado: consoante jurisprudência do STJ: STJ, 5ª Turma, HC nº 297.874/SP 2014/0156581-0, Rel. Min. Ribeiro Dantas, j. 21.06.2016, *DJe* 28.06.2016). Portanto, a assertiva está errada.

Não se pode utilizar o grau de pureza como critério para fixação da pena-base, eis que, de acordo com a lei, preponderam apenas a natureza e a quantidade da droga apreendida para o cálculo de que trata o art. 42 (STF, 2ª Turma, HC nº 132.909/SP 0001181-88.2016.1.00.0000, Rel. Min. Cármen Lúcia, j. 15.03.2016, *DJe* 07.04.2016).

Deve-se entender como conduta social do réu o seu comportamento perante a sociedade em que vive, seu atuar perante familiares, amigos, vizinhos, companheiros de trabalho etc. (PORTOCARRERO; FERREIRA, 2019). O fato de o réu ser viciado em drogas não constitui critério idôneo para que se lhe eleve a pena-base acima do mínimo, porquanto o vício não pode ser valorado como conduta social negativa (STF, 2ª Turma, HC nº 98.456/MS, Rel. Min. Cezar Peluso, *DJe* 06.11.2009).

Outrossim, os malefícios causados pelo tráfico de drogas e o intuito de lucro fácil com a referida atividade são da essência do crime do tráfico e não podem ser levados em conta para a fixação da pena em patamar acima do mínimo legal.

Por derradeiro, os parâmetros trazidos pelo art. 42 não servem como critério para afastar a incidência da redução de pena trazida pelo art. 33, § 4º.

 ### Jurisprudência destacada

Agravo regimental no recurso especial. Tráfico de drogas. Causa de diminuição do art. 33, § 4º, da Lei nº 11.343/2006. Negativa pela simples quantidade de droga. Requisitos legais preenchidos. Dedicação a atividades criminosas não evidenciada. Direito à minorante. Decisão mantida. Agravo improvido. 1. A aplicação da minorante do tráfico não fica condicionada ao disposto no art. 42 da Lei de Drogas. Trata-se de direito subjetivo do réu, de sorte que, atendidos os requisitos legais, mister a aplicação da referida causa redutora de pena, devendo os parâmetros previstos no art. 42 da Lei nº 11.343/2006 ser utilizados não como óbice à sua concessão, mas como vetoriais norteadoras da fixação do *quantum* de redução a ser aplicado no caso. Precedentes. 2. Agravo regimental improvido (STJ, 6ª Turma, AgRg no REsp nº 1.902.218/ SP 2020/0277754-3, Rel. Min. Nefi Cordeiro, j. 09.03.2021, *DJe* 12.03.2021).

Natureza e quantidade da droga para fins de estabelecer regime mais grave para início do cumprimento de pena. Consoante o disposto no art. 33, § 3º, do CP, por ocasião da fixação do regime inicial de cumprimento de pena, o juiz deve analisar as circunstâncias judiciais do art. 59. Trazida essa disciplina para a lei que agora comentamos, deverá o magistrado examinar o estabelecido no art. 42. Tal qual visto anteriormente, a quantidade e a natureza da droga apreendida figuram entre as circunstâncias judiciais previstas no último artigo citado. Por essa razão, ainda que a primariedade e a quantidade de pena aplicada autorizem sua fixação em regime mais brando, o juiz poderá fixar o mais gravoso quando a conduta versar sobre quantidade significativa e for alta a nocividade da droga arrecadada. Observe o julgado a seguir colacionado:

 Jurisprudência destacada

(...) À luz do que dispõe o § 3º do art. 33 do CP, a quantidade de droga apreendida, considerada na terceira etapa da dosimetria para impedir a incidência da causa especial de redução de pena, justifica a aplicação de regime prisional mais gravoso do que permitiria a sanção aplicada. (...) (STF, 2ª Turma, HC nº 177.314 AgR, Rel. Min. Ricardo Lewandowski, j. 29.11.2019).

Decifrando a prova

(Delegado – PC/MA – Cespe/Cebraspe – 2018 – Adaptada) Julgue a seguinte afirmação: "É incabível a progressão de regime prisional, devendo a pena ser iniciada e totalmente cumprida no regime fechado".

( ) Certo ( ) Errado

Gabarito comentado: a assertiva anterior está equivocada ao afirmar ser incabível a progressão de regime prisional e que a pena, obrigatoriamente, deve ser iniciada e cumprida totalmente em regime fechado, pois é perfeitamente possível a progressão de regime prisional conforme as circunstâncias subjetivas e objetivas, de acordo com entendimento do STF. Ademais, o juiz determinará o início do cumprimento em regime mais brando a depender das circunstâncias do caso concreto, devendo ser levadas em consideração a quantidade da droga e a conduta social do agente. Portanto, a assertiva está errada.

13.9 LIVRAMENTO CONDICIONAL

Tratando-se da Lei de Drogas, a concessão do livramento condicional para o condenado pelos crimes do art. 33, *caput* e § 1º, e arts. 34 a 37, vem regrada pelo parágrafo único do art. 44. Não se lhes aplica, portanto, o art. 83, V, do CP. Assim, para serem agraciadas com o livramento condicional, pessoas condenadas pela prática desses crimes deverão cumprir dois terços da pena e não poderão ser reincidentes específicas, ou seja, não poderão ter condenação geradora de reincidência em virtude do cometimento daqueles mesmos crimes.

> **Parágrafo único.** Nos crimes previstos no *caput* deste artigo, dar-se-á o livramento condicional após o cumprimento de dois terços da pena, vedada sua concessão ao reincidente específico.

Importante frisar que, mesmo não podendo ser equiparado a hediondo, o condenado por crime de associação para fins de tráfico terá que cumprir dois terços da pena e não poderá ser reincidente específico para que logre obtenção do livramento condicional, isso porque está o referido crime inserido na disciplina do art. 44 em seu parágrafo único. Não é outra a orientação de nossas Cortes Superiores.

Jurisprudência destacada

(...) 2. Independentemente de ser hediondo ou não, há lei definindo lapso mais rigoroso para obtenção do livramento condicional na condenação pelo crime de associação para o tráfico. Necessário, portanto, o cumprimento de 2/3 (dois terços) da pena, nos termos do que determina o art. 44 da Lei nº 11.343/2006, não se aplicando as disposições do art. 83, incs. I e II, do CP. 3. *Habeas corpus* não conhecido (STJ, 5ª Turma, HC nº 332.744/RS, Rel. Min. Reynaldo Soares da Fonseca, j. 14.06.2016).

Ao tráfico privilegiado, descrito no art. 33, § 4º, por não se tratar de crime hediondo, não se aplicam as regras do art. 44. Seu autor, na hipótese de condenação, terá um livramento condicional regulado pelo art. 83, I, do CP, bastando que cumpra um terço da pena e preencha os demais requisitos trazidos pelo dispositivo citado.

Ainda quanto à vedação do livramento condicional para os condenados pelos crimes do art. 33, *caput* e § 1º, e arts. 34 a 37, na hipótese de reincidência específica, cumpre destacar que aquele que é condenado pelo crime de tráfico de drogas na forma privilegiada e, em seguida, é condenado pelo crime de tráfico de drogas não pode ser considerado reincidente específico para fins de aplicação do disposto no art. 44 da lei em análise.

Jurisprudência destacada

(...) não há como tratar o tráfico privilegiado como se seu espectro tivesse a relevância da tipificação do art. 33, *caput*, da Lei nº 11.343/2006, ou de outros delitos que o legislador elegeu para punir com maior severidade, ao vedar a concessão do livramento condicional (HC nº 419.974/SP, 6ª Turma, Min. Maria Thereza de Assis Moura, *DJe* 04.06.2018). Ressalte-se, ainda, que o tráfico privilegiado não foi mencionado no *caput* do art. 44, o que sinaliza a intenção do legislador em não abranger hipóteses como a dos autos, em que o sentenciado foi condenado, primeiramente, por tráfico privilegiado (art. 33, § 4º, da Lei nº 11.343/2006) e, posteriormente, pelo crime previsto no *caput* do art. 33 da Lei nº 11.343/2006. Não há falar em reincidência específica, pois, embora sejam crimes previstos no mesmo tipo penal, possuem natureza distintas, devido à aplicação da forma privilegiada. Em outras palavras, não se reconhecerá a reincidência específica em crimes que, conquanto figurem em mesmo tipo penal, possuam natureza distinta, de que é exemplo o tráfico privilegiado em face do tráfico comum (HC nº 511.850/SP, Min. Leopoldo de Arruda Raposo (Desembargador convocado do TJPE), 5ª Turma, *DJe* 09.10.2019). Sendo assim, se distintas as figuras tratadas no *caput* e no § 4º do art. 33 da Lei de Drogas, não há falar em reincidência específica. (...) (STJ, RE nos EDcl no AgRg no HC nº 604.376/SP 2020/0200580-7, Rel. Min. Jorge Mussi, *DJ* 05.04.2021).

13.10 COMPETÊNCIA

O crime do art. 28 é da competência dos **Juizados Especiais Criminais**, nos termos do art. 48, § 1º, da Lei nº 11.343/2006, tratando-se de crime de ínfimo potencial ofensivo, não lhe sendo sequer cominada pena privativa de liberdade.

Tratando-se de crime de tráfico transnacional de droga, a competência será da **Justiça Federal**, nos termos do art. 70 dessa Lei. Nesse caso, os crimes conexos serão igualmente deslocados para a Justiça Federal, conforme Súmula nº 122 do STJ.

> **Art. 70.** O processo e o julgamento dos crimes previstos nos arts. 33 a 37 desta Lei, se caracterizado ilícito transnacional, são da competência da Justiça Federal.

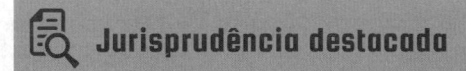

Jurisprudência destacada

Súmula nº 122, STJ. Compete à Justiça Federal o processo e julgamento unificado dos crimes conexos de competência federal e estadual, não se aplicando a regra do art. 78, II, a, do Código de Processo Penal.

Atenção à Súmula nº 528 do STJ, que foi cancelada.

Súmula nº 528 do STJ. Compete ao juiz federal do local da apreensão da droga remetida do exterior pela via postal processar e julgar o crime de tráfico internacional.

Sobre o tema, o STJ decidiu pela fixação da competência no local de destino da droga, quando houver postagem do exterior para o Brasil com o conhecimento do endereço designado para a entrega, por entender que a solução garantirá maior eficiência da colheita de provas relativamente à autoria e, consequentemente, viabilizará o exercício da ampla defesa, além de assegurar a duração razoável do processo.

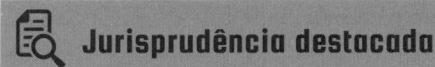

Jurisprudência destacada

(...) 2. No caso dos autos, a Polícia Federal em Sinop/MT instaurou inquérito policial para apurar a suposta prática de crime de tráfico internacional de drogas, tipificado no art. 33

> c/c os arts. 40, inciso I, e 70, todos da Lei nº 11.343/2006, uma vez que, nos dias 23.12.2016, 05.04.2017 e 11.05.2017, no Centro Internacional dos Correios em Pinhais/PR, foram apreendidos objetos postais que continham, respectivamente, 148,47, 30 e 75 g de *ecstasy*. Apurou-se no procedimento investigatório tratar-se de importação de droga, visto que os objetos postais foram remetidos da Holanda e tinham como destinatários pessoas residentes no município de Sinop/MT, de acordo com o recibo dos Correios. 3. O núcleo da controvérsia consiste em verificar a possibilidade de redimensionar o alcance da Súmula nº 528/STJ, a qual cuida de tráfico de drogas praticado via postal, (...) 4. Conforme Súmula nº 528/STJ, "Compete ao Juiz Federal do local da apreensão da droga remetida do exterior pela via postal processar e julgar o crime de tráfico internacional". Feita a necessária digressão sobre os julgados inspiradores da Súmula nº 528/STJ, constata-se que o ilustre Ministro Rogerio Schietti Cruz, no julgamento do CC nº 134.421/TJ (*DJe* 04.12.2014), propôs a revisão do seu posicionamento para, exclusivamente no caso de importação de droga via correio (ou seja, quando conhecido o destinatário), reconhecer como competente o Juízo do local de destino da droga. (...) 6. Prestação jurisdicional efetiva depende de investigação policial eficiente. Caso inicialmente o local da apreensão da droga possa apresentar-se como facilitador da colheita de provas no tocante à materialidade delitiva, em um segundo momento, a distância do local de destino da droga dificulta sobremaneira as investigações da autoria delitiva, sendo inegável que os autores do crime possuam alguma ligação com o endereço aposto na correspondência. 7. A fixação da competência no local de destino da droga, quando houver postagem do exterior para o Brasil com o conhecimento do endereço designado para a entrega, proporcionará eficiência da colheita de provas relativamente à autoria e, consequentemente, também viabilizará o exercício da defesa de forma mais ampla. Em suma, deve ser estabelecida a competência no Juízo do local de destino do entorpecente, mediante flexibilização da Súmula nº 528/STJ, em favor da facilitação da fase investigativa, da busca da verdade e da duração razoável do processo. (...) (STJ, 3ª Seção, CC nº 177.882/PR 2021/0056480-7, Rel. Min. Joel Ilan Paciornik, j. 26.05.2021, *DJe* 08.06.2021).

O mesmo não se aplica ao tráfico praticado entre Estados da Federação, que **não** é da competência federal. Nos termos do art. 144, § 1º, II, da CF/1988 e art. 1º, parágrafo único, da Lei nº 10.446/2002, a Polícia Federal atuará nesses casos. A competência, contudo, será da **Justiça Estadual**, observadas as regras de prevenção. Não se tratando de hipótese elencada no art. 109 da Carta Constitucional, não se justifica a competência da Justiça Federal, assim já foi decidido pelas Cortes Superiores.

13.11 FIANÇA, LIBERDADE PROVISÓRIA E VEDAÇÃO À SUBSTITUIÇÃO DE PENA PRIVATIVA DE LIBERDADE POR PENA RESTRITIVA DE DIREITOS

O art. 44 da Lei nº 11.343/2006, ao tratar dos crimes tipificados nos arts. 33, *caput* e § 1º, e 34 a 37, destaca a sua inafiançabilidade e o descabimento de *sursis*, graça, indulto, anistia e liberdade provisória, assim como a vedação da conversão de suas penas em restritivas de direitos.

> **Art. 44.** Os crimes previstos nos arts. 33, *caput* e § 1º, e 34 a 37 desta Lei são inafiançáveis e insuscetíveis de *sursis*, graça, indulto, anistia e liberdade provisória, vedada a conversão de suas penas em restritivas de direitos.

Parágrafo único. Nos crimes previstos no *caput* deste artigo, dar-se-á o livramento condicional após o cumprimento de dois terços da pena, vedada sua concessão ao reincidente específico.

Com relação à substituição da pena privativa de liberdade em pena restritiva de direitos, a vedação não mais subsiste. O STF, no *Habeas Corpus* n° 97.256, declarou inconstitucionais as vedações à substituição da pena privativa de liberdade por pena restritiva de direitos trazidas pelos arts. 33, § 4°, e 44 da Lei n° 11.343/2006. A decisão ganhou força *erga omnes* com a Resolução n° 5/2012 do Senado Federal.

Resolução n° 5/2012 do SF

Suspende, nos termos do art. 52, inciso X, da CF/88, a execução de parte do § 4° do art. 33 da Lei n° 11.343, de 23 de agosto de 2006.

O Senado Federal resolve:

Art. 1° É suspensa a execução da expressão "vedada a conversão em penas restritivas de direitos" do § 4° do art. 33 da Lei n° 11.343, de 23 de agosto de 2006, declarada inconstitucional por decisão definitiva do Supremo Tribunal Federal nos autos do Habeas Corpus n° 97.256/RS.

Art. 2° Esta Resolução entra em vigor na data de sua publicação.

🧩 Decifrando a prova

(Delegado – PC/MA – Cespe/Cebraspe – 2018 – Adaptada) Julgue a seguinte afirmação: "No que se refere ao processamento do crime de tráfico de drogas, é possível afirmar ser incabível a conversão da pena privativa de liberdade em restritiva de direitos".

( ) Certo ( ) Errado

Gabarito comentado: não é possível afirmar ser incabível realizar a conversão da pena privativa de liberdade pela pena restritiva de direito, de acordo com o STF, que declarou inconstitucional o dispositivo que vedou a impossibilidade dessa conversão. Portanto, a assertiva está errada.

Por outro lado, a vedação absoluta da concessão de liberdade provisória representaria a presunção absoluta de *periculum libertatis*, não sendo por outra razão que a jurisprudência dos Tribunais Superiores a entenda inconstitucional. A necessidade de manutenção de prisão deve ser aferida diante do caso concreto, pois a imposição de prisão cautelar depende sempre de demonstração da sua necessidade, na esteira das decisões do STF, que vem repelindo a prisão preventiva baseada apenas na gravidade do delito, na comoção social ou em eventual indignação popular dele decorrente.

 Jurisprudência destacada

(...) É certo que a gravidade abstrata do delito de tráfico de entorpecentes não serve de fundamento para a negativa do benefício da liberdade provisória, tendo em vista a declaração

> de inconstitucionalidade de parte do art. 44 da Lei nº 11.343/2006 pelo Supremo Tribunal Federal. 2. Caso em que as decisões atacadas fazem referências apenas a ponderações sobre a gravidade abstrata do delito de tráfico ilícito de entorpecentes, bem como relativas ao mal social decorrente de sua prática. (...) (RHC Nº 108.638/MG, 07.05.2019).

Sobre prisão, o fato de o tráfico de drogas ser supostamente cometido em ambiente doméstico não deve ser, por si só, óbice à concessão da prisão domiciliar[53].

Quanto à vedação ao *sursis* (suspensão condicional da pena, arts. 77 e seguintes do CP), embora parcela da doutrina a considere desproporcional[54], haja vista que nem mesmo a Lei nº 8.072/1990 (Lei dos Crimes Hediondos) trouxe proibição semelhante, o entendimento atual dos Tribunais Superiores é – pelo menos por ora – pela sua constitucionalidade.

 **Jurisprudência destacada**

> 1. Consoante entendimento deste Superior Tribunal de Justiça, a vedação ao *sursis* (prevista no artigo 44 da Lei nº 11.343/2006) não foi objeto de controle de constitucionalidade pelo Supremo Tribunal Federal, razão pela qual mantém-se em plena vigência, ainda que a reprimenda definitiva fixada não seja superior a 2 (dois) anos de reclusão. 2. Agravo regimental desprovido (STJ, 5ª Turma, AgRg no REsp nº 1.615.201/MG, Rel. Min. Jorge Mussi, j. 08.08.2017)[55].

Portanto, das vedações impostas pelo art. 44 somente podem ser considerados válidos a inafiançabilidade e o descabimento de *sursis*, graça, indulto e anistia. Ainda assim, entendemos que, com relação ao tráfico privilegiado, hoje não mais considerado crime hediondo, conforme redação do art. 112, § 5º, da LEP, tais limitações não se impõem.

No que tange ao indulto, ainda que a vedação à concessão da comutação ao crime de associação para o tráfico de drogas (art. 35 da Lei nº 11.343/2006) não conste de Decreto Presidencial concessivo de indulto, está expressamente delineada no art. 44, *caput*, da Lei nº 11.343/2006. Afinal, a comutação é indulto parcial.

---

[53] Nesse sentido: STF, 2ª Turma, AgRg no HC nº 203.911, Rel. Min. Nunes Marques, Rel. p/ acórdão Min. Ricardo Lewandowski, j. 08.09.2021.

[54] É o entendimento de Nucci (2020, p. 430), o qual acrescenta que "(...) o STF já proclamou a inconstitucionalidade da vedação *à* conversão das penas em restritivas de direitos e também a inconstitucionalidade da proibição de liberdade provisória. Assim sendo, soa-nos desproporcional (princípio da proporcionalidade) manter a vedação ao *sursis*, considerado mais severo do que a pena restritiva de direito".

[55] Em sentido semelhante: STF, 1ª Turma, HC nº 101.919/MG, Rel. Min. Marco Aurélio, j. 06.09.2011.

Jurisprudência destacada

Agravo regimental em *habeas corpus*. Execução. Indulto. Comutação. Decreto nº 9.246/2017. Art. 44 da Lei nº 11.343/2006. *Writ* indeferido liminarmente. 1. Embora a vedação à concessão da comutação ao crime de associação para o tráfico de drogas (art. 35 da Lei nº 11.343/2006) não conste no Decreto Presidencial nº 9.246/2017, está expressamente delineada no art. 44, *caput*, da Lei nº 11.343/2006. Precedentes. 2. Agravo regimental improvido (STJ, 6ª Turma, AgRg nos EDcl no HC nº 589.590/SP 2020/0144300-2, Rel. Min. Sebastião Reis Júnior, j. 09.02.2021, *DJe* 18.02.2021).

§ 5º Não se considera hediondo ou equiparado, para os fins deste artigo, o crime de tráfico de drogas previsto no § 4º do art. 33 da Lei nº 11.343, de 23 de agosto de 2006.

Decifrando a prova

(Delegado – PC/SC – Acafe – 2014 – Adaptada) Julgue a seguinte afirmação: "De acordo com a CF de 1988, a Lei de Drogas (Lei nº 11.343/2006) e a Lei dos Crimes Hediondos (Lei nº 8.072/1690) no Brasil, é correto afirmar que o tráfico ilícito de entorpecentes é crime insuscetível de anistia, graça e indulto, mas suscetível de fiança".

( ) Certo ( ) Errado

Gabarito comentado: tanto os crimes da Lei de Drogas quanto os crimes hediondos são inafiançáveis, nos termos do art. 40 da Lei nº 11.343/2006 e conforme a Lei nº 8.072/1990. Portanto, a assertiva está errada.

13.12 TRANSAÇÃO LIMITADA

Por determinação do art. 48, § 5º, o legislador exige que, nas hipóteses de crimes de menor potencial ofensivo estabelecidos na Lei nº 11.343/2006, a proposta de transação penal feita pelo Ministério Público deve cingir-se às penas previstas no art. 28 da Lei nº 11.343/2006, quais sejam, prestação de serviços à comunidade e medida educativa de comparecimento a programa ou curso educativo, **não podendo optar** por outras penalidades não dispostas na lei especial.

§ 5º Para os fins do disposto no art. 76 da Lei nº 9.099, de 1995, que dispõe sobre os Juizados Especiais Criminais, o Ministério Público poderá propor a aplicação imediata de pena prevista no art. 28 desta lei, a ser especificada na proposta.

13.13 PRAZO PARA CONCLUSÃO DO INQUÉRITO POLICIAL

A matéria é tratada na Lei de Drogas, com disciplina distinta daquela que lhe é conferida pelo art. 10 do CPP, que estabelece prazo de 10 dias (réu preso) ou 30 dias (réu solto) para conclusão do inquérito policial. No diploma em estudo, **o prazo é o triplo,** sendo de 30 dias para réu preso e de 90 dias para réu solto, **podendo ser duplicados** caso justificada a necessidade pela autoridade judiciária que requer a **prorrogação.** Importante destacar que, na hipótese de réu preso, a não observância do prazo importará no reconhecimento de constrangimento ilegal, com o consequente relaxamento da prisão. Estando solto o indiciado, a não observância do prazo máximo será mera **irregularidade** administrativa.

> **Art. 51.** O inquérito policial será concluído no prazo de 30 (trinta) dias, se o indiciado estiver preso, e de 90 (noventa) dias, quando solto.

13.14 PRESCINDIBILIDADE DO INQUÉRITO POLICIAL

Da leitura do art. 54 da Lei nº 11.343/2006 percebe-se que **não apenas o inquérito policial, mas quaisquer outras peças de informação**, podem dar azo à instauração de ação penal, inclusive aquelas instauradas e instruídas pelo próprio Ministério Público, como os Procedimentos de Investigação Criminal (PICs).

> **Art. 54.** Recebidos em juízo os autos do inquérito policial, de Comissão Parlamentar de Inquérito ou peças de informação, dar-se-á vista ao Ministério Público para, no prazo de 10 (dez) dias, adotar uma das seguintes providências:
>
> I – requerer o arquivamento;
>
> II – requisitar as diligências que entender necessárias;
>
> III – oferecer denúncia, arrolar até 5 (cinco) testemunhas e requerer as demais provas que entender pertinentes.

13.15 DESTRUIÇÃO DA DROGA

Nos termos do art. 32 da Lei nº 11.343/2006, competirá ao Delegado de Polícia a destruição **imediata** das plantações ilícitas, por **incineração**, recolhendo quantidade suficiente para exame pericial. Se for realizada a queimada, será **dispensada** a autorização **prévia** do Sistema Nacional do Meio Ambiente (Sisnama). Serão objeto de expropriação as glebas cultivadas com plantações ilícitas, conforme o art. 243 da CF/1988.

> **Art. 32.** As plantações ilícitas serão imediatamente destruídas pelo Delegado de Polícia na forma do art. 50-A, que recolherá quantidade suficiente para exame pericial, de tudo lavrando auto de levantamento das condições encontradas, com a delimitação do local, asseguradas as medidas necessárias para a preservação da prova.
>
> (...)
>
> **Art. 243.** As propriedades rurais e urbanas de qualquer região do País onde forem localizadas culturas ilegais de plantas psicotrópicas ou a exploração de trabalho escravo na forma da lei serão expropriadas e destinadas *à* reforma agrária e a programas de habita-

ção popular, sem qualquer indenização ao proprietário e sem prejuízo de outras sanções previstas em lei, observado, no que couber, o disposto no art. 5°.

Parágrafo único. Todo e qualquer bem de valor econômico apreendido em decorrência do tráfico ilícito de entorpecentes e drogas afins e da exploração de trabalho escravo será confiscado e reverterá a fundo especial com destinação específica, na forma da lei.

Se a droga tiver sido apreendida em razão de lavratura do auto de prisão em flagrante, drogas serão destruídas pelo Delegado de Polícia competente no prazo de 15 dias na presença do Ministério Público e da autoridade sanitária.

Art. 50. Ocorrendo prisão em flagrante, a autoridade de polícia judiciária fará, imediatamente, comunicação ao juiz competente, remetendo-lhe cópia do auto lavrado, do qual será dada vista ao *órgão* do Ministério Público, em 24 (vinte e quatro) horas.

(...)

§ 4° A destruição das drogas será executada pelo Delegado de Polícia competente no prazo de 15 (quinze) dias na presença do Ministério Público e da autoridade sanitária.

A destruição das drogas apreendidas **sem a ocorrência de prisão em flagrante** será feita por incineração no prazo máximo de **30 dias contados da data da apreensão**, guardando-se amostra necessária à realização do laudo definitivo.

Art. 50-A. A destruição das drogas apreendidas sem a ocorrência de prisão em flagrante será feita por incineração, no prazo máximo de 30 (trinta) dias contados da data da apreensão, guardando-se amostra necessária à realização do laudo definitivo.

13.16 PROVIDÊNCIAS A SEREM TOMADAS PELO MINISTÉRIO PÚBLICO AO RECEBER O INQUÉRITO

Ao receber os autos do inquérito ou as peças de informação de que trata o art. 54 da Lei n° 11.343/2006, caberá ao Ministério Público adotar uma das seguintes providências, as quais deverão ser tomadas em **dez dias: promover arquivamento** (por verificar existente qualquer causa que levasse à rejeição da denúncia caso esta fosse ofertada); **requisitar diligências** à autoridade policial quando entender que não está o inquérito policial pronto para a denúncia e necessitar de outros elementos quando compreender que ainda são necessárias diligências para formar sua opinião; **oferecer denúncia,** quando considerar haver indícios suficientes de autoria e prova da materialidade, consubstanciadores da justa causa para a propositura da ação penal. Cinco testemunhas poderão ser arroladas na denúncia.

13.17 PROCEDIMENTO ESPECIAL PREVISTO NA LEI N° 11.343/2006

A matéria vem tratada nos arts. 55 a 57, sendo representado pelo gráfico a seguir:

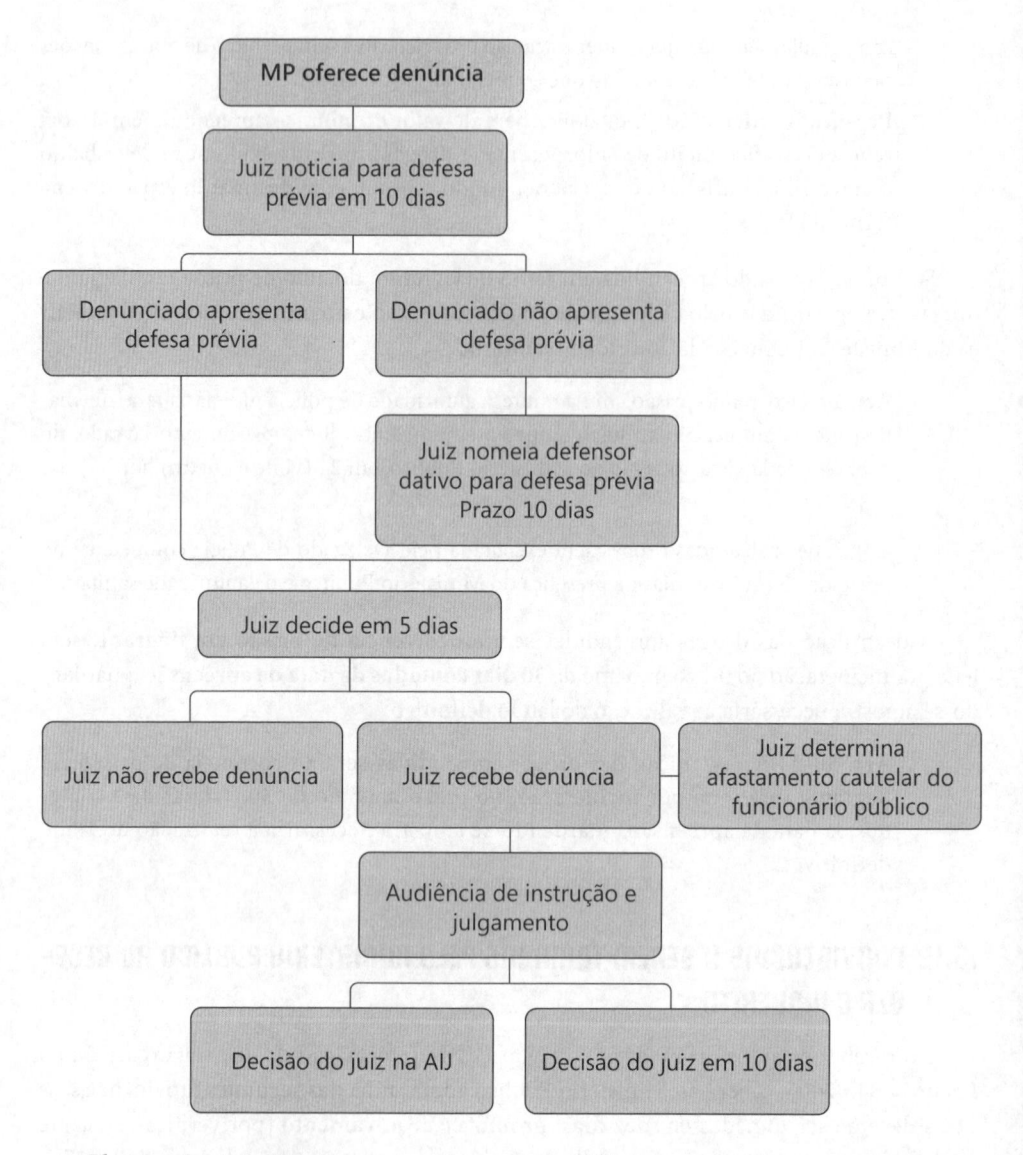

Observações importantes:

1. Defesa prévia (oportunidade de apresentar argumentos defensivos **antes** de recebida a denúncia. O denunciado especificará a prova que pretende produzir, arrola **até cinco** testemunhas e dará suas razões para ver rejeitada a denúncia). A decisão que recebe a denúncia, em regra, prescinde de fundamentação complexa, dada sua natureza interlocutória. Contudo, havendo previsão de apresentação de defesa prévia antes do acolhimento da inicial, como no rito previsto no art. 55 da Lei nº 11.343/2006, exige-se que a decisão seja motivada. Afinal, se o acusado expôs os motivos para elidir o recebimento da denúncia, o juiz necessariamente terá que

aduzir as razões que o levaram à realização de um juízo de admissibilidade positivo. A fundamentação sobre as teses defensivas apresentadas antes do recebimento da denúncia deve, porém, ser sucinta, evitando o prejulgamento da demanda.[56]

> ### 🔧 Decifrando a prova
>
> **(Inspetor – PC/CE – Idecan – 2021 – Adaptada)** A Lei nº 11.343/2006 – Lei de Drogas – revogou a antiga Lei de Entorpecentes – 6.368/1976 – e trouxe consigo uma das grandes e polêmicas inovações: a retirada da pena de prisão para o crime de uso de drogas, atualmente previsto no artigo 28 da Lei nº 11.343/2006. O Superior Tribunal de Justiça possui um grande acervo jurisprudencial sobre o tema. Analise se a afirmativa que está em DESACORDO com a jurisprudência do STJ: A inobservância do art. 55 da Lei nº 11.343/2006, que determina o recebimento da denúncia após a apresentação da defesa prévia, constitui nulidade relativa quando forem demonstrados os prejuízos suportados pela defesa.
>
> ( ) Certo ( ) Errado
>
> **Gabarito comentado:** a inobservância do rito previsto no art. 55 da Lei nº 11.343/2006, que determina o recebimento da denúncia depois da apresentação da defesa preliminar, constitui nulidade relativa e somente enseja o reconhecimento da nulidade do processo se demonstrados, concretamente, eventuais prejuízos suportados pela defesa, consoante o STJ, 6ª Turma, REsp nº 1.560.937, Rel. Min. Rogerio Schietti Cruz, j. 1º.02.2015. Portanto, a assertiva está certa.

2. Juiz determina afastamento cautelar do **funcionário público** (cabível apenas nos casos previstos nos arts. 33, *caput* e § 1º, e 34 a 37 da Lei nº 11.343/2006, sem prejuízo da remuneração).

3. Audiência de instrução e julgamento: oitiva de testemunhas da acusação; oitiva de testemunhas de defesa; debates orais (primeiro Ministério Público e, após, a defesa); interrogatório (STF e doutrina entendem que deve ser o ato a concluir a instrução); decisão do juiz, que poderá ser prolatada em audiência ou, então, em **dez dias.**

13.18 INTERROGATÓRIO

Trazendo ritualística própria para os crimes que define, a Lei Antidrogas situa o interrogatório como ato inicial da audiência de instrução e julgamento (art. 57), adotando solução distinta daquela que hoje se tem no CPP, em que o interrogatório do acusado finaliza a instrução, conferindo-lhe maiores chances de defesa, na medida em que poderá se manifestar sobre o todo até ali apurado, apresentando sua versão acerca dos fatos e rebatendo cada um dos pontos apresentados nos autos. Inicialmente, nossos Tribunais Superiores entendiam que, por se tratar de lei especial, deveria ser adotada a disciplina estabelecida pela Lei nº 11.343/2006.

---

[56] Nesse sentido: STJ, 5ª Turma, AgRg no HC nº 591.463, Rel. Min. Jorge Mussi, j. 04.08.2020.

Essa orientação, contudo, foi modificada a partir de março de 2016, quando, ao julgar o *Habeas Corpus* nº 127.900, o STF determinou, com efeitos prospectivos, que se adotasse a regra do CPP, em homenagem ao princípio constitucional da ampla defesa, sob pena de nulidade. Ao dar efeitos prospectivos àquela decisão, o STF preservou as instruções já findas, em que, porventura, se tivesse utilizado o rito da Lei Especial de Drogas. A partir desse julgado, outros foram prolatados no STJ, consolidando-se o posicionamento, como o a seguir transcrito:

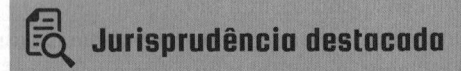

Jurisprudência destacada

Recurso especial. Tráfico de drogas. Momento do interrogatório. Último ato da instrução. Maior efetividade a princípios constitucionais. Minorante. Análise prejudicada. Recurso especial provido. 1. Por ocasião do julgamento do HC nº 127.900/AM, ocorrido em 03.03.2016 (*DJe* 03.08.2016), o Pleno do Supremo Tribunal Federal firmou o entendimento de que o rito processual para o interrogatório, previsto no art. 400 do Código de Processo Penal, deve ser aplicado a todos os procedimentos regidos por leis especiais. Isso porque a Lei nº 11.719/2008 (que deu nova redação ao referido art. 400) prepondera sobre as disposições em sentido contrário previstas em legislação especial, por se tratar de lei posterior mais benéfica ao acusado (*lex mitior*), visto que assegura maior efetividade a princípios constitucionais, notadamente aos do contraditório e da ampla defesa. 2. De modo a não comprometer o princípio da segurança jurídica dos feitos já sentenciados (CF, art. 5º, XXXVI), houve modulação dos efeitos da decisão: a Corte Suprema estabeleceu que essa orientação somente deve ser aplicada aos processos cuja instrução ainda não se haja encerrado. 3. Uma vez que a audiência de instrução e julgamento ocorreu depois da publicação da ata daquele julgamento, prevalece a nova compreensão do Supremo Tribunal Federal acerca da matéria, qual seja, a de que, em se tratando de crime previsto na Lei nº 11.343/2006, o interrogatório deve ser o último ato da instrução, à luz, especialmente, dos princípios constitucionais do contraditório e da ampla defesa. 4. Embora, em regra, a decretação da nulidade de determinado ato processual requeira a comprovação de prejuízo concreto para a parte – em razão do princípio do *pas de nullité sans grief* –, o prejuízo à defesa é evidente e corolário da própria inobservância da máxima efetividade das garantias constitucionais do contraditório e da ampla defesa. Uma vez que o interrogatório constitui um ato de autodefesa, não se deu aos recorrentes a possibilidade de esclarecer ao Magistrado eventuais fatos contra si alegados pelas testemunhas ao longo da instrução criminal. 5. Porque anulado o processo desde a audiência de instrução e julgamento, fica esvaída a análise da pretendida aplicação da minorante prevista no § 4º do art. 33 da Lei de Drogas. 6. Recurso especial provido, para anular o Processo nº 0248691-17.2016.8.04.0001, da 4ª V. E. C. U. T. E. da Comarca de Manaus – AM, desde a audiência de instrução e julgamento, com a determinação de que seja realizada nova instrução probatória, dessa vez com a observância de que o interrogatório dos réus seja o último ato da instrução (STJ, 6ª Turma, REsp nº 1.808.389/AM 2019/0111629-4, Rel. Min. Rogério Schietti Cruz, j. 20.10.2020, *DJe* 23.11.2020).

13.19 POSSIBILIDADE DE RECORRER EM LIBERDADE

A Lei Antidrogas estabelece, no art. 59, que o condenado por sentença não transitada em julgado deverá se recolher à prisão para apelar, **salvo** se for **primário** e de **bons antece-**

dentes, assim reconhecido na sentença condenatória. Dispositivo idêntico presente no CPP, qual seja o art. 594, está, desde o ano de 2008, revogado, não mais existindo condicionamento do direito de recorrer ao recolhimento à prisão.

> **Art. 59.** Nos crimes previstos nos arts. 33, *caput* e § 1º, e 34 a 37 desta Lei, o réu não poderá apelar sem recolher-se *à* prisão, salvo se for primário e de bons antecedentes, assim reconhecido na sentença condenatória.

Com isso, devemos entender igualmente revogado o disposto no art. 59 da Lei nº 11.343/2006. Somente deve ser decretada a prisão em razão de condenação não transitada em julgado se as circunstâncias do caso concreto indicarem a periculosidade do agente, o risco de reiteração delitiva ou qualquer outro fator que faça o magistrado concluir pela existência de *periculum libertatis,* não sendo válida para a fundamentação da prisão cautelar a gravidade abstrata do delito. Esse é o entendimento praticamente uníssono na jurisprudência, seguindo a orientação da melhor doutrina a respeito do tema.

13.20 MEDIDAS ASSECURATÓRIAS PATRIMONIAIS

Conceito. O art. 60 da Lei trata de medidas que, a pedido do Ministério Público ou por representação da autoridade policial, podem ser feitas no **curso** do inquérito policial ou da ação penal para dar efetividade ao perdimento de patrimônio ilicitamente alcançado. Referem-se à apreensão de bens outras medidas assecuratórias relacionadas aos bens móveis e imóveis ou valores consistentes em produtos ou proveito dos crimes nela previstos.

> **Art. 60.** O juiz, a requerimento do Ministério Público ou do assistente de acusação, ou mediante representação da autoridade de polícia judiciária, poderá decretar, no curso do inquérito ou da ação penal, a apreensão e outras medidas assecuratórias nos casos em que haja suspeita de que os bens, direitos ou valores sejam produto do crime ou constituam proveito dos crimes previstos nesta Lei, procedendo-se na forma dos arts. 125 e seguintes do Decreto-lei nº 3.689, de 3 de outubro de 1941 – Código de Processo Penal.
>
> § 1º (Revogado).
>
> § 2º (Revogado).
>
> § 3º Na hipótese do art. 366 do Decreto-lei nº 3.689, de 3 de outubro de 1941 – Código de Processo Penal, o juiz poderá determinar a prática de atos necessários *à* conservação dos bens, direitos ou valores.
>
> § 4º A ordem de apreensão ou sequestro de bens, direitos ou valores poderá ser suspensa pelo juiz, ouvido o Ministério Público, quando a sua execução imediata puder comprometer as investigações.
>
> § 5º Decretadas quaisquer das medidas previstas no *caput* deste artigo, o juiz facultará ao acusado que, no prazo de 5 (cinco) dias, apresente provas, ou requeira a produção delas, acerca da origem lícita do bem ou do valor objeto da decisão, exceto no caso de veículo apreendido em transporte de droga ilícita.

§ 6º Provada a origem lícita do bem ou do valor, o juiz decidirá por sua liberação, exceto no caso de veículo apreendido em transporte de droga ilícita, cuja destinação observará o disposto nos arts. 61 e 62 desta Lei, ressalvado o direito de terceiro de boa-fé.

Tratando-se de medida cautelar, tem como um de seus pressupostos o *fumus commissi delicti*, consubstanciado na prova da existência do crime e de indícios suficientes de sua autoria.

┌─Cuidado─

As medidas assecuratórias **não** poderão ser decretadas pelo **juiz de ofício**, sem provocação do Ministério Público ou representação da autoridade policial. Nesse sentido, cumpre lembrar a opção feita pela CF/1988 pelo sistema acusatório, consagrado pela nova redação do art. 3º-A do CPP[57], embora este último artigo se encontre com eficácia suspensa em virtude das disposições relacionadas à criação do juiz das garantias, por decisão liminar proferida pelo Ministro Luiz Fux nos autos das ADIs nº 6.298, nº 6.299, nº 6.300 e nº 6.305, em trâmite perante o STF.

Como não existem regras próprias trazidas pela legislação especial, tratando-se de sequestro de bens realizado no curso do inquérito, a medida será levantada se a denúncia não for oferecida no prazo de 60 dias, contados da data da última diligência para realização do ato, consoante o art. 131, I, do CPP. Cuidando-se de apreensão, prolongar-se-á enquanto os bens objeto da medida interessarem ao processo, conforme os arts. 11 e 240 e seguintes do CPP.

Se recair sobre moeda estrangeira, títulos, valores mobiliários ou cheques emitidos como ordem de pagamento, será determinada, imediatamente, a sua conversão em moeda nacional.

Ação controlada. A Lei Antidrogas autoriza que a execução da medida assecuratória seja postergada mediante autorização judicial, quando a sua execução imediata puder comprometer as investigações.

Pedido de restituição de bens sob constrição. Nenhum pedido de restituição será conhecido **sem o comparecimento pessoal** do acusado. O juiz determinará a **liberação total ou parcial** dos bens, direitos e objeto de medidas assecuratórias quando **comprovada a licitude** de sua origem, mantendo-se a constrição dos bens, direitos e valores necessários e suficientes à reparação dos danos e ao pagamento de prestações pecuniárias, multas e custas decorrentes da infração penal.

Utilização de bens apreendidos. O art. 62 dispõe que, comprovado o interesse público na utilização de veículos, embarcações, aeronaves e quaisquer outros meios de transporte e dos maquinários, utensílios, instrumentos e objetos de qualquer natureza utilizados para a prática dos crimes, os órgãos de polícia judiciária, militar e rodoviária poderão deles fazer

---

[57] "Art. 3º-A. O processo penal terá estrutura acusatória, vedadas a iniciativa do juiz na fase de investigação e a substituição da atuação probatória do órgão de acusação."

uso, sob sua responsabilidade e com o objetivo de sua conservação, mediante autorização judicial, ouvido o Ministério Público e garantida sua **prévia avaliação**.

Alienação cautelar dos bens apreendidos. A lei trata da alienação cautelar dos bens apreendidos. Em que pese, no art. 61, § 1º, não haver exigência de iniciativa do Ministério Público para a alienação cautelar, a consagração do princípio acusatório, especialmente com a edição da Lei nº 13.964/2019, não autoriza que seja determinada de ofício (PORTOCAR-RERO; FERREIRA, 2020, p. 203). O processo referente à alienação cautelar tramitará em apartado, sendo necessário que o Ministério Público demonstre a existência de risco de perda do valor econômico do bem pelo decurso do tempo.

Recurso contra a decisão de alienação cautelar. O recurso interposto contra a decisão proferida no procedimento, determinando a alienação dos bens apreendidos, terá efeito devolutivo e, tratando-se de decisão definitiva, que encerra procedimento cautelar, e sendo hipótese não prevista no art. 581 do CPP, será desafiada por meio de apelação, conforme o art. 593, II, daquele diploma.

13.21 PERDIMENTO DE BENS UTILIZADOS PARA A PRÁTICA DE CRIMES

Confisco. De acordo com o disposto no art. 243 da CF/1988, o art. 63 da Lei nº 11.343/2006 prevê que o juiz, ao prolatar a sentença condenatória, deve decretar confisco de bens utilizados na prática do tráfico ilícito de drogas. Os bens, direitos ou valores apreendidos em decorrência dos crimes tipificados no diploma legal em análise ou objeto de medidas assecuratórias, depois de decretado seu perdimento em favor da União, serão revertidos diretamente ao Fundo Nacional Antidrogas (Funad). A expropriação é efeito automático da condenação.

> **Art. 63.** Ao proferir a sentença, o juiz decidirá sobre:
>
> I – o perdimento do produto, bem, direito ou valor apreendido ou objeto de medidas assecuratórias; e
>
> II – o levantamento dos valores depositados em conta remunerada e a liberação dos bens utilizados nos termos do art. 62.

O Funad, antes denominado Fundo de Prevenção, Recuperação e de Combate às Drogas de Abuso (Funcab), foi criado e disciplinado em 1986 pela Lei nº 7.560 e tem como finalidade principal o financiamento de ações, projetos e programas relacionados à política sobre drogas.

Em repercussão geral, decidindo o Tema nº 647, o STF entendeu possível o confisco de todo bem apreendido por ter sido utilizado para a prática dos crimes definidos nessa lei, conforme o art. 243, parágrafo único, da CF/1988, independentemente de o tráfico ser, ou não, realizado de forma habitual (STF, Tribunal Pleno, RE nº 638.491/PR, Rel. Min. Luiz Fux, j. 17.05.2017, data de publicação 23.08.2017).

Destaque-se, contudo, que, no art. 63-F, ou seja, na hipótese de condenação por infrações às quais essa lei comine pena máxima superior a seis anos de reclusão, a decretação da perda, como produto ou proveito do crime, dos bens correspondentes à diferença entre o valor do patrimônio do condenado e aquele compatível com o seu rendimento lícito, fica condicionada à existência de elementos probatórios que indiquem conduta criminosa habitual, reiterada ou profissional do condenado ou sua vinculação à organização criminosa.

Art. 63-F. Na hipótese de condenação por infrações *às* quais esta Lei comine pena máxima superior a 6 (seis) anos de reclusão, poderá ser decretada a perda, como produto ou proveito do crime, dos bens correspondentes *à* diferença entre o valor do patrimônio do condenado e aquele compatível com o seu rendimento lícito.

§ 1º A decretação da perda prevista no *caput* deste artigo fica condicionada *à* existência de elementos probatórios que indiquem conduta criminosa habitual, reiterada ou profissional do condenado ou sua vinculação a organização criminosa.

§ 2º Para efeito da perda prevista no *caput* deste artigo, entende-se por patrimônio do condenado todos os bens:

I – de sua titularidade, ou sobre os quais tenha domínio e benefício direto ou indireto, na data da infração penal, ou recebidos posteriormente; e

II – transferidos a terceiros a título gratuito ou mediante contraprestação irrisória, a partir do início da atividade criminal.

§ 3º O condenado poderá demonstrar a inexistência da incompatibilidade ou a procedência lícita do patrimônio.

Investigação Criminal Conduzida pelo Delegado de Polícia — Lei nº 12.830/2013

14.1 ART. 1º

Art. 1º Esta Lei dispõe sobre a investigação criminal conduzida pelo Delegado de Polícia.

A Lei nº 12.830/2013 surgiu como uma resposta à Constituição Federal e ao Código de Processo Penal, que, ao tratarem sobre a investigação criminal, nada dispõem sobre garantias e melhores condições para o exercício da atividade investigativa pelo Delegado de Polícia.

Para que o Delegado de Polícia exerça a sua atividade não basta conferir a ele instrumentos de investigação, mas devem-se proporcionar meios para que ele realize com autonomia e sem interferências externas a sua missão constitucional, devendo obediência apenas à lei, à Constituição e ao seu livre convencimento técnico-jurídico motivado.

Por conseguinte, toda a sociedade terá ganhos, pois teremos uma investigação célere, imparcial e de qualidade.

14.2 ART. 2º

Art. 2º As funções de polícia judiciária e a apuração de infrações penais exercidas pelo Delegado de Polícia são de natureza jurídica, essenciais e exclusivas de Estado.

Alguns órgãos possuem atribuição constitucional para o exercício da atividade de segurança pública, entre eles estão a Polícia Civil e a Polícia Federal, as quais são as únicas que desempenham duas funções primordiais: a polícia investigativa e a polícia judiciária.

CF/1988

Art. 144. A segurança pública, dever do Estado, direito e responsabilidade de todos, é exercida para a preservação da ordem pública e da incolumidade das pessoas e do patrimônio, através dos seguintes órgãos:

I – polícia federal;

II – polícia rodoviária federal;

III – polícia ferroviária federal;

IV – **polícias civis;**

V – polícias militares e corpos de bombeiros militares.

VI – polícias penais federal, estaduais e distrital.

§ 1º A polícia federal, instituída por lei como órgão permanente, organizado e mantido pela União e estruturado em carreira, destina-se a:

I – **apurar infrações penais contra a ordem política e social ou em detrimento de bens, serviços e interesses da União ou de suas entidades autárquicas e empresas públicas, assim como outras infrações cuja prática tenha repercussão interestadual ou internacional e exija repressão uniforme, segundo se dispuser em lei;** (...)

IV – **exercer, com exclusividade, as funções de polícia judiciária da União.**

(...)

§ 4º **Às polícias civis, dirigidas por delegados de polícia de carreira, incumbem, ressalvada a competência da União, as funções de polícia judiciária e a apuração de infrações penais, exceto as militares.** (Grifos nossos.)

Por polícia investigativa compreende-se a atividade de investigação em busca da autoria e prova da materialidade das infrações penais. A expressão polícia judiciária, por sua vez, abrange o auxílio ao Poder Judiciário no cumprimento das determinações judiciais, como execução dos mandados de prisão e de busca e apreensão; localização de vítimas, autores e testemunhas; destruição de objetos; condução coercitiva de testemunhas; reprodução simulada dos fatos; realização de oitivas, entre outros.

De acordo com a Constituição Federal e com a Lei nº 12.830/2013, tais atividades são atribuição do Delegado de Polícia e são de natureza jurídica, essenciais e exclusivas de Estado.

Jurídica porque, além de a atividade do Delegado de Polícia exigir que ele seja bacharel em Direito, é ele quem dará o primeiro contorno jurídico ao caso que lhe é apresentado. Compete a ele tomar decisões sobre a liberdade e a prisão das pessoas, analisar se a situação é típica ou não, se há alguma causa excludente de ilicitude ou culpabilidade, reconhecer a aplicação do instituto da fiança, representar por medidas cautelares de natureza pessoal e real, realizar o indiciamento, exarar despachos motivados, elaborar relatórios finais, entre outros poderes, razão pela qual deverá possuir conhecimento jurídico e aplicar o direito de maneira quase sempre imediata.

Contudo, não é só, pois o Delegado de Polícia também opera à frente da Unidade Policial em que atua, seja realizando a atividade de gestão dos demais policiais que compõem o quadro policial, seja administrando os recursos públicos destinados para o bom andamento da delegacia.

Essenciais, porque não se discute que sua atividade é imprescindível ao regular processamento da persecução penal. O primeiro "filtro constitucional" das mais inusitadas situações diuturnamente apresentadas quem faz é o Delegado de Polícia. É por esse motivo que o Poder Judiciário não se encontra mais assoberbado de processos.

Exclusivas, porque a apuração das infrações penais exercidas pelos Delegados de Polícia não pode ser transferida aos particulares, entretanto, ante a ausência de vedação constitucional, não se pode proibir que outros órgãos também realizem investigações.

É certo que não se veda a realização de investigação particular, entretanto não podemos deixar de ressaltar as dificuldades e as vicissitudes que tal modelo enfrenta. Isso porque o Estado proporciona meios legais para que a investigação estatal ocorra, sempre observando o princípio da dignidade da pessoa humana, o que não acontece com a investigação particular, por exemplo, que é limitada em recursos e pode trazer riscos não só ao particular investigador, mas ao próprio investigado.

Nessa toada é o escólio de Cavalcante (2017b, p. 80):

> Não se pode concluir, ao extremo, que somente o Poder Público possa apurar crimes. A imprensa, os órgãos sindicais, a OAB, as organizações não governamentais e até mesmo a defesa do investigado também podem investigar infrações penais. Qualquer pessoa (física ou jurídica) pode investigar delitos, até mesmo porque a segurança pública é "responsabilidade de todos" (art. 144, *caput*, da CF/88). Obviamente que a investigação realizada por particulares não goza dos atributos inerentes aos atos estatais, como a imperatividade, nem da mesma força probante, devendo ser analisada com extremo critério, não sendo suficiente, por si só, para a edição de um decreto condenatório (art. 155 do CPP). Contudo, isso não permite concluir que tais elementos colhidos em uma investigação particular sejam ilícitos ou ilegítimos, salvo se violarem a lei ou a Constituição.

14.3 ART. 2º, § 1º

> § 1º Ao Delegado de Polícia, na qualidade de autoridade policial, cabe a condução da investigação criminal por meio de inquérito policial ou outro procedimento previsto em lei, que tem como objetivo a apuração das circunstâncias, da materialidade e da autoria das infrações penais.

Ao encontrarmos na Constituição Federal, no Código de Processo Penal e na legislação processual extravagante a expressão "autoridade policial", devemos entender que se trata única e exclusivamente do Delegado de Polícia, seja ele civil ou federal, e nenhum outro agente estatal.

Embora haja vozes em sentido contrário, esse é o entendimento predominante na doutrina. Nesse sentido, os ensinamentos de Cavalcante (2017b, p. 82):

> (...) a posição amplamente majoritária *é* no sentido de que a autoridade policial *é, realmente,* apenas o Delegado de Polícia, sendo importante que assim o seja, pois as atividades por ele desempenhadas exigem conhecimentos jurídicos e responsabilidade proporcional a este cargo.

Dessarte, quando nos comentários dessa lei nos referirmos ao termo autoridade policial, leia-se: Delegado de Polícia.

Ultrapassado esse ponto, convém ressaltar que a Lei nº 12.830/2013 não excluiu o poder de investigação de outros órgãos, como o Ministério Público, a Comissão Parlamentar de

Inquérito (CPI) e o Conselho de Controle de Atividades Financeiras (COAF), mas apenas especificou que, quando a investigação é materializada por meio de inquérito policial ou outro procedimento previsto em lei, como o termo circunstanciado de ocorrência, sua condução compete ao Delegado de Polícia.

Com relação ao Ministério Público,[1] o STF decidiu, com fundamento na teoria dos poderes implícitos, que pode o órgão ministerial investigar infrações penais desde que respeitados certos parâmetros. A investigação, nesse caso, não é presidida por meio do inquérito policial, uma vez que este é exclusivo do Delegado de Polícia, mas pelo seu próprio inquérito, denominado inquérito ministerial ou Procedimento Investigativo Criminal (PIC).

A CPI, por sua vez, conduz o inquérito parlamentar.

Nessa toada, a Lei nº 12.830/2013 é clara ao expor que a investigação criminal formalizada por meio do inquérito policial ou outro procedimento previsto em lei tem como objetivo apurar as circunstâncias, a materialidade e a autoria delitiva.

14.3.1 Delegado e análise das excludentes

Por todo o exposto anteriormente, interessante questão surge a seguir: pode a autoridade policial analisar todos os elementos que integram o crime (conceito analítico), a saber: o fato típico, a ilicitude e a culpabilidade,[2] para só então após definir que estamos diante de uma infração penal? Ou seria ela um mero aplicador cego da lei, que se limitaria a fazer um juízo de tipicidade ou subsunção?

Pois bem. O Delegado de Polícia trata-se de operador do direito e, como tal, deve externar todo o seu conhecimento jurídico no momento de analisar cada situação que lhe é apresentada, de maneira que não deve só examinar o fato típico, mas também as causas excludentes de ilicitude e as de culpabilidade (exceto a inimputabilidade).

Entender desse modo é corroborar a máxima de que o Delegado de Polícia é o primeiro garantidor da legalidade e da justiça[3] e não deve atuar à margem da lei e notadamente do

---

[1] O Ministério Público dispõe de competência para promover, por autoridade própria, e por prazo razoável, investigações de natureza penal, desde que respeitados os direitos e garantias que assistem a qualquer indiciado ou a qualquer pessoa sob investigação do Estado, observadas, sempre, por seus agentes, as hipóteses de reserva constitucional de jurisdição e, também, as prerrogativas profissionais de que se acham investidos, em nosso País, os advogados (Lei nº 8.906/1994, art. 7º, notadamente os incisos I, II, III, XI, XIII, XIV e XIX), sem prejuízo da possibilidade – sempre presente no Estado Democrático de Direito – do permanente controle jurisdicional dos atos, necessariamente documentados (Enunciado nº 14 da Súmula Vinculante), praticados pelos membros dessa Instituição (STF, Plenário, RE nº 593.727/MG, rel. Orig. Min. Cezar Peluso, red. p/ o acórdão Min. Gilmar Mendes, j. 14.05.2015 (repercussão geral) – *Informativo* 785).

[2] Para a teoria tripartida, o crime é fato típico, ilícito e culpável. Para a bipartida, seria fato típico e ilícito, sendo a culpabilidade pressuposto de aplicação da pena.

[3] Frase do Ministro Celso de Melo proferida em seu voto no HC nº 84.548/SP.

justo. Ora, as infrações penais não têm hora nem dia para acontecer, e o Delegado de Polícia é a única autoridade à disposição da população 24 horas por dia, em todos os dias da semana, sendo a primeira autoridade que terá contato com o fato, o primeiro "juiz" da causa, cujo dever é assegurar que os direitos e as garantias fundamentais das pessoas envolvidas sejam respeitados.

Ao cumprir seu mister, o Delegado de Polícia evita que prisões indevidas e muitas vezes ilegais sejam decretadas, que abusos sejam praticados e que medidas de caráter de proteção sejam efetivadas.

Logo, é de se concluir que é de rigor que a autoridade policial não deve fazer apenas um juízo de subsunção, mas, sim, analisar todos os elementos que integram a infração penal, pois, faltando um deles, não há crime.

Sobre o fato típico, é perfeitamente cabível que o Delegado de Polícia analise não só a tipicidade formal (juízo de adequação entre o fato praticado e o tipo penal previsto na norma), como também a tipicidade material (lesão ou perigo de lesão ao bem jurídico protegido pela norma). O princípio da insignificância trata de causa restritiva do tipo penal e afasta a tipicidade material. Desse modo, ao se deparar com tal situação, não deve a autoridade policial prender em flagrante ou realizar o indiciamento de alguém que agiu amparado por essa causa excludente da tipicidade.

Como bem destacado por Masson (2020, p. 14):

> (...) o princípio da insignificância afasta a tipicidade do fato. Logo, se o fato é atípico para a autoridade judiciária, também apresenta igual natureza para a autoridade policial. Não se pode conceber, exemplificativamente, a obrigatoriedade da prisão em flagrante no tocante à conduta de subtrair um único pãozinho, avaliado em poucos centavos, do balcão de uma padaria, sob pena de banalização do Direito Penal e do esquecimento de outros relevantes princípios, tais como o da intervenção mínima, da subsidiariedade, da proporcionalidade e da lesividade. Para nós, o mais correto é agir com prudência no caso concreto, acolhendo o princípio da insignificância quando a situação fática efetivamente comportar sua incidência.

No mesmo sentido, segue o teor da Súmula nº 6, aprovada no I Seminário Integrado da Polícia Judiciária da União e do Estado de São Paulo: Repercussões da Lei nº 12.830/2013 na investigação criminal:

> É lícito ao Delegado de Polícia reconhecer, no instante do indiciamento ou da deliberação quanto à subsistência da prisão-captura em flagrante delito, a incidência de eventual princípio constitucional penal acarretador da atipicidade material, da exclusão de antijuridicidade ou da inexigibilidade de conduta diversa.

A fim de elucidar o exposto, ilustramos com o exemplo a seguir:

> Exemplo: Imagine que um indivíduo denominado "A" é surpreendido subtraindo tijolos de uma construção por um popular. Esse popular dá voz de prisão em flagrante a "A" e realiza sua prisão-captura. Para tanto, aciona a Polícia Militar solicitando apoio para que o flagranteado seja conduzido até a delegacia de polícia. Os fatos são narrados à autori-

dade policial, que entrevista "A" sobre o fato por ele praticado. "A", de pronto, diz que está sem fogão em sua casa e subtraiu os tijolos porque objetivava construir um fogão. Ao todo, 20 tijolos de oito furos foram subtraídos. A avaliação da *res furtiva* é feita, e o valor total não ultrapassa R$ 14,00. "A" é primário. Diante dessa situação, é ululante que a autoridade policial deve fazer a análise técnico-jurídica do fato e resguardar os direitos e as garantias fundamentais daquele a quem se atribuiu a prática de uma infração penal. Deveras, o Delegado de Polícia, nessa situação, por entender que é o caso de aplicação do princípio da insignificância, ouviu todos os envolvidos na ocorrência, registrando tudo em boletim de ocorrência circunstanciado e, fundamentando as suas razões de assim decidir, não ratificou a voz de prisão e liberou imediatamente o apresentado. Conquanto entenda que há falta de justa causa material para instauração de inquérito policial, tal instauração deverá ser executada para dar conhecimento do caso ao Poder Judiciário, Ministério Púbico e Defensoria Pública, para que assim não haja nenhum prejuízo caso os demais atores do sistema de justiça criminal adotem opinião diversa e desejem dar prosseguimento à segunda etapa da persecução criminal.

No que tange à ilicitude, o próprio art. 23 do Código Penal dispõe que não há crime quando o agente pratica o crime sob o manto das causas excludentes de ilicitude. Deveras, do mesmo modo, diante da prática de uma infração com lastros de ilicitude, a autoridade policial deverá analisar a ilicitude do fato e verificar se houve ou não crime.

Não seria razoável, por exemplo, ratificar a voz de prisão emitida pelo condutor, de uma mulher que foi violentada por muito tempo pelo seu consorte e, não aguentando mais passar por tanto sofrimento, quando novamente seria agredida fisicamente, agindo em legítima defesa, desfere um golpe de faca contra o seu agressor, ferindo-o gravemente.

Em arremate, Castro (2016) destaca:

> Mais do que um poder da autoridade de polícia judiciária, o reconhecimento de causa excludente de ilicitude ou culpabilidade é um dever no desempenho da sua missão de garantir direitos fundamentais, devendo ser repelidas eventuais interferências draconianas em detrimento do interesse público.
>
> A persecução penal não pode abdicar da franquia constitucional de liberdades públicas, devendo a lei se adequar à Constituição, e não o contrário. Encarcerar alguém, deixando de analisar a relação de antagonismo de sua conduta com o ordenamento jurídico (ilicitude) ou mesmo a reprovação de seu comportamento (culpabilidade), fere a concepção moderna e democrática do sistema processual penal.

14.4 ART. 2º, § 2º

§ 2º Durante a investigação criminal, cabe ao Delegado de Polícia a requisição de perícia, informações, documentos e dados que interessem à apuração dos fatos.

14.4.1 Poder geral de polícia

Os atos de investigação, formalizados em procedimento pré-processual, visam o cabal e completo esclarecimento do caso penal, com a reunião de elementos que influirão na formação do convencimento (*opinio delicti*) do responsável pela acusação.

De acordo com o art. 144, § 4º, da CF/1988[4] e art. 4º do CPC,[5] a atividade investigativa, que é composta de uma série de diligências, incumbe ao Delegado de Polícia.

Tal poder de investigação, todavia, não é ilimitado, encontrando limites na Constituição Federal e na legislação infraconstitucional, cuja finalidade é reunir substratos que indiquem a autoria delitiva e a prova da materialidade.

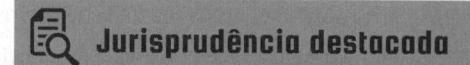 **Jurisprudência destacada**

(...) vigora em nosso ordenamento jurídico, no contexto criminal, a busca da verdade real, emergindo que o julgador deve empenhar-se para a formação de seu convencimento, em perseguir os fatos ocorridos realisticamente, e não somente a hipótese espelhada pelas partes, desde que, destaca-se, não sejam vedadas legalmente. Aludida vedação consiste na chamada prova ilícita, qual seja, produção de provas contrárias "ao ordenamento jurídico, contrário ao Direito de um modo geral, que envolve tanto o ilegal quanto o ilegítimo, isto é, tanto a infringência às normais legalmente produzidas, de direito material e processual, quanto aos princípios gerais de direito, aos bons costumes e à moral" (STJ, AREsp nº 1.394.004/MS 2018/0292802-6, Rel. Min. Jorge Mussi, *DJ* 18.02.2019).

Partindo de tal premissa, o art. 6º do CPP indica uma série de diligências que deverão ser realizadas pelo Delegado de Polícia assim que tiver conhecimento da prática de uma infração penal. Vejamos:

CPP

Art. 6º Logo que tiver conhecimento da prática da infração penal, a autoridade policial deverá:

I – dirigir-se ao local, providenciando para que não se alterem o estado e conservação das coisas, até a chegada dos peritos criminais;

II – apreender os objetos que tiverem relação com o fato, após liberados pelos peritos criminais;

---

[4] "Art. 144. (...) § 4º Às polícias civis, dirigidas por delegados de polícia de carreira, incumbem, ressalvada a competência da União, as funções de polícia judiciária e a apuração de infrações penais, exceto as militares."

[5] "Art. 4º A polícia judiciária será exercida pelas autoridades policiais no território de suas respectivas circunscrições e terá por fim a apuração das infrações penais e da sua autoria.
Parágrafo único. A competência definida neste artigo não excluirá a de autoridades administrativas, a quem por lei seja cometida a mesma função."

III – colher todas as provas que servirem para o esclarecimento do fato e suas circunstâncias;

IV – ouvir o ofendido;

V – ouvir o indiciado, com observância, no que for aplicável, do disposto no Capítulo III do Título VII, deste Livro, devendo o respectivo termo ser assinado por duas testemunhas que lhe tenham ouvido a leitura;

VI – proceder a reconhecimento de pessoas e coisas e a acareações;

VII – determinar, se for caso, que se proceda a exame de corpo de delito e a quaisquer outras perícias;

VIII – ordenar a identificação do indiciado pelo processo datiloscópico, se possível, e fazer juntar aos autos sua folha de antecedentes;

IX – averiguar a vida pregressa do indiciado, sob o ponto de vista individual, familiar e social, sua condição econômica, sua atitude e estado de *ânimo* antes e depois do crime e durante ele, e quaisquer outros elementos que contribuírem para a apreciação do seu temperamento e caráter.

X – colher informações sobre a existência de filhos, respectivas idades e se possuem alguma deficiência e o nome e o contato de eventual responsável pelos cuidados dos filhos, indicado pela pessoa presa.

O poder geral de polícia previsto no inciso III do artigo supratranscrito permite que a autoridade policial colha todas as provas que servirem para o esclarecimento do fato. O art. 2º, § 2º, da Lei nº 12.830/2013 reafirmou esse poder requisitório (CASTRO, 2015).

Durante a investigação criminal, cabe ao Delegado de Polícia requisitar perícias, documentos, informações e dados que interessem à apuração dos fatos. No entanto, não é toda diligência que poderá ser objeto de requisição, pois aquelas que se encontrarem sob cláusula de reserva de jurisdição deverão ser autorizadas diretamente pelo Poder Judiciário, como a busca e apreensão domiciliar, requisição de dados bancários e fiscais, prisão, salvo em flagrante delito, e quebra de sigilo das comunicações telefônicas.

Outras diligências que a própria Constituição não exige prévia ordem judicial poderão ser objeto de acesso direto pela autoridade policial.[6] Encontram-se nesse rol não taxativo, por exemplo, requisição de perícias, certidões, imagens registradas por circuito interno de gravação, acareação, reprodução simulada dos fatos, apreensão de objetos, documentos que interessarem à prova da investigação, informações sobre qualificação pessoal do investigado (nome, naturalidade, data de nascimento, RG, CPF, filiação, estado civil, endereço, telefone), condução coercitiva de testemunha, ação controlada prevista na lei de organização criminosa.

Ressaltamos que o poder geral de requisição conferido ao Delegado de Polícia é de salutar importância para a investigação. Não raras são as vezes em que a autoridade policial se

---

[6] A obtenção direta pela autoridade policial de dados relativos à hora, ao local e à duração das chamadas realizadas por ocasião da prática criminosa não configura violação ao art. 5º, XII, da CF/1988 (STF, HC nº 124.322, Rel. Min. Roberto Barroso, *DJ* 21.09.2015).

depara com situações em que a obtenção de documentos e informações é imperiosa para o deslinde da investigação e influirá na própria decisão a ser tomada, como em uma situação flagrancial em que a vítima de uma suposta tentativa de homicídio encontra-se hospitalizada, não podendo realizar exame de corpo de delito naquele momento. Nessa situação, a obtenção do prontuário médico[7] contribuirá não só para a decisão a ser tomada pela autoridade policial (que poderá entender que outra foi a natureza do delito praticado, como uma lesão corporal), mas também para o convencimento do titular da ação penal.

Este, aliás, é o entendimento dos Tribunais Superiores:

Jurisprudência destacada

Recurso em sentido estrito. Coação ilegal da autoridade policial. Requisição de prontuário médico das vítimas. Investigação criminal. Desnecessidade de autorização judicial. 1. O sigilo médico-profissional não é um direito absoluto, circunstância reconhecida, inclusive, no próprio Código de Ética Médica (Resolução n° 1.931/2009), que o excepciona nas hipóteses legais. 2. Ao Delegado de Polícia, conforme dispõem o art. 6°, III, do CPP, e art. 2°, § 2°, da Lei n° 12.830/2012, no curso das investigações de um crime, compete, logo que tiver conhecimento da prática de infração penal, colher todas as provas que servirem para o esclarecimento do fato e suas circunstâncias, cabendo a ele requisitar perícia, informações, documentos e dados que interessem à apuração dos fatos. 3. Hipótese de requisição dos prontuários de duas supostas vítimas de homicídio, o que não denota a proibição extraída da alínea "c", do mesmo art. 73 do Código de Ética Médica. Recurso não provido (TJRS, 4ª Câmara Criminal, RSE n° 70.072.193.642/RS, Rel. Mauro Evely Vieira de Borba, j. 23.02.2017, data de publicação 21.03.2017).

Importante destacar que a requisição feita pelo Delegado de Polícia tem sentido de ordem, determinação, caso em que seu não cumprimento intencional poderá configurar crime de desobediência (art. 330 do CP) ou prevaricação (art. 319 do CP), a depender do agente a quem foi direcionada à requisição, se público ou particular (CABETTE, 2014).

Nesse mesmo sentido, está o Enunciado n° 14 aprovado no II Encontro Nacional de Delegados de Polícia sobre Aperfeiçoamento da Democracia e Direitos Humanos, realizado nos dias 6 a 9 de agosto de 2015;[8] confira-se:

> O poder requisitório do Delegado de Polícia, que abrange informações, documentos e dados que interessem *à* investigação policial, não esbarra em cláusula de reserva de

---

[7] Enunciado n° 13. "O poder requisitório do Delegado de Polícia abarca o prontuário médico que interesse à investigação policial, não estando albergado por cláusula de reserva de jurisdição, sendo dever do médico ou gestor de saúde atender à ordem no prazo fixado, sob pena de responsabilização criminal. Enunciado aprovado no II Encontro Nacional de Delegados de Polícia sobre Aperfeiçoamento da Democracia e Direitos Humanos."

[8] Disponível em: https://www.adpf.org.br/adpf/imagens/noticias/chamadaPrincipal/7735_enunciadosfendepol.pdf. Acesso em: 18 dez. 2021.

jurisdição, sendo dever do destinatário atender à ordem no prazo fixado, sob pena de responsabilização criminal.

14.5 ART. 2º, § 3º

A redação do dispositivo vetado era a seguinte: "§ 3º O Delegado de Polícia conduzirá a investigação criminal de acordo com seu livre convencimento técnico-jurídico, com isenção e imparcialidade".

A leitura feita do dispositivo supracitado era a de que o Delegado de Polícia poderia se valer do livre convencimento motivado para deixar de atender requisições feitas pelo Ministério Público ou Poder Judiciário, o que poderia gerar um conflito entre as instituições.

Em suas razões, a Presidenta da República à época destacou:[9]

> Da forma como o dispositivo foi redigido, a referência ao convencimento técnico-jurídico poderia sugerir um conflito com as atribuições investigativas de outras instituições, previstas na Constituição Federal e no Código de Processo Penal. Desta forma, é preciso buscar uma solução redacional que assegure as prerrogativas funcionais dos delegados de polícias e a convivência harmoniosa entre as instituições responsáveis pela persecução penal.

Embora o dispositivo em tela tenha sido vetado, pensamos que a manutenção do texto não causaria o conflito esperado entre as instituições. Isso porque o Delegado de Polícia deve conduzir com isenção a investigação criminal, e todas as suas decisões devem estar pautadas pela lei, não se tratando, portanto, de um agir desregrado.

Com efeito, ao agir de acordo com seu livre convencimento técnico-jurídico, não poderia o Delegado de Polícia se furtar a cumprir requisições de outros órgãos, desde que sejam constitucionais e legais.

Cabe ao Delegado de Polícia realizar esse primeiro filtro de legalidade das requisições, que não se trata de ordem, uma vez que não há hierarquia entre os atores do sistema de justiça criminal.

Nesse sentido, segue o entendimento de Machado (2018):

> Em primeiro lugar, equiparar requisições a ordens mostra-se completamente incorreto, uma vez que inexiste qualquer relação de subordinação hierárquica funcional dos delegados de polícia em relação aos juízes e membros do *parquet*. Aliás, o mantra segundo o qual "requisições não se discutem, apenas se cumprem" vai na mesma linha. Há, sim, por parte do Delegado de Polícia, o dever jurídico-político de analisar a constitucionalidade da diligência requisitada pelo Judiciário ou pelo Ministério Público antes da sua realização no inquérito policial. Por óbvio, se inconstitucional ou ilegal a requisição, não pode ter qualquer espaço no procedimento investigativo.

---

[9] Mensagem 251/13. Disponível em: http://www.planalto.gov.br/ccivil_03/_Ato2011-2014/13/Msg/VEP-251.htm. Acesso em: 14 dez. 2021.

Note que, mesmo que o dispositivo em tela tenha sido vetado, a condução do procedimento investigatório pelo Delegado de Polícia, de acordo com seu livre convencimento técnico-jurídico, decorre de uma das características do próprio inquérito policial, que é a discricionariedade.

14.6 ART. 2°, § 4°

> § 4° O inquérito policial ou outro procedimento previsto em lei em curso somente poderá ser avocado ou redistribuído por superior hierárquico, mediante despacho fundamentado, por motivo de interesse público ou nas hipóteses de inobservância dos procedimentos previstos em regulamento da corporação que prejudique a eficácia da investigação.

14.6.1 Avocação e redistribuição

Na condição de primeiro garantidor da legalidade e da justiça,[10] cabe ao Delegado de Polícia conduzir a investigação, das mais diversas, em procedimento adequado, pautado pelos princípios da legalidade, da igualdade e da dignidade da pessoa humana.

Por tais procedimentos, leia-se: inquérito policial ou o termo circunstanciado de ocorrência.

Quando pensamos em igualdade, logo nos vêm à mente situações em que pessoas que se julgam superiores a outras, em razão de sua classe social e poder aquisitivo, e querendo usar dessa condição, tentam intimidar o Delegado de Polícia no exercício de seu mister, com o intuito de fazer com que ele deixe de tomar uma decisão que seria adotada, sob o receio de sofrer punições veladas (como uma remoção infundada e avocação e redistribuição do procedimento).

Visando garantir maior autonomia na condução da investigação, e para evitar que situações como a narrada ocorram, a Lei n° 12.830/2013 previu mais um mecanismo para proteger a eficácia da persecução criminal conduzida pelo Delegado de Polícia, de modo que a avocação e a redistribuição dos procedimentos por ele conduzidos só poderão ser realizadas por superior hierárquico, mediante despacho fundamentado, em duas hipóteses:

a. motivo de interesse público; ou
b. inobservância dos procedimentos previstos em regulamentos da própria instituição.

A avocação não se confunde com a redistribuição. A avocação ocorre quando o superior hierárquico atrai para si a condução da investigação. Por sua vez, a redistribuição se dá quando o superior hierárquico retira a investigação das mãos do Delegado de Polícia que conduzia o procedimento e passa para outro, de mesma competência e hierarquia.

Nota-se que, para que ambos os institutos tenham validade, deverão estar devidamente fundamentados pelo superior hierárquico do Delegado de Polícia, por meio de despacho.

---

[10] Frase cunhada pelo Ministro Celso de Melo (HC n° 84.548/SP).

Logo, os argumentos de fato e de direito para a prática do ato deverão estar bem explicitados, de modo que a mera alegação de interesse público sem que esta esteja acompanhada do real motivo, por exemplo, não legitimará a sua prática.

A outra hipótese cabível para avocação e redistribuição é a inobservância dos procedimentos previstos em regulamento da corporação que prejudique a eficácia da investigação. Sobre o assunto, Garcia (2019, p. 391) ensina que "a inobservância indica desrespeito, desobediência, enfim, descompasso entre a conduta do Delegado de Polícia e as prescrições legais. Segundo a lei, o desrespeito se refere ao regulamento da corporação", sejam os decretos, as resoluções e as portarias, todos da polícia judiciária.

Nesse sentido, aliás, é o enunciado de súmula aprovada no I Seminário Integrado da Polícia Judiciária da União e do Estado de São Paulo: Repercussões da Lei nº 12.830/2013 na Investigação Criminal, realizado na Academia de Polícia "Dr. Coriolano Nogueira Cobra", em 26 de setembro de 2013, com a participação de Delegados da Polícia Civil do Estado de São Paulo e da Polícia Federal.

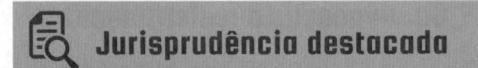

Jurisprudência destacada

Súmula nº 11 do STJ. O ato administrativo que determina a avocação de inquérito policial, ou de outro procedimento análogo previsto em lei, reclama, como pressuposto de validade dos atos investigatórios subsequentes, circunstanciada motivação que, necessariamente, deverá estar relacionada à indevida condução da investigação, suficientemente demonstrada.

Decifrando a prova

(Delegado – PC/MA – Cespe/Cebraspe – 2018 – Adaptada) No caso de um Delegado de Polícia instaurar inquérito policial para apurar a conduta delitiva supostamente praticada por determinado cidadão, o Delegado-Geral de Polícia: não poderá avocar o inquérito policial, salvo em caso de inobservância dos procedimentos previstos em regulamento da corporação policial que prejudique a eficácia da investigação.

( ) Certo ( ) Errado

Gabarito comentado: além da hipótese descrita na assertiva, o inquérito policial poderá ser avocado, mediante despacho fundamentado, em caso de interesse público. Portanto, a assertiva está errada.

14.6.2 Princípio do Delegado de Polícia natural

Com esteio na independência funcional dos Delegados de Polícia, garantia que vem expressa no art. 140, § 3º, da Constituição do Estado de São Paulo, *in verbis*: "**Aos Delegados de Polícia** é assegurada independência funcional pela livre convicção nos atos de polícia

judiciária", alguns autores passaram a defender a existência do princípio do Delegado de Polícia natural.

A partir da independência funcional, o Delegado de Polícia passa a ter garantias como autoridade policial e não se subordina a nenhum outro órgão, mas tão somente a sua consciência técnica e jurídica, desde que ao certo fundamente seus atos de acordo com a lei.

É assente na doutrina e na jurisprudência a existência do princípio do juiz natural, com fulcro no art. 5º, XXXVII e LIII, da CF/1988, os quais assim dispõem: "não haverá juízo ou tribunal de exceção" e "ninguém será processado nem sentenciado senão pela autoridade competente".

Pelo princípio do juiz natural, temos que não serão criados novos juízes ou tribunais para julgar fatos que ocorreram antes de sua constituição e, ainda, o juiz competente para julgar o caso será aquele cuja competência estará previamente fixada em lei.

A partir de tal premissa e com fundamento no art. 2º, § 4º, da Lei nº 12.830/2013, tem-se defendido a existência do princípio do Delegado de Polícia natural, uma vez que o inquérito policial ou termo circunstanciado deverão ser conduzidos por um Delegado de Polícia previamente definido.

Segundo Baldan (*apud* MORAES, 2018, p. 89-90), a Constituição Federal, ao dispor no seu art. 5º, LIII, que "ninguém será processado nem sentenciado senão pela autoridade competente", não delimitou a aludida competência à autoridade judicial nem o fez com relação ao processo, no sentido de que seria apenas o processo judicial. Dessa forma, realizando uma interpretação lógico-sistemática da Constituição Federal, podemos inferir que poderão figurar no polo passivo do processo tanto o investigado quanto o acusado, devendo-se entender por processo tanto o judicial quanto o administrativo e por autoridade competente, tanto o juiz ou aquele que preside a investigação, o Delegado de Polícia.

Atento a tal premissa, leciona o professor e Delegado de Polícia Rafael Moraes (2018, p. 90):

> Como é cediço, deve haver uma autoridade pública predeterminada para legitimamente processar e julgar uma pessoa por um fato específico. Não se admite a submissão discriminatória de uma pessoa a um julgador público que não seja aquele competente também a todos os seus semelhantes.

Portanto, definido o Delegado de Polícia que atuará na condução do procedimento investigativo, em regra, esse procedimento somente poderá ser avocado ou redistribuído por razões concretamente motivadas, nos termos do que dispõe o art. 2º, § 4º, da Lei nº 12.830/2013.

Para doutrinadores como Távora e Alencar (2016, p. 152), a figura do princípio do Delegado de Polícia natural já estaria positivada no sistema, tal qual as figuras do juiz natural, do promotor natural e do defensor natural, e como corolários teríamos a imposição de despacho fundamentado para que o procedimento não permaneça nas mãos do Delegado de Polícia indicado por lei e a imposição de limites para a remoção desse Delegado.

No Rio de Janeiro, há ato *interna corporis* da Polícia Civil dispondo sobre a existência desse princípio, vejamos: "É reconhecido o princípio do Delegado natural, que deterá atribuição para os atos de polícia judiciária pertinentes, ressalvadas as exceções previstas em Lei ou ato normativo".[11]

14.7 ART. 2º, § 5º

§ 5º A remoção do Delegado de Polícia dar-se-á somente por ato fundamentado.

14.7.1 Remoção e inamovibilidade

A remoção do Delegado de Polícia não se confunde com a inamovibilidade, garantia conferida aos membros da Defensoria Pública,[12] do Ministério Público[13] e da magistratura.[14]

A inamovibilidade é a impossibilidade de remoção sem o consentimento do profissional. Veda-se a remoção *ex officio*, exceto por interesse público.

Desse modo, os agentes públicos referidos anteriormente apenas podem ser removidos do juízo em que atuam ou dos processos em que operam mediante prévio consentimento ou caso o interesse público prevaleça.

A mesma sorte, todavia, não assiste aos Delegados de Polícia. O que a Lei nº 12.830/2013 fez foi apenas prever que a remoção do Delegados de Polícia dar-se-á por ato motivado, isto é, previu expressamente a motivação para que o ato se perfectibilize.

Alguns autores sustentam que o preceito previsto no § 5º introduziu uma espécie de inamovibilidade relativa do Delegado de Polícia. Argumentando o exposto, Portocarrero e Ferreira (2020, p. 538) elucidam:

---

[11] Enunciado nº 21 aprovado no 2º Congresso Jurídico dos Delegados da Polícia Civil do Estado do Rio de Janeiro.

[12] "Art. 134. (...)
§ 1º Lei complementar organizará a Defensoria Pública da União e do Distrito Federal e dos Territórios e prescreverá normas gerais para sua organização nos Estados, em cargos de carreira, providos, na classe inicial, mediante concurso público de provas e títulos, assegurada a seus integrantes a garantia da inamovibilidade e vedado o exercício da advocacia fora das atribuições institucionais. (Renumerado do parágrafo único pela Emenda Constitucional nº 45, de 2004.)"

[13] "Art. 128. O Ministério Público abrange: (...)
§ 5º Leis complementares da União e dos Estados, cuja iniciativa é facultada aos respectivos Procuradores-Gerais, estabelecerão a organização, as atribuições e o estatuto de cada Ministério Público, observadas, relativamente a seus membros:
I – as seguintes garantias: (...)
b) inamovibilidade, salvo por motivo de interesse público, mediante decisão do órgão colegiado competente do Ministério Público, pelo voto da maioria absoluta de seus membros, assegurada ampla defesa."

[14] "Art. 95. Os juízes gozam das seguintes garantias: (...)
II – inamovibilidade, salvo por motivo de interesse público, na forma do art. 93, VIII."

Este dispositivo introduz a regra da inamovibilidade relativa do Delegado de Polícia. Funciona como corolário do princípio do delegado natural, já que impede que o Delegado seja removido para outra Delegacia (na mesma circunscrição ou outra qualquer), sem que haja despacho fundamentado pelo superior hierárquico).

Como cediço, a motivação é um dos princípios que regem a Administração Pública. Todos os atos administrativos deverão conter a fundamentação do ato que foi praticado e conter a indicação dos pressupostos fáticos e jurídicos que determinaram a decisão (art. 2º, parágrafo único, VII, da Lei nº 9.784/1999).[15]

Desse modo, o que a Lei nº 12.830/2013 trouxe em seu texto foi uma reiteração do que a CF/1988 (art. 37, *caput*) e a legislação infraconstitucional já previram. E, infelizmente, não sem razão. Não raras vezes, observamos Delegados de Polícia serem removidos do seu local de trabalho para atenderem interesses políticos ou como retaliação interna.

Caso seja de interesse da Administração remover o Delegado de Polícia, tal ato deverá conter as razões fáticas e jurídicas que motivaram a decisão e, ainda, ser de forma escrita.[16] O respeito a esses requisitos permite que a autoridade policial impetre mandado de segurança caso seja constatado, por exemplo, que no ato que a transferiu há indícios de desvio de finalidade ou de abuso de poder.

De acordo com Garcia (2019, p. 397), o ato de remoção do Delegado de Polícia, além de ser fundamentado, deve observar outros requisitos de ordem implícita, como a presença do interesse público e a publicidade, que conferirá transparência ao ato.

Assim, anseia-se que a garantia da inamovibilidade também seja estendida aos Delegados de Polícia, pois,

> (...) para que o Estado promova investigações isentas e imparciais é imprescindível que a autoridade policial não atue sob o temor de represálias ou interferências externas. Não há como negar que a autonomia na investigação criminal garante maior eficiência,

---

[15] "Art. 2º A Administração Pública obedecerá, dentre outros, aos princípios da legalidade, finalidade, motivação, razoabilidade, proporcionalidade, moralidade, ampla defesa, contraditório, segurança jurídica, interesse público e eficiência.
Parágrafo único. Nos processos administrativos serão observados, entre outros, os critérios de: (...) VII – indicação dos pressupostos de fato e de direito que determinarem a decisão; (...)."

[16] "Apelação cível em mandado de segurança. Remoção de delegado da polícia civil. Ausência de motivação. Violação a direito líquido e certo demonstrados. Manutenção da sentença. 'O princípio da motivação possui natureza garantidora quando os atos levados a efeito pela Administração Pública atingem a seara individual dos servidores. Assim, a remoção só pode ser efetuada se motivada em razão de interesse do serviço'" (STJ, Rel. Min. Gilson Dipp, 5.ª Turma, RMS nº 12.856/PB, *DJ* 1º.07.2004). "**Da literalidade do ato de remoção, infere-se que o mesmo, ao modificar a lotação do servidor recorrido, não traz expresso qual o motivo que lhe serviu de supedâneo, apenas menciona genericamente "necessidade de serviço", malferindo o princípio da motivação dos atos administrativos, reitor da atuação do Poder Público e inserto na nossa Magna Carta.** Apelação improvida" (TJAM, Câmaras Reunidas, 0614099-76.2016.8.04.0001, Rel. Djalma Martins da Costa, j. 13.06.2017) (Grifos nossos).

qualidade e imparcialidade na condução dos trabalhos e, por consequência, no atendimento do interesse público.[17]

> ## Decifrando a prova
>
> **(Delegado – PC/AC – Ibade – 2017 – Adaptada)** A remoção do Delegado de Polícia dar-se-á somente por ato fundamentado, exceto nos casos previstos em lei.
> ( ) Certo ( ) Errado
> **Gabarito comentado:** conforme se depreende do art. 2º, § 5º, da Lei nº 12.830/2013, não há essa ressalva legal, o que torna a assertiva errônea. Portanto, a assertiva está errada.

14.8 ART. 2º, § 6º

> § 6º O indiciamento, privativo do Delegado de Polícia, dar-se-á por ato fundamentado, mediante análise técnico-jurídica do fato, que deverá indicar a autoria, materialidade e suas circunstâncias.

14.8.1 Indiciamento

O indiciamento é o ato formal pelo qual o Delegado de Polícia atribui a alguém a autoria ou a participação em uma infração penal. Nesse momento, deixa-se de ter um mero suspeito ou investigado, contra quem há frágeis indícios de autoria, e passa-se a ter a figura do indiciado, isto é, quando os indícios da investigação convergem sobre determinada pessoa, saindo, então, de um juízo de possibilidade e ingressando em outro mais robusto, que é de probabilidade.

Além de não se confundir com o suspeito ou investigado, o indiciado distingue-se do acusado. Antes do recebimento da inicial acusatória, na fase investigativa, poderemos ter o suspeito, mas, quando a autoridade policial se convence de que o conjunto probatório amealhado recai sobre determinada pessoa, tornando-a a principal suspeita da prática delitiva, passaremos a ter o indiciado, existindo, portanto, um juízo de probabilidade da autoria. Após o recebimento da denúncia, não haverá mais o indiciado, e sim o acusado (réu), que é o sujeito passivo do processo.

O Código de Processo Penal não disciplina o indiciamento de forma expressa. Com o advento da Lei nº 12.830/2013, o ato passou a adquirir maior contorno legal. As demais regras podem ser encontradas em leis esparsas, como no art. 17-D da Lei nº 9.613/1998 (Lei

---

17 TJPE, Seção de Direito Público, MS nº 5.115.420/PE, Rel. Waldemir Tavares de Albuquerque Filho, j. 06.02.2019, data de publicação 22.02.2019.

de Lavagem de Capitais), que trata da consequência do indiciamento do servidor público[18] no art. 18, II, *f*, da Lei Complementar nº 75/1993[19] e no art. 41, II e parágrafo único, da Lei nº 8.625/1993,[20] que versam sobre a proibição de indiciamento aos membros do Ministério Público, e no art. 33, parágrafo único, da Lei Complementar nº 35/1979,[21] que trata da proibição de indiciamento das autoridades judiciais.

14.8.2 Legitimidade

A única autoridade legitimada a realizar o indiciamento é o Delegado de Polícia, que não se sujeitará a eventuais requisições do membro do Ministério Público ou do Poder Judiciário.

Com efeito, a persecução penal confere a cada autoridade o poder de analisar e decidir se os indícios de autoria estão presentes, de acordo com a fase processual em que atuam, ou seja, diante de uma possível situação que possa caracterizar uma infração penal, a autoridade policial deverá instaurar o inquérito policial, mesmo que a autoria delitiva não tenha sido delimitada ou seja desconhecida. Esse, aliás, é um dos escopos da investigação.

A partir do momento em que a investigação se concentra sobre determinada pessoa, saímos do juízo de possibilidade e ingressamos em outro mais sólido, o juízo de probabilidade. Desse modo, existindo elementos de convicção que permitam concluir e atribuir a prática delitiva a alguém, a autoridade policial fundamentadamente fará o indiciamento.

O ato da autoridade policial não vincula o presentante do Ministério Público, que, caso se convença da existência de um crime e da presença de indícios suficientes de autoria (*fumus comissi delicti*), poderá oferecer denúncia. Em sentido diverso, entendendo que inexis-

---

[18]   O tema em tela foi alvo de ADIn (nº 4.911), na qual foi declarada a inconstitucionalidade do art. 17-D da Lei nº 9.613/1998, com a redação dada pela Lei nº 12.683/2012, que dispõe sobre o afastamento automático do servidor público indiciado por crimes de lavagem ou ocultação de bens, direitos e valores.

[19]   "Art. 18. São prerrogativas dos membros do Ministério Público da União: (...)
II – processuais: (...)
f) não ser indiciado em inquérito policial, observado o disposto no parágrafo único deste artigo; (...)
Parágrafo único. Quando, no curso de investigação, houver indício da prática de infração penal por membro do Ministério Público da União, a autoridade policial, civil ou militar, remeterá imediatamente os autos ao Procurador-Geral da República, que designará membro do Ministério Público para prosseguimento da apuração do fato."

[20]   "Art. 41. Constituem prerrogativas dos membros do Ministério Público, no exercício de sua função, além de outras previstas na Lei Orgânica: (...)
Parágrafo único. Quando no curso de investigação, houver indício da prática de infração penal por parte de membro do Ministério Público, a autoridade policial, civil ou militar remeterá, imediatamente, sob pena de responsabilidade, os respectivos autos ao Procurador-Geral de Justiça, a quem competirá dar prosseguimento à apuração."

[21]   "Art. 33. São prerrogativas do magistrado: (...)
Parágrafo único. Quando, no curso de investigação, houver indício da prática de crime por parte do magistrado, a autoridade policial, civil ou militar, remeterá os respectivos autos ao Tribunal ou órgão especial competente para o julgamento, a fim de que prossiga na investigação."

tem elementos para o exercício da ação penal, formulará o pedido de arquivamento, que, com a "Lei Anticrime", ainda com eficácia suspensa nesse ponto, será submetida ao crivo não mais da autoridade judiciária, mas, sim, à instância de revisão ministerial.[22]

Havendo o oferecimento da denúncia, a autoridade judicial não estará vinculada às razões do Ministério Público, podendo receber ou rejeitar a denúncia.

Como visto, o entendimento de cada autoridade não está subordinado ao da outra e, embora as fases processuais estejam conectadas, elas não estão vinculadas (SANNINI NETO, 2014, p. 93).

Dessarte, há entre os órgãos responsáveis pela persecução penal uma independência funcional, que se revela para as autoridades policiais na discricionariedade regrada quanto à tomada de decisões para conduzir uma investigação.[23]

Sobre esse assunto, vale trazer à colação os ensinamentos de Lessa, Moraes e Sayeg (2020):

> Aludida prerrogativa está atrelada a juízo revestido na liberdade de convicção motivada, exarado pela autoridade sem se afastar dos limites que o fundamentam, a permitir a adoção de uma medida dentre uma gama de soluções juridicamente válidas, imanente e conferida ao operador do Direito para exercer suas funções de acordo com o que sua consciência reputar legalmente amparado.

Por tais motivos, nem o magistrado nem o presentante do Ministério Público podem requisitar ao Delegado de Polícia a realização do indiciamento, visto que tal pedido é incompatível com o sistema acusatório, que determina a separação entre as funções. Interpretar em sentido contrário seria o mesmo que obrigar o presidente do inquérito a entender que determinado indivíduo seria o responsável pela prática delitiva[24].

De igual modo, eis o entendimento do STF e do STJ:

 Jurisprudência destacada

Habeas corpus. Processual penal. Crime contra ordem tributária. Requisição de indiciamento pelo magistrado após o recebimento denúncia. Medida incompatível com o sistema acusatório imposto pela Constituição de 1988. Inteligência da Lei nº 12.830/2013. Constrangimento ilegal caracterizado. Superação do óbice constante na Súmula nº 691. Ordem concedida. **1. Sendo o ato de indiciamento de atribuição exclusiva da autoridade policial, não existe fundamento jurídico que autorize o magistrado, após receber a denúncia, requisitar ao**

---

[22] Ressalta-se que, embora a Lei nº 13.964/2019 tenha sido sancionada e publicada, a eficácia de alguns dispositivos ainda se encontra suspensa, entre eles, a alteração do procedimento de arquivamento do inquérito policial (art. 28, *caput*, do CPP) (STF, ADI/MC nº 6.288, nº 6.299, nº 6.300 e nº 6.305/DF, Min. Luiz Fux j. 22.01.2020).

[23] Na Constituição paulista, tal preceito encontra regulamentação legal no art. 140, § 3º: "Aos Delegados de Polícia é assegurada independência funcional pela livre convicção nos atos de polícia judiciária".

[24] Nesse sentido: STF, 2ª Turma, HC nº 115.015, Rel. Min. Teori Zavascki, j. 27.08.2013, *DJe* 12.09.2013; STJ, 5ª Turma, RHC nº 47.984/SP, Rel. Min. Jorge Mussi, j. 04.11.2014, *DJe* 12.11.2014.

Delegado de Polícia o indiciamento de determinada pessoa. A rigor, requisição dessa natureza é incompatível com o sistema acusatório, que impõe a separação orgânica das funções concernentes à persecução penal, de modo a impedir que o juiz adote qualquer postura inerente à função investigatória. Doutrina. Lei nº 12.830/2013. 2. Ordem concedida (STF, 2ª Turma, HC nº 115.015, Rel. Min. Teori Zavascki, j. 27.08.2013 – Grifos nossos).

Recurso ordinário em *habeas corpus*. Estatuto do Idoso. Infração de menor potencial ofensivo audiência preliminar. Recusa dos acusados à proposta de suspensão condicional do processo. Determinação de indiciamento pelo magistrado singular. Impossibilidade. Inteligência do artigo 2º, § 6º, da Lei nº 12.830/2013. Violação ao sistema acusatório. Constrangimento ilegal caracterizado. Provimento do reclamo. 1. É por meio do indiciamento que a autoridade policial aponta determinada pessoa como a autora do ilícito em apuração. **2. Por se tratar de medida** ínsita à fase investigatória, **por meio da qual o Delegado de Polícia externa o seu convencimento sobre a autoria dos fatos apurados, não se admite que seja requerida ou determinada pelo magistrado, já que tal procedimento obrigaria o presidente do inquérito à conclusão de que determinado indivíduo seria o responsável pela prática criminosa, em nítida violação ao sistema acusatório adotado pelo ordenamento jurídico pátrio.** Inteligência do artigo 2º, § 6º, da Lei nº 12.830/2013. Doutrina. Precedentes do STJ e do STF. 3. Recurso provido para anular a decisão que determinou o indiciamento dos recorrentes (STJ, 5ª Turma, RHC nº 47.984/SP 2014/0114700-8, Rel. Min. Jorge Mussi, j. 04.11.2014, *DJe* 12.11.2014 – Grifos nossos).

📌 Decifrando a prova

(Delegado – PC/RS – Fundatec – 2018 – Adaptada) Conforme jurisprudência do Superior Tribunal de Justiça, o magistrado poderá requisitar o indiciamento do suspeito ao Delegado de Polícia, desde que presentes indícios de autoria e prova da materialidade delitiva.

( ) Certo ( ) Errado

Gabarito comentado: o indiciamento trata-se de atribuição exclusiva da autoridade policial, não podendo ser requisitado pela autoridade judicial e pelo membro do Ministério Público. Portanto, a assertiva está errada.

(Delegado – PC/RS – Fundatec – 2018 – Adaptada) O indiciamento, privativo do Delegado de Polícia, dar-se-á por ato fundamentado, mediante análise técnico-jurídica do fato, que deverá indicar a autoria, a materialidade e suas circunstâncias.

( ) Certo ( ) Errado

Gabarito comentado: essa é a literalidade do art. 2º, § 6º. Logo, a alternativa está certa.

14.8.3 Sujeito passivo

Algumas autoridades públicas possuem a prerrogativa de não serem investigadas diretamente e de nem sequer serem indiciadas pelo Delegado de Polícia, trata-se de investigados que gozam de foro por prerrogativa de função.

Como destacamos em linhas anteriores, o membro do Ministério Público e as autoridades judiciais possuem a prerrogativa de não serem indiciados em curso de inquérito policial.

De acordo com os diplomas que regem a matéria, caso no curso de uma investigação policial haja indícios da prática de crime por parte de membro do Ministério Público, a autoridade policial deverá remeter os autos ao Procurador-Geral de Justiça, que deverá prosseguir com as investigações (art. 41, II e parágrafo único, da Lei nº 8.625/1993).

No caso do magistrado, os autos deverão ser remetidos ao respectivo Tribunal ou órgão especial competente para o julgamento, a fim de que prossiga a investigação (art. 33, parágrafo único, da Lei Complementar nº 35/1979).

No que tange aos congressistas (deputados federais e senadores), vale trazer à baila os ensinamentos de Lima (2020, p. 575), que esclarece que ficou assentado no Inquérito nº 2.411 pelo STF que o Delegado de Polícia não pode realizar o indiciamento de parlamentares sem autorização do ministro-relator do inquérito, de modo que a própria abertura do inquérito também está condicionada à prévia autorização do relator, leia-se, do Tribunal.

Aplicando o princípio da simetria, o entendimento anteriormente exposto deve ser alargado e ser aplicado para demais agentes públicos que estejam sujeitos a julgamento originário em outros tribunais, como STJ, TJ e TRF.

No sentido de estender essa prerrogativa aos prefeitos, o STJ assim já se posicionou:

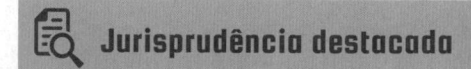

Jurisprudência destacada

(...) Embora sem previsão legal para autorização, pela lógica da simetria artigo 102, I, "b", da Constituição Federal, a exigência torna-se obrigatória para apuração de conduta supostamente criminosa de agentes públicos sujeitos a julgamento originário pelo Tribunal de Justiça. Necessária a extensão da garantia conferida aos deputados federais, senadores e à autoridade municipal, eis que detentora de prerrogativa de foro (art. 29, X, da CF), devendo o operador do direito suprir as lacunas constitucionais (...) (STF, HC nº 94.705/RJ, Min. Ricardo Lewandowski, 09.06.2009, *DJe* 30.06.2009). Assim, a instauração de inquérito policial para investigação de prefeitos municipais deve ser precedida de autorização desta Corte de Justiça, o que não ocorreu (STJ, REsp nº 1.780.554/GO 2018/0305464-2, Rel. Min. Nefi Cordeiro, *DJ* 19.03.2019).

14.8.4 Fundamentação

O indiciamento é o ato jurídico técnico fundamentado da autoridade policial. Como presidente da investigação, cabe ao Delegado de Polícia documentar todas as diligências por ele adotadas e fundamentar suas decisões, que por vezes resolvem questões controvertidas e, em muitos casos, repercutem na liberdade de locomoção do indivíduo. Além disso, possibilita que sejam realizados os controles interno e externo da atividade policial.

A fundamentação, ou motivação, trata-se de uma dupla garantia: ao cidadão, que não será investigado por influência política, econômica ou social, e ao próprio Delegado de Polícia, que não será responsabilizado disciplinar ou criminalmente pela tomada de decisão com respaldo na lei, tampouco sofrerá interferência externa do órgão ministerial ou do Poder Judiciário.

Embora tenha constado como determinação expressa na Lei Federal nº 12.830/2013, a fundamentação do indiciamento já era uma imposição legal aos Delegados de Polícia do Estado de São Paulo, desde 1998. De acordo com a Portaria DGP nº 18/1998:[25]

> **Art. 5º** Logo que reúna, no curso das investigações, elementos suficientes acerca da autoria da infração penal, a autoridade policial, procederá o formal indiciamento do suspeito, decidindo, outrossim, em sendo o caso, pela realização da sua identificação pelo processo datiloscópico.
>
> **Parágrafo único.** O ato aludido neste artigo deverá ser precedido de despacho fundamentado, no qual a autoridade policial pormenorizará, com base nos elementos probatórios objetivos e subjetivos coligidos na investigação, os motivos de sua convicção quanto a autoria delitiva e a classificação infracional atribuída ao fato, bem assim, com relação à identificação referida, acerca da indispensabilidade da sua promoção, com a demonstração de insuficiência de identificação civil, nos termos da Portaria DGP – 18, de 31.1.92.

Ao analisar o Projeto de Lei nº 132/2012 (convertido na Lei nº 12.830/2013), o senador Humberto Costa destacou no Parecer nº 328/2013[26]:

> O Delegado de Polícia não é um mero aplicador da lei, mas um operador do direito, que faz análise dos fatos apresentados e das normas vigentes, para então extrair as circunstâncias que lhe permitam agir dentro da lei, colhendo as provas que se apresentarem importantes, trazendo a verdade à tona.

Ao expor as razões fáticas e jurídicas na tomada de sua decisão, o Delegado de Polícia deverá demonstrar os indícios suficientes de autoria que recaem sobre certa pessoa e que a ligam à prática de determinada infração penal, seja como autora, coautora ou partícipe; a materialidade dessa infração, ou seja, ou elementos probatórios que apontam para a sua existência, e as suas circunstâncias, isto é, elementos que não compõem o crime, mas influenciam a sua gravidade, "como o estado de ânimo do agente, o local da ação delituosa, o tempo de sua duração, as condições e o modo de agir, o objeto utilizado, a atitude assumida pelo autor no decorrer da realização do fato, o relacionamento existente entre autor e vítima, dentre outros" (SCHMITT, 2013, p. 136).

A ausência de fundamentação no ato do indiciamento é passível de ser impugnada via *habeas corpus*. No caso, o despacho da autoridade policial será anulado, sem prejuízo de que outro indiciamento, desde que fundamentado, seja realizado. Assim, o STJ já decidiu:

---

25 Portaria DGP nº 18, de 25.11.1998. Dispõe sobre medidas e cautelas a serem adotadas na elaboração de inquéritos policiais e para a garantia dos direitos da pessoa humana.

26 Parecer nº 328/2013, acerca do Projeto de Lei nº 132/2012 (convertido na Lei nº 12.830/2013), Rel. Senador Humberto Costa, *DP* 24.04.2013.

📑 Jurisprudência destacada

Recurso em *habeas corpus*. Uso de documento falso. Pretensão de afastamento do indiciamento formal. Negativa de autoria. Necessidade de reexame de provas. Inviabilidade na via eleita. Carente de dilação probatória. Alegação de falta de fundamentação no indiciamento formal. Mácula que não tem o condão de justificar o afastamento do indiciamento realizado pela autoridade policial. Necessidade, porém, de observância do disposto na Lei nº 12.830/2013. Fundamentação no despacho que determina o indiciamento. Concessão de ordem de *habeas corpus* de ofício. 1. A via eleita é inadequada para a análise da afirmação de que não há indícios incriminadores contra o recorrente, pois seria necessário o revolvimento das provas já coletadas pela autoridade policial. 2. O inquérito policial é procedimento administrativo inquisitorial destinado à formação da *opinio delicti* pelo titular da ação penal, não sendo a ele aplicáveis os princípios do contraditório e da ampla defesa. 3. O art. 2º, § 6º, da Lei nº 12.830/2013 dispõe que "o indiciamento, privativo do Delegado de Polícia, dar-se-á por ato fundamentado, mediante análise técnico-jurídica do fato, que deverá indicar a autoria, materialidade e suas circunstâncias". 4. Evidenciada a total ausência de fundamentação no ato de indiciamento formal do paciente e de outro coinvestigado, cabe a concessão de ordem de *habeas corpus* de ofício para anular o ato. 5. Recurso improvido. Concessão de ordem de *habeas corpus* de ofício, para anular o despacho da autoridade policial que determinou o indiciamento formal dos investigados no Inquérito Policial nº 0039063-91.2014, sem prejuízo de que outro indiciamento seja realizado, desde que devidamente fundamentado (STJ, 6ª Turma, RHC nº 55.908/SP 2015/0015038-3, Rel. Min. Sebastião Reis Júnior, j. 16.02.2016, *DJe* 26.02.2016).

14.8.5 Momento

Embora o indiciamento tenha sido regulamentado pela Lei nº 12.830/2013, o assunto não foi exaurido na sua completude, restando à doutrina dispor sobre alguns aspectos que lhe são afetos, entre eles, encontra-se o momento em que ele deve ser formalizado.

No âmbito da Polícia Civil do Estado de São Paulo, o assunto veio regulamentado pela Portaria DGP nº 18/1998. Confira-se:

> **Art. 5º** Logo que reúna, no curso das investigações, elementos suficientes acerca da autoria da infração penal, a autoridade policial, procederá o formal indiciamento do suspeito, decidindo, outrossim, em sendo o caso, pela realização da sua identificação pelo processo datiloscópico.
>
> **Parágrafo único.** O ato aludido neste artigo deverá ser precedido de despacho fundamentado, no qual a autoridade policial pormenorizará, com base nos elementos probatórios objetivos e subjetivos coligidos na investigação, os motivos de sua convicção quanto a autoria delitiva e a classificação infracional atribuída ao fato, bem assim, com relação à identificação referida, acerca da indispensabilidade da sua promoção, com a demonstração de insuficiência de identificação civil, nos termos da Portaria DGP nº 18, de 31.01.1992.

A autoridade policial somente poderá realizar o indiciamento quando concluir estarem presentes indícios suficientes de autoria e de materialidade delitiva. O ato poderá ser formalizado durante toda a instrução, encontrando como único limite a elaboração do relatório final, quando se finda a persecução criminal pré-processual.

Desse modo, por se tratar de medida própria do inquérito policial, na qual a investigação converge, à luz do conjunto probatório colhido, em face de determinada pessoa, é forçoso concluir que o indiciamento pode ocorrer desde a lavratura do auto de prisão em flagrante até o relatório final.[27] Após o recebimento da denúncia oferecida pelo Ministério Público, o ato não será mais possível.

Nesse sentido, o STJ:

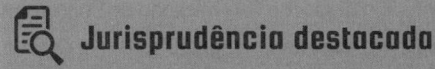

Jurisprudência destacada

Agravo regimental em *habeas corpus*. Indiciamento formal após o oferecimento da denúncia. Ilegalidade. Acórdão impugnado manifestamente contrário à jurisprudência do STJ. Concessão do *writ* liminarmente. Possibilidade. Art. 34, VIII e XX, do RISTJ. *HC* substitutivo de recurso ordinário. Admissibilidade. Precedentes da Sexta Turma. Ausência de vista ao Ministério Público e de informações da autoridade coatora. Ofensa aos princípios do devido processo legal, da ampla defesa, do contraditório. Não ocorrência. Agravo regimental improvido (STJ, 6ª Turma, AgRg no HC nº 532.601/SP, Rel. Min. Sebastião Reis Júnior, j. 02.02.2021, *DJe* 10.02.2021).

Nas situações flagranciais, o indiciamento ocorre concomitantemente à instauração do auto prisional, pois a existência dos indícios suficientes de autoria e a prova da materialidade delitiva já deverão existir no momento da lavratura do auto de prisão, caso contrário, a autoridade policial não estaria legitimada a cercear a liberdade de alguém.

Caso os elementos de informação já amealhados permitam convergir a investigação para a figura de determinado investigado logo quando instaurado o inquérito policial, não há óbice de que ele seja formalizado, fundamentadamente, na própria inaugural, podendo até mesmo se dar no bojo da investigação, tudo mediante despacho fundamentado.

14.8.6 Classificação

A maioria da doutrina classifica o indiciamento em duas espécies: direto e indireto.

O **indiciamento direto** é aquele realizado na presença do indiciado, a partir do qual a pessoa investigada tomará ciência dos argumentos fáticos e jurídicos que levaram o Delegado de Polícia a concluir que ele é o principal suspeito de ter concorrido para a prática de uma infração penal. Nesse tipo de indiciamento, serão elaborados o auto de qualificação e interrogatório, o boletim de vida pregressa e o boletim de identificação criminal.

---

[27]   STJ, 6ª Turma, HC nº 117.504/SP, Min. Maria Thereza de Assis Moura, *DJe* 04.05.2011.

O **indiciamento indireto**, por sua vez, ocorre na ausência da pessoa investigada, quando ela se encontra foragida, por exemplo. Nesse caso, a formalização do ato de interrogatório será prejudicada.

Sannini Neto (2015) cita quatro espécies de indiciamento, a saber: formal, material, coercitivo e indireto, o qual já foi estudado anteriormente. Vejamos como é tratada cada espécie.

O **indiciamento formal** é a consequência natural da conclusão do Delegado de Polícia. Entendendo que há indícios suficientes de autoria e prova da materialidade delitiva, a autoridade policial exarará despacho fundamentado expondo as suas conclusões. Na sequência, serão elaboradas todas as demais peças que compõem o ato: o auto de qualificação e interrogatório, a vida pregressa e o boletim de identificação criminal.

O **indiciamento material** se consubstancia na peça que antecede a formalização do indiciamento. É o despacho do Delegado de Polícia, em que ele exporá os fundamentos da sua convicção.

O **indiciamento coercitivo** decorre da prisão em flagrante delito. Para que o Delegado de Polícia legalmente restrinja a liberdade de alguém que se encontra em flagrante, deverá expor no próprio auto prisional os indícios veementes da prova da materialidade e os indícios suficientes de autoria. Assim, desnecessária será a lavratura do despacho motivado, eis que a fundamentação estará exposta no próprio auto de prisão. Como consequência lógica da prisão em flagrante, deverão ser formalizados o auto de qualificação e interrogatório, a vida pregressa e o boletim de identificação criminal.

14.8.7 Efeitos

De acordo com Garcia (2019, p. 484), o ato do indiciamento é constituído pelas seguintes etapas: "interrogatório, a identificação (civil ou criminal), a qualificação do agente e o relatório de sua via pregressa (art. 6º, V, VIII e IX, do CPP)".

Ao explicar o assunto, Cabette (2016) dispõe:

> Sob o aspecto formal e prático integram o indiciamento o interrogatório policial e a qualificação do investigado; a coleta de informes sobre sua vida pregressa e a elaboração do chamado Boletim de Identificação Criminal, que se compõe de informações de qualificação do indiciado, sinais característicos, infração penal atribuída, dados sobre o Inquérito Policial e outras informações necessárias ao cadastro no sistema informatizado de antecedentes criminais, além da identificação datiloscópica, acaso o suspeito não seja civilmente identificado (art. 5º, LVIII, CF) ou, mesmo o sendo, desde que configurada alguma hipótese excepcional prevista na Lei nº 10.054/2000.

Após adotar as providências supracitadas, deverá a autoridade policial informar os dados relativos à infração penal e à pessoa do indiciado ao Instituto de Identificação e Estatística (art. 23 do CPP). Tal providência, no Estado de São Paulo, está afeta ao Instituto de Identificação Ricardo Gumbleton Daunt (IIRGD).[28]

---

[28] Decreto nº 47.574/2003: "Art. 5º As Autoridades Policiais ficam obrigadas a encaminhar ao Instituto de Identificação 'Ricardo Gumbleton Daunt' – IIRGD o Boletim de Identificação Criminal das

A primeira consequência do indiciamento, portanto, é fazer constar o nome do indiciado nos sistemas policiais. Assim, caso seja abordado na rua por policiais, por exemplo, ao ser consultado seu nome, de pronto poderão ser visualizadas quais investigações recaíram sobre essa pessoa (SANNINI NETO, 2014, p. 94).

Outros efeitos ainda podem ser produzidos, sejam eles positivos ou negativos. Por esse motivo, quando o Delegado de Polícia decide promover o indiciamento, ele deve se cercar do máximo cuidado necessário e expor as razões da sua convicção em despacho fundamentado, apresentando os argumentos do juízo de probabilidade voltado a indicar autoria, materialidade e circunstâncias do fato apurado.

No que tange ao aspecto negativo, no âmbito da persecução penal, o indiciamento legitima que medidas cautelares de natureza pessoal (prisão temporária e prisão preventiva) e real (sequestro) sejam decretadas com mais facilidade.

Outro efeito negativo pode ter reflexos na esfera social, isso porque o ato faz com que a autoria delitiva seja individualizada, de forma que a pessoa pode passar a não ser bem-vista na sociedade e sofrer estigmatização no seio social, familiar e profissional.

Por outro lado, o indiciamento também apresenta efeito positivo, promovendo os princípios constitucionais do contraditório e da ampla defesa. A partir dele, o indiciado terá acesso ao conjunto probatório que permitiu atribuir a ele a provável autoria da infração, e acesso ao tipo penal por ele violado, de modo que poderá melhor exercer a sua autodefesa.

Outro efeito, que também será tratado mais adiante, é o previsto no art. 17-D da Lei de Lavagem de Capitais (Lei nº 9.613/1998).[29] De acordo com o texto legal, em caso de indiciamento, o servidor público será automaticamente afastado de suas funções. A doutrina diverge sobre a constitucionalidade desse dispositivo e a Associação Nacional dos Procuradores da República (ANPR) ajuizou ADI contra o art. 17-D.

Ao julgar o mérito dessa demanda, o STF considerou inconstitucional o referido dispositivo e entendeu que medidas restritivas ou coercitivas de direitos poderão ser decretadas, mediante o preenchimento dos requisitos para determinação de medida cautelar diversa da prisão, conforme os arts. 282, § 2º, e 319, VI, ambos do CPP, não se admitindo efeitos cautelares automáticos ou desprovidos de fundamentação idônea.[30]

14.8.8 Desindiciamento

Durante a *persecutio criminis extra judicio* é possível que, após a formalização do indiciamento, surjam novas provas que alterem o cenário fático ou jurídico de uma situação

---

pessoas indiciadas em inquérito policial".

[29] "Art. 17-D. Em caso de indiciamento de servidor público, este será afastado, sem prejuízo de remuneração e demais direitos previstos em lei, até que o juiz competente autorize, em decisão fundamentada, o seu retorno."

[30] STF, Plenário, ADI nº 4.911/DF, rel. orig. Min. Edson Fachin, red. p/ o ac. Min. Alexandre de Moraes, j. 20.11.2020.

até então existente, modificando a convicção da autoridade policial acerca do envolvimento da pessoa indiciada na prática delitiva. Diante dessa situação, a própria autoridade policial poderá realizar outro despacho fundamentado desindiciando a pessoa indiciada.

> Exemplo: Imagine que no dia 10.10.2021 "X" procure a delegacia de polícia noticiando que possui medida protetiva de urgência contra "Y", seu ex-marido. A medida, entre outras determinações, impôs a ele proibição de contato por qualquer meio com a vítima, exceto filhos comuns, e proibição de aproximação a menos de 300 metros. A ordem judicial, que possui vigência de 180 dias, foi deferida no dia 02.07.2021. Segundo relatos da vítima, no dia 09.10.2021, ela passou a receber ligações de seu ex-marido e, no dia seguinte, ele foi até a casa dela, átimo em que passou a ameaçá-la de morte. O relato da vítima foi confirmado por prova documental (*prints* das ligações), testemunhal e pelas imagens das câmeras de segurança da casa, que flagraram toda a ação de "Y". Em consulta à medida cautelar, verificou-se que "Y" foi devidamente intimado da medida pelo oficial de justiça. De posse dessas informações, a autoridade policial imediatamente instaura inquérito policial e determina o indiciamento na própria inaugural. Ocorre que, durante seu interrogatório, "Y" apresenta prova documental, *prints* de conversas, que comprovam que, mesmo após "X" ter solicitado medida protetiva, eles reataram o relacionamento nesse interregno, mantendo contato e troca de juras de amor. Ao ser interpelada sobre o alegado por "Y", "X" confirmou a versão do ex-marido. Assim, havendo prova da inocência de "Y" no tocante ao crime de descumprimento de medida protetiva de urgência, o Delegado de Polícia deverá voluntariamente desfazer o desindiciamento, por despacho fundamentado. Isso porque, diante da prova apresentada por "Y", fica evidente que houve a revogação tácita das medidas deferidas no momento em que "X" reatou o relacionamento, de modo que os princípios da vedação ao comportamento contraditório (*venire contra factum proprium*), boa-fé objetiva e confiança devem lastrar todo o ordenamento jurídico, inclusive a presente situação.

O desindiciamento também pode se dar por determinação do Poder Judiciário, quando o ato estiver eivado de alguma ilegalidade (GARCIA, 2019, p. 488) ou quando importar em constrangimento ilegal. Em tais casos, admite-se a impetração de *habeas corpus* para cassar a decisão ilegal (quando, por exemplo, ocorrer indiciamento após o oferecimento da denúncia) ou até mesmo para suspender o indiciamento, caso o investigado, por exemplo, descubra que ele está em vias de ser indiciado sem a existência de elementos suficientes que indiquem que a autoria delitiva recai sobre a sua pessoa.

Sobre o assunto confira o seguinte julgado:

 **Jurisprudência destacada**

Processual penal. *Habeas corpus*. Crime contra a flora. Lei nº 9.605/1998. Indiciamento formal posterior ao oferecimento da denúncia. Constrangimento ilegal configurado. Ordem concedida. I – Este Superior Tribunal de Justiça, em reiterados julgados, vem afirmando seu posicionamento no sentido de que caracteriza constrangimento ilegal o formal indiciamento do paciente que já teve contra si oferecida denúncia e até mesmo já foi recebida pelo Juízo *a quo*. II – Uma vez oferecida a exordial acusatória, encontra-se encerrada a fase investigatória e o

> indiciamento do réu, neste momento, configura-se coação desnecessária e ilegal. III – Ordem concedida, nos termos do voto do Relator (STJ, 5ª Turma, HC n° 179.951/SP 2010/0133206-9, Rel. Min. Gilson Dipp, j. 10.05.2011, *DJe* 27.05.2011).

14.8.9 Afastamento do funcionário público

Conforme já lançado em linhas anteriores, um dos efeitos do indiciamento encontra previsão legal no art. 17-D da Lei de Lavagem de Capitais (Lei n° 9.613/1998). Tal disposição, contudo, foi declarada inconstitucional pelo STF.

> **Lei 9.613/1998**
>
> **Art. 17-D.** Em caso de indiciamento de servidor público, este será afastado, sem prejuízo de remuneração e demais direitos previstos em lei, até que o juiz competente autorize, em decisão fundamentada, o seu retorno.

De acordo com os argumentos lançados na ação direta de inconstitucionalidade proposta pela Associação Nacional dos Procuradores da República (ADI n° 4.911), o afastamento automático do servidor público indiciado pelo crime de lavagem de capitais viola os princípios constitucionais da presunção de inocência, da segurança jurídica, da razoabilidade e da proporcionalidade, do devido processo legal, do contraditório e ampla defesa e da inafastabilidade da jurisdição (CAVALCANTE, 2021).

Decidiu-se que, caso a autoridade policial entenda que o afastamento do servidor público seja necessário durante a instrução pré-processual, deverá oferecer representação judicial demonstrando a presença dos requisitos da medida cautelar diversa da prisão da suspensão do exercício da função pública, nos termos dos arts. 282, *caput*, I e II, e § 2°, e 319, VI, do CPP.

O mesmo entendimento aplica-se ao membro do Ministério Público, que também é legitimado a requerer medida cautelar diversa da prisão.

A Lei n° 13.964/2019 (Pacote Anticrime) reforçou o sistema acusatório; o legislador teve uma postura clara no sentido de que as medidas cautelares não poderão ser decretadas de ofício pela autoridade judicial, seja na fase da investigação policial ou processual.

Assim, é possível que o funcionário público seja afastado de suas funções no bojo do inquérito policial, mas apenas em caso de necessidade cautelar, cuja análise incumbirá à autoridade judicial, mediante requerimento da autoridade policial ou do Ministério Público.

Jurisprudência destacada

Ação direta de inconstitucionalidade. Direito processual penal. Lei n° 9.613/1998. Art. 17-D. Afastamento automático de servidor público indiciado em inquérito que apura crimes de lavagem ou ocultação de bens, direitos e valores. Violação ao princípio da proporcionalidade. Ausência de necessidade da medida cautelar. Presunção de inocência. Medidas coercitivas ou constritivas de direitos a exigir decisão fundamentada no caso concreto. Princípio da igualdade. Tratamento desigual a investigados em situações similares por força de imputação facultativa à autoridade policial. Ação direta procedente para declarar a inconstitucionali-

dade do dispositivo. 1. Inconstitucionalidade do afastamento automático do servidor público investigado por crimes de lavagem ou ocultação de bens, direitos e valores em decorrência de atividade discricionária da autoridade policial, nos termos do art. 17-D da Lei nº
9.613/1998, consistente em indiciamento e independentemente de início da ação penal e
análise dos requisitos necessários para a efetivação dessa grave medida restritiva de direitos.
2. A determinação do afastamento automático do servidor investigado, por consequência
única e direta do indiciamento pela autoridade policial, não se coaduna com o texto constitucional, uma vez que o afastamento do servidor, em caso de necessidade para a investigação ou instrução processual, somente se justifica quando demonstrado nos autos o risco da
continuidade do desempenho de suas funções e a medida ser eficaz e proporcional à tutela
da investigação e da própria administração pública, circunstâncias a serem apreciadas pelo
Poder Judiciário. 3. Reputa-se violado o princípio da proporcionalidade quando não se observar a necessidade concreta da norma para tutelar o bem jurídico a que se destina, já que
o afastamento do servidor pode ocorrer a partir de representação da autoridade policial ou
do Ministério Público, na forma de medida cautelar diversa da prisão, conforme os arts. 282,
§ 2º, e 319, VI, ambos do CPP. 4. A presunção de inocência exige que a imposição de medidas
coercitivas ou constritivas aos direitos dos acusados, no decorrer de inquérito ou processo
penal, seja amparada em requisitos concretos que sustentam a fundamentação da decisão
judicial impositiva, não se admitindo efeitos cautelares automáticos ou desprovidos de fundamentação idônea. 5. Sendo o indiciamento ato dispensável para o ajuizamento de ação
penal, a norma que determina o afastamento automático de servidores públicos, por força
da *opinio delicti* da autoridade policial, quebra a isonomia entre acusados indiciados e não
indiciados, ainda que denunciados nas mesmas circunstâncias. Ressalte-se, ainda, a possibilidade de promoção de arquivamento do inquérito policial mesmo nas hipóteses de indiciamento do investigado. 6. Ação direta julgada procedente (STF, Tribunal Pleno, ADI nº 4.911,
Rel. Min. Edson Fachin, Rel. p/ Acórdão Alexandre de Moraes, j. 23.11.2020, *DJe* 03.12.2020).

14.8.10 Arquivamento do inquérito policial

O indiciamento é ato privativo do Delegado de Polícia e trata do convencimento formado a partir do conjunto probatório amealhado durante as investigações, permitindo imputar
a prática delitiva ao investigado.

Dúvida que surge a esse respeito é se o arquivamento do inquérito policial teria o condão de desconstituir o ato do indiciamento. E a resposta é negativa.

De acordo com os Tribunais Superiores:[31]

(...) O fato de o inquérito ter sido arquivado não tem o condão de desconstituir o ato
de indiciamento – prefeito e acabado – praticado pela Autoridade Policial, já que os
elementos de convicção de que dispunha o Delegado naquele momento permitiam concluir que a paciente era a suposta autora do crime em apuração. III – Não há nenhuma

---

[31] TRF-2, 1ª Turma Especializada, HC nº 0012456-91.2017.4.02.0000/RJ, Rel. Paulo Espírito Santo,
j. 07.12.2017. Nesse sentido também: STJ, 6ª Turma, AgRg no RHC nº 93.548/ES 2017/0335410-6,
Rel. Min. Sebastião Reis Júnior, j. 05.06.2018, *DJe* 22.06.2018.

utilidade prática, quiçá ameaça à liberdade de locomoção, no cancelamento do indiciamento se o Inquérito Policial já foi arquivado, eis que o arquivamento do IPL implica exclusão dos dados dos Institutos de Identificação Criminal.

14.8.11 Incompetência da autoridade policial

Imagine a seguinte situação: o 2º Distrito Policial de Maceió/AL instaurou inquérito policial para apurar os delitos de ultrage a culto religioso (art. 208 do CP) e discriminação religiosa (art. 20 da Lei nº 7.716/1986). O indiciamento foi realizado pela autoridade policial em 21.09.2015. No entanto, em 30.09.2015, foi proferida decisão judicial reconhecendo a incompetência da polícia alagoana para investigar os fatos, ou seja, após o ato do indiciamento. O inquérito foi remetido para o Estado de São Paulo, onde o crime foi praticado. Nesse caso, o indiciamento realizado pela autoridade policial de Alagoas deverá ser anulado?

A resposta para essa questão é negativa. De acordo com o STJ,[32] a alegação de incompetência territorial reconhecida em decisão judicial após o ato do indiciamento não tem o condão de anulá-lo, uma vez que à época do ato a autoridade policial alagoana era competente para investigar os crimes. Além disso, o indiciamento anterior não vincula o Delegado a quem o inquérito foi remetido no Estado de São Paulo, que poderá mantê-lo ou não, assim como não vincula a formação da *opinio delicti* pelo Ministério Público, tampouco, o convencimento do magistrado acerca do recebimento da ação penal.

14.8.12 Indiciamento e infrações de menor potencial ofensivo

Criada com a finalidade de "desafogar" o Poder Judiciário brasileiro, a Lei nº 9.099/1995 concebeu institutos despenalizadores com o objetivo de propiciar o consenso entre as partes envolvidas em um conflito criminal e assim permitir a extinção da punibilidade.

Institutos como a reparação dos danos sofridos pela vítima,[33] a transação penal[34] e a suspensão condicional do processo[35] podem ser considerados como um avanço em não se permitir a imediata execução da pena privativa de liberdade.

---

32 STJ, 5ª Turma, RHC nº 82.301/AL 2017/0061628-1, Rel. Min. Felix Fischer, j. 28.11.2017, *DJe* 04.12.2017.

33 "Art. 74. A composição dos danos civis será reduzida a escrito e, homologada pelo Juiz mediante sentença irrecorrível, terá eficácia de título a ser executado no juízo civil competente.
Parágrafo único. Tratando-se de ação penal de iniciativa privada ou de ação penal pública condicionada à representação, o acordo homologado acarreta a renúncia ao direito de queixa ou representação."

34 "Art. 76. Havendo representação ou tratando-se de crime de ação penal pública incondicionada, não sendo caso de arquivamento, o Ministério Público poderá propor a aplicação imediata de pena restritiva de direitos ou multas, a ser especificada na proposta. (...)."

35 "Art. 89. Nos crimes em que a pena mínima cominada for igual ou inferior a um ano, abrangidas ou não por esta Lei, o Ministério Público, ao oferecer a denúncia, poderá propor a suspensão do processo, por dois a quatro anos, desde que o acusado não esteja sendo processado ou não tenha sido condenado por outro crime, presentes os demais requisitos que autorizariam a suspensão condicional da pena (art. 77 do Código Penal)."

Nas situações em que é cabível a transação penal, por exemplo, caso o autor da infração aceite a proposta ofertada pelo Ministério Público, o juiz aplicará penas restritivas de direito ou multa, o que não importará em reincidência, não constando sequer em seus antecedentes criminais.

A própria lei define os crimes que seriam de competência do Juizado Especial Criminal, trazendo em seu art. 61 qual é o conceito de infração de menor potencial ofensivo, *in verbis*: "Consideram-se infrações penais de menor potencial ofensivo, para os efeitos desta Lei, as contravenções penais e os crimes a que a lei comine pena máxima não superior a 2 (dois) anos, cumulada ou não com multa".

Assim, o critério utilizado pelo legislador para definir a competência do Juizado Especial Criminal é estritamente ligado ao *quantum* da pena previsto em cada tipo penal.

De modo a simplificar a fase processual e pautado pelos critérios orientadores do JECRIM, em especial a celeridade, o legislador previu que, para apuração dos crimes de menor potencial ofensivo, o instrumento de investigação a ser utilizado pela autoridade policial é o Termo Circunstanciado de Ocorrência (TCO), e não o inquérito policial. A partir da Lei nº 9.099/1995, o Delegado de Polícia não mais instaura inquérito policial por meio do auto de prisão em flagrante em caso de crime de menor potencial ofensivo, mas, sim, o TCO.

Nesses casos, para que o TCO seja formalizado, não se exige uma dilação probatória, muitas vezes necessária no inquérito policial, tampouco um juízo de probabilidade de autoria, razão pela qual defende, parte da doutrina, que o indiciamento, nesses casos, é absolutamente incompatível com a gravidade do fato e com o caráter despenalizador da Lei nº 9.099/1995.

Em conclusão, Saninni Neto (2014, p. 101) ensina:

> O indiciamento nos crimes de menor potencial ofensivo configura um contrassenso, pois o indiciado terá seu nome lançado nos sistemas policiais sem sequer ser condenado. Tal ato está absolutamente em confronto com o espírito conciliador e despenalizador da mencionada Lei.

Garcia (2019, p. 495) faz interessante observação sobre o assunto ao dispor que, caso haja concurso de crimes entre infrações de menor potencial ofensivo, cuja soma do patamar máximo das penas exceda o *quantum* de dois anos, a competência do Juizado Especial Criminal desaparecerá, e, via de consequência, os argumentos que impedem o indiciamento também não mais existirão.

De igual modo, havendo conexão ou continência entre infrações de menor potencial ofensivo e infrações de médio ou alto potencial ofensivo, o caso será de competência do Juízo Comum, o que também permitirá que seja realizado o indiciamento.

14.9 ART. 3º

Art. 3º O cargo de Delegado de Polícia *é* privativo de bacharel em Direito, devendo-lhe ser dispensado o mesmo tratamento protocolar que recebem os magistrados, os membros da Defensoria Pública e do Ministério Público e os advogados.

14.9.1 Tratamento protocolar

De acordo com o art. 3º da Lei nº 12.830/2013, um dos requisitos exigidos para ingresso na carreira de Delegado de Polícia é o título de bacharel em Direito.[36] Logo, trata-se de cargo que exige formação jurídica, tal qual as demais carreiras do Ministério Público, Defensoria Pública e Advocacia Pública.

Alguns Estados da Federação vão além e também exigem como requisito para ingresso do cargo dois anos de atividade jurídica, no mínimo.

No âmbito da Polícia Federal, o ingresso no cargo para Delegado de Polícia Federal é privativo de bacharel em Direito e exige três anos de atividade jurídica ou policial, comprovados no ato de posse.[37]

Por se tratar de integrante das chamadas carreiras jurídicas, a lei federal objeto de estudo previu que o tratamento protocolar a ser dispensado ao Delegado de Polícia é "Vossa Excelência". Nota-se que a intenção do legislador ao incluir esse dispositivo no texto legal foi dispor que a atividade exercida pelo Delegado de Polícia também é função essencial à Justiça.

Assim, no exercício de suas funções, seja pessoalmente ou em correspondências oficiais (ofícios, requerimento e requisições), a autoridade policial deverá receber o pronome de tratamento "Vossa Excelência".

---

[36] Tal requisito também vem expresso na Constituição do Estado de São Paulo, *in verbis*: "Art. 140. À Polícia Civil, *órgão* permanente, dirigida por delegados de polícia de carreira, bacharéis em Direito, incumbe, ressalvada a competência da União, as funções de polícia judiciária e a apuração de infrações penais, exceto as militares. (...)."

[37] Lei nº 9.266/1996: "Art. 2º-B O ingresso no cargo de Delegado de Polícia Federal, realizado mediante concurso público de provas e títulos, com a participação da Ordem dos Advogados do Brasil, é privativo de bacharel em Direito e exige 3 (três) anos de atividade jurídica ou policial, comprovados no ato de posse."

15 Organizações Criminosas – Lei nº 12.850/2013

15.1 ASPECTOS INICIAIS

15.1.1 Evolução no tratamento legislativo

Lei nº 9.034/1995. Um dos primeiros diplomas normativos a tratar – ainda que de forma deficiente – diretamente da criminalidade organizada foi a Lei nº 9.034/1995, a qual elencava alguns **meios de prova e procedimentos investigatórios** que poderiam ser empregados no combate à *quadrilha ou bando ou organizações ou associações criminosas de qualquer tipo* (com redação dada pela Lei nº 10.217/2001).

Como dito, a lei tratava tão somente de **meios operacionais de investigação** (ação controlada, infiltração de agentes, entre outros) aplicáveis aos delitos citados. O problema é que, especificamente com relação às **organizações criminosas**, não havia até então no ordenamento jurídico pátrio uma definição legal de seu **conceito**[1]. Além disso, não tínhamos lei que **tipificasse condutas cometidas por organização criminosa**. Por conseguinte, surgiu intensa discussão sobre a possibilidade de aplicação dos meios de prova elencados na Lei nº 9.034/1995, especificamente às organizações criminosas (alguns contrários, outros favoráveis), haja vista inexistirem conceito e tipificação do seu conteúdo.

Semelhantemente, a Lei nº 9.613/1998 (Lei de Lavagem de Capitais, em sua redação original) abarcou em seu texto o delito de ocultação de bens, direito e valores relacionados ao crime *praticado por organização criminosa* (art. 1º, VII – antes da reforma implementada pela Lei nº 12.683/2012). Contudo, também não trouxe o que poderia se entender por organização criminosa, persistindo a discussão a respeito da existência fática do delito.

---

[1] Como bem explicitam Masson e Marçal (2020, p. 1): "Naquela ocasião, nosso ordenamento jurídico já punia a associação criminosa (p. ex., para fins de tráfico – Lei nº 11.343/2006, art. 35 – e para fins de genocídio – Lei nº 2.889/1956, art. 2º) e a formação de quadrilha ou bando (CP, art. 288), mas silenciava-se quanto à tipificação/conceituação das organizações criminosas".

Outros diplomas normativos também citavam o termo "organizações criminosas" em seus dispositivos, de forma periférica (prevendo como causa de aumento de pena, negando benefícios etc.) e sem um conceito legal.

Convenção de Palermo. Pois bem. Prosseguindo nossa análise, adiante o Brasil incorporou a chamada Convenção de Palermo, internalizada em nosso ordenamento pelo Decreto nº 5.015/2004 (*promulga a Convenção das Nações Unidas contra o Crime Organizado Transnacional*). Essa Convenção **trouxe em seu texto uma definição do que seria organização criminosa** (apesar de não tipificar o crime em si).

A partir daí, parte da doutrina começou a defender a possibilidade da utilização de tal conceito para a definição de organização criminosa, pois internalizado pelo Brasil, incidindo nas leis supramencionadas. Contudo, outra parcela afirmou ser impossível o seu emprego, haja vista que, apesar de internalizado, tal processo ocorreu por meio de decreto e, assim, considerá-lo apto a influenciar na tipificação de condutas criminosas ocasionaria violação ao princípio da legalidade.

Mais recentemente, o STJ, por meio da 6ª Turma e citando orientação firmada no STF, decidiu conforme o segundo entendimento:

> ### 🔍 Jurisprudência destacada
>
> 1. O crime previsto no art. 1º da Lei nº 9.613/1998, antes das alterações promovidas pela Lei nº 12.683/2012, previa que os recursos ilícitos submetidos ao branqueamento poderiam ter como fonte quaisquer dos crimes constantes de seus incisos I a VIII. 2. Nos termos do entendimento firmado pelo Supremo Tribunal Federal, o tipo penal do inciso VII do art. 1º da Lei nº 9.613/1998, na redação anterior à Lei nº 12.683/2012, não incide nos fatos praticados durante sua vigência, já que ausente norma tipificadora do conceito de organização criminosa, por força do princípio da anterioridade da lei penal, insculpido nos arts. 5º, XXXIX, da CF/1988 e do 1º do CP, que apenas admite a retroatividade da lei penal mais benéfica ao réu. 3. A Sexta Turma do STJ, seguindo a orientação do STF, adotou o entendimento de que a ausência de descrição normativa de organização criminosa, antes do advento da Lei nº 12.850/2013, conduz à atipicidade da conduta prevista no art. 1º, VII, da Lei nº 9.613/1998. 4. A ausência de descrição normativa do conceito de organização criminosa, à época dos fatos, anteriores à Lei nº 12.850/2013, impede seu reconhecimento, não só como crime antecedente da lavagem de dinheiro, mas também para caracterizar as hipóteses equiparadas, descritas nos §§ 1º e 2º do art. 1º da Lei nº 9.613/1998, em observância ao princípio da irretroatividade da lei penal, inscrito no art. 1º do CP. (...) (STJ, 6ª Turma, REsp nº 1.482.076/CE, Rel. Min. Nefi Cordeiro, j. 02.04.2019).

Lei nº 12.694/2012. Continuando, no ano de 2012 entrou em vigor a Lei nº 12.694, a qual dispõe sobre o processo e o julgamento colegiado em primeiro grau de jurisdição de crimes praticados por organizações criminosas. Essa norma trouxe em seu art. 2º, finalmente, o **conceito legal** de organização criminosa, o qual, agora sim, poderá ser utilizado como complemento às demais leis que tratavam da temática. Apesar de conceituar organização criminosa, a Lei não tipificou em seu texto nenhuma conduta a ela relacionada.

Lei nº 12.850/2013. No ano posterior à vigência da Lei nº 12.694/2012, foi publicada a Lei nº 12.850/2013, a qual revogou expressamente a Lei nº 9.034/1995 e detalhou vários temas acerca das organizações criminosas, em resumo:

◆ Prevê outro conceito legal de organização criminosa (art. 1º, § 1º).

◆ Tipifica o delito de organização criminosa (art. 2º) e outros correlatos (arts. 18 a 21).

◆ Dispõe sobre a persecução penal e meios de obtenção de provas aplicados ao contexto da criminalidade organizada.

◆ Altera dispositivos do CP.

Um ponto de atenção importante é como ficará a disciplina acerca do **conceito de organização criminosa**, haja vista que, conforme mencionado, tanto a Lei nº 12.694/2012 como a Lei nº 12.850/2013 trazem definições próprias. É majoritário o entendimento de que, a partir da vigência da Lei nº 12.850/2013, o seu conceito de organização criminosa é que deverá ser adotado, pois revogou tacitamente o art. 2º da lei anterior[2].

Entretanto, não perca de vista que a Lei nº 12.694/2012 não foi totalmente revogada pela norma posterior, ainda subsistindo os seus demais dispositivos. Isso porque o referido diploma possui um foco específico: o **processo e o julgamento colegiado de crimes praticados por organizações criminosas**. Portanto, à exceção do conceito de organização criminosa, as leis citadas coexistem de forma harmônica, pois pretendem objetivos distintos.

Por questões didáticas, objetivando evitar a perda da fluidez dos temas, traremos considerações sobre a Lei nº 12.694/2012 em momento oportuno.

15.1.2 Conceito atual de organização criminosa

Art. 1º Esta Lei define organização criminosa e dispõe sobre a investigação criminal, os meios de obtenção da prova, infrações penais correlatas e o procedimento criminal a ser aplicado.

§ 1º Considera-se organização criminosa a associação de 4 (quatro) ou mais pessoas estruturalmente ordenada e caracterizada pela divisão de tarefas, ainda que informalmente, com objetivo de obter, direta ou indiretamente, vantagem de qualquer natureza, mediante a prática de infrações penais cujas penas máximas sejam superiores a 4 (quatro) anos, ou que sejam de caráter transnacional.

O § 1º do art. 1º constitui-se em tipo explicativo que estabelece o conceito de organização criminosa, o qual será satisfeito com a presença dos requisitos cumulativos ali elencados. Sem a presença de qualquer deles, constatados diante do caso concreto, não há que falar em organização criminosa. Passemos a estudá-los:

---

2   Nesse sentido: Lima (2020, p. 771).

♦ **A associação de 4 (quatro) ou mais pessoas...** Perceba que o número mínimo para a caraterização de uma organização criminosa é o de quatro pessoas, em associação[3]. Assim, a associação de três pessoas ou menos não preencherá esse primeiro requisito, podendo, a depender do caso concreto, configurar: associação criminosa (três ou mais pessoas – art. 288 do CP); associação para o tráfico (duas ou mais pessoas – art. 35 da Lei nº 11.343/2006).

♦ Além disso, não perca de vista que, se forem quatro pessoas ou mais associadas, é possível (e não certo) a existência de organização criminosa, mas desde que preenchidos os demais requisitos da Lei.

♦ Para a formação do número mínimo de agentes, poderão ser computados os inimputáveis (ex.: menores de 18 anos), bastando que pelo menos um dos associados seja imputável. Por outro lado, o agente infiltrado não poderá ser contado como associado (pois sua associação é dissimulada).

Art. 35 – Lei nº 11.343/2006	Art. 288 do CP	Art. 2º – Lei nº 2.889/1956	Art. 1º, § 1º – Lei nº 12.850/2013
Mínimo de 2	Mínimo de 3	Mínimo de 4	Mínimo de 4

♦ **Estruturalmente ordenada e caracterizada pela divisão de tarefas, ainda que informalmente...** Deve existir uma mínima estrutura ordenada na organização criminosa, demonstrando não atuar apenas ao mero acaso, repentinamente. No mesmo sentido, a divisão de tarefas é traço marcante da organização, alguns planejam, outros colhem informações, outros executam etc. Tal requisito está preenchido mesmo que a estrutura e a divisão de tarefas sejam informais, ou seja, não é obrigatório um sistema ordenado complexo e formal, como nas famosas máfias italianas ou em grandes organizações criminosas do ramo empresarial. Basta a demonstração de uma mínima estrutura com divisão de tarefas básicas entre os associados.

Decifrando a prova

(Promotor de Justiça – MPE/CE – Cespe/Cebraspe – 2020 – Adaptada) É circunstância elementar da organização criminosa a estrutura ordenada, caracterizada pela divisão formal de tarefas entre os membros da sociedade criminosa.

( ) Certo ( ) Errado

Gabarito comentado: conforme se depreende do art. 1º, § 1º, da Lei, a divisão de tarefas na organização criminosa poderá ser formal ou informal (não sendo a formalidade, dessa forma, uma elementar do conceito). Portanto, a assertiva está errada.

---

[3] O delito de associação para genocídio (art. 2º da Lei nº 2.889/1956) também exige o número mínimo de quatro pessoas ("associarem-se mais de 3 (três) pessoas...").

♦ **Com objetivo de obter, direta ou indiretamente, vantagem de qualquer natureza**. Como destacado pelo legislador, a organização criminosa deve visar a obtenção de alguma vantagem, não necessariamente patrimonial (ex.: poder em determinado bairro da cidade). Não se exige conseguir a vantagem em si, mas apenas a finalidade de alcançá-la. Nucci (2020, p. 704) acrescenta que essa vantagem necessariamente será ilícita, pois sua concretização dependerá da prática de infrações penais.

♦ **Mediante a prática de infrações penais cujas penas máximas sejam superiores a 4 (quatro) anos, ou que sejam de caráter transnacional**. O derradeiro requisito é que a vantagem visada pela organização pretenda ser obtida mediante a prática de infração penal com pena máxima superior a quatro anos ou, independentemente da pena, que seja de caráter transnacional (internacional/transposição de fronteiras).

♦ Perceba que o legislador cita o termo "infração penal", abrangendo assim tanto crimes quanto contravenções penais, desde que com pena máxima superior a quatro anos ou de caráter transnacional.

♦ Contudo, indaga-se: Existe contravenção penal com pena máxima superior a quatro anos? No Decreto-lei nº 3.688/1941 (Lei das Contravenções Penais), não. Entretanto, analisando o Decreto-lei nº 6.259/1944 (serviço de loterias), mais especificamente os seus arts. 53 e 54, deparamo-nos com duas contravenções penais com penas análogas às dos arts. 171 (reclusão um a cinco anos, e multa) e 298 (reclusão um a cinco anos, e multa), ambos do CP[4].

> ## 🧩 Decifrando a prova
>
> **(Polícia Civil – Delegado – PC/RN – FGV – 2021 – Adaptada)** O crime de organização criminosa se configura quando quatro ou mais pessoas se associam de forma estruturada e com divisão de tarefas para a prática de crimes que exijam pena mínima igual ou superior a quatro anos.
>
> ( ) Certo ( ) Errado
>
> **Gabarito comentado:** o crime de organização criminosa exige que a vantagem visada pela organização seja obtida mediante a prática de infrações penais (e não somente crimes como foi anunciado pela questão) cujas penas máximas sejam superiores a quatro anos, ou que sejam de caráter transnacional. Portanto, a assertiva está errada.

---

[4] Parte da doutrina ensina que, embora o mencionado decreto utilize o termo "das contravenções" no título em que estão contidas as referidas infrações, cuida-se, pelo menos conceitualmente, de crimes (pois os próprios dispositivos prescrevem penas análogas às do CP, com pena de reclusão, em vez da prisão simples ou multa). Nesse sentido: Masson e Marçal (2020, p. 42).

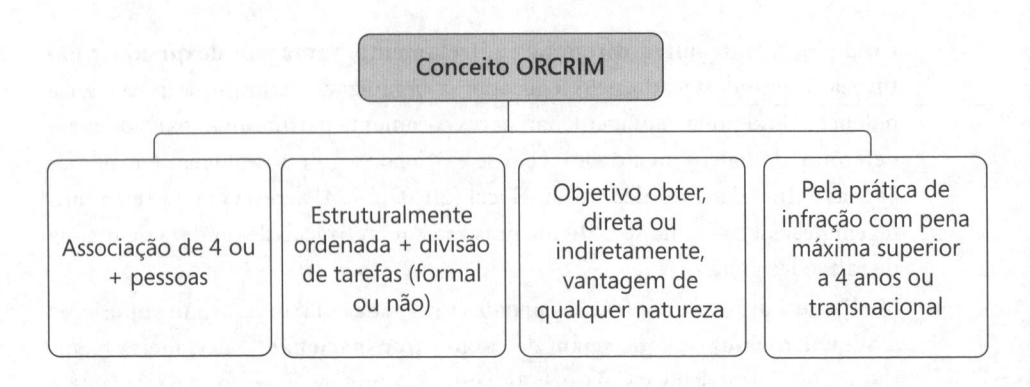

Ao analisar o conceito de organização criminosa, o STJ entendeu que o requisito "não integrar organização criminosa", previsto no **inciso V do § 3º do art. 112 da LEP**, incluído pela Lei nº 13.769/2018, exigido para a progressão de regime das mulheres gestantes, mães ou responsáveis por crianças ou pessoas com deficiência que se encontram reclusas no sistema prisional, deve ser interpretado de acordo com a definição de organização criminosa da Lei nº 12.850/2013, não se tratando de termo genérico, não abrangendo, portanto, toda e qualquer associação criminosa.

Assim, a mulher gestante ou que for mãe ou responsável por crianças ou pessoas com deficiência poderá progredir de regime com 1/8 da pena cumprida, mas desde que observados alguns requisitos elencados no § 3º do **art. 112 da LEP**.

Jurisprudência destacada

(...) 3. O inciso V do § 3º do art. 112 da LEP é um exemplo de norma penal em branco com complemento normativo, pois o próprio legislador, respeitando o princípio da taxatividade (decorrente do princípio da estrita legalidade), desincumbiu-se do ônus de apresentar, expressamente, a definição de organização criminosa ao editar a Lei nº 12.850/2013 (art. 1º e § 1º). 4. Não é legítimo que o julgador, em explícita violação ao princípio da taxatividade da lei penal, interprete extensivamente o significado de organização criminosa a fim de abranger todas as formas de *societas sceleris*. Tal proibição fica ainda mais evidente quando se trata de definir requisito que restringe direito executório implementado por lei cuja finalidade é aumentar o âmbito de proteção às crianças ou pessoas com deficiência, reconhecidamente em situação de vulnerabilidade em razão de suas genitoras ou responsáveis encontrarem-se reclusas em estabelecimentos prisionais. A teleologia da norma e a existência de complemento normativo impõem exegese restritiva e não extensiva. 5. Se a mencionada interpretação ampliativa de organização criminosa fosse legítima, também deveria ser, por exemplo, que o julgador, ao deparar-se com o conceito reincidente, pudesse estender o alcance do termo de modo diverso do previsto nos arts. 63 e 64 do CP, que definem seu significado. Do mesmo modo poderia o órgão do Poder Judiciário considerar hediondo crimes diversos daqueles previstos no art. 1º da Lei nº 8.072/1990, o qual elenca, em rol taxativo, os crimes considerados hediondos. Não há controvérsia sobre a impossibilidade de proceder de tal maneira, em razão, justamente, da vedação à interpretação extensiva *in malam partem* das normas penais. 6. O legislador, quando teve o intuito de referir-se a hipóteses de sociedades criminosas, o fez expressamente, conforme previsão contida no art. 52, § 1º, inciso I, § 3º, § 4º, inciso II, e § 5º, da Lei nº 7.210/1984, que distinguem organização criminosa de associação criminosa e milícia privada. 7. Na mesma linha, o Ministro Leopoldo de Arruda Raposo (Desembargador convocado do TJPE) concedeu a ordem no julgamento do HC nº 541.619/SP (*DJe* 26.02.2020), afastando a extensão da proibição contida no inciso V do § 3º do art. 112 da LEP, a paciente condenada por crime de associação para o tráfico ilícito de entorpecentes. 8. Ordem de *habeas corpus* concedida para determinar que o Juízo das Execuções Penais retifique o cálculo de penas da paciente, abstendo-se de considerar a condenação pelo crime de associação para o tráfico ilícito de drogas para fins de análise do requisito contido no inciso V do § 3º do art. 112 da Lei nº 7.210/1984 (STJ, 6ª Turma, HC nº 522.651/SP 2019/0212860-0, Rel. Min. Laurita Vaz, j. 04.08.2020, *DJe* 19.08.2020).

15.1.3 Aplicação por extensão

Art. 1º (...)

§ 2º Esta Lei se aplica também:

I – às infrações penais previstas em tratado ou convenção internacional quando, iniciada a execução no País, o resultado tenha ou devesse ter ocorrido no estrangeiro, ou reciprocamente;

II – às organizações terroristas, entendidas como aquelas voltadas para a prática dos atos de terrorismo legalmente definidos.

No § 2º do art. 1º temos a incidência **por extensão** da Lei nº 12.850/2013 – em especial os seus meios de obtenção de provas (ação controlada, infiltração de agentes etc.). Assim, mesmo que não se enquadre no conceito prescrito no art. 1º, § 1º, se ocorrer algumas das hipóteses previstas nos incisos anteriores, será possível aplicar os meios e técnicas elencados na Lei de Organizações Criminosas.

Quanto ao **inciso I**, além da exigência de infração penal prevista em tratado ou convenção internacional – do qual o Brasil é signatário –, é necessária a internacionalidade da conduta em si/crime a distância ("iniciada a execução no País, o resultado tenha ou devesse ter ocorrido no estrangeiro, ou reciprocamente"). Assim, podemos pensar no exemplo do delito de tráfico de drogas **transnacional** cometido por um só agente, o qual poderá ser investigado não só com os meios ordinários previstos no CPP ou na Lei nº 11.343/2006 (Lei de Drogas), mas também utilizando-se das disposições contidas na Lei nº 12.850/2013.

Com relação ao **inciso II**, saiba que os atos de terrorismo são definidos pela Lei nº 13.260/2016. Vale acrescentar aqui o teor do art. 16 da mencionada Lei, o qual, alinhado ao dispositivo em análise, dispõe que: "Aplicam-se as disposições da Lei nº 12.850/13, para a investigação, processo e julgamento dos crimes previstos nesta Lei".

15.2 CRIME DE ORGANIZAÇÃO CRIMINOSA – ART. 2º

15.2.1 Considerações preliminares

> **Art. 2º** Promover, constituir, financiar ou integrar, pessoalmente ou por interposta pessoa, organização criminosa:
>
> **Pena** – reclusão, de 3 (três) a 8 (oito) anos, e multa, sem prejuízo das penas correspondentes às demais infrações penais praticadas.

A Lei nº 12.850/2013 prevê vários delitos, sendo o art. 2º o primeiro deles e também o crime de organização criminosa propriamente dito. O § 1º do artigo traz ainda uma figura equiparada ao presente delito, a qual estudaremos mais adiante. Os arts. 18 a 21 da Lei contemplam as demais infrações penais, as quais se relacionam à investigação e obtenção da prova no contexto da criminalidade organizada e também serão objeto de estudo.

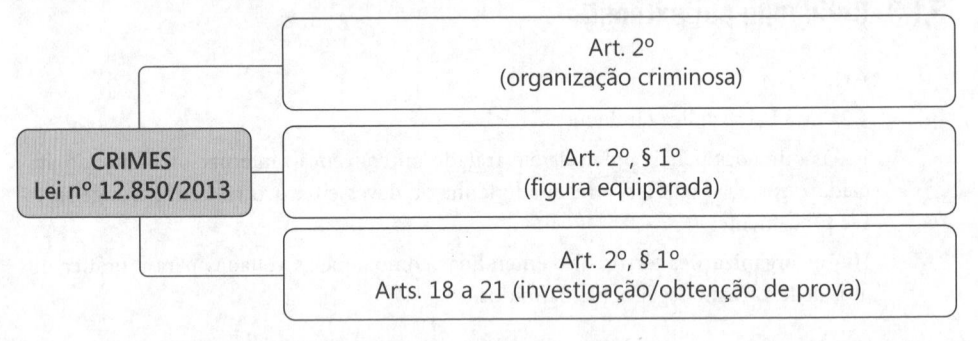

CRIMES
Lei nº 12.850/2013

Art. 2º
(organização criminosa)

Art. 2º, § 1º
(figura equiparada)

Art. 2º, § 1º
Arts. 18 a 21 (investigação/obtenção de prova)

Cumpre mencionar ainda que todos os delitos da Lei serão processados e julgados mediante **ação penal pública incondicionada**, além de serem **dolosos** – não há crime culposo na Lei nº 12.850/2013.

15.2.2 Objeto jurídico e material

Objeto jurídico (bem jurídico). Cuida-se do valor fundamental que a lei buscou proteger ao criminalizar a conduta. No caso do art. 2º, o objetivo é a consagração da paz pública (senso de segurança coletiva). Nucci (2020, p. 707) acrescenta a segurança pública e a administração pública como bens jurídicos secundários.

Objeto material. É a pessoa ou coisa sobre a qual recai a conduta do agente. No delito em questão, incidirá sobre a estrutura da própria organização criminosa.

15.2.3 Conduta e elemento subjetivo

Conduta. O primeiro ponto a ser destacado é que o delito do art. 2º se classifica como norma penal em branco, uma vez que o entendimento do que seria "organização criminosa" é dado por outra norma: art. 1º, § 1º, da mesma Lei. Aprofundando um pouco mais, trata-se de norma penal em branco **homogênea**[5] **homovitelina**[6] (pois a norma complementadora provém da mesma fonte – Poder Legislativo – e está inserida no mesmo diploma normativo – Lei nº 12.850/2013 – da norma a ser complementada).

Temos aqui a conduta de quem **promove**, **constitui**, **financia** ou **integra** organização criminosa. É possível que o sujeito ativo cometa a conduta tanto pessoalmente como também por um terceiro (pessoa interposta), como no exemplo do indivíduo que se utiliza de um representante para gerir os seus interesses na organização. Segundo Nucci (2020), essa pessoa interposta poderá ser física ou jurídica e, até mesmo, pessoa "fantasma/fictícia". Nas palavras do autor: "esses artifícios não servirão a impedir a criminalização da conduta do integrante da organização criminosa" (NUCCI, 2020, p. 707).

Cuida-se de crime de ação múltipla (ou tipo misto alternativo), no qual temos vários verbos que expressam a conduta criminosa. É certo que, se no mesmo contexto fático forem praticadas duas ou mais das ações previstas, por força do princípio da alternatividade, há um só delito (a quantidade de verbos flexionados certamente interferirá na fixação da pena a ser realizada pelo juiz – art. 59 do CP).

Elemento subjetivo. Estamos diante de **crime doloso**, consistente na vontade consciente de se associar aliado ao **fim específico** (dolo específico) de obter, direta ou indiretamente, vantagem de qualquer natureza – tal qual prescrito no conceito do art. 1º, § 1º.

Perceba que, para a configuração do delito, exige-se o *animus* **associativo** por parte de seus integrantes, o qual será configurado com a constatação da **estabilidade e permanência** do agrupamento. Ex.: quatro pessoas se reúnem frequentemente, durante dois meses, para planejar, de forma estruturada e com divisão de tarefas, a execução de um roubo em determinada agência bancária da cidade.

Se a reunião for ocasional/esporádica, teremos mero concurso de pessoas.

Nessa toada, ao julgar o benefício previsto no art. 33, § 4º, da Lei nº 11.343/2006, que trata da figura do "traficante privilegiado", o STF entendeu que a habitualidade e o pertencimento a organizações criminosas deverão ser comprovados pelo Ministério Público, não sendo válida a simples presunção para que o benefício seja afastado.

Jurisprudência destacada

(...) Em outras palavras, militará em favor do réu a presunção de que é primário e de bons antecedentes e de que não se dedica a atividades criminosas nem integra organização criminosa. O ônus da prova, nesse caso, é do Ministério Público. Assim, considerou preenchidas as condições da aplicação da redução de pena, por se estar diante de ré primária, com bons antecedentes e sem indicação de pertencimento a organização criminosa (STF, 2ª Turma, HC 154.694 AgR/SP, Rel. Min. Edson Fachin, j. 04.02.2020 – *Informativo* 965).

---

[5] Ou "em sentido amplo/lato" ou "imprópria".

[6] Ou "homóloga".

15.2.4 Sujeitos do crime

Quanto ao **sujeito ativo**, cuida-se de crime comum, ou seja, o delito pode ser cometido por **qualquer pessoa**. Com relação ao **sujeito passivo**, temos que se trata da **coletividade** como um todo (crime vago[7]).

É crime de **concurso necessário/plurissubjetivo e de conduta paralela**: exige-se o número mínimo de quatro pessoas associadas, objetivando o mesmo fim: a obtenção, direta ou indireta, de vantagem de qualquer natureza, mediante a prática de infrações penais cujas penas máximas sejam superiores a quatro anos, ou que sejam de caráter transnacional.

15.2.5 Consumação e tentativa

Consumação e tentativa. O crime se consuma no momento em que o sujeito ativo realiza qualquer das condutas previstas no tipo (promove, constitui, financia ou integra organização criminosa) e se estende enquanto perdurar a reunião. Não é necessário o cometimento das infrações penais visadas pela organização; assim, caso elas ocorram, estaremos diante de concurso de crimes (não serão absorvidas), conforme preceitua a sanção cominada no art. 2º: reclusão, de três a oito anos, e multa, **sem prejuízo das penas correspondentes às demais infrações penais praticadas**. Em resumo, a exigência para consumação do delito é que as pessoas **se associem**, de forma estável e permanente, **com o objetivo de praticar** as infrações penais para obter vantagem, **mas não que efetivamente as pratiquem** (se o fizer, teremos pluralidade de crimes – concurso material)[8].

Para a maioria é crime **formal** e que **não admite tentativa**: se há estabilidade e permanência, o crime é consumado; ausente algum desses, não há crime.

Crime permanente. Como dissemos, a consumação ocorre na ocasião em que o sujeito ativo comete qualquer dos verbos elencados no tipo penal, contudo note que ela não encerra ali. A consumação se prolongará no tempo, perdurando enquanto houver a reunião estável e permanente. Vê-se, portanto, que estamos diante de crime permanente[9], o qual possui três consequências principais enquanto não cessada a permanência: o delito está ocorrendo, sendo possível a prisão em flagrante a qualquer momento; sobrevindo lei mais gravosa, ela

---

[7] Aquele que possui como sujeito passivo um ente sem personalidade jurídica, não há vítima determinada.

[8] Sobre esse assunto importante trazer à baila o conceito de *crime organizado por natureza* e de *crime organizado por extensão*. Aquele refere-se ao crime de organização criminosa em si (art. 2º, *caput*, da Lei nº 12.850/2013), ou ao crime de associação criminosa (art. 288 do CP), ou de associação para o tráfico de drogas (art. 35 da Lei nº 11.343/2006). Este, por sua vez, trata-se dos outros crimes praticados pela organização criminosa ou associação criminosa ou voltada ao tráfico. Exemplificando: se há uma associação criminosa voltada à prática de crimes de furtos contra bancos, deverão os seus agentes responder por ambos os delitos, o de furto e o de organização criminosa em concurso material. Nesse sentido: Lima (2020, p. 773).

[9] Parcela da doutrina elenca apenas o verbo "integrar" delito permanente, sendo os demais ou instantâneos ou eventualmente permanentes. Nesse sentido: Masson e Marçal (2020, p. 54-56).

será imediatamente aplicada ao caso (Súmula nº 711 do STF); a prescrição não começará a correr (art. 111, III, do CP).

 **Jurisprudência destacada**

> 4. Tendo por elemento subjetivo do tipo o dolo de associação à prática de ilícitos, a consumação da infração penal prevista no art. 2º, *caput*, da Lei nº 12.850/2013 protrai-se durante o período em que os agentes permanecem reunidos pelos propósitos ilícitos comuns, circunstância que caracteriza a estabilidade e a permanência que o diferem do mero concurso de agentes, motivo pelo qual é conceituado pela doutrina como crime permanente. (...) (STF, 2ª Turma, Inq nº 3.989/DF, Rel. Min. Edson Fachin, j. 11.06.2019).

Crime de perigo abstrato. Prevalece ainda que o delito do art. 2º é de **perigo abstrato ou presumido** (o perigo é absolutamente presumido pela lei, não havendo necessidade de que, no caso concreto, ele exista).

15.2.6 Complementos

Hediondez. O Pacote Anticrime, que entrou em vigor no dia 23.01.2020, alterou a Lei nº 8.072/1990 para inserir no rol de crimes hediondos a conduta típica prevista no art. 2º da Lei nº 12.850/2013. Assim, aquele que cometer o delito de organização criminosa, quando direcionado à prática de crime hediondo ou equiparado, a partir da vigência da Lei nº 13.964/2019, estará incorrendo em delito hediondo. Ressaltamos que o mencionado art. 2º nem sempre será assim etiquetado: apenas quando direcionado à prática de crime hediondo ou equiparado.

Especialidade. Em nosso ordenamento jurídico, há outros delitos associativos e, para bem compreendermos qual dispositivo será aplicado ao caso concreto, é necessário tecermos breves linhas de raciocínio:

♦ Se houver associação para a prática do delito de tráfico de drogas, o crime será o do art. 35 da Lei nº 11.343/2006 (preenchidos os requisitos da Lei) – princípio da especialidade.

♦ Se houver associação para a prática de genocídio, o crime será o do art. 2º da Lei nº 2.889/1956 (preenchidos os requisitos da Lei) – princípio da especialidade.

♦ Contudo, se a associação objetivar a prática de outras infrações penais, e preenchidos os requisitos da Lei nº 12.850/2013 já estudados, o delito será o do art. 2º desse diploma normativo, o qual prevalecerá sobre o art. 288 do CP (associação criminosa) – princípio da especialidade.

Identificação de integrantes para a denúncia. Para que haja o oferecimento da denúncia, o Ministério Público deverá identificar pelo menos um dos associados; quanto aos demais, no entanto, deverá comprovar as suas existências, a associação àquele que fora identificado e ainda a demonstração do vínculo estável e permanente que une o grupo (PORTO-CARRERO; FERREIRA, 2020, p. 990).

15.2.7 Figura equiparada – § 1º

Art. 2º (...)

§ 1º Nas mesmas penas incorre quem impede ou, de qualquer forma, embaraça a investigação de infração penal que envolva organização criminosa.

Conduta e elemento subjetivo. O § 1º elenca um delito equiparado ao do *caput* quanto à sanção penal (mesma pena em abstrato), consistente na conduta daquele que impede ou, de qualquer forma, embaraça a investigação de infração penal que envolva organização criminosa.

Cuida-se de uma obstrução à Justiça, porém especificamente relacionada à infração que envolva organização criminosa, podendo ocorrer na fase investigatória ou na judicial (por interpretação extensiva). Quanto a essa última afirmação, embora haja divergência na doutrina, foi nesse sentido que decidiu o STJ:

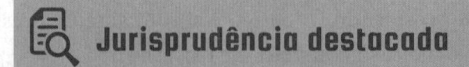 **Jurisprudência destacada**

Não é razoável dar ao art. 2º, § 1º, da Lei nº 12.850/2013 uma interpretação restritiva para reconhecer como típica a conduta do agente de impedir ou embaraçar a investigação somente na fase extrajudicial. Com efeito, as investigações se prolongam durante toda a persecução criminal, que abarca tanto o inquérito policial quanto a ação penal deflagrada pelo recebimento da denúncia. Não havendo o legislador inserido no tipo a expressão estrita "inquérito policial", compreende-se ter conferido à investigação de infração penal o sentido de persecução penal como um todo, até porque carece de razoabilidade punir mais severamente a obstrução das investigações do inquérito do que a obstrução da ação penal. Frise-se que também no curso da ação penal são feitas investigações e diligências objetivando a busca da verdade real, sendo certo que as investigações feitas no curso do inquérito, como no da ação penal, se diferenciam, primordialmente, no que diz respeito à amplitude do contraditório, ampla defesa e o devido processo legal. Ressalta-se que a persecução penal é contínua não havendo de se falar em estancamento das investigações com o recebimento da denúncia. Ademais, sabe-se que muitas diligências realizadas no âmbito policial possuem o contraditório diferido, de tal sorte que não é possível tratar inquérito e ação penal como dois momentos absolutamente independentes da persecução penal (STJ, 5ª Turma, HC nº 487.962/SC, Rel. Min. Joel Ilan Paciornik, j. 28.05.2019 – *Informativo* 650).

Acrescentamos que há precedentes da 2ª Turma do STF em sentido diverso do entendimento supraexposto, não admitindo a ocorrência do delito do art. 2º, § 1º, se a conduta de embaraço ou impedimento for realizada na fase judicial. Em outras palavras, o termo "investigação" citado pelo dispositivo deve ser interpretado literalmente, não abrangendo a etapa processual, sob pena de analogia *in malam partem*. Nesse sentido:

 **Jurisprudência destacada**

Denúncia oferecida pelo crime de obstrução de justiça. Preliminar de incompetência do Relator para supervisionar as investigações. Rejeição. Alegação de inconstitucionalidade do art.

> 2º, § 1º, da Lei nº 12.850/2013. Não acolhimento. (...) Atipicidade da conduta de obstrução de justiça ocorrida após o oferecimento da denúncia. Princípio da legalidade penal e da proibição de analogia in malam partem. Proibição da alteração da classificação jurídica do crime, por parte do órgão judicial, em desfavor do réu (...) (STF, 2ª Turma, Inq nº 4.720/DF, Rel. Min. Edson Fachin, j. 22.08.2021).

É crime contra a Administração da Justiça, além de ser especial em relação ao delito do art. 344 do CP (coação no curso do processo). O elemento subjetivo é o dolo (genérico), sem a exigência de qualquer finalidade específica.

Por fim, observe que, diferentemente do art. 2º, *caput*, a figura equiparada do § 1º é de concurso eventual/monossubjetivo (não é necessária a pluralidade de agentes).

Sujeitos do crime e consumação/tentativa. Trata-se de crime comum (qualquer pessoa poderá cometer), possuindo como sujeito passivo o Estado. A consumação ocorrerá quando o agente **efetivamente impede** a investigação (crime material) ou quando **de qualquer forma cause embaraço** a ela (crime formal). Para a maioria é **possível a tentativa**.

Embora a maioria da doutrina entenda que a conduta "embaraçar" seja crime formal, o STJ fixou a tese de que tanto o núcleo impedir quanto embaraçar são crimes materiais.

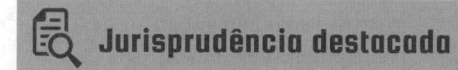

Jurisprudência destacada

O delito do art. 2º, § 1º, da Lei nº 12.850/2013 é crime material, inclusive na modalidade embaraçar. O referido verbo atrai um resultado, ou seja, uma alteração do seu objeto. Na hipótese normativa, o objeto é a investigação que, como já dito, pode se dar na fase de inquérito ou na ação penal. Ou seja, haverá a consumação pelo embaraço à investigação se algum resultado, ainda que momentâneo e reversível, for constatado, (STJ, 5ª Turma, REsp nº 1.817.416/SC, Rel. Min. Joel Ilan Paciornik, j. 03.08.2021 – *Informativo* 703).

Decifrando a prova

(Juiz de Direito – TJRJ – Vunesp – 2016 – Adaptada) No que diz respeito aos crimes previstos na Lei que define Organização Criminosa (Lei nº 12.850/2013), é correto afirmar que: aquele que impede ou, de qualquer forma, embaraça a investigação de infração penal que envolva organização criminosa terá, além da pena relativa ao crime de promover organização criminosa, uma causa de aumento de pena.

( ) Certo ( ) Errado

Gabarito comentado: o agente que impede ou, de qualquer forma, embaraça a investigação de infração penal que envolva organização criminosa, incorrerá na conduta equiparada estabelecida no art. 2º, § 1º, punida com a mesma pena disposta no *caput*. Como visto, não se trata de causa de aumento de pena do crime previsto no *caput* do art. 2º da Lei nº 12.850/2013, mas sim de conduta equiparada. Portanto, a assertiva está errada.

15.2.8 Agravante — § 3°

> **Art. 2°** (...)
>
> § 3° A pena é agravada para quem exerce o comando, individual ou coletivo, da organização criminosa, ainda que não pratique pessoalmente atos de execução.

O § 3° elenca uma circunstância agravante, apta a incidir na segunda fase de dosimetria da pena, caso o agente exerça o comando, individual (só ele) ou coletivo (compartilhado com outro), da organização criminosa. Ela será aplicada mesmo que o autor intelectual não pratique pessoalmente atos de execução, desde que, como dissemos, exerça o comando da organização.

15.2.9 Causas de aumento de pena — §§ 2° e 4°

Primeiramente, cumpre observar que, embora haja divergência na doutrina, o melhor entendimento é o que considera serem aplicáveis as causas de aumento de pena dos §§ 2° e 4° tanto ao delito do *caput* como à figura equiparada do § 1°[10].

> **Art. 2°** (...)
>
> § 2° As penas aumentam-se até a metade se na atuação da organização criminosa houver emprego de arma de fogo.

De acordo com o dispositivo supracitado, a pena aumenta-se de metade se há o empego de arma de fogo pela organização criminosa. Ao utilizar a expressão arma de fogo, o legislador excluiu dessa hipótese de incidência o emprego de qualquer outro instrumento, ainda que fabricado com a finalidade bélica. Ademais, como não houve especificação do tipo de arma a ser utilizada, a melhor interpretação é a que inclui tanto a de uso permitido quanto a de uso restrito. Essa causa de aumento incidirá na terceira fase de aplicação da pena.

Como o emprego da arma de fogo já servirá para aumentar a pena, não há que falar na responsabilização do agente pelos crimes previstos no art. 2°, *caput*, ou na figura equiparada do § 1°, em concurso com o crime de porte de arma de fogo, sob pena de configurar *bis in idem*.

De mais a mais, a apreensão da arma de fogo afigura-se desnecessária, sendo suficiente a prova inequívoca de sua utilização.

> **Art. 2°** (...)
>
> § 4° A pena é aumentada de 1/6 (um sexto) a 2/3 (dois terços):
>
> I – se há participação de criança ou adolescente;
>
> II – se há concurso de funcionário público, valendo-se a organização criminosa dessa condição para a prática de infração penal;

---

[10] No mesmo sentido: Masson e Marçal (2020, p. 113).

III – se o produto ou proveito da infração penal destinar-se, no todo ou em parte, ao exterior;

IV – se a organização criminosa mantém conexão com outras organizações criminosas independentes;

V – se as circunstâncias do fato evidenciarem a transnacionalidade da organização.

As outras hipóteses de aumento de pena estão elencadas no § 4º. Aqui, o patamar de aumento, também a ser levado em consideração pelo juiz na terceira fase de aplicação da pena, varia de um sexto a dois terços, podendo esse aumento elevar a pena acima do máximo cominado ao crime. Vejamos:

◆ **Participação de criança ou adolescente.** O conceito de criança ou adolescente deve ser extraído do art. 2º da Lei nº 8.069/1990 (ECA), segundo o qual "considera-se criança, para os efeitos desta Lei, a pessoa até doze anos de idade incompletos, e adolescente aquela entre doze e dezoito anos de idade". Busca-se com o aumento proteger a moralidade da pessoa em desenvolvimento. Saliente-se que o aumento em tela afasta a responsabilização do agente pelo crime de corrupção de menores, em concurso, devendo a causa de aumento ser aplicada em detrimento do crime previsto no art. 244-B do ECA, por força do princípio da especialidade. Admitir a incidência da causa de aumento e do crime de corrupção de menores previsto no ECA ensejaria no vedado *bis in idem*.

◆ **Concurso de funcionário público.** Para que haja a incidência dessa causa de aumento, a organização deve contar com a atuação de um funcionário público em concurso e se valer dessa condição do funcionário público para obter benefícios. A causa de aumento em tela será computada na pena de todos os agentes que integram a organização, desde que eles tenham ciência de que dela participa um funcionário público.

◆ **Produto ou proveito da infração destinado, no todo ou em parte, ao exterior.** Aqui não se exige que haja o efetivo encaminhamento do produto ou proveito da infração para o exterior, será levada em consideração a finalidade do agente.

◆ **Conexão da organização criminosa com outras organizações criminosas independentes.** A causa de aumento de pena justifica-se em razão da maior periculosidade gerada pela junção de duas ou mais organizações criminosas, que ficam mais estruturadas e mais fortes.

◆ **Transnacionalidade da organização.** De acordo com a maioria da doutrina, essa causa de aumento não terá aplicação, uma vez que, ao prever tal hipótese, esqueceu-se o legislador de que a transnacionalidade do delito configura como elementar do próprio conceito de organização criminosa. Admitir também a incidência dessa causa de aumento seria sancionar o agente duas vezes pelo mesmo fato, ou seja, *bis in idem*.

15.2.10 Outras consequências criminais – §§ 5º a 9º

Art. 2º (...)

§ 5º Se houver indícios suficientes de que o funcionário público integra organização criminosa, poderá o juiz determinar seu afastamento cautelar do cargo, emprego ou função, sem prejuízo da remuneração, quando a medida se fizer necessária à investigação ou instrução processual.

Afastamento cautelar de funcionário público. A medida cautelar de afastamento do funcionário público já encontra previsão legal no art. 319, VI, do CPP[11]. Sendo assim, quis o legislador, ao prever também essa possibilidade na Lei objeto de estudo, reforçar o possível afastamento cautelar do funcionário público, que integra a organização criminosa, de seu cargo, emprego ou função.

Nesse caso, a lei é clara ao exigir que haja indícios suficientes de que o funcionário público integre a organização criminosa (*fumus boni iuris*) e que a sua permanência no exercício do cargo, emprego ou função acarrete prejuízo à investigação ou à instrução processual penal (*periculum in mora*).

Como o afastamento cautelar do funcionário público ocorre sem prejuízo da sua remuneração, não há que falar em violação ao princípio da presunção da inocência ou de não culpa.

Consigna-se, por fim, que essa cautelar poderá ser decretada em qualquer fase da persecução penal, isto é, tanto na fase da investigação quanto do processo.

Art. 2º (...)

§ 6º A condenação com trânsito em julgado acarretará ao funcionário público a perda do cargo, função, emprego ou mandato eletivo e a interdição para o exercício de função ou cargo público pelo prazo de 8 (oito) anos subsequentes ao cumprimento da pena.

Perda do cargo, função, emprego ou mandato eletivo e a interdição para o exercício de função ou cargo público. Cuida-se essa hipótese de importante efeito extrapenal da condenação com trânsito em julgado. Diferentemente do que ocorre no art. 92, parágrafo único, do CP, esse efeito é automático, tal como ocorre na Lei de Tortura (art. 1º, § 5º, da Lei nº 9.455/1997), não precisando ser declarado motivadamente na sentença.

A interdição para o exercício de função ou cargo público é um efeito futuro e possui prazo, fixado em oito anos. Desse modo, o funcionário público que for condenado pela prática de organização criminosa, em sentença penal definitiva, poderá, depois de decorrido esse lapso, assumir nova função, emprego ou mandato eletivo, mas nunca naquela que já era por ele ocupada.

Art. 2º (...)

§ 7º Se houver indícios de participação de policial nos crimes de que trata esta Lei, a Corregedoria de Polícia instaurará inquérito policial e comunicará ao Ministério Público, que designará membro para acompanhar o feito até a sua conclusão.

Indícios de participação de policial nos crimes previstos na Lei nº 12.850/2013 e instauração de inquérito pela Corregedoria de Polícia. Nos termos do dispositivo supra-

---

[11] "Art. 319. São medidas cautelares diversas da prisão: (...)
VI – suspensão do exercício de função pública ou de atividade de natureza econômica ou financeira quando houver justo receio de sua utilização para a prática de infrações penais; (...)."

citado, caso fique evidenciada a participação de policial nos crimes previstos na Lei de Organização Criminosa, a saber, arts. 2º, *caput*, e § 1º, 18, 19, 20 e 21, a Corregedoria de Polícia instaurará inquérito e comunicará o Ministério Público. A determinação em tela trata-se de desdobramento lógico do controle externo da atividade policial, exercido pelo Ministério Público, com previsão constitucional (art. 129, VII[12]).

A atuação da corregedoria acompanhada pelo membro do Ministério Público não impede que o promotor de justiça realize diretamente a investigação.

> **Art. 2º** (...)
>
> **§ 8º** As lideranças de organizações criminosas armadas ou que tenham armas à disposição deverão iniciar o cumprimento da pena em estabelecimentos penais de segurança máxima.

Regime prisional para as lideranças de organizações criminosas. A Lei nº 13.964/2019 (Pacote Anticrime) acrescentou à Lei nº 12.850/2013 determinação referente ao início de cumprimento de pena daqueles que sejam lideranças de organizações criminosas armadas ou que tenham armas à disposição. No caso, impôs-se a obrigatoriedade de que o início do cumprimento da pena se dê em regime inicial fechado em penitenciária de segurança máxima.

Saliente-se que o Pacote Anticrime também produziu alterações na Lei de Execução Penal, dispondo acerca da inclusão daqueles sobre os quais recaiam fundadas suspeitas de envolvimento ou participação, a qualquer título, em organização criminosa, em regime disciplinar diferenciado (art. 52, § 1º, II, e § 3º, da Lei nº 7.210/1984). Assim, é forçoso concluir que mesmo aquele que tenha praticado o crime de organização criminosa, ainda que desarmada, poderá iniciar o regime de cumprimento de pena em estabelecimento penal de segurança máxima[13].

> **Art. 2º** (...)
>
> **§ 9º** O condenado expressamente em sentença por integrar organização criminosa ou por crime praticado por meio de organização criminosa não poderá progredir de regime de cumprimento de pena ou obter livramento condicional ou outros benefícios prisionais se houver elementos probatórios que indiquem a manutenção do vínculo associativo.

Vedação de progressão de regime, de livramento condicional ou outros benefícios prisionais. A vedação à progressão de regime aos condenados por integrarem organização criminosa ou por crime praticado por organização criminosa, desde que existam elementos probatórios que indiquem a manutenção do vínculo associativo, também trata-se de *novel* disposição inserida pelo Pacote Anticrime.

---

[12] "Art. 129. São funções institucionais do Ministério Público:
(...)
VI – exercer o controle externo da atividade policial, na forma da lei complementar mencionada no artigo anterior; (...)."

[13] Nesse sentido: Cunha, Pinto e Souza (2020, p. 1877).

A doutrina majoritária sustenta que o dispositivo em tela é constitucional e está em consonância com o princípio da individualização da pena, eis que a progressão de regime, o livramento condicional e os outros benefícios não foram impedidos de maneira integral. A lei apenas vedou tais benefícios enquanto houver elementos probatórios que indiquem que o vínculo associativo não foi interrompido, justamente para evitar a continuidade de práticas delitivas por esses agentes. Ademais, o magistrado analisará o cabimento de tais disposições individualmente para cada sentenciado, o que reforça a constitucionalidade da norma.

No tocante à progressão de regime aos condenados por crimes de organizações criminosas, a LEP, com as alterações promovidas pelo Pacote Anticrime, passou a prever novos patamares para a incidência do benefício. Assim, considerando que o crime de organização criminosa foi elevado à categoria de crime hediondo, quando direcionado à prática de crime hediondo ou equiparado, e que não se trata de crime praticado mediante violência ou grave ameaça, temos que a progressão se dará da seguinte forma:

1. Organização criminosa em geral, condenado primário, líder ou não – 16% da pena no regime anterior (art. 112, I, da LEP).

2. Organização criminosa em geral, condenado reincidente, líder ou não – 20% da pena no regime anterior (art. 112, II, da LEP).

3. Organização criminosa para a prática de crime hediondo, condenado primário, não líder – 40% da pena no regime anterior (art. 112, V, da LEP).

4. Organização criminosa para a prática de crime hediondo, condenado como líder, primário – 50% da pena no regime anterior (art. 112, VI, "b", da LEP).

5. Organização criminosa para a prática de crime hediondo, condenado reincidente em crime hediondo, líder ou não – 60% da pena no regime anterior (art. 112, VII, da LEP)[14].

15.2.11 Acordo de não persecução penal

O acordo de não persecução penal, instituto de direito penal negocial, foi inserido no CPP pela Lei nº 13.964/2019 (Pacote Anticrime). Trata-se de mais uma hipótese, entre as existentes em outras leis, para que o investigado celebre acordo com o Ministério Público antes do oferecimento da denúncia e veja extinta a sua punibilidade, com o cumprimento integral das condições.

Para que seja admissível a proposta do acordo suprarreferido, alguns requisitos previstos no art. 28-A e parágrafos do CPP deverão ser preenchidos, tais como:

♦ Crimes cuja pena mínima seja inferior a quatro anos.

♦ Investigado tiver confessado formal e circunstancialmente a prática de infração penal sem violência ou grave ameaça.

---

[14] Informação extraída da obra de Portocarrero e Ferreira (2020, p. 995). Colacionamos na íntegra em razão da clareza e melhor compreensão sobre o assunto que certamente será cobrado nos próximos certames de concurso.

♦ Não caiba a transação penal.

♦ Que o investigado não seja reincidente ou criminoso habitual.

♦ Não tenha sido beneficiado nos cinco anos anteriores ao cometimento da infração em acordo de não persecução penal, transação penal ou suspensão condicional do processo.

♦ Que o crime não tenha sido praticado no âmbito de violência doméstica ou familiar, ou contra a mulher por razões da condição de sexo feminino.

♦ Que seja necessário e suficiente para a reprovação e prevenção do crime.

Após tal análise, só então serão verificadas quais penas consensuais serão impostas ao autor do delito.

Pois bem. Sobre esse ponto, Masson e Marçal (2020, p. 59) lecionam que, embora o crime de organização criminosa e de obstrução da justiça tenham sido praticados sem violência ou grave ameaça, o acordo de persecução penal não poderá ser aplicado, pois "as penas consensuais advindas com a barganha – prestação de serviços comunitários e prestação pecuniária (CPP, art. 28-A, III e IV)", não são suficientes para a reprovação e prevenção dos delitos.

De mais a mais, a própria Lei nº 12.850/2013 já prevê outra forma especial de acordo com as autoridades públicas, nos crimes que envolvem organização criminosa: o de colaboração premiada, que possui um espectro de incidência muito mais amplo e cuja confissão também constitui requisito necessário para a sua aplicação.

Dessarte, para os delitos envolvendo organização criminosa, a aplicação do acordo de colaboração premiada possui efeitos mais favoráveis, razão pela qual deverá ser utilizado em detrimento do acordo de não persecução penal.

15.3 CRIMES OCORRIDOS NA INVESTIGAÇÃO E NA OBTENÇÃO DA PROVA – ARTS. 18 A 21

15.3.1 Art. 18

Art. 18. Revelar a identidade, fotografar ou filmar o colaborador, sem sua prévia autorização por escrito:

Pena – reclusão, de 1 (um) a 3 (três) anos, e multa.

15.3.1.1 Considerações preliminares

Os tipos penais previstos nos arts. 18, 19, 20, 21 foram criados para garantir a eficiência dos meios de prova dispostos no art. 3º da Lei.

Todos esses crimes visam tutelar a Administração da Justiça, especialmente no que toca ao regular andamento da persecução penal, abrangendo a fase investigativa. Cada tipo, entretanto, além do bem jurídico comum a todos eles, visa à proteção de outros bens jurídicos específicos que serão analisados individualmente.

No que tange à competência para o processo e julgamento de todos esses crimes, seguindo as lições de Lima (2020), ela estará ligada à justiça competente para o processo e julgamento da infração penal que se visa a investigar com o meio de prova. A fim de elucidar o exposto, exemplifica o autor:

> Se uma infiltração policial for determinada por um juiz federal para a investigação de organização criminosa especializada no tráfico internacional de drogas, eventual descumprimento de determinação do sigilo das investigações poderá tipificar o crime do art. 20 da Lei nº 12.850/13. Como a infiltração policial foi determinada pela Justiça Federal, integrante do Poder Judiciário da União, não há como negar que a violação desse sigilo atenta contra os interesses da União. Por consequência, o crime do art. 20 também deverá ser processado e julgado pela Justiça Federal, nos termos do art. 109, IV, da Constituição Federal (LIMA, 2020, p. 863).

15.3.1.2 Objeto jurídico e material

Objeto jurídico (bem jurídico). Cuida-se do valor fundamental que a lei buscou proteger ao criminalizar a conduta. No caso do art. 18, além da Administração da Justiça, o objetivo é preservar intimidade e a integridade do colaborador que se vê em xeque com a sua exposição não autorizada.

Objeto material. É a pessoa ou coisa sobre a qual recai a conduta do agente. No delito em questão, incidirá sobre o colaborador que terá a sua identidade revelada.

15.3.1.3 Conduta e elemento subjetivo

Conduta. O primeiro ponto a ser destacado é que o art. 5º da Lei nº 12.850/2013 dispõe sobre os direitos do colaborador, entre os quais, insere-se o de "II – ter nome, qualificação, imagem e demais informações pessoais preservados; e V – não ter sua identidade revelada pelos meios de comunicação, nem ser fotografado ou filmado, sem sua prévia autorização por escrito". A violação a esses direitos caracteriza o crime em tela, que visa a punir aquele que desrespeitar esses direitos do agente colaborador.

Temos aqui a conduta de quem **revela a identidade** (dá conhecimento a terceiro de todas as informações que individualizam uma pessoa), **fotografa** (registra a imagem de uma pessoa), **ou filma** (registra a movimentação de alguma coisa ou de pessoa). Nas três condutas é imprescindível que o autor do crime pratique os núcleos sem prévia autorização por escrito do agente colaborador. O consentimento do colaborador, desde que por escrito, afasta a própria tipicidade da conduta.

Insta salientar que o tipo em tela nada dispõe sobre aquele que revela a identidade, fotografa ou filma o agente infiltrado, que também possui os mesmos direitos que o agente colaborador, previstos no art. 14 da Lei, vejamos:

> (...) III – ter seu nome, sua qualificação, sua imagem, sua voz e demais informações pessoais preservadas durante a investigação e o processo criminal, salvo se houver decisão judicial em contrário;

IV − não ter sua identidade revelada, nem ser fotografado ou filmado pelos meios de comunicação, sem sua prévia autorização por escrito.

A omissão legislativa, todavia, não deve ser interpretada em prejuízo do réu. Assim, caso as condutas previstas no art. 18 recaiam sobre o agente infiltrado, não responderá o autor pelas penas estabelecidas no referido artigo, ante a falta de subsunção, podendo incorrer, no entanto, na prática do crime disposto no art. 20 da Lei n° 12.850/2013.

Cuida-se de crime de ação múltipla (ou tipo misto alternativo), no qual temos vários verbos que expressam a conduta criminosa. É certo que, se no mesmo contexto fático forem praticadas duas ou mais das ações previstas, por força do princípio da alternatividade, há um só delito (a quantidade de verbos flexionados certamente interferirá na fixação da pena a ser realizada pelo juiz − art. 59 do CP).

Elemento subjetivo. Estamos diante de **crime doloso**, punido tanto a título de dolo direto ou eventual. O tipo não prevê nenhum elemento subjetivo específico. Não há previsão da forma culposa do delito.

15.3.1.4 Sujeitos do crime

Quanto ao **sujeito ativo**, o entendimento majoritário é de que se cuida de crime comum, ou seja, o delito pode ser cometido por **qualquer pessoa**[15]. Com relação ao **sujeito passivo**, é o Estado e, mediatamente, **o colaborador que teve a sua identidade revelada**.

15.3.1.5 Consumação e tentativa

Consumação e tentativa. O crime se consuma no momento em que o sujeito ativo pratica qualquer das condutas previstas no tipo (revela a identidade, fotografa ou filma o colaborador); trata-se de **crime formal** e que **admite tentativa**.

Crime de perigo abstrato. Prevalece ainda que o delito do art. 18 é de **perigo abstrato ou presumido** (o perigo é absolutamente presumido pela lei, não havendo necessidade de que, no caso concreto, ele exista).

15.3.1.6 Complementos

Infração de médio potencial ofensivo. Em razão de a pena mínima do delito ser igual a um ano, a suspensão condicional do processo é cabível (art. 89 da Lei n° 9.099/1995). Entretanto, em razão da pena máxima cominada ser superior a dois anos (punido com um a três anos), o crime em estudo não se classifica como infração de menor potencial ofensivo.

---

[15] Há quem entenda que o crime seja próprio. Nesse sentido: Portocarrero e Ferreira (2020, p. 1034). Para os autores: "trata-se de crime próprio, somente podendo ser praticado por aqueles que têm, em razão de sua função, ciência do acordo de colaboração, bem como os profissionais de imprensa, a quem se dirige o comando do artigo 5°, V".

15.3.2 Art. 19

Art. 19. Imputar falsamente, sob pretexto de colaboração com a Justiça, a prática de infração penal a pessoa que sabe ser inocente, ou revelar informações sobre a estrutura de organização criminosa que sabe inverídicas:

Pena – reclusão, de 1 (um) a 4 (quatro) anos, e multa.

15.3.2.1 Objeto jurídico e material

Objeto jurídico (bem jurídico). Cuida-se do valor fundamental que a lei buscou proteger ao criminalizar a conduta. Além da Administração da Justiça, tutela-se de forma mediata a honra da pessoa inocente, isto é, a quem o colaborador imputou a prática da infração.

Objeto material. É a pessoa ou coisa sobre a qual recai a conduta do agente. No delito em questão, incidirá sobre a imputação falsa da prática de infração penal a quem sabe ser inocente ou sobre a revelação inverídica de informações a respeito da estrutura de organização criminosa.

15.3.2.2 Conduta e elemento subjetivo

Conduta. O tipo em tela, também denominado "colaboração caluniosa ou inverídica"[16], traz duas condutas delituosas:

A primeira, chamada de "colaboração caluniosa", consiste em **imputar (atribuir algo a alguém)** falsamente, sob pretexto de colaboração com a justiça, a prática de **infração penal (crime ou contravenção penal)**, a pessoa (certa e determinada) que sabe ser inocente.

A infração penal imputada ao agente tem que estar relacionada direta ou indiretamente com a organização criminosa.

A falsidade do crime em tela pode recair tanto sobre o fato imputado, que jamais pode ter ocorrido, ou sendo real o acontecimento, sobre a pessoa, que não foi o autor do fato.

Difere-se do delito de denunciação caluniosa, previsto no art. 339 do CP, pois o delito estabelecido no art. 19 da Lei objeto de estudo não exige a instauração de processo ou investigação em face da pessoa a quem se imputou falsamente a prática de infração penal.

A segunda conduta, conhecida como "colaboração inverídica ou fraudulenta", pune aquele que **revela (dá conhecimento a terceiro)** informações sobre a estrutura de organizações criminosas que sabe serem **inverídicas (falsas)**.

O tipo pressupõe a existência de acordo de colaboração premiada, previsto no art. 4º, §§ 6º e 7º, da Lei nº 12.850/2013, homologado pelo Poder Judiciário.

Cuida-se de crime de ação múltipla (ou tipo misto alternativo), no qual temos dois verbos que expressam as condutas criminosas. É certo que, se no mesmo contexto fático forem praticadas duas ou mais das ações previstas, por força do princípio da alternatividade, há um

---

[16] Nomenclatura utilizada por: Masson e Marçal (2020, p. 125).

só delito (a quantidade de verbos flexionados certamente interferirá na fixação da pena a ser realizada pelo juiz – art. 59 do CP).

Elemento subjetivo. Estamos diante de **crime doloso**, punido somente a título de dolo direto, pois o tipo penal prevê as seguintes expressões: "que sabe ser inocente" e "que sabe serem inverídicas". O dolo eventual não é admitido. Não há previsão da forma culposa do delito.

15.3.2.3 Sujeitos do crime

Quanto ao **sujeito ativo**, trata-se do agente colaborador (crime próprio e de mão própria), cuja definição legal vem prevista no art. 4º da Lei. Em que pese a coautoria do delito não ser possível, admite-se a participação. Com relação ao **sujeito passivo, é o Estado** e, mediatamente, a pessoa que teve contra si a injusta imputação.

15.3.2.4 Consumação e tentativa

Consumação e tentativa. O crime se consuma no momento em que há a imputação falsa com o fim visado pelo tipo, ou com a revelação de informações inverídicas. A tentativa é admitida, embora seja de difícil configuração.

Crime de perigo abstrato. Prevalece ainda que o delito do art. 19 é de **perigo abstrato ou presumido** (o perigo é absolutamente presumido pela lei, não havendo necessidade de que, no caso concreto, ele exista).

15.3.2.5 Complementos

Infração de médio potencial ofensivo. Em razão de a pena mínima do delito ser igual a um ano, a suspensão condicional do processo é cabível (art. 89 da Lei nº 9.099/1995); entretanto, em razão de a pena máxima cominada ser superior a dois anos (punido com um a quatro anos), o crime em estudo não se classifica como infração de menor potencial ofensivo.

15.3.3 Art. 20

Art. 20. Descumprir determinação de sigilo das investigações que envolvam a ação controlada e a infiltração de agentes:

Pena – reclusão, de 1 (um) a 4 (quatro) anos, e multa.

15.3.3.1 Objeto jurídico e material

Objeto jurídico (bem jurídico). Cuida-se do valor fundamental que a lei buscou proteger ao criminalizar a conduta. No caso do art. 20, é a Administração da Justiça e a incolumidade física do agente infiltrado ou do executor da ação controlada.

Objeto material. É a pessoa ou coisa sobre a qual recai a conduta do agente. No delito em questão, incidirá sobre o sigilo das investigações que envolvam a ação controlada e a infiltração de agentes.

15.3.3.2 Conduta e elemento subjetivo

O art. 20 da Lei nº 12.850/2013 tipifica o comportamento que passa a periclitar os seguintes meios extraordinários de investigação: a ação controlada e a infiltração de agentes.

O sigilo imposto à ação controlada e à infiltração de agentes decorre dos seguintes dispositivos previstos na Lei. Vejamos:

> **Art. 8º** Consiste a ação controlada em retardar a intervenção policial ou administrativa relativa à ação praticada por organização criminosa ou a ela vinculada, desde que mantida sob observação e acompanhamento para que a medida legal se concretize no momento mais eficaz *à* formação de provas e obtenção de informações.
>
> (...)
>
> **§ 2º** A comunicação será sigilosamente distribuída de forma a não conter informações que possam indicar a operação a ser efetuada.
>
> **§ 3º** Até o encerramento da diligência, o acesso aos autos será restrito ao juiz, ao Ministério Público e ao Delegado de Polícia, como forma de garantir o êxito das investigações.
>
> (...)
>
> **Art. 10.** A infiltração de agentes de polícia em tarefas de investigação, representada pelo Delegado de Polícia ou requerida pelo Ministério Público, após manifestação técnica do Delegado de Polícia quando solicitada no curso de inquérito policial, será precedida de circunstanciada, motivada e sigilosa autorização judicial, que estabelecerá seus limites.
>
> (...)
>
> **Art. 12.** O pedido de infiltração será sigilosamente distribuído, de forma a não conter informações que possam indicar a operação a ser efetivada ou identificar o agente que será infiltrado.

Conduta. Descumprir (significa transgredir, deixar de observar uma determinação que fora imposta), determinação de sigilo (que, no caso, pode decorrer de imposição legal ou judicial) das investigações que envolvam a ação controlada e a infiltração de agentes.

O tipo incrimina a violação de sigilo que deve estar presente nesses dois meios especiais de obtenção de prova e somente pode ser praticado durante a fase investigativa[17]. Caso a quebra de sigilo ocorra durante a fase processual, outro crime pode estar caracterizado, como o previsto no art. 325 do Código Penal[18].

---

[17] Em sentido contrário, Masson e Marçal (2020, p. 135) sustentam que deve ser conferida uma interpretação extensiva ao tipo, a fim de abranger tanto a fase investigativa quanto a processual. Assim, o art. 20 da Lei nº 12.850/2013, em razão do princípio da especialidade, deve prevalecer sobre o tipo previsto no art. 325 do CP, de modo que, se o sujeito ativo descumpre a determinação de sigilo das investigações (*lato sensu*) que envolvam a ação controlada e a infiltração de agentes, deverá responder pela prática do crime previsto ao teor do art. 20.

[18] "Violação de sigilo funcional

O descumprimento pode ser praticado tanto por ação, quando o autor revela algo, por exemplo, ou por omissão, quando propositalmente não se adotam as precauções necessárias pra que terceiro não tenha acesso.

Elemento subjetivo. Estamos diante de **crime doloso.** Não há previsão da forma culposa do delito.

15.3.3.3 Sujeitos do crime

Quanto ao **sujeito ativo**, o crime somente pode ser praticado pelo funcionário público, que tenha, em razão de sua função, cargo ou emprego, o dever de guardar sigilo, trata-se de crime próprio, o que não impede, todavia, que terceiro pratique o delito, na qualidade de coautor ou partícipe.

O **sujeito passivo** é o Estado. Indiretamente, poderão ser atingidos o agente infiltrado e o executor da ação controlada.

15.3.3.4 Consumação e tentativa

Consumação e tentativa. O crime se consuma no momento em que o sujeito ativo descumpre a manutenção do sigilo, seja revelando ou permitindo que terceiro tenha acesso; trata-se de **crime formal** e que **admite tentativa**, embora de difícil configuração.

Crime de perigo abstrato. Prevalece ainda que o delito do art. 20 é de perigo abstrato ou presumido (o perigo é absolutamente presumido pela lei, não havendo necessidade de que, no caso concreto, ele exista).

15.3.3.5 Complementos

Infração de médio potencial ofensivo. Em razão de a pena mínima do delito ser igual a um ano, a suspensão condicional do processo é cabível (art. 89 da Lei nº 9.099/1995); entretanto, em razão da pena máxima cominada ser superior a dois anos (punido com um a quatro anos), o crime em estudo não se classifica como infração de menor potencial ofensivo.

Art. 325. Revelar fato de que tem ciência em razão do cargo e que deva permanecer em segredo, ou facilitar-lhe a revelação: Pena detenção, de seis meses a dois anos, ou multa, se o fato não constitui crime mais grave.
§ 1º Nas mesmas penas deste artigo incorre quem:
I – permite ou facilita, mediante atribuição, fornecimento e empréstimo de senha ou qualquer outra forma, o acesso de pessoas não autorizadas a sistemas de informações ou banco de dados da Administração Pública;
II – se utiliza, indevidamente, do acesso restrito.
§ 2º Se da ação ou omissão resulta dano à Administração Pública ou a outrem:
Pena – reclusão, de 2 (dois) a 6 (seis) anos, e multa."

15.3.4 Art. 21

> **Art. 21.** Recusar ou omitir dados cadastrais, registros, documentos e informações requisitadas pelo juiz, Ministério Público ou Delegado de Polícia, no curso de investigação ou do processo:
>
> **Pena** – reclusão, de 6 (seis) meses a 2 (dois) anos, e multa.
>
> **Parágrafo único.** Na mesma pena incorre quem, de forma indevida, se apossa, propala, divulga ou faz uso dos dados cadastrais de que trata esta Lei.

15.3.4.1 Objeto jurídico e material

Objeto jurídico (bem jurídico). Cuida-se do valor fundamental que a lei buscou proteger ao criminalizar a conduta. No caso do art. 21, o bem jurídico tutelado é a Administração da Justiça.

Objeto material. Com relação ao *caput*, são os dados cadastrais, registros, documentos e informações que forem requisitados e sonegados. Quanto ao parágrafo único, refere-se aos dados cadastrais de que trata a Lei nº 12.850/2013.

15.3.4.2 Conduta e elemento subjetivo

Figura prevista no *caput*. O crime em tela, também denominado de "sonegação de informações", pune a **conduta** daquele que **recusa (desatende, opõe-se, nega) ou omite (deixa de fazer)** dados cadastrais, registros, documentos e informações requisitados pelo juiz, Ministério Público ou Delegado de Polícia, no curso de investigação ou do processo.

De acordo com os arts. 15, 16 e 17 da Lei nº 12.850/2013, as autoridades anteriormente referidas terão acesso independentemente de autorização judicial a dados cadastrais dos investigados, de telefonia, empresas aéreas etc. Pontua a doutrina, no entanto, no tocante à previsão do art. 17, que há divergência sobre a possibilidade de os delegados de polícia e membros do Ministério Público terem acesso direto aos registros de ligações recebidas e efetuadas, uma vez que o legislador não repetiu nesse dispositivo as seguintes expressões constantes dos arts. 15 e 16, a saber, "acesso independentemente de autorização judicial" e "acesso direto"[19]. Para maior facilidade e compreensão, colacionamos os arts. 15, 16 e 17; confira-se o seu teor:

> **Art. 15.** O Delegado de Polícia e o Ministério Público terão acesso, independentemente de autorização judicial, apenas aos dados cadastrais do investigado que informem exclusivamente a qualificação pessoal, a filiação e o endereço mantidos pela Justiça Eleitoral, empresas telefônicas, instituições financeiras, provedores de internet e administradoras de cartão de crédito.

---

[19] Nesse sentido: Masson e Marçal (2020, p. 139).

Art. 16. As empresas de transporte possibilitarão, pelo prazo de 5 (cinco) anos, acesso direto e permanente do juiz, do Ministério Público ou do Delegado de Polícia aos bancos de dados de reservas e registro de viagens.

Art. 17. As concessionárias de telefonia fixa ou móvel manterão, pelo prazo de 5 (cinco) anos, *à* disposição das autoridades mencionadas no art. 15, registros de identificação dos números dos terminais de origem e de destino das ligações telefônicas internacionais, interurbanas e locais.

Para que seja configurado o art. 21, os dados cadastrais, registros, documentos e informações devem estar materializados em requisições, que sejam feitas pela autoridade judicial, pelo Ministério Público ou pelo Delegado de Polícia. Registre-se que a ordem emanada de tais autoridades deve ser legal e poderá ser realizada tanto durante a fase inquisitiva quanto durante o processo que envolva organização criminosa.

Cuida-se de crime de ação múltipla (ou tipo misto alternativo), no qual temos dois verbos que expressam a conduta criminosa. É certo que, se no mesmo contexto fático forem praticadas duas ou mais das ações previstas, por força do princípio da alternatividade, há um só delito (a quantidade de verbos flexionados certamente interferirá na fixação da pena a ser realizada pelo juiz – art. 59 do CP).

Conflito aparente de normas. De acordo com a doutrina, o crime previsto no art. 21 não se confunde com o delito estabelecido no art. 330 do CP (desobediência), por conter elementos especializantes que o diferenciam desse delito.

Figura equiparada. O parágrafo único do art. 21 ainda prevê uma figura equiparada à **conduta** determinada no *caput*. Nesta, pune-se a conduta daquele que se **apossa (apodera-se), propala (divulgar), divulga (torna algo público) ou faz uso (utiliza), de forma indevida (contra a lei),** dos dados cadastrais de que trata essa Lei.

A expressão forma indevida constitui o elemento normativo do tipo; assim, caso a ação seja devida, o fato será atípico.

Também cuida-se de crime de ação múltipla (ou tipo misto alternativo), no qual temos vários verbos que expressam a conduta criminosa. É certo que, se no mesmo contexto fático forem praticadas duas ou mais das ações previstas, por força do princípio da alternatividade, haverá um só delito (a quantidade de verbos flexionados certamente interferirá na fixação da pena a ser realizada pelo juiz – art. 59 do CP).

Elemento subjetivo. Tanto para a figura prevista no *caput* quanto para a estabelecida no parágrafo único, o elemento subjetivo é o dolo, que será punido na forma de dolo direto ou eventual. Não há previsão da forma culposa dos delitos.

15.3.4.3 Sujeitos do crime

Caput: quanto ao **sujeito ativo**, trata-se de crime comum, ou seja, o delito pode ser cometido por **qualquer pessoa, a quem tenha sido dirigida a ordem de requisição**.

Parágrafo único: também se trata de crime comum.

Com relação ao **sujeito passivo, nos dois crimes, será o Estado**. Acrescente-se quanto à figura equiparada que, secundariamente, poderá ser a pessoa titular dos dados cadastrais revelados.

15.3.4.4 Consumação e tentativa

Consumação e tentativa. O crime do *caput* consuma-se no momento da recusa ou omissão; trata-se de **crime formal** e, por ser crime omissivo próprio, **não admite tentativa**.

Já a figura equiparada consuma-se no momento da prática das condutas descritas e também é **crime formal.** Diferentemente do *caput*, entretanto, são condutas comissivas, razão pela qual a tentativa é admitida.

Crime de perigo abstrato. Prevalece ainda que o delito do art. 21 é de **perigo abstrato ou presumido** (o perigo é absolutamente presumido pela lei, não havendo necessidade de que, no caso concreto, ele exista).

15.3.4.5 Complementos

Infração de menor potencial ofensivo. Em razão de a pena máxima cominada não ser superior a dois anos, tanto a previsão contida no *caput* quanto a do parágrafo único constituem-se infrações de menor potencial ofensivo (art. 61 Lei nº 9.099/1995). Em razão de a pena mínima do delito ser inferior a um ano, a transação penal (art. 76 da Lei nº 9.099/1995) e a suspensão condicional do processo (art. 89 da Lei nº 9.099/1995) são cabíveis.

15.4 MEIOS DE INVESTIGAÇÃO E OBTENÇÃO DE PROVAS – ARTS. 3º A 17

Art. 3º Em qualquer fase da persecução penal, serão permitidos, sem prejuízo de outros já previstos em lei, os seguintes meios de obtenção da prova:

15.4.1 Considerações iniciais

Com o avanço da criminalidade organizada e a profissionalização de sua estrutura, caracterizada pela divisão de tarefas, o ordenamento jurídico penal teve que se adaptar a essa nova realidade. Os meios ordinários de obtenção de prova (tais como a busca e apreensão, requisição de documentos etc.) não estavam mais suprindo a necessidade do Estado para se desbaratinar uma organização, identificar os crimes por ela praticados, a identidade dos seus membros e, assim, buscar a sua punição. Surgem, desse modo, as técnicas especiais de investigação, que passaram a ser disciplinadas pela Lei nº 12.850/2013.

De acordo com o art. 3º da Lei, os meios de obtenção de prova por ela referidos nos incisos desse artigo podem ser utilizados tanto na fase investigatória quanto na processual. Embora o art. 3º não tenha sido claro, o entendimento que deve ser extraído da norma é de que tais técnicas deverão ser empregadas quando se tratar de organização criminosa, isto é, tanto para a investigação do crime em si de organização criminosa quanto para as infrações penais decorrentes da organização criminosa (crime organizado por natureza e crime organizado por extensão, respectivamente).

15.4.2 Fonte de prova, meio de prova e meios de obtenção de prova[20]

Antes de avançarmos no estudo dos meios de obtenção de prova, necessário se faz traçar uma diferenciação entre os conceitos de fonte de prova, meio de prova e meios de obtenção de prova, tendo em vista que tais expressões não são sinônimas.

Fonte de prova. São as pessoas ou coisas das quais podemos obter a prova. A fonte de prova deriva do fato delituoso, independe da existência do processo e está diretamente relacionada ao fato delituoso. Sua inserção no feito se dá mediante os meios de prova. Citam-se como exemplo as pessoas que tenham presenciado um crime ou as marcas de sangue deixadas no local, que serão inseridas no feito por intermédio da prova testemunhal e pericial, respectivamente.

Meio de prova. São os instrumentos pelos quais as fontes de prova são introduzidas no processo. Uma pessoa que tenha presenciado um crime, por exemplo, é uma fonte de prova. Quando levada a juízo a fim de prestar o seu depoimento, este servirá como prova testemunhal. Então, teremos o meio de prova. Os meios de prova, ao contrário das fontes de prova, referem-se a uma atividade endoprocessual (desenvolvem-se dentro do processo), perante a autoridade judicial, com a participação das partes, e sob o manto do contraditório e da ampla defesa.

Meio de obtenção de prova. São procedimentos, geralmente extraprocessuais, executados por outros funcionários, que não a autoridade judicial, cujo objetivo precípuo é identificar as fontes de prova. Uma interceptação telefônica, por exemplo, trata-se de um meio de obtenção de prova, por intermédio do qual se busca coletar as fontes de prova.

Os meios de obtenção de prova são executados em sigilo. O fator surpresa é uma elementar essencial para que sejam eficazes. Assim, a parte contrária só terá ciência após a juntada deles no inquérito ou processo, quando forem inseridos como meio de prova.

Alguns doutrinadores, entre os quais Lima (2020), trazem uma classificação pertinente aos meios de obtenção de prova, de modo que teremos os:

- ◆ **Meios ordinários.** Podem ser conceituados como aqueles utilizados para todo e qualquer delito, como a busca domiciliar e a busca pessoal.

- ◆ **Meios extraordinários.** São também denominados técnicas especiais de investigação (TEI). O crime organizado é uma realidade distinta dos demais crimes. Uma organização criminosa trabalha com a ideia de supressão de provas, de maneira que, quando o crime é praticado, na sequência, todas as provas são suprimidas, dificultando o trabalho do aparato estatal. Por tais motivos, os Estados se conscientizaram de que seria necessário criarem-se novas técnicas de investigação: os meios extraordinários de obtenção de prova, que "são ferramentas sigilosas postas à disposição da polícia, dos órgãos de inteligência e do Ministério Público, para a apuração e persecução penal de crimes graves, que exigem o emprego de estratégias investigativas distintas das tradicionais" (LIMA, 2020. p. 789). Assim, teremos os

---

[20] A diferenciação trazida nesta obra é traçada por Lima (2020, p. 787-789).

seguintes meios extraordinários de obtenção de prova que podem ser utilizados para apuração de delitos envolvendo organização criminosa:

Lei nº 12.850/2013

Art. 3º (...)

I – colaboração premiada;

II – captação ambiental de sinais eletromagnéticos, **ópticos** ou acústicos;

III – **ação** controlada;

IV – acesso a registros de ligações telefônicas e telemáticas, a dados cadastrais constantes de bancos de dados públicos ou privados e a informações eleitorais ou comerciais;

V– interceptação de comunicações telefônicas e telemáticas, nos termos da legislação específica;

VI – afastamento dos sigilos financeiro, bancário e fiscal, nos termos da legislação específica;

VII – infiltração, por policiais, em atividade de investigação, na forma do art. 11;

VIII – cooperação entre instituições e **órgãos** federais, distritais, estaduais e municipais na busca e provas e informações de interesse da investigação ou da instrução criminal.

O uso de tais técnicas especiais de investigação é plenamente compatível com a CF/1988, desde que sejam observadas a: **reserva de lei** – a Lei nº 12.850/2013 atende esse pressuposto, tendo em vista que ela regulamentou detalhadamente a execução de cada um desses meios de obtenção de prova; **reserva de jurisdição** – como todos esses meios de obtenção de prova acarretam restrição a direitos fundamentais, necessário que a sua utilização seja precedida de autorização judicial e, mesmo que determinada técnica especial não preveja esse controle judicial prévio, como ocorre com a ação controlada, ele será exercido *a posteriori*, razão pela qual não há que alar na violação desse pressuposto; **proporcionalidade** – tendo em vista ser necessária a verificação de que a técnica especial tem idoneidade de atingir o fim proposto (adequação), se não há outro meio menos invasivo possível de ser usado (necessidade) e se a restrição de direitos fundamentais prepondera sobre o fim que se busca, no nosso caso, o combate à organização criminosa (proporcionalidade em sentido estrito).

Atendidos tais pressupostos, não há dúvidas de que as técnicas especiais de investigação listadas pela Lei nº 12.850/2013 são compatíveis com a CF/1988.

15.4.3 Dispensa de licitação

Lei nº 12.850/2013

Art. 3º (...)

§ 1º Havendo necessidade justificada de manter sigilo sobre a capacidade investigatória, poderá ser dispensada licitação para contratação de serviços técnicos especializados, aquisição ou locação de equipamentos destinados à polícia judiciária para o rastreamento e obtenção de provas previstas nos incisos II e V.

§ 2º No caso do § *1º*, fica dispensada a publicação de que trata o parágrafo *único* do art. 61 da Lei nº 8.666, de 21 de junho de 1993, devendo ser comunicado o órgão de controle interno da realização da contratação.

O § 1º do art. 3º da Lei nº 12.850/2013 traz outra hipótese de dispensa de licitação, para além das já previstas no art. 24. da Lei nº 8.666/1993 (atualmente, art. 75 da Lei nº 14.133/2021). Para que seja mantido o sigilo das investigações, quando houver necessidade de contratação de serviços técnicos especializados, aquisição ou locação de equipamentos destinados à polícia judiciária para o rastreamento e obtenção de provas relacionadas à captação ambiental de sinais eletromagnéticos, ópticos ou acústicos e para a interceptação telefônica, a licitação poderá ser dispensada. Nesse caso, a publicação resumida do instrumento de contrato ou de seus aditamentos na imprensa oficial ficará dispensada, mas o órgão de controle interno da realização da contratação deverá ser comunicado.

15.4.4 Participação do juiz nos meios de obtenção de prova

A Lei nº 12.850/2013 produziu avanços com relação à revogada Lei nº 9.034/1995, que permitia em seu antigo art. 3º[21] que o próprio juiz, mesmo durante as investigações, decretasse a quebra do sigilo de dados bancário, financeiro, fiscal e eleitoral (o juiz agia de ofício durante toda a fase investigatória), criando uma espécie do que a doutrina convencionou chamar de **juiz inquisidor**.

É certo que não é vedado ao juiz agir na obtenção de provas na fase investigatória, mas a sua atuação está restrita às hipóteses em que é provocado pela autoridade policial ou pelo membro do Ministério Público. Esse entendimento é corroborado com a adoção do sistema acusatório pelo ordenamento jurídico processual penal, conforme o art. 3º-A do CPP[22], incluído pelo Pacote Anticrime, que assim dispõe: "O processo penal terá estrutura acusatória, vedadas a iniciativa do juiz na fase de investigação e a substituição da atuação probatória do órgão de acusação".

Ao analisar a constitucionalidade da disposição prevista no revogado art. 3º, o STF, no julgamento da ADI nº 1.570, julgou parcialmente procedente o pedido formulado para o fim de declarar inconstitucional em parte o dispositivo no que toca aos sigilos de dados fiscal e eleitoral, por violar o sistema acusatório e a garantia da imparcialidade.

---

[21] Lei nº 9.034/1995: "Art. 2º Em qualquer fase de persecução criminal que verse sobre ação praticada por organizações criminosas são permitidos, além dos já previstos na lei, os seguintes procedimentos de investigação e formação de provas:
(...)
III – o acesso a dados, documentos e informações fiscais, bancárias, financeiras e eleitorais.
(...)
Art. 3º Nas hipóteses do inciso III do art. 2º desta lei, ocorrendo possibilidade de violação de sigilo preservado pela Constituição ou por lei, a diligência será realizada pessoalmente pelo juiz, adotado o mais rigoroso segredo de justiça".

[22] Cuida-se de dispositivo suspenso por ocasião de decisão liminar proferida no âmbito do STF (ADI nº 6.299). Contudo, externa o pensamento doutrinário amplamente dominante.

No que tange aos sigilos de dados bancário e financeiro, o entendimento adotado é o de que art. 3º, somente com relação a essas partes, já teria sido tacitamente revogado pela Lei Complementar nº 105/2001, que passou a regulamentar o sigilo de dados bancário e financeiro.

Com o fito de afastar a figura do juiz inquisidor da Lei nº 12.850/2013, o legislador atentou-se a esse fato, passando a prever em alguns de seus dispositivos, como no art. 4º, § 6º, que o juiz não participará das tratativas do acordo de colaboração premiada, e, ainda, conforme determina o art. 10, a infiltração de agentes será realizada mediante autorização judicial, que deverá ser precedida de representação feita pelo Delegado de Polícia ou requerimento formulado pelo Ministério Público, após manifestação técnica do Delegado de Polícia quando solicitada no curso de inquérito policial.

15.4.5 Meios de obtenção de prova previstos na Lei nº 12.850/2013

Como vimos, o art. 3º da Lei nº 12.850/2013 estabelece um elenco de meios de obtenção de prova nos incisos I a VIII.

A disciplina de alguns pode ser encontrada na própria lei, como a da colaboração premiada (arts. 3º-A, 3º-B, 3º-C e 4º), da ação controlada (arts. 8º e 9º), da infiltração de agentes (arts. 10, 10-A, 10-B, 10-C, 10-D, 11, 12, 13 e 14) e do acesso a registros, dados cadastrais, documentos e informações (arts. 15, 16 e 17).

Os demais, por seu turno, à exceção da cooperação entre instituições e órgãos federais, distritais, estaduais e municipais na busca de provas e informações de interesse da investigação ou da instrução criminal, encontram regramento próprio em legislações diversas.

O tratamento da interceptação telefônica é previsto na Lei nº 9.296/1996 e, recentemente, a captação ambiental de sinais eletromagnéticos, ópticos ou acústicos também passou a ter regramento específico no art. 8º-A da Lei nº 9.296/1996, inserido pela Lei nº 13.964/2019 (Pacote Anticrime)[23]. A fim de evitarmos re-

---

[23] A 6ª Turma do STJ decidiu que as inovações do Pacote Anticrime na Lei nº 9.296/1996 não alteraram o entendimento de que é lícita a prova consistente em gravação ambiental realizada por um dos interlocutores sem conhecimento do outro. "Atualmente, existe tratamento diferenciado na jurisprudência entre: *a)* interceptação – captação de comunicação alheia e sem conhecimento dos comunicadores, de forma sub-reptícia; *b)* escuta – captação de conversa, por terceiro, com o consentimento de um dos interlocutores e *c)* gravação – captação feita por um dos próprios comunicadores sem que o outro saiba. A jurisprudência desta Corte é no sentido de que a gravação ambiental realizada por colaborador premiado, um dos interlocutores da conversa, sem o consentimento dos outros, é lícita, ainda que obtida sem autorização judicial, e pode ser validamente utilizada como meio de prova no processo penal. No mesmo sentido é o precedente do Supremo Tribunal Federal, exarado na QO-RG RE nº 583.937/RJ, de que, desde que não haja causa legal de sigilo, 'é lícita a prova consistente em gravação ambiental realizada por um dos interlocutores sem conhecimento do outro' (Tema nº 237). Na oportunidade, o Colegiado concluiu que a disponibilização de conteúdo de conversa por partícipe, emissor ou receptor,

petições desnecessárias, remetemos o leitor às observações realizadas na Lei nº 9.296/1996.

O afastamento dos sigilos financeiro, bancário e fiscal ocorrerá nos termos da Lei Complementar nº 105/2001.

15.5 COLABORAÇÃO PREMIADA

Art. 3º-A O acordo de colaboração premiada *é* negócio jurídico processual e meio de obtenção de prova, que pressupõe utilidade e interesse públicos.

15.5.1 Conceito e natureza jurídica

De acordo com Masson e Marçal (2020, p. 166-167), a colaboração premiada pode ser conceituada como:

> Meio especial de obtenção de prova – técnica especial de investigação – por meio do qual o coautor ou partícipe, visando alcançar algum prêmio legal (redução de pena, perdão judicial, cumprimento de pena em regime diferenciado etc.), coopera com os órgãos de persecução penal confessando seus atos e fornecendo informações objetivamente eficazes quanto à identidade dos demais sujeitos do crime, à materialidade das infrações penais por eles cometidas, a estrutura da organização criminosa, a recuperação de ativos, a prevenção de delitos ou a localização de pessoas.

A Lei nº 12.850/2013 sofreu algumas alterações promovidas pela Lei nº 13.964/2019, que nela inseriu alguns dispositivos, entre os quais o art. 3º-A, que trata da natureza jurídica do acordo de colaboração premiada.

> Pois bem. O acordo de colaboração premiada não pode ser confundido com a própria colaboração premiada, técnica especial de investigação e espécie de meio de obtenção de prova, utilizada na persecução penal de organizações criminosas. O acordo de cola-

---

significaria apenas dispor daquilo que também é seu, sem que se possa falar em interceptação, sigilo de comunicação ou de intromissão furtiva em situação comunicativa. Não se delimitou que a gravação de conversa por um dos participantes do diálogo seria lícita somente se utilizada em defesa própria, nunca como meio de prova da acusação. É mister ressaltar, ainda, que a Lei nº 9.296, de 24.07.1996, mesmo com as inovações trazidas pela Lei nº 13.964/2019, não dispôs sobre a necessidade de autorização judicial para a gravação de diálogo por um dos seus comunicadores. Consta, em dispositivo novo da Lei nº 9.296/1996 (art. 10-A, § 1º), que não há crime se a captação é realizada por um dos interlocutores. Remanesce a reserva jurisdicional apenas aos casos relacionados à captação por terceiros, sem conhecimento dos comunicadores, quando existe a inviolabilidade da privacidade, protegida constitucionalmente" (STJ, 6ª Turma, HC nº 512.290/RJ, Rel. Min. Rogerio Schietti Cruz, por unanimidade, j. 18.08.2020, *DJe* 25.08.2020. Disponível em: https://guilhermedesouzanucci.jusbrasil.com.br/noticias/1109387916/criminal--resumo-do-informativo-n-680-do-stj. Acesso em: 10 nov. 2020).

boração premiada tem natureza jurídica dúplice, a saber, negócio jurídico processual e meio de obtenção de prova (MASSON; MARÇAL, 2020, p. 175). Por sua vez, a colaboração premiada trata-se de meio extraordinário de obtenção de prova.

Nesse sentido, o STF:

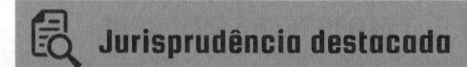

Jurisprudência destacada

1. A jurisprudência do Supremo Tribunal Federal assentou que o acordo de colaboração premiada consubstancia negócio jurídico processual, de modo que seu aperfeiçoamento pressupõe voluntariedade de ambas as partes celebrantes. Precedentes. 2. Não cabe ao Poder Judiciário, que não detém atribuição para participar de negociações na seara investigatória, impor ao Ministério Público a celebração de acordo de colaboração premiada, notadamente como ocorre na hipótese em que há motivada indicação das razões que, na visão do titular da ação penal, não recomendariam a discricionário negócio jurídico processual. 3. A realização de tratativas dirigidas a avaliar a conveniência do Ministério Público quanto à celebração do acordo de colaboração premiada não resulta na necessária obrigatoriedade de efetiva formação de ajuste processual. 4. A negativa de celebração de acordo de colaboração premiada, quando explicitada pelo Procurador-Geral da República em feito de competência originária desta Suprema Corte, não se subordina a escrutínio no âmbito das respectivas Câmaras de Coordenação e Revisão do Ministério Público. 5. Nada obstante a ausência de demonstração de direito líquido e certo à imposição de celebração de acordo de colaboração premiada, assegura-se ao impetrante, por óbvio, insurgência na seara processual própria, inclusive quanto à eventual possibilidade de concessão de sanção premial em sede sentenciante, independentemente de anuência do Ministério Público. Isso porque a colaboração premiada configura realidade jurídica, em si, mais ampla do que o acordo de colaboração premiada. 6. Agravo regimental desprovido (STF, 2ª Turma, MS nº 35.693/DF, Rel. Min. Edson Fachin, j. 28.05.2019, data de publicação: 24.07.2020).

De acordo com a doutrina, a colaboração premiada também recebe outras nomenclaturas, tais como: "delação premiada"[24], "chamada de corréu", "pacto premial", "confissão delatória" (MASSON; MARÇAL, 2020, p. 168), entre outros, e pode ser compreendida como o gênero do qual, de acordo com Vladimir Aras, decorrem as seguintes subespécies:

a. delação premiada (no qual há exposição dos demais coautores e partícipes);
b. colaboração para libertação (em que há a indicação de onde está pessoa sequestrada ou refém);
c. colaboração para localização e recuperação de ativos (visa localizar os produtos ou proveitos do delito de bens, que possam estar relacionados com a lavagem de capitais);

---

[24] Para Lima (2020, p. 793), a colaboração premiada e a delação não são expressões sinônimas, sendo aquela mais abrangente, isso porque, de acordo com as suas palavras: "o imputado, no curso da *persecutio criminis*, pode assumir a culpa sem incriminar terceiros, fornecendo, por exemplo, informações acerca da localização do produto do crime, caso em que é tido como mero colaborador. Pode por outro lado, assumir a culpa (confessar e delatar outras pessoas). É nessa hipótese que se fala em delação premiada (ou chamamento de corréu)".

d. colaboração preventiva (há o fornecimento de informações objetivando evitar a prática de crimes ou a sua continuidade)" (*apud* MASSON; MARÇAL, 2020, p. 168-169); e

e. colaboração reveladora da burocracia da organização, prevista no art. 4º, II (objetiva-se desmantelar a estrutura hierárquica e a divisão de tarefas da organização)[25].

Em que pesem as outras denominações conferidas ao meio de obtenção de prova em estudo, pelo fato de a Lei nº 12.850/2013 ter se utilizado expressamente da expressão "colaboração premiada", em nosso trabalho adotaremos essa nomenclatura ao tratarmos desse assunto.

15.5.2 Críticas à colaboração premiada

Parte da doutrina tece críticas à colaboração premiada, ao argumento de que admiti-la seria um incentivo à traição, sendo, portanto, um comportamento imoral, antiético e incompatível com o Estado Democrático de Direito. E mais, o delator receberia uma pena menor do que a do delatado, o qual praticou crime tão grave quanto o do delator.

Outra parte, todavia, sendo esta a maioria, tece argumentos favoráveis, no sentido de que não há que falar em ética e moral dentro de uma organização criminosa, uma vez que os próprios integrantes não prezam pelo respeito a esses princípios. Ademais, a ética não poderia constituir óbice para a colaboração premiada, cujo objetivo é combater o crime organizado.

Cunha, Pinto e Souza (2020, p. 1895) observam o instituto com bons olhos e argumentam:

> Essa nova representação social, fruto de todo um novo discurso doutrinário, reorientou as condutas dos atores do sistema de justiça criminal, de modo que o instituto passou a ser percebido como o reestabelecimento do pacto social antes quebrado pelo agente criminoso, ao praticar o ilícito do qual, agora, está arrependido e disposto a remediar.

Dessarte, o instituto em tela, ao lado de outras técnicas especiais de investigação, tornou-se um instrumento necessário ao combate do crime organizado, que cada vez mais ganha contornos específicos, a fim de evitar o seu desmantelamento e garantir a impunidade de seus integrantes.

15.5.3 Panorama legislativo

Lei nº 8.072/1990. A primeira lei a tratar da colaboração premiada expressamente, não com essa nomenclatura, é verdade, mas prevendo benesses ao colaborador, foi a Lei dos Crimes Hediondos. Alguns doutrinadores, contudo, ainda vão mais além, ao disporem que os

---

[25] Espécie acrescentada por Masson e Marçal (2020, p. 168-169).

institutos da confissão espontânea (art. 65, III, "b", do CP), por exemplo, e arrependimento eficaz (art. 15 do CP) e posterior (art. 16 do CP) já trariam nuances do direito penal "premial".

Na Lei dos Crimes Hediondos, encontramos a seguinte previsão legal:

> **Art. 8º** Será de três a seis anos de reclusão a pena prevista no art. 288 do Código Penal, quando se tratar de crimes hediondos, prática da tortura, tráfico ilícito de entorpecentes e drogas afins ou terrorismo.
>
> **Parágrafo único.** O participante e o associado que denunciar à autoridade o bando ou quadrilha, possibilitando seu desmantelamento, terá a pena reduzida de um a dois terços.

Após o advento da Lei nº 12.850/2013, que definiu novos contornos ao crime de bando ou quadrilha, agora denominado de "associação criminosa", o art. 8º, supracolacionado, continua em plena vigência, só que com incidência sobre o crime de associação criminosa.

Interessante notar que o benefício da colaboração premiada previsto na Lei dos Crimes Hediondos restringiu-se apenas a uma diminuição de pena. Sendo assim, seria possível cumular esse benefício com a atenuante da confissão? A resposta a tal indagação é afirmativa. Não há impossibilidade de aplicação simultânea de ambos os benefícios, haja vista que a causa de diminuição prevista na colaboração premiada incide na terceira fase de individualização da pena e a atenuante da confissão, na segunda fase[26].

Art. 159, § 4º, do CP. O § 4º do crime de extorsão mediante sequestro foi inserido nesse artigo pela Lei dos Crimes Hediondos, sofrendo uma modificação posterior pela Lei nº 9.269/1996, que alterou a expressão anterior "quadrilha ou bando", prevista no dispositivo, para "se o crime é cometido em concurso".

> **Art. 159.** Sequestrar pessoa com o fim de obter, para si ou para outrem, qualquer vantagem, como condição ou preço do resgate:
>
> **Pena** – reclusão, de oito a quinze anos. (...)
>
> **§ 4º** Se o crime é cometido em concurso, o concorrente que o denunciar à autoridade, facilitando a libertação do sequestrado, terá sua pena reduzida de um a dois terços.

Lei nº 7.492/1986. O benefício previsto na Lei de Crimes contra o Sistema Financeiro Nacional ao coautor ou partícipe que, por meio de confissão espontânea, revelar à autoridade policial ou judicial toda a trama delituosa foi inserido pela Lei nº 9.080/1995.

> **Art. 25.** (...)
>
> **§ 2º** Nos crimes previstos nesta lei, cometidos em quadrilha ou coautoria, o coautor ou partícipe que através de confissão espontânea revelar à autoridade policial ou judicial toda a trama delituosa terá a sua pena reduzida de um a dois terços.

Lei nº 8.137/1990. Com disposição semelhante à da lei anterior, a Lei que define crimes contra a ordem tributária, econômica e contra as relações de consumo também prevê uma

---

[26] Nesse sentido: STJ, 5ª Turma, HC nº 84.609/SP 2007/0132410-0, Rel. Min. Laurita Vaz, j. 04.02.2010, *DJe* 1º.03.2010.

diminuição de pena ao coautor ou partícipe que, por meio de confissão espontânea, revelar à autoridade policial ou judicial toda a trama delituosa.

> **Art. 16. (...)**
>
> **Parágrafo único.** Nos crimes previstos nesta lei, cometidos em quadrilha ou coautoria, o coautor ou partícipe que através de confissão espontânea revelar à autoridade policial ou judicial toda a trama delituosa terá a sua pena reduzida de um a dois terços.

Lei nº 9.613/1998. Com a Lei de Lavagem de Capitais, os benefícios ao colaborador foram ampliados. Além da redução da pena, teremos a fixação do regime em aberto ou semiaberto, perdão judicial e substituição da pena por restritiva de direitos.

> **Art. 1º (...)**
>
> § 5º A pena poderá ser reduzida de um a dois terços e ser cumprida em regime aberto ou semiaberto, facultando-se ao juiz deixar de aplicá-la ou substituí-la, a qualquer tempo, por pena restritiva de direitos, se o autor, coautor ou partícipe colaborar espontaneamente com as autoridades, prestando esclarecimentos que conduzam à apuração das infrações penais, à identificação dos autores, coautores e partícipes, ou à localização dos bens, direitos ou valores objeto do crime.

Lei nº 9.807/1999. Trata-se da Lei de Proteção às Testemunhas, cuja incidência não é restrita a determinado crime específico, pelo contrário, trata-se de uma lei geral que pode ser aplicada a todo e qualquer delito. Note que, para que o colaborador seja favorecido com o benefício constante do *caput* do art. 13, não é necessária a presença cumulativa dos três incisos, pois admitir tal hipótese seria restringir a sua aplicação apenas ao delito de extorsão mediante sequestro. Assim, defende-se que o dispositivo referido trabalha com uma regra de cumulatividade temperada.

> **Art. 13.** Poderá o juiz, de ofício ou a requerimento das partes, conceder o perdão judicial e a consequente extinção da punibilidade ao acusado que, sendo primário, tenha colaborado efetiva e voluntariamente com a investigação e o processo criminal, desde que dessa colaboração tenha resultado:
>
> I – a identificação dos demais coautores ou partícipes da ação criminosa;
>
> II – a localização da vítima com a sua integridade física preservada;
>
> III – a recuperação total ou parcial do produto do crime.
>
> **Parágrafo único.** A concessão do perdão judicial levará em conta a personalidade do beneficiado e a natureza, circunstâncias, gravidade e repercussão social do fato criminoso.
>
> **Art. 14.** O indiciado ou acusado que colaborar voluntariamente com a investigação policial e o processo criminal na identificação dos demais coautores ou partícipes do crime, na localização da vítima com vida e na recuperação total ou parcial do produto do crime, no caso de condenação, terá pena reduzida de um a dois terços.

Lei nº 11.343/2006. Na Lei de Drogas, o legislador limitou-se a conferir o benefício da redução da pena.

Art. 41. O indiciado ou acusado que colaborar voluntariamente com a investigação policial e o processo criminal na identificação dos demais coautores ou partícipes do crime e na recuperação total ou parcial do produto do crime, no caso de condenação, terá pena reduzida de um terço a dois terços.

Lei nº 12.529/2011. Essa Lei trata do sistema brasileiro de defesa da concorrência e vai prever o chamado acordo de leniência, também conhecido como "brandura ou de doçura", o qual nada mais é do que uma espécie de colaboração premiada nos crimes contra a ordem econômica.

Art. 87. Nos crimes contra a ordem econômica, tipificados na Lei nº 8.137, de 27 de dezembro de 1990 , e nos demais crimes diretamente relacionados à prática de cartel, tais como os tipificados na Lei nº 8.666, de 21 de junho de 1993, e os tipificados no art. 288 do Decreto-lei nº 2.848, de 7 de dezembro de 1940 – Código Penal, a celebração de acordo de leniência, nos termos desta Lei, determina a suspensão do curso do prazo prescricional e impede o oferecimento da denúncia com relação ao agente beneficiário da leniência.

Parágrafo único. Cumprido o acordo de leniência pelo agente, extingue-se automaticamente a punibilidade dos crimes a que se refere o caput deste artigo.

Lei nº 12.846/2013. Conhecida como "Lei Anticorrupção", também previu o acordo de leniência.

Art. 16. A autoridade máxima de cada órgão ou entidade pública poderá celebrar acordo de leniência com as pessoas jurídicas responsáveis pela prática dos atos previstos nesta Lei que colaborem efetivamente com as investigações e o processo administrativo, sendo que dessa colaboração resulte:

I – a identificação dos demais envolvidos na infração, quando couber; e

II – a obtenção célere de informações e documentos que comprovem o ilícito sob apuração.

§ 1º O acordo de que trata o *caput* somente poderá ser celebrado se preenchidos, cumulativamente, os seguintes requisitos:

I – a pessoa jurídica seja a primeira a se manifestar sobre seu interesse em cooperar para a apuração do ato ilícito;

II – a pessoa jurídica cesse completamente seu envolvimento na infração investigada a partir da data de propositura do acordo;

III – a pessoa jurídica admita sua participação no ilícito e coopere plena e permanentemente com as investigações e o processo administrativo, comparecendo, sob suas expensas, sempre que solicitada, a todos os atos processuais, até seu encerramento.

§ 2º A celebração do acordo de leniência isentará a pessoa jurídica das sanções previstas no inciso II do art. 6º e no inciso IV do art. 19 e reduzirá em até 2/3 (dois terços) o valor da multa aplicável.

(...)

§ 9º A celebração do acordo de leniência interrompe o prazo prescricional dos atos ilícitos previstos nesta Lei.

(...)

Art. 17. A administração pública poderá também celebrar acordo de leniência com a pessoa jurídica responsável pela prática de ilícitos previstos na Lei nº 8.666, de 21 de junho de 1993, com vistas à isenção ou atenuação das sanções administrativas estabelecidas em seus arts. 86 a 88.

Lei nº 12.850/2013. A Lei das Organizações Criminosas, nosso objeto de estudo, é a lei geral procedimental sobre o assunto, até porque foi a única a dispor sobre o acordo de colaboração premiada.

Art. 4º O juiz poderá, a requerimento das partes, conceder o perdão judicial, reduzir em até 2/3 (dois terços) a pena privativa de liberdade ou substituí-la por restritiva de direitos daquele que tenha colaborado efetiva e voluntariamente com a investigação e com o processo criminal, desde que dessa colaboração advenha um ou mais dos seguintes resultados:

I – a identificação dos demais coautores e partícipes da organização criminosa e das infrações penais por eles praticadas;

II – a revelação da estrutura hierárquica e da divisão de tarefas da organização criminosa;

III – a prevenção de infrações penais decorrentes das atividades da organização criminosa;

IV – a recuperação total ou parcial do produto ou do proveito das infrações penais praticadas pela organização criminosa;

V – a localização de eventual vítima com a sua integridade física preservada. (...)

§ 3º O prazo para oferecimento de denúncia ou o processo, relativos ao colaborador, poderá ser suspenso por até 6 (seis) meses, prorrogáveis por igual período, até que sejam cumpridas as medidas de colaboração, suspendendo-se o respectivo prazo prescricional.

§ 4º Nas mesmas hipóteses do caput deste artigo, o Ministério Público poderá deixar de oferecer denúncia se a proposta de acordo de colaboração referir-se a infração de cuja existência não tenha prévio conhecimento e o colaborador:

I – não for o líder da organização criminosa;

II – for o primeiro a prestar efetiva colaboração nos termos deste artigo. (...)

Após traçarmos um breve panorama legislativo sobre as leis que tratam a seu modo acerca do instituto da colaboração premiada, resta sabermos a quais crimes os benefícios legais previstos na Lei nº 12.850/2013 poderão ser aplicados.

Como já afirmado, a Lei nº 9.807/1999 (Lei de Proteção às Testemunhas) estabelece os requisitos materiais gerais da delação premiada e a Lei nº 12.850/2013 serve como uma lei geral procedimental das delações (MASSON; MARÇAL, 2020, p. 186). Desse modo, é possível que as benesses previstas na Lei nº 9.807/1999 sejam aplicadas a todo e qualquer delito, da mesma forma que os benefícios legais da Lei nº 12.850/2013 podem ter incidência não só sobre o delito de organização criminosa em si, mas também em todas as infrações penais decorrentes da organização, mesmo que tais infrações penais possuam regulamento específico sobre a colaboração.

Elucidando o exposto, Masson e Marçal (2020, p. 187-188) lecionam:

> Assim, no contexto de uma organização criminosa voltada para o cometimento de extorsões mediante sequestro, se as declarações de eventual colaborador tiverem facilitado a localização da vítima (lei específica: CP, art. 159, § 4º), nada impede a aplicação dos prêmios previstos na Lei 12.850/2013, inclusive perdão judicial e imunidade (não previstos no CP), tanto para o crime de organização quanto para a extorsão mediante sequestro. Entretanto, caso este colaborador apenas revele a estrutura hierárquica e a divisão de tarefas da organização criminosa (LCO, art. 4º, II), sem facilitar a libertação do sequestrado, as benesses da Lei do Crime Organizado ficarão adstritas ao delito do art. 2º da LCO, não alcançando o crime de vertido no art. 159 do CP.

No tocante às regras procedimentais, como a Lei nº 12.850/2013 é a única a dispor sobre o assunto, o procedimento a ser utilizado na concessão de qualquer "prêmio" legal, será aquele previsto nos arts. 4º a 7º da Lei de Organização Criminosa.

15.5.4 Tratativas e formalização do acordo

Art. 3º-B. O recebimento da proposta para formalização de acordo de colaboração demarca o início das negociações e constitui também marco de confidencialidade, configurando violação de sigilo e quebra da confiança e da boa-fé a divulgação de tais tratativas iniciais ou de documento que as formalize, até o levantamento de sigilo por decisão judicial.

§ 1º A proposta de acordo de colaboração premiada poderá ser sumariamente indeferida, com a devida justificativa, cientificando-se o interessado.

§ 2º Caso não haja indeferimento sumário, as partes deverão firmar Termo de Confidencialidade para prosseguimento das tratativas, o que vinculará os órgãos envolvidos na negociação e impedirá o indeferimento posterior sem justa causa.

§ 3º O recebimento de proposta de colaboração para análise ou o Termo de Confidencialidade não implica, por si só, a suspensão da investigação, ressalvado acordo em contrário quanto à propositura de medidas processuais penais cautelares e assecuratórias, bem como medidas processuais cíveis admitidas pela legislação processual civil em vigor.

§ 4º O acordo de colaboração premiada poderá ser precedido de instrução, quando houver necessidade de identificação ou complementação de seu objeto, dos fatos narrados, sua definição jurídica, relevância, utilidade e interesse público.

§ 5º Os termos de recebimento de proposta de colaboração e de confidencialidade serão elaborados pelo celebrante e assinados por ele, pelo colaborador e pelo advogado ou defensor público com poderes específicos.

§ 6º Na hipótese de não ser celebrado o acordo por iniciativa do celebrante, esse não poderá se valer de nenhuma das informações ou provas apresentadas pelo colaborador, de boa-fé, para qualquer outra finalidade.

Art. 3º-C. A proposta de colaboração premiada deve estar instruída com procuração do interessado com poderes específicos para iniciar o procedimento de colaboração e suas tratativas, ou firmada pessoalmente pela parte que pretende a colaboração e seu advogado ou defensor público.

§ 1º Nenhuma tratativa sobre colaboração premiada deve ser realizada sem a presença de advogado constituído ou defensor público.

§ 2º Em caso de eventual conflito de interesses, ou de colaborador hipossuficiente, o celebrante deverá solicitar a presença de outro advogado ou a participação de defensor público.

§ 3º No acordo de colaboração premiada, o colaborador deve narrar todos os fatos ilícitos para os quais concorreu e que tenham relação direta com os fatos investigados.

§ 4º Incumbe à defesa instruir a proposta de colaboração e os anexos com os fatos adequadamente descritos, com todas as suas circunstâncias, indicando as provas e os elementos de corroboração.

A Lei nº 13.964/2019 (Pacote Anticrime) inseriu novos dispositivos na Lei de Organização Criminosa a fim de estabelecer as regras a serem observadas durante as tratativas do acordo de colaboração premiada.

Não obstante a Lei nº 12.850/2013 silenciasse acerca do assunto, a doutrina já se manifestava pela possibilidade de ser realizado um pré-acordo, no qual o agente colaborador expunha as provas que pretendia utilizar e, em contrapartida, os órgãos do sistema de justiça criminal analisariam a sua viabilidade e eficácia objetiva, assumiriam o compromisso de não empregar as provas obtidas enquanto não houvesse a formalização do acordo, e, caso este não se concretizasse, deveriam se comprometer a não fazer uso, em qualquer hipótese, das provas com as quais tiveram contato (LIMA, 2020. p. 796).

Explicitando o assunto, Lima (2020. p. 797) esclarece que o Pacote Anticrime trouxe para dentro da Lei de Organização, por meio dos arts. 3º-B e 3º-C, o texto da Orientação Conjunta nº 1/2018, expedida pelas 2ª e 5ª Câmaras de Coordenação e Revisão do Ministério Público Federal, que, ante o silêncio da Lei nº 12.850/2013, estabeleceu orientações a serem adotadas na elaboração e assinatura dos acordos de colaboração premiada celebrados perante aquela instituição.

Conforme consta, o recebimento da proposta para a formalização de acordo de colaboração premiada demarca o início das negociações e constitui também marco de confidencialidade, por meio do qual configura violação de sigilo e quebra da confiança e da boa-fé a divulgação de tais tratativas iniciais ou de documento que as formalize, até o levantamento do sigilo, que só pode ocorrer por decisão judicial ou até o recebimento da denúncia ou da queixa-crime, sendo vedado ao magistrado decidir por sua publicidade em qualquer hipótese, nos termos do art. 7º, § 3º, da Lei nº 12.850/2013.

A proposta de acordo poderá ser sumariamente indeferida pelo membro do Ministério Público ou pelo Delegado de Polícia, diante, por exemplo, da visualização de que a proposta formulada em nada acrescentaria aos elementos de informação já obtidos. Em todo caso, é necessária a devida justificativa.

Caso não haja o indeferimento sumário, as partes celebrarão o Termo de Confidencialidade para que se dê continuidade às tratativas, o que não implica a suspensão da investigação.

É de se notar que, tanto na fase de início do procedimento (tratativas) quanto nas negociações já para a celebração do acordo, o colaborador deverá estar acompanhado de advogado constituído ou defensor público, sendo indispensável a participação da defesa.

Encerradas as tratativas, se o Delegado de Polícia ou o membro do Ministério Público concluírem pela não formalização do acordo, eles não poderão se valer de nenhuma das informações ou provas apresentadas pelo colaborador de boa-fé, para qualquer outro fim.

Decifrando a prova

(Promotor de Justiça – MPE/SC – Cespe/Cebraspe – 2021 – Adaptada) No acordo de colaboração premiada, o colaborador deve narrar todos os fatos ilícitos para os quais houver concorrido e que tenham relação direta com os fatos investigados.
( ) Certo ( ) Errado
Gabarito comentado: esta é a literalidade do art. 3º-C, § 3º, da Lei nº 12.850/2013. Portanto, a assertiva está certa.

Art. 4º O juiz poderá, a requerimento das partes, conceder o perdão judicial, reduzir em até 2/3 (dois terços) a pena privativa de liberdade ou substituí-la por restritiva de direitos daquele que tenha colaborado efetiva e voluntariamente com a investigação e com o processo criminal, desde que dessa colaboração advenha um ou mais dos seguintes resultados:

I – a identificação dos demais coautores e partícipes da organização criminosa e das infrações penais por eles praticadas;

II – a revelação da estrutura hierárquica e da divisão de tarefas da organização criminosa;

III – a prevenção de infrações penais decorrentes das atividades da organização criminosa;

IV – a recuperação total ou parcial do produto ou do proveito das infrações penais praticadas pela organização criminosa;

V – a localização de eventual vítima com a sua integridade física preservada.

§ 1º Em qualquer caso, a concessão do benefício levará em conta a personalidade do colaborador, a natureza, as circunstâncias, a gravidade e a repercussão social do fato criminoso e a eficácia da colaboração.

§ 2º Considerando a relevância da colaboração prestada, o Ministério Público, a qualquer tempo, e o Delegado de Polícia, nos autos do inquérito policial, com a manifestação do Ministério Público, poderão requerer ou representar ao juiz pela concessão de perdão judicial ao colaborador, ainda que esse benefício não tenha sido previsto na proposta inicial, aplicando-se, no que couber, o art. 28 do Decreto-lei nº 3.689, de 3 de outubro de 1941 (Código de Processo Penal).

§ 3º O prazo para oferecimento de denúncia ou o processo, relativos ao colaborador, poderá ser suspenso por até 6 (seis) meses, prorrogáveis por igual período, até que sejam cumpridas as medidas de colaboração, suspendendo-se o respectivo prazo prescricional.

§ 4° Nas mesmas hipóteses do *caput* deste artigo, o Ministério Público poderá deixar de oferecer denúncia se a proposta de acordo de colaboração referir-se a infração de cuja existência não tenha prévio conhecimento e o colaborador:

I – não for o líder da organização criminosa;

II – for o primeiro a prestar efetiva colaboração nos termos deste artigo.

§ 4°-A. Considera-se existente o conhecimento prévio da infração quando o Ministério Público ou a autoridade policial competente tenha instaurado inquérito ou procedimento investigatório para apuração dos fatos apresentados pelo colaborador.

§ 5° Se a colaboração for posterior à sentença, a pena poderá ser reduzida até a metade ou será admitida a progressão de regime ainda que ausentes os requisitos objetivos.

§ 6° O juiz não participará das negociações realizadas entre as partes para a formalização do acordo de colaboração, que ocorrerá entre o Delegado de Polícia, o investigado e o defensor, com a manifestação do Ministério Público, ou, conforme o caso, entre o Ministério Público e o investigado ou acusado e seu defensor.

§ 7° Realizado o acordo na forma do § 6° deste artigo, serão remetidos ao juiz, para análise, o respectivo termo, as declarações do colaborador e cópia da investigação, devendo o juiz ouvir sigilosamente o colaborador, acompanhado de seu defensor, oportunidade em que analisará os seguintes aspectos na homologação:

I – regularidade e legalidade;

II – adequação dos benefícios pactuados àqueles previstos no *caput* e nos §§ 4° e 5° deste artigo, sendo nulas as cláusulas que violem o critério de definição do regime inicial de cumprimento de pena do art. 33 do Decreto-lei n° 2.848, de 7 de dezembro de 1940 (Código Penal), as regras de cada um dos regimes previstos no Código Penal e na Lei n° 7.210, de 11 de julho de 1984 (Lei de Execução Penal) e os requisitos de progressão de regime não abrangidos pelo § 5° deste artigo;

III – adequação dos resultados da colaboração aos resultados mínimos exigidos nos incisos I, II, III, IV e V do *caput* deste artigo;

IV – voluntariedade da manifestação de vontade, especialmente nos casos em que o colaborador está ou esteve sob efeito de medidas cautelares.

§ 7°-A. O juiz ou o tribunal deve proceder à análise fundamentada do mérito da denúncia, do perdão judicial e das primeiras etapas de aplicação da pena, nos termos do Decreto-lei n° 2.848, de 7 de dezembro de 1940 (Código Penal) e do Decreto-lei n° 3.689, de 3 de outubro de 1941 (Código de Processo Penal), antes de conceder os benefícios pactuados, exceto quando o acordo prever o não oferecimento da denúncia na forma dos §§ 4° e 4°-A deste artigo ou já tiver sido proferida sentença.

§ 7°-B. São nulas de pleno direito as previsões de renúncia ao direito de impugnar a decisão homologatória.

§ 8° O juiz poderá recusar a homologação da proposta que não atender aos requisitos legais, devolvendo-a às partes para as adequações necessárias.

§ 9º Depois de homologado o acordo, o colaborador poderá, sempre acompanhado pelo seu defensor, ser ouvido pelo membro do Ministério Público ou pelo Delegado de Polícia responsável pelas investigações.

§ 10. As partes podem retratar-se da proposta, caso em que as provas autoincriminatórias produzidas pelo colaborador não poderão ser utilizadas exclusivamente em seu desfavor.

§ 10-A. Em todas as fases do processo, deve-se garantir ao réu delatado a oportunidade de manifestar-se após o decurso do prazo concedido ao réu que o delatou. (Incluído pela Lei nº 13.964, de 2019.)

§ 11. A sentença apreciará os termos do acordo homologado e sua eficácia.

§ 12. Ainda que beneficiado por perdão judicial ou não denunciado, o colaborador poderá ser ouvido em juízo a requerimento das partes ou por iniciativa da autoridade judicial.

§ 13. O registro das tratativas e dos atos de colaboração deverá ser feito pelos meios ou recursos de gravação magnética, estenotipia, digital ou técnica similar, inclusive audiovisual, destinados a obter maior fidelidade das informações, garantindo-se a disponibilização de cópia do material ao colaborador.

§ 14. Nos depoimentos que prestar, o colaborador renunciará, na presença de seu defensor, ao direito ao silêncio e estará sujeito ao compromisso legal de dizer a verdade.

§ 15. Em todos os atos de negociação, confirmação e execução da colaboração, o colaborador deverá estar assistido por defensor.

§ 16. Nenhuma das seguintes medidas será decretada ou proferida com fundamento apenas nas declarações do colaborador:

I – medidas cautelares reais ou pessoais;

II – recebimento de denúncia ou queixa-crime;

III – sentença condenatória.

§ 17. O acordo homologado poderá ser rescindido em caso de omissão dolosa sobre os fatos objeto da colaboração.

§ 18. O acordo de colaboração premiada pressupõe que o colaborador cesse o envolvimento em conduta ilícita relacionada ao objeto da colaboração, sob pena de rescisão.

I5.5.5 Legitimidade e momento

Legitimidade. O assunto legitimidade para a celebração do acordo de colaboração premiada ainda é uma celeuma na doutrina. Conforme o art. 4º, §§ 2º e 6º, da Lei de Organização Criminosa, tanto o membro do Ministério Público, a qualquer tempo, quanto o Delegado de Polícia, nos autos do inquérito policial, com a manifestação do Ministério Público, poderiam celebrar o acordo com o investigado e/ou acusado e seu defensor.

Suscitou-se, todavia, que o Delegado de Polícia não teria capacidade postulatória para tanto, em razão da violação ao sistema acusatório e à moralidade.

Em que pesem os entendimentos contrários, o STF, ao julgar a Ação Direta de Inconstitucionalidade nº 5.508, que questionou a legitimidade do Delegado de Polícia em celebrar o pacto premial, decidiu pela competência da autoridade policial e, por via de consequência, pela constitucionalidade dos §§ 2º e 6º do art. 4º da Lei nº 12.850/2013. Confira-se trecho do voto do relator, Ministro Marco Aurélio:

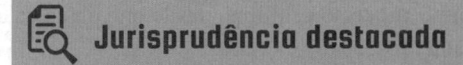

Jurisprudência destacada

(...) Os textos impugnados versam regras claras sobre a legitimidade do Delegado de Polícia na realização de acordos de colaboração premiada, estabelecendo a fase de investigações, no curso do inquérito policial, como sendo o momento em que é possível a utilização do instrumento pela autoridade policial. Há previsão específica da manifestação do Ministério Público em todos os acordos entabulados no âmbito da polícia judiciária, garantindo-se, com isso, o devido controle externo da atividade policial já ocorrida e, se for o caso, adoção de providência e objeções. As normas legais encontram-se em conformidade com as disposições constitucionais alusivas às polícias judiciárias e, especialmente, às atribuições conferidas aos delegados de polícia. Interpretação que vise concentrar poder no órgão acusador desvirtua a própria razão de ser da Lei nº 12.850/2013, na qual presente que todas as autoridades envolvidas – Delegado de Polícia, membro do Ministério Público e juiz –, como agentes essenciais à consecução da Justiça criminal, possam realizar, cada qual no exercício legítimo das próprias funções, as atividades que lhes são constitucionalmente atribuídas. A supremacia do interesse público conduz a que o debate constitucional não seja pautado por interesses corporativos, mas por argumentos normativos acerca do desempenho das instituições no combate à criminalidade. A atuação conjunta, a cooperação entre órgãos de investigação e de persecução penal, é de relevância maior. É nefasta qualquer "queda de braço", como a examinada. Ante o quadro, julgo improcedente o pedido, assentando a constitucionalidade dos parágrafos 2º e 6º do artigo 4º da Lei nº 12.850/2013. É como voto (STF, ADI nº 5.508/DF, Rel. Min. Marco Aurélio, j. 20.06.2018).

Momento. A colaboração premiada pode ser celebrada em qualquer momento, tanto no curso do inquérito policial quanto durante a ação penal. Portocarrero e Ferreira (2020, p. 1003) trazem a seguinte classificação para a espécie: "colaboração inicial (feita na fase das investigações, sejam elas levadas a efeito pela Polícia ou pelo Ministério Público); colaboração intercorrente (quando feita na fase judicial) e colaboração tardia (feita quando já houve prolação de sentença condenatória)".

⟁ Decifrando a prova

(Juiz Federal – TRF/3ª Região – 2018 – Adaptada) Relativamente à colaboração premiada prevista na Lei nº 12.850/2013, é correto afirmar que: É expressamente prevista como meio de obtenção da prova, em qualquer fase da persecução penal.
( ) Certo ( ) Errado
Gabarito comentado: de acordo com o art. 3º, I, da Lei nº 12.850/2013, a colaboração premiada é um meio de obtenção de prova e pode ser utilizado em qualquer fase da persecução penal. Portanto, a assertiva está certa.

I5.5.6 Requisitos e benefícios da colaboração premiada

Requisitos. De acordo com o art. 4º da Lei de Organizações Criminosas, a concessão dos benefícios legais está restrita à colaboração efetiva e voluntária com a investigação e com o processo criminal, desde que dessa colaboração advenha um ou mais dos seguintes resultados[27]:

♦ Identificação dos demais coautores e partícipes da organização criminosa e das infrações penais por eles praticadas.

♦ Revelação da estrutura hierárquica e da divisão de tarefas da organização criminosa.

♦ Prevenção de infrações penais decorrentes das atividades da organização criminosa.

♦ Recuperação total ou parcial do produto ou do proveito das infrações penais praticadas pela organização criminosa.

♦ Localização de eventual vítima com a sua integridade física preservada.

Colaboração efetiva e voluntária. Para que os benefícios legais referentes à colaboração premiada possam ser concedidos, a colaboração deve ser objetivamente eficaz, o que significa que das informações prestadas pelo colaborador terá que advir algum resultado acima previsto. A lei não exige a espontaneidade, basta a voluntariedade. Colaboração voluntária é aquela que parte do próprio agente, ainda que este aja sob influência ou a pedido de terceiro, mas desde que sem coação, uma vez que o motivo pelo qual o agente decidiu colaborar com as autoridades não importa.

🔍 Jurisprudência destacada

(...) 4. Agiu com acerto a Corte de origem, ao negar a aplicação da delação premiada ao paciente, visto que ele, simplesmente, apontou os coautores do crime, não havendo celebração de prévio acordo com o fim de colaborar, efetivamente, com a investigação. (...) (STJ, 6ª Turma, HC nº 333.823/SP, Rel. Min. Rogerio Schietti Cruz, j. 17.11.2015, *DJe* 02.12.2015).

Elementos a serem analisados pelo juiz na concessão dos prêmios legais da colaboração premiada. O legislador elencou no § 1º do art. 4º alguns elementos, de ordem objetiva e subjetiva, a serem levados em conta pelo juiz a fim de verificar se a colaboração será cabível ou não: a personalidade do colaborador[28], a natureza, as circunstâncias, a gravidade e a

---

[27] Comprovadas a eficácia e a voluntariedade, não é necessário que todos os requisitos estejam presentes, eles são alternativos.

[28] "(...) 8. A personalidade do colaborador não constitui requisito de validade do acordo de colaboração, mas sim vetor a ser considerado no estabelecimento de suas cláusulas, notadamente na escolha da sanção premial a que fará jus o colaborador, bem como no momento da aplicação dessa sanção pelo juiz na sentença (art. 4º, § 11, da Lei nº 12.850/2013)" (STF, Pleno, HC nº 127.483/PR,

repercussão social do fato criminoso e a eficácia da colaboração. Como visto, referem-se à pessoa do colaborador, ao fato criminoso e à eficácia da colaboração.

🧩 Decifrando a prova

(Juiz Federal – TRF/3ª Região – 2018 – Adaptada) Relativamente à colaboração premiada prevista na Lei nº 12.850/2013, é correto afirmar que: A personalidade do colaborador constitui requisito de validade do acordo de colaboração.

( ) Certo ( ) Errado

Gabarito comentado: a personalidade do colaborador não constitui requisito de validade do acordo de colaboração, mas sim vetor a ser considerado no estabelecimento de suas cláusulas, notadamente na escolha da sanção premial a que fará jus o colaborador, bem como no momento da aplicação dessa sanção pelo juiz na sentença. Outrossim, a confiança no agente colaborador não constitui elemento de existência ou requisito de validade do acordo de colaboração (HC nº 127.483/PR). Portanto, a assertiva está errada.

Direito subjetivo do colaborador. Preenchidos os requisitos legais, em que pese o *caput* do art. 4º dispor que o juiz **poderá**, a melhor interpretação a ser realizada do aludido dispositivo é que não se trata de faculdade do magistrado, mas sim de direito subjetivo do colaborador. Uma vez comprovada a eficácia objetiva da colaboração, a aplicação desses benefícios é medida que se impõe; entretanto, caberá ao juiz avaliar qual será a medida adequada ao caso concreto, considerando a personalidade do colaborador, a natureza, as circunstâncias, a gravidade, a repercussão do fato criminoso e a eficácia da colaboração (art. 4º, § 1º)[29].

Benefícios legais. A Lei nº 12.850/2013 prevê seis benefícios legais para o colaborador, a saber:

♦ **Perdão judicial:** o qual está previsto nos arts. 120 e 107, IX, ambos do CP, e caracteriza causa extintiva da punibilidade.

♦ **Redução da pena privativa de liberdade em até 2/3:** trata-se de causa de diminuição de pena a incidir na terceira fase da aplicação da pena, nos termos do art. 68 do Código Penal.

♦ **Substituição da pena privativa de liberdade por pena restritiva de direitos:** as espécies de penas restritivas de direitos estão elencadas no art. 43 do Código Penal.

♦ **Não oferecimento da denúncia:** para que esse prêmio possa ser oferecido é necessário que o colaborador não seja líder da organização criminosa e seja o primeiro a prestar efetiva colaboração.

Rel. Min. Dias Toffoli, j. 27.08.2015).

[29] Nesse sentido: STJ, 5ª Turma, HC nº 35.198/SP 2004/0061435-7, Rel. Min. Gilson Dipp, j. 28.09.2004, *DJ* 03.11.2004, p. 215.

- Se a colaboração for posterior à sentença, a pena poderá ser reduzida até a metade.
- Se a colaboração for posterior à sentença, será admitida a progressão de regime ainda que ausentes os requisitos objetivos.

Cumulação de benefícios. Vistos os prêmios legais, resta-nos saber se é admitida a sua cumulação. A resposta a tal indagação não é pacífica na doutrina. De acordo com a corrente perfilhada por Masson e Marçal (2020, p. 189), com a qual comungamos, a cumulação dos benefícios é possível, pois, se o membro do Ministério Público pode até mesmo deixar de oferecer denúncia (que é o mais), poderia então cumular os benefícios de redução da pena e sua substituição, por exemplo.

Legitimados para a oferta do perdão judicial. Tanto a autoridade policial, na fase investigativa, quanto o Ministério Público, na processual, em que pesem entendimentos contrários, são legitimados para requerer ou representar pela concessão de perdão judicial ao réu colaborador. Havendo representação do Delegado de Polícia, deverá ser colhida manifestação do Ministério Público (art. 4º, §§ 2º e 6º). Como já ressaltado em linhas anteriores, no julgamento da ADI nº 5.508, o STF julgou constitucionais os dispositivos que conferem legitimidade à autoridade policial para celebrar acordos de colaboração premiada e para representar por concessão de perdão judicial ao colaborador, considerando a relevância da colaboração.

🧩 Decifrando a prova

(Delegado – Polícia Federal – Cespe/Cebraspe – 2021 – Adaptada) Devido à colaboração relevante do preso para a identificação da organização criminosa nos autos do inquérito policial, o delegado, com a manifestação do Ministério Público, poderá representar ao juiz pela concessão de perdão judicial.

( ) Certo ( ) Errado

Gabarito comentado: trata-se de disposição prevista no art. 4º, § 2º, da Lei nº 12.850/2013. Portanto, a assertiva está certa.

Gestão negociada da pena. Discute-se na doutrina se seria possível a aplicação de outros benefícios pelo magistrado que não estivessem previstos na lei do crime organizado, a chamada "pena negociada pelas partes", ao argumento de que quem "pode o mais pode o menos". Sobre o assunto, Vasconcelos (*apud* NUCCI, 2019, p. 96) traz os seguintes exemplos de acordos realizados na operação Lava Jato:

> a) pena de 30 anos de prisão, a ser cumprida em regime fechado por lapso não superior a cinco anos nem inferior a três, com posterior progressão diretamente ao aberto, mesmo sem preencher os requisitos legais; b) pena de 20 anos de reclusão a ser cumprida do seguinte modo: dois anos e três meses em regime fechado diferenciado; nove meses em regime semiaberto diferenciado, cumulando com prestação de serviços à comunidade.

De 20 anos, a pena cai para 3 anos, cumpridos em regimes diferenciados, vale dizer, totalmente diversos da população carcerária comum.

Colocando uma pá de cal nos posicionamentos existentes, o Pacote Anticrime incluiu no § 7º do art. 4º dispositivos determinando que, ao homologar o acordo de colaboração premiada, o juiz deverá previamente verificar se os benefícios pactuados estão entre aqueles previstos no *caput* e nos §§ 4º e 5º do art. 4º, sendo nulas as cláusulas que violem as definições de regime inicial de cumprimento de pena estabelecidas no CP, as regras de cada um dos seus regimes e os requisitos de progressão de regime não abrangidos pelo § 5º, daí concluir-se que o legislador não admitiu a fixação de acordos cujos prêmios legais não estejam dispostos nos referidos dispositivos da Lei nº 12.850/2013.

Sobre o conteúdo do acordo de colaboração premiada, o STJ assim se manifestou:

Jurisprudência destacada

No âmbito do acordo de colaboração premiada, conforme delineado pela legislação brasileira, não é lícita a inclusão de cláusulas concernentes às medidas cautelares de cunho pessoal, e, portanto, não é a partir dos termos do acordo que se cogitará da concessão ou não de liberdade provisória ao acusado que, ao celebrá-lo, encontre-se preso preventivamente. Segundo a dicção do art. 4º da Lei nº 12.850/2013, a extensão do acordo de colaboração limita-se a aspectos relacionados com a imposição de pena futura, isto é, alude-se à matéria situada no campo do direito material, e não do processo (STJ, 5.ª Turma, RHC nº 76.026/RS, Rel. Felix Fischer, j. 06.10.2016).

Confissão e causa de diminuição de pena. Dúvida que paira é sobre a possibilidade da aplicação conjunta da atenuante da confissão, e da causa de diminuição de pena prevista no *caput* do art. 4º. Assim, seria possível que o réu colaborador confessasse o crime por ele praticado e ainda colaborasse efetiva e voluntariamente para um dos resultados previstos nos incisos I a V do mesmo artigo? A resposta é positiva. Justifica-se que a confissão é circunstância atenuante de pena, que será analisada na segunda fase da dosimetria; a causa de diminuição de pena, por sua vez, será avaliada na terceira fase. Desse modo, não haveria prejuízo para a aplicação conjunta de ambos os institutos.

Incomunicabilidade dos benefícios. Os prêmios obtidos pelo colaborador não se estendem aos demais coautores e partícipes; trata-se de ato personalíssimo.

Jurisprudência destacada

A redução da pena de corréu, por força de acordo de delação premiada (art. 25, § 2º, da Lei nº 7.492/1986 e arts. 13. e 14. da Lei nº 9.807/1999) e de sua efetiva colaboração com a Justiça, tem natureza personalíssima e não se estende ao recorrente. O recorrente, que não estava obrigado a se autoincriminar nem a colaborar com a Justiça (art. 5º, LXIII, CF/1988), exerceu seu direito constitucional de negar a prática dos ilícitos a ele imputados. Após adotar essa estratégia defensiva, por reputá-la mais conveniente aos seus interesses, não pode agora, à vista do resultado desfavorável do processo, pretender que lhe seja estendido o mesmo benefício reconhecido àquele que, desde o início, voluntariamente assumiu a posição de réu colaborador, arcando com os ônus dessa conduta processual, na expectativa de obter as vantagens dela decorrentes (STF, 1ª Turma, RHC nº 124.192, Rel. Min. Dias Toffoli, j. 10.02.2015, *DJe* 08.04.2015).

Impossibilidade de questionamento do acordo de colaboração premiada por terceiros. O acordo de colaboração premiada é um negócio jurídico processual personalíssimo, motivo pelo qual terceiros não poderão questionar a sua validade. Sobre o assunto o STJ decidiu:

Jurisprudência destacada

(...) 8. A jurisprudência dos Tribunais Superiores firmou-se no sentido de que a delação premiada constitui negócio jurídico personalíssimo, que gera obrigações e direitos entre as partes celebrantes, e que não interfere automaticamente na esfera jurídica de terceiros, razão pela qual estes, ainda que expressamente mencionados ou acusados pelo delator em suas declarações, não possuem legitimidade para questionar a validade do acordo celebrado. O delatado pode, na verdade, confrontar em juízo o que foi afirmado pelo delator. Precedentes do STF e do STJ. 9. Recurso em *habeas corpus* improvido (STJ, 5ª Turma, RHC nº 73.043/DF 2016/0177651-3, Rel. Min. Reynaldo Soares da Fonseca, j. 12.12.2017, *DJe* 18.12.2017).

De igual modo, decidiu o STF pela impossibilidade de revogação dos benefícios ajustados a requerimento de terceiros:

Jurisprudência destacada

Conforme assentado pelo Plenário do Supremo Tribunal Federal, é incabível pedido de terceiro estranho à colaboração premiada, para revogação de benefícios ajustados com delatores, porque a avaliação da veracidade das declarações somente pode ocorrer no âmbito das ações penais eventualmente propostas (HC nº 127.483, Rel. Min. Dias Toffoli, j. 27.08.2015). 2. Agravo regimental a que se nega provimento (STF, 2ª Turma, Pet nº 5.885 AgR, Rel. Min. Teori Zavascki, j. 05.04.2016, *DJe* 26.04.2016).

Possibilidade de formalização do acordo com quem esteja preso cautelarmente. De acordo com a doutrina majoritária[30], não há impedimento de que o acordo de colaboração premiada seja travado com quem esteja preso cautelarmente, pois, para que haja a sua formalização, o agente colaborador deverá estar assistido por advogado, cuja presença é obrigatória desde o oferecimento da proposta de formalização do acordo até a sua execu-

---

[30] Nesse sentido: Lima (2020, p. 806) e Masson e Marçal (2020, p. 195).

ção, o que implica dizer que a voluntariedade da manifestação de vontade do colaborador permanecerá.

A fim de corroborar o exposto, Lima (2020) observa que o Pacote Anticrime inseriu no artigo 4º da Lei nº 12.850/2013 o § 7º, cuja redação dispõe:

> § 7º Realizado o acordo na forma do § 6º deste artigo, serão remetidos ao juiz, para análise, o respectivo termo, as declarações do colaborador e cópia da investigação, devendo o juiz ouvir sigilosamente o colaborador, acompanhado de seu defensor, oportunidade em que analisará os seguintes aspectos na homologação: (...)
>
> IV – voluntariedade da manifestação de vontade, especialmente nos casos em que o colaborador está ou esteve sob efeito de medidas cautelares.

Desse modo, observando-se a voluntariedade da manifestação, é possível concluir que o legislador autorizou que a celebração de acordo fosse realizada com alguém que estivesse sujeito a alguma medida cautelar, *v.g.*, em prisão preventiva ou temporária (LIMA, 2020, p. 807).

Há de ressaltar, ademais, que o descumprimento do acordo não enseja a decretação automática da prisão preventiva ou temporária do colaborador, as quais terão cabimento somente diante da presença dos requisitos legais autorizadores. Nesse sentido caminha a jurisprudência:

Jurisprudência destacada

Habeas corpus. Processo penal. Prisão preventiva. Acordo de colaboração premiada. Descumprimento. Causa de imposição de prisão processual. Descabimento. Ordem concedida. 1. A prisão processual desafia a presença de algum dos requisitos previstos no art. 312 do CPP. 2. Inexiste relação necessária entre a celebração e/ou descumprimento de acordo de colaboração premiada e o juízo de adequação de medidas cautelares gravosas. 3. A teor do art. 316, CPP, a imposição de nova prisão preventiva desafia a indicação de base empírica idônea e superveniente à realidade ponderada no momento da anterior revogação da medida prisional. 4. Ordem parcialmente concedida, com confirmação da liminar deferida (STF, 2ª Turma, HC nº 138.207/PR 0060845-50.2016.1.00.0000, Rel. Min. Edson Fachin, j. 25.04.2017, *DJe* 28.06.2017).

I5.5.7 Suspensão do prazo para oferecimento da denúncia

O art. 4º, § 3º, da Lei nº 12.850/2013 autoriza que o prazo para o oferecimento da denúncia ou o processo, relativos ao colaborador, poderá ser suspenso por até seis meses, prorrogáveis por igual período, até que sejam cumpridas as medidas da colaboração, suspendendo-se o respectivo prazo prescricional. Ao final do prazo de seis meses, o Ministério Público poderá oferecer a denúncia, ou deixar de oferecê-la, caso a proposta de acordo de colaboração refira-se a infração cuja existência não tenha prévio conhecimento e o colaborador não seja o líder da organização criminosa e seja o primeiro a prestar efetiva colaboração.

A medida prevista é salutar, pois nem sempre as informações trazidas pelo colaborador atingirão imediatamente um dos resultados previstos nos incisos do art. 4º. O sobrestamento então possibilita que as medidas da colaboração sejam efetivadas e que o colaborador possa receber os "prêmios" legais.

Embora a lei não disponha, deve-se entender que o sobrestamento não deve atingir os procedimentos/processo, aos quais o colaborador esteja preso, isso porque o término da instrução processual, nesses casos, possui prazo certo: 120 dias, prorrogáveis por até igual período. Ademais, a admissão dessa hipótese poderia alargar o cumprimento da prisão provisória do investigado ou acusado, e o cumprimento das medidas de colaboração não consta entre os requisitos previstos no art. 312 do CPP. Assim, a melhor solução seria, em caso de sobrestamento, que o colaborador fosse colocado em liberdade se já estivesse preso e, em caso de necessidade de manutenção ou decretação da prisão preventiva, que a suspensão não fosse aplicada.

15.5.8 Não oferecimento da denúncia

Outro "prêmio" passível de ser apresentado ao colaborador é o não oferecimento da denúncia pelo Ministério Público, que ocorrerá quando o colaborador não for o líder da organização criminosa e seja o primeiro a prestar efetiva colaboração. O benefício é mais uma exceção ao princípio da obrigatoriedade que rege a ação penal pública, caso em que o Ministério Público promoverá o arquivamento do inquérito policial, conforme dispõe o art. 28 do CPP.

15.5.9 Valor probatório da colaboração

A colaboração premiada, por si só, não é fundamento para subsidiar a condenação de alguém[31]. Deveras, a notícia da materialidade criminosa e indícios de autoria, realizados em uma delação, servem como elementos para lastrear o recebimento da denúncia. Entretanto, a fim de amparar o édito condenatório, essas informações terão que estar em consonância com as demais provas produzidas no processo.

Desse modo, surge a **regra da corroboração**, segundo a qual o colaborador deve trazer elementos de informação capazes de corroborar o teor de suas declarações, o que pode se dar por meio de documentos, testemunhas, perícias etc.

Para além do entendimento já aplicado à sentença condenatória, o Pacote Anticrime estendeu essa hipótese para as medidas cautelares reais ou pessoais e para o recebimento de denúncia ou queixa, ao dispor que todas essas medidas não poderão ser decretadas com fundamento somente nas palavras do colaborador (art. 4º, § 16, da Lei nº 12.850/2013).

Jurisprudência destacada

1. Os termos de depoimento prestados em acordo de colaboração premiada são, de forma isolada, desprovidos de valor probatório, nos termos do art. 4º, § 16, da Lei nº 12.850/2013,

---

[31]   Nesse sentido: STF, 1ª Turma, RHC nº 84.845/RJ, Rel. Min. Sepúlveda Pertence, j. 12.04.2005, *DJ* 06.05.2005, p. 26; Ement. 02190-02/00336; *LEXSTF*, v. 27, n. 319, p. 408-415, 2005; *RTJ* 00195-01/00179.

razão pela qual, neste momento, devem ser submetidos ao procedimento de validação frente aos respectivos elementos de corroboração fornecidos pelo colaborador, até mesmo para que seja aferido o grau de eficácia da avença celebrada com o Ministério Público, imprescindível para a eventual aplicação dos benefícios negociados. 2. O termo de depoimento em análise não faz qualquer referência a autoridades detentoras de foro por prerrogativa nesta Suprema Corte, circunstância que demanda a remessa de cópia ao primeiro grau de jurisdição para o adequado tratamento. 3. Agravo regimental desprovido (STF, 2ª Turma, AgR Pet n° 6.667/DF 0002468-52.2017.1.00.0000, Rel. Min. Edson Fachin, j. 25.08.2017).

15.5.10 Colaboração posterior à sentença

A lei prevê no § 5° do art. 4° a possibilidade de que a colaboração seja realizada após a sentença. Nesse caso, o juiz poderá reduzir a pena ou mesmo admitir a progressão de regime, ainda que ausentes os requisitos objetivos. Os requisitos objetivos da progressão de regime estão previstos no art. 112, *caput*, I a VIII, e § 3°, III, da Lei de Execução Penal. Mesmo que a lei seja silente, entende-se que os requisitos subjetivos, todavia, deverão ser analisados pelo magistrado a fim de que os benefícios possam ser concedidos.

Indagação que surge é quanto ao momento dessa colaboração, pois, a depender se o processo já estiver em grau de recurso ou se já houver o trânsito em julgado, a competência alterar-se-á. De acordo com Habib (2019, p. 887), a solução é a seguinte: caso o processo estiver em fase recursal, competirá ao Tribunal, como órgão recursal, aplicar a diminuição da pena ou conferir a progressão de regime; de outro lado, se o processo já tiver transitado em julgado, tal competência recairá sobre o Juízo da Execução Penal.

15.5.11 Não participação do magistrado

Como já anunciado em passagens anteriores, o magistrado não participa das negociações realizadas entre as partes para a formalização do acordo de colaboração (art. 4°, § 6°). Uma vez formalizado, o juiz analisará a regularidade e a legalidade do acordo, verificará a adequação dos benefícios ajustados entre aqueles previstos no *caput* e nos §§ 4° e 5°, a adequação dos resultados da colaboração aos resultados mínimos exigidos e a voluntariedade da manifestação. Caso o juiz recuse a homologação da proposta que não atenda aos requisitos legais, ele a devolverá para que as partes façam os reajustes necessários, uma vez que não é permitido ao juiz fazer as adequações (art. 4°, § 8°).

Sendo o acordo de colaboração premiada referente a um caso de crime doloso contra a vida, cuja competência é do Tribunal do Júri, mesmo que o acordo seja realizado na fase investigatória, ou durante a fase da *judicium accusationis* ou *causae*, a sua homologação será efetuada pelo juiz togado, e não pelos jurados do Tribunal do Juízo, e a razão de ser é que nessa fase não será analisado o mérito do acordo, mas apenas os seus requisitos formais[32].

---

[32]   Nesse sentido: Masson e Marçal (2020, p. 237).

Decifrando a prova

(Delegado – PJC/MT – Cespe/Cebraspe – 2017 – Adaptada) A respeito do crime de lavagem de dinheiro praticado ao se adquirir bens com o produto de crime antecedente, perpetrado por organização criminosa de que o agente seja integrante, assinale a opção correta: No caso de colaboração premiada, as proposições do acordo serão formuladas pelo juiz, juntamente com o MP e com o Delegado de Polícia, e, se for aceito, o acordo será homologado judicialmente.

( ) Certo ( ) Errado

Gabarito comentado: o juiz não participa da elaboração do acordo de colaboração premiada, que se dá entre as partes, sem a intervenção do juiz. Portanto, a assertiva está errada.

15.5.12 Rescisão, anulação e retratação do acordo de colaboração premiada

Nos termos do art. 4º, § 10, da Lei nº 12.850/2013, as partes (Ministério Público ou colaborador) podem se retratar da proposta, o que deverá ser realizado antes da homologação do acordo pela autoridade judiciária competente. Nesse caso, as provas autoincriminatórias produzidas pelo colaborador não poderão ser utilizadas exclusivamente em seu desfavor.

A retratação, possibilidade de as partes voltarem atrás, não se confunde com a rescisão e com a anulação do acordo.

O acordo poderá ser rescindido quando as partes, Ministério Público ou acusado, descumprirem as obrigações avençadas na proposta, ou quando o colaborador não cessar o envolvimento em conduta ilícita relacionada ao objeto da colaboração (art. 4º, §§ 17 e 18).

As consequências da rescisão do acordo dependerão da parte que lhe deu causa; sendo o agente colaborador, este perderá os benefícios negociados e as provas por ele fornecidas poderão ser utilizadas em seu desfavor. Sendo o Ministério Público o causador, ficará a critério do colaborador interromper a colaboração e manter os benefícios concedidos e as provas produzidas (LIMA, 2020, p. 827).

A anulação do acordo ocorrerá quando a proposta contiver algum vício, entre eles, Lima (2020, p. 827) elenca:

> a) não participação do defensor em todos os atos de negociação, confirmação e execução da colaboração, violando-se a regra do art. 4º, § 15, da Lei nº 12.850/2013; b) ausência de voluntariedade do colaborador em participar da avença, como pode se dar se acaso comprovada eventual constrangimento por parte da Polícia ou do Ministério Público; c) não advertência quanto ao direito ao silêncio.

A consequência da anulação será a invalidade de todas as provas produzidas e das de que dela decorreram, diferentemente da rescisão que, como vimos, permite que as provas produzidas sejam usadas em desfavor do colaborador, inclusive as autoincriminatórias.

15.5.13 Direitos do colaborador

Art. 5º São direitos do colaborador:

I – usufruir das medidas de proteção previstas na legislação específica;

II – ter nome, qualificação, imagem e demais informações pessoais preservados;

III – ser conduzido, em juízo, separadamente dos demais coautores e partícipes;

IV – participar das audiências sem contato visual com os outros acusados;

V – não ter sua identidade revelada pelos meios de comunicação, nem ser fotografado ou filmado, sem sua prévia autorização por escrito;

VI – cumprir pena ou prisão cautelar em estabelecimento penal diverso dos demais corréus ou condenados.

O art. 5º da Lei nº 12.850/2013 prevê alguns direitos a que faz jus o agente colaborador, cuja finalidade não é apenas proteger a sua incolumidade física e psíquica, mas também garantir a eficácia dos meios de obtenção de provas.

O direito de **usufruir das medidas de proteção previstas na legislação específica** faz menção à Lei nº 9.807/1999, que dispõe sobre a proteção de acusados ou condenados que tenham voluntariamente prestado efetiva colaboração à investigação policial e ao processo criminal. Tais medidas de proteção podem ser encontradas nos arts. 7º e 9º, *in verbis*:

Art. 7º Os programas compreendem, dentre outras, as seguintes medidas, aplicáveis isolada ou cumulativamente em benefício da pessoa protegida, segundo a gravidade e as circunstâncias de cada caso:

I – segurança na residência, incluindo o controle de telecomunicações;

II – escolta e segurança nos deslocamentos da residência, inclusive para fins de trabalho ou para a prestação de depoimentos;

III – transferência de residência ou acomodação provisória em local compatível com a proteção;

IV – preservação da identidade, imagem e dados pessoais;

V – ajuda financeira mensal para prover as despesas necessárias à subsistência individual ou familiar, no caso de a pessoa protegida estar impossibilitada de desenvolver trabalho regular ou de inexistência de qualquer fonte de renda;

VI – suspensão temporária das atividades funcionais, sem prejuízo dos respectivos vencimentos ou vantagens, quando servidor público ou militar;

VII – apoio e assistência social, médica e psicológica;

VIII – sigilo em relação aos atos praticados em virtude da proteção concedida;

IX – apoio do órgão executor do programa para o cumprimento de obrigações civis e administrativas que exijam o comparecimento pessoal. Parágrafo único. A ajuda financeira mensal terá um teto fixado pelo conselho deliberativo no início de cada exercício financeiro.

(...)

Art. 9º Em casos excepcionais e considerando as características e gravidade da coação ou ameaça, poderá o conselho deliberativo encaminhar requerimento da pessoa protegida ao juiz competente para registros públicos objetivando a alteração de nome completo.

O art. 9º traz uma medida que, sem dúvida, é uma das mais gravosas previstas na lei, na qual a pessoa que pode estar sendo perseguida, sofrendo sérias ameaças e riscos tem que renunciar a um de seus direitos da personalidade para preservar a sua vida. Essa medida poderá ser estendida ao cônjuge ou companheiro do colaborador, seus ascendentes, descendentes, inclusive filhos menores, e dependentes que com ele tenha convívio habitual. Uma vez cessada a coação ou ameaça que deu causa à alteração, ficará facultado ao protegido solicitar ao juiz competente o retorno à situação anterior, com a modificação para o nome original.

A Lei nº 9.807/1999, no seu art. 19-A, ainda garante a prioridade de tramitação ao inquérito ou processo no qual figure o réu colaborador.

A **proteção ao nome, qualificação, imagem e demais informações pessoais** trata-se de medida salutar para proteger a intimidade (segurança e incolumidade) do agente colaborador. Como peça-chave para o desmantelamento da organização criminosa, sua figura necessita de atenção especial e proteção, uma vez que as consequências do seu ato expõem-no a perigo.

É de ressaltar, inclusive, que a Lei nº 12.850/2013 tipifica como crime a conduta daquele que revelar a identidade, fotografar ou filmar o colaborador, sem sua prévia autorização por escrito (art. 18).

Todavia, é preciso ponderar que o direito à proteção da intimidade pessoal do agente colaborador, embora possa parecer conflitar com o direito à ampla defesa do delatado, que não teria acesso aos dados pessoais daquele, guarda consonância com a finalidade do direito assegurado, que visa justamente preservar a integridade do agente colaborador.

De acordo com a doutrina, se a colaboração premiada for prestada no curso do procedimento investigatório, as informações apresentadas pelo agente colaborador deverão ser utilizadas para subsidiar o encontro de fontes de provas, como a localização do produto do crime, sendo desnecessário que essa informação seja introduzida no procedimento por meio de seu depoimento. De outro lado, se preciso a sua oitiva durante o processo judicial, o ideal é que ele dê o seu depoimento como testemunha anônima, para que a sua identidade permaneça em sigilo (LIMA, 2020, p. 819).

Ao analisar pedido de *habeas corpus* no qual o paciente fora denunciado pela prática, em tese, dos crimes de organização criminosa, lavagem de dinheiro e corrupção ativa, em decorrência das investigações realizadas no bojo da denominada "Operação Lava Jato", o STJ entendeu que a negativa de acesso a autos de delação premiada e documentos diversos não caracteriza cerceamento de defesa capaz de provocar a nulidade da ação penal. Justificou o Tribunal da Cidadania que a parte tem direito ao acesso a todas as provas que possam interferir na sua defesa, inclusive aos termos da delação premiada, respeitado, porém, o sigilo de dados pessoais dos colaboradores.

> ## 🔍 Jurisprudência destacada
>
> (...) IV – De acordo com o artigo 5º da Lei nº 12.850/2013, no bojo da colaboração premiada, é direito do colaborador ter a sua qualificação e dados pessoais preservados. No presente caso, a decisão do magistrado de vedar o acesso às informações referentes ao local de residência e às autorizações para deslocamentos do colaborador está assente com a legislação de regência, bem como não tem o condão de inviabilizar o direito defesa do ora paciente. V – É cediço que a colaboração premiada tem natureza jurídica de meio de obtenção de prova. Dessa forma, um acordo de colaboração não enseja, por si só, uma sentença condenatória, aquele precisa estar amparado por um conjunto probatório, conforme o art. 4º, § 16, da Lei nº 12.850/2013. *In casu*, a eventual falta de acesso à fase preliminar de um acordo não tem o condão de anular o processo por cerceamento de defesa. (...) (STJ, 5ª Turma, HC nº 341.790/PR, Rel. Min. Felix Fischer, j. 26.04.2016, *DJe* 04.05.2016).

A previsão de que o **colaborador seja conduzido, em juízo, separadamente dos demais coautores e partícipes** decorre do risco a que ele estaria submetido quando em contato com as pessoas a quem ele "traiu". A medida, inclusive, deve ter a sua interpretação ampliada, no sentido de que o preso tem direito a não ter contato com os delatados durante toda a instrução, mesmo em ambiente diverso do fórum.

O direito de **participar das audiências sem contato visual com os outros acusados** guarda consonância com o art. 217 do CPP[33], que autoriza a retirada do réu da audiência, quando a sua presença causar humilhação, temor, ou sério constrangimento à testemunha ou ao ofendido. No caso, o colaborador assume a posição de testemunha, tanto que sujeito à pena do crime de falso testemunho. Outrossim, ainda que na qualidade de corréu, tal procedimento deve ser adotado. E mais, mesmo que o depoimento seja realizado por videoconferência não se mostra razoável que o colaborador seja ouvido na presença do delatado. Para ambas as hipóteses, contudo, a fim de que o direito à ampla defesa do acusado seja assegurado, a presença da defesa técnica deverá ser mantida.

Caso o colaborador resida no estrangeiro, é possível que o seu depoimento seja colhido por videoconferência, não sendo necessária a expedição de carta rogatória para tanto. Embora o art. 222-A do CPP preveja que este seja o modo pelo qual a testemunha que morar em país diverso deve ser ouvida, a Convenção das Nações Unidas contra o Crime Organizado Transnacional (Convenção de Palermo), incorporada no ordenamento jurídico brasileiro pelo Decreto nº 5.015/2004, autoriza, no seu art. 18, item 18, que a sua audição seja feita por videoconferência. Vejamos:

---

[33] "Art. 217. Se o juiz verificar que a presença do réu poderá causar humilhação, temor, ou sério constrangimento à testemunha ou ao ofendido, de modo que prejudique a verdade do depoimento, fará a inquirição por videoconferência e, somente na impossibilidade dessa forma, determinará a retirada do réu, prosseguindo na inquirição, com a presença do seu defensor.
Parágrafo único. A adoção de qualquer das medidas previstas no *caput* deste artigo deverá constar do termo, assim como os motivos que a determinaram."

Se for possível e em conformidade com os princípios fundamentais do direito interno, quando uma pessoa que se encontre no território de um Estado-Parte deva ser ouvida como testemunha ou como perito pelas autoridades judiciais de outro Estado-Parte, o primeiro Estado-Parte poderá, a pedido do outro, autorizar a sua audição por videoconferência, se não for possível ou desejável que a pessoa compareça no território do Estado-Parte requerente. Os Estados-Partes poderão acordar em que a audição seja conduzida por uma autoridade judicial do Estado-Parte requerente e que a ela assista uma autoridade judicial do Estado-Parte requerido.

Tal como previsto no inciso II do artigo em estudo, o objetivo do legislador foi garantir a segurança do colaborador e de sua família, ao prever que ele possui a garantia de **não ter sua identidade revelada pelos meios de comunicação, nem ser fotografado ou filmado, sem sua prévia autorização por escrito**. A violação a esse direito pode caracterizar o crime previsto no art. 18 da Lei nº 12.850/2013, que pune a conduta de revelar a identidade, fotografar ou filmar o colaborador, sem sua prévia autorização por escrito, cuja pena é de reclusão, de um a três anos, e multa.

A razão de garantir ao réu colaborador que ele **cumpra pena em estabelecimento penal diverso dos demais corréus ou condenados** também visa salvaguardar a sua segurança, uma vez que cumprir pena no mesmo presídio que os demais integrantes da organização criminosa seria expô-lo a sérias investidas e retaliações.

15.5.14 Termo do acordo de colaboração premiada

Art. 6º O termo de acordo da colaboração premiada deverá ser feito por escrito e conter:

I – o relato da colaboração e seus possíveis resultados;

II – as condições da proposta do Ministério Público ou do Delegado de Polícia;

III – a declaração de aceitação do colaborador e de seu defensor;

IV – as assinaturas do representante do Ministério Público ou do Delegado de Polícia, do colaborador e de seu defensor;

V – a especificação das medidas de proteção ao colaborador e *à* sua família, quando necessário.

Em que pese diversas leis trazerem em seu corpo o instituto da colaboração premiada como meio de obtenção de prova, o primeiro diploma a tratar sobre o termo do acordo de colaboração foi a Lei nº 12.850/2013; antes desse período os acordos eram celebrados informalmente, não propiciando nenhuma segurança ao agente colaborador que contribuísse voluntária e eficazmente para o atingimento de algum dos objetivos previstos na lei.

O termo de acordo de colaboração premiada, nas palavras de Callegari e Linhares (*apud* LIMA, 2020, p. 822), pode ser conceituado como:

Compromisso de ambas as partes celebrantes que cumprirão o que nele estiver especificado, seja por parte do agente colaborador, compromissado em contribuir para a atividade de persecução penal da autoridade estatal, seja por parte da própria autoridade, compromissada a respeitar os direitos conferidos ao colaborador a partir da pactuação.

> ### 🧩 Decifrando a prova
>
> **(Promotor de Justiça – MPE/SC – 2016 – Adaptada)** O relato da colaboração e seus possíveis resultados, as condições da proposta do Ministério Público ou do Delegado de Polícia, a declaração de aceitação do colaborador, as assinaturas do representante do Ministério Público ou do Delegado de Polícia, do colaborador e de seu defensor, a especificação das medidas de proteção ao colaborador e à sua família, quando necessário, são os itens que obrigatoriamente deverão constar do termo de acordo da colaboração premiada, que deverá ser redigido por escrito, de acordo com a Lei nº 12.850/2013 (Organizações Criminosas).
>
> ( ) Certo ( ) Errado
>
> **Gabarito comentado:** conforme se observa dos requisitos exigidos para o termo de acordo de colaboração premiada, os quais estão previstos no art. 6º da Lei, a assertiva está incompleta. Além da necessidade da declaração de aceitação do colaborador, a do defensor é exigível, tendo-se omitido o enunciado nesse aspecto. Portanto, a assertiva está errada.

Por não estar previsto em outros diplomas, defende a doutrina que o regramento trazido pela Lei de Organização Criminosa poderá ser utilizado por outras leis que também tratam da colaboração.

15.5.15 Homologação do acordo

Art. 7º O pedido de homologação do acordo será sigilosamente distribuído, contendo apenas informações que não possam identificar o colaborador e o seu objeto.

§ 1º As informações pormenorizadas da colaboração serão dirigidas diretamente ao juiz a que recair a distribuição, que decidirá no prazo de 48 (quarenta e oito) horas.

§ 2º O acesso aos autos será restrito ao juiz, ao Ministério Público e ao Delegado de Polícia, como forma de garantir o *êxito* das investigações, assegurando-se ao defensor, no interesse do representado, amplo acesso aos elementos de prova que digam respeito ao exercício do direito de defesa, devidamente precedido de autorização judicial, ressalvados os referentes às diligências em andamento.

§ 3º O acordo de colaboração premiada e os depoimentos do colaborador serão mantidos em sigilo até o recebimento da denúncia ou da queixa-crime, sendo vedado ao magistrado decidir por sua publicidade em qualquer hipótese.

Depois de ser redigido por escrito, trazendo o conteúdo previsto no artigo anterior, o termo do acordo será autuado em apartado, a fim de que o sigilo seja respeitado, e encaminhado ao juiz para homologação. É certo que muitas vezes o juiz já estará prevento por ter tomado alguma decisão no curso do inquérito ou da ação penal, razão pela qual não há que falar em distribuição, mas em encaminhamento do acordo ao juiz prevento.

De acordo com o § 1º, o juiz terá o prazo de 48 horas para apreciar o pedido.

Durante o inquérito, o sigilo será mantido e o acesso será restringido apenas para a autoridade celebrante, ao agente colaborador e seu defensor, não podendo este ter acesso, entretanto, às diligências em andamento, como se estiver sendo realizada um interceptação telefônica ou infiltração de agentes.

O acordo de colaboração só deixará de ser sigiloso com o recebimento da denúncia, quando então inicia-se a persecução penal em juízo. Antes do recebimento da denúncia, o sigilo não poderá ser levantado em qualquer hipótese. Ademais, entendendo a autoridade judicial que o sigilo deverá ser mantido mesmo depois de a denúncia já ter sido recebida, por razões de interesse público, poderá fazê-lo, garantindo-se do mesmo modo o acesso à defesa.

Jurisprudência destacada

(...) 1. O Enunciado sumular vinculante 14 assegura ao defensor legalmente constituído o direito de acesso às "provas já produzidas e formalmente incorporadas ao procedimento investigatório, excluídas, consequentemente, as informações e providências investigatórias ainda em curso de execução e, por isso mesmo, não documentados no próprio inquérito ou processo judicial" (HC nº 93.767, Rel. Min. Celso de Mello, Segunda Turma, *DJe* 1º.04.2014). 2. O conteúdo dos depoimentos pretendidos pelo reclamante, embora posteriormente tornado público e à disposição, encontrava-se, à época do ato reclamado, submetido a sigilo, nos termos do art. 7º da Lei nº 12.850/2013, regime esse que visa, segundo a lei de regência, a dois objetivos básicos: (a) preservar os direitos assegurados ao colaborador, dentre os quais o de "ter nome, qualificação, imagem e demais informações pessoais preservados" (art. 5º, II) e o de "não ter sua identidade revelada pelos meios de comunicação, nem ser fotografado ou filmado, sem sua prévia autorização por escrito" (art. 5º, V, da Lei nº 12.850/2013); e (b) "garantir o êxito das investigações" (art. 7º, § 2º, e art. 8º, § 3º). 3. Enquanto não instaurado formalmente o inquérito propriamente dito acerca dos fatos declarados, o acordo de colaboração e os correspondentes depoimentos estão sujeitos a estrito regime de sigilo. Instaurado o inquérito, "o acesso aos autos será restrito ao juiz, ao Ministério Público e ao Delegado de Polícia, como forma de garantir o êxito das investigações, assegurando-se ao defensor, no interesse do representado, amplo acesso aos elementos de prova que digam respeito ao exercício do direito de defesa, devidamente precedido de autorização judicial, ressalvados os referentes às diligências em andamento" (art. 7º, § 2º). Assegurado, como assegura, o acesso do investigado aos elementos de prova carreados na fase de inquérito, o regime de sigilo consagrado na Lei nº 12.850/2013 guarda perfeita compatibilidade com a Súmula Vinculante nº 14. Agravo regimental a que se nega provimento (STF, 2ª Turma, Rcl nº 22.009 AgR, Rel. Min. Teori Zavascki, j. 6.02.2016, *DJe* 12.05.2016).

15.6 AÇÃO CONTROLADA

Art. 8º Consiste a ação controlada em retardar a intervenção policial ou administrativa relativa à ação praticada por organização criminosa ou a ela vinculada, desde que mantida sob observação e acompanhamento para que a medida legal se concretize no momento mais eficaz *à* formação de provas e obtenção de informações.

§ 1º O retardamento da intervenção policial ou administrativa será previamente comunicado ao juiz competente que, se for o caso, estabelecerá os seus limites e comunicará ao Ministério Público.

§ 2º A comunicação será sigilosamente distribuída de forma a não conter informações que possam indicar a operação a ser efetuada.

§ 3º Até o encerramento da diligência, o acesso aos autos será restrito ao juiz, ao Ministério Público e ao Delegado de Polícia, como forma de garantir o êxito das investigações.

§ 4º Ao término da diligência, elaborar-se-á auto circunstanciado acerca da ação controlada.

Art. 9º Se a ação controlada envolver transposição de fronteiras, o retardamento da intervenção policial ou administrativa somente poderá ocorrer com a cooperação das autoridades dos países que figurem como provável itinerário ou destino do investigado, de modo a reduzir os riscos de fuga e extravio do produto, objeto, instrumento ou proveito do crime.

15.6.1 Conceito e natureza jurídica

Conceito. A ação controlada consiste em uma técnica especial de investigação por meio da qual retarda-se a "intervenção policial ou administrativa relativa à ação praticada por organização criminosa ou a ela vinculada, desde que mantida sob observação e acompanhamento para que a medida legal se concretize no momento mais eficaz à formação de provas e obtenção de informações"[34].

Cuida-se de uma técnica especial de investigação pela qual é retardado o momento da intervenção dos órgãos estatais responsáveis pela persecução penal, basicamente a prisão em flagrante no caso da intervenção policial, que deve ocorrer em outro momento, que seja mais eficaz e producente para a colheita de provas e obtenção de informações, até mesmo para que mais envolvidos sejam identificados.

Natureza jurídica. A natureza jurídica da ação controlada é de meio de obtenção de prova.

O instituto vem expresso no art. 8º Lei nº 12.850/2013 para a investigação relacionada com os crimes perpetrados por organizações criminosas ou a elas vinculada, assim como em outros diplomas legislativos, a saber, Lei de Drogas (art. 53, II, e parágrafo único), na Lei de Terrorismo[35] e na Lei do Tráfico de Pessoas[36], que admitem a aplicação da Lei nº 12.850/2013 e, por via de consequência, todas as técnicas especiais de investigação previstas nessa lei.

---

[34] Redação conforme art. 8º, *caput*, da Lei nº 12.850/2013.

[35] Lei nº 13.260/2016: "Art. 16. Aplicam-se as disposições da Lei nº 12.850, de 2 agosto de 2013, para a investigação, processo e julgamento dos crimes previstos nesta Lei".

[36] Lei nº 13.344/2016: "Art. 9º Aplica-se subsidiariamente, no que couber, o disposto na Lei nº 12.850, de 2 de agosto de 2013".

Para alguns doutrinadores, a própria Lei de Lavagem de Capitais prevê em seu art. 4º-B[37] uma figura semelhante à ação controlada, consistente na suspensão da ordem de prisão de pessoas ou medidas assecuratórias, quando a sua execução imediata puder comprometer as investigações.

15.6.2 Retardamento da intervenção policial e administrativa

Na revogada Lei nº 9.034/1995, a ação controlada era tratada no art. 2º, II. Observa-se que, na Lei nº 12.850/2013, o legislador incluiu de maneira inovadora a possibilidade de que, além da intervenção policial, a intervenção administrativa seja postergada. Isso quer dizer que outras instituições administrativas, como a corregedoria da polícia, agentes das receitas estaduais e federais, órgãos do Ministério Público e outras autoridades administrativas podem retardar a sua ação para que se realize em outro momento mais oportuno (LIMA, 2020, p. 835)[38].

15.6.3 Ação controlada x flagrante esperado

A ação controlada também é conhecida como flagrante postergado, retardado, diferido, e não se confunde com o flagrante esperado, o qual também é uma forma de flagrante válido e regular.

Na ação controlada, o flagrante está acontecendo, ou seja, o crime está sendo praticado pela organização criminosa ou por outras pessoas ligadas a ela. No flagrante esperado, por sua vez, o crime não está ocorrendo, e autoridade policial, ciente de que tal crime será praticado, sem qualquer induzimento, fica na espreita para prender o agente.

Como já anunciado, uma das espécies de manifestação da ação controlada ocorre na hipótese da prisão em flagrante, que, no caso, estará legitimada para que aconteça em momento futuro. Contudo, se no momento mais oportuno para a intervenção policial não houver situação de flagrante próprio, impróprio ou presumido, não pode a autoridade policial atuar com total discricionariedade, sendo necessária prévia decretação de prisão preventiva ou temporária para legitimar a captura dos infratores da lei. Desse modo, quando a captura desses criminosos ocorrer, ou há uma situação de flagrância ou haverá a necessidade de que se tenha em mãos um mandado de prisão (temporária ou preventiva), pois do contrário essa prisão que foi postergada não poderá ser efetivada.

15.6.4 Desnecessidade de autorização judicial

De acordo com interpretação que se faz do § 1º do art. 8º da Lei nº 12.850/2013, não há necessidade de autorização judicial para que a ação controlada se realize. A lei previu

---

[37] Lei nº 9.613/1998: "Art. 4º-B. A ordem de prisão de pessoas ou as medidas assecuratórias de bens, direitos ou valores poderão ser suspensas pelo juiz, ouvido o Ministério Público, quando a sua execução imediata puder comprometer as investigações".

[38] Na Lei nº 11.343/2006, o instituto refere-se somente à não atuação policial.

que a ação controlada será previamente comunicada à autoridade judicial competente, mas dispensou a autorização.

A antiga Lei de Organização Criminosa (Lei nº 9.034/1995) nada dispunha acerca da autorização judicial, nem sequer sobre a prévia comunicação à autoridade judicial, por isso alguns doutrinadores costumavam se referir a essa ação controlada como se fosse uma verdadeira **"ação controlada descontrolada"**.

Entretanto, conforme previsto na atual lei, necessária se faz a prévia comunicação à autoridade judicial competente para que ela possa estabelecer os limites do retardamento da intervenção policial ou administrativa. Tais limites são de duas espécies (LIMA, 2020, p. 836):

♦ **Temporais:** quando se fixa um prazo máximo de duração da ação controlada.

♦ **Funcionais:** nesse caso, o juiz pode estabelecer a pronta intervenção da autoridade policial diante da possibilidade de danos a bens jurídicos de maior relevância.

Ao tratar da infiltração de agentes, em sentido oposto, a Lei nº 12.850/2013 prevê a necessidade de que a intervenção se dê com a autorização da autoridade judicial. Do mesmo modo, a infiltração de agentes de polícia na internet com o fim de investigar os crimes previstos na Lei de Organização Criminosa e a eles conexos, inserida no art. 10-A da Lei nº 12.850/2013, pelo Pacote Anticrime, também exigiu a autorização judicial como requisito para que a medida seja efetivada. Conclui-se, portanto, que, mesmo com as modificações recentes promovidas na lei, se fosse a vontade do legislador inserir a autorização judicial como requisito prévio para a efetivação da ação controlada, tê-lo-ia feito, porém, como não o fez, permanece como requisito para a ação controlada apenas a prévia comunicação à autoridade judicial.

Interessante questão que surge a respeito da necessidade da autorização judicial ou prévia comunicação é: se estivermos diante da prática de um crime de tráfico de drogas perpetrado por uma organização criminosa, nesse caso, como conciliar os dois aparatos legislativos?

A resposta nos é dada pela jurisprudência. Como cediço, a ação controlada estabelecida na Lei de Drogas[39] exige prévia autorização judicial, diferentemente da Lei de Organização Criminosa, que trata apenas da prévia comunicação. À vista disso, como o crime de tráfico está vinculado à prática do crime de organização criminosa, aplicar-se-ão as disposições

---

[39] "Art. 53. Em qualquer fase da persecução criminal relativa aos crimes previstos nesta Lei, são permitidos, além dos previstos em lei, mediante autorização judicial e ouvido o Ministério Público, os seguintes procedimentos investigatórios:

(...)

II – a não atuação policial sobre os portadores de drogas, seus precursores químicos ou outros produtos utilizados em sua produção, que se encontrem no território brasileiro, com a finalidade de identificar e responsabilizar maior número de integrantes de operações de tráfico e distribuição, sem prejuízo da ação penal cabível.

Parágrafo único. Na hipótese do inciso II deste artigo, a autorização será concedida desde que sejam conhecidos o itinerário provável e a identificação dos agentes do delito ou de colaboradores."

constantes nessa lei, que não prevê a necessidade de prévia autorização judicial, mas simples comunicação[40].

Em recentíssimo julgado, o STJ entendeu pela licitude das provas produzidas pela Subsecretaria de Inteligência de Estado de Segurança do Rio de Janeiro, órgão de inteligência, que prestou apoio ao Ministério Público na investigação dos crimes de organização criminosa, extorsão, concussão e extorsão mediante sequestro, praticados por policiais civis, confirmando a desnecessidade de autorização judicial prévia para a efetivação da ação controlada. Confira-se:

 Jurisprudência destacada

Habeas corpus. Organização criminosa. Extorsão, concussão e extorsão mediante sequestro por policiais civis. Possibilidade de apoio de agência de inteligência à investigação do Ministério Público. Não ocorrência de infiltração policial. Desnecessidade de autorização judicial prévia para a ação controlada. Comunicação posterior que visa a proteger o trabalho investigativo. *Habeas corpus* denegado. 1. A atividade de inteligência desempenhada por agências dos estados, que integram o Subsistema de Inteligência criado pelo Decreto nº 3.695, de 21.12.2012, consiste no exercício de ações especializadas para identificar, avaliar e acompanhar ameaças reais ou potenciais na esfera de segurança pública. Alcança diversos campos de atuação – um deles a inteligência policial judiciária – e entre suas finalidades está não só subsidiar o planejamento estratégico de políticas públicas, mas também assessorar com informações as ações de prevenção e repressão de atos criminosos. 2. Apesar de não se confundir com a investigação, nem se esgotar com o objetivo desta, uma vez que a inteligência de segurança pública opera na busca incessante de dados, o resultado de suas operações pode, ocasionalmente, ser aproveitado no processo penal para subsidiar a produção de provas, desde que materializado em relatório técnico. 3. No passado, no Estado do Rio de Janeiro, ante a necessidade de aperfeiçoar o combate a crimes cometidos por policiais, foi atribuída à Subsecretaria de Inteligência (SSINTE/SESEG) a missão de prestar apoio a determinados órgãos em suas investigações criminais. 4. Nesse contexto, não é ilegal o auxílio da agência de inteligência ao Ministério Público do Estado do Rio de Janeiro durante procedimento criminal instaurado para apurar graves crimes atribuídos a servidores de Delegacia do Meio Ambiente, em contexto de organização criminosa. Precedente. 5. O *Parquet* optou por não utilizar a estrutura da própria Polícia Civil para auxiliá-lo no procedimento apuratório criminal, e é incabível criar limitação, alheia ao texto constitucional, para o exercício conjunto da atividade investigativa pelos órgãos estatais. 6. Esta Corte possui o entendimento de que a atribuição de polícia judiciária às polícias civil e federal não torna nula a colheita de elementos informativos por outras fontes. Ademais, o art. 3º, VIII, da Lei nº 12.850/2013 permite a cooperação entre as instituições públicas na busca de dados de interesse da investigação. 7. Se agente lotada em agência de inteligência, sob identidade falsa, apenas representou o ofendido nas negociações da extorsão, sem se introduzir ou se infiltrar na organização criminosa com o propósito de identificar e angariar a confiança de seus membros ou obter provas sobre a estrutura e o

---

[40]   Nesse sentido: STJ, 5ª Turma, HC nº 119.205/MS, Rel. Min. Jorge Mussi, j. 29.09.2009.

funcionamento do bando, não há falar em infiltração policial. 8. O acórdão recorrido está em conformidade com a jurisprudência desta Corte, de que a gravação ambiental realizada por colaborador premiado, um dos interlocutores da conversa, sem o consentimento dos outros, é lícita, ainda que obtida sem autorização judicial, e pode ser validamente utilizada como meio de prova no processo penal. No caso, advogado decidiu colaborar com a Justiça e, munido com equipamentos estatais, registrou a conversa que entabulou com policiais no momento da entrega do dinheiro após a extorsão mediante sequestro. 9. A ação controlada prevista no § 1º do art. 8º da Lei nº 12.850/2013 não necessita de autorização judicial. A comunicação prévia ao Poder Judiciário, por seu turno, visa a proteger o trabalho investigativo, de forma a afastar eventual crime de prevaricação ou infração administrativa por parte do agente público, o qual responderá por eventuais abusos que venha a cometer. 10. As autoridades acompanharam o recebimento de dinheiro por servidores suspeitos de extorsão mediante sequestro, na fase do exaurimento do crime, e não há ilegalidade a ser reconhecida em *habeas corpus* se ausentes circunstâncias preparadas de forma insidiosa, de forma a induzir os réus à prática delitiva. 11. O *habeas corpus* não se presta à análise de teses que demandam exame ou realização de provas. 12. *Habeas corpus* denegado (STJ, 6ª Turma, HC nº 512.290/RJ 2019/0151066-9, Rel. Min. Rogerio Schietti Cruz, j. 18.08.2020, *DJe* 25.08.2020).

 Decifrando a prova

(Delegado de Polícia – PC/GO – UEG – 2018 – Adaptada) Nos termos da Lei nº 12.850/2013, a ação controlada consiste em retardar a intervenção policial ou administrativa relativa à ação praticada por organização criminosa ou a ela vinculada, desde que mantida sob observação e acompanhamento para que a medida legal se concretize no momento mais eficaz à formação de provas e obtenção de informações. Acerca desse instituto, verifica-se que: o retardamento da intervenção policial ou administrativa será previamente comunicado ao Ministério Público que, se for o caso, estabelecerá os seus limites e comunicará ao juiz competente.

( ) Certo ( ) Errado

Gabarito comentado: de acordo com o art. 8º, § 1º, da Lei nº 12.850/2013, a ação controlada independe de prévia autorização judicial e, de igual modo, não há no dispositivo legal previsão a determinar obrigatoriamente que aquela medida seja precedida da anuência do membro do *Parquet*. A lei condiciona a realização da medida apenas à comunicação pela autoridade policial ao juízo competente, que, se for o caso, estabelecerá os seus limites e comunicará ao Ministério Público, e não o contrário. Portanto, a assertiva está errada.

15.6.5 Demais requisitos

O art. 8º, § 2º, da Lei nº 12.850/2013 determina que "a comunicação será sigilosamente distribuída de forma a não conter informações que possam indicar a operação a ser efetuada". O sigilo da medida se impõe para que haja o próprio sucesso do meio de obtenção de prova.

É fato que, antes de promover a medida, já há um inquérito policial que fora distribuído para o juiz competente, no qual a comunicação da ação controlada estará vinculada, não necessitando mais de distribuição. Sendo assim, mais acertado seria se a previsão contida na lei dispusesse que a "comunicação será sigilosamente encaminhada", e não distribuída (NUCCI, 2019, p. 96).

Na mesma toada, o § 3º do mesmo artigo limitou o acesso dos autos somente aos atores do sistema de justiça criminal e impõe que "até o encerramento da diligência, o acesso aos autos será restrito ao juiz, ao Ministério Público e ao Delegado de Polícia, como forma de garantir o êxito das investigações".

Ao término da diligência, o resultado da ação controlada deverá ser documentado em um termo circunstanciado, que descreverá todo o procedimento adotado (art. 8º, § 4º, da Lei nº 12.850/2013).

Por fim, prevê o art. 9º da Lei nº 12.850/2013 a chamada transnacionalidade da ação controlada, que ocorrerá quando a medida precisar transpor fronteiras. Nesse caso,

> (...) o retardamento da intervenção policial ou administrativa somente poderá ocorrer com a cooperação das autoridades dos países que figurem como provável itinerário ou destino do investigado, de modo a reduzir os riscos de fuga e extravio do produto, obje-to, instrumento ou proveito do crime.

🧩 Decifrando a prova

(Delegado – PC/MG – Fumarc – 2018 – Adaptada) Sobre a ação controlada prevista na Lei nº 12.850/2013, é CORRETO afirmar: Mesmo que envolva a transposição de fronteiras, não haverá necessidade de cooperação do país tido como provável destino do investigado.
( ) Certo ( ) Errado
Gabarito comentado: conforme previsto no art. 9º da Lei nº 12.850/2013, caso a ação controlada envolva a transposição de fronteiras, o retardamento da intervenção policial ou administrativa somente poderá ocorrer com a cooperação das autoridades dos países que figurem como provável itinerário ou destino do investigado, de modo a reduzir os riscos de fuga e extravio do produto, objeto, instrumento ou proveito do crime. Portanto, a assertiva está errada.

15.6.6 Entrega vigiada

A **entrega vigiada** consiste em uma modalidade de ação controlada prevista expressamente na Convenção de Palermo (Convenção das Nações Unidas contra o Crime Organizado Transnacional), da qual o Brasil é signatário, razão pela qual conclui-se que esse método pode ser utilizado pelas autoridades policiais como uma técnica de investigação.

Consoante o art. 2º, "i", da Convenção, trata-se de técnica especial de investigação que:

> (...) consiste em permitir que remessas ilícitas ou suspeitas saiam do território de um ou mais Estados, os atravessem ou neles entrem, com o conhecimento e sob o controle das

suas autoridades competentes, com a finalidade de investigar infrações e identificar as pessoas envolvidas na sua prática.

A técnica em questão surgiu inicialmente com o escopo de apurar o crime de tráfico de drogas. Com o passar dos anos, acabou sendo ampliada, estendendo-se para os demais crimes, como o tráfico de armas, tráfico de animais, lavagem de capitais etc.

A doutrina (LIMA, 2020, p. 838-839) apresenta duas espécies distintas de entrega vigiada:

♦ **entrega vigiada limpa, ou com substituição:** nesta, as remessas ilícitas são trocadas antes de serem entregues ao destinatário final por outro produto qualquer, afastando o risco de que a mercadoria se perca;

♦ **entrega vigiada suja, ou com acompanhamento:** a encomenda segue seu itinerário sem alteração do conteúdo, observando seu curso normal sob redobrado monitoramento, a fim de diminuir o risco de extraviar a mercadoria ilícita.

15.7 INFILTRAÇÃO DE AGENTES

Art. 10. A infiltração de agentes de polícia em tarefas de investigação, representada pelo Delegado de Polícia ou requerida pelo Ministério Público, após manifestação técnica do Delegado de Polícia quando solicitada no curso de inquérito policial, será precedida de circunstanciada, motivada e sigilosa autorização judicial, que estabelecerá seus limites.

§ 1º Na hipótese de representação do Delegado de Polícia, o juiz competente, antes de decidir, ouvirá o Ministério Público.

§ 2º Será admitida a infiltração se houver indícios de infração penal de que trata o art. 1º e se a prova não puder ser produzida por outros meios disponíveis.

§ 3º A infiltração será autorizada pelo prazo de até 6 (seis) meses, sem prejuízo de eventuais renovações, desde que comprovada sua necessidade.

§ 4º Findo o prazo previsto no *§ 3º,* o relatório circunstanciado será apresentado ao juiz competente, que imediatamente cientificará o Ministério Público.

§ 5º No curso do inquérito policial, o Delegado de Polícia poderá determinar aos seus agentes, e o Ministério Público poderá requisitar, a qualquer tempo, relatório da atividade de infiltração.

15.7.1 Conceito e natureza jurídica

Conceito. A infiltração de agentes, de acordo com Masson e Marçal (2020, p. 406):

(...) consiste em um meio especial de obtenção de prova – verdadeira técnica de investigação criminal –, por meio do qual um (ou mais) agente de polícia, judicialmente autorizado, ingressa, presencial ou virtualmente, em determinada organização criminosa, forjando a condição de integrante, com o escopo de alcançar informações a respeito de seu funcionamento e de seus membros.

A referida técnica já encontrava previsão legal na revogada lei de organizações criminosas (Lei nº 9.034/1995[41]), sendo mantida pela atual lei; também está prevista na Lei de Drogas (Lei nº 11.343/2006)[42]; na Lei de Infiltração de Agentes nos Crimes contra a Dignidade Sexual de Crianças e de Adolescentes (Lei nº 13.441/2017), que incluiu o art. 190-A do ECA, e mais recentemente, com as modificações promovidas pelo Pacote Anticrime, foi expressamente admitida para os crimes de lavagem de capitais (art. 1º, § 6º, da Lei 9.613/1998, incluído pela Lei nº 13.964/2017).

Natureza jurídica. Trata-se de uma técnica especial de investigação. Nucci (2019, p. 96) ressalta, entretanto, que "é um meio de prova misto, envolvendo a busca e a testemunha, visto que o agente infiltrado busca provas enquanto conhece a estrutura e as atividades da organização e será ouvido, futuramente como testemunha".

15.7.2 Características peculiares à infiltração de agentes

♦ O agente que será infiltrado é um agente policial.

♦ A atuação desse agente policial se dará de maneira dissimulada, geralmente ocultando a sua verdadeira identidade (a própria lei de proteção às testemunhas prevê a possibilidade de mudança de identidade).

♦ Necessidade de prévia autorização judicial (seja na Lei de Drogas ou no caso das organizações criminosas, a legislação brasileira é clara no sentido de que essa técnica especial de investigação demanda prévia autorização judicial).

♦ Inserção do agente de forma estável. Atente-se para o fato de que essa inserção não pode ser confundida com o flagrante esperado. Ao tratarmos da infiltração, geralmente estamos nos referindo a um procedimento longo, que pode ser de um mês, seis meses ou um ano, por exemplo.

Exemplo: Agente policial toma conhecimento de que acontecerá uma festa, na qual será vendida droga para os participantes. Diante disso, insere-se no local. Nessa situação, não há que falar em agente infiltrado, pois, quando nos referimos à infiltração,

---

[41] "Art. 2º Em qualquer fase de persecução criminal são permitidos, sem prejuízo dos já previstos em lei, os seguintes procedimentos de investigação e formação de provas: (Redação dada pela Lei nº 10.217, de 11.04.2001.)

(...)

V – infiltração por agentes de polícia ou de inteligência, em tarefas de investigação, constituída pelos *órgãos* especializados pertinentes, mediante circunstanciada autorização judicial.

Parágrafo único. A autorização judicial será estritamente sigilosa e permanecerá nesta condição enquanto perdurar a infiltração."

[42] "Art. 53. Em qualquer fase da persecução criminal relativa aos crimes previstos nesta Lei, são permitidos, além dos previstos em lei, mediante autorização judicial e ouvido o Ministério Público, os seguintes procedimentos investigatórios:

II – a infiltração por agentes de polícia, em tarefas de investigação, constituída pelos *órgãos* especializados pertinentes; (...)"

estamos diante de um procedimento longo. Quando se sabe a localidade onde um crime será praticado e são adotadas precauções para efetuar a prisão, dá-se o mero flagrante esperado, que nem sequer demanda autorização judicial.

◆ Objetivo de identificar fontes de provas.

Ao analisar os contornos sobre a infiltração policial, a Sexta Turma do STJ, em recentíssimo julgado, decidiu que não há infiltração policial quando o agente lotado em agência de inteligência (policial), sob identidade falsa, apenas representa o ofendido nas negociações da extorsão, sem se introduzir ou se infiltrar na organização criminosa com o propósito de identificar e angariar a confiança de seus membros ou obter provas sobre a estrutura e o funcionamento do bando[43]. Isso porque o próprio mote da infiltração é que o agente passe a integrar a organização como se um dos membros fosse, o que não houve no caso em tela.

15.7.3 Infiltração por agentes de polícia

Na revogada Lei nº 9.034/1995, o art. 2º, V, referia-se à infiltração por agentes de polícia e também por agentes de inteligência, atividade que no Brasil é desenvolvida por agentes da ABIN. Confira-se o teor do reportado diploma:

> **Art. 2º** Em qualquer fase de persecução criminal são permitidos, sem prejuízo dos já previstos em lei, os seguintes procedimentos de investigação e formação de provas:
>
> (...)
>
> V – infiltração por agentes de polícia ou de inteligência, em tarefas de investigação, constituída pelos *órgãos* especializados pertinentes, mediante circunstanciada autorização judicial.
>
> **Parágrafo único**. A autorização judicial será estritamente sigilosa e permanecerá nesta condição enquanto perdurar a infiltração.

Diferentemente da lei anterior, e assim como consta da Lei nº 11.343/2006, a Lei nº 12.850/2013 admitiu que apenas agentes de polícia podem ser infiltrados em tarefas de investigação, não se admitindo mais a infiltração de agentes de inteligência. Assim, por se tratar de técnica especial de investigação, somente agentes de polícia judiciária, isto é, da polícia federal ou estadual, podem se infiltrar em organizações criminosas.

A exceção repousa diante de uma investigação de um crime de natureza militar, no qual a atribuição para a investigação será da própria polícia militar ou das forças armadas.

---

[43] "*Habeas corpus*. Organização criminosa. Extorsão, concussão e extorsão mediante sequestro por policiais civis. Possibilidade de apoio de agência de inteligência à investigação do Ministério Público. Não ocorrência de infiltração policial. Desnecessidade de autorização judicial prévia para a ação controlada. Comunicação posterior que visa a proteger o trabalho investigativo. *Habeas corpus* denegado" (STJ, 6ª Turma, HC nº 512.290/RJ 2019/0151066-9, Rel. Min. Rogerio Schietti Cruz, j. 18.08.2020, *DJe* 25.08.2020).

O particular poderia ser admitido como agente infiltrado em uma organização criminosa? Na lição de Lima (2020), esse particular é conhecido como "ganso" ou "informante", os quais seriam civis que prestam serviços à polícia, sem terem função pública.

De acordo com a letra da lei, não é possível. Vladimir Aras (*apud* LIMA, 2020, p. 842), no entanto, apresenta uma hipótese em que seria admissível. É o caso do particular infiltrado, quando se tratar de colaborador. No caso concreto citado, um dos integrantes da organização criminosa celebrou um acordo de colaboração premiada, de modo que passou a agir de maneira infiltrada na organização criminosa. Ele é um mero particular, mas, a partir do momento que ele passou a colaborar, entenderam as autoridades que seria interessante que ele permanecesse infiltrado na organização criminosa revelando informações para permitir a desarticulação do grupo. Lima (2020, p. 842) sustenta que nesse caso o que haveria seria mera colaboração premiada, e não infiltração de agentes, em face do oferecimento de prêmios legais ao integrante.

15.7.4 Requisitos

+ **Agente policial.** Como vimos em linhas anteriores, a infiltração policial deverá ser realizada por agentes de polícia.
+ **Autorização judicial motivada.** A decisão judicial que autoriza a infiltração de agentes deve ser motivada, à luz do art. 93, IX, da CF[44], sob pena de nulidade absoluta. Tal decisão deve obrigatoriamente ser sigilosa, isso para que não haja risco à integridade física do agente filtrado.

Nessa autorização judicial, o magistrado fixará os limites para a atuação do agente infiltrado e, inclusive, deverá se manifestar quanto a implementação de outras técnicas de investigação, pois, uma vez infiltrado, o agente não terá a mesma facilidade de antes a fim de conseguir autorizações judiciais para a realização de outros meios de obtenção de prova. Assim, dever-se-á, por exemplo, desde já, autorizar uma representação por busca e apreensão domiciliar, a instalação de equipamentos de monitoramento eletrônico etc.

Vale observar, de acordo com o magistério de Portocarrero e Ferreira (2020, p. 1026-1027), que o agente infiltrado, que recebeu autorização para tanto, não pratica o delito de associação criminosa ou organização criminosa, ante a falta de dolo, elemento subjetivo necessário para a caracterização de tais delitos. Sustenta-se que o agente infiltrado não está associado, mas apenas unido aos demais. Do mesmo modo, não poderia ser computado, a fim de compor o número mínimo exigido para a tipificação dos crimes supracitados.

---

44 "Art. 93. (...).

IX – todos os julgamentos dos órgãos do Poder Judiciário serão públicos, e fundamentadas todas as decisões, sob pena de nulidade, podendo a lei limitar a presença, em determinados atos, *às* próprias partes e a seus advogados, ou somente a estes, em casos nos quais a preservação do direito à intimidade do interessado no sigilo não prejudique o interesse público à informação; (...)."

♦ **Presença dos pressupostos para a decretação de medidas cautelares.** Para que a infiltração de agentes de polícia seja autorizada judicialmente, além dos requisitos já vistos, deverão estar preenchidos os pressupostos para a decretação das medidas cautelares, a saber, *fumus comissi delicti* e *periculum libertatis* (art. 10, § 2º, da Lei nº 12.850/2013), ou seja, de que há indícios da prática do crime de organização criminosa ou, demonstrada esta, dos crimes por ela praticados, e que há um perigo de que, se essa medida não for executada com a devida urgência, é bem provável que as fontes de prova se percam.

♦ **Subsidiariedade.** A infiltração policial deve ser vista como a *ultima ratio*, de maneira que, havendo outro meio menos invasivo para a descoberta de provas, este deverá ser utilizado (art. 10, § 2º, segunda parte, da Lei nº 12.850/2013).

♦ **Anuência do agente policial.** Nenhum agente policial pode ser obrigado a atuar como agente infiltrado. Por isso, a própria lei autoriza que ele se recuse a cumprir essa diligência (art. 14, I, da Lei nº 12.850/2013).

15.7.5 Momento

A infiltração de agentes de polícia poderá se dar tanto durante o curso do inquérito como ao longo do curso do processo. A interpretação pode ser extraída do texto do art. 10, *caput*, da Lei nº 12.850/2013.

15.7.6 Duração da medida

O prazo da infiltração de agentes vem previsto no art. 10, § 3º, da Lei nº 12.850/2013. A lei estabeleceu como limite o prazo de até seis meses, o qual pode ser renovado, desde que comprovada a sua necessidade.

Em que pese a lei não ter fixado um limite, à luz do princípio da proporcionalidade, não podemos interpretar o dispositivo no sentido de que poderia haver uma infiltração perdurando por cinco, dez anos ou mais, caso contrário, poderia haver uma contaminação do agente policial, depois de ficar exposto por tanto tempo àquela organização criminosa.

Com fulcro na duração da infiltração, alguns doutrinadores vão dividi-la em duas espécies[45]:

♦ *Light cover.* Quando a infiltração dura até seis meses e não há afastamento do agente do convívio de sua família ou a alteração de sua identidade.

♦ *Deep cover.* Dá-se quando a infiltração se prolonga por mais de seis meses. Confere ao agente uma inserção mais profunda na organização, que acaba trocando sua identidade, perdendo o contato com a família.

Lima (2020, p. 845) ainda apresenta mais quatro classificações referentes à infiltração policial:

---

[45]   Nesse sentido: Portocarrero e Ferreira (2020, p. 1027) e Lima (2020, p. 845).

- **Infiltração preventiva.** Ocorre quando o agente infiltrado não adota nenhuma postura ativa, apenas acompanha o que acontece.
- **Infiltração repressiva.** Quando o agente policial atua de modo efetivo na organização, inclusive praticando os crimes por ela perpetrado.
- **Infiltração presencial.** Refere-se às técnicas especiais de investigação previstas na Lei de Organização Criminosa (art. 10), na Lei de Drogas e na Lei de Lavagem de Capitais.
- **Infiltração virtual.** Com a Lei nº 13.441/2017, a infiltração de agentes de polícia virtual passou a constar expressamente na redação do art. 190-A do ECA, para a investigação de crimes contra a dignidade sexual de criança e de adolescente, e na Lei de Organização Criminosa, no art. 10-A, inserido pelo Pacote Anticrime.

Decifrando a prova

(Promotor de Justiça – MPE/GO – 2016 – Adaptada) Sobre a infiltração de agentes, é correto dizer: Doutrinariamente, chama-se *deep cover* a espécie de infiltração que tem duração superior a seis meses e reclama do agente imersão profunda no seio da organização criminosa, utilização de identidade falsa e perda de contato significativo com a família.

( ) Certo ( ) Errado

Gabarito comentado: quanto à duração, a infiltração de agentes de polícia pode ser classificada em *light cover* e em *deep cover*. A assertiva retrata fielmente o conceito da *deep cover*. Portanto, a assertiva está certa.

15.7.7 Infiltração policial virtual, cibernética ou eletrônica

Art. 10-A. Será admitida a ação de agentes de polícia infiltrados virtuais, obedecidos os requisitos do *caput* do art. 10, na internet, com o fim de investigar os crimes previstos nesta Lei e a eles conexos, praticados por organizações criminosas, desde que demonstrada sua necessidade e indicados o alcance das tarefas dos policiais, os nomes ou apelidos das pessoas investigadas e, quando possível, os dados de conexão ou cadastrais que permitam a identificação dessas pessoas.

§ 1º Para efeitos do disposto nesta Lei, consideram-se:

I – dados de conexão: informações referentes a hora, data, início, término, duração, endereço de Protocolo de Internet (IP) utilizado e terminal de origem da conexão;

II – dados cadastrais: informações referentes a nome e endereço de assinante ou de usuário registrado ou autenticado para a conexão a quem endereço de IP, identificação de usuário ou código de acesso tenha sido atribuído no momento da conexão.

§ 2º Na hipótese de representação do Delegado de Polícia, o juiz competente, antes de decidir, ouvirá o Ministério Público.

§ 3º Será admitida a infiltração se houver indícios de infração penal de que trata o art. 1º desta Lei e se as provas não puderem ser produzidas por outros meios disponíveis.

§ 4º A infiltração será autorizada pelo prazo de até 6 (seis) meses, sem prejuízo de eventuais renovações, mediante ordem judicial fundamentada e desde que o total não exceda a 720 (setecentos e vinte) dias e seja comprovada sua necessidade.

§ 5º Findo o prazo previsto no § 4º deste artigo, o relatório circunstanciado, juntamente com todos os atos eletrônicos praticados durante a operação, deverão ser registrados, gravados, armazenados e apresentados ao juiz competente, que imediatamente cientificará o Ministério Público.

§ 6º No curso do inquérito policial, o Delegado de Polícia poderá determinar aos seus agentes, e o Ministério Público e o juiz competente poderão requisitar, a qualquer tempo, relatório da atividade de infiltração.

§ 7º É nula a prova obtida sem a observância do disposto neste artigo.

Art. 10-B. As informações da operação de infiltração serão encaminhadas diretamente ao juiz responsável pela autorização da medida, que zelará por seu sigilo.

Parágrafo único. Antes da conclusão da operação, o acesso aos autos será reservado ao juiz, ao Ministério Público e ao Delegado de Polícia responsável pela operação, com o objetivo de garantir o sigilo das investigações.

Art. 10-C. Não comete crime o policial que oculta a sua identidade para, por meio da internet, colher indícios de autoria e materialidade dos crimes previstos no art. 1º desta Lei.

Parágrafo único. O agente policial infiltrado que deixar de observar a estrita finalidade da investigação responderá pelos excessos praticados.

Art. 10-D. Concluída a investigação, todos os atos eletrônicos praticados durante a operação deverão ser registrados, gravados, armazenados e encaminhados ao juiz e ao Ministério Público, juntamente com relatório circunstanciado.

Parágrafo único. Os atos eletrônicos registrados citados no *caput* deste artigo serão reunidos em autos apartados e apensados ao processo criminal juntamente com o inquérito policial, assegurando-se a preservação da identidade do agente policial infiltrado e a intimidade dos envolvidos.

15.7.7.1 Conceito

A infiltração de agentes de polícia virtual, assim como a infiltração de agentes de polícia presencial, caracteriza uma técnica especial de investigação. Na lição de Cunha e Pinto (2020, p. 1973):

> O agente infiltrado virtual deve ser entendido como agente policial que, do mesmo modo que ocorre em uma infiltração comum, cria uma identidade falsa virtual e insere-se em meio a um grupo de pessoas, como em redes sociais fechadas, com pseudônimos e códigos, para obter informações úteis à persecução.

Antes de constar expressamente no art. 10-A da Lei nº 12.850/2013, essa técnica já encontrava previsão legal nos arts. 190-A a 190-E do ECA, desde o ano de 2017. O ECA visa auxiliar na investigação dos crimes praticados contra a dignidade sexual de crianças e de adolescentes, notadamente os previstos nos arts. 240, 241, 241-A , 241-B , 241-C e 241-D dessa Lei e nos arts. 154-A, 217-A, 218, 218-A e 218-B do CP.

Tratando-se da lei de organização criminosa, visa auxiliar na investigação dos crimes de organização criminosa e daqueles a eles conexos, por ela praticados.

15.7.7.2 Requisitos

Respeitadas as devidas peculiaridades, os mesmos requisitos para a infiltração de agentes de polícia presencial devem ser preenchidos para que essa técnica seja admitida. Especial atenção, no entanto, deve ser tomada no sentido de que a infiltração virtual deverá indicar o alvo da pessoa a ser investigada, em outras palavras, seu nome, apelido e, quando possível, os dados de conexão ou cadastrais que permitam a identificação dessas pessoas.

15.7.7.3 Prazo

Conforme disposto no art. 10-A, § 4º, da Lei nº 12.850/2013, a infiltração de agentes de polícia na internet será admitida pelo prazo de até seis meses, sem prejuízo de eventuais renovações, mediante ordem judicial fundamentada e desde que o total não exceda a 720 dias e seja comprovada sua necessidade.

15.7.8 Procedimento da infiltração

Art. 11. O requerimento do Ministério Público ou a representação do Delegado de Polícia para a infiltração de agentes conterão a demonstração da necessidade da medida, o alcance das tarefas dos agentes e, quando possível, os nomes ou apelidos das pessoas investigadas e o local da infiltração.

Parágrafo único. Os órgãos de registro e cadastro público poderão incluir nos bancos de dados próprios, mediante procedimento sigiloso e requisição da autoridade judicial, as informações necessárias à efetividade da identidade fictícia criada, nos casos de infiltração de agentes na internet.

Art. 12. O pedido de infiltração será sigilosamente distribuído, de forma a não conter informações que possam indicar a operação a ser efetivada ou identificar o agente que será infiltrado.

§ 1º As informações quanto à necessidade da operação de infiltração serão dirigidas diretamente ao juiz competente, que decidirá no prazo de 24 (vinte e quatro) horas, após manifestação do Ministério Público na hipótese de representação do Delegado de Polícia, devendo-se adotar as medidas necessárias para o *êxito* das investigações e a segurança do agente infiltrado.

§ 2º Os autos contendo as informações da operação de infiltração acompanharão a denúncia do Ministério Público, quando serão disponibilizados à defesa, assegurando-se a preservação da identidade do agente.

§ 3º Havendo indícios seguros de que o agente infiltrado sofre risco iminente, a operação será sustada mediante requisição do Ministério Público ou pelo Delegado de Polícia, dando-se imediata ciência ao Ministério Público e à autoridade judicial.

Dispõe o art. 10, *caput*, da Lei n° 12.850/2013 que a infiltração de agentes de polícia terá início depois de ser oferecida representação pela autoridade policial ou requerimento do Ministério Público ao Poder Judiciário.

A autoridade policial só poderá representar ao juiz pela medida no curso do inquérito policial e, caso o faça, o juiz, antes de decidir, deverá ouvir o Ministério Público (art. 10, § 1°).

O representante do Ministério Público, por sua vez, poderá requerer judicialmente a medida no curso do inquérito, manifestação técnica do Delegado de Polícia, ou da instrução processual.

A disposição contida no art. 10, *caput*, deixa claro que a infiltração policial não pode ser decretada de ofício pelo juiz, o qual deverá atuar somente depois de ser provocado.

O entendimento em tela é corroborado pelo art. 3°-A do CPP, o qual foi acrescentado pelo Pacote Anticrime e consagrou a adoção do sistema acusatório.

De acordo com o art. 11 da Lei n° 12.850/2013, o requerimento do Ministério Público ou a representação do Delegado de Polícia deverão conter: a demonstração da necessidade da medida, o alcance das tarefas dos agentes e, quando possível, os nomes ou apelidos das pessoas investigadas e o local da infiltração.

O sigilo da medida é imposto pela Lei n° 12.850/2013, que prevê no art. 12, *caput*, a distribuição sigilosa do pedido, que não conterá informações que possam identificar a operação a ser realizada ou revelar o agente que será infiltrado. Aliás, a conduta daquele descumpre determinação de sigilo das investigações que envolvam a ação controlada e a infiltração de agentes é incriminada pelo art. 20 da Lei n° 12.850/2013.

A autoridade judicial, conforme consta do art. 12, § 1°, terá o prazo de 24 para decidir pela autorização ou não do pedido. No caso de ter sido oferecida representação pela autoridade policial, antes de decidir, o juiz deverá encaminhá-la ao Ministério Público para que se manifeste. A lei, contudo, não previu para o *Parquet* um prazo, razão pela qual se sustenta que seria o mesmo estabelecido para a autoridade judicial.

Após o oferecimento da denúncia pelo Ministério Público, a defesa dos acusados terá acesso aos autos, e mesmo nesse caso a identidade do agente deverá ser preservada (art. 12, § 2°, da Lei n° 12.850/2013).

A Lei n° 12.850/2013 ainda prevê a sustação da infiltração se houver indícios seguros de que o agente infiltrado sofre risco iminente, o que poderá ser feito independentemente de autorização judicial. O legislador apenas exigiu a requisição do Ministério Público, da qual será dada ciência ao juiz, ou, no caso de requisição do Delegado de Polícia, dar-se-á ciência à autoridade judicial e ao Ministério Público.

🧩 Decifrando a prova

(Promotor de Justiça – MPE/GO – 2016 – Adaptada) Sobre a infiltração de agentes, é correto dizer: Faz-se necessário, para que ocorra a chamada flexibilização operativa da infiltração

policial, que o Ministério Público obtenha em juízo, em caráter de extrema urgência, autorização judicial para a sustação da operação, sempre que existirem indícios seguros de que o
agente infiltrado sofre risco iminente.

( ) Certo ( ) Errado

Gabarito comentado: caso haja indícios seguros de risco iminente para o agente infiltrado, a
operação será sustada. Na hipótese, exige-se apenas a requisição do Ministério Público ou da
autoridade policial, sendo desnecessária a autorização judicial. Portanto, a assertiva está errada.

15.7.9 Responsabilidade criminal do agente infiltrado

Art. 13. O agente que não guardar, em sua atuação, a devida proporcionalidade com a
finalidade da investigação, responderá pelos excessos praticados.

Parágrafo único. Não é punível, no âmbito da infiltração, a prática de crime pelo agente
infiltrado no curso da investigação, quando inexigível conduta diversa.

Uma vez inserido na organização criminosa, os integrantes da organização exigirão que
o agente infiltrado pratique certas condutas delitivas. Desse modo, surge o artigo em tela,
com o intuito de eximir o agente de responsabilidade na esfera penal, que age respeitando a
devida proporcionalidade visada pela investigação.

Ao praticar as condutas previstas na lei de organização criminosa e aquelas abrangidas pela autorização judicial, o agente infiltrado não praticará crime, uma vez que a
ilicitude de sua conduta estará afastada pelo estrito cumprimento do dever legal, previsto
no art. 23, III, do CP.

Lado outro, caso o agente infiltrado se veja constrangido a praticar algum crime
para o qual não estava autorizado judicialmente, como o crime de tráfico de drogas,
deve-se entender que o agente agiu acobertado pela inexigibilidade de conduta diversa,
com a consequente exclusão de sua culpabilidade. Lembre-se de que pelos excessos cometidos, que não guardem a devida proporcionalidade e finalidade com a investigação,
ele será responsabilizado.

Nessa senda, o agente infiltrado que praticar o ato com desvio de finalidade, como ceifar
a vida de um dos integrantes da organização criminosa motivado por vingança, responderá
pelo crime de homicídio qualificado.

15.7.10 Direitos do agente infiltrado

Art. 14. São direitos do agente:

I – recusar ou fazer cessar a atuação infiltrada;

II – ter sua identidade alterada, aplicando-se, no que couber, o disposto no art. 9º da
Lei nº 9.807, de 13 de julho de 1999, bem como usufruir das medidas de proteção a
testemunhas;

III – ter seu nome, sua qualificação, sua imagem, sua voz e demais informações pessoais preservadas durante a investigação e o processo criminal, salvo se houver decisão judicial em contrário;

IV – não ter sua identidade revelada, nem ser fotografado ou filmado pelos meios de comunicação, sem sua prévia autorização por escrito.

Os direitos estabelecidos no art. 14 e incisos da Lei nº 12.850/2013 nada mais são do que mecanismos de proteção previstos para a preservação da incolumidade (integridade física e psicológica) do agente policial infiltrado. De nada adiantaria o legislador querer introduzir na lei essa técnica especial de investigação, se não oferecer em benefício do agente medidas e direitos que possam garantir a preservação da sua integridade física, sobretudo após a cessação da diligência.

15.8 ACESSO AOS DADOS CADASTRAIS DO INVESTIGADO

Art. 15. O Delegado de Polícia e o Ministério Público terão acesso, independentemente de autorização judicial, apenas aos dados cadastrais do investigado que informem exclusivamente a qualificação pessoal, a filiação e o endereço mantidos pela Justiça Eleitoral, empresas telefônicas, instituições financeiras, provedores de internet e administradoras de cartão de crédito.

O dispositivo em tela permite que o Delegado de Polícia e o Ministério Público tenham acesso direto aos dados cadastrais do investigado, que informem qualificação pessoal, filiação e endereço, independentemente de autorização judicial.

Dispositivo semelhante pode ser encontrado no art. 17-B da Lei nº 9.613/1998[46].

A previsão contida nesse dispositivo veio reforçada pela Lei nº 12.830/2013, que trata da investigação criminal conduzida pelo Delegado de Polícia, e previu no seu art. 2º, § 2º, que ao Delegado cabe requisitar diretamente perícia, informações, documentos e dados que interessem à investigação. Trata-se de previsão de suma importância que visa a conferir uma agilidade maior às investigações.

Dados cadastrais referentes à qualificação pessoal são nome, nacionalidade, profissão, carteira de identidade, CPF etc.; a filiação compreende o nome do pai e o da mãe; e o endereço trata-se do local de sua residência, local de seu trabalho. Essas informações são do conhecimento de todos, logo não conflitam com a CF/1988, que prevê cláusula de reserva de jurisdição, por exemplo, ao sigilo das comunicações telefônicas, à busca e apreensão e à quebra de sigilo bancário e fiscal, os quais não se confundem com os dados cadastrais. Ao requisitar os dados cadastrais, não estará a autoridade policial ou o Ministério Público invadindo a esfera de intimidade ou privacidade da pessoa investigada, não havendo que falar, portanto, na ilegalidade do fornecimento de tais informações[47].

---

[46] "Art. 17-B. A autoridade policial e o Ministério Público terão acesso, exclusivamente, aos dados cadastrais do investigado que informam qualificação pessoal, filiação e endereço, independentemente de autorização judicial, mantidos pela Justiça Eleitoral, pelas empresas telefônicas, pelas instituições financeiras, pelos provedores de internet e pelas administradoras de cartão de crédito."

[47] Nesse sentido a jurisprudência do STJ: "Não há ilegalidade na quebra do sigilo de dados cadastrais de linhas telefônicas os quais, conforme o tribunal de origem, foram obtidos por autoridade

---

🧩 Decifrando a prova

(Juiz de Direito – TJRJ – Vunesp – 2016 – Adaptada) No que diz respeito aos crimes previstos na Lei que define Organização Criminosa (Lei n° 12.850/2013), é correto afirmar que: os funcionários de empresas telefônicas e provedores de internet que descumprirem requisição do Delegado de Polícia, expedida durante o curso de investigação criminal e independentemente de autorização judicial, por meio da qual são solicitados dados cadastrais do investigado relativos exclusivamente à sua qualificação pessoal, filiação e endereço cometerão crime de recusa de dados, previsto na Lei n° 12.850/2013.

( ) Certo ( ) Errado

Gabarito comentado: de acordo com o art. 15 da Lei n° 12.850/2013, o Delegado de Polícia e o Ministério Público terão acesso aos dados cadastrais do investigado independentemente de autorização judicial, caracterizando a sua inobservância o crime previsto no art. 21 da Lei, punido com pena de reclusão, de seis meses a dois anos, e multa. Portanto, a assertiva está certa.

15.9 ACESSO AOS BANCOS DE DADOS DE RESERVAS E REGISTRO DE VIAGENS

Art. 16. As empresas de transporte possibilitarão, pelo prazo de 5 (cinco) anos, acesso direto e permanente do juiz, do Ministério Público ou do Delegado de Polícia aos bancos de dados de reservas e registro de viagens.

Com a mesma finalidade do artigo anterior, a Lei n° 12.850/2013 garantiu que o juiz, o Ministério Público e o Delegado de Polícia também obtivessem acesso direto e permanente aos bancos de reservas e registro de viagens, o qual deverá ser permitido pelo prazo de cinco anos. Nota-se que a lei nada versou sobre a autorização judicial, razão pela qual a melhor interpretação que se faz dessa norma é a de que o Ministério Público e o Delegado de Polícia terão esse acesso independentemente de autorização judicial, aliás, conforme consta, o próprio artigo referiu-se que ele será "direto".

As informações acerca do paradeiro do investigado, ou onde ficou ou ficará hospedado, não estão abrangidas pelo direito à intimidade ou à vida privada. Por essa razão, o Ministério Público e o Delegado de Polícia podem ter acesso direto, não havendo qualquer inconstitucionalidade nesse dispositivo que visa a garantir maior eficácia à investigação policial ou ministerial.

---

policial que recebeu de magistrado senha fornecida pela Corregedoria de Polícia Judiciária. Isso porque, conforme entendimentos do STF e do STJ, o disposto no artigo 5°, XII, da CF/1988 não impede o acesso aos dados em si, ou seja, o objeto protegido pelo direito à inviolabilidade do sigilo não são os dados em si, mas tão somente a comunicação desses dados. O entendimento do tribunal de origem é que sobre os dados cadastrais de linhas telefônicas inexiste previsão constitucional ou legal de sigilo, já que não fazem parte da intimidade da pessoa, assim como sobre eles não paira o princípio da reserva jurisdicional. Tal entendimento está em consonância com a jurisprudência do STJ" (STJ, 5ª Turma, AgRg no HC n° 181.546/SP, data publicação 18.02.2014).

15.10 ACESSO AOS REGISTROS DAS LIGAÇÕES TELEFÔNICAS

Art. 17. As concessionárias de telefonia fixa ou móvel manterão, pelo prazo de 5 (cinco) anos, à disposição das autoridades mencionadas no art. 15, registros de identificação dos números dos terminais de origem e de destino das ligações telefônicas internacionais, interurbanas e locais.

Os registros de identificação dos números dos terminais de origem e de destino das ligações telefônicas internacionais, interurbanas e locais não se confundem com o fluxo de comunicação telefônica (conteúdo da conversa), o qual indubitavelmente é abarcado pela cláusula de reserva de jurisdição.

Para a doutrina, em que pese o artigo supracitado não ter se referido à necessidade de prévia autorização judicial para a obtenção dos registros de identificação das chamadas, trata-se de conteúdo que atinge a esfera de intimidade e vida privada das pessoas, razão pela qual o cumprimento da medida estaria condicionado a uma ordem judicial prévia[48].

Nessa senda, as concessionárias de telefonia fixa ou móvel deverão manter, pelo prazo de cinco anos, à disposição do Delegado de Polícia ou do Ministério Público tais informações, que serão fornecidas mediante somente prévia autorização judicial.

15.11 DISPOSIÇÕES FINAIS – ARTS. 22 A 27

15.11.1 Procedimento e prazo para encerramento da instrução processual

Art. 22. Os crimes previstos nesta Lei e as infrações penais conexas serão apurados mediante procedimento ordinário previsto no Decreto-lei nº 3.689, de 3 de outubro de 1941 (Código de Processo Penal), observado o disposto no parágrafo único deste artigo.

Parágrafo único. A instrução criminal deverá ser encerrada em prazo razoável, o qual não poderá exceder a 120 (cento e vinte) dias quando o réu estiver preso, prorrogáveis em até igual período, por decisão fundamentada, devidamente motivada pela complexidade da causa ou por fato procrastinatório atribuível ao réu.

O art. 22 da Lei nº 12.850/2013 prevê que o procedimento a ser adotado para a apuração dos crimes estabelecidos na lei, bem como para as infrações penais que lhe forem conexas, é o comum ordinário, independentemente da pena máxima abstrata cominada ao delito.

Tratando-se de acusado preso, a instrução processual deverá ser encerrada no prazo de 120 dias, podendo-se falar em prorrogação por até igual período, por decisão fundamentada, devidamente motivada pela complexidade da causa ou por fato procrastinatório atribuível ao réu.

---

48   Nesse sentido: Portocarrero e Ferreira (2020, p. 1034) e Lima (2020, p. 863).

Decifrando a prova

(Juiz de Direito – TJDFT – Cespe/Cebraspe – 2016 – Adaptada) Em relação ao procedimento nos crimes decorrentes de organização criminosa, nos termos da Lei nº 12.850/2013, assinale a opção correta: Os crimes previstos nesta lei têm procedimento próprio, que deve ser aplicado com base no princípio da especialidade; a instrução criminal deverá ser encerrada em prazo não superior a noventa dias, quando o réu estiver preso, prorrogáveis por mais trinta dias, por decisão fundamentada e devidamente motivada pela complexidade da causa ou por fato procrastinatório atribuível ao réu.

( ) Certo ( ) Errado

Gabarito comentado: o procedimento previsto para o processo e julgamento dos crimes de organização criminosa e para as infrações penais que lhe são conexas é o comum ordinário; a lei não previu nenhum procedimento especial. Quando o réu estiver preso, a instrução criminal não poderá exceder o prazo de 120 dias, podendo este ser prorrogado por até igual período, por decisão fundamentada. Portanto, a assertiva está errada.

15.11.2 Sigilo

Art. 23. O sigilo da investigação poderá ser decretado pela autoridade judicial competente, para garantia da celeridade e da eficácia das diligências investigatórias, assegurando-se ao defensor, no interesse do representado, amplo acesso aos elementos de prova que digam respeito ao exercício do direito de defesa, devidamente precedido de autorização judicial, ressalvados os referentes às diligências em andamento.

Parágrafo único. Determinado o depoimento do investigado, seu defensor terá assegurada a prévia vista dos autos, ainda que classificados como sigilosos, no prazo mínimo de 3 (três) dias que antecedem ao ato, podendo ser ampliado, a critério da autoridade responsável pela investigação.

A fim de garantir a celeridade e a eficácia das diligências, a autoridade judicial poderá decretar o sigilo da investigação. Em consonância com a Súmula Vinculante nº 14, que assim dispõe: "É direito do defensor, no interesse do representado, ter acesso amplo aos elementos de prova que, já documentados em procedimento investigatório realizado por órgão com competência de polícia judiciária, digam respeito ao exercício do direito de defesa", o legislador garantiu o acesso aos elementos de prova que digam respeito ao exercício do direito de defesa, ao defensor do acusado, mediante prévia autorização judicial, limitando tal acesso às diligências que ainda estão em andamento, sob pena de insucesso.

Pelo parágrafo único foi previsto que, toda vez que se determinar a realização de depoimento do investigado, o defensor terá assegurada a vista dos autos, ainda que classificados como sigilosos, no prazo mínimo de três dias que antecedem o ato, que pode ser ampliado, a critério da autoridade responsável pela investigação.

15.II.3 Alterações no Código Penal

Art. 24. O art. 288 do Decreto-lei nº 2.848, de 7 de dezembro de 1940 (Código Penal), passa a vigorar com a seguinte redação:

"**Associação Criminosa**

Art. 288. Associarem-se 3 (três) ou mais pessoas, para o fim específico de cometer crimes:

Pena – reclusão, de 1 (um) a 3 (três) anos.

Parágrafo único. A pena aumenta-se até a metade se a associação é armada ou se houver a participação de criança ou adolescente." (NR)

Art. 25. O art. 342 do Decreto-lei nº 2.848, de 7 de dezembro de 1940 (Código Penal), passa a vigorar com a seguinte redação:

"**Art. 342.** (...)

Pena – reclusão, de 2 (dois) a 4 (quatro) anos, e multa." (NR)

A Lei nº 12.850/2013 trouxe algumas alterações importantes no CP. Em primeiro lugar, a lei deu nova redação ao delito previsto no art. 288 do CP, que deixou de se chamar quadrilha ou bando e agora é denominado associação criminosa.

A associação criminosa é a associação de três ou mais pessoas visando à prática reiterada de crimes que colocam em risco a paz pública.

Em breves linhas, o número mínimo para a existência do crime de quadrilha era de quatro integrantes, enquanto para o delito de associação criminosa basta que o grupo seja composto por três pessoas. A pena não foi alterada, continua de um a três anos de reclusão, e é aplicável quando a finalidade visada pelos autores é a prática de crimes comuns, tais como o furto, roubo, peculato.

Para se chegar ao número mínimo de três pessoas, computam-se os menores de idade, aqueles que morreram após integrar o grupo e também aqueles que não foram identificados por completo. Nesses casos, no entanto, será necessário que o Ministério Público faça menção a tais aspectos na denúncia.

O crime de associação criminosa não se confunde com o mero concurso de pessoas (coautoria e participação), pois exige a comprovação da finalidade de reiteração delituosa. No concurso de pessoas, por sua vez, o agrupamento de duas pessoas se dá para a prática de crime determinado.

Atente-se que não houve *abolitio criminis* por ter sido afastado o nome quadrilha ou bando, o que só teria ocorrido se a nova lei tivesse deixado de considerar infração penal a associação de quatro ou mais pessoas para a prática de crimes, mas a nova lei não fez isso, pelo contrário, simplesmente diminuiu o número de integrantes exigidos para que o fato seja típico, bastando agora três pessoas.

A associação criminosa será qualificada quando seus integrantes visarem cometer crimes hediondos, atos de tortura ou terrorismo. A pena nesse caso será de três a seis anos de reclusão, conforme dispõe o art. 8º, *caput*, da Lei nº 8.072/1990[49].

---

[49] "Art. 8º Será de três a seis anos de reclusão a pena prevista no art. 288 do Código Penal, quando se tratar de crimes hediondos, prática da tortura, tráfico ilícito de entorpecentes e drogas afins ou terrorismo."

A associação de duas ou mais pessoas para a prática do crime de tráfico de drogas constitui crime específico e ainda mais grave, inserido no art. 35 da Lei Antidrogas, que é o crime conhecido como associação para o tráfico.

Outra alteração promovida pela Lei nº 12.850/2013 encontra-se no parágrafo único do art. 288. No crime de quadrilha, a pena era dobrada, duplicada se o grupo fosse armado. Na atual legislação, a pena da associação criminosa poderá ser aumentada até metade se for armada ou se houver entre seus integrantes pessoa menor de idade (criança ou adolescente).

No que se refere ao grupo armado a nova lei é benéfica porque prevê aumento menor, e retroagirá por essa razão. O aumento é cabível ainda que apenas um dos integrantes atue armado, desde que não guarde relação com as atividades da associação, e, como o texto legal não fez distinção, esse aumento é aplicável tanto para as armas próprias quanto as impróprias.

A Lei de Organização Criminosa também alterou a pena do crime de falso testemunho ou perícia, previsto a teor do art. 342 do CP, que era de um a três anos, sendo elevada para dois a quatro anos.

Art. 26. Revoga-se a Lei nº 9.034, de 3 de maio de 1995.

Art. 27. Esta Lei entra em vigor após decorridos 45 (quarenta e cinco) dias de sua publicação oficial.

15.12 LEI Nº 12.694/2012

15.12.1 Apontamentos gerais

A Lei nº 12.694/2012 criou o juízo colegiado para o julgamento de crimes praticados por organização criminosa. A razão de ser da lei foi trazer mais segurança para a vida dos magistrados que julgam os processos por crimes cometidos por organização criminosa e possibilitar que eles exerçam o seu mister livre de pressões, ameaças e retaliações. De igual modo, buscou oferecer maior proteção aos familiares desses magistrados, criando um juízo colegiado para emitir as decisões, de maneira que não se saiba qual juiz proferiu o *decisum*.

Como ressaltamos no início desta obra, a Lei nº 12.694/2012 trouxe o conceito de organização criminosa, com previsão expressa no art. 2º. No entanto, a Lei nº 12.850/2013, conforme fora estudado, também apresentou a definição do instituto, tratando-o de maneira distinta. A fim de conciliar os dois diplomas, o ideal é entendermos que o conceito previsto na Lei nº 12.694/2012 foi revogado tacitamente pelo art. 1º, § 1º, Lei nº 12.850/2013, norma posterior, que, em razão do princípio da posterioridade, deverá prevalecer em face daquela.

Registre-se que a Lei nº 12.692/2012 foi revogada tacitamente somente nesse aspecto, subsistindo todos os outros pormenores da Lei.

Lei nº 12.694/2012

Art. 1º Em processos ou procedimentos que tenham por objeto crimes praticados por organizações criminosas, o juiz poderá decidir pela formação de colegiado para a prática de qualquer ato processual, especialmente:

I – decretação de prisão ou de medidas assecuratórias;

II – concessão de liberdade provisória ou revogação de prisão;

III – sentença;

IV – progressão ou regressão de regime de cumprimento de pena;

V – concessão de liberdade condicional;

VI – transferência de preso para estabelecimento prisional de segurança máxima; e

VII – inclusão do preso no regime disciplinar diferenciado.

§ 1º O juiz poderá instaurar o colegiado, indicando os motivos e as circunstâncias que acarretam risco *à* sua integridade física em decisão fundamentada, da qual será dado conhecimento ao órgão correicional.

§ 2º O colegiado será formado pelo juiz do processo e por 2 (dois) outros juízes escolhidos por sorteio eletrônico dentre aqueles de competência criminal em exercício no primeiro grau de jurisdição.

§ 3º A competência do colegiado limita-se ao ato para o qual foi convocado.

§ 4º As reuniões poderão ser sigilosas sempre que houver risco de que a publicidade resulte em prejuízo à eficácia da decisão judicial.

§ 5º A reunião do colegiado composto por juízes domiciliados em cidades diversas poderá ser feita pela via eletrônica.

§ 6º As decisões do colegiado, devidamente fundamentadas e firmadas, sem exceção, por todos os seus integrantes, serão publicadas sem qualquer referência a voto divergente de qualquer membro.

§ 7º Os tribunais, no âmbito de suas competências, expedirão normas regulamentando a composição do colegiado e os procedimentos a serem adotados para o seu funcionamento.

15.12.2 Origem do juízo colegiado

O juízo colegiado surge com o II Pacto Republicano do Estado. Trata-se de um pacto assinado entre os Poderes Judiciário, Legislativo e Executivo federal, que em 2009 estabeleceu como diretriz a criação de um juízo colegiado para julgamento de crimes praticados por organizações criminosas.

Não podemos nos esquecer da morte dos quatro juízes: Leopoldino Marques do Amaral, Antônio José Machado Dias, Alexandre Martins de Castro Filho e Patrícia Aciolli, que despertou o que já era de conhecimento de todos, isto é, as organizações criminosas já não respeitam sequer as autoridades estatais[50].

---

[50]   Nesse sentido: Lima (2020, p. 888).

Daí a importância da formação de um juízo colegiado integrado por três magistrados, pois, em vez de um, teremos três que emitirão a decisão, o que a torna um pouco mais impessoal.

A Lei nº 12.694/2012 é a primeira a tratar do assunto no plano federal. No estadual, já tivemos uma lei que antecedeu esta, a Lei nº 6.806/2007 do Estado do Alagoas, que criou nesse Estado o juízo colegiado para julgar crimes praticados por organizações criminosas.

A Lei do Estado do Alagoas foi objeto de Ação Direta de Inconstitucionalidade (ADI nº 4.414)[51], que questionou a criação de uma Vara Criminal na Capital com competência exclusiva para julgar delitos praticados pelo crime organizado. A ação foi julgada parcialmente procedente[52].

Entenderam os ministros que, diante da inércia, à época, da União em disciplinar o assunto, seria possível os Estados fazê-lo. Ademais, a matéria está relacionada ao procedimento, assunto que pode ser tratado pelo Estado diante da inércia da União (art. 24, § 3º, da CF/1988).

Outrossim, foi assentado que o juízo colegiado já existe entre nós, manifestando-se no tribunal do júri e nas turmas recursais.

A única ressalva apontada pelo STF era a de que o conceito de organização criminosa trazido pela Lei, reprodução do constante na Convenção de Palermo, não poderia ser utilizado, sob pena de violação ao princípio da legalidade.

15.12.3 Juiz sem rosto

Quando a Lei nº 12.694/2012 entrou em vigor, houve quem sustentasse que ela teria criado a figura do "juiz sem rosto". Cuidado. Como veremos, tal tese não se sustenta.

O "juiz sem rosto", ou juiz anônimo (ou ainda secreto), surgiu no Peru e na Colômbia na década de 1990. Como o próprio nome sugere, caracteriza-se pelo fato de o juiz não ter seu nome revelado, ou seja, não se sabe quem é o magistrado que está julgando.

Atualmente, tal figura não existe mais nos países em que surgiu. A Corte Interamericana de Direitos Humanos eliminou o juiz sem rosto no Peru em 1999 e, no ano seguinte, a Suprema Corte colombiana também acabou com essa excrecência.

A lei brasileira, de modo diverso, prevê um juízo colegiado, e não sem rosto, visto que o magistrado não ficará oculto no processo.

Na Lei nº 12.694/2012, sabe-se qual juiz está proferindo o julgamento; a diferença recai no fato de que, em vez de julgar o acusado de maneira singular, ele o fará de modo colegiado. Nesse sentido é o art. 1º, § 6º, da Lei. Confira-se: "§ 6º As decisões do colegiado, devidamente fundamentadas e firmadas, sem exceção, por todos os seus integrantes, serão publicadas sem qualquer referência a voto divergente de qualquer membro".

Extrai-se, portanto, que todas as decisões serão assinadas por todos os integrantes do juízo colegiado, o que significa que saberemos quem o compõe. De acordo com o § 2º, o

---

51 STF, Tribunal Pleno, ADI nº 4.414/AL, Rel. Min. Luiz Fux, j. 31.05.2012, *DJe* 17.06.2013.

52 Disponível em: http://www.stf.jus.br/portal/cms/verNoticiaDetalhe.asp?idConteudo=208912. Acesso em: 9 nov. 2020.

"colegiado será formado pelo juiz do processo e por 2 (dois) outros juízes escolhidos por sorteio eletrônico", logo, os juízes são conhecidos.

Desse modo, não trata a lei brasileira da figura do "juiz sem rosto", pelo contrário, na nossa lei, o juiz "tem rosto".

15.12.4 Atos jurídicos praticados no processo

Os atos processuais que poderão ser praticados pelo juízo colegiado estão delineados no art. 1º da Lei; são eles:

I – decretação de prisão ou de medidas assecuratórias;

II – concessão de liberdade provisória ou revogação de prisão;

III – sentença;

IV – progressão ou regressão de regime de cumprimento de pena;

V – concessão de liberdade condicional;

VI – transferência de preso para estabelecimento prisional de segurança máxima; e

VII – inclusão do preso no regime disciplinar diferenciado.

Conforme se observa do *caput* do dispositivo, o legislador utilizou a expressão "especialmente", o que permite que seja por nós interpretado de que seja apenas um rol exemplificativo.

De acordo com art. 1º, § 3º, da Lei, "a competência do colegiado limita-se ao ato para o qual foi convocado". Alguns doutrinadores então chegaram à conclusão de que o colegiado seria formado para cada ato processual, pois esse seria o sentido literal da lei. Ao analisar o texto legal, em sentido oposto, Lima (2020, p. 889) leciona que "a ideia da formação do colegiado é que, uma vez formado, passará a ter competência para toda e qualquer decisão relativa *àquela* persecução penal". Não estará, portanto, limitado à prática apenas do ato para o qual foi convocado.

🧩 Decifrando a prova

(Promotor de Justiça – MPE/SC – 2019 – Adaptada) A transferência de preso para estabelecimento prisional de segurança máxima é um dos atos processuais em que o juiz poderá decidir pela formação do colegiado previsto na Lei nº 12.694/2012.

( ) Certo ( ) Errado

Gabarito comentado: a questão cobrou a literalidade do art. 1º, VI, da Lei nº 12.692/2012. Portanto, a assertiva está certa.

15.12.5 Requisitos para a formação do juízo colegiado

A formação do juízo colegiado pode se dar a qualquer momento, seja na fase investigatória, durante a fase processual ou no decorrer da execução penal.

Para que seja criado, é preciso que se tenha:

- A existência de um crime perpetrado por organização criminosa.
- Fatos concretos que indiquem perigo à integridade do juiz.

O colegiado será formado por meio de sorteio eletrônico, exatamente para que não haja violação ao princípio do juiz natural.

15.12.6 Decisão do juízo colegiado

Nos termos do que dispõe o art. 1º, § 6º, da Lei nº 12.694/2012, as decisões do colegiado serão publicadas sem qualquer referência a voto divergente de qualquer membro. Caso haja voto divergente entre os membros, ele não deverá ser mencionado, pois, caso contrário, os acusados saberão qual é o juiz que proferiu esse voto divergente, esvaziando o próprio sentido da lei, o de tornar aquela decisão um pouco mais impessoal.

15.12.7 Varas Criminais Colegiadas permanentes

Art. 1º-A. Os Tribunais de Justiça e os Tribunais Regionais Federais poderão instalar, nas comarcas sedes de Circunscrição ou Seção Judiciária, mediante resolução, Varas Criminais Colegiadas com competência para o processo e julgamento:

I – de crimes de pertinência a organizações criminosas armadas ou que tenham armas à disposição;

II – do crime do art. 288-A do Decreto-lei nº 2.848, de 7 de dezembro de 1940 (Código Penal); e

III – das infrações penais conexas aos crimes a que se referem os incisos I e II do *caput* deste artigo.

§ 1º As Varas Criminais Colegiadas terão competência para todos os atos jurisdicionais no decorrer da investigação, da ação penal e da execução da pena, inclusive a transferência do preso para estabelecimento prisional de segurança máxima ou para regime disciplinar diferenciado.

§ 2º Ao receber, segundo as regras normais de distribuição, processos ou procedimentos que tenham por objeto os crimes mencionados no caput deste artigo, o juiz deverá declinar da competência e remeter os autos, em qualquer fase em que se encontrem, à Vara Criminal Colegiada de sua Circunscrição ou Seção Judiciária.

§ 3º Feita a remessa mencionada no § 2º deste artigo, a Vara Criminal Colegiada terá competência para todos os atos processuais posteriores, incluindo os da fase de execução.

A Lei nº 13.964/2019 (Pacote Anticrime) também produziu alterações na Lei nº 12.694/2012, inserindo o art. 1º-A, que cria as Varas Criminais Colegiadas permanentes com competência para o processo e o julgamento dos seguintes crimes: organizações criminosas armadas ou que tenham armas à disposição, constituição de milícia privada, e de todas as infrações penais conexas a ambos os crimes. Como se vê, diferencia-se do sistema colegiado de primeiro grau, que tem competência sobre todos os crimes praticados por organização criminosa (LIMA, 2020, p. 894).

A Vara Criminal Colegiada tem competência para a instrução, ação penal e execução da pena dos crimes anteriormente listados. Nessa toada, a partir do momento em que é instalada, ela passa a ter competência originária para resolver todas as situações previstas no art. 1º-A, I a III.

Conclui a doutrina que o art. 1º não foi revogado pelo art. 1º-A; ambos coexistem cada qual com a sua competência, de modo que o juízo colegiado vigorará para os assuntos pertinentes às Varas Criminais Colegiadas, enquanto estas não forem estruturadas. Nesse sentido é o magistério de Masson e de Marçal (2020, p. 22):

> (...) é sumariamente importante salientar que o sistema colegiado de 1º grau instaurado por sorteio eletrônico (art. 1º) não foi revogado e continua sendo aplicável, presentes os requisitos autorizadores para a sua constituição, nas seguintes situações: a) enquanto não instalada a vara criminal colegiada; b) nas comarcas sedes de Circunscrição ou Seção Judiciária em que houver a instalação da vara criminal colegiada, quando o caso concreto disser respeito a crime de organização criminosa "desarmada"; c) nas comarcas que não forem sedes de Circunscrição ou Seção Judiciária, ainda que o caso se refira à organização criminosa armada.

16

Abuso de Autoridade – Lei nº 13.869/2019

16.1 ASPECTOS GERAIS

16.1.1 Introdução

Contexto da lei. Em setembro de 2019 tivemos a publicação da Lei nº 13.869/2019[1], nossa nova Lei de Abuso de Autoridade, a qual revogou **expressamente** a Lei nº 4.898/1965 – antiga Lei de Abuso de Autoridade –, além de alterar diversos dispositivos de outras leis em vigor[2].

Embora a Lei nº 4.898/1965, segundo boa parte da doutrina, reclamasse atualização em seu texto, a nova Lei nº 13.869/2019 não foi bem recebida por toda a comunidade jurídica, uma vez que sua tramitação e posterior publicação aconteceram em meio a escândalos de corrupção por parte de integrantes do Poder Público, o que, na visão de muitos, pode ser considerado mais como um instrumento de contenção às investigações envolvendo "poderosos" (empreiteiros, agentes políticos etc.) do que puramente uma atualização necessária e saudável da legislação até então em vigor.

Além disso, uma das principais críticas à finada Lei nº 4.898/1965 era a de que o legislador, ao descrever os crimes, fê-los de maneira vaga, com conteúdo indeterminado, buscando abranger as mais diversas formas de abuso de autoridade e ferindo, por consequência, o princípio da taxatividade[3]. Contudo, esse cenário não foi modificado com a Lei

---

[1] Ela trouxe em seu texto um período de *vacatio legis* de 120 dias, e, em razão dos vetos derrubados e correções: uma parte da lei entrou em vigor no dia 3 de janeiro de 2020, outra no dia 16 de janeiro e a última começou a vigorar no dia 25 de janeiro, todas do ano de 2020. Além disso, em 2022, tivemos a publicação da Lei nº 14.321, a qual acrescentou o crime do art. 15-A (violência institucional) à Lei de Abuso de Autoridade.

[2] Citaremos essas alterações pontuais no tópico "Disposições finais".

[3] Tal princípio exige que os tipos penais possuam conteúdo certo e determinado, vedando a criação de tipos penais imprecisos, indeterminados.

nº 13.869/2019, a qual também se utilizou da mesma técnica legislativa em vários dos seus tipos penais[4].

Muito em razão das situações supracitadas, diversos dispositivos da Lei foram vetados pelo Presidente da República e, posteriormente, alguns desses vetos rejeitados pelo Congresso Nacional, outros mantidos.

Finalidade da lei. Estudamos em direito administrativo que o Estado e seus agentes possuem algumas prerrogativas não extensíveis aos particulares, como a presunção de legitimidade de seus atos (são, a princípio, considerados praticados de acordo com a lei). Contudo, não raro, temos a ocorrência de condutas realizadas por agentes estatais que extrapolam ou se desviam dos limites da lei, caracterizando-se verdadeiro abuso da autoridade legitimamente conferida a eles.

Por conseguinte, surge a necessidade de contenção e punição desses atos praticados em desconformidade com a legislação. Várias são as normas, administrativas, cíveis e penais, que visam punir o agente público que abusa de seu poder. Temos como exemplo os crimes do Código Penal, notadamente os cometidos contra a Administração Pública, que buscam, mesmo que de forma indireta quanto ao abuso, punir tais atos perpetrados por agentes públicos. Da mesma forma, há normas administrativas, como a Lei de Improbidade, que sancionam administrativamente tais condutas.

Ao lado dessas normas, tínhamos a Lei nº 4.898/1965, a qual, como vimos, foi revogada pela nova Lei de Abuso de Autoridade – Lei nº 13.869/2019 – atualmente em vigor e que, nas palavras de Greco e Cunha (2020, p. 12), tem por finalidade: "modernizar a prevenção e repressão aos comportamentos abusivos de poder no trato dos direitos fundamentais do cidadão, colocando em mira a conduta de autoridades e agentes públicos".

Organização. Vale ressaltar ainda que a Lei nº 13.869/2019 é dividida nos seguintes Capítulos:

Capítulo I	Disposições Gerais
Capítulo II	Dos Sujeitos do Crime
Capítulo III	Da Ação Penal
Capítulo IV	Dos Efeitos da Condenação e das Penas Restritivas de Direitos
Capítulo V	Das Sanções de Natureza Civil e Administrativa
Capítulo VI	Dos Crimes e das Penas
Capítulo VII	Do Procedimento
Capítulo VIII	Disposições Finais

16.1.2 Sujeitos do crime e características gerais — Arts. 1º e 2º

Art. 1º Esta Lei define os crimes de abuso de autoridade, cometidos por agente público, servidor ou não, que, no exercício de suas funções ou a pretexto de exercê-las, abuse do poder que lhe tenha sido atribuído.

---

[4]   Nesse sentido: Greco e Cunha (2020, p. 13).

§ 1º As condutas descritas nesta Lei constituem crime de abuso de autoridade quando praticadas pelo agente com a finalidade específica de prejudicar outrem ou beneficiar a si mesmo ou a terceiro, ou, ainda, por mero capricho ou satisfação pessoal.

§ 2º A divergência na interpretação de lei ou na avaliação de fatos e provas não configura abuso de autoridade.

Art. 2º É sujeito ativo do crime de abuso de autoridade qualquer agente público, servidor ou não, da administração direta, indireta ou fundacional de qualquer dos Poderes da União, dos Estados, do Distrito Federal, dos Municípios e de Território, compreendendo, mas não se limitando a:

I – servidores públicos e militares ou pessoas a eles equiparadas;

II – membros do Poder Legislativo;

III – membros do Poder Executivo;

IV – membros do Poder Judiciário;

V – membros do Ministério Público;

VI – membros dos tribunais ou conselhos de contas.

Parágrafo único. Reputa-se agente público, para os efeitos desta Lei, todo aquele que exerce, ainda que transitoriamente ou sem remuneração, por eleição, nomeação, designação, contratação ou qualquer outra forma de investidura ou vínculo, mandato, cargo, emprego ou função em órgão ou entidade abrangidos pelo *caput* deste artigo.

Sujeito ativo. Quanto ao sujeito ativo (quem pratica o crime), como se extrai da leitura do art. 1º, *caput*, c/c o art. 2º, os crimes da Lei nº 13.869/2019 são **próprios** (exigirão uma condição especial do sujeito ativo), os quais somente poderão ser cometidos por **agente público**.

No entanto, qual o conceito de "agente público" para os fins da mencionada Lei?

É um conceito bastante amplo. Resumindo e esquematizando o disposto no art. 2º, temos que se trata:

| Aquele que exerce cargo, emprego, função ou mandato na administração direta, indireta ou fundacional de qualquer dos Poderes da União, dos Estados, do Distrito Federal, dos Municípios e de Território | Ainda que de forma transitória ou sem remuneração (ex.: mesários eleitorais, jurados). |
| | Por qualquer forma de investidura ou vínculo (ex.: eleição, nomeação, designação, contratação). |

O art. 2º, em seus incisos, traz um rol elucidativo de sujeitos ativos, sem prejuízo de vários outros exemplos: servidores públicos; empregados públicos; agentes políticos; militares etc. Vale ressaltar que, em regra, qualquer agente público, na forma do art. 2º, poderá ser considerado sujeito ativo dos crimes da Lei[5]. No entanto, com relação a alguns tipos penais, o legislador restringiu a possibilidade de cometimento do crime a **determinadas espécies** de agentes públicos (ex.: juiz). Para todo efeito, o sujeito ativo de cada um dos delitos será aquele que possuir competência/atribuição para praticar as condutas previstas no tipo penal.

🧩 Decifrando a prova

(Defensor Público – DPE/PB – FCC – 2022 – Adaptada) A Lei nº 13.869/2019, que dispõe sobre os crimes de abuso de autoridade, prevê rol taxativo indicando os agentes públicos que podem ser sujeitos ativos dos delitos previstos na legislação especial.

( ) Certo ( ) Errado

Gabarito comentado: o rol contido nos incisos do art. 2º é meramente exemplificativo (comporta ampliação). Portanto, a assertiva está errada.

No exercício de suas funções ou a pretexto de exercê-las. Segundo o art. 1º, os crimes da Lei poderão ser praticados por agente público: que estiver **no exercício da sua função pública** (ex.: policial em serviço), bem como por aquele que, embora não esteja no exercício da função (ex.: policial de folga), realizar o ato invocando a sua condição de autoridade pública, ou seja, **a pretexto de exercê-la.** Exige-se, portanto, que a conduta cometida guarde relação com a função pública do sujeito ativo para que tenhamos a configuração de crime contido na lei (que pode estar exercendo-a efetivamente ou mesmo atuando a pretexto de exercê-la).

Agente público de férias ou licença. Poderá ser sujeito ativo de crime da Lei nº 13.869/2019. Isso porque, quando está de férias ou licença, o agente público conserva o seu vínculo com a Administração Pública e, como vimos, é possível que o abuso seja cometido não só no exercício da função, mas também a pretexto de exercê-la.

Agente público aposentado ou demitido. Nesses casos, o sujeito não mais possui vínculo funcional com a Administração Pública (não é mais "agente público" para fins da lei), não podendo cometer, em regra, crime de abuso de autoridade.

Múnus público. Aquele que exerce múnus público (um tipo de encargo imposto pela lei) – como o tutor, curador, inventariante – não é "agente público" para os fins da Lei de Abuso de Autoridade, não podendo assim ser considerado sujeito ativo dos delitos tipificados na mencionada norma.

---

[5] Os ditos "funcionários públicos por equiparação", previstos no art. 327, § 1º, do CP, não serão considerados sujeito ativo dos delitos da Lei nº 13.869/2019, haja vista a ausência de menção expressa a essa equiparação pela referida norma.

Decifrando a prova

(Inédita) Os crimes definidos na Lei de Abuso de Autoridade são cometidos por agente público, servidor ou não, desde que exclusivamente no exercício de suas funções.
( ) Certo ( ) Errado
Gabarito comentado: os crimes da Lei de Abuso de Autoridade poderão ser cometidos por agente público que esteja no exercício da função ou ainda, mesmo que não esteja em seu exercício, atua a pretexto de exercê-la. Ex.: Policial de folga que invoca a sua função pública para cometer crime listado na Lei nº 13.869/2019. Portanto, a assertiva está errada.

Concurso de pessoas. Como são crimes próprios, os delitos da Lei nº 13.869/2019 admitem tanto coautoria quanto participação.

Assunto interessante diz respeito à possibilidade de o particular cometer crime da nova Lei de Abuso de Autoridade: **em regra não cometerá**, haja vista que não é "agente público" para os fins do mencionado art. 2º. Contudo, existe uma possibilidade de o particular responder pelo delito: quando o praticar com um "agente público", ou seja, atuando como coautor ou partícipe (concurso de pessoas). Dessa forma, sozinho, o particular nunca cometerá crime da Lei de Abuso de Autoridade.

E por qual razão o particular também responderá por crime da Lei nº 13.869/2019, nesse caso de concurso de pessoas? Explicamos. O art. 30 do CP dispõe que "não se comunicam as condições de caráter pessoal, salvo quando elementares do crime", Ou seja, quando houver uma **elementar**, esta se comunicará (com os coautores e partícipes do delito). Elementares são, basicamente, os dados fundamentais/principais de uma conduta criminosa. Nos crimes da Lei nº 13.869/2019, a condição de "agente público" é uma elementar, portanto ela vai se comunicar, transmitir-se do agente público ao particular, respondendo, ambos, por crime de abuso de autoridade. Obviamente, se o particular desconhecer a condição de agente público do seu parceiro, não será responsabilizado por crime de abuso.

Bem jurídico e sujeito passivo. Os bens jurídicos tutelados, ou seja, os valores fundamentais que a Lei nº 13.869/2019 buscou proteger ao criminalizar as condutas de abuso de autoridade são dois[6]: **o regular funcionamento da Administração Pública**, a qual não pode admitir que as condutas de seus agentes estejam em desconformidade com a lei; **os direitos fundamentais das vítimas**, as quais sofreram o ato de abuso por parte do agente estatal.

Analisando os bens jurídicos protegidos pela Lei, à semelhança, são dois os sujeitos passivos (vítimas) do crime de abuso: tanto o **Estado**, responsável pela "máquina pública", quanto a pessoa (física ou jurídica), que sofreu a conduta ilegal por parte do agente estatal.

Elemento subjetivo. Todos os crimes dispostos na Lei nº 13.869/2019 são **dolosos** – não há delito de abuso de autoridade culposo – e exigem, além do dolo genérico (presente em todo crime doloso), um especial fim de agir, o qual encontra-se previsto no art. 1º, § 1º.

---

[6]   Estamos diante de uma Lei com dupla objetividade jurídica.

Cumpre acrescentar que os elementos subjetivos especiais a seguir incidirão em todos os delitos da lei, exceto se a infração trouxer finalidade específica própria e esta restringir algum daqueles (se não houver restrição, coexistirão). É o exemplo do art. 29, o qual se restringe à finalidade de **prejudicar interesse do investigado**, excluindo, por consequência, duas das finalidades estabelecidas no art. 1º, § 1º ("beneficiar a si mesmo ou terceiro").

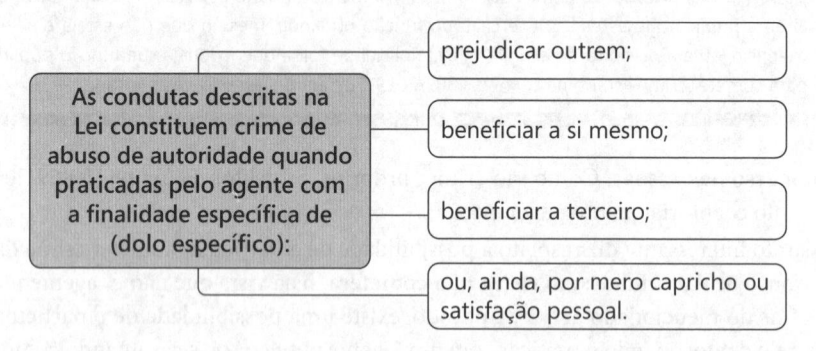

As condutas descritas na Lei constituem crime de abuso de autoridade quando praticadas pelo agente com a finalidade específica de (dolo específico):
- prejudicar outrem;
- beneficiar a si mesmo;
- beneficiar a terceiro;
- ou, ainda, por mero capricho ou satisfação pessoal.

Portanto, pelo menos em regra, sem a existência de alguma dessas finalidades específicas, não há que falar em crime da Lei de Abuso de Autoridade. Ok! **Então para a caracterização dos delitos da Lei nº 13.869/2019 é necessário que se alcance alguma das finalidades citadas?** Não, mas deve haver a pretensão, a intenção, o fim específico de abusar de seu poder, praticando alguma das condutas tipificadas na lei, para se chegar a qualquer dessas finalidades (mesmo que ela não seja atingida)[7].

Outro ponto que merece destaque é a possibilidade de os delitos tipificados na nova Lei de Abuso de Autoridade serem cometidos por meio de dolo eventual. Segundo o entendimento de Greco e Cunha (2020, p. 13), o art. 1º, § 1º, ao anunciar de antemão as finalidades específicas possíveis, exclui a possibilidade da ocorrência dessa espécie de dolo para os crimes em questão, ou seja, cabe apenas o dolo direto[8].

Por fim, vale mencionar o teor do Enunciado nº 29 do CNPG e do GNCCRIM – ligados ao Ministério Público – o qual dispõe:

> (...) representações indevidas por abuso de autoridade podem, em tese, caracterizar crime de denunciação caluniosa (CP, art. 339), dano civil indenizável (CC, art. 953) e, caso o reclamante seja agente público, infração disciplinar ou político-administrativa.

---

[7] Os delitos da Lei podem ser classificados como de tendência interna transcendente (ou de intenção), pois, além do tipo objetivo, exigirão uma finalidade específica (que não necessita ser alcançada, apenas pretendida).

[8] Em sentido contrário, Lima (2020, p. 36-37) entende ser possível vislumbrar a ocorrência do dolo eventual nos tipos penais da lei (à exceção daqueles em que o legislador deixou expressa a opção única pelo dolo direto).

⚡ Decifrando a prova

> **(Inédita)** Para configurar a prática do crime de abuso de autoridade, o sujeito ativo tem que possuir a finalidade específica de prejudicar outrem ou beneficiar unicamente a si mesmo, ou, ainda, agir por mero capricho ou satisfação pessoal.
> ( ) Certo ( ) Errado
> **Gabarito comentado:** não é "unicamente" a si mesmo. Pode ser beneficiar a si mesmo ou a terceiro, além das finalidades de prejudicar outrem ou por meio de capricho/satisfação pessoal. Portanto, a assertiva está errada.

Divergência na interpretação de lei ou na avaliação de fatos e provas. É certo que o operador do direito, rotineiramente, vê-se diante da necessidade de interpretar leis ou dispositivos de leis, bem como avaliar fatos e provas nas mais diversas situações. É comum que existam divergências entre os operadores quanto a interpretação ou avaliação desses fatos, o que é, inclusive, muito salutar. A divergência leva ao aprofundamento da questão, podendo gerar um raciocínio mais bem construído, uma tese mais bem trabalhada.

Atento a isso, o legislador previu no art. 1º, § 2º:

> **Art. 1º** (...)
> **§ 2º** A divergência na interpretação de lei ou na avaliação de fatos e provas não configura abuso de autoridade.

Dessa forma, não há que falar em crime de abuso de autoridade no caso de mera divergência na interpretação de lei ou na avaliação de fatos e provas[9].

Citamos aqui um exemplo extraído do site "Dizer o Direito (professor Marcio André Lopes Cavalcante)":

> Ex.: o membro do Ministério Público denuncia o acusado afirmando que sua conduta configura o crime "X". Ocorre que existe uma segunda corrente diversa daquela sustentada pelo MP que defende que essa conduta é atípica. O juiz adota essa segunda posição e rejeita a denúncia por entender que não a situação não se amolda àquele tipo penal. O simples fato de haver essa divergência de interpretação não gera a conclusão de que o integrante do *Parquet* tenha agido com abuso de autoridade.

Continuando nas lições do professor Marcio André:

> O objetivo deste dispositivo foi o de evitar aquilo que Rui Barbosa chamou de "crime de hermenêutica", que ocorre quando o operador do Direito (em especial o magistrado) é

---

[9] Embora já exista discussão na doutrina, entendemos que a natureza jurídica do art. 1º, § 2º, é de uma causa excludente da tipicidade, pois o dispositivo exclui o dolo caracterizador do crime. Nesse sentido: Greco e Cunha (2020, p. 17).

responsabilizado criminalmente pelo simples fato de sua intepretação ter sido considerada errada pelo Tribunal revisor.[10]

Circunstância diversa acontece caso haja uma interpretação totalmente desvirtuada do dispositivo analisado, caracterizando situação teratológica (ex.: entender que, quando a lei fala em "direitos do preso", ela exclui os privados de sua liberdade por conta de sentença condenatória transitada em julgado, abrangendo apenas o preso cautelarmente). Aqui, diante da evidente desarrazoabilidade na interpretação, poderemos ter a ocorrência de abuso de autoridade.

 Decifrando a prova

(Inédita) Nos termos da Lei nº 13.869/2019, a divergência na interpretação de lei ou na avaliação de fatos e provas não configura abuso de autoridade.

( ) Certo ( ) Errado

Gabarito comentado: esse é o teor do art. 1º, § 2º – buscou-se, por meio do dispositivo, evitar o chamado crime de hermenêutica que, em breves palavras, consiste em criminalizar interpretações ou avaliações diferentes. São saudáveis e contribuem para o debate as diversas interpretações ou avaliações dos sujeitos do processo. Não existe uma posição perfeita, irrefutável. Acusação, defesa e órgão julgador podem ter seus posicionamentos e isso não configurará abuso de autoridade. Portanto, a assertiva está certa.

16.1.3 Ação penal e competência – Art. 3º

Art. 3º Os crimes previstos nesta Lei são de ação penal pública incondicionada.

§ 1º Será admitida ação privada se a ação penal pública não for intentada no prazo legal, cabendo ao Ministério Público aditar a queixa, repudiá-la e oferecer denúncia substitutiva, intervir em todos os termos do processo, fornecer elementos de prova, interpor recurso e, a todo tempo, no caso de negligência do querelante, retomar a ação como parte principal.

§ 2º A ação privada subsidiária será exercida no prazo de 6 (seis) meses, contado da data em que se esgotar o prazo para oferecimento da denúncia.

Ação penal. Todos os crimes da Lei de Abuso de Autoridade serão processados e julgados mediante ação penal pública incondicionada.

O art. 3º, em seus §§ 1º e 2º, traz a chamada ação penal privada subsidiária da pública, que consiste na possibilidade[11] de admissão da ação penal privada para crimes que se proces-

---

[10] Disponível em: https://www.dizerodireito.com.br/2019/11/lei-de-abuso-de-autoridade-parte-1.html. Acesso em: 30 nov. 2022.

[11] A ação penal privada subsidiária da pública é uma faculdade do cidadão e encontra previsão tanto no CPP quanto na CF (art. 5º, LIX).

sam originariamente sob ação penal pública, caso esta não seja intentada no prazo legal[12] pelo Ministério Público (titular dessa espécie de ação penal). Aqui, a lei praticamente repetiu o já previsto no Código de Processo Penal, o qual aborda essa temática com mais detalhamento[13].

⚙ Decifrando a prova

(Inédita) Os crimes previstos na Lei de Abuso de Autoridade são de ação penal pública incondicionada, sendo admitida ação privada se a ação penal pública não for intentada no prazo legal.

( ) Certo ( ) Errado

Gabarito comentado: esse é o teor do art. 3º. Todos os crimes da lei, sem exceção, são de ação penal pública incondicionada. Ocorre que, se a ação penal pública não for intentada/ ajuizada no prazo legal (5 dias réu preso ou 15 dias réu solto ou afiançado), abre-se para o ofendido a possibilidade de ajuizar a chamada ação penal privada subsidiária da pública. Portanto, a assertiva está certa.

Observe que, mesmo no caso de admissão da ação penal privada subsidiária da pública, o Ministério Público continua tendo um amplo poder de gerência[14], podendo: aditar ou repudiar a queixa (oferecendo denúncia substitutiva); intervir em todos os termos do processo; fornecer elementos de prova; interpor recurso; e, a todo tempo, no caso de negligência do querelante, retomar a ação como parte principal[15]. Além disso, note que o prazo de exercício dessa espécie de ação será de seis meses, a contar da data em que se esgotar o prazo para oferecimento da denúncia. Transcorrido o prazo mencionado sem que a vítima tenha oferecido a queixa subsidiária, opera-se a decadência do direito de ação (o Ministério Público continua legitimado a apresentar a denúncia enquanto não extinta a punibilidade do crime, por exemplo, prescrição).

⚙ Decifrando a prova

(Inédita) Nos termos da Lei nº 13.869/2019, a ação privada subsidiária será exercida no prazo de 6 (seis) meses, contado da data em que se esgotar o prazo para recebimento da denúncia.

( ) Certo ( ) Errado

---

[12] O prazo para oferecimento da denúncia encontra-se previsto no art. 46 do CPP: 5 dias estando o réu preso; 15 dias estando o réu solto ou afiançado.

[13] Para um estudo mais aprofundado a respeito da ação penal privada subsidiária da pública, recomendamos que o futuro aprovado leia os artigos constantes no Livro I, Título III, do CPP (da ação penal).

[14] Segundo doutrina especializada, o Ministério Público atuará como assistente litisconsorcial.

[15] "O retorno do MP ao papel de protagonista é conhecido como ação penal indireta" (TÁVORA; ARAÚJO, 2019, p. 138).

> **Gabarito comentado:** segundo o art. 3º, § 2º, o prazo é contado a partir da data em que se esgotar o prazo para **oferecimento** da denúncia pelo Ministério Público (e não "recebimento"). Portanto, a assertiva está errada.

Competência. A competência para julgamento dos crimes de abuso de autoridade é, por via de regra, da **Justiça Comum Estadual**.

Poderemos ter também o julgamento pela **Justiça Comum Federal** se vislumbrarmos, no caso concreto, alguma das hipóteses previstas no art. 109 da CF, com destaque para o inciso IV (ofensa a algum bem, serviço ou interesse da União, suas autarquias ou empresas públicas). Exemplo: crime de abuso de autoridade cometido no interior de órgão público federal (bem da União).

E o crime da Lei nº 13.869/2019 praticado por militar? De qual Justiça é a competência? Segundo a melhor doutrina, se cometido por militar **no exercício de suas funções/em serviço**, competência da **Justiça Militar**. Vamos explicar melhor, pois trata-se de um ponto que precisa ser bem elucidado, uma vez que é uma novidade introduzida pela **Lei nº 13.491/2017**.

Antes da edição da **Lei nº 13.491/2017**, mesmo praticados por militar, os crimes previstos nas leis penais especiais seriam sempre de competência da Justiça Comum[16]. Isso porque a Justiça Militar julga apenas crimes militares e, anteriormente à lei citada, crime militar era definido como aquele contido no Código Penal Militar. Entretanto, a partir da vigência da mencionada norma, houve **alteração no conceito de crime militar** (em tempo de paz), de forma que atualmente os crimes militares são, além dos previstos no Código Penal Militar, **aqueles contidos nas leis penais especiais** e **também no Código Penal (comum)**, desde **que sejam praticados em alguma das situações elencadas no art. 9º, II, do CPM**.

Dessa forma, o crime de abuso de autoridade cometido por militar, em alguma das situações do art. 9º, II, do CPM (ex.: em serviço), será julgado pela **Justiça Militar** (haja vista se tratar de crime militar por extensão/equiparação).

Por fim, saiba que tudo isso vale tanto para o militar das forças armadas (competência da Justiça Militar da União) quanto para o militar estadual, notadamente policial militar e bombeiro militar (competência da Justiça Militar dos Estados).

16.1.4 Efeitos da condenação e penas restritivas de direitos — Arts. 4º e 5º

Art. 4º São efeitos da condenação:

I – tornar certa a obrigação de indenizar o dano causado pelo crime, devendo o juiz, a requerimento do ofendido, fixar na sentença o valor mínimo para reparação dos danos causados pela infração, considerando os prejuízos por ele sofridos;

II – a inabilitação para o exercício de cargo, mandato ou função pública, pelo período de 1 (um) a 5 (cinco) anos;

---

[16] A não ser que encontrasse correspondente no Código Penal Militar.

III – a perda do cargo, do mandato ou da função pública.

Parágrafo único. Os efeitos previstos nos incisos II e III do *caput* deste artigo são condicionados à ocorrência de reincidência em crime de abuso de autoridade e não são automáticos, devendo ser declarados motivadamente na sentença.

Efeitos da condenação. No art. 4º da Lei estão previstos os efeitos extrapenais aplicáveis a quem for condenado por crime de abuso de autoridade. É interessante pontuar que alguns desses efeitos são automáticos, não necessitando de fundamentação pelo juiz quando da prolação da sentença condenatória (inciso I[17]) – uma vez condenado por crime da lei, automaticamente ser-lhe-á imposto tal efeito, quando for o caso.

Contudo, outros deles exigirão a devida fundamentação pelo magistrado para a sua caracterização (incisos II e III) – se o juiz, na sentença condenatória, nada diz a respeito desses efeitos, eles não serão impostos ao condenado. Quanto a estes, também é obrigatória a presença de reincidência específica, ou seja, que o condenado seja reincidente **em crime da Lei nº 13.869/2019** (foi condenado definitivamente por delito da Lei de Abuso de Autoridade e, posteriormente – observado o período de cinco anos do art. 64, I, CP –, comete novamente um crime previsto na lei).

Ademais, o desafio do futuro aprovado aqui é memorizar o texto legal. Dessa forma, segue um esquema com as principais informações a serem gravadas:

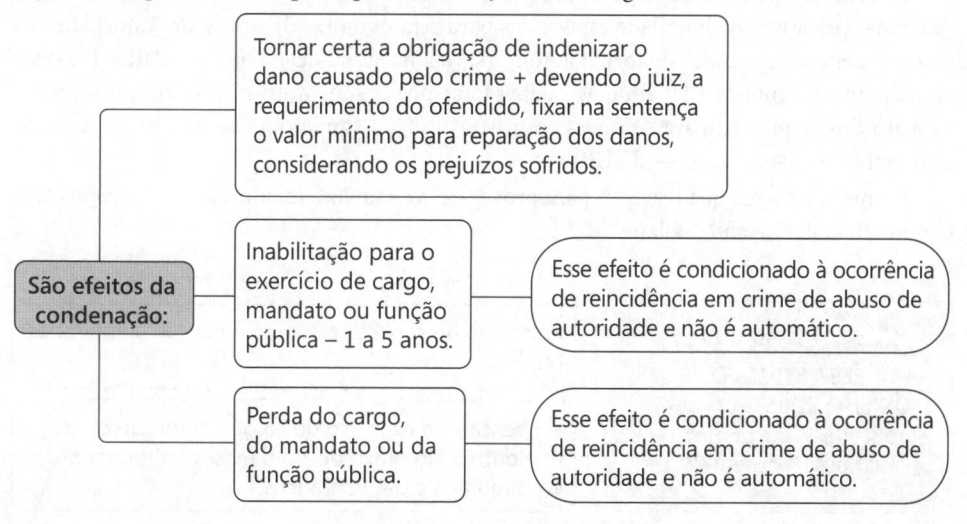

São efeitos da condenação:

- Tornar certa a obrigação de indenizar o dano causado pelo crime + devendo o juiz, a requerimento do ofendido, fixar na sentença o valor mínimo para reparação dos danos, considerando os prejuízos sofridos.

- Inabilitação para o exercício de cargo, mandato ou função pública – 1 a 5 anos. → Esse efeito é condicionado à ocorrência de reincidência em crime de abuso de autoridade e não é automático.

- Perda do cargo, do mandato ou da função pública. → Esse efeito é condicionado à ocorrência de reincidência em crime de abuso de autoridade e não é automático.

---

[17] Sendo mais específico, doutrina especializada entende que a primeira parte do inciso I é efeito automático da condenação, enquanto a segunda parte do dispositivo ("devendo o juiz, a requerimento do ofendido, fixar na sentença o valor mínimo para reparação dos danos causados pela infração, considerando os prejuízos por ele sofridos") exigirá requerimento do ofendido para sua incidência (efeito não automático). Nesse sentido: Greco e Cunha (2020, p. 34).

Art. 5º As penas restritivas de direitos substitutivas das privativas de liberdade previstas nesta Lei são:

I – prestação de serviços à comunidade ou a entidades públicas;

II – suspensão do exercício do cargo, da função ou do mandato, pelo prazo de 1 (um) a 6 (seis) meses, com a perda dos vencimentos e das vantagens;

III – (Vetado).

Parágrafo único. As penas restritivas de direitos podem ser aplicadas autônoma ou cumulativamente.

Penas restritivas de direitos. O art. 5º traz as penas restritivas de direitos substitutivas das penas privativas de liberdade específicas para crimes da Lei de Abuso de Autoridade, as quais podem ser aplicadas de forma autônoma (apenas uma delas) ou cumulativa (as duas em conjunto). Embora a lei anuncie quais são as penas substitutivas possíveis, nada diz a respeito dos requisitos para se operar essa substituição (quanto a esse ponto, deveremos observar o previsto no art. 44 do CP).

Da mesma forma que o art. 4º, para provas de concursos a memorização do dispositivo é fundamental. Portanto, saiba:

Art. 5º – PENAS RESTRITIVAS DE DIREITO SUBSTITUTIVAS (aplicadas – autônoma ou cumulativamente):	Prestação de serviços à comunidades ou a entidades públicas.
	Suspensão do exercício do cargo, da função ou do mandato, pelo prazo de 1 a 6 meses + a perda dos vencimentos e das vantagens.

( ) Certo ( ) Errado

Gabarito comentado: art. 5º: "As penas restritivas de direitos substitutivas das privativas de liberdade previstas nesta Lei são: II – suspensão do exercício do cargo, da função ou do mandato, pelo prazo de **1 (um) a 6 (seis) meses**, com a perda dos vencimentos e das vantagens". Portanto, a assertiva está errada.

16.1.5 Sanções de natureza civil e administrativa – Arts. 6º a 8º

Art. 6º As penas previstas nesta Lei serão aplicadas independentemente das sanções de natureza civil ou administrativa cabíveis.

Parágrafo único. As notícias de crimes previstos nesta Lei que descreverem falta funcional serão informadas à autoridade competente com vistas à apuração.

Art. 7º As responsabilidades civil e administrativa são independentes da criminal, não se podendo mais questionar sobre a existência ou a autoria do fato quando essas questões tenham sido decididas no juízo criminal.

Art. 8º Faz coisa julgada em âmbito cível, assim como no administrativo-disciplinar, a sentença penal que reconhecer ter sido o ato praticado em estado de necessidade, em legítima defesa, em estrito cumprimento de dever legal ou no exercício regular de direito.

Princípio da independência das instâncias. Em regra, quanto à diversidade de punições a um ato ilícito vigora o princípio da independência das instâncias: as esferas cível, administrativa e penal são autônomas, ou seja, não guardam qualquer relação de dependência entre si. Por exemplo, para que se apure a responsabilização criminal de um ato de abuso de autoridade, não é necessário aguardar a instauração ou mesmo o encerramento do processo administrativo disciplinar (e vice-versa). É nesse sentido o teor do art. 6º, *caput*, da Lei.

Além disso, é possível que um único ato de abuso de autoridade dê ensejo a três espécies diferentes de responsabilização: **administrativa + civil + penal** (as quais, em regra, são independentes).

Contudo, pela leitura dos dispositivos seguintes – arts. 7º e 8º – inferimos que o princípio mencionado não é absoluto, comportando duas exceções positivadas na Lei nº 13.869/2019:

> Se o juízo criminal já decidiu a respeito da **existência** ou da **autoria** do fato (materialidade e autoria):

> Essas questões não poderão ser novamente questionadas nas esferas cível e administrativa.

Assim, o que foi decidido na esfera criminal com relação à existência ou à autoria do fato, por meio de sentença penal condenatória (ou absolutória), torna-se imutável para as demais, retirando parcela da "independência" dessas instâncias.

> A sentença penal que reconhecer ter sido o ato praticado em **estado de necessidade**, **legítima defesa**, **estrito cumprimento de dever legal** ou **exercício regular de direito**:

> Faz coisa julgada no âmbito cível e administrativo.

A sentença penal que reconhecer alguma das causas de exclusão da ilicitude do art. 23 do CP, de igual modo, é imodificável nas demais esferas, esvaziando também parte da "independência" delas. Ressaltamos que, no caso de descriminante putativa (excludente de ilicitude imaginária), não há a incidência do dispositivo, ou seja, não vinculará as esferas cível e administrativa.

🧩 Decifrando a prova

(Inédita) A sentença penal condenatória de crime de abuso de autoridade que reconhecer ter sido o ato praticado em estado de necessidade, em legítima defesa, em estrito cumprimento de dever legal ou no exercício regular de direito, faz coisa julgada apenas na esfera criminal, uma vez que a Lei nº 13.869/2019 prevê que as responsabilidades civil e administrativa são independentes da criminal.

( ) Certo ( ) Errado

Gabarito comentado: conforme o art. 8º, nos casos citados pela questão, fará coisa julgada na esfera civil e administrativa também. Portanto, a assertiva está errada.

Notificação de falta funcional. Conforme disposto no art. 6º, parágrafo único, no caso de notícia de crime que descreva também alguma falta funcional (âmbito administrativo), tal fato será comunicado à autoridade competente visando a respectiva apuração da responsabilidade disciplinar.

16.1.6 Procedimento – Art. 39

> **Art. 39.** Aplicam-se ao processo e ao julgamento dos delitos previstos nesta Lei, no que couber, as disposições do Decreto-lei nº 3.689, de 3 de outubro de 1941 (Código de Processo Penal), e da Lei nº 9.099, de 26 de setembro de 1995.

Diferentemente do previsto na antiga Lei de Abuso de Autoridade (Lei nº 4.898/1965), a qual previa um procedimento especial aos seus crimes, a Lei nº 13.869/2019 dispõe em seu art. 39 que se aplicam aos delitos as normas de processo e julgamento contidas no Código de Processo Penal ou na Lei nº 9.099/1995 (Juizados Especiais Criminais)[18].

---

[18] Ressalvadas disposições específicas em sentido contrário, como no caso de leis que estabeleçam

De forma objetiva, saiba que a nova Lei de Abuso de Autoridade traz certo padrão quanto à sanção penal privativa de liberdade, de modo que os delitos são punidos:

♦ **Ou detenção de três meses a um ano (menor potencial ofensivo)** – é o crime do art. 15-A. Nesse caso, aplicar-se-ão as disposições da **Lei nº 9.099/1995**: procedimento sumaríssimo, institutos despenalizadores e demais disposições da lei.

♦ **Ou detenção de seis meses a dois anos (menor potencial ofensivo)** – aqui, as disposições da Lei nº 9.099/1995 também incidirão.

♦ **Ou detenção de um a quatro anos (médio potencial ofensivo)** – para esses, aplicar-se-ão as disposições do **CPP**. Sendo mais específico, em regra, incidirá o procedimento especial reservado ao processo e ao julgamento dos crimes de responsabilidade dos funcionários públicos (arts. 513 a 518 do CPP)[19], observando-se subsidiariamente as normas do procedimento ordinário.

Ressaltamos, por fim, a possibilidade de aplicação do instituto da suspensão condicional do processo (art. 89 da Lei nº 9.099/1995) aos delitos previstos na Lei de Abuso de Autoridade – caso preenchidos os demais requisitos do art. 89 –, haja vista que todos eles possuem pena mínima ou igual ou inferior a um ano.

🔧 Decifrando a prova

(Inédita) Não é admitido o instituto da suspensão condicional do processo, previsto na Lei nº 9.099/1995, a nenhum dos crimes contidos na Lei nº 13.869/2019.

( ) Certo ( ) Errado

Gabarito comentado: a princípio, a suspensão condicional do processo é cabível para todos os delitos da nova Lei de Abuso de Autoridade, pois pode ser aplicada a crimes com pena mínima igual ou inferior a um ano (todos os crimes da Lei nº 13.869/2019 possuem pena mínima igual ou inferior a um ano), mas desde que preenchidos os demais requisitos do art. 89 da Lei nº 9.099/1995. Portanto, a assertiva está errada.

16.2 CRIMES EM ESPÉCIE – ARTS. 9º A 38

A partir do art. 9º, temos a previsão dos crimes em espécie da nova Lei de Abuso de Autoridade. Certamente, a maior parte das questões exigirá do candidato o conhecimento

---

procedimento próprio. Exemplo: Lei nº 8.038/1990 (processos de competência originária STF e STJ).

[19] Essa também é a orientação contida no Enunciado nº 24 do CNPG e do GNCCRIM – ligados ao Ministério Público: "Os crimes de abuso de autoridade com pena máxima superior a dois anos, salvo no caso de foro por prerrogativa de função, são processados pelo rito dos crimes funcionais, observando-se a defesa preliminar do art. 514 do CPP".

da letra da lei, principalmente nesse momento inicial, no qual são escassas as decisões juris-prudenciais sobre o tema e as discussões doutrinárias ainda embrionárias.

Inicialmente, como forma de sistematizar os temas, elencaremos aqui ensinamentos sobre os seguintes pontos (alguns já abordados anteriormente, mas que merecem atenção do futuro aprovado, pois aproveitam a todos os crimes da lei): **elemento subjetivo; modalidades da conduta; objeto material.**

Elemento subjetivo. Os crimes previstos na lei são todos dolosos (não há abuso de autoridade culposo). Além disso, não basta o chamado "dolo genérico" (ou simplesmente "dolo"), pois, como já estudado, os delitos exigirão também uma finalidade específica (dolo específico), constante no art. 1º, § 1º, da Lei.

Modalidades comissiva e omissiva. Em regra, os crimes da lei serão cometidos mediante ação (crimes comissivos), contudo alguns outros delitos exigirão uma omissão por parte do agente público para sua caracterização (crimes omissivos). Saiba, portanto, que a Lei prevê tanto crimes comissivos quanto omissivos.

> ### 🧩 Decifrando a prova
>
> **(Inédita)** Quanto à Lei nº 13.869/2019, é correto afirmar que, apesar de existir a previsão de tipos penais comissivos e omissivos, não há nenhum delito culposo na nova Lei de Abuso de Autoridade.
> ( ) Certo ( ) Errado
> **Gabarito comentado:** realmente, na Lei nº 13.869/2019 encontramos a previsão de crimes comissivos (praticados por ação), bem como omissivos (praticados por omissão). No entanto, não existe nenhum delito culposo na nova lei: todos os crimes de abuso de autoridade são dolosos! Portanto, a assertiva está certa.

Objeto material. É a pessoa ou coisa sobre a qual recai a conduta do agente, no caso dos delitos da Lei nº 13.869/2019, cuida-se da pessoa física ou jurídica que sofreu o ato consistente em crime de abuso de autoridade.

Deixamos registrado que, em regra, não abordaremos os pontos supracitados no estudo dos tipos penais, a fim de evitar repetições desnecessárias (pois são temas idênticos a todos os delitos). As ressalvas ficam por conta das exceções ou de temas específicos, os quais variarão de acordo com o tipo penal, merecendo assim uma análise "crime a crime".

16.2.1 Crime do art. 9º

> **Art. 9º** Decretar medida de privação da liberdade em manifesta desconformidade com as hipóteses legais:
>
> **Pena** – detenção, de 1 (um) a 4 (quatro) anos, e multa.
>
> **Parágrafo único.** Incorre na mesma pena a autoridade judiciária que, dentro de prazo razoável, deixar de:
>
> I – relaxar a prisão manifestamente ilegal;

II – substituir a prisão preventiva por medida cautelar diversa ou de conceder liberdade provisória, quando manifestamente cabível;

III – deferir liminar ou ordem de *habeas corpus*, quando manifestamente cabível.

Conduta típica. Estamos diante da conduta de agente público que decreta medida de privação da liberdade em **manifesta**[20] desconformidade com a lei. O conceito de "medida de privação de liberdade" é amplo, abrangendo a **prisão cautelar** (flagrante[21], preventiva, temporária), **prisão definitiva** (em razão de sentença condenatória transitada em julgado), **prisão civil** (dívida de alimentos) e **internação de menor infrator** (Lei nº 8.069/1990).

Portanto, trata-se da situação na qual o sujeito ativo, em manifesta desconformidade com o previsto em lei e abusando de seu poder, ordena a privação de liberdade de uma pessoa.

Exemplo: Juiz que decreta a prisão temporária de um sujeito em razão do cometimento do crime de ameaça (art. 147 do CP). Tal ordem é manifestamente ilegal, haja vista que o delito do art. 147 do CP não consta no rol da Lei nº 7.960/1989 (prisão temporária).

Figuras equiparadas. No parágrafo único, temos algumas figuras equiparadas, ou seja, cada inciso constitui um crime autônomo, mas que receberá a mesma consequência penal da conduta prevista no *caput*, incorrendo na mesma pena a autoridade judiciária que, **dentro de prazo razoável, deixar de**:

♦ Relaxar prisão **manifestamente** ilegal:

Exemplo: Juiz que, ao receber o preso em flagrante, na audiência de custódia, e verificada nítida ilegalidade na prisão, deixa de relaxá-la, convertendo-a em prisão preventiva.

♦ Substituir a prisão preventiva por medida cautelar diversa ou de conceder liberdade provisória, **quando manifestamente cabível**:

Exemplo: Conduta do juiz que, ao receber preso em flagrante na audiência de custódia – sendo caso de flagrante lícito –, e diante da evidente ausência dos requisitos para decretação da prisão preventiva (art. 312 c/c o art. 313 do CPP), mesmo assim decide ordená-la, deixando de conceder a liberdade provisória manifestamente cabível.

♦ Deferir liminar ou ordem de *habeas corpus*, **quando manifestamente cabível**:

Exemplo: Imagine que um juiz esteja há vários meses com um pedido liminar ou de *habeas corpus* concluso para seu julgamento em processo criminal e, ainda, é manifestamente cabível o pleiteado pela defesa. Mesmo diante de tal situação, o juiz dolosamente se mantém inerte, não deferindo o pedido nitidamente cabível.

Sujeitos do crime. Sujeito ativo: com relação ao *caput*, poderá ser qualquer agente público, na forma do art. 2º, pois todo agente estatal é passível de decretar medida de privação de liberda-

---

[20] Cuida-se de um elemento normativo a ser esclarecido pelo intérprete. Os mesmo acontece com relação aos termos "dentro de prazo razoável", "manifestamente cabível", presentes no parágrafo único e incisos.

[21] Para boa parcela da doutrina a prisão em flagrante possui natureza jurídica de prisão "pré-cautelar".

de em **manifesta** desconformidade com a lei[22]; quanto ao parágrafo único, será apenas quem se enquadrar na qualidade de autoridade judiciária: juiz, desembargador, ministro. **Sujeito passivo**: tanto o Estado quanto a pessoa que sofreu a conduta ilegal por parte do agente público.

Lima (2021, p. 87) acrescenta que, se o sujeito passivo for menor de idade, apenas haverá o delito do art. 9º, *caput*, da Lei nº 13.869/2019, caso tratar-se de **internação** manifestamente ilegal (art. 121 e ss. da Lei nº 8.069/1990). Isso porque, caso haja **apreensão** de criança ou adolescente sem observância das formalidades legais, incidirá o art. 230 do ECA.

Modalidades comissiva e omissiva. O verbo "decretar" (*caput*) exige uma ação por parte do sujeito ativo (crime comissivo). Contudo, no tocante ao verbo "deixar" (parágrafo único), temos delito praticado por omissão (crime omissivo próprio).

Consumação e tentativa. Tanto no *caput* quanto no parágrafo único temos crimes formais, cuja consumação se dará no momento em que é cometida a conduta prevista no tipo penal – decretação da medida manifestamente ilegal ou omissão com relação aos deveres do parágrafo único. No tocante à tentativa: no *caput* ela é de difícil ocorrência (embora alguns entendam ser possível quando o delito for praticado por escrito); no parágrafo único não é admitida (crimes omissivos próprios).

16.2.2 Crime do art. 10

Art. 10. Decretar a condução coercitiva de testemunha ou investigado manifestamente descabida ou sem prévia intimação de comparecimento ao juízo:
Pena – detenção, de 1 (um) a 4 (quatro) anos, e multa.

Conduta típica. Em breves palavras, condução coercitiva consiste em levar alguém, ainda que contra a sua vontade, à presença de determinada autoridade para que possa realizar algum ato proveitoso à persecução penal. Segundo o CPP[23], existe a possibilidade de condução coercitiva com relação aos seguintes sujeitos: **vítima** (art. 201, § 1º); **acusado** (art. 260); **testemunha** (art. 218); **perito** (art. 278).

Não obstante todas essas possibilidades, teremos o crime do art. 10 quando o agente público legitimado decretar condução coercitiva, de **testemunha** ou **investigado**[24] (apenas estes), em uma de duas situações:

---

[22] Em sentido contrário, com o entendimento de que tanto no *caput* quanto no parágrafo único não é qualquer agente público que poderá praticar os delitos em questão, mas apenas autoridade judiciária: Agi (2019, p. 41).

[23] Cumpre mencionar que algumas leis especiais também trazem a possibilidade de decretação da condução coercitiva, por exemplo: art. 80 da Lei nº 9.099/1995.

[24] Para alguns, o termo "investigado" abrange também o "réu" (após a instauração do processo). Disponível em: https://www.dizerodireito.com.br/2019/11/lei-de-abuso-de-autoridade-parte-3. html. Acesso em: 12 out. 2022. Em sentido contrário, entendendo que, se for decretada condução coercitiva descabida com relação ao "réu", não há que falar em crime do art. 10 (vedação à analogia *in malam partem*): Greco e Cunha (2020, p. 97); Lima (2020, p. 96-97).

◆ Quando manifestamente descabida a medida:

Exemplo: Uma condução coercitiva do investigado para interrogatório em sede policial. O STF reconheceu a impossibilidade de condução coercitiva de investigado ou réu objetivando a realização de interrogatório[25] na fase investigatória ou judicial, considerando não recepcionada a parte do art. 260 do CPP que dispõe sobre a possibilidade de aplicação da medida *"para interrogatório"*.

◆ **Quando não tenha havido prévia intimação de comparecimento ao juízo.** Portanto, sem intimação prévia e o subsequente não comparecimento na data agendada de forma injustificada, a condução coercitiva de testemunha ou investigado configurará o crime do art. 10. Embora o tipo penal mencione "comparecimento ao juízo", abrangerá não só a fase judicial, como também a investigatória (haja vista a menção ao termo "investigado" pelo tipo penal).

Sujeitos do crime. Sujeito ativo: para a melhor doutrina, a condução coercitiva pode ser estabelecida por várias autoridades, por exemplo: juiz; autoridade policial; membro do Ministério Público. Dessa forma, não só o juiz, como também qualquer agente público com atribuição para determinar a medida, poderá ser sujeito ativo do crime. **Sujeito passivo**: tanto o Estado quanto a pessoa que sofreu a conduta ilegal por parte do agente público.

Consumação e tentativa. O crime do art. 10 é formal, cuja consumação se dará no momento em que é cometida a conduta prevista no tipo penal – decretação da condução coercitiva manifestamente descabida ou sem prévia intimação. Entendemos ser impossível a tentativa, pois cuida-se de delito unissubsistente.

16.2.3 Crime do art. 12

Art. 12. Deixar injustificadamente de comunicar prisão em flagrante à autoridade judiciária no prazo legal:

Pena – detenção, de 6 (seis) meses a 2 (dois) anos, e multa.

Parágrafo único. Incorre na mesma pena quem:

I – deixa de comunicar, imediatamente, a execução de prisão temporária ou preventiva à autoridade judiciária que a decretou;

II – deixa de comunicar, imediatamente, a prisão de qualquer pessoa e o local onde se encontra à sua família ou à pessoa por ela indicada;

III – deixa de entregar ao preso, no prazo de 24 (vinte e quatro) horas, a nota de culpa, assinada pela autoridade, com o motivo da prisão e os nomes do condutor e das testemunhas;

---

[25] Vale ressaltar que a condução coercitiva do investigado se mostra possível em outras situações, por exemplo, objetivando a realização de reconhecimento pessoal; da mesma forma é admitida com relação a outros sujeitos, como as testemunhas. Em ambas as hipóteses, exige-se que a medida atenda a todos os requisitos da lei (STF, Plenário, ADPF nº 395/DF e ADPF nº 444/DF, Rel. Min. Gilmar Mendes, j. 13 e 14.06.2018 – *Informativo* 906).

IV – prolonga a execução de pena privativa de liberdade, de prisão temporária, de prisão preventiva, de medida de segurança ou de internação, deixando, sem motivo justo e excepcionalíssimo, de executar o alvará de soltura imediatamente após recebido ou de promover a soltura do preso quando esgotado o prazo judicial ou legal.

Conduta típica. Os delitos do art. 12 criminalizam o descumprimento de certos deveres legais, inerentes ao momento da prisão ou à execução da pena e de observância obrigatória pelos agentes públicos encarregados. Não se trata de discutir a legalidade da prisão em si, mas, sim, o cumprimento ou não de deveres correlatos, previstos em lei.

O art. 12, inicialmente, pune o agente público que deixa injustificadamente[26] de comunicar prisão em flagrante à autoridade judiciária no prazo legal. Esse dever de comunicação encontra-se previsto no art. 306, *caput*, do CPP (bem como no art. 5º, LXII, da CF), que anuncia, entre outros, a exigência de comunicação imediata da prisão em flagrante de qualquer pessoa ao juiz competente, o qual, uma vez descumprido, caracterizará o crime em questão.

Perceba que o prazo legal dessa comunicação – conforme extraído da letra do art. 306, *caput*, do CPP – é **imediatamente**. Contudo, ressaltamos que, para boa parte da doutrina, é lícito que a comunicação da prisão se dê no prazo de 24 horas (aplicando-se, por extensão, o prazo para remessa do auto de prisão em flagrante ao juiz – art. 306, § 1º, do CPP), sem crime algum.[27]

Por outro lado, também encontramos entendimento que interpreta literalmente o art. 306, *caput*, do CPP. Assim, se a comunicação da prisão ao juiz não ocorrer imediatamente, haverá o delito do art. 12, *caput*, da Lei nº 13.869/2019[28].

Decifrando a prova

(Defensor Público – DPE/SC – FCC – 2021 – Adaptada) De acordo com a Lei de Abuso de Autoridade (Lei nº 13.869/2019), é crime deixar de comunicar a prisão em flagrante à autoridade policial no prazo legal em qualquer hipótese.

( ) Certo ( ) Errado

Gabarito comentado: o delito do art. 12, *caput*, está caracterizado com a omissão injustificada da comunicação da prisão em flagrante, no prazo legal, à autoridade judiciária (e não "autoridade policial"). Portanto, a assertiva está errada.

Não comunicação da apreensão de criança ou adolescente. Como o tipo penal menciona expressamente a omissão injustificada na comunicação da **prisão**, a autoridade poli-

---

[26] Se houver justo motivo, por exemplo, falha nos sistemas de comunicação, não haverá crime.

[27] Por todos: Nucci (2020, p. 19).

[28] Nas lições de Avena (2020, p. 1043), a comunicação tem que ser ao menos concomitante à lavratura do auto de prisão em flagrante, sob pena de caracterizar o delito em questão.

cial que não comunica imediatamente a **apreensão** de criança ou adolescente ao juiz competente (bem como à família ou pessoa indicada) não cometerá delito da lei, mas incidirá na conduta criminosa descrita no art. 231 do ECA: "Deixar a autoridade policial responsável pela apreensão de criança ou adolescente de fazer imediata comunicação à autoridade judiciária competente e à família do apreendido ou à pessoa por ele indicada".

Figuras equiparadas. No parágrafo único, temos algumas figuras equiparadas, ou seja, cada inciso constitui um crime autônomo, mas que receberá a mesma consequência penal da conduta prevista no *caput*, incorrendo na mesma pena quem:

- **Deixa de**: comunicar, imediatamente, a **execução** de prisão temporária ou preventiva **à autoridade judiciária** que a decretou. Cuida-se de um dever prescrito pelo art. 289-A, § 3º, do CPP. Quanto ao alcance da expressão "imediatamente" – aqui e no inciso II –, valem as mesmas observações feitas ao *caput*.

  Exemplo: Autoridade policial que cumpre prisão preventivamente legalmente autorizada por juiz, porém não o comunica imediatamente sobre a execução da medida.

> ### 🧩 Decifrando a prova
>
> **(Defensor Público – DPE/SC – FCC – 2021 – Adaptada)** De acordo com a Lei de Abuso de Autoridade (Lei nº 13.869/2019), é crime deixar de comunicar, apenas após 24 horas, a execução de prisão temporária ou preventiva à autoridade judiciária que a decretou.
>
> ( ) Certo ( ) Errado
>
> **Gabarito comentado:** cuida-se da figura equiparada prevista no art. 12, parágrafo único, I, a qual dispõe que o delito estará caracterizado se a execução da prisão temporária ou preventiva não for comunicada imediatamente ao juiz que a decretou (e não "apenas após 24 horas"). Portanto, a assertiva está errada.

- **Deixa de**: comunicar, imediatamente, a prisão de qualquer pessoa e o local onde se encontra **à sua família** ou **à pessoa por ela indicada**. Esses também são deveres, à semelhança do *caput*, previstos no art. 306 do CPP (bem como no art. 5º, LXII, da CF)[29]. Obviamente que, se o preso não apontar pessoa a ser comunicada ou se esta, uma vez indicada, não puder ser localizada, não haverá crime algum por parte do agente público.

- **Deixa de**: entregar ao preso, no prazo de 24 horas, a **nota de culpa**, assinada pela autoridade, com o motivo da prisão e o nome do condutor e das testemunhas. O dever de entrega da nota de culpa no prazo de 24 horas encontra-se previsto no art. 306, § 2º, do CPP e o prazo referido começa a correr com a execução da prisão (e não apenas ao final da lavratura do APF).

---

[29] O art. 306, *caput*, do CPP traz ainda outro dever de comunicação da prisão: ao Ministério Público. No entanto, o legislador não tipificou a omissão a esse dever como crime do art. 12.

Além disso, cumpre mencionar que excepcionalmente poderá ser omitido o nome do condutor do flagrante, das testemunhas e da vítima, notadamente quando estivermos diante de organizações criminosas (Lei nº 12.850/2013), cujo sigilo seja necessário à preservação da integridade física das pessoas citadas. Essa é a orientação contida no Enunciado nº 8 do CNPG e do GNCCRIM – ligados ao Ministério Público –, o qual dispõe que: "Com o fim de preservar a sua identidade, imagem e dados pessoais, é possível, nas exceções legais, que da nota de culpa não conste o nome do condutor, das testemunhas e das vítimas".

♦ **Deixa**: sem justo e excepcionalíssimo motivo, de **executar imediatamente** alvará de soltura de preso ou **promover a sua soltura** quando esgotado o prazo judicial ou legal, prolongando, dessa forma, a execução de **pena privativa de liberdade**, de **prisão temporária ou preventiva**, de **medida de segurança** ou de **internação**. É certo que, se houver justo motivo para a não execução imediata do alvará/não promoção de soltura, não haverá crime (ex.: atraso em virtude de rebelião no presídio ou diante de falha nos sistemas de comunicação etc.).

Quanto ao conceito do termo "internação", entendemos que o legislador se refere à medida socioeducativa aplicada ao adolescente infrator. Não temos aqui uma das espécies de medida de segurança (até porque, como tal gênero é expressamente citado pelo inciso, seria redundante mencionar, logo em seguida, uma das suas espécies).

Diante disso, por qual crime responderá o agente que deixa, sem justo e excepcionalíssimo motivo, de executar o alvará imediatamente depois de recebido ou de promover a soltura quando esgotado o prazo judicial/legal, prolongando a execução da **internação de adolescente**?

Alguns doutrinadores afirmam que o crime seria o do art. 235 do ECA ("descumprir, injustificadamente, prazo fixado nesta Lei em benefício de adolescente privado de liberdade"), sendo aplicável o princípio da especialidade (LIMA, 2021, p. 115). Ousamos discordar, pois – com base no mesmo princípio – parece-nos evidente que prevalecerá o delito da Lei nº 13.869/2019, ou seja: quando o prolongamento injustificado da internação se der pela não execução de alvará ou promoção de soltura após esgotamento dos prazos, nos termos do art. 12, parágrafo único, IV, o crime será o da Lei de Abuso de Autoridade; quando houver qualquer outro descumprimento injustificado de prazo fixado no ECA, em benefício de adolescente privado de liberdade, o crime será o do art. 235 da Lei nº 8.069/1990 (ex.: prazo do art. 175 – apresentação do adolescente apreendido em flagrante ao Ministério Público).

Sujeitos do crime. Sujeito ativo: será qualquer agente público com atribuição de praticar as condutas previstas nos tipos penais[30]. **Sujeito passivo**: tanto o Estado quanto a pessoa que sofreu conduta ilegal por parte do agente público.

---

[30] Com relação ao *caput*, em regra será a autoridade policial, pois é ela quem comumente tem o dever de comunicar a prisão em flagrante ao juiz.

Modalidade omissiva. O crime do art. 12 (*caput* ou parágrafo único) reclama conduta omissiva por parte do sujeito ativo (crime omissivo próprio). Excepcionalmente aqui, não há modalidade comissiva do delito.

> ### ⚙ Decifrando a prova
>
> **(Inédita)** Constitui crime de abuso de autoridade deixar de entregar ao preso, no prazo de até 12 horas, a nota de culpa, assinada pela autoridade, com o motivo da prisão e os nomes do condutor e das testemunhas.
> ( ) Certo ( ) Errado
> **Gabarito comentado:** conforme o art. 12, parágrafo único, III, o prazo para a entrega da nota de culpa **é** de até 24 horas (antes dele, não há crime). Portanto, a assertiva está errada.

Consumação e tentativa. Tanto no *caput* quanto no parágrafo único temos crimes formais, cuja consumação se dará no momento em que o sujeito ativo se omitir, nos prazos assinalados, com relação aos deveres impostos. A tentativa não é admitida, pois cuida-se de crimes omissivos próprios.

16.2.4 Crime do art. 13

Art. 13. Constranger o preso ou o detento, mediante violência, grave ameaça ou redução de sua capacidade de resistência, a:

I – exibir-se ou ter seu corpo ou parte dele exibido à curiosidade pública;

II – submeter-se a situação vexatória ou a constrangimento não autorizado em lei;

III – produzir prova contra si mesmo ou contra terceiro:

Pena – detenção, de 1 (um) a 4 (quatro) anos, e multa, sem prejuízo da pena cominada à violência.

Conduta típica. O crime do art. 13 objetiva tutelar a integridade física e moral do preso ou detento, a qual encontra respaldo em dispositivos constitucionais (art. 5º, XLIX – "é assegurado aos presos o respeito à integridade física e moral") e legais (art. 41, VIII, LEP – "constituem direitos do preso: proteção contra qualquer forma de sensacionalismo"). Nesse sentido, o mencionado delito tipifica a conduta do agente público que constrange/obriga o preso ou o detento, mediante violência, grave ameaça ou redução de sua capacidade de resistência (violência imprópria[31]), a:

◆ **Exibir-se ou ter seu corpo ou parte dele exibido à curiosidade pública**: esta última expressão indica a ausência de finalidade pública na exibição da pessoa presa

---

[31] Exemplo: utilização de substâncias psicotrópicas.

ou detida, ou seja, o objetivo é saciar a curiosidade de terceiros, e não uma efetiva e razoável contribuição à persecução penal.

Exemplo: Autoridade policial que, diante do pedido de populares, moradores da região, constrange pessoa presa, mediante grave ameaça, a exibir-se a eles como o autor de uma série de crimes de furto ocorridos na localidade.

Outro exemplo seria a hipótese de policial que coloca pessoa presa em flagrante dentro do "baú" da viatura (bagageiro adaptado) e comunica à imprensa para que possam fotografá-lo e exibi-lo à curiosidade pública. Nessa situação, o constrangimento foi realizado mediante violência imprópria, pois o preso, subjugado na parte traseira da viatura, encontrava-se com sua capacidade de resistência reduzida.

Ressaltamos que a exposição da imagem de pessoa presa, mesmo que contra sua vontade, mas com o objetivo de auxiliar na elucidação do delito e desde que dentro de limites razoáveis e proporcionais ao atingimento da finalidade pública, não configurará o delito em questão. Podemos citar a divulgação à imprensa das fotos de pessoa presa suspeita de cometer vários delitos contra a dignidade sexual para que seja possível a identificação de outras possíveis vítimas.

Nesse compasso e com o objetivo de balizar as hipóteses de divulgação da identidade de pessoa presa, equacionando os direitos à informação e à dignidade do preso, a Lei nº 13.964/2019 (Pacote Anticrime) acrescentou o art. 3º-F ao CPP, o qual dispõe:[32]

CPP

Art. 3º-F. O juiz das garantias deverá assegurar o cumprimento das regras para o tratamento dos presos, impedindo o acordo ou ajuste de qualquer autoridade com órgãos da imprensa para explorar a imagem da pessoa submetida à prisão, sob pena de responsabilidade civil, administrativa e penal.

Parágrafo único. Por meio de regulamento, as autoridades deverão disciplinar, em 180 (cento e oitenta) dias, **o modo pelo qual as informações sobre a realização da prisão e a identidade do preso serão, de modo padronizado e respeitada a programação normativa aludida no *caput* deste artigo, transmitidas à imprensa, assegurados a efetividade da persecução penal, o direito à informação e a dignidade da pessoa submetida à prisão.**

◆ **Submeter-se a situação vexatória ou a constrangimento não autorizado em lei:**

Exemplo 1: Agente de polícia que, com violência, algema um indivíduo detido, sem justo motivo e em desacordo com a Súmula Vinculante nº 11 do STF (resistência, fundado receio de fuga ou perigo à integridade física).

Exemplo 2: Policial que, mediante grave ameaça, constrange pessoa presa a gravar um vídeo de desculpas, chorando e se auto-ofendendo, em razão dos delitos praticados.

---

[32] Acrescentamos que o dispositivo, por ora, está suspenso diante de decisão cautelar proferida pelo STF no bojo das ADIs nº 6.298, nº 6.299 e nº 6.300.

Vale ressaltar que, se a situação causar vexame ou constrangimento, porém for autorizada pela lei, não haverá crime (ex.: prisão preventiva lícita, decretada pelo juiz e executada na empresa do detido, na presença de seus funcionários).

♦ **Produzir prova contra si mesmo ou contra terceiro**: o tipo penal consagra o princípio do *nemo tenetur se detegere* ou direito a não autoincriminação, o qual garante ao réu o direito de não praticar nenhum comportamento ativo que possa autoincriminá-lo. Tipifica também o constrangimento à produção de prova contra terceiro.

Exemplo: Escrivão de polícia que constrange pessoa detida, mediante grave ameaça, a fornecer um fio de seu cabelo para que se realize exame de DNA, necessário a comprovar a materialidade de um crime de estupro (art. 213 do CP).

Sem prejuízo da pena cominada à violência. Observe que, se para cometer o delito do art. 13 o agente público se valer do emprego de violência[33] à vítima, teremos concurso de crimes – material/penas somadas – por expressa disposição legal: "detenção, de 1 (um) a 4 (quatro) anos, e multa, **sem prejuízo da pena cominada à violência**".

Exemplo: Escrivão de polícia que constrange pessoa detida, submetendo-a a choques elétricos, com o objetivo de que ela forneça padrões grafotécnicos para realização de exame pericial necessário à comprovação da materialidade e autoria do delito, causando-lhe lesões corporais leves.

Nesse caso, o policial responderá por dois crimes em concurso: **lesão corporal leve** (art. 129, *caput*, do CP) e **abuso de autoridade** (art. 13, III, da Lei nº 13.869/2019).

Crime do art. 13 e Lei de Tortura. Quando lemos o art. 13 da Lei nº 13.869/2019, em especial os seus incisos II e III, notamos um conflito aparente de tais delitos com as condutas tipificadas no art. 1º, § 1º (tortura equiparação), e art. 1º, I, "a" (tortura prova), da Lei nº 9.455/1997. Cuida-se de tema ainda pouco explorado pela doutrina e que certamente ocasionará os mais diversos posicionamentos. Dessa forma, apresentaremos o que nos parece o raciocínio mais adequado.

♦ **Art. 13, II, da Lei nº 13.869/2019 x Art. 1º, § 1º, da Lei nº 9.455/1997**: tais delitos possuem algumas distinções: o **primeiro** cita expressamente as formas de cometimento (violência própria/imprópria e grave ameaça) e exige dolo específico; o **segundo** não menciona a violência ou grave ameaça (embora alguns entendam estarem implícitas), além de não exigir qualquer finalidade específica. Essas são notas de distinção relevantes, mas não decisivas à resolução do conflito.

Entendemos que o fator determinante acerca de qual delito incidirá no caso concreto será a constatação do sofrimento ou do vexame ou constrangimento[34].

---

[33] No caso de o delito do art. 13 ser praticado mediante grave ameaça, o crime do art. 147 do CP será absorvido.

[34] Essa era a distinção feita pela doutrina quando da vigência do art. 4º, "b", da revogada Lei nº 4.898/1965, que tipificava conduta similar: "submeter pessoa sob sua guarda ou custódia a vexame ou a constrangimento não autorizado em lei".

Assim, se houver o simples vexame ou constrangimento (e preenchidos os demais requisitos necessários), o delito será o da Lei de Abuso de Autoridade. Contudo, se a conduta ilegal perpetrada pelo agente público causar verdadeiro sofrimento físico ou mental ao preso, o delito será o da Lei de Tortura[35].

Exemplo: Diretor de estabelecimento prisional que, sem ordem judicial e justo motivo, determina a colocação de um preso no regime disciplinar diferenciado.

Embora seja uma linha tênue e de difícil constatação prática, o juiz, ao analisar esse caso concreto, deverá verificar se a conduta causou apenas vexame ou constrangimento ou verdadeiro sofrimento e, a depender dessa constatação, o delito será o da Lei nº 13.869/2019 ou o da Lei nº 9.455/1997, respectivamente (ex.: se a colocação indevida durou apenas um dia, o indicativo é que houve vexame/constrangimento; se durou dois meses, certamente ocasionou verdadeiro sofrimento à vítima).

♦ **Art. 13, III, da Lei nº 13.869/2019 x art. 1º, I, "a", da Lei nº 9.455/1997**[36]: há aqui outro conflito aparente entre os delitos das leis em questão. Eles também possuem distinções secundárias – em nossa opinião – quanto à resolução do conflito: o **crime da Lei de Abuso de Autoridade** é próprio (cometido apenas pelo agente público); o **delito da Lei de Tortura** é comum (cometido por qualquer pessoa) e, diferentemente do art. 13, exige a ocorrência de sofrimento físico ou mental, além de não admitir violência imprópria.

No entanto, o fator realmente decisivo para se chegar ao delito que prevalecerá é a finalidade específica objetivada pela conduta do agente. Explicamos. Se o sujeito ativo for um agente público e este possuir a finalidade de diretamente obter informação, declaração, ou ainda, especificamente, a confissão da vítima ou terceira pessoa, o delito será o da Lei nº 9.455/1997. Contudo, se, por outro lado, o objetivo for a produção de prova (que não a confissão) contra a vítima ou terceiro, o crime será o da Lei nº 13.869/2019.

Sujeitos do crime. Sujeito ativo: é o agente público que praticar a conduta prevista no tipo penal (não se enquadram como sujeito ativo do delito os profissionais da imprensa que, porventura, venham a capturar imagens do preso ou detento – não são "agentes públicos"). **Sujeito passivo**: tanto o Estado quanto a pessoa que sofreu a conduta ilegal por parte do agente público.

🧩 Decifrando a prova

(Inédita) A simples submissão de preso a situação vexatória ou exibição à curiosidade pública já configura o crime de abuso de autoridade, não sendo necessário para tanto qualquer meio de coerção ou ameaça por parte do sujeito ativo da conduta criminosa.

---

[35] Com entendimento semelhante: Lima (2020, p. 1004).

[36] Para Nucci (2020, p. 23), os delitos são basicamente idênticos e o critério correto a ser aplicado é o da sucessividade: "dessa forma, parece-nos mais razoável a punição pela lei mais nova (abuso de autoridade) (...)".

( ) Certo ( ) Errado

Gabarito comentado: o art. 13 exige, em todas as formas de cometimento da conduta criminosa, o emprego de violência, grave ameaça ou redução da capacidade de resistência do preso ou detento. Portanto, para a caracterização do crime, é imperiosa a presença de um dos meios de coerção ou ameaça citados. Portanto, a assertiva está errada.

Consumação e tentativa. Boa parte da doutrina importa o mesmo raciocínio estudado na consumação do delito de constrangimento ilegal (art. 146 do CP): ocorrerá quando a vítima constrangida efetivamente inicia alguma das condutas previstas nos incisos I, II ou III. Dessa forma, para a consumação não basta o constrangimento – mediante violência própria/imprópria ou grave ameaça – por parte do agente público, exige-se ainda que o preso ou o detento inicie algum dos comportamentos para o qual foi constrangido[37] (caso contrário, o delito é tentado). É crime material, pois necessita da produção do resultado naturalístico para consumar-se.

16.2.5 Crime do art. 15

Art. 15. Constranger a depor, sob ameaça de prisão, pessoa que, em razão de função, ministério, ofício ou profissão, deva guardar segredo ou resguardar sigilo:

Pena – detenção, de 1 (um) a 4 (quatro) anos, e multa.

Parágrafo único. Incorre na mesma pena quem prossegue com o interrogatório:

I – de pessoa que tenha decidido exercer o direito ao silêncio; ou

II – de pessoa que tenha optado por ser assistida por advogado ou defensor público, sem a presença de seu patrono.

Conduta típica. O art. 15, inicialmente, pune o agente público que constrange/obriga a depor, sob ameaça de prisão, pessoa que, em razão de função, ministério, ofício ou profissão, deva guardar segredo/sigilo.

São exemplos de pessoas que, em razão do ofício, devem guardar segredo, sendo proibidas de depor na forma do art. 207 do CPP[38]: psicólogo (com relação a uma consulta), padre (com relação a uma confissão), pastor (com relação a um aconselhamento) etc. Lembre-se ainda de que o constrangimento ao depoimento deriva **necessariamente** de uma **ameaça de prisão** (crime de ação vinculada). Se for qualquer outro tipo de ameaça, não haverá o delito do art. 15.

---

[37] Como bem observa Prado (2019a, p. 563) ao comentar o delito de constrangimento ilegal: "Agregue-se, porém, que, embora o comportamento desejado seja parcial, e não integralmente realizado pela vítima, tem-se como consumado o delito. Sem que o agente tenha atingido, mesmo parcialmente, o fim pretendido (a ação ou omissão ilegal), há apenas tentativa".

[38] Salvo se, desobrigadas pela parte interessada, quiserem dar testemunho (ou seja, não poderão ser constrangidas/obrigadas).

Figuras equiparadas. No parágrafo único, temos algumas figuras equiparadas, ou seja, cada inciso constitui um crime autônomo, mas que receberá a mesma consequência penal da conduta prevista no *caput*, incorrendo na mesma pena quem prossegue com o interrogatório[39] de pessoa:

- **Que tenha decidido exercer o direito ao silêncio.** Quando do início de seu interrogatório, seja em sede policial ou judicial, o réu é cientificado do seu direito ao silêncio (art. 186 do CPP; art. 5º, LXIII, da CF). Caso opte por permanecer em silêncio, sua escolha deve ser respeitada. Assim, não cabe ao interrogador iniciar o ato, realizando perguntas a fim de instigar o interrogando a desistir da sua opção de calar-se, por exemplo. Lembre-se de que o direito ao silêncio não abrange perguntas direcionadas a obter dados de identificação do interrogando (ex.: nome, CPF, endereço), de forma que este estará obrigado a responder os questionamentos referentes ao interrogatório de qualificação (sendo desobrigado com relação ao de mérito).

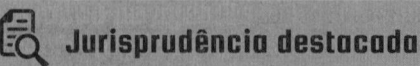

Jurisprudência destacada

Sumula nº 522 do STJ: A conduta de atribuir-se falsa identidade perante autoridade policial é típica, ainda que em situação de alegada autodefesa.

- **Que tenha optado por ser assistida por advogado ou defensor público, sem a presença de seu patrono.** Conforme o art. 7º, XXI, da Lei nº 8.906/1994 (Estatuto da OAB), em regra, é direito do advogado assistir a seus clientes investigados durante a apuração de infrações[40]. Portanto, caso o interrogando compareça diante da autoridade policial para interrogatório e opte por ser assistido por seu defensor durante a realização do ato, mas a autoridade policial ignore tal escolha, quando admitida, e inicie o interrogatório imediatamente sem a presença da defesa técnica, comete o crime do art. 15 (obviamente, se dolosa a conduta e constatada alguma das finalidades do art. 1º, § 1º).

Sujeitos do crime. Sujeito ativo: é o agente público que, tendo atribuição para tanto, cometer as condutas previstas no tipo penal (*caput* ou parágrafo único), por exemplo, autoridade policial. **Sujeito passivo:** tanto o Estado quanto a pessoa que sofreu a conduta ilegal por parte do agente público.

Consumação e tentativa. A doutrina diverge com relação ao momento consumativo do *caput*. Para alguns, a consumação ocorrerá com o efetivo depoimento pelo constrangido

---

[39] Lembre-se de que, quando o dispositivo menciona "interrogatório", deixa claro referir-se apenas à pessoa do investigado/réu (e não a testemunha, vítima etc.).

[40] Tal faculdade aplica-se apenas à fase investigativa, cuja presença da defesa técnica não é obrigatória (é uma opção do investigado). Na fase judicial, é imperiosa a assistência técnica por advogado ou defensor.

– crime material[41] (é o nosso entendimento). Contudo, outros ensinam que, com o simples constrangimento, sob ameaça de prisão, o delito já está consumado, sendo desnecessário para tanto que a vítima tenha iniciado o depoimento[42].

Com relação às condutas do parágrafo único, da mesma forma são delitos materiais, cuja consumação ocorrerá com o prosseguimento do interrogatório diante das situações dos incisos.

A tentativa é possível (tanto ao *caput* quanto ao parágrafo único, embora neste seja de difícil visualização).

> ### Decifrando a prova
>
> **(Inédita)** Constitui crime de abuso de autoridade, previsto na Lei nº 13.869/2019 com pena de detenção, constranger a depor, sob ameaça de prisão, pessoa que, em razão de função, ministério, ofício ou profissão, deva guardar segredo ou resguardar sigilo.
> ( ) Certo ( ) Errado
> **Gabarito comentado:** esse é o teor do art. 15. Portanto, a assertiva está certa.

16.2.6 Crime do art. 15-A (Violência institucional)

Art. 15-A. Submeter a vítima de infração penal ou a testemunha de crimes violentos a procedimentos desnecessários, repetitivos ou invasivos, que a leve a reviver, sem estrita necessidade:

I – a situação de violência; ou

II – outras situações potencialmente geradoras de sofrimento ou estigmatização:

Pena – detenção, de 3 (três) meses a 1 (um) ano, e multa.

§ 1º Se o agente público permitir que terceiro intimide a vítima de crimes violentos, gerando indevida revitimização, aplica-se a pena aumentada de 2/3 (dois terços).

§ 2º Se o agente público intimidar a vítima de crimes violentos, gerando indevida revitimização, aplica-se a pena em dobro.

Introdução. O delito de violência institucional, previsto no art. 15-A, foi incluído na Lei de Abuso de Autoridade em 2022, por meio de Lei nº 14.321.

Atualmente, é certo que a vítima de infração penal não sofre apenas com a prática do delito cometido em seu desfavor, mas também com procedimentos que lhe façam reviver

---

[41]   No mesmo sentido: Lima (2020, p. 119).

[42]   É o posicionamento de Greco e Cunha (2020, p. 149).

desnecessariamente a situação traumática a que foi submetida ou, no mesmo sentido, com o atendimento inadequado prestado pelos órgãos públicos perante elas. A esse processo estigmatizante dá-se o nome de vitimização secundária, revitimização, sobrevitimização ou vitimização processual.

Sobre o tema, os Professores Andrade e Medeiros (2022, p. 103) ensinam:

> Com o decorrer do tempo, percebeu-se que a vítima não sofre com o delito apenas no momento em que ele ocorre. Ela pode ser vítima em outras situações, agora tendo como agressor não mais o delinquente, mas a sociedade e o Estado (...) vitimização secundária é chamada de sobrevitimização ou vitimização processual, na qual a vítima é submetida durante a persecução penal, frente aos órgãos oficiais de controle social, como o mau atendimento nas instituições policiais e judiciais, a necessidade de se dar diversos depoimentos sobre fatos traumáticos, ficar na presença do agressor etc. Nesse caso, temos a vítima como um mero objeto, sendo tratada com desdém durante a persecução penal, em desrespeito a seus direitos fundamentais.

Quando analisamos a conduta prevista no art. 15-A, percebemos que a intenção do legislador foi punir o agente público que submete a vítima ou testemunha a esse processo de vitimização secundária, por isso o *nomen iuris* "violência institucional". Outros dispositivos legais também assinalam a necessidade de evitar a revitimização, por exemplo, o art. 10-A, § 1º, III, da Lei nº 11.340/2006 (Lei Maria da Penha)[43], bem como a recente Lei nº 14.245/2021 (Lei Mariana Ferrer)[44].

Destacamos, por fim, que ao presente crime é cominada a pena de detenção de três meses a um ano, e multa – a menor prevista na Lei nº 13.869/2019 –, admitindo, portanto, a incidência das disposições contidas na Lei nº 9.099/1995 (inclusive nas formas majoradas do delito – §§ 1º e 2º).

Conduta típica. O dispositivo, no *caput*, pune a conduta do agente público que submete a vítima de infração penal ou a testemunha de crimes violentos a determinados procedimentos desnecessários, repetitivos ou invasivos, que a levem a reviver, sem estrita necessidade: situação de violência ou outras situações potencialmente geradoras de sofrimento ou estigmatização.

Perceba que a lei não cita nominalmente quais procedimentos podem ensejar a ocorrência do delito, contudo podemos aferir que serão todos aqueles a que **a vítima ou a testemu-**

---

[43] "Art. 10-A. § 1º A inquirição de mulher em situação de violência doméstica e familiar ou de testemunha de violência doméstica, quando se tratar de crime contra a mulher, obedecerá às seguintes diretrizes:
(...)
III – não revitimização da depoente, evitando sucessivas inquirições sobre o mesmo fato nos âmbitos criminal, cível e administrativo, bem como questionamentos sobre a vida privada."

[44] Alterou o CP, o CPP e a Lei nº 9.099/1995, no intuito de coibir a prática de atos atentatórios à dignidade da vítima e de testemunhas e para estabelecer causa de aumento de pena no crime de coação no curso do processo.

nha são submetidas perante agentes públicos, por exemplo: depoimentos em sede policial ou judicial; audiências judiciais; sessões de julgamento etc.

Há de observar ainda que, para a existência do delito, exige-se que a recordação das situações violentas ou estigmatizantes ocorra por meio de **procedimentos desnecessários, repetitivos ou invasivos**, levando a vítima a revivê-las **sem estrita necessidade**.

Em outras palavras, caso, por exemplo, a autoridade policial precise submeter a vítima ou a testemunha a depoimento, visando colher elementos indispensáveis à investigação, mesmo que fatalmente a faça relembrar do que ocorreu no passado, isso não caracterizará o crime, pois, nessa situação, o procedimento de oitiva **foi necessário** à elucidação dos fatos. Obviamente, deverá o agente público, ao máximo, zelar pela não ocorrência de procedimentos desnecessários, repetitivos e invasivos[45].

Souza *et al.* (2022, p. 2355) têm o mesmo entendimento e ensinam:

> Cabe ressaltar que mantida essa pertinência finalística, a atuação funcional voltada a elucidação do crime, ainda que contrária a vontade da vítima e da testemunha, não podem ser consideradas ilícitas. Isso porque, não raro, vítimas e testemunhas, ao longo do processo e do tempo, pelos mais variados motivos, podem perder interesse na elucidação do fato, o que não deve ser abonado pelos agentes estatais, movidos que são pela indisponibilidade do interesse público na elucidação dos crimes em geral. Por isso que não podem ser considerados como violência institucional atos voltados a elucidação do fato, ainda que enfáticos, como o confronto respeitoso dos depoimentos prestados por vítimas e testemunhas com outros depoimentos ou provas dos autos, advertência sobre cometimento de crime de falso testemunho, acareações com outros depoentes, condução coercitiva de vítimas e testemunhas faltantes que intimadas deixarem, injustificadamente, de comparecer a determinados atos etc.

Por outro lado, imagine que o agente público dolosamente tenha submetido a testemunha de crime violento a vários depoimentos em sede policial, objetivando "ganhá-la pelo cansaço" e, consequentemente, obter a informação de quem foi o autor da infração penal, ocasionando, com essa repetição desnecessária, indevidas recordações da situação de violência presenciada. Aqui certamente houve a vitimização secundária, o que fatalmente configurará o delito do art. 15-A.

Causas de aumento de pena (§§ 1º e 2º). Nos §§ 1º e 2º, o legislador previu causas de aumento de pena se a conduta for praticada por meio de **intimidação** empregada contra a **vítima de crimes violentos**, gerando indevida revitimização.

Deve-se observar, primeiro, que as majorantes terão incidência apenas se a intimidação recair sobre **vítima de crimes violentos**, ou seja, não será qualquer vítima, bem como não incidirá nas testemunhas (ao contrário da forma simples prevista no *caput*).

---

[45] Nesse sentido, podemos citar a Lei nº 13.431/2017, a qual institui protocolos para o atendimento adequado de crianças e adolescentes vítimas ou testemunhas de violência e, entre outros objetivos, busca evitar a ocorrência da revitimização. Embora tal diploma normativo não seja obrigatório à oitiva de todas as vítimas e testemunhas de crimes, poderá guiar, em algum aspecto, a atuação estatal na realização adequada dos atendimentos.

Além disso, essas figuras majoradas exigem a prática da conduta por meio de **intimidação**, algo que, em comparação ao *caput*, revela-se **mais grave, mais hostil**, por exemplo, uma ameaça de revide em caso de não colaboração da vítima (difere, portanto, de uma mera repetição de procedimentos). Assim, sem a demonstração de que a vítima foi intimidada, ocasionando indevida revitimização, não há que falar em causa de aumento.

Por fim, tudo o que foi dito anteriormente aplica-se às duas majorantes. A **distinção** entre elas consiste no fato de: **no § 1º** (aumento de 2/3), o agente público, por omissão, permite que terceiro intimide a vítima[46]; **no § 2º** (pena em dobro), será o próprio agente público quem intimidará a vítima.

Sujeitos do crime. Sujeito ativo: é o agente público que possuir competência/atribuição para praticar as condutas previstas no tipo penal, por exemplo, autoridade policial, investigador de polícia, membro do Ministério Público, magistrado etc. **Sujeito passivo**: será a vítima de infração penal ou a testemunha de crimes violentos. Perceba que, com relação a esta última, se for testemunha de crime não violento, não será caracterizado o delito do art. 15-A.

Consumação e tentativa. Entendemos que o delito do art. 15-A é formal, bastando que seja praticada a conduta consistente na submissão da vítima ou testemunha aos procedimentos indicados no *caput*, os quais, fazendo-as reviver as situações, possuem o potencial de revitimizá-las. Assim, a revitimização, entendida como o efetivo abalo psicológico (que por certo poderá ocorrer), constitui-se em exaurimento do crime.

Cuida-se, também, de crime de perigo concreto, exigindo a exposição do sujeito passivo às situações potenciais de abalo psicológico.

A tentativa é totalmente possível, visto se tratar de crime plurissubsistente[47].

16.2.7 Crime do art. 16

> **Art. 16.** Deixar de identificar-se ou identificar-se falsamente ao preso por ocasião de sua captura ou quando deva fazê-lo durante sua detenção ou prisão:
>
> **Pena** – detenção, de 6 (seis) meses a 2 (dois) anos, e multa.
>
> **Parágrafo único.** Incorre na mesma pena quem, como responsável por interrogatório em sede de procedimento investigatório de infração penal, deixa de identificar-se ao preso ou atribui a si mesmo falsa identidade, cargo ou função.

Conduta típica. O art. 16, em seu *caput*, prevê a conduta do agente público que **não se identifica** ou **o faz falsamente** (proferindo nome falso) **ao preso** quando de sua **captura, detenção ou prisão** (observe que a conduta é direcionada à pessoa presa). O crime em questão encontra fundamento no art. 5º, LXIV, da CF que dispõe: "o preso tem direito à identificação dos responsáveis por sua prisão ou por seu interrogatório policial".

---

[46] Como bem apontam Souza *et al.* (2022, p. 2355): "O desvalor da conduta incriminada parte da ideia de que cabe a autoridade pública fazer uma gestão do atendimento prestado à vítima de modo a obstar condutas do *extraneus* voltadas ao desrespeito revitimizante".

[47] São também as lições de Gilaberte (2022).

Note que, quando o agente "não se identifica", pratica uma omissão (crime omissivo próprio); por outro lado, quando se identifica falsamente, comete uma ação (crime comissivo). Em ambas as formas de conduta, o objetivo é inviabilizar a identificação do agente público quando da captura, detenção ou prisão do sujeito.

Figura equiparada. No parágrafo único, temos uma figura equiparada, a qual constitui crime autônomo, mas que receberá a mesma consequência penal da conduta prevista no *caput*, incorrendo na mesma pena quem:

◆ Não se identifica ao **preso** ou o faz falsamente quanto à identidade, cargo ou função, quando da realização de **interrogatório** em sede de **procedimento investigatório** de **infração penal** a que seja responsável. Da mesma forma que o *caput*, temos a possibilidade de a conduta ser praticada tanto por omissão quanto por ação. Se for interrogatório de pessoa em liberdade, não haverá crime do art. 16, pois o legislador limitou a conduta à não identificação ou identificação falsa quanto ao preso. Perceba ainda que o legislador limitou a conduta ao interrogatório que for realizado na fase investigatória da persecução penal (não englobando o interrogatório judicial). Além disso, aplica-se apenas à apuração de infrações penais.

Sujeitos do crime. Sujeito ativo: é o agente público que possuir competência/atribuição para praticar as condutas previstas no tipo penal (*caput* ou parágrafo único), por exemplo, autoridade policial. **Sujeito passivo**: tanto o Estado quanto a pessoa que sofreu a conduta ilegal por parte do agente público.

Consumação e tentativa. Quanto à conduta de **deixar de identificar-se**, o crime se consuma no exato momento da omissão (não cabe tentativa). Por sua vez, quanto à ação de **identificar-se falsamente**, será consumado no momento da atribuição de falsa identidade (a tentativa é possível, na modalidade escrita). Em ambas as situações, temos crime formal[48].

16.2.8 Crime do art. 18

Art. 18. Submeter o preso a interrogatório policial durante o período de repouso noturno, salvo se capturado em flagrante delito ou se ele, devidamente assistido, consentir em prestar declarações:

Pena – detenção, de 6 (seis) meses a 2 (dois) anos, e multa.

Conduta típica. Em regra, o interrogatório **policial** do **preso**, se realizado durante o período de **repouso noturno**, é crime do art. 18. Só não será se ele (excludentes de tipicidade):

◆ tiver sido capturado em flagrante delito[49]; **ou**

---

48 Alguns entendem que, com relação à forma omissiva, é crime de mera conduta (SOUZA *et al.*, 2020, p. 2247).

49 Portanto, forçoso concluir que o artigo em questão aplica-se apenas às prisões cautelares (preventiva e temporária).

♦ devidamente assistido (por seu advogado ou defensor), consentir em prestar declarações.

O entendimento do que seria **"período de repouso noturno"** é um elemento normativo a ser esclarecido pelo intérprete. A orientação contida no Enunciado nº 11 do CNPG e do GNCCRIM – ligados ao Ministério Público – é: "Para efeitos do art. 18 da Lei de Abuso de Autoridade, compreende-se por repouso noturno **o período de 21h a 5h**, nos termos do art. 22, § 1º, III, da mesma Lei".

A doutrina começa a discutir também a hipótese de interrogatório policial **iniciado durante o dia, mas que se estende até o período de repouso noturno**. Caracteriza crime do art. 18? Conforme orientação do Enunciado nº 12 do CNPG e do GNCCRIM – ligados ao Ministério Público – **sim**: "Ressalvadas as hipóteses de prisão em flagrante e concordância do interrogado devidamente assistido, o interrogatório extrajudicial do preso iniciado antes, não pode adentrar o período de repouso noturno, devendo ser o ato encerrado e, se necessário, complementado no dia seguinte"[50].

Por fim, cumpre ressaltar que o legislador, ao citar o interrogatório **policial**, limitou o tipo penal ao interrogatório que for realizado pela **polícia** na **fase investigatória** da persecução penal (não englobando o da fase judicial nem os atos extrapoliciais). Da mesma forma, ao se referir expressamente ao interrogatório policial **do preso**, não alcançará aquele que estiver em liberdade e, porventura, vier a ser interrogado durante o repouso noturno.

Sujeitos do crime. Sujeito ativo: não é qualquer agente público que poderá praticar o crime em questão, mas apenas aquele responsável pelo interrogatório **policial** – em regra, o Delegado de Polícia. **Sujeito passivo**: tanto o Estado quanto a pessoa que sofreu a conduta ilegal por parte do agente público.

🧩 Decifrando a prova

(Inédita) A Lei nº 13.869/2019 prevê como crime de abuso de autoridade a submissão de preso a interrogatório policial durante o período de repouso noturno, mesmo se capturado em flagrante delito, salvo quando ele, devidamente assistido, consentir em prestar declarações.
( ) Certo ( ) Errado
Gabarito comentado: o preso capturado em flagrante delito também é uma das exceções na qual não estará caracterizado o crime do art. 18, de forma que, nesse caso, é possível submeter o preso a interrogatório policial no repouso noturno. Portanto, a assertiva está errada.

Consumação e tentativa. O crime do art. 18 é formal, cuja consumação ocorrerá no momento em que se iniciar o interrogatório policial (independentemente de sua finaliza-

---

50 No mesmo sentido: Lima (2020, p. 190).

ção). Embora haja divergência na doutrina, entendemos ser **possível a tentativa**[51], a qual é exemplificada por Greco e Cunha (2020, p. 162):

> (...) na hipótese em que o preso, por exemplo, durante o repouso noturno, é retirado de sua cela a fim de prestar seu interrogatório policial, quando tal ato é surpreendido por uma autoridade que impede a sua realização, ou mesmo por seu advogado, que ali havia chegado sem se enunciar, e se depara com essa situação.

16.2.9 Crime do art. 19

> **Art. 19.** Impedir ou retardar, injustificadamente, o envio de pleito de preso à autoridade judiciária competente para a apreciação da legalidade de sua prisão ou das circunstâncias de sua custódia:
>
> **Pena** – detenção, de 1 (um) a 4 (quatro) anos, e multa.
>
> **Parágrafo único.** Incorre na mesma pena o magistrado que, ciente do impedimento ou da demora, deixa de tomar as providências tendentes a saná-lo ou, não sendo competente para decidir sobre a prisão, deixa de enviar o pedido à autoridade judiciária que o seja.

Conduta típica. O art. 19, inicialmente, pune o agente público que impedir ou retardar, injustificadamente[52], o envio de pleito (pedido) de preso ao juiz competente para a apreciação da legalidade de sua prisão ou circunstâncias de sua custódia. Tal dispositivo explicita a garantia prevista no art. 5º, XXXIV, da CF (direito de petição).

Exemplo: Diretor do estabelecimento prisional que, injustificadamente, impede determinado preso de enviar *habeas corpus*, redigido de próprio punho, ao juiz competente.

Estamos diante de crime de ação múltipla/tipo misto alternativo. Assim, o agente público que retarda o envio do pleito e posteriormente, mas no mesmo contexto, também o impede responderá por um só delito (a quantidade de verbos praticados será considerada quando da aplicação da pena).

Perceba que, para a caracterização do delito, o pleito do preso deve objetivar o juiz. Se for direcionado a qualquer outra autoridade e houver o impedimento ou retardo, não haverá o crime.

Figura equiparada. No parágrafo único, temos uma figura equiparada, a qual constitui crime autônomo, mas que receberá a mesma consequência penal da conduta prevista no *caput*, incorrendo na mesma pena:

◆ O magistrado que, ciente do impedimento ou da demora, deixa de tomar as providências tendentes a saná-lo ou, não sendo competente para decidir sobre a prisão, deixa de enviar o pedido à autoridade judiciária que o seja.

---

[51] Em sentido contrário, inadmitindo o *conatus*: Nucci (2020, p. 26).

[52] Se houver justo motivo, por exemplo, falha nos sistemas de comunicação, não haverá crime.

Sujeitos do crime. **Sujeito ativo**: quanto à conduta criminosa do *caput*, é o agente público que impedir ou retardar, injustificadamente, o envio de pleito de preso, ex.: diretor de estabelecimento prisional; no tocante ao parágrafo único, temos que o sujeito ativo será necessariamente o magistrado. **Sujeito passivo**: tanto o Estado quanto a pessoa que sofreu a conduta ilegal por parte do agente público.

Modalidades comissiva e omissiva. Com relação ao *caput*, cuida-se de delito praticado por **ação** (crime comissivo) quanto ao verbo "impedir[53]", porém, quanto ao verbo "retardar"[54], temos conduta **omissiva** (crime omissivo próprio). No tocante ao parágrafo único, todas as condutas são omissivas (crime omissivo próprio). Adiantamos aqui, portanto, que apenas o verbo "impedir" admitirá a figura da tentativa.

Consumação. Relativamente ao *caput*, o delito se consuma tanto com o **efetivo impedimento** quanto com o **mero retardamento** (sem que impeça efetivamente) do envio do pleito – o verbo "impedir" indica crime material e o "retardar", crime de mera conduta. Analisando o **parágrafo único**, certo é que a consumação se dá no **instante da omissão** pelo magistrado (em tomar providências para sanar o impedimento ou em enviar o pedido à autoridade judiciária competente) – aqui temos crime de mera conduta.

16.2.10 Crime do art. 20

Art. 20. Impedir, sem justa causa, a entrevista pessoal e reservada do preso com seu advogado:

Pena – detenção, de 6 (seis) meses a 2 (dois) anos, e multa.

Parágrafo único. Incorre na mesma pena quem impede o preso, o réu solto ou o investigado de entrevistar-se pessoal e reservadamente com seu advogado ou defensor, por prazo razoável, antes de audiência judicial, e de sentar-se ao seu lado e com ele comunicar-se durante a audiência, salvo no curso de interrogatório ou no caso de audiência realizada por videoconferência.

Conduta típica. O art. 20, em seu *caput*, prevê a conduta do agente público que impede, sem justa causa[55], a entrevista **pessoal e reservada** do preso com seu advogado (aquela realizada de forma privada, apenas cliente e advogado). Cuida-se de um direito do preso previsto no art. 41, IX, da Lei nº 7.210/1984 (Lei de Execução Penal), cuja violação, sem justo motivo, configurará o crime do art. 20.

Perceba ainda que o *caput* – diferentemente do parágrafo único – não é extensível à pessoa solta, mas apenas ao preso.

---

[53] É quando o agente faz algo (age) para impedir que o pleito chegue ao conhecimento do juiz.

[54] Aqui o agente, de modo injustificado, deixa de agir (omite-se) no sentido de realizar o necessário encaminhamento do pleito ao juiz.

[55] Se houver justo motivo, como um impedimento temporário, por razões de segurança, não haverá crime.

Exemplo: Juiz de direito que proíbe, antes de ato judicial, que o preso fale e consulte reservadamente o seu advogado.

Figura equiparada. No parágrafo único, temos uma figura equiparada, a qual constitui crime autônomo, mas que receberá a mesma consequência penal da conduta prevista no *caput*, incorrendo na mesma pena quem:

◆ Impede o preso, o réu solto ou o investigado de entrevistar-se pessoal e reservadamente com seu defensor, por prazo razoável[56], antes de audiência judicial, e de sentar-se ao seu lado e com ele comunicar-se durante a audiência, salvo no curso de interrogatório ou no caso de audiência realizada por videoconferência.

Temos aqui um delito especial com relação ao *caput*, incidindo no caso de situações concernentes à **audiência judicial** da qual participará o **preso, réu ou investigado**. Veja que a audiência mencionada pelo dispositivo é a judicial, ou seja, necessariamente perante um juiz. Não engloba, para fins de tipificação do presente parágrafo único, atos realizados apenas na presença da autoridade policial, Ministério Público etc.

Ressalte-se que a possibilidade de **sentar ao lado do defensor e com ele comunicar--se não será** obrigatoriamente garantida no **curso de interrogatório** (embora aqui a defesa possa realizar perguntas ao réu, isso será feito de forma audível a todos os participantes do ato; assim, não haverá um diálogo reservado e estratégico **durante** o interrogatório) ou **em audiência por videoconferência** (por impossibilidade, em algumas situações, de contato físico entre advogado-cliente).

Sujeitos do crime. Sujeito ativo: quanto à conduta criminosa do *caput,* é o agente público que impedir sem justa causa a entrevista; com relação ao parágrafo único, temos que o sujeito ativo será, como regra, o magistrado (é ele quem preside a audiência judicial). **Sujeito passivo**: tanto o Estado quanto a pessoa que sofreu a conduta ilegal por parte do agente público.

Consumação e tentativa. O delito do art. 20 (*caput* e parágrafo único) é material, cuja consumação se dará no instante em que ocorrer o **impedimento** da entrevista ou comunicação do preso, solto ou investigado com o seu advogado, nos termos anteriormente estudados. Embora seja de difícil visualização prática, teoricamente a tentativa é possível.

Crime do art. 20 e art. 7º-B da Lei nº 8.906/1994. O Estatuto da OAB, em virtude de acréscimo promovido pela Lei nº 13.869/2019 (art. 43), estabelece, em seu art. 7º-B, que constitui crime violar direito de advogado previsto, entre outros, no inciso III do *caput* do art. 7º ("comunicar-se com seus clientes, pessoal e reservadamente, mesmo sem procuração, quando estes se acharem presos, detidos ou recolhidos em estabelecimentos civis ou militares, ainda que considerados incomunicáveis").

Estamos diante de um conflito aparente de normas, do mencionado dispositivo com o art. 20 em estudo, o qual será solucionado pela aplicação do princípio da especialidade. Nas certeiras lições de Agi (2019, p. 62-63):

---

56 Para alguns, esse prazo seria de 30 minutos; outros consideram que 15 minutos é suficiente para cumprir o comando da razoabilidade.

Se o preso foi impedido de ser entrevistado previamente por seu advogado, antes da prática de ato da persecução, como o interrogatório policial, tem-se o delito do art. 20. Se qualquer outra comunicação do advogado com seu cliente preso foi impedida, não se tratando de entrevista, como, por exemplo, uma comunicação que deveria ter ocorrido na visita de advogado ao presídio, tem-se o crime do art. 43 (o qual acrescentou o art. 7º-B à Lei nº 8.906/94).

16.2.11 Crime do art. 21

Art. 21. Manter presos de ambos os sexos na mesma cela ou espaço de confinamento:

Pena – detenção, de 1 (um) a 4 (quatro) anos, e multa.

Parágrafo único. Incorre na mesma pena quem mantém, na mesma cela, criança ou adolescente na companhia de maior de idade ou em ambiente inadequado, observado o disposto na Lei nº 8.069, de 13 de julho de 1990 (Estatuto da Criança e do Adolescente).

Conduta típica. O art. 21, inicialmente, pune o agente público quem mantém presos de ambos os sexos (feminino e masculino) na mesma cela ou espaço de confinamento. Tal dispositivo explicita direito previsto no art. 82, § 1º, da Lei nº 7.210/1984 (Lei de Execução Penal – recolhimento da mulher separadamente, em estabelecimento adequado). Quanto ao conceito de espaço de confinamento, compreende qualquer outro local enclausurado que não as celas destinadas aos presos definitivos ou provisórios, por exemplo, a parte traseira dos veículos de transporte de presos (baú da viatura).

É certo ainda que o art. 1º, § 1º, da Lei nº 9.455/1997 (tortura por equiparação) constitui norma especial com relação ao delito em questão. Assim, se a manutenção dos presos de ambos os sexos na mesma cela ou espaço de confinamento causar verdadeiro **sofrimento físico ou mental** o delito será o da lei de tortura.

Comunidade LGBT. A lei foi silente quanto à situação do encarceramento adequado para a comunidade **LGBT**. Parte da doutrina cita a Resolução Conjunta nº 1 (15.04.2014) do CNPCP e CNCD/LGBT – a qual prescreve, entre outras disposições, que as pessoas transexuais masculinas e femininas devem ser encaminhadas para as unidades prisionais femininas (art. 4º) – como solução da questão[57].

Outros, como Lima (2020, p. 139-140), acrescentam a decisão singular do Min. Luís Roberto Barroso no HC nº 152.491/SP-STF, o qual entendeu que o estabelecimento prisional adequado é aquele compatível com as respectivas orientações sexuais dos presos.

Diante da falta de definição normativa à questão (pelo menos para fins de tipificação da presente conduta) e por se tratar de norma penal incriminadora, a qual exige legalidade estrita, preferimos seguir a posição defendida por Nucci (2020, p. 30), a saber:

---

57 Com mais detalhamento sobre o tema (e baseando-se na resolução citada), em 2019 foi editada a Nota Técnica nº 60 DIAMGE/CGCAP/DIRPP/DEPEN/MJ.

(...) há, certamente, a omissão legislativa – e não deveria ter acontecido – onde prender travesti e transexuais. Já que inexiste clara definição, não se pode processar por abuso de autoridade o lugar onde se coloca, preso, a pessoa travesti ou transexual, vale dizer, em cela masculina ou feminina.

Contudo, nada impede que o agente público responda por outra conduta criminosa, a depender do dolo e consequências do ato (exemplo: violação à integridade física da pessoa presa).

Por fim, mencionamos que se encontra pendente de julgamento no STF (até o fechamento desta edição) a ADPF nº 527 que trata justamente sobre o direito das transexuais femininas e travestis ao cumprimento de pena em condições compatíveis com a sua identidade de gênero. O que for decidido na ação provavelmente impactará a interpretação do presente delito. Acompanhemos.

Figura equiparada. No parágrafo único, temos uma figura equiparada, a qual constitui crime autônomo, mas que receberá a mesma consequência penal da conduta prevista no *caput*, incorrendo na mesma pena quem:

◆ **Mantém, na mesma cela, criança ou adolescente na companhia de maior de idade ou em ambiente inadequado**, observado o disposto na Lei nº 8.069/1990 – ECA (notadamente os arts. 94 e 123, os quais trazem prescrições a serem seguidas quanto à internação de adolescentes).

Sujeitos do crime. Sujeito ativo: é o agente público que possuir competência/atribuição para praticar as condutas previstas no tipo penal (*caput* ou parágrafo único), por exemplo, diretor de estabelecimento prisional. **Sujeito passivo**: tanto o Estado quanto a pessoa que sofreu a conduta ilegal por parte do agente público.

Consumação e tentativa. Tanto no *caput* quanto no parágrafo único temos delitos formais, cuja consumação ocorrerá no instante em que forem colocados: presos de ambos os sexos na mesma cela ou espaço de confinamento; criança ou adolescente na mesma cela com maior de idade ou em ambiente inadequado. Entendemos ser possível a tentativa, embora seja de difícil visualização na prática.

Observe ainda que estamos diante de **crime permanente** (cujo momento consumativo se prolonga no tempo). Por conseguinte, enquanto durar a permanência – manutenção indevida dos presos ou do menor –, teremos que: o delito está ocorrendo, sendo possível a prisão em flagrante a qualquer momento; sobrevindo lei mais gravosa, ela será imediatamente aplicada ao caso (Súmula nº 711 do STF); a prescrição não começará a correr (art. 111, III, do CP).

🧩 Decifrando a prova

(Inédita) É crime de abuso de autoridade, punível com pena de detenção, manter presos de ambos os sexos na mesma cela ou espaço de confinamento.
( ) Certo ( ) Errado
Gabarito comentado: esse é o teor do art. 21. Portanto, a assertiva está certa.

16.2.12 Crime do art. 22

Art. 22. Invadir ou adentrar, clandestina ou astuciosamente, ou à revelia da vontade do ocupante, imóvel alheio ou suas dependências, ou nele permanecer nas mesmas condições, sem determinação judicial ou fora das condições estabelecidas em lei:

Pena – detenção, de 1 (um) a 4 (quatro) anos, e multa.

§ 1º Incorre na mesma pena, na forma prevista no *caput* deste artigo, quem:

I – coage alguém, mediante violência ou grave ameaça, a franquear-lhe o acesso a imóvel ou suas dependências;

II – (Vetado);

III – cumpre mandado de busca e apreensão domiciliar após as 21h (vinte e uma horas) ou antes das 5h (cinco horas).

§ 2º Não haverá crime se o ingresso for para prestar socorro, ou quando houver fundados indícios que indiquem a necessidade do ingresso em razão de situação de flagrante delito ou de desastre.

Conduta típica. O art. 22, em seu *caput*, prevê a conduta do agente público que invadir, adentrar ou permanecer[58] – de forma clandestina, astuciosa ou ignorando a vontade do ocupante – em **imóvel** alheio ou em suas dependências (ex.: quintal, garagem), tudo isso **sem determinação judicial** ou **em desacordo com a lei**.

Entretanto, indagamos, quando o ingresso ou a permanência em imóvel alheio descumprirá as condições estabelecidas em lei? Quando for realizado fora das hipóteses elencadas no art. 5º, XI, da CF (que trata da inviolabilidade de domicílio), o qual estabelece que:

♦ em regra, pelo fato de a casa ser asilo inviolável, ninguém pode nela penetrar sem o **consentimento do morador**;

♦ excepcionalmente, mesmo que não haja o consentimento do morador, é possível o ingresso em imóvel alheio nas seguintes situações (não haverá crime): **flagrante delito; desastre; para prestar socorro**[59]; **durante o dia, por determinação judicial**.

Certamente, haverá posicionamento, o qual entenderá que o descumprimento de qualquer das regras estabelecidas nos arts. 240 e seguintes do CPP, que tratam da busca e apreensão domiciliar, poderá caracterizar o crime em questão. Não é o que pensamos.

Basta visualizarmos a situação de policiais que, no cumprimento de mandado de busca e apreensão domiciliar, esquecem-se de garantir duas testemunhas presenciais no acompanhamento da medida (art. 245, § 7º, do CPP). Essa ausência, que para a maioria dos processualistas configura mera irregularidade, não será apta a ensejar a criminalização da conduta dos agentes públicos pelo art. 22.

---

[58] A permanência pressupõe que a entrada no imóvel foi lícita.

[59] Com relação a essas três primeiras situações (flagrante, desastre e socorro), é lícito o ingresso a qualquer hora do dia ou da noite.

Exemplo: Policial que, ausentes as situações supramencionadas (consentimento, flagrante, desastre, prestação de socorro ou determinação judicial), adentra na casa de um sujeito investigado em inquérito policial com o objetivo de colher provas a respeito de sua participação em um crime de homicídio ocorrido no Município. Comete o delito do art. 22, *caput*.

Cuida-se de conduta criminosa semelhante à do art. 150 do CP (violação de domicílio), porém, aqui, temos que será cometida por agente público no exercício de suas funções ou em razão dela (princípio da especialidade). Lembre-se ainda de que a Lei nº 13.869/2019 revogou expressamente a causa de aumento de pena constante no § 2º do art. 150 do CP.

Figura equiparada. No § 1º, temos algumas figuras equiparadas, ou seja, cada inciso constitui um crime autônomo, mas que receberá a mesma consequência penal da conduta prevista no *caput*, incorrendo na mesma pena quem:

♦ **Coage alguém, mediante violência ou grave ameaça, a franquear-lhe o acesso a imóvel ou suas dependências**. Aqui a coação é empregada para que a vítima permita o acesso ao imóvel, utilizando-se para tanto da violência ou grave ameaça. É a situação do policial que ameaça prender o morador caso este não lhe franqueie o acesso ao seu imóvel, haja vista que "quem não deve não teme".

♦ **Cumpre mandado de busca e apreensão domiciliar após as 21h (vinte e uma horas) ou antes das 5h (cinco horas)**. A busca e apreensão domiciliar, em regra, necessita de ordem judicial para ser efetivada e, conforme previsão do art. 5º, XI, da CF, nesse caso deverá ser realizada durante "o dia". O presente inciso traz, de forma inovadora, o período pelo qual podemos considerar **não englobado no conceito de "dia"**, para fins de incidência do delito de abuso de autoridade. Portanto, caso um agente público cumpra uma busca e apreensão domiciliar, autorizada judicialmente, após as 21h ou antes das 5h: **comete o delito do inciso III.**

Veja que o legislador limitou o alcance do tipo penal a apenas uma das várias medidas decorrentes de ordem judicial. No entanto, em nossa opinião, muito mais do que tipificar uma conduta criminosa, o art. 22, § 1º, III, cumpre a função de regulamentar o art. 5º, XI, da CF, pois nos dará, a partir de sua vigência e pelo menos para fins da Lei de Abuso de Autoridade, o conceito objetivo de dia.

Dessa forma, o agente que efetivar outra medida, por exemplo, um mandado de prisão expedido por juiz competente, após 21h ou antes das 5h, incidirá no delito do art. 22, *caput*, caso presente a finalidade específica do art. 1º, § 1º (pois, apesar de não ser busca e apreensão domiciliar, foi realizada fora das condições legais – art. 5º, XI, *in fine*, da CF c/c o art. 22, § 1º, III, da Lei nº 13.869/2019)[60].

Excludentes de ilicitude. O § 2º prevê três causas que excluirão o crime do art. 22, notadamente quando o ingresso for necessário: para **prestar socorro** ou em razão de fundados indícios que indiquem **situação de flagrante** ou **desastre**. Ao lado da busca e apreensão judicial, trata-se de reprodução das exceções à inviolabilidade de domicílio elencadas pelo

---

[60] Em sentido diverso, e analisando situação semelhante, Lima (2020, p. 147) entende que a conduta será atípica, sob pena de analogia *in malam partem*.

art. 5º, XI, da CF (além dessas, quando o ingresso contar com o **consentimento** do morador – embora não seja caso de violação, pois fruto de livre concordância –, obviamente da mesma forma não há crime).

Em resumo e sendo repetitivo para não deixar dúvidas, as formas de violação ao domicílio permitidas (lícitas) em nosso ordenamento estão elencadas no esquema a seguir (para além delas, a violação poderá caracterizar o delito do art. 22, caso preenchidos os demais requisitos da Lei):

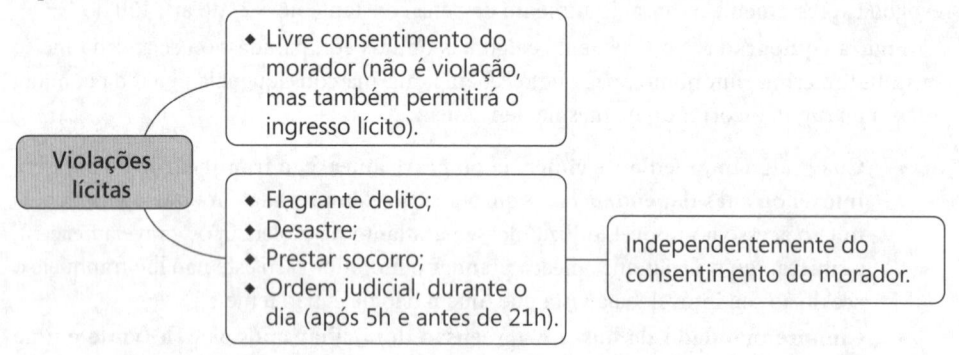

Sujeitos do crime. Sujeito ativo: é o agente público que praticar a conduta prevista no tipo penal (*caput* ou § 1º). **Sujeito passivo**: tanto o Estado quanto a pessoa que sofreu a conduta ilegal por parte do agente público.

Modalidades comissiva e omissiva e tentativa. Com relação ao verbo **permanecer** (*caput*), cuida-se de crime omissivo próprio, o qual não admite a tentativa, e permanente. Quanto aos **demais verbos** previstos nos tipos penais – *caput* e parágrafo único –, temos delitos comissivos, aos quais é possível a figura da tentativa.

Consumação. No tocante aos verbos **invadir**, **adentrar**, **permanecer** (*caput*) e **cumprir** (§ 1º, III), a consumação ocorrerá quando praticados os respectivos núcleos por tempo juridicamente relevante, ou seja, no momento em que o sujeito ativo invade, adentra ou permanece em imóvel alheio ou no instante em que ingressar nesse local para cumprir o mandado – preenchidos os demais requisitos do tipo. São crimes de **mera conduta**.

Por sua vez, a consumação do verbo **coagir** (§ 1º, I) exigirá, para além da coação, que a vítima efetivamente franqueie (permita) o acesso ao imóvel ou dependências, sendo classificado como **material**[61].

Estudados os temas centrais do delito, passemos agora a alguns acréscimos importantes, derivados do direito processual penal.

Conceito objetivo de dia. Como visto, o art. 22, § 1º, III, traz um conceito legal de dia, definindo parâmetros objetivos: após 5h e antes das 21h. A Lei nº 13.869/2019 ampliou o

---

[61] Em sentido diverso, entendendo que aqui o delito é formal e se consuma com o constrangimento: Greco e Cunha (2020, p. 204-205).

lapso temporal que vinha prevalecendo até então[62] – cronológico, de criação doutrinária –, o qual ensina que o termo dia no art. 5º, XI, da CF é o intervalo entre 6h e 18h.

Já temos discussão se o novo critério da Lei de Abuso de Autoridade apenas se aplicará para fins de criminalização de seus delitos ou se o novo critério também influenciará a licitude da prova obtida mediante a entrada em domicílio alheio com ordem judicial.

Imaginemos um mandado de busca e apreensão domiciliar cumprido às 20h pela polícia. Certamente não há o crime do art. 22, contudo indaga-se: essa prova será lícita? Caso adotado o critério objetivo da Lei nº 13.869/2019 de forma ampla, sim (pois cumprido antes de 21h). No entanto, caso entendamos que o lapso mencionado no art. 22, § 1º, III, restringe-se à nova Lei de Abuso de Autoridade, sendo inaplicável à determinação de licitude da prova, e adotado o critério cronológico, a prova é ilícita (pois o ingresso no domicílio ocorreu após as 18h).

Apresentado esse novo panorama, pontuamos que o nosso entendimento é o de que o critério da Lei nº 13.869/2019 será determinante não apenas para fins de caracterização do delito, como também com relação à licitude da prova[63], constituindo-se em verdadeira norma regulamentadora do art. 5º, XI, *in fine,* da CF.

Diligência que se prolonga até depois de 21h. Imagine que a polícia, às 19h, adentre no imóvel de um indivíduo para o cumprimento de mandado de busca e apreensão domiciliar. Contudo, em razão da complexidade da busca, ela se estende até às 23h. Nessa situação, haverá o crime do art. 22, § 1º, III? Entendemos que não, pois o que importa para fins de não caracterização do delito é que a medida tenha iniciado antes das 21h (e após as 5h), sendo lícito o seu prolongamento em caso de necessidade.

Excepcionalidade. Embora a regra prescrita no art. 5º, XI, da CF quanto à violação de domicílio mediante ordem judicial seja a de que deva realizar-se durante o dia, excepcionalmente já se admitiu o cumprimento da medida durante a noite, pois somente nesse período é que se revestiria de efetividade (ex.: apreensão de menores em casa de prostituição, a qual iniciava as suas atividades de madrugada). Nesse caso, o qual exigirá a fundamentação de excepcionalidade pelo magistrado, não há que falar em crime.

Conceito de "casa". Enquanto o art. 5º, XI, da CF cita o termo "casa", o art. 22, *caput*, menciona "imóvel". São sinônimos. Em linhas gerais e conforme o art. 150, § 4º, do CP, estão abrangidos nos conceitos: **qualquer compartimento habitado** (ex.: residência e suas dependências, como quintal); **aposento ocupado de habitação coletiva** (ex.: quarto de hotel ocupado); **compartimento de exercício profissional, desde que não aberto ao público** (ex.: consultório médico).

Para além, algumas situações pontuais merecem ser citadas. Assim, não estão abarcados nos termos mencionados (ou seja, a inviolabilidade dos dispositivos não os alcança):

---

[62]   O conceito de dia sempre foi tema muito divergente na doutrina (existindo várias posições) e, conforme as lições de Avena (2020, p. 669) sobre o critério cronológico: "Doutrinariamente, esta orientação sempre revelou prevalência, inclusive por preservar a intimidade no contexto domiciliar durante período de cinquenta por cento das vinte e quatro horas que compõem o dia astronômico".

[63]   É também o entendimento de Lima (2021, p. 152) e Avena (2020, p. 670).

♦ casa desabitada ou abandonada;

> (...) Sem desconsiderar a proteção constitucional de que goza a propriedade privada, ainda que desabitada, **não se verifica nulidade** na busca e apreensão efetuada por policiais, **sem prévio mandado judicial**, em apartamento que **não revela sinais de habitação, nem mesmo de forma transitória ou eventual, se a aparente ausência de residentes no local se alia à fundada suspeita de que tal imóvel é utilizado para a prática de crime permanente** (armazenamento de drogas e armas), o que afastaria a proteção constitucional concedida à residência/domicílio. (...) (STJ, 5ª Turma, HC nº 588.445/SC, Rel. Min. Reynaldo Soares da Fonseca, j. 25.08.2020).

♦ caminhão ou *trailer*, quando em movimento;
♦ local do restaurante aberto ao público, como o balcão de *self-service*;
♦ veículos automotores (salvo quando estiverem dentro da residência, como na garagem).

Por outro lado, são considerados como "casa/imóvel" (sendo, em regra, invioláveis):

♦ casa habitada, mas sem ninguém no momento da busca;
♦ cabine de caminhão ou *trailer*, no período em que estão sendo usados como dormitório[64];
♦ sala da gerência de um restaurante.

Modalidades de flagrante. Entendemos que qualquer forma de flagrante (próprio, impróprio ou ficto) legitima o ingresso em imóvel alheio, independentemente do consentimento do morador[65]. Embora haja divergência na doutrina quanto ao tema, essa foi a orientação adotada pelo CESPE/CEBRASPE em recente prova da carreira policial:

Decifrando a prova

(PRF – CESPE – 2019) Com relação aos meios de prova e os procedimentos inerentes a sua colheita, no âmbito da investigação criminal, julgue o próximo item.

---

[64] Embora aqui a boleia do caminhão seja considerada como "casa", para fins dos citados dispositivos, há decisão jurisprudencial que, diante de situação similar, considerou que o interior de caminhão não pode ser considerado como local de trabalho do caminhoneiro para fins de configurar o delito do art. 12 da Lei nº 10.826/2003 (posse irregular de arma de fogo) (STJ, 6ª Turma, REsp nº 1.219.901/MG, j. 24.04.2012).

[65] No mesmo sentido: Avena (2020, p. 669).

A entrada forçada em determinado domicílio é lícita, mesmo sem mandado judicial e ainda que durante a noite, caso esteja ocorrendo, dentro da casa, situação de flagrante delito nas modalidades próprio, impróprio ou ficto.

( ) Certo ( ) Errado

Gabarito comentado: a banca considerou que as três modalidades de flagrante legitimam a entrada forçada no domicílio. Portanto, a assertiva está certa.

16.2.13 Crime do art. 23

Art. 23. Inovar artificiosamente, no curso de diligência, de investigação ou de processo, o estado de lugar, de coisa ou de pessoa, com o fim de eximir-se de responsabilidade ou de responsabilizar criminalmente alguém ou agravar-lhe a responsabilidade:

Pena – detenção, de 1 (um) a 4 (quatro) anos, e multa.

Parágrafo único. Incorre na mesma pena quem pratica a conduta com o intuito de:

I – eximir-se de responsabilidade civil ou administrativa por excesso praticado no curso de diligência;

II – omitir dados ou informações ou divulgar dados ou informações incompletos para desviar o curso da investigação, da diligência ou do processo.

Conduta típica. O art. 23[66], inicialmente, pune o agente público que inova artificialmente (monta uma situação que não representa a realidade) durante diligência, investigação ou processo, quanto ao estado de lugar, coisa ou pessoa, com o fim de: eximir-se de responsabilidade; ou responsabilizar criminalmente alguém; ou agravar-lhe a responsabilidade que, apesar de devida, é cabível em menor medida.

Exemplo: Policial, autor de crime de homicídio, que no decorrer das investigações forja uma carta de comunicação de suicídio, dando a entender ter sido redigida pela vítima, com o intento de fazer cessar a persecução penal.

Obviamente que a inovação artificiosa deve ser minimamente apta a enganar, caso contrário, sendo um artifício grosseiro e de nítida falsidade, estaremos diante de crime impossível.

Figuras equiparadas. No parágrafo único, temos algumas figuras equiparadas, ou seja, cada inciso constitui um crime autônomo, mas que receberá a mesma consequência penal do *caput*, incorrendo na mesma pena quem pratica a conduta com o intuito de:

♦ **Eximir-se de responsabilidade civil ou administrativa por excesso praticado no curso de diligência.** É o caso do agente público que, no cumprimento de diligência, acaba por exceder-se em suas ações e, com isso, objetiva, artificiosamente, eximir-se da devida responsabilidade civil ou administrativa. Perceba que o agente não cometeu infração penal com o excesso, porém este certamente gerar-lhe-á responsabilidade na esfera cível ou administrativa. Na verdade, o crime ocorre quando, diante

---

[66] Cuida-se de modalidade especial do delito de fraude processual (art. 347 do CP).

do excesso, o sujeito pratica a conduta para eximir-se de uma das responsabilidades mencionadas.

♦ **Omitir dados ou informações ou divulgá-los de forma incompleta para desviar o curso da investigação, diligência ou processo.** A omissão ou incompletude do dado ou informação tem como finalidade necessária embaraçar o andamento de investigação, diligência ou processo.

Sujeitos do crime. Sujeito ativo: é o agente público que praticar a conduta prevista no tipo penal (*caput* ou parágrafo único). **Sujeito passivo**: tanto o Estado quanto a pessoa que sofreu a conduta ilegal por parte do agente público.

Elemento subjetivo. Perceba que, relativamente ao art. 23, *caput* e parágrafo único, além das finalidades específicas comuns a todos os delitos (art. 1º, § 1º), houve a previsão de elementos subjetivos específicos cominados no próprio tipo penal:

♦ fim de eximir-se de responsabilidade ou de responsabilizar criminalmente alguém ou agravar-lhe a responsabilidade (*caput*);

♦ eximir-se de responsabilidade civil ou administrativa por excesso praticado no curso de diligência (parágrafo único, I);

♦ omitir dados ou informações ou divulgar dados ou informações incompletos para desviar o curso da investigação, da diligência ou do processo (parágrafo único, II).

Consumação e tentativa. O crime estará consumado quando praticado qualquer dos verbos previstos (inovar, eximir-se, omitir ou divulgar), acrescido das finalidades mencionadas. Dispensa a ocorrência do resultado naturalístico consistente no efetivo alcance dos objetivos pretendidos (crime formal). A tentativa é possível.

16.2.14 Crime do art. 24

Art. 24. Constranger, sob violência ou grave ameaça, funcionário ou empregado de instituição hospitalar pública ou privada a admitir para tratamento pessoa cujo óbito já tenha ocorrido, com o fim de alterar local ou momento de crime, prejudicando sua apuração:

Pena – detenção, de 1 (um) a 4 (quatro) anos, e multa, além da pena correspondente à violência.

Conduta típica. O tipo penal traz a conduta do agente público que constrange/obriga, mediante violência ou grave ameaça, funcionário de instituição hospitalar pública ou privada a admitir para tratamento pessoa cujo óbito já tenha ocorrido, com a finalidade de alterar local ou momento do crime (não abrange "contravenção penal"), prejudicando, assim, a sua apuração.

Cuida-se de delito muito semelhante ao do art. 23, o qual, em nosso entender, já englobaria a conduta aqui tipificada. De qualquer modo, quis o legislador tipificar de forma autônoma a conduta do art. 24.

Note que se exige a ciência por parte do agente público quanto à morte da vítima, caso contrário, pensando estar a pessoa viva, quando na verdade já faleceu, independentemente se vencível ou invencível o erro: não haverá o crime do art. 24 (o dolo é afastado e o delito não permite a punição na forma culposa – art. 20, *caput*, do CP).

Exemplo: policial que, logo após espancar um investigado em inquérito policial, leva-o em estado grave para o hospital. Contudo, no trajeto, a vítima acaba por falecer. Quando chega ao pronto atendimento, o policial, temendo ser responsabilizado criminalmente pela morte, ameaça atirar contra o médico plantonista, exigindo que ele dê entrada na internação do falecido com o objetivo de alterar o momento de ocorrência do crime.

No exemplo anterior, o agente responderá pelo delito do art. 24 em concurso com o art. 121 do CP (homicídio – considerando o dolo de matar), haja vista o teor do preceito secundário daquele, o qual estabelece pena de detenção, de um a quatro anos, e multa, *além da pena correspondente à violência* (a grave ameaça será absorvida pelo crime da Lei nº 13.869/2019).

Sujeitos do crime. Sujeito ativo: é o agente público que praticar a conduta prevista no tipo penal. **Sujeito passivo**: tanto o Estado quanto a pessoa que sofreu a conduta ilegal por parte do agente público (nesse caso, o tipo penal exige que seja funcionário ou empregado de instituição hospitalar).

Elemento subjetivo. Perceba que, no tocante ao art. 24, além das finalidades específicas comuns a todos os delitos (art. 1º, § 1º), houve a previsão de elementos subjetivos específicos cominados no próprio tipo penal, a saber: **fim de alterar local ou momento de crime, prejudicando sua apuração**.

Consumação e tentativa. O delito estará consumado quando, mediante o constrangimento do agente, **a pessoa morta for admitida para tratamento**[67]. Não é necessária a ocorrência de resultado naturalístico, consistente na efetiva alteração do local ou momento do crime. Trata-se, portanto, de crime formal e que admite a tentativa.

16.2.15 Crime do art. 25

Art. 25. Proceder à obtenção de prova, em procedimento de investigação ou fiscalização, por meio manifestamente ilícito:

Pena – detenção, de 1 (um) a 4 (quatro) anos, e multa.

Parágrafo único. Incorre na mesma pena quem faz uso de prova, em desfavor do investigado ou fiscalizado, com prévio conhecimento de sua ilicitude.

Conduta típica. O art. 25, em seu *caput*, prevê a conduta do agente público que proceder à obtenção de prova, em procedimento de investigação ou fiscalização, por meio

---

[67] Em sentido diverso, considerando que o crime estará consumado com o mero constrangimento, mediante violência ou grave ameaça: Greco e Cunha (2020, p. 225).

manifestamente ilícito[68]. Tal dispositivo explicita o direito previsto no art. 5º, LVI, da CF e art. 157 do CPP (inadmissibilidade das provas ilícitas).

Entendemos que o presente delito aplica-se tanto à fase investigativa como judicial, haja vista que nesta também há atividade investigativa (notadamente na instrução processual). Além disso, incidirá tanto na investigação de infrações penais quanto na investigação ou fiscalização de ilícitos não criminais (ex.: fiscalização tributária realizada por auditores fiscais).

Exemplo: Escrivão de polícia que, ao arrepio da lei, viola correspondência lacrada, endereçada a investigado em inquérito policial, objetivando colher informações aptas a revelar a autoria do crime. Temos aqui a ocorrência de prova ilícita, pois houve violação à garantia do sigilo da correspondência (art. 5º, XII, da CF), incidindo o policial, portanto, no crime do art. 25[69].

Figura equiparada. No parágrafo único, temos uma figura equiparada, a qual constitui crime autônomo, mas que receberá a mesma consequência penal da conduta prevista no *caput*, incorrendo na mesma pena quem:

♦ **Faz uso de prova, em desfavor do investigado ou fiscalizado, com prévio conhecimento de sua ilicitude**. Perceba que aqui o agente não agiu para obter a prova ilícita (ela já existia), mas sim fez uso, em desfavor do investigado ou fiscalizado, de prova que já sabia ilícita.

Prova ilícita *pro reu*. Aqui vale uma ressalva. Quando estudamos o tema "provas ilícitas", em processo penal, aprendemos que elas são inadmissíveis, devendo ser desentranhadas do processo (art. 157 do CPP). Essa é a regra. Contudo, a doutrina nos ensina uma exceção a essa regra, na qual a prova, mesmo ilícita, poderá ser aceita em juízo: quando for empregada para provar a inocência do réu (é a chamada prova ilícita *pro reu*). Dessa forma, o réu poderia produzir uma prova ilícita e ela seria adotada no processo, desde que com o objetivo de provar a sua inocência. Nessa situação excepcional, o agente público que fizer uso da prova ilícita admitida não cometerá o crime do art. 25, até porque não a está utilizando "em desfavor" do investigado ou fiscalizado[70].

Sujeitos do crime. **Sujeito ativo**: é o agente público que possuir competência/atribuição para praticar as condutas previstas no tipo penal (*caput* ou parágrafo único), por exemplo,

---

[68]   O termo "ilícito" abrange tanto as provas ilícitas propriamente ditas quanto as derivadas das ilícitas, desde que ingressem no dolo do agente.

[69]   Em nossa opinião, o tipo penal em questão é especial com relação aos crimes da Lei nº 6.538/1978 (crimes contra o serviço postal). Portanto, caso a violação ilegal de sigilo tenha sido cometida por "agente público", há o crime do art. 25 da Lei nº 13.869/2019. Se a violação foi perpetrada por "particular", teremos crime da nº Lei 6.538/1978.

[70]   Alertamos que, mesmo a chamada "prova ilícita *pro reu*" possui seus limites. Assim, caso o réu se utilize de atos de tortura para provar a sua inocência, essa prova ilícita será considerada absolutamente inadmissível, haja vista que, de maneira nenhuma, pode-se admitir o emprego de métodos de tortura, mesmo que estejamos diante de uma prova que inocentará o réu.

autoridade policial. **Sujeito passivo**: tanto o Estado quanto a pessoa que sofreu a conduta ilegal por parte do agente público.

Consumação e tentativa. O crime do art. 25 é formal, cuja consumação ocorrerá no momento em que a prova é **obtida** (*caput*) ou **utilizada** (parágrafo único), mesmo que não ocasione prejuízo ao investigado ou fiscalizado. A tentativa é possível.

16.2.16 Crime do art. 27

> **Art. 27.** Requisitar instauração ou instaurar procedimento investigatório de infração penal ou administrativa, em desfavor de alguém, à falta de qualquer indício da prática de crime, de ilícito funcional ou de infração administrativa:
>
> **Pena** – detenção, de 6 (seis) meses a 2 (dois) anos, e multa.
>
> **Parágrafo único.** Não há crime quando se tratar de sindicância ou investigação preliminar sumária, devidamente justificada.

Conduta típica. Estamos diante da conduta do agente público que instaura ou requisita instauração de procedimento investigatório de infração penal (ex.: inquérito policial) ou administrativa (ex.: procedimento administrativo disciplinar), em desfavor de alguém, ausente qualquer indício da prática de crime, ilícito funcional ou infração administrativa.

Como a requisição ou instauração é em desfavor de "alguém", exige-se investigado certo e determinado. Assim, se a investigação não tiver por objeto uma pessoa (autoria indeterminada), mas sim uma circunstância ou situação, não haverá o crime.

Exemplo: Delegado de Polícia que instaura inquérito policial contra determinado sujeito, seu inimigo capital, visando investigar suposto crime de tráfico de drogas cometido no condomínio em que ele mora, mas sem a presença de qualquer indício de que ele tenha concorrido para o delito, com o objetivo de prejudicá-lo na nomeação de um concurso para o qual foi recentemente aprovado. Comete o crime do art. 27.

Exclusão do crime. O parágrafo único prevê que não haverá o crime quando se tratar de sindicância ou investigação preliminar sumária, devidamente justificada. Assim, havendo qualquer indício, por menor que seja, da prática de crime, infração funcional ou administrativa, não responderá pelo delito em questão o agente público que instaurar ou requisitar o procedimento (aliás, esse será o seu dever).

Entendemos que o legislador andou mal ao tipificar as presentes condutas, haja vista que a subjetividade do que seria "à falta de qualquer indício" pode criminalizar a atividade investigativa em si, dificultando a apuração lícita de infrações. De qualquer forma, até o presente momento, ele segue válido.

Sujeitos do crime. Sujeito ativo: é o agente público que possuir competência/atribuição para praticar as condutas previstas no tipo penal, ex. autoridade policial. **Sujeito passivo**: tanto o Estado quanto a pessoa que sofreu a conduta ilegal por parte do agente público.

Consumação e tentativa. O crime estará consumado quando praticado qualquer dos verbos previstos (requisição da instauração ou instauração do procedimento), independentemente da ocorrência de efetivo prejuízo à vítima. Cuida-se de crime formal e que admite a tentativa.

Conflito aparente. O legislador, a pretexto de abarcar um grande número de condutas criminosas, acaba por ser prolixo quanto à definição de vários tipos penais da Lei (chegando a ferir o princípio da taxatividade em algumas ocasiões). Cabe então aos intérpretes a solução dos conflitos proporcionados pela não apurada técnica legislativa do Congresso Nacional. Um bom exemplo é o conflito aparente entre os delitos dos arts. 339 do CP (em regra, crime comum) e 27 e 30 da Lei nº 13.869/2019 (crimes próprios – funcionais).

O delito em tela não se confunde com o crime de **denunciação caluniosa (art. 339 do CP)**. Em resumo: neste, o agente imputa infração penal a quem sabe ser inocente; naquele, o sujeito ativo requisita ou instaura procedimento investigatório contra alguém à falta de qualquer indício da prática do ilícito (mas não há a total ciência quanto a sua inocência).

Da mesma forma, não se confunde com o delito do **art. 30 da Lei**, pois neste o sujeito ativo dá início ou procede à persecução penal, civil ou administrativa sem justa causa (lastro probatório mínimo) ou contra quem sabe ser inocente. Perceba que no art. 30 não basta "qualquer indício" para que o crime não ocorra: mesmo que haja algum indício, mas este não constitua um lastro probatório mínimo (configurando a justa causa), estará caracterizado o delito.

Por fim, **o art. 30 da Lei diferencia-se do art. 339 do CP**, pois naquele (diferentemente deste) não se exige que o início da persecução penal, civil ou administrativa derive da imputação de infração penal. Além disso, a conduta do art. 30 pode ser cometida não só contra quem sabe inocente, como também se não houver justa causa fundamentada.

16.2.17 Crime do art. 28

Art. 28. Divulgar gravação ou trecho de gravação sem relação com a prova que se pretenda produzir, expondo a intimidade ou a vida privada ou ferindo a honra ou a imagem do investigado ou acusado:

Pena – detenção, de 1 (um) a 4 (quatro) anos, e multa.

Conduta típica. O tipo penal traz a conduta do agente público que divulga gravação ou trecho de gravação sem relação com a prova que se pretenda produzir, expondo a intimidade ou a vida privada ou ferindo a honra ou a imagem do investigado ou acusado. Tal dispositivo explicita a garantia prevista no art. 5º, X, da CF (direito à intimidade).

Quanto ao conceito de "gravação", ele consiste no resultado de anterior interceptação levada a efeito, ou seja, o arquivo de mídia trazendo em si o conteúdo interceptado. Vale ressaltar ainda que o legislador não especifica qual o tipo de gravação é objeto material do delito em questão, sendo certo que, diante de tal omissão, englobará as gravações de: **comunicação telefônica em geral**; **comunicação ambiental** (sem intermédio de meio telefônico, conversa entre pessoas captada diretamente no meio ambiente). É nesse sentido o entendimento de Lima (2020, p. 167), o qual ensina ainda que a gravação necessariamente terá que ser **legal** (legítima e lícita), para fins de tipificação do delito do art. 28 (se ilegal, poderá configurar o delito do art. 10 da Lei nº 9.296/1996).

Além disso, para que tenhamos o delito do art. 28, o tipo penal exige que a conduta do sujeito ativo (AGI, 2019, p. 79-80):

- **Recaia sobre gravação ou trecho de gravação sem relação com a prova que se pretenda produzir.** Portanto, caso a gravação ou trecho guarde relação com a prova a ser produzida, não haverá o crime do art. 28 (podendo estar caracterizado o delito do art. 10 ou 10-A da Lei nº 9.296/1996, a depender da espécie de comunicação – telefônica ou ambiental).
- **Exponha a intimidade ou a vida privada ou fira a honra ou a imagem.** Se a conduta não atacar algum desses direitos constitucionalmente garantidos, não teremos o crime.
- **Tenha como destinatário o investigado (fase investigativa) ou acusado (fase judicial).** Dessa forma, se a conduta recair sobre qualquer outra pessoa que não alguma das citadas, não haverá o crime.

Sujeitos do crime. **Sujeito ativo**: é o agente público que deva assegurar a confidencialidade da gravação, por exemplo, juiz, membro do Ministério Público, autoridade policial. **Sujeito passivo**: tanto o Estado quanto a pessoa que sofreu a conduta ilegal por parte do agente público.

Consumação e tentativa. O crime estará consumado quando houver a divulgação da gravação ou trecho com a consequente exposição da intimidade, vida privada, honra ou imagem da vítima. Cuida-se de crime material e que admite a tentativa.

16.2.18 Crime do art. 29

Art. 29. Prestar informação falsa sobre procedimento judicial, policial, fiscal ou administrativo com o fim de prejudicar interesse de investigado:

Pena – detenção, de 6 (seis) meses a 2 (dois) anos, e multa.

Conduta típica. Estamos diante da conduta do agente público que presta informação falsa sobre procedimento judicial, policial, fiscal ou administrativo com a finalidade de prejudicar interesse do investigado. Perceba, portanto, que não se limita a procedimentos judiciais, englobando fiscais e até mesmo administrativos (inquérito policial, termo circunstanciado, procedimento investigatório ministerial, processo judicial etc.).

Obviamente, é necessário que o agente público tenha ciência de que a informação por ele prestada, com o objetivo de prejudicar interesse de investigado, é falsa, caso contrário, não ingressando a falsidade em seu dolo, inexiste o crime do art. 29.

Citamos um exemplo. Imagine uma situação em que uma mulher, vítima de violência doméstica e familiar por seu marido, dirige-se a uma Delegacia de Polícia e registra ocorrência policial, bem como requer a concessão de medidas protetivas de urgência. Esse requerimento é enviado ao Poder Judiciário para que o juiz decida pela sua concessão ao não. Segundo o recente art. 38-A da Lei nº 11.340/2006, a medida, caso concedida, será registrada em banco de dados próprio, permitindo a sua fiscalização pelos órgãos de segurança pública.

No entanto, imagine ainda que, semanas depois, a mesma vítima procure novamente a Delegacia de Polícia alegando o descumprimento da medida pelo agressor naquele dia, sem que estivesse com o documento que comprovasse a sua decretação pelo juiz e, no momento do atendimento, o sistema do banco de dados estava fora do ar.

Dessa forma, objetivando saber detalhes a respeito da medida protetiva (prazo, espécie, se foi realmente concedida etc.), o Delegado ligou no cartório da Vara de Violência Doméstica e Familiar contra Mulher e conversou com o técnico judiciário de plantão. O agente público, por uma incrível coincidência, é ex-marido da vítima e, sem revelar tal detalhe ao Delegado, passou a informação falsa de que a medida protetiva foi concedida e se encontrava em vigor, quando, na verdade, já havia expirado seu prazo de validade, tudo com o objetivo de prejudicar o atual marido de sua ex-mulher, o qual responderá indevidamente pelo crime do art. 24-A da Lei nº 11.340/2006 (descumprimento de medida protetiva de urgência).

Sujeitos do crime. **Sujeito ativo**: é o agente público que praticar a conduta prevista no tipo penal. **Sujeito passivo**: tanto o Estado quanto a pessoa que sofreu a conduta ilegal por parte do agente público.

Elemento subjetivo. Perceba que, com relação ao art. 29, além das finalidades específicas comuns a todos os delitos (art. 1º, § 1º), houve a previsão de elemento subjetivo específico cominado no próprio tipo penal: **a fim de prejudicar interesse de investigado**. Essa finalidade vai de encontro com duas das elencadas pelo art. 1º, § 1º, *beneficiar a si mesmo ou a terceiro*, as quais, portanto, deverão ser afastadas.

Pelo exposto, se o sujeito ativo prestar informação falsa com o objetivo de beneficiar o investigado, não será caracterizado o crime em questão, podendo-lhe ser imputado o delito do art. 319 do CP (prevaricação).

Consumação e tentativa. O crime do art. 29 é formal, cuja consumação ocorrerá quando prestada a informação falsa – e revestida de potencialidade lesiva – e ela chegar ao conhecimento da autoridade responsável, ainda que não seja efetivamente utilizada em desfavor do investigado. A tentativa é possível.

16.2.19 Crime do art. 30

Art. 30. Dar início ou proceder à persecução penal, civil ou administrativa sem justa causa fundamentada ou contra quem sabe inocente:

Pena – detenção, de 1 (um) a 4 (quatro) anos, e multa.

Conduta típica. O tipo penal traz a conduta do agente público que dá início (instaura) ou procede (continua) à persecução (fase investigativa e judicial) penal, civil ou administrativa sem justa causa fundamentada ou contra quem sabe inocente.

Note que, para a existência do delito, a conduta do agente público deve ser cometida: ou sem **justa causa fundamentada**, que nada mais é do que a presença de lastro probatório mínimo/prova da materialidade e indícios de autoria quanto ao ilícito penal, civil ou administrativo (o termo "fundamentada" indica a exigência por escrito); ou contra quem o sujeito ativo **sabe inocente** (pessoa determinada, sobre a qual não paira dúvida de sua inocência – não cabe dolo eventual).

Há quem sustente que o presente delito é inconstitucional. Nesse sentido é o teor do Enunciado nº 20 do CNPG e do GNCCRIM – ligados ao Ministério Público –, o qual afirma:

> O crime do art. 30 da Lei de Abuso de Autoridade deve ser declarado, incidentalmente, inconstitucional. Não apenas em razão da elementar "justa causa" ser expressão vaga e indeterminada, como também porque gera retrocesso na tutela dos bens jurídicos envolvidos, já protegidos pelo art. 339 do CP, punido, inclusive, com pena em dobro.

Quanto ao conflito aparente com outros delitos, consultar comentários relativos ao art. 27.

Sujeitos do crime. Sujeito ativo: é o agente público responsável por dar início ou proceder à persecução penal, civil ou administrativa, por exemplo, autoridade policial, membro do Ministério Público. **Sujeito passivo:** tanto o Estado quanto a pessoa que sofreu a conduta ilegal por parte do agente público.

Consumação e tentativa. O crime estará consumado quando praticado qualquer dos verbos previstos (no momento em que iniciar a persecução ou, tendo ciência do abuso, continuar a sua execução), independentemente de a vítima ser processada, condenada ou sofrer qualquer prejuízo efetivo. Cuida-se de crime formal e que admite a tentativa.

🧩 Decifrando a prova

(Assessor Jurídico – Codevasf – Cebraspe – 2022) Cometerá crime previsto na Lei n.º 13.869/2019 (Lei de Abuso de Autoridade) o funcionário público que iniciar persecução administrativa sem justa causa fundamentada.

( ) Certo ( ) Errado

Gabarito comentado: a questão narrou perfeitamente o delito previsto no art. 30 da Lei nº 13.869/2019. Portanto, a assertiva está certa.

16.2.20 Crime do art. 31

> **Art. 31.** Estender injustificadamente a investigação, procrastinando-a em prejuízo do investigado ou fiscalizado:
>
> **Pena** – detenção, de 6 (seis) meses a 2 (dois) anos, e multa.
>
> **Parágrafo único.** Incorre na mesma pena quem, inexistindo prazo para execução ou conclusão de procedimento, o estende de forma imotivada, procrastinando-o em prejuízo do investigado ou do fiscalizado.

Conduta típica. O art. 31, em seu *caput*, prevê a conduta do agente público que estende **injustificadamente** a investigação, procrastinando-a em prejuízo do investigado ou fiscalizado. Note que o art. 31 não se restringe às investigações de infrações penais, abarcando também as administrativas, desde que haja uma extensão injustificada em prejuízo do investigado ou fiscalizado.

Entendemos que os termos "investigação" (*caput*) e "procedimento" (parágrafo único) indicam que o delito se restringe à fase investigativa criminal ou administrativa (não englobando a judicial).

Por sua vez, a compreensão da expressão "estender injustificadamente", ou seja, a partir de quantos dias, meses ou anos e ainda de que forma estará caracterizada uma extensão injustificada, é um elemento normativo a ser esclarecido pelo intérprete. Segundo orientação contida no Enunciado nº 21 do CNPG e do GNCCRIM – ligados ao Ministério Público:

> A elementar "injustificadamente" deve ser interpretada no sentido de que o excesso de prazo na instrução do procedimento investigatório não resultará de simples operação aritmética, impondo-se considerar a complexidade do feito, atos procrastinatórios não atribuíveis ao presidente da investigação e ao número de pessoas envolvidas na apuração. Todos fatores que, analisados em conjunto ou separadamente, indicam ser, ou não, razoável o prazo para o seu encerramento.

Portanto, não é qualquer extensão da investigação que será apta a configurar o delito; é necessário que ela seja injustificada (nos termos anteriormente apresentados) e com dolo de prejudicar o investigado ou fiscalizado.

Saiba ainda que o tipo penal explicita o direito previsto no art. 5º, LXXVIII, da CF (razoável duração do processo), o qual garante uma limitação temporal ao processo, administrativo ou judicial, não podendo perdurar eternamente.

Figura equiparada. No parágrafo único, temos uma figura equiparada, a qual constitui crime autônomo, mas que receberá a mesma consequência penal da conduta prevista no *caput*, incorrendo na mesma pena quem:

- ♦ **Inexistindo prazo para execução ou conclusão de procedimento, estende-o de forma imotivada[71], procrastinando-o em prejuízo do investigado ou fiscalizado.**

---

[71] Quanto ao entendimento da expressão "imotivada", vale o mesmo ensinamento exposto para o "estender injustificadamente".

Portanto, mesmo que não haja prazo determinado para execução/conclusão do procedimento, é possível a ocorrência do crime.

Sujeitos do crime. Sujeito ativo: é o agente público que possuir competência/atribuição para praticar as condutas previstas no tipo penal (*caput* ou parágrafo único), mais especificamente a quem couber a condução da investigação, por exemplo, delegado. **Sujeito passivo**: tanto o Estado quanto a pessoa que sofreu a conduta ilegal por parte do agente público.

Modalidades comissiva e omissiva. O delito, como um todo, poderá ser cometido tanto na modalidade comissiva (ex.: Delegado que realiza diligências protelatórias) como na omissiva (ex.: Delegado que não dá o devido andamento à investigação, deixando-a inerte)[72].

Consumação e tentativa. O crime do art. 31 (*caput* e parágrafo único) é material, cuja consumação ocorrerá quando houver a extensão injustificada ou imotivada do procedimento investigatório, ocasionando a procrastinação indevida. A tentativa é possível na modalidade comissiva, embora seja de difícil visualização prática.

16.2.21 Crime do art. 32

> **Art. 32.** Negar ao interessado, seu defensor ou advogado acesso aos autos de investigação preliminar, ao termo circunstanciado, ao inquérito ou a qualquer outro procedimento investigatório de infração penal, civil ou administrativa, assim como impedir a obtenção de cópias, ressalvado o acesso a peças relativas a diligências em curso, ou que indiquem a realização de diligências futuras, cujo sigilo seja imprescindível:
>
> **Pena** – detenção, de 6 (seis) meses a 2 (dois) anos, e multa.

Conduta típica. Estamos diante da conduta do agente público que **nega** ao interessado ou seu defensor **acesso aos autos**, ou **obtenção de suas cópias**, de investigação preliminar, termo circunstanciado, inquérito ou qualquer outro procedimento investigatório de **infração penal, civil ou administrativa**, ressalvado o acesso a peças relativas a diligências em curso, ou que indiquem a realização de diligências futuras, cujo sigilo seja imprescindível.

Entendemos que a expressão "qualquer outro procedimento investigatório", empregada pelo legislador, indica que o delito se restringe à fase investigativa criminal, civil ou administrativa (não englobando processos judiciais).

O tipo penal se baseia no conteúdo da Súmula Vinculante nº 14 do STF[73] – indo até além, pois engloba as infrações civis e administrativas (não se limitando a infrações penais) –, bem como no art. 7º, XIV, da Lei nº 8.906/1994 (Estatuto da OAB)[74]. É feita a ressalva de

---

[72] Nesse sentido: Greco e Cunha (2020, p. 272).

[73] "É direito do defensor, no interesse do representado, ter acesso amplo aos elementos de prova que, já documentados em procedimento investigatório realizado por órgão com competência de polícia judiciária, digam respeito ao exercício do direito de defesa".

[74] "São direitos do advogado: XIV – examinar, em qualquer instituição responsável por conduzir investigação, mesmo sem procuração, autos de flagrante e de investigações de qualquer natureza,

que é lícita (não configurando crime) a negativa de acesso ao interessado ou seu defensor no caso de diligências em andamento ou futuras, que exijam sigilo sob pena de ser esvaziada a medida probatória[75].

Exemplo: A polícia está realizando uma interceptação telefônica no aparelho celular de um investigado em inquérito policial. O advogado dele vai à delegacia com o objetivo de tirar cópia do inquérito policial e questiona se todas as diligências estão presentes nos autos. É certo que o Delegado não mencionará nada a respeito da interceptação em curso, sob o risco de a medida ser totalmente prejudicada, não configurando crime do art. 32 tal negativa.

Sujeitos do crime. Sujeito ativo: é o agente público responsável pela direção de qualquer dos procedimentos citados no tipo penal, por exemplo, autoridade policial. **Sujeito passivo**: tanto o Estado quanto a pessoa que sofreu a conduta ilegal por parte do agente público.

Consumação e tentativa. O crime do art. 32 é formal, cuja consumação ocorrerá quando a negativa de acesso ou de obtenção de cópias chega ao conhecimento do interessado ou seu defensor. A tentativa é possível.

Decifrando a prova

(Inédita) Pratica crime de abuso de autoridade o delegado de polícia que negar a advogado acesso aos autos de inquérito ou a qualquer outro procedimento investigatório de infração penal, estando configurado o crime mesmo no caso de negação ao acesso de diligências futuras, cujo sigilo seja imprescindível.

( ) Certo ( ) Errado

Gabarito comentado: se a negativa de acesso disser respeito a diligências futuras, cujo sigilo seja imprescindível, conforme prescrito no art. 32, não haverá crime algum (negativa lícita). Portanto, a assertiva está errada.

16.2.22 Crime do art. 33

Art. 33. Exigir informação ou cumprimento de obrigação, inclusive o dever de fazer ou de não fazer, sem expresso amparo legal:

Pena – detenção, de 6 (seis) meses a 2 (dois) anos, e multa.

Parágrafo único. Incorre na mesma pena quem se utiliza de cargo ou função pública ou invoca a condição de agente público para se eximir de obrigação legal ou para obter vantagem ou privilégio indevido.

---

findos ou em andamento, ainda que conclusos à autoridade, podendo copiar peças e tomar apontamentos, em meio físico ou digital."

[75] Nesse mesmo sentido é o teor do art. 7º, § 11, da Lei nº 8.906/1994.

Conduta típica. O art. 33, inicialmente, pune o agente público que exige informação ou cumprimento de obrigação (inclusive o dever de fazer ou não fazer), sem **expresso** amparo legal.

O dispositivo explicita direito previsto no art. 5º, II, da CF (autonomia da vontade/ legalidade), pelo qual ninguém será obrigado a fazer ou deixar de fazer alguma coisa senão em virtude de lei.

O presente tipo penal não se confunde com o crime de constrangimento ilegal (art. 146 do CP), pois, no caso do art. 33 da Lei nº 13.869/2019, além de não ser necessária a existência de violência ou grave ameaça, temos crime próprio. Pelos mesmos motivos – além do fato de o art. 33 não se limitar à vantagem econômica – diferencia-se do delito de extorsão previsto no art. 158 do CP.

Figura equiparada. No parágrafo único, temos uma figura equiparada, a qual constitui crime autônomo, mas que receberá a mesma consequência penal da conduta prevista no *caput*, incorrendo na mesma pena quem:

- ◆ **Utiliza-se de cargo ou função pública ou invoca a condição de agente público para se eximir de obrigação legal ou para obter vantagem ou privilégio indevido**. Enquanto no *caput* o agente público exige o cumprimento de obrigação ou informação sem fundamento na lei, no parágrafo único ele fará uso de seu cargo ou função para se eximir de uma obrigação prevista na lei ou obter vantagem indevida. Entendemos que a vantagem indevida pode ser de qualquer espécie (não necessariamente patrimonial).

  Exemplo: Policial que vai a uma boate e, na bilheteria, invoca a sua função pública para conseguir adentrar no estabelecimento de forma gratuita. Comete o crime do art. 33, parágrafo único.

Sujeitos do crime. **Sujeito ativo**: é o agente público que praticar a conduta prevista no tipo penal (*caput* ou parágrafo único). **Sujeito passivo**: tanto o Estado quanto a pessoa que sofreu a conduta ilegal por parte do agente público.

Conflito aparente – crime de corrupção passiva e concussão. Para além dos conflitos aparentes já analisados (constrangimento ilegal e extorsão), a falta de técnica legislativa que permeia toda a Lei nº 13.869/2019 faz surgirem outras situações que merecem o nosso estudo. Vejamos.

O crime em questão não se confunde com o delito do art. 317 do CP (corrupção passiva). De semelhante ambos possuem como característica serem praticados por agentes públicos, os quais, utilizando-se de sua função, pretendem obter vantagens indevidas. No entanto, se para conseguir a vantagem indevida o agente público apenas invoca a sua função ou cargo (como no exemplo da "carteirada"), o crime é o do art. 33, parágrafo único. Agora, caso o sujeito ativo, ao solicitar a vantagem, comprometa-se a realizar uma contraprestação à vítima, estará caracterizado o delito do art. 317 do CP[76]. Nesse sentido é a orientação do Enunciado nº 22 do CNPG e do GNCCRIM – ligados ao Ministério Público:

---

[76] São também as lições de Lima (2020, p. 182-183).

Quem se utiliza de cargo ou função pública ou invoca a condição de agente público para se eximir de obrigação legal ou para obter vantagem ou privilégio indevido pratica abuso de autoridade (art. 33, parágrafo único) se o comportamento não estiver atrelado à finalidade de contraprestação do agente ou autoridade. Caso contrário, outro será o crime, como corrupção passiva (art. 317 do CP).

Pelos mesmos argumentos, não se confunde com a concussão (art. 316 do CP), possuindo a distinção extra de que no delito do art. 316 do CP o verbo "exigir" denota uma ameaça (que crê ser efetiva em razão dos poderes oriundos da função pública), enquanto o delito do art. 33, parágrafo único – a nosso sentir –, amolda-se mais a uma solicitação da vantagem indevida (a qual, sem a roupagem de ameaça, espera obter êxito apenas em razão da função ocupada pelo agente público).

Elemento subjetivo. Perceba que, com relação ao art. 33, parágrafo único, além das finalidades específicas comuns a todos os delitos (art. 1º, § 1º), houve a previsão de elemento subjetivo específico cominado no próprio tipo penal: **para se eximir de obrigação legal ou para obter vantagem ou privilégio indevido**. Diante disso, a situação na qual o agente público recebe um presente da comunidade onde exerce as suas atividades, sem qualquer iniciativa de sua parte quanto a esse ato, não caracterizará o delito em questão.

Consumação e tentativa. O crime do art. 33, como um todo, é formal. No caso do *caput*, a consumação ocorrerá no momento da exigência por parte do agente público, ainda que efetivamente não obtenha a informação ou cumprimento da obrigação pela vítima. No tocante ao **parágrafo único**, o delito será consumado no instante da utilização/invocação da condição de agente público, independentemente de ter conseguido eximir-se de obrigação legal ou ter alcançado vantagem indevida. A tentativa, nas duas figuras, é possível (em especial na modalidade escrita).

16.2.23 Crime do art. 36

Art. 36. Decretar, em processo judicial, a indisponibilidade de ativos financeiros em quantia que extrapole exacerbadamente o valor estimado para a satisfação da dívida da parte e, ante a demonstração, pela parte, da excessividade da medida, deixar de corrigi-la:

Pena – detenção, de 1 (um) a 4 (quatro) anos, e multa.

Conduta típica. Note que o tipo penal traz uma dupla exigência para sua caracterização, consistente na conduta do agente público que decreta, em processo judicial: **a indisponibilidade de ativos financeiros em quantia que extrapole exacerbadamente[77] o valor estimado para a satisfação da dívida da parte + ante a demonstração, pela parte, da excessividade da medida, deixar de corrigi-la.**

---

[77] O entendimento do que seria uma "extrapolação exacerbada" do valor é um elemento normativo a ser esclarecido pelo intérprete.

Portanto, exige-se a decretação, em processo judicial, da indisponibilidade de bens em quantia que extrapole muito a estimativa para que a dívida seja quitada, e, diante da demonstração (que é necessária) pela parte prejudicada da excessividade da medida, o sujeito ativo deixa de corrigi-la, mantendo-a.

Se o sujeito ativo, ao analisar a demonstração da parte, revoga a indisponibilidade, consertando o erro cometido anteriormente, não há crime.

Também não haverá crime se, mesmo sendo decretada a indisponibilidade em quantia exacerbada, a parte não demonstrar a excessividade da medida.

Sujeitos do crime. Sujeito ativo: Não é qualquer agente público que poderá praticar o crime em questão, mas apenas autoridade judiciária (juiz, desembargador, ministro). **Sujeito passivo**: tanto o Estado quanto a pessoa que sofreu a conduta ilegal por parte do agente público.

Modalidades comissiva e omissiva. O crime do art. 36 contempla conduta que exigirá uma ação (decretar) seguida de necessária omissão (deixar de corrigir) por parte do sujeito ativo. É o chamado crime de conduta mista.

Esta também é a orientação contida no Enunciado nº 23 do CNPG e do GNCCRIM – ligados ao Ministério Público: "O delito do art. 36 da Lei de Abuso de Autoridade (abusiva indisponibilidade de ativos financeiros) pressupõe, objetivamente, uma ação (decretar) seguida de uma omissão (deixar de corrigir)".

Consumação e tentativa. O crime do art. 36 é de mera conduta, cuja consumação ocorrerá quando o magistrado, após a decretação da indisponibilidade e alertado pela parte acerca da excessividade da medida, deixa de corrigi-la. A tentativa não é possível, em virtude da omissão que integra a conduta.

🧩 Decifrando a prova

(Inédita) É crime de abuso de autoridade decretar, em processo judicial, a indisponibilidade de ativos financeiros em quantia que extrapole exacerbadamente o valor estimado para a satisfação da dívida da parte e, ante a demonstração, pela parte, da excessividade da medida, deixar de corrigi-la.

( ) Certo ( ) Errado

Gabarito comentado: esse é o teor do art. 36 da Lei. Portanto, a assertiva está certa.

16.2.24 Crime do art. 37

Art. 37. Demorar demasiada e injustificadamente no exame de processo de que tenha requerido vista em órgão colegiado, com o intuito de procrastinar seu andamento ou retardar o julgamento:

Pena – detenção, de 6 (seis) meses a 2 (dois) anos, e multa.

Conduta típica. O tipo penal traz a conduta do agente público que demora demasiada e injustificadamente[78] no exame de processo de que tenha requerido vista em órgão colegiado, com o intuito de procrastinar seu andamento ou retardar o julgamento.

O pedido de vista de um processo ocorre, geralmente, quando os elementos já produzidos são insuficientes para o magistrado formar o seu convencimento e, por essa razão, precisa de um prazo maior para, analisando cuidadosamente os autos, elaborar sua decisão de maneira justa e bem fundamentada.

Contudo, embora salutar, em algumas ocasiões esses pedidos de vista atrasam demasiadamente o andamento processual, podendo gerar danos irreversíveis (ex.: prescrição). Nesse sentido foi editado o presente delito, o qual exigirá uma demora considerável e injustificada no exame de processo constante em órgão colegiado[79] pelo sujeito ativo e, ainda, que essa conduta tenha por finalidade procrastinar seu andamento ou retardar o julgamento.

Sujeitos do crime. Sujeito ativo: Não é qualquer agente público que poderá incidir no delito em questão, mas apenas aquele que integre ou atue em órgão colegiado, por exemplo, desembargador, ministro, membro do Ministério Público. **Sujeito passivo**: tanto o Estado quanto a pessoa que sofreu a conduta ilegal por parte do agente público.

Modalidade omissiva. O crime do art. 37 reclama conduta **omissiva** por parte do sujeito ativo (demora injustificada e demasiada). Excepcionalmente aqui não há modalidade comissiva do delito.

Elemento subjetivo. Perceba que, com relação ao art. 37, além das finalidades específicas comuns a todos os delitos (art. 1º, § 1º), houve a previsão de elemento subjetivo específico cominado no próprio tipo penal: **intuito de procrastinar seu andamento ou retardar o julgamento (do processo).**

Consumação e tentativa. O crime do art. 37 é de mera conduta, o qual estará consumado quando o sujeito ativo, após vista do processo, gerar uma demora demasiada e injustificada (a qual, segundo a doutrina, é de difícil constatação prática). Por ser crime omissivo próprio, não cabe tentativa.

Cuida-se ainda de crime permanente, o qual estará ocorrendo enquanto o processo permanecer em poder do sujeito ativo (após a constatação da demora demasiada e injustificada).

16.2.25 Crime do art. 38

Art. 38. Antecipar o responsável pelas investigações, por meio de comunicação, inclusive rede social, atribuição de culpa, antes de concluídas as apurações e formalizada a acusação:

Pena – detenção, de 6 (seis) meses a 2 (dois) anos, e multa.

---

[78] O entendimento do que seria uma demora "demasiada e injustificada" é um elemento normativo a ser esclarecido pelo intérprete.

[79] O crime não se restringe a processos judiciais contidos em órgãos colegiados (ex.: TJ, STJ, STF), mas engloba também processos administrativos, desde que submetidos a órgãos colegiados (ex.: TCU). Se a demora se referir a processo em andamento perante juízo singular, não haverá o crime.

Conduta típica. Estamos diante da conduta do agente público, responsável pelas investigações[80], que antecipa, por meio de comunicação, inclusive rede social, atribuição de culpa, antes de concluídas as apurações (investigações) **e** formalizada a acusação (oferecimento da peça acusatória).

Pela leitura do dispositivo podemos inferir que, caso já tenham sido concluídas as apurações **e** formalizada a acusação, não há crime na atribuição de culpa. No mesmo sentido, exige-se que a antecipação na atribuição de culpa se dê por meio de comunicação, inclusive rede social (crime de forma vinculada).

Lima (2021, p. 198) acrescenta:

> (...) não haverá crime se a conduta for praticada no âmbito de uma conversa privada, por exemplo (*v.g.*, conversa particular via WhatsApp). A comunicação é o processo de informação que se realiza entre os comunicadores e a audiência, heterogênea e anônima, por meio de instrumentos que são os meios de comunicação.

É certo que o tipo penal não proíbe a concessão de entrevistas pelas autoridades, mas veda que, por esse ou outro meio de comunicação, antecipe a atribuição de culpa.

Exemplo: Delegado de Polícia, no curso de um inquérito policial e sem que ainda tenha havido indiciamento de qualquer suspeito, convoca as redes de televisão do Município para uma coletiva e aponta aquele que, na sua opinião, é o autor do crime investigado. Comete o crime do art. 38.

Apesar da redação confusa do delito em questão, certamente o indiciamento realizado pelo Delegado em sede de inquérito policial não configura o crime do art. 38 – até porque há norma que autoriza o emprego desse instrumento (art. 2º, § 6º, da Lei nº 12.830/2013)[81].

Sujeitos do crime. **Sujeito ativo**: é o agente público responsável por investigações, por exemplo, autoridade policial, membro do Ministério Público. **Sujeito passivo**: tanto o Estado quanto a pessoa que sofreu a conduta ilegal por parte do agente público.

Consumação e tentativa. O crime do art. 38 é de mera conduta, cuja consumação ocorrerá no momento em que, por meio de comunicação, é antecipada a atribuição de culpa (antes de concluídas as apurações e formalizada a acusação). A tentativa é possível (em especial na forma escrita).

⟐ Decifrando a prova

(Delegado de Polícia Federal – CEBRASPE – 2022) A antecipação, por delegado da Polícia Federal, por meio de rede social, da atribuição de culpa, antes de concluídas as apurações e formalizada a acusação, caracteriza crime previsto na Lei de Abuso de Autoridade.

---

[80] Como o tipo penal não restringe, aplica-se não só a investigações criminais, como também a administrativas.

[81] Nesse sentido: Lima (2020, p. 192).

> ( ) Certo ( ) Errado
> **Gabarito comentado:** a questão narrou perfeitamente o delito previsto no art. 38 da Lei nº 13.869/2019. Portanto, a assertiva está certa.

16.3 DISPOSIÇÕES FINAIS – ARTS. 40 A 45

Os arts. 40 a 44 da Lei tratam de modificar ou revogar dispositivos de outros diplomas normativos, a saber:

Alterações: Lei nº 7.960/1989 (prisão temporária); **Lei nº 9.296/1996** (interceptação telefônica); **Lei nº 8.069/1990** (Estatuto da Criança e do Adolescente); **Lei nº 8.906/1994** (Estatuto da OAB).

Revogações: Lei nº 4.898/1965 (antiga Lei de Abuso de Autoridade); § 2º do art. 150 do CP (causa de aumento de crime de violação de domicílio); **art. 350 do CP** (crime de exercício arbitrário ou abuso de poder).

Portanto, por não ser o foco da Lei nº 13.869/2019, recomendamos que tais alterações e revogações sejam analisadas no estudo referente a cada uma das normas citadas.

Referências

AGI, Samer. *Comentários à nova Lei de Abuso de Autoridade (Lei nº 13.869/2019)*. Brasília: CP Iuris, 2019.

ALVES, Jamil Chaim. *Manual de direito penal*: parte geral e especial. Salvador: JusPodivm, 2020.

ANDRADE, Anezio; MEDEIROS, Diogo. *Criminologia decifrada*. 2. ed. São Paulo: Método, 2022.

ANDREUCCI, Ricardo Antonio. *Legislação penal especial*. 14. ed. São Paulo: Saraiva, 2019.

ARRUDA, Samuel Miranda. *Drogas*: aspectos penais e processuais penais: Lei nº 11.343/06. São Paulo: Método, 2007.

AVENA, Norberto. *Processo penal*. 12. ed. Rio de Janeiro: Forense; São Paulo: Método, 2020.

BALTAZAR JR., José Paulo; GONÇALVES, Victor Eduardo Rios; LENZA, Pedro. *Legislação penal especial*: esquematizado. 6. ed. São Paulo: Saraiva, 2020. (Edição do Kindle).

BITENCOURT, Cezar Roberto. *Tratado de direito penal 1*: parte geral. 26. ed. São Paulo: Saraiva, 2020.

BORGES DE MENDONÇA, Andrey; GALVÃO DE CARVALHO, Paulo Roberto. *Lei de drogas*. São Paulo: Método, 2006.

CAPEZ, Fernando. *Legislação penal especial*. 7. ed. São Paulo: Saraiva, 2012. (Curso de Direito Penal, 4).

CARDOSO, Francisco de Assis Machado. Lavagem de dinheiro – Lei nº 9.613/1998. *In*: CUNHA, Rogerio Sanches; PINTO, Ronaldo Batista; SOUZA, Renee do Ó. *Leis penais especiais comentadas*. 3. ed. Salvador: JusPodivm, 2020.

CASTRO, Henrique Hoffmann Monteiro de. Delegado pode e deve aplicar excludentes de ilicitude e culpabilidade. *Revista Consultor Jurídico*, set. 2016. Disponível em: https://www.conjur.com.br/2016-set-06/academia-policia-delegado--aplicar-excludentes-ilicitude-culpabilidade#_ftn8. Acesso em: 22 dez. 2021.

CASTRO, Henrique Hoffmann Monteiro de. Missão da Polícia Judiciária é buscar a verdade e garantir direitos fundamentais. *Revista Consultor Jurídico*, jul. 2015. Disponível em:

http://www.conjur.com.br/2015-jul-14/academia-policia-mis-sao-policia-judiciaria-
-buscar-verdade-garantir-direitos-fundamentais. Acesso em: 19 dez. 2021

CAVALCANTE, Márcio André Lopes. Comentários à infiltração de agentes de polícia na internet para investigar crimes contra a dignidade sexual de criança e de adolescente. *Buscador Dizer o Direito*, 2017a. Disponível em: https://www.dizerodireito.com.br/2017/05/comentarios-infiltracao-de-agentes-de.html#:~:text=Ol%C3%A1%20 amigos%20do%20Dizer%20o%20Direito%2C&text=Trata%2Dse%20da%20Lei%20 n%-C2%BA,de%20crian%C3%A7a%20e%20de%20adolescente. Acesso em: 09 out. 2020.

CAVALVANTE, Márcio André Lopes. Investigação criminal conduzida por delegado de polícia (Lei 12.830/13). *In*: ALMEIDA, Luis Carlos (org.). *Garantias institucionais do delegado de polícia e o exercício da soberania estatal.* São Paulo: Letras Jurídicas, 2017b.

CAVALCANTE, Márcio André Lopes. Competência para julgar o delito do art. 241- A do ECA praticado por meio de WhatsApp ou chat do Facebook: Justiça Estadual. *Buscador Dizer o Direito*, Manaus, 2020. Disponível em: https://www.buscadordizerodireito.com.br/jurisprudencia/detalhes/79a3308b13cd31f096d8a4a34f96b66b. Acesso em: 29 set. 2020.

CAVALCANTE, Márcio André Lopes. Não configura o crime de lavagem a conduta do agente que esconde as notas de dinheiro recebido como propina nos bolsos do paletó, na cintura e dentro das meias. *Buscador Dizer o Direito*, Manaus, 2020. Disponível em: https://www.buscadordizerodireito.com.br/jurisprudencia/detalhes/4cf0ed8641c- fcb-bf46784e620a0316fb. Acesso em: 30 out. 2020.

CAVALCANTE, Márcio André Lopes. O delito do art. 240 do ECA é classificado como crime formal, comum, de subjetividade passiva própria, consistente em tipo misto alternativo. *Buscador Dizer o Direito*, Manaus, 2020. Disponível em: https://www.bus-cador-dizerodireito.com.br/jurisprudencia/detalhes/02ed812220b0705fabb868ddbf17ea20. Acesso em: 27 set. 2020.

CAVALCANTE, Márcio André Lopes. Para fins do art. 33, § 4º, da Lei de Drogas, milita em favor do réu a presunção de que ele é primário, possui bons antecedentes e não se dedica a atividades criminosas nem integra organização criminosa; o ônus de provar o contrário é do Ministério Público. *Buscador Dizer o Direito*, Manaus, 2022. Disponível em: https://www.buscadordizerodireito.com.br/jurisprudencia/detalhes/383beaea4aa-57dd8202dbff464fee3af. Acesso em: 5 jan. 2022.

CAVALCANTE, Márcio André Lopes. Possibilidade de configuração dos crimes dos arts. 240 e 241-B do ECA mesmo que as vítimas estivessem vestidas. *Buscador Dizer o Direito*, Manaus, 2020. Disponível em: https://www.buscadordizerodireito.com.br/jurisprudencia/detalhes/1baff70e2669e8376347efd3a874a341. Acesso em: 27 set. 2020.

CAVALCANTE, Márcio André Lopes. É inconstitucional a previsão legal que determina o afastamento do servidor público pelo simples fato de ele ter sido indiciado pela prática de crime. *Buscador Dizer o Direito*, Manaus, 2021. Disponível em: https://www.buscadordizerodireito.com.br/jurisprudencia/detalhes/22cdb13a83f73ccd1f79ffaf607b0621. Acesso em: 10 dez. 2021.

CAVALCANTE, Márcio André Lopes. Súmula 74-STJ. *Buscador Dizer o Direito*, Manaus, 2020. Disponível em: https://www.buscadordizerodireito.com.br/jurisprudencia/ detalhes/d15426b9c324676610fbb01360473ed8. Acesso em: 4 out. 2020.

CAVALCANTE, Marcio André Lopes. *Vade Mecum de jurisprudência*: dizer o direito. 8. ed. Salvador: JusPodivm, 2020.

CEBETTE, Eduardo. Arts. 136. do CP e 232. do Estatuto da Criança e do Adolescente – conflito aparente de normas. *JusBrasil*, 2012. Disponível em: https://eduardocabette. jusbrasil.com.br/artigos/121937297/artigos-136-do-codigo-penal-e-232-do-estatuto--da-crianca-e-do-adolescente-conflito-aparente-de-normas. Acesso em: 20 set. 2020.

CABETTE, Eduardo Luiz Santos. Poder requisitório do delegado de polícia e sua abrangência no atual cenário normativo. *JusBrasil*, 2014. Disponível em: https://eduardocabette. jusbrasil.com.br/artigos/140301765/poder-requisitorio-do-delegado-de-policia-e-sua--abrangencia-no-atual-cenario-normativo. Acesso em: 19 dez. 2021.

CABETTE, Eduardo Luiz Santos. Uma análise sobre a coerência da jurisprudência do STJ quando ao tema do indiciamento intempestivo. *JusBrasil*, 2016. Disponível em: https:// eduardocabette.jusbrasil.com.br/artigos/422264815/uma-analise-sobre-a-coerencia--da-jurisprudencia-do-stj-quanto-ao-tema-do-indiciamento-intempestivo. Acesso em: 8 dez. 2021.

CARDOSO, Francisco de Assis Machado. Lavagem de Dinheiro – Lei nº 9.613/1998. *In*: CUNHA, Rogerio Sanches; PINTO, Ronaldo Batista; SOUZA, Renee do Ó. *Leis penais especiais comentadas*. 3. ed. Salvador: JusPodivm, 2020.

CORREIA, Martina. *Direito penal em tabelas*. Salvador: JusPodivm, 2017.

CUNHA, Rogerio Sanches; PINTO, Ronaldo Batista; SOUZA, Renee do Ó. *Leis penais especiais comentadas*. 3. ed. Salvador: JusPodivm, 2020.

FIGUEIRA JÚNIOR, Joel Dias; TOURINHO NETO, Fernando da Costa. *Juizados Especiais Estaduais Cíveis e Criminais*: comentários à Lei nº 9.099/95. 8. ed. São Paulo: Saraiva, 2017.

FOLTRAN, Juliana Boldeke. O tráfico infantil nas sombras da adoção internacional. *In*: SCAMPINI, Stella Fátima (org.). *Tráfico de pessoas*. Coletânea de artigos. Brasília, MPF: 2017. v. 2. Disponível em: http://www. mpf.mp.br/atuacao-tematica/ccr2/publicacoes/ coletaneas-de-artigos/003_17_coletanea_de_artigos_trafico_de_pessoas.pdf. Acesso em: 26 set. 2020.

FORTES, Casé. *Todos contra a pedofilia*. Belo Horizonte: Arraes Editores, 2015.

GARCIA, Thiago. *Tudo o que você precisa saber sobre*: Delegado de Polícia, Lei Maria da Penha e Princípio da Insignificância. São Paulo: Rideel, 2019.

GILABERTE, Bruno. Crime de violência institucional. Art. 15-A da Lei nº 13.869/2019. *JusBrasil*, 2022. Disponível em: https://profbrunogilaberte.jusbrasil.com.br/artigos/1466584254/crime-de-violencia-institucional. Acesso em: 14 out. 2022.

GOLDFINGER, Fábio Ianni. *In*: CUNHA, Rogerio Sanches; PINTO, Ronaldo Batista; SOUZA, Renee do Ó. *Leis penais especiais comentadas*. 3. ed. Salvador: JusPodivm, 2020.

GRECO, Rogério; CUNHA, Rogério Sanches. *Abuso de autoridade*: Lei 13.869/2019 comentada artigo por artigo. Salvador: JusPodivm, 2020.

HABIB, Gabriel. *Leis penais especiais*. 9. ed. Salvador: JusPodivm, 2017. volume *único*.

HABIB, Gabriel. *Leis penais especiais* 10. ed. Salvador: JusPodivm, 2018. volume *único*.

HABIB, Gabriel. *Leis penais especiais*. 11. ed. Salvador: JusPodivm, 2019. volume único.

JESUS, Damásio Evangelista de. *Crimes de trânsito*. 3. ed. São Paulo: Saraiva, 1999.

KREBS, Pedro. Responsabilidade penal das pessoas jurídicas de direito público interno. *Boletim do Instituto Brasileiro de Ciências Criminais*, São Paulo, n. 88, mar. 2000.

KURKOWSKI, Rafael Schwez. Criança e adolescente – Lei nº 8.069/90. *In*: CUNHA, Rogerio Sanches; PINTO, Ronaldo Batista; SOUZA, Renee do Ó. *Leis penais especiais comentadas*. 3. ed. Salvador: JusPodivm, 2020.

LESSA, Marcelo de Lima; MORAES, Rafael Francisco Marcondes de; SAYEG, Ronaldo Augusto Comar Marão. A independência funcional do delegado e a polícia judiciária do Estado. *Consultor Jurídico*, 16 dez. 2020. Disponível em: https://www.conjur.com.br/2020-dez-16/opiniao-independencia-delegado-policia-judiciaria. Acesso em: 7 dez. 2021.

LIMA, Renato Brasileiro de. *Legislação criminal especial comentada*. 4. ed. rev., atual. e ampl. Salvador: JusPodivm, 2016. volume único.

LIMA, Renato Brasileiro de. *Legislação criminal especial comentada*. 8. ed. Salvador: JusPodivm, 2020.

LIMA, Renato Brasileiro de. *Legislação criminal especial comentada*. 9. ed. Salvador: JusPodivm, 2021.

LIMA, Renato Brasileiro de. *Legislação criminal especial comentada*. 10. ed. Salvador: JusPodivm, 2022.

LIMA, Renato Brasileiro de. *Nova lei de abuso de autoridade*. Salvador: JusPodivm, 2020.

MACHADO, Leonardo Marcondes. Sobre requisições e requerimentos no inquérito policial: uma revisão necessária. *Consultor Jurídico*, 13 nov. 2018. Disponível em: https://www.conjur.com.br/2018-nov-13/academia-policia-requisicoes-requerimentos-inquerito-revisao-nec-essaria. Acesso em: 14 dez. 2021.

MAIA, Rodolfo Tigre. *Lavagem de dinheiro*: lavagem de ativos provenientes de crime. Anotações às disposições criminais da Lei 9.613/98. São Paulo: Malheiros, 2004.

MASSON, Cleber. *Código Penal comentado*. 8. ed. São Paulo: Método, 2020.

MASSON, Cleber. *Direito penal*: parte geral. 13. ed. Rio de Janeiro: Forense; São Paulo: Método, 2019.

MASSON, Cleber; MARÇAL, Vinicius. *Crime organizado*. 5. ed. Rio de Janeiro: Forense; São Paulo: Método, 2020.

MENDRONI, Marcelo Batlouni. *Crime de lavagem de dinheiro*. 4. ed. São Paulo: Atlas, 2018.

MORAES, Rafael Francisco Marcondes de. *Prisão em flagrante delito constitucional*. Salvador: JusPodivm, 2018.

NUCCI, Guilherme de Souza. *Leis penais e processuais comentadas*. 6. ed. São Paulo: RT, 2012. v. 1.

NUCCI, Guilherme de Souza. *Organização criminosa*. 4. ed. Rio de Janeiro: Forense, 2019.

NUCCI, Guilherme de Souza. *Leis penais e processuais penais comentadas*. 13. ed. Rio de Janeiro: Forense, 2020. v. 2.

PORTOCARRERO, Claudia Barros; FERREIRA, Wilson Luiz Palermo. *Leis penais extravagantes*. 5. ed. Salvador: JusPodivm, 2020.

PRADO, Luiz Regis. *Curso de direito penal brasileiro*. 17. ed. Rio de Janeiro: Forense, 2019a.

PRADO, Luiz Regis. *Direito penal do ambiente*: crimes ambientais (Lei nº 9.605/1998). 7. ed. Rio de Janeiro: Forense, 2019b.

REALE JÚNIOR, Miguel. A lei hedionda dos crimes ambientais. *Folha de S. Paulo*, 6 abr. 1998. Disponível em: https://www1.folha.uol.com.br/fsp/opiniao/fz06049809.htm. Acesso em: 14 out. 2022.

ROQUE, Fábio; TÁVORA, Nestor; ALENCAR; Rosmar Rodrigues. *Legislação criminal para concursos*. 4. ed. Salvador: JusPodivm, 2019.

ROSSATO, Luciano Alves; LÉPORE, Paulo Eduardo; SANCHEZ, Rogério. *Estatuto da Criança e do Adolescente*: Lei nº 8.069/90 comentada artigo por artigo. 11. ed. São Paulo: Saraiva, 2019.

SANNINI NETO, Francisco. Espécie de indiciamento. *Canal Ciências Criminais*, v. 1, p. 1, 2015. Disponível em: https://canalcienciascriminais.jusbrasil.com.br/noticias/214578801/especie-de-indiciamento. Acesso em: 13 dez. 2021.

SANNINI NETO, Francisco. *Inquérito policial e prisões provisórias*. São Paulo: Ideias & Letras, 2014.

SANTOS, Christiano Jorge. *Crimes de preconceito e de discriminação*: análise jurídico-penal da Lei nº 7.716/89 e aspectos correlatos. São Paulo: Max Limonad, 2001.

SCHMITT, Ricardo Augusto. *Sentença penal condenatória*: teoria e prática. 8. ed. Salvador: JusPodivm, 2013.

SILVARES, Ricardo. Desarmamento – Lei nº 10.826/2013. *In*: SOUZA, Renee do Ó *et al. Leis penais especiais comentadas*. 3. ed. Salvador: JusPodivm, 2020.

SOUZA, Renee do Ó *et al. Leis penais especiais comentadas*. 3. ed. Salvador: JusPodivm, 2020.

SOUZA, Renee do Ó *et al. Leis penais especiais comentadas*. 5. ed. Salvador: JusPodivm, 2022.

SUXBERGER, Antonio Henrique Graciano. *Leis penais especiais comentadas*. 3. ed. Salvador: JusPodivm, 2020.

TÁVORA, Nestor; ALENCAR, Rosmar Rodrigues. *Curso de direito processual penal*. Salvador: JusPodivm, 2016.

TÁVORA, Nestor; ARAÚJO, Fábio Roque. *Código de Processo Penal para concursos*. Salvador: JusPodivm, 2019.